감정
평가사 1차

❶권 민법│부동산학원론

한권으로 끝내기

시대에듀

Always **with you**

사람의 인연은 길에서 우연하게 만나거나 함께 살아가는 것만을 의미하지는 않습니다.
책을 펴내는 출판사와 그 책을 읽는 독자의 만남도 소중한 인연입니다.
시대에듀는 항상 독자의 마음을 헤아리기 위해 노력하고 있습니다.
늘 독자와 함께하겠습니다.

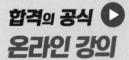

보다 깊이 있는 학습을 원하는 수험생들을 위한
시대에듀의 동영상 강의가 준비되어 있습니다.
www.sdedu.co.kr ➜ 회원가입(로그인) ➜ 강의 살펴보기

머리말

감정평가란 부동산, 동산을 포함하여 토지, 건물, 기계기구, 항공기, 선박, 유가증권, 영업권과 같은 유·무형의 재산에 대한 경제적 가치를 판정하여 그 결과를 가액으로 표시하는 행위를 뜻합니다. 이러한 평가를 하기 위해서는 변해가는 경제상황 및 이에 기반한 다양한 이론과 법령을 알아야 하며, 그 분량이 매우 많습니다.

큐넷에 공지된 최근 5년간의 감정평가사 국가자격시험 통계자료를 보면 1차 시험의 합격률은 평균 30% 초반대입니다. 대신 2차 시험의 합격률은 그보다 훨씬 낮은 15% 정도입니다. 이 자료를 분석해보면 감정평가사 시험에 합격하기 위해서는 폭넓은 관련 지식과 이를 활용하는 능력이 필요하다는 것을 알 수 있습니다.

감정평가사 1차 시험 응시인원은 매년 꾸준히 증가하고 있습니다. 지난해 5,515명에서 올해 5,755명으로, 이에 따라 변별력을 갖추기 위해 1차 시험의 난이도도 다소 상승하여 지난해 32.15%의 합격률에서 올해는 23.28%로 크게 감소하였습니다. 이처럼 늘어나는 응시인원과, 어려워지는 1차 시험에 합격하기 위해 보다 철저한 학습과 끊임없는 노력이 필요할 것입니다.

이 책은 감정평가사가 되기 위한 첫 관문인 1차 시험을 대비하기 위해 최신기출문제를 효율적으로 학습할 수 있도록 분석하여 구성한 도서입니다. 제35회 최신기출문제를 비롯한 과목별 핵심이론 및 지난 9년간의 기출문제를 중심으로 감정평가사 1차 시험과목을 종합하여 대비할 수 있도록 노력하였으며, 이를 위해 저자진이 방대한 내용의 분량을 줄이며 핵심만 간추리고, 최근 1차 시험 기출문제의 출제경향 및 대비방법을 분석하여 담아냈습니다.

이 도서의 특징은 다음과 같습니다.

도서의 특징

❶ 각 과목의 시작 부분에 수록된 〈출제경향 & 수험대책〉을 통해 학습의 방향을 설정할 수 있습니다.
❷ 각 장별로 시험에 자주 출제되는 중요 포인트를 선별 수록하여 학습의 방향을 설정할 수 있습니다.
❸ 핵심이론 및 〈OX 핵심체크〉를 통해 중요개념을 파악할 수 있습니다.
❹ 핵심이론에 〈기출표시〉를 통해 출제의 흐름을 파악할 수 있도록 하였습니다.
❺ 개정법령 및 기출문제의 출제경향을 반영하였습니다.
❻ 〈확인학습문제〉에 최신 기출문제를 선별 수록하여 시험 출제경향을 파악할 수 있습니다.
❼ 전과목 최신기출문제(35회)를 수록하여 실력점검을 할 수 있도록 구성하였습니다.

감정평가사 시험을 준비하는 수험생 여러분께 본 도서가 합격을 위한 디딤돌이 될 수 있기를 바랍니다.

편저자 드림

감정평가사 시험개요

⊘ 시험일정(2024년 기준)

구분	원서접수기간	시험장소	시행지역	시험일자	합격자발표
제1차 시험	2024.02.19.(월) 09:00 ~02.23.(금) 18:00	원서접수 시 수험자 직접 선택	서울, 부산, 대구, 광주, 대전	2024.04.06. (토)	2024.05.08. (수)
제2차 시험	2024.05.20.(월) 09:00 ~05.24.(금) 18:00		서울, 부산	2024.07.13. (토)	2024.10.16. (수)

⊘ 시험과목(감정평가 및 감정평가사에 관한 법률 시행령 제9조)

구분	시험과목
1차 시험	❶ 「민법」 중 총칙, 물권에 관한 규정 ❷ 경제학원론 ❸ 부동산학원론 ❹ 감정평가관계법규 (「국토의 계획 및 이용에 관한 법률」, 「건축법」, 「공간정보의 구축 및 관리 등에 관한 법률」 중 지적에 관한 규정, 「국유재산법」, 「도시 및 주거환경정비법」, 「부동산등기법」, 「감정평가 및 감정평가사에 관한 법률」, 「부동산 가격공시에 관한 법률」 및 「동산 · 채권 등의 담보에 관한 법률」) ❺ 회계학 ❻ 영어(영어시험성적 제출로 대체)
2차 시험	❶ 감정평가실무 ❷ 감정평가이론 ❸ 감정평가 및 보상 법규 (「감정평가 및 감정평가사에 관한 법률」, 「공익사업을 위한 토지 등의 취득 및 보상에 관한 법률」, 「부동산 가격공시에 관한 법률」)

⊘ 과목별 시험시간

시험구분	교시	시험과목	입실완료	시험시간	시험방법
제1차 시험	1교시	❶ 민법 (총칙, 물권) ❷ 경제학원론 ❸ 부동산학원론	09:00	09:30~11:30(120분)	객관식 5지 택일형
	2교시	❹ 감정평가관계법규 ❺ 회계학	11:50	12:00~13:20(80분)	
제2차 시험	1교시	감정평가실무	09:00	09:30~11:10(100분)	과목별 4문항 (주관식)
	중식시간 11:10~12:10(60분)				
	2교시	감정평가이론	12:10	12:30~14:10(100분)	
	휴식시간 14:10~14:30(20분)				
	3교시	감정평가 및 보상법규	14:30	14:40~16:20(100분)	

⊘ 합격자 결정

❶ 합격자 결정 (「감정평가 및 감정평가사에 관한 법률 시행령」 제10조)
- ■ 제1차 시험
  - • 영어 과목을 제외한 나머지 시험과목에서 과목당 100점을 만점으로 하여 모든 과목 40점 이상이고, 전 과목 평균 60점 이상인 사람
- ■ 제2차 시험
  - • 과목당 100점을 만점으로 하여 모든 과목 40점 이상, 전 과목 평균 60점 이상을 득점한 사람
  - • 최소합격인원에 미달하는 경우 최소합격인원의 범위에서 모든 과목 40점 이상을 득점한 사람 중에서 전 과목 평균점수가 높은 순으로 합격자를 결정
    - ※ 동점자로 인하여 최소합격인원을 초과하는 경우에는 동점자 모두를 합격자로 결정. 이 경우 동점자의 점수는 소수점 이하 둘째자리까지만 계산하며, 반올림은 하지 아니함

❷ 제2차 시험 최소 합격 인원 (「감정평가 및 감정평가사에 관한 법률 시행령」 제10조)
- ■ 2024년도 제35회 감정평가사 제2차 시험 최소합격인원: 190명

⊘ 수험인원 및 합격자현황

구분		2020년 (31회)	2021년 (32회)	2022년 (33회)	2023년 (34회)	2024년 (35회)
1차	대상	2,535명	4,019명	4,513명	6,484명	6,746명
	응시	2,028명	3,176명	3,642명	5,515명	5,755명
	응시율	80%	79%	80.7%	85.06%	85.31%
	합격	472명	1,171명	877명	1,773명	1,340명
	합격률	23.27%	36.9%	24.08%	32.15%	23.28%
2차	대상	1,419명	1,905명	2,227명	2,655명	24.07.13. 실시 예정
	응시	1,124명	1,531명	1,803명	2,377명	
	응시율	79.21%	80.36%	80.96%	89.53%	
	합격	184명	203명	202명	204명	
	합격률	16.37%	13.26%	11.20%	8.58%	

감정평가사 1차 시험 출제 리포트

⊘ 감정평가관계법규

구분		31회	32회	33회	34회	35회	전체 통계	
							합 계	비 율
감정평가 관계법규	국토의 계획 및 이용에 관한 법률	13	13	13	13	13	65	32.5%
	도시 및 주거환경 정비법	4	4	4	4	4	20	10%
	건축법	4	4	4	4	4	20	10%
	부동산 가격 공시에 관한 법률	3	3	3	3	3	15	7.5%
	감정평가 및 감정평가사에 관한 법률	3	3	3	3	3	15	7.5%
	국유재산법	4	4	4	4	4	20	10%
	공간정보의 구축 및 관리 등에 관한 법률	4	4	4	4	4	20	10%
	부동산 등기법	4	4	4	4	4	20	10%
	동산 · 채권 등의 담보에 관한 법률	1	1	1	1	1	5	2.5%
총 계		40	40	40	40	40	200	100%

⊘ 부동산학원론

구분		31회	32회	33회	34회	35회	전체 통계	
							합 계	비 율
부동산학 총론	부동산학 개관	1	–	–	–	–	1	0.5%
	부동산의 개념과 분류	1	3	–	3	3	10	5%
	부동산 특성과 속성	3	1	3	1	1	9	4.5%
소 계		5	4	3	4	4	20	10.5%
부동산학 각론	부동산경제론	2	3	2	4	4	15	7.5%
	부동산시장론	2	3	3	2	3	13	6.5%
	부동산정책론	5	2	5	3	2	17	8.5%
	부동산투자론	7	5	5	5	6	28	14%
	부동산금융론	3	5	5	4	4	21	10.5%
	부동산개발 및 관리론	5	3	4	4	5	21	10.5%
	권리분석과 중개 및 마케팅	4	5	6	7	3	25	12.5%
소 계		28	26	30	29	27	140	70%

							합계	비율
부동산학 감정평가론	감정평가기초이론	1	3	–	–	3	7	3.5%
	감정평가 3방식	6	4	7	6	6	29	14.5%
	부동산가격공시제도	–	1	–	–	–	1	0.5%
	기 타	–	2	–	1	–	3	1.5%
	소 계	7	10	7	7	9	40	20%
총 계		40	40	40	40	40	200	100%

⊘ 민법

구 분		31회	32회	33회	34회	35회	전체 통계	
							합 계	비 율
민법총칙	민법 일반	1	1	1	1	1	5	2.5%
	사권의 일반이론	–	1	1	2	1	5	2.5%
	권리의 주체	4	5	5	4	5	23	11.5%
	권리의 객체	1	1	1	1	1	5	2.5%
	법률행위	3	2	2	1	1	9	4.5%
	의사표시	4	4	3	3	3	17	8.5%
	대리제도	2	2	2	2	3	11	5.5%
	무효와 취소	–	1	2	3	2	8	4%
	조건과 기한	1	1	1	1	1	5	2.5%
	기 간	1	–	–	–	–	1	0.5%
	소멸시효	3	2	2	2	2	11	5.5%
	소 계	20	20	20	20	20	100	50%
물권법	물권법총론	2	–	1	1	2	6	3%
	물권변동	3	2	1	2	3	11	5.5%
	점유권	2	2	1	3	1	9	4.5%
	소유권	6	8	6	4	6	30	15%
	용익물권	3	4	4	4	3	18	9%
	담보물권	4	4	7	6	5	26	13%
	소 계	20	20	20	20	20	100	50%
총 계		40	40	40	40	40	200	100%

감정평가사 1차 시험 출제 리포트

⊘ 경제학원론

구 분		31회	32회	33회	34회	35회	전체 통계	
							합 계	비 율
미시경제학	수요 · 공급이론	4	4	4	3	3	18	9%
	소비자선택이론	4	1	3	2	4	14	7%
	생산과 비용	4	5	3	1	5	18	9%
	완전경쟁시장	3	1	2	1	3	10	5%
	독점시장	2	1	2	3	2	10	5%
	과점시장, 독점적 경쟁시장	1	2	3	3	–	9	4.5%
	소득분배	1	–	1	1	–	3	1.5%
	임금, 이자, 지대	–	–	2	1	–	3	1.5%
	일반균형, 후생경제학	3	2	1	1	2	9	4.5%
	시장실패	–	4	1	4	1	10	5%
	소 계	22	20	22	20	20	104	52%
거시경제학	거시경제학과 거시경제지표	2	2	–	2	1	7	3.5%
	균형국민소득의 결정	1	3	1	2	3	10	5%
	소비, 투자	1	–	2	1	1	5	2.5%
	재정과 재정정책	1	1	–	–	–	2	1%
	화폐와 금융	1	4	1	1	2	9	4.5%
	총수요 · 총공급이론	4	2	4	7	4	21	10.5%
	실업과 인플레이션	–	5	2	3	2	12	6%
	경기변동, 안정화정책	1	–	2	–	2	5	2.5%
	경제성장	3	1	3	2	2	11	5.5%
	소 계	14	18	15	18	17	82	41%
국제경제학	국제무역론	1	–	1	1	–	3	1.5%
	국제수지와 환율	3	2	2	1	3	11	5.5%
	소 계	4	2	3	2	3	14	7%
총 계		40	40	40	40	40	200	100%

⊘ 회계학

구분		31회	32회	33회	34회	35회	전체 통계	
							합 계	비 율
재무회계	회계의 기초이론	–	1	1	1	–	3	1.5%
	재무회계의 이론체계	4	2	5	2	3	16	8%
	현금 및 현금성자산과 채권채무	1	1	1	1	–	4	2%
	금융자산	2	1	2	2	1	8	4%
	재고자산	2	2	4	2	2	12	6%
	유형자산 및 투자부동산	10	4	4	7	7	32	16%
	무형자산	1	2	1	1	1	6	3%
	자본	2	3	2	2	3	12	6%
	금융부채와 사채	2	1	1	2	5	11	5.5%
	충당부채와 퇴직급여	1	3	3	3	3	13	6.5%
	수익	2	4	2	3	1	12	6%
	회계변경과 오류수정	–	2	1	–	2	5	2.5%
	법인세 및 리스회계	2	2	1	2	1	8	4%
	현금흐름표	1	1	2	2	–	6	3%
	보고기간 후 사건 및 기타	–	1	–	–	1	2	1%
	소 계	30	30	30	30	30	150	75%
원가회계	원가관리회계의 기초이론	–	–	1	–	–	1	0.5%
	원가흐름 및 원가배분	2	1	2	1	2	8	4%
	개별/종합/결합원가계산/ABC	2	1	2	2	2	9	4.5%
	표준원가계산/변동원가계산	2	2	2	2	2	10	5%
	원가추정과 CVP분석	2	2	1	3	1	9	4.5%
	단기의사결정	1	2	1	1	–	5	2.5%
	장기의사결정 및 기타	1	2	1	1	3	8	4%
	소 계	10	10	10	10	10	50	25%
총 계		40	40	40	40	40	200	100%

이 책의 구성과 특징

출제포인트&기출표시

장별 출제포인트를 통해서 중요 개념과 학습방향을 설정하고, 기출표시를 통해 집중적인 학습이 가능합니다.

더 알아보기

심화학습을 위한 참고내용을 〈더 알아보기〉로 정리하였습니다.

제2편 부동산학 각론

제7장 | 부동산 권리분석과 중개 및 마케팅론

출제포인트.
주로 실무적인 내용인데, 특히 감정평가사 시험에서 자주 출제되는 경향이 있다.
□ 권리분석의 개념과 성격, 등기부동본의 표제부 그리고 갑구와 을구의 내용 파악
□ 중개업에서 공인중개사의 금지행위, 중개의뢰계약의 특성을 파악
□ 마케팅에서 STP와 마케팅 믹스 내용 파악

제1절 부동산권리분석 *32회 기출*

1. 권리분석의 개념

(1) 권리분석의 의의

부동산권리분석이란 대상 부동산에 대한 권리관계의 진정성과 법률적 가치를 실질적으로 조사 · 확인 · 판단하여 일련의 부동산거래활동을 안전하게 하려는 작업이라고 말할 수 있다.

더 알아보기 권리관계의 진정성과 법률적 가치

1. 권리관계의 진정성이란 권리관계에 하자가 없는 것을 말한다.
2. 법률적 가치란 대상 권리관계의 내용에서 기대되는 실질적 이익을 말한다.

(2) 부동산권리분석이 필요한 이유

① 부동산등기에는 공신력이 없기 때문에 등기 내용은 믿을 것이 못
② 부동산권리에는 등기하지 아니해도 되는 관습상의 권리가 있다.
③ 부동산권리에는 사법 위에 많은 공법상의 규제가 있기 때문에
를 본다.

2. 부동산권리분석의 성격 *27회 기출*

(1) 권리관계를 취급하는 활동

권리분석은 대상 부동산에 관한 권리관계를 다루는 부동산활동이

1) 이계민 외 2인, 부동산 권리보험과 권리분석, 서울 : 부연사, 2002, pp.163~164

726 제2편 | 부동산학 각론

○ × 핵심체크

01 사람이 출생한 후 출생신고에 의하여 가족관계등록부에 기재되어야 권리능력을 취득한다. [○|×]

02 불법행위로 인한 손해배상청구와 관련하여 태아로 있는 동안 권리능력을 취득한 것으로 보는 것이 정지조건설의 입장이다. [○|×]

03 태아는 재산상속에 관하여는 이미 출생한 것으로 본다. [○|×]

04 태아의 母가 태아를 대리하여 증여자와 증여계약을 체결한 경우에 태아가 살아서 출생하면 증여계약상의 권리를 주장할 수 있다는것이 정지조건설의 입장이다. [○|×]

05 태아의 법적 지위에 관한 해제조건설에 의하면 태아로 있는 동안에는 권리능력이 인정되지 않고 살아서 태어나야 권리능력이 인정된다. [○|×]

06 의사능력이란 통상인이 가지는 정상적인 판단능력으로서 피성년후견인일지라도 의사능력을 회복하고 있는 동안에는 의사능력이 있다. [○|×]

07 가정법원은 성년후견개시나 한정후견개시의 심판을 할 때 본인의 의사에 반하여 할 수 없다. [○|×]

08 가정법원은 질병, 장애, 노령, 그 밖의 사유로 인한 정신적 제약으로 사무를 처리할 능력이 부족한 사람에 대하여 성년후견개시의 심판을 한다. [○|×]

09 특정후견은 본인의 의사에 반하여 할 수 없고, 특정후견의 심판을 하는 경우에는 특정후견의 기간 또는 사무의 범위를 정하여야 한다. [○|×]

정답 및 해설 01 × 02 × 03 ○ 04 × 05 × 06 ○ 07 × 08 × 09 ○
오답분석
01 권리능력은 출생시부터 부여된다.
02 해제조건설의 내용이다.
04 해제조건설의 내용이다.
05 정지조건설의 내용이다.
07 본인의 의사를 고려하여야 한다.
08 한정후견개시심판을 한다.

제3장 | 권리의 주체 69

OX핵심체크

OX문제를 통해 빈출지문을 학습할 수 있습니다.

확인학습문제

8개년의 기출문제를 단원별로 선별 수록하여 출제경향을 파악하고 실력을 점검할 수 있습니다.

제1편 민법총칙

제4장 | 확인학습문제

01 물건에 관한 설명으로 옳지 않은 것은?(다툼이 있으면 판례에 따름) ★34회 기출★

확인
Check
○
△
×

① 주물의 구성부분은 종물이 될 수 있다.
② 1필의 토지의 일부는 분필절차를 거치지 않는 한 용익물권의 객체가 될 수 없다.
③ 국립공원의 입장료는 법정과실이 아니다.
④ 주물과 장소적 밀접성이 인정되더라도 주물 그 자체의 효용과 직접 관계가 없는 물건은 종물이 아니다.
⑤ 저당권 설정행위에 "저당권의 효력이 종물에 미치지 않는다."는 약정이 있는 경우, 이를 등기하지 않으면 그 약정으로써 제3자에게 대항할 수 없다.

해설

난도 ★★

① 종물은 주물의 구성부분을 이루는 것이 아니라, 주물과는 독립한 물건이어야 한다.
② 물권변동에 관하여 형식주의를 취하는 현행 민법하에서는, 분필절차를 밟기 전에는 1필의 토지의 일부를 양도하거나 담보물권을 설정하지 못한다. 그러나 용익물권은 분필절차를 밟지 아니하더라도, 1필의 토지의 일부 위에 설정할 수 있는 예외가 인정된다(부동산등기법 제69조, 제70조, 제72조).
③ 국립공원의 입장료는 수익자부담의 원칙에 따라 국립공원의 유지·관리비용의 일부를 입장객에 부담시키는 것에 지나지 않고, 토지의 사용대가가 아닌 점에서 민법상의 과실은 아니다(2000다27749).
④ 일시적으로 어떤 물건의 효용을 돕고 있는 것은 종물이 아니다. 그리고 주물의 소유자나 이용자의 상용에 공여되고 있더라도 주물 그 자체의 효용과 직접관계가 없는 물건은 종물이 아니다(94다11606).
⑤ 제358조 참고.

> 저당권의 효력의 범위(제358조) 저당권의 효력은 저당부동산에 부합된 물건... 규정 또는 설정행위에 다른 약정이 있으면 그러하지 아니하다.

96 제1편 | 민법총칙

2024년 제35회 감정평가사 1차 기출문제

제1과목 | 민법

01 【문제 제1】

민법의 법원(法源)에 관한 설명으로 옳지 않은 것은? (다툼이 있으면 판례에 따름)

① 민사에 관한 헌법재판소의 결정은 민법의 법원이 될 수 있다.
② 사적자치가 인정되는 분야의 제정법이 주로 임의규정인 경우, 사실인 관습은 법률행위 해석기준이 될 수 있다.
③ 법원(法院)은 판례변경을 통해 기존 관습법의 효력을 부정할 수 있다.
④ 관습법은 사회 구성원의 법적 확신으로 성립된 것이므로 제정법과 배치되는 경우에는 관습법이 우선한다.
⑤ 법원(法院)은 관습법에 관한 당사자의 주장이 없더라도 직권으로 그 존재를 확정할 수 있다.

02 【문제 제2】

신의성실의 원칙에 관한 설명으로 옳지 않은 것은? (다툼이 있으면 판례에 따름)

① 숙박계약상 숙박업자는 부속객의 안전을 배려하여야 할 신의칙상 보호의무를 부담한다.
② 입원계약상 병원은 입원환자에 대하여 휴대품 도난 방지를 위하여 필요한 적절한 조치를 할 신의칙상 보호의무가 있다.
③ 기획여행계약상 여행업자는 여행객의 신체나 재산의 안전을 배려할 신의칙상 보호의무를 부담한다.
④ 계약성립의 기초가 되지 않은 사정의 변경으로 일방당사자가 계약 당시 의도한 계약 목적을 달성할 수 없게 되어 손해를 입은 경우, 그 계약의 효력을 그대로 유지하는 것은 특별한 사정이 없는 한 신의칙에 반한다.
⑤ 토지거래허가구역 내의 토지에 관해 허가를 받지 않고 매매계약을 체결한 자가 허가가 없음을 이유로 그 계약의 무효를 주장하는 것은 특별한 사정이 없는 한 신의칙에 반하지 않는다.

522 2024년 제35회 감정평가사 1차 기출문제

최신기출문제

2024년도 제35회 전과목 기출문제를 수록하여 실전 감각을 익히고 실력을 점검할 수 있습니다.

이 책의 차례

PART 01 민법

제1편 민법총칙

제1장 서설 … 004
제2장 사권의 일반이론 … 013
제3장 권리의 주체 … 028
제4장 권리의 객체 … 088
제5장 권리변동의 태양과 원인 … 100
제6장 법률행위 … 104
제7장 의사와 표시의 불일치 · 의사의 흠결 … 125
제8장 법률행위의 대리 … 150
제9장 법률행위의 무효 … 175
제10장 법률행위의 부관과 기간 … 191

제2편 물권법

제1장 물권법 총론 … 230
제2장 물권의 변동 … 242
제3장 점유권 … 271
제4장 소유권 … 292
제5장 지상권 … 334
제6장 지역권 … 354
제7장 전세권 … 363
제8장 담보물권 … 379
제9장 유치권 … 381
제10장 질권 … 393
제11장 저당권 … 404

제3편 민사특별법

제1장 부동산 실권리자명의 등기에 관한 법률 … 424
제2장 집합건물의 소유 및 관리에 관한 법률 … 433
제3장 가등기담보 등에 관한 법률 … 452

PART 02 부동산학원론

제1편 부동산학 총론

제1장 부동산학의 개관 … 464
제2장 부동산의 개념과 분류 … 472
제3장 부동산의 특성 … 494
제4장 부동산의 존재가치 … 504

제2편 부동산학 각론

제1장 부동산 경제론 … 514
제2장 부동산 시장론 … 548
제3장 부동산 정책론 … 584
제4장 부동산 투자론 … 616
제5장 부동산 금융론 … 658
제6장 부동산 이용과 개발 및 관리 … 695
제7장 부동산 권리분석과 중개 및 마케팅론 … 726

제3편 감정평가이론

제1장 감정평가의 기초이론 … 752
제2장 부동산 가격이론 … 758
제3장 감정평가의 3방식 … 778
제4장 부동산 가격공시제도 … 841

감정평가사 1차 한권으로 끝내기

PART 01
민법

제1편 민법총칙

제2편 물권법

제3편 민사특별법

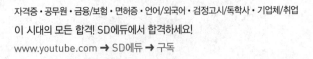

제1편

민법총칙

제01장	서설
제02장	사권의 일반이론
제03장	권리의 주체
제04장	권리의 객체
제05장	권리변동의 태양과 원인
제06장	법률행위
제07장	의사와 표시의 불일치 · 의사의 흠결
제08장	법률행위의 대리
제09장	법률행위의 무효
제10장	법률행위의 부관과 기간

출제경향 & 수험대책

민법총칙은 민법전반에 대한 이해가 선행되어야 한다. 따라서 처음 공부를 시작할 경우 어려움이 있을 수 있다. 민법총칙은 먼저 법률행위를 공부하고 권리의 주체와 소멸시효에 대해 학습하는 것이 효율적이다. 민법총칙의 출제 경향은 전범위에서 이해를 바탕으로 기존 기출문제의 변형에 가깝게 출제된다. 이미 각종 국가자격시험 기출문제가 많이 나와 있으므로 문제를 반복적으로 풀어보는 것이 좋은 전략이라 할 수 있다.

제1장 | 서설

출제포인트
- 민법의 법원(法源)
- 민법전의 구성
- 민법의 기본원리
- 민법의 효력범위

제1절 민법의 의의

1. 민법의 의의

민법은 사권에 관한 실체법으로서, 상법 등의 특별사법을 제외한 일반사법을 말한다.

(1) **형식적 의미의 민법** : 실질적 의미의 민법 중 1958년에 제정되어 1960년 1월 1일부터 시행되고 있는 '민법전'을 말한다.

(2) **실질적 의미의 민법** : 실질적 의미의 민법에는 민법전뿐만 아니라 민법부속법률(비송사건절차법, 부동산등기법, 부동산등기특별조치법, 유실물법 등)과 민사관계에 관한 특별법(집합건물법, 가등기담보법, 부동산실명법 등)·관습법 등이 포함된다.

(3) **양자의 관계** : 민법전에는 법인의 이사·감사·청산인에 대한 벌칙(제97조), 채권의 강제이행의 방법(제389조) 등과 같은 절차법적 규정도 들어 있고, 민법전 외의 법률에도 실질적 의미의 민법이 규정되어 있다.

2. 민법의 법원(法源)

(1) 의의

> 제1조(법원) 민사에 관하여 법률에 규정이 없으면 관습법에 의하고 관습법이 없으면 조리에 의한다.

법원이란 법의 연원, 법의 존재형식을 의미하는데 민사에 관한 적용법규를 의미한다고 보면 된다(상법 제1조는 상사적용법규라고 한다). 이에 의하면, 민법의 법원은 국회에서 제정된 법률만을 의미하는 것이 아니고 실질적 의미의 민법이 존재하는 형식을 말한다. ★30회 기출★

(2) 법률

① **민법전** : 1960년 1월 1일부터 시행되고 있는 1118조까지의 현행민법을 말한다.

② **민법전 이외의 법률**

ㄱ) 민사특별법 : 민법총칙(부재선고에 관한 특별조치법, 공익법인의 설립 운영에 관한 법률), 물권법(집합건물의 소유 및 관리에 관한 법률, 가등기담보 등에 관한 법률, 부동산 실권리자명의 등기에 관한 법률), 채권법(약관의 규제에 관한 법률, 주택임대차보호법, 상가건물임대차보호법, 이자제한법 등)

ㄴ) 민법부속법률 : 부동산등기법, 부동산등기특별조치법, 유실물법, 가족관계의 등록 등에 관한 법률 등

ㄷ) 공법 : 농지법, 광업법, 수산업법, 국토의 계획 및 이용에 관한 법률, 산림법, 하천법, 도로법 등

③ **명령** : 대통령령, 국무총리령, 행정각부의 장은 명령을 발할 수 있는데 이것들이 민사에 관한 사항이면 민법의 법원이 된다.

④ **대통령의 긴급명령** : 긴급명령(헌법 제76조)은 법률과 같은 효력이 있는데 이것도 민사에 관한 사항이면 민법의 법원이 된다.

⑤ **대법원 규칙 등** : 부동산등기규칙, 공탁금의 이자에 관한 규칙, 가사소송규칙 등이 민사에 관한 사항을 포함하고 있으면 민법의 법원이 된다.

⑥ **조례** : 지방자치단체의 조례(헌법 제117조 제1항)가 민사에 관한 사항을 포함하고 있으면 민법의 법원이 된다.

⑦ **조약** : 헌법에 의해 체결 공포된 조약과 일반적으로 승인된 국제법규는 국내법과 동일한 효력이 있으므로(헌법 제6조 제1항) 그것이 민사에 관한 사항을 포함하고 있으면 민법의 법원이 된다. ★31, 33회 기출★

(3) 관습법

① **의의**

사회의 거듭된 관행으로 생성한 어떤 사회생활규범이 법적 규범으로 승인되기에 이르렀다고 하기 위하여는 그 사회생활규범은 헌법을 최상위 규범으로 하는 전체 법질서에 반하지 아니하는 것으로서 정당성과 합리성이 있다고 인정될 수 있는 것이어야 하고, 그렇지 아니한 사회생활규범은 비록 그것이 사회의 거듭된 관행으로 생성된 것이라고 할지라도 이를 법적 규범으로 삼아 관습법으로서의 효력을 인정할 수 없다[2001다48781 전합]. ★30, 33회 기출★

② **법원성 인정여부** : 관습법은 바로 법원으로서 법령과 같은 효력을 갖는 관습으로서, 법령에 저촉되지 않는 한 법칙으로서의 효력이 있다[80다3231].

③ **인정근거** : 관습법은 다수인이 관습을 법이라고 확신할 때 성립한다. 국가의 입법기능이 발전함에 따라 관습법의 존재범위와 역할은 축소되어있다.

④ **법원의 판결** : 관습법은 그 존재가 불분명하므로 결국 법원의 판결에 의한 확인을 필요로 한다.

⑤ **관습법의 성립시기** : 그 관습이 사회일반에 의해 법적 확신을 얻은 때로 소급한다는 견해이다.

⑥ 판례 : ㉠ 관습상의 법정지상권 ㉡ 분묘기지권 ㉢ 명인방법 ㉣ 동산의 양도담보 ㉤ 사실혼 ㉥ 종중(권리능력 없는 사단) ★30회 기출★

⑦ **관습법의 효력** ★31, 32회 기출★

관습법의 제정법에 대한 열후적·보충적 성격에 비추어, 가정의례준칙 제13조의 규정과 배치되는 관습법의 효력을 인정하는 것은 관습법의 법원으로서의 효력을 정한 민법 제1조의 취지에 어긋난다고 함으로써 민법 제1조의 관습법은 법원으로서의 보충적 효력이 있다[80다3231]거나 관습법은 법원으로서 법령에 저촉되지 않는 한 법칙으로서의 효력이 있다[2002다1178 전합]고 한다. 여성을 포함한 전체 종원 중 항렬이 가장 높고 나이가 가장 많은 사람이 연고항존자가 된다[2009다26596].

⑧ **관습법과 사실인 관습의 관계** : 관습법이란 사회의 거듭된 관행으로 생성된 사회생활규범이 사회의 법적 확신과 인식에 의해 법적 규범으로 승인·강행되기에 이른 것을 말하고, 사실인 관습은 사회의 관행에 의해 발생한 사회생활규범으로서 사회의 법적 확신이나 인식에 의해 법적 규범으로 승인될 정도에 이르지 않은 것을 말한다[80다3231]. 판례는 관습법과 사실인 관습을 구별하고 있다. ★30, 33회 기출★

⑨ **입증책임**

㉠ 관습법은 당사자의 주장·입증을 기다림이 없이 법원이 직권으로 확정해야 하나, 사실인 관습은 그 존재를 당사자가 주장·입증해야 한다. 다만, 관습의 존부 자체가 불명확하고 법원이 관습법을 알 수 없는 경우에는 당사자가 이를 주장·입증할 필요가 있을 것이다[80다3231]. ★31회 기출★

㉡ 사실인 관습은 일종의 경험칙에 속하는 것이고, 경험칙은 일종의 법칙이므로, 법관 스스로 직권에 의하여 이를 판단할 수 있는 것이다[76다983]. 강행규정 자체에 결함이 있거나 강행규정 자체가 관습에 따르도록 위임한 경우에는 사실인 관습에 법적 효력을 부여할 수 있다. ★30회 기출★

⑩ **관습법의 폐지여부** ★31, 32회 기출★

사회구성원이 관습법으로 승인된 관행의 법적 구속력을 확신하지 않게 된 때에는 그 관습법은 효력을 잃는다[2013다17292 전합]. 종중 구성원의 자격을 성년 남자만으로 제한하는 종래의 관습법은 이제 더 이상 법적 효력을 가질 수 없게 되었다[2002다1178 전합]. 미성년자의 후손은 종중의 구성원이 될 수 없다. 상속회복청구권은 상속이 개시된 날부터 20년이 경과하면 소멸한다."는 내용의 관습은 관습법으로서의 효력을 인정할 수 없다[2001다48781 전합].

(4) 조리(경험칙, 사회통념)

조리는 사물의 도리, 법의 일반원리를 말하는데 법률과 관습법이 존재하지 않는 경우에 보충적으로 법원이 된다(민법 제1조). 판례도 공동선조와 성과 본을 같이 하는 후손은 성별의 구별 없이 성년이 되면 당연히 종중의 구성원이 된다고 보는 것이 조리에 합당하다[2002다1178 전합]고 판시하여 조리의 법원성을 인정하고 있다.

(5) 판례

판례를 법규범이라고 할 수 없다. 법원조직법 제8조는 "상급법원의 재판에 있어서의 판단은 당해사건에 관하여 하급심을 기속한다."라고 규정하고 있다. ★30회 기출★

(6) 헌법재판소의 결정

민법 제764조 소정의 '명예회복에 적당한 처분'을 사죄광고의 의미로 해석하는 한도에서는 위헌이라고 본 결정[89헌마160]처럼 그 결정내용이 민사에 관한 것인 때에는 민법의 법원이 된다. ★30회 기출★

(7) 헌법상의 기본권 규정

기본권 규정은 그 성질상 사법관계에 직접 적용될 수 있는 예외적인 것을 제외하고는 사법상의 일반원칙을 규정한 민법 제2조, 제103조, 제750조, 제751조 등의 내용을 형성하고 그 해석 기준이 되어 간접적으로 사법관계에 효력을 미치게 된다[2008다38288 전합]. ★31회 기출★

제2절 민법전의 구성과 민법의 기본원리 등

1. 통칙적 규정

민법총칙 중에서 법원(제1조), 신의성실(제2조), 반사회질서의 법률행위(제103조), 주소(제18조~제21조), 실종(제27조~제30조), 물건(제98조~제102조), 무효행위의 전환(제138조), 기간(제155조~제161조) 외(外)의 내용은 대체로 가족법에는 적용되지 않는다.

2. 민법의 기본원리

(1) 사적자치의 원칙(계약자유의 원칙)

(2) 소유권 절대의 원칙(사유재산제)

(3) 과실책임 원칙

3. 준용과 유추 등

(1) 준용은 유사한 사항에 대해 다른 조문의 내용과 같게 적용하도록 법규가 규정하고 있는 경우로서 입법기술의 문제이다.

(2) 유추는 유사한 사항에 대해 다른 조문의 내용과 같게 적용할 수 있다고 해석하는 경우로서 법해석의 문제이다.

(3) 선의, 악의 : 선의는 어떤 사정을 알지 못하는 것이고, 악의는 이를 알고 있는 것이다.

(4) 알았거나 알 수 있었을 때 : '알았거나'는 악의인 때를 말하고, '알 수 있었을 때'는 선의이더라도 과실로 모른 경우로서 이때는 악의와 동일하게 취급한다.

(5) **추정과 간주** : 추정은 그 사실이나 법률관계의 존재를 다투는 자가 입증책임을 지고 그에 따라 번복될 수 있다. 간주는 그 사실에 부합하는지 여부를 불문하고 당사자가 반대사실을 입증하더라도 그대로 그 효과를 발생시킨다(의제).

(6) **대항하지 못한다** : 당사자 간에 발생한 법률관계를 제3자에 대하여 주장하지 못한다는 것으로서 제3자가 효력을 주장하는 것은 무방하다.

더 알아보기 | 민법 조문의 형식

① 원칙과 예외 : 민법 제107조 제1항은 '의사표시는 표의자가 진의 아님을 알고 한 것이라도 그 효력이 있다.(본문, 원칙) 그러나 상대방이 표의자의 진의 아님을 알았거나 이를 알 수 있었을 경우에는 무효로 한다(단서, 예외).'고 규정한다.
② 제1문, 제2문 : 민법 제15조 제1항은 '제한능력자의 상대방은 제한능력자가 능력자가 된 후에 그에게 1개월 이상의 기간을 정하여 그 취소할 수 있는 행위를 추인할 것인지 여부의 확답을 촉구할 수 있다(제1문). 능력자로 된 사람이 그 기간 내에 확답을 발송하지 아니하면 그 행위를 추인한 것으로 본다(제2문).'고 규정한다(2개의 문장으로 구성).
③ 전문과 후문 : 민법 제15조 제2항은 '제한능력자가 아직 능력자가 되지 못한 경우에는 그의 법정대리인에게 제1항의 촉구를 할 수 있고(요건, 전문), 법정대리인이 그 정하여진 기간 내에 확답을 발송하지 아니한 경우에는 그 행위를 추인한 것으로 본다(효과, 후문).'고 규정한다(하나의 문장 속에 요건과 효과의 두 부분으로 나뉨).

---

4. 민법의 효력범위

(1) **소급효 원칙**

> 제2조(본법의 소급효) 본법은 특별한 규정이 있는 경우 외에는 본법 시행일 전의 사항에 대하여도 이를 적용한다. 그러나 이미 구법에 의하여 생긴 효력에 영향을 미치지 아니한다.

민법 부칙 제2조의 〈본문〉은 형식적으로 소급효를 인정하지만, 그 〈단서〉는 실질적으로 소급효를 인정하지 않는 것과 마찬가지이다.

(2) **속지주의** : 우리 민법은 대한민국의 영역 내에서 발생한 민사사건에 적용된다. 우리 민법은 대한민국 국적의 선박·항공기 안에서 발생한 민사사건에 적용된다(→ 기국주의).

(3) **속인주의** : 민법은 우리나라 국적을 가진 모든 사람에게 적용된다. 따라서 외국에 있는 대한민국 국민에게도 적용된다.

(4) **민법 부칙 제10조(소유권이전에 관한 경과규정) 제1항**

> 제10조(소유권이전에 관한 경과규정) ① 본법 시행일 전의 법률행위로 인한 부동산에 관한 물권의 득실변경은 이 법 시행일로부터 6년 내에 등기하지 아니하면 그 효력을 잃는다.

○ × 핵심체크

01 어떤 관행이 법적 확신을 취득하였더라도 그것이 헌법을 최상위규범으로 하는 전체 법질서에 반한다면 관습법으로서의 효력을 인정받을 수 없다. ○ ×

02 헌법상 대통령의 긴급재정경제명령은 법원이 될 수 없다. ○ ×

03 삼권분립을 강조하면 판례의 법원성을 인정할 수 있다. ○ ×

04 헌법에 의해 체결·공포된 민사에 관한 조약도 민법의 법원이 된다. ○ ×

05 사실인 관습은 법원의 판결에 의하여 그 존재가 확인되므로 사실인 관습의 존재와 구체적 내용은 법원의 판결을 통해 인정되지만, 그 성립시기는 그 관습이 사회일반에 의해 법적 확신을 얻은 때로 소급한다. ○ ×

06 판례에 의하여 관습법으로 인정되는 것으로는 미분리과실의 소유권 귀속에 관한 명인방법, 분묘기지권, 관습법상의 법정지상권 등이 있다. ○ ×

07 종중 구성원의 자격을 성년 남자만으로 제한하는 관습법은 법적 효력이 없다. ○ ×

08 관습법이 되기 위해서는 사회구성원의 법적 확신이 필요하다. ○ ×

09 관습법은 법령에 저촉되지 않는 한 법칙으로서의 효력이 있다. ○ ×

정답 및 해설　**01** ○　**02** ×　**03** ×　**04** ○　**05** ×　**06** ○　**07** ○　**08** ○　**09** ○

오답분석
02 긴급재정명령도 민사에 관한 사항을 포함하고 있으면 법원이 될 수 있다.
03 판례를 법규범이라고 할 수 없다.
05 관습법에 관한 내용이다.

제1장 | 확인학습문제

01 민법의 법원(法源)에 관한 설명으로 옳은 것은?(다툼이 있으면 판례에 따름)   ★34회 기출★

확인
Check!
○
△
×

① 제1조에서 민법의 법원으로 규정한 '민사에 관한 법률'은 민법전만을 의미한다.
② 제1조에서 민법의 법원으로 규정한 '관습법'에는 사실인 관습이 포함된다.
③ 대법원이 정한 「공탁규칙」은 민법의 법원이 될 수 없다.
④ 헌법에 의하여 체결·공포된 국제조약은 그것이 민사에 관한 것이더라도 민법의 법원이 될 수 없다.
⑤ 미등기무허가 건물의 양수인에게는 소유권에 준하는 관습법상의 물권이 인정되지 않는다.

해설
난도 ★★

① 제1조의 법률은 형식적 의미의 법률만을 의미하는 것이 아니라 모든 법규범, 즉 성문법을 통칭한다.
② 제1조에서 민법의 법원으로 규정한 '관습법'에는 사실인 관습이 포함되지 않는다. 사실인 관습은 법령으로서의 효력이 없는 단순한 관행으로서 법률행위의 당사자의 의사를 보충함에 그치는 것이다.
③ 성문민법에는 법률·명령·대법원규칙·조약·자치법이 있다. 대법원은 법률에 저촉되지 않는 범위 안에서 소송에 관한 절차, 법원의 내부규율과 사무처리에 관한 규칙을 제정할 수 있는데(헌법 제108조), 이러한 대법원규칙이 민사에 관한 것이라면 민법의 법원이 된다.
④ 헌법에 의하여 체결, 공포된 조약과 일반적으로 승인된 국제법규는 국내법과 같은 효력을 가지며(헌법 제6조 제1항) 비준, 공포된 조약으로서 민사에 관한 것은 법률과 동일한 효력을 가지는 법원이 된다.
⑤ 미등기 무허가건물의 양수인이라 할지라도 그 소유권이전등기를 경료받지 않는 한 그 건물에 대한 소유권을 취득할 수 없고, 그러한 상태의 건물 양수인에게 소유권에 준하는 관습상의 물권이 있다고 볼 수도 없으므로, 건물을 신축하여 그 소유권을 원시취득한 자로부터 그 건물을 매수하였으나 아직 소유권이전등기를 갖추지 못한 자는 그 건물의 불법점거자에 대하여 직접 자신의 소유권 등에 기하여 명도를 청구할 수는 없다[2007다11347].

답 ⑤

02 법원(法源)에 관한 설명으로 옳지 <u>않은</u> 것은?(다툼이 있으면 판례에 따름)

① 사회구성원이 관습법으로 승인된 관행의 법적 구속력을 확신하지 않게 된 때에는 그 관습법은 효력을 잃는다.

② 헌법의 기본권은 특별한 사정이 없으면 사법관계에 직접 적용된다.

③ 법원은 당사자의 주장·증명을 기다림이 없이 관습법을 직권으로 조사·확정하여야 한다

④ 우리나라가 가입한 국제조약은 일반적으로 민법이나 상법 또는 국제사법보다 우선적으로 적용된다.

⑤ 관습법은 법령에 저촉되지 아니하는 한 법칙으로서의 효력이 있다.

해설
난도 ★

② 헌법상의 기본권은 제1차적으로 개인의 자유로운 영역을 공권력의 침해로부터 보호하기 위한 방어적 권리이지만 다른 한편으로 헌법의 기본적인 결단인 객관적인 가치질서를 구체화한 것으로서, 사법을 포함한 모든 법 영역에 그 영향을 미치는 것이므로 사인간의 사적인 법률관계도 헌법상의 기본권 규정에 적합하게 규율되어야 한다. 다만 기본권 규정은 그 성질상 사법관계에 직접 적용될 수 있는 예외적인 것을 제외하고는 사법상의 일반원칙을 규정한 민법 제2조, 제103조, 제750조, 제751조 등의 내용을 형성하고 그 해석 기준이 되어 간접적으로 사법관계에 효력을 미치게 된다[2008다38288 전합].

답 ②

---

03 민법의 법원(法源)에 관한 설명으로 옳은 것은?(다툼이 있으면 판례에 따름)

① 관습법에 앞서 적용되는 법률이란 국회에서 제정된 법률만을 말한다.

② 관습법에 의한 분묘기지권은 더 이상 인정되지 않는다.

③ 판례는 관습법과 사실인 관습을 구별하지 않는다.

④ 상급법원 재판에서의 판단은 해당 사건에 관하여 하급심을 기속한다.

⑤ 헌법재판소의 결정은 그것이 민사에 관한 것이라도 민법의 법원으로 되지 않는다.

해설
난도 ★★

① 법원이란 법의 연원, 법의 존재형식을 의미하는데 민사에 관한 적용법규를 의미한다고 보면 된다(상법 제1조는 상사적용법규라고 한다). 이에 의하면, 민법의 법원은 실질적 의미의 민법이 존재하는 형식을 말한다.

② 분묘기지권은 분묘를 수호하고 봉제사하는 목적을 달성하는 데 필요한 범위 내에서 타인의 토지를 사용할 수 있는 권리를 의미한다[95다29086]. 관습에 의하여 인정되는 지상권 유사의 물권이다.

③ 〈관습법〉이란 사회의 거듭된 관행으로 생성된 사회생활규범이 사회의 법적 확신과 인식에 의해 법적 규범으로 승인·강행되기에 이른 것을 말하고, 〈사실인 관습〉은 사회의 관행에 의해 발생한 사회생활규범으로서 사회의 법적 확신이나 인식에 의해 법적 규범으로 승인될 정도에 이르지 않은 것을 말한다[80다3231]. 판례는 관습법과 사실인 관습을 구별하고 있다.

⑤ 민법 제764조 소정의 '명예회복에 적당한 처분'을 사죄광고의 의미로 해석하는 한도에서는 위헌이라고 본 결정[89헌마160]처럼 그 결정내용이 민사에 관한 것인 때에는 민법의 법원이 된다.

답 ④

04 법원(法源)에 관한 설명으로 옳지 <u>않은</u> 것은?(다툼이 있으면 판례에 따름)

★28회 기출★

① 사회생활규범이 관습법으로 승인되었다면 그것을 적용하여야 할 시점에서의 전체 법질서에 부합하지 않아도, 그 관습법은 법적 규범으로서의 효력이 인정된다.

② 법원은 관습법의 존부를 알 수 없는 경우를 제외하고 당사자의 주장·증명이 없어도 관습법을 직권으로 확정하여야 한다.

③ 관습법은 법령과 같은 효력을 가지는 것으로서 법령에 저촉되지 않는 한 법칙으로서의 효력이 있다.

④ 물권은 법률 또는 관습법에 의하는 외에는 임의로 창설하지 못한다.

⑤ 강행규정 자체에 결함이 있거나 강행규정 자체가 관습에 따르도록 위임한 경우에는 사실인 관습에 법적 효력을 부여할 수 있다.

해설
난도 ★★

① 사회의 거듭된 관행으로 생성한 어떤 사회생활규범이 법적 규범으로 승인되기에 이르렀다고 하기 위하여는 그 사회생활규범은 헌법을 최상위 규범으로 하는 전체 법질서에 반하지 아니하는 것으로서 정당성과 합리성이 있다고 인정될 수 있는 것이어야 하고, 그렇지 아니한 사회생활규범은 비록 그것이 사회의 거듭된 관행으로 생성된 것이라고 할지라도 이를 법적 규범으로 삼아 관습법으로서의 효력을 인정할 수 없다[2001다48781 전합].

답 ①

---

05 민법의 법원(法源)에 관한 설명으로 옳은 것을 모두 고른 것은?(다툼이 있으면 판례에 따름)

★33회 기출★

ㄱ. 헌법에 의해 체결·공포된 민사에 관한 조약은 민법의 법원이 되지 않는다.
ㄴ. 관습법이 되기 위해서는 사회구성원의 법적 확신이 필요하다.
ㄷ. 관습법은 법령에 저촉되지 않는 한 법칙으로서의 효력이 있다.

① ㄱ
② ㄴ
③ ㄱ, ㄷ
④ ㄴ, ㄷ
⑤ ㄱ, ㄴ, ㄷ

해설
난도 ★

ㄱ. 헌법에 의하여 체결·공포된 조약과 일반적으로 승인된 국제법규는 국내법과 같은 효력을 가지므로(헌법 제6조 제1항), 조약·국제법규 중 민사에 관한 것은 그 성격에 따라 법률·명령과 같은 순위의 법원이 된다.
ㄴ, ㄷ. 80다3231

답 ④

제2장 │ 사권의 일반이론

출제포인트
- □ 민법의 권리
- □ 작용(효력)에 따른 권리의 분류
- □ 신의성실의 원칙과 파생원칙
- □ 권리남용금지의 원칙

제1절 법률관계와 권리의무

1. 의의

법률관계의 의미에 대해 법적생활관계설은 인간의 생활관계 중에서 법에 의하여 규율되는 관계를 법률관계로 보는 견해로 이 견해에 따르면 법 아닌 도덕·종교·관습 등의 사회규범에 의해 규율되는 생활관계는 호의관계로서 법률관계가 아니다.

2. 법률관계의 내용

법률관계는 사람과 사람과의 관계(채권관계) 또는 사람과 물건 기타 재화의 관계(물권관계)로 나타나지만 궁극적으로는 사람과 사람과의 관계이다. 예를 들면 부동산 매매계약에서 매수인은 소유권이전을 청구할 권리가 있고 매도인은 소유권이전의 의무를 지며, 매도인은 매매대금을 청구할 권리가 있고 매수인은 매매대금지급의 의무를 진다. 이처럼 법률관계는 당사자 사이의 권리·의무관계를 기본적 내용으로 한다. 개인주의에 기초한 근대 민법은 권리 본위로 구성되어 있으므로 법률관계를 권리관계로 표현하기도 한다.

1. 권리

자기의 이익을 주장할 수 있는 법률상의 힘 또는 이익을 향유하도록 하기 위해 법이 부여한 힘을 말한다.

(1) **권한** : 타인을 위해 일정한 법적 효과를 발생케 하는 행위를 할 수 있는 자격을 말한다. 대리권·대표권·재산관리권·선택채권에서 제3자가 가지는 선택권 등이 이에 해당한다.

(2) **권능** : 권리의 내용을 이루는 개개의 법률상 힘을 말한다. 소유권에는 사용권·수익권·처분권 등의 권능이 있고, 채권에는 청구력·보유력·소구력·집행력 등의 권능이 있다.

(3) **권원** : 민법 제256조 단서의 권원은 일정한 법률상 또는 사실상의 행위를 하는 것을 정당화시키는 원인을 말한다.

(4) **반사적 이익** : 전염병 예방주사를 강제하는 법률에 의해 일반인이 전염병예방효과를 보는 경우처럼 법률이 일정한 사람에게 어떤 행위를 명함으로써 다른 사람이 반사적으로 이익을 얻게 되는 것을 말한다.

2. 권리의 분류 ★34회 기출★

내용에 따른 분류	재산권		물권, 준물권(광업권, 어업권), 채권(계약, 법률의 규정), 지식재산권(특허권)
	인격권(자유권)		생명·신체·정신의 자유에 대한 권리 → 사전적, 예방적 구제수단으로 침해행위의 금지청구권을 인정한다[93다40614].
	가족권(신분권)		친족권(→ 친권, 후견인의 권리, 배우자의 권리, 부양청구권 등)
	사원권		자익권(이익배당청구권, 잔여재산분배청구권)과 공익권(결의권, 소수사원권)
작용 (효력)에 따른 분류	지배권		물권, 준물권, 지식재산권, 인격권, 친권, 후견권
	청구권		채권적 청구권, 물권적 청구권, 상속회복청구권, 부양청구권
	형성권		취소권, 추인권, 해제권, 해지권, 상계권, 동의권
	항변권		동시이행의 항변권, 보증인의 최고·검색의 항변권, 상속의 한정승인
기타	권리의 이전성에 따라	일신전속권	가족권·인격권의 대부분(타인에게 귀속할 수 없는 권리)
		비전속권	재산권의 대부분(양도·상속에 의한 이전 가능)
	권리의 종속관계에 따라	주된 권리	피담보채권, 원본채권, 주채무자에 대한 채권
		종된 권리	저당권, 이자채권, 보증인에 대한 채권
	의무자의 범위에 따라	절대권 (대세권)	지배권
		상대권 (대인권)	청구권
	기대권(희망권)		기한부권리, 조건부권리

3. 작용(효력)에 따른 권리의 분류

(1) 지배권

① 의의 : 권리자가 권리객체를 직접 지배함으로써 권리의 실현에 제3자의 협력이 불필요한 권리를 말한다. 권리자가 모든 사람에 대해 그 권리를 주장할 수 있다는 점에서 이를 절대권·대세권이라고도 한다.

② 종류 : 물권·준물권·지식재산권·인격권(생명권, 자유권, 명예권, 성명권, 초상권, 자기결정권, 정조와 사생활에 관한 권리)·가족권(친권, 후견권, 면접교섭권 등)·사원권 등이 있다.

③ 효력 : 대내적·제1차적 효력으로 객체에 대한 직접적 지배력이 있고, 대외적·제2차적 효력으로 제3자에 대한 배타적 효력 내지 권리침해에 대한 배제청구권의 효력이 있다.

(2) 청구권

① 의의 : 청구권이란 채권 등에 기초하여 권리자가 의무자에 대해 특정의 행위(작위·부작위)를 청구할 수 있는 권리를 말한다. 이를 상대권·대인권이라고도 한다.

② 종류 : 채권적 청구권(채권), 물권적 청구권(물권), 상속회복청구권, 부양청구권(가족권) 등이 있다.

③ 채권과의 구별 : 채권이 갖는 청구력·보유력·소구력·집행력 등의 권능 중의 하나가 청구권이다. 채권적 청구권은 채권의 이행기가 도래해야 비로소 발생하는바, 채권이 성립했다고 해서 반드시 청구권이 발생한 것은 아니다. ★30회 기출★

(3) 형성권

① 의의 : 형성권이란 권리자의 일방적인 의사표시나 행위로써 법률관계를 형성(발생·변경·소멸)시킬 수 있는 권리를 말한다. ★31회 기출★

② 일방적인 의사표시 : 법률행위의 동의권(제5조)·취소권(제140조)·추인권(제143조), 계약의 해제권·해지권, 상계권, 철회권 등을 말한다.

③ 법원의 판결 : 채권자취소권, 혼인취소권, 입양취소권, 친생부인권, 재판상 이혼권, 재판상 파양권 등이 있다. ★27회 기출★

④ 청구권으로 불리지만 실질적으로 형성권 : 건물임차인의 부속물매수청구권, 지상권자의 지상물매수청구권(예약완결권, 수익의 의사표시), 지상권자·지상권설정자의 지료증감청구권, 공유물분할청구권, 지상권·전세권설정자의 지상권소멸청구권 등이 있다. 그러나 부동산공사 수급인의 저당권설정청구권은 청구권이라고 함이 일반적이다. ★29, 30, 33회 기출★

(4) 항변권

① 의의 : 항변권이란 상대방의 청구권행사를 저지시켜 급부를 거절할 수 있는 권리를 말한다. 이를 반대권이라고도 한다.

② 연기적 항변권 : 동시이행의 항변권(제536조), 최고·검색의 항변권(제437조) ★30회 기출★

③ 영구적 항변권 : 한정승인의 항변권(제1028조)

④ 항변권 행사여부는 권리자의 자유이므로 항변권을 행사하지 않는 한 법원이 직권으로 고려하지 못한다.

4. 절대권과 상대권

절대권은 모든 사람들에게 주장할 수 있는 권리로서 지배권이 이에 속하고, 상대권은 특정인에 대해서만 주장할 수 있는 권리로서 채권 등의 청구권이 이에 속한다.

5. 일신전속권과 비전속권

(1) **귀속상의 일신전속권** : 권리가 어느 특정인에게만 귀속되어야 하고, 양도, 상속할 수 없는 권리를 말한다. 상속인은 상속개시된 때로부터 피상속인의 재산에 관한 포괄적 권리의무를 승계한다.

(2) **행사상의 일신전속권** : 권리자 자신이 행사하여야만 의미가 있고 타인이 권리자를 대리하거나 대위하여 행사할 수 없는 권리로서 친권과 같은 가족권 등이 있다. 위자료청구권은 행사상의 일신전속권이나 권리자가 이를 행사한 후에는 양도나 상속이 가능하다.

(3) **비전속권** : 재산권처럼 양도나 상속이 가능한 권리를 말한다.

6. 권리의 경합(중첩)과 법규의 경합

(1) **권리의 경합**

임대차 기간 만료 후 임대인의 소유권에 기한 반환청구권과 임차권에 기한 반환청구권이라는 권리가 경합하는 경우에 권리자는 수개의 권리를 보유하며, 수개의 권리를 동시에 행사하거나 그중 하나를 선택하여 행사할 수 있는데, 동일한 이익을 목적으로 하는 수개의 권리 중 하나를 행사함으로써 그 목적을 달성하게 되면 나머지 권리는 존재목적을 잃고 소멸한다.

(2) **법조경합**

법조경합(법규의 경합)이란 동일한 생활사실이 수개의 권리규정에 해당하지만 하나의 권리규정이 다른 권리규정을 배제하기 때문에 처음부터 하나의 권리만 발생하는 경우를 말한다. 예를 들면 공무원이 직무를 집행하면서 고의나 과실로 법령을 위반하여 타인에게 손해를 입힌 경우 민법 제756조 불법행위와 국가배상법 제2조가 경합하지만 후자는 전자에 대한 특별법으로서 후자인 국가배상법에 의해서만 손해배상청구권이 인정된다.

7. 권리의 충돌

일반적으로 물권과 채권이 충돌하는 경우에는 물권이 우선하고, 물권 상호간에는 순위의 원칙(順位의 原則)이 적용되며, 채권 상호간에는 선행의 원칙(先行의 原則)이 적용된다. 채권 상호간에는 선행의 원칙에 의해 먼저 채권을 행사한 자가 우선하며, 채권을 동시에 행사한 경우에는 채권자평등의 원칙에 의해 발생시기·발생원인·채권액에 관계없이 모든 채권이 비례적으로 평등하다. 즉 채권이 〈임의이행〉될 때에는 선행주의가 적용되고 〈강제이행〉될 때에는 채권액에 비례한 배당평등주의가 적용된다.

8. 의무(의무자의 의사와는 상관없이 반드시 따라야 할 법률상의 구속)

(1) 권리와의 관계

형성권(추인권, 해제권, 취소권 등)처럼 의무 없이 권리만 있는 경우도 있고, 법인청산시 채권신고 공고 의무(제88조), 법인청산종결 등기의무(제94조), 감독자의 감독의무(제755조) 등은 권리는 없고 의무만 있다.

(2) 간접의무(책무)

법이 규정한 것을 행하지 않으면 일정한 불이익을 받지만 행하지 않더라도 권리자가 그 이행을 소구하거 나 강제집행할 수 없는 것을 말한다. 예를 들면 청약자의 승낙의 연착통지의무(제528조)처럼 연착의 통 지를 하지 아니하면 연착되지 아니한 것으로 간주되어 계약이 성립되는 불이익을 부담할 뿐이다.

제3절 신의성실의 원칙

1. 서설

(1) 의의

① 의의 : 법률관계의 당사자는 상대방의 이익을 배려하여 형평에 어긋나거나 신뢰를 저버리는 내용 또 는 방법으로 권리를 행사하거나 의무를 이행하여서는 안된다는 추상적 규범을 말한다.

② 민법 제2조

> 제2조(신의성실) ① 권리의 행사와 의무의 이행은 신의에 좇아 성실히 하여야 한다.

(2) 신의칙의 근거

형식적으로는 권리행사라 하여도 그것이 권리의 사회성과 적법성의 관념에 비추어 도저히 허용할 수 없 는 정도의 것이라면 그 권리의 행사는 부인되어야 할 것이다[91마500].

2. 신의칙의 법적 성격 및 기능

(1) 신의칙의 법적 성격

① 규범성 여부(일반적 형평규범설 = 추상적 규범설)

민법상의 신의성실의 원칙은 법률관계의 당사자는 상대방의 이익을 배려하여 형평에 어긋나거나 신 뢰를 저버리는 내용 또는 방법으로 권리를 행사하거나 의무를 이행해서는 안 된다는 추상적 규범을 말한다[95다12217].

② 강행규정인지 여부

신의성실의 원칙에 반하는 것 또는 권리남용은 강행규정에 위배되는 것이므로 당사자의 주장이 없다 하더라도 법원은 직권으로 판단할 수 있다[88다카17181]. ★30, 33회 기출★

③ 일반조항으로서의 성격

　　㉠ 의의 : 민법의 개별조문은 대부분 요건과 효과로 나누어 정하고 있다. 그런데 민법 제2조는 '신의', '성실', '남용'이라는 추상적 기준을 제시할 뿐 효과에 대해서는 아무런 정함이 없다. 제2조는 제103조와 더불어 일반조항으로 되어있다.

　　㉡ 적용의 한계 : ⓐ 제한능력자 보호도 신의칙에 우선하므로, 제한능력자임을 이유로 한 법률행위의 취소는 신의칙을 이유로 저지될 수 없다. ⓑ 특별한 사정이 없는 한, 법령에 위반되어 무효임을 알고서도 그 법률행위를 한 자가 강행법규 위반을 이유로 무효를 주장한다 하여 신의칙 또는 금반언의 원칙에 반하거나 권리남용에 해당한다고 볼 수는 없다[2001다67126]. ★30회 기출★

④ 사법의 기본원리로서의 성격

　　신의칙은 사법의 기본원리로서 신의칙이 가장 많이 적용되는 분야는 채권관계이나 물권관계, 가족관계에도 적용된다. 최근에는 상법과 같은 특별사법뿐만 아니라 소송법·행정법 등의 공법과 사회법 분야에도 신의칙이 적용되고 있다. → 권리남용금지의 원칙은 주로 물권법 영역에서 발달한 것이다.

⑤ 부동산의 거래에서 신의칙상 고지의무의 대상은 직접적인 법령의 규정뿐만 아니라 계약상, 관습상 또는 일반원칙에 의해서도 인정될 수 있다. ★33회 기출★

(2) 신의칙에 반하는지 여부

① 甲이 하여야 할 연대보증을 그 부탁으로 乙이 대신 한 경우, 甲이 그 연대보증채무를 대위변제하였다는 이유로 乙에 대하여 구상권을 행사하는 것은 신의칙에 반한다[99다38293].

② 채권자가 채권을 확보하기 위하여 제3자의 부동산을 채무자에게 명의신탁 하도록 한 다음 동 부동산에 대하여 강제집행을 하는 따위의 행위는 신의칙에 비추어 허용할 수 없다[80다2064].

③ 변호사의 약정된 보수액이 부당하게 과다하여 신의성실의 원칙이나 형평의 원칙에 반한다고 볼 만한 특별한 사정이 있는 경우에는 예외적으로 상당하다고 인정되는 범위 내의 보수액만을 청구할 수 있다고 보아야 한다[2000다50190].

3. 신의칙의 파생원칙

(1) 금반언(Estoppel)의 원칙(선행행위와 모순되는 행위의 금지 원칙)

① 인정한 판례

　　㉠ 취득시효완성 후에 그 사실을 모르고 당해 토지에 관하여 어떠한 권리도 주장하지 않기로 한 경우, 이에 반하여 시효주장을 하는 것은 특별한 사정이 없는 한 신의칙상 허용되지 않는다[96다24101].

　　㉡ 대리권한 없이 타인의 부동산을 매도한 자가 그 부동산을 상속한 후 소유자의 지위에서 자신의 대리행위가 무권대리로 무효임을 주장하여 등기말소 등을 구하는 것이 금반언원칙이나 신의칙상 허용될 수 없다[94다20617]. ★33회 기출★

　　㉢ 회사가 해고한 근로자에게 지급할 퇴직금 등을 청산하여 변제공탁하고 근로자가 그 공탁을 조건 없이 수락하고 출급청구를 하여 수령하였다면, 그 후 8개월 가까이 지나 제기한 해고무효확인청구는 금반언의 원칙에 위배되어 위법하다[88다카19804].

② **부정한 판례** ★30, 32회 기출★

　　㉠ 상속인 중의 1인이 피상속인의 생존시에 피상속인에 대하여 상속을 포기하기로 약정하였다고 하더라도, 상속개시 후에 자신의 상속권을 주장하는 것은 정당한 권리행사로서 권리남용에 해당하거나 또는 신의칙에 반하는 권리의 행사라고 할 수 없다[98다9021].

　　㉡ 강행법규인 「부동산거래신고 등에 관한 법률」상 토지거래허가규정을 위반했을 경우, 그 법규위반자가 거래계약의 무효를 주장하는 것은 신의성실의 원칙에 반한다고 할 수 없다[93다44319].

(2) 실효의 원칙(실권의 법리)

① **의의**

　실효의 원칙이란 권리자가 장기간에 걸쳐 그 권리를 행사하지 않음에 따라 그 의무자인 상대방이 더 이상 권리자가 권리를 행사하지 않을 것으로 신뢰할 만한 정당한 기대를 가지게 된 경우에 새삼스럽게 권리자가 그 권리를 행사하는 것은 법질서 전체를 지배하는 신의성실의 원칙에 위반되어 허용되지 않는다는 원칙이다[94다51840].

② **실효원칙의 적용요건**

　　㉠ 권리의 장기간 불행사 : 권리자에게 권리행사의 기회가 있어서 이를 현실적으로 기대할 수 있었음에도 불구하고 장기간 권리를 행사하지 않았어야 한다.

　　㉡ 의무자의 정당한 신뢰 : 권리가 더 이상 행사되지 않으리라는 의무자의 정당한 신뢰가 있어야 한다.

(3) 실효원칙의 적용범위

① **중혼취소** : 중혼성립 후 10여년 동안 혼인취소청구권을 행사하지 않았다 하여 그 권리가 소멸되었다고 할 수 없다[92므907].

② **인지청구권** : 인지청구권은 본인의 일신전속적인 신분관계상의 권리로서 포기할 수도 없으며 포기하였더라도 그 효력이 발생할 수 없는 것이고, 이와 같이 인지청구권의 포기가 허용되지 않는 이상 거기에 실효의 법리가 적용될 여지도 없다[2001므1353].

③ **고용관계** : 사용자와 근로자 사이의 고용관계(근로자의 지위)의 존부를 둘러싼 노동분쟁은, 신속히 해결되는 것이 바람직하므로, 실효의 원칙이 다른 법률관계에 있어서보다 더욱 적극적으로 적용될 필요가 있다[91다30118].

④ **항소권** : 항소권과 같은 소송법상의 권리에 대하여도 이러한 원칙은 적용될 수 있다[94다51840].

(4) 사정변경의 원칙

① **민법의 규정**

　사정변경의 원칙을 직접 명시한 일반규정은 없지만, 지료 · 전세금 · 차임 증감청구권 등 개별규정은 산재해 있다.

② **해제의 경우**

　　㉠ 원칙 : 매매계약을 맺은 때와 그 잔대금을 지급할 때와의 사이에 장구한 시일이 지나서 그 동안에 화폐가치의 변동이 극심하였다(매매목적물의 시가가 1,620배 이상 상승) 할지라도 민법상 사정변경의 원리를 내세워 그 매매계약을 해제할 수 있는 권리가 매도인에게 생기지 않는다[63다452].

ⓛ 인정 : 사정변경으로 인한 계약해제는, 계약성립 당시 당사자가 예견할 수 없었던 현저한 사정의 변경이 발생하였고 그러한 사정의 변경이 해제권을 취득하는 당사자에게 책임 없는 사유로 생긴 것으로서, 계약내용대로의 구속력을 인정한다면 신의칙에 현저히 반하는 결과가 생기는 경우에 계약준수 원칙의 예외로서 인정되는 것이고, 여기에서 말하는 사정이라 함은 계약의 기초가 되었던 객관적인 사정으로서, 일방당사자의 주관적 또는 개인적인 사정을 의미하는 것은 아니라고 한다[2004다31302]. ★30회 기출★

③ 해지의 경우 ★32회 기출★

사정변경을 이유로 보증계약을 해지할 수 있는 것은 채무액이 불확정적이고 계속적인 거래로 인한 채무에 대하여 한 보증에 한하고, 확정채무에 대해 보증한 후 이사직을 사임하였다 하더라도 사정변경을 이유로 보증계약을 해지할 수 없다[95다27431].

제4절　권리남용금지의 원칙

1. 처음에

(1) 의의

> 제2조(신의성실) ② 권리는 남용하지 못한다.

권리남용이라 함은, 권리자가 그 권리를 행사함으로 인하여 사회적·경제적으로 얻는 이익보다 상대방에게 과대한 손해를 입히는 결과가 됨에도 불구하고 권리자가 권리행사라는 구실로 상대방에게 손해를 가할 것만을 목적으로 하거나, 또는 객관적으로 우리의 통념상 도저히 용인될 수 없는 부당한 결과를 자아내는 등 공공복리를 위한 권리의 사회적 기능을 무시하고, 신의성실의 원칙과 국민의 건전한 권리의식에 반하는 행위를 하는 것을 뜻한다[91다27273].

(2) 강행규정

권리남용은 강행규정에 위배되는 것으로서 당사자의 주장이 없더라도 법원이 직권으로 판단할 수 있다[95다33566].

(3) 적용범위

① 원칙 : 권리남용금지의 원칙은 신의칙과 마찬가지로 사법의 기본원리로서 물권·채권·신분권·형성권·지식재산권 등 모든 종류의 사권(私權)의 행사에 적용되고 법인격의 남용에도 적용된다. ★30회 기출★

② 친권남용 : 나이 18년 5월 남짓의 미성년자의 친권자가 미성년자의 강력한 반대에도 불구하고 미성년자에 대하여는 아무런 이익이 없고 오로지 수증자의 이익만을 위해 그 친권자의 다른 아들(미성년자의 이복형제로서 성년자)에게 그 법정대리권에 기하여 미성년자 소유의 부동산을 증여하였다면, 이는 친권을 남용한 것이다[81다649].

③ 국가의 소멸시효주장 : 국가에게 국민을 보호할 의무가 있다는 사유만으로 국가가 소멸시효의 완성을 주장하는 것 자체가 신의성실의 원칙에 반하여 권리남용에 해당한다고 할 수는 없다[2008다15865]. ★30회 기출★

2. 권리남용의 성립요건

(1) **권리의 존재** : 권리자에게 유효한 권리가 존재해야 한다.

(2) **권리의 행사** : 권리자의 권리행사가 있어야 한다. 친권의 불행사와 같이 권리가 의무의 성격도 띠는 경우에는 권리의 불행사도 권리의 남용이 될 수 있다.

(3) **객관적 정당성의 결여 내지 신의칙위반(객관적 요건)** ★32회 기출★
   ① **소멸시효의 남용** : 채무자가 시효완성 전에 채권자의 권리행사나 시효중단을 불가능 또는 현저히 곤란하게 하거나 그러한 조치가 불필요하다고 믿게 하는 행동을 하였거나, 또는 일단 시효완성 후에 채무자가 시효를 원용하지 아니할 것 같은 태도를 보여 권리자로 하여금 그와 같이 신뢰하게 하는 등의 특별한 사정이 있는 경우에 한하여 채무자가 소멸시효의 완성을 주장하는 것은 신의성실의 원칙에 반하여 권리남용으로서 허용될 수 없다[98다42929].
   ② **인지청구권** : 인지청구권은 포기할 수 없고 포기하였다 하더라도 효력이 발생할 수 없으므로, 친생자 관계가 없음을 확인한다는 조정이 성립된 이후에 인지청구를 한다고 하여도 그 청구가 금반언의 원칙에 반한다거나 권리남용에 해당한다고 할 수 없다[98므1698].
   ③ **항변권의 행사** : 동시이행의 항변권의 행사가 주로 자기 채무의 이행만을 회피하기 위한 수단이라고 보이는 경우에는 그 항변권의 행사는 권리남용으로서 배척되어야 한다[91다29972].
   ④ **채권확보를 위한 명의신탁** : 채권자가 채권을 확보하기 위해 제3자의 부동산을 채무자에게 명의신탁하도록 한 다음 채무자에 대한 채무명의로써 동 부동산에 대해 강제집행을 하는 행위는 신의칙에 반하고 권리남용이나 반사회적 행위에 해당되어 허용될 수 없다[80다2064].

(4) **가해목적(주관적 요건)의 요부**
   ① **주관적 요건과 객관적요건** : 권리행사가 권리남용에 해당하려면, 주관적으로 그 권리행사의 목적이 오직 상대방에게 고통을 주고 손해를 입히려는 데 있을 뿐 행사하는 사람에게 아무런 이익이 없는 경우여야 하고, 객관적으로는 그 권리행사가 사회질서에 위반된다고 볼 수 있어야 한다[2002다22083]. 다만 이러한 주관적 요건은 권리자의 정당한 이익을 결여한 권리행사로 보이는 객관적인 사정에 의해 추인할 수 있다[2003다40422].
   ② **주관적 요건과 객관적 요건을 선택** : 권리남용이라 함은, 권리자가 그 권리를 행사함으로 인하여 사회적·경제적으로 얻는 이익보다 상대방에게 과대한 손해를 입히는 결과가 됨에도 불구하고, 권리자가 권리행사라는 구실로 상대방에게 손해를 가할 것만을 목적으로 하거나 또는 객관적으로 우리의 통념상 도저히 용인될 수 없는 부당한 결과를 자아내는 등 공공복리를 위한 권리의 사회적 기능을 무시하고 신의성실의 원칙과 국민의 건전한 권리의식에 반하는 행위를 하는 것을 뜻한다[91다27273].

③ **상계의 경우 객관적 요건만 요구** : 상계할 목적으로 부도가 난 채권자의 어음을 헐값으로 매입한뒤 자신의 채무와 상계하는 것은 신의칙에 반하거나 상계에 관한 권리를 남용하는 것으로서 허용되지 않는다고 함이 상당하고, 일반적인 권리 남용의 경우에 요구되는 주관적 요건을 필요로 하는 것은 아니다[2002다59481].

④ **경매** : 신축중인 건물 부지를 경락받은 자가 완공된 건물의 철거를 구하는 것이 권리남용에 해당하지 않는다[2002다62319].

3. 권리남용의 효과

(1) 권리의 행사가 제한

① **권리행사의 제한** : 권리행사의 법률효과가 발생하지 않는다. 권리 자체가 소멸되는 것은 아니고, 권리의 행사가 제한되는 것이다.

② **지배권 남용** : 소유권에 기한 물권적 청구권 등이 인정되지 않는다.

③ **청구권 남용** : 청구가 인용되지 않는다.

④ **형성권 남용** : 법률관계의 발생·변경·소멸의 효과가 발생하지 않는다.

⑤ **항변권 남용** : 채무자의 소멸시효에 기한 항변 등이 인용되지 않는다.

(2) 불법행위책임의 성립

권리남용에 고의·과실이 있고 그 수단이 위법하며 그로 인해 상대방에게 손해를 준 경우에는 불법행위에 기한 손해배상책임을 부담하게 된다.

(3) 권리의 박탈

친권상실의 선고(제924조)와 같이 명문규정이 있을 때에만 인정된다.

○ × 핵심체크

01 상속인이 피상속인의 생존시에 피상속인에 대하여 상속을 포기하기로 약정하였다가 상속개시 후에 자신의 상속권을 주장하는 것은 신의칙에 반한다. ○ ×

02 강행법규를 위반한 자가 스스로 그 약정의 무효를 주장하는 것은 신의칙(모순행위금지의 원칙)에 반한다. ○ ×

03 신의성실의 원칙에 반하거나 권리남용이 되는 경우에는 당사자의 주장이 없더라도 법원은 직권으로 이를 판단할 수 있다. ○ ×

04 신의성실의 원칙에 위배된다는 이유로 그 권리의 행사를 부정하기 위해서는 상대방에게 신의를 공여하였다거나, 객관적으로 보아 상대방이 신의를 가짐이 정당한 상태에 있어야 하고, 이러한 상대방의 신의에 반하여 권리를 행사하는 것이 정의관념에 비추어 용인될 수 없는 정도의 상태에 이르러야 한다. ○ ×

05 부동산거래에서 신의칙상 고지의무의 대상은 직접적인 법령의 규정뿐만 아니라 계약상, 관습상 또는 조리상의 일반원칙에 의해서도 인정될 수 있다. ○ ×

06 무권대리인이 본인의 지위를 상속한 후 본인의 지위에서 추인거절권을 행사할 수 있다. ○ ×

정답 및 해설   **01** ×   **02** ×   **03** ○   **04** ○   **05** ○   **06** ×

오답분석

01 신의칙에 반하지 아니한다.

02 무효는 누구든지 주장할 수 있으므로 귀책사유 있는 자라도 스스로 무효임을 주장할 수 있다.

06 추인거절권을 행사하는 것은 신의칙상 허용되지 않는다.

07 계약 성립 후 현저한 사정의 변경이 발생하였고, 그러한 사정의 변경이 해제권을 취득하는 당사자에게 책임 없는 사유로 생긴 것으로서, 계약 내용대로의 구속을 인정한다면 신의칙에 현저히 반하는 결과가 생기는 경우에 사정의 변경으로 인한 계약해제가 인정되는데, 여기의 사정이라 함은 주관적 또는 개인적인 사정을 의미한다. ○ ×

08 회사의 이사로 재직하면서 불확정채무를 보증한 자는 이사직을 사임한 후에 사정변경을 이유로 회사를 위한 그 보증계약을 해지할 수 없다. ○ ×

09 실효의 원칙은 항소권과 같은 소송법상의 권리에도 적용될 수 있다. ○ ×

10 실효의 원칙을 적용하기 위해서는 의무자인 상대방이 더 이상 권리자가 그 권리를 행사하지 아니할 것으로 믿을 만한 정당한 사유가 있을 것을 요건으로 한다. ○ ×

11 인지청구권에도 실효의 원칙이 적용된다. ○ ×

12 권리남용이 불법행위에 해당하면 상대방은 그로 인한 손해배상을 청구할 수 있다. ○ ×

13 항변권이 남용된 경우, 권리의 행사가 저지될 뿐 항변권 자체가 박탈되는 것은 아니다. ○ ×

14 동시이행의 항변권 행사가 주로 자기 채무의 이행만을 회피하기 위한 수단이라고 보여지는 경우에는 권리남용에 해당한다. ○ ×

정답 및 해설   **07** ×   **08** ×   **09** ○   **10** ○   **11** ×   **12** ○   **13** ○   **14** ○

오답분석

07 계약의 기초가 되었던 객관적인 사정으로서, 일방당사자의 주관적 또는 개인적인 사정을 의미하는 것은 아니다.

08 확정채무를 보증한 경우 해지할 수 없다.

11 천부인권에 관한 권리로서 실효의 원칙이 적용되지 아니한다.

제2장 │ 확인학습문제

01 형성권으로만 모두 연결된 것은?

★34회 기출★

☑확인
Check!
○
△
×

① 저당권-취소권-동의권

② 상계권-준물권-예약완결권

③ 해제권-취소권-지상물매수청구권

④ 추인권-해지권-물권적 청구권

⑤ 해지권-부양청구권-부속물매수청구권

해설

난도 ★★

③ 해제권-취소권-지상물매수청구권은 모두 형성권에 해당한다.

더 알아보기 권리의 작용(효력)에 따른 분류

지배권	• 권리의 객체를 직접 지배할 수 있는 권리 • 물권뿐만 아니라 무체재산권, 친권, 인격권 등이 이에 해당
청구권	• 특정인이 다른 특정인에 대하여 일정한 행위를 요구할 수 있는 권리로 채권이 대표적임
항변권	• 상대방의 청구권은 인정하나, 그 작용만을 저지하는 권리 • 연기적 항변권 : 상대방의 권리행사를 일시적으로 저지하는 권리로, 동시이행항변권, 보증인의 최고ㆍ검색의 항변권이 이에 해당 • 영구적 항변권 : 상대방의 권리행사를 영구적으로 저지하는 권리로, 한정상속인의 한정승인의 항변권 등이 이에 해당
형성권	• 권리자의 일방적인 의사표시에 의하여 곧바로 법률관계의 변동(발생, 변경, 소멸)이 발생하는 권리 • 형성권에는 권리에 대응하는 의무가 없음 • 형성권은 조건에 친하지 않으나, 예외적으로 정지조건부 해제는 유효(대판 1992.8.18. 92다5928). • 형성권 행사의 의사표시는 철회를 할 수 없는 것이 원칙 **권리자의 일방적 의사표시만으로 효과가 발생하는 형성권(대부분)** • 동의권(제5조, 제13조), 취소권(제140조 이하), 추인권(제143조 이하) • 계약의 해지ㆍ해제권(제543조)　　• 상계권(제492조) • 일방예약의 완결권(제564조)　　• 약혼해제권(제805조) • 상속포기권(제1041조) **법원의 확정판결이 있어야만 법률효과가 발생하는 형성권** • 채권자취소권(제406조)　　• 친생부인권(제846조) 등 **성질이 형성권임에도 불구하고 청구권으로 불리는 것** • 공유물분할청구권(제268조) • 지상물매수청구권(제283조 제2항, 제643조, 제644조, 제285조 제2항) • 부속물매수청구권(제316조 제2항, 제646조, 제647조) • 지료(제286조)ㆍ전세금(제312조의2)ㆍ차임(제628조)의 증감청구권 등

답 ③

02 신의칙과 권리남용에 관한 설명으로 옳지 <u>않은</u> 것은?(다툼이 있으면 판례에 따름) ★30회 기출★

① 신의칙에 반하는 것인지 여부는 당사자의 주장이 없더라도 법원이 직권으로 판단할 수 있다.

② 신의칙에 기한 사정변경의 원칙에 의하여 계약해제권이 발생할 수 있다.

③ 강행법규에 반한다는 사정을 알면서 법률행위를 한 자가 강행법규 위반을 이유로 그 법률행위의 무효를 주장하는 것은 특별한 사정이 없는 한 신의칙에 위배되지 않는다.

④ 권리남용금지의 원칙은 본래적 의미의 권리뿐만 아니라 법인격의 남용에도 적용된다.

⑤ 국민을 보호할 의무가 있는 국가가 국민에 대하여 부담하는 손해배상채무의 소멸시효 완성을 주장하는 것은 원칙적으로 신의칙에 반한다.

해설

난도 ★

⑤ 국가에게 국민을 보호할 의무가 있다는 사유만으로 국가가 소멸시효의 완성을 주장하는 것 자체가 신의성실의 원칙에 반하여 권리남용에 해당한다고 할 수는 없으므로, 국가의 소멸시효 완성 주장이 신의칙에 반하고 권리남용에 해당한다고 하려면 일반 채무자의 소멸시효 완성 주장에서와 같은 특별사정이 인정되어야 한다[2008다15865].

답 ⑤

03 민법상 권리에 관한 설명으로 옳지 <u>않은</u> 것은? ★30회 기출★

① 조건부권리는 기대권에 속한다.

② 채권과 청구권은 동일한 개념이다.

③ 지상권자의 지료증감청구권은 형성권이다.

④ 보증인의 최고 · 검색의 항변권은 연기적 항변권이다.

⑤ 주된 권리가 시효로 소멸하면 종된 권리도 소멸한다.

해설

난도 ★

② 채권이 갖는 청구력 · 보유력 · 소구력 · 집행력 등의 권능 중의 하나가 청구권이다. 채권적 청구권은 채권의 이행기가 도래해야 비로소 발생하는바, 채권이 성립했다고 해서 반드시 청구권이 발생한 것은 아니다.

답 ②

04 신의칙에 관한 설명으로 옳은 것을 모두 고른 것은?(다툼이 있으면 판례에 따름)

ㄱ. 법원은 당사자의 주장이 없으면 직권으로 신의칙 위반 여부를 판단할 수 없다.
ㄴ. 무권대리인이 무권대리행위 후 단독으로 본인의 지위를 상속한 경우, 본인의 지위에서 그 무권대리행위의 추인을 거절하는 것은 신의칙에 반한다.
ㄷ. 부동산거래에서 신의칙상 고지의무의 대상은 직접적인 법령의 규정뿐만 아니라 계약상, 관습상 또는 조리상의 일반원칙에 의해서도 인정될 수 있다.

① ㄱ
② ㄴ
③ ㄱ, ㄷ
④ ㄴ, ㄷ
⑤ ㄱ, ㄴ, ㄷ

해설

난도 ★

ㄱ. 신의성실의 원칙에 반하는 것은 강행규정에 위배되는 것으로서 당사자의 주장이 없더라도 법원이 직권으로 판단할 수 있다[97다37821].

🔳 ④

제3장 │ 권리의 주체

출제포인트
□ 태아의 권리능력
□ 제한능력자의 상대방 보호
□ 부재자 재산관리인의 권한
□ 실종선고 취소의 효과
□ 법인의 불법행위

제1절 서설

1. 권리주체

사법상 권리의 귀속자(사권을 향유할 수 있는 자)를 말한다.

2. 민사상의 능력

(1) 권리능력(인격)

권리주체가 될 수 있는 법적 지위 또는 자격을 말한다. 모든 자연인은 권리능력자이다. 권리를 가질 수 있는 자는 의무도 가질 수 있으므로, 권리능력은 동시에 의무능력이다(제3조).

(2) 의사능력 ★31회 기출★

자기 행위의 의미나 결과를 정상적인 인식력과 예기력을 바탕으로 합리적으로 판단할 수 있는 정신적 능력 내지 지능을 말한다. 단순한 심리적 능력이 아니라 구체적인 법률행위와 관련하여 개별적으로 판단되는 규범적 능력이다. 어떤 법률행위에 그 일상적인 의미만을 이해하여서는 알기 어려운 특별한 법률적인 의미나 효과가 부여되어 있는 경우, 의사능력이 인정되려면 그 행위의 일상적인 의미뿐만 아니라 법률적인 의미나 효과에 대하여도 이해할 수 있어야 한다[2008다58367]. 의사무능력자의 법률행위는 무효이다.

(3) 행위능력

단독으로 (확정적으로) 유효한 법률행위를 할 수 있는 능력을 말한다. 자연인의 행위능력은 의사능력을 객관적 기준에 의해 법률상 획일화한 것이다.

3. 강행규정

권리능력 · 행위능력에 관한 민법의 규정은 강행규정이며, 개인의 의사로 이를 변경할 수 없다.

제2절   권리능력

1. 처음에

(1) 의의

권리주체가 될 수 있는 법적 지위 내지 자격을 말한다.

(2) 강행규정

권리능력에 관한 규정은 강행규정이므로, 권리능력자는 권리능력을 포기할 수 없다.

(3) 권리능력자

① 자연인 *30회 기출*

> 제3조(권리능력의 존속기간) 사람은 생존한 동안 권리와 의무의 주체가 된다.

② 법인

> 제34조(법인의 권리능력) 법인은 법률의 규정에 좇아 정관으로 정한 목적의 범위 내에서 권리와 의무의 주체가 된다.
> 제81조(청산법인) 해산한 법인은 청산의 목적범위 내에서만 권리가 있고 의무를 부담한다.

③ 외국인

기본적으로는 내국인처럼 사권의 주체가 되지만, 법률에 의해 제한될 수 있다(상호주의).

(4) 권리능력의 시기

자연인의 권리능력은 출생시부터 부여되는데 태아가 모태로부터 전부 노출된 때를 출생시로 보는 전부 노출설이 통설이다(형법에서는 진통설). 출생의 가족관계등록부의 기재는 출생의 증거자료로서 추정력이 인정된다.

2. 태아의 권리능력

(1) 입법주의

① 일반적 보호주의

태아의 이익을 위해 모든 법률관계에서 태아의 권리능력을 인정하는 주의이다(로마법과 스위스). 태아의 보호에 유리하지만 적용범위가 불명확하다.

② 개별적 보호주의 *31회 기출*

태아보호를 위해 특히 필요한 법률관계에서만 예외적으로 태아의 권리능력을 인정하는 주의이다(독일·프랑스·우리나라). 적용범위가 명확하지만 태아의 보호에 불충분하다.

(2) 민법상 인정되는 태아의 권리능력

① 불법행위에 기한 손해배상청구권 *28회 기출*

> 제762조(손해배상청구권에 있어서의 태아의 지위) 태아는 손해배상의 청구권에 관하여는 이미 출생한 것으로 본다.
> 제752조(생명침해로 인한 위자료) 타인의 생명을 해한 자는 피해자의 직계존속, 직계비속 및 배우자에 대하여는 재산상의 손해없는 경우에도 손해배상의 책임이 있다.

㉠ 직계존속의 생명침해로 인한 태아 자신의 정신적 손해에 대한 위자료청구권(제752조)과 교통사고의 충격으로 태아가 조산되고 또 그로 인하여 제대로 성장하지 못하고 사망하였다면 위 불법행위는 한편으로 산모에 대한 불법행위인 동시에 한편으로는 태아 자신에 대한 불법행위라고 볼 수 있으므로 따라서 죽은 아이는 생명침해로 인한 재산상 손해배상청구권이 있다[67다2869].

㉡ 父가 교통사고로 상해를 입을 당시 태아가 출생하지 않았다고 하더라도 그 뒤에 출생한 이상 父의 부상으로 인하여 입게 될 정신적 고통에 대한 위자료를 청구할 수 있다[93다4663].

㉢ 父의 생명침해로 인한 父의 재산상, 정신상 손해배상청구권에 관하여는 태아의 상속능력(제1000조 제3항)의 문제로 다룬다.

㉣ 채무불이행에 기한 태아의 손해배상청구권은 인정되지 않는다.

② 재산상속

> 제1000조(상속의 순위) ③ 태아는 상속순위에 관하여는 이미 출생한 것으로 본다.

피상속인의 손해배상청구권은 피상속인에게 발생하였다가 상속인인 태아에게 상속된다.

③ 대습상속(代襲相續)

> 제1001조(대습상속) 전조 제1항 제1호와 제3호의 규정에 의하여 상속인이 될 직계비속 또는 형제자매가 상속개시 전에 사망하거나 결격자가 된 경우에 그 직계비속이 있는 때에는 그 직계비속이 사망하거나 결격된 자의 순위에 갈음하여 상속인이 된다.

④ 유증받을 권리

유증은 유언으로 재산을 타인에게 무상으로 주는 단독행위로서 유증에 관해서는 상속에서의 태아의 권리능력에 관한 규정이 준용된다(제1064조). 유증자의 사망시까지 임신중이면 된다.

⑤ 유류분권(遺留分權)

> 제1112조(유류분의 권리자와 유류분) 상속인의 유류분은 다음 각 호에 의한다.
> 1. 피상속인의 직계비속은 그 법정상속분의 2분의 1
> 2. 피상속인의 배우자는 그 법정상속분의 2분의 1
> 3. 피상속인의 직계존속은 그 법정상속분의 3분의 1
> 4. 피상속인의 형제자매는 그 법정상속분의 3분의 1

⑥ 사인증여에 있어서 태아의 수증능력 인정여부

유증의 방식에 관한 민법 제1065조 내지 제1072조는 유증이 단독행위임을 전제로 하는 것이어서 계약인 사인증여에는 적용되지 않는다. 대법원은 사인증여에 있어서 태아의 수증능력을 부정하는 것으로 보인다.

⑦ 증여에 있어서 태아의 수증능력 인정여부 ★28, 31회 기출★

증여에 관하여는 태아의 수증능력을 인정할 근거가 없고, 태아인 동안에는 법정대리인이 있을 수 없어서 법정대리인에 의한 수증행위도 불가능하며(정지조건설), 쌍방행위가 아닌 손해배상청구권의 취득이나 상속 또는 유증의 경우를 유추하여 태아의 수증능력을 인정할 수는 없다[81다534].

⑧ 태아의 인지청구권

인지는 단독행위이므로 父의 태아 인지권 규정인 제858조(父는 포태중에 있는 子에 대하여도 이를 인지할 수 있다)를 유추하여 태아의 인지청구권을 인정할 수는 없다.

(3) 태아의 권리능력 취득시기(태아는 …에 관하여는 이미 출생한 것으로 본다)

① 해제조건설(제한적 인격설)

㉠ 의의 : 태아는 손해배상청구 · 재산상속 등 일정한 개별적 법률관계에서 권리능력을 갖고(이미 출생한 것으로 본다) 법정대리인을 통해 그 권리를 관리 · 보전할 수 있으나, 사산인 경우에는 문제의 사건이 있었던 때(불법행위성립시 등)까지 소급하여 권리능력이 소멸한다는 견해이다.

㉡ 단점 : 태아보호에 유리하지만, 사산시에는 법정대리인의 법률행위가 소급적으로 무효로 되므로 그 상대방이나 제3자에게 불측의 손해를 줄 수 있으며(거래안전의 보호에 문제), 쌍생아를 출산하는 경우에도 문제가 된다.

㉢ 효과 : 상속의 경우 태아는 다른 상속인과 함께 공동상속인이 된다. 母가 제1순위의 법정대리인이 된다.

㉣ 법정대리인 : 태아인 동안에도 출생한 것으로 간주되어 권리능력을 가지므로 법정대리인도 있을 수 있다.

② 정지조건설(인격소급설)

㉠ 의의 : 태아인 동안에는 권리능력을 취득하지 못하고, 태아가 살아서 출생한 경우에만 권리능력취득의 효과가 문제의 사건이 있었던 때(불법행위성립시 등)로 소급한다는 견해이다.

㉡ 단점 : 태아가 사산하더라도 제3자에게 불측의 손해를 줄 염려는 없으나, 태아가 취득 · 상속할 재산을 태아인 동안에는 보존 · 관리할 수 없으므로 태아보호에 미흡하다.

㉢ 효과 : 재산상속의 경우 태아를 제외한 나머지 상속인이 일단 상속받은 다음, 태아가 살아서 출생하면 태아는 상속회복청구를 할 수 있다.

  ② 법정대리인 : 태아인 동안에는 권리능력이 있을 수 없으므로 법정대리인이 있을 수 없고 태아가 모체와 함께 사망한 경우에는 당연히 권리능력을 갖지 못한다.

 ③ 판례(정지조건설의 입장)

  ⊙ 민법 제762조의 취지상, 특정한 권리에 있어서 태아가 이미 태어난 것으로 본다는 것은 설사 태아가 권리를 취득한다 하더라도 현행법상 이를 대행할 기관이 없어 태아로 있는 동안은 권리능력을 취득할 수 없으니 살아서 출생한 때에 출생시기가 문제의 사건의 시기까지 소급하여 그 때에 태아가 출생한 것과 같이 법률상 보아준다고 해석함이 상당하다[76다1365].

  ⓒ 태아가 모체와 같이 사망하여 출생의 기회를 못 가진 이상 배상청구권을 논할 여지 없다[76다1365]. → 어느 학설에 따르건 태아가 출생하기 전에 사망한 경우에는 태아의 생명침해에 대한 손해배상청구권이 발생하지 않는다. 따라서 의사의 과실로 태아가 사망한 경우, 태아의 부모는 태아의 의사에 대한 손해배상채권을 상속하여 행사할 수 없다. ★30회 기출★

3. 권리능력의 소멸

(1) 사망

 ① 자연인의 권리능력은 사망으로 소멸한다(제3조). ★30회 기출★

 ② 연령이 80세 가량이라면, 특별한 사정이 없는 한 그 피대위자는 현재 생존하고 있는 것으로 추정되고, 그가 사망하였다는 점을 피고가 입증하여야 한다[94다18683].

 ③ 가족관계등록부상 이미 사망한 것으로 기재되어 있는 자에 대하여는 그 가족관계등록부상 사망기재의 추정력을 뒤집을 수 있는 자료가 없는 한 그 생사가 불분명하다고 할 수 없어 실종선고를 할 수 없다[97스4].

(2) 사망의 입증곤란을 구제하기 위한 제도

 ① 인정사망

  수난·화재 기타 사변으로 인해 사망한 것이 거의 확실한데 사체가 발견되지 않은 경우에 이를 조사한 관공서의 사망보고에 기하여 가족관계등록부에 사망을 기재하는 제도로서 권리능력을 절대적으로 소멸시키는 것은 아니다. 인정사망에 의한 가족관계등록부에의 기재는 그 기재된 사망일에 사망한 것으로 추정하는 효력을 가진다. ★30회 기출★

 ② 실종선고

  실종선고는 부재자의 생사가 일정기간 분명하지 않은 때에 그 일정기간이 만료한 때에 사망한 것으로 간주하는 제도이다.

 ③ 동시사망의 추정 ★28, 30, 31회 기출★

> 제30조(동시사망) 2인 이상이 동일한 위난으로 사망한 경우에는 동시에 사망한 것으로 추정한다.

 수인(數人)이 동일한 위난으로 사망한 경우, 그들은 동시에 사망한 것으로 추정되므로 이 추정이 깨어지지 않는 한 그들 사이에는 상속이 일어나지 않는다. 피상속인과 그의 직계비속 또는 형제자매가 동시에 사망한 것으로 추정되는 경우에도 대습상속이 인정된다.

제3절   행위능력

1. 제한능력자 제도

(1) 제한능력자의 보호

제한능력자 제도는 거래의 안전을 희생시키더라도 제한능력자를 보호하고자 함에 근본적인 입법취지가 있다[2008다78996].

(2) 강행규정 ★28, 31회 기출★

제한능력자에 관한 규정은 강행규정이므로, 이에 위배하여 제한능력자에게 불리한 약정은 무효이다. 행위능력을 제한하는 계약도 효력이 없다. 제한능력자 제도는 사적자치의 원칙이라는 민법의 기본이념, 특히 자기책임 원칙의 구현을 가능케 하는 도구로서 인정되는 것이고, 거래의 안전을 희생시키더라도 제한능력자를 보호하고자 함에 근본적인 입법취지가 있으며, 미성년자의 법률행위에 법정대리인의 동의를 요하도록 하는 것은 강행규정이고, 법정대리인의 동의 없이 신용구매계약을 체결한 미성년자가 사후에 법정대리인의 동의 없음을 사유로 들어 이를 취소하는 것은 신의칙에 위배되지 않는다[2005다71659].

2. 미성년자

(1) 성년의 기준

① 성년

> 제4조(성년) 사람은 19세로 성년에 이르게 된다.

연령은 출생일을 산입하여(제158조) 역(曆)에 따라 계산한다(제160조). 출생일은 일반적으로 가족관계등록부의 기록에 따르지만 가족관계등록부 기록은 사실상의 추정력을 가질 뿐이다.

② 혼인에 의한 성년의제

> 제826조의2(성년의제) 미성년자가 혼인을 한 때에는 성년자로 본다.

우리 민법이 1977년 개정시에 '혼인은 성년을 만든다.'는 원칙에 따라 혼인과 동시에 미성년자는 성년자와 같은 행위능력과 소송능력을 가진다. 따라서 혼인 후 주택을 구입하는 행위 등은 유효하다. 성년의제가 되는 혼인은 법률혼에 한하며 사실혼은 제외된다. ★30회 기출★

(2) 미성년자의 행위능력

① 원칙 ★29, 31회 기출★

> 제5조(미성년자의 능력) ① 미성년자가 법률행위를 함에는 법정대리인의 동의를 얻어야 한다. 그러나 권리만을 얻거나 의무만을 면하는 행위는 그러하지 아니하다.
> ② 전항의 규정에 위반한 행위는 취소할 수 있다.

미성년자의 법률행위는 법정대리인이 대리하거나 법정대리인의 동의를 얻어야 하며(제5조 제1항), 이에 위반한 행위는 미성년자 본인 또는 법정대리인이 취소할 수 있다(제5조 제2항·제140조).

② 예외

일정한 경우에는 법정대리인의 동의 없이 미성년자가 단독으로 법률행위를 유효하게 할 수 있다.

㉠ 권리만을 얻거나 의무만을 면하는 행위

> 제5조(미성년자의 능력) ① 그러나 권리만을 얻거나 의무만을 면하는 행위는 법정대리인의 동의를 얻지 않아도 할 수 있다.

부담없는 증여의 수락, 제3자를 위한 계약의 의무없는 수익자로서 하는 수익의 의사표시, 담보물권 또는 보증의 취득, 의무만을 부담하는 편무계약(증여·무상수치·무상수임 등)의 해제·해지, 채무면제를 받는 행위(채무면제의 청약에 대한 승낙) 등이 그 예이다. 부양받을 미성년자가 부양의무자인 친권자에 대해 부양료를 청구하는 것은 미성년자가 단독으로 할 수 있다[72므5]. 그러나 경제적으로 유리한 매매계약·임대차계약 등의 체결, 부담부증여에서 수증의 의사표시, 상속의 승인 등은 의무부담이 있으므로, 미성년자가 이를 단독으로 할 수 없다. ★30회 기출★

㉡ 처분이 허락된 재산의 처분행위 ★28, 29, 30, 33회 기출★

> 제6조(처분을 허락한 재산) 법정대리인이 범위를 정하여 처분을 허락한 재산은 미성년자가 임의로 처분할 수 있다.

재산의 범위만을 의미한다. 전재산의 처분과 같은 포괄적인 재산처분의 허락은 허용되지 않는다. 18세의 미성년자 甲이 당시 경제활동을 통해 월 60만 원 이상의 소득을 얻고 있었고, 대부분 소규모의 일상적인 거래행위였을 뿐만 아니라 월 소득범위 내에서 신용구매계약을 체결한 사안에서, 법정대리인의 묵시적 처분허락이 있었다고 볼 수 있다[2005다71659]. 월 10만 원의 용돈을 받는 미성년자가 단독으로 10만 원짜리 물건을 구입하는 채무부담행위나 친구에게 빌려주는 행위는 확정적으로 유효하다.

㉢ 허락된 특정영업에 관한 법률행위

> 제8조(영업의 허락) ① 미성년자가 법정대리인으로부터 허락을 얻은 특정한 영업에 관하여는 성년자와 동일한 행위능력이 있다.

영업은 널리 영리를 목적으로 하는 독립적·계속적인 상업·자유업 등의 사업을 의미한다. 허락은 영업의 종류를 특정해서 해야 한다. 종류를 불문하고 어떠한 영업을 해도 좋다는 허락, 또는 하나의 단위가 되는 영업의 일부만에 대한 허락이나 제한은 허용되지 않고 영업을 위한 점포의 임차 또는 구입, 자금의 차용, 물품의 구입, 점원의 고용, 광고, 상품의 판매 등 특정영업을 하는 데 직접·간접으로 필요한 행위를 말한다. 허락된 영업에 관하여 미성년자는 성년자와 동일한 행위능력이 있으므로, 그 범위 내에서 법정대리인의 대리권은 소멸한다. ★33회 기출★

ⓔ 대리행위 ★29, 30, 31, 33회 기출★

> 제117조(대리인의 행위능력) 대리인은 행위능력자임을 요하지 아니한다.

미성년자는 언제나 단독으로 타인의 대리인으로서 대리행위를 유효하게 할 수 있다.

ⓜ 유언행위 ★29회 기출★

> 제1061조(유언적령) 만17세에 달하지 못한 자는 유언을 하지 못한다.

ⓗ 취소가능한 법률행위의 취소 : 취소할 수 있는 법률행위를 한 미성년자는 그 법률행위를 단독으로 취소할 수 있다(제140조). ★30회 기출★

ⓢ 법정대리인의 허락을 얻어 회사의 무한책임사원이 된 경우(상법 제7조)

ⓞ 임금의 청구 : 미성년자는 독자적으로 임금을 청구할 수 있고(근기법 제68조), 임금청구소송도 단독으로 수행할 수 있다(민소법 제55조 단서).

ⓩ 근로계약의 체결

> 근로기준법 제67조(근로계약) ① 친권자나 후견인은 미성년자의 근로계약을 대리할 수 없다.

③ 동의 · 허락의 취소 또는 제한

  ㉠ 동의 · 처분허락의 취소 ★33회 기출★

> 제7조(동의와 허락의 취소) 법정대리인은 미성년자가 아직 법률행위를 하기 전에는 전2조의 동의와 허락을 취소할 수 있다.

이 때의 취소는 소급효가 없는 철회(撤回)를 의미한다. 철회의 의사표시를 미성년자에게 한 경우에는 민법 제8조 제2항을 유추적용하여 선의의 제3자에게 대항할 수 없다.

  ㉡ 영업허락의 취소 또는 제한

> 제8조(영업의 허락) ② 법정대리인은 영업의 허락을 취소 또는 제한할 수 있다. 그러나 선의의 제3자에게 대항하지 못한다.

(3) 미성년자의 법정대리인

① 법정대리인이 되는 자

> 제911조(미성년자인 자의 법정대리인) 친권을 행사하는 부 또는 모는 미성년자인 자의 법정대리인이 된다.
> 제909조(친권자) ① 부모는 미성년자인 자의 친권자가 된다. 양자의 경우에는 양부모(養父母)가 친권자가 된다.

제1차로 친권을 행사하는 부 또는 모이고(제911조), 제2차로 후견인이다. 친권자가 없거나 있더라도 대리권 · 재산관리권을 행사할 수 없는 때에는 미성년후견인을 두어야 하고(제928조), 미성년후견인이 법정대리인이 된다(제938조). 미성년후견인은 1인으로 한다(제930조).

② 법정대리인의 권한

미성년자의 법정대리인은 미성년자의 법률행위에 관하여 동의권·대리권·취소권·추인권을 가진다. 그러나 촉구권은 제한능력자의 상대방에게 부여된 권리이다(제15조).

3. 피성년후견인

(1) 성년후견개시의 심판의 요건과 절차

① 심판 요건 ★27회 기출★

> 제9조(성년후견개시의 심판) ① 가정법원은 질병, 장애, 노령, 그 밖의 사유로 인한 정신적 제약으로 사무를 처리할 능력이 지속적으로 결여된 사람에 대하여(실질적 요건) 본인, 배우자, 4촌 이내의 친족, 미성년후견인, 미성년후견감독인, 한정후견인, 한정후견감독인, 특정후견인, 특정후견감독인, 검사 또는 지방자치단체의 장의 청구(형식적 요건)에 의하여 성년후견개시의 심판을 한다.

② 선고와 불복

㉠ 필요적 선고 : 요건이 구비되면 성년가정법원은 반드시 한정후견개시의 심판을 해야 한다(제9조 제1항).

㉡ 선고의 전환

> 제14조의3(심판 사이의 관계) ① 가정법원이 피한정후견인 또는 피특정후견인에 대하여 성년후견개시의 심판을 할 때에는 종전의 한정후견 또는 특정후견의 종료 심판을 한다.

③ 선고의 절차 ★27, 32, 34회 기출★

> 제9조(성년후견개시의 심판) ② 가정법원은 성년후견개시의 심판을 할 때 본인의 의사를 고려하여야 한다.

(2) 피성년후견인의 행위능력 ★27, 32회 기출★

> 제10조(피성년후견인의 행위와 취소) ① 피성년후견인의 법률행위는 취소할 수 있다.
> ② 제1항에도 불구하고 가정법원은 취소할 수 없는 피성년후견인의 법률행위의 범위를 정할 수 있다.
> ③ 가정법원은 본인, 배우자, 4촌 이내의 친족, 성년후견인, 성년후견감독인, 검사 또는 지방자치단체의 장의 청구에 의하여 그 범위를 변경할 수 있다.
> ④ 제1항에도 불구하고 일용품의 구입 등 일상생활에 필요하고 그 대가가 과도하지 아니한 법률행위는 성년후견인이 취소할 수 없다.

(3) 성년후견인

> 제929조(성년후견심판에 의한 후견의 개시) 가정법원의 성년후견개시심판이 있는 경우에는 그 심판을 받은 사람의 성년후견인을 두어야 한다.
> 제936조(성년후견인의 선임) ① 제929조에 따른 성년후견인은 가정법원이 직권으로 선임한다.
> 제930조(후견인의 수와 자격) ② 성년후견인은 피성년후견인의 신상과 재산에 관한 모든 사정을 고려하여 여러 명을 둘 수 있다.
> ③ 법인도 성년후견인이 될 수 있다.

(4) 피성년후견인의 재산관리 및 법률행위 대리

> 제949조(재산관리권과 대리권) ① 후견인은 피후견인의 재산을 관리하고 그 재산에 관한 법률행위에 대하여 피후견인을 대리한다.
> 제938조(후견인의 대리권 등) ① 후견인은 피후견인의 법정대리인이 된다.

(5) 후견감독인의 동의가 필요한 행위

> 제950조(후견감독인의 동의를 필요로 하는 행위) ① 후견인이 피후견인을 대리하여 다음 각 호의 어느 하나에 해당하는 행위를 하거나 미성년자의 다음 각 호의 어느 하나에 해당하는 행위에 동의를 할 때는 후견감독인이 있으면 그의 동의를 받아야 한다.
> 1. 영업에 관한 행위
> 2. 금전을 빌리는 행위
> 3. 의무만을 부담하는 행위
> 4. 부동산 또는 중요한 재산에 관한 권리의 득실변경을 목적으로 하는 행위
> 5. 소송행위
> 6. 상속의 승인, 한정승인 또는 포기 및 상속재산의 분할에 관한 협의
> ③ 후견감독인의 동의가 필요한 법률행위를 후견인이 후견감독인의 동의 없이 하였을 때에는 피후견인 또는 후견감독인이 그 행위를 취소할 수 있다.

(6) 성년후견종료의 심판 ★27회 기출★

> 제11조(성년후견종료의 심판) 성년후견개시의 원인이 소멸된 경우에는 가정법원은 본인, 배우자, 4촌 이내의 친족, 성년후견인, 성년후견감독인, 검사 또는 지방자치단체의 장의 청구에 의하여 성년후견종료의 심판을 한다.

4. 피한정후견인

(1) 한정후견개시의 심판의 요건과 절차

① 심판 요건

> 제12조(한정후견개시의 심판) ① 가정법원은 질병, 장애, 노령, 그 밖의 사유로 인한 정신적 제약으로 사무를 처리할 능력이 부족한 사람에 대하여 본인, 배우자, 4촌 이내의 친족, 미성년후견인, 미성년후견감독인, 성년후견인, 성년후견감독인, 특정후견인, 특정후견감독인, 검사 또는 지방자치단체의 장의 청구에 의하여 한정후견개시의 심판을 한다.

② 선고와 불복

㉠ 필요적 선고 : 요건이 구비되면 성년가정법원은 반드시 한정후견개시의 심판을 해야 한다(제12조 제1항).

㉡ 선고의 전환

> 제14조의3(심판 사이의 관계) ② 가정법원이 피성년후견인 또는 피특정후견인에 대하여 한정후견개시의 심판을 할 때에는 종전의 성년후견 또는 특정후견의 종료 심판을 한다.

© 선고의 절차 *★32회 기출★*

> 제9조(성년후견개시의 심판) ② 가정법원은 한정후견개시의 심판을 할 때 본인의 의사를 고려하여야 한다.

(2) 피한정후견인의 행위능력 *★28회 기출★*

> 제13조(피한정후견인의 행위와 동의) ① 가정법원은 피한정후견인이 한정후견인의 동의를 받아야 하는 행위의 범위를 정할 수 있다.
> ② 가정법원은 본인, 배우자, 4촌 이내의 친족, 한정후견인, 한정후견감독인, 검사 또는 지방자치단체의 장의 청구에 의하여 제1항에 따른 한정후견인의 동의를 받아야만 할 수 있는 행위의 범위를 변경할 수 있다.
> ③ 한정후견인의 동의를 필요로 하는 행위에 대하여 한정후견인이 피한정후견인의 이익이 침해될 염려가 있음에도 그 동의를 하지 아니하는 때에는 가정법원은 피한정후견인의 청구에 의하여 한정후견인의 동의를 갈음하는 허가를 할 수 있다.
> ④ 한정후견인의 동의가 필요한 법률행위를 피한정후견인이 한정후견인의 동의 없이 하였을 때에는 그 법률행위를 취소할 수 있다. 다만, 일용품의 구입 등 일상생활에 필요하고 그 대가가 과도하지 아니한 법률행위에 대하여는 그러하지 아니하다.

(3) 한정후견인

① 선임

> 제959조의2(한정후견의 개시) 가정법원의 한정후견개시의 심판이 있는 경우에는 그 심판을 받은 사람의 한정후견인을 두어야 한다.
> 제959조의3(한정후견인의 선임 등) ① 한정후견인은 가정법원이 직권으로 선임한다.

② 후견인의 수

> 제930조(후견인의 수와 자격) ② 한정후견인은 피성년후견인의 신상과 재산에 관한 모든 사정을 고려하여 여러 명을 둘 수 있다.

(4) 한정후견종료의 심판

> 제14조(한정후견종료의 심판) 한정후견개시의 원인이 소멸된 경우에는 가정법원은 본인, 배우자, 4촌 이내의 친족, 한정후견인, 한정후견감독인, 검사 또는 지방자치단체의 장의 청구에 의하여 한정후견종료의 심판을 한다.

(5) 대항요건

> 제959조의7(한정후견인의 임무의 종료 등) 한정후견종료의 사유는 이를 상대방에게 통지하거나 상대방이 이를 안 때가 아니면 이로써 상대방에게 대항하지 못한다.

5. 특정후견제도

(1) 특정후견개시의 심판의 요건

> 제14조의2(특정후견의 심판) ① 가정법원은 질병, 장애, 노령, 그 밖의 사유로 인한 정신적 제약으로 일시적 후원 또는 특정한 사무에 관한 후원이 필요한 사람에 대하여 본인, 배우자, 4촌 이내의 친족, 미성년후견인, 미성년후견감독인, 검사 또는 지방자치단체의 장의 청구에 의하여 특정후견의 심판을 한다.

(2) 심판절차

> 제14조의2(특정후견의 심판) ② 특정후견은 본인의 의사에 반하여 할 수 없다.
> ③ 특정후견의 심판을 하는 경우에는 특정후견의 기간 또는 사무의 범위를 정하여야 한다.

(3) 특정후견의 종료

특정후견은 별도의 특정후견종료 심판 없이 특정후견인이 선임된 원인이 되는 사무처리의 종결, 기간의 경과로 종료된다(「민법」 제14조의2 참조).

6. 제한능력자의 상대방의 보호

(1) 상대방의 확답을 촉구할 권리

① 의의

> 제15조(제한능력자의 상대방의 확답을 촉구할 권리) ① 제한능력자의 상대방은 제한능력자가 능력자가 된 후에 그에게 1개월 이상의 기간을 정하여 그 취소할 수 있는 행위를 추인할 것인지 여부의 확답을 촉구할 수 있다. 능력자로 된 사람이 그 기간 내에 확답을 발송하지 아니하면 그 행위를 추인한 것으로 본다.
> ② 제한능력자가 아직 능력자가 되지 못한 경우에는 그의 법정대리인에게 제1항의 촉구를 할 수 있고, 법정대리인이 그 정하여진 기간 내에 확답을 발송하지 아니한 경우에는 그 행위를 추인한 것으로 본다.
> ③ 특별한 절차가 필요한 행위는 그 정하여진 기간 내에 그 절차를 밟은 확답을 발송하지 아니하면 취소한 것으로 본다.

② 촉구의 방법

제한능력자의 상대방은 제한능력자가 능력자가 된 후에 취소할 수 있는 법률행위를 적시하고, 그에게 1개월 이상의 기간을 정하여 그 취소할 수 있는 행위를 추인할 것인지 여부의 확답을 촉구해야 한다(제15조 제1항). ★29회 기출★

③ 촉구의 상대방

원칙적으로 촉구의 상대방은 제한능력자의 촉구를 수령하고 추인할 능력이 있는 자여야 하므로, 제한능력자는 능력자로 된 후에 촉구의 상대방이 될 수 있고(제15조 제1항), 제한능력자가 아직 능력자로 되지 못한 때에는 법정대리인이 촉구의 상대방이다(제15조 제2항). ★28회 기출★

(2) 상대방의 철회권과 거절권

① 서설

> 제16조(제한능력자의 상대방의 철회권과 거절권) ① 제한능력자가 맺은 계약은 추인이 있을 때까지 상대방이 그 의사표시를 철회할 수 있다. 다만, 상대방이 계약 당시에 제한능력자임을 알았을 경우에는 그 의사표시를 철회할 수 없다.
> ② 제한능력자의 단독행위는 추인이 있을 때까지 상대방이 거절할 수 있다.
> ③ 제1항의 철회나 제2항의 거절의 의사표시는 제한능력자에게도 할 수 있다.

② 계약의 철회권

- ㉠ 의의 : 제한능력자의 상대방이 제한능력자와의 계약을 철회하는 의사표시를 하여 그 계약이 처음부터 없었던 것으로 하는 권리로서 상대방 있는 단독행위이다.
- ㉡ 철회권 행사의 시기 · 방법 : 제한능력자 측에서 계약을 추인 또는 취소하기 전에, 제한능력자의 상대방이 철회의 의사표시를 일방적으로 하면 된다. 다만, 상대방이 계약 당시에 제한능력자임을 알았을 때에는 철회하지 못한다(제16조 제1항). ★28, 29회 기출★
- ㉢ 철회의 효과 : 철회가 있으면 계약은 확정적 무효로 되어, 소급적으로 소멸한다. 이후에 제한능력자 측은 추인할 수 없다.

③ 단독행위의 거절권

거절권의 성질상 제한능력자의 단독행위는 상계 · 채무면제 등 상대방 있는 단독행위에 한하고, 유언 · 재단법인설립행위 등 상대방 없는 단독행위는 제외된다. 제한능력자의 상대방이 단독행위의 의사표시를 수령할 당시에 악의인 경우에도 거절할 수 있다. 거절이 있으면 소급적으로 소멸한다.

(3) 속임수를 사용한 제한능력자의 취소권 배제

① 요건

> 제17조(제한능력자의 속임수) ① 제한능력자가 속임수로써 자기를 능력자로 믿게 한 경우에는 그 행위를 취소할 수 없다.
> ② 미성년자나 피한정후견인이 속임수로써 법정대리인의 동의가 있는 것으로 믿게 한 경우에도 그 행위를 취소할 수 없다.

- ㉠ 속임수 사용의 주체 : 제한능력자인 미성년자 · 피성년후견인 · 피한정후견인이다. 피성년후견인이 속임수로써 법정대리인의 동의가 있는 것으로 믿게 한 경우는 제17조 제2항의 요건에 해당하지 않는데, 피성년후견인의 법률행위는 그 법정대리인의 동의가 있더라도 취소대상이 되기 때문이다. ★29, 32회 기출★
- ㉡ 속임수의 사용 : 대법원은 민법 제17조에서 속임수를 쓴 것이라 함은 적극적으로 사기수단을 쓴 것을 말하고 단순히 자기가 능력자라 사언함은 속임수를 쓴 것이라 할 수 없다고 한다. 그리하여 미성년자가 본인이 사장이라고 말하고 동석자가 그 미성년자를 A주식회사 사장이라고 호칭한 것만으로는 속임수를 쓴 경우에 해당하지 않고[71다2045], 매매 당시 피고가 원고에게 성년자로 군대에 갔다가 왔다고 언명한 사실이 있다 하더라도 이것만으로는 속임수를 썼다고 할 수 없다[4287민상77]고 한다.

ⓒ 증명책임 : 미성년자와 계약을 체결한 상대방이 미성년자가 속임수를 썼다고 주장하는 때에는 그 주장자인 상대방 측에 그에 대한 입증책임이 있다[71다2045].

② 속임수 사용의 효과

ⓐ 제한능력자의 취소권 배제 : 제한능력자 측에서는 제한능력자 본인뿐만 아니라 그 법정대리인도 제한능력자임을 이유로 법률행위를 취소하지 못한다.

ⓑ 제한능력자 상대방의 취소권과 손해배상청구권 : 속임수에 의한 법률행위가 제110조의 사기에 의한 의사표시에 해당하는 경우, 제한능력자의 상대방은 사기를 이유로 그 법률행위를 취소할 수 있을 뿐만 아니라 제한능력자의 책임능력이 인정된다면 불법행위에 기한 손해배상(제750조)을 청구할 수도 있다.

(4) 기타(후술)

① 법정추인(제145조−추인으로 간주)
② 제척기간의 경과(제146조−취소권 소멸)

제4절   주소

1. 서설

(1) 의의

> 제18조(주소) ① 생활의 근거되는 곳을 주소로 한다.

(2) 구별개념

① 거소(居所)

> 제19조(거소) 주소를 알 수 없으면 거소를 주소로 본다.
> 제20조(거소) 국내에 주소없는 자에 대하여는 국내에 있는 거소를 주소로 본다.

② 현재지(現在地) : 시간적·사실적 개념이며, 두 곳 이상 있을 수 없다. 여행자가 일시 머물고 있는 숙박업소는 이에 해당한다.

③ 가주소(假住所)

> 제21조(가주소) 어느 행위에 있어서 가주소를 정한 때에는 그 행위에 관하여는 이를 주소로 본다.

생활근거와 무관하게 특정의 법률관계에 관해서 주소를 대신하도록 지정한 장소를 말한다.

2. 주소에 관한 입법주의

(1) 형식주의와 실질주의

① 형식주의 : 주민등록지·본적지 등 형식적 기준에 따라 획일적으로 주소를 정하는 입법주의이다.

② 실질주의 : 실질적인 생활근거지를 기준으로 주소를 정하는 입법주의이다(제18조 제1항).

> 제18조(주소) ① 생활의 근거되는 곳을 주소로 한다.

(2) 단일주의와 복수주의

① 단일주의 : 주소의 개수를 하나만 인정하는 입법주의이다.

② 복수주의 : 주소의 개수를 복수로 인정하는 입법주의이다.

> 제18조(주소) ② 주소는 동시에 두 곳 이상 있을 수 있다.

(3) 의사주의와 객관주의

① 의사주의 : 정주의 사실 및 정주의 의사를 요건으로 하여 주소를 정하는 입법주의이다(독일·프랑스·스위스). 의사무능력자를 위한 법정주소가 필요하다.

② 객관주의 : 정주의 사실만을 기준으로 주소를 정하는 입법주의이다. 정주의 의사라는 주관적 요소를 요하지 않는다(우리나라).

(4) 우리 민법의 태도

우리 민법은 실질주의(제18조 제1항)·복수주의(제18조 제2항)·객관주의(해석상)의 입장을 취하고 있다.

3. 주소의 법률효과

(1) 민법상의 효과 : 부재 및 실종의 기준(제22조·제27조), 재산상속의 개시지(제998조), 특정물인도 외의 채무변제의 장소(제467조 제2항 본문)

(2) 민법외의 사법상의 효과 : 어음·수표행위의 장소(어음법 제2조, 수표법 제8조), 재판관할의 기준(민소법 제3조, 회생파산법 제3조), 불변기간에 대한 부가기간 부여의 기준(민소법 제172조 제2항), 국제사법상 준거법의 기준(국제사법 제3조 제2항)

1. 부재자의 재산관리

(1) 부재자의 의의와 범위

① 의의 ★28회 기출★

민법상 부재자란 종래의 주소나 거소를 떠나 단시일 내에 돌아올 가망성이 희박한 자로서, 반드시 생사불명이어야 하는 것은 아니며, 생사불명인 자도 실종선고 또는 인정사망시까지는 부재자이다. 대법원은 해외유학생이 해외에서 소재가 분명할 뿐만 아니라 부동산이나 소유재산을 국내에 있는 사람을 통해 직접 관리하고 있는 때에는 이를 부재자라 할 수 없다[4292민상252]. 부재자는 법원의 실종선고가 없는 한 사망자로 간주되지 않는다[4292민상885].

② 부재자의 범위

자연인은 부재자가 될 수 있으나, 법인은 성질상 부재자가 될 수 없다. 대법원도 법인에 대하여는 그 성질상 부재자에 관한 규정이 적용되지 않고[4286민재항7], 법인을 부재자라 하여 그 재산관리인을 선임할 수는 없다[64스9]고 한다. ★28회 기출★

(2) 잔류재산의 관리

① 본인의 재산을 관리할 법정대리인이 있는 경우

법정대리인이 법률의 규정에 따라 재산을 관리하므로, 법원은 재산관리에 개입하지 않는다.

② 본인이 재산관리인을 둔 경우

㉠ 본인의 생사가 분명하고 재산관리인의 권한이 존재하는 경우(원칙적인 경우) : 법원은 재산관리에 개입하지 않는다. 본인이 정한 재산관리인이 권한을 넘는 행위를 할 때에도 법원의 허가를 요하지 않으며, 그 관리인의 행위는 임의대리행위로서 표현대리에 의해 규율된다. ★29, 31회 기출★

㉡ 본인(부재자)의 생사가 불명하게 된 경우

ⓐ 부재자가 정한 재산관리인의 행위

> 제25조(관리인의 권한) 법원이 선임한 재산관리인이 제118조에 규정한 권한을 넘는 행위를 함에는 법원의 허가를 얻어야 한다. 부재자의 생사가 분명하지 아니한 경우에 부재자가 정한 재산관리인이 권한을 넘는 행위를 할 때에도 법원의 허가를 얻어야 한다.

ⓑ 법원이 부재자가 정한 재산관리인을 감독하는 경우

> 제24조(관리인의 직무) ③ 부재자의 생사가 분명하지 아니한 경우에 이해관계인이나 검사의 청구가 있는 때에는 법원은 부재자가 정한 재산관리인에게 관리할 재산목록의 작성과 부재자의 재산을 보존하기 위하여 필요한 처분을 명할 수 있다.

ⓒ 법원이 재산관리인을 개임하는 경우

> 제23조(관리인의 개임) 부재자가 재산관리인을 정한 경우에 부재자의 생사가 분명하지 아니한 때에는 법원은 재산관리인, 이해관계인 또는 검사의 청구에 의하여 재산관리인을 개임할 수 있다.

ⓒ 본인의 부재중 재산관리인의 권한이 소멸한 경우 : 부재자 자신이 재산관리인을 두지 않은 경우와
같다(제22조 제1항 후문).
③ 부재자 자신이 재산관리인을 두지 않은 경우
㉠ 법원의 처분명령

> 제22조(부재자의 재산의 관리) ① 종래의 주소나 거소를 떠난 자가 재산관리인을 정하지 아니한 때(또는 법정대리
> 인이 없는 경우)에는 법원은 이해관계인이나 검사의 청구에 의하여 재산관리에 관하여 필요한 처분을 명하여야
> 한다.

이해관계인이란 부재자 재산의 보존에 법률상 이해관계가 있는 배우자 · 부양청구권자 · 추정상속
인 · 채권자 · 보증인 · 연대채무자 등을 말한다. 재산관리에 필요한 처분에는 재산관리인의 선임,
잔류재산의 봉인 · 경매 등이 있다.
㉡ 처분명령의 취소

> 제22조(부재자의 재산의 관리) ② 본인이 그 후에 재산관리인을 정한 때에는 법원은 본인, 재산관리인, 이해관계
> 인 또는 검사의 청구에 의하여 전항의 명령을 취소하여야 한다.

본인이 스스로 재산을 관리하게 된 때 또는 그 사망이 분명하게 되거나 실종선고가 있는 때에는
가정법원은 본인 또는 이해관계인의 청구에 의해 그 명령을 취소해야 한다(가소규칙 제50조). 이
때의 취소는 소급효가 없으므로, 취소 이전에 재산관리인이 행한 권한범위 내의 행위는 유효하다.
ⓒ 법원이 재산관리인을 선임한 후에 부재자의 사망사실이 밝혀지거나 부재자가 실종선고를 받은 경
우 : 법원에 의한 부재자 재산관리인 선임결정이 있었던 이상 부재자가 그 이전에 이미 사망하였
음이 위 결정 후에 확실해졌다 하더라도 법에 정해진 절차에 의해 위 결정이 취소되지 않는 한 선
임된 부재자 재산관리인의 권한이 당연히 소멸되지는 않는다[66다2352]. ★34회 기출★
법원에 의해 선임된 재산관리인은 법원의 결정에 의해 해임되므로, 부재자가 사망하거나 그 실종
선고기간이 만료되더라도 법원의 선임취소결정이 없는 한 재산관리인은 권한범위 내의 행위를 할
수 있고, 그 행위의 효과는 부재자의 재산상속인에게 미친다[69다719]. 재산관리인에 대한 선임
결정이 취소되기 전에 재산관리인의 처분행위에 기해 경료된 등기는 법원의 처분허가 등 모든 절
차를 거쳐 적법하게 경료된 것으로 추정된다[91다11810]. ★28, 31회 기출★
④ 법원에 의해 선임된 재산관리인의 지위 · 권한과 권리 · 의무
㉠ 지위 : 법원에 의해 선임된 부재자 재산관리인은 부재자를 본인으로 하는 일종의 법정대리인이다.
선임관재인은 선량한 관리자의 주의의무로써 그 직무를 수행해야 한다[75마551]. 가정법원은 선
임한 재산관리인을 언제든지 개임할 수 있고, 선임된 재산관리인은 언제든지 가정법원에 신고한
후 사임할 수 있다(가소규칙 제42조).
㉡ 권한 : 보존행위와 물건 · 권리의 성질을 변화시키지 않는 이용 · 개량행위가 그것이다. 법원의 허
가는 장래의 처분행위에 대해서 함이 원칙이지만, 기왕의 처분행위를 추인하는 형식으로도 할 수
있다[80다3063]. 그러나 법원의 허가를 얻어 하는 처분행위도 부재자를 위하는 범위에 한정되므
로, 부재자와 아무런 관계가 없는 남의 채무의 담보만을 위해 부재자 재산에 근저당권을 설정하는
행위는 특별한 사정이 없는 한 위 근저당권설정은 허용된 권한을 넘는 무효의 처분이다[75마
551]. ★29, 31, 33회 기출★

ⓒ 권리(보수청구권 · 비용상환청구권 · 손해배상청구권 등) : 부재자 재산관리인은 보수를 법원에 청구할 수 있고(제26조 제2항), 재산관리를 위해 지출한 필요비(제24조 제4항 참고)와 그 이자 및 과실없이 받은 손해의 배상을 수임인에 준해 청구할 수 있다(제688조 제1항, 제3항 유추). ★28, 33회 기출★

ⓔ 의무(재산목록작성 · 처분수행 · 담보제공 · 선관의무 등) : 법원이 선임한 부재자 재산관리인은 관리할 재산의 목록을 작성하고(제24조 제1항), 법원이 명하는 처분을 수행하며(제24조 제2항), 법원의 명이 있으면 재산관리 · 반환에 필요한 담보를 제공해야 한다(제26조 제1항).

2. 실종선고

(1) 의의

실종선고제도는 부재자의 사망 개연성이 크지만 그 사망을 증명할 수 없는 경우에 법원의 선고를 통해 그를 사망자로 간주하는 제도이다. 따라서 가족관계등록부상 이미 사망으로 기재되어 있는 자에 대해서는 원칙적으로 실종선고를 할 수 없다.

(2) 실종선고의 요건

① 생사불명

부재자나 위난을 당한 자의 생사가 분명하지 않아야 한다. 생사불명이란 생존에 대한 증명도 사망에 대한 증명도 할 수 없는 상태를 말한다. 생사는 실종선고 청구권자와 법원에게 불분명하면 된다.

② 실종기간의 경과

> 제27조(실종의 선고) ① 부재자의 생사가 5년간 분명하지 아니한 때에는 법원은 이해관계인이나 검사의 청구에 의하여 실종선고를 하여야 한다.
> ② 전지에 임한 자, 침몰한 선박 중에 있던 자, 추락한 항공기 중에 있던 자 기타 사망의 원인이 될 위난을 당한 자의 생사가 전쟁종지 후 또는 선박의 침몰, 항공기의 추락 기타 위난이 종료한 후 1년간 분명하지 아니한 때에도 제1항과 같다.

ⓐ 보통실종 : 최후소식이 있었던 때로부터 5년이다(제27조 제1항).

ⓑ 특별실종 : 전쟁실종은 전쟁이 사실상 끝난 때(終止 : 강화조약체결시가 아니라 전쟁이 사실상 끝난 때인 정전 · 항복선언 · 휴전선언이 있는 때)로부터, 선박실종은 선박이 침몰한 때로부터, 항공실종은 항공기가 추락한 때로부터, 기타 위난실종은 위난이 종료한 때로부터 1년이다(제27조 제2항). 전쟁실종에서 전지에 임한 자는 참전군인뿐만 아니라 전지에 들어간 종군기자 · 일반인을 포함한다. ★30회 기출★

③ 청구권자의 청구 ★27, 29, 30, 33회 기출★

이해관계인이나 검사의 청구가 있어야 한다. 상속인 · 생존배우자 · 법정대리인 · 재산관리인 · 채권자 등은 이해관계인에 해당한다. 제2순위의 상속인은 특별한 사정이 없는 한 이해관계인에 해당하지 않으므로 부재자의 실종선고를 청구할 수 없다[92스4]. 부재자와 사실혼관계에 있는 자는 실종선고를 청구할 수 없다.

(3) 실종선고의 절차

실종을 선고함에는 공시최고의 절차를 거쳐야 하고, 공시최고의 기일은 공고종료일부터 6월 이후로 정해야 한다(가소규칙 제53조·제54조 제2항). 실종선고의 요건이 갖추어지면 가정법원은 반드시 실종선고를 해야 한다(제27조).

(4) 실종선고의 효과

① 의제주의(사망간주) ★29, 32, 33회 기출★

> 제28조(실종선고의 효과) 실종선고를 받은 자는 실종 기간이 만료한 때에 사망한 것으로 본다.

실종선고가 취소되지 않고 있는 동안은 생존 등의 반증을 들어 실종선고의 효력을 부정할 수 없고[94다52751], 실종선고를 받은 자에 대한 사망의 효과를 저지하려면 그 선고를 취소해야 한다[69다2103]. 실종선고 이후 실종선고 취소사유가 생겼다고 하더라도 실제로 실종선고가 취소되지 않는 한 실종기간이 만료하여 사망한 때로 간주되는 시점이 상속개시시로 되고, 상속개시시를 임의로 변경할 수는 없다[94다21542]. 실종선고는 대세적 효력을 가지므로 실종선고청구인뿐만 아니라 제3자에게도 효력이 있다.

② 사망으로 의제되는 시기 ★27, 28, 29, 30회 기출★

우리 민법은 실종기간만료시주의를 취하고 있다. 즉 실종선고가 확정되면 우리 민법상 실종기간만료시에 사망한 것으로 간주되고, 그 이전까지는 생존한 것으로 간주된다. 피상속인의 사망 후 그 상속인에 대한 실종선고가 이루어졌으나 실종기간 만료시점이 피상속인의 사망 이전인 경우, 실종선고된 자는 상속인이 될 수 없다.

③ 사망으로 의제되는 물적 범위

실종선고는 실종자의 종래의 주소를 중심으로 하는 사법상(私法上)의 법률관계만을 종료시킨다. 실종선고는 선거권 등 공법상의 법률관계에 영향을 미치지 않고 권리능력을 박탈시키지 않으며, 실종선고를 받은 자가 생존하여 새로운 주소에서 맺은 법률관계 또는 종래의 주소에 돌아와서 새로이 맺은 법률관계에는 사망의 효과가 미치지 않는다.

④ 실종선고를 받지 않은 경우의 생존추정 여부 ★30회 기출★

부재자는 법원의 실종선고가 없는 한 사망자로 간주되지 않으며[4292민상885], 실종선고의 확정으로 실종선고의 효력이 생기기 전까지는 부재자가 생존하였던 것으로 보아야 한다[82사18].

⑤ 실종선고의 소급효와 그 제한

㉠ 실종선고의 소급효 : 실종선고가 있으면 상속개시의 효과는 실종기간만료시로 소급하여 발생한다.

㉡ 소급효의 제한 : 실종선고의 효력이 발생하기 전에는 만료된 실종자도 소송상 당사자능력을 상실하는 것이 아니므로 실종자를 당사자로 하여 선고된 판결도 유효하고, 그 판결은 당사자능력이 없는 사망한 사람을 상대로 한 판결로서 무효가 된다고 볼 수 없다[92다2455]. 부재자 재산관리인으로서 권한초과행위의 허가를 받고 그 선임결정이 취소되기 전에 위 권한에 기해 이루어진 행위는 부재자에 대한 실종기간이 만료된 뒤에 이루어졌다고 하더라도 유효하다(73다2023 참조)[80다2668]. ★31회 기출★

⑥ 동일인에 대하여 2차례의 실종선고가 내려져 있는 경우, 뒤에 내려진 실종선고를 기초로 상속관계를 인정할 수 없다[86스20]. ★33회 기출★

(5) 실종선고의 취소 요건

① 의의

> 제29조(실종선고의 취소) ① 실종자의 생존한 사실 또는 전조의 규정과 상이한 때에 사망한 사실의 증명이 있으면 법원은 본인, 이해관계인 또는 검사의 청구에 의하여 실종선고를 취소하여야 한다.

② 요건과 절차

실종자가 생존하고 있는 사실이나 실종기간만료시와 다른 시기에 사망한 사실(제29조 제1항), 또는 실종기간의 기산점 이후에 생존하고 있었던 사실이 증명되어야 한다. 명문규정은 없지만, 실종기간의 기산점 이후에 생존하고 있었던 사실이 증명되면 사망간주시기가 달라지므로 기존의 실종선고를 취소함이 타당하다. 본인·이해관계인 또는 검사의 청구가 있어야 한다. 공시최고는 불필요하다. 실종선고 취소의 요건이 구비되면 법원은 반드시 선고해야 한다. ★27, 32회 기출★

(6) 실종선고 취소의 효과

① 취소의 소급효

㉠ 원칙 : 실종선고가 취소되면 소급효로 인해 원래의 실종선고는 처음부터 없었던 것으로 된다(제29조 제1항 단서의 반대해석).

㉡ 실종자가 현재 생존하는 사실을 이유로 취소된 경우 : 실종선고 취소사유가 실종자가 생존하고 있는 사실이면, 실종선고 전의 가족관계 및 재산관계가 회복된다. 실종선고로 인한 상속·유증의 개시는 그 개시시로 소급하여 무효로 되고, 상속재산의 처분행위는 무권리자의 처분행위로서 처분시로 소급하여 무효로 되며, 실종자의 배우자가 재혼하였다면 전혼의 부활로 인해 후혼은 중혼으로서 취소대상이 된다.

㉢ 실종자가 사망한 시기가 다르다는 이유로 취소된 경우 : 실종선고 취소사유가 실종기간만료시와 다른 시기에 사망한 사실이면, 실제 사망한 시기를 기준으로 법률관계가 다시 형성된다.

㉣ 실종자가 실종기간 기산점 이후에 생존한 사실을 이유로 취소된 경우 : 실종선고 취소사유가 실종기간의 기산점 이후에 생존하고 있었던 사실이면, 실종선고 전의 가족관계 및 재산관계가 회복되지만 관계인의 청구에 의해 새로운 실종선고가 내려지면 새로운 실종기간만료시를 기준으로 법률관계가 다시 형성된다.

② 선고 후 취소 전 행위 ★32회 기출★

> 제29조(실종선고의 취소) ① 그러나 실종선고 후 그 취소 전에 선의로 한 행위의 효력에 영향을 미치지 아니한다.

㉠ 실종선고 취소의 소급효가 제한되는 법률행위의 시간적 범위 : 실종선고 후 그 취소 전이어야 한다. 따라서 실종기간만료를 불문하고 실종선고 전에 한 행위나 실종선고 취소 후에 한 행위는 선의로 하였더라도 유효하지 않다. ★27회 기출★

㉡ 행위 : 타인권리의 매매도 가능하므로 제29조 제1항 단서에 의해 실종선고 취소의 영향을 받는 행위는 처분행위(물권행위·준물권행위 등)와 그에 준하는 신분행위를 의미한다고 본다.

㉢ 선의의 범위

ⓐ 단독행위의 경우 : 채무면제·해제·취소 등과 같은 단독행위의 경우에는 행위자만의 선의로 충분하다는 것이 통설이다.

    ⓑ 신분행위의 경우 : 당사자 쌍방이 선의여야 한다는 것이 통설이다. 혼인의 경우, 후혼당사자 쌍방이 선의이면 전혼이 부활하지 않아 후혼은 확정적으로 유효하지만, 어느 한 당사자라도 악의이면 전혼이 부활하므로 후혼은 중혼이 되어 취소대상이 된다.

    ⓒ 재산처분행위의 경우 : 재산행위도 양 당사자 모두가 선의여야 유효하다는 견해이다. 어느 한 당사자라도 악의이면 상속재산의 처분행위는 무효로 되며, 그 후의 전득자는 선의이더라도 보호되지 않는다. 다만 재산이 동산인 경우에 취득자는 선의취득(제249조)을 할 수 있다.

③ 실종선고로 직접 재산을 취득한 자의 반환의무 ★27, 30회 기출★

> 제29조(실종선고의 취소) ② 실종선고의 취소가 있을 때에 실종의 선고를 직접원인으로 하여 재산을 취득한 자가 선의인 경우에는 그 받은 이익이 현존하는 한도에서 반환할 의무가 있고 악의인 경우에는 그 받은 이익에 이자를 붙여서 반환하고 손해가 있으면 이를 배상하여야 한다.

    ㉠ 실종선고를 직접원인으로 하여 재산을 취득한 자(직접취득자) : 상속인, 수유자, 사인증여의 수증자, 생명보험금 수취인 등을 말한다. 이들로부터 법률행위에 의해 재산을 취득한 전득자는 직접취득자에 포함되지 않는다.

    ㉡ 그 받은 이익 : 실종선고를 직접원인으로 하여 취득한 재산적 이익을 말한다. 부당이득의 반환범위는 손실자의 손실을 최고한도로 하므로, 직접취득자의 노력·능력에 의한 증가분은 반환할 필요가 없다.

    ㉢ 현존하는 한도(선의인 경우) : 취득재산이 원형대로 있으면 그것을 반환하고, 그 재산을 매도한 금전·대가물을 가지고 있으면 그 변형물을 반환한다. 금전을 유흥비 등으로 소비한 경우에는 이익이 현존하지 않으나, 생활비 등 필요비에의 충당으로 다른 재산의 소비를 면한 경우에는 이익이 현존한다.

    ㉣ 받은 이익과 이자 및 손해(악의인 경우)

    악의의 직접취득자는 그 받은 이익에 이자를 붙여서 반환하고 손해가 있으면 이를 배상해야 한다. 실종선고로 5억 원을 상속받은 자가 주식투자 등을 통해 10억 원으로 증식시킨 경우, 선의이면 5억 원을 반환하고, 악의이면 5억 원 및 법정이자를 반환한다. 실종선고로 5억 원을 상속받은 자가 주식투자 실패로 3억 원을 날린 경우, 선의이면 2억 원을 반환하고, 악의이면 5억 원 및 법정이자를 반환한다.

제6절 법인(法人)

1. 서설

(1) 의의와 취지

법인이란 자연인이 아니면서 법률에 의해 권리능력이 부여된 단체(사단법인) 또는 재산(재단법인)을 말한다. 법인제도는 권리주체임에 적합한 단체나 재산(실체적 측면 – 법인실재설)에 그 구성원 · 출연자와는 독립된 법적 인격을 부여함(기술적 측면 – 법인의제설)으로써 구성원 · 출연자로부터 책임을 분리시키고 법률관계를 간편하게 처리하기 위한 법기술이다.

(2) 법인의 분류

① 영리법인과 비영리법인

② 사단법인과 재단법인

　ㄱ 사단법인 : 일정한 목적을 위해 결합된 사람의 단체로서 법인격을 취득한 것을 말한다. 사단법인은 사원을 요소로 하고, 사원총회를 통해 그 의사를 자주적으로 결정하며, 비영리사단법인과 영리사단법인으로 분류된다.

　ㄴ 재단법인 : 일정한 목적을 위해 출연된 재산을 기초로 활동하는 사업체로서 법인격을 취득한 것을 말한다. 재단법인은 재산을 요소로 하고, 설립자가 정한 목적에 맞게 활동하며, 언제나 비영리법인이다(제32조).

(3) 법인격부인론(法人格否認論)

법인제도는 단체에 관한 법률관계를 간편하게 처리하기 위한 법기술이므로, 채무면탈 · 책임회피 · 재산은닉 등의 목적으로 법인을 악용하는 경우에는 그 범위 내에서 법인격을 부인하려는 이론이다[97다21604].

2. 법인의 설립

(1) 민법의 규정

법인은 법률의 규정에 의함이 아니면 성립하지 못한다(법정주의, 제31조). ★28회 기출★

(2) 비영리사단법인의 설립

① 설립요건

　ㄱ 목적의 비영리성

> **제32조(비영리법인의 설립과 허가)** 학술, 종교, 자선, 기예, 사교 기타 영리 아닌 사업을 목적으로 하는 사단 또는 재단은 주무관청의 허가를 얻어 이를 법인으로 할 수 있다.

  ⓛ 설립행위(정관의 작성) ★33회 기출★

> **제40조(사단법인의 정관)** 사단법인의 설립자는 다음 각 호의 사항을 기재한 정관을 작성하여 기명날인하여야 한다.
> 1. 목적 2. 명칭 3. 사무소의 소재지 4. 자산에 관한 규정 5. 이사의 임면에 관한 규정
> 6. 사원자격의 득실에 관한 규정 7. 존립시기나 해산사유를 정하는 때에는 그 시기 또는 사유

    ⓐ 민법 제40조에 열거된 기재사항을 필요적 기재사항이라 하고, 그 밖의 것을 임의적 기재사항이라 하는데, 임의적 기재사항도 일단 정관에 기재되면 필요적 기재사항과 같은 효력을 가지고 그 변경은 정관변경절차에 따라야 한다.

    ⓑ 사단법인의 정관은 그 법적 성질은 계약이 아니라 자치법규로 보는 것이 타당하므로, 이는 어디까지는 객관적인 기준에 따라 그 규범적인 의미내용을 확정하는 법규해석의 방법으로 해석되어야 하는 것이지, 작성자의 주관이나 해석 당시의 사원의 다수결에 의한 방법으로 자의적으로 해석될 수 없다[99다12437].

    ⓒ 사단법인은 일정한 목적을 위해 결합한 사람의 단체에 법인격이 인정된 것을 말하고, 사단법인에 있어 사원 자격의 득실변경에 관한 사항은 정관의 기재사항이므로, 어느 사단법인과 다른 사단법인이 동일한 것인지 여부는 그 구성원인 사원이 동일한지 여부에 따라 결정됨이 원칙이다[2006다37021]. ★31회 기출★

  ⓒ 주무관청의 허가 : 허가할지 여부는 행정관청의 재량사항에 속한다.

  ⓔ 설립등기 ★31회 기출★

> **제33조(법인설립의 등기)** 법인은 그 주된 사무소의 소재지에서 설립등기를 함으로써 성립한다.

② 사단법인 설립행위의 법적 성격(합동행위설)

③ 설립중의 법인

  설립자에 의해 정관이 작성되어 사단법인의 실체를 갖추었지만 아직 등기를 하지 않은 사단을 말한다. 비법인사단(권리능력 없는 사단)에 해당한다. 설립중의 법인의 행위는 당연히 성립후의 법인에 귀속한다[72다2344]. 그러나 발기인조합의 경우 이들에게 귀속된 권리 · 의무를 설립후의 회사에 귀속시키기 위하여는 양수나 채무인수 등의 특별한 이전행위가 있어야 한다[90누2536]. ★31회 기출★

(3) 비영리재단법인의 설립

① 설립요건

  ㉠ 목적의 비영리성 : 영리 아닌 사업을 목적으로 해야 한다(제32조).

  ㉡ 설립행위(재산의 출연과 정관의 작성)

    ⓐ 재산의 출연

> **제47조(증여, 유증에 관한 규정의 준용)** ① 생전처분으로 재단법인을 설립하는 때에는 증여에 관한 규정을 준용한다.
> ② 유언으로 재단법인을 설립하는 때에는 유증에 관한 규정을 준용한다.

ⓑ 정관의 작성

> 제43조(재단법인의 정관) 재단법인의 설립자는 일정한 재산을 출연하고 '1. 목적, 2. 명칭, 3. 사무소의 소재지, 4. 자산에 관한 규정, 5. 이사의 임면에 관한 규정'을 기재한 정관을 작성하여 기명날인하여야 한다.

　　재단법인의 성격상 사원에 관한 규정은 있을 수 없고, 존립시기나 해산사유는 필요적 기재사항이 아니다. ★29회 기출★

ⓒ 정관의 보충 ★29회 기출★

> 제44조(재단법인의 정관의 보충) 재단법인의 설립자가 그 명칭, 사무소 소재지 또는 이사임면의 방법을 정하지 아니하고 사망한 때에는 이해관계인 또는 검사의 청구에 의하여 법원이 이를 정한다.

ⓒ 주무관청의 허가 : 비영리재단은 비영리사단과 마찬가지로 주무관청의 허가를 얻어야 한다(제32조). 주무관청의 허가는 그 본질상 주무관청의 자유재량에 속하는 행위로서, 그에 대한 불허가처분은 행정소송의 대상이 되지 않는다[84누509].

ⓔ 설립등기 : 법인은 그 주된 사무소의 소재지에서 설립등기를 함으로써 성립한다(제33조).

② 재단법인 출연행위의 법적 성격

　　재단법인 설립을 위한 출연행위를 상대방 없는 단독행위로 보며, 재단법인 설립을 위하여 서면에 의한 출연을 한 경우에도 출연자는 착오에 기한 의사표시를 이유로 출연의 의사표시를 취소할 수 있다[98다9045].

③ 출연재산의 귀속시기

> 제48조(출연재산의 귀속시기) ① 생전처분으로 재단법인을 설립하는 때에는 출연재산은 법인이 성립된 때로부터 법인의 재산이 된다.
> ② 유언으로 재단법인을 설립하는 때에는 출연재산은 유언의 효력이 발생한 때로부터 법인에 귀속한 것으로 본다.

ⓐ 물권의 변동시기(판례) : 출연자와 법인간의 내부관계에서는 등기없이도 법인성립시 또는 유언효력발생시에 출연재산이 법인에 귀속되지만 공시제도와 거래안전상 제3자에 대한 관계에서는 등기가 있어야 출연재산이 법인에 귀속된다[78다481 전합]. ★30회 기출★

ⓑ 채권의 변동시기 : 재단법인 설립을 위해 출연된 지명채권은 제48조가 정하는 시기에 법인에 귀속한다. 지시채권·무기명채권은 배서·교부가 없더라도 제48조에 의해 법인성립시 또는 유언효력발생시에 당연히 법인에 귀속된다.

3. 법인의 능력

(1) 의의

　　법인의 능력이란 법인의 권리능력·행위능력·불법행위능력을 말한다. 법인의 능력에 관한 규정은 강행규정이다. 민법은 법인의 권리능력(제34조)과 불법행위능력(제35조 제1항)에 관해 규정하고 있으며, 행위능력에 관해서는 규정하고 있지 않다.

(2) 법인의 권리능력

① 성질에 의한 제약

법인은 생명권·친권·부권(夫權)·정조권·신체자유권과 같은 자연인의 천연의 성질을 전제로 하는 권리·의무의 주체가 될 수 없다. 그러나 법인도 물권·채권·지식재산권, 명예권·성명권과 같은 권리의 주체는 될 수 있다. 법인은 상속권의 주체가 될 수 없다. 그러나 법인도 유증을 받을 수는 있으므로 포괄유증을 받음으로써 재산상속과 같은 효과를 얻을 수 있다(제1078조).

② 법률에 의한 제한

> 제81조(청산법인) 해산한 법인은 청산의 목적범위 내에서만 권리가 있고 의무를 부담한다.

③ 목적에 의한 제한

> 제34조(법인의 권리능력) 법인은 법률의 규정에 좇아 정관으로 정한 목적의 범위 내에서 권리와 의무의 주체가 된다.

㉠ 목적의 범위 내 : 대법원은 '목적을 달성함에 필요한 행위'[74다310]로 이해하다가 최근에는 '목적수행에 직접·간접으로 필요한 행위'[2004도1632]로 다소 넓게 이해하고 있다. 목적수행에 필요한지의 여부는 행위의 객관적 성질에 따라 추상적으로 판단할 것이지 행위자의 주관적·구체적 의사에 따라 판단할 것이 아니다[86다카1349].

㉡ 목적범위 외의 행위의 효과 : 법인은 목적범위 내에서만 권리능력을 가지므로, 법인기관이 행한 법인의 목적범위 외의 법률행위는 법인에 대하여 효력이 없다[65다854]. 즉 행위를 한 대표기관 개인의 법률행위(무권대표행위)로 남는다.

(3) 법인의 행위능력

법인의 대표에 관하여는 대리에 관한 규정이 준용되므로(제59조 제2항), 법인의 대표기관이 법인을 위한 것임을 표시함으로써 대표권을 행사한다(현명주의, 제114조). 법인의 행위능력의 범위는 그 권리능력의 범위와 일치한다. 법인의 행위능력을 벗어난 법률행위는 법인에 대해 효력이 없고, 법률행위를 한 대표기관 개인의 행위에 지나지 않는다.

(4) 법인의 불법행위능력

① 제35조 제1항의 적용범위

비법인 사단·재단에 대하여는 사단법인·재단법인에 관한 민법규정 가운데서 법인격(등기)을 전제로 하는 것을 제외하고는 이를 유추적용한다. 불법행위책임은 법인격을 전제로 하는 것이 아니므로 제35조는 비법인 사단·재단에도 유추적용된다[93다32828 참고].

② 법인의 불법행위의 성립요건

> 제35조(법인의 불법행위능력) ① 법인은 이사 기타 대표자가 그 직무에 관하여 타인에게 가한 손해를 배상할 책임이 있다. 이사 기타 대표자는 이로 인하여 자기의 손해배상책임을 면하지 못한다.
> ② 법인의 목적범위 외의 행위로 인하여 타인에게 손해를 가한 때에는 그 사항의 의결에 찬성하거나 그 의결을 집행한 사원, 이사 및 기타 대표자가 연대하여 배상하여야 한다.

ㄱ 대표기관의 행위일 것

    ⓐ 이사·임시이사·특별대리인·청산인 등 법인의 대표기관의 행위여야 한다. 제35조에서 말하는 '이사 기타 대표자'는 법인의 대표기관을 의미하는 것이고 대표기관이 아닌 사원총회·감사의 행위, 즉 대표권이 없는 이사는 대표기관은 아니기 때문에 그의 행위로 인하여 법인의 불법행위가 성립하지 않는다[2003다30159].

    ⓑ 이사의 임의대리인(제62조)의 행위인 경우, 이사의 임의대리인은 대표기관이 아니므로 법인은 사용자책임(제756조)을 질 뿐이다.

    ⓒ 여기서 '법인의 대표자'에는 그 명칭이나 직위 여하, 또는 대표자로 등기되었는지 여부를 불문하고 당해 법인을 실질적으로 운영하면서 법인을 사실상 대표하여 법인의 사무를 집행하는 사람을 포함한다고 해석함이 상당하다[2008다15438]. ★29, 30, 31, 32회 기출★

ㄴ 직무에 관한 행위일 것 : 대표기관의 행위가 직무에 관한 행위여야 하며, 그 범위를 벗어난 행위는 법인의 대표기관으로서의 행위가 아니라 자연인 개인으로서의 행위에 불과하다.

    ⓐ 행위의 태양 : 법률행위·사실행위를 포함하며, 재판외 행위이건 재판상 행위이건 불문한다. 그리고 행위의 외형상 기관의 직무수행행위라고 볼 수 있는 행위 및 직무행위와 밀접한 관련이 있는 행위를 말한다(외형이론).

    ⓑ 판례 : 행위의 외형상 법인의 대표자의 직무행위라고 인정할 수 있는 것이라면, 설사 그것이 대표자 개인의 사리를 도모하기 위한 것이었거나 법령의 규정에 위배된 것이었다 하더라도 직무에 관한 행위에 해당한다[2003다15280]. 법인의 대표자의 행위가 직무에 관한 행위에 해당하지 않음을 피해자 자신이 알았거나 중대한 과실로 인하여 알지 못한 경우에는 법인에게 손해배상책임을 물을 수 없다[2003다34045]고 한다. ★29, 31, 32, 33회 기출★

    ⓒ 불법행위의 일반적 요건을 갖출 것 : 제35조 제1항은 제750조를 전제로 하는 규정이므로, 법인의 불법행위가 성립하려면 대표기관의 직무에 관한 행위가 불법행위의 일반적 요건을 구비해야 한다.

③ **불법행위의 효과**

ㄱ 법인의 손해배상책임

    법인의 불법행위가 성립하면 법인은 피해자에게 손해를 배상해야 한다(제35조 제1항 전문). 학교법인의 대표자였던 자에 의한 차금행위가 불법행위가 된다면 이는 민법상 사용자의 배상책임이 아니고 민법 제35조에 의한 법인 자체의 불법행위가 되어 배상책임이 있다[78다132].

ㄴ 법인의 불법행위가 성립하는 경우

    ⓐ 대표기관 개인은 법인과 경합하여 피해자에게 배상할 책임을 지며(제35조 제1항 후문), 기관 개인과 법인의 손해배상책임은 부진정연대채무관계에 있으므로, 피해자는 가해기관인 개인 또는 그 법인에 대해 선택적으로(순차로 또는 동시에) 손해배상청구권을 행사할 수 있다. ★27, 32, 33회 기출★

    ⓑ 법인의 대표자가 그 직무에 관하여 타인에게 손해를 가함으로써 법인에 손해배상책임이 인정되는 경우에, 대표자의 행위가 제3자에 대한 불법행위를 구성한다면 그 대표자도 제3자에 대하여 손해배상책임을 면하지 못하며, 또한 사원도 위 대표자와 공동으로 불법행위를 저질렀거나 이에 가담하였다고 볼 만한 사정이 있으면 제3자에 대하여 위 대표자와 연대하여 손해배상책임을 지지만 특별한 사정이 없는 한, 사원이 그 사항의 총회의결에 찬성했다는 사실만으로 법인과 연대책임을 부담하지는 않는다. ★29회 기출★

ⓒ 법인의 불법행위가 성립하지 않는 경우

ⓐ 대표기관 개인의 책임 : 법인의 대표기관이 직무관련행위와 무관하게 타인에게 고의·과실로 위법하게 손해를 가한 때에는 법인은 불법행위책임을 지지 않고 그 기관 개인만이 민법 제750 조의 불법행위책임을 진다.

ⓑ 찬성이사 등의 연대책임 : 법인의 목적범위 외의 행위로 인하여 타인에게 손해를 가한 때에는 그 사항의 의결에 찬성하거나 그 의결을 집행한 사원·이사 및 기타 대표자는 공동불법행위의 성립여부를 묻지 않고 연대하여 배상해야 한다. ★28, 33회 기출★

④ 권한범위 내의 배임적 대표행위(대표권남용)

법인대표기관이 자기 또는 제3자의 이익을 위해 권한범위 내에서 대표권을 행사한 경우의 계약상 효과에 관하여, 대법원은 대체로 비진의표시유추적용설의 입장에서 제107조 제1항 단서를 유추적용하여 상대방이 대표이사의 진의를 알았거나 알 수 있었을 때에는 그 행위는 회사(법인)에 대해 무효가 된다[93다13391]고 하나, 신의칙설의 입장에서 상대방이 그 정을 안 경우에만 회사는 그 행위의 효과를 부인할 수 있을 뿐[86다카1522]이라고 한 경우도 있다. 상대방에게 과실이 있어 대표권남용행위가 법인에 대해 무효인 경우에 제35조 제1항에 의한 법인의 불법행위책임을 인정하되 과실상계를 한다[98다39602]. ★29회 기출★

4. 법인의 기관

(1) 법인의 기관의 종류 ★31회 기출★

법인의 기관에는 이사·감사·사원총회가 있다. 일정한 경우에는 임시이사·특별대리인·청산인도 있으며, 이사·임시이사·특별대리인·청산인은 법인의 대표기관이다. 법인의 대표기관이 법인을 위하여 계약을 체결한 경우, 다른 사정이 없으면 그 성립의 효과는 직접 법인에 미치고 계약을 위반한 때에는 법인이 손해를 배상할 책임이 있다. 이사는 필수적 기관으로서 내부적으로는 업무집행기관이고 외부적으로는 대표기관이다. 감사는 민법상 임의기관으로서 법인의 재산상황과 이사의 업무집행상황 등을 감사하는 기관이다. 사원총회는 사단법인에만 존재하는 의사결정기관이다.

(2) 이사(理事)

① 이사의 지위와 자격

이사는 대내적으로 법인의 업무를 집행하고 대외적으로 법인을 대표하는 상설필요기관이다. 법인은 이사를 두어야 한다(제57조). 이사의 수에는 제한이 없으므로, 정관에서 임의로 정할 수 있다(제40 조·제43조). 이사는 자연인에 한한다.

② 이사의 임면

㉠ 선임 : 이사의 선임에 관한 사항은 정관에 의해 정해지며, 선임행위의 성격은 법인·이사간의 일종의 위임계약 또는 위임유사의 무명계약이다.

㉡ 해임·사임 : 정관의 규정에 의하되, 규정이 없으면 대리에 관한 규정이 준용되고(제59조 제2항·제127조) 위임의 규정(제689조)이 준용된다. ★31회 기출★

ⓒ 등기 : 이사의 성명·주소는 등기사항이며(제49조 제2항 제8호), 이를 등기하지 않으면 선임·퇴임으로써 제3자에게 대항할 수 없다(제54조 제1항).

③ 이사의 직무권한

㉠ 법인대표권(대외적 권한) ★33회 기출★

> 제59조(이사의 대표권) ① 이사는 법인의 사무에 관하여 각자 법인을 대표한다. 그러나 정관에 규정한 취지에 위반할 수 없고 특히 사단법인은 총회의 의결에 의하여야 한다.
> ② 법인의 대표에 관하여는 대리에 관한 규정을 준용한다.

ⓐ 대표권의 내용 : 이사는 법인의 사무에 관하여 각자 법인을 대표하므로 단독대표가 원칙이다. 대표권을 행사함에는 법인을 위한 것임을 표시해야 하며(현명주의, 'A법인 이사 甲'으로 표시), 무권대리·표현대리 등도 법인의 대표에 준용된다. 이사는 정관 또는 총회의 의결로 금지하지 않은 사항에 한하여 특정한 행위를 대리할 대리인을 둘 수 있으나(제62조), 제반업무 처리를 포괄적으로 위임할 수 없고, 이러한 임의대리인은 법인의 기관이 아니다. ★27, 33회 기출★

ⓑ 대표권의 제한 : 이사의 대표권 행사는 정관에 규정한 취지에 위반할 수 없고, 특히 사단법인은 총회의 의결에 의해야 한다(제59조 제1항 단서).
  • 정관에 의한 제한 : 이사의 대표권에 대한 제한은 정관에 기재하지 않으면 효력이 없고, 등기하지 않으면 제3자에게 대항할 수 없다(제60조). 여기서 제3자에 관해서는, 대표권제한이 등기되어 있지 않다면 그 정관규정으로써 선의냐 악의냐에 관계없이 제3자에게 대항할 수 없다[91다24564]. ★29, 30, 32, 33회 기출★
  • 사원총회의 의결에 의한 제한 : 사원총회의 의결로 이사의 대표권을 제한할 수 있다(제59조 단서 참고).
  • 법인과 이사의 이익상반행위 : 법인과 이사의 이익이 상반하는 사항에 관하여는 이사는 대표권이 없다(제64조 전문). 이 경우 다른 이사가 있으면 그 이사가 법인을 대표하고, 다른 이사가 없으면 제63조에 따라 선임된 특별대리인이 법인을 대표한다(제64조 후문 참고).

㉡ 사무집행권(대내적 권한) ★28, 33, 34회 기출★

> 제58조(이사의 사무집행) ① 이사는 법인의 사무를 집행한다.
> ② 이사가 수인인 경우에는 정관에 다른 규정이 없으면 법인의 사무집행은 이사의 과반수로써 결정한다.

④ 이사의 직무대행자의 권한

> 제60조의2(직무대행자의 권한) ① 제52조의2의 직무대행자는 가처분명령에 다른 정함이 있는 경우 외에는 법인의 통상사무에 속하지 아니한 행위를 하지 못한다. 다만, 법원의 허가를 얻은 경우에는 그러하지 아니하다.
> ② 직무대행자가 제1항의 규정에 위반한 행위를 한 경우에도 법인은 선의의 제3자에 대하여 책임을 진다.

⑤ 이사의 의무와 책임

> 제61조(이사의 주의의무) 이사는 선량한 관리자의 주의로 그 직무를 행하여야 한다.
> 제65조(이사의 임무해태) 이사가 그 임무를 해태한 때에는 그 이사는 법인에 대하여 연대하여 손해배상의 책임이 있다.

⑥ **이사회**

이사들의 의결기관이 이사회이다. 이사는 1인일 수도 있으므로 이사회는 필요기관이 아니다.

⑦ **임시이사** ★27회 기출★

> 제63조(임시이사의 선임) 이사가 없거나 결원이 있는 경우에 이로 인하여 손해가 생길 염려 있는 때에는 법원은 이해
> 관계인이나 검사의 청구에 의하여 임시이사를 선임하여야 한다.

이사가 없어도 그로 인한 손해발생의 염려가 없으면 임시이사를 선임하지 않아도 되고, 이사가 없는
법인도 존속할 수 있다. 임시이사는 이사와 동일한 권한을 갖는 법인의 대표기관이지만, 정식이사가
선임되면 임시이사의 권한은 당연히 소멸한다.

⑧ **특별대리인**

> 제64조(특별대리인의 선임) 법인과 이사의 이익이 상반하는 사항에 관하여는 이사는 대표권이 없다. 이 경우에는 전
> 조의 규정에 의하여 특별대리인을 선임하여야 한다.

대표권 있는 수인의 이사 중 일부의 자와 법인의 이익이 상반되면, 특별대리인을 선임할 필요가 없고
다른 이사가 법인을 대표하게 된다. 특별대리인은 특정 사항에 관해 대표권을 갖는 법인의 임시적 기
관이며, 일반적인 대리인이 아니다. 특별대리인의 권한은 당해 사항에 한정된다. 임시이사와 특별대
리인은 법원이 선임한다. ★27, 33회 기출★

(3) 감사(監事)

① **감사의 지위와 자격** ★30회 기출★

> 제66조(감사) 법인은 정관 또는 총회의 결의로 감사를 둘 수 있다.

감사는 임의적 기관이고, 그 수에는 제한이 없다. ★27회 기출★

② **감사의 임면**

정관의 규정이나 총회의 결의로 정한 바가 없으면 위임에 관한 규정에 의한다. 감사의 성명 · 주소는
민법상 등기사항이 아니다(실무상 등기하고 있음). ★27회 기출★

③ **감사의 직무권한과 의무**

> 제67조(감사의 직무) 감사의 직무는 다음과 같다.
> 1. 법인의 재산상황을 감사하는 일
> 2. 이사의 업무집행의 상황을 감사하는 일
> 3. 재산상황 또는 업무집행에 관하여 부정, 불비한 것이 있음을 발견한 때에는 이를 총회 또는 주무관청에 보고하는 일
> 4. 전호의 보고를 하기 위하여 필요있는 때에는 총회를 소집하는 일

(4) 사원총회(社員總會)

① **사원총회의 지위**

사원총회는 사단법인의 사원으로 구성되는 최고의 의사결정기관이다. 사원총회는 재단법인에는 없
지만, 사단법인에는 필수기관이므로 폐지될 수 없다.

② 사원총회의 종류

　㉠ 통상총회

> 제69조(통상총회) 사단법인의 이사는 매년 1회 이상 통상총회를 소집하여야 한다.

　㉡ 임시총회 ★27회 기출★

> 제70조(임시총회) ① 사단법인의 이사는 필요하다고 인정한 때에는 임시총회를 소집할 수 있다.
> ② 총사원의 5분의 1 이상으로부터 회의의 목적사항을 제시하여 청구한 때에는 이사는 임시총회를 소집하여야 한다. 이 정수는 정관으로 증감할 수 있다.
> ③ 전항의 청구있는 후 2주간 내에 이사가 총회소집의 절차를 밟지 아니한 때에는 청구한 사원은 법원의 허가를 얻어 이를 소집할 수 있다.

임시총회는 이사 또는 감사가 필요하다고 인정하는 때, 또는 총사원의 1/5 이상이 회의의 목적사항을 제시하여 청구한 때에 소집되는 사원총회를 말한다. 정관으로 1/5이라는 소수사원권 정족수를 증감할 수는 있으나, 완전히 박탈할 수는 없다.

③ 사원총회의 소집절차

> 제71조(총회의 소집) 총회의 소집은 1주간 전에 그 회의의 목적사항을 기재한 통지를 발하고 기타 정관에 정한 방법에 의하여야 한다.

1주일의 기간을 연장하는 것은 가능하지만, 정관으로도 이를 단축할 수는 없다. 소집절차에 하자가 있어 그 효력을 인정할 수 없는 종중총회의 결의라도 후에 적법하게 소집된 종중총회에서 이를 추인하면 처음부터 유효로 된다[96다2729].

④ 사원총회의 권한

　㉠ 법인사무에 관한 의결권

> 제68조(총회의 권한) 사단법인의 사무는 정관으로 이사 또는 기타 임원에게 위임한 사항 외에는 총회의 결의에 의하여야 한다.

사원총회는 포괄적인 결의권을 갖지만, 의결기관일 뿐 집행기관이 아니므로 법인의 사무집행에 관해 대외적 대표권이나 내부적인 업무집행권을 갖지는 않는다. 총회는 정관에 규정이 있으면 소집 통지에 기재한 목적사항 이외에 대해서도 결의할 수 있다. ★27회 기출★

　㉡ 정관변경 ★27회 기출★

> 제42조(사단법인의 정관의 변경) ① 사단법인의 정관은 총사원 3분의 2 이상의 동의가 있는 때에 한하여 이를 변경할 수 있다. 그러나 정수에 관하여 정관에 다른 규정이 있는 때에는 그 규정에 의한다.

　㉢ 임의해산

> 제77조(해산사유) ② 사단법인은 사원이 없게 되거나 총회의 결의로도 해산한다.
> 제78조(사단법인의 해산결의) 사단법인은 총사원 4분의 3 이상의 동의가 없으면 해산을 결의하지 못한다. 그러나 정관에 다른 규정이 있는 때에는 그 규정에 의한다.

⑤ 사원총회의 결의

　　㉠ 총회의 성립 : 총회가 적법하게 소집되고 정족수의 사원이 출석해야 총회가 성립한다.

　　㉡ 결의사항

> 제71조(총회의 소집) 총회의 소집은 1주간 전에 그 회의의 목적사항을 기재한 통지를 발하고 기타 정관에 정한 방법에 의하여야 한다.

　　㉢ 결의권과 그 행사방법

> 제73조(사원의 결의권) ① 각 사원의 결의권은 평등으로 한다.
> ② 사원은 서면이나 대리인으로 결의권을 행사할 수 있다.
> ③ 전2항의 규정은 정관에 다른 규정이 있는 때에는 적용하지 아니한다.
> 제74조(사원이 결의권없는 경우) 사단법인과 어느 사원과의 관계사항을 의결하는 경우에는 그 사원은 결의권이 없다.

　　　정관의 규정으로써 사원의 결의권을 불평등하게 하고, 서면이나 대리인을 통해서는 결의권을 행사할 수 없도록 정할 수 있다. 그러나 사원의 고유권인 결의권을 완전히 박탈할 수는 없다. ★27, 33회 기출★

　　㉣ 결의정족수

> 제75조(총회의 결의방법) ① 총회의 결의는 본법 또는 정관에 다른 규정이 없으면 사원 과반수의 출석과 출석사원의 결의권의 과반수로써 한다.
> ② 사원이 서면이나 대리인을 통해 결의권을 행사한 경우에는 당해사원은 출석한 것으로 한다.

　　㉤ 총회의 의사록

> 제76조(총회의 의사록) ① 총회의 의사에 관하여는 의사록을 작성하여야 한다.
> ② 의사록에는 의사의 경과, 요령 및 결과를 기재하고 의장 및 출석한 이사가 기명날인하여야 한다.
> ③ 이사는 의사록을 주된 사무소에 비치하여야 한다.

⑥ 사원권(사원의 지위)

　　㉠ 의의 : 사원의 사단에 대한 법적 지위 자체를 사원권이라고 한다.

　　㉡ 사원의 권리(사원권의 내용) : 결의권·소수사원권·업무집행권·감독권 등 사단법인의 관리·운영에 참여하는 공익권과 영리법인에서의 이익배당청구권·잔여재산분배청구권 등 사원이 법인으로부터 이익을 향수하는 자익권이 있다.

　　㉢ 사원권의 이전성

> 제56조(사원권의 양도, 상속금지) 사단법인의 사원의 지위는 양도 또는 상속할 수 없다.

　　　민법 제56조는 강행규정이 아니므로, 정관에 의해 양도·상속을 인정하고 있을 때에는 양도·상속이 허용된다[91다26850]. 비법인사단에서도 사원의 지위는 규약이나 관행에 의해 양도 또는 상속될 수 있다[95다6205]. ★28, 31회 기출★

　　㉣ 사원권의 소멸 : 사원권은 사원의 사망, 탈퇴, 총회의 결의, 정관에 정해진 제명 등에 의해 소멸한다.

5. 정관의 변경

(1) 의의

정관의 변경이란 법인의 동일성을 유지하면서 그 기본규칙 또는 조직을 변경하는 것을 말한다.

(2) 사단법인의 정관변경

① 변경의 가능성

사단법인의 사원은 자주적으로 정관을 변경할 수 있음이 원칙이다.

② 변경의 요건 ★28, 29, 33회 기출★

> 제42조(사단법인의 정관의 변경) ① 사단법인의 정관은 총사원 3분의 2 이상의 동의가 있는 때에 한하여 이를 변경할 수 있다. 그러나 정수에 관하여 정관에 다른 규정이 있는 때에는 그 규정에 의한다.
> ② 정관의 변경은 주무관청의 허가를 얻지 아니하면 그 효력이 없다.

정관변경은 총회의 전권사항이므로, 총회의 결의에 의하지 않고는 정관을 변경할 수 없다. 변경사항이 등기사항(제49조 제2항)인 경우에는 변경등기를 하지 않으면 제3자에게 대항할 수 없다(제54조 제1항). 정관변경에 대한 주무관청의 허가는 효력요건이고, 등기는 대항요건이다. 정관이라는 서면의 변경은 정관변경의 요건이 아니다.

③ 변경의 범위 및 한계

목적을 비롯하여 정관의 모든 사항을 변경할 수 있다. 정관변경을 금지한 정관규정은 전사원의 동의로 변경할 수 있다. 변경된 정관이 사단법인의 본질에 반하면 그 부분은 무효이며, 비영리법인을 영리법인으로 전환하는 정관변경은 불가능하다.

(3) 재단법인의 정관변경

① 변경의 원칙적 불가능성

재단법인은 설립시에 목적과 조직이 확립되어 있는 타율적 법인이므로 정관변경이 허용되지 않음이 원칙이다. 다만 예외가 있다.

② 예외적 변경의 방법과 범위

㉠ 정관의 변경방법이 정관에 명시되어 있는 경우

> 제45조(재단법인의 정관변경) ① 재단법인의 정관은 그 변경방법을 정관에 정한 때에 한하여 변경할 수 있다.

㉡ 정관의 변경방법이 정관에 명시되어 있지 않은 경우

> 제45조(재단법인의 정관변경) ② 재단법인의 목적달성 또는 그 재산의 보전을 위하여 적당한 때에는 전항의 규정에 불구하고 명칭 또는 사무소의 소재지를 변경할 수 있다.

㉢ 재단법인의 목적을 달성할 수 없는 경우

> 제46조(재단법인의 목적 기타의 변경) 재단법인의 목적을 달성할 수 없는 때에는 설립자나 이사는 주무관청의 허가를 얻어 설립의 취지를 참작하여 그 목적 기타 정관의 규정을 변경할 수 있다.

③ 변경의 요건 ★32회 기출★

　　㉠ 주무관청의 허가

> 제45조(재단법인의 정관변경) ③ 정관의 변경은 주무관청의 허가를 얻지 아니하면 그 효력이 없다.

민법 제45조 · 제46조의 정관변경의 허가는 법률행위의 효력을 보충해 주는 것이지 일반적 금지를 해제하는 것이 아니므로, 그 법적 성격은 인가이다[95누4810 전합]. 기본행위인 정관변경 결의에 하자가 있으면 그에 대한 인가가 있었다 하더라도 정관변경 결의가 유효한 것으로 될 수 없다 [95누4810 전합].

　　㉡ 대항요건으로서의 등기 : 변경사항이 등기사항(제49조 제2항)인 경우에는 변경등기를 하지 않으면 제3자에게 대항할 수 없다(제54조 제1항). 법인의 목적은 등기사항이다.

④ 기본재산의 처분 · 편입 ★34회 기출★

　　㉠ 기본재산의 처분(감소) : 재단법인의 기본재산에 관한 사항은 정관의 필요적 기재사항(제43조)이어서, 기본재산의 변경은 정관의 변경을 초래하므로 주무부장관의 허가를 받아야 한다. 재단법인의 기본재산처분은 정관변경을 요하므로, 주무관청의 허가가 없으면 그 처분행위(저당권 설정)는 물권계약으로 무효일 뿐 아니라 채권계약으로서도 무효라고 한다[73다1975].

　　㉡ 기본재산의 편입(증가) : 새로이 기본재산으로 편입하는 것도 정관변경을 초래하므로 허가를 요한다. 따라서 어떤 재산이 재단법인의 기본재산에 편입되었다고 인정하기 위해서는 그 편입에 관한 주무부장관의 허가가 있었음이 먼저 입증되어야 한다[82다카499].

6. 법인의 소멸

(1) 의의

법인의 소멸이란 법인이 권리능력을 상실하는 것을 말한다.

(2) 법인의 해산

① 의의

법인의 해산이란 법인이 본래의 목적을 달성하기 위한 적극적 활동을 정지하고 청산절차에 들어가는 것을 말한다. 이 때 법인은 청산법인으로 존속한다.

② 해산사유

　　㉠ 사단법인 · 재단법인에 공통된 해산사유

> 제77조(해산사유) ① 법인은 존립기간의 만료, 법인의 목적의 달성 또는 달성의 불능 기타 정관에 정한 해산사유의 발생, 파산 또는 설립허가의 취소로 해산한다.

　　㉡ 사단법인에만 특유한 해산사유

> 제77조(해산사유) ② 사단법인은 사원이 없게 되거나 총회의 결의로도 해산한다.
> 제78조(사단법인의 해산결의) 사단법인은 총사원 4분의 3 이상의 동의가 없으면 해산을 결의하지 못한다. 그러나 정관에 다른 규정이 있는 때에는 그 규정에 의한다.

총회의 결의에 의한 해산을 임의해산이라 하며, 임의해산은 총회의 전권사항이므로, 총회의 결의에 의하지 않고는 임의해산할 수 없다.

③ 파산

> 제79조(파산신청) 법인이 채무를 완제하지 못하게 된 때에는 이사는 지체없이 파산신청을 하여야 한다.

(3) 법인의 청산(淸算)

① 서설

㉠ 의의 : 법인의 청산이란 해산한 법인이 잔존사무를 처리하고 재산관계를 정리하여 소멸할 때까지의 절차를 말한다.

㉡ 청산절차에 관한 규정의 성격 : 법인의 청산절차에 관한 규정은 제3자의 이해관계에 중대한 영향을 미치기 때문에 강행규정이고, 청산법인이나 그 청산인이 청산법인의 목적범위 외의 행위를 한 때는 무효이다[79다2036]. 이에 반하는 정관규정도 무효이다. ★33회 기출★

② 청산법인의 능력

> 제81조(청산법인) 해산한 법인은 청산의 목적범위 내에서만 권리가 있고 의무를 부담한다.

③ 청산법인의 기관 : 청산인, 감사, 총회가 있다.

㉠ 청산인

ⓐ 청산인의 지위

> 제96조(준용규정) 제58조 제2항, 제59조 내지 제62조, 제64조, 제65조 및 제70조의 규정은 청산인에 이를 준용한다.

청산인은 이사와 마찬가지로 대내적으로 법인의 업무를 집행하고 대외적으로 법인을 대표한다.

ⓑ 청산인의 선임

> 제82조(청산인) 법인이 해산한 때에는 파산의 경우를 제하고는 이사가 청산인이 된다. 그러나 정관 또는 총회의 결의로 달리 정한 바가 있으면 그에 의한다.

ⓒ 청산인의 해임

> 제84조(법원에 의한 청산인의 해임) 중요한 사유가 있는 때에는 법원은 직권 또는 이해관계인이나 검사의 청구에 의하여 청산인을 해임할 수 있다.

ⓓ 파산의 경우(회생파산법)

> 제93조(청산중의 파산) ② 청산인은 파산관재인에게 그 사무를 인계함으로써 그 임무가 종료한다.

㉡ 그 밖의 기관 : 법인의 감사와 총회는 그대로 청산법인의 기관으로 존속한다.

④ 청산사무
  ㉠ 해산등기와 해산신고

> 제85조(해산등기) ① 청산인은 파산의 경우를 제하고는 그 취임후 3주간 내에 해산의 사유 및 연월일, 청산인의 성명 및 주소와 청산인의 대표권을 제한한 때에는 그 제한을 주된 사무소 및 분사무소소재지에서 등기하여야 한다.
> ② 등기사항 중에 변경이 있는 때에는 3주간 내에 변경등기를 해야 한다.
> 제86조(해산신고) ② 청산중에 취임한 청산인은 그 성명 및 주소를 신고하면 된다.

  ㉡ 청산인의 직무

> 제87조(청산인의 직무) ① 청산인의 직무는 다음과 같다.
> 1. 현존사무의 종결
> 2. 채권의 추심 및 채무의 변제
> 3. 잔여재산의 인도
> ② 청산인은 전항의 직무를 행하기 위하여 필요한 모든 행위를 할 수 있다.

법인의 해산등기 후의 부동산매도행위는 청산목적범위 외의 것으로서 무효이고[79다2036] 채무변제를 위한 재산처분행위는 청산목적 범위 내의 행위이다.

  ㉢ 파산의 신청

> 제93조(청산중의 파산) ① 청산중 법인의 재산이 그 채무를 완제하기에 부족한 것이 분명하게 된 때에는 청산인은 지체없이 파산선고를 신청하고 이를 공고하여야 한다.
> ② 청산인은 파산관재인에게 그 사무를 인계함으로써 그 임무가 종료한다.

  ㉣ 청산종결의 등기와 신고 ★32회 기출★

> 제94조(청산종결의 등기와 신고) 청산이 종결한 때에는 청산인은 3주간 내에 이를 등기하고 주무관청에 신고하여야 한다.

甲법인이 해산 전에 그 소유의 부동산을 여수시에 증여하고 그에 따른 소유권이전등기의무를 아직 이행하지 않고 있다면, 청산종결등기를 하였더라도 청산사무가 종료되었다 할 수 없으니, 실질적으로 甲법인은 청산법인으로 존속하고 있다[79다2036].

⑤ 채무변제의 절차
  ㉠ 채권신고의 공고

> 제88조(채권신고의 공고) ① 청산인은 취임한 날로부터 2월 내에 3회 이상의 공고로 채권자에 대하여 일정한 기간내에 그 채권을 신고할 것을 최고하여야 한다. 그 기간은 2월 이상이어야 한다.
> ② 전항의 공고에는 채권자가 기간내에 신고하지 아니하면 청산으로부터 제외될 것을 표시하여야 한다.
> ③ 제1항의 공고는 법원의 등기사항의 공고와 동일한 방법으로 하여야 한다.

  ㉡ 채권신고의 최고

> 제89조(채권신고의 최고) 청산인은 알고 있는 채권자에게 대하여는 각각 그 채권신고를 최고하여야 한다. 알고 있는 채권자는 청산으로부터 제외하지 못한다.

ⓒ 채권신고기간 내의 변제 금지

> 제90조(채권신고기간내의 변제금지) 청산인은 제88조 제1항의 채권신고기간 내에는 채권자에 대하여 변제하지 못한다. 그러나 법인은 채권자에 대한 지연손해배상의 의무를 면하지 못한다.

ⓔ 채권변제의 특례

> 제91조(채권변제의 특례) ① 청산 중의 법인은 변제기에 이르지 아니한 채권에 대하여도 변제할 수 있다.
> ② 전항의 경우에는 조건있는 채권, 존속기간의 불확정한 채권 기타 가액의 불확정한 채권에 관하여는 법원이 선임한 감정인의 평가에 의하여 변제하여야 한다.

ⓜ 청산으로부터 제외된 채권

> 제92조(청산으로부터 제외된 채권) 청산으로부터 제외된 채권자는 법인의 채무를 완제한 후 귀속권리자에게 인도하지 아니한 재산에 대하여서만 변제를 청구할 수 있다.

⑥ 잔여재산의 처리
  ㉠ 정관에 규정이 있는 경우

> 제80조(잔여재산의 귀속) ① 해산한 법인의 재산은 정관으로 지정한 자에게 귀속한다.

법인해산시 잔여재산의 귀속권리자를 직접 지정하지 않고 사원총회나 이사회의 결의에 따라 이를 정하도록 하는 등 간접적으로 그 귀속권리자의 지정방법을 정해 놓은 정관 규정도 유효하다.
  ㉡ 정관에 규정이 없는 경우

> 제80조(잔여재산의 귀속) ② 정관으로 귀속권리자를 지정하지 아니하거나 이를 지정하는 방법을 정하지 아니한 때에는 이사 또는 청산인은 주무관청의 허가를 얻어 그 법인의 목적에 유사한 목적을 위하여 그 재산을 처분할 수 있다. 그러나 사단법인에 있어서는 총회의 결의가 있어야 한다.

  ㉢ 국고귀속

> 제80조(잔여재산의 귀속) 잔여재산의 귀속에 관한 정관규정이 없을 때, 이사 또는 청산인에 의해 처분되지 아니한 재산은 국고에 귀속한다

7. 법인의 주소와 등기

(1) 법인의 주소
  ① 법인주소의 기준

> 제36조(법인의 주소) 법인의 주소는 그 주된 사무소의 소재지에 있는 것으로 한다.

② 법인주소의 효과

> 제49조(법인의 등기사항) ① 법인설립의 허가가 있는 때에는 3주간 내에 주된 사무소 소재지에서 설립등기를 하여야 한다.
> 제33조(법인설립의 등기) 법인은 그 주된 사무소의 소재지에서 설립등기를 함으로써 성립한다.

(2) 법인의 등기

① 의의

법인등기 중 설립등기(제49조)는 법인의 성립요건이고(제33조), 나머지는 제3자에 대한 대항요건이다(제54조 제1항). 등기한 사항은 법원이 지체없이 공고해야 한다(제54조 제2항).

② 법인등기의 종류

⊙ 설립등기

> 제49조(법인의 등기사항) ① 법인설립의 허가가 있는 때에는 3주간 내에 주된 사무소 소재지에서 설립등기를 하여야 한다.
> ② 전항의 등기사항은 다음과 같다.
> 1. 목적 2. 명칭 3. 사무소 4. 설립허가의 연월일 5. 존립시기나 해산이유를 정한 때에는 그 시기 또는 사유 6. 자산의 총액 7. 출자의 방법을 정한 때에는 그 방법 8. 이사의 성명, 주소 9. 이사의 대표권을 제한한 때에는 그 제한

ⓛ 분사무소설치등기

> 제50조(분사무소설치의 등기) ① 법인이 분사무소를 설치한 때에는 주사무소 소재지에서는 3주간 내에 분사무소를 설치한 것을 등기하고 그 분사무소 소재지에서는 동기간 내에 전조 제2항의 사항을 등기하고 다른 분사무소 소재지에서는 동기간 내에 그 분사무소를 설치한 것을 등기하여야 한다.
> ② 주사무소 또는 분사무소의 소재지를 관할하는 등기소의 관할구역내에 분사무소를 설치한 때에는 전항의 기간 내에 그 사무소를 설치한 것을 등기하면 된다.

ⓒ 사무소이전등기

> 제51조(사무소이전의 등기) ① 법인이 그 사무소를 이전하는 때에는 구소재지에서는 3주간내에 이전등기를 하고 신소재지에서는 동기간 내에 제49조 제2항에 게기한 사항을 등기하여야 한다.
> ② 동일한 등기소의 관할구역 내에서 사무소를 이전한 때에는 그 이전한 것을 등기하면 된다.

② 변경등기

> 제52조(변경등기) 설립등기사항 중에 변경이 있는 때에는 3주간 내에 변경등기를 하여야 한다.

ⓜ 가처분등기

> 제52조의2(직무집행정지 등 가처분의 등기) 이사의 직무집행을 정지하거나 직무대행자를 선임하는 가처분을 하거나 그 가처분을 변경·취소하는 경우에는 주사무소와 분사무소가 있는 곳의 등기소에서 이를 등기하여야 한다.

ⓗ 해산등기

제85조(해산등기) ① 청산인은 파산의 경우를 제하고는 그 취임 후 3주간 내에 해산의 사유 및 연월일, 청산인의 성명 및 주소와 청산인의 대표권을 제한한 때에는 그 제한을 주된 사무소 및 분사무소소재지에서 등기하여야 한다.
② 해산등기사항 중에 변경이 있는 때에는 3주간 내에 변경등기를 해야 한다.

ⓢ 청산종결등기

제94조(청산종결의 등기와 신고) 청산이 종결한 때에는 청산인은 3주간 내에 이를 등기하고 주무관청에 신고하여야 한다.

③ 등기기간의 기산

제53조(등기기간의 기산) 분사무소설치등기 · 사무소이전등기 · 변경등기를 할 사항으로서 관청의 허가를 요하는 것은 그 허가서가 도착한 날로부터 등기의 기간을 기산한다.

8. 법인에 대한 감독과 벌칙

(1) 법인에 대한 감독

① 행정감독(사무감독 · 업무감독)

제37조(법인의 사무의 검사, 감독) 법인의 사무는 주무관청이 검사, 감독한다

㉠ 주무관청의 허가사항 : 비영리법인의 설립(제32조), 사단법인의 정관변경(제42조 제2항), 재단법인의 목적 기타 정관규정의 변경(제46조), 잔여재산귀속에 관한 정관규정이 없는 경우의 유사목적을 위한 잔여재산의 처분(제80조 제2항) 등이 있다.

㉡ 주무관청에의 신고사항

제86조(해산신고) ① 청산인은 파산의 경우를 제하고는 그 취임후 3주간 내에 전조 제1항의 사항을 주무관청에 신고하여야 한다.
② 청산중에 취임한 청산인은 그 성명 및 주소를 신고하면 된다.
제94조(청산종결의 등기와 신고) 청산이 종결한 때에는 청산인은 3주간 내에 이를 등기하고 주무관청에 신고하여야 한다.

㉢ 주무관청에의 보고사항

제67조(감사의 직무) 감사의 직무는 다음과 같다.
3. 재산상황 또는 업무집행에 관하여 부정, 불비한 것이 있음을 발견한 때에는 이를 총회 또는 주무관청에 보고하는 일

㉣ 설립허가의 취소

제38조(법인의 설립허가의 취소) 법인이 목적 이외의 사업을 하거나 설립허가의 조건에 위반하거나 기타 공익을 해하는 행위를 한 때에는 주무관청은 그 허가를 취소할 수 있다.

② 사법감독

　　㉠ 해산·청산의 감독

> 제95조(해산, 청산의 검사, 감독) 법인의 해산 및 청산은 법원이 검사, 감독한다.

　　㉡ 임시이사·특별대리인의 선임 : 일정한 경우에 이해관계인이나 검사의 청구가 있으면 법원은 임시이사·특별대리인을 선임해야 한다(제63조·제64조).

　　㉢ 파산선고 : 회생사건 및 파산사건은 채무자의 주된 사무소 또는 영업소의 소재지를 관할하는 지방법원본원 합의부의 관할에 전속한다(회생파산법 제3조 제1항).

(2) 벌칙(과태료제도)

　　과태료제도는 설립허가의 취소, 청산인의 해임·개임과 함께 법인에 대한 규제·감독의 실효를 거두기 위한 것이다. 과태료는 행정질서벌이며, 과태료에 처하는 절차는 비송사건절차법에 의한다.

9. 비법인사단(非法人社團·권리능력 없는 사단)

(1) 서설

① 의의

　　비법인사단이란 사단으로서의 실체를 가지고 있지만 법인설립등기를 하지 않아 법인격을 부여받지 못한 단체를 말한다. 이를 권리능력 없는 사단, 법인격 없는 사단, 또는 법인 아닌 사단이라고도 한다.

② 사단과 조합

　　조합과 비법인사단을 구별함에 있어서는 일반적으로 그 단체성의 강약을 기준으로 판단한다[99다4504].

(2) 비법인사단의 성립요건 ★32회 기출★

　　어떤 단체가 고유의 목적을 가지고 사단적 성격을 가지는 규약을 만들어 이에 근거하여 의사결정기관 및 집행기관인 대표자를 두는 등의 조직을 갖추고 있고, 기관의 의결이나 업무집행방법이 다수결의 원칙에 의하여 행하여지며, 구성원의 가입·탈퇴 등으로 인한 변경에 관계없이 단체 자체가 존속되고, 그 조직에 의하여 대표의 방법, 총회나 이사회 등의 운영, 자본의 구성, 재산의 관리 기타 단체로서의 주요사항이 확정되어 있는 경우에는 비법인사단으로서의 실체를 가진다[99다4504]. 비법인사단의 대표자는 자신의 업무를 타인에게 포괄적으로 위임할 수 없다.

(3) 비법인사단의 법률관계 ★28, 29, 32회 기출★

　　우리 민법은 법인 아닌 사단의 법률관계에 관하여 재산의 소유형태 및 관리 등을 규정하는 제275조 내지 제277조를 두고 있을 뿐이므로, 민법의 법인에 관한 규정 중 법인격을 전제로 하는 조항을 제외한 나머지 조항이 원칙적으로 유추적용된다[2004다37775 전합]. 소집절차에 하자가 있어 그 효력을 인정할 수 없는 종중총회의 결의라도 후에 적법하게 소집된 종중총회에서 이를 추인하면 처음부터 유효로 된다[96다2729]. 이사의 대표권에 대한 제한은 등기하지 아니하면 제3자에게 대항하지 못한다는 민법 제60조는 유추적용할 수 없다. 그러나 이사의 선임에 관한 민법 제63조는 비법인사단에 유추적용될 수 있다.

① 비법인사단의 독립성

비법인사단은 조직·구조에 있어서 구성원의 개인적인 활동으로부터 독립하여 독자적으로 존속하여 활동하고, 구성원의 탈퇴·가입에 의해 동일성을 잃지 않고 그 실체를 유지하면서 존속한다[2004다37775전합]. 사단법인의 하부조직의 하나라 하더라도 스스로 단체로서의 실체를 갖추고 독자적인 활동을 하고 있다면 사단법인과는 별개의 독립된 비법인사단으로 볼 수 있다.[2006다60908] ★28, 31회 기출★

② 내부관계

비법인사단의 내부관계에는 제1차적으로 그 사단의 정관(규칙)이 적용되고, 정관에 규정이 없는 경우에는 법인격을 전제로 하는 사항(법인등기·감독 등)을 제외하고는 민법의 사단법인에 관한 규정이 유추적용된다[96다39721]. 재건축조합의 총회에서는 정관에 다른 정함이 없는 한 소집 1주간 전에 통지된 그 회의의 목적 사항에 관하여만 결의할 수 있다. ★28, 30회 기출★

③ 외부관계

㉠ 등기능력 : 대표자가 있는 비법인사단에 속하는 부동산의 등기에 관해서는 그 사단을 등기권리자 또는 등기의무자로 하고, 그 등기는 사단의 명의로 그 대표자가 신청한다(부등법 제30조). ★30회 기출★

㉡ 소송당사자능력 : 대표자가 있는 비법인사단은 사단의 이름으로 소송당사자가 될 수 있다(민소법 제52조). 따라서 제3자는 비법인사단에 대한 채무명의로 사단재산에 대해 강제집행할 수 있다.

㉢ 불법행위책임 : 비법인사단의 대표기관의 불법행위에 대한 손해배상책임 등에 관하여는 사단법인의 규정이 유추적용되므로 비법인사단의 대표자의 행위가 외관상·객관적으로 직무에 관한 행위로 인정될 수 있으면, 그의 행위가 직무에 관한 것이 아님을 피해자가 중대한 과실로 알지 못한 경우에는 비법인사단에게 손해배상책임을 물을 수 없다. 비법인사단의 시효취득능력도 인정된다. 그러나 비법인사단의 경우에는 대표자의 대표권 제한에 관하여 등기할 방법이 없어 민법 제60조의 규정을 준용할 수 없고, 그 거래 상대방이 그와 같은 대표권 제한 사실을 알았거나 알 수 있었을 경우가 아니라면 그 거래행위는 유효하다고 봄이 상당하고, 이 경우 거래의 상대방이 대표권 제한 사실을 알았거나 알 수 있었음은 이를 주장하는 비법인사단측이 주장·입증하여야 한다[2002다64780]. ★28, 31, 33회 기출★

④ 재산의 귀속관계(총유·준총유) ★30, 32회 기출★

> 제275조(물건의 총유) ① 법인이 아닌 사단의 사원이 집합체로서 물건을 소유할 때에는 총유로 한다.
> ② 총유에 관하여는 사단의 정관 기타 계약에 의하는 외에 다음 2조의 규정에 의한다.
> 제276조(총유물의 관리, 처분과 사용, 수익) ① 총유물의 관리 및 처분은 사원총회의 결의에 의한다.
> ② 각 사원은 정관 기타의 규약에 좇아 총유물을 사용, 수익할 수 있다.
> 제277조(총유물에 관한 권리의무의 득실) 총유물에 관한 사원의 권리의무는 사원의 지위를 취득상실함으로써 취득상실된다.

총유재산에 관한 소송은 비법인사단이 그 명의로 사원총회의 결의를 거쳐 하거나 그 구성원 전원이 당사자가 되어 필수적 공동소송의 형태로 할 수 있을 뿐이고, 이는 총유재산의 보존행위로서 소를 제기하는 경우에도 마찬가지이다[2004다44971 전합]. 비법인사단인 교회의 대표자는 총유물인 교회재산의 처분에 관하여 교인총회의 결의를 거치지 않고는 이를 대표하여 행할 권한이 없고(무효), 교회의 대표자가 권한 없이 행한 교회재산의 처분행위에 대하여는 민법 제126조의 표현대리에 관한 규정이 준용되지 않는다[2006다23312]. 또한 사원총회의 결의를 거치지 않은 총유물의 관리행위는 무효이다.

⑤ 비법인사단의 채무부담행위

비법인사단이 타인 간의 금전채무를 보증하는 행위를 총유물의 관리 · 처분행위라고 볼 수는 없으므로, 그것만으로 바로 그 보증계약이 무효라고 할 수는 없다[2004다60072 전합]. ★30회 기출★

(4) 비법인사단의 소멸

사단법인에 관한 민법규정 가운데서 법인격을 전제로 하는 것을 제외하고는 유추적용하여야 할 것이다. 법인 아닌 사단에 있어서도 구성원이 없게 되었다 하여 막바로 그 사단이 소멸하여 소송상의 당사자능력을 상실하였다고 할 수는 없고 청산사무가 완료되어야 비로소 그 당사자능력이 소멸하는 것이다[92다23087].

10. 비법인재단(非法人財團 · 권리능력 없는 재단)

비법인재단이란 재단법인의 실질인 목적재산이 존재하지만 법인설립등기를 하지 않아 법인격을 부여받지 못한 재단을 말한다. 권리능력 없는 재단 또는 법인격 없는 재단이라고도 한다.

○ × 핵심체크

01 사람이 출생한 후 출생신고에 의하여 가족관계등록부에 기재되어야 권리능력을 취득한다. ☐○☐×

02 불법행위로 인한 손해배상청구와 관련하여 태아로 있는 동안 권리능력을 취득한 것으로 보는 것이 정지조건설의 입장이다. ☐○☐×

03 태아는 재산상속에 관하여는 이미 출생한 것으로 본다. ☐○☐×

04 태아의 母가 태아를 대리하여 증여자와 증여계약을 체결한 경우에 태아가 살아서 출생하면 증여계약상의 권리를 주장할 수 있다는것이 정지조건설의 입장이다. ☐○☐×

05 태아의 법적 지위에 관한 해제조건설에 의하면 태아로 있는 동안에는 권리능력이 인정되지 않고 살아서 태어나야 권리능력이 인정된다. ☐○☐×

06 의사능력이란 통상인이 가지는 정상적인 판단능력으로서 피성년후견인일지라도 의사능력을 회복하고 있는 동안에는 의사능력이 있다. ☐○☐×

07 가정법원은 성년후견개시나 한정후견개시의 심판을 할 때 본인의 의사에 반하여 할 수 없다. ☐○☐×

08 가정법원은 질병, 장애, 노령, 그 밖의 사유로 인한 정신적 제약으로 사무를 처리할 능력이 부족한 사람에 대하여 성년후견개시의 심판을 한다. ☐○☐×

09 특정후견은 본인의 의사에 반하여 할 수 없고, 특정후견의 심판을 하는 경우에는 특정후견의 기간 또는 사무의 범위를 정하여야 한다. ☐○☐×

정답 및 해설　**01** ×　**02** ×　**03** ○　**04** ×　**05** ×　**06** ○　**07** ×　**08** ×　**09** ○

오답분석
01　권리능력은 출생시부터 부여된다.
02　해제조건설의 내용이다.
04　해제조건설의 내용이다.
05　정지조건설의 내용이다.
07　본인의 의사를 고려하여야 한다.
08　한정후견개시심판을 한다.

10 미성년자는 단독으로 부동산경매절차에서 매수인(경락인)이 될 수 없다. ☐○☐×

11 법정대리인의 동의 없이 신용구매계약을 체결한 미성년자가 사후에 법정대리인의 동의 없음을 사유로 들어 이를 취소하는 것이 신의칙에 위배된 것이라고 할 수 없다. ☐○☐×

12 처분이 허락된 재산의 처분행위에 대하여 미성년자는 그 재산의 사용목적과 상관없이 임의로 처분할 수 없다. ☐○☐×

13 만 17세가 된 미성년자는 법정대리인의 동의를 얻어야 유언할 수 있다. ☐○☐×

14 법정대리인이 촉구를 받았으나 기간 내에 확답을 발송하지 아니한 때에는 추인을 거절한 것으로 본다. ☐○☐×

15 제한능력자 쪽의 추인이 있기 이전에 상대방은 단독행위를 철회하여 무효로 할 수 있다. ☐○☐×

16 미성년자가 상대방에 대해 속임수(詐術)로써 능력자로 믿게 한 경우 취소권이 배제되는데 이 경우 미성년자는 단순히 능력자라고 칭한 정도가 아니라 적극적으로 사기수단을 사용하였어야 하며, 이에 대한 입증은 상대방이 부담한다. ☐○☐×

17 어느 행위에 있어서 가주소를 정한 경우에는 그 행위에 관하여는 이를 주소로 본다. ☐○☐×

18 주소란 사람의 생활의 근거가 되는 곳으로, 동시에 두 곳 이상 있을 수 있다. ☐○☐×

19 법원이 선임한 부재자의 재산관리인은 부재자의 재산을 선량한 관리자의 주의의무로 관리하여야 한다. ☐○☐×

20 부재자재산관리인의 권한초과행위에 대한 법원의 허가는 과거의 처분행위를 추인하는 방법으로는 할 수 없다. ☐○☐×

정답 및 해설 **10** ○ **11** ○ **12** × **13** × **14** × **15** × **16** ○ **17** ○ **18** ○ **19** ○ **20** ×

오답분석
12 처분이 허락된 재산을 처분함에 있어서 미리 정하여진 그 재산의 사용목적과는 상관없이 임의로 처분할 수 있다.
13 법정대리인의 동의없이 혼자서 유언할 수 있다.
14 그 행위를 추인한 것으로 본다.
15 상대방은 단독행위를 거절하여 무효로 할 수 있다.
20 법원의 재산관리인의 초과행위허가의 결정은 장래의 처분행위를 위한 경우뿐만 아니라 기왕의 처분행위를 추인하는 행위로도 할 수 있다.

21 부재자 재산관리인에 의한 부재자 소유의 부동산 매매행위에 대한 법원의 허가 결정은 그 허가를 받은 재산에 대한 장래의 처분행위만 추인한 것으로 할 수 있다. ☐○☐✕

22 甲이 권한초과행위의 허가를 받고 그 선임결정이 취소되기 전에 그 권한에 의하여 이루어진 행위는 乙에 대한 실종선고기간이 만료된 뒤에 이루어졌더라도 유효하다. ☐○☐✕

23 가정법원에 의하여 선임된 재산관리인은 일종의 임의대리인이며, 법원은 언제든지 개임할 수 있다. ☐○☐✕

24 재산관리인이 무이자부 금전소비대차를 이자부 소비대차로 하는 행위는 법원의 허가를 얻을 필요가 있다. ☐○☐✕

25 부재자의 채권자도 그 부재자에 대하여 실종선고를 청구할 수 있다. ☐○☐✕

26 부재자의 1순위 상속인이 따로 있는 경우 그보다 후순위 상속인은 특별한 사정이 없는 한 실종선고를 청구할 수 있는 이해관계인에 해당하지 아니한다. ☐○☐✕

27 실종선고의 심판이 확정되면 실종선고를 받은 자는 실종선고를 한 때에 사망한 것으로 추정한다. ☐○☐✕

28 실종선고를 받으면 선거권 등 공법상의 법률관계에 영향을 미치고 권리능력을 박탈시킨다. ☐○☐✕

29 실종선고를 받은 자가 생존하여 돌아오더라도 실종선고 자체가 취소되지 않는 한 사망한 것으로 간주하는 효과는 그대로 존속한다. ☐○☐✕

정답 및 해설 **21** ✕ **22** ○ **23** ✕ **24** ✕ **25** ○ **26** ○ **27** ✕ **28** ✕ **29** ○

오답분석
21 장래의 처분행위뿐만 아니라 기왕의 매매를 추인하는 방법으로도 할 수 있다.
23 법정대리인이다.
24 성질이 변하지 않는 범위내에서 개량행위를 할 수 있으므로 법원의 허가를 얻을 필요가 없다.
27 실종기간이 만료한 때에 사망한 것으로 본다.
28 선거권 등 공법상의 법률관계에 영향을 미치지 않고 권리능력을 박탈시키지 않는다.

30 실종선고의 취소가 있을 때에 실종의 선고를 직접원인으로 하여 재산을 취득한 자가 선의인 경우에는 그 받은 이익이 현존하는 한도에서 반환할 의무가 있다. ☐○ ☐×

31 실종선고를 할 때에는 공시최고가 필요하지 아니하나, 실종선고 취소를 할 때에는 공시최고가 필요하다. ☐○ ☐×

32 사원이 2인 이상이어야 한다는 것은 사단법인의 성립요건일 뿐 존속요건은 아니다. ☐○ ☐×

33 사단법인의 정관은 작성자의 주관이나 해석 당시의 사원의 다수결에 의한 방법으로 자의적으로 해석될 수 있다. ☐○ ☐×

34 재단법인의 설립을 허가할 것인지 여부는 주무관청의 재량에 속한다. ☐○ ☐×

35 유언으로 재단법인을 설립하는 때에는 출연재산은 유언의 효력이 발생한 때로부터 법인의 재산이 되는 것이나, 유언자 사망 후 제3자가 유언자의 상속인으로부터 소유권이전등기를 경료받으면 그 제3자는 소유권을 취득한다. ☐○ ☐×

36 법인의 설립등기는 제3자에게 대항하기 위한 요건이지만 그 밖의 등기는 법인성립요건이다. ☐○ ☐×

37 법인은 재산권, 명예권·성명권과 같은 일부 인격권을 향유할 수 있다. ☐○ ☐×

38 법인의 대표자가 불법행위를 한 경우 행위의 외형상 대표자의 직무행위라고 인정할 수 있는 것일지라도 그것이 대표자 개인의 사리를 도모하기 위한 것이었다면 법인이 그 대표자의 불법행위로 인하여 손해배상의무를 지지 않는다. ☐○ ☐×

정답 및 해설   **30** ○   **31** ×   **32** ○   **33** ×   **34** ○   **35** ○   **36** ×   **37** ○   **38** ×

오답분석

31 실종선고를 할 때 공시최고가 필요하고, 실종선고를 취소할 때에는 공시최고를 요하지 아니한다.

33 사단법인의 정관은 계약이 아니라 자치법규로 보는 것이 타당하므로, 이는 어디까지나 객관적인 기준에 따라 법규해석의 방법으로 해석되어야 하는 것이다.

36 법인의 설립등기는 법인성립의 요건이고 그 밖의 등기는 제3자에게 대항하기 위한 요건이다.

38 대표자 개인의 사리를 도모하기 위한 것이었더라도 법인의 불법행위책임이 인정된다.

39 권리능력 없는 사단의 경우에는 대표자의 직무로 인한 불법행위에 대하여 민법 제35조(법인의 불법행위능력)가 유추적용될 수 있다. ☐O☐X

40 법인의 손해배상책임이 대표기관의 고의적인 불법행위에 기한 것이더라도 손해발생에 있어서 피해자측의 과실이 있다면 과실상계의 법리를 적용할 수 있다. ☐O☐X

41 법인의 이사의 대표권에 대한 제한은 정관에 규정이 있으면 이를 등기하지 않더라도 효력이 있으나 이를 등기하지 아니하면 선의의 제3자에게는 대항하지 못한다. ☐O☐X

42 이사의 직무대행자가 법원의 허가를 얻지 아니하고 법인의 통상사무에 속하지 아니하는 행위를 한 경우 법인은 선의, 악의를 불문하고 제3자에 대하여 책임을 진다. ☐O☐X

43 이사가 없거나 결원이 있는 경우에 이로 인하여 손해가 생길 염려가 있는 때에는 주무관청은 이해관계인이나 검사의 청구에 의하여 임시이사를 선임하여야 한다. ☐O☐X

44 정관변경에 대한 주무관청의 허가는 법률행위의 효력을 보충해 주는 것이지 일반적 금지를 해제하는 것이 아니므로 그 법적 성격은 인가이다. ☐O☐X

45 재단법인의 기본재산으로 편입된 재산을 처분하는 행위는 물론 새로이 기본재산으로 편입하는 행위도 주무관청의 허가가 있어야만 유효하다. ☐O☐X

46 법인에 대한 청산종결등기가 경료된 경우라면 청산사무가 종결되지 않았더라도 청산법인의 법인격은 소멸한다. ☐O☐X

47 사단법인에 관한 민법의 모든 규정은 이를 권리능력 없는 사단에 유추적용 할 수 있다. ☐O☐X

제3장 | 확인학습문제

01 능력에 관한 설명으로 옳은 것은?(다툼이 있으면 판례에 따름) ★28회 기출★

☑ 확인
Check!
○
△
×

① 2인 이상이 동일한 위난으로 사망한 경우에는 동시에 사망한 것으로 본다.
② 태아는 불법행위로 인한 손해배상청구권에 관하여 이미 출생한 것으로 추정한다.
③ 태아는 그 법정대리인에 의하여 수증행위를 할 수 있다.
④ 제한능력을 이유로 법률행위를 취소한 경우, 제한능력자는 선의·악의를 묻지 아니하고 그 행위로 인하여 받은 이익이 현존하는 한도에서 상환할 책임이 있다.
⑤ 계약자유의 원칙상 제한능력자를 보호하는 규정에 반하는 매매계약도 유효하다.

해설
난도 ★

① 2인 이상이 동일한 위난으로 사망한 경우에는 동시에 사망한 것으로 추정한다(제30조).
② 태아는 손해배상의 청구권에 관하여는 이미 출생한 것으로 본다(제762조).
③ 증여에 관하여는 태아의 수증능력을 인정할 근거가 없고, 태아인 동안에는 법정대리인이 있을 수 없어서 법정대리인에 의한 수증행위도 불가능하며(정지조건설), 쌍방행위가 아닌 손해배상청구권의 취득이나 상속 또는 유증의 경우를 유추하여 태아의 수증능력을 인정할 수는 없다[81다534].
⑤ 제한능력자에 관한 규정은 강행규정이므로, 이에 위배하여 제한능력자에게 불리한 약정은 무효이다. 제한능력자 제도는 사적자치의 원칙이라는 민법의 기본이념, 특히 자기책임 원칙의 구현을 가능하게 하는 도구로서 인정되는 것이고, 거래의 안전을 희생시키더라도 제한능력자를 보호하고자 함에 근본적인 입법취지가 있으며, 미성년자의 법률행위에 법정대리인의 동의를 요하도록 하는 것은 강행규정이고, 법정대리인의 동의 없이 신용구매계약을 체결한 미성년자가 사후에 법정대리인의 동의 없음을 사유로 들어 이를 취소하는 것은 신의칙에 위배되지 않는다[2005다71659].

답 ④

02 권리능력에 관한 설명으로 옳지 <u>않은</u> 것은?(다툼이 있으면 판례에 따름) ★30회 기출★

① 사람은 생존한 동안 권리와 의무의 주체가 된다.

② 사람이 권리능력을 상실하는 사유로는 사망이 유일하다.

③ 수인(數人)이 동일한 위난으로 사망한 경우, 그들은 동시에 사망한 것으로 추정되므로 이 추정이 깨어지지 않는 한 그들 사이에는 상속이 일어나지 않는다.

④ 의사의 과실로 태아가 사망한 경우, 태아의 부모는 태아의 의사에 대한 손해배상채권을 상속하여 행사할 수 있다.

⑤ 인정사망에 의한 가족관계등록부에의 기재는 그 기재된 사망일에 사망한 것으로 추정하는 효력을 가진다.

> **해설**
> 난도 ★
>
> ④ 태아가 특정한 권리에 있어서 이미 태어난 것으로 본다는 것은 살아서 출생한 때에 출생시기가 문제의 사건의 시기까지 소급하여 그 때에 태아가 출생한 것과 같이 법률상 보아 준다고 해석하여야 상당하므로 그가 모체와 같이 사망하여 출생의 기회를 못 가진 이상 배상청구권을 논할 여지 없다[76다1365].
>
> 답 ④

03 권리주체에 관한 설명으로 옳지 <u>않은</u> 것은?(다툼이 있으면 판례에 따름) ★31회 기출★

① 의사능력은 자신의 행위의 의미와 결과를 합리적으로 판단할 수 있는 정신적 능력으로 구체적인 법률행위와 관련하여 개별적으로 판단되어야 한다.

② 어떤 법률행위가 일상적인 의미만으로 알기 어려운 특별한 법률적 의미나 효과를 가진 경우, 이를 이해할 수 있을 때 의사능력이 인정된다.

③ 현행 민법은 태아의 권리능력에 관하여 일반적 보호주의를 취한다.

④ 태아의 상태에서는 법정대리인이 있을 수 없고, 법정대리인에 의한 수증행위도 할 수 없다.

⑤ 피상속인과 그의 직계비속 또는 형제자매가 동시에 사망한 것으로 추정되는 경우에도 대습상속이 인정된다.

> **해설**
> 난도 ★★
>
> ③ 태아보호를 위해 특히 필요한 법률관계에서만 예외적으로 태아의 권리능력을 인정하는 주의이다(독일·프랑스·우리나라). 적용범위가 명확하지만 태아의 보호에 불충분하다.
>
> 답 ③

04 미성년자의 행위능력에 관한 설명으로 옳은 것은?(다툼이 있으면 판례에 따름) ★31회 기출★

① 행위능력제도는 자기책임의 원칙을 구현하여 거래의 안전을 도모하기 위한 것이다

② 미성년자가 그 소유의 부동산을 그의 친권자에게 증여하고 소유권이전등기를 마친 경우, 다른 사정이 없으면 적법한 절차를 거친 등기로 추정된다.

③ 친권자는 그의 미성년 자(子)의 이름으로 체결한 계약을 자(子)가 미성년임을 이유로 취소할 수 있다.

④ 친권자가 그의 친구의 제3자에 대한 채무를 담보하기 위하여 미성년 자(子) 소유의 부동산에 담보를 설정하는 행위는 이해상반행위이다.

⑤ 미성년자가 타인을 대리할 때에는 법정대리인의 동의를 얻어야 한다.

해설
난도 ★★

② 전 등기명의인이 미성년자이고 당해 부동산을 친권자에게 증여하는 행위가 이해상반행위라 하더라도 일단 친권자에게 이전등기가 경료된 이상 특별한 사정이 없는 한 필요한 절차를 적법하게 거친 것으로 추정된다[2001다72029].

답 ②

05 18세인 미성년자가 단독으로 유효하게 할 수 있는 행위가 아닌 것은? ★30회 기출★

① 자신이 제한행위능력자임을 이유로 취소할 수 있는 법률행위의 취소

② 부모로부터 받은 한 달분의 용돈을 친구에게 빌려주는 행위

③ 자전거를 부담부로 증여받는 행위

④ 타인의 대리인으로서 토지를 매도하는 행위

⑤ 부모의 동의를 받아 법률상 혼인을 한 후, 주택을 구입하는 행위

해설
난도 ★

③ 경제적으로 유리한 매매계약·임대차계약 등의 체결, 부담부증여에서 수증의 의사표시, 상속의 승인 등은 의무부담이 있으므로, 미성년자가 이를 단독으로 할 수 없다.

답 ③

06 16세인 미성년자가 단독으로 유효하게 할 수 <u>없는</u> 법률행위는?

★29회 기출★

① 유언행위   ② 대리행위

③ 의무만을 면하는 행위   ④ 권리만을 얻는 행위

⑤ 법정대리인이 범위를 정하여 처분을 허락한 재산의 처분행위

> **해설**
> 난도 ★
> ① 만17세에 달하지 못한 자는 유언을 하지 못한다(제1061조).

정답 ①

---

07 미성년자 甲과 그의 유일한 법정대리인인 乙에 관한 설명으로 옳은 것은?(다툼이 있으면 판례에 따름)

★33회 기출★

① 甲이 그 소유 물건에 대한 매매계약을 체결한 후에 미성년인 상태에서 매매대금의 이행을 청구하여 대금을 모두 지급받았다면 乙은 그 매매계약을 취소할 수 없다.

② 乙이 甲에게 특정한 영업에 관한 허락을 한 경우에도 乙은 그 영업에 관하여 여전히 甲을 대리할 수 있다.

③ 甲이 乙의 동의 없이 타인의 적법한 대리인으로서 법률행위를 했더라도 乙은 甲의 제한능력을 이유로 그 법률행위를 취소할 수 있다.

④ 甲이 乙의 동의 없이 신용구매계약을 체결한 이후에 乙의 동의 없음을 이유로 그 계약을 취소하는 것은 신의칙에 반한다.

⑤ 乙이 재산의 범위를 정하여 甲에게 처분을 허락한 경우, 甲이 그에 관한 법률행위를 하기 전에는 乙은 그 허락을 취소할 수 있다.

> **해설**
> 난도 ★★
> ① 제145조의 법정추인사유는 취소원인이 종료되어 추인할 수 있는 후에 행해져야 한다(제145조 본문·제144조 제1항). 甲이 미성년인 상태에서 매매대금의 이행을 청구하여 대금을 모두 지급받았더라도 법정대리인인 乙은 그 매매계약을 취소할 수 있다.
> ② 허락된 영업에 관하여 미성년자는 성년자와 동일한 행위능력이 있으므로, 그 범위 내에서 법정대리인의 대리권은 소멸한다. 이와 달리, 영업 외의 경우에는 법정대리인은 허락 또는 동의를 한 행위를 자기가 대리해서 할 수도 있다.
> ③ 대리인은 행위능력자임을 요하지 않는다(제117조). 즉 제한능력자도 대리행위를 유효하게 할 수 있고, 본인은 대리인의 제한능력을 이유로 대리행위를 취소할 수 없다.
> ④ 미성년자의 법률행위에 법정대리인의 동의를 요하도록 하는 것은 강행규정인데, 위 규정에 반하여 이루어진 신용구매계약을 미성년자 스스로 취소하는 것을 신의칙 위반을 이유로 배척한다면, 이는 오히려 위 규정에 의해 배제하려는 결과를 실현시키는 셈이 되어 미성년자 제도의 입법 취지를 몰각시킬 우려가 있으므로, 법정대리인의 동의 없이 신용구매계약을 체결한 미성년자가 사후에 법정대리인의 동의 없음을 사유로 들어 이를 취소하는 것이 신의칙에 위배된 것이라고 할 수 없다 [2005다71659, 71666, 71673].

정답 ⑤

08 제한능력자에 관한 설명으로 옳은 것만을 모두 고른 것은?(다툼이 있으면 판례에 따름)

ㄱ. 만18세의 미성년자가 자기의 월 근로소득 범위 내에서 신용구매계약을 체결한 경우, 그 신용구매계약은 처분허락을 받은 재산범위 내의 처분 행위에 해당한다.

ㄴ. 한정후견인의 동의가 필요한 법률행위를 피한정후견인이 한정후견인의 동의 없이 하였을 때에는 그것이 일상생활에 필요하고 그 대가가 과도하지 아니한 법률행위가 아닌 경우 그 법률행위를 취소할 수 있다.

ㄷ. 제한능력자가 아직 능력자가 되지 못한 경우에도 그 상대방은 그에게 1개월 이상의 기간을 정하여 추인 여부의 확답을 촉구할 수 있다.

ㄹ. 제한능력자와 계약을 맺은 선의의 상대방은 추인이 있기 전까지 의사표시를 거절할 수 있다.

① ㄱ, ㄴ
② ㄱ, ㄷ
③ ㄴ, ㄷ
④ ㄴ, ㄹ
⑤ ㄷ, ㄹ

해설

난도 ★

ㄱ. 만 18세가 넘은 미성년자가 월 소득범위 내에서 신용구매계약을 체결한 사안에서, 스스로 얻고 있던 소득에 대하여는 법정대리인의 묵시적 처분허락이 있었다고 보아 위 신용구매계약은 처분허락을 받은 재산범위 내의 처분행위에 해당한다 [2005다71659, 71666, 71673].

ㄴ. 제13조 제4항

ㄷ. 제한능력자의 상대방은 제한능력자가 능력자가 된 후에 취소할 수 있는 법률행위를 적시하고, 그에게 1개월 이상의 기간을 정하여 그 취소할 수 있는 행위를 추인할 것인지 여부의 확답을 촉구해야 한다(제15조 제1항).

ㄹ. 제한능력자가 맺은 계약은 추인이 있을 때까지 상대방이 그 의사표시를 철회할 수 있다(제16조 제1항 본문).

답 ①

09 성년후견개시의 심판과 피성년후견인의 행위능력에 관한 설명으로 옳지 않은 것은?

① 가정법원은 성년후견개시의 심판을 할 때 본인의 의사를 고려하여야 한다.
② 성년후견의 개시 또는 종료를 위한 심판은 본인도 청구할 수 있다.
③ 가정법원은 피성년후견인이 성년후견인의 동의를 받아야 하는 법률행위의 범위를 정할 수 있다.
④ 피성년후견인이 일상생활에 필요하고 그 대가가 과도하지 아니한 법률행위를 한 경우, 성년후견인은 이를 취소할 수 없다.
⑤ 가정법원은, 일정한 자의 청구가 있는 경우, 가정법원이 취소할 수 없는 것으로 정한 피성년후견인의 법률행위의 범위를 변경할 수 있다.

해설

난도 ★

③ 가정법원은 피한정후견인이 한정후견인의 동의를 받아야 하는 행위의 범위를 정할 수 있다(제13조 제1항).

답 ③

10 부재자의 재산관리에 관한 설명으로 옳지 <u>않은</u> 것은?(다툼이 있으면 판례에 따름)

① 부재자로부터 재산처분권한을 수여받은 재산관리인은 그 재산을 처분함에 있어 법원의 허가를 받을 필요가 없다.

② 부재자가 재산관리인을 정하지 않은 경우, 부재자의 채권자는 재산관리에 필요한 처분을 명할 것을 법원에 청구할 수 있다.

③ 법원이 선임한 재산관리인은 법원의 허가 없이 부재자의 재산에 대한 차임을 청구할 수 있다.

④ 재산관리인의 처분행위에 대한 법원의 허가는 이미 행한 처분행위를 추인하는 방법으로 할 수 있다.

⑤ 부재자가 사망한 사실이 확인되면 부재자 재산관리인 선임결정이 취소되지 않더라도 관리인의 권한은 당연히 소멸한다.

해설
난도 ★★

① 72다2136

② 제22조 제1항

③ 법원이 선임한 재산관리인은 법정대리인의 지위를 갖으므로 보존행위, 관리행위는 단독으로 자유롭게 할 수 있다(제25조, 제118조). 건물임차인에 대한 차임청구는 보존행위라 할 것이므로 법원의 허가를 요하지 않는다.

④ 부재자의 재산관리인에 의한 부재자소유 부동산매각행위의 추인행위가 법원의 허가를 얻기 전이어서 권한없이 행하여진 것이라고 하더라도, 법원의 재산관리인의 초과행위 결정의 효력은 그 허가받은 재산에 대한 장래의 처분행위 뿐만 아니라 <u>기왕의 처분행위를 추인하는 행위로도 할 수 있는 것</u>이므로 그후 법원의 허가를 얻어 소유권이전등기절차를 경료케 한 행위에 의하여 종전에 권한없이 한 처분행위를 추인한 것이라 할 것이다[80다1872].

⑤ 법원에 의하여 부재자의 재산관리인에 선임된 자는 그 부재자의 사망이 확인된 후라 할지라도 위 선임결정이 취소되지 않는 한 그 관리인으로서의 권한이 소멸되는 것이 아니다[71다189].

답 ⑤

11 부재자의 재산관리에 관한 설명으로 옳지 <u>않은</u> 것은?(다툼이 있으면 판례에 따름)

① 부재자가 스스로 위임한 재산관리인에게 재산처분권까지 준 경우에도 그 재산관리인은 재산처분에 법원의 허가를 얻어야 한다.

② 재산관리인의 권한초과행위에 대한 법원의 허가결정은 기왕의 처분행위를 추인하는 방법으로도 할 수 있다.

③ 재산관리인이 소송절차를 진행하던 중 부재자에 대한 실종선고가 확정되면 그 재산관리인의 지위도 종료한다.

④ 생사불명의 부재자를 위하여 법원이 선임한 재산관리인은 그가 부재자의 사망을 확인한 때에도 선임결정이 취소되지 않으면 계속 권한을 행사할 수 있다.

⑤ 생사불명의 부재자에 대하여 실종이 선고되더라도 법원이 선임한 재산관리인의 처분행위에 근거한 등기는 그 선임결정이 취소되지 않으면 적법하게 마친 것으로 추정된다.

해설
난도 ★★★

① 본인이 정한 재산관리인은 수임인으로서 계약내용에 따라 재산을 관리하며, 구체적인 합의가 없으면 위임에 관한 규정(제680조~제692조)에 따른다. 따라서 법원은 재산관리에 개입하지 않는다. 본인이 정한 재산관리인이 권한을 넘는 행위를 할 때에도 법원의 허가를 요하지 않으며(제25조 후문의 반대해석), 그 관리인의 행위는 임의대리행위로서 표현대리(제126조·제129조)에 의해 규율된다.

답 ①

12 어부 甲은 2015년 7월 1일 조업 중 태풍으로 인하여 선박이 침몰하여 실종된 후 2017년 10월 1일 실종 선고를 받았다. 이 사안에 관한 설명으로 옳은 것은?(다툼이 있으면 판례에 따름) ★30회 기출★

① 위 실종선고를 위해 필요한 실종기간은 1년이다.
② 甲은 2017년 10월 1일에 사망한 것으로 간주된다.
③ 1순위 상속인이 있더라도 2순위 상속인은 위 실종선고를 신청할 수 있다.
④ 甲이 극적으로 살아서 종래의 주소지로 돌아오면 위 실종선고는 자동으로 취소된다.
⑤ 甲의 생환으로 실종선고가 취소되면 甲의 상속인은 악의인 경우에만 상속재산을 甲에게 반환할 의무가 있다.

해설
난도 ★★

② 선박실종은 선박이 침몰한 때로부터 1년이다(제27조 제2항). 따라서 甲은 2016년 7월 1일에 사망한 것으로 간주된다.
③ 제2순위의 상속인은 특별한 사정이 없는 한 이해관계인에 해당하지 않으므로 부재자의 실종선고를 청구할 수 없다[92스4].
④ 실종선고가 취소되지 않고 있는 동안은 생존 등의 반증을 들어 실종선고의 효력을 부정할 수 없고[94다52751], 실종선고를 받은 자에 대한 사망의 효과를 저지하려면 그 선고를 취소해야 한다[69다2103].
⑤ 실종선고의 취소가 있을 때에 실종의 선고를 직접원인으로 하여 재산을 취득한 자가 선의인 경우에는 그 받은 이익이 현존하는 한도에서 반환할 의무가 있고 악의인 경우에는 그 받은 이익에 이자를 붙여서 반환하고 손해가 있으면 이를 배상하여야 한다(제29조 제2항).

답 ①

---

13 부재와 실종에 관한 설명으로 옳지 <u>않은</u> 것은?(다툼이 있으면 판례에 따름) ★29회 기출★

① 부재자로부터 재산처분권을 위임받은 재산관리인은 그 재산을 처분함에 있어서 법원의 허가를 받을 필요가 없다.
② 제1순위 상속인이 있는 경우에 제2순위 상속인은 실종선고를 청구할 수 있는 이해관계인이 될 수 없다.
③ 부재자 재산관리인의 재산처분행위를 허가하는 법원의 결정은 기왕의 처분행위를 추인하는 방법으로도 할 수 있다.
④ 실종선고를 받은 자가 실종기간 동안 생존하였다는 사실이 밝혀진 경우, 실종선고의 취소 없이도 이미 개시된 상속을 부정할 수 있다.
⑤ 피상속인의 사망 후 그 상속인에 대한 실종선고가 이루어졌으나 실종기간 만료시점이 피상속인의 사망 이전인 경우, 실종선고된 자는 상속인이 될 수 없다.

해설
난도 ★★★

④ 실종자의 생존한 사실 또는 전조의 규정과 상이한 때에 사망한 사실의 증명이 있으면 법원은 본인, 이해관계인 또는 검사의 청구에 의하여 실종선고를 취소하여야 한다(제29조 제1항) 따라서 실종선고로 인한 상속 · 유증의 개시는 그 개시로 소급하여 무효로 되고, 상속재산의 처분행위는 무권리자의 처분행위로서 처분시로 소급하여 무효로 되며, 실종자의 배우자가 재혼하였다면 전혼의 부활로 인해 후혼은 중혼으로서 취소대상이 된다.

답 ④

14 부재와 실종에 관한 설명으로 옳지 <u>않은</u> 것은?(다툼이 있으면 판례에 따름) ★28회 기출★

① 부재자는 성질상 자연인에 한한다.

② 법원은 선임한 재산관리인에 대하여 부재자의 재산으로 상당한 보수를 지급할 수 있다.

③ 외국에 장기 체류하는 자가 국내에 있는 재산을 관리하고 있으면 그는 부재자에 해당하지 않는다.

④ 부재자에 대한 실종선고 이전에 법원이 선임한 부재자의 재산관리인이 선임결정취소 전에 한 처분행위에 기하여 경료된 등기는 적법한 것으로 추정된다.

⑤ 피상속인의 사망 후에 그의 아들에 대한 실종선고가 있었으나 피상속인의 사망 이전에 실종기간이 만료된 경우, 그 아들은 상속인이 될 수 있다.

해설

난도 ★

⑤ 실종선고가 확정되면 우리 민법상 실종기간만료시에 사망한 것으로 간주되므로 피상속인의 사망 후에 그의 아들에 대한 실종선고가 있었으나 피상속인의 사망 이전에 실종기간이 만료된 경우. 그 아들은 상속인이 될 수 없다.

답 ⑤

15 실종선고에 관한 설명으로 옳지 <u>않은</u> 것은?(다툼이 있으면 판례에 따름) ★27회 기출★

① 실종선고 취소의 청구를 받은 가정법원은 공시최고의 절차를 거칠 필요가 없다.

② 실종선고가 확정되면 실종선고를 받은 자는 실종기간이 만료한 때에 사망한 것으로 본다.

③ 실종선고가 취소되더라도 실종기간 만료 후 실종선고 취소 전에 선의로 한 행위의 효력에는 영향을 미치지 아니한다.

④ 실종선고의 취소가 있는 경우, 실종선고를 직접원인으로 하여 재산을 취득한 자는 선의이면 그 받은 이익이 현존하는 한도에서 반환할 의무가 있다.

⑤ 부재자의 1순위 상속인이 있는 경우에 4순위의 상속인에 불과한 자는 특별한 사정이 없는 한 부재자에 대한 실종선고를 청구할 이해관계인이 될 수 없다.

해설

난도 ★★

③ 실종선고후 그 취소전에 선의로 한 행위의 효력에 영향을 미치지 아니한다(제29조 제1항 단서).

답 ③

16 법인에 관한 설명으로 옳지 <u>않은</u> 것은?(다툼이 있으면 판례에 따름) ★31회 기출★

① 법인의 대표기관이 법인을 위하여 계약을 체결한 경우, 다른 사정이 없으면 그 성립의 효과는 직접 법인에 미치고 계약을 위반한 때에는 법인이 손해를 배상할 책임이 있다.

② 단체의 실체를 갖추어 법인 아닌 사단으로 성립하기 전에 설립주체인 개인이 취득한 권리·의무는 바로 법인 아닌 사단에 귀속된다.

③ 법인 아닌 사단은 대표권제한을 등기할 수 없으므로 거래상대방이 사원총회가 대표권 제한을 결의한 사실을 몰랐고 모른데 잘못이 없으면, 제한을 넘는 이사의 거래행위는 유효하다.

④ 민법에서 법인과 그 기관인 이사의 관계는 위임인과 수임인의 법률관계와 같다.

⑤ 사단법인의 하부조직 중 하나라 하더라도 스스로 단체의 실체를 갖추고 독자활동을 한다면 독립된 법인 아닌 사단으로 볼 수 있다.

> **해설**
> 난도 ★★★
> ② 설립중의 회사로서의 실체가 갖추어지기 이전에 발기인이 취득한 권리·의무는 구체적 사정에 따라 발기인 개인 또는 발기인조합에 귀속하는 것으로서 이들에게 귀속된 권리·의무를 설립후의 회사에 귀속시키기 위하여는 양수나 채무인수 등의 특별한 이전행위가 있어야 한다[90누2536].
>
> 目 ②

17 법인에 관한 설명으로 옳지 <u>않은</u> 것은?(다툼이 있으면 판례에 따름) ★31회 기출★

① 법인은 설립등기를 함으로써 성립한다.

② 어느 사단법인과 다른 사단법인의 동일 여부는, 다른 사정이 없으면 사원의 동일 여부를 기준으로 결정된다.

③ 법인의 대표자는 그 명칭이나 직위 여하가 아니라 법인등기를 기준으로 엄격하게 확정하여야 한다.

④ 행위의 외형상 직무행위로 인정할 수 있으면, 대표자 개인의 이익을 위한 것이거나 법령에 위반한 것이라도 직무에 관한 행위이다.

⑤ 대표자의 행위가 직무에 관한 것이 아님을 알았거나 중대한 과실로 모른 피해자는 법인에 손해배상 책임을 물을 수 없다.

> **해설**
> 난도 ★★
> ③ 민법 제35조 제1항은 "법인은 이사 기타 대표자가 그 직무에 관하여 타인에게 가한 손해를 배상할 책임이 있다"라고 정한다. 여기서 '법인의 대표자'에는 그 명칭이나 직위 여하, 또는 대표자로 등기되었는지 여부를 불문하고 당해 법인을 실질적으로 운영하면서 법인을 사실상 대표하여 법인의 사무를 집행하는 사람을 포함한다고 해석함이 상당하다. 그리고 이러한 법리는 주택조합과 같은 비법인사단에도 마찬가지로 적용된다[2008다15438].
>
> 目 ③

18 민법상 법인에 관한 설명으로 옳은 것을 모두 고른 것은?(다툼이 있으면 판례에 따름) ★30회 기출★

> ㄱ. 재단법인의 설립을 위해 부동산의 출연이 행해진 경우, 그 부동산의 소유권은 그 출연 시에 곧바로 설립중인 재단법인에게 귀속된다.
> ㄴ. 법인의 불법행위책임이 성립하기 위해서는 대표기관의 행위일 것이 요구되며, 여기서의 대표기관에는 사실상의 대표자도 포함된다.
> ㄷ. 사단법인 이사의 대표권 제한은 등기되지 않았다고 하더라도 정관에 그 기재가 있는 한, 악의의 제3자에게 대항할 수 있다.
> ㄹ. 재단법인의 감사는 임의기관이다.

① ㄱ, ㄴ
② ㄱ, ㄷ
③ ㄴ, ㄷ
④ ㄴ, ㄹ
⑤ ㄷ, ㄹ

해설
난도 ★★

ㄱ. 생전처분으로 재단법인을 설립하는 때에는 출연재산은 법인이 성립된 때로부터 법인의 재산이 된다. 유언으로 재단법인을 설립하는 때에는 출연재산은 유언의 효력이 발생한 때로부터 법인에 귀속한 것으로 본다(제48조). 판례에 의하면 출연자와 법인간의 내부관계에서는 등기없이도 법인성립시 또는 유언효력발생시에 출연재산이 법인에 귀속되지만 공시제도와 거래안전상 제3자에 대한 관계에서는 등기가 있어야 출연재산이 법인에 귀속된다[78다481 전합].

ㄷ. 이사의 대표권에 대한 제한은 정관에 기재하지 않으면 효력이 없고(제41조), 등기하지 않으면 제3자에게 대항할 수 없다(제60조). 여기서 제3자에 관해서는, 대표권제한이 등기되어 있지 않다면 그 정관규정으로써 선의냐 악의냐에 관계없이 제3자에게 대항할 수 없다[91다24564].

답 ④

19 민법상 법인에 관한 설명으로 옳지 <u>않은</u> 것은?(다툼이 있으면 판례에 따름) ★28회 기출★

① 사단법인의 정관에 다른 규정이 없는 한, 그 정관은 총사원 3분의 2 이상의 동의가 있는 때에 한하여 이를 변경할 수 있다.

② 법인은 법률의 규정에 의함이 아니면 성립하지 못한다.

③ 법인의 목적 범위 외의 행위로 인하여 타인에게 손해를 가한 때에는 그 사항의 의결에 찬성하거나 그 의결을 집행한 사원, 이사 및 기타 대표자가 연대하여 배상하여야 한다.

④ 사단법인의 사원의 지위는 양도 또는 상속할 수 없고, 이는 정관으로 달리 정할 수 없다.

⑤ 이사가 수인(數人)인 경우에 법인의 사무집행은 정관에 다른 규정이 없는 한 이사의 과반수로써 결정한다.

해설
난도 ★★★

④ 민법 제56조는 강행규정이 아니므로, 정관에 의해 양도·상속을 인정하고 있을 때에는 양도·상속이 허용된다[91다26850].

답 ④

20 민법상 법인에 관한 설명으로 옳지 <u>않은</u> 것은?(다툼이 있으면 판례에 따름)

① 재단법인의 정관변경은 그 정관에서 정한 방법에 따른 경우에도 주무관청의 허가를 얻지 않으면 효력이 없다.

② 사단법인과 어느 사원과의 관계사항을 의결하는 경우에는 원칙적으로 그 사원은 결의권이 없다.

③ 사단법인의 사원자격의 득실에 관한 규정은 정관의 필요적 기재사항이다.

④ 민법상 법인의 청산절차에 관한 규정에 반하는 합의에 의한 잔여재산처분행위는 특별한 사정이 없는 한 무효이다.

⑤ 청산 중 법인의 청산인은 채권신고기간 내에는 채권자에 대하여 변제할 수 없으므로 법인은 그 기간 동안 지연배상 책임을 면한다.

> **해설**
> 난도 ★
> ⑤ 청산인은 공고된 채권신고기간 내에는 채권자에게 변제하지 못하며, 이 경우 법인은 채권자에 대한 지연손해배상의 의무를 면하지 못한다(제90조).
>
> 답 ⑤

21 법인의 불법행위책임에 관한 설명으로 옳지 <u>않은</u> 것은?(다툼이 있으면 판례에 따름)

① 대표자는 그 명칭이나 직위는 문제되지 않으며, 대표자로 등기되지 않은 자도 이에 포함될 수 있다.

② 대표자의 행위가 직무에 관한 것이 아님을 피해자가 안 경우, 법인은 책임을 지지 않는다.

③ 외형상 대표자의 직무행위로 인정되어도 그것이 대표자 개인의 사리를 도모하기 위한 것이면, 직무에 관한 행위에 해당하지 않는다.

④ 법인의 책임이 성립하는 경우 특별한 사정이 없는 한, 사원이 그 사항의 총회의결에 찬성했다는 사실만으로 법인과 연대책임을 부담하지는 않는다.

⑤ 법인책임이 대표자의 고의적인 불법행위로 인한 경우에도 피해자에게 과실이 있다면, 법원은 이를 참작하여야 한다.

> **해설**
> 난도 ★★★
> ③ 행위의 외형상 법인의 대표자의 직무행위라고 인정할 수 있는 것이라면, 설사 그것이 대표자 개인의 사리를 도모하기 위한 것이었거나 법령의 규정에 위배된 것이었다 하더라도 직무에 관한 행위에 해당한다[68다2320].
>
> 답 ③

22 민법상 법인의 정관에 관한 설명으로 옳은 것은?

① 사단법인의 정관변경은 법원의 허가를 얻지 않으면 그 효력이 없다.

② 사단법인에서 이사의 대표권에 대한 제한은 정관에 기재되지 않더라도 효력이 있다.

③ 재단법인 설립자는 정관에 그 존립시기나 해산사유를 기재하고 기명날인하여야 한다.

④ 재단법인 설립자가 이사의 임면방법을 정하지 아니하고 사망한 경우, 이해관계인의 청구에 의하여 주무관청이 이를 정한다.

⑤ 재단법인의 재산보전을 위하여 적당한 때에는 정관에 변경방법이 없더라도 명칭 또는 사무소의 소재지를 변경할 수 있다.

[해설]
난도 ★★

① 정관의 변경은 주무관청의 허가를 얻지 아니하면 그 효력이 없다(제42조 제2항).

② 이사의 대표권에 대한 제한은 정관에 기재하지 않으면 효력이 없고(제41조), 등기하지 않으면 제3자에게 대항할 수 없다(제60조).

③ 재단법인의 성격상 사원에 관한 규정은 있을 수 없고, 존립시기나 해산사유는 필요적 기재사항이 아니다(제43조).

④ 재단법인의 설립자가 그 명칭, 사무소 소재지 또는 이사임면의 방법을 정하지 아니하고 사망한 때에는 이해관계인 또는 검사의 청구에 의하여 법원이 이를 정한다(제44조).

답 ⑤

23 사단법인의 사원총회에 관한 설명으로 옳지 <u>않은</u> 것은?

① 사원총회에는 대외적인 대표권이나 대내적인 업무집행권이 없다.

② 각 사원은 평등한 결의권을 가지며, 정관으로도 달리 정할 수 없다.

③ 정관에 다른 규정이 없는 한, 총사원의 5분의 1 이상이 회의의 목적사항을 제시하여 총회 소집을 청구한 경우에 이사는 임시총회를 소집하여야 한다.

④ 총회는 정관에 규정이 있으면, 소집 통지에 기재한 목적사항 이외에 대해서도 결의할 수 있다.

⑤ 정관에 다른 규정이 없는 한, 정관변경을 위해서는 총사원의 3분의 2 이상의 동의가 있어야 한다.

[해설]
난도 ★

② 정관에 다른 규정이 없는 한 각 사원의 결의권은 평등으로 한다(제73조 제1항, 제3항).

답 ②

24 ★27회 기출★

민법상 법인의 기관에 관한 설명으로 옳지 <u>않은</u> 것은?

① 특별대리인은 임시기관으로 법인의 대표기관이다.

② 이사에 의해 선임된 대리인은 법인의 대표기관이 아니다.

③ 감사는 필요기관으로 그 성명과 주소를 등기하여야 한다.

④ 이사가 없는 경우에 이로 인하여 손해가 생길 염려가 있는 때에는 법원은 이해관계인이나 검사의 청구에 의해 임시이사를 선임하여야 한다.

⑤ 법인의 불법행위가 성립하는 경우, 그 가해행위를 한 이사 기타 대표자는 자기의 손해배상책임을 면하지 못한다.

해설

난도 ★

③ 법인은 정관 또는 총회의 결의로 감사를 둘 수 있다(제66조). 즉 감사는 임의적 기관이다. 이사의 성명·주소는 등기사항이다(제49조 제2항).

답 ③

---

25 ★30회 기출★

법인 아닌 사단에 관한 설명으로 옳지 <u>않은</u> 것은?(다툼이 있으면 판례에 따름)

① 법인 아닌 사단의 사원이 집합체로서 물건을 소유할 때에는 총유로 한다.

② 법인 아닌 사단이 타인간의 금전채무를 보증하는 행위는 총유물의 관리 및 처분행위라고 볼 수 없다.

③ 법인 아닌 사단의 총회 결의에 대해서는 민법상 사단법인에 대한 규정이 유추적용될 수 있다.

④ 정관이나 규약에 정함이 없는 이상 사원총회의 결의를 거치지 않은 총유물의 관리 및 처분행위는 무효이다.

⑤ 법인 아닌 사단은 부동산 등기능력이 없다.

해설

난도 ★★★

⑤ 대표자가 있는 비법인사단에 속하는 부동산의 등기에 관해서는 그 사단을 등기권리자 또는 등기의무자로 하고, 그 등기는 사단의 명의로 그 대표자가 신청한다(부동산등기법 제30조).

답 ⑤

26 비법인사단에 관한 설명으로 옳지 <u>않은</u> 것은?(다툼이 있으면 판례에 따름)

① 사단법인의 하부조직이라도 스스로 단체로서의 실체를 갖추고 독자적인 활동을 하고 있다면 그 사단법인과는 별개의 독립된 비법인사단으로 볼 수 있다.

② 정관 기타 규약에 다른 정함이 없는 한, 사원총회의 결의를 거치지 않은 총유물의 관리행위는 무효이다.

③ 비법인사단의 대표자의 행위가 외관상·객관적으로 직무에 관한 행위로 인정될 수 있으면, 그의 행위가 직무에 관한 것이 아님을 피해자가 중대한 과실로 알지 못한 경우에도 비법인사단에게 손해배상책임을 물을 수 있다.

④ 소집절차에 하자가 있어 그 효력을 인정할 수 없는 종중총회의 결의라도 후에 적법하게 소집된 종중총회에서 이를 추인하면 처음부터 유효로 된다.

⑤ 재건축조합의 총회에서는 정관에 다른 정함이 없는 한 소집 1주간 전에 통지된 그 회의의 목적 사항에 관하여만 결의할 수 있다.

해설
난도 ★★★

③ 비법인사단의 경우 대표자의 행위가 직무에 관한 행위에 해당하지 아니함을 피해자 자신이 알았거나 또는 중대한 과실로 인하여 알지 못한 경우에는 비법인사단에게 손해배상책임을 물을 수 없다[2002다27088].

답 ③

27 정관이 있는 비법인사단에 유추적용할 수 <u>없는</u> 규정은?(다툼이 있으면 판례에 따름)

① 이사의 대표권에 대한 제한은 등기하지 아니하면 제3자에게 대항하지 못한다는 민법 제60조

② 법인은 법률의 규정에 좇아 정관으로 정한 목적의 범위 내에서 권리와 의무의 주체가 된다는 민법 제34조

③ 법인은 이사 기타 대표자가 그 직무에 관하여 타인에게 가한 손해를 배상할 책임이 있다는 민법 제35조 제1항

④ 사단법인의 사무는 정관으로 이사 또는 기타 임원에게 위임한 사항 외에는 총회의 결의에 의하여야 한다는 민법 제68조

⑤ 이사는 정관 또는 총회의 결의로 금지하지 아니한 사항에 한하여 타인으로 하여금 특정한 행위를 대리하게 할 수 있다는 민법 제62조

해설
난도 ★★

① 비법인사단의 경우에는 대표자의 대표권 제한에 관하여 등기할 방법이 없어 민법 제60조의 규정을 준용할 수 없다[2002다64780].

답 ①

제4장 | 권리의 객체

출제포인트
□ 권리의 객체
□ 동산과 부동산의 구별
□ 종물(從物)의 효과
□ 천연과실(天然果實)의 귀속

제1절 권리의 객체

1. 권리의 객체

권리의 내용이 되는 대상을 말한다.

2. 권리의 종류별 객체

물권	물건이 원칙. 예외적으로 권리도 가능(지상권 · 전세권도 저당권의 객체가 될 수 있고 권리도 질권의 객체가 될 수 있음)
채권	특정인(채무자)의 행위(급부)
지식재산권	저작 · 발명 등 정신적 산물
형성권	법률관계
친족권	친족법상의 지위
상속권	상속재산
인격권	권리주체 자신(사람은 인격권 · 친권의 객체가 됨)
항변권	청구권

제2절   물건(物件)

1. 의의

> 제98조(물건의 정의) 본법에서 물건이라 함은 유체물 및 전기 기타 관리할 수 있는 자연력을 말한다.

(1) 유체물 또는 관리가능한 자연력

① 유체물 : 일정한 공간을 차지하고 일정한 형태를 가진 물체를 말한다.

② 관리가능한 자연력 : 전기 · 열 · 빛 · 음향 · 향기 등 일정한 형체가 없는 것은 무체물인데, 이 중 관리할 수 있는 자연력만이 민법상의 동산으로서 물건이다. 관리가능하다는 것은 배타적 지배가 가능함을 말한다. 따라서 대기 중의 공기 · 전파와 바다(해양)는 물건이 아니다. *30, 33회 기출*

(2) 외계의 일부

① 비인격성 : 물건이기 위해서는 외계의 일부여야 하며, 사람 또는 사람의 일부는 물건이 아니다. 모발 · 치아 · 혈액 등은 인체로부터 분리되면 물건으로 되고, 분리당한 사람의 소유에 속한다.

② 시체 · 유골의 물건성 인정여부(특수소유권설) : 시체 · 유골의 소유권은 사용 · 수익 · 처분이 아니라 매장 · 제사 · 공양 등을 내용으로 하는 특수한 소유권으로서 제사주재자(喪主)에게 귀속한다고 하여, 그 물건성을 긍정하는 견해이다. *33회 기출*

(3) 독립성

물권은 물건을 배타적으로 지배하는 권리이므로, 물권의 객체로서 물건은 배타적 지배가 가능해야 하고, 따라서 독립성을 가져야 한다. 독립성 유무는 사회통념에 의해 결정된다.

2. 물건의 분류

(1) 물건의 결합정도에 따른 분류 : 단일물, 합성물, 집합물로 구분된다.

(2) 민법총칙상의 분류 : 동산과 부동산, 주물과 종물, 원물 · 과실로 분류되어 있다.

(3) 강학상의 분류

① 융통물과 불융통물 : 사법상 거래의 객체가 될 수 있는가에 따른 분류이다. 일반적인 물건은 융통물이고, 공용물 · 공공용물 · 금제물은 불융통물이다.

㉠ 공용물(公用物) : 관공서의 청사나 국 · 공립학교의 건물과 같이 국가 · 공공단체가 소유하고 있고 공공의 목적으로 사용되는 물건을 말한다.

㉡ 공공용물(公共用物) : 도로 · 하천 · 항만 · 공원과 같이 공중의 사용에 제공되는 물건을 말한다.

㉢ 금제물(禁制物) : 마약 · 위조화폐 등과 같이 법령에 의해 소유 · 소지나 거래가 금지되어 있는 물건을 말한다. 국보 · 지정문화재는 거래가 금지된다.

② 가분물과 불가분물 : 물건의 성질 · 가치를 현저히 손상시키지 않고 분할할 수 있는가에 따른 분류이다. 곡물 · 토지 등은 가분물이고, 건물 · 가축 · 가전제품 등은 불가분물이다.

③ 대체물과 부대체물 : 거래통념상 물건의 개성이 중시되느냐(객관적 기준)에 따른 분류이다.

④ 특정물과 불특정물 : 당사자의 의사(주관적 기준)에 따른 분류이다. 당사자가 동종의 다른 것으로의 교체를 허용하지 않는 물건이 특정물이고, 허용하는 물건이 불특정물이다.

⑤ 소비물과 비소비물 : 식품처럼 성질상 1회 사용으로 없어지는 물건이 소비물이고, 토지 · 건물 · 가전제품처럼 반복해서 사용할 수 있는 물건이 비소비물이다.

제3절 단일물(單一物) · 합성물(合成物) · 집합물(集合物)

1. 단일물(單一物)

단일물이란 각 구성부분의 개성이 없이 전체가 단일한 형태를 이루고 있는 물건을 말한다.

2. 합성물(合成物)

각 구성부분이 개성을 잃지 않고 결합하여 전체적으로 단일한 형태를 이루고 있는 물건을 말한다. 건물 · 자동차 · 선박 · 가전제품이나 보석이 박힌 시계 · 반지 등이 이에 해당한다. 합성물은 법적으로 하나의 물건으로 취급된다.

3. 집합물(集合物)

다수의 단일물 또는 합성물이 모인 집합으로서 거래상 일체로 다루어지는 것을 말한다. 일물일권주의에 따라 집합물에 하나의 물권이 성립하는 것은 원칙적으로 불가능하지만, 「공장 및 광업재단 저당법」, 「입목에 관한 법률」 등의 특별법에 의해 공시방법이 인정되면 법적으로 하나의 물건으로 취급된다.

판례는 법률상 공시방법이 인정되지 않은 집합물이라도 특정성이 있으면 이를 양도담보의 목적으로 인정한다.
★28, 30회 기출★

제4절 동산과 부동산

1. 의의

제99조(부동산, 동산) ① 토지 및 그 정착물은 부동산이다.
② 부동산 이외의 물건은 동산이다.

2. 부동산(不動産)

> 제99조(부동산, 동산) ① 토지 및 그 정착물은 부동산이다.

(1) 토지

토지의 소유권은 정당한 이익이 있는 범위 내에서 토지의 상하에 미친다(제212조). 특별한 사정이 없는 한 토지에 대한 소유권의 범위는 지적공부상의 경계선에 의하여 확정되는 것이다[84다71]. 토지를 구획하여 지번을 부여했을 때, 1개의 지번에 해당하는 토지를 1필이라 하고 토지의 개수는 지적공부의 등록 단위가 되는 필(筆)을 표준으로 한다. ★31회 기출★

(2) 토지의 정착물

① 의의

토지의 정착물이란 건물 · 수목 · 교량 · 돌담 · 철도레일 · 도로포장물 등과 같이 계속적으로 토지에 고정되어 사용되는 물건을 말한다.

② 독립된 부동산으로 취급되는 토지의 정착물

㉠ 건물 : 보존등기가 이루어졌느냐와 상관없이 건물은 토지로부터 독립된 부동산으로 취급된다. 건축중의 건물은 최소한 기둥과 지붕 그리고 주벽이 이루어지면 이를 법률상 건물이라 할 것이다[94다53006].

㉡ 수목 · 천연과실 · 농작물

ⓐ 판례는 정당한 권원 없이 타인의 토지에 재배한 농작물(모 · 입도 · 약초 · 양파 · 마늘 · 고추 등)은 명인방법의 유무에 관계없이 경작자의 소유가 된다고 하여 토지로부터 독립된 부동산임을 인정한다. ★28회 기출★

ⓑ 소유권보존등기가 된 수목의 집단은 입목(立木)이라는 독립된 부동산으로 인정되고, 토지와 분리하여 입목을 양도하거나 저당권의 목적으로 할 수 있다(입목법 제2조 · 제3조).

ⓒ 명인방법이라는 관습법상의 공시방법을 갖춘 수목집단은 토지로부터 독립된 부동산으로서 소유권 · 양도담보권의 객체가 된다. 미분리과실(나무의 열매, 뽕잎)은 수목의 일부이지만, 명인방법을 갖추면 토지로부터 독립된 부동산이다. ★28회 기출★

3. 동산(動産)

(1) 의의

> 제99조(부동산, 동산) ② 부동산 이외의 물건은 동산이다.

토지와 토지의 정착물을 제외한 물건은 동산이므로, 정착물이 아닌 토지의 부착물과 전기 기타 관리할 수 있는 자연력은 동산에 해당한다.

(2) 특수한 동산인 금전

타인의 점유에 들어간 화폐로서의 금전에 대하여는 물권적 청구권이 인정되지 않고, 소비대차 · 부당이득 등에 근거한 동종 · 동액의 채권적 반환청구권이 인정될 뿐이다.

제5절   주물(主物)과 종물(從物)

1. 의의

> 제100조(주물, 종물) ① 물건의 소유자가 그 물건의 상용에 공하기 위하여 자기소유인 다른 물건을 이에 부속하게 한 때에는 그 부속물은 종물이다.

2. 종물의 요건

(1) 주물의 상용(常用)에 이바지할 것

① 종물로 인정되려면 사회통념상 계속해서 주물 자체의 경제적 효용을 다하게 해야 한다. 주물의 상용에 이바지한다 함은 주물 자체의 경제적 효용을 다하게 하는 것을 말하며, 주물의 소유자나 이용자의 상용에 공여되고 있더라도 주물 자체의 효용과는 직접 관계없는 물건은 종물이 아니다[2007도7247]. ★31, 32회 기출★

② 주유소의 주유기는 독립된 물건이기는 하나 계속해서 주유소 건물 자체의 경제적 효용을 다하게 하는 작용을 하므로, 주유소 건물의 상용에 공하기 위해 부속시킨 종물이다[94다6345]. ★30회 기출★

③ 횟집으로 사용할 점포건물의 상용에 공하기 위하여 신축한 수족관건물은 위 점포건물의 종물이다[92도3234].

(2) 주물에 부속될 정도로 장소적 관계가 밀접할 것

상용에 공한다 함은 사회관념상 계속하여 주물의 효용을 완성시키는 작용을 한다고 인정되는 종류의 물이고 또 특정의 주물에 기속된다고 인정될 만한 장소적 관계에 있어야 함을 요한다[4288민상526]고 한다.

(3) 독립된 물건일 것

종물이 되려면 독립된 물건이어야 한다. 주물의 구성부분이나 주물에 부합되어 주물의 일부가 된 것은 종물이 아니다. 주물과 종물은 각각 동산이건 부동산이건 불문한다. 주택의 정화조는 건물의 구성부분이다[93다42399]. ★27회 기출★

(4) 원칙적으로 주물·종물이 동일한 소유자에게 속할 것

원칙적으로 사람의 소유에 속하는 물건은 종물이 될 수 없다[2007다36933]. 다만, 종물이 타인의 소유라고 하더라도 그 타인의 권리를 해하지 않는 범위에서 민법 제100조가 적용된다. ★31회 기출★

3. 종물(從物)의 효과

(1) 처분의 수반성

> 제100조(주물, 종물) ② 종물은 주물의 처분에 따른다.

(2) 저당권의 효력범위

> 제358조(저당권의 효력의 범위) 저당권의 효력은 저당부동산에 부합된 물건과 종물에 미친다. 그러나 법률에 특별한 규정 또는 설정행위에 다른 약정이 있으면 그러하지 아니하다.

주물 위에 설정된 저당권의 효력은, 법률의 규정 또는 다른 약정이 없으면, 설정 전후를 불문하고 종물과 부합물에 미친다. 저당권의 효력이 종물에 미친다는 규정은 종물은 주물의 처분에 따른다는 것과 이론적 기초를 같이 한다. 집합건물법상의 구분건물의 전유부분만에 관하여 설정된 저당권의 효력은 특별한 사정이 없는 한 그 대지사용권에까지 미친다[2000다62179]. 또한 구분건물의 전유부분에 대한 가압류 결정의 효력은 특별한 사정이 없는 한 그 대지권에 미친다. ★27, 31, 32회 기출★

주물에 대한 압류의 효력은 특별한 사정이 없는 한 종물에 미친다. ★33회 기출★

(3) 임의규정

민법 제100조 제2항은 임의규정이므로 당사자는 반대의 특약을 할 수 있다. 즉 당사자의 약정으로 주물로부터 분리하여 종물만을 처분할 수 있다. ★27, 30, 33회 기출★

4. 종물이론의 권리에의 유추적용

주물과 종물간의 관계에 관한 민법 제100조 제2항과 제358조는 물건과 권리간 또는 권리와 권리간에도 유추적용된다. ★27, 31, 32회 기출★

제6절　원물(元物)과 과실(果實)

1. 서설(序說)

어떤 물건으로부터 생기는 수익을 과실이라 하고, 과실을 생기게 하는 물건을 원물이라 한다. 주식의 배당금이나 특허권의 사용료 등은 민법상 과실이 아니다.

2. 천연과실(天然果實)

(1) 의의

> 제101조(천연과실, 법정과실) ① 물건의 용법에 의하여 수취하는 산출물은 천연과실이다.

(2) 천연과실의 귀속

> 제102조(과실의 취득) ① 천연과실은 그 원물로부터 분리하는 때에 이를 수취할 권리자에게 속한다.

① **임의규정** : 제102조는 임의규정으로 해석되며, 이와 반대되는 약정을 할 수 있다. 분리되지 않은 천연과실은 원물의 일부로서 원물의 소유권자에게 귀속됨이 원칙이나, 명인방법을 갖춘 때에는 독립된 물건으로 거래될 수 있다. ★28회 기출★

② **귀속권자** : 과실의 수취권자는 원물의 소유자이다(제211조). 선의의 점유자(제201조 제1항), 지상권자(제279조), 전세권자(제303조), 임차인(제618조), 사용차주(제609조), 친권자(제923조), 수유자(제1079조), 매도인(제587조) 등은 과실의 수취권자가 된다. 유치권자(제323조)·질권자(제343조)·저당권자(제359조)를 과실수취권자에 포함시킴이 일반적이다. ★29회 기출★

3. 법정과실(法定果實)

(1) 의의

> 제101조(천연과실, 법정과실) ② 물건의 사용대가로 받는 금전 기타의 물건은 법정과실로 한다.

(2) 요건

원물과 과실은 모두 물건이어야 한다. 물건 임대차에 있어서의 사용료(집세·지료·차임 등)는 법정과실에 해당한다. 노동의 대가(임금), 권리사용의 대가(특허권료 등), 주식의 배당금 등은 과실이 아니다. 차임·이자의 연체료(지연이자)는 손해배상금의 일종일 뿐 법정과실이 아니다.

(3) 귀속 ★28, 33회 기출★

> 제102조(과실의 취득) ② 법정과실은 수취할 권리의 존속기간일수의 비율로 취득한다.

4. 사용이익(使用利益)

건물을 스스로 사용함으로써 얻는 차임 상당의 이득과 같은 원물사용이익은 과실에 준하는 것으로 취급된다[95다44290].

○ × 핵심체크

01 기업에 속하는 다수의 물건은 경제적으로는 일체를 이루지만, 법적으로는 독립한 물건의 집합에 불과하다.　　○×

02 남의 땅에 권한없이 경작 재배한 길이 4.5센티미터 정도의 농작물의 소유권은 토지 소유자에게 있다.　　○×

03 최소한의 기둥과 지붕 그리고 둘레 벽이 이루어지면 독립한 부동산으로서의 건물의 요건을 갖춘 것으로 보아야 한다.　　○×

04 건물의 개수(個數)는 사회통념 또는 거래관념에 따라 물리적 구조, 거래 또는 이용의 목적물로서 관찰한 건물의 상태 등 객관적 사정만으로 결정된다.　　○×

05 건물에 설정된 저당권의 효력은 건물의 소유를 목적으로 하는 지상권에는 미치지 않는다.　　○×

06 주물 자체의 상용에 공여되지 않고 주물의 사용자의 사용에 공여되는데 불과한 물건은 종물로 볼 수 없다.　　○×

07 일시적으로 어떤 물건의 효용을 돕는 물건은 종물이 아니다.　　○×

08 종물은 주물의 처분에 따르는 것이 원칙이므로 종물만의 처분을 당사자 임의로 정할 수 없다.　　○×

09 국립공원의 입장료는 토지의 사용대가라는 민법상의 과실로 볼 수 없다.　　○×

10 저당부동산에 관한 과실수취권은 목적물에 대한 압류가 있기 전에는 저당권자에게 있다.　　○×

11 물건의 사용이익도 과실이므로 사용이익의 귀속에 관해서는 과실수취권에 관한 규정이 유추적용될 수 있다.　　○×

정답 및 해설	**01** ○　**02** ×　**03** ○　**04** ×　**05** ×　**06** ○　**07** ○　**08** ×　**09** ○　**10** ×　**11** ○

오답분석
02 그 경작자에게 있다.
04 건축한 자 또는 소유자의 의사 등 주관적 사정을 참작하여 결정된다.
05 종된 권리인 지상권에도 미친다.
08 민법 제100조 제2항은 임의규정이므로 당사자의 약정으로 주물로부터 분리하여 종물만을 처분할 수 있다.
10 압류 후에는 과실수취권이 저당권자에게 있다.

제4장 | 확인학습문제

01 물건에 관한 설명으로 옳지 <u>않은</u> 것은?(다툼이 있으면 판례에 따름)　　★34회 기출★

☑확인
Check!
○
△
×

① 주물의 구성부분은 종물이 될 수 없다.
② 1필의 토지의 일부는 분필절차를 거치지 않는 한 용익물권의 객체가 될 수 없다.
③ 국립공원의 입장료는 법정과실이 아니다.
④ 주물과 장소적 밀접성이 인정되더라도 주물 그 자체의 효용과 직접 관계가 없는 물건은 종물이 아니다.
⑤ 저당권 설정행위에 "저당권의 효력이 종물에 미치지 않는다."는 약정이 있는 경우, 이를 등기하지 않으면 그 약정으로써 제3자에게 대항할 수 없다.

해설
난도 ★★
① 종물은 주물의 구성부분을 이루는 것이 아니라, 주물과는 독립한 물건이어야 한다.
② 물권변동에 관하여 형식주의를 취하는 현행 민법하에서는, 분필절차를 밟기 전에는 1필의 토지의 일부를 양도하거나 담보물권을 설정하지 못한다. 그러나 용익물권은 분필절차를 밟지 아니하더라도, 1필의 토지의 일부 위에 설정할 수 있는 예외가 인정된다(부동산등기법 제69조, 제70조, 제72조).
③ 국립공원의 입장료는 수익자부담의 원칙에 따라 국립공원의 유지ㆍ관리비용의 일부를 입장객에게 부담시키는 것에 지나지 않고, 토지의 사용대가가 아닌 점에서 민법상의 과실은 아니다[2000다27749].
④ 일시적으로 어떤 물건의 효용을 돕고 있는 것은 종물이 아니다. 그리고 주물의 소유자나 이용자의 상용에 공여되고 있더라도 주물 그 자체의 효용과 직접관계가 없는 물건은 종물이 아니다[94다11606].
⑤ 제358조 참고

> 저당권의 효력의 범위(제358조) 저당권의 효력은 저당부동산에 부합된 물건과 종물에 미친다. 그러나 법률에 특별한 규정 또는 설정행위에 다른 약정이 있으면 그러하지 아니하다.

답 ②

02 물건에 관한 설명으로 옳지 <u>않은</u> 것은?(다툼이 있으면 판례에 따름)

☑확인
Check!
○
△
×

① 종물은 주물소유자의 상용에 공여된 물건을 말한다.
② 주물과 다른 사람의 소유에 속하는 물건은 종물이 될 수 없다.
③ 주물과 종물의 관계에 관한 법리는 권리 상호간에도 적용된다.
④ 저당권의 효력이 종물에 미친다는 규정은 종물은 주물의 처분에 따른다는 것과 이론적 기초를 같이 한다.
⑤ 토지의 개수는 지적공부의 등록단위가 되는 필(筆)을 표준으로 한다.

해설
난도 ★

① 주물의 소유자나 이용자의 상용에 공여되고 있더라도 주물 자체의 효용과는 직접 관계없는 물건은 종물이 아니다[2007도 7247]. 따라서 주물 자체의 효용과는 적접적인 관계가 없고 주물 소유자·이용자의 상용에 공여되는 가전제품·식기·침구 등은 가옥의 종물이 아니다.

 ①

03 물건에 관한 설명으로 옳지 <u>않은</u> 것은?(다툼이 있으면 판례에 따름)

☑확인
Check!
○
△
×

① 관리할 수 있는 자연력은 동산이다.
② 주물과 종물의 법률적 운명을 달리하는 약정은 유효하다.
③ 권원 없이 타인의 토지에서 경작한 농작물이 성숙하여 독립한 물건으로 인정되면, 그 소유권은 명인방법을 갖추지 않아도 경작자에게 있다.
④ 특별한 사정이 없는 한, 주유기는 주유소 건물의 종물이다.
⑤ 여러 개의 물건으로 이루어진 집합물은 원칙적으로 하나의 물건으로 인정된다.

해설
난도 ★

⑤ 상점에 있는 상품전체처럼 집합물은 본래 하나의 물건이 아니라 복수의 물건이다. 따라서 일물일권주의에 따라 집합물에 하나의 물권이 성립하는 것은 원칙적으로 불가능하지만, 「공장 및 광업재단 저당법」, 「입목에 관한 법률」 등의 특별법에 의해 공시방법이 인정되면 법적으로 하나의 물건으로 취급된다.

⑤

04 물건에 관한 설명으로 옳지 <u>않은</u> 것은?(다툼이 있으면 판례에 따름) ★28회 기출★

① 법률상 공시방법이 인정되지 않은 집합물이라도 특정성이 있으면 이를 양도담보의 목적으로 할 수 있다.

② 법정과실은 원칙적으로 수취할 권리의 존속기간 일수의 비율로 취득한다.

③ 수목에 달려있는 미분리의 과실에 대해 명인방법을 갖추면 그 과실은 독립한 물건으로 거래의 목적으로 할 수 있다.

④ 천연과실은 다른 특약이 있더라도 그 원물로부터 분리하는 때에 이를 수취할 권리자에게 속한다.

⑤ 권원 없이 타인의 토지에서 경작한 농작물도 성숙하여 독립한 물건으로 인정되면 그 소유권은 명인방법을 갖출 필요 없이 경작자에게 있다.

해설

난도 ★★

④ 천연과실은 그 원물로부터 분리하는 때에 이를 수취할 권리자에게 속한다(제102조 제1항). 우리 민법은 분리주의를 취하고 있다. 민법 제102조는 임의규정으로 해석되며, 이와 반대되는 약정을 할 수 있다.

답 ④

05 물건에 관한 설명으로 옳지 <u>않은</u> 것은?(다툼이 있으면 판례에 따름) ★33회 기출★

① 주물에 대한 압류의 효력은 특별한 사정이 없는 한 종물에는 미치지 않는다.

② 사람의 유골은 매장·관리의 대상이 될 수 있는 유체물이다.

③ 전기 기타 관리할 수 있는 자연력은 물건이다.

④ 법정과실은 수취할 권리의 존속기간 일수의 비율로 취득함이 원칙이다.

⑤ 주물만 처분하고 종물은 처분하지 않기로 하는 특약은 유효하다.

해설

난도 ★

① 구분건물의 전유부분에 대한 소유권보존등기만 경료되고 대지지분에 대한 등기가 경료되기 전에 전유부분만에 대해 내려진 가압류결정의 효력은, 대지사용권의 분리처분이 가능하도록 규약으로 정하였다는 등의 특별한 사정이 없는 한, 종물 내지 종된 권리인 그 대지권에까지 미친다[2006다29020].

답 ①

06 주물과 종물에 관한 설명으로 옳은 것은?(다툼이 있으면 판례에 따름)

① 독립한 부동산은 종물이 될 수 없다.

② 주물을 처분할 때 당사자의 특약으로 종물만을 별도로 처분할 수도 있다.

③ 주물 위에 설정된 저당권의 효력은, 법률의 규정 또는 다른 약정이 없으면, 설정 후의 종물에까지 미치지 않는다.

④ 구분건물의 전유부분에 대한 가압류 결정의 효력은 특별한 사정이 없는 한 그 대지권에 미치지 않는다.

⑤ 권리 상호간에는 주물과 종물의 법리가 적용되지 않는다.

해설
난도 ★

① 종물이 되려면 독립된 물건이어야 한다. 주물의 구성부분이나 주물에 부합되어 주물의 일부가 된 것은 종물이 아니다. 주물과 종물은 각각 동산이건 부동산이건 불문한다.

③, ⑤ 주물과 종물간의 관계에 관한 민법 제100조 제2항과 제358조는 물건과 권리간 또는 권리와 권리간에도 유추적용된다. 예컨대, 민법 제358조 본문을 유추해 보면 건물에 대한 저당권의 효력은 그 건물에 종된 권리인 건물의 소유를 목적으로 하는 지상권에도 미치므로 특별한 사정이 없는 한 경락인은 건물소유를 위한 지상권도 민법 제187조의 규정에 따라 등기 없이 당연히 취득하게 된다[95다52864].

④ 전유부분만에 관하여 설정된 저당권의 효력 또는 가압류결정의 효력[2006다29020]은, 특별한 사정이 없는 한 당연히 종물 내지 종된 권리인 그 대지사용권에까지 미치고[2001다22604], 그에 터잡아 진행된 경매절차에서 전유부분을 경락받은 자는 그 대지사용권도 함께 취득한다[2005다15048].

답 ②

07 과실을 수취할 수 있는 자를 모두 고른 것은?

ㄱ. 질물의 과실에 대한 질권자
ㄴ. 유치물의 과실에 대한 유치권자
ㄷ. 점유물의 과실에 대한 선의의 점유자
ㄹ. 토지전세권에서 토지의 과실에 대한 전세권설정자

① ㄱ, ㄴ
② ㄷ, ㄹ
③ ㄱ, ㄴ, ㄷ
④ ㄱ, ㄷ, ㄹ
⑤ ㄴ, ㄷ, ㄹ

해설
난도 ★

ㄹ. 전세권자(제303조)가 과실수취권자이다.

답 ③

제5장 | 권리변동의 태양과 원인

출제포인트
- 권리변동의 모습
- 권리변동의 원인
- 의사표시와 준법률행위의 구별

제1절 총설(總說)

1. 권리의 변동

권리의 변동이란 권리의 발생·변경·소멸을 말한다. 이를 권리주체의 입장에서 보면 권리의 취득·변경·상실(권리의 득실변경)이 된다. 법률관계를 권리본위로 파악한다면 법률관계의 변동은 권리의 변동에 관한 것이다.

2. 권리변동의 모습

(1) 권리의 발생 ★32회 기출★

① 원시취득(原始取得, 절대적 발생) : 시효취득(제245조), 선의취득(제249조), 무주물선점(제252조), 유실물습득(제253조), 매장물발견(제254조), 첨부(제256조 이하) 등에 의한 소유권취득, 신축건물의 소유권취득(이상은 주로 소유권 부분), 환지처분[2015다256312], 공용징수[95다3510], 인격권·가족권(친권 등), 매매계약에 의한 청구권(채권)취득 등이 원시취득에 해당한다.

② 승계취득(承繼取得, 상대적 발생)

㉠ 이전적(移轉的) 승계 : 구권리자의 권리가 동일성을 유지하면서 신권리자에게 이전되는 경우로서 권리의 주체가 바뀌는 것이다.

ⓐ 특정승계(特定承繼) : 매매·교환·증여·사인증여·경락[91다3703]에 의한 권리취득

ⓑ 포괄승계(包括承繼) : 상속·포괄유증·회사합병에 의한 권리취득처럼 하나의 취득원인에 의해 다수의 권리가 일괄적으로 취득되는 경우

ⓛ 설정적(設定的) 승계 : 소유권에 대해 지상권 · 지역권 · 전세권 · 유치권 · 질권 · 저당권 등의 제한
　　물권을 설정하는 경우

(2) 권리의 변경

① 주체의 변경 : 권리의 이전적 승계가 있으면 권리주체가 변경된다.
② 내용의 변경
　　㉠ 질적 변경(성질적 변경) : 물건인도청구권이 손해배상청구권으로 변경되는 경우, 선택채권에서 선
　　　택이 행해지는 경우, 물상대위나 대물변제가 이루어지는 경우 등을 말한다.
　　ⓛ 양적 변경(수량적 변경) : 소유권의 객체에 제한물권이 설정되는 경우, 이미 설정되어 있는 제한물
　　　권이 소멸하여 소유권이 무제한의 상태로 회복되는 경우, 첨부로 인해 주된 물건의 양이 증가하는
　　　경우 등을 말한다.
③ 작용(효력)의 변경 : 2번 저당권이 1번 저당권으로 순위가 변하는 경우, 임차권이 등기에 의해 대항력
　　을 가지게 되는 경우를 말한다.

(3) 권리의 소멸

① 절대적 소멸(객관적 소멸) : 권리 자체가 객관적으로 소멸하는 것으로서 목적물멸실 · 소멸시효 · 포
　　기 · 변제 · 혼동 · 공용징수 · 몰수로 인한 권리의 소멸이 이에 해당한다.
② 상대적 소멸(주관적 소멸, 이전적 승계, 주체의 변경) : 甲이 소유하는 가옥을 乙에게 매각하여 그 소유
　　권이 상실하는 경우처럼 권리 자체는 소멸하지 않고 권리주체만 변경되는 것이다.

제2절　권리변동의 원인

1. 의의

권리변동의 원인이란 권리의 발생 · 변경 · 소멸을 가져오는 원인을 말한다. 청약과 승낙의 의사표시가 합치
되어 매매계약이 성립하면, 매도인은 매수인에게 매매목적이 된 권리를 이전해야 하고 매수인은 매도인에
게 그 대금을 지급해야 하는데(제568조), 여기서 청약과 승낙은 각각 법률사실이고, 매매계약은 법률요건이
며, 매도인의 권리이전의무와 매수인의 대금지급의무는 법률효과이다.

2. 법률효과(法律效果)

법률관계 변동의 결과로 야기된 권리의 발생 · 변경 · 소멸을 말한다.

3. 법률요건(法律要件)

법률효과를 발생하게 하는 원인 내지 법률관계변동의 원인을 말한다. 법률요건은 일정한 법률효과를 발생
시키기 위해 필요한 모든 법률사실을 다 갖춘 상태에 해당한다.

4. 권리변동원인의 분류

권리변동은 그 원인에 따라 계약 · 단독행위 · 합동행위로 인한 권리변동인 법률행위에 의한 권리변동과 상속(제1005조) · 공용징수 · 판결(형성판결) · 경매(민집법 제145조), 몰수(형법 제48조), 시효취득(제245조) 등에 의한 소유권 취득, 법정지상권(제366조 등), 불법행위(제750조)나 채무불이행(제390조)에 기한 손해배상청구권, 소멸시효(제162조 이하) · 혼동(제191조) 등이 법률의 규정에 의한 권리변동으로 분류된다.

5. 법률사실

법률요건을 구성하는 개개의 구체적 사실을 말한다. 법률요건은 보통 다수의 법률사실로 성립하나, 유언 · 추인과 같이 1개의 법률사실로 성립하는 경우도 있다.

(1) **용태(容態)** : 사람의 정신작용에 기하는 법률사실
- ① **외부적 용태(행위)** : 일정한 의사가 외부적으로 표시되는 용태로서 법률상의 행위는 법률요건을 구성하는 법률사실이므로 법률사실로서의 가치가 없는 행위(산책 · 사교적 담화 등)는 민법상 행위가 아니다.
  - ㉠ 적법행위 : 법률이 가치 있는 것으로 평가하여 허용하는 행위이다.
    - ⓐ 법률행위(→ 의사표시) : 법률행위는 의사표시를 필요불가결의 요소로 하는 법률요건이다.
      - 단독행위 : 상대방 있는 단독행위(면제 · 상계 · 동의 · 철회 · 취소 · 추인 · 대리권수여 · 시효완성후 시효이익포기 · 청약에 대한 승낙 등)와 상대방 없는 단독행위(유언 · 유증 · 재단법인 설립행위 · 소유권의 포기 · 점유권의 포기 · 상속포기 · 공탁의 승인 등)가 있다.
      - 계약 : 채권계약(매매 등) · 물권계약(물권적 합의) · 신분계약 등이 있다.
      - 합동행위 : 사단법인 설립행위 등이 있다.
    - ⓑ 준법률행위(법률적 행위) : 법이 행위 또는 행위결과에 대해 일정한 법률효과를 부여한다.
      - 표현행위

의사의 통지	각종의 최고(제15조 제한능력자의 상대방의 확답을 촉구할 권리), 각종의 거절(제16조 제2항 제한능력자의 상대방의 거절권), 이행의 청구(독촉)는 채무이행의 최고에 해당한다.
관념의 통지 (사실의 통지)	사원총회소집의 통지, 소멸시효 중단사유로서의 채무승인(제168조), 채권양도의 통지 · 승낙(제450조), 대리권수여의 표시(대리권수여 사실의 통지), 등
감정의 표시	내적 감정을 외부로 표현하는 용서가 이에 해당한다.

      - 비표현행위(사실행위)

순수사실행위	매장물발견, 주소설정, 가공, 특허법상의 발명 등과 같이 일정한 행위결과에 대해 법률이 일정한 효과를 부여하는 경우이다.
혼합사실행위	제1장 사무관리(제734조-타인을 위하여), 부부의 동거(동거의사), 무주물선점(제252조 제1항-소유의 의사), 유실물습득(제253조), 변제(제460조-채무소멸) 등

  - ㉡ 위법행위 : 불법행위 · 채무불이행처럼 법률이 가치 없는 것으로 평가하여 허용하지 않는 행위이다.

② 내부적 용태(마음속의 의식)

   ⊙ 의사적 용태(내부적 의사) : 소유의 의사(제197조), 사무관리에 있어서 본인의 의사(제734조) 등과 같이 내심적 지향의사의 유무를 말한다.

   ⓒ 관념적 용태(내부적 관념) : 악의(제107조 제2항), 정당한 대리인이라는 신뢰(제126조), 선의 등과 같이 일정한 사실에 관한 관념 · 인식의 유무를 말한다.

(2) 사건(事件)

사람의 정신작용에 의거하지 않는 법률사실을 의미한다. 사람의 출생 · 사망 · 실종, 시간 · 시효기간 · 제척기간의 경과, 물건의 멸실, 부합, 혼화, 혼동, 부당이득 등이 이에 해당한다.

제6장 │ 법률행위

출제포인트
- 법률행위의 종류
- 반사회질서 법률행위의 유형
- 불공정한 법률행위(暴利行爲)
- 법률행위의 해석(당사자 확정)

제1절 총설

1. 법률행위의 의의

법률행위는 일정한 법률효과의 발생을 목적으로 하는 하나 또는 수개의 의사표시를 (필수)불가결의 요소로 하는 법률요건이며 법이 그 의사표시의 내용에 따라서 사법상의 효과를 발생시키는 것이다. 법률행위는 의사표시를 불가결의 요소로 하는 법률요건이며 의사표시는 법률행위를 이루는 법률사실이고 법률행위의 핵심수단이다.

2. 법률행위의 종류

(1) 단독행위(單獨行爲) · 계약(契約) · 합동행위(合同行爲)

① 단독행위(일방행위)

㉠ 의의 : 행위자 한사람의 한 개의 의사표시로 성립하는 법률행위이며 상대방의 동의나 승낙은 불필요하다. 단독행위는 형성력을 가지므로 제척기간의 적용을 받는다. ★27, 31회 기출★

㉡ 상대방 있는 단독행위 : 채무면제 · 상계 · 동의 · 철회 · 추인 · 취소 · 해제 · 해지 · 기한의 이익포기와 소멸시효완성 후의 채무의 승인 · 대리권수여 · 제한물권의 포기 등 ★27회 기출★

㉢ 상대방 없는 단독행위 : 유언, 유증, 재단법인설립행위, 소유권의 포기, 점유권의 포기, 상속포기, 공탁의 승인 등

ⓔ 특징 : 원칙적으로 단독행위에는 조건이나 기한을 붙일 수 없으므로 다른 사정이 없으면, 형성권은 그 일부에 대해 행사할 수 없다. 다만, 정지조건부 해제의 의사표시처럼 일정한 경우에는 단독행위에 정지조건을 붙이는 것이 허용되고, 채무면제, 유언, 유증, 상대방의 동의가 있으면 조건을 붙일 수 있다. ★27, 31회 기출★

② **계약(쌍방행위)** : 계약은 복수의 대립되는 의사표시의 합치에 의하여 성립하는 법률행위이다. 광의의 계약에는 물권계약(지상권설정의 합의) · 준물권계약(채권양도) · 채권계약 · 신분계약(혼인) 등이 있다. ★27회 기출★

③ **합동행위** : 합동행위는 평행적 · 구심적으로 방향이 같은 2개 이상의 의사표시가 합치하여 성립하는 법률행위로서 사단법인 설립행위와 같은 결합적 합동행위와 결의 · 선거와 같은 집합적 합동행위로 구분된다. ★27회 기출★

(2) 의무부담행위와 처분행위

① **의무부담행위(부담행위, 채권행위)** : 당사자에게 일정한 채권 · 채무를 발생시키는 법률행위를 말하는데 언제나 이행의 문제를 남기며, 권리에 대한 처분권이 없는 무권리자도 부담행위를 할 수 있으므로 타인의 물건을 매매한 경우에 그 매매계약은 유효하다(제569조).

② **처분행위** : 처분행위란 현존하는 권리를 직접 이전 · 변경 · 소멸시키는 법률행위를 말한다. 물권행위(소유권이전행위, 제한물권 설정행위 등), 준물권행위(채권양도, 채무면제, 지식재산권의 양도, 면책적 채무인수에서 채권자의 처분행위) 등이 처분행위에 속한다.

(3) 출연행위(出捐行爲)와 비출연행위(非出捐行爲)

① **출연행위(출재행위)의 의의** : 출연행위는 자기의 재산을 감소시키고서 타인의 재산을 증가시키는 법률행위를 말하고, 비출연행위란 그렇지 않은 행위(신분행위, 대리권의 수여, 소유권의 포기 등)를 말한다. 출연행위는 유상행위와 무상행위, 유인행위와 무인행위, 신탁행위와 비신탁행위 등으로 구분된다.

② **유상행위(有償行爲)와 무상행위(無償行爲)** : 유상행위란 자기의 출연에 대응하는 상대방의 출연을 받는 법률행위이다. 무상행위란 상대방의 출연을 받지 않고 자기의 출연만 하는 법률행위를 말한다. 유상행위에는 매매에 관한 규정이 준용된다(제567조).

(4) 주(主)된 행위와 종(從)된 행위

저당권설정계약은 금전소비대차계약에 종된 계약이다. 주된 권리가 시효로 소멸하면 종된 권리도 소멸한다. ★30회 기출★

3. 법률행위의 요건

(1) 의의

법률행위는 의사표시를 필수불가결의 요소로 하는 법률요건이고, 법률요건은 일정한 법률효과를 발생시키기 위해 필요한 모든 법률사실을 다 갖춘 상태에 해당한다.

(2) 법률행위의 성립요건

① 일반적 성립요건 : 당사자, 법률행위의 내용으로서 목적(내용), 의사표시가 있어야 한다.

② 특별성립요건 : 법인설립에 있어서 등기(제49조), 혼인에 있어서 신고(제812조), 유언에 있어서 법정 방식(제1060조), 요물계약에서 물건의 인도(질권, 대물변제, 현상광고) 등이다.

(3) 법률행위의 효력요건(유효요건)

① 일반적 효력요건

㉠ 당사자 : 권리능력 · 의사능력이 있을 것 : 권리능력이나 의사능력을 결하면 그 법률행위는 무효로 된다. 제한능력자(미성년자, 피성년후견인, 피한정후견인)의 행위는 원칙적으로 취소의 대상이다.

㉡ 법률행위의 내용(목적) : 법률행위의 내용이 확정성 · 가능성 · 적법성 · 사회적 타당성 중 어느 하나라도 갖추지 못하면 그 법률행위는 무효이다.

㉢ 의사표시 : 제107조 비진의 표시와 제108조 통정허위표시에는 무효가 될 수 있고, 착오, 사기 · 강박에 의한 의사표시에는 취소할 수 있다.

② 특별효력요건 : 특별효력요건은 대리권의 존재(제141조 이하), 주무관청의 허가, 조건의 성취(제141 조 제1항), 기한의 도래(제152조 제1항), 법정대리인의 동의, 유언자의 사망(제1073조 제1항) 등이 있다.

제2절   법률행위내용의 유효요건

법률행위의 목적(내용)은 행위자가 어떤 법률행위로써 발생시키고자 하는 법률효과를 말한다. 고용계약에서는 법률행위의 목적(노무제공과 보수지급)만 존재할 뿐 법률행위의 목적물은 존재하지 않는다.

1. 법률행위 내용의 확정성(목적의 확정성)

매매계약에 있어서 그 목적물과 대금은 반드시 계약체결 당시에 구체적으로 특정될 필요는 없고 이를 사후에라도 구체적으로 특정할 수 있는 방법과 기준이 정해져 있으면 족하며[96다26176],

2. 법률행위 내용의 가능성(목적의 가능성) ★34회 기출★

(1) 의의

법률행위의 내용은 법률행위의 성립 당시에 실현가능한 것이어야 하므로 원시적 · 객관적 불능은 원칙적으로 무효이다[94다18232]. 법률행위의 내용이 실현가능한가 여부는 사회통념에 의해 결정되나 불능은 확정적 불능이어야 한다.

(2) 불능의 종류

① 원시적 불능

㉠ 의의 : 법률행위의 내용(목적)이 법률행위의 성립 당시에 실현 불가능한 것을 말한다.

ⓛ 효과
ⓐ 원시적 · 전부불능 : 원칙적으로 그 법률행위는 무효이나 계약체결상의 과실책임이 문제될 수 있다(제535조).
ⓑ 원시적 · 일부불능 : 무상계약이면 일부무효의 법리(제137조)에 따라 원칙적으로 전부무효이나, 유상계약이면 계약은 유효하고 담보책임이 문제되고, 계약체결상의 과실에 따른 책임의 이행을 구할 수 없다[99다47396].
② 후발적 불능
㉠ 의의 : 법률행위의 내용이 법률행위의 성립 당시에는 실현가능했으나 그 이행 전에 실현불가능으로 된 것을 말한다.
ⓛ 효과 : 법률행위는 유효하게 성립한다.
ⓐ 채무자의 귀책사유가 있을 때 : 채무자의 고의나 과실이 있으면 채무불이행(이행불능), 전보배상, 대상청구권, 최고 없이 계약해제권과 원상회복의무의 문제가 발생한다.
ⓑ 채권자의 귀책사유가 있을 때 : 채권자위험부담주의가 적용된다.
ⓒ 채무자의 귀책사유가 없을 때 : 대상청구권, 위험부담과 사정변경이 문제된다.

3. 법률행위 내용의 적법성(목적의 적법성)

(1) 의의

법률행위의 내용은 적법해야 한다.

> 제105조(임의규정) 법률행위의 당사자가 법령 중의 선량한 풍속 기타 사회질서에 관계없는 규정과 다른 의사를 표시한 때에는 그 의사에 의한다.

(2) 효력규정의 예

① 명의신탁약정 등 : 명의신탁약정(부동산실명법 제4조), 토지거래허가제(「부동산거래신고 등에 관한 법률」) 등이 효력규정이다.
② 판례
㉠ 부동산중개수수료의 약정 중 「부동산중개사법」 소정의 한도액을 초과하는 부분[2000다54406] ★29회 기출★
ⓛ 변호사 아닌 자가 승소를 조건으로 그 대가로 소송당사자로부터 소송물 일부를 양도받기로 한 약정(변호사법 제78조 제2호)[89다카10514] ★31회 기출★
㉢ 제3자가 타인의 동의를 받지 않고 타인을 보험계약자 및 피보험자로 하여 체결한 생명보험계약 [2009다74007] ★31회 기출★
㉣ 무등록중개업자가 부동산중개업을 하면서 체결한 중개수수료 지급약정[2008다75119]
㉤ 「공익법인의 설립 · 운영에 관한 법률」에 위반하여 공익법인의 기본재산 처분에 관하여 주무관청의 허가를 받지 않는 경우[2004다50044]
③ 표현대리적용 여부 : 증권거래법(제52조 제1호)에 위배되는 주식거래에 관한 투자수익보장약정은 무효이고, 투자수익보장이 강행법규에 위반되어 무효인 이상 표현대리의 법리가 준용될 여지가 없다 [94다38199].

(3) 단속규정의 예(例)

    ① 중간생략등기를 금지하는 「부동산등기특별조치법」 제2조 제2항[92다39112]

    ② 개업공인중개사 등이 중개의뢰인과 직접 거래를 하는 행위를 금지하는 규정[2016다259677]

    ③ 국민주택의 전매행위를 금지하고 있는 (구) 「주택건설촉진법」 제38조의3[92다39112]

    ④ 허가 · 신고 없는 음식점 · 숙박업소 등의 영업행위 등

(4) 강행규정(효력규정) 위반의 효과

    ① **무효** : 강행법규인 효력규정을 위반하면 그 법률행위는 무효가 되므로 그 법률행위에 따른 의무를 이행할 필요가 없다. 강행규정 위반으로 인한 무효는 절대적 무효이므로 전득자는 선의이더라도 보호받지 못한다. 이는 확정적 무효이므로 원칙적으로 추인할 수도 없다.

    ② 건물의 임차인이 비용을 지출하여 개조한 부분에 대한 원상회복의무를 면하는 대신 그 개조비용의 상환청구권을 포기하기로 하는 약정은 임의규정으로서 포기할 수 있다. ★31회 기출★

4. 법률행위 내용의 사회적 타당성(목적의 사회적 타당성) ★34회 기출★

> 제103조(반사회질서의 법률행위) 선량한 풍속 기타 사회질서에 위반한 사항을 내용으로 하는 법률행위는 무효로 한다.
> 제746조(불법원인급여) 불법의 원인으로 인하여 재산을 급여하거나 노무를 제공한 때에는 그 이익의 반환을 청구하지 못한다.

(1) 의의

    ① 민법 제746조가 규정하는 불법원인이라 함은 그 원인되는 행위가 선량한 풍속 기타 사회질서에 위반하는 경우를 말하는 것으로서 법률의 금지에 위반하는 경우라 할지라도 그것이 선량한 풍속 기타 사회질서에 위반하지 않는 경우에는 이에 해당하지 않는다[2001다1782]. 강제경매는 사법적 자치를 규제하는 제103조는 적용의 여지가 없다[66마1189].

    ② **판단시점** : 법률행위를 한 당시를 기준으로 판단한다. 따라서 매매계약체결 당시(법률행위시)에 정당한 대가를 지급하고 목적물을 매수하는 계약을 체결하였다면 비록 그 후 목적물이 범죄행위로 취득된 것을 알게 되었다고 하더라도 특별한 사정이 없는 한 민법 제103조의 공서양속에 반하는 행위라고 단정할 수 없다[2001다44987]. ★32회 기출★

(2) 제103조 위반의 모습

    민법 제103조에 의하여 무효로 되는 반사회질서행위는 법률행위의 목적인 권리 · 의무의 내용이 선량한 풍속 기타 사회질서에 위반되는 경우뿐만 아니라 그 내용 자체는 반사회질서적인 것이 아니라고 하여도 법률적으로 이를 강제하거나 반사회질서적인 조건 또는 금전적 대가가 결부됨으로써 반사회질서적 성질을 띠게 되는 경우 및 표시되거나 상대방에게 알려진 법률행위의 동기가 반사회질서적인 경우를 포함하지만, 단지 법률행위의 성립 과정에서 불법적 방법이 사용된 데 불과한 때에는, 그 불법이 의사표시의 형성에 영향을 미친 경우에는 의사표시의 하자를 이유로 그 효력을 논의할 수는 있을지언정 반사회질서의 법률행위로서 무효(의사결정의 자유를 박탈)라고 할 수는 없다[2002다21509]. ★29, 32, 33회 기출★

① **첩계약 :** 부첩관계를 맺음에 있어서 처가 사망하거나 처와 이혼하게 될 경우에 첩과 혼인신고를 하여 입적시키기로 하는 부수적 약정[4288민상156]은 제103조에 위반된다. 부첩행위는 본처의 사전승인이 있었다 하더라도 본처에 대해 불법행위가 성립한다[67다1134]. 부부생활의 종료를 해제조건으로 하는 증여계약은 공서양속에 반하여 무효이나 그 조건만이 무효인 것이 아니라, 증여계약(법률행위) 자체가 무효이다[66다530]. ★30회 기출★

그러나 부첩관계를 해소하기로 하면서 첩(위자료)과 두 딸(양육비)의 장래의 생활대책을 마련해 주기 위해 금전의 지급을 약정하는 것은 공서양속에 반한다고 할 수 없다[80다458]. ★27, 33회 기출★

② **개인의 자유를 심히 제한하는 행위**

ㄱ 어떤 일이 있어도 이혼하지 않겠다는 의사표시[69므18]는 반사회질서의 법률행위로서 무효이다. ★30회 기출★

ㄴ 해외파견된 근로자가 귀국일로부터 일정기간 소속회사에 근무해야 한다는 사규나 약정은 근로기준법 제21조에 위배하는 것도 아니다[82다카90].

ㄷ 위약벌의 약정에 있어서 의무의 강제에 의하여 얻어지는 채권자의 이익에 비하여 약정된 벌이 과도하게 무거울 때에는 그 일부 또는 전부가 공서양속에 반하여 무효로 된다[2000다56976]. ★30회 기출★

③ 범죄를 저지르지 않을 것을 조건으로 대가를 받기로 하는 약정, 사찰의 존립에 필수불가결한 재산인 임야를 증여하는 계약은 공서양속에 위반되는 행위로서 무효이다[69다2293].

④ **정의관념에 반하는 행위**

ㄱ 도박채무의 변제를 위한 담보의 방법으로 이루어진 가등기와 소유권이전의 본등기는 무효이다[74다960]. 노름빚을 변제하기로 약정한 계약은 선량한 풍속과 사회질서에 반하는 것으로서 무효이다[65다2567]. 따라서 도박으로 빚을 졌다는 사실을 알면서 그 채무의 변제로 토지를 양도하는 계약을 체결한 경우 이는 반사회질서의 법률행위이다[4291민상262].

ㄴ 수사기관에서 자신이 잘 알지 못하는 내용에 대한 허위 진술의 대가로 작성된 각서에 기한 급부의 약정은 민법 제103조 소정의 반사회적 질서행위로 무효이다[2000다71999].

ㄷ 공무원의 직무에 관한 사항에 관하여 특별한 청탁을 하게 하고 그에 대한 보수로 돈을 지급할 것을 내용으로 한 약정은 사회질서에 반하는 무효의 계약이다[71다1645]. ★28회 기출★

ㄹ 처음부터 보험사고를 가장하여 보험금을 부정취득할 목적으로 체결한 생명보험계약은 선량한 풍속 기타 사회질서에 위반한다[99다49064]. ★27, 30, 33회 기출★

ㅁ 반사회적 행위에 의하여 조성된 재산인 이른바 비자금을 소극적으로 은닉하기 위하여 임치한 것은 사회질서에 반하는 법률행위로 볼 수 없다[2000다49343].

⑤ **기타**

ㄱ 소송사건에서 증언할 것을 조건으로 어떤 대가를 받을 것을 약정한 경우 그 대가의 내용이 통상적으로 용인될 수 있는 수준을 초과하는 경우에는 선량한 풍속 기타 사회질서에 반하는 법률행위가 되어 효력이 없다[98다52483]. ★28회 기출★

ㄴ 행정기관에 진정서를 제출하여 상대방을 궁지에 빠뜨린 다음 이를 취하하는 조건으로 거액의 급부를 제공받기로 약정한 경우 반사회질서의 법률행위로서 무효이다[99다56833].

ⓒ 주지직을 거액의 금품(3억 원)을 대가로 양도·양수하기로 하는 약정은 선량한 풍속 기타 사회질 서에 반하는 행위로서 무효이나, 이를 알고도 묵인 혹은 방조한 상태에서 한 종교법인의 주지임명 행위 자체는 반사회질서의 법률행위에 해당하지 않는다[99다38613].

ⓔ 투기의 목적으로 주택개량사업구역 내의 주택에 거주하는 세입자가 주택개량재개발조합으로부터 장차 신축될 아파트의 방 1칸을 분양받을 수 있는 피분양권(이른바 세입자입주권)을 세입자들로 부터 15매나 매수한 경우에도, 그 피분양권 매매계약이 반사회질서의 법률행위로서 무효로 된다 고 할 수 없다[90다19770].

ⓜ 강제집행을 면할 목적으로 부동산에 허위의 근저당권설정등기를 경료하는 행위는 선량한 풍속 기 타 사회질서에 위반한 사항을 내용으로 하는 법률행위로 볼 수 없다[2003다70041]. ★30, 32회 기출★

ⓗ 형사사건에서의 성공보수약정은 선량한 풍속 기타 사회질서에 위배되는 것으로 평가할 수 있다 [2015다200111 전합]. 그러나 변호사가 민사소송의 승소 대가로 성공보수를 받기로 한 약정은 특 별한 사정이 없는 한 반사회적 법률행위에 해당하지 아니한다[2009다21249]. ★27, 30회 기출★

ⓢ 양도소득세의 일부를 회피할 목적으로 매매계약서에 낮은 금액을 매매대금으로 기재하였거나 [2007다3285], 소유권이전등기를 일정기간 유보하는 약정은 사회질서에 반하는 법률행위로서 무 효로 된다고 할 수는 없다. ★31, 33회 기출★

(3) 위반행위의 효과

① 법률행위의 무효

ⓐ 절대적 무효 : 공서양속 위반의 법률행위의 무효는 절대적이어서 선의의 제3자를 포함한 누구에 게 대해서도 무효를 주장할 수 있다[63다479]. 당사자가 그 무효임을 알고 추인하여도 새로운 법 률행위를 한 효과마저 생길 수 없는 것이다[72다2249]. ★27, 32회 기출★

ⓑ 물권적 청구권 행사여부 : 공서양속에 반하여 급여를 한 사람은 상대방에게 부당이득을 원인으로 한 반환청구를 할 수 없기 때문에 반사적 효과로서 소유권은 급여자의 상대방에게 있게 되므로, 소유권에 기한 반환청구도 할 수 없다[79다483 전합]. 그러나 도박에 쓸 것을 알면서 빌려준 금전 을 담보하기 위하여 저당권을 설정한 사람은 저당권설정등기의 말소를 청구할 수 있다. ★31회 기출★

② **불법원인급여(不法原因給與)** : 민법 제746조의 불법원인이라 함은 그 원인된 행위가 선량한 풍속 기 타 사회질서에 위반하는 경우를 말하는 것으로서 설사 법률의 금지에 위반하는 경우라 할지라도 그 것이 선량한 풍속 기타 사회질서에 위반 하지 않는 경우에는 불법원인 급여에 해당하지 않는다[83다 430]. 즉, 제103조는 법률행위의 내용의 실현을 사전에 저지하는 규정이고 제746조는 급부한 후에 급부자의 반환청구를 거부하는 규정이다. ★30회 기출★

5. 부동산 이중매매(不動産 二重賣買)

(1) 의의

매도인이 제1매수인에게 매도하고 아직 소유권등기이전을 해주지 않은 특정의 부동산을 다시 제2매수 인에게 매도하고 이전등기를 해 주는 것을 이중매매라고 한다.

(2) 효력

물권변동에 있어서 형식주의를 취하는 우리 민법하에서 등기·인도를 경료받지 않은 매수인은 매도인에 대해 매매 목적물에 관한 채권적 청구권(선행의 원칙)만을 가지므로 매도인이 이중매매를 하여 제2매수인에게 등기·인도를 경료해 주었다 하더라도 그 이중매매는 원칙적으로 유효하다.

(3) 이중매매가 유효인 경우(제2매수인이 소유권을 취득한 경우)

① 소유권이전등기를 경료 받은 제2매수인이 부동산소유권을 취득하면, 그로부터 전득하여 소유권이전등기를 경료받은 전득자도 유효하게 부동산소유권을 취득한다.

② 매도인의 제1매수인에 대한 부동산소유권이전의무는 이행불능의 상태가 되어 제1매수인은 매도인에게 채무불이행으로 인한 전보배상청구권(塡補賠償請求權), 대상청구권을 행사할 수 있을 뿐만 아니라 최고 없이 계약을 해제할 수 있고 계약해제와 함께 손해배상청구를 할 수도 있다.

(4) 이중매매가 무효인 경우

① **무효의 요건** : 제2매매계약이 무효로 되기 위해서는 매도인의 배임행위에 제2매수인의 적극가담행위가 요구된다[93다55289]. 적극 가담하는 행위는 저당권자가 다른 사람에게 목적물이 매도된 것을 안다는 것만으로는 부족하고 적어도 매도사실을 알고도 저당권설정을 요청하거나 유도하여 계약에 이르는 정도가 되어야 한다[97다362].

② 제1매수인의 법적지위

ⓐ 매도인은 제1매수인에 대해 불법행위책임을 진다. 제1매수인은 직접 제2매수인에게 손해배상을 청구할 수 있다. 이때 매수인이 입는 손해액은 원칙적으로 그 이행불능이 될 당시의 목적물의 시가 상당액이다[94다61359,61366].

ⓑ 제1매수인은 매도인을 대위하여 제2매수인에게 등기말소를 청구할 수 있을 뿐 직접 청구할 수는 없다[83다카57]. 제1매수인은 직접 제2매수인을 상대로 진정명의회복을 원인으로 하여 자신 명의의 소유권이전등기를 청구할 수 없다[2000다36484].

ⓒ 제1매수인은 매도인의 채무불이행에 기한 전보배상청구권과 계약해제권·대상청구권을 행사할 수 있다. 부동산의 제1매수인은 자신의 소유권이전등기청구권(특정채권)보전을 위해 채권자취소권을 행사할 수 없다[98다56690].

③ **전득자의 법적 지위** : 당해 부동산을 제2매수인으로부터 다시 취득한 제3자는 설사 제2매수인이 당해 부동산의 소유권을 유효하게 취득한 것으로 믿었다고 하더라도 제2매매계약이 유효하다고 주장할 수 없다[96다29151].

(5) 이중양도원리의 확대적용

이중양도행위는 제1의 법률행위와 제2의 법률행위가 매매에 국한하지 않으므로 명의수탁자로부터 신탁재산을 매수한 제3자가 명의수탁자의 명의신탁자에 대한 배신행위에 적극 가담한 경우[91다29842], 점유취득시효가 완성된 후 그 취득자가 부동산소유자의 불법행위에 적극 가담한 경우[92다47892] 이는 반사회질서의 행위로서 무효이다[83다카57].

6. 불공정한 법률행위(暴利行爲)

> 제104조(불공정한 법률행위) 당사자의 궁박, 경솔 또는 무경험으로 인하여 현저하게 공정을 잃은 법률행위는 무효로 한다.
> 제746조(불법원인급여) 그러나 그 불법원인이 수익자에게만 있는 때에는 반환을 청구할 수 있다.

(1) 의의

① **의의** : 민법 제104조의 불공정한 법률행위는 피해 당사자가 궁박, 경솔 또는 무경험의 상태에 있고 상대방 당사자가 그와 같은 피해 당사자측의 사정을 알면서 이를 이용하려는 폭리행위의 악의를 가지고 객관적으로 급부와 반대급부 사이에 현저한 불균형이 존재하는 법률행위를 한 경우에 성립한다 [2009다50308].

② **제103조 사회적 타당성과의 관계** : 제104조는 제103조의 예시규정에 해당하므로[65사28] 불공정한 법률행위의 요건을 갖추지 못한 법률행위도 반사회질서행위가 될 수 있다. ★31회 기출★

③ **적용범위** : 기부행위[92다52238], 증여계약과 같이 아무런 대가관계 없이 당사자 일방이 상대방에게 일방적인 급부를 하는 법률행위는 그 공정성 여부를 논의할 수 있는 성질의 법률행위가 아니다[99다 56833]. 당사자의 의사에 의하지 않은 경매에 의한 재산권의 이전에는 민법 제104조는 적용될 여지가 없다[80마77]. ★31, 33회 기출★

(2) 요건

① **객관적 요건** : 급부와 반대급부 사이의 '현저한 불균형'은 단순히 시가와의 차액 또는 시가와의 배율로 판단할 수 있는 것은 아니고 구체적·개별적 사안에 있어서 일반인의 사회통념에 따라 결정하여야 하고, 그 판단에 있어서는 당사자의 주관적 가치가 아닌 거래상의 객관적 가치에 의하여야 한다 [2009다50308].

② **주관적 요건**

㉠ **궁박(窮迫)·경솔(輕率)·무경험(無經驗)** : 궁박은 급박한 곤궁을 의미하고 경제적 궁박 뿐만 아니라 정신적·심리적 궁박상태를 포함한다[98다58825]. ★29회 기출★

㉡ 경솔은 의사를 결정할 때 행위결과에 대해 보통인이 베푸는 고려를 하지 않는 심리상태를 말한다.

㉢ 무경험은 일반적인 생활체험의 부족을 의미하는 것으로서 어느 특정영역에 있어서의 경험부족이 아니라 거래일반에 대한 경험부족을 뜻한다[2002다38927]. ★29, 33회 기출★

㉣ 불공정한 법률행위가 성립하기 위한 요건인 궁박, 경솔, 무경험은 모두 구비되어야 하는 요건이 아니고 그중 일부만 갖추어져도 충분하다[94다46374]. ★28, 29회 기출★

㉤ 대리인을 통해 법률행위를 하는 경우 궁박은 본인을 기준으로 판단하고 경솔·무경험은 대리인을 기준으로 판단한다[71다2255]. ★29, 33회 기출★

㉥ **폭리의사** : 궁박·경솔 또는 무경험의 상태에 있는 사정을 알면서 이를 이용하려는 의사, 즉 폭리행위의 악의가 없었다면 불공정한 법률행위는 성립하지 않는다[95다1460].

③ **판단시점·입증책임** : 당사자의 궁박·경솔·무경험과 법률행위의 현저한 불공정은 법률행위시를 기준으로 판단한다[65다610]. 불공정한 법률행위로서 매매계약의 무효를 주장하려면 주장자측에서 대가가 시가에 비해 헐값이어서 매매가격이 현저하게 불공정한 것, 매도인에게 궁박·경솔·무경험 등의 상태에 있었을 것, 매수인측에서 위와 같은 사실을 인식하고 있었을 것을 주장·입증해야 한다[70다2065]. ★31, 33회 기출★

④ 추정여부 : 급부와 반대급부간의 현저한 불균형(객관적 요건)이 있다 하여 궁박·경솔 또는 무경험 (주관적 요건)이 추정되지는 않는다[76다2179].

(3) 법률효과

① 무효 : 불공정한 법률행위는 무효이다. 그러나 폭리자는 급부의 반환을 청구할 수 없고, 피해자는 제 746조 단서에 의해 급부의 반환을 청구할 수 있다.

② 절대적 무효 : 토지매매가 불공정한 법률행위로 무효이면, 그 토지를 전득한 제3자는 선의이더라도 소유권을 취득하지 못한다. ★28회 기출★

③ 무효행위의 추인·전환 : 불공정한 법률행위로서 무효인 경우에는 무효행위의 추인에 의해 무효인 법률행위가 유효로 될 수 없으나[94다10900], 매매계약이 '불공정한 법률행위'에 해당하여 무효인 경우에도 무효행위의 전환에 관한 민법 제138조가 적용될 수 있다[2009다50308]. ★29, 31, 33회 기출★

④ 부제소합의 : 매매계약과 같은 쌍무계약이 '불공정한 법률행위'에 해당하여 무효라고 한다면, 그 부제소합의 역시 다른 특별한 사정이 없는 한 무효이다[2009다50308]. ★28회 기출★

⑤ 어촌계 총회결의 : 어업권 소멸로 인한 손실보상금의 분배에 관하여 어촌계 총회의 결의가 현저하게 불공정한 경우라면 폭리행위가 될 수 있다[2002다68034].

제3절   법률행위의 해석(解釋)

1. 의의

법률행위의 해석이란 법률행위의 내용(목적)을 명확하게 확정하는 것을 말한다. 법률행위는 의사표시를 핵심요소로 하므로 법률행위 해석의 중심은 의사표시의 해석이다. 매매계약서의 계약사항에 대한 이의가 생겼을 때에는 매도인의 해석에 따른다는 조항은 법원의 법률행위 해석권을 구속하는 조항이라 볼 수 없다[74다1057].

2. 판례의 태도

(1) 원칙 : 법률행위의 해석은 당사자가 그 표시행위에 부여한 객관적인 의미를 명백하게 확정하는 것으로서 사용된 문언에만 구애받는 것은 아니지만, 어디까지나 당사자의 내심의 의사가 어떤지에 관계없이 그 문언의 내용에 의하여 당사자가 그 표시행위에 부여한 객관적 의미를 합리적으로 해석하여야 하는 것이다[2000다40858]. 계약의 당사자가 누구인지는 그 계약에 관하여 당사자의 의사해석의 문제이다.

(2) 자연적 해석 : 표시와 다른 내심적 효과의사가 당사자 쌍방간에 일치하는 경우에는 형식적인 문구에만 얽매여서는 안 되고 쌍방당사자의 진정한 의사가 무엇인가를 탐구해야 한다[96다19581].

(3) 규범적 해석 : 의사표시 해석에 있어서 당사자의 진정한 의사를 알 수 없다면, 의사표시의 요소가 되는 것은 표시행위로부터 추단되는 효과의사, 즉 표시상의 효과의사이고 표의자가 가지고 있던 내심적 효과의사가 아니므로, 당사자의 내심의 의사보다는 외부로 표시된 행위에 의하여 추단된 의사를 가지고 해석함이 상당하다[2002다23482].

3. 해석의 표준

> 제106조(사실인 관습) 법령 중의 선량한 풍속 기타 사회질서에 관계없는 규정과 다른 관습이 있는 경우에 당사자의 의사가 명확하지 아니한 때에는 그 관습에 의한다.

(1) 민법규정 : 민법상 법률행위 해석의 일반적 규정은 없다.

(2) 당사자가 기도하는 목적

(3) 사실인 관습

사실인 관습은 사회의 관행에 의해 발생한 사회생활규범으로서 사회의 법적 확신이나 인식에 의해 법적 규범으로 승인될 정도에 이르지 않은 것을 말한다[80다3231]. 법령과 같은 효력을 갖는 관습법은 법원이 직권으로 확정해야 하나 사실인 관습은 그 존재를 당사자가 주장·입증해야 한다. 다만 관습의 존부 자체가 불명확하고 법원이 관습법을 알 수 없는 경우에는 당사자가 이를 주장·입증할 필요가 있을 것이다[80다3231]. 사실인 관습은 법령으로서 효력이 없고, 법률행위 당사자의 의사를 보충함에 그친다.

(4) 임의규정

> 제105조(임의규정) 법률행위의 당사자가 법령 중의 선량한 풍속 기타 사회질서에 관계없는 규정과 다른 의사를 표시한 때에는 그 의사에 의한다.

(5) 신의성실의 원칙(조리)

4. 법률행위의 해석방법

(1) 자연적 해석
① 당사자의 진의 : 계약의 해석은 그 계약서 문구에만 구애될 것이 아니라 그 문언의 취지에 따름과 동시에 논리법칙과 경험률에 따라 당사자의 진의를 연구하여 해석해야 한다[4292민상819].
② 계약당사자 확정방법 : 타인의 이름을 임의로 사용하여 계약을 체결한 경우 행위자 또는 명의인 가운데 누구를 당사자로 할 것인지에 관해 '행위자와 상대방의 의사가 일치한 경우'에는 그 일치하는 의사대로 행위자 또는 명의인을 계약당사자로 확정해야 하지만 '일치하는 의사를 확정할 수 없는 경우'에는 상대방이 합리적인 인간이라면 행위자와 명의자 중 누구를 계약당사자로 이해할 것인가에 의해 당사자를 결정해야 한다[97다36989].

③ **실명확인을 거친 경우** : 甲이 배우자인 乙을 대리하여 금융기관과 乙의 실명확인 절차를 거쳐 乙 명의의 예금계약을 체결한 사안에서, 금융기관과 甲을 예금계약의 당사자라고 볼 수 없다고 한다[2008다45828 전합].

④ **의사의 일치** : 계약의 상대방이 대리인을 통하여 본인과 사이에 계약을 체결하려는 데 의사가 일치하였다면 대리인의 대리권 존부 문제와는 무관하게 상대방과 본인이 그 계약의 당사자이다[2003다44059]. 상대방이 표의자의 진의에 동의한 경우 표의자는 착오를 이유로 취소할 수 없다. ★32회 기출★

⑤ **오표시(誤表示) 무해(無害)의 원칙** : 매매계약에 있어 쌍방당사자가 모두 특정의 甲토지를 계약목적물로 삼았으나 그 지번 등에 관해 착오를 일으켜 계약서에 그 목적물을 甲토지와는 별개인 乙토지로 표시한 경우 甲토지를 매매목적물로 한다는 쌍방당사자의 의사합치가 있는 이상 위 매매계약은 甲토지에 관해 성립한 것으로 보아야 하고, 乙토지에 관해 매수인 명의로 소유권이전등기가 경료되었다면 이는 원인없는 것으로서 무효이다[96다19581]. ★31회 기출★

(2) 규범적 해석

내심적 효과의사와 표시행위가 일치하지 않는 경우에 표의자의 진의가 아니라 상대방의 시각에서 표시행위에 따라 표시행위의 객관적 의미를 탐구하여 법률행위의 성립을 인정하는 해석을 말한다. 따라서 의사표시 해석에 있어서 당사자의 진정한 의사를 알 수 없다면 당사자의 내심의 의사보다는 외부로 표시된 행위에 의하여 추단된 의사를 가지고 해석함이 상당하다[2000다48265](자기책임의 원칙, 상대방의 신뢰 보호, 2차적 해석방법, 표시행위를 중시, 계약·상대방 있는 의사표시).

(3) 보충적 해석

법률행위의 내용(목적)에 간극, 틈이 있는 경우에 해석에 의하여 당사자의 가상적(가정적) 의사를 제3자의 시각에서 확정하여 공백을 보충하는 것을 말한다. 자연적 해석 또는 규범적 해석에 의하여 법률행위가 성립된 후에 보충적 해석을 한다. 보충적 해석은 특히 계약에서 큰 기능을 발휘한다. 여기서 보충되는 당사자의 의사는 당사자의 실제 의사 또는 주관적 의사가 아니라 계약의 목적, 거래관행, 적용법규, 신의칙 등에 비추어 객관적으로 추인되는 정당한 이익조정 의사를 말한다[2005다13288].

(4) 소송상 취급

법률행위의 해석이 '사실문제'라면 당사자가 주장·입증책임을 부담하고, 당사자의 자백은 당사자와 법원을 구속하며, 상고 가능성이 배제된다. 그러나 '법률문제'라면 법원이 직권으로 조사·확정해야 하고 당사자의 자백은 구속력이 없을 뿐만 아니라 상고이유가 된다.

○ × 핵심체크

01 법률행위의 목적은 법률행위시에 반드시 확정되어 있을 필요는 없다. ○×

02 법률행위의 목적이 물리적으로 가능하더라도 사회통념상 실현할 수 없으면 무효이다. ○×

03 민법이 규정하고 있는 계약체결상의 과실책임은 목적이 후발적 불능인 계약을 대상으로 한다. ○×

04 법률행위가 성립한 후 채무자의 귀책사유로 이행이 불가능하게 된 경우, 그 법률행위는 무효이다. ○×

05 매매계약 체결 후 매수인의 책임 있는 사유로 목적물이 멸실된 경우, 매도인은 자신의 의무를 면하고 매수인에 대해 매매대금을 청구할 수 있다. ○×

06 변호사 아닌 자가 승소를 조건으로 그 대가로 소송당사자로부터 소송목적물 일부를 양도받기로 한 약정은 반사회적 법률행위로서 무효이다. ○×

07 부동산중개업자가 한도를 초과하는 부동산 중개수수료 약정은 강행법규 위반으로 무효이므로 그 전부의 반환을 청구할 수 있다. ○×

08 소송에서 사실대로 증언하여 줄 것을 조건으로 어떠한 급부를 할 것을 약정한 경우, 그 급부가 통상적으로 용인될 수 있는지 여부를 불문하고 민법 제103조에 따라 효력이 없다. ○×

09 강박으로 인한 의사표시를 취소하기 위하여서는 그 강박의 정도가 극심하여 의사표시자의 의사결정의 자유가 완전히 박탈되는 정도에 이른 것임을 요한다. ○×

10 강제집행을 면할 목적으로 부동산에 허위의 근저당권설정등기를 경료하는 행위는 민법 제103조에 해당하여 무효이다. ○×

정답 및 해설 **01** ○ **02** ○ **03** × **04** × **05** ○ **06** ○ **07** × **08** × **09** × **10** ×

오답분석

03 원시적 불능인 계약을 대상으로 한다.

04 후발적 불능으로서 유효이나 채무불이행의 문제이다.

07 초과분의 반환을 청구할 수 있다.

08 통상적으로 용인될 수 있는 여비, 일실손해 등을 초과하는 경우에는 민법 제103조에 따라 효력이 없다.

09 의사결정의 자유가 완전히 박탈되는 정도에 이른 경우에는 제103조에 위반되어 무효이다.

10 민법 제103조의 선량한 풍속 기타 사회질서에 위반한 사항을 내용으로 하는 법률행위로 볼 수 없다.

11 법률행위가 제103조에 반하여 무효인 경우에는 불법원인급여로서 제746조에 의하여 부당이득반환청구권이 배제되나, 급부자의 소유권에 의한 목적물반환청구권은 인정된다. ☐O ☐X

12 부동산소유자가 취득시효가 완성된 사실을 알고도 제3자와 통모하여 소유권이전등기를 넘겨준 행위는 원인무효이므로 시효완성 당시의 소유자가 추인하더라도 효력이 없다. ☐O ☐X

13 반사회적 법률행위에 해당하여 무효인 이중매매계약의 제2양수인으로부터 그 부동산을 전득한 제3자는 선의인 경우 이중매매계약의 유효를 주장할 수 있다. ☐O ☐X

14 증여계약과 경매에 있어서는 불공정한 법률행위에 관한 민법 제104조가 적용될 여지가 없다. ☐O ☐X

15 민법 제104조에서의 궁박이란 급박한 곤궁을 의미하는 것으로 경제적 원인뿐만 아니라 정신적, 심리적 원인에 기인한 것도 포함한다. ☐O ☐X

16 민법 제104조의 불공정한 법률행위에 해당하는지 여부를 판단함에 있어서 무경험은 대리인을 기준으로 하여 판단하고, 궁박과 경솔은 본인의 입장에서 판단하여야 한다. ☐O ☐X

17 매매계약이 불공정한 법률행위에 해당하여 무효인 경우에도 무효행위의 전환에 관한 민법 제138조가 적용될 수 없다. ☐O ☐X

18 계약의 해석은 그 계약서 문구에만 구애될 것이 아니라 그 문언의 취지에 따름과 동시에 논리법칙과 경험률에 따라 당사자의 진의를 연구하여 해석해야 한다. ☐O ☐X

19 당사자가 모두 X토지를 매매하기로 합의하였으나 그 지번을 착각하여 계약서에 Y토지로 표시한 경우 Y토지에 대한 매매계약이 성립한다. ☐O ☐X

20 당사자의 진정한 의사를 알 수 없는 의사표시는 내심적효과의사가 아닌 표시행위로부터 추단되는 효과의사에 기초로 하여 해석하는 것이 원칙이다. ☐O ☐X

정답 및 해설 　**11** × 　**12** ○ 　**13** × 　**14** ○ 　**15** ○ 　**16** × 　**17** × 　**18** ○ 　**19** × 　**20** ○

오답분석

11 급부자의 소유권에 의한 목적물반환청구권도 부인된다.

13 부동산을 전득한 제3자는 비록 선의라 하더라도 이중매매계약의 유효를 주장할 수 없다.

16 경솔과 무경험은 대리인을 기준으로 하여 판단하고, 궁박은 본인의 입장에서 판단한다.

17 무효행위의 추인은 할 수 없으나, 무효행위의 전환은 인정된다.

19 X토지에 대한 매매계약이 성립한다.

제6장 | 확인학습문제

01 형성권에 관한 설명으로 옳은 것을 모두 고른 것은?(다툼이 있으면 판례에 따름) ★31회 기출★

☑확인
Check!
○
△
×

> ㄱ. 형성권의 행사는 상대방에 대한 일방적 의사표시로 한다.
> ㄴ. 다른 사정이 없으면, 형성권의 행사에 조건 또는 기한을 붙이지 못한다
> ㄷ. 다른 사정이 없으면, 형성권은 그 일부를 행사할 수 있다.
> ㄹ. 다른 사정이 없으면, 형성권은 제척기간의 적용을 받는다.

① ㄱ, ㄴ, ㄷ
② ㄱ, ㄴ, ㄹ
③ ㄱ, ㄷ, ㄹ
④ ㄴ, ㄷ, ㄹ
⑤ ㄱ, ㄴ, ㄷ, ㄹ

해설

난도 ★★

ㄱ. 형성권이란 권리자의 일방적인 의사표시나 행위로써 법률관계를 형성(발생·변경·소멸)시킬 수 있는 권리를 말한다.

ㄴ. 원칙적으로 형성권인 단독행위에는 조건이나 기한을 붙일 수 없다(제493조 제1항 단서). 정지조건부 해제의 의사표시처럼 일정한 경우에는 단독행위에 정지조건을 붙이는 것이 허용된다.

ㄷ. 추인은 상대방이나 무권대리인의 동의나 승낙을 필요로 하지 않는 본인의 일방적 의사표시인 단독행위이고[81다카549], 따라서 추인은 의사표시 전부에 대해 행해져야 하고 그 일부에 대해 추인하거나 그 내용을 변경하여 추인한 경우에는 상대방의 동의를 얻지 못하는 한 무효이다[81다카549].

ㄹ. 형성권의 경우에 특히 제척기간의 필요성이 강하며, 형성권에는 제척기간만 인정되고 소멸시효는 인정되지 않는다.

답 ②

02 강행규정에 위반되어 그 효력이 인정되지 <u>않는</u> 것을 모두 고른 것은?(다툼이 있으면 판례에 따름) ★31회 기출★

확인
Check!
○
△
×

> ㄱ. 제3자가 타인의 동의를 받지 않고 타인을 보험계약자 및 피보험자로 하여 체결한 생명보험계약
> ㄴ. 건물의 임차인이 비용을 지출하여 개조한 부분에 대한 원상회복의무를 면하는 대신 그 개조비용의 상환청구권을 포기하기로 하는 약정
> ㄷ. 사단법인의 사원의 지위를 양도 · 상속할 수 있다는 규약
> ㄹ. 승소를 시켜주면 소송물의 일부를 양도하겠다는 민사소송의 당사자와 변호사 아닌 자 사이의 약정

① ㄱ, ㄴ   ② ㄱ, ㄷ

③ ㄱ, ㄹ   ④ ㄴ, ㄷ

⑤ ㄷ, ㄹ

해설
난도 ★★

ㄱ. 제3자가 타인의 동의를 받지 않고 타인을 보험계약자 및 피보험자로 하여 체결한 생명보험계약은 보험계약자 명의에도 불구하고 실질적으로 타인의 생명보험계약에 해당한다. 상법 제731조 제1항에 의하면 타인의 생명보험에서 피보험자가 서면으로 동의의 의사표시를 하여야 하는 시점은 '보험계약 체결시까지'이고, 이는 강행규정으로서 이를 위반한 보험계약은 무효이므로, 타인의 생명보험계약 성립 당시 피보험자의 서면동의가 없다면 그 보험계약은 확정적으로 무효가 되고, 피보험자가 이미 무효가 된 보험계약을 추인하였다고 하더라도 그 보험계약이 유효로 될 수 없다[2009다74007].

ㄴ. 건물 임차인이 자신의 비용을 들여 증축한 부분을 임대인 소유로 귀속시키기로 하는 약정은 임차인이 원상회복의무를 면하는 대신 투입비용의 변상이나 권리주장을 포기하는 내용이 포함된 것으로서 특별한 사정이 없는 한 유효하므로, 유익비의 상환을 청구할 수도 없다[94다44705, 44712].

ㄷ. "사단법인의 사원의 지위는 양도 또는 상속할 수 없다"고 한 민법 제56조의 규정은 강행규정은 아니라고 할 것이므로, 정관에 의하여 이를 인정하고 있을 때에는 양도 · 상속이 허용된다[91다26850].

ㄹ. 변호사 아닌 甲과 소송당사자인 乙이 甲은 乙이 소송당사자로 된 민사소송사건에 관하여 乙을 승소시켜주고 乙은 소송물의 일부인 임야지분을 그 대가로 甲에게 양도하기로 약정한 경우 위 약정은 강행법규인 변호사법 제78조 제2호에 위반되는 반사회적 법률행위로서 무효이다[89다카10514].

답 ③

03 선량한 풍속 기타 사회질서에 위반한다는 이유로 무효 또는 일부무효로 되는 법률행위가 아닌 것은?(다툼이 있으면 판례에 따름) ★30회 기출★

☑확인
Check!
○
△
×

① 어떤 일이 있어도 이혼하지 않겠다는 약정
② 과도한 위약벌의 약정
③ 민사사건에 관하여 변호사와 체결한 성공보수약정
④ 부첩(夫妾)관계의 종료를 해제조건으로 하는 증여계약
⑤ 보험사고를 가장하여 보험금을 취득할 목적으로 체결한 생명보험계약

해설
난도 ★
③ 형사사건에서의 성공보수약정은 선량한 풍속 기타 사회질서에 위배되는 것으로 평가할 수 있다[2015다200111 전합]. 그러나 변호사가 민사소송의 승소 대가로 성공보수를 받기로 한 약정은 약정된 보수액이 부당하게 과다하여 형평의 원칙에 반한다고 볼 만한 특별한 사정이 없는 한 반사회적 법률행위에 해당하지 아니한다[2009다21249].

답 ③

---

04 법률행위의 무효에 관한 설명으로 옳지 <u>않은</u> 것은?(다툼이 있으면 판례에 따름) ★34회 기출★

☑확인
Check!
○
△
×

① 무권대리행위에 대한 본인의 추인은 다른 의사표시가 없는 한 소급효를 가진다.
② 법률행위의 일부분이 무효일 때, 그 나머지 부분의 유효성을 판단함에 있어 나머지 부분을 유효로 하려는 당사자의 가정적 의사를 고려하여야 한다.
③ 토지거래허가구역 내의 토지를 매매한 당사자가 계약체결시부터 허가를 잠탈할 의도였더라도, 그 후 해당 토지에 대한 허가구역 지정이 해제되었다면 위 매매계약은 유효가 된다.
④ 무효인 법률행위를 추인에 의하여 새로운 법률행위로 보기 위해서는 당사자가 그 무효를 알고서 추인하여야 한다.
⑤ 처분권자는 명문의 규정이 없더라도 처분권 없는 자의 처분행위를 추인하여 이를 유효하게 할 수 있다.

난도 ★★

① 추인은 다른 의사표시가 없는 때에는 계약 시에 소급하여 그 효력이 생긴다. 그러나 제3자의 권리를 해하지 못한다(제133조).

② 법률행위의 일부분이 무효인 때에는 그 전부를 무효로 한다. 그러나 그 무효1부분이 없더라도 법률행위를 하였을 것이라고 인정될 때에는 나머지 부분은 무효가 되지 아니한다(제137조).

③ 구 국토의 계획 및 이용에 관한 법률(2007.7.27. 법률 제8564호로 개정되기 전의 것, 이하 '법'이라 한다)에서 정한 토지거래계약 허가구역 내 토지에 관하여 허가를 배제하거나 잠탈하는 내용으로 매매계약이 체결된 경우에는 법 제118조 제6항에 따라 그 계약은 체결된 때부터 확정적으로 무효이다. 이러한 '허가의 배제나 잠탈 행위'에는 토지거래허가가 필요한 계약을 허가가 필요하지 않은 것에 해당하도록 계약서를 허위로 작성하는 행위뿐만 아니라, 정상적으로는 토지거래허가를 받을 수 없는 계약을 허가를 받을 수 있도록 계약서를 허위로 작성하는 행위도 포함된다[2011도614].

④ 민법은 원칙적으로 추인을 금지하되(제139조 본문), 예외적으로 당사자가 그 무효임을 알고 추인한 때에는 새로운 법률행위를 한 것으로 간주하고 있다(제139조 단서).

⑤ 처분권한 없는 자의 처분행위는 원칙적으로 무효이다. 다만 권리자의 추인이나 동산의 경우라면 선의취득 또는 제3자 보호 규정(제107조 제2항 ~ 제110조 제3항, 제548조 제1항 단서)에 의해 예외적으로 유효일 수 있다.

답 ③

05 사회질서에 반하는 법률행위에 관한 설명으로 옳지 않은 것은?(다툼이 있으면 판례에 따름) ★27회 기출★

① 오로지 보험사고를 가장하여 보험금을 취득할 목적으로 체결한 생명보험계약은 무효이다.

② 비자금을 소극적으로 은닉하기 위하여 임치한 것은 사회질서에 반하는 법률행위로 볼 수 없다.

③ 부첩관계를 청산하면서 희생의 배상 내지 장래 생활대책 마련의 의미로 금원을 지급하기로 한 약정은 공서양속에 반하지 않는다.

④ 반사회적 법률행위에 의한 무효를 가지고 선의의 제3자에게는 대항할 수 없다.

⑤ 형사사건에 관한 변호사 성공보수약정은 재판의 결과를 금전적 대가와 결부시키는 것으로서 사회질서에 위배되는 것으로 평가할 수 있다.

난도 ★★

④ 공서양속 위반의 법률행위의 무효는 절대적이어서 선의의 제3자를 포함한 누구에게 대해서도 무효를 주장할 수 있다[63다479].

답 ④

06 불공정한 법률행위에 관한 설명으로 옳은 것은?(다툼이 있으면 판례에 따름) ★31회 기출★

① 불공정한 법률행위로 무효가 된 행위의 전환은 인정되지 않는다.

② 불공정한 법률행위라도 당사자가 무효임을 알고 추인한 경우 유효로 될 수 있다.

③ 불공정한 법률행위에 해당하는지 여부는 그 행위를 한 때를 기준으로 판단한다.

④ 불공정한 법률행위의 요건을 갖추지 못한 법률행위는 반사회질서행위가 될 수 없다.

⑤ 증여와 같이 아무런 대가관계 없이 당사자 일방이 상대방에게 일방적인 급부를 하는 행위도 불공정한 법률행위가 될 수 있다.

해설

난도 ★

① 매매계약이 '불공정한 법률행위'에 해당하여 무효인 경우에도 무효행위의 전환에 관한 민법 제138조가 적용될 수 있다 [2009다50308].

② 불공정한 법률행위로서 무효인 경우에는 무효행위의 추인에 의해 무효인 법률행위가 유효로 될 수 없다[94다10900].

④ 제103조가 행위의 객관적인 성질을 기준으로 하여 그것이 반사회질서적인지 여부를 판단할 것임에 반하여 제104조는 행위자의 주관적인 사항을 참작하여 그 행위가 현저하게 공정을 잃은 것인지 여부를 판단할 것이므로 제104조는 제103조의 예시규정에 해당한다[65사28]. 따라서 불공정한 법률행위의 요건을 갖추지 못한 법률행위도 반사회질서행위가 될 수 있다.

⑤ 기부행위[92다52238], 증여계약과 같이 아무런 대가관계 없이 당사자 일방이 상대방에게 일방적인 급부를 하는 법률행위는 그 공정성 여부를 논의할 수 있는 성질의 법률행위가 아니다[99다56833].

답 ③

07 불공정한 법률행위에 관한 설명으로 옳지 <u>않은</u> 것은?(다툼이 있으면 판례에 따름) ★29회 기출★

① 성립요건인 궁박, 경솔, 무경험은 그중 하나만 갖추어도 충분하다.

② 궁박은 경제적 원인 외에 정신적 또는 심리적 원인에 기인할 수도 있다.

③ 대리인에 의하여 행해진 법률행위에서 불공정한 법률행위가 문제되는 경우, 경솔이나 무경험은 대리인을 기준으로 판단한다.

④ 무경험은 일반적인 생활체험의 부족을 의미하는 것으로, 어느 특정영역이 아니라 거래 일반에 대한 경험부족을 말한다.

⑤ 매매계약이 약정된 매매대금의 과다로 인하여 불공정한 법률행위에 해당하는 경우, 무효행위의 전환에 관한 민법 제138조가 적용될 수 없다.

해설

난도 ★

⑤ 매매계약이 '불공정한 법률행위'에 해당하여 무효인 경우에도 무효행위의 전환에 관한 민법 제138조가 적용될 수 있다 [2009다50308].

답 ⑤

08 반사회질서 또는 불공정한 법률행위에 관한 설명으로 옳지 <u>않은</u> 것은?(다툼이 있으면 판례에 따름) ★28회 기출★

① 부첩관계의 종료를 해제조건으로 하는 증여계약은 그 조건뿐만 아니라 그 계약 자체도 무효이다.

② 감정평가사를 통해 공무원에게 직무상 부정한 청탁을 하게 하고 그 대가로 상당한 금품을 교부하기로 한 약정은 무효이다.

③ 불공정한 법률행위가 되기 위해서는 피해자의 궁박, 경솔, 무경험 중 어느 하나만 있으면 되고 그 모두가 있어야 할 필요는 없다.

④ 계약이 불공정한 법률행위에 해당하여 무효라 하더라도 특별한 사정이 없는 한 그 계약에 관한 부제소합의는 유효하다.

⑤ 법률행위의 내용이 반사회적인 것은 아니지만 반사회적 조건이 붙어 반사회적인 성질을 띠게 되면 그 법률행위는 무효이다.

해설

난도 ★★★

④ 매매계약과 같은 쌍무계약이 '불공정한 법률행위'에 해당하여 무효라고 한다면, 그 계약으로 인하여 불이익을 입는 당사자로 하여금 불공정성을 소송 등 사법적 구제수단을 통하여 주장하지 못하도록 하는 부제소합의 역시 다른 특별한 사정이 없는 한 무효이다[2009다50308].

정답 ④

---

09 법률행위의 효력에 관한 설명으로 옳은 것을 모두 고른 것은?(다툼이 있으면 판례에 따름) ★31회 기출★

ㄱ. 매매계약을 체결하면서 양도소득세를 면탈할 의도로 소유권이전등기를 일정기간 유보하는 약정은 반사회질서행위로 볼 수 없다.

ㄴ. 경매목적물과 매각대금이 현저하게 공정을 잃은 경우에도 그 경매는 불공정한 법률행위에 해당하지 않는다.

ㄷ. 도박에 쓸 것을 알면서 빌려준 금전을 담보하기 위하여 저당권을 설정한 사람은 저당권설정등기의 말소를 청구할 수 있다.

① ㄱ
② ㄴ
③ ㄱ, ㄷ
④ ㄴ, ㄷ
⑤ ㄱ, ㄴ, ㄷ

해설
난도 ★

ㄱ. 주택매매계약에 있어서 매도인으로 하여금 주택의 보유기간이 3년 이상으로 되게 함으로써 양도소득세를 부과받지 않게 할 목적으로 매매를 원인으로 한 소유권이전등기는 3년 후에 넘겨 받기로 특약을 하였다고 하더라도, 그와 같은 목적은 위 특약의 연유나 동기에 불과한 것이어서 위 특약 자체가 사회질서나 신의칙에 위반한 것이라고는 볼 수 없다[91다6627].

ㄴ. 경매에 있어서는 불공정한 법률행위 또는 채무자에게 불리한 약정에 관한 것으로서 효력이 없다는 민법 제104조, 제608조는 적용될 여지가 없다[80마77].

ㄷ. 도박자금으로 금원을 대여함으로 인하여 발생한 채권을 담보하기 위한 근저당권설정등기가 경료되었을 뿐인 경우와 같이 수령자가 그 이익을 향수하려면 경매신청을 하는 등 별도의 조치를 취하여야 하는 경우에는, 그 불법원인급여로 인한 이익이 종국적인 것이 아니므로 등기설정자는 무효인 근저당권설정등기의 말소를 구할 수 있다[94다54108].

답 ⑤

---

10 甲은 자신의 점포를 32만 달러에 팔기로 의욕하였지만, 미국인 乙에게 실수로 매매대금을 23만 달러로 표시하여 이 가격으로 계약이 체결되었다. 이 사안에 관한 설명으로 옳은 것은? ★30회 기출★

☑확인
Check!
○
△
✕

① 위 매매계약은 甲의 진의 아닌 의사표시로서 일단 유효하지만, 甲이 乙의 악의 또는 과실을 입증하여 무효를 주장할 수 있다.

② 甲과 乙은 모두 통정허위표시에 따른 무효를 주장할 수 있다.

③ 甲은 오표시무해의 원칙을 주장하여 '32만 달러'를 대금으로 하는 매매계약의 성립을 주장할 수 있다.

④ 甲은 착오를 주장하여 위 매매계약을 취소할 수 있지만, 乙이 甲의 중대한 과실을 증명하면 취소할 수 없다.

⑤ 위 매매계약은 불합의에 해당하므로, 매매계약 자체가 성립하지 않는다.

해설
난도 ★★

① 비진의표시는 의사와 표시의 불일치를 표의자가 알고서 의사표시를 해야 성립하는데 32만 달러를 "실수"로 23만 달러로 표시한 경우이므로 비진의표시가 아니다.

② 통정은 의사와 표시의 불일치에 대한 상대방의 양해가 있어야 하는데 그 사실이 없으므로 통정허위표시가 아니다.

③ 오표시무해의 원칙은 甲과 乙이 32만 달러로 합의했으나 23만 달러로 잘못 표시한 경우인데 위 사례에서는 甲과 乙 간의 합의가 없으므로 오표시무해의 원칙이 적용되는 사례가 아니다.

④ 32만 달러로 적는다는 것을 23만 달러로 잘못 적은 경우(오기·오답)와 같이 표시행위 자체를 잘못한 경우인데 '다수설'에 의하면 표시상의 착오는 표시대로 유효하고 민법 제109조의 착오에 해당하여 취소대상이 된다.

⑤ 표시상의 착오에 해당하는 경우로서 23만 달러 계약이 성립하고 甲은 착오를 이유로 취소할 수 있다.

답 ④

제7장 | 의사와 표시의 불일치·의사의 흠결

더 알아보기 | 의사와 표시의 불일치

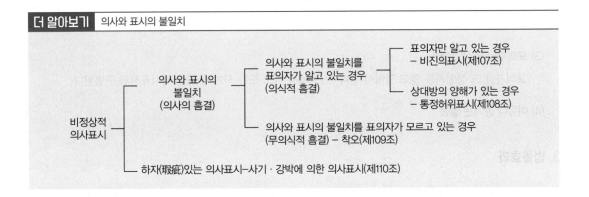

제1절 비진의 표시(非眞意表示, 진의 아닌 의사표시, 비진의 의사표시)

1. 의의

의사와 표시가 일치하지 않는다는 것을 표의자 스스로 알면서 하는 의사표시 또는 표의자가 진의 아님을 알고 한 의사표시를 말한다. 이를 심리유보(心裡留保) 또는 단독허위표시라고도 한다.

2. 법률요건

(1) 의사표시의 존재

일정한 효과의사를 추단할 만한 사법상의 의사표시의 외양(外樣)이 객관적으로 존재해야 한다. 법적 구속력이 없는 명백한 농담이나 배우의 대사 등은 비진의표시의 문제가 생기지 않으나, 희언(戱言)은 의사표시로서 비진의표시가 된다.

(2) 진의와 표시의 불일치

① **진의** : 비진의 의사표시에 있어서의 진의란 특정한 내용의 의사표시를 하고자 하는 표의자의 생각을 말하는 것이지 표의자가 진정으로 마음 속에서 바라는 사항을 뜻하는 것은 아니므로 표의자가 강박에 의해서나마 증여를 하기로 하고 그에 따른 증여의 의사표시를 한 이상 증여의 내심의 효과의사가 결여된 것이라고 할 수는 없다[92다41528]. ★29회 기출★

② **진의 있는 의사표시의 예(例)**

    ㉠ 표의자가 의사표시의 내용을 진정으로 마음속에서 바라지는 않았다고 하더라도 당시의 상황에서는 그것을 최선이라고 판단하여 그 의사표시를 하였을 경우에는 이를 내심의 효과의사가 결여된 진의 아닌 의사표시라고 할 수 없다[99다34475].

    ㉡ 학교법인이 그 학교의 교직원들의 명의를 빌려서 은행으로부터 금원을 차용한 경우에 은행 역시 그러한 사정을 알고 있었다고 하더라도 위 교직원들의 의사는 주채무자로서 채무를 부담하겠다는 뜻이라고 해석함이 상당하다[80다639].

    ㉢ 법률상 또는 사실상의 장애로 자기명의로 대출받을 수 없는 자(甲)를 위해 대출금채무자로서의 명의를 빌려준 乙이 자기명의로 대출을 받아 그 자금을 甲이 사용하도록 한 경우 특별한 사정이 없는 한 乙의 의사는 채무부담의 의사가 없는 것이라고 할 수 없다[97다8403].

(3) 표의자의 인식(認識)

표의자가 그 불일치를 알고 있어야 한다. 이점에서 착오 또는 사기에 의한 의사표시와 구별된다.

(4) 이유나 동기는 불문

3. 법률효과

> **제107조(진의 아닌 의사표시)** ① 의사표시는 표의자가 진의 아님을 알고 한 것이라도 그 효력이 있다. 그러나 상대방이 표의자의 진의 아님을 알았거나 이를 알 수 있었을 경우에는 무효로 한다.

(1) 원칙

비진의표시는 표시된 대로 효과가 발생한다(제107조 제1항 본문). 따라서 선의·무과실의 상대방은 유효하게 권리를 취득하므로 전득자는 선의·악의를 불문하고 보호된다.

(2) 예외적 무효

상대방이 표의자의 진의 아님을 알았거나 알 수 있었을 경우에는 비진의표시를 무효로 한다(제107조 제1항 단서). 근로자가 사용자의 강요나 지시(회사의 경영방침)에 좇아 일괄하여 사직서를 작성·제출할 당시 그 사직서에 기하여 의원면직처리될지 모른다는 점을 인식하였다고 하더라도, 이것만으로 그의 내심에 사직의 의사가 있는 것이라고 할 수 없다[90다11554].

(3) 대리권남용(제107조 단서 유추적용설)

진의 아닌 의사표시가 대리인에 의하여 이루어지고 그 대리인의 진의가 본인의 이익이나 의사에 반하여 자기 또는 제3자의 이익을 위한 배임적인 것임을 그 상대방이 알거나 알 수 있었을 경우에는 민법 제107조 제1항 단서(비진의표시)의 유추해석상 본인은 대리인의 행위에 대하여 아무런 책임이 없다[86다카1004].

(4) 입증책임

비진의표시라는 사실과 상대방의 악의 또는 과실에 대한 입증책임은 의사표시의 무효를 주장하는 자(표의자)에게 있다[92다2295]. ★29회 기출★

4. 무효인 경우의 법률관계

(1) 당사자간의 관계

비진의표시가 무효인 경우 각 당사자는 자신의 채무를 이행할 필요가 없고, 이미 이행한 것이 있다면 부당이득으로 반환해야 한다.

(2) 제3자와의 관계

> 제107조(진의 아닌 의사표시) ② 진의 아닌 의사표시의 무효는 선의의 제3자에게 대항하지 못한다.

여기에서 제3자는 비진의 의사표시의 당사자와 그 포괄승계인 외의 자로서 비진의 의사표시에 의해 외형상 형성된 법률관계를 토대로 새로운 법률상 이해관계를 맺은 자이다[99다51258]. 제3자는 선의이기만 하면 되고 과실 유무는 묻지 않으므로 표의자는 선의의 제3자에게 반환을 청구할 수 없으나, 선의의 제3자가 무효를 주장하는 것은 무방하다. 제3자의 선의는 추정되므로 비진의표시의 무효를 주장하는 측에서 제3자가 악의라는 사실을 주장·입증해야 한다[92다2295]. 완전한 권리자인 선의의 제3자로부터 전득한 전득자는 선의·악의를 불문하고 보호된다(엄폐물의 법칙, shelter rule).

5. 적용범위

(1) 사법상 법률행위

제107조가 계약은 물론 상대방 있는 의사표시에도 적용되나 상대방 없는 단독행위는 언제나 유효이다.

(2) 공법상 행위

공무원이 사직의 의사표시를 하여 의원면직처분을 하는 경우 민법 제107조는 그 성질상 사직의 의사표시와 같은 사인의 공법행위에는 준용되지 아니하므로 그 의사는 표시된 대로 효력을 발한다[97누13962]. ★29회 기출★

(3) 소송행위

당사자의 소송행위는 그 표시를 기준으로 하여 그 효력 유무를 판정할 수 밖에 없으므로 소의 취하가 내심의 의사에 반한 것이라고 하더라도 이를 무효라고 볼 수는 없다[80다3251].

(4) 가족법상의 행위

당사자의 진의를 존중하는 가족법상의 행위에는 민법 제107조가 적용되지 않는다.

제2절　통정허위표시(通情虛僞表示)

1. 서설

> 제108조(통정한 허위의 의사표시) ① 상대방과 통정한 허위의 의사표시는 무효로 한다.

(1) 의의 및 규정취지

통정허위표시는 표의자의 내심의 의사와 표시된 의사가 일치하지 아니한 것을 표의자뿐만 아니라 상대방도 알고하는 의사표시로서 비진의 의사표시를 한 자가 스스로 그 사정을 인식하면서 비진의 의사표시를 하는 데 대한 상대방의 양해하에 한 의사표시는 그 표시된 바와 같은 효력을 발생할 수 없다는 것이다 [72다1703].

(2) 구별개념

① 은닉행위(隱匿行爲) : 甲이 乙에게 증여사실을 감추기 위해 매매계약서를 작성한 경우 매매는 가장행위이고 증여는 은닉행위이다. 가장행위인 매매가 무효라고 해도 당사자가 증여의 의사를 가지고 매매의 표시를 한 것이므로 당사자간에는 증여로서 효력이 생긴다. ★30회 기출★

② 신탁행위 : 신탁행위는 당사자에게 권리이전의 진의가 있으므로 허위표시가 아니다. 즉 추심을 위한 채권양도나 부동산 양도담보는 일종의 신탁행위인데 소유권양도의 의사표시 자체는 진의이므로 양도담보는 허위표시가 아니다.

2. 법률요건

(1) 의사표시의 존재

일정한 효과의사를 추단할 만한 사법상의 의사표시의 외양(外樣)이 객관적으로 존재해야 한다.

(2) 진의와 표시의 불일치

표의자의 내심적 효과의사(진의)와 표시상의 효과의사가 부합하지 않아서 표시행위에 대응하는 내심적 효과의사가 없어야 한다.

(3) 표의자의 인식(認識)

표의자가 진의와 표시의 불일치를 알고 있어야 한다.

(4) 상대방과의 통정(通情, 합의)

통정이란 상대방과의 합의를 의미하고 표의자가 진의 아닌 표시를 하는 것을 상대방이 단순히 아는 것만으로는 허위표시라 하기에 부족하다. 그러나 통정이 결여되면 비진의표시의 법리에 따라 해결해야 한다.

(5) 제3자를 속이려는 동기는 불문

집행면탈 · 탈세 · 재산분산 등 허위표시를 하게 된 표의자의 동기 · 목적은 묻지 않는다.

(6) 허위표시 인정 여부

① **인정되는 경우** : 동일인에 대한 대출액 한도 제한을 회피하기 위하여 실질적인 주채무자가 제3자를 형식상의 주채무자로 내세웠고 상호신용금고도 이를 양해한 경우 그 대출계약의 실질적인 당사자는 상호신용금고와 실질적 주채무자이므로 제3자 명의의 대출약정은 통정허위표시에 해당하는 무효의 법률행위이다[96다18076].

② **부정되는 경우** : 은행이 동일인 여신한도의 제한을 회피하기 위하여 실질적 주채무자 아닌 제3자와 사이에 제3자를 주채무자로 하는 소비대차계약을 체결한 경우, 위 소비대차계약이 통정허위표시로서 무효인 법률행위라고 볼 수 없다[98다17909].

(7) 입증책임

통정허위표시에 의하여 부동산을 매수한 자로부터 그 부동산의 권리를 취득한 제3자가 있는 경우 그 제3자의 악의에 대한 입증책임은 이를 주장하는 자에게 있다.

3. 법률효과

(1) 당사자 사이의 법률관계

① **무효** : 허위표시는 무효이나 허위표시 자체가 위법은 아니므로 불법원인급여에 해당하지 않고 당사자는 부당이득반환청구권 또는 물권적 청구권을 행사할 수 있다. 무효인 법률행위는 법률효과를 침해하는 것처럼 보이는 위법행위나 채무불이행이 있다고 하여도 그 손해배상을 청구할 수는 없다[2002다72125].

② **채권자 취소권** : 채권자 취소권의 대상으로 된 채무자의 법률행위라도 통정허위표시의 요건을 갖춘 경우에는 무효이다[97다50985].

③ **허위표시의 철회** : 통정허위표시는 당사자 사이에서는 철회할 수 있으나 그 철회를 가지고 선의의 제3자에게 대항하지 못한다. 허위표시가 무효임을 당사자가 알고 추인한 때에는 새로운 법률행위를 한 것으로 본다(제139조 단서).

(2) 제3자와의 관계(關係) ★30, 34회 기출★

> 제108조(통정한 허위의 의사표시) ② 통정한 허위의 의사표시의 무효는 선의의 제3자에게 대항하지 못한다.

① **상대적 무효** : 허위표시의 무효는 선의의 제3자에게 대항하지 못한다(제108조 제2항).

② **제3자의 범위**

　㉠ **의의** : 제3자는 허위표시의 당사자와 포괄승계인 이외의 자로서 그 허위표시에 의하여 외형상 형성된 법률관계를 토대로 실질적으로 새로운 법률상 이해관계를 맺은 자를 말하는데 선의의 제3자를 제외한 누구에 대하여서나 무효이고 또한 누구든지 그 무효를 주장할 수 있다[2002다72125]. ★30회 기출★

　㉡ **제3자에 해당하는 자** ★32회 기출★

　　ⓐ 가장의 금전소비대차에 기한 대여금채권을 가압류한 자, 가장소비대차에 기한 채권의 양수인, 가장매매의 매수인에 대한 가장매매목적물의 (가)압류채권자[2003다70041], 가장양수인으로부터 목적 부동산을 전득한 자, 가장매매에 의한 매수인으로부터 목적 부동산에 대한 소유권이

전등기청구권 보전을 위한 가등기를 마친 제3자, 가장저당권설정행위에 기한 저당권의 실행으로 경락받은 자[56다580], 가장전세권에 기해 저당권을 설정받은 자, 금융기관이 한국자산관리공사에게 부실자산인 대출금채권을 유상으로 양도한 경우, 한국자산관리공사 등은 제3자에 해당된다[2002다31537]. ★28회 기출★

ⓑ 파산관재인도 제3자에 해당하나[2004다68366], 제3자인 파산관재인의 선의 · 악의는 총파산채권자를 기준으로 하여 파산채권자 모두가 악의로 되지 않는 한 파산관재인은 선의의 제3자라고 할 수밖에 없다[2004다10299]

ⓒ 제3자에 해당하지 않는 자 : 가장소비대차에 있어서 대주의 지위를 이전받은 자, 채권의 가장양도에 있어서 채무자, 가장의 제3자를 위한 계약에 있어서 제3자(수익자), 가장매매 당사자의 포괄승계인인 상속인 등은 제3자가 아니다.

③ 제3자의 선의 : 선의이기만 하면 되고 과실 유무는 묻지 않는다[2003다70041]. 제3자의 선의는 추정되므로 허위표시의 무효를 주장하는 측에서 제3자가 악의라는 사실을 주장 · 입증해야 한다[2002다1321]. 허위표시 무효는 선의의 제3자에 대해서는 누구도 그 무효를 주장하지 못하고 허위표시가 표시된 대로 효력이 생기나[94다12074], 선의의 제3자가 무효를 주장하는 것은 무방하다. 엄폐물의 법칙에 따라 선의의 제3자로부터 권리를 승계취득한 전득자는 선의 · 악의를 불문하고 보호된다(엄폐물의 법칙). 또한 통정허위표시의 제3자가 악의라도 그 전득자가 통정허위표시에 대하여 선의인 때에는 전득자에게 허위표시의 무효를 주장할 수 없다. ★30회 기출★

4. 적용범위

(1) 가족법상의 행위

가족법상의 행위에는 원칙적으로 제108조가 적용되지 않으므로 허위표시는 무효이다.

(2) 상대방 있는 법률행위

계약뿐만 아니라 해제 · 취소 등 상대방 있는 단독행위에도 적용된다. 그러나 상대방 없는 단독행위에는 제108조가 유추적용될 여지가 없어 언제나 유효이다.

(3) 공법상의 행위

공법행위에 당연히 적용되는 것이 아니므로 통정허위표시라고 하더라도 유효하다[76누276].

(4) 소송상의 행위

제108조가 적용되지 않는다.

1. 처음에

(1) 의의 *★33회 기출★*

의사표시에 착오가 있다고 하려면 표의자의 인식과 대조사실과가 어긋나는 경우라야 한다[71다2193]. 상대방이 착오자의 진의에 동의한 경우 표의자는 착오를 이유로 그 의사표시를 취소할 수 없다. 그러나 무의식적 불합의(숨은 불합의)의 경우에는 착오의 문제는 발생하지 않는다.

(2) 착오의 유형(類型)

① **법률의 착오** : 법률에 관한 착오라 하더라도 그것이 법률행위 내용의 중요 부분에 관한 것인 때에는 표의자는 그 의사표시를 취소할 수 있다.

② **표시상의 착오** : 신원보증서류에 서명날인(署名捺印)한다는 착각에 빠진 상태로 연대보증의 서면에 서명날인한 경우, 이는 강학상 기명날인의 착오(서명의 착오), 이른바 표시상의 착오에 해당하므로, 비록 위와 같은 착오가 제3자의 기망행위에 의하여 일어난 것이라 하더라도 민법 제110조 제2항의 규정을 적용할 것이 아니라, 착오에 의한 의사표시에 관한 법리만을 적용하여 취소권 행사의 가부를 가려야 한다[2004다43824]. *★30회 기출★*

③ **동기(動機)의 착오**

　㉠ 의의 : 장래 도시계획이 변경되어 호텔의 신축허가를 받을 수 있을 것이라고 스스로 생각하여 토지의 매매계약을 체결했으나 그 후 예상대로 되지 않은 경우[2006다15755]처럼 법률행위를 하게 된 동기(이유, 연유)에 착오가 있는 경우를 말한다. 동기의 착오가 법률행위의 중요부분의 착오로 되려면 표의자가 그 동기를 당해 의사표시의 내용으로 삼을 것을 상대방에게 표시하고 의사표시의 해석상 법률행위의 내용으로 되어 있다고 인정되면 충분하고, 당사자들 사이에 별도로 그 동기를 의사표시의 내용으로 삼기로 하는 합의까지 이루어질 필요는 없지만, 그 법률행위의 내용의 착오는 보통 일반인이 표의자의 입장에 섰더라면 그와 같은 의사표시를 하지 않았으리라고 여겨질 정도로 그 착오가 중요한 부분에 관한 것이어야 한다[97다26210]. *★30, 34회 기출★*

　㉡ 상대방으로부터 유발된 동기의 착오 : 담당공무원의 권고에 따라 귀속 해제된 토지인데도 귀속재산인 줄 알고 이를 국가에 증여하였다면, 그 동기의 착오는 위 증여행위의 중요부분을 이루므로 증여계약의 취소는 적법하다[78다719]. *★27, 29, 32회 기출★*

2. 착오로 인한 의사표시의 취소요건

> 제109조(착오로 인한 의사표시) ① 의사표시는 법률행위의 내용의 중요부분에 착오가 있는 때에는 취소할 수 있다.

(1) 법률행위의 내용의 중요부분의 착오가 있을 것

① **중요부분의 착오의 의의** : 착오가 없었더라면 표의자가 그러한 의사표시를 하지 않았으리라고 인정될 정도로 착오가 중요한 부분에 관한 것이어야 하고 일반인도 표의자의 입장에 있었더라면 그러한 의사표시를 하지 않았으리라고 인정될 정도여야 한다[93다55487].

② 중요부분의 착오에 해당하는 경우
  ㉠ 甲이 채무자란이 백지로 된 근저당권설정계약서를 제시받고 그 채무자가 乙인 것으로 알고 근저당권설정자로 서명날인을 하였는데 그 후 채무자가 丙으로 되어 근저당권설정등기가 경료된 경우 법률행위내용의 중요부분에 관한 착오에 해당한다[95다37087]. ★27회 기출★
  ㉡ 보험회사 또는 보험모집종사자가 설명의무를 위반하여 고객이 보험계약의 중요사항에 관하여 제대로 이해하지 못한 채 착오에 빠져 보험계약을 체결한 경우, 착오를 이유로 보험계약을 취소할 수 있다[2017다229536]. ★31회 기출★
  ㉢ 부동산의 양도가 있는 경우에 그에 대하여 부과될 양도소득세 등의 세액에 관한 착오가 미필적인 "장래의 불확실한 사실"에 관한 것이라도 민법 제109조 소정의 착오에서 제외되는 것은 아니다[93다24810].
  ㉣ 답 1,389평을 전부 경작할 수 있는 농지인 줄 알고 매수하였으나 측량 결과 약 600평이 하천을 이루고 있는 경우, 이러한 토지의 현황·경계에 관한 착오는 성질의 착오로서 매매계약의 중요부분에 대한 착오이다[67다2160].
③ 중요부분의 착오가 아닌 경우
  ㉠ 특정 지번의 임야 전부에 관한 매매계약서에 표시된 지적이 실제 면적보다 작은 경우[69다196]. 또는 부지(4평)에 관하여 0.211평에 해당하는 지분이 근소하게 부족한 경우[83다카1328]
  ㉡ 토지매매에 있어서 시가에 관한 착오(토지가 시세보다 비싸다는 사실을 모른 채 매입한 경우)[84다카890] ★27회 기출★
  ㉢ 표시와 의사의 불일치가 객관적으로 현저하지 않거나 그 착오로 인해 표의자가 경제적인 불이익을 입은 것이 아니라면(가압류등기가 없다고 믿고 보증하였더라도 그 가압류가 원인무효인 것으로 밝혀진 경우)[98다23706] 이를 법률행위내용의 중요부분의 착오라고 할 수 없다[98다47924]. ★27, 30, 33회 기출★
④ 입증책임 : 착오를 이유로 의사표시를 취소하는 자(표의자)는 만약 그 착오가 없었더라면 의사표시를 하지 않았을 것이라는 점을 증명하여야 한다[2007다74188]. ★33회 기출★
⑤ 판단시점 : 착오의 존재 여부는 의사표시 당시를 기준으로 판단한다. 그리고 대리인이 의사표시를 한 경우 착오의 유무는 대리인을 표준으로 판단하여야 한다. ★28, 33회 기출★

(2) 중대한 과실이 없을 것 ★27, 29, 32, 33회 기출★

> 제109조(착오로 인한 의사표시) ① 그러나 그 착오가 표의자의 중대한 과실로 인한 때에는 취소하지 못한다.

① 중대한 과실의 의의 : 표의자의 직업·행위의 종류·목적 등에 비추어 보통 요구되는 주의를 현저히 결한 것을 의미한다[94다25964]. 주의할 것은 표의자에게 중대한 과실이 있다 하더라도 그 상대방이 표의자의 착오를 알고서 악용한 경우에는 표의자의 의사표시 취소가 허용된다[4288민상321].

② 중대한 과실을 인정하여 취소권을 부정한 경우 : ㉠ 공장을 경영하는 자가 공장을 설립할 목적으로 토지를 매수하면서 공장건축의 가능성을 관할관청에 알아보지 않은 것도 매수인에게 중대한 과실이 있는 것이다[92다38881]. ㉡ 공인중개사를 통하지 않고 토지거래를 하는 경우, 토지대장 등을 확인하지 않은 매수인은 매매목적물의 동일성에 착오가 있더라도 착오를 이유로 매매계약을 취소할 수 없다[2009다40356].

③ 중대한 과실이 없다고 하여 취소권을 인정한 경우 : ㉠ 매매대상 토지 중 20~30평 가량만 도로에 편입될 것이라는 중개인의 말을 믿고 주택 신축을 위하여 토지를 매수하였고 그와 같은 사정이 계약 체결 과정에서 현출되어 매도인도 이를 알고 있었는데 실제로는 197평이 도로에 편입된 경우 중대한 과실이 있다고 볼 수 없어 매매계약을 취소할 수 있다[2000다12259]. ㉡ 고려청자로 알고 매수한 도자기가 진품이 아닌 것으로 밝혀진 경우 통상의 주의의무를 현저하게 결여하였다고 보기는 어렵다[96다26657]. ㉢ 특별한 사정이 없는 한 매수인에게 측량을 하거나 지적도와 대조하는 등의 방법으로 매매 목적물이 지적도상의 그것과 정확히 일치하는지 여부를 미리 확인할 주의의무가 있다고 볼 수 없다[2019다288232].

④ 입증책임 : 표의자에게 중대한 과실이 있다는 사실의 입증책임은 상대방측이 부담한다. 다시 말하면 법률행위의 유효를 주장하는 자가 입증책임을 부담한다.

3. 법률효과

(1) 취소로 인한 소급적(遡及的) 무효

중요부분의 착오이고 그 착오에 중대한 과실이 없는 경우에는 그 의사표시를 취소할 수 있다. 취소한 법률행위는 처음부터 무효인 것으로 본다(제141조). 그리고 착오에 관한 규정은 임의규정이므로 당사자의 합의로 착오로 인한 의사표시 취소에 관한 민법 제109조 제1항의 적용을 배제할 수 있다[2013다97694]. 착오에 의한 취소의 의사표시는 반드시 명시적이어야 하는 것은 아니고, 취소자가 그 착오를 이유로 자신의 법률행위의 효력을 처음부터 배제하려고 한다는 의사가 드러나면 충분하다. ★27, 29회 기출★

(2) 제3자에 대한 효력

> 제109조(착오로 인한 의사표시) ② 착오로 인한 의사표시의 취소는 선의의 제3자에게 대항하지 못한다.

(3) 손해배상책임 여부(判例)

착오를 이유로 보증계약을 취소한 것이 위법하다고 할 수는 없으므로[97다13023] 착오를 이유로 취소를 한 경우라도 손해배상책임이 없다.

4. 적용범위

(1) 사법상의 법률행위

제109조는 원칙적으로 모든 사법상의 의사표시에 적용된다.

(2) 공법상 · 소송상 행위

원고 소송대리인의 사무원이 착오로 원고 소송대리인의 의사에 반하여 소를 취하한 경우 그 소송대리인의 소취하는 유효하다[95다11740].

(3) 가족법상 행위

가족법상의 행위에는 제109조가 적용되지 않는다.

5. 타 제도와의 관계

(1) 착오와 하자담보책임

착오로 인한 취소 제도와 매도인의 하자담보책임 제도는 취지가 서로 다르고, 요건과 효과도 구별된다. 따라서 매매계약 내용의 중요 부분에 착오가 있는 경우 매수인은 매도인의 하자담보책임이 성립하는지 와 상관없이 착오를 이유로 매매계약을 취소할 수 있다.[2015다78703]

(2) 착오와 해제

매도인이 매매계약을 적법하게 해제한 후라도 매수인으로서는 불이익을 면하기 위하여 착오를 이유로 한 취소권을 행사하여 위 매매계약 전체를 무효로 돌리게 할 수 있다[91다11308]. ★31회 기출★

(3) 착오와 사기

기망행위로 인하여 법률행위의 중요부분에 관하여 착오를 일으킨 경우(착오와 사기가 경합) 뿐만 아니라 법률행위의 내용으로 표시되지 아니한 의사결정의 동기에 관하여 착오(주관적 요건)를 일으킨 경우에도 표의자는 그 법률행위를 사기에 의한 의사표시로서 취소할 수 있다[85도167]. ★32회 기출★

제4절 사기(詐欺) · 강박(强迫)에 의한 의사표시(하자있는 의사표시)

1. 서설

기망행위로 인하여 법률행위의 중요부분에 관하여 착오를 일으킨 경우뿐만 아니라 법률행위의 내용으로 표시되지 아니한 의사결정의 동기에 관하여 착오를 일으킨 경우에도 표의자는 그 법률행위를 사기에 의한 의사표시로서 취소할 수 있다[85도167]. ★33회 기출★

2. 법률요건

(1) 사기에 의한 의사표시

① 2단계의 고의 : 표의자를 기망하여 착오에 빠지도록 하려는 고의와 표의자로 하여금 그 착오에 기해 의사표시를 하도록 하려는 고의의 2단의 고의가 있어야 한다. 과실만으로는 부족하다.

② **위법한 기망행위(欺罔行爲)**

㉠ 의의 : 기망행위란 표의자로 하여금 사실과 다른 관념을 갖도록 하거나 이를(기존의 착오를) 유 지 · 강화하도록 하는 행위를 말한다. 단순한 침묵이나 부작위도 기망행위가 될 수 있다. ★33회 기출★

ⓛ 기망행위로 보는 경우

    ⓐ 아파트 분양자는 인근에 대규모의 공동묘지가 조성되어 있다면, 분양시 그러한 사실을 알려야 할 신의칙상 의무를 부담하고[2005다5812, 5829, 5836], 아파트 분양자는 아파트 단지 인근에 쓰레기 매립장이 건설예정인 사실을 분양계약자에게 고지할 신의칙상 의무를 부담하며, 이러한 고지의무 위반은 부작위에 의한 기망행위에 해당한다[2004다48515].

    ⓑ 백화점 변칙세일은 그 사술(詐術 : 속임수)의 정도가 사회적으로 용인될 수 있는 상술의 정도를 넘은 것이어서 위법성이 있다[92다52665].

    ⓒ 상품의 선전 광고에 있어서 거래의 중요한 사항에 관하여 구체적 사실을 신의성실의 의무에 비추어 비난받을 정도의 방법으로 허위로 고지한 경우에는 기망행위에 해당한다[99다55601, 55618].

ⓒ 기망행위로 보지 않는 경우 ★32회 기출★

    ⓐ 상품의 선전, 광고에 있어 다소의 과장이나 허위가 수반되는 것은 그것이 일반 상거래의 관행과 신의칙에 비추어 시인될 수 있는 한 기망성이 결여된다[92다52665].

    ⓑ 교환계약을 체결하려는 일방 당사자가 자기가 소유하는 목적물의 시가를 묵비하여 상대방에게 고지하지 아니하거나 혹은 허위로 시가보다 높은 가액을 시가라고 고지하였다 하더라도 이는 상대방의 의사결정에 불법적인 간섭을 한 것이라고 볼 수 없다[2000다54406, 54413].

    ⓒ 상가를 분양하면서 그 운영방법 및 수익보장에 대하여 다소의 과장 · 허위 광고가 수반되었다 하더라도 기망행위에 해당하지 않는다[99다55601].

③ **입증책임** : 사기에 의한 의사표시의 요건이 성립되었음을 기망행위의 상대방인 취소권자가 증명해야 한다.

(2) 강박에 의한 의사표시 ★32회 기출★

① **강박행위의 의의** : 강박에 의한 의사표시라고 하려면 상대방이 불법으로 어떤 해악을 고지함으로 말미암아 공포를 느끼고 의사표시를 한 것이어야 하는 바, 乙은 자신의 재산을 甲에게 강제로 빼앗긴다는 인식을 하였지만 그래도 어쩔 수 없다고 생각하면서 X 토지를 무상으로 증여한 경우 진의있는 의사표시에 해당한다.

② **2단계의 고의** : 강박에 의한 의사표시라고 하려면 표의자로 하여금 외포심을 생기게 하고 이로 인하여 법률행위 의사를 결정하게 할 고의로써 불법으로 장래의 해악을 통고한 경우라야 한다[73다1048].

③ **강박행위에 해당하는 경우** : 부정행위에 대한 고소, 고발은 정당한 권리행사가 되어 위법하다고 할 수 없으나, 부정한 이익의 취득을 목적으로 하는 경우에는 위법한 강박행위가 되는 경우가 있고, 목적이 정당하다 하더라도 행위나 수단 등이 부당한 때에는 위법성이 있는 경우가 있을 수 있다[92다25120].

④ **강박행위에 해당하지 않는 경우** : 불법적 해악의 고지없이 각서에 서명 날인할 것을 강력히 요구한 것만으로는 강박행위라 할 수 없다[78다1968]. ★33회 기출★

⑤ **강박이 무효가 되기 위한 요건** : 강박에 의한 법률행위가 무효로 되기 위해서는 의사표시자로 하여금 의사결정을 스스로 할 수 있는 여지를 완전히 박탈한 상태(강박행위가 극심)에서 의사표시가 이루어 져 단지 법률행위의 외형만이 만들어진 것에 불과한 정도이어야 한다[96다49353]. ★29회 기출★

⑥ **인과관계(因果關係)** : 인과관계는 표의자의 주관적인 것에 불과더라도 무방하다.

3. 법률효과

(1) 상대방의 사기 · 강박

> 제110조(사기, 강박에 의한 의사표시) ① 사기나 강박에 의한 의사표시는 취소할 수 있다.

(2) 제3자의 사기 · 강박

> 제110조(사기, 강박에 의한 의사표시) ② 상대방 있는 의사표시에 관하여 제3자가 사기나 강박을 행한 경우에는 상대방 이 그 사실을 알았거나 알 수 있었을 경우에 한하여 그 의사표시를 취소할 수 있다.

① **상대방 있는 의사표시** : 상대방이 제3자의 사기 · 강박을 알았거나 알 수 있었을 경우에 한해 표의자 는 그 의사표시를 취소할 수 있다(제110조 제2항). 따라서 상대방이 선의 · 무과실일 경우에는 취소 할 수 없다. 상대방 없는 의사표시에서는 보호할 상대방이 없으므로 표의자는 언제든지 그 의사표시 를 취소할 수 있다. ★31회 기출★

② **제3자에 해당하지 않은 경우(대리인)** : 민법 제110조 제2항에서 정한 제3자에 해당되지 않는다고 볼 수 있는 자란 그 의사표시에 관한 상대방의 대리인 등 상대방과 동일시할 수 있는 자만을 의미한다. 따라서 대리인의 사기에 의하여 상대방이 의사표시를 하였을 경우에 상대방은 본인이 그 사실을 알 든, 모르든 기망에 인한 의사표시를 취소할 수 있다[4291민상101]. ★32회 기출★

③ **제3자에 해당한 경우(단순한 피용자)** : 단순히 상대방의 피용자이거나 상대방이 사용자책임을 져야 할 관계에 있는 피용자[96다41496]에 지나지 않는 자는 상대방과 동일시할 수는 없어 제3자에 해당한다.

(3) 선의의 제3자에게 대항하지 못한다. ★28회 기출★

> 제110조(사기, 강박에 의한 의사표시) ③ 사기나 강박에 의한 의사표시의 취소는 선의의 제3자에게 대항하지 못한다.

① **제3자의 범위** : 제3자의 선의는 추정되고, 제3자가 악의라는 사실은 취소하려는 표의자가 입증책임 을 진다. 표의자가 사기 · 강박을 이유로 의사표시를 취소하지 않는 한 그 법률행위는 유효하다. ★31회 기출★

② **입증책임** : 제3자는 특별한 사정이 없는 한 선의로 추정할 것이므로 양도인(표의자)가 제3자에 대해 사 기에 의한 의사표시의 취소를 주장하려면 제3자의 악의를 입증할 필요가 있다[70다2155]. ★31, 33회 기출★

4. 적용범위

(1) 사법상의 법률행위

사법상의 계약뿐만 아니라 단독행위에도 적용된다.

(2) 소송상 행위

민법상의 법률행위에 관한 규정은 소송행위(소취하[2000다42939], 가처분신청취하[76다1828])나 행정처분에는 적용되지 않으므로 사기 · 강박을 이유로 한 취소가 허용되지 않는다.

(3) 가족법상의 행위

가족법상의 행위에는 원칙적으로 제110조가 적용되지 않고 별도의 특칙이 적용된다(제816조 등).

5. 타 제도(他 制度)와의 관계

(1) 사기와 착오

착오가 타인의 기망행위에 기해 발생한 때에는 표의자는 사기 또는 착오를 선택적으로 주장할 수 있다. 사기에 의해 한 의사표시는 법률행위의 중요부분에 착오가 없다고 하더라도 취소할 수 있다[68다1749].

(2) 사기와 하자담보책임

기망에 의하여 하자있는 물건에 관한 매매가 성립한 경우에는 매수인은 하자담보책임을 묻거나 사기에 의한 취소권 행사를 선택적으로 할 수 있다.

(3) 사기와 불법행위책임

법률행위가 사기에 의한 것으로서 취소되는 경우, 취소의 효과로 생기는 부당이득반환청구권과 불법행위로 인한 손해배상청구권은 경합하여 병존하는 것이므로, 선택하여 행사할 수 있지만 중첩적으로 행사할 수는 없다[92다56087]. 따라서 제3자의 사기행위 자체가 불법행위를 구성하는 이상 손해배상청구를 하기 위하여 반드시 그 분양계약을 취소할 필요는 없다[97다55829]. 중대한 고지의무 위반은 부작위에 의한 기망행위에 해당될 수 있기 때문에, 표의자는 의사표시를 취소하거나 기망행위로 인한 손해배상을 청구할 수 있다. ★31, 33회 기출★

1. 민법의 규정 ★28, 31, 34회 기출★

> 제111조(의사표시의 효력발생시기) ① 상대방이 있는 의사표시는 상대방에게 도달한 때에 그 효력이 생긴다.

(1) 도달주의

① **도달의 의의** : 도달이라 함은 사회통념상 상대방이 통지의 내용을 알 수 있는 객관적 상태에 놓여 있는 경우를 가리키는 것으로서, 상대방이 통지를 현실적으로 수령하거나 통지의 내용을 알 것까지는 필요로 하지 않는 것이므로 상대방이 정당한 사유 없이 통지의 수령을 거절한 경우에는 상대방이 그 통지의 내용을 알 수 있는 객관적 상태에 놓여 있는 때에 의사표시의 효력이 생기는 것으로 보아야 한다[2008다19973]. 채권양도의 통지는 관념의 통지지만, 의사표시에 준하여 도달주의가 적용된다. ★31, 32, 33회 기출★

② **도달로 인정되는 경우** : 동거하는 가족 · 고용인이 우편을 수령한 때에는 본인에게 전달하지 않는 경우에도 의사표시의 효력은 발생한다. 등기우편[91누3819]이나 내용증명 우편물이 발송되고 반송되지 않았다면 특단의 사정이 없는 한 그 무렵에 송달되었다고 볼 것이다[96다38322]. ★28, 31회 기출★

③ **도달로 인정되지 않는 경우** : 보통우편의 방법으로 발송되었다는 사실만으로는 도달하였다고 추정할 수 없다[2000다25002]. ★33회 기출★

(2) 도달주의의 효과

의사표시는 상대방에게 도달한 때에 효력이 생기므로 도달 후에는 요지(了知)하기 전이라도 철회할 수 없다. 의사표시의 불착 · 연착으로 인한 불이익은 표의자에게 귀속된다. 의사표시의 도달에 대한 입증책임은 도달을 주장하는 표의자측에서 부담한다.

(3) 발신후 의사표시자의 사망 등 ★28, 31, 32, 33회 기출★

> 제111조(의사표시의 효력발생시기) ② 의사표시자가 그 통지를 발송한 후 사망하거나 제한능력자가 되어도 의사표시의 효력에 영향을 미치지 아니한다.

의사표시자가 의사표시를 발송한 후 사망한 때에도 그 의사표시가 상대방에게 도달하면 그 효력이 생긴다.

(4) 도달주의의 예외(발신주의)

제한능력자 상대방의 촉구에 대한 제한능력자 측의 확답(제15조), 무권대리인 상대방의 최고에 대한 본인의 확답(제131조), 채무인수 승낙여부의 최고에 대한 채권자의 확답(제455조 제2항), 격지자간 계약의 승낙 통지(제531조), 사원총회 소집통지(제71조)는 발신주의에 따른다. ★27회 기출★

2. 의사표시의 수령능력(受領能力) ★28, 32, 33회 기출★

제112조(제한능력자에 대한 의사표시의 효력) 의사표시의 상대방이 의사표시를 받은 때에 제한능력자인 경우에는 의사표시자는 그 의사표시로써 대항할 수 없다. 다만, 그 상대방의 법정대리인이 의사표시가 도달한 사실을 안 후에는 그 의사표시로써 대항할 수 있다.

3. 공시송달(公示送達) ★28, 33회 기출★

제113조(의사표시의 공시송달) 표의자가 과실없이 상대방을 알지 못하거나 상대방의 소재를 알지 못하는 경우에는 의사표시는 민사소송법 공시송달의 규정에 의하여 송달할 수 있다.

○ × 핵심체크

01 진의 아닌 의사표시에 있어서 진의는 표의자가 진정으로 마음속에서 바라는 사항을 의미한다. ○ ×

02 재산을 강제로 뺏긴다는 것이 표의자의 본심으로 잠재되어 있었다 하여도 표의자가 마지못해 증여의 의사표시를 한 이상 그 의사표시는 비진의표시가 된다. ○ ×

03 의사표시는 상대방이 표의자의 진의 아님을 알았을 경우에만 통정허위표시와 마찬가지로 무효이다. ○ ×

04 진의 아닌 의사표시가 대리인에 의하여 이루어진 경우, 그 대리인의 진의가 본인의 이익이나 의사에 반하여 자기의 이익을 위한 것임을 그 상대방이 알았거나 알 수 있었을 경우라면, 본인은 책임을 지지 않는다. ○ ×

05 사인의 공법행위에는 적용되지 않으므로 공무원의 사직 의사가 외부에 표시된 이상 그 의사는 표시된 대로 효력을 발생한다. ○ ×

06 甲이 그 소유의 토지를 乙에게 증여하면서 매매를 한 것처럼 꾸며 소유권이전등기를 해준 경우, 乙은 그 토지의 소유권을 취득할 수 없다. ○ ×

07 통정허위표시에 따른 법률행위도 채권자취소권의 대상이 될 수 있다. ○ ×

08 파산관재인은 제3자에 해당하므로, 그 선의 · 악의도 파산관재인 개인의 선의 · 악의를 기준으로 판단하여야 한다. ○ ×

09 가장채권 양수인의 포괄승계인, 통정허위표시에 의해 체결된 제3자를 위한 계약에서 제3자, 허위표시의 당사자로부터 계약상 지위를 이전받은 자는 제3자에 해당하지 아니한다. ○ ×

정답 및 해설 **01** × **02** × **03** × **04** ○ **05** ○ **06** × **07** ○ **08** × **09** ○

오답분석

01 진의란 특정한 내용의 의사표시를 하고자 하는 표의자의 생각을 말한다.
02 내심의 효과의사가 결여된 진의 아닌 의사표시라고 할 수 없다.
03 알았거나 알 수 있었을 경우에 한하여 무효이다.
06 乙명의의 등기는 실체관계에 부합하여 유효이므로 乙이 소유권을 취득한다.
08 총파산채권자를 기준으로 선의 · 악의를 판단한다.

10 甲(실질적 주채무자)에 대한 대출한도를 회피하기 위하여 乙을 형식상의 주채무자로 내세우고 은행도 이를 양해하여 乙에게는 채무자로서의 책임을 지우지 않을 의도로 乙명의로 대출해 준 경우, 乙을 대출계약의 당사자로 볼 수 있다. ☐○ ☐×

11 상대방이 착오자의 진의에 동의한 것으로 인정될 때에는 계약의 취소가 허용되지 않는다. ☐○ ☐×

12 본인이 대리인에게 A토지에 대한 매수대리권을 수여하였으나 대리인이 평소 자신이 눈여겨 보아왔던 B토지를 매수한 경우 착오에 해당한다. ☐○ ☐×

13 제3자의 기망행위로 신원보증서면에 서명한다는 착각에 빠져 연대보증서면에 서명한 경우(기명날인의 착오), 사기를 이유로 의사표시를 취소할 수 있다. ☐○ ☐×

14 동기의 착오를 이유로 의사표시를 취소할 때 그 동기를 의사표시의 내용으로 하는 당사자의 합의까지는 필요 없다. ☐○ ☐×

15 토지 전부를 경작할 수 있는 농지인 줄 알고 매수하였으나 측량결과 절반의 면적이 하천인 경우, 성질의 착오(토지의 현황에 관한 착오)에 해당한다. ☐○ ☐×

16 착오로 인하여 표의자가 경제적인 불이익을 입지 않았다면, 법률행위 내용의 중요부분의 착오라고 할 수 없다. ☐○ ☐×

17 착오가 표의자의 중대한 과실로 인한 것이더라도 상대방이 표의자의 착오를 알고 이를 이용한 경우에 표의자는 의사표시를 취소할 수 있다. ☐○ ☐×

18 착오를 이유로 법률행위를 취소한 경우, 표의자에게 경과실이 있다면 상대방은 불법행위로 인한 손해배상을 청구할 수 있다. ☐○ ☐×

19 매도인이 매매계약을 적법하게 해제한 후라도 매수인이 해제의 효과로서 발생하는 불이익을 면하기 위하여 착오를 이유로 매매계약을 취소할 수 있다. ☐○ ☐×

정답 및 해설   **10** ×   **11** ○   **12** ×   **13** ×   **14** ○   **15** ○   **16** ○   **17** ○   **18** ×   **19** ○

오답분석
10   乙명의 대출약정은 무효이다.
12   착오인지 여부는 대리인을 기준으로 판단하므로 착오가 아니다.
13   표시상의 착오로서 착오로만 취소할 수 있다.
18   착오는 위법행위가 아니므로 취소해도 불법행위책임을 지지 않는다.

20 매도인의 담보책임이 성립하는 경우, 매수인은 매매계약 내용의 중요부분에 착오가 있더라도 이를 취소할 수 없다. ☐○ ☐×

21 표의자가 상대방의 기망행위로 인해 법률행위의 동기에 관하여 착오를 일으킨 경우에는 사기를 이유로 그 법률행위를 취소할 수 있다. ☐○ ☐×

22 신의성실의 원칙상 고지의무가 있는 자가 소극적으로 진실을 숨기는 것은 기망행위에 해당하지 아니한다. ☐○ ☐×

23 교환계약 당사자가 자기 소유 목적물의 시가를 묵비한 것은, 특별한 사정이 없는 한, 위법한 기망행위가 되지 않는다. ☐○ ☐×

24 어떤 해악의 고지가 아니라 단지 각서에 서명·날인할 것을 강력히 요구한 행위는 강박행위가 된다. ☐○ ☐×

25 표의자가 제3자의 사기로 의사표시를 한 경우, 상대방이 그 사실을 과실 없이 알지 못한 때에는 그 의사표시를 취소할 수 있다. ☐○ ☐×

26 제3자에 의한 사기행위로 계약을 체결한 경우, 그 계약을 취소하지 않고도 제3자에 대하여 불법행위로 인한 손해배상청구를 할 수 있다. ☐○ ☐×

27 의사표시의 도달은 상대방이 통지를 현실적으로 수령하거나 통지의 내용을 알 것까지 요구한다. ☐○ ☐×

28 의사표시자가 의사표시의 통지를 발송한 후에 사망한 경우, 그 의사표시의 효력은 없다. ☐○ ☐×

29 의사표시의 상대방이 정당한 사유 없이 통지의 수령을 거절한 경우 상대방이 그 통지의 내용을 알 수 있는 객관적 상태에 놓여 있는 때에 의사표시의 효력이 발생한다. ☐○ ☐×

30 제한능력자에게 의사를 표시한 사람은 제한능력자의 법정대리인이 의사표시가 도달한 사실을 안 후에는 그 의사표시로써 제한능력자에게 대항할 수 있다. ☐○ ☐×

| 정답 및 해설 | **20** × | **21** ○ | **22** × | **23** ○ | **24** × | **25** × | **26** ○ | **27** × | **28** × | **29** ○ | **30** ○ |

오답분석
20 담보책임과 착오는 성립요건이 다르므로 착오로 취소할 수 있다.
22 거래관념에 비추어 고지의무가 있음에도 고지하지 않은 경우 단순한 침묵이나 부작위도 기망행위가 될 수 있다.
24 강박에 해당하지 아니한다.
25 상대방이 그 사실을 알았거나 알 수 있었을 경우에 한하여 그 의사표시를 취소할 수 있다.
27 사회통념상 상대방이 통지의 내용을 알 수 있는 객관적 상태에 놓여 있는 경우를 의미한다.
28 의사표시의 효력에 영향을 미치지 아니한다.

제7장 | 확인학습문제

01 의사표시에 관한 설명으로 옳지 **않은** 것은?(다툼이 있으면 판례에 따름) ★28회 기출★

① 통정허위표시에서 파산관재인은 제3자에 해당하지 않는다.
② 통정허위표시에서 제3자가 보호받기 위해서는 선의이면 되고 그 과실 유무는 묻지 않는다.
③ 상대방에 의해 유발된 동기의 착오는 동기가 표시되지 않았더라도 법률행위 내용의 중요부분의 착오가 될 수 있다.
④ 통정허위표시는 제3자 유무와 상관없이 당사자 사이에서는 무효이다.
⑤ 사기에 의한 의사표시의 취소는 선의의 제3자에게 대항하지 못한다.

> **해설**
> 난도 ★
>
> ① 파산관재인도 제3자에 해당하나[2004다68366], 제3자인 파산관재인의 선의·악의는 총파산채권자를 기준으로 하여 파산채권자 모두가 악의로 되지 않는 한 파산관재인은 선의의 제3자라고 할 수밖에 없다[2004다10299].
>
> 답 ①

02 진의 아닌 의사표시에 관한 설명으로 옳지 **않은** 것은?(다툼이 있으면 판례에 따름) ★29회 기출★

① 사인의 공법행위에는 적용되지 않으므로 공무원의 사직 의사가 외부에 표시된 이상 그 의사는 표시된 대로 효력을 발생한다.
② 진의는 특정한 내용의 의사표시를 하려는 생각을 말하는 것이지 표의자가 진정으로 마음에서 바라는 사항을 뜻하는 것은 아니다.
③ 표의자가 강박에 의하여 어쩔 수 없이 증여의 의사표시를 하였다면 이는 비진의표시에 해당하지 않는다.
④ 표의자가 비진의표시임을 이유로 의사표시의 무효를 주장하는 경우, 비진의표시에 해당한다는 사실은 표의자가 증명해야 한다.
⑤ 표의자가 비진의표시임을 이유로 의사표시의 무효를 주장하는 경우, 상대방이 자신의 선의·무과실을 증명해야 한다.

난도 ★★

⑤ 비진의표시라는 사실과 상대방의 악의 또는 과실에 대한 입증책임은 의사표시의 무효를 주장하는 자(표의자)에게 있다[92 다2295].

답 ⑤

03 통정허위표시에 관한 설명으로 옳은 것은?(다툼이 있으면 판례에 따름) ★34회 기출★

① 통정허위표시에 의한 급부는 특별한 사정이 없는 한 불법원인급여이다.
② 대리인이 대리권의 범위 안에서 현명하여 상대방과 통정허위표시를 한 경우, 본인이 선의라면 특별한 사정이 없는 한 그는 허위표시의 유효를 주장할 수 있다.
③ 가장행위인 매매계약이 무효라면 은닉행위인 증여계약도 당연히 무효이다.
④ 통정허위표시의 무효로부터 보호되는 선의의 제3자는 통정허위표시를 알지 못한 것에 대해 과실이 없어야 한다.
⑤ 가장매매계약의 매수인과 직접 이해관계를 맺은 제3자가 악의라 하더라도 그와 다시 법률상 이해관계를 맺은 전득자가 선의라면 가장매매계약의 무효로써 전득자에게 대항할 수 없다.

난도 ★★

① 통정허위표시가 곧바로 불법원인급여가 되는 것은 아니다. 허위표시 자체는 불법이 아니므로 불법원인급여 규정인 제746 조가 적용되지 않는다.
② 대리인의 허위표시에서의 본인은 통정허위표시에서 대항할 수 없는 제3자에 해당하지 않는다.
③ 가장행위인 매매가 무효이더라도 은닉행위인 증여는 유효하다[93다12930].
④ 제3자는 선의이면 족하고 무과실은 요건이 아니다[2003다70041].
⑤ 통정허위표시의 제3자가 악의라도 그 전득자가 통정허위표시에 대하여 선의인 때에는 전득자에게 허위표시의 무효를 주장할 수 없다[2012다49292 참고].

답 ⑤

04 통정허위표시에 관한 설명으로 옳지 <u>않은</u> 것은?(다툼이 있으면 판례에 따름)

① 상대방과 통정한 허위의 의사표시는 무효이지만, 이러한 무효는 과실로 인하여 허위표시라는 사실을 인식하지 못한 제3자에게 대항할 수 없다.

② 강제집행을 면할 목적으로 부동산에 허위의 근저당권설정등기를 경료하는 행위는 민법 제103조의 선량한 풍속 기타 사회질서에 위반한 사항을 내용으로 하는 법률행위이다.

③ 선의의 제3자에 대해서는 통정허위표시의 당사자뿐만 아니라 그 누구도 통정허위표시의 무효로 대항할 수 없다.

④ 부동산의 가장양수인으로부터 해당 부동산을 취득한 제3자 A가 악의이고, 그로부터 그 부동산을 전득한 B가 선의라면 통정허위표시의 무효로써 B에게 대항할 수 없다.

⑤ 당사자들이 실제로는 증여계약을 체결하면서 매매계약인 것처럼 통정허위표시를 하였다면 은닉행위인 증여계약은 유효할 수 있다.

해설

난도 ★★★

② 강제집행을 면할 목적으로 부동산에 허위의 근저당권설정등기를 경료하는 행위는 선량한 풍속 기타 사회질서에 위반한 사항을 내용으로 하는 법률행위로 볼 수 없다[2003다70041].

답 ②

---

05 통정허위표시의 무효를 이유로 대항할 수 없는 '제3자'가 될 수 있는 자를 모두 고른 것은?(다툼이 있으면 판례에 따름)

ㄱ. 가장의 금전소비대차에 기한 대여금채권을 가압류한 자
ㄴ. 가장매매에 의한 매수인으로부터 목적 부동산에 대한 소유권이전등기 청구권 보전을 위한 가등기를 마친 제3자
ㄷ. 가장매매에 의한 매수인으로부터 목적 부동산을 매수하여 소유권이전등기를 마친 제3자
ㄹ. 가장의 전세권설정계약에 기하여 등기가 경료된 전세권에 관하여 저당권을 취득한 제3자

① ㄱ, ㄴ
② ㄷ, ㄹ
③ ㄱ, ㄴ, ㄷ
④ ㄴ, ㄷ, ㄹ
⑤ ㄱ, ㄴ, ㄷ, ㄹ

해설

난도 ★

ㄱ. 가장 금전소비대차에 기한 채권의 양수인이나 가압류한 자는 제3자에 해당한다.

ㄴ, ㄷ. 부동산 가장매매의 매수인으로부터 그 부동산을 전득(소유권이전등기)하거나 그 부동산에 저당권을 설정받은 자 또는 가등기를 취득한 자는 제3자에 해당한다.

ㄹ. 가장 전세권에 기해 저당권을 설정받은 자는 제3자에 해당한다.

답 ⑤

06 착오에 관한 설명으로 옳지 <u>않은</u> 것은?(다툼이 있으면 판례에 따름)

① 매도인이 매매대금 미지급을 이유로 매매계약을 해제한 후에도 매수인은 착오를 이유로 이를 취소할 수 있다.

② 보험회사의 설명의무 위반으로 보험계약의 중요사항을 제대로 이해하지 못하고 착오에 빠져 계약을 체결한 고객은 그 계약을 취소할 수 있다.

③ 계약서에 X토지를 목적물로 기재한 때에도 Y토지에 대하여 의사의 합치가 있었다면 Y토지를 목적으로 하는 계약이 성립한다.

④ 착오에 관한 민법규정은 법률의 착오에 적용되지 않는다.

⑤ 취소의 의사표시는 취소자가 그 착오를 이유로 자신의 법률행위의 효력을 처음부터 없애려는 의사가 드러나면 충분하다.

해설

난도 ★★★

④ 법률에 관한 착오라 하더라도 그것이 법률행위 내용의 중요 부분에 관한 것인 때에는 표의자는 그 의사표시를 취소할 수 있다.

답 ④

07 착오로 인한 의사표시에 관한 설명으로 옳지 <u>않은</u> 것은?(다툼이 있으면 판례에 따름)

① 제3자의 기망으로 표시상의 착오가 발생한 경우, 표의자는 사기를 이유로 의사표시를 취소할 수 있다.

② 착오로 인하여 표의자가 경제적인 불이익을 입지 않았다면, 법률행위 내용의 중요부분의 착오라고 할 수 없다.

③ 표의자의 착오를 알고 상대방이 이를 이용한 경우에는 착오가 표의자의 중대한 과실로 발생하여도 취소할 수 있다.

④ 당사자의 합의로 착오로 인한 의사표시의 취소에 관한 민법 제109조 제1항의 적용을 배제할 수 있다.

⑤ 동기의 착오를 이유로 의사표시를 취소할 때 그 동기를 의사표시의 내용으로 하는 당사자의 합의까지는 필요 없다.

해설

난도 ★★

① 신원보증서류에 서명날인(署名捺印)한다는 착각에 빠진 상태로 연대보증의 서면에 서명날인한 경우, 결국 위와 같은 행위는 강학상 기명날인의 착오(서명의 착오), 이른바 표시상의 착오에 해당하므로, 비록 위와 같은 착오가 제3자의 기망행위에 의하여 일어난 것이라 하더라도 민법 제110조 제2항의 규정을 적용할 것이 아니라, 착오에 의한 의사표시에 관한 법리만을 적용하여 취소권 행사의 가부를 가려야 한다[2004다43824].

답 ①

08 착오에 관한 설명으로 옳지 <u>않은</u> 것은?(다툼이 있으면 판례에 따름)

★27회 기출★

① 대리인에 의한 법률행위에서 착오의 유무는 대리인을 표준으로 판단한다.

② 착오의 존재 여부는 의사표시 당시를 기준으로 판단한다.

③ 착오에 의한 취소의 의사표시는 반드시 명시적이어야 하는 것은 아니고, 취소권자가 그 착오를 이유로 자신의 법률행위의 효력을 처음부터 배제하려고 한다는 의사가 드러나면 충분하다.

④ 착오가 표의자의 중대한 과실로 인한 경우, 상대방이 표의자의 착오를 알고 이를 이용하였더라도, 표의자는 의사표시를 취소할 수 없다.

⑤ 착오를 이유로 법률행위를 취소한 표의자가 상대방에게 불법행위책임을 지는 것은 아니다.

해설

난도 ★★★

④ 표의자에게 중대한 과실이 있다 하더라도 그 상대방이 표의자의 착오를 알고서 악용한 경우에는 표의자의 의사표시 취소가 허용된다[4288민상321].

달 ④

09 甲은 乙의 기망으로 그 소유의 X토지를 丙에게 팔았고, 丙은 그의 채권자 丁에게 X토지에 근저당권을 설정하였다. 甲은 기망행위를 이유로 매매계약을 취소하려고 한다. 이에 관한 설명으로 옳지 <u>않은</u> 것은?(다툼이 있으면 판례에 따름)

★31회 기출★

① 甲은 丙이 그의 잘못없이 기망사실을 몰랐을 때에만 매매계약을 취소할 수 있다.

② 丙의 악의 또는 과실은 甲이 증명하여야 한다.

③ 甲은 매매계약을 취소하지 않고 乙에게 불법행위책임을 물을 수 있다.

④ 丁의 선의는 추정된다.

⑤ 매매계약을 취소한 甲은, 丁이 선의이지만 과실이 있으면 근저당권설정등기의 말소를 청구할 수 있다.

해설

난도 ★★★

⑤ 사기에 의한 의사표시를 취소하는 경우 취소를 주장하는 자와 양립되지 않는 법률관계를 가졌던 것이 취소 이전에 있었던가 이후에 있었던가는 가릴 필요 없이 사기에 의한 의사표시 및 그 취소 사실을 몰랐던(선의) 모든 제3자에 대해 대항하지 못한다[75다533]. 제3자 丁은 선의이기만 하면 되고 과실유무는 불문하고 보호된다.

달 ⑤

10 의사표시에 있어서 증명책임에 관한 설명으로 옳지 <u>않은</u> 것은?(다툼이 있으면 판례에 따름) ★27회 기출★

① 통정허위표시에서 제3자의 악의는 그 허위표시의 무효를 주장하는 자가 증명하여야 한다.

② 사기에 의한 의사표시에서 제3자의 악의는 취소를 주장하는 자가 증명하여야 한다.

③ 진의 아닌 의사표시에서 상대방이 진의 아님을 알았거나 과실로 이를 알지 못하였다는 것은 의사표시의 무효를 주장하는 자가 증명하여야 한다.

④ 상대방에게 도달하여야 효력이 있는 의사표시를 보통우편의 방법으로 하였다면, 송달의 효력을 주장하는 자가 그 도달을 증명하여야 한다.

⑤ 착오로 인한 의사표시에서 착오가 법률행위 내용의 중요부분에 관한 것이라는 점과 중대한 과실이 없었다는 점은 표의자가 증명하여야 한다.

해설
난도 ★★

⑤ 착오를 이유로 의사표시를 취소하는 자(표의자)는 법률행위의 내용에 착오가 있었다는 사실과 함께 그 착오가 의사표시에 결정적인 영향을 미쳤다는 점, 즉 만약 그 착오가 없었더라면 의사표시를 하지 않았을 것이라는 점을 증명하여야 한다 [2007다74188]. 표의자에게 중대한 과실이 있다는 사실의 입증책임은 상대방측이 부담한다.

답 ⑤

---

11 의사표시의 효력발생시기에 관한 설명으로 옳지 <u>않은</u> 것은?(다툼이 있으면 판례에 따름) ★31회 기출★

① 상대방 있는 의사표시는 상대방에게 도달한 때에 그 효력이 생긴다.

② 표의자가 의사표시의 통지를 발송한 후 제한능력자가 되어도 그 의사표시의 효력은 영향을 받지 아니한다.

③ 상대방이 현실적으로 통지를 수령하거나 그 내용을 안 때에 도달한 것으로 본다.

④ 상대방이 정당한 사유 없이 통지의 수령을 거절한 경우, 상대방이 그 통지의 내용을 알 수 있는 객관적 상태에 놓여 있는 때에 의사표시의 효력이 생긴다.

⑤ 등기우편으로 발송된 경우, 상당한 기간 내에 도달하였다고 추정된다.

해설
난도 ★★

③ 도달이라 함은 사회통념상 상대방이 통지의 내용을 알 수 있는 객관적 상태에 놓여 있는 경우를 가리키는 것으로서, 상대방이 통지를 현실적으로 수령하거나 통지의 내용을 알 것까지는 필요로 하지 않는 것이므로, 상대방이 정당한 사유 없이 통지의 수령을 거절한 경우에는 상대방이 그 통지의 내용을 알 수 있는 객관적 상태에 놓여 있는 때에 의사표시의 효력이 생기는 것으로 보아야 한다[2008다19973].

답 ③

12 의사표시의 효력발생에 관한 설명으로 옳지 <u>않은</u> 것은?(다툼이 있으면 판례에 따름) ★30회 기출★

① 의사표시의 도달이란 상대방이 그 내용을 안 것을 의미한다.

② 의사표시의 부도달로 인한 불이익은 표의자가 부담한다.

③ 도달주의의 원칙을 정하는 민법 제111조는 임의규정이므로 당사자는 약정으로 의사표시의 효력발생 시기를 달리 정할 수 있다.

④ 매매계약 승낙의 의사표시를 발신한 후 승낙자가 사망하였다고 하더라도 그 의사표시가 청약자에게 정상적으로 도달하였다면 매매계약은 유효하게 성립한다.

⑤ 제한능력자는 원칙적으로 의사표시의 수령무능력자이다.

[해설]

난도 ★

① 도달이라 함은 사회통념상 상대방이 통지의 내용을 알 수 있는 객관적 상태에 놓여 있는 경우를 가리키는 것으로서, 상대방이 통지를 현실적으로 수령하거나 통지의 내용을 알 것까지는 필요로 하지 않는 것이므로, 상대방이 정당한 사유 없이 통지의 수령을 거절한 경우에는 상대방이 그 통지의 내용을 알 수 있는 객관적 상태에 놓여 있는 때에 의사표시의 효력이 생기는 것으로 보아야 한다[2008다19973].

답①

---

13 의사표시의 효력발생에 관한 설명으로 옳지 <u>않은</u> 것은?(다툼이 있으면 판례에 따름) ★28회 기출★

① 상대방 있는 의사표시는 상대방에게 도달한 때에 효력이 발생하는 것이 원칙이다.

② 의사표시의 상대방이 의사표시를 받은 때에 제한능력자인 경우에는 그 상대방의 법정대리인이 의사표시가 도달한 사실을 안 후라도 표의자는 그 의사표시로써 대항할 수 없다.

③ 표의자가 의사표시의 통지를 발송한 후에 사망한 경우, 그 의사표시의 효력에 영향을 미치지 않는다.

④ 내용증명우편이나 등기로 발송된 우편물은 반송 등의 특별한 사정이 없는 한 그 무렵 수취인에게 배달된 것으로 본다.

⑤ 표의자가 과실 없이 상대방을 알지 못하거나 상대방의 소재를 알지 못하는 경우, 의사표시는 민사소송법의 공시송달의 규정에 의하여 송달할 수 있다.

[해설]

난도 ★

② 의사표시의 상대방이 의사표시를 받은 때에 제한능력자인 경우에는 의사표시자는 그 의사표시로써 대항할 수 없다. 다만, 그 상대방의 법정대리인이 의사표시가 도달한 사실을 안 후에는 그 의사표시로써 대항할 수 있다(제112조).

답②

제8장 | 법률행위의 대리

출제포인트
- 대리권의 범위와 제한
- 복대리
- 협의의 무권대리(無權代理)
- 표현대리

제1절 총설

1. 서설

(1) 대리의 의의

타인이 본인의 이름으로 법률행위를 하거나 의사표시를 수령하여 그 법률효과가 직접 본인에게 생기게 하는 제도로서 법률행위의 행위자와 그 효과의 귀속자가 분리되는 예외적인 제도의 하나이다.

(2) 대리제도의 기능

① 사적 자치의 확장 : 주로 임의대리에 해당한다.
② 사적 자치의 보충 : 주로 법정대리에 해당한다.

2. 대리가 인정되는 범위

원칙적으로 의사표시를 요소로 하는 재산상 법률행위에만 허용된다(제114조 참조). 준법률행위에는 원칙적으로 인정되지 않으나, 의사의 통지(각종 최고, 거절)와 관념의 통지(각종 통지, 승낙, 승인)에는 대리규정을 유추적용 할 수 있다. 순수사실행위(매장물발견, 주소의 설정, 가공, 특허법상의 발명), 혼합사실행위(사무관리, 부부의 동거, 무주물 선점, 물건의 인도, 유실물습득), 현실의 인도와 같은 사실행위에는 대리가 인정되지 않는다. 불법행위, 부당이득·부합·혼동 등에는 대리가 인정되지 않는다. ★30회 기출★

제2절 대리권 관계

1. 서설

(1) 대리권의 의의

타인이 본인의 이름으로 법률행위를 하거나 의사표시를 수령하여 그 법률효과를 본인에게 생기게 할 수 있는 법률상의 지위를 말한다(권한설·자격설).

(2) 대리권의 발생원인

① **법정대리권의 발생원인** : 법률의 규정에 의해 발생한다.

② **임의대리권의 발생원인** : 본인의 일방적 의사표시에 의하여 대리인에게 권한을 수여하는 행위를 말한다. 수권행위는 상대방의 승낙을 요하지 않고 수령을 요하는 단독행위이다[95다20775]. 일정한 방식을 요하지 않는다. 대리권을 수여하는 수권행위는 불요식의 행위로서 명시적인 의사표시에 의함이 없이 묵시적인 의사표시에 의하여 할 수도 있으며, 어떤 사람이 대리인의 외양을 가지고 행위하는 것을 본인이 알면서도 이의를 하지 아니하고 방임하는 등 사실상의 용태에 의하여 대리권의 수여가 추단되는 경우도 있다[2016다203315].

2. 대리권의 범위

(1) 법정대리권의 범위

법정대리권의 범위는 법률의 규정에 의해 정해진다. ★29회 기출★

(2) 임의대리권의 범위 ★29, 31회 기출★

① **수권범위에 포함된 경우** : ⓐ 부동산 매매계약의 체결과 이행에 관하여 포괄적으로 대리권을 수여받은 대리인은 특별한 다른 사정이 없는 한 약정된 매매대금지급기일을 연기하여 줄 권한도 가진다[91다43107]. ⓑ 임의대리권은 그 권한에 부수하여 필요한 한도에서 상대방의 의사표시를 수령하는 수령대리권을 포함하는 것이라고 한다[93다39379]. ⓒ 부동산 매매계약을 체결할 대리권을 수여받은 대리인은 특별한 사정이 없는 한 중도금이나 잔금을 수령할 권한도 있다[93다39379].

② **수권범위에 포함되지 않는 경우** : ⓐ 예금계약의 체결을 위임받은 자가 가지는 대리권에 당연히 그 예금을 담보로 대출을 받거나 이를 처분할 수 있는 대리권이 포함되어 있는 것은 아니다[2000다38992]. ⓑ 대여금의 영수권한만을 위임받은 대리인이 그 대여금채무의 일부를 면제하려면 그에 관한 특별수권이 필요하다[80다3221]. ⓒ 금전소비대차계약과 그 담보를 위한 담보권설정계약을 체결할 대리권을 수여받은 것으로 인정되는 경우라 하더라도 특별한 사정이 없는 한 이를 해제할 권한까지 당연히 가지고 있다고 볼 수는 없다[97다23372]. ⓓ 경매입찰의 대리권의 범위에 경락허가결정이 있은 후 채권자의 강제경매신청취하에 동의할 권한에까지 미치는 것으로 볼 수는 없다[83마201].

③ 수권행위로 대리권의 범위를 알 수 없을 때(제118조) ★29회 기출★

> 제118조(대리권의 범위) 권한을 정하지 아니한 대리인은 다음 각 호의 행위만을 할 수 있다.
> 1. 보존행위
> 2. 대리의 목적인 물건이나 권리의 성질을 변하지 아니하는 범위에서 그 이용 또는 개량하는 행위

  ㉠ 보존행위 : 가옥의 수선, 권리소멸시효의 중단, 미등기 부동산의 등기, 기한이 도래한 채무의 변제, 부패하기 쉬운 물건의 처분, 채권의 추심 등은 제한 없이 대리가 허용된다.
  ㉡ 이용, 개량행위의 한계 : 이용행위 · 개량행위에 관해서는 물건 · 권리의 성질을 변화시키지 않는 범위 내에서만 대리가 허용되고 본인에게 이익이 되는지 여부는 묻지 않는다. 따라서 은행예금을 찾아 개인에게 대여하는 것, 은행예금을 찾아 주식을 사는 것(주가가 폭등하여 많은 이익을 얻었다 해도 안됨), 임야를 대지로 형질변경 등은 허용되지 않는다.

3. 대리권 남용(代理權 濫用, 대리권 범위 내의 배임적 대리행위)

대리의사가 있고 현명이 있는 한 배임적 대리행위도 본인을 위한 대리행위로서 유효하다. 따라서 대리인이 매매대금을 횡령할 의사를 가지고 계약을 체결하였더라도 본인에게 그 효과가 귀속한다. 진의아닌 의사표시가 대리인에 의해 이루어지고 그 대리인의 진의가 본인의 이익이나 의사에 반하여 자기 또는 제3자의 이익을 위한 배임적인 것임을 그 상대방이 알았거나 알 수 있었을 경우에는 민법 제107조 제1항 단서(비진의표시)의 유추해석상 본인은 대리인의 행위에 대해 아무런 책임이 없다[2000다20694].

4. 대리권의 제한

> 제124조(자기계약, 쌍방대리) 대리인은 본인의 허락이 없으면 본인을 위하여 자기와 법률행위를 하거나 동일한 법률행위에 관하여 당사자쌍방을 대리하지 못한다. 그러나 채무의 이행은 할 수 있다.

(1) 자기계약(自己契約) · 쌍방대리(雙方代理)의 금지
  ① 금지의 예외 : 본인의 허락이 있는 경우와 채무이행의 경우에는 허용된다.
    ㉠ 본인의 승낙 : 특정한 법률행위에 관하여 본인의 승낙이 있으면 당사자쌍방을 대리할 수 있다[69다571].
    ㉡ 허용되는 채무이행 : 주식의 명의개서에 있어서 매수인이 한편으로 매도인의 대리인이 되는 경우, 법무사가 등기권리자와 등기의무자 쌍방을 대리한 등기신청행위[69다571], 본인이 대리인에게 채무를 진 경우 대리인은 본인의 허락이 없더라도 그 채무를 자신에게 변제할 수 있다.
    ㉢ 허용되지 않는 경우 : 대물변제(제466조), 경개(제500조), 다툼이 있는 채무의 변제, 기한이 도래하지 않은 채무의 변제, 항변권이 붙은 채무의 변제, 선택채무의 이행 등은 허용되지 아니한다.
  ② 적용범위 : 제124조는 임의대리 · 법정대리 모두에 적용된다.

③ 금지위반의 효과 : ㉠ 제124조에 위반되는 대리행위는 무권대리행위이다. ㉡ 부동산 입찰절차에서 동일물건에 관하여 이해관계가 다른 2인 이상의 대리인이 된 경우에는 그 대리인이 한 입찰은 무효이다[2003마44]. ㉢ 법정대리인인 친권자가 부동산을 매수하여 이를 그 자(子)에게 증여하는 행위는 자기계약이지만 유효하다[81다649].

(2) 공동대리(共同代理) ★28회 기출★

> 제119조(각자대리) 대리인이 수인인 때에는 각자가 본인을 대리한다. 그러나 법률 또는 수권행위에 다른 정한 바가 있는 때에는 그러하지 아니하다.

공동은 의사결정의 공동을 의미하므로 공동대리인 전원의 합의로 의사결정권을 1인에게 위임하는 것은 허용되지 않는다. 제124조에 위반되는 대리행위는 무권대리행위로서 유동적 무효이다.

5. 대리권의 소멸

(1) 임의대리 · 법정대리에 공통된 소멸사유 ★27회 기출★

> 제127조(대리권의 소멸사유) 대리권은 다음 각 호의 어느 하나에 해당하는 사유가 있으면 소멸된다.
> 1. 본인의 사망
> 2. 대리인의 사망, 성년후견의 개시 또는 파산

피성년후견인이나 파산자도 의사능력이 있으면 대리인이 될 수 있지만, 대리인으로 선임된 후에 성년후견이 개시되거나 파산자가 되면 본인에게 예상치 못한 손해를 줄 수 있으므로 대리권은 소멸한다.

(2) 임의대리에 특유한 소멸사유 ★28회 기출★

> 제128조(임의대리의 종료) 법률행위에 의하여 수여된 대리권은 제127조의 경우 외에 그 원인된 법률관계의 종료에 의하여 소멸한다. 법률관계의 종료 전에 본인이 수권행위를 철회한 경우에도 대리권은 소멸한다.

(3) 법정대리에 특유한 소멸사유

각 법정대리권의 특유한 소멸사유는 개별규정에 명시되어 있다. 미성년자가 성년이 되면 친권자의 대리권은 소멸한다.

6. 대리행위

(1) 현명주의(顯名主義) ★28회 기출★

> 제114조(대리행위의 효력) ① 대리인이 그 권한 내에서 본인을 위한 것임을 표시한 의사표시는 직접 본인에게 대하여 효력이 생긴다.
> ② 전항의 규정은 대리인에게 대한 제3자의 의사표시에 준용한다.

① 현명의 의의(대리의사의 표시)

현명은 대리인이 대리행위시에 그 법률행위가 본인을 위한 것임을 표시하는 것으로써(제114조 제1항) '본인을 위한 것'은 대리인이 본인을 대리한다는 것을 뜻하고, 본인의 이익을 위한 것을 뜻하지 않는다. 현명의 방식에는 제한이 없다. 따라서 서면으로 할 수도 있고 구술로도 할 수 있다[4278민상205]. 대리인은 반드시 대리인임을 표시하여 의사표시를 해야 하는 것은 아니고 본인명의로도 할 수 있다[63다67].

② 현명하지 않은 경우의 법률효과

　㉠ 원칙

> 제115조(본인을 위한 것임을 표시하지 아니한 행위) 대리인이 본인을 위한 것임을 표시하지 아니한 때에는 그 의사표시는 자기를 위한 것으로 본다.

　㉡ 예외

> 제115조(본인을 위한 것임을 표시하지 아니한 행위) 그러나 상대방이 대리인으로서 한 것임을 알았거나 알 수 있었을 때에는 직접 본인에게 대하여 효력이 생긴다.

(2) 대리행위의 하자(瑕疵)

① 원칙 : 대리인 표준

> 제116조(대리행위의 하자) ① 의사표시의 효력이 의사의 흠결, 사기, 강박 또는 어느 사정을 알았거나 과실로 알지 못한 것으로 인하여 영향을 받을 경우에 그 사실의 유무는 대리인을 표준하여 결정한다.

② 대리행위에 흠(欠)이 있는 경우

　㉠ 반사회질서행위 : 대리인이 본인을 대리하여 매매계약을 체결함에 있어서 매도인의 배임행위에 적극가담 하였다면 설사 본인이 미리 그러한 사정을 몰랐더라도 그 매매계약은 사회질서에 반한다[97다45532]. ★30, 32회 기출★

　㉡ 불공정한 법률행위 : 매도인의 경솔, 무경험은 대리인을 기준으로 하여 판단하여야 하고 궁박 상태에 있었는지의 여부는 매도인 본인의 입장에서 판단되어야 한다[71다2255].

　㉢ 허위표시 : 대리인이 상대방과 통정한 허위의 의사표시는 본인에 대해서나 대리인에 대해서나 무효이다.

　㉣ 착오 : 착오가 있었는지 여부는 대리인을 기준으로 결정하므로, 본인에게 착오가 있더라도 대리인에게 착오가 없다면 본인은 착오를 이유로 의사표시를 취소할 수 없음이 원칙이다.

　㉤ 사기 · 강박

　　ⓐ 대리인(또는 본인)에 의한 사기 · 강박 : 대리인이나 본인이 상대방에게 사기 · 강박을 한 경우 그 상대방은 취소할 수 있다. 대리인의 사기 · 강박을 본인이 알든 모르든 취소할 수 있다. ★30회 기출★

　　ⓑ 상대방이 대리인을 사기 · 강박 : 상대방으로부터 대리인이 사기 · 강박을 당했다면 제116조 제1항에 따라 본인은 그 사실을 알든, 모르든 의사표시를 취소할 수 있다.

　　ⓒ 상대방이 본인을 사기 · 강박 : 상대방으로부터 본인이 사기 · 강박을 당한 경우 대리인이 이를 몰랐고 사기 · 강박을 당하지도 않았다면 본인은 취소할 수 없다[66다66].

③ 예외 : 본인을 표준 ★28회 기출★

> 제116조(대리행위의 하자) ② 특정한 법률행위를 위임한 경우에 대리인이 본인의 지시에 좇아 그 행위를 한 때에는 본인은 자기가 안 사정 또는 과실로 인하여 알지 못한 사정에 관하여 대리인의 부지를 주장하지 못한다.

(3) 대리인의 능력(能力)

> 제117조(대리인의 행위능력) 대리인은 행위능력자임을 요하지 아니한다.

① 의의

대리인은 행위능력자임을 요하지 않으므로(제117조), 제한능력자라도 의사능력만 있으면 대리행위를 할 수 있다. ★28회 기출★

② 대리인이 제한능력자인 경우

대리인은 제한능력자임을 이유로 위임계약과 같은 기초적 내부관계를 취소할 수 있다. 본인은 대리인이 제한능력자임을 이유로 대리행위(매매계약)를 취소할 수 없다. ★31회 기출★

(4) 복대리(復代理)

① 의의

대리인이 그 권한범위 내의 행위를 하게 하기 위하여 대리인 자신의 이름으로 선임한 본인의 대리인을 말한다. ★30회 기출★

② 임의대리인의 복임권과 책임

> 제120조(임의대리인의 복임권) 대리권이 법률행위에 의하여 부여된 경우에는 대리인은 본인의 승낙이 있거나 부득이한 사유있는 때가 아니면 복대리인을 선임하지 못한다.
> 제121조(임의대리인의 복대리인선임의 책임) ① 제120조의 규정에 의하여 대리인이 복대리인을 선임한 때에는 본인에게 대하여 그 선임감독에 관한 책임이 있다.
> ② 대리인이 본인의 지명에 의하여 복대리인을 선임한 경우에는 그 부적임 또는 불성실함을 알고 본인에게 대한 통지나 그 해임을 태만한 때가 아니면 책임이 없다.

㉠ 원칙 : 임의대리인은 원칙적으로 복대리인을 선임할 수 없으므로 그에 대한 책임도 없다.

㉡ 예외 : 본인의 승낙이 있거나 부득이한 사유(질병으로 인하여 대리행위를 할 수 없을 때)가 있는 때에는 복대리인을 선임할 수 있고(제120조), 이 경우 복대리인을 선임한 임의대리인은 본인에 대하여 그 선임·감독의 과실 책임을 진다(제121조 제1항). ★27, 29, 32, 33회 기출★

㉢ 묵시적 승낙 : 대리의 목적인 법률행위의 성질상 대리인 자신에 의한 처리가 필요하지 않은 경우에는 본인이 복대리 금지의 의사를 명시하지 않는 한 복대리인의 선임에 관해 묵시적인 승낙이 있는 것으로 보는 것이 타당하다[94다30690].

③ 법정대리인의 복임권과 책임 ★29, 32, 33회 기출★

> 제122조(법정대리인의 복임권과 그 책임) 법정대리인은 그 책임으로 복대리인을 선임할 수 있다. 그러나 부득이한 사유로 인한 때에는 본인에게 대하여 그 선임감독에 관한 책임이 있다.

법정대리인은 언제나 복임권을 가진다. 법정대리인은 본인에 대해 법정무과실 책임을 진다. 부득이한 사유로 복대리인을 선임한 경우에는 선임·감독의 과실책임을 진다. 법정대리인이 선임한 복대리인은 임의대리인에 해당한다.

④ 복대리인의 지위 ★28회 기출★

> 제123조(복대리인의 권한) ① 복대리인은 그 권한내에서 본인을 대리한다.
> ② 복대리인은 본인이나 제3자에 대하여 대리인과 동일한 권리의무가 있다.

㉠ 본인에 대한 관계 : 복대리인은 대리인에 의해 선임된 자이지만 그 권한 내에서 본인과 제3자에 대해 대리인과 동일한 권리·의무를 가진다. 따라서 복대리인은 본인에 대해 선량한 관리자의 주의의무(제681조) 등을 부담하고 보수청구권(제686조), 비용상환청구권(제688조) 등의 권리를 가진다. 또한 복대리인의 대리행위가 대리인의 대리권의 범위를 넘은 경우 본인이 이를 추인할 수 있다. ★27, 32회 기출★

㉡ 대리인에 대한 관계 : 복대리인의 권한은 대리인의 권한을 초과할 수 없고, 대리인의 대리권은 복대리인 선임에 의하여 소멸되지 않는다. ★28, 33회 기출★

㉢ 상대방에 대한 관계 : 복대리인이 본인을 위한 것임을 표시하지 아니한 때에는, 원칙적으로 복대리인을 위한 것으로 본다. 또한 대리행위의 하자는 복대리인을 표준으로 결정한다.

㉣ 복대리인의 복임권 : 복대리인의 복임권도 인정되나 복대리인은 임의대리인에 해당하므로, 본인의 승낙이 있거나 부득이한 사유가 있는 때가 아니면 복대리인을 선임하지 못한다. ★28회 기출★

⑤ 복대리권의 소멸

㉠ 일반적 소멸사유 : 본인의 사망, 복대리인의 사망·성년후견개시·파산 등

㉡ 대리인의 대리권 소멸 : 복대리권은 대리인의 사망·성년후견개시·파산, 본인과 대리인 사이의 기초적 내부관계의 종료, 본인의 대리인에 대한 수권행위의 철회, 복임행위의 철회 등에 의해서도 소멸한다. ★27, 33회 기출★

제3절 대리의 효과

1. 법률효과의 본인에의 귀속

대리인이 그 권한 내에서 본인을 위한 것임을 표시한 의사표시는 직접 본인에게 대하여 효력이 생긴다(제114조). 대리행위로 인한 이행청구권·취소권·해제권·담보책임 등의 법률효과가 본인에게 귀속한다.

2. 본인의 능력

대리행위의 효과가 본인에게 귀속하므로 본인은 최소한 권리능력은 있어야 한다.

1. 계약의 무권대리

(1) 본인과 상대방 사이의 효과

> 제130조(무권대리) 대리권없는 자가 타인의 대리인으로 한 계약은 본인이 이를 추인하지 아니하면 본인에 대하여 효력이 없다.

① 유동적(流動的) 무효 : 협의의 무권대리에 의한 계약은 본인이 추인하면 본인에게 효력이 있고, 본인이 추인하지 않으면 본인에게 효력이 없다.

② 본인의 추인권(追認權)

> 제132조(추인, 거절의 상대방) 추인 또는 거절의 의사표시는 상대방에 대하여 하지 아니하면 그 상대방에 대항하지 못한다. 그러나 상대방이 그 사실을 안 때에는 그 상대방에 대항할 수 있다.

㉠ 의의 : 추인은 무권대리행위가 있음을 알고 그 행위의 효과를 자기에게 귀속시키도록 하는 단독행위[2001다5921]로서 상대방의 동의를 요하지 아니한다. 추인은 의사표시 전부에 대해 행해져야 하고 그 일부에 대해 추인하거나 그 내용을 변경하여 추인한 경우에는 상대방의 동의를 얻지 못하는 한 무효이다[81다카549]. 추인했다고 하여 무권대리가 유권대리로 되는 것은 아니다. ★33회 기출★

㉡ 상대방 : 추인의 의사표시는 직접의 상대방이나 그 무권대리행위로 인한 권리 또는 법률관계의 승계인, 무권대리인에게 할 수 있다[80다2314]. 본인이 무권대리인에게 추인했으나 미처 이를 알지 못한 상대방이 철회권을 행사한 후 그 추인사실을 안 경우 무권대리행위는 확정적 무효가 되므로 상대방은 본인에 대하여 계약의 이행을 거절할 수 있다. ★27, 29회 기출★

㉢ 추인의 방법 : 추인은 단독행위로써 명시적·묵시적, 재판상·재판외에서 묵시적으로도 할 수 있다.

㉣ 무권대리행위의 추인을 인정한 경우 : 본인이 매매계약을 체결한 무권대리인으로부터 매매대금의 전부 또는 일부를 받았다면 특단의 사유가 없는 한 무권대리인의 매매계약을 추인하였다[63다64]. ★27회 기출★

㉤ 무권대리행위의 추인을 인정하지 않는 경우 : 무권대리행위임을 알고도 장기간 형사고소나 민사소송을 제기하지 않는 경우에 그 사실만으로 묵시적인 추인이 있었다고 단정할 수 없다[97다31113]. ★31회 기출★

㉥ 효과(소급효 원칙; 遡及效 原則) ★30, 31, 32회 기출★

> 제133조(추인의 효력) 추인은 다른 의사표시가 없는 때에는 계약시에 소급하여 그 효력이 생긴다. 그러나 제3자의 권리를 해하지 못한다.

무권대리행위에 대하여 본인의 추인이 있으면 무권대리행위는 처음부터 유권대리행위이었던 것과 마찬가지로 다루어 진다. 소집절차에 하자가 있어 그 효력을 인정할 수 없는 종중총회의 결의라도 후에 적법하게 소집된 종중총회에서 이를 추인하면 처음부터 유효로 된다[96다2729]. ★31회 기출★

③ 본인의 추인거절권(拒絶權)
  ㉠ 의의 : 추인의 거절이란 본인이 추인의사 없음을 적극적으로 표시하여 무권대리행위를 확정적으로 무효화시키는 것을 말하므로, 추인을 거절한 후에는 이를 번복하여 추인할 수 없다.
  ㉡ 무권대리와 상속 : 甲이 대리권 없이 乙 소유 부동산을 丙에게 매도하여 소유권이전등기를 경료해준 후 甲이 乙을 상속한 경우, 원래 자신의 매매행위가 무권대리행위여서 무효였다는 이유로 소유권이전등기의 말소를 청구하거나 부동산의 점유로 인한 부당이득금의 반환을 구하는 것은 금반언의 원칙이나 신의성실의 원칙에 반하여 허용될 수 없다[94다20617]. ★29회 기출★
④ 상대방의 최고권 ★28, 30, 33회 기출★

> 제131조(상대방의 최고권) 대리권없는 자가 타인의 대리인으로 계약을 한 경우에 상대방은 상당한 기간을 정하여 본인에게 그 추인여부의 확답을 최고할 수 있다. 본인이 그 기간내에 확답을 발하지 아니한 때에는 추인을 거절한 것으로 본다.

상대방의 최고권은 의사의 통지로서 준법률행위에 해당하고, 상대방의 선의·악의를 불문하고 인정된다. ★31회 기출★

⑤ 상대방의 철회권 ★28, 30, 31, 33회 기출★

> 제134조(상대방의 철회권) 대리권없는 자가 한 계약은 본인의 추인이 있을 때까지 상대방은 본인이나 그 대리인에 대하여 이를 철회할 수 있다. 그러나 계약당시에 상대방이 대리권 없음을 안 때에는 철회할 수 없다.

(2) 무권대리인과 상대방 사이의 효과

> 제135조(무권대리인의 상대방에 대한 책임) ① 다른 자의 대리인으로서 계약을 맺은 자가 그 대리권을 증명하지 못하고 또 본인의 추인을 받지 못한 경우에는 그는 상대방의 선택에 따라 계약을 이행할 책임 또는 손해를 배상할 책임이 있다.
> ② 대리인으로서 계약을 맺은 자에게 대리권이 없다는 사실을 상대방이 알았거나 알 수 있었을 때 또는 대리인으로서 계약을 맺은 사람이 제한능력자일 때에는 무권대리인이 책임을 지지 아니한다.

① 무과실책임 : 무권대리인의 상대방에 대한 책임은 무과실책임으로서 무권대리행위가 제3자의 기망이나 문서위조 등 위법행위로 야기되었다고 하더라도 책임은 부정되지 아니한다[2013다213038]. ★28, 31, 34회 기출★

② 책임발생의 요건
  ㉠ 본인 : 본인의 추인을 얻지 못하고 표현대리가 성립하지 않아야 한다.
  ㉡ 상대방 : 상대방이 철회권을 행사하지 않아야 한다. 또한 상대방이 대리권이 없음을 알았다는 사실 또는 알 수 있었음에도 불구하고 알지 못하였다는 사실에 관한 입증책임은 무권대리인 자신에게 있다[2018다210775].
  ㉢ 무권대리인 : 무권대리인은 대리권을 증명하지 못해야 하나(대리권이 있다는 증명책임은 무권대리인이 진다), 제한능력자가 아니어야 한다. 따라서 무권대리인이 제한능력자일 경우 상대방이 그 사실을 알았는가의 여부를 불문하고 무권대리인은 이행 또는 손해배상책임이 없다. ★27회 기출★

③ 책임의 내용

　　㉠ 이행책임 : 상대방이 계약의 이행을 선택한 경우 무권대리인은 계약이 본인에게 효력이 발생하였더라면 본인이 상대방에게 부담하였을 것과 같은 내용의 채무를 이행할 책임이 있다. ★31회 기출★

　　㉡ 선택채권의 소멸시효 : 상대방이 가지는 계약이행 또는 손해배상청구권의 소멸시효는 그 선택권을 행사할 수 있는 때로부터 진행한다 할 것이고 또 선택권을 행사할 수 있는 때라고 함은 대리권의 증명 또는 본인의 추인을 얻지 못한 때라고 할 것이다[64다1156]. ★30회 기출★

2. 단독행위의 무권대리

(1) 상대방 없는 단독행위

언제나 확정적 무효이고 본인이 추인하더라도 무효이다. 즉, 재단법인설립행위에 대해 본인은 추인할 수 없다.

(2) 상대방 있는 단독행위

> 제136조(단독행위와 무권대리) 단독행위에는 그 행위당시에 상대방이 대리인이라 칭하는 자의 대리권없는 행위에 동의하거나 그 대리권을 다투지 아니한 때에 한하여 전6조의 규정을 준용한다. 대리권없는 자에 대하여 그 동의를 얻어 단독행위를 한 때에도 같다.

제5절　표현대리(表見代理)

---

1. 서설

(1) 의의

표현대리의 법리는 거래의 안전을 위해 어떠한 외관적 사실을 야기한 데 원인을 준 자는 그 외관적 사실을 믿음에 정당한 사유가 있다고 인정되는 자에 대하여는 책임이 있다는 권리외관이론에 그 기초를 두고 있는 것이다[97다55317]. ★34회 기출★

제125조는 성립의 외관, 제126조는 범위의 외관, 제129조는 존속의 외관이 있는 경우이다.

(2) 표현대리의 공통 성립요건 ★32회 기출★

① **본인을 위한 것임을 표시(현명)** : 민법 제126조의 표현대리는 대리인이 본인을 위한다는 의사를 명시 혹은 묵시적으로 표시하거나 대리의사를 가지고 권한 외의 행위를 하는 경우에 성립한다[2001다49814].

② **무효가 아닐 것** : 대리행위가 강행법규(투자수익보장약정)에 위반하는 경우에는 표현대리의 법리가 적용되지 않는다. ★27, 29, 32회 기출★

③ **상대방이 표현대리를 주장** : 상대방이 표현대리임을 주장하는 때에 비로소 문제되고 상대방이 주장하지 않는 한 본인이 표현대리임을 주장하지는 못한다.

④ **유권대리 주장속에 표현대리 포함 여부** : 표현대리가 성립된다고 하여 무권대리의 성질이 유권대리로 전환되는 것은 아니므로, 유권대리에 관한 주장 속에 무권대리에 속하는 표현대리의 주장이 포함되어 있다고 볼 수 없다[83다카1489 전합].

⑤ **무권대리행위를 특정** : 당사자가 무권대리행위를 주장함에는 무권대리인과 표현대리에 해당하는 무권대리행위를 특정하여 주장하여야 한다[83다카1819].

(3) 표현대리의 공통적 효과

표현대리가 성립하면 본인과 상대방 사이에 처음부터 대리권이 있는 것과 같은 효과가 발생한다. 표현대리는 외관책임이므로 복대리에도 적용된다. 표현대리행위가 성립하는 경우에 그 본인은 표현대리행위에 의하여 전적인 책임을 져야 하고, 상대방에게 과실이 있다고 하더라도 과실상계의 법리를 유추적용하여 본인의 책임을 경감할 수 없다[95다49554].

2. 대리권수여의 표시에 의한 표현대리

> 제125조(대리권수여의 표시에 의한 표현대리) 제3자(상대방)에 대하여 타인에게 대리권을 수여함을 표시한 자는 그 대리권의 범위내에서 행한 그 타인과 그 제3자(상대방)간의 법률행위에 대하여 책임이 있다. 그러나 제3자(상대방)가 대리권없음을 알았거나 알 수 있었을 때에는 그러하지 아니하다.

(1) 성립요건

① **대리권 수여(授與)의 표시**

㉠ **수권표시의 방법** : 어떤 사람이 대리인의 외양을 가지고 행위하는 것을 본인이 알면서도 이의를 하지 아니하고 방임하는 등 사실상의 용태에 의하여 대리권의 수여가 추단되는 경우도 있다[2016다203315].

㉡ **대리권수여의 표시에 해당하는 경우** : 사회통념상 대리권을 추단할 수 있는 직함이나 명칭 등의 사용을 승낙 또는 묵인한 경우에도 대리권수여의 표시가 있은 것으로 볼 수 있다[97다53762]. 따라서 호텔 등의 시설이용 우대회원 모집계약을 체결하면서 자신의 판매점, 총대리점 또는 연락사무소 등의 명칭을 사용하여 회원모집 안내를 하거나 입회계약을 체결하는 것을 승낙 또는 묵인하였다면 민법 제125조의 표현대리가 성립될 수 있다[97다53762]. ★31회 기출★

② 민법 제125조의 표현대리에 해당하기 위하여는 상대방은 선의 · 무과실이어야 하므로 상대방에게 과실이 있다면 제125조의 표현대리를 주장할 수 없다[96다51271]. 상대방의 악의 또는 과실에 대한 입증책임은 본인 측에 있다.

(2) 제125조의 적용범위

임의대리에만 적용되는데 복대리인은 언제나 임의대리인이므로 제125조가 적용되나 법정대리에는 적용되지 않는다.

3. 권한을 넘은 표현대리(월권대리 : 越權代理)

> 제126조(권한을 넘은 표현대리) 대리인이 그 권한외의 법률행위를 한 경우에 제3자(상대방)가 그 권한이 있다고 믿을 만한 정당한 이유가 있는 때에는 본인은 그 행위에 대하여 책임이 있다.

(1) 성립요건

① 기본대리권의 존재

㉠ 본인이 대리인에게 어떠한 대리권을 수여한 사실이 있고 그 대리권은 대리행위 당시에 존재해야 한다. 따라서 전연 아무 대리권이 없는 자에게 대하여 대리권한의 유월 또는 소멸후의 표현대리관계는 성립할 여지가 없다[4294민상483].

㉡ 복대리인 선임권이 없는 대리인에 의해 선임된 복대리인이 대리인의 대리권 외의 행위를 한 경우도 제126조의 기본대리권이 될 수 있다[97다48982]. *27, 32, 33회 기출*

㉢ 기본대리권이 등기신청행위(공법상 행위)라 할지라도 표현대리인이 그 권한을 유월하여 대물변제(사법상 행위)를 한 경우에는 표현대리의 법리가 적용된다[78다282]. 따라서 표현대리행위는 기본대리권과 동종·유사할 필요 없고, 이종·별개라도 무방하다. *27회 기출*

㉣ 과거에 가졌던 대리권이 소멸되어 민법 제129조에 의하여 표현대리로 인정되는 경우에 그 표현대리의 권한을 넘는 대리행위가 있을 때에는 민법 제126조에 의한 표현대리가 성립할 수 있다[79다234]. *29회 기출*

㉤ 대리인이 아니고 사실행위를 위한 사자라 하더라도 외관상 그에게 어떠한 권한이 있는 것 같은 표시 내지 행동이 있어 상대방이 그를 믿었고 또 그를 믿음에 있어 정당한 사유가 있었다면 표현대리의 법리에 의해 본인에게 책임 지워 상대방을 보호해야 할 것이다[4294민상192].

② 기본대리권의 범위를 넘는 대리행위를 할 것 : 기본대리권의 내용이 되는 행위와 표현대리행위는 반드시 동종·유사할 필요는 없다[69다548].

③ 제3자의 범위 : 민법 제126조의 규정에서 제3자라 함은 당해 표현대리행위의 직접 상대방이 된 자만을 지칭하는 것이다[93다2152].

④ 정당한 이유(正當한 理由) : 권한을 넘은 표현대리에 있어서 대리인에 그 권한이 있다고 믿을 만한 정당한 이유가 있는가의 여부는 대리행위(매매계약) 당시를 기준으로 하여 판정하여야 하는 것이다. 판례는 제126조의 표현대리행위로 인정된다는 점의 입증책임은 상대방에게 있다고 한다[68다694]. *27회 기출*

(2) 제126조의 적용범위

① 법정대리에도 적용 : 피한정후견인의 한정후견인이 후견감독인의 동의를 얻지 않고 피한정후견인의 부동산을 처분하는 행위를 한 경우에도 상대방이 후견감독인의 동의가 있다고 믿은 데에 정당한 사유가 있는 때에는 본인인 피한정후견인에게 그 효력이 미친다[97다3828]. *27회 기출*

② 일상가사대리(사실혼관계포함)에의 적용여부 : 민법 제126조 소정의 표현대리가 되려면 그 처에게 일상가사대리권이 있었다는 것뿐만 아니라 상대방이 처에게 남편이 그 행위에 관한 대리의 권한을 주었다고 믿었음을 정당화할 만한 객관적인 사정이 있어야 한다[80다3204]. *33회 기출*

4. 대리권 소멸 후의 표현대리

> 제129조(대리권 소멸 후의 표현대리) 대리권의 소멸은 선의의 제3자(상대방)에게 대항하지 못한다. 그러나 제3자가 과실로 인하여 그 사실을 알지 못한 때에는 그러하지 아니하다.

(1) 성립요건

① 존재하던 대리권의 소멸 : 이전에 존재하였던 대리권이 대리행위 당시에 소멸한 상태여야 한다. 따라서 처음부터 대리권이 전혀 없었던 경우라면 제129조가 적용되지 않는다.

② 소멸된 대리권의 범위 내 : 과거에 가졌던 대리권이 소멸되어 민법 제129조에 의하여 표현대리로 인정되는 경우에 그 표현대리의 권한을 넘는 대리행위가 있을 때에는 민법 제126조에 의한 표현대리가 성립할 수 있다[2007다74713].

③ 선의 · 무과실 : 상대방은 대리권의 소멸에 관해 선의이고 무과실이어야 하고 본인이 상대방의 악의 또는 과실을 입증해야 한다.

(2) 적용범위 ★32회 기출★

① 법정대리 : 민법 제129조는 미성년자의 법정대리인의 대리권소멸에 관하여도 적용된다[74다1199].

② 복대리 : 대리인이 대리권 소멸 후 직접 상대방과 사이에 대리행위를 하는 경우는 물론 대리인이 대리권 소멸 후 복대리인을 선임하여 복대리인으로 하여금 상대방과 사이에 대리행위를 하도록 한 경우에도, 상대방이 대리권 소멸 사실을 알지 못하여 복대리인에게 적법한 대리권이 있는 것으로 믿었고 그와 같이 믿은 데 과실이 없다면 민법 제129조에 의한 표현대리가 성립할 수 있다[97다55317].

○ × 핵심체크

01 대리권을 수여하는 수권행위는 묵시적인 의사표시에 의하여 할 수도 있으며, 어떤 사람이 대리인의 외양을 가지고 행위하는 것을 본인이 알면서도 이의를 하지 아니하고 방임하는 등 사실상의 용태에 의하여 대리권의 수여가 추단될 수도 있다. ○ ×

02 부동산 소유자로부터 매매계약 체결의 대리권을 수여받은 대리인은 특별한 사정이 없는 한 그 매매계약에서 약정한 바에 따라 중도금이나 잔금을 수령할 권한도 있다. ○ ×

03 매매계약의 체결과 이행에 관하여 포괄적으로 대리권을 수여받은 대리인은 특별한 사정이 없는 한 상대방에 대하여 약정된 매매대금지급기일을 연기하여 줄 권한도 가진다. ○ ×

04 계약체결에 관한 대리권을 수여받은 대리인이 수권된 매매계약을 체결하였다면, 그 대리인은 그 계약을 해제한다는 상대방의 의사표시를 수령할 권한도 있다. ○ ×

05 대리인이 수인인 때에는 법률 또는 수권행위에서 달리 정한 바가 없으면 공동으로 본인을 대리한다. ○ ×

06 부동산 입찰절차에서 동일인이 동일물건에 관하여 이해관계가 다른 2인 이상의 입찰자의 대리인이 된 경우에는 그 대리인이 한 입찰은 무권대리행위가 된다. ○ ×

07 대리인이 계약서 등의 서면에 본인의 이름만을 적고 본인의 인장을 찍는 방법으로 대리행위를 하였다면 대리행위로서 무효이다. ○ ×

08 의사표시의 효력이 의사의 흠결, 사기, 강박으로 인하여 영향을 받을 경우에 그 사실의 유무는 대리인을 표준하여 결정한다. ○ ×

정답 및 해설 　**01** ○　**02** ○　**03** ○　**04** ×　**05** ×　**06** ×　**07** ×　**08** ○

오답분석
04 해제할 권한은 없다.
05 각자가 본인을 대리한다.
06 무효이다.
07 서명대리로서 직접 본인에게 대하여 효력이 생긴다.

09 매수인의 대리인이 매도인을 기망하여 부동산을 매수한 경우, 매수인이 그 사실을 몰랐다면 매도인은 매매계약을 취소할 수 없다. ☐○☐×

10 제한능력자인 대리인이 법정대리인의 동의 없이 대리행위를 하더라도 법정대리인은 그 대리행위를 취소할 수 없다. ☐○☐×

11 복대리인은 대리인이 본인의 명의로 선임한 대리인의 대리인이다. ☐○☐×

12 대리권이 법률행위에 의하여 부여된 경우에는 대리인은 본인의 승낙이 있거나 부득이한 사유있는 때가 아니면 복대리인을 선임하지 못한다. ☐○☐×

13 임의대리인은 그 책임으로 복대리인을 선임할 수 있다. ☐○☐×

14 복대리인의 대리행위에 대해서는 표현대리가 성립할 수 없다. ☐○☐×

15 대리인에게 의사표시의 하자가 있는때에는 그 효과로서 생기는 취소권은 대리인에게 귀속한다. ☐○☐×

16 무권대리행위의 추인은 무권대리인, 무권대리행위의 직접 상대방 및 그 무권대리행위로 인한 권리 또는 법률관계의 승계인에 대하여도 할 수 있다. ☐○☐×

17 본인은 무권대리행위 중 그 일부에 대한 추인만으로 그 행위를 유효하게 만들수 있다. ☐○☐×

18 무권대리행위의 추인은 다른 의사표시가 없는 때에는 장래에 대하여 효력이 있다. ☐○☐×

정답 및 해설 **09** × **10** ○ **11** × **12** ○ **13** × **14** × **15** × **16** ○ **17** × **18** ×

오답분석
09 대리행위의 하자는 대리인을 기준으로 판단하므로 본인인 매수인이 그 사실을 알든, 모르든 취소할 수 있다.
11 대리인의 이름으로 선임한 본인의 대리인이다.
13 법정대리인에 관한 내용이다.
14 복대리인은 언제나 임의대리인이므로 표현대리가 성립할 수 있다.
15 본인에게 귀속한다.
17 일부에 대한 추인은 상대방의 동의를 얻지 못하는 한 무효이다.
18 다른 의사표시가 없으면 계약시에 소급하여 그 효력이 생긴다.

19 　본인을 단독으로 상속한 무권대리인은 본인의 지위에서 무권대리 행위의 추인을 거절할 수 있다. □○□×

20 　무권대리행위가 제3자의 기망이나 문서위조 등 위법행위로 야기된 경우 무권대리인의 상대방에 대한 책임은 부정된다. □○□×

21 　대리행위가 강행법규에 위반하는 경우에는 표현대리의 법리가 적용되지 않는다. □○□×

22 　표현대리가 성립하는 경우, 상대방에게 과실이 있으면 과실상계의 법리를 유추적용하여 본인의 책임을 경감할 수 있다. □○□×

23 　유권대리에 관한 주장 속에 표현대리의 주장이 포함되어 있다고 볼 수 없다. □○□×

24 　대리권 수여표시에 의한 표현대리가 성립하기 위해서는 본인과 표현대리인 사이에 유효한 기본적 법률관계가 있어야 한다. □○□×

25 　정당한 이유의 존부는 자칭 대리인의 대리행위가 행하여질 때에 존재하는 모든 사정을 객관적으로 관찰하여 판단하여야 한다. □○□×

26 　일상가사대리권을 기본대리권으로 하는 권한을 넘은 표현대리가 성립한다. □○□×

27 　처음부터 대리권이 없었던 경우에는 대리권 소멸 후의 표현대리는 성립할 수 없다. □○□×

정답 및 해설　19 ×　20 ×　21 ○　22 ×　23 ○　24 ×　25 ○　26 ○　27 ○

오답분석
19 　추인을 거절할 수 없다.
20 　무권대리인의 책임은 무과실책임으로서 무권대리 행위가 제3자의 기망이나 문서위조 등 위법행위로 야기되었다고 하더라도 책임이 부정되지 않는다.
22 　본인이 전적인 책임을 지고 과실상계의 법리를 적용하여 본인의 책임을 경감할 수 없다.
24 　본인과 대리행위를 한 자 사이의 기본적인 법률관계의 성질이나 그 효력의 유무와는 관계없이 성립할 수 있다.

제8장 | 확인학습문제

01 대리에 관한 설명으로 옳지 <u>않은</u> 것은?(다툼이 있으면 판례에 따름) ★31회 기출★

① 계약체결의 권한을 수여받은 대리인은 체결한 계약을 처분할 권한이 있다.

② 본인이 이의제기 없이 무권대리행위를 장시간 방치한 것을 추인으로 볼 수는 없다.

③ 매매계약의 체결과 이행에 관한 대리권을 가진 대리인은, 특별한 사정이 없으면 매수인의 대금지급기일을 연기할 수 있는 권한을 가진다.

④ 본인이 사회통념상 대리권을 추단할 수 있는 직함이나 명칭 등의 사용을 승낙한 경우, 수권행위가 있는 것으로 볼 수 있다.

⑤ 무권대리행위가 제3자의 위법행위로 야기된 경우에도, 본인이 추인하지 않으면 무권대리인은 계약을 이행하거나 손해를 배상하여야 한다.

해설
난도 ★★

① 어떠한 계약의 체결에 관한 대리권을 수여받은 대리인이 그 계약을 대리하여 체결하였다 하여 곧바로 체결된 계약의 해제 등 일체의 처분권과 해제에 관련하여 상대방의 의사를 수령할 권한까지 갖는 것은 아니다[2007다74713].

정답 ①

02 대리에 관한 설명으로 옳지 <u>않은</u> 것은?(다툼이 있으면 판례에 따름) ★30회 기출★

① 불법행위에는 대리의 법리가 적용되지 않는다.

② 대리인이 자신의 이익을 도모하기 위하여 대리권을 남용한 경우는 무권대리에 해당한다.

③ 대리인의 대리행위가 공서양속에 반하는 경우, 본인이 그 사정을 몰랐다고 하더라도 그 행위는 무효이다.

④ 대리인이 상대방에게 사기·강박을 하였다면 상대방은 본인이 그에 대해 선의·무과실이라 하더라도 대리인과 행한 법률행위를 취소할 수 있다.

⑤ 복대리인은 본인의 대리인이다.

해설
난도 ★
② 대리권 남용은 대리권의 범위내의 행위이므로 무권대리는 성립할 수 없고, 상대방이 대리인의 대리권 남용사실을 알았거나
알 수 있었을 경우에는 민법 제107조 제1항 단서(비진의표시)의 유추해석상 그 대리인의 행위는 본인의 대리행위로 성립할
수 없으므로 본인은 대리인의 행위에 대해 아무런 책임이 없다[2000다20694].

답 ②

03 민법상 임의대리에 관한 설명으로 옳지 <u>않은</u> 것은? ★28회 기출★

① 대리인은 행위능력자임을 요하지 않는다.
② 대리권은 다른 특약이 없으면 법률관계의 종료 전에 수권행위를 철회한 경우에도 소멸한다.
③ 대리인이 그 권한 내에서 본인을 위한 것임을 표시한 의사표시는 직접 본인에 대하여 효력이 생긴다.
④ 특정한 법률행위를 위임한 경우에 대리인이 본인의 지시에 좇아 그 행위를 한 때에는 본인은 자기가
안 사정 또는 과실로 인하여 알지 못한 사정에 관하여 대리인의 부지를 주장하지 못한다.
⑤ 대리인이 수인(數人)인 경우에 대리인은 원칙적으로 공동으로 대리하고 수권행위 또는 법률로 달리
정하는 경우에만 각자 본인을 대리한다.

해설
난도 ★
⑤ 대리인이 수인인 때에는 각자가 본인을 대리한다. 그러나 법률 또는 수권행위에 다른 정한 바가 있는 때에는 공동으로 대리
한다(제119조).

답 ⑤

04 행위능력자 甲은 대리권 없이 乙을 대리하여 乙 소유 토지를 丙에게 매도하는 계약을 체결하였다. 이에
관한 설명으로 옳은 것은?(다툼이 있으면 판례에 따름) ★28회 기출★

① 乙이 매매계약을 추인한 경우 다른 의사표시가 없으면 그 계약은 추인한 때부터 장래를 향하여 효력
이 있다.
② 丙이 계약 당시 甲의 대리권 없음을 알았더라도 乙의 추인이 있을 때까지 丙은 그 계약을 철회할 수
있다.
③ 상대방에 대한 무권대리인의 책임에 관한 규정에 의하여 甲은 丙에게 무과실책임을 진다.
④ 丙이 계약 당시 甲의 대리권 없음을 알았다면 丙은 상당한 기간을 정하여 乙에게 추인 여부의 확답을
최고할 수 없다.
⑤ 甲의 대리권 없음을 알지 못한 丙은, 乙이 甲에 대하여 매매계약을 추인한 사실을 몰랐더라도 계약을
철회할 수 없다.

난도 ★★★

① 추인은 다른 의사표시가 없는 때에는 계약시에 소급하여 그 효력이 생긴다(제113조 본문).

② 대리권없는 자가 한 계약은 본인의 추인이 있을 때까지 상대방은 본인이나 그 대리인에 대하여 이를 철회할 수 있다. 그러나 계약 당시에 상대방이 대리권 없음을 안 때에는 철회할 수 없다(제134조).

④ 대리권없는 자가 타인의 대리인으로 계약을 한 경우에 상대방은 상당한 기간을 정하여 본인에게 그 추인여부의 확답을 최고할 수 있다(제131조 전문).

⑤ 제132조가 무권대리행위의 상대방만을 추인의 상대방으로 규정하고 있는 취지는 '추인을 상대방이 아닌 무권대리인에게 한 경우'에 상대방이 추인 있음을 알지 못한 동안에는 본인은 상대방에게 추인의 효과를 주장하지 못한다는 취지이며, 상대방은 제134조에 의한 철회를 할 수도 있고 무권대리인에의 추인이 있었음을 주장할 수도 있다[80다2314].

답 ③

05 대리권의 범위에 관한 설명으로 옳지 <u>않은</u> 것은?(다툼이 있으면 판례에 따름) ★29회 기출★

① 법정대리권의 범위는 법정대리인에 관한 규정에 의하여 결정된다.

② 임의대리권은 통상 그 권한에 부수하여 필요한 한도에서 상대방의 의사표시를 수령하는 대리권을 포함한다.

③ 계약체결의 대리권을 수여받은 대리인은 특별한 사정이 없는 한 체결된 계약을 해제할 수 있는 권한을 갖지 않는다.

④ 대리권의 범위를 정하지 않은 임의대리인은 대리의 목적인 물건의 성질이 변하지 않는 범위에서 그 이용행위를 할 수 있다.

⑤ 예금계약의 체결을 위임받은 자의 대리권에는 특별한 사정이 없는 한 그 예금을 담보로 대출을 받을 수 있는 권한이 포함되어 있다.

난도 ★★

⑤ 예금계약의 체결을 위임받은 자가 가지는 대리권에 당연히 그 예금을 담보로 대출을 받거나 이를 처분할 수 있는 대리권이 포함되어 있는 것은 아니다[2000다38992].

답 ⑤

06 대리권의 소멸사유가 <u>아닌</u> 것은? ★27회 기출★

① 본인의 사망
② 대리인의 사망
③ 본인의 성년후견의 개시
④ 대리인의 성년후견의 개시
⑤ 대리인의 파산

해설
난도 ★
③ 본인은 사망의 경우에만 대리권이 소멸한다(제127조 제1호).

답 ③

07 복대리에 관한 설명으로 옳은 것은?(다툼이 있으면 판례에 따름) ★34회 기출★

① 복대리인은 대리인의 대리인이다.
② 복대리인은 본인에 대해 어떠한 권리의무도 부담하지 않는다.
③ 복대리인이 선임되면 복대리인의 대리권 범위 내에서 대리인의 대리권은 잠정적으로 소멸한다.
④ 대리인이 복대리인을 선임한 후 사망하더라도 특별한 사정이 없는 한 그 복대리권은 소멸하지 않는다.
⑤ 복임권 없는 대리인에 의해 선임된 복대리인의 대리행위에 대해서도 권한을 넘은 표현대리에 관한 규정이 적용될 수 있다.

해설
난도 ★★
① 복대리인은 대리인이 「대리인 자신의 이름」으로 선임한 「본인의 대리인」이다.
② 제123조 제2항에 의하여 본인과 대리인 사이의 내부적 법률관계가 본인과 복대리인 간의 내부적 기초적 법률관계로 의제된다(통설).
③ 복대리인의 선임으로 대리인의 대리권은 소멸하지 않으며, 대리인과 복대리인은 모두 본인을 대리한다.
④ 복대리권은 대리권을 초과할 수 없으며, 대리권이 소멸하면 복대리권도 소멸한다.
⑤ 표현대리의 법리는 거래의 안전을 위하여 어떠한 외관적 사실을 야기한 데 원인을 준 자는 그 외관적 사실을 믿음에 정당한 사유가 있다고 인정되는 자에 대하여는 책임이 있다는 일반적인 권리외관 이론에 그 기초를 두고 있는 것인 점에 비추어 볼 때, 대리인이 대리권 소멸 후 직접 상대방과 사이에 대리행위를 하는 경우는 물론 대리인이 대리권 소멸 후 복대리인을 선임하여 복대리인으로 하여금 상대방과 사이에 대리행위를 하도록 한 경우에도, 상대방이 대리권 소멸 사실을 알지 못하여 복대리인에게 적법한 대리권이 있는 것으로 믿었고 그와 같이 믿은 데 과실이 없다면 제129조에 의한 표현대리가 성립할 수 있다[97다55317].

답 ⑤

08 복대리에 관한 설명으로 옳지 <u>않은</u> 것은?(다툼이 있으면 판례에 따름)

확인
Check!
○
△
×

① 법정대리인은 자신의 책임으로 복대리인을 선임할 수 있다.

② 임의대리인은 부득이한 사유가 있는 경우, 복대리인을 선임할 수 있다.

③ 법정대리인이 부득이한 사유로 복대리인을 선임한 경우, 본인에 대하여 그 선임감독에 관한 책임이 있다.

④ 임의대리인이 본인의 승낙을 얻어 복대리인을 선임한 경우, 본인에 대하여 그 선임감독에 관한 책임이 없다.

⑤ 대리인이 대리권 소멸 후 복대리인을 선임하여 그로 하여금 대리행위를 하도록 한 경우, 복대리인의 대리행위에 대하여 표현대리에 관한 규정이 적용될 수 있다.

해설
난도 ★★

④ 임의대리인은 본인의 승낙이 있거나 부득이한 사유(질병으로 인하여 대리행위를 할 수 없을 때)가 있는 때에는 복대리인을 선임할 수 있고(제120조), 이 경우 복대리인을 선임한 임의대리인은 본인에 대하여 그 선임·감독의 과실 책임을 진다(제121조 제1항).

답 ④

09 복대리에 관한 설명으로 옳지 <u>않은</u> 것은?(다툼이 있으면 판례에 따름)

확인
Check!
○
△
×

① 복대리인은 그 권한 내에서 본인을 대리한다.

② 임의대리인은 본인의 승낙이 있거나 부득이한 사유 있는 때가 아니면 복대리인을 선임하지 못한다.

③ 법정대리인이 부득이한 사유로 복대리인을 선임한 경우, 그 선임감독에 관한 책임만이 있다.

④ 복대리인을 선임하더라도 대리인의 대리권은 소멸하지 않는다.

⑤ 복대리인이 선임한 대리인은 모두 법정대리인이다.

해설
난도 ★

⑤ 법정대리인이 선임한 복대리인은 임의대리인에 해당한다.

답 ⑤

10 복대리에 관한 설명으로 옳지 <u>않은</u> 것은?

① 임의대리인은 본인의 승낙이나 부득이한 사유가 없으면, 복대리인을 선임하지 못한다.

② 복대리인은 제3자에 대하여도 대리인과 동일한 권리의무가 있다.

③ 임의대리인은 본인의 지명에 의해서도 복대리인을 선임할 수 있다.

④ 대리인의 대리권이 소멸하면 복대리인의 대리권도 소멸한다.

⑤ 복대리인은 대리인이 본인의 명의로 선임한 본인의 대리인이다.

해설
난도 ★
⑤ 복대리인은 대리인이 그 권한범위 내의 행위를 하게 하기 위하여 대리인 자신의 이름으로 선임한 본인의 대리인을 말한다.

답 ⑤

---

11 18세의 甲은 乙의 대리인을 사칭하여 그가 보관하던 乙의 노트북을 그 사정을 모르는 丙에게 팔았다. 이에 관한 설명으로 옳지 <u>않은</u> 것은?(다툼이 있으면 판례에 따름)

① 乙이 丙에게 매매계약을 추인한 때에는 매매계약은 확정적으로 효력이 생긴다.

② 乙이 甲에게 추인한 때에도 그 사실을 모르는 丙은 매매계약을 철회할 수 있다.

③ 乙이 추인하지 않으면, 甲은 자신의 선택으로 丙에게 매매계약을 이행하거나 손해를 배상하여야 한다.

④ 丙이 甲에게 대리권이 없음을 알았더라도 丙은 乙에게 추인 여부의 확답을 최고할 수 있다.

⑤ 乙이 추인한 때에는 甲은 자신이 미성년자임을 이유로 매매계약을 취소하지 못한다.

해설
난도 ★★★
① 추인은 다른 의사표시가 없는 때에는 계약시에 소급하여 그 매매계약은 확정적으로 효력이 생긴다(제133조 본문).
② 민법 제132조는 본인이 무권대리인에게 무권대리행위를 추인한 경우에 상대방이 이를 알지 못하는 동안에는 본인은 상대방에게 추인의 효과를 주장하지 못한다는 취지이므로 상대방은 그때까지 민법 제 134조에 의한 철회를 할 수 있고, 또 무권대리인에의 추인이 있었음을 주장할 수도 있다[80다2314].
③ 타인의 대리인으로 계약을 한 자가 그 대리권을 증명하지 못하고 또 본인의 추인을 얻지 못한 때에는 상대방의 선택에 좇아 계약의 이행 또는 손해배상의 책임이 있는 것인바 이 상대방이 가지는 계약이행 또는 손해배상청구권의 소멸시효는 그 선택권을 행사할 수 있는 때로부터 진행한다 할 것이고 또 선택권을 행사할 수 있는 때라고 함은 대리권의 증명 또는 본인의 추인을 얻지 못한 때라고 할 것이다[64다1156].
④ 상대방의 최고권은 의사의 통지로서 준법률행위에 해당하고, 상대방의 선의·악의를 불문하고 인정된다(제131조). 악의의 丙은 乙에게 추인 여부의 확답을 최고할 수 있다.
⑤ 무권대리행위에 대하여 본인의 추인이 있으면 무권대리행위는 처음부터 유권대리행위이었던 것과 마찬가지로 다루어 진다. 따라서 甲은 자신이 미성년자임을 이유로 매매계약을 취소하지 못한다.

답 ③

12 甲으로부터 대리권을 수여받지 못한 乙은 甲의 대리인이라고 사칭하여 甲의 토지에 대해 丙과 매매계약을 체결하였다. 甲, 乙, 丙 사이의 법률관계에 관한 설명으로 옳은 것은?(다툼이 있으면 판례에 따름)

★30회 기출★

① 甲은 乙의 대리행위를 추인할 수 있으며, 그 추인은 乙이 아닌 丙에게 하여야 효력이 있다.

② 甲이 추인하지 않고 乙이 자신의 대리권을 증명하지 못한 경우, 乙은 자신의 선택에 좇아 선의·무과실인 丙에게 계약의 이행이나 손해배상책임을 진다.

③ 甲이 추인하면서 특별한 의사표시를 하지 않았다면 乙의 대리행위는 추인한 때로부터 甲에게 효력이 생긴다.

④ 丙이 계약 당시에 乙에게 대리권이 없다는 사실을 알았다면 철회권을 행사할 수 없다.

⑤ 丙은 甲에게 상당한 기간을 정하여 추인 여부의 확답을 최고할 수 있으며, 甲이 그 기간 내에 확답을 발하지 아니하면 甲이 추인한 것으로 본다.

해설

난도 ★★★

① 추인의 의사표시는 직접의 상대방이나 그 무권대리행위로 인한 권리 또는 법률관계의 승계인, 무권대리인에게 할 수 있다[80다2314].

② 다른 자의 대리인으로서 계약을 맺은 자가 그 대리권을 증명하지 못하고 또 본인의 추인을 받지 못한 경우에는 그는 상대방의 선택에 따라 계약을 이행할 책임 또는 손해를 배상할 책임이 있다(제135조 제1항).

③ 추인은 다른 의사표시가 없는 때에는 계약시에 소급하여 그 효력이 생긴다(제133조 본문).

⑤ 대리권없는 자가 타인의 대리인으로 계약을 한 경우에 상대방은 상당한 기간을 정하여 본인에게 그 추인여부의 확답을 최고할 수 있다. 본인이 그 기간내에 확답을 발하지 아니한 때에는 추인을 거절한 것으로 본다(제131조).

답 ④

13 乙은 대리권 없이 행위능력자인 甲의 임의대리인으로 행세하여 甲 소유의 부동산을 丙에게 매매하는 계약을 체결하였다. 이에 관한 설명으로 옳지 않은 것은?(표현대리는 고려하지 않으며, 다툼이 있으면 판례에 따름)

★27회 기출★

① 乙이 위 계약에 따라 丙에게 소유권이전등기를 해준 경우, 甲은 丙 명의 등기의 말소를 청구할 수 있다.

② 乙이 위 계약 당시 제한능력자인 경우, 乙은 丙에게 계약의 이행 또는 손해배상책임을 지지 않는다.

③ 甲이 乙의 무권대리행위를 알면서도 丙에게 매매대금을 청구하여 전부를 수령하였다면, 특별한 사정이 없는 한, 위 계약을 추인한 것으로 볼 수 있다.

④ 甲이 乙에 대하여 추인을 하였다면 丙이 그 추인 사실을 몰랐더라도 위 계약을 철회할 수 없다.

⑤ 甲의 유효한 추인이 있으면, 특별한 사정이 없는 한, 乙의 행위는 계약 시에 소급하여 甲에게 효력이 있다.

해설

난도 ★★

④ 제132조가 무권대리행위의 상대방만을 추인의 상대방으로 규정하고 있는 취지는 '추인을 상대방이 아닌 무권대리인에게 한 경우'에 상대방이 추인 있음을 알지 못한 동안에는 본인은 상대방에게 추인의 효과를 주장하지 못한다는 취지이며, 상대방은 제134조에 의한 철회를 할 수도 있고 무권대리인에의 추인이 있었음을 주장할 수도 있다[80다2314].

정답 ④

14

☑확인
Check!
○
△
×

甲으로부터 대리권을 수여받지 않은 甲의 처(妻) 乙은, 자신의 오빠 A가 丙에게 부담하는 고가의 외제자동차 할부대금채무에 대하여 甲의 대리인이라고 하면서 甲을 연대보증인으로 하는 계약을 丙과 체결하였다. 이에 관한 설명으로 옳은 것은?(다툼이 있으면 판례에 따름)   ★33회 기출★

① 甲이 乙의 무권대리행위를 추인하기 위해서는 乙의 동의를 얻어야 한다.

② 甲이 자동차할부대금 보증채무액 중 절반만 보증하겠다고 한 경우, 丙의 동의가 없으면 원칙적으로 무권대리행위의 추인으로서 효력이 없다.

③ 乙의 대리행위는 일상가사대리권을 기본대리권으로 하는 권한을 넘은 표현대리가 성립한다.

④ 계약 당시 乙이 무권대리인임을 알지 못하였던 丙이 할부대금보증계약을 철회한 후에도 甲은 乙의 무권대리행위를 추인할 수 있다.

⑤ 계약 당시 乙이 무권대리인임을 알았던 丙은 甲에게 乙의 무권대리행위의 추인 여부의 확답을 최고할 수 없다.

해설

난도 ★★★

①, ② 무권대리행위의 추인은 무권대리인에 의하여 행하여진 불확정한 행위에 관하여 그 행위의 효과를 자기에게 직접 발생케 하는 것을 목적으로 하는 의사표시이며, 무권대리인 또는 상대방의 동의나 승낙을 요하지 않는 단독행위로서 추인은 의사표시의 전부에 대하여 행하여져야 하고, 그 일부에 대하여 추인을 하거나 그 내용을 변경하여 추인을 하였을 경우에는 상대방의 동의를 얻지 못하는 한 무효이다[81다카549].

③ 타인의 채무에 대한 보증행위는 그 성질상 아무런 반대급부 없이 오직 일방적으로 불이익만을 입는 것인 점에 비추어 볼 때, 남편이 처에게 타인의 채무를 보증함에 필요한 대리권을 수여한다는 것은 사회통념상 이례에 속하므로, 처가 특별한 수권 없이 남편을 대리하여 위와 같은 행위를 하였을 경우에 그것이 민법 제126조 소정의 표현대리가 되려면 처에게 일상가사대리권이 있었다는 것만이 아니라 상대방이 처에게 남편이 그 행위에 관한 대리의 권한을 주었다고 믿었음을 정당화할 만한 객관적인 사정이 있어야 한다. 처가 임의로 남편의 인감도장과 용도란에 아무런 기재 없이 대리방식으로 발급받은 인감증명서를 소지하고 남편을 대리하여 친정 오빠의 할부판매보증보험계약상의 채무를 연대보증한 경우, 남편의 표현대리 책임을 부정한다[98다18988].

④ 계약이 무효로 확정된다(불확정적 무효가 확정적 무효로 변한다). 상대방이 철회한 후에는 본인은 추인하지 못하고 상대방은 무권대리인에게 제135조의 책임을 물을 수 없다.

⑤ 대리권 없는 자가 타인의 대리인으로 계약한 경우에 상대방이 상당한 기간을 정하여 본인에게 그 추인여부의 확답을 최고할 수 있는 권리(제131조 전문)를 말한다. 이는 계약 당시 상대방이 악의인 경우(대리행위자에게 대리권 없음을 안 경우)에도 인정된다.

정답 ②

15 무권대리와 표현대리에 관한 설명으로 옳은 것은?(다툼이 있으면 판례에 따름)

① 강행법규에 위반한 무효의 대리행위에 대해서도 표현대리의 법리가 적용될 수 있다.

② 무권대리행위의 추인은 본인이 무권대리행위의 상대방뿐만 아니라 무권대리인에 대해서도 할 수 있다.

③ 상대방의 유권대리 주장에는 표현대리의 성립 역시 포함되므로 법원은 표현대리의 성립 여부까지 판단해야 한다.

④ 무권대리인이 무권대리행위 후 본인을 단독상속한 경우, 그 무권대리행위가 무효임을 주장하는 것은 신의칙에 반하지 않는다.

⑤ 표현대리가 성립하는 경우, 상대방에게 과실이 있으면 과실상계의 법리가 적용된다.

해설

난도 ★★★

① (구) 증권거래법(제52조 제1호)에 위배되는 주식거래에 관한 투자수익보장약정은 무효이고, 투자수익보장이 강행법규에 위반되어 무효인 이상 표현대리의 법리가 준용될 여지가 없다[94다38199].

③ 표현대리가 성립된다고 하여 무권대리의 성질이 유권대리로 전환되는 것은 아니므로, 유권대리에 관한 주장 속에 무권대리에 속하는 표현대리의 주장이 포함되어 있다고 볼 수 없고 따로이 표현대리에 관한 주장이 없는 한 법원은 나아가 표현대리의 성립여부를 심리판단할 필요가 없다[83다카1489 전합].

④ 甲이 대리권 없이 乙 소유 부동산을 丙에게 매도하여 소유권이전등기를 경료해준 후 甲이 乙을 상속한 경우, 원래 자신의 매매행위가 무권대리행위여서 무효였다는 이유로 소유권이전등기의 말소를 청구하거나 부동산의 점유로 인한 부당이득금의 반환을 구하는 것은 금반언의 원칙이나 신의성실의 원칙에 반하여 허용될 수 없다[94다20617].

⑤ 표현대리행위가 성립하는 경우에 그 본인은 표현대리행위에 의하여 전적인 책임을 져야 하고, 상대방에게 과실이 있다고 하더라도 과실상계의 법리를 유추적용하여 본인의 책임을 경감할 수 없다[95다49554].

답 ②

16 권한을 넘은 표현대리에 관한 설명으로 옳지 <u>않은</u> 것은?(다툼이 있으면 판례에 따름)

① 복대리인 선임권이 없는 대리인에 의하여 선임된 복대리인의 권한도 기본대리권이 될 수 있다.

② 정당한 이유의 유무는 대리행위 당시와 그 이후의 사정을 고려하여 판단한다.

③ 기본대리권은 표현대리행위와 동종 또는 유사할 필요가 없다.

④ 권한을 넘은 표현대리는 법정대리에도 적용된다.

⑤ 대리행위가 대리권을 제한하는 강행규정을 위반하여 권한을 넘은 경우에는 표현대리가 인정되지 않는다.

해설

난도 ★

② 권한을 넘은 표현대리에 있어서 대리인에 그 권한이 있다고 믿을 만한 정당한 이유가 있는가의 여부는 대리행위(매매계약) 당시를 기준으로 하여 판정하여야 하는 것이므로 무권대리인이 매매계약 후 잔대금 수령시에 가서야 비로소 본인 명의의 등기권리증, 인감증명서, 위임장, 매도증서 등을 상대방에게 제시한 사정만으로는 상대방이 무권대리인에게 그 권한이 있다고 믿을 만한 정당한 이유가 된다고 할 수 없다[80다3247].

답 ②

제9장 | 법률행위의 무효

출제포인트
▫ 무효행위의 추인
▫ 토지거래허가제
▫ 취소의 당사자
▫ 법정추인

제1절 총설

1. 의의

법률행위가 성립요건은 갖추었으나 효력요건을 결하여 법률상 당연히 그 효력이 없는 것을 말하는데 누구의 주장을 기다리지 않고도 누구에 대해서도 처음부터 효력이 없는 것을 말한다.

2. 무효의 종류

(1) 절대적 무효와 상대적 무효

절대적 무효는 누구의 주장을 기다리지 않고도 누구에 대하여도 처음부터 효력이 없는 것으로서, 무효는 절대적 무효가 원칙이며, 의사무능력자의 법률행위, 강행규정, 공서양속 위반의 법률행위, 불공정한 법률행위 등이 있다. 상대적 무효는 선의의 제3자 등에게는 주장할 수 없는 무효를 말하며 제107조 비진의 표시, 제108조 통정허위표시가 이에 속한다.

(2) 확정적 무효와 불확정적 무효

무효는 확정적 무효가 원칙이다. 의사무능력자의 법률행위, 원시적 불능의 법률행위, 공서양속 위반의 법률행위, 불공정한 법률행위, 강행규정 위반의 법률행위, 불법조건이 붙은 법률행위, 물권법정주의에 위반한 경우 등을 말하고 절대적 무효, 상대적 무효, 당연무효, 재판상 무효는 모두 확정적 무효이다. 유동적 무효(불확정적 무효)는 토지거래허가를 받지 않은 채권적 토지매매, 정지조건부 법률행위, 무권대리행위처럼 법률행위의 효력이 현재 발생하지 못하지만 추후로 허가 또는 추인 등을 받으면 유효하게 되는 법적상태를 유동적 무효라고 한다.

(3) 무효의 소급효

무효인 법률행위는 그 법률행위가 성립한 당초부터 당사자가 의욕한 대로의 효력이 발생하지 않는 것이므로, 채무불이행을 원인으로 손해배상을 청구할 수는 없다[2002다72125]. 또한 반사회적 법률행위를 원인으로 부동산에 관한 소유권이전등기를 마친 등기명의자가 소유권에 기한 물권적 청구권을 행사하는 경우, 상대방은 반환을 거부할 수 있다. ★28, 29회 기출★

(4) 무효의 특징

무효라는 주장이 없더라도 법률행위의 효력이 없으므로 특정인의 주장이 불필요하다. 법률행위의 무효는 선의의 제3자를 포함한 모든 자에 대해 주장할 수 있음이 원칙이지만, 선의의 제3자 등에 대해 주장할 수 없는 경우도 있다(상대적 무효). 법률행위의 무효는 언제까지나 주장할 수 있다. 따라서 원인무효인 등기가 이루어진 사실을 알고도 장기간 이의를 한 바 없다는 사실만으로 이를 추인 한 것으로는 볼 수 없다.

제2절   유동적 무효(流動的 無效, 불확정적 무효)

1. 토지거래허가를 받기 전의 법률관계

(1) 유동적 무효

허가받을 것을 전제로 한 거래계약은 허가를 받을 때까지는 법률상 미완성의 법률행위로서 거래의 효력이 전혀 발생하지 않지만 일단 허가를 받으면 그 계약은 소급하여 유효한 계약이 되고 허가를 받지 못하면 무효로 확정되므로 허가를 받기까지는 유동적 무효의 상태에 있다[90다12243 전합]. ★27회 기출★

(2) 채권적 효력 무효

① 토지거래허가를 전제로 하는 매매계약의 경우 토지거래허가를 받기 전에는, 그 계약 내용대로의 효력이 있을 수 없어 당사자는 그 계약 내용에 따른 어떠한 의무도 부담하지 아니하고 어떠한 이행청구도 할 수 없으므로 그 계약 내용에 따른 상대방의 채무불이행을 이유로 계약을 해제할 수 없다[2008다88795, 88801, 90다12243 전합].
② 「부동산 거래 신고 등에 관한 법률」상 토지거래허가구역 내의 토지에 관한 거래계약은 관할관청으로부터 허가받기 전의 상태에서는 상대방의 거래계약상 채무불이행을 이유로 손해배상을 청구할 수도 없다[99다40524].

(3) 협력의무(協力義務)

① 토지거래허가에 대한 매도인의 협력을 구하기 위한 전제로서 매수인이 잔대금지급의무를 이행해야 하는 것이 아니고[92다19989], 매도인으로서는 그러한 매매대금의 이행의 제공이 있을 때까지 협력의무의 이행을 거절할 수 있는것이 아니다[96다23825].
② 유동적 무효의 상태에 있는 거래계약의 당사자는 상대방이 그 거래계약의 효력이 완성되도록 협력할 의무를 이행하지 아니하였음을 들어 일방적으로 유동적 무효의 상태에 있는 거래계약 자체를 해제할 수 없다[98다40459 전합].

③ 허가신청절차에 협력하지 않는 당사자에 대하여 상대방은 협력의무의 이행을 소로써 구할 수 있다 [96다49933].

④ 매수인이 협력의무를 이행하지 않고 매매계약을 일방적으로 철회함으로써 매도인이 손해를 입은 경우에 매수인은 손해를 배상해야 한다[93다26397].

(4) 계약금 계약

① 토지거래허가가 있기전에 계약금을 교부한 당사자는 미허가를 이유로 계약의 무효를 주장하여 계약금의 반환을 부당이득으로 청구할 수 없다[91다21435].

② 매수인이 지급한 계약금은 불허가처분으로 확정적으로 무효로 되었을 때 비로소 부당이득으로 그 반환을 구할 수 있다[91다33766].

③ 토지거래계약에 관한 허가구역으로 지정된 구역 안의 토지에 관하여 매매계약이 체결된 후 계약금만 수수한 상태에서 관할관청으로부터 그 허가를 받았다 하더라도, 이행기 전이라면 계약금의 배액을 상환하여 매매계약을 해제할 수 있다[2008다62427].

2. 토지거래허가를 받은 후의 법률관계

(1) 소급 유효 ★32회 기출★

허가받을 것을 전제로 한 거래계약은 일단 허가를 받으면 소급하여 유효한 계약이 되므로 허가 후에 거래계약을 새로 체결할 필요는 없다[98다40459 전합].

(2) 확정적 유효 ★27회 기출★

토지거래허가구역 내의 토지에 관해 허가없이 거래계약을 체결한 후 허가구역 지정을 해제하거나, 기간 만료후에 재지정을 하지 않은 경우 확정적 유효로 되므로 거래당사자는 그 계약의 이행을 청구할 수 있다[98다40459 전합]. 일단 유효로 된 이상 그 후 그 토지가 토지거래허가구역으로 재지정되었다 하여 다시 토지거래허가를 받아야 되는 것은 아니다[2002다12635].

3. 효력의 확정

(1) 확정적 무효로 된 경우

① 토지거래허가 지역 내의 토지에 관한 매매계약은 당사자 쌍방이 허가신청을 하지 않기로 의사표시를 명백히 한 때에 비로소 확정적으로 무효가 된다[93다59526]. ★34회 기출★

② 유동적 무효상태의 계약은 관할관청에 의한 불허가처분이 있는 경우와 당사자 쌍방이 허가신청협력의무 이행거절의사를 명백히 표시한 경우 확정적 무효이다[97다36965].

③ 처음부터 토지거래허가를 배제하거나 잠탈하는 내용의 계약은 체결 당시부터 확정적으로 무효이다 [92다44671]. 예컨대 만약 허가요건을 갖추지 못한 사람이 허가요건을 갖춘 사람의 명의를 도용하여 매매계약서에 그를 매수인으로 기재한 경우 그 매매계약은 처음 체결된 때부터 확정적으로 무효이다 [2009다96328].

④ 정지조건부 계약에서 정지조건이 토지거래허가를 받기 전에 이미 불성취로 확정된 경우에 확정적 무효이다[97다36996].

⑤ 토지거래가 계약당사자의 의사와 표시의 불일치(비진의표시·허위표시·착오) 또는 하자있는 의사(사기·강박)에 의해 이루어진 경우 거래허가를 신청하기 전 단계에서 이러한 사유를 주장하여 그 계약을 확정적으로 무효화시키고서 자신의 거래허가절차협력의무를 면하고 이미 지급된 계약금 등의 반환을 구할 수 있다[97다36118]. ★27, 32회 기출★

(2) 귀책사유 있는 자의 무효주장 여부

거래계약이 확정적으로 무효가 된 경우에는 거래계약이 확정적으로 무효로 됨에 있어서 귀책사유가 있는 자라고 하더라도 그 계약의 무효를 주장함은 신의성실의 원칙에 위배되지 않는다[97다4357,4364]. ★27회 기출★

제3절　무효행위의 재생

1. 일부무효(一部無效)의 법리 ★27, 33회 기출★

> 제137조(법률행위의 일부무효) 법률행위의 일부분이 무효인 때에는 그 전부를 무효로 한다. 그러나 그 무효부분이 없더라도 법률행위를 하였을 것이라고 인정될 때에는 나머지 부분은 무효가 되지 아니한다. (임의규정)

2. 무효행위의 전환(轉換) ★29회 기출★

> 제138조(무효행위의 전환) 무효인 법률행위가 다른 법률행위의 요건을 구비하고 당사자가 그 무효를 알았더라면 다른 법률행위를 하는 것을 의욕하였으리라고 인정될 때에는 다른 법률행위로서 효력을 가진다.

(1) 혼인외 출생자를 혼인중의 출생자로 신고한 경우에 인지로서의 효력은 있다[76다2189].

(2) 입양신고에 갈음하여 적출자로 신고한 경우에 출생신고는 무효이나 입양의 효력이 발생한다[77다492전합].

(3) 매매계약이 약정된 매매대금의 과다로 말미암아 민법 제104조에서 정하는 '불공정한 법률행위'에 해당하여 무효인 경우에도 무효행위의 전환에 관한 민법 제138조가 적용될 수 있다[2009다50308]. ★27, 28, 33회 기출★

3. 무효행위의 추인(追認)

> 제139조(무효행위의 추인) 무효인 법률행위는 추인하여도 그 효력이 생기지 아니한다. 그러나 당사자가 그 무효임을 알고 추인한 때에는 새로운 법률행위로 본다.

(1) 추인의 요건

① 추인 당시에 법률행위의 유효요건이 존재

㉠ 강행규정, 공서양속 위반·불공정한 법률행위로 무효인 경우에는 추인에 의해 유효로 될 수 없다. 즉, 부동산 이중매매에서 매도인의 배임행위에 제2매수인이 적극 가담한 경우, 제2매수인의 매매계약은 무효이고 추인에 의하여 유효로 되지 않는다. 위증하기로 하는 계약은 당사자가 무효임을 알고 추인하여도 유효로 될 수 없다. 대부분 무효행위의 추인은 의사표시의 흠결(비진의표시 제107조·허위표시 제108조)로 인한 무효의 경우에 주로 인정된다. ★27, 28회 기출★

㉡ 취소할 수 있는 법률행위가 일단 취소된 이상 무효인 법률행위의 추인의 요건과 효력으로서 추인할 수는 있다[95다38240]. ★29, 33회 기출★

② 법률행위가 무효임을 알고 추인

무효인 법률행위를 추인에 의하여 새로운 법률행위로 보기 위하여는 당사자가 이전의 법률행위가 무효임을 알고 그 행위에 대하여 추인하여야 한다[97다15715]. ★29회 기출★

③ 추인의 방식 : 추인은 묵시적으로도 가능하나, 묵시적 추인을 인정하기 위해서는 이전의 법률행위가 무효임을 알거나 적어도 무효임을 의심하면서도 그 행위의 효과를 자기에게 귀속시키도록 하는 의사로 후속행위를 하였음이 인정되어야 할 것이다[2012다106607]. ★27, 28, 29회 기출★

(2) 효과(비소급효) : 무효인 법률행위에 추인을 하면 그 때부터 유효하게 하는 것이므로 무효행위의 추인에는 원칙적으로 소급효가 인정되지 않는다[83므22]. 따라서 무효인 가등기를 유효한 등기로 전용키로 한 약정은 그때부터 유효하고 이로써 위 가등기가 소급하여 유효한 등기로 전환될 수 없다[91다26546]. 또한 집합채권의 양도가 양도금지특약에 위반하여 무효인 경우 채무자는 일부개별채권을 특정하여 추인하는 것이 가능하다[2009다47685]. ★28, 33회 기출★

제4절   법률행위의 취소(取消)

1. 의의

(1) 일단 유효하게 성립한 법률행위의 효력을 성립상의 하자를 이유로 소급적으로 소멸시키는 일방적 의사표시(형성권)를 말한다. 무효인 법률행위는 취소할 수 없다.

(2) 甲과 乙이 취소하는 의사표시를 하였으나, 취소사유가 있다고 인정되지 아니하는 이상, 甲 乙 쌍방이 취소하는 의사표시를 하였다는 사정만으로는, 취소되어 그 효력이 상실되는 것은 아니다[93다58431].

2. 취소의 당사자

(1) 취소권자(제140조) ★29회 기출★

> 제140조(법률행위의 취소권자) 취소할 수 있는 법률행위는 제한능력자, 착오로 인하거나 사기 · 강박에 의하여 의사표시를 한 자, 그의 대리인 또는 승계인만이 취소할 수 있다.

① 제한능력자 : 제한능력자는 자신이 행한 법률행위에 대한 취소권을 갖는다. 제한능력자는 그 취소를 함에는 법정대리인의 동의가 필요없다.
② 착오 · 사기 · 강박에 의한 의사표시를 한 자
③ 대리인 : 제한능력자의 법정대리인은 제한능력자 본인과는 별개의 독자적인 취소권을 갖는다. 임의대리인은 원칙적으로 취소권이 없으므로 취소를 하려면 취소권에 관한 본인의 수권이 필요하다. ★31회 기출★
④ 승계인(承繼人) : 포괄승계인(상속 · 회사의 합병 · 포괄유증), 취소할 수 있는 행위에 의해 취득한 권리와 함께 취소권을 승계한 특정승계인을 말한다. ★30, 33회 기출★

(2) 취소의 상대방

> 제142조(취소의 상대방) 취소할 수 있는 법률행위의 상대방이 확정한 경우에는 그 취소는 그 상대방에 대한 의사표시로 하여야 한다.

3. 취소의 행사방법

(1) 취소의 방법

취소의 의사가 상대방에 의해 인식될 수 있다면 어떠한 방법에 의하더라도 무방하고, 법률행위의 취소를 당연한 전제로 한 소송상의 이행청구나 이를 전제로 한 이행거절 가운데는 취소의 의사표시가 포함되어 있다고 볼 수 있다[93다13162]. 취소의 의사표시란 반드시 명시적이어야 하는 것은 아니고, 취소자가 그 착오를 이유로 자신의 법률행위의 효력을 처음부터 배제하려고 한다는 의사가 드러나면 족한 것이며, 취소원인의 진술 없이도 취소의 의사표시는 유효한 것이다[2004다43824]. ★29, 31회 기출★

(2) 법률행위의 일부취소

하나의 법률행위의 일부분에만 취소사유가 있다고 하더라도 그 법률행위가 가분적이거나 그 목적물의 일부가 특정될 수 있다면 그 나머지부분이라도 유지하려는 당사자의 가정적 의사(보충적 해석)가 인정되는 경우에 그 일부만의 취소도 가능하다[2002다21509]. 임차권양도계약과 권리금 계약이 결합하여 경제적 · 사실적 일체로 행하여진 경우, 그 권리금계약 부분에만 취소사유가 존재하여도 특별한 사정이 없는 한 권리금계약 부분만을 따로 떼어 취소할 수는 없다[2012다115120]

4. 취소의 효과

(1) 소급적 무효(취소의 소급효) ★28, 29, 30, 32회 기출★

> 제141조(취소의 효과) 취소된 법률행위는 처음부터 무효인 것으로 본다. 다만, 제한능력자는 그 행위로 인하여 받은 이익이 현존하는 한도에서 상환(償還)할 책임이 있다.

(2) 부당이득의 반환

선의의 수익자는 그 받은 이익이 현존하는 한도에서 반환해야 하나, 악의의 수익자는 그 받은 이익에 이자를 붙여 반환하고 손해가 있으면 이를 배상해야 한다. 그러나 제한능력자는 선의·악의를 불문하고 그 받은 이익이 현존하는 한도에서 반환하면 된다(제141조 단서). 제한능력자의 책임을 제한하는 민법 제141조 단서는 의사능력의 흠결을 이유로 법률행위가 무효가 되는 경우에도 유추적용되어야 할 것이다[2008다58367]. ★28, 33회 기출★

5. 취소권의 소멸

(1) 취소할 수 있는 법률행위의 추인

> 제143조(추인의 방법, 효과) ① 취소할 수 있는 법률행위는 제140조에 규정한 자(취소권자)가 추인할 수 있고 추인 후에는 취소하지 못한다.
> ② 전조의 규정은 전항의 경우에 준용한다.
> 제144조(추인의 요건) ① 추인은 취소의 원인이 소멸된 후에 하여야만 효력이 있다.
> ② 제1항은 법정대리인 또는 후견인이 추인하는 경우에는 적용하지 아니한다.

① 추인의 요건
  ㉠ 제한능력자 본인 : 추인은 취소의 원인이 소멸된 후에 하여야 하므로, 제한능력자는 그가 행위능력자가 된 후에는 추인할 수 있으나, 제한능력자인 동안은 추인할 수 없다. 미성년자나 피한정후견인은 법정대리인이나 후견인의 동의를 받아 추인할 수 있다. 그러나 피성년후견인은 법정대리인의 동의가 있더라도 재산상 법률행위를 스스로 유효하게 추인할 수 없다. ★28, 33회 기출★
  ㉡ 법정대리인 또는 후견인 : 법정대리인이나 후견인은 취소의 원인이 종료되기 전이라도 추인할 수 있다. ★28, 30, 33회 기출★
  ㉢ 착오·사기·강박의 경우 : 강박에서 벗어나지 아니한 상태에 있으면 취소의 원인이 종료되기 전이므로 이때에 한 추인은 그 효력이 없다[81다107]. 따라서 착오나 강박에 의한 의사표시를 한 자가 착오나 강박상태에서 의사표시를 추인 한 경우, 여전히 그 의사표시를 취소할 수 있다.
② 추인의 상대방과 방법 : 취소할 수 있는 법률행위의 상대방이 확정된 경우에는 그 상대방에게 추인의 의사표시를 해야 한다. 묵시적 추인도 가능하다.
③ 추인의 효과 : 추인 후에는 취소하지 못하므로 그 법률행위는 그때부터 확정적으로 유효가 된다. ★30회 기출★

(2) 법정추인(法定追認)

제145조(법정추인) 취소할 수 있는 법률행위에 관하여 전조의 규정에 의하여 추인할 수 있는 후에 다음 각 호의 사유가 있으면 추인한 것으로 본다. 그러나 이의를 보류한 때에는 추인한 것으로 보지 아니하다.
1. 전부나 일부의 이행
2. 이행의 청구
3. 경개
4. 담보의 제공
5. 취소할 수 있는 행위로 취득한 권리의 전부나 일부의 양도
6. 강제집행

① **전부 또는 일부의 이행** : 취소권자가 채무의 이행뿐만 아니라 상대방의 이행을 수령한 경우를 포함한다.

② **이행의 청구** : 취소권자(추인권자)가 이행청구를 하는 경우에 한하며 취소권자가 상대방으로부터 이행의 청구를 받은 경우(취소권자의 상대방이 이행청구 경우)는 제외된다.

③ **경개(更改)** : 취소할 수 있는 법률행위로 인하여 발생한 채무를 소멸시키고 그 대신 다른 채무를 성립시키기로 계약한 경우, 매매계약의 취소권자인 매도인이 대금채권을 소멸시키고 그에 갈음하여 금전소비대차계약을 체결한 경우처럼 취소권자가 채권자로서 하든 채무자로서 경개를 하든 상관없다.

④ **담보의 제공** : 인적·물적 담보를 불문하므로 취소권자가 보증인을 세우는 것도 이에 해당하며 채권자로서 담보제공을 받는 것도 포함한다.

⑤ **취소할 수 있는 행위로 취득한 권리의 전부나 일부의 양도** : 취소권자가 양도한 경우에 한한다. 취소권자의 상대방이 한 양도행위는 포함되지 않는다.

⑥ **강제집행** : 취소권자가 채권자로서 강제집행을 하는 것뿐만 아니라 채무자로서 강제집행을 받는 것도 포함한다.

(3) 취소권의 단기소멸 ★29, 30, 33, 34회 기출★

제146조(취소권의 소멸) 취소권은 추인할 수 있는 날로부터 3년 내에, 법률행위를 한 날로부터 10년 내에 행사하여야 한다.

① 추인할 수 있는 날이란 취소의 원인이 종료되어 취소권 행사에 관한 장애가 없어져서 취소권자가 취소의 대상인 법률행위를 추인할 수도 있고 취소할 수도 있는 상태가 된 때를 가리킨다[98다7421].

② 의사표시의 취소는 취소기간 내에 소를 제기하는 방법으로만 행사하여야 하는 것은 아니다. ★33회 기출★

○ × 핵심체크

01 원인무효인 등기가 이루어진 사실을 알고도 장기간 이의를 한 바 없다는 사실만으로 이를 추인한 것으로는 볼 수 없다. ○ ×

02 통정허위표시에 의한 법률행위, 진의 아닌 의사표시에 의한 법률행위의 무효는 선의의 제3자에게 대항할 수 없다. ○ ×

03 무효인 법률행위에 따른 법률효과를 침해하는 것처럼 보이는 위법행위가 있다면 그로 인한 손해의 배상을 청구할 수 있다. ○ ×

04 법률행위의 일부분이 무효인 경우, 다른 규정이 없으면 원칙적으로 법률행위 전부가 무효이다. ○ ×

05 법률행위의 일부가 강행법규인 효력규정에 위반되어 무효가 되는 경우, 개별 법령에 일부 무효의 효력에 관한 규정이 없다면 원칙적으로 법률행위의 전부가 무효가 된다. ○ ×

06 계약이 불성립하였더라도 무효행위의 전환이나 무효행위의 추인 규정이 적용된다. ○ ×

07 불공정한 법률행위는 절대적 무효이므로 무효행위의 전환이 인정되지 않는다. ○ ×

08 후속행위를 한 것이 묵시적 추인으로 인정되기 위해서는 이전의 법률행위가 무효임을 알거나, 무효임을 의심하면서도 그 행위의 효과를 자기에게 귀속시키도록 하는 의사로 후속행위를 하였음이 인정되어야 한다. ○ ×

09 불공정한 법률행위와 불법조건이 붙은 법률행위는 절대적 무효로서 무효행위의 추인을 할 수가 없다. ○ ×

10 무효인 법률행위를 추인하면 특별한 사정이 없는 한 소급하여 새로운 법률행위를 한 것으로 본다. ○ ×

정답 및 해설 **01** ○ **02** ○ **03** × **04** ○ **05** ○ **06** × **07** × **08** ○ **09** ○ **10** ×

오답분석
03 손해배상을 청구할 수 없다.
06 계약이 성립한 후 유효, 무효의 문제가 발생한다.
07 매매계약이 매매대금의 과다로 불공정한 법률행위(민법 제104조)에 해당하여 무효인 경우에도 무효행위의 전환에 관한 민법 제138조가 적용될 수 있다.
10 그때부터 새로운 법률행위로 본다.

11 토지매매계약은 관할관청의 허가를 받아야만 그 효력이 발생하고 그 허가를 받기 전에는 채권적 효력도 발생하지 아니한다. ☐○ ☐×

12 당사자 일방은 허가를 받기 전에 상대방에 대하여 채무불이행에 의한 손해배상을 청구할 수 없다. ☐○ ☐×

13 아직 토지거래허가를 받지 않은 유동적 무효상태인 매매계약에서는 계약금의 배액을 상환하고 해제할 수 없다. ☐○ ☐×

14 토지거래허가구역 내의 토지매매계약의 당사자는 상대방의 허가신청 협력의무불이행을 이유로 거래계약 그 자체를 해제할 수 있다. ☐○ ☐×

15 허가구역 지정기간이 만료되었음에도 허가구역 재지정을 하지 아니한 경우, 위 매매계약은 확정적 무효로 된다. ☐○ ☐×

16 당사자 쌍방이 허가신청 협력의무의 이행거절 의사를 명백히 표시한 경우, 매매계약은 확정적으로 무효이다. ☐○ ☐×

17 취소의 의사표시란 반드시 명시적이어야 하는 것은 아니고, 취소권자가 자신의 법률행위의 효력을 처음부터 배제하려고 한다는 의사가 드러나면 된다. ☐○ ☐×

18 매매계약의 체결시 토지의 일정부분을 매매의 대상에서 제외시키는 특약을 한 경우, 그 특약만을 기망에 의한 법률행위로서 취소할 수 있다. ☐○ ☐×

19 당사자 쌍방이 각각 취소사유 없이 법률행위를 취소한 경우라도, 쌍방이 모두 취소의 의사표시를 하였다면 그 법률행위의 효력은 상실된다. ☐○ ☐×

20 법률행위의 취소를 당연한 전제로 한 소송상의 이행청구나 이행거절 가운데는 취소의 의사표시가 포함되어 있다. ☐○ ☐×

정답 및 해설 **11** ○ **12** ○ **13** × **14** × **15** × **16** ○ **17** ○ **18** × **19** × **20** ○

오답분석

13 허가전이라도 이행단계 전이라면 계약금 배액을 상환하고 계약을 해제할 수 있다.

14 협력의무 불이행을 이유로 계약 자체를 해제할 수는 없다.

15 확정적 유효이다.

18 그 특약에 대해서는 계약을 체결한 것이 아니므로 기망을 이유로 특약만을 취소할 수는 없다.

19 취소사유는 법정되어 있으므로 취소사유 없이 취소해도 법률행위의 효력이 상실되지 아니한다.

21 임차권양도계약과 권리금계약이 결합하여 경제적·사실적 일체로 행하여진 경우, 그 권리금계약 부분에만 취소사유가 존재하면 권리금계약 부분만을 따로 취소할 수 있다. ☐○ ☐×

22 제한능력자가 스스로 행한 법률행위를 취소하려면 법정대리인의 동의를 얻어야 한다. ☐○ ☐×

23 취소할 수 있는 법률행위의 상대방이 확정한 경우에는 그 취소는 그 상대방에 대한 의사표시로 하여야 한다. ☐○ ☐×

24 취소권은 추인할 수 있는 날로부터 10년 이내에, 법률행위를 한 날로부터 3년 이내에 행사하여야 한다. ☐○ ☐×

25 사기에 의해 매매계약을 체결한 후 10년이 경과하였더라도, 속았다는 사실을 안 지 3년이 지나지 않았다면 그 매매계약을 취소할 수 있다. ☐○ ☐×

26 계약의 해지, 기한도래의 효력, 무효행위임을 알고 한 무효행위의 추인은 소급효가 있다. ☐○ ☐×

27 제한능력을 이유로 법률행위가 취소된 경우, 제한능력자는 그 행위로 인하여 받은 이익이 현존하는 한도에서 상환할 책임이 있다. ☐○ ☐×

28 법정대리인이 미성년자의 법률행위를 추인하는 경우, 취소 원인이 소멸된 후에 하여야만 효력이 있다. ☐○ ☐×

29 취소할 수 있는 법률행위에 대하여 유효한 추인이 있으면 이를 다시 취소할 수 없다. ☐○ ☐×

30 취소할 수 있는 법률행위에 대하여 추인할 수 있는 자가 이의를 보류하면서 전부 이행한 경우에는 추인한 것으로 본다. ☐○ ☐×

정답 및 해설 21 × 22 × 23 ○ 24 × 25 × 26 × 27 ○ 28 × 29 ○ 30 ×

오답분석

21 경제적·사실적 일체로 행하여진 경우 특별한 사정이 없는 한 권리금계약 부분만을 따로 취소할 수는 없다.
22 법정대리인의 동의 없이 단독으로 법률행위를 취소할 수 있다.
24 추인할 수 있는 날로부터 3년 이내, 법률행위를 한 날로부터 10년 이내
25 10년이 경과하였다면 더 이상 취소할 수 없다.
26 소급효가 없다.
28 법정대리인은 취소의 원인이 종료되기 전이라도 그 취소할 수 있는 법률행위를 추인할 수 있다.
30 이의를 유보하지 않고 담보를 제공한 경우에는 추인한 것으로 본다.

제9장 │ 확인학습문제

01 법률행위의 무효에 관한 설명으로 옳지 <u>않은</u> 것은?(다툼이 있으면 판례에 따름) ★29회 기출★

① 강박의 정도가 극심하여 의사결정을 스스로 할 수 있는 여지가 완전히 박탈된 상태에서 의사표시가 이루어진 경우 그 의사표시는 무효이다.

② 반사회적 법률행위를 원인으로 부동산에 관한 소유권이전등기를 마친 등기명의자가 소유권에 기한 물권적 청구권을 행사하는 경우, 상대방은 법률행위의 무효를 항변으로서 주장할 수 없다.

③ 무효인 법률행위를 추인에 의하여 새로운 법률행위로 보기 위해서는 당사자가 이전의 법률행위가 무효임을 알고 그 행위에 대하여 추인하여야 한다.

④ 무효인 법률행위가 다른 법률행위의 요건을 구비하고 당사자가 그 무효를 알았더라면 다른 법률행위를 하는 것을 의욕하였으리라고 인정될 때에는 다른 법률행위로서 효력을 가진다.

⑤ 후속행위를 한 것이 묵시적 추인으로 인정되기 위해서는 이전의 법률행위가 무효임을 알거나, 무효임을 의심하면서도 그 행위의 효과를 자기에게 귀속시키도록 하는 의사로 후속행위를 하였음이 인정되어야 한다.

> **해설**
> 난도 ★★★
> ② 공서양속에 반하여 급여를 한 사람은 그 원인행위가 법률상 무효라 하여 상대방에게 부당이득을 원인으로 한 반환청구를 할 수 없기 때문에 반사적 효과로서 소유권은 급여자의 상대방에게 있게 되므로, 급여한 물건의 소유권이 여전히 자기에게 있다고 하여 소유권에 기한 반환청구도 할 수 없다[79다483 전합]. 따라서 상대방은 급여자의 반환청구를 거부할 수 있다.
>
> 답 ②

02 법률행위의 무효에 관한 설명으로 옳지 <u>않은</u> 것은?(다툼이 있으면 판례에 따름)

☑확인
Check!
○
△
×

① 무효인 재산상 법률행위에 대하여 당사자가 무효임을 알고 추인하면 그 추인에는 원칙적으로 소급효가 인정된다.

② 위증하기로 하는 계약은 당사자가 무효임을 알고 추인하여도 유효로 될 수 없다.

③ 불공정한 법률행위에 대하여도 무효행위의 전환에 관한 민법 규정이 적용될 수 있다.

④ 무효행위의 추인은 명시적으로뿐만 아니라 묵시적으로도 할 수 있다.

⑤ 무효인 법률행위에 따른 법률효과를 침해하는 것처럼 보이는 채무불이행이 있다고 하여도 그 법률효과의 침해에 따른 손해배상을 청구할 수는 없다.

해설

난도 ★

① 추인은 무효행위를 사후에 유효로 하는 것이 아니라 새로운 의사표시에 의해 새로운 행위가 있는 것으로 하여 그때부터 유효하게 하는 것이므로 추인은 법률행위이며, 무효행위의 추인에는 원칙적으로 소급효가 인정되지 않는다[83므22].

답 ①

03 법률행위의 무효에 관한 설명으로 옳지 <u>않은</u> 것은?(다툼이 있으면 판례에 따름)

☑확인
Check!
○
△
×

① 법률행위의 일부분이 무효인 경우, 그 무효부분이 없더라도 법률행위를 하였을 것이라고 인정될 때에는 나머지 부분은 무효가 되지 않는다.

② 매매계약이 매매대금의 과다로 인하여 불공정한 법률행위로서 무효인 경우, 무효행위의 전환에 관한 규정이 적용될 수 없다.

③ 무효행위의 추인은 명시적으로뿐만 아니라 묵시적으로도 할 수 있다.

④ 부동산 이중매매에서 매도인의 배임행위에 제2매수인이 적극 가담한 경우, 제2매수인의 매매계약은 무효이고 추인에 의하여 유효로 되지 않는다.

⑤ 무효인 가등기를 유효한 등기로 전용하기로 한 약정은 그 때부터 유효하고, 이로써 그 가등기가 소급하여 유효한 등기로 전환될 수 없다.

해설

난도 ★★

② 매매계약이 약정된 매매대금의 과다로 말미암아 민법 제104조에서 정하는 '불공정한 법률행위'에 해당하여 무효인 경우에도 무효행위의 전환에 관한 민법 제138조가 적용될 수 있다[2009다50308].

답 ②

04 법률행위의 무효에 관한 설명으로 옳지 <u>않은</u> 것은?(다툼이 있으면 판례에 따름)

① 매매계약이 약정된 매매대금의 과다로 인하여 불공정한 법률행위에 해당하는 경우, 무효행위의 전환에 관한 민법 제138조가 적용될 수 있다.

② 취소할 수 있는 법률행위를 취소한 후에도 무효인 법률행위의 추인의 요건과 효력으로서 추인할 수 있다.

③ 법률행위의 일부무효에 관한 민법 제137조는 임의규정이다.

④ 집합채권의 양도가 양도금지특약을 위반하여 무효인 경우, 채무자는 집합채권의 일부개별 채권을 특정하여 추인할 수 없다.

⑤ 무효인 가등기를 유효한 등기로 전용하기로 한 약정은 특별한 사정이 없는 한 그때부터 유효하고 이로써 그 가등기가 소급하여 유효한 등기로 전환될 수 없다.

> 해설
> 난도 ★★
>
> ④ 이른바 집합채권의 양도가 양도금지특약에 위반해서 무효인 경우 채무자는 일부 개별 채권을 특정하여 추인하는 것이 가능하다고 할 것이다[2009다47685].

답 ④

05 토지거래허가를 받지 않아 토지매매계약이 유동적 무효의 상태에 있는 경우에 관한 설명으로 옳지 <u>않은</u> 것은?(다툼이 있으면 판례에 따름)

① 위 매매계약이 확정적으로 무효로 됨에 있어서 귀책사유가 있는 자는 그 계약의 무효를 주장할 수 없다.

② 허가구역 지정이 해제되면 위 매매계약은 확정적 유효로 된다.

③ 허가구역 지정기간이 만료되었음에도 허가구역 재지정을 하지 아니한 경우, 위 매매계약은 확정적 유효로 된다.

④ 허가를 받으면 위 매매계약은 소급해서 유효로 되므로 허가 후에 새로 매매계약을 체결할 필요는 없다.

⑤ 사기에 의하여 위 매매계약이 체결된 경우, 취소권자는 토지거래허가를 신청하기 전에 사기에 의한 계약의 취소를 주장하여 거래허가신청협력에 거절의사를 일방적으로 명백히 함으로써, 그 계약을 확정적으로 무효화 시킬 수 있다.

> 해설
> 난도 ★★★
>
> ① 거래계약이 확정적으로 무효가 된 경우에는 거래계약이 확정적으로 무효로 됨에 있어서 귀책사유가 있는 자라고 하더라도 그 계약의 무효를 주장함은 신의성실의 원칙에 위배되지 않는다[97다4357, 4364].

답 ①

06 법률행위의 취소에 관한 설명으로 옳지 **않은** 것은?(다툼이 있으면 판례에 따름)

★34회 기출★

① 취소권의 단기제척기간은 취소할 수 있는 날로부터 3년이다.

② 취소권의 행사시 반드시 취소원인의 진술이 함께 행해져야 하는 것은 아니다.

③ 취소할 수 있는 법률행위의 상대방이 그 행위로 취득한 특정의 권리를 양도한 경우, 양수인이 아닌 원래의 상대방에게 취소의 의사표시를 하여야 한다.

④ 노무자의 노무가 일정 기간 제공된 후 행해진 고용계약의 취소에는 소급효가 인정되지 않는다.

⑤ 매도인이 매매계약을 적법하게 해제한 후에도 매수인은 그 매매계약을 착오를 이유로 취소할 수 있다.

해설

난도 ★★

① 제146조는 취소권은 추인할 수 있는 날로부터 3년 내에 행사하여야 한다고 규정하고 있는바, 이때의 3년이라는 기간은 일반소멸시효기간이 아니라 제척기간으로서 제척기간이 도과하였는지 여부는 당사자의 주장에 관계없이 법원이 당연히 조사하여 고려하여야 할 사항이다[96다25371].

② 취소의 의사표시란 반드시 명시적이어야 하는 것은 아니고, 취소자가 그 착오를 이유로 자신의 법률행위의 효력을 처음부터 배제하려고 한다는 의사가 드러나면 족한 것이며, 취소원인의 진술 없이도 취소의 의사표시는 유효한 것이다[2004다43824].

③ 취소할 수 있는 행위의 상대방이 그 행위로 취득한 권리를 양도한 경우에 그 취소의 상대방은 양수인이 아니라 원래의 상대방이다.

④ 근로계약, 조합계약과 같은 계속적인 계약관계는 소급효가 부인된다(통설).

⑤ 매도인이 매수인의 중도금 지급 채무불이행을 이유로 매매계약을 적법하게 해제한 후라도 매수인으로서는 상대방이 한 계약해제의 효과로서 발생하는 손해배상책임을 지거나 매매계약에 따른 계약금의 반환을 받을 수 없는 불이익을 면하기 위하여 착오를 이유로 한 취소권을 행사하여 위 매매계약 전체를 무효로 돌리게 할 수 있다[91다11308].

冒 ①

---

07 법률행위의 취소에 관한 설명으로 옳지 않은 것은?

★30회 기출★

① 착오로 인하여 취소할 수 있는 법률행위를 한 자의 포괄승계인은 그 법률행위를 취소할 수 있다.

② 미성년자가 동의없이 단독으로 행한 법률행위를 그 법정대리인이 추인하는 경우, 그 추인은 취소의 원인이 소멸한 후에 하여야만 효력이 있다.

③ 제한능력자가 제한능력을 이유로 법률행위를 취소한 경우, 그 행위로 인하여 받은 이익이 현존하는 한도에서 상환할 책임이 있다.

④ 취소할 수 있는 법률행위를 추인한 후에는 이를 다시 취소하지 못한다.

⑤ 취소권은 추인할 수 있는 날로부터 3년 내에, 법률행위를 한 날로부터 10년 내에 행사하여야 한다.

해설

난도 ★

② 법정대리인이나 후견인은 본인이 제한능력자인 동안에도 추인할 수 있다.

冒 ②

08 법률행위의 취소에 관한 설명으로 옳지 <u>않은</u> 것은?(다툼이 있으면 판례에 따름) ^{★29회 기출★}

① 법률행위를 취소한 후라도 무효행위 추인의 요건을 충족할 경우, 무효행위의 추인은 가능하다.

② 제한능력자가 맺은 계약은 추인이 있을 때까지 상대방이 그 의사표시를 취소할 수 있다.

③ 제한능력을 이유로 법률행위가 취소된 경우, 제한능력자는 그 행위로 인하여 받은 이익이 현존하는 한도에서 상환할 책임이 있다.

④ 법률행위의 취소를 전제로 한 소송상의 이행청구에는 취소의 의사표시가 포함되어 있다고 볼 수 있다.

⑤ 취소권은 추인할 수 있는 날로부터 3년 내에 법률행위를 한 날로부터 10년 내에 행사하여야 한다.

해설
난도 ★

② 취소할 수 있는 법률행위는 제한능력자, 착오로 인하거나 사기·강박에 의하여 의사표시를 한 자, 그의 대리인 또는 승계인만이 취소할 수 있다(제140조). 따라서 상대방은 취소권자가 아니다.

답 ②

09 법률행위의 취소에 관한 설명으로 옳지 <u>않은</u> 것은?(다툼이 있으면 판례에 따름) ^{★28회 기출★}

① 사기를 이유로 취소된 법률행위는 처음부터 무효인 것으로 본다.

② 제한능력자가 취소권을 가지는 경우 법정대리인의 동의 없이 행사할 수 있다.

③ 피성년후견인은 법정대리인의 동의가 있더라도 재산상 법률행위를 스스로 유효하게 추인할 수 없다.

④ 법정대리인이 미성년자의 법률행위를 추인하는 경우, 취소원인이 소멸된 후에 하여야만 효력이 있다.

⑤ 법률행위를 취소한 후라도 무효행위의 추인의 요건과 효력으로서 추인할 수 있다.

해설
난도 ★★

④ 추인은 취소의 원인이 종료한 후에 해야 하며, 취소원인이 종료되기 전에 한 추인은 추인으로서의 효력이 없다(제144조 제1항). 다만, 법정대리인이 추인하는 경우에는 그렇지 않다(제144조 제2항). 즉, 법정대리인의 추인에는 시기상의 제한이 없다.

답 ④

제10장 | 법률행위의 부관과 기간

출제포인트
□ 조건의 입증책임
□ 조건의 성취와 불성취
□ 기간에 관한 규정의 적용범위
□ 소멸시효의 중단사유

제1절 조건부 법률행위

1. 의의

조건은 법률행위의 효력의 발생(정지조건) 또는 소멸(해제조건)을 장래의 불확실한 사실의 성부에 의존케 하는 법률행위의 부관으로서 당해 법률행위를 구성하는 의사표시의 일체적인 내용을 이루는 것이다[2003다 10797]. ★28, 29회 기출★

2. 조건 의사표시

조건은 당사자가 의사표시를 통해 임의로 부가하여 법률행위의 내용으로 삼은 것이다. 따라서 법정조건은 조건이 아니다. 조건이 되려면 조건의사와 그 표시가 필요하므로, 조건의사가 있더라도 그것이 외부에 표시되지 않으면 법률행위의 동기에 불과할 뿐이고 그것만으로는 법률행위의 부관으로서의 조건이 되는 것은 아니다[2003다10797]. ★27, 29회 기출★

3. 조건의 종류

(1) 정지조건과 해제조건 ★33회 기출★

제147조(조건성취의 효과) ① 정지조건 있는 법률행위는 조건이 성취한 때로부터 그 효력이 생긴다.
② 해제조건 있는 법률행위는 조건이 성취한 때로부터 그 효력을 잃는다.
③ 당사자가 조건성취의 효력을 그 성취 전에 소급하게 할 의사를 표시한 때에는 그 의사에 의한다.

① 정지조건
  ㉠ 소위 소유권유보의 특약을 한 경우, 대금이 모두 지급되었을 때에는 그 정지조건이 완성되어 별도의 의사표시 없이 목적물의 소유권이 매수인에게 이전된다[96다14807].
  ㉡ 불법행위를 하지 않을 것을 정지조건으로 하는 법률행위는 무효이다.
② 해제조건
  ㉠ 토지를 매수하면서 그 토지 중 공장부지 및 도로부지에 편입되지 않을 부분은 원가로 반환한다는 약정은 일종의 해제조건부 매매이다[80다3195].
  ㉡ 건축허가를 필할 때 매매계약이 성립하고 건축허가신청이 불허되었을 때에는 토지매매계약을 무효로 한다는 약정은 해제조건부 계약이다[83다카552].
  ㉢ 약혼예물의 수수는 혼인 불성립을 해제조건으로 하는 증여와 유사한 성질의 것이다[94므895].

(2) 가장조건(假裝條件)

> 제151조(불법조건, 기성조건) ① 조건이 선량한 풍속 기타 사회질서에 위반한 것인 때에는 그 법률행위는 무효로 한다.
> ② 조건이 법률행위의 당시 이미 성취한 것인 경우에는 그 조건이 정지조건이면 조건없는 법률행위로 하고 해제조건이면 그 법률행위는 무효로 한다.
> ③ 조건이 법률행위의 당시에 이미 성취할 수 없는 것인 경우에는 그 조건이 해제조건이면 조건없는 법률행위로 하고 정지조건이면 그 법률행위는 무효로 한다.

① **법정조건** : 법인설립행위에 있어서의 주무관청의 허가, 유언에 있어서의 유언자의 사망 등과 같이 법률상 당연히 요구되는 법률행위의 효력발생요건이며 부관으로서의 조건은 아니나, 성질에 반하지 않는 범위에서 민법의 조건에 관한 규정을 법정조건에 유추적용할 수 있다.
② **불법조건** : 조건부 법률행위에 있어 조건의 내용 자체가 불법적인 것이어서 무효일 경우 그 조건만을 분리하여 무효로 할 수는 없고 그 법률행위 전부가 무효로 된다[2005마541]. ★29, 32회 기출★
③ **기성조건** : 기성조건(+)이 정지조건(+)이면 조건없는 법률행위(+)로 되고, (기성조건이) 해제조건(−)이면 그 법률행위는 무효(−)이다. ★29, 33회 기출★
④ **불능조건** : 법률행위 당시에 이미 성취될 수 없는 조건으로서 불능조건(−)이 해제조건(−)이면 조건없는 법률행위(+)가 되고 (불능조건이) 정지조건(+)이면 그 법률행위는 무효(−)이다. ★27, 28, 30, 31회 기출★

4. 조건을 붙일 수 없는 법률행위

(1) 어음 · 수표행위

조건을 붙인 어음발생행위는 무효이나 어음보증은 조건을 붙일 수 있다.

(2) 단독행위

상계 · 취소 · 해제 · 해지 · 철회 · 환매권 행사 등의 단독행위에는 원칙적으로 조건을 붙이지 못한다. 다만, 상대방의 동의가 있는 경우, 채무면제 · 유언 · 유증처럼 상대방에게 이익만을 주는 경우에는 가능하다. ★29, 32회 기출★

(3) 물권행위의 경우

정지조건부 또는 시기부 법률행위는 가등기 할 수 있다. 동산소유권 유보부매매를 정지조건부 소유권이전으로 보아 물권행위에 조건을 붙이는 것을 인정한다[96다14807]. ★34회 기출★

(4) 가족법상의 행위

혼인 · 인지 · 입양이나 상속의 승인 · 포기 등에는 조건을 붙일 수 없다.

(5) 위반의 효과

주식청약과 같이 조건과 친하지 않은 법률행위에 조건을 붙인 경우에는 그 법률행위는 원칙적으로 전부 무효가 된다.

5. 조건의 성취와 불성취 ★27, 29, 31, 33회 기출★

> 제150조(조건성취, 불성취에 대한 반신의행위) ① 조건의 성취로 인하여 불이익을 받을 당사자가 신의성실에 반하여 조건의 성취를 방해한 때에는 상대방은 그 조건이 성취한 것으로 주장할 수 있다.
> ② 조건의 성취로 인하여 이익을 받을 당사자가 신의성실에 반하여 조건을 성취시킨 때에는 상대방은 그 조건이 성취하지 아니한 것으로 주장할 수 있다.

(1) 조건성취의 방해는 고의뿐 아니라 과실에 의한 것도 포함한다[98다42356]. 조건이 성취된 것으로 의제되는 시점은 이러한 신의성실에 반하는 행위가 없었더라면 조건이 성취되었으리라고 추산되는 시점이다[98다42356]. ★29회 기출★

(2) 정지조건 해당사실 : 어떠한 법률행위가 정지조건부 법률행위에 해당한다는 사실에 대한 주장 · 입증책임은 그 법률행위로 인한 법률효과의 발생을 저지하는 사유로서 그 법률효과의 발생을 다투려는 자에게 있다[93다20832].

(3) 정지조건 성취사실 : 정지조건부 법률행위에 있어서 조건성취의 사실은 이에 의해 권리를 취득하고자 하는 측이 입증해야 한다[84다카967]. 따라서 정지조건부 채권양도에 있어서 정지조건이 성취되었다는 사실은 채권양도의 효력을 주장하는 자에게 증명책임이 있다[81다카692]. ★28, 31회 기출★

(4) 조건이 붙어있는지 여부 : 어느 법률행위에 어떤 조건이 붙어 있었는지 아닌지는 사실인정의 문제로서 그 조건의 존재를 주장하는 자가 이를 입증하여야 한다고 할 것이다[2006다35766]. ★27, 31회 기출★

6. 조건부 법률행위의 효력

(1) 조건의 성부 확정 전의 효력 ★27, 29, 30, 33회 기출★

> 제148조(조건부권리의 침해금지) 조건있는 법률행위의 당사자는 조건의 성부가 미정한 동안에 조건의 성취로 인하여 생길 상대방의 이익을 해하지 못한다.
> 제149조(조건부권리의 처분 등) 조건의 성취가 미정한 권리의무는 일반규정에 의하여 처분, 상속, 보존 또는 담보로 할 수 있다.

(2) 조건의 성부 확정 후의 효력 ★30회 기출★

> 제147조(조건성취의 효과) ① 정지조건 있는 법률행위는 조건이 성취한 때로부터 그 효력이 생긴다.
> ② 해제조건 있는 법률행위는 조건이 성취한 때로부터 그 효력을 잃는다.
> ③ 당사자가 조건성취의 효력을 그 성취 전에 소급하게 할 의사를 표시한 때에는 그 의사에 의한다.

제2절　기한부 법률행위

1. 기한도래의 효과

> 제152조(기한도래의 효과) ① 시기 있는 법률행위는 기한이 도래한 때로부터 그 효력이 생긴다.
> ② 종기 있는 법률행위는 기한이 도래한 때로부터 그 효력을 잃는다.

2. 확정기한과 불확정기한

임대차계약을 체결함에 있어서 임대기한을 본건 토지를 임차인에게 매도할 때까지로 정하였다면 위 임대차계약은 기간의 약정이 없는 것이다[73다631]. 그러나 임대인이 생존하는 동안 임대하기로 하는 계약은 기한부 법률행위이다. 부관이 붙은 법률행위에 있어서 부관에 표시된 사실이 발생하지 않으면 채무를 이행하지 않아도 된다고 보는 것이 상당한 경우에는 조건으로 보아야 하고, 표시된 사실이 발생한 때에는 물론이고 반대로 발생하지 않는 것이 확정된 때에도 그 채무를 이행하여야 한다고 보는 것이 상당한 경우에는 표시된 사실의 발생 여부가 확정되는 것을 불확정기한으로 정한 것으로 보아야 한다[2003다24215]. ★27, 28, 32회 기출★

3. 기한을 붙일 수 없는 법률행위

(1) **가족법상의 행위** : 법률행위의 효과가 곧 발생할 것이 요구되는 경우에는 시기를 붙이는 것이 허용되지 않는데 혼인 · 입양 · 인지 등의 가족법상의 행위에는 시기를 붙이지 못한다. ★29회 기출★

(2) **소급효 있는 법률행위** : 소급효 있는 법률행위에 시기를 붙이는 것은 무의미하므로 취소 · 상계 등에는 기한을 붙일 수 없으나 동의가 있는 경우 조건을 붙일 수 있다. ★32회 기출★

(3) **어음 · 수표행위** : 조건에는 친하지 않으나 어음행위에 시기를 붙이는 것은 무방하다.

4. 기한부 법률행위의 효력

> 제154조(기한부권리와 준용규정) 제148조(기한부 법률행위의 당사자는 기한의 도래가 미정한 동안에 기한의 도래로 인하여 생길 상대방의 이익을 해하지 못한다)와 제149조(기한의 도래가 미정한 권리의무는 일반규정에 의하여 처분, 상속, 보존 또는 담보로 할 수 있다)의 규정은 기한 있는 법률행위에 준용한다.

5. 기한의 이익(利益) ★28, 30, 32회 기출★

> 제153조(기한의 이익과 그 포기) ① 기한은 채무자의 이익을 위한 것으로 추정한다.
> ② 기한의 이익은 이를 포기할 수 있다. 그러나 상대방의 이익을 해하지 못한다.

무상임치의 경우에는 채권자, 무이자 소비대차의 경우에는 채무자, 이자부 소비대차의 경우에는 쌍방이 기한의 이익을 가진다. 무이자 소비대차의 차주는 언제든지 변제할 수 있고, 무상임치에서 채권자(임치인)는 언제든지 반환을 청구할 수 있다. 채무자는 본래의 이행기까지의 이자를 지급하고서 기한 전에 채무변제를 할 수 있다. 그러나 채권자는 변제기까지의 이자를 포기하고 기한 전에 변제할 것을 청구할 수는 없다

6. 기한의 이익의 상실

> 제388조(기한의 이익의 상실) 채무자는 다음 각호의 경우에는 기한의 이익을 주장하지 못한다.
> 1. 채무자가 담보를 손상, 감소 또는 멸실하게 한 때
> 2. 채무자가 담보제공의 의무를 이행하지 아니한 때
> 「채무자 회생 및 파산에 관한 법률」 제425조(기한부채권의 변제기도래) 기한부채권은 파산선고시에 변제기에 이른 것으로 본다.

기한이익 상실의 특약은 그 내용에 의하여 일정한 사유가 발생하면 채권자의 청구 등을 요함이 없이 당연히 기한의 이익이 상실되어 이행기가 도래하는 것으로 하는 정지조건부 기한이익 상실의 특약과 일정한 사유가 발생한 후 채권자의 통지나 청구 등 채권자의 의사행위를 기다려 비로소 이행기가 도래하는 것으로 하는 형성권적 기한이익 상실의 특약의 두 가지로 대별할 수 있고, 명백히 정지조건부 기한이익 상실의 특약이라고 볼 만한 특별한 사정이 없는 이상 형성권적 기한이익 상실의 특약으로 추정하는 것이 타당하다[2008다42416,42423]. ★28, 31회 기출★

제3절   기간

1. 의의

기간이란 어느 시점에서 어느 시점까지의 계속된 시간을 말한다.

2. 기간에 관한 규정의 적용범위

> 제155조(본장의 적용범위) 기간의 계산은 법령, 재판상의 처분 또는 법률행위에 다른 정한 바가 없으면 본장의 규정에 의한다.

사법관계뿐만 아니라 공법관계에도 적용되는 일반적 · 기술적 규정이다. 당사자의 약정이 없을 때 적용되는 보충적 규정이다.

(1) 자연적 계산법 ★29, 30회 기출★

> 제156조(기간의 기산점) 기간을 시, 분, 초로 정한 때에는 즉시로부터 기산한다.

만료점은 정해진 시 · 분 · 초가 종료한 때이다. 오전 8시 25분부터 10시간이라면 오후 6시 25분까지를 말한다.

(2) 역법적(曆法的) 계산법

① 기산점

㉠ 초일불산입의 원칙 ★30회 기출★

> 제157조(기간의 기산점) 기간을 일, 주, 월 또는 연으로 정한 때에는 기간의 초일은 산입하지 아니한다.

즉 익일부터 기산한다. 법령이나 법률행위 등에 의하여 초일불산입의 원칙과 달리 정하는 것도 가능하다(제155조)[2006다62942].

㉡ 예외(단축적 계산법) ★29, 30회 기출★

> 제157조(기간의 기산점) 그러나 그 기간이 오전 영시로부터 시작하는 때에는 초일을 산입한다.
> 제158조(연령의 기산점) 연령계산에는 출생일을 산입한다.

② 만료점(연장적 계산법) ★29, 30회 기출★

> 제159조(기간의 만료점) 기간을 일, 주, 월 또는 연으로 정한 때에는 기간말일의 종료로 기간이 만료한다.
> 제161조(공휴일 등과 기간의 만료점) 기간의 말일이 토요일 또는 공휴일에 해당한 때에는 기간은 그 익일로 만료한다.

기간의 초일이 공휴일이라 하더라도 기간은 초일부터 기산한다[81누204]. 정부가 지정한 임시공휴일도 공휴일에 해당한다[63다958]. 정년이 53세라 함은 만 53세가 만료되는 날이 아니라 만 53세에 도달하는 날을 말한다[71다2669].

③ 역(曆)에 의한 계산 ★29, 30회 기출★

> 제160조(역에 의한 계산) ① 기간을 주, 월 또는 연으로 정한 때에는 역에 의하여 계산한다.
> ② 주, 월 또는 연의 처음으로부터 기간을 기산하지 아니하는 때에는 최후의 주, 월 또는 연에서 그 기산일에 해당한 날의 전일로 기간이 만료한다.
> ③ 월 또는 연으로 정한 경우에 최종의 월에 해당일이 없는 때에는 그 월의 말일로 기간이 만료한다.

2000년 12월 1일 오전 10시에 출생한 미성년자가 법정대리인 몰래 2018.3.5. 10:00에 오토바이 매매계약을 체결한 경우 그의 취소권의 존속기간(법정대리인의 취소권은 고려하지 않기로 함)은 추인할 수 있는 날(2019.12.1. 0시)부터 3년은 2022년 11월 30일까지이고, 법률행위가 있은 날부터 10년은 2028년 3월 5일까지이므로, 취소권은 먼저 도래한 2022년 11월 30일까지 존속한다. ★31회 기출★

3. 기간의 역산(逆算)

일정한 기산일로부터 소급하여 거꾸로 계산하는 방법이다. 민법의 기간규정을 유추적용한다. 사원총회 개최일이 2020년 8월 27일(10시)인데 정관에 다른 규정이 없다면 총회소집통지는 1주일 전에 통지를 발해야 한다(제71조). 기산일은 26일이고 그로부터 역산하여 1주일 해당일은 19일이고 그 전일은 8월 20일 0시까지이므로, 8월 19일 24시 이전에 발송해야 한다(총회일에서 8일을 뺀 날의 자정까지 발송해야 함).

제4절 소멸시효(消滅時效)

---

1. 시효의 의의와 종류

(1) 의의

시효란 일정한 사실상태가 일정한 기간에 걸쳐 계속된 경우에 그 사실상태대로 권리의 취득 또는 소멸을 일어나게 하는 법률요건이다. 시효는 공익적 근거에서 인정되므로 이에 관한 규정은 편면적 강행규정이다.

(2) 소멸시효(消滅時效)와 제척기간(除斥期間) ★30회 기출★

구분	소멸시효	제척기간
제도의 취지	법적 안정성의 유지, 증거보전 곤란의 구제, 권리보호가치의 부재	법률관계의 조속한 확정
소급효	있음	없음(장래효)
중단제도	있음	없음[2000다26425]
정지제도	있음	없음[2004두2509]
이익의 포기	시효기간 완성 후 가능(제184조 제1항)	불가능
기간의 단축 · 감경	법률행위로써 가능(제184조 제2항)	불가능
권리의 소멸	① 절대적 소멸설 : 시효완성으로 권리 소멸 ② 상대적 소멸설 : 시효원용권을 행사해야 권리 소멸	당연히 권리 소멸

소송상 주장 (당사자의 원용)	필요 (절대적 소멸설 : 변론주의 때문 상대적 소멸설 : 논리적 필연)	불필요(법원이 직권으로 조사)
증명책임	소멸시효의 항변권을 주장하는 자(의무자)가 소멸시효 완성을 증명할 책임을 부담한다.	권리자가 제척기간 미경과를 증명할 책임을 부담한다는 견해가 있다.

2. 소멸시효의 요건

(1) 소멸시효에 걸리는 권리일 것

① 채권

> 제162조(채권, 재산권의 소멸시효) ① 채권은 10년간 행사하지 아니하면 소멸시효가 완성한다.

② 소유권·채권 외의 재산권

    ㉠ 채권적 청구권 : 채권이 소멸시효에 걸리므로 채권적 청구권도 소멸시효에 걸린다.

    ㉡ 항변권 : 상대방이 청구권을 행사한 때에 발생하여 제162조 제2항에 따라 20년의 소멸시효에 걸린다.

    ㉢ 가족법상의 재산적 권리 : 부양청구권 등은 소멸시효에 걸린다.

    ㉣ 국가의 금전채권·금전채무 : 금전의 급부를 목적으로 하는 국가의 권리 또는 국가에 대한 권리는 다른 법률에 규정이 없는 한 5년의 소멸시효에 걸린다(국가재정법 제96조).

    ㉤ 용익물권 : 부동산물권 중 용익물권인 지상권·지역권은 20년의 소멸시효에 걸린다. ★31회 기출★

③ 소멸시효에 걸리지 않는 권리

    ㉠ 소유권 : 소유권은 항구성이 있어서 소멸시효에 걸리지 않는다. ★31회 기출★

    ㉡ 소유권에 기한 물권적 청구권 : 소유권이 소멸시효에 걸리지 않으므로, 소유권에 기한 물권적 청구권도 소멸시효에 걸리지 않는다. ★27, 29회 기출★

    ㉢ 법률행위에 의한 부동산소유권이전등기청구권 : 부동산 매수인의 등기청구권도 매수인이 매도인으로부터 부동산을 인도받아 사용·수익하고 있는 경우에는 소멸시효에 걸리지 않는다[76다148 전합]. 매수인이 인도받은 부동산을 타인에게 처분하여 그 점유를 승계하여 준 경우에도 등기청구권은 시효로 소멸하지 않는다[98다32175 전합]. ★27, 31회 기출★

    ㉣ 점유권과 유치권 : 소멸시효에 걸리지 않는다.

    ㉤ 담보물권 : 담보물권(질권·저당권)은 피담보채권이 존재하는 한 독립하여 소멸시효에 걸리지 않는다. ★27회 기출★

    ㉥ 비재산권(일신전속권) : 인격권·사원권·친족권 등은 소멸시효에 걸리지 않는다.

    ㉦ 공유물분할청구권 : 공유물분할청구권은 공유관계에 수반되는 형성권이므로 공유관계가 존속하는 한 그 분할청구권만이 독립하여 시효소멸될 수 없다[80다1888]. ★27, 32, 33회 기출★

    ㉧ 상린권 : 상린권(제215조~제244조)은 그 전제되는 권리(소유권·지상권·전세권 등)와 독립하여 소멸시효에 걸리지는 않는다.

    ㉨ 형성권 : 매매예약완결권은 일종의 형성권으로서 제척기간의 경과로 인해 소멸한다[96다47494].

(2) 권리의 불행사

① 의의

소멸시효의 요건이 되는 권리의 불행사란 권리를 행사하는 데 법률상 장애가 없음에도 불구하고 권리를 행사하지 않는 것을 말한다. 기간의 미도래나 조건의 미성취 등이 법률상 장애에 해당하며, 권리의 존재나 권리행사의 가능성에 대한 부지와 같은 사실상의 장애는 소멸시효의 진행에 영향을 미치지 않는다[91다40924]. ★30회 기출★

② 소멸시효의 기산점

㉠ 의의

> 제166조(소멸시효의 기산점) ① 소멸시효는 권리를 행사할 수 있는 때로부터 진행한다.

소멸시효의 진행은 당해 청구권이 성립한 때로부터 발생하고 원칙적으로 권리의 존재나 발생을 알지 못하였다고 하더라도 소멸시효의 진행에 장애가 되지 않는다[2002다64957]. 소멸시효의 기산점에 대해 법원은 당사자가 주장한 시점을 기준으로 판단한다. ★30회 기출★

㉡ 조건부 권리 : 정지조건부 권리는 조건이 성취된 때부터 진행한다. 해제조건부 권리는 권리가 이미 발생한 상태이므로, 조건성취가 미정인 동안에도 소멸시효는 진행한다. ★30, 32회 기출★

㉢ 시기부 권리 : 확정기한부이건 불확정기한부이건 기한부 권리는 기한이 도래한 때부터 소멸시효가 진행한다. 불확정기한부 권리의 경우, 소멸시효는 기한도래의 지·부지나 과실 유무를 불문하고 객관적으로 기한이 도래한 때부터 진행한다. ★27회 기출★

㉣ 기한이 정해져 있지 않은 채권 : 조건·기한이 붙어 있지 않아서 권리자가 언제든지 청구권을 행사할 수 있는 경우, 그 청구권은 채권발생시(권리발생시)부터 소멸시효가 진행한다.

ⓐ 부당이득반환청구권 : 법률행위의 무효로 인한 부당이득반환청구권은 무효인 법률행위에 기한 급부가 있는 때부터 소멸시효가 진행하고[91다32053 전합], 취소로 인한 부당이득반환청구권은 취소가 있는 때부터 소멸시효가 진행한다[85다카748 참고]. 과세처분이 명백하고도 중대한 하자가 있는 당연무효의 것이라면 그로 인한 부당이득금반환청구권의 소멸시효의 기산점은 그 과세처분으로 인한 오납이 있었던 때를 기준으로 하여야 한다[87다카54].

ⓑ 불법행위에 기한 손해배상청구권 : 3년의 단기소멸시효는 피해자나 그 법정대리인이 그 손해 및 가해자를 안 날로부터, 10년의 장기소멸시효는 불법행위를 한 날로부터 진행한다. '불법행위를 한 날'이란 가해행위가 있었던 날이 아니라 현실적으로 손해의 결과가 발생한 날을 의미한다[2004다71881].

ⓒ 채무불이행에 기한 손해배상청구권 : 채무불이행으로 인한 손해배상청구권의 소멸시효는 채무불이행시로부터 진행한다[94다54269]. 매매로 인한 부동산소유권이전채무가 이행불능됨으로써 매수인이 매도인에 대해 갖는 손해배상채권의 소멸시효는 소유권이전채무가 이행불능된 때부터 진행한다[90다카22513]. ★27, 30, 31, 32, 33회 기출★

ⓓ 구상권 : 보증인 등의 구상권의 소멸시효는 그 권리가 발생하여 이를 행사할 수 있는 때부터 진행한다. 공동불법행위자의 1인의 다른 공동불법행위자에 대한 구상금채권은 구상권자가 현실로 피해자에게 손해금을 지급한 때부터 10년간 행사하지 않으면 시효소멸한다[78다528]. 보증인의 주채무자에 대한 사후구상권과 사전구상권은 그 발생원인을 서로 달리하는 별개의 독립

된 권리이므로, 그 소멸시효는 각각 그 권리가 발생되어 이를 행사할 수 있는 때부터 각별로 진행한다[80다2699].

ⓔ 무권대리인에 대한 상대방의 계약이행·손해배상청구권 : 대리권의 증명 또는 본인의 추인을 얻지 못한 때(선택권을 행사할 수 있는 때)부터 소멸시효가 진행한다[64다1156]. ★32회 기출★

ⓕ 기한을 유예 : 채무의 이행기가 도래한 후에 채무자의 요청에 의하여 채권자가 채무자에게 기한을 유예한 경우, 유예한 이행기일로부터 다시 소멸시효가 진행한다. ★27, 33회 기출★

ⓜ 부작위채권 ★29, 30, 33회 기출★

> 제166조(소멸시효의 기산점) ② 부작위를 목적으로 하는 채권의 소멸시효는 위반행위를 한 때로부터 진행한다.

ⓗ 동시이행항변권이 붙은 채권 : 지급기일 이후 시효의 진행에 걸린다[90다9797]. 즉 이행기 도래시부터 소멸시효가 진행한다. ★27, 31, 32, 33, 34회 기출★

ⓢ 취득시효 : 점유취득시효가 완성 후 토지점유자가 점유를 상실 한 경우, 그로부터 10년이 지나면 등기청구권은 소멸한다. ★31회 기출★

ⓞ 건물매도시 그 이익을 분배하기로 약정한 경우 이익금분배청구권은 잔금을 모두 수령한 때부터 소멸시효가 진행한다. ★33회 기출★

(3) 소멸시효 기간의 경과

① 채권의 소멸시효기간

㉠ 일반채권

> 제162조(채권, 재산권의 소멸시효) ① 채권은 10년간 행사하지 아니하면 소멸시효가 완성한다.

㉡ 3년의 단기소멸시효에 걸리는 채권

> 제163조(3년의 단기소멸시효) 다음 각호의 채권은 3년간 행사하지 아니하면 소멸시효가 완성한다.
> 1. 이자, 부양료, 급료, 사용료 기타 1년 이내의 기간으로 정한 금전 또는 물건의 지급을 목적으로 한 채권
> 2. 의사, 조산사, 간호사 및 약사의 치료, 근로 및 조제에 관한 채권
> 3. 도급받은 자, 기사 기타 공사의 설계 또는 감독에 종사하는 자의 공사에 관한 채권
> 4. 변호사, 변리사, 공증인, 공인회계사 및 법무사에 대한 직무상 보관한 서류의 반환을 청구하는 채권
> 5. 변호사, 변리사, 공증인, 공인회계사 및 법무사의 직무에 관한 채권
> 6. 생산자 및 상인이 판매한 생산물 및 상품의 대가
> 7. 수공업자 및 제조자의 업무에 관한 채권

ⓐ 1년 이내의 기간으로 정한 채권은 1년 이내의 정기로 지급되는 채권(정기급부채권)을 뜻하며, 변제기가 1년 이내인 채권을 뜻하지 않는다[79다2169]. 금전채무의 이행지체로 인해 발생하는 지연손해금은 손해배상금이지 제163조 1호의 이자가 아니다[98다42141].

ⓑ 민법 제163조 제2호 소정의 '의사의 치료에 관한 채권'에 있어서는, 특약이 없는 한 그 개개의 진료가 종료될 때마다 각각의 당해 진료에 필요한 비용의 이행기가 도래하여 그에 대한 소멸시효가 진행된다고 해석함이 상당하고, 퇴원시부터 소멸시효가 진행된다고 볼 수는 없다[2001다52568].

ⓒ 1년의 단기소멸시효에 걸리는 채권

> 제164조(1년의 단기소멸시효) 다음 각 호의 채권은 1년간 행사하지 아니하면 소멸시효가 완성한다.
> 1. 여관, 음식점, 대석(貸席), 오락장의 숙박료, 음식료, 대석료, 입장료, 소비물의 대가 및 체당금의 채권
> 2. 의복, 침구, 장(葬具)구 기타 동산의 사용료의 채권
> 3. 노역인, 연예인의 임금 및 그에 공급한 물건의 대금채권
> 4. 학생 및 수업자의 교육, 의식(衣食) 및 유숙(留宿)에 관한 교주(校主), 숙주(塾主), 교사(敎師)의 채권

일정한 채권의 소멸시효기간에 관하여 이를 특별히 1년의 단기로 정하는 민법 제164조는 그 각호에서 개별적으로 정하여진 채권의 채권자가 그 채권의 발생원인이 된 계약에 기하여 상대방에 대하여 부담하는 반대채무에 대하여는 다른 특별한 사정이 없는 한 민법 제162조 제1항에서 정하는 10년의 일반소멸시효기간의 적용을 받는다[2013다65178]. ★29회 기출★

ⓓ 판결 등에 의해 확정된 채권 ★29회 기출★

> 제165조(판결 등에 의하여 확정된 채권의 소멸시효) ① 판결에 의하여 확정된 채권은 단기의 소멸시효에 해당한 것이라도 그 소멸시효는 10년으로 한다.
> ② 파산절차에 의하여 확정된 채권 및 재판상의 화해, 조정 기타 판결과 동일한 효력이 있는 것에 의하여 확정된 채권도 전항과 같다.
> ③ 전2항의 규정은 판결확정당시에 변제기가 도래하지 아니한 채권에 적용하지 아니한다.

민법 제165조는 단기소멸시효에 걸리는 것이라도 확정판결을 받은 권리의 소멸시효는 10년으로 한다는 뜻일 뿐, 10년보다 장기의 소멸시효기간을 10년으로 단축한다는 의미가 아니다[80다1888].

ⓔ 불법행위로 인한 손해배상청구권

> 제766조(손해배상청구권의 소멸시효) ① 불법행위로 인한 손해배상의 청구권은 피해자나 그 법정대리인이 그 손해 및 가해자를 안 날로부터 3년간 이를 행사하지 아니하면 시효로 인하여 소멸한다.
> ② 불법행위를 한 날로부터 10년을 경과한 때에도 시효로 인하여 소멸한다.

ⓕ 상사채권 : 상행위로 인한 채권은 상법에 다른 규정이 없는 때에는 5년간 행사하지 않으면 소멸시효가 완성한다.

ⓖ 국가 · 지방자치단체의 금전채권 · 금전채무 : 금전의 급부를 목적으로 하는 국가 · 지자체의 권리 또는 국가 · 지자체에 대한 권리는 다른 법률에 규정이 없는 한 5년간 행사하지 않으면 시효로 인해 소멸한다.

② 기타 재산권의 소멸시효기간

> 제162조(채권, 재산권의 소멸시효) ② 채권 및 소유권 이외의 재산권은 20년간 행사하지 아니하면 소멸시효가 완성한다.

3. 소멸시효의 중단(中斷)

(1) 소멸시효의 중단사유

① 청구

> 제168조(소멸시효의 중단사유) 소멸시효는 다음 각 호의 사유로 인하여 중단된다.
> 1. 청구

㉠ 재판상의 청구

ⓐ 응소 : 권리자가 원고로서 시효를 주장하는 자를 피고로 하여 소송물인 권리를 소의 형식으로 주장하는 경우뿐만 아니라 피고로서 응소하여 그 소송에서 적극적으로 권리를 주장하고 그것이 받아들여진 경우를 포함한다[92다47861 전합]. ★27, 28회 기출★

ⓑ 재심 : 확정판결에 대한 재심청구에 의해서도 시효는 중단된다[96다28196].

ⓒ 민사재판 : 재판은 원칙적으로 민사재판만을 의미한다. 사법상의 권리를 행정소송·행정심판·형사재판상에서 주장하는 것은 시효중단사유가 되지 않지만, 과세처분의 취소·변경 또는 무효확인을 구하는 행정소송은 오납된 조세의 환급을 구하는 부당이득반환청구권의 소멸시효 중단사유인 재판상 청구에 해당한다[91다32053 전합].

ⓓ 형사소송 : 피해자가 형사소송에서 소송촉진 등에 관한 특례법에서 정한 배상명령을 신청한 경우를 제외하고는 소멸시효의 중단사유인 재판상의 청구로 볼 수는 없다[98다18124].

ⓔ 근저당권설정등기청구권 : 근저당권설정등기청구권은 그 피담보채권이 될 채권과 별개로 소멸시효에 걸린다. 근저당권설정등기청구의 소 제기는 그 피담보채권이 될 채권에 대한 소멸시효 중단사유로 된다[2002다7213].

ⓕ 파면처분무효확인의 소 : 파면처분무효확인의 소(또는 고용관계존재확인의 소)의 제기는 보수금채권의 시효중단사유가 된다[77다2509]. 그러나 퇴직급여청구권에 대한 소멸시효 중단사유에 해당하지 않는다[90누2024].

ⓖ 시효중단의 효력 : 시효중단의 효력은 소를 제기한 때에 발생하며, 이는 반소의 경우에도 마찬가지이다(민소법 제270조). 응소행위로 인한 시효중단의 효력은 피고가 현실적으로 권리를 행사하여 응소한 때에 발생한다[2005다59383].

ⓗ 소송의 각하 등

> 제170조(재판상의 청구와 시효중단) ① 재판상의 청구는 소송의 각하, 기각 또는 취하의 경우에는 시효중단의 효력이 없다.
> ② 전항의 경우에 6월 내에 재판상의 청구, 파산절차참가, 압류 또는 가압류, 가처분을 한 때에는 시효는 최초의 재판상 청구로 인하여 중단된 것으로 본다.

재판상 청구가 취하된 후 6월 내에 재판상 청구 등을 하지 않으면 재판외의 최고로서의 효력은 있다[87다카2337].

㉡ 파산절차참가 ★28, 33회 기출★

> 제171조(파산절차참가와 시효중단) 파산절차참가는 채권자가 이를 취소하거나 그 청구가 각하된 때에는 시효중단의 효력이 없다.

ⓒ 지급명령신청 ★28회 기출★

> 제172조(지급명령과 시효중단) 지급명령은 채권자가 법정기간 내에 가집행신청을 하지 아니함으로 인하여 그 효력을 잃은 때에는 시효중단의 효력이 없다.

ⓔ 화해신청 또는 조정신청

> 제173조(화해를 위한 소환, 임의출석과 시효중단) 화해를 위한 소환은 상대방이 출석하지 아니하거나 화해가 성립되지 아니한 때에는 1월내에 소를 제기하지 아니하면 시효중단의 효력이 없다. 임의출석의 경우에 화해가 성립되지 아니한 때에도 그러하다.

ⓜ 임의출석

> 제173조(화해를 위한 소환, 임의출석과 시효중단) 임의출석의 경우에 화해가 성립되지 아니한 때에도 시효중단의 효력이 없다.

ⓗ 최고(재판외 청구) ★29회 기출★

> 제174조(최고와 시효중단) 최고는 6월 내에 재판상의 청구, 파산절차참가, 화해를 위한 소환, 임의출석, 압류 또는 가압류, 가처분을 하지 아니하면 시효중단의 효력이 없다.

최고를 여러 번 거듭하다가 재판상 청구 등을 한 경우, 시효중단의 효력은 재판상 청구 등을 한 시점으로부터 소급하여 6월 이내에 한 최고시에 발생한다[87다카2337].

② 압류 · 가압류 · 가처분 ★28회 기출★

ⓐ 의의

> 제168조(소멸시효의 중단사유) 소멸시효는 다음 각호의 사유로 인하여 중단된다.
> 2. 압류 또는 가압류, 가처분

ⓑ 가압류에 의한 시효중단의 효력은 가압류의 집행보전의 효력이 존속하는 동안은 계속된다[2000다11102]. 가처분의 경우에도 마찬가지이다. 집행행위가 있으면 신청시에 소급하여 중단효력이 생긴다.

ⓒ 요건

> 제175조(압류, 가압류, 가처분과 시효중단) 압류, 가압류 및 가처분은 권리자의 청구에 의하여 또는 법률의 규정에 따르지 아니함으로 인하여 취소된 때에는 시효중단의 효력이 없다.
> 제176조(압류, 가압류, 가처분과 시효중단) 압류, 가압류 및 가처분은 시효의 이익을 받은 자에 대하여 하지 아니한 때에는 이를 그에게 통지한 후가 아니면 시효중단의 효력이 없다.

③ 승인(채무의 승인)

> 제168조(소멸시효의 중단사유) 소멸시효는 다음 각 호의 사유로 인하여 중단된다.
> 3. 승인

ㄱ 소멸시효의 중단사유로서의 승인은 관념의 통지로서 소멸시효의 진행이 개시된 이후에만 가능하고 그 이전에 승인을 하더라도 시효가 중단되지는 않으며, 현존하지 않는 장래의 채권을 미리 승인하는 것은 허용되지 않는다[2001다52568]. ★27, 28, 32회 기출★

ㄴ 부재자 재산관리인의 경우 가정법원의 허가 없이도 관리행위는 할 수 있으므로 가정법원의 허가 없이 시효중단사유인 승인은 할 수 있다. ★33회 기출★

(2) 소멸시효 중단의 효과

① 새로운 시효기간의 진행

ㄱ 재판상 청구로 인한 시효중단의 경우 : 재판이 확정된 때이다(제178조 제2항). 제소든 응소든 승소한 경우에 소멸시효가 중단되고 승소의 확정판결후 새로운 시효기간이 진행된다.

ㄴ 압류 · 가압류 · 가처분으로 인한 시효중단의 경우 : 그 절차가 종료된 때이다. 가압류 · 가처분의 경우에 본집행으로 이행되면 가압류 · 가처분으로 인한 시효중단은 계속되고, 본집행 종료시부터 새로이 시효가 진행한다.

ㄷ 승인으로 인한 시효중단의 경우 : 승인이 상대방에게 도달한 때이다. 채무자가 소멸시효 완성후에 채권자에 대하여 채무를 승인함으로써 그 시효의 이익을 포기한 경우에는 그때부터 새로이 소멸시효가 진행한다[2009다14340].

ㄹ 기타 : 파산절차가 종료한 때, 지급명령 · 화해 · 조정이 성립되어 확정된 때 새로이 시효가 진행한다.

② 시효중단의 효과가 미치는 범위

ㄱ 인적 범위

ⓐ 원칙 ★32, 33회 기출★

> 제169조(시효중단의 효력) 시효의 중단은 당사자 및 그 승계인 간에만 효력이 있다.

당사자란 시효중단행위에 관여한 자를 가리키므로[96다46484] 따라서 공유자의 한 사람이 공유물의 보존행위로서 청구를 하였으면 그로 인한 시효중단의 효력은 그 공유자에 한해 발생한다[79다639]. 승계인이란 시효중단에 관여한 당사자로부터 중단의 효과를 받는 권리를 그 중단효과 발생 이후에 승계한 자를 뜻하고 포괄승계인은 물론 특정승계인도 이에 포함된다[96다46484].

ⓑ 예외 : 어느 연대채무자에 대한 이행청구는 다른 연대채무자에게도 효력이 있고, 주채무자에 대한 시효중단은 보증인에 대해 효력이 있다(그러나 그 역은 성립하지 않음[93다21477]). 그러나 채권자와 주채무자 사이의 확정판결에 의하여 주채무의 소멸시효기간이 10년으로 연장되었다 할지라도 연대보증채무의 소멸시효기간은 여전히 종전의 소멸시효기간에 따른다[2004다26287].

ㄴ 물적 범위

ⓐ 소송상 일부청구의 경우 : 청구부분이 특정될 수 있는 경우에 있어서의 일부청구는 나머지부분에 대한 시효중단의 효력이 없고, 나머지 부분에 관하여는 소를 제기하거나 청구를 확장(청구의 변경)하는 서면을 법원에 제출한 때에 비로소 시효중단의 효력이 생긴다[74다1557]. 그러나, 1개의 채권 중 일부만을 청구한 경우에도 그 취지로 보아 채권 전부에 관해 판결을 구하는 것으로 해석된다면 그 전부에 관해 시효중단의 효력이 발생한다[91다43695]. ★29회 기출★

ⓑ 일부최고의 경우 : 채권의 일부에 대해서만 최고를 한 경우 채권 전부에 대한 시효중단을 인정하는 것이 통설이다(묵시적 일부최고). 채무의 일부변제는 채무 전부에 대해 시효중단효과가 있다[95다39854].

ⓒ 원인채권의 지급을 확보하기 위한 방법으로 어음이 수수된 경우 : 원인채권의 행사는 어음채권의 소멸시효를 중단시키는 효력이 없지만, 어음채권의 행사는 원인채권의 소멸시효를 중단시키는 효력이 있다[99다16378].

4. 소멸시효의 정지(停止)

(1) 제한능력자를 위한 시효정지

① 법정대리인이 없는 경우

> 제179조(제한능력자의 시효정지) 소멸시효의 기간만료 전 6개월 내에 제한능력자에게 법정대리인이 없는 경우에는 그가 능력자가 되거나 법정대리인이 취임한 때부터 6개월 내에는 시효가 완성되지 아니한다.

② 재산관리자에 대한 무능력자의 권리의 경우

> 제180조(재산관리자에 대한 제한능력자의 권리, 부부 사이의 권리와 시효정지) ① 재산을 관리하는 아버지, 어머니 또는 후견인에 대한 제한능력자의 권리는 그가 능력자가 되거나 후임 법정대리인이 취임한 때부터 6개월 내에는 소멸시효가 완성되지 아니한다.

(2) 혼인관계의 종료에 의한 시효정지 ★33회 기출★

> 제180조(재산관리자에 대한 제한능력자의 권리, 부부 사이의 권리와 시효정지) ② 부부 중 한쪽이 다른 쪽에 대하여 가지는 권리는 혼인관계가 종료된 때부터 6개월 내에는 소멸시효가 완성되지 아니한다.

(3) 상속재산에 관한 권리의 시효정지

> 제181조(상속재산에 관한 권리와 시효정지) 상속재산에 속한 권리나 상속재산에 대한 권리는 상속인의 확정, 관리인의 선임 또는 파산선고가 있는 때로부터 6월 내에는 소멸시효가 완성하지 아니한다.

(4) 천재 · 사변에 의한 시효정지 ★33회 기출★

> 제182조(천재 기타 사변과 시효정지) 천재 기타 사변으로 인하여 소멸시효를 중단할 수 없을 때에는 그 사유가 종료한 때로부터 1월 내에는 시효가 완성하지 아니한다.

5. 소멸시효의 효력

(1) 소멸시효완성의 효과

① 절대적 소멸설

㉠ 의의 : 소멸시효의 완성으로 권리가 당연히 소멸한다는 견해이다.

㉡ 소송상의 효과 : 변론주의의 원칙상 법원이 직권으로 시효완성을 인정할 수는 없고, 당사자의 시효완성항변이 있어야 법원이 이를 인정할 수 있다.

㉢ 시효이익포기의 의미 : 시효완성의 이익을 받지 않겠다는 의사표시이며, 그 의사표시에 의해 시효이익이 생기지 않았던 것으로 취급되며 채무는 계속 존속한다.

㉣ 시효완성후 변제의 효과 : 시효완성사실을 알고 변제하면 시효이익의 포기가 되고 악의의 비채변제(제742조)에 해당되고, 시효완성사실을 모르고 변제하면 도의관념에 적합한 비채변제(제744조)에 해당되어 부당이득반환청구를 하지 못한다.

② 상대적 소멸설

㉠ 의의 : 소멸시효의 완성으로 권리가 당연히 소멸하지는 않고, 시효이익을 받을 자에게 권리소멸을 주장할 수 있는 원용권이 생긴다는 견해이다.

㉡ 소송상의 효과 : 당연히 당사자의 원용이 필요하다. 재판외에서 원용권을 행사할 수도 있으며, 일단 원용권을 행사한 후에는 철회할 수 없다.

㉢ 시효이익포기의 의미 : 원용권의 포기이며, 시효이익의 포기로 인해 권리는 존속하는 것으로 인정된다.

㉣ 시효완성 후 변제의 효과 : 시효완성사실의 지·부지를 불문하고 원용이 없으면 채권은 소멸하지 않으므로, 시효완성후의 변제는 현존채무에 대한 유효한 변제이다.

③ 판례의 입장

㉠ 채무불이행으로 인한 손해배상청구권에 대한 소멸시효 항변이 불법행위로 인한 손해배상청구권에 대한 소멸시효 항변을 포함한 것으로 볼 수는 없다[96다51110]. ★29회 기출★

㉡ 당사자의 원용이 없어도 소멸시효기간이 완성하면 채무는 당연히 소멸된다 하겠으나, 변론주의의 원칙상 당사자가 시효이익을 받겠다는 뜻으로 이를 원용하지 않는 이상 그 의사에 반하여 재판할 수 없다[78다910].

(2) 소멸시효 완성의 원용권자(援用權者)

① 보증인·물상보증인의 원용 : 주채무가 시효로 소멸한 경우, 보증인은 소멸시효완성으로 직접 이익을 받는 (보증)채무자로서 또는 주채무자의 시효원용권을 행사하여 시효완성을 주장할 수 있고, 주채무자가 소멸시효의 이익을 포기한 경우에도 보증인은 보증채무자로서 시효완성을 주장할 수 있다. 물상보증인도 채권자에 대하여 물적 유한책임을 지고 있어 그 피담보채권의 소멸에 의하여 직접 이익을 받는 관계에 있으므로 소멸시효의 완성을 주장할 수 있다[2003다30890]. ★29, 31회 기출★

② 채무자의 다른 일반 채권자 : 채무자에 대한 일반 채권자는 자기의 채권을 보전하기 위하여 필요한 한도 내에서 채무자를 대위하여 소멸시효 주장을 할 수 있을 뿐 채권자의 지위에서 독자적으로 소멸시효의 주장을 할 수 없다[97다22676]. ★31회 기출★

③ **사해행위취소소송의 상대방인 수익자의 원용** : 사해행위취소소송의 상대방이 된 사해행위의 수익자는, 취소채권자의 채권의 소멸에 의하여 직접 이익을 받는 자에 해당한다[2007다54849]. ★34회 기출★

④ **유치권이 성립된 부동산의 매수인** : 유치권이 성립된 부동산의 매수인은 피담보채권의 소멸시효가 완성되면 시효로 인하여 채무가 소멸되는 결과 직접적인 이익을 받는 자에 해당하므로 소멸시효의 완성을 원용할 수 있는 지위에 있다[2009다39530]. ★29, 34회 기출★

(3) 소멸시효의 소급효 ★32회 기출★

① 소급적 권리소멸

> 제167조(소멸시효의 소급효) 소멸시효는 그 기산일에 소급하여 효력이 생긴다.

② 종된 권리의 소멸

> 제183조(종속된 권리에 대한 소멸시효의 효력) 주된 권리의 소멸시효가 완성한 때에는 종속된 권리에 그 효력이 미친다.

피담보채권이 소멸하면 질권 · 저당권 · 유치권도 소멸하고, 원본채권이 소멸하면 이자채권도 소멸하며, 주채무자에 대한 채권이 소멸하면 보증인에 대한 채권도 소멸한다.

③ **이자지급 불요** : 제167조와 제183조에 의해, 소멸시효의 완성으로 원본채무를 면하게 된 자는 원본채무의 소멸시효 기산일 이후의 미지급이자를 지급할 필요가 없다.

④ **상계의 허용** : 소멸시효가 완성된 채권이 그 완성 전에 상계할 수 있었던 것이면 그 채권자는 상계할 수 있다(제495조).

(4) 소멸시효 이익의 포기

① 의의

시효이익의 포기는 절대적 소멸설에 의하면 시효완성의 이익을 받지 않겠다는 의사표시이고, 상대적 소멸설에 의하면 시효완성 원용권의 포기이다.

② 시효완성 전의 포기 금지 등

㉠ 사전포기의 금지

> 제184조(시효의 이익의 포기 기타) ① 소멸시효의 이익은 미리 포기하지 못한다.

㉡ 배제 · 연장 · 가중의 금지 ★29회 기출★

> 제184조(시효의 이익의 포기 기타) ② 소멸시효는 법률행위에 의하여 이를 배제, 연장 또는 가중할 수 없으나 이를 단축 또는 경감할 수 있다.

③ 시효완성 후의 포기 ★31회 기출★

> 제184조(시효의 이익의 포기 기타) ① 소멸시효의 이익은 미리 포기하지 못한다.

- ○ 포기의 요건 : 시효이익의 포기는 처분행위이므로 포기자(채무자)에게 처분능력과 처분권한이 있어야 한다. 시효이익의 포기는 철회하지 못한다. ★31회 기출★
- ○ 포기의 방법 : 특별한 방식을 요하지 않는다. 재판상 또는 재판외에서 할 수 있고, 명시적으로 또는 묵시적으로 할 수 있다. 소멸시효완성 후의 변제 · 변제약속 · 기한유예요청[65다2133] · 채무승인[65다1996] 등은 시효이익의 포기에 해당한다. ★31, 32회 기출★
- ○ 포기의 효과
  - ⓐ 시효완성효과의 소멸(시적 범위) : 채무자가 시효이익을 포기하면 시효완성의 효과는 소멸하고 채권자의 권리에 대한 소멸시효기간은 새로이 진행한다. 처음부터 소멸시효완성의 이익이 생기지 않았던 것으로 된다(소급효). 소멸시효 이익의 포기 당시에는 권리의 소멸에 의하여 직접 이익을 받을 수 있는 이해관계를 맺은 적이 없다가 나중에 시효이익을 이미 포기한 자와의 법률관계를 통하여 비로소 시효이익을 원용할 이해관계를 형성한 자는 이미 이루어진 시효이익 포기의 효력을 부정할 수 없다[2015다200227]. ★28, 31회 기출★
  - ⓑ 상대적 효과(인적 범위) : 시효이익포기의 효과는 상대적이어서, 시효이익을 받을 자가 수인인 경우에 1인의 포기는 다른 자에게 영향을 미치지 않는다. 채권의 시효이익을 포기한 경우, 이는 채권자와 채무자의 관계에서만 효력이 생긴다. 따라서 채무자가 소멸시효이익을 포기한 후에도 보증인(제433조) · 연대보증인이나 담보부동산의 양수인[95다12446]은 독자적으로 채권자에 대해 소멸시효완성의 항변을 할 수 있다. ★31회 기출★
  - ⓒ 일부포기의 경우(물적 범위) : 채무자가 가압류 목적물에 대한 가압류를 해제받을 목적으로 피보전채권을 변제하는 경우에는 특별한 사정이 없는 한 피보전채권으로 적시되지 않은 별개의 채무에 대해서까지 소멸시효이익을 포기한 것이라고 볼 수는 없다[93다14936]. ★31회 기출★

○ × 핵심체크

01 조건이란 법률행위 성립의 발생 또는 소멸을 장래 발생할 것이 확실한 사실에 의존하게 하는 법률행위의 부관을 말한다. ○ ×

02 조건을 붙이고자 하는 의사가 있더라도 그것이 표시되지 않으면 법률행위의 부관으로서의 조건이 되는 것은 아니다. ○ ×

03 부관이 붙은 법률행위에 있어서 부관에 표시된 사실의 발생 유무에 상관없이 그 채무를 이행해야 하는 경우에는 조건으로 보아야 한다. ○ ×

04 법률행위의 조건이 선량한 풍속에 반하는 경우, 원칙적으로 조건만 무효로 될 뿐 그 법률행위가 무효로 되는 것은 아니다. ○ ×

05 어떤 법률행위에 정지조건이 붙어 있는지 여부는 그 조건의 존재를 주장하는 자가 증명해야 한다. ○ ×

06 "공인중개사시험에 합격하면 자동차를 사주겠다."고 약속한 경우 약속 당시 이미 시험에 합격했다면, 이는 조건 없는 증여계약이다. ○ ×

07 "내일 해가 서쪽에서 뜨면 자동차를 사주겠다."는 내용의 증여계약은 무효이다. ○ ×

08 법률행위에 정지조건이 붙어 있다는 사실의 증명 책임은 그 법률효과의 발생을 다투는 자에게 있다. ○ ×

09 정지조건부 법률행위의 경우에는 조건성취로 권리를 취득하는 자가 조건성취 사실에 대한 증명책임을 진다. ○ ×

10 동산의 소유권유보부매매에서 소유권유보의 특약을 한 경우 그 특약은 해제조건부이다. ○ ×

정답 및 해설 **01** × **02** ○ **03** × **04** × **05** ○ **06** ○ **07** ○ **08** ○ **09** ○ **10** ×

오답분석
01 불확실한 사실에 의존, 법률행위 효력
03 표시된 사실이 발생한 때에는 물론이고 발생하지 않는 것으로 확정된 때에도 그 채무를 이행하여야 한다고 보는 것이 상당한 경우에는 불확정기한으로 보아야 한다.
04 조건뿐만 아니라 법률행위 전부가 무효로 된다.
10 정지조건부 매매이다.

11 정지조건부 권리는 조건이 성취되지 않은 동안에도 소멸시효가 진행한다. ☐○ ☐×

12 약혼예물의 수수는 혼인의 성립을 해제조건으로 하는 증여와 유사한 성질을 갖는다. ☐○ ☐×

13 조건부 권리는 조건의 성취가 미정인 동안 일반규정에 의하여 처분하거나 담보로 제공할 수 없다. ☐○ ☐×

14 조건의 성취로 불이익을 받을 당사자가 신의성실에 반하여 조건의 성취를 방해한 경우 상대방은 그 조건이 성취하지 아니한 것으로 주장할 수 있다. ☐○ ☐×

15 임대차 계약의 기간을 "임차인에게 매도할 때까지"로 정한 경우, 특별한 사정이 없는 한 불확정기한부 법률행위로 보아야 한다. ☐○ ☐×

16 기한의 이익은 채권자의 이익을 위한 것으로 본다. ☐○ ☐×

17 기한의 이익을 가지는 자는 기한이 도래하기 전에는 그 이익을 포기하지 못한다. ☐○ ☐×

18 기한이익 상실특약에 있어서 그것이 정지조건부 기한이익 상실특약인지 형성권적 기한이익 상실특약인지 당사자의 의사가 불분명한 경우, 정지조건부 기한이익 상실특약으로 추정한다. ☐○ ☐×

19 정지조건부 기한이익 상실의 특약이 있는 경우 기한이익 상실사유가 발생하더라도 채권자의 통지나 청구 등이 있어야 이행기가 도래하는 것이 원칙이다. ☐○ ☐×

20 형성권적 기한이익 상실의 특약이 있는 경우에는 그 기한이익 상실사유가 발생함과 동시에 기한의 이익을 상실케 하는 채권자의 의사표시가 없더라도 이행기 도래의 효과가 발생한다. ☐○ ☐×

정답 및 해설 **11** × **12** × **13** × **14** × **15** × **16** × **17** × **18** × **19** × **20** ×

오답분석

11 조건이 미성취인 동안에는 소멸시효가 진행되지 않는다.

12 혼인의 불성립을 해제조건

13 조건의 성취가 미정한 권리의무는 일반규정에 의하여 처분, 상속, 보존 또는 담보로 할 수 있다.

14 조건이 성취된 것으로 주장할 수 있다.

15 기간의 약정이 없는 것이다.

16 기한의 이익은 채무자의 이익을 위한 것으로 추정한다.

17 상대방의 손해를 배상하고 기한의 이익을 포기할 수 있다.

18 형성권적 기한이익 상실의 특약으로 추정한다.

19 형성권적 기한이익 상실의 특약에 관한 내용이다.

20 정지조건부 기한이익 상실특약에 관한 내용이다.

21 월 또는 연으로 정한 경우에 최종의 월에 해당일이 없는 때에는 그 월의 말일로 기간이 만료한다. ⓞ⊗

22 사단법인의 사원총회를 1주일 전에 통지한다고 할 때에 총회일이 10월 19일이라면 늦어도 10월 11일 자정까지는 사원에게 총회소집통지가 발신되어야 한다. ⓞ⊗

23 기간의 말일이 공휴일인 때에는 기간은 그 익일에 만료하고, 공휴일에는 임시공휴일이 포함한다. ⓞ⊗

24 법률행위에 의해 소멸시효를 배제·연장 또는 가중할 수 없고, 제척기간은 강행규정으로서 당사자의 법률행위에 의하여 이를 연장할 수 없다. ⓞ⊗

25 매매예약완결권은 일종의 형성권으로서 당사자 사이에 그 행사기간을 약정한 때에는 그 기간 내에, 그러한 약정이 없는 때에는 그 예약이 성립한 때로부터 10년 내에 이를 행사하여야 한다. ⓞ⊗

26 유치권·저당권은 20년의 소멸시효에 걸린다. ⓞ⊗

27 공유물분할청구권도 독립하여 시효로 소멸될 수 있다. ⓞ⊗

28 확정판결에 의하여 유치권의 피담보채권의 소멸시효기간이 10년으로 연장된 경우 유치권이 성립된 부동산의 매수인은 종전의 단기 소멸시효를 원용할 수 없다. ⓞ⊗

29 본래의 소멸시효 기산일과 당사자가 주장하는 기산일이 서로 다른 경우에는 법원이 직권으로 소멸시효를 계산하는 것이 원칙이다. ⓞ⊗

30 부동산매수인이 목적 부동산을 인도받아 계속 점유하는 경우에는 그 부동산에 관한 소유권이전등기청구권의 소멸시효가 진행하지 않으나, 부동산매수인이 그 부동산을 다른 사람에게 처분하고 그 점유를 이전한 경우에는 소멸시효가 진행한다. ⓞ⊗

정답 및 해설   21 ○   22 ○   23 ○   24 ○   25 ○   26 ×   27 ×   28 ○   29 ×   30 ×

오답분석
26 피담보채권이 존속하는 한 독립하여 소멸시효에 걸리지 않는다.
27 공유물분할청구권은 형성권으로서 제척기간에 걸린다.
29 당사자가 주장하는 기산일을 기준으로 소멸시효를 계산하는 것이 원칙이다.
30 부동산매수인이 그 부동산을 다른 사람에게 처분하고 그 점유를 이전한 경우에도 소멸시효가 진행하지 아니한다.

31 부작위를 목적으로 하는 채권의 소멸시효는 위반행위를 한 때로부터 진행된다. ☐○ ☐×

32 집합건물의 하자보수에 갈음한 손해배상청구권의 소멸시효기간은 각 하자가 발생한 시점부터 별도로 진행한다. ☐○ ☐×

33 1개월 단위로 지급되는 집합건물의 관리비채권은 민법 제163조 제1호에서 3년의 단기소멸시효에 걸리는 것으로 규정한 '1년 이내의 기간으로 정한 채권'에 해당한다. ☐○ ☐×

34 소멸시효의 중단사유로서의 승인은 소멸시효의 진행이 개시되기 전에도 가능하다. ☐○ ☐×

35 소멸시효의 완성을 주장하는 자가 원고가 되어 제기한 소에서 피고로서 응소하였다면 시효중단사유인 재판상의 청구에 해당한다. ☐○ ☐×

36 주채무자에 대한 시효중단은 보증인에 대하여 그 효력이 있다. ☐○ ☐×

37 상대적 소멸설에서는 채무자가 시효완성의 사실을 알고 변제를 하면 시효이익의 포기 내지는 비채변제가 되어 그 반환을 청구하지 못한다. ☐○ ☐×

38 소멸시효는 법률행위에 의하여 이를 배제, 단축 또는 경감할 수 없으나 이를 연장 또는 가중할 수 있다. ☐○ ☐×

39 소멸시효는 그 기산일에 소급하여 효력이 생긴다. ☐○ ☐×

40 부재자재산관리인은 법원의 허가 없이 부재자를 대리하여 상대방의 채권의 소멸시효를 중단시키는 채무의 승인을 할 수 없다. ☐○ ☐×

| 정답 및 해설 | 31 ○ | 32 ○ | 33 ○ | 34 × | 35 × | 36 ○ | 37 × | 38 × | 39 ○ | 40 × |

오답분석

34 소멸시효의 진행이 개시된 이후에만 가능하고 그 이전에 승인을 하더라도 시효가 중단되지는 않는다.

35 피고로서 응소하여 그 소송에서 적극적으로 권리를 주장하고 그것이 받아들여진 경우 시효중단사유인 재판상의 청구에 해당한다.

37 절대적 소멸설의 내용이다.

38 배제, 연장 또는 가중할 수 없으나 이를 단축 또는 경감할 수 있다.

40 시효중단의 효력있는 승인에는 부재자재산관리인처럼 상대방의 권리에 관한 관리의 능력이나 권한이 있으면 채무의 승인을 할 수 있다.

제10장 | 확인학습문제

01 법률행위의 조건에 관한 설명으로 옳은 것은?(다툼이 있으면 판례에 따름)

① 조건의 성취가 미정인 권리는 일반규정에 의하여 처분, 상속할 수 있으나 담보로 제공할 수는 없다.

② 조건이 법률행위의 당시 이미 성취한 것인 경우에는 그 조건이 해제조건이면 조건없는 법률행위로 한다.

③ 조건의 성취로 인하여 이익을 받을 당사자가 신의성실에 반하여 조건을 성취시킨 때에도 상대방은 그 조건이 성취하지 아니한 것으로 주장할 수 없다.

④ 조건부 법률행위에 있어 조건의 내용 자체가 불법적인 것이어서 무효일 경우 그 조건만을 분리하여 무효로 할 수 있다.

⑤ 조건의 성취로 인하여 불이익을 받을 당사자가 신의성실에 반하여 조건의 성취를 방해한 경우, 조건이 성취된 것으로 의제되는 시점은 신의성실에 반하는 행위가 없었더라면 조건이 성취되었으리라고 추산되는 시점이다.

해설

난도 ★

① 조건의 성취가 미정한 권리의무는 일반규정에 의하여 처분, 상속, 보존 또는 담보로 할 수 있다(제149조).

② 기성조건(+)이 정지조건(+)이면 조건없는 법률행위(+)로 되고, (기성조건이) 해제조건(−)이면 그 법률행위는 무효(−)이다.

③ 조건의 성취로 인하여 이익을 받을 당사자가 신의성실에 반하여 조건을 성취시킨 때에는 상대방은 그 조건이 성취하지 아니한 것으로 주장할 수 있다(제150조 제2항).

④ 조건부 법률행위에 있어 조건의 내용 자체가 불법적인 것이어서 무효일 경우 또는 조건을 붙이는 것이 허용되지 아니하는 법률행위에 조건을 붙인 경우 그 조건만을 분리하여 무효로 할 수는 없고 그 법률행위 전부가 무효로 된다[2005마541].

답 ⑤

02 법률행위 부관인 조건에 관한 설명으로 옳지 <u>않은</u> 것은?(다툼이 있으면 판례에 따름)

① 물권행위에는 조건을 붙일 수 없다.

② 조건이 되기 위해서는 법률이 요구하는 것이 아니라 당사자가 임의로 부가한 것이어야 한다.

③ 조건의 성취를 의제하는 효과를 발생시키는 조건성취 방해행위에는 과실에 의한 행위도 포함된다.

④ 부첩(夫妾)관계의 종료를 해제조건으로 하는 부동산 증여계약은 해제조건뿐만 아니라 증여계약도 무효이다.

⑤ 당사자의 특별한 의사표시가 없는 한 정지조건이든 해제조건이든 그 성취의 효력은 소급하지 않는다.

해설
난도 ★★

① 물권법정주의에 위반되지 않는 한 물권행위의 내용에 관해 제한이 없으므로 물권행위에도 조건·기한을 붙일 수 있다.

② 조건은 당사자가 임의로 부가한 것이어야 한다. 따라서 법정조건은 조건이 아니다.

③ 상대방이 하도급받은 부분에 대한 공사를 완공하여 준공필증을 제출하는 것을 정지조건으로 하여 공사대금채무를 부담하거나 위 채무를 보증한 사람은 위 조건의 성취로 인하여 불이익을 받을 당사자의 지위에 있다고 할 것이므로, 이들이 위 공사에 필요한 시설을 해주지 않았을 뿐만 아니라 공사장에의 출입을 통제함으로써 위 상대방으로 하여금 나머지 공사를 수행할 수 없게 하였다면, 그것이 고의에 의한 경우만이 아니라 과실에 의한 경우에도 신의성실에 반하여 조건의 성취를 방해한 때에 해당한다고 할 것이므로, 그 상대방은 제150조 제1항의 규정에 의하여 위 공사대금채무자 및 보증인에 대하여 그 조건이 성취된 것으로 주장할 수 있다[98다42356].

④ 부첩관계인 부부생활의 종료를 해제조건으로 하는 증여계약은 그 조건만이 무효인 것이 아니라 증여계약 자체가 무효이다[66다530].

⑤ 제147조 제3항의 반대해석상 타당하다.

답 ①

---

03 조건과 기한에 관한 설명으로 옳지 <u>않은</u> 것은?(다툼이 있으면 판례에 따름)

① 법률행위의 조건은 그 조건의 존재를 주장하는 사람이 증명하여야 한다.

② 정지조건부 법률행위에서 조건이 성취된 사실은 조건의 성취로 권리를 취득하는 사람이 증명하여야 한다.

③ 불능조건이 정지조건인 경우 그 법률행위는 무효이다.

④ 조건의 성취로 불이익을 받을 당사자가 신의성실에 반하여 조건의 성취를 방해한 경우, 처음부터 조건없는 법률행위로 본다.

⑤ 기한이익 상실의 약정은 특별한 사정이 없으면 형성권적 기한이익 상실의 약정으로 추정한다.

해설
난도 ★

④ 조건의 성취로 인하여 불이익을 받을 당사자가 신의성실에 반하여 조건의 성취를 방해한 때에는 상대방은 그 조건이 성취한 것으로 주장할 수 있다(제150조 제1항).

답 ④

04 조건과 기한에 관한 설명으로 옳지 <u>않은</u> 것은?

① 조건성취의 효력은 당사자의 의사표시로 소급하게 할 수 없다.

② 조건이 법률행위 당시에 이미 성취할 수 없는 것일 경우에는 그 조건이 해제조건이면 조건없는 법률행위로 한다.

③ 조건의 성취가 미정인 권리는 일반규정에 의하여 담보로 할 수 있다.

④ 당사자의 특약이나 법률행위의 성질상 분명하지 않으면 기한은 채무자의 이익을 위한 것으로 추정한다.

⑤ 기한의 이익은 포기할 수 있지만, 이로 인해 상대방의 이익을 해하지 못한다.

> 해설
> 난도 ★
> ① 당사자가 조건성취의 효력을 그 성취 전에 소급하게 할 의사를 표시한 때에는 그 의사에 의한다(제147조 제1항).
>
> 정답 ①

05 법률행위의 조건과 기한에 관한 설명으로 옳은 것은?

① 조건은 법률행위의 효력의 발생 또는 소멸을 장래에 생기는 것이 확실한 사실에 의존하게 하는 법률행위의 부관이다.

② 법률행위 당시에 곧바로 효력을 발생하게 할 필요가 있는 입양에는 시기를 붙이지 못한다.

③ 단독행위의 경우 상대방이 동의한 경우에도 조건을 붙일 수 없다.

④ 정지조건 있는 법률행위에서 당사자는 조건성취의 효력을 그 성취 전에 소급하게 할 수 없다.

⑤ 종기 있는 법률행위는 기한이 도래한 때로부터 그 효력이 생긴다.

> 해설
> 난도 ★★
> ① 조건은 법률행위의 효력의 발생(정지조건) 또는 소멸(해제조건)을 장래의 불확실한 사실의 성부에 의존케 하는 법률행위의 부관으로서 당해 법률행위를 구성하는 의사표시의 일체적인 내용을 이루는 것이다[2003다10797].
> ③ 상계 · 취소 · 해제 · 해지 · 철회 · 환매권 행사 등의 단독행위에는 원칙적으로 조건을 붙이지 못한다. 다만, 상대방의 동의가 있는 경우, 채무면제 · 유언 · 유증처럼 상대방에게 이익만을 주는 경우에는 가능하다.
> ④ 당사자가 조건성취의 효력을 그 성취전에 소급하게 할 의사를 표시한 때에는 그 의사에 의한다(제147조 제3항).
> ⑤ 종기 있는 법률행위는 기한이 도래한 때로부터 그 효력을 잃는다(제152조 제2항).
>
> 정답 ②

06 조건에 관한 설명으로 옳지 <u>않은</u> 것은?(다툼이 있으면 판례에 따름)

① 조건은 법률행위의 효력의 발생 또는 소멸을 장래의 불확실한 사실의 성부에 의존하게 하는 법률행위의 부관이다.

② 불능조건이 해제조건이면 조건 없는 법률행위가 된다.

③ 조건의사가 있더라도 법률행위의 내용으로 외부에 표시되지 않은 경우, 그것만으로는 법률행위의 조건이 되지 않는다.

④ 부관이 붙은 법률행위에 있어서 부관에 표시된 사실의 발생 유무에 상관없이 그 채무를 이행해야 하는 경우에는 조건으로 보아야 한다.

⑤ 정지조건부 법률행위의 경우에는 조건성취로 권리를 취득하는 자가 조건성취 사실에 대한 증명책임을 진다.

해설
난도 ★★★

④ 부관이 붙은 법률행위에 있어서 ㉠ 부관에 표시된 사실이 발생하지 않으면 채무를 이행하지 않아도 된다고 보는 것이 상당한 경우에는 조건으로 보아야 하고 ㉡ 표시된 사실이 발생한 때에는 물론이고 반대로 발생하지 않는 것이 확정된 때에도 그 채무를 이행하여야 한다고 보는 것이 상당한 경우에는 표시된 사실의 발생 여부가 확정되는 것을 불확정기한으로 정한 것으로 보아야 한다[2003다24215].

답 ④

07 법률행위의 조건에 관한 설명으로 옳은 것은?

① 조건의 성취가 미정한 권리라도 일반규정에 의하여 처분하거나 상속할 수 있다.

② 조건의 성취로 인하여 불이익을 받을 당사자가 신의성실에 반하여 조건의 성취를 방해하였어도 상대방은 그 조건이 성취한 것으로 주장할 수 없다.

③ 모든 법률행위에는 조건을 붙일 수 있다.

④ 조건이 법률행위 당시 이미 성취한 것인 경우에는 그 조건이 정지조건이면 그 법률행위는 무효로 한다.

⑤ 조건이 법률행위 당시 이미 성취할 수 없는 것인 경우에는 그 조건이 정지조건이면 조건 없는 법률행위로 한다.

해설
난도 ★

② 조건의 성취로 인하여 불이익을 받을 당사자가 신의성실에 반하여 조건의 성취를 방해한 때에는 상대방은 그 조건이 성취한 것으로 주장할 수 있다(제150조 제1항).

③ 어음·수표행위나 상계·취소·해제·해지·철회·환매권 행사 등의 단독행위에는 원칙적으로 조건을 붙이지 못한다.

④ 기성조건(+)이 정지조건(+)이면 조건 없는 법률행위(+)로 되고, (기성조건이) 해제조건(−)이면 그 법률행위는 무효(−)이다.

⑤ 법률행위 당시에 이미 성취될 수 없는 조건으로서 불능조건(−)이 해제조건(−)이면 조건없는 법률행위(+)가 되고, 불능조건이 정지조건(+)이면 그 법률행위는 무효(−)이다.

답 ①

08 기한의 이익에 관한 설명으로 옳은 것은?(다툼이 있으면 판례에 따름)

① 기한의 이익이 채권자 및 채무자 쌍방에게 있는 경우, 채무자는 기한의 이익을 포기할 수 없다.

② 채무자인 甲이 저당권자 乙 이외의 다른 채권자 丙에게 동일한 부동산 위에 후순위저당권을 설정해 준 경우 원칙적으로 甲은 乙에게 기한의 이익을 주장하지 못한다.

③ 기한이익 상실의 특약은 특별한 사정이 없는 한 형성권적 기한이익 상실의 특약으로 추정된다.

④ 형성권적 기한이익 상실의 특약이 있는 할부채무의 경우, 특별한 사정이 없는 한 1회의 불이행이 있으면 채무전액에 대하여 소멸시효가 진행한다.

⑤ 정지조건부 기한이익 상실의 특약이 있는 경우, 그 특약에 정한 기한이익 상실사유가 발생하더라도 기한이익을 상실케 하는 채권자의 의사표시가 없다면 특별한 사정이 없는 한 이행기 도래의 효과가 발생하지 않는다.

해설

난도 ★★★

① 기한의 이익이 채권자 및 채무자 쌍방에게 있는 경우, 기한의 이익을 가지는 자는 그것을 포기할 수 있으나 상대방의 이익을 해하지 못한다(제153조). 따라서 채무자는 본래의 이행기까지의 이자를 지급하고서 기한 전에 채무변제를 할 수 있다.

② 채무자가 담보를 손상·감소 또는 멸실하게 한 때(제388조 제1호)에는 기한의 이익을 상실한다. 담보는 인적·물적 담보를 불문하며, 결과적으로 채무자의 행위로 말미암은 것이라면 채무자의 고의·과실을 묻지 않으나 동일한 부동산 위에 후순위저당권을 설정해 준 경우는 선순위 저당권의 침해가 아니므로 기한의 이익 상실사유가 아니다.

④ 형성권적 기한이익 상실의 특약이 있는 할부채무에 있어서는 1회의 불이행이 있더라도 각 할부금에 대해 그 각 변제기의 도래 시마다 그 때부터 순차로 소멸시효가 진행하고 채권자가 특히 잔존 채무 전액의 변제를 구하는 취지의 의사를 표시한 경우에 한하여 전액에 대하여 그 때부터 소멸시효가 진행한다[97다12990].

⑤ 기한이익 상실의 특약은 그 내용에 의하여 일정한 사유가 발생하면 채권자의 청구 등을 요함이 없이 당연히 기한의 이익이 상실되어 이행기가 도래하는 것으로 보는 것이 정지조건부 기한이익 상실의 특약이다.

정답 ③

09 법률행위의 부관에 관한 설명으로 옳지 <u>않은</u> 것은?(다툼이 있으면 판례에 따름)

★27회 기출★

☑확인
Check!
○
△
✕

① 조건을 붙이고자 하는 의사가 있더라도 그것이 표시되지 않으면 법률행위의 부관으로서의 조건이 되는 것은 아니다.

② 어떤 조건이 붙어 있었는지 아닌지는 그 조건의 존재를 주장하는 자가 이를 증명하여야 한다.

③ 당사자는 조건의 성부가 미정인 동안에 조건의 성취로 인하여 생길 상대방의 이익을 해하지 못한다.

④ 조건의 내용 자체가 불법적인 것이어서 무효일 경우, 그 법률행위 전부가 무효로 된다.

⑤ 부관에 표시된 사실이 발생하지 아니하는 것이 확정된 때에도 그 채무를 이행하여야 한다고 보는 것이 상당한 경우, 조건부 법률행위로 보아야 한다.

> **해설**
> 난도 ★★
>
> ⑤ 부관이 붙은 법률행위에 있어서 부관에 표시된 사실이 발생하지 않으면 채무를 이행하지 않아도 된다고 보는 것이 상당한 경우에는 조건으로 보아야 하고 표시된 사실이 발생한 때에는 물론이고 반대로 발생하지 않는 것이 확정된 때에도 그 채무를 이행하여야 한다고 보는 것이 상당한 경우에는 표시된 사실의 발생 여부가 확정되는 것을 불확정기한으로 정한 것으로 보아야 한다[2003다24215].
>
> 답 ⑤

10 기간에 관한 설명으로 옳지 <u>않은</u> 것은?(단, 기간 말일이 토요일 또는 공휴일인 경우는 고려하지 않음)

★30회 기출★

☑확인
Check!
○
△
✕

① 기간을 시, 분, 초로 정한 때에는 즉시로부터 기산한다.

② 채무의 이행기를 일, 주, 월 또는 연으로 정한 때에는 기간이 오전 0시로부터 시작하는 경우가 아닌 한, 기간의 초일을 산입하지 않는다.

③ 기간을 일, 주, 월 또는 연으로 정한 때에는 기간말일의 종료로 기간이 만료한다.

④ 연령을 계산하는 경우에는 출생일을 산입한다.

⑤ 주, 월 또는 연의 처음부터 기간을 기산하지 아니한 때에는 최후의 주, 월 또는 연에서 그 기산일에 해당한 날로 기간이 만료한다.

> **해설**
> 난도 ★
>
> ⑤ 주, 월 또는 연의 처음으로부터 기간을 기산하지 아니하는 때에는 최후의 주, 월 또는 연에서 그 기산일에 해당한 날의 전일로 기간이 만료한다(제160조 제2항).
>
> 답 ⑤

11 기간의 계산에 관한 설명으로 옳지 <u>않은</u> 것은?(기간 말일의 공휴일 등 기타 사유는 고려하지 않음)

★29회 기출★

① 기간을 연으로 정한 경우 최종의 월에 해당일이 없는 때에는 그 익월의 초일로 기간이 만료한다.

② 기간을 일(日)로 정한 때에는 기간말일의 종료로 기간이 만료한다.

③ 기간을 시, 분, 초로 정한 때에는 즉시로부터 기산한다.

④ 기간을 월로 정한 경우 그 기간이 오전 영시로부터 시작하는 때에는 기간의 초일을 산입한다.

⑤ 연령계산에는 출생일을 산입한다.

해설

난도 ★

① 월 또는 연으로 정한 경우에 최종의 월에 해당일이 없는 때에는 그 월의 말일로 기간이 만료한다(제160조 제3항).

답 ①

---

12 甲(1998년 3월 14일 17시 출생)은 자기 소유의 부동산을 법정대리인인 부모의 동의 없이 2016년 2월 19일 오전 10시경 乙에게 매도하였다. 甲이 직접 계약을 취소하려는 경우, 그 취소권은 언제까지 행사할 수 있는가?(기간 말일의 공휴일 등 기타 사유는 고려하지 않음)

★27회 기출★

① 2020년 3월 13일 24시

② 2020년 3월 14일 24시

③ 2021년 3월 13일 24시

④ 2021년 3월 14일 24시

⑤ 2026년 2월 19일 24시

해설

난도 ★

① 1998년 3월 14일 오전 7시에 출생한 미성년자가 법정대리인 몰래 2016.2.19. 10:00에 부동산 매매계약을 체결한 경우 그의 취소권의 존속기간(법정대리인의 취소권은 고려하지 않기로 함)은 추인할 수 있는 날(2017.3.14. 0시)부터 3년은 2020년 3월 13일 24시까지이고, 법률행위가 있은 날부터 10년은 2026년 2월 19일까지이므로, 취소권은 먼저 도래한 2020년 3월 13일까지 존속한다.

답 ①

13 소멸시효에 관한 설명으로 옳지 <u>않은</u> 것은?(다툼이 있으면 판례에 따름)

① 손해배상청구권에 대해 법률이 제척기간을 규정하고 있더라도 그 청구권은 소멸시효에 걸린다.

② 동시이행의 항변권이 붙어 있는 채권은 그 항변권이 소멸한 때로부터 소멸시효가 기산한다.

③ 채권양도 후 대항요건을 갖추지 못한 상태에서 양수인이 채무자를 상대로 소를 제기하면 양도된 채권의 소멸시효는 중단된다.

④ 비법인사단이 채무를 승인하여 소멸시효를 중단시키는 것은 사원총회의 결의를 요하는 총유물의 관리·처분행위가 아니다.

⑤ 채권의 소멸시효 완성 후 채무자가 채권자에게 그 담보를 위해 저당권을 설정해 줌으로써 소멸시효의 이익을 포기했다면 그 효력은 그 후 저당부동산을 취득한 제3자에게도 미친다.

해설

난도 ★★

① 매도인에 대한 하자담보에 기한 손해배상청구권에 대하여는 제582조의 제척기간이 적용되고, 이는 법률관계의 조속한 안정을 도모하고자 하는 데에 취지가 있다. 그런데 하자담보에 기한 매수인의 손해배상청구권은 권리의 내용·성질 및 취지에 비추어 제162조 제1항의 채권 소멸시효의 규정이 적용되고, 제582조의 제척기간 규정으로 인하여 소멸시효 규정의 적용이 배제된다고 볼 수 없으며, 이때 다른 특별한 사정이 없는 한 무엇보다도 매수인이 매매 목적물을 인도받은 때부터 소멸시효가 진행한다고 해석함이 타당하다[2011다10266].

② 동시이행의 항변권이 붙어 있는 권리는 이행기가 도래한 때부터 소멸시효가 진행된다.

> 부동산에 대한 매매대금 채권이 소유권이전등기청구권과 동시이행의 관계에 있다고 할지라도 매도인은 매매대금의 지급기일 이후 언제라도 그 대금의 지급을 청구할 수 있는 것이며, 다만 매수인은 매도인으로부터 그 이전등기에 관한 이행의 제공을 받기까지 그 지급을 거절할 수 있는데 지나지 아니하므로 매매대금 청구권은 그 지급기일 이후 시효의 진행에 걸린다[90다9797].

③ 2005다41818

④ 2004다60072

⑤ 소멸시효 이익의 포기는 상대적 효과가 있을 뿐이어서 다른 사람에게는 영향을 미치지 아니함이 원칙이나, 소멸시효 이익의 포기 당시에는 권리의 소멸에 의하여 직접 이익을 받을 수 있는 이해관계를 맺은 적이 없다가 나중에 시효이익을 이미 포기한 자와의 법률관계를 통하여 비로소 시효이익을 원용할 이해관계를 형성한 자는 이미 이루어진 시효이익 포기의 효력을 부정할 수 없다. 왜냐하면, 시효이익의 포기에 대하여 상대적인 효과만을 부여하는 이유는 포기 당시에 시효이익을 원용할 다수의 이해관계인이 존재하는 경우 그들의 의사와는 무관하게 채무자 등 어느 일방의 포기 의사만으로 시효이익을 원용할 권리를 박탈당하게 되는 부당한 결과의 발생을 막으려는 데 있는 것이지, 시효이익을 이미 포기한 자와의 법률관계를 통하여 비로소 시효이익을 원용할 이해관계를 형성한 자에게 이미 이루어진 시효이익 포기의 효력을 부정할 수 있게 하여 시효완성을 둘러싼 법률관계를 사후에 불안정하게 만들자는 데 있는 것은 아니기 때문이다[2015다200227].

답 ②

14 소멸시효와 제척기간에 관한 설명으로 옳지 <u>않은</u> 것은?(다툼이 있으면 판례에 따름)

★30회 기출★

① 소멸시효에 의한 권리소멸은 기산일에 소급하여 효력이 있으나, 제척기간에 의한 권리소멸은 장래에 향하여 효력이 있다.

② 소멸시효의 이익은 미리 포기가 가능하나, 제척기간에는 포기가 인정되지 않는다.

③ 제척기간의 경과는 법원의 직권조사사항이지만, 소멸시효의 완성은 직권조사사항이 아니다.

④ 소멸시효에는 중단이 인정되고 있으나, 제척기간에는 중단이 인정되지 않는다.

⑤ 소멸시효의 정지에 관해서는 민법에 명문의 규정이 있으나, 제척기간의 정지에 관해서는 민법에 명문의 규정이 없다.

해설
난도 ★★
② 소멸시효의 이익은 미리 포기하지 못한다(제148조 제1항).

답 ②

---

15 소멸시효의 기산점에 관한 설명으로 옳지 <u>않은</u> 것은?(다툼이 있으면 판례에 따름)

★30회 기출★

확인
Check!
○
△
×

① 소멸시효는 권리를 행사할 수 있는 때로부터 진행하며, 이때 '권리를 행사할 수 있다'는 것은 권리를 행사함에 있어 원칙적으로 법률상 장애가 없는 것을 가리킨다.

② 부작위를 목적으로 하는 채권의 소멸시효는 위반행위를 한 때로부터 진행한다.

③ 정지조건부권리의 경우에는 조건 미성취의 동안은 권리를 행사할 수 없는 것이어서 소멸시효가 진행되지 않는다.

④ 소유권이전등기의무의 이행불능으로 인한 전보배상청구권의 소멸시효는 이전등기의무가 이행불능이 된 때부터 진행된다.

⑤ 본래의 소멸시효 기산일과 당사자가 주장하는 기산일이 서로 다른 경우에는 법원은 본래의 소멸시효 기산일을 기준으로 소멸시효를 계산하여야 한다.

해설
난도 ★★★
⑤ 소멸시효의 기산점은 권리의 소멸이라는 법률효과의 요건사실이므로, 변론주의의 요청상 법원은 당사자가 주장한 시점을 기준으로 판단한다. 원고가 기간 10년의 소멸시효 항변을 함에 있어 그 기산점을 1960.10.16.로 주장하고 있음에도 원심이 1959.10.16.을 그 기산점으로 하여 10년의 소멸시효가 완성하였다고 인정한 것은 변론주의원칙상 당사자가 주장하지 않은 사실을 인정한 위법이 있다[71다409].

답 ⑤

16 소멸시효의 기산점에 관한 설명으로 옳지 <u>않은</u> 것은?(다툼이 있으면 판례에 따름) ★27회 기출★

① 채무의 이행기가 도래한 후에 채무자의 요청에 의하여 채권자가 채무자에게 기한을 유예한 경우, 유예한 이행기일로부터 다시 소멸시효가 진행한다.

② 불확정기한부 채권은 객관적으로 기한이 도래하면 그 때부터 소멸시효가 진행한다.

③ 동시이행의 항변권이 붙어있는 채권은 그 항변권이 소멸된 이후부터 소멸시효가 진행한다.

④ 매수인이 매매 목적물인 부동산을 인도 받아 점유하고 있는 이상 그 소유권이전등기청구권의 소멸시효는 진행되지 않는다.

⑤ 매매로 인한 소유권이전채무의 이행불능으로 인한 손해배상채권의 소멸시효는 그 소유권이전채무가 이행불능으로 된 때부터 진행한다.

해설
난도 ★★
③ 동시이행항변권이 있다는 것은 변제기에 상대방의 이행이 없으면 자기의 이행을 거절할 수 있고 이행지체책임을 지지 않는다는 것일 뿐이므로 이행기 도래시부터 소멸시효가 진행한다. 즉 지급기일 이후 시효의 진행에 걸린다[90다9797].

답 ③

---

17 소멸시효에 관한 설명으로 옳지 <u>않은</u> 것은?(다툼이 있으면 판례에 따름) ★29회 기출★

① 변제기가 도래한 단기소멸시효채권이 판결에 의해 확정된 경우 그 소멸시효는 5년으로 한다.

② 부작위를 목적으로 하는 채권의 소멸시효는 위반행위를 한 때로부터 진행한다.

③ 최고는 6월내에 재판상의 청구, 파산절차참가, 화해를 위한 소환, 임의출석, 압류 또는 가압류, 가처분을 하지 아니하면 시효중단의 효력이 없다.

④ 1년의 단기소멸시효에 걸리는 채권의 상대방이 그 채권의 발생원인이 된 계약에 기하여 가지는 반대채권은 특별한 사정이 없는 한 10년의 소멸시효에 걸린다.

⑤ 소멸시효는 법률행위에 의하여 이를 배제, 연장 또는 가중할 수 없으나 이를 단축 또는 경감할 수 있다.

해설
난도 ★★
① 판결에 의하여 확정된 채권은 단기의 소멸시효에 해당한 것이라도 그 소멸시효는 10년으로 한다(제165조 제1항).

답 ①

18 소멸시효에 관한 설명으로 옳지 <u>않은</u> 것은?(다툼이 있으면 판례에 따름) ★27회 기출★

① 소유권에 기한 물권적 청구권은 소멸시효의 대상이 되지 않는다.

② 공유관계가 존속하는 한 공유물분할청구권만이 독립하여 시효로 소멸될 수 없다.

③ 소멸시효를 주장하는 자가 제기한 소에 권리자가 응소하여 적극적으로 권리를 주장하고 그것이 받아들여진 경우, 응소한 때에 소멸시효가 중단된다.

④ 근저당권설정등기청구의 소제기에는 그 피담보채권이 될 채권에 대한 소멸시효 중단효력은 없다.

⑤ 소멸시효의 중단사유로서의 승인은 소멸시효의 진행이 개시된 이후에만 가능하다.

해설

난도 ★★

④ 근저당권설정 약정에 의한 근저당권설정등기청구권은 그 피담보채권이 될 채권과 별개로 소멸시효에 걸린다. 근저당권설정등기청구의 소 제기는 그 피담보채권이 될 채권에 대한 소멸시효 중단사유로 된다[2002다7213].

답 ④

19 소멸시효 완성에 관한 설명으로 옳지 <u>않은</u> 것은?(다툼이 있으면 판례에 따름) ★29회 기출★

① 소유권은 소멸시효에 걸리지 않는다.

② 동일한 목적을 달성하기 위하여 복수의 채권을 가진 채권자가 어느 하나의 채권만을 행사하는 것이 명백한 경우, 채무자의 소멸시효 완성 항변은 채권자가 행사하는 당해 채권에 대한 항변으로 볼 수 있다.

③ 유치권이 성립된 부동산의 매수인은 피담보채권의 소멸시효 완성으로 직접 이익을 받는 자에 해당하지 않으므로 소멸시효의 완성을 원용할 수 없다.

④ 물상보증인은 피담보채권의 소멸에 의하여 직접 이익을 받는 관계에 있으므로 피담보채권의 소멸시효의 완성을 주장할 수 있다.

⑤ 채무불이행으로 인한 손해배상청구권에 대한 소멸시효 항변이 불법행위로 인한 손해배상청구권에 대한 소멸시효 항변을 포함한 것으로 볼 수는 없다.

해설

난도 ★★★

③ 저당권등기나 담보가등기가 설정된 부동산의 제3취득자[95다12446]나 유치권이 성립한 목적물을 경락받은 자[2009다39530] 등은 피담보채무의 시효소멸을 직접 원용할 수 있다.

답 ③

20 소멸시효에 관한 설명으로 옳지 않은 것은?(다툼이 있으면 판례에 따름) ★31회 기출★

① 인도받은 부동산을 소유권이전등기를 하지 않고 제3자에게 처분·인도한 매수인의 등기청구권은 소멸시효에 걸리지 않는다.

② 채무불이행으로 인한 손해배상청구권의 소멸시효는 손해배상을 청구한 때부터 진행한다.

③ 채권자가 보증인을 상대로 이행을 청구하는 소를 제기한 때에도 주채무의 소멸시효가 완성하면 보증인은 주채무가 시효로 소멸되었음을 주장할 수 있다.

④ 재산권이전청구권과 동시이행관계에 있는 매매대금채권의 소멸시효는 지급기일부터 진행한다

⑤ 등기 없는 점유취득시효가 완성하였으나 등기하지 않은 토지점유자가 토지의 점유를 잃은 경우, 그로부터 10년이 지나면 등기청구권은 소멸한다.

> 해설
> 난도 ★★
> ② 채무불이행으로 인한 손해배상청구권의 소멸시효는 채무불이행시로부터 진행한다[94다54269].
>
> 답 ②

21 甲의 乙에 대한 채권을 담보하기 위해 丙이 자신의 부동산에 저당권을 설정해 준 경우, 甲의 乙에 대한 채권의 소멸시효 중단사유가 아닌 것은?(다툼이 있으면 판례에 따름) ★28회 기출★

① 丙의 저당권말소등기청구의 소에 대한 甲의 응소

② 甲의 乙에 대한 채권에 기한 지급명령 신청

③ 乙의 재산에 대한 甲의 가압류 신청

④ 乙이 변제기 도래 후에 한 채무의 승인

⑤ 乙의 파산절차에 대한 甲의 참가

> 해설
> 난도 ★★
> ① 권리자가 원고로서 시효를 주장하는 자를 피고로 하여 소송물인 권리를 소의 형식으로 주장하는 경우뿐만 아니라 피고로서 응소하여 그 소송에서 적극적으로 권리를 주장하고 그것이 받아들여진 경우를 포함한다[92다47861 전합].
>
> 답 ①

22 소멸시효의 중단과 정지에 관한 설명으로 옳지 <u>않은</u> 것은? ★33회 기출★

① 시효의 중단은 원칙적으로 당사자 및 그 승계인 간에만 효력이 있다.

② 파산절차참가는 채권자가 이를 취소하거나 그 청구가 각하된 때에는 시효중단의 효력이 없다.

③ 부재자재산관리인은 법원의 허가 없이 부재자를 대리하여 상대방의 채권의 소멸시효를 중단시키는 채무의 승인을 할 수 없다.

④ 천재 기타 사변으로 인하여 소멸시효를 중단할 수 없을 때에는 그 사유가 종료한 때로부터 1월 내에 는 시효가 완성하지 아니한다.

⑤ 부부 중 한쪽이 다른 쪽에 대하여 가지는 권리는 혼인관계가 종료된 때부터 6개월 내에는 소멸시효 가 완성되지 아니한다.

> 해설
> 난도 ★
>
> ③ 시효중단의 효력있는 승인에는 상대방의 권리에 관한 처분의 능력이나 권한있음을 요하지 아니하나(제177조) 관리의 능력 이나 권한은 있어야 하며, 의사표시에 준해 행위능력을 요한다. 예컨대 부재자재산관리인의 경우 가정법원의 허가 없이도 관리행위는 할 수 있으므로 가정법원의 허가 없이 시효중단사유인 승인은 할 수 있다.
>
> 📖 ③

23 소멸시효와 등기 없는 취득시효에 관한 설명으로 옳은 것은?(다툼이 있으면 판례에 따름) ★31회 기출★

① 취득시효기간 동안 계속하여 등기명의인이 동일한 때에도 반드시 점유를 개시한 때를 기산점으로 하 여야 한다.

② 점유자가 전(前)점유자의 점유를 아울러 주장할 때에는 그 점유의 개시시기를 어느 점유자의 점유기 간 중 임의의 시점으로 선택할 수 있다.

③ 채권의 소멸시효가 완성하면 그 채무자의 다른 채권자는 직접 그 완성을 원용할 수 있다.

④ 압류 또는 가압류는 소멸시효와 취득시효의 중단사유이다.

⑤ 취득시효의 중단사유는 종래의 점유상태의 계속을 파괴하는 것으로 인정될 수 있는 것이어야 한다.

난도 ★★★

① 취득시효를 주장하는 자는 점유기간 중에 소유자의 변동이 없는 토지에 관하여는 취득시효의 기산점을 임의로 선택할 수 있고, 취득시효를 주장하는 날로부터 역산하여 20년 이상의 점유 사실이 인정되면 취득시효를 인정할 수 있는 것이다[93다46360].

② 전 점유자의 점유를 아울러 주장하는 경우에도 어느 단계의 점유자의 점유까지를 아울러 주장할 것인가도 이를 주장하는 사람에게 선택권이 있고, 다만 전 점유자의 점유를 아울러 주장하는 경우에는 그 점유의 개시 시기를 어느 점유자의 점유기간 중의 임의의 시점으로 선택할 수 없는 것이다[97다56822].

③ 채권의 소멸시효가 완성된 경우 이를 원용할 수 있는 자는 시효로 인하여 채무가 소멸되는 결과 직접적인 이익을 받는 자에 한정되고, 그 채무자에 대한 채권자는 자기의 채권을 보전하기 위하여 필요한 한도 내에서 채무자를 대위하여 이를 원용할 수 있을 뿐이므로 채무자에 대하여 무슨 채권이 있는 것도 아닌 자는 소멸시효 주장을 대위 원용할 수 없다[2005다11312].

④ 소멸시효는 압류 또는 가압류, 가처분으로 인하여 중단된다(제168조 제2호). 그러나 압류 또는 가압류는 금전채권의 강제집행을 위한 수단이거나 그 보전수단에 불과하여 취득시효기간의 완성 전에 부동산에 압류 또는 가압류 조치가 이루어졌다고 하더라도 이는 취득시효의 중단사유가 될 수 없다[2018다296878].

답 ⑤

---

24 소멸시효이익의 포기에 관한 설명으로 옳지 않은 것은?(다툼이 있으면 판례에 따름) ★31회 기출★

① 시효이익은 미리 포기하지 못한다.
② 금전채무에 대한 시효이익의 포기는 채무 전부에 대하여 하여야 한다.
③ 시효이익을 포기한 때부터 새로이 소멸시효가 진행한다.
④ 시효이익의 포기는 철회하지 못한다.
⑤ 채권의 시효이익을 포기한 경우, 이는 채권자와 채무자의 관계에서만 효력이 생긴다.

난도 ★

② 동일당사자간에 계속적인 거래로 인하여 같은 종류를 목적으로 하는 수개의 채권관계가 성립되어 있는 경우에 채무자가 특정채무를 지정하지 아니하고 그 일부의 변제를 한 때에도 다른 특별한 사정이 없다면 잔존채무에 대하여도 승인을 한 것으로 보아 시효중단이나 포기의 효력을 인정할 수 있을 것이나, 그 채무가 별개로 성립되어 독립성을 갖고 있는 경우에는 일률적으로 그렇게만 해석할 수는 없을 것이고, 특히 채무자가 가압류 목적물에 대한 가압류를 해제받을 목적으로 피보전채권을 변제하는 경우에는 특별한 사정이 없는 한 피보전채권으로 적시되지 아니한 별개의 채무에 대하여서까지 소멸시효의 이익을 포기한 것이라고 볼 수는 없을 것이다[93다14936].

답 ②

25 소멸시효 완성 후에 한 시효이익의 포기에 관한 설명으로 옳지 <u>않은</u> 것은?(다툼이 있으면 판례에 따름)

☑확인
Check!
○
△
×

① 시효이익을 포기하면 그 때부터 시효가 새로 진행한다.
② 시효완성의 이익을 받을 당사자 또는 그 대리인은 시효이익 포기의 의사표시를 할 수 있다.
③ 주채무자가 시효이익을 포기하더라도 보증인에게는 그 효력이 없다.
④ 시효이익을 이미 포기한 사람과의 법률관계를 통해 시효이익을 원용할 이해관계를 형성한 사람은 소멸시효를 주장할 수 있다.
⑤ 채권의 시효완성 후에 채무자가 그 기한의 유예를 요청한 때에는 시효이익을 포기한 것으로 보아야한다.

해설
난도 ★★

④ 소멸시효이익의 포기는 상대적 효과가 있을 뿐이어서 다른 사람에게는 영향을 미치지 아니함이 원칙이나, 소멸시효이익의 포기 당시에는 권리의 소멸에 의하여 직접 이익을 받을 수 있는 이해관계를 맺은 적이 없다가 나중에 시효이익을 이미 포기한 자와의 법률관계를 통하여 비로소 시효이익을 원용할 이해관계를 형성한 자는 이미 이루어진 시효이익 포기의 효력을 부정할 수 없다[2015다200227].

답 ④

모든 일에 있어서, 시간이 부족하지 않을까를 걱정하지 말고,
다만 내가 마음을 바쳐 최선을 다할 수 있을지, 그것을 걱정하라.

– 정조 –

제2편

물권법

제01장	물권법 총론
제02장	물권의 변동
제03장	점유권
제04장	소유권
제05장	지상권
제06장	지역권
제07장	전세권
제08장	담보물권
제09장	유치권
제10장	질권
제11장	저당권

출제경향 & 수험대책

물권법은 등기법이라고 해도 과언이 아니다. 따라서 등기에 관한 이해가 전제되어야 쉽게 접근할 수가 있고, 채권법의 기초적인 이론이 밑받침되어야 한다. 물권법은 등기만 잘 이해하고 있으면 판례해석이나 응용문제의 해석에 많은 도움을 준다. 민법총칙과 마찬가지로 20문제가 출제되므로 전범위에서 골고루 출제된다고 보고, 특히 판례의 결론을 많이 암기하고 있어야 한다. 최근에는 각종 국가자격시험에 출제되지 않았던 판례들이 두세 개 등장하고 있으나, 너무 이에 집착할 필요는 없고 기존에 기출된 문제를 중심으로 범위를 좁혀야 고득점할 수가 있다.

제1장 | 물권법 총론

출제포인트
- 일물일권주의의 예외
- 관습법상 물권
- 물권적 청구권의 당사자

제1절 물권

1. 물권의 의의

물권은 사람이 물건을 직접적 · 배타적 · 독점적 · 절대적으로 지배 할 수 있는 권리이다(↔ 채권은 물건을 간접적 · 비배타적 · 상대적으로 지배하는 권리이다).

2. 일물일권주의(一物一權主義)

(1) 의의

하나의 독립된 물건위에 동일한 내용의 물권이 동시에 성립하지 못한다는 원칙으로서 물권의 절대성 · 배타성에 따른 당연한 귀결이다. 하나의 부동산에 관하여 경료된 소유권보존등기 중 일부분에 관한 등기만을 따로 말소하는 것은 허용되지 아니한다[2000다39582]고 했다. ★31회 기출★

(2) 한 개의 물건을 정하는 표준

① **사회통념** : 한 개의 물건이라고 함은 사회일반의 사회통념 내지 거래관념에 의해 결정된다.

② **토지** : 토지의 개수를 세는 단위는 필 또는 필지이다. 어떤 토지가 지적법에 의하여 1필지의 토지로 지적공부에 등록되면 그 소유권의 범위는 현실의 경계와 관계없이 공부상의 경계에 의해 확정 된다[97다42823]. 분필절차 없이도 토지의 일부에 용익물권을 설정할 수 있다.

③ **건물** : 건물은 토지의 정착물이면서 토지와는 독립한 물건으로 취급된다. 신축건물이 언제부터 독립된 부동산이 되는가는 최소한 기둥과 주벽과 지붕이 이루어진 상태를 법률상 건물로 본다[86누173]. 건물의 개수는 건물의 상태 등 객관적 사정과 소유자의 의사 등 주관적 사정을 참작하여 결정된다[4293민상623, 624].

④ 입목(立木) : 소유권보존등기가 된 수목의 집단은 입목이라는 독립된 부동산으로 인정되고 토지와 분리하여 입목을 양도하거나 저당권의 목적으로 할 수 있다. ★32회 기출★

⑤ 명인방법(明認方法) : 미분리 과실이나 수목의 집단은 관습법상의 공시방법을 갖추면 토지로부터 독립된 부동산이 되어 소유권이나 양도담보의 객체가 된다. 그러나 저당권의 객체는 될 수 없다.

⑥ 농작물 : 권원없이 타인의 토지에 재배한 농작물은 공시방법을 갖추지 않은 경우에도 경작자의 소유가 된다(생산자주의).

(3) 일물일권주의의 예외

① 토지의 일부 : 지상권 · 지역권 · 전세권 등 용익물권을 설정할 수는 있다. ★32, 34회 기출★

② 건물의 일부 : 건물의 일부에 대한 구분소유(제215조)와 전세권설정은 인정된다.

③ 일필의 토지의 일부에 대한 점유취득시효는 가능하나 등기부취득시효는 불가능하다.

④ 공유(共有)는 하나의 소유권이 양적으로 분할되어 수인에게 귀속하는 형태이므로 일물일권주의에 반하지 않는다(양적 분할설).

(4) 집합물(集合物)

일반적으로 일단의 증감 변동하는 동산을 하나의 물건으로 보아 이를 채권담보의 목적으로 삼으려는 이른바 집합물에 대한 양도담보설정계약체결도 가능하며 이 경우 그 목적 동산이 그 종류, 장소 또는 수량 지정 등의 방법에 의하여 특정되어 있으면 그 전부를 하나의 재산권으로 보아 이에 유효한 담보권의 설정이 된 것으로 볼 수 있다[88다카20224]. ★31, 34회 기출★

3. 물권법정주의(物權法定主義)

(1) 의의

물권의 종류와 내용은 민법 기타 법률로 규정한 것과 관습법에 의하여 인정된 것에 한하며 당사자가 자유로이 창설하거나 변경하지 못하는 원칙을 물권법정주의라고 한다(제185조).

(2) 물권법정주의와 관습법 ★30회 기출★

> 제185조(물권의 종류) 물권은 법률 또는 관습법에 의하는 외에는 임의로 창설하지 못한다.

① 법률 ★30회 기출★

국회가 제정하는 형식적 의미의 법률(헌법상 의미의 법률)을 의미하고 명령 · 규칙은 제외된다.

② 관습법 ★30회 기출★

㉠ 온천에 관한 권리는 관습법상의 물권이라고 볼 수 없고 또한 온천수는 공용수 또는 생활상 필요한 용수에 해당하지 아니한다[69다1239].

㉡ 미등기 무허가건물의 양수인에게 소유권에 준하는 관습상의 물권이 있다고 볼 수도 없으므로, 그 건물의 불법점거자에 대하여 직접 자신의 소유권 등에 기하여 명도를 청구할 수는 없다[2007다11347]. ★29, 30, 31, 32, 34회 기출★

㉢ 개인소유 도로를 오랜 기간 통행한 경우 사도통행권이 관습법상 인정된다는 것은 관습법 어디에도 근거가 없다[2001다64165]. ★30회 기출★

ⓔ 도시공원법상 근린공원으로 지정된 공원은 인근 주민들이 누구에게나 주장할 수 있는 공원이용권이라는 배타적인 권리를 취득하였다고는 할 수 없다[94마2218].

(3) 물권법정주의 위반의 효과

① **강행규정** : 제185조는 강행규정이므로 물권법정주의에 위배되는 물권행위는 원칙적으로 무효이다.
★30회 기출★

② **사용 · 수익 권능 포기여부** : 소유권의 핵심적 권능에 속하는 사용 · 수익의 권능이 소유자에 의하여 대세적으로 유효하게 포기될 수 있다고 하면, 이는 물권법의 체계를 현저히 교란하게 된다[2009다228,235].

더 알아보기 물권의 분류

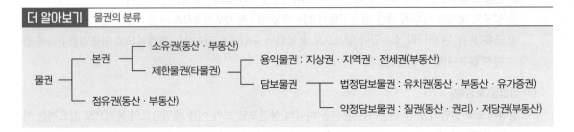

제2절 물권의 효력

1. 서설

물권은 지배권으로서 대내적 효력(객체에 대한 직접적 지배력)과 대외적 효력(제3자가 지배를 침해하면 안 된다는 배타적 효력)이 있다.

2. 우선적 효력(優先的 效力)

(1) 물권 상호간의 우선적 효력

제한물권은 언제나 소유권에 우선한다. 같은 종류의 물권 상호간에는 먼저 성립한 물권이 나중에 성립한 물권에 우선한다. 그러나 점유권은 배타성이 없으므로 우선적 효력이 없다.

(2) 채권에 우선하는 효력

물권은 채권에 우선한다. 그러나 근로자의 임금 등의 채권의 우선특권(근기법 제38조, 3개월의 퇴직금은 헌법불합치결정에 따라 삭제), 조세우선특권, 임대차에서 최우선변제권(주임법 제8조, 상임법 제14조)은 정당권 등에 우선한다.

3. 물권적 청구권(物權的 請求權)

(1) 종류 – 기초되는 물권에 따른 분류

① 소유권에 기한 물권적 청구권의 규정(제213조, 제214조)을 유치권과 질권에는 준용하는 규정이 없다.

② 지역권과 저당권은 점유를 본질로 하는 것이 아니므로 지역권(저당권)에 기한 목적물반환청구권이 없다. ★28, 33회 기출★

③ 임차인이 점유하고 있는 경우 점유보호청구권을 행사할 수 있고 임대인의 물권적 청구권을 대위행사할 수 있다. ★30회 기출★

④ 등기된 부동산임차권자는 임차권에 기한 방해제거·방해예방청구권을 행사할 수 있다.

⑤ 민법 제214조의 소유권에 기한 방해배제청구권에 있어서 '방해'라 함은 현재에도 지속되고 있는 침해를 의미하고, 법익 침해가 과거에 일어나서 이미 종결된 경우에 해당하는 '손해'의 개념과는 다르다 할 것이어서, 소유권에 기한 방해배제청구권은 방해결과의 제거를 내용으로 하는 것이 되어서는 아니 되며 현재 계속되고 있는 방해의 원인을 제거하는 것을 내용으로 한다[2003다5917].

⑥ 소유자가 민법 제214조에 기하여 방해배제 비용 또는 방해예방 비용을 청구할 수는 없다[2014다52612].

(2) 법적 성질

① **물권적 성질** : 소유권을 양도함에 있어 소유권에 의해 발생되는 물상청구권을 소유권과 분리하여 소유권 없는 전소유자에게 유보하여 제3자에 대해 이를 행사케 하는 것은 소유권이 절대적 권리인 점에 비추어 허용될 수 없다. 따라서 일단 소유권을 상실한 전소유자는 제3자인 불법점유자에 대해 물권적 청구권에 의한 방해배제를 청구할 수 없고 방해배제소송의 계속중에 소유권을 양도한 양도인은 방해배제를 계속 청구할 수 없다[68다725 전합]. ★30, 31회 기출★

② **채권적 성질** : 특정인에 대해 일정한 행위를 청구하는 권리이므로 채권에 기한 청구권과 유사하여 채권에 관한 규정이 물권적 청구권에도 유추적용된다. 그리고 소유권에 기한 물권적 청구권도 소멸시효에 걸리지 않는다[80다2968]. ★31회 기출★

③ **손해배상청구** : 물권적 청구권은 귀책사유를 불문하고 현재의 방해자를 상대로 청구하나, 손해배상청구권은 귀책사유를 요구하고 불법행위자를 상대로 청구한다. 따라서 물권적 청구권과 불법행위로 인한 손해배상청구권은 병존할 수 있다.

(3) 발생요건

① **청구권자** : 침해당한 물권에 대한 현재의 정당한 권리자여야 한다. 따라서 매도인은 매수인으로부터 다시 위 토지를 매수한 자에 대해 토지소유권에 기한 물권적 청구권을 행사할 수 없다[97다42823].

② **청구의 상대방** : 직접·간접 점유자를 불문하나 점유보조자는 상대방이 아니다. 불법점유자라 하여도 그 물건을 다른 사람에게 인도하여 현실적으로 점유를 하고 있지 않은 이상, 그 자를 상대로 한 인도 또는 명도청구는 부당하다[98다9045]. 토지소유자는 그의 토지 위에 무단으로 건축된 건물을 임차하여 점유하고 있는 자를 상대로 건물철거를 청구할 수 없다.

○ × 핵심체크

01 아파트 분양권은 소유권의 객체가 될 수 있다. ○ ×

02 농지 소유자의 승낙 없이 농작물을 경작한 경우, 공시방법을 갖추어야 토지로부터 독립된 물건으로서 경작자의 소유가 된다. ○ ×

03 어떤 토지가 지적공부상 1필의 토지로 등록되면 특별한 사정이 없는 한, 그 경계는 지적도상의 경계에 의하여 특정된다. ○ ×

04 1필의 토지 일부에 저당권을 설정할 수 있다. ○ ×

05 물권법정주의를 규정한 「민법」 제185조의 '법률'은 헌법상 의미의 법률뿐만 아니라, 명령, 규칙 등도 포함한다. ○ ×

06 소유자는 소유권의 사용 · 수익이 권능을 대세적으로 유효하게 포기할 수 있으므로 현행 민법은 처분권능만을 내용으로 하는 소유권을 허용한다. ○ ×

07 미등기 무허가건물의 양수인은 그 소유권이전등기를 경료하지 않더라도 그 건물에 관하여 소유권에 준하는 관습상의 물권을 가진다. ○ ×

08 최종 3개월분의 임금은 저당권에 의해 담보된 채권보다 우선하여 변제된다. ○ ×

정답 및 해설 **01** × **02** × **03** ○ **04** × **05** × **06** × **07** × **08** ○

오답분석
01 소유권의 객체는 물건에 한한다. 따라서 분양권은 객체가 될 수 없다.
02 무단경작의 경우 명인방법 없더라도 경작자의 소유가 된다.
04 저당권은 일물일권주의가 적용된다.
05 명령과 규칙은 이에 포함되지 않는다.
06 사용 · 수익의 권능을 대세적으로 포기하는 내용의 소유권은 물권법정주의에 위반되어 무효이다.
07 형식주의 원칙상 법률행위에 의한 물권변동은 등기없이 물권을 취득할 수 없다.

09 매매를 원인으로 소유권이전등기를 경료해 준 자는 불법점유자에 대하여 소유권에 기한 물권적 청구권을 행사할 수 있다. ☐ ☒

10 토지의 저당권자는 무단점유자에 대해 저당권에 기한 저당물반환청구권을 행사할 수 있다. ☐ ☒

11 유치권자가 점유를 침탈당한 경우, 유치권에 기한 반환청구권을 행사할 수 있다. ☐ ☒

12 상대방의 고의 · 과실이 없더라도 물권적 청구권을 행사할 수 있다. ☐ ☒

13 소유권을 양도하면서 물권적 청구권만을 여전히 양도인에게 유보시켜 놓을 수 없다. ☐ ☒

14 점유보조자가 그 물건의 사실적 지배를 가지는 이상 물권적 청구권의 상대방이 될 수 있다. ☐ ☒

15 임차인은 임차목적물 침해자에 대하여 소유자인 임대인의 물권적 청구권을 대위 행사할 수 있다. ☐ ☒

16 간접점유자는 제3자의 점유침해에 대하여 물권적 청구권을 행사할 수 있다. ☐ ☒

17 부동산 양도담보의 피담보채무가 전부 변제되었음을 이유로 양도담보권설정자가 행사하는 소유권이전등기말소청구권은 소멸시효에 걸린다. ☐ ☒

18 점유물방해제거청구권의 행사를 위한 '1년의 제척기간'은 출소기간이다. ☐ ☒

정답 및 해설 **09** ✕ **10** ✕ **11** ✕ **12** ○ **13** ○ **14** ✕ **15** ○ **16** ○ **17** ✕ **18** ○

오답분석
09 종전 소유자(소유권을 상실한 자, 양도인)는 물권적 청구권을 행사할 수 없다.
10 점유를 하지 않으므로 반환청구권이 없다.
11 유치권 자체에 기한 물권적 청구권은 없다.
14 상대방은 직접점유자, 간접점유자이고 점유보조자는 상대방이 될 수 없다.
17 피담보채무가 변제된 이후에 양도담보권설정자가 행사하는 등기청구권은 양도담보권설정자의 실질적 소유권에 기한 물권적청구권이므로 따로이 시효소멸되지 아니한다.

제1장 | 확인학습문제

01 물권의 객체에 관한 설명으로 옳은 것은?(다툼이 있으면 판례에 따름) ★34회 기출★

① 지상권은 물건이 아니므로 저당권의 객체가 될 수 없다.

② 법률상 공시방법이 인정되지 않는 유동집합물이라도 특정성이 있으면 이를 양도담보의 목적으로 할 수 있다.

③ 저당권과 질권은 서로 다른 물권이므로 하나의 물건에 관하여 동시에 성립할 수 있다.

④ 토지소유권은 토지의 상하에 미치므로 지상공간의 일부만을 대상으로 하는 구분지상권은 원칙적으로 허용되지 않는다.

⑤ 기술적인 착오 없이 작성된 지적도에서의 경계가 현실의 경계와 다르다면, 토지소유권의 범위는 원칙적으로 현실의 경계를 기준으로 확정하여야 한다.

해설

난도 ★★

① 민법이 인정하는 저당권의 객체는 부동산 및 부동산물권(지상권, 전세권)이다.

② 일반적으로 일단의 증감 변동하는 동산을 하나의 물건으로 보아 이를 채권담보의 목적으로 삼으려는 이른바 집합물에 대한 양도담보설정계약체결도 가능하며 이 경우 그 목적 동산이 담보설정자의 다른 물건과 구별될 수 있도록 그 종류, 장소 또는 수량지정 등의 방법에 의하여 특정되어 있으면 그 전부를 하나의 재산권으로 보아 이에 유효한 담보권의 설정이 된 것으로 볼 수 있다[88다카20224].

③ 일물일권주의의 원칙상 동시에 성립할 수 없다.

④ 제289조의2 제1항 참고

⑤ 어떤 토지가 지적공부에 1필지의 토지로 등록되면 토지의 소재, 지번, 지목, 지적 및 경계는 다른 특별한 사정이 없는 한 이 등록으로써 특정되고 소유권의 범위는 현실의 경계와 관계없이 공부의 경계에 의하여 확정되는 것이 원칙이지만, 지적도를 작성하면서 기점을 잘못 선택하는 등 기술적인 착오로 말미암아 지적도의 경계선이 진실한 경계선과 다르게 작성되었다는 등과 같은 특별한 사정이 있는 경우에는 토지의 경계는 실제의 경계에 의하여야 한다[2012다87898].

답 ②

02 물권에 관한 설명으로 옳지 않은 것은?(다툼이 있으면 판례에 따름)

★31회 기출★

① 특별한 사정이 없으면, 물건의 일부는 물권의 객체가 될 수 없다.

② 권원 없이 타인의 토지에 심은 수목은 독립한 물권의 객체가 될 수 없다.

③ 종류, 장소 또는 수량지정 등의 방법으로 특정할 수 있으면 수량이 변동하는 동산의 집합도 하나의 물권의 객체가 될 수 있다.

④ 소유권을 비롯한 물권은 소멸시효의 적용을 받지 않는다.

⑤ 소유권을 상실한 전(前)소유자는 물권적 청구권을 행사할 수 없다.

해설

난도 ★

① 일물일권주의(일물일권주의)의 원칙상, 물건의 일부분, 구성부분에는 물권이 성립할 수 없는 것이어서 구분 또는 분할의 절차를 거치지 아니한 채 하나의 부동산 중 일부분만에 관하여 따로 소유권보존등기를 경료하거나, 하나의 부동산에 관하여 경료된 소유권보존등기 중 일부분에 관한 등기만을 따로 말소하는 것은 허용되지 아니한다[2000다39582].

② 권원이 없는 자가 타인의 토지 위에 나무를 심었다면 특별한 사정이 없는 한 토지소유자에 대하여 나무의 소유권을 주장할 수 없다[2015다69907].

③ 일반적으로 일단의 증감 변동하는 동산을 하나의 물건으로 보아 이를 채권담보의 목적으로 삼으려는 이른바 집합물에 대한 양도담보설정계약체결도 가능하며 이 경우 그 목적 동산이 담보설정자의 다른 물건과 구별될 수 있도록 그 종류, 장소 또는 수량지정 등의 방법에 의하여 특정되어 있으면 그 전부를 하나의 재산권으로 보아 이에 유효한 담보권의 설정이 된 것으로 볼 수 있다[88다카20224].

④ 점유권, 소유권은 소멸시효에 걸리지 않고, 피담보채권이 존재하는 동안 담보물권도 소멸시효에 걸리지 않으나, 지상권과 지역권은 20년의 소멸시효에 걸린다.

⑤ 소유권을 양도함에 있어 소유권에 의하여 발생되는 물상청구권을 소유권과 분리, 소유권없는 전소유자에게 유보하여 제3자에게 대하여 이를 행사케 한다는 것은 소유권의 절대적 권리인 점에 비추어 허용될 수 없는 것이라 할 것으로서, 일단 소유권을 상실한 전소유자는 제3자인 불법점유자에 대하여 물권적청구권에 의한 방해배제를 청구할 수 없다[68다725 전합].

 탑 ④

03 부동산만을 객체로 하는 물권으로 묶인 것은?

★28회 기출★

① 소유권 – 점유권 – 저당권

② 소유권 – 지상권 – 저당권

③ 지상권 – 지역권 – 전세권

④ 유치권 – 질권 – 저당권

⑤ 지상권 – 유치권 – 저당권

해설

난도 ★

③ 점유권 · 소유권 · 유치권은 부동산 · 동산 모두에 인정되고, 지상권 · 지역권 · 전세권 · 저당권은 부동산에 인정되며, 질권은 동산에 인정된다.

탑 ③

04 다음 설명 중 옳은 것은?(다툼이 있으면 판례에 따름)

① 미등기 무허가건물의 양수인은 소유권에 준하는 관습상의 물권을 취득한다.

② 등기는 물권의 존속요건이므로, 등기가 불법 말소되면 물권은 소멸한다.

③ 소유권이전등기의 원인으로 주장된 계약서가 진정하지 않은 것으로 증명되어도 그 등기의 적법추정은 복멸되지 않는다.

④ 지하 또는 지상의 공간은 상하의 범위를 정하여 건물 기타 공작물을 소유하기 위한 구분지상권의 목적으로 할 수 없다.

⑤ 공유자 중 1인이 다른 공유자의 동의 없이 그 공유 토지의 특정부분을 매도하여 타인명의로 소유권 이전등기를 마친 경우, 그 매도부분 토지에 관한 소유권이전등기는 처분공유자의 공유지분 범위 내에서는 유효한 등기이다.

| 해설 |
난도 ★★★

① 미등기 무허가건물의 양수인이라도 그 소유권이전등기를 마치지 않는 한 그 건물의 소유권을 취득할 수 없고, 소유권에 준하는 관습상의 물권이 있다고도 할 수 없다[2006다49000].

② 등기는 물권의 효력발생요건이고 효력존속요건이 아니므로 물권에 관한 등기가 원인없이 말소된 경우에 그 물권의 효력에는 아무런 영향을 미치지 않는다고 봄이 타당한 바, 회복등기를 마치기 전이라도 말소된 소유권이전등기의 최종명의인은 적법한 권리자로 추정된다고 하겠으니 동 이전등기가 실체관계에 부합하지 않은 점에 대한 입증책임은 이를 주장하는 자에게 있다[81다카923].

③ 소유권이전등기의 원인으로 주장된 계약서가 진정하지 않은 것으로 증명된 이상 그 등기의 적법추정은 복멸되는 것이고 계속 다른 적법한 등기원인이 있을 것으로 추정할 수는 없다[98다29568].

④ 지하 또는 지상의 공간은 상하의 범위를 정하여 건물 기타 공작물을 소유하기 위한 지상권의 목적으로 할 수 있다(제289조의2 제1항).

目 ⑤

---

05 물권법정주의에 관한 설명으로 옳은 것은?(다툼이 있으면 판례에 따름)

① 물권은 명령이나 규칙에 의해서도 창설될 수 있다.

② 민법은 관습법에 의한 물권의 성립을 부정한다.

③ 물권법정주의에 관한 규정은 강행규정이며, 이에 위반하는 법률행위는 무효이다.

④ 대법원은 사인(私人)의 토지에 대한 관습상의 통행권을 인정하고 있다.

⑤ 미등기 무허가건물의 양수인은 그 소유권이전등기를 경료하지 않더라도 그 건물에 관하여 소유권에 준하는 관습상의 물권을 가진다.

난도 ★

① 법률은 국회가 제정하는 형식적 의미의 법률(헌법상 의미의 법률)을 의미하고 명령·규칙은 제외된다.

② 물권은 법률 또는 관습법에 의하는 외에는 임의로 창설하지 못한다(제185조). 관습법상 법정지상권처럼 관습법에 의한 물권의 성립을 인정한다.

④ 개인소유 도로를 오랜 기간 통행한 경우 사도통행권이 관습법상 인정된다는 것은 관습법 어디에도 근거가 없다[2001다64165].

⑤ 미등기 무허가건물의 양수인이라 할지라도 그 소유권이전등기를 경료받지 않는 한 양수인에게 소유권에 준하는 관습상의 물권이 있다고 볼 수도 없으므로, 그 건물의 불법점거자에 대하여 직접 자신의 소유권 등에 기하여 명도를 청구할 수는 없다[2007다11347].

답 ③

---

06 물권적 청구권에 관한 설명으로 옳지 <u>않은</u> 것은?(다툼이 있으면 판례에 따름)

★31회 기출★

① 물권적 청구권은 물권과 분리하여 양도하지 못한다.

② 물권적 청구권을 보전하기 위하여 가등기를 할 수 있다.

③ 미등기건물을 매수한 사람은 소유권이전등기를 갖출 때까지 그 건물의 불법점유자에게 직접 자신의 소유권에 기하여 인도를 청구하지 못한다.

④ 토지소유자는 권원 없이 그의 토지에 건물을 신축·소유한 사람으로부터 건물을 매수 하여 그 권리의 범위에서 점유하는 사람에게 건물의 철거를 청구할 수 있다.

⑤ 소유권에 기한 말소등기청구권은 소멸시효의 적용을 받지 않는다.

난도 ★

① 소유권을 양도함에 있어 소유권에 의하여 발생되는 물상청구권을 소유권과 분리, 소유권없는 전소유자에게 유보하여 제3자에게 대하여 이를 행사케 한다는 것은 소유권의 절대적 권리인 점에 비추어 허용될 수 없는 것이라 할 것으로서[68다725 전합] 물권적 청구권을 물권과 분리하여 양도하지 못한다.

② 부동산물권(소유권·지상권·지역권·전세권·저당권)과 이에 준하는 권리(채권담보권·권리질권·부동산임차권)의 설정·이전·변경·소멸의 청구권을 보전하려 할 때(부동산 매매에서 매수인의 소유권이전청구권), 또는 이러한 청구권이 시기부·정지조건부이거나(시험에 합격하면 토지를 양도하기로 한 경우) 기타 장래에 있어서 확정(예약완결권)될 것인 때에 하는 등기이다. 물권적 청구권을 보존하기 위한 가등기, 소유권보존등기의 가등기는 할 수 없다[81다카1110].

③ 건물을 신축하여 그 소유권을 원시취득한 자로부터 그 건물을 매수하였으나 아직 소유권이전등기를 갖추지 못한 자는 그 건물의 불법점거자에 대하여 직접 자신의 소유권 등에 기하여 명도를 청구할 수는 없다[2007다11347].

④ 건물철거는 그 소유권의 종국적 처분에 해당하는 사실행위이므로 원칙으로는 그 소유자(등기명의자)에게만 그 철거처분권이 있다고 할 것이나 그 건물을 매수하여 점유하고 있는 자는 등기부상 아직 소유자로서의 등기명의가 없다 하더라도 그 권리의 범위 내에서 그 점유 중인 건물에 대하여 법률상 또는 사실상 처분을 할 수 있는 지위에 있고 그 건물이 건립되어 있어 불법으로 점유를 당하고 있는 토지소유자(甲)는 위와 같은 지위에 있는 건물점유자(丁)에게 그 철거를 구할 수 있다[86다카1751].

⑤ 매매계약이 합의해제된 경우에도 매수인에게 이전되었던 소유권은 당연히 매도인에게 복귀하는 것이므로 합의해제에 따른 매도인의 원상회복청구권(매수인 명의의 말소등기청구권)은 소유권에 기한 물권적 청구권이라고 할 것이고 이는 소멸시효의 대상이 되지 아니한다[80다2968].

답 ②

07 물권적 청구권에 관한 설명으로 옳은 것을 모두 고른 것은?(다툼이 있으면 판례에 따름)

☑확인
Check!
○
△
×

ㄱ. 부동산 매매계약이 합의해제되면 매수인에게 이전되었던 소유권은 당연히 매도인에게 복귀되므로 합의해제에 따른 매도인의 원상회복청구권은 소유권에 기인한 물권적 청구권으로서 이는 소멸시효의 대상이 아니다.

ㄴ. 임대차목적물 침해자에 대하여 임차인은 점유보호청구권을 행사할 수 있으나, 소유자인 임대인은 점유보호청구권을 행사할 수 없다.

ㄷ. 불법한 원인으로 급여를 한 사람은 그 원인행위가 법률상 무효라 하여 상대방에게 부당이득반환청구를 할 수 없는 경우, 급여한 물건의 소유권이 여전히 자기에게 있다고 하여 소유권에 기한 반환청구도 할 수 없다.

ㄹ. 물건의 양도 시 소유권에 기한 물권적 청구권을 소유권과 분리하여 이를 소유권을 상실한 전(前)소유자에게 유보하여 행사시킬 수 있다.

① ㄱ, ㄴ
② ㄱ, ㄷ
③ ㄴ, ㄷ
④ ㄴ, ㄹ
⑤ ㄷ, ㄹ

해설

난도 ★★★

ㄴ. 간접점유자인 임대인은 점유매개관계에 기해 물건을 점유하는 직접점유자인 임차인에 대해 점유보호청구권·자력구제권을 행사할 수 없으나, 임대차목적물 침해자인 제3자에 대하여는 점유보호청구권이나 본권에 기한 물권적 청구권을 행사할 수 있다.

ㄹ. 소유권을 양도함에 있어 소유권에 의해 발생되는 물상청구권을 소유권과 분리하여 소유권 없는 전소유자에게 유보하여 제3자에 대해 이를 행사케 하는 것은 소유권이 절대적 권리인 점에 비추어 허용될 수 없다. 따라서 일단 소유권을 상실한 전소유자는 제3자인 불법점유자에 대해 물권적 청구권에 의한 방해배제를 청구할 수 없고 방해배제소송의 계속중에 소유권을 양도한 양도인은 방해배제를 계속 청구할 수 없다[68다725 전합].

답 ②

08 물권적 청구권에 관한 설명으로 옳지 <u>않은</u> 것은?(다툼이 있으면 판례에 따름)

★28회 기출★

① 소유권에 기한 물권적 청구권은 소멸시효 대상이 아니다.
② 간접점유자는 제3자의 점유침해에 대하여 물권적 청구권을 행사할 수 있다.
③ 토지의 저당권자는 무단점유자에 대해 저당권에 기한 저당물반환청구권을 행사할 수 있다.
④ 점유물반환청구권은 점유를 침탈당한 날로부터 1년 내에 행사하여야 한다.
⑤ 점유보조자에게는 점유보호청구권이 인정되지 않는다.

해설
난도 ★
③ 저당권자는 물권에 기하여 그 침해가 있는 때에는 그 제거나 예방을 청구할 수 있는바, 공장저당권의 목적동산이 저당권자의 동의를 얻지 않고 설치된 공장으로부터 반출된 경우에는 저당권자는 점유권이 없기 때문에 설정자로부터 일탈한 저당목적물을 자신에게 반환할 것을 청구할 수는 없지만, 저당목적물이 제3자에게 선의취득되지 않는 한 원래의 설치장소에 원상복귀할 것을 청구함은 저당권의 성질에 반하지 않음은 물론, 저당권자가 가지는 방해배제권의 당연한 행사에 해당한다[95다55184].

답 ③

09 물권적 청구권에 관한 설명으로 옳지 <u>않은</u> 것은?(다툼이 있으면 판례에 따름)

★33회 기출★

① 지역권자는 지역권을 방해하는 자에 대하여 방해의 제거를 청구할 수 있다.
② 간접점유자는 제3자의 점유침해에 대하여 물권적 청구권을 행사할 수 있다.
③ 직접점유자가 임의로 점유를 타인에게 양도한 경우에는 그 점유이전이 간접점유자의 의사에 반하더라도 간접점유자의 점유가 침탈된 경우에 해당하지 않는다.
④ 부동산 양도담보의 피담보채무가 전부 변제되었음을 이유로 양도담보권설정자가 행사하는 소유권이전등기말소청구권은 소멸시효에 걸린다.
⑤ 민법 제205조 제2항이 정한 점유물방해제거청구권의 행사를 위한 '1년의 제척기간'은 출소기간이다.

해설
난도 ★
④ 채권담보의 목적으로 이루어지는 부동산 양도담보의 경우에 있어서 피담보채무가 변제된 이후에 양도담보권설정자가 행사하는 등기청구권은 양도담보권설정자의 실질적 소유권에 기한 물권적청구권이므로 따로이 시효소멸되지 아니한다[78다2412].

답 ④

제2장 | 물권의 변동

출제포인트
- 미등기 매수인의 법적지위
- 이전등기의 추정력
- 가등기가 불법말소된 경우
- 이중보존등기의 효력
- 등기청구권의 유형
- 제186조와 제187조의 구별
- 혼동 사례

제1절 서설

1. 물권변동의 의의

물권변동이란 물권의 발생·변경·소멸을 말한다. 이를 물권의 주체를 중심으로 보면 물권의 득실변경(得失變更)이 된다.

2. 공시의 원칙

제186조(부동산물권변동의 효력) 부동산에 관한 법률행위로 인한 물권의 득실변경은 등기하여야 그 효력이 생긴다.
제188조(동산물권양도의 효력, 간이인도) ① 동산에 관한 물권의 양도는 그 동산을 인도하여야 효력이 생긴다.

(1) 등기는 물권의 효력발생요건이지 그 존속요건은 아니므로 물권에 관한 등기가 원인 없이 말소된 경우에도 그 물권의 효력에는 아무런 변동이 없다[95다39526]. ★29, 33회 기출★

(2) 등기가 원인 없이 말소된 경우, 그 회복등기가 마쳐지기 전이라도 말소된 등기의 명의인은 적법한 권리자로 추정된다. ★27회 기출★

(3) 지상권 설정등기가 불법 말소된 경우 그 지상권은 소멸한다.

3. 공신의 원칙(公信의 原則)

선의취득을 규정하여 동산의 물권변동에 있어서 공신의 원칙을 채택하고 있다. 부동산의 물권변동에 있어서는 공신의 원칙을 채택하고 있지 않다.

제2절 부동산 등기제도

1. 서설

(1) 등기의 종류

① 등기대상에 따른 종류

㉠ 부동산표시에 관한 등기(표제부의 등기, 사실의 등기) : 부동산의 물리적 현황을 등기기록 표제부에 기록하는 등기로서 권리의 대상인 부동산을 구체적으로 특정하는 것을 목적으로 하는 등기이다.

㉡ 권리에 관한 등기(甲구·乙구의 등기) : 이는 부동산의 권리에 관한 사항을 등기기록 중 甲구와 乙구의 사항란에 기록하여 공시하는 등기이다. 등기명의인 표시변경등기는 권리변동을 가져오는 것은 아니다. ★28회 기출★

② 등기내용에 따른 종류

㉠ 변경등기 : 등기사항의 변경이란 등기완료 후 일부에 관하여 등기와 실체관계(부동산에 관하여 존재하는 사실관계와 권리관계의 내용 그 자체)의 불일치가 발생한 경우, 불일치를 제거하여 일치시키는 등기를 말한다.

㉡ 경정등기 : 등기사항의 경정이란 등기절차상의 착오 또는 유루로 인하여 등기와 실체관계의 일부가 불일치하는 경우, 불일치를 제거하여 일치시키는 등기를 말한다. ★31회 기출★

㉢ 말소등기 : 등기사항의 말소란 등기에 대응하는 실체관계의 전부가 없어졌을 때 등기사항의 전부를 소멸시키는 등기이다. 원칙적으로 등기권리자와 등기의무자가 공동으로 신청하여야 한다.

㉣ 멸실등기 : 기존의 등기된 부동산 자체가 물리적으로 전부 없어졌을 때 등기부(등기기록)을 폐쇄시키는 등기이다. 부동산의 일부가 없어졌을 때는 변경등기를 한다.

㉤ 말소회복등기 : 말소된 등기사항의 회복이란 등기에 대응하는 실체관계가 존재함에도 불구하고 등기사항의 전부 또는 일부가 법률적으로 부적법하게 말소된 경우 말소 전의 상태로 회복하고자 행하는 등기로서 말소회복등기를 하게 되면 말소되기 전의 등기의 효력을 회복(순위도 회복)하게 된다. ★31회 기출★

③ 등기형식에 따른 종류

㉠ 주등기(독립등기) : 주등기란 기존의 번호에 이어지는 독립한 번호(표시·순위번호)를 갖는 등기를 말한다.

㉡ 부기(附記)등기 : 부기등기란 부가(附加)하여 기록하는 등기로서 등기 그 자체로는 독립한 표시·순위번호를 갖지 않고 기존의 어떤 주등기 또는 부기등기의 순위번호에 가지번호(1-1, 1-2, 2-1…)를 붙여서 행하는 등기로서 주등기의 순위에 따른다.

© 부기등기의 효력 : 부기등기의 순위는 주등기의 순위에 의하고, 부기등기 상호 간의 순위는 등기의 순위에 의한다. 주등기가 말소하면 부기등기는 등기관이 직권으로 말소한다.

④ 등기효력에 따른 종류

㉠ 종국등기 : 등기는 권리변동(절차법상의 권리변동)의 관계를 공시하는 것을 주된 목적으로 한다. 따라서 일반적인 등기라 함은 권리변동의 효력이 발생하는 등기를 말한다.

㉡ 보전을 위한 등기 : 보전등기는 등기 그 자체로는 권리변동의 효력이 발생하지 않고 후일에 일정한 요건을 갖춘 경우에 발생할 권리변동을 미리 준비하는 보전절차로서 가등기와 가처분등기가 있다.

2. 등기청구권(登記請求權)

(1) 의의

부동산등기법이 등기신청에 관해 공동신청주의를 취하기 때문에 등기권리자가 등기의무자에 대해 등기신청에 협력해 줄 것을 청구할 수 있는 실체법상·사법상의 권리를 말한다(방문신청과 전자신청). 등기신청권은 국가기관에 대한 공법상의 권리임에 비해, 등기청구권은 사인(私人)에 대한 사법상의 권리이다.

(2) 법률행위에 의한 물권변동 – 적용범위

> 제186조(부동산물권변동의 효력) 부동산에 관한 법률행위로 인한 물권의 득실변경은 등기하여야 그 효력이 생긴다.

부동산물권의 포기는 물권적 단독행위로서 법률행위이므로 등기해야 물권소멸의 효과가 발생한다. 시효취득은 법률규정에 의한 소유권취득이지만, 제245조는 점유로 인한 부동산소유권의 시효취득은 등기해야만 효력이 생기도록 특별히 규정하고 있다.

(3) 채권적 청구권

① 법률행위로 인한 등기청구권은 형식주의를 취하고 있는 현행 민법하에서는 채권적 청구권으로서 원칙적으로 소멸시효에 걸린다[76다148 전합].

② 부동산의 매수인이 목적 부동산을 인도받아 계속 점유하는 경우에는 그 소유권이전등기청구권의 소멸시효가 진행하지 않는다[98다32175 전합]. 부동산의 매수인이 그 부동산을 인도받은 이상 이를 사용·수익하다가 그 부동산에 대한 보다 적극적인 권리 행사의 일환으로 다른 사람에게 그 부동산을 처분하고 그 점유를 승계하여 준 경우에도 이전등기청구권의 소멸시효는 진행되지 않는다[98다32175 전합].

③ 부동산 매수인의 소유권이전등기 청구권은 채권적 청구권이다[61다1232].

④ 점유취득시효기간의 경과로 등기청구권이 생기고 그 성질은 채권적인 청구권이다. ★30회 기출★

(4) 물권적 청구권

① 법정지상권(제305조·제366조), 법정저당권(제649조)이 성립한 경우에 그 설정등기청구권은 법률의 규정에 의해 취득한 물권으로부터 발생하는 물권적 청구권이다.

② 실체관계와 등기가 일치하지 않는 경우(합의해제된 경우)에 진정한 권리자는 등기명의자에게 방해배제청구로서 말소등기청구를 할 수 있는데 이때의 등기청구권은 물권의 효력으로서 발생하는 물권적 청구권이다.

③ 소유권을 방해당하고 있는 진정한 소유자는 최종 소유권등기명의자에게 '말소등기청구' 대신에 '진정한 등기명의의 회복을 위한 소유권이전등기청구'를 할 수 있는데[89다카12398 전합], 이 때의 등기청구권도 물권적 청구권이다.

④ 2번 저당권자가 무효인 1번 저당권의 말소를 청구하는 것은 저당권에 기한 물권적 청구권이다. 지상권에 기한 방해예방청구권은 물권적 청구권이다.

⑤ 가등기에 기한 소유권이전등기청구권이 시효의 완성으로 소멸되었다면 그 가등기 이후에 그 부동산을 취득한 제3자는 그 소유권에 기한 방해배제청구로서 그 가등기권자에 대하여 본등기청구권의 소멸시효를 주장하여 그 등기의 말소를 구할 수 있다[90다카27570].

⑥ 부동산양도담보의 경우에 있어서 피담보채무가 변제된 이후에 양도담보권설정자의 등기청구권은 물권적 청구권으로서 소멸시효에 걸리지 않는다. ★33회 기출★

3. 등기의 효력

(1) 본등기의 효력

① 권리변동적 효력(창설적 효력 : 創設的 效力)

② 대항적 효력

등기의 대항력이라 함은 그 등기된 내용으로써 당사자 이외의 제3자에게도 대항 또는 주장할 수 있는 효력을 말한다. 제한물권의 존속기간, 지료, 이자 등은 등기 없어도 당사자 사이에 채권적 효력이 있지만 등기하면 제3자에 대해서도 주장할 수 있다.

③ 순위확정적 효력

등기의 순위는 등기신청을 접수하여 등기부(등기기록)에 기록된 경우 그 접수된 때에 효력이 발생하고 이때 확정되는데 이를 순위확정의 효력이라고 한다.

(2) 등기의 추정적 효력(推定的 效力, 형식적 확정력 : 形式的 確定力)

① 의의

등기의 추정적 효력이란 부동산 물권변동을 공시하는 등기가 있으면 그에 상응하는 실체적 권리가 등기명의인에게 존재하는 것으로 추정하는 힘을 말하는데 「민법」에서는 등기의 추정력에 관한 규정을 두고 있지 않다.

② 추정력이 미치는 범위

㉠ 물적 범위(物的 範圍) : 등기는 물권의 효력 발생 요건이고 존속 요건은 아니어서 등기가 원인 없이 말소된 경우에는 그 물권의 효력에 아무런 영향이 없고, 그 회복등기가 마쳐지기 전이라도 말소된 등기의 등기명의인은 적법한 권리자로 추정되므로 원인 없이 말소된 등기의 효력을 다투는 쪽에서 그 무효 사유를 주장·입증하여야 한다[95다39526]. 가등기가 그 등기명의인의 의사에 기하지 아니하고 위조된 서류에 의하여 부적법하게 말소된 사실이 인정되는 경우, 그 가등기는 여전히 적법하게 이루어진 것으로 추정된다. ★30회 기출★

ⓛ 보존등기(保存登記)-약한 추정력

    ⓐ 건물의 보존등기는 그 명의자가 신축한 것이 아니라면 그 등기의 권리추정력은 깨어진다[95다13685]. ★27, 28회 기출★

    ⓑ 소유권보존등기의 추정력은 그 보존등기명의인 외의 자가 사정받은 경우에는 토지소유권을 원시 취득한다)받은 것으로 밝혀지면 깨어진다[96다16247].

    ⓒ 보존등기 명의자가 보존등기 전의 소유자로부터 소유권을 양도받았다고 주장하고 전소유자가 보존등기명의자에의 양도사실을 부인하는 경우에는 그 추정력이 깨어진다[79다1200].

ⓒ 이전등기(移轉登記)-강한 추정력

    ⓐ 소유권이전등기의 원인으로 주장된 계약서가 진정하지 않은 것으로 증명된 이상 그 등기의 적법추정은 복멸된다[98다29568]. ★29, 30, 33회 기출★

    ⓑ 등기절차가 적법하게 진행되지 않은 것으로 볼만한 의심스러운 사정이 있음이 입증되는 경우에는 그 추정력은 깨어진다[2002다46256].

    ⓒ 부동산등기는 그것이 형식적으로 존재하는 것 자체로부터 적법한 등기원인에 의하여 마쳐진 것으로 추정되고, 등기명의자가 등기부에 기재된 것과 다른 원인으로 등기 명의를 취득하였다고 주장하고 있지만 그 주장 사실이 인정되지 않는다 하더라도 그 자체로 등기의 추정력이 깨어진다고 할 수 없다[95다39526].

    ⓓ 전 등기명의인이 미성년자이고 당해 부동산을 친권자에게 증여하는 행위가 이해상반행위라 하더라도 일단 친권자에게 이전등기가 경료된 이상 특별한 사정이 없는 한 필요한 절차를 적법하게 거친 것으로 추정된다[2001다72029]. ★31회 기출★

    ⓔ 부동산지분권이전등기가 존재할 때에는 일응 그 등기명의자는 적법한 소유자로 추정되는 것이나, 등기상의 공유지분의 합계결과 분자가 분모를 초과하는 때에는 등기부의 기재자체에 의하여 그 등기가 부실함이 명백하므로 등기부상 기재된 공유지분의 비율로 각 공유자가 공유한다고 추정할 수 없다[82다카134]. ★29회 기출★

    ⓕ 소유권이전등기의 명의자는 제3자에 대해서뿐만 아니라 전소유자에 대해서도 적법한 등기원인에 의해 소유권을 취득한 것으로 추정되므로, 이를 다투는 측에서 무효사유를 주장·입증해야 한다[97다2993]. ★27, 28, 31, 32회 기출★

ⓒ 특별조치법상의 등기-최강의 추정력

    ⓐ 구 부동산소유권 이전등기 등에 관한 특별조치법에 의한 등기의 기초가 된 보증서나 확인서의 실체적 기재 내용이 진실이 아님을 의심할 만큼 증명이 된 때에는 그 등기의 추정력은 번복된 것이다[99다39258].

    ⓑ 부동산소유권 이전등기 등에 관한 특별조치법에 의한 소유권이전등기도 그 전 등기명의인이 무권리자이기 때문에 그로부터의 소유권이전등기가 원인무효로서 말소되어야 할 경우라면, 등기의 추정력은 번복된다. 같은 취지에서 원인무효인 소유권보존등기를 기초로 마친 소유권이전등기는 그것이 특별조치법에 의하여 이루어진 등기라고 하더라도 원인무효이다[2017다260117].

ⓜ 가등기(假登記) : 소유권이전청구권의 보전을 위한 가등기가 있다하여 반드시 소유권이전등기할 어떤 계약관계가 있었던 것이라 단정할 수 없으므로 소유권이전등기를 청구할 어떤 법률관계가 있다고 추정이 되는 것도 아니라 할 것이다[79다239]. ★27, 28, 31, 32회 기출★

③ 추정의 효과

 ㉠ 근저당권의 설정등기가 되어있으면 이에 상응하는 피담보채권의 존재가 추정된다.

 ㉡ 등기부의 기재를 신뢰하는 것은 선의·무과실로 추정된다. 그러나 부동산의 표시에 관한 사항에는 추정력이 인정되지 않는다.

 ㉢ 소유권이전등기가 원인 없이 말소된 경우, 그 회복등기를 마치기 전이라도 말소된 소유권이전등기의 최종명의인은 적법한 권리자로 추정된다.

 ㉣ 허무인으로부터 등기를 이어받은 소유권이전등기는 원인무효라 할 것이어서 그 등기명의자에 대한 소유권추정은 깨트려진다[84다카2494]. ★27, 30회 기출★

 ㉤ 종중재산에 대한 유효한 명의신탁의 경우, 등기의 추정력에도 불구하고 신탁자는 수탁자에 대하여 명의신탁에 의한 등기임을 주장할 수 있다. ★30회 기출★

 ㉥ 등기의무자가 사망하기 전에 등기원인이 이미 존재하였다면 등기의무자의 사망 후에 그로 부터 경료된 등기라도 적법한 것으로 추정된다[2003다3157].

4. 가등기(假登記)

(1) 가등기의 요건

① 부동산물권(소유권·지상권·지역권·전세권·저당권)과 이에 준하는 권리(채권담보권·권리질권·부동산임차권)의 설정·이전·변경·소멸의 청구권을 보전하려 할 때(부동산 매매에서 매수인의 소유권이전청구권), 또는 이러한 청구권이 시기부·정지조건부이거나(시험에 합격하면 토지를 양도하기로 한 경우) 기타 장래에 있어서 확정(예약완결권)될 것인 때에 하는 등기이다. 물권적 청구권을 보존하기 위한 가등기, 소유권보존등기의 가등기는 할 수 없다[81다카1110]. ★27, 28, 31회 기출★

② 가등기권자가 가등기에 기한 본등기절차에 의하지 아니하고 가등기설정자로부터 별도의 소유권이전등기를 경료받았다고 하여 혼동의 법리에 의하여 가등기권자의 가등기에 기한 본등기청구권이 소멸하지는 않는다[2004다59546]. ★27회 기출★

(2) 가등기의 절차

① 공동신청의 원칙

② 가등기를 본등기로 고치는 절차

가등기권자는 가등기의무자인 전소유자를 상대로 본등기청구권을 행사할 것이고 가등기권자가 소유권이전의 본등기를 한 경우에는 등기공무원은 가등기 이후에 한 제3자의 본등기를 직권말소 할 수 있다[4294민재항675 전합]. ★32회 기출★

(3) 본등기 후의 효력(본등기 순위보전의 효력)

① 본등기의 순위

가등기에 기해 본등기가 행해지면 본등기의 순위는 가등기의 순위에 의한다. 가등기에 의하여 보전되는 본등기 청구권은 채권적 청구권으로서 소멸시효에 걸린다[76다148 전합].

② 물권변동의 효력

가등기는 그 성질상 본등기의 순위보전만의 효력이 있고 후일 본등기가 경료된 때에는 본등기의 순위가 가등기한 때로 소급함으로써 가등기후 본등기 전에 이루어진 중간처분이 본등기보다 후순위로 되어 실효될 뿐이고 본등기에 의한 물권변동의 효력이 가등기한 때로 소급하여 발생하는 것은 아니다[81다1298]. ★27, 28, 31, 33회 기출★

③ 후등기의 직권말소

㉠ 가등기후 본등기가 행해지면 가등기 이후의 제3자의 등기는 본등기와 양립할 수 있으면 본등기보다 후순위로 되고 본등기와 양립할 수 없으면 직권말소 된다[4294민재항675 전합]. 가등기 전에 마쳐진 담보가등기·전세권 및 저당권에 의한 임의경매개시결정등기, 가등기권자에게 대항할 수 있는 주택 임차권등기 등을 제외하고는 모두 직권으로 말소한다(부동산등기규칙 제147조). ★31회 기출★

㉡ 가등기에 기한 소유권이전등기청구권이 시효완성으로 소멸되었다면, 가등기 이후에 그 부동산을 취득한 제3자는 가등기권자에 대하여 그 가등기의 말소를 구할 수 있다.

(4) 본등기 전의 효력

소유권보존등기가 무효이더라도 가등기권리자는 그 말소를 청구할 권리가 없다[2000다51285]. 가등기가 가등기권리자의 의사에 의하지 아니하고 말소되어 그 말소등기가 원인 무효인 경우에는 가등기가 부적법하게 말소된 후 소유권이전등기를 마친 제3자는 가등기의 회복등기절차에서 등기상 이해관계 있는 제3자로서 승낙의무가 있다[95다39526]. ★27회 기출★

(5) 가등기의 가등기 – 가등기의 부기등기 허용여부

가등기를 양도한 경우에는 양도인과 양수인의 공동신청으로 그 가등기상의 권리의 이전등기를 가등기에 대한 부기등기의 형식으로 경료할 수 있다[98다24105 전합]. ★27, 29, 31, 33회 기출★

5. 이중보존등기(중복등기 : 重複登記)

(1) 중복등기의 명의인이 동일인인 경우

동일부동산에 관하여 동일인 명의로 중복보존등기가 경료된 경우 부동산등기법이 1부동산 1용지주의를 채택하고 있는 이상 뒤에 경료된 등기는 무효이고 이 무효인 등기에 터잡아 타인명의로 소유권이전등기가 경료되었다고 하더라도 실체관계에 부합하는 여부를 가릴것 없이 이 등기 역시 무효이다[83다카743].

(2) 중복등기의 명의인이 동일인이 아닌 경우

① 동일 부동산에 관해 등기명의인을 달리하여 중복된 소유권보존등기가 경료된 경우에는 먼저 이루어진 소유권보존등기가 원인무효가 되지 않는 한 뒤에 한 소유권보존등기는 1부동산 1용지주의를 채택하고 있는 부동산등기법 아래에서는 무효이다[87다453 전합]. ★27, 28, 29, 33회 기출★

② 뒤에 된 소유권보존등기가 무효로 되는 때에는, 뒤에 된 소유권보존등기나 이에 터잡은 소유권이전등기를 근거로 하여서는 등기부취득시효의 완성을 주장할 수 없다[96다12511].

6. 중간생략등기(中間省略登記)

(1) 서설

① 단속규정(團束規定)

부동산등기특별조치법상 조세포탈과 부동산투기 등을 방지하기 위하여 중간생략등기를 일정 목적범위 내에서 형사처벌하도록 되어 있으나 이로써 순차매도한 당사자 사이의 중간생략등기합의에 관한 사법상 효력까지 무효로 한다는 취지는 아니다[92다39112].

② 미등기매수인의 법정지위

㉠ 소유자 甲으로부터 미등기 건물을 매수한 乙이 소유권이전등기를 마치지 않은 상태에서 이를 다시 丙에게 전매하여 인도한 경우 甲은 丙에게 소유물반환을 청구할 수 없다.

㉡ 미등기 부동산의 매수인이 그 부동산을 인도받은 경우 매도인의 상속인이 행사하는 반환청구에 대하여 반환을 거절할 수 있다.

㉢ 제3자가 매수인의 점유를 침탈하면 매수인의 매도인에 대한, 매매를 원인으로 하는 소유권이전등기청구권은 소멸시효가 진행한다.

ⓐ 만약 부동산 매수인이 부동산을 인도받아 사용·수익하다가 제3자에게 그 부동산을 처분하고 점유를 승계하여 준 경우에도 소유권이전등기청구권의 소멸시효는 진행되지 않는다.

ⓑ 제3자가 토지를 점유·사용하는 동안에는 제3자의 매수인에 대한, 매매를 원인으로 하는 소유권이전등기청구권은 소멸시효에 걸리지 않는다.

㉣ 미등기 건물을 그 대지와 함께 매수한 사람이 그 대지에 관하여만 소유권이전등기를 넘겨받아 저당권을 설정한 후 그 저당권의 실행으로 대지가 경매되어 다른 사람의 소유로 된 경우 그 건물을 위한 법정지상권이 성립한다.

(2) 이미 등기된 경우

① 유효 : 중간생략등기절차에 있어서 이미 중간생략등기가 이루어져 버린 경우에 있어서는, 그 관계 계약당사자 사이에 적법한 원인행위가 성립되어 이행된 이상, 다만 중간생략등기에 관한 합의가 없었다는 사유만으로서는 그 등기를 무효라고 할 수는 없다[79다847]. ★32회 기출★

② 토지거래허가구역 내의 토지를 토지거래허가 없이 순차로 매매한 후, 최종 매수인이 중간생략등기의 합의하에 자신과 최초 매도인을 매매당사자로 하는 토지거래허가를 받아 경료한 소유권이전등기는 무효이다.[97다33218]. ★27, 34회 기출★

(3) 아직 미등기인 경우 – 최종매수인의 등기청구권

① 제3자 합의가 있는 경우(합의조건부 유효설)

㉠ 중간생략등기의 합의를 이유로 최초양도인에게 직접 그 소유권이전등기 청구권을 행사하기 위하여는 관계 당사자 전원의 의사합치, 즉 중간생략등기에 대한 최초 양도인과 중간자의 동의가 있는 외에 최초 양도인과 최종 양수인 사이에도 그 중간등기 생략의 합의가 있었음이 요구된다[95다15575]. 그러나 중간생략등기의 합의가 있더라도 최초매도인과 최종매수인 사이에 매매계약이 체결되었다고 볼 수는 없다.

㉡ 부동산매매로 인한 소유권이전등기청구권의 양도는 채무자의 동의나 승낙 없이 양도인의 채무자에 대한 통지만으로는 채무자에 대한 대항력이 생기지 않는다[2000다51216]. ★32회 기출★

ⓒ 중간생략등기의 합의가 있었다 하여 중간매수인의 소유권이전등기청구권이 소멸된다거나 첫 매도인의 그 매수인에 대한 소유권이전등기의무가 소멸되는 것은 아니므로[91다18316], 최초매수인이 중간자를 상대로 소유권이전등기를 청구할 수 있다. ★27, 32회 기출★

ⓔ 중간생략등기의 합의가 있다고 하여 최초 매도인이 매매계약상 상대방에 대하여 가지는 대금청구권의 행사가 제한되는 것은 아니다.

ⓜ 매도인 甲, 중간매수인 乙, 최후매수인 丙이 甲으로부터 丙으로 이전등기를 해주기로 전원 합의한 경우, 乙이 대금을 지급하지 않으면 甲은 丙에게 소유권이전등기를 해줄 필요가 없다. ★27, 32회 기출★

ⓗ 전원이 중간생략등기의 합의를 한 경우 최종양수인은 특별한 사정이 없는한 직접 최초양도인에게 소유권이전등기를 청구할 수 있다. 중간생략등기의 합의는 순차적 또는 묵시적으로 할 수 있다.

② 3자합의가 없는 경우

중간생략등기의 합의가 없다면 부동산의 전전매수인은 매도인을 대위하여 그 전매도인인 등기명의자에게 매도인 앞으로의 소유권이전등기를 구할 수는 있을지언정 직접 자기 앞으로의 소유권이전등기를 구할 수는 없다[69다1351]. ★27회 기출★

(4) 모두생략등기(冒頭省略登記)

원시취득자와 승계취득자 사이의 합치된 의사에 따라 승계취득자 앞으로 직접 소유권보존등기를 경료하였다면, 그 소유권보존등기는 실체적 권리관계에 부합되어 적법한 등기로서의 효력을 가진다[94다44675]. ★27, 31회 기출★

7. 무효등기의 유용

(1) 무효등기 유용의 요건

① 유용의 합의 : 무효등기의 유용에 관한 묵시적 합의 내지 추인을 인정하려면 그 등기가 무효임을 알면서도 유효함을 전제로 기대되는 행위를 하거나 용태를 보이는 등 무효등기를 유용할 의사에서 비롯되어 장기간 방치된 것이라고 볼 수 있는 특별한 사정이 있어야 한다[2006다50055]. ★30회 기출★

② 이해관계인의 부존재 : 유용합의 이전에 등기부상 이해관계 있는 제3자가 존재하지 않아야 한다. ★27, 30회 기출★

③ 가등기의 유용 : 가등기 이전의 부기등기 전에 등기부상 이해관계를 가지게 된 자에 대하여는 위 가등기 유용의 합의 사실을 들어 그 가등기의 유효를 주장할 수는 없다[2009다4787]. ★30회 기출★

(2) 표제부 등기의 유용여부

① 기존건물이 멸실된 후 그곳에 새로이 건축한 건물의 물권변동에 관한 등기를 멸실된 건물의 등기부에 하여도 이는 진실에 부합하지 아니하는 것으로서 무효이다[75다2211]. ★30회 기출★

② 신축건물의 물권변동에 관한 등기를 멸실건물의 등기부에 등재하여도 그 등기는 무효이고, 멸실건물의 등기부상 표시를 신축건물의 내용으로 표시 변경 등기를 하였다고 하더라도 그 등기가 무효임에는 변함이 없다[80다441]. ★28, 29, 32회 기출★

8. 진정한 등기명의의 회복을 위한 소유권이전등기

(1) 자기명의로 소유권을 표상하는 등기가 되어 있었거나 법률에 의해 소유권을 취득한 진정한 소유자가 그 등기명의를 회복하기 위한 방법으로 그 소유권에 기해 현재의 등기명의인으로부터 진정한 등기명의 회복을 원인으로 하여 이행받는 소유권이전등기를 말한다[98다35266]. ★31회 기출★

(2) 진정명의회복을 원인으로 한 소유권이전등기청구권과 무효등기의 말소청구권은 목적이 실질적으로 동일하고 법적 근거와 성질이 소유권에 기한 방해배제청구권으로서 동일하므로 말소청구소송에서 패소확정판결을 받았다면 그 기판력은 그 후 제기된 진정명의회복을 원인으로 한 소유권이전등기청구소송에도 미친다[99다37894 전합].

9. 실체관계에 부합한 등기

(1) **사자(死者) 명의의 등기** : 사망자를 등기의무자로 하여 경료된 등기라도 그 상속인들의 의사에 따라 이루어진 것이라면 실체상 권리관계에 합치되는 유효한 등기이다[64다685].

(2) **은닉행위** : 甲이 乙에게 A부동산을 증여(은닉행위)하였는데, 등기부상 등기원인이 매매(가장매매)로 되어 있더라도 甲의 등기는 실체관계에 부합하는 유효한 등기이다[96다468]. ★27, 29, 31회 기출★

(3) **건물완성 전의 보존등기** : 신축건물의 보존등기를 건물완성 전에 하였다 하더라도 그 후 곧 건물이 완성된 이상 그 등기는 유효하다[70다260].

(4) **매수인이 위조한 경우** : 소유자로부터 토지를 적법하게 매수한 매수인의 소유권이전등기가 위조된 서류에 의하여 경료되었더라도 그 등기는 유효하다. ★29회 기출★

10. 법률행위에 의하지 않은 부동산물권의 변동

(1) 형식주의(形式主義)의 예외

> 제187조(등기를 요하지 아니하는 부동산물권취득) 상속, 공용징수, 판결, 경매 기타 법률의 규정에 의한 부동산에 관한 물권의 취득은 등기를 요하지 아니한다. 그러나 등기를 하지 아니하면 이를 처분하지 못한다.

(2) 적용범위

민법 제187조는 부동산에 관한 물권의 취득만을 규정하고 있으나, 물권의 변경과 소멸에도 적용된다.

① **포괄승계(包括承繼)** : 상속(제1005조)·포괄유증(제1078조)은 피상속인의 사망 시, 회사합병은 합병등기 시에 물권변동이 일어난다. ★29, 30회 기출★

② **공용징수** : 협의수용의 경우에는 협의로 정한 시기에, 재결수용의 경우에는 보상금의 지급이나 공탁을 정지조건으로 하여 수용기일에 물권변동이 일어난다.

③ 형성판결

　　㉠ 공유물·합유물 분할청구에 기한 분할판결(제269조 제1항, 제274조)이 있으면 판결이 확정된 때 물권변동이 일어난다.

　　㉡ 그러나 소유권의 확인을 받았거나(확인판결) 소유권(보존 또는 이전)등기말소등기 절차이행을 명한 의사표시를 구하는 판결로써는 등기를 하지 않고 물권의 취득효력을 인정할 수 없다[62다223]. ★29회 기출★

④ 경매, 몰수 : 경매는 국가기관이 권력행위로서 행하는 공·경매를 말하며, 민사집행법상의 강제경매·담보권실행경매의 경우에는 매수인이 매각대금을 납부한 때, 국세징수법상의 공매의 경우에는 매수인이 매수대금을 납부한 때에 권리변동이 생긴다(민사집행법 제135조, 제268조). ★29회 기출★

⑤ 기타 법률의 규정에 의한 부동산에 관한 물권취득

　　㉠ 기타 해당하는 경우

　　　　ⓐ 법정지상권의 취득(제305조·제366조 등) ★30회 기출★

　　　　ⓑ 분묘기지권의 취득, 법정저당권의 취득(제649조) ★29회 기출★

　　　　ⓒ 법정대위에 의한 저당권의 이전 등

　　　　ⓓ 매장물의 발견, 부동산에의 부합

　　　　ⓔ 소멸시효나 혼동에 의한 물권의 소멸

　　　　ⓕ 피담보채권의 소멸에 의한 저당권의 소멸 ★30회 기출★

　　　　ⓖ 존속기간만료에 의한 용익물권의 소멸 등

　　㉡ 신축건물의 소유권 귀속

　　　　ⓐ 원칙 : 신축한 건물은 최소한의 기둥과 지붕 그리고 주벽이 이루어지면 독립한 부동산으로서의 건물의 요건을 갖춘 것이고[2000다16350], 등기 없이도 건물의 소유권을 누구에게나 주장할 수 있다[65다113]. ★27, 29, 30회 기출★

　　　　ⓑ 건물신축도급계약에서 수급인이 자기의 노력과 재료를 들여 건물을 완성하더라도 소유권을 도급인에게 귀속시키기로 합의한 경우에는 그 건물의 소유권은 도급인에게 원시적으로 귀속되고 이때 신축건물이 집합건물로서 여러 사람이 공동으로 건축주가 되어 도급계약을 체결한 것이라면, 그 집합건물의 각 전유부분 소유권이 누구에게 원시적으로 귀속되느냐는 공동 건축주들 사이의 약정에 따라야 한다[2009다66990]. ★31회 기출★

　　　　ⓒ 단지 채무의 담보를 위하여 채무자가 자기의 비용과 노력으로 신축하는 건물의 건축허가명의를 채권자 명의로 하였다면 완성된 건물의 소유권은 일단 채무자가 이를 원시취득한 후 채권자 명의로 소유권보존등기를 마침으로써 담보목적의 범위 내에서 채권자에게 그 소유권이 이전된다[91다25505]. ★29회 기출★

⑥ 법률행위에 의한 부동산 물권변동으로서 등기를 요하지 않는 경우

　　㉠ 성질상 등기할 수 없는 경우 : 점유권·유치권의 변동이 이에 해당한다.

　　㉡ 재단법인 설립시 출연재산(出捐財産)의 귀속 : 재단법인의 설립함에 있어서 출연재산이 부동산인 경우 출연자와 법인 사이에는 법인의 성립 외에 등기를 필요로 하는 것은 아니지만, 제3자에 대한 관계에 있어서, 출연행위는 법률행위이므로 출연재산의 법인에의 귀속에는 부동산의 권리에 관한 것일 경우 등기를 필요로 한다[78다481, 482 전합].

(3) 등기 없이 취득한 부동산물권의 처분

부동산물권을 등기 없이 취득한 자가 자기 명의의 등기 없이 이를 처분한 경우 그 처분의 상대방은 부동산물권을 취득하지 못한다는 것일 뿐, 그 처분행위의 채권적 효력까지 부인할 수는 없다[93다12176].

제3절   동산물권의 변동

1. 형식주의(성립요건주의 : 成立要件主義)

동산에 관한 물권의 양도는 그 동산을 인도하여야 효력이 생긴다(제188조 제1항)고 하여 형식주의를 취하고 있다. 즉 법률행위에 의한 동산물권의 변동은 물권적 합의와 인도의 두 요건을 갖추었을 때에 효력이 생긴다.

2. 인도방법

(1) 현실의 인도(現實의 引渡)

> 제188조(동산물권양도의 효력, 간이인도) ① 동산에 관한 물권의 양도는 그 동산을 인도하여야 효력이 생긴다.

(2) 간이인도(簡易引渡)

> 제188조(동산물권양도의 효력, 간이인도) ② 양수인이 이미 그 동산을 점유한 때에는 당사자의 의사표시만으로 그 효력이 생긴다.

(3) 점유개정(占有改定)

> 제189조(점유개정) 동산에 관한 물권을 양도하는 경우에 당사자의 계약으로 양도인이 그 동산의 점유를 계속하는 때에는 양수인이 인도받은 것으로 본다.

(4) 목적물반환청구권의 양도

> 제190조(목적물반환청구권의 양도) 제3자가 점유하고 있는 동산에 관한 물권을 양도하는 경우에는 양도인이 그 제3자에 대한 반환청구권을 양수인에게 양도함으로써 동산을 인도한 것으로 본다.

제4절 지상물에 관한 물권의 변동

1. 입목법에 의한 물권변동

입목이란 토지에 부착된 수목의 집단으로서 그 소유자가 입목에 관한 법률에 의해 소유권보존의 등기를 받은 것을 말하는데 소유권보존의 등기를 받을 수 있는 수목의 집단은 입목등록원부에 등록된 것에 한한다. 입목은 독립한 부동산으로 취급된다.

2. 명인방법(明認方法)에 의한 물권변동

수목과 같은 지상물을 토지와는 별도로 거래할 수 있도록 그 소유권이 누구에게 있음을 외부에 명백히 인식시키는 관습법상의 공시방법을 말한다. 명인방법에 의하여 공시가능한 물권은 소유권과 양도담보권의 이전·유보에 한하고 저당권 그 밖의 제한물권은 인정되지 않는다. ★27회 기출★

(1) 요건

① 특정성 : 입목에 새끼줄을 치고 또는 철인으로 ○표를 하였고 요소에 소유자를 게시하였다면 입목에 대한 명인방법으로 인정할 수 있다[76다72].

② 소유권귀속의 대외적 표시 : 지상물에 대한 현재의 소유자(또는 양도담보권자)가 대외적으로 명백히 표시되어야 한다. ★27회 기출★

③ 계속성 : 소유자의 표시가 제3자의 권리취득 시까지 계속되어야 한다.

(2) 효력

① 건물 이외의 지상물을 토지 또는 원물과 분리하지 않은 채 독립된 거래객체로 하는 데 이용된다. ★27회 기출★

② 물권변동의 요건 : 지상입목에 대한 소유권을 양도하는 경우에 그 부합토지와 함께 양도하는 경우가 아니라면 입목에 관한 법률에 의해 등기하거나 명인방법을 갖추어야만 그 입목에 관한 소유권이전의 효력이 발생한다[89다카23022]. ★27회 기출★

③ 입목의 이중매매 : 입목의 이중매매에 있어서는 관습법에 의하여 입목소유권 변동에 관한 공시방법으로 인정되어 있는 명인방법을 먼저 한 사람에게 악의이더라도 입목의 소유권이 이전된다[66다2442].

제5절 물권의 소멸

1. 소멸사유 ★30회 기출★

(1) 목적물의 멸실

명문규정은 없지만 물건이 멸실하면 그에 관한 물권도 당연히 소멸한다. 멸실물의 물질적 변형물(물건의 부품·잔재 등)이 남아 있으면 물권은 그것에 미치고, 가치적 변형물(보험청구권·손해배상청구권 등)이 남아 있으면 질권, 저당권의 물상대위에 의해 그 변형물에 권리가 존속한다.

(2) 소멸시효의 완성

점유권과 유치권, 질권, 저당권 등의 담보물권은 점유 또는 피담보채권에 의존하므로 성질상 소멸시효에 걸리지 않고 소멸시효의 대상이 되는 물권은 지상권, 지역권(20년)뿐이다.

(3) 물권의 포기 ★32회 기출★

물권의 포기란 물권자가 일방적 의사표시로써 자기의 물권을 절대적으로 소멸시키는 것을 말한다. 소유권·점유권의 포기는 상대방 없는 단독행위나 제한물권의 포기는 직접 이익을 얻는 자에 대하여 하는 상대방 있는 단독행위이다. 부동산에 대한 합유지분의 포기는 등기를 해야 포기의 효력이 생긴다. 부동산 공유자의 공유지분포기의 의사표시가 다른 공유자에게 도달하더라도 그 공유지분이 바로 소멸하는 것은 아니고, 다른 공유자는 자신에게 귀속될 공유지분에 관하여 소유권이전등기를 청구할 수 있을 뿐이다 [2015다52978].

2. 혼동(混同)

(1) 의의

혼동이란 서로 대립하는 두 개의 법률적 지위 또는 자격이 동일인에게 귀속하는 것을 말한다. 민법은 혼동을 물권·채권의 공통된 소멸원인으로 규정하고 있으나 일정한 예외(제191조)가 인정된다. 혼동의 법적성질은 사건에 속한다.

(2) 소유권과 제한물권의 혼동

① 원칙

> 제191조(혼동으로 인한 물권의 소멸) ① 동일한 물건에 대한 소유권과 다른 물권(지상권)이 동일한 사람에게 귀속한 때에는 다른 물권(지상권)은 소멸한다.

승역지 소유자가 그 소유권을 지역권자에게 이전시키는 의사표시(→ 위기; 委棄)를 하고 등기를 경료한 경우에 지역권은 소멸된다.

② 예외

> 제191조(혼동으로 인한 물권의 소멸) 그러나 그 물권(지상권)이 제3자의 권리(저당권)의 목적이 된때에는 소멸하지 아니한다.

乙이 甲의 토지에 대해 지상권을 가지고 있고 그 지상권이 丙의 저당권의 목적인 경우에는 乙이 그 토지의 소유권을 취득하더라도 乙의 지상권은 소멸하지 않는다.

③ 물건이 제3자의 권리의 목적인 때

　㉠ 원칙 : 甲의 토지에 대해 乙이 저당권을 가지고 있는데 丙이 후순위저당권을 가지고 있는 경우에는 乙이 그 토지를 매수하여 소유권을 취득하더라도 乙의 저당권은 소멸하지 않는다.

　㉡ 후순위 저당권자(丙)의 소유권 취득 : 甲의 토지에 대해 乙이 저당권을 가지고 있는데 丙이 후순위저당권을 가지고 있는 경우에는 丙이 그 토지를 매수하여 소유권을 취득하면 丙의 저당권은 소멸한다.

　㉢ 선순위 저당권자(乙)의 소유권취득 : 甲의 토지에 대해 乙이 저당권을 가지고 있는데 丙이 후순위 저당권을 가지고 있는 경우에는 乙이 그 토지를 매수하여 소유권을 취득하더라도 乙의 저당권은 소멸하지 않는다(→ 소유자 저당).

　㉣ 선순위 임차권자가 소유권취득 : 부동산에 대한 소유권과 임차권이 동일인에게 귀속하게 되는 경우 임차권은 혼동에 의하여 소멸하는 것이 원칙이지만, 그 임차권이 대항요건을 갖추고 있고 그 대항요건을 갖춘 후에 저당권이 설정된 때에는 임차권은 소멸하지 않는다[2000다12693].

(3) 제한물권과 그 제한물권을 목적으로 하는 다른 제한물권의 혼동

① 원칙

> 제191조(혼동으로 인한 물권의 소멸) ② 전항의 규정은 소유권이외의 물권(전세권)과 그를 목적으로 하는 다른 권리(저당권)가 동일한 사람에게 귀속한 경우에 다른 권리(저당권)는 소멸한다.

② 예외 : 乙 소유의 토지에 지상권을 취득한 甲이 그 지상권을 목적으로 하는 저당권을 丙에게 설정한 후 甲이 토지의 소유권을 취득하였다면, 甲의 지상권은 소멸하지 않는다.

(4) 혼동으로 소멸하지 않는 물권 ★30, 31회 기출★

① **점유권** : 점유권은 혼동으로 소멸하지 않는다(제191조 제3항). 따라서 甲소유 토지를 乙이 점유하고 있던 중 乙이 甲을 단독으로 상속한 경우 乙의 점유권은 소멸하지 않는다.

② **가등기에 기한 본등기** : 가등기권자가 가등기에 기한 본등기절차에 의하지 아니하고 가등기설정자로부터 별도의 소유권이전등기를 경료받았다고 하여 혼동의 법리에 의하여 가등기권자의 가등기에 기한 본등기청구권이 소멸하지는 않는다 할 것이다[2004다59546].

(5) 효과 ★30회 기출★

근저당권자가 소유권을 취득하면 그 근저당권은 혼동에 의해 소멸하지만 그 뒤 그 소유권취득이 무효임이 밝혀지면 소멸했던 근저당권은 부활한다[71다1386].

(6) 채권과 채무의 혼동

채권과 채무가 동일한 주체에 귀속한 때에는 채권은 소멸한다.

○ × 핵심체크

01 건물신축도급계약에서 신축건물의 소유권을 도급인에게 귀속시키기로 합의한 뒤 수급인의 비용과 노력으로 건물이 완성된 경우, 도급인이 건물 소유권을 취득한다. ○ ×

02 자기의 노력과 비용으로 건물을 신축한 자는 그 건축허가가 타인의 명의로 된 경우에도 그 건물의 소유권을 원시취득한다. ○ ×

03 점유취득시효에 의한 토지 소유권의 취득은 부동산의 물권변동을 위해 등기를 필요로 한다. ○ ×

04 소유권이전등기를 명하는 판결이 확정되면 등기 없이도 소유권을 취득한다. ○ ×

05 공유물분할의 조정절차에서 공유자 사이에 공유토지에 대한 현물분할의 조정이 성립한 경우, 각 공유자는 조정에 기하여 지분이전등기를 마침으로써 분할된 부분에 대한 소유권을 취득한다. ○ ×

06 매매계약이 적법하게 취소된 경우 매수인 명의의 등기가 말소되기 전이라면 매도인은 소유권을 회복하지 못한다. ○ ×

07 부동산의 경매절차에서 매수인은 매각대금을 납부하고 소유권이전등기를 마칠 때 소유권을 취득한다. ○ ×

08 등기명의인 표시변경등기는 권리변동을 가져오는 것은 아니다. ○ ×

09 근저당권등기가 원인 없이 말소된 경우, 그 회복등기가 마쳐지기 전이라도 말소된 등기의 등기명의인은 적법한 권리자로 추정된다.

정답 및 해설	**01** ○ **02** ○ **03** ○ **04** × **05** ○ **06** × **07** × **08** ○ **09** ○

오답분석
04 등기하여야 소유권을 취득한다.
06 취소하면 소급하여 무효가 되고, 소유권은 등기없이 매도인에게 복귀한다.
07 매수인이 매각대금을 완납한 때이다.

10 등기부가 멸실된 경우 소정기간 내에 멸실회복등기가 없는 경우에는 소유권이 소멸한다. ☐○ ☐×

11 토지대장상 소유권이전등록을 받은 자는 대장상 최초의 소유명의인 앞으로 보존등기를 한 다음에 이전등기를 하여야 한다. ☐○ ☐×

12 신축건물에 소유권보존등기가 된 경우, 그 명의자가 신축한 것이 아니라도 그 보존등기는 실체관계에 부합하는 유효한 등기로 추정된다. ☐○ ☐×

13 소유권이전등기의 원인으로 주장된 계약서가 진정하지 않은 것으로 증명되어도 그 등기의 적법추정은 복멸되지 않는다. ☐○ ☐×

14 소유권이전등기 명의자는 제3자뿐만 아니라 전(前)소유자에 대해서도 적법한 등기원인에 의하여 소유권을 취득한 것으로 추정된다. ☐○ ☐×

15 소유권이전청구권 보전을 위한 가등기가 있어도, 소유권이전등기를 청구할 어떤 법률관계가 있다고 추정되지 않는다. ☐○ ☐×

16 부동산에 대한 점유취득시효 완성을 원인으로 하는 소유권이전등기청구권은 물권적 청구권이다. ☐○ ☐×

17 매매계약이 합의해제된 경우 매도인의 매수인에 대한 소유권이전등기말소청구권은 소멸시효에 걸린다. ☐○ ☐×

18 중간생략등기가 당사자 사이에 적법한 등기원인에 기하여 이미 경료 되었다면, 중간생략등기의 합의가 없었음을 들어 그 등기의 말소를 구할 수는 없다. ☐○ ☐×

정답 및 해설 **10** × **11** ○ **12** × **13** × **14** ○ **15** ○ **16** × **17** × **18** ○

오답분석
10 등기는 효력발생요건이므로 멸실회복등기전이라도 소유권은 소멸하지 않는다.
12 그 등기의 권리추정력은 깨어진다.
13 등기의 적법추정은 깨어진다.
16 채권적 청구권이다.
17 해제되면 소유권이 매도인에게 복귀하므로 소유권에 기한 물권적청구권으로서 소멸시효에 걸리지 않는다.

19 중간생략등기를 하기로 한 경우, 중간자의 채무불이행이 있어도 최초 매도인은 최종 매수인 명의로의 소유권이전 등기 이행을 거절할 수 없다. □○□×

20 소유권이전청구권이 정지조건부인 경우에도 가등기는 가능하다. □○□×

21 가등기 후 제3자에게 소유권이전등기가 경료된 경우, 본등기를 하지 않은 가등기권리자는 가등기의무자에게 제3 자명의의 등기의 말소를 청구할 수 없다. □○□×

22 매수인 명의의 가등기가 이루어진 후에 매도인이 제3자 앞으로 소유권이전등기를 경료해 준 경우 매수인은 매도인 을 상대로 본등기를 청구하여야 한다. □○□×

23 소유권이전등기청구권의 보전을 위한 가등기에 기하여 본등기가 행해지면 물권변동의 효력은 가등기가 행해진 때 발생한다. □○□×

24 가등기된 권리의 이전등기는 가등기에 대한 부기등기의 형식으로 할 수 있다. □○□×

25 중복된 소유권보존등기의 등기명의인이 동일인이 아닌 경우, 언제나 후등기가 무효이다. □○□×

26 부동산에 대한 합유지분의 포기는 형성권의 행사이므로 등기하지 않더라도 포기의 효력이 생긴다. □○□×

27 근저당권자가 그 저당물의 소유권을 취득하면 그 근저당권은 원칙적으로 혼동에 의하여 소멸하지만, 그 뒤 소유권 취득이 무효인 것이 밝혀지면 소멸하였던 근저당권은 당연히 부활한다. □○□×

정답 및 해설 **19** × **20** ○ **21** ○ **22** ○ **23** × **24** ○ **25** × **26** × **27** ○

오답분석

19 소유권이전등기의무의 이행을 거절할 수 있다.

23 본등기시부터 물권변동의 효력이 생긴다.

25 선등기가 원인무효가 아닌 한 후등기는 무효이다.

26 등기해야 포기의 효력이 생긴다.

제2장 | 확인학습문제

01 부동산 물권변동에 관한 설명으로 옳지 <u>않은</u> 것은?(다툼이 있으면 판례에 따름) ★31회 기출★

☑확인
Check!
○
△
×

① 소유권이전등기를 마친 등기명의인은 제3자에 대하여 적법한 등기원인으로 소유권을 취득한 것으로 추정되지만 그 전(前)소유자에 대하여는 그렇지 않다.

② 미등기건물의 원시취득자는 그 승계인과 합의하여 승계인 명의로 소유권보존등기를 하여 건물소유권을 이전할 수 있다.

③ 등기는 물권의 존속요건이 아니므로 등기가 원인 없이 말소되더라도 그 권리는 소멸하지 않는다.

④ 미등기건물의 소유자가 건물을 그 대지와 함께 팔고 대지에 관한 소유권이전등기를 마친 때에는 매도인에게 관습법상 법정지상권이 인정되지 않는다.

⑤ 저당권설정등기가 원인 없이 말소된 때에도 그 부동산이 경매되어 매수인이 매각대금을 납부하면 원인 없이 말소된 저당권은 소멸한다.

해설

난도 ★★

① 부동산에 관하여 소유권이전등기가 마쳐져 있는 경우에는 그 등기명의자는 제3자에 대하여뿐 아니라 그 전(前)소유자에 대하여서도 적법한 등기원인에 의하여 소유권을 취득한 것으로 추정되는 것이므로 이를 다투는 측에서 그 무효사유를 주장·입증하여야 한다[94다10160].

② 원시취득자와 승계취득자 사이의 합치된 의사에 따라 승계취득자 앞으로 직접 소유권보존등기를 경료하였다면, 그 소유권보존등기는 실체적 권리관계에 부합되어 적법한 등기로서의 효력을 가진다[94다44675].

③ 등기는 물권의 효력발생요건이고 효력존속요건이 아니므로 물권에 관한 등기가 원인없이 말소된 경우에 그 물권의 효력에는 아무런 영향을 미치지 않는다고 봄이 타당한 바, 회복등기를 마치기 전이라도 말소된 소유권이전등기의 최종명의인은 적법한 권리자로 추정된다고 하겠으니 동 이전등기가 실체관계에 부합하지 않은 점에 대한 입증책임은 이를 주장하는 자에게 있다[81다카923].

④ 미등기건물을 그 대지와 함께 매도하였다면 비록 매수인에게 그 대지에 관하여만 소유권이전등기가 경료되고 건물에 관하여는 등기가 경료되지 아니하여(미등기건물의 소유자는 그 건물을 건축한 원시취득자임) 형식적으로 대지와 건물이 그 소유 명의자를 달리하게 되었다 하더라도 매도인에게 관습상의 법정지상권을 인정할 이유가 없다[2002다9660 전합].

⑤ 부동산에 관하여 근저당권설정등기가 경료되었다가 그 등기가 위조된 등기서류에 의하여 아무런 원인 없이 말소되었다는 사정만으로는 곧바로 근저당권이 소멸하는 것은 아니라고 할 것이지만, 근저당권설정등기가 원인 없이 말소된 이후에 그 근저당 목적물인 부동산에 관하여 다른 근저당권자 등 권리자의 경매신청에 따라 경매절차가 진행되어 경락허가결정이 확정되고 경락인이 경락대금을 완납하였다면, 원인 없이 말소된 근저당권은 이에 의하여 소멸한다[98다27197].

🖐 ①

---

02 부동산의 물권변동을 위해 등기가 필요한 것은?(다툼이 있으면 판례에 따름)

★30회 기출★

① 건물의 신축에 의한 소유권의 취득
② 상속에 의한 토지 소유권의 취득
③ 피담보채권의 소멸에 의한 저당권의 소멸
④ 관습법에 따른 법정지상권의 취득
⑤ 점유취득시효에 의한 토지 소유권의 취득

해설
난도 ★

⑤ 20년간 소유의 의사로 평온, 공연하게 부동산을 점유하는 자는 등기함으로써 그 소유권을 취득한다(제245조 제1항).

답 ⑤

---

03 법률행위에 의하지 <u>않은</u> 물권변동에 관한 설명으로 옳지 <u>않은</u> 것은?(다툼이 있으면 판례에 따름)

★29회 기출★

① 법정저당권은 저당권설정등기 없이 성립한다.
② 부동산소유권을 확인하는 판결에 의해서도 등기 없이 그 부동산의 소유권을 취득한다.
③ 공경매에 있어서 부동산 물권변동의 시기는 매각허가결정이 확정된 후 매수인이 매각대금을 완납한 때이다.
④ 자기의 비용과 노력으로 건물을 신축한 건축주는 건물의 소유권을 등기없이 취득한다.
⑤ 상속에 의한 물권변동은 피상속인의 사망 시에 발생한다.

해설
난도 ★★

② 민법 제187조에서 판결에 의하여 등기를 하지 않고 물권의 취득효력을 받는 경우는 판결 자체에 의하여 물권의 취득효력을 형성하는 경우(형성판결)를 말하고, 소유권의 확인을 받았거나(확인판결) 소유권(보존 또는 이전)등기말소등기 절차이행을 명한 의사표시를 구하는 판결로써는 등기를 하지 않고 물권의 취득효력을 인정할 수 없다[62다223].

답 ②

등기의 유효요건에 관한 설명으로 옳지 <u>않은</u> 것은?(다툼이 있으면 판례에 따름) ★34회 기출★

① 물권에 관한 등기가 원인 없이 말소되더라도 특별한 사정이 없는 한 그 물권의 효력에는 영향을 미치지 않는다.

② 미등기건물의 승계취득자가 원시취득자와의 합의에 따라 직접 소유권보존등기를 마친 경우, 그 등기는 실체관계에 부합하는 등기로서 유효하다.

③ 멸실된 건물의 보존등기를 멸실 후에 신축된 건물의 보존등기로 유용할 수 없다.

④ 중복된 소유권보존등기의 등기명의인이 동일인이 아닌 경우, 선등기가 원인무효가 아닌 한 후등기는 무효이다.

⑤ 토지거래허가구역 내의 토지에 대한 최초매도인과 최후매수인 사이의 중간생략등기에 관한 합의만 있더라도, 그에 따라 이루어진 중간생략등기는 실체관계에 부합하는 등기로서 유효하다.

해설

난도 ★★

① 등기는 물권의 효력발생 요건이고 효력존속요건은 아니므로 물권에 관한 등기가 원인없이 말소된 경우에도 그 물권의 효력에는 아무런 영향을 미치지 않는다[87다카1232].

② 미등기건물을 등기할 때에는 소유권을 원시취득한 자 앞으로 소유권보존등기를 한 다음 이를 양수한 자 앞으로 이전등기를 함이 원칙이라 할 것이나, 원시취득자와 승계취득자 사이의 합치된 의사에 따라 그 주차장에 관하여 승계취득자 앞으로 직접 소유권보존등기를 경료하게 되었다면, 그 소유권보존등기는 실체적 권리관계에 부합되어 적법한 등기로서의 효력을 가진다[94다44675].

③ 80다441

④ 2007다63690

⑤ 토지거래허가구역 내의 토지가 토지거래허가 없이 소유자인 최초 매도인으로부터 중간 매수인에게, 다시 중간 매수인으로부터 최종 매수인에게 순차로 매도되었다면 각 매매계약의 당사자는 각각의 매매계약에 관하여 토지거래허가를 받아야 하며, 위 당사자들 사이에 최초의 매도인이 최종 매수인 앞으로 직접 소유권이전등기를 경료하기로 하는 중간생략등기의 합의가 있었다고 하더라도 이러한 중간생략등기의 합의란 부동산이 전전 매도된 경우 각 매매계약이 유효하게 성립함을 전제로 그 이행의 편의상 최초의 매도인으로부터 최종의 매수인 앞으로 소유권이전등기를 경료하기로 한다는 당사자 사이의 합의에 불과할 뿐, 그러한 합의가 있었다고 하여 최초의 매도인과 최종의 매수인 사이에 매매계약이 체결되었다는 것을 의미하는 것은 아니므로 최초의 매도인과 최종 매수인 사이에 매매계약이 체결되었다고 볼 수 없고, 설사 최종 매수인이 자신과 최초 매도인을 매매 당사자로 하는 토지거래허가를 받아 자신 앞으로 소유권이전등기를 경료하였다고 하더라도 이는 적법한 토지거래허가 없이 경료된 등기로서 무효이다[97다33218].

답 ⑤

05 등기에 관한 설명으로 옳지 <u>않은</u> 것은?(다툼이 있으면 판례에 따름)

① 경정등기는 원시적으로 진실한 권리관계와 등기가 일부 어긋나는 경우 이를 바로잡는 등기이다.

② 소유자만이 진정명의회복을 위한 소유권이전등기를 청구할 수 있다.

③ 진정명의회복을 위한 소유권이전등기청구의 상대방은 현재의 등기명의인이다.

④ 증여로 부동산을 취득하였으나 등기원인을 매매로 기재하였다면 그 등기는 무효등기이다.

⑤ 그 이유가 무엇이든 당사자가 자발적으로 말소등기한 경우 말소회복등기를 할 수 없다.

해설
난도 ★

②, ③ 이미 자기 앞으로 소유권을 표상하는 등기가 되어 있었거나 법률에 의하여 소유권을 취득한 자가 진정한 등기명의를 회복하기 위한 방법으로는 현재의 등기명의인을 상대로 그 등기의 말소를 구하는 외에 "진정한 등기명의의 회복"을 원인으로 한 소유권이전등기절차의 이행을 직접 구하는 것도 허용되어야 한다[89다카12398 전합].

④ 부동산 등기는 현실의 권리 관계에 부합하는 한 그 권리취득의 경위나 방법 등이 사실과 다르다고 하더라도 그 등기의 효력에는 아무런 영향이 없는 것이므로 증여에 의하여 부동산을 취득하였지만 등기원인을 매매로 기재하였다고 하더라도 그 등기의 효력에는 아무런 하자가 없다[80다791].

⑤ 말소된 등기사항의 회복이란 등기에 대응하는 실체관계가 존재함에도 불구하고 등기사항의 전부 또는 일부가 법률적으로 부적법하게 말소된 경우 말소 전의 상태로 회복하고자 행하는 등기로서 말소회복등기를 하게 되면 말소되기 전의 등기의 효력을 회복(순위도 회복)하게 된다.

답 ④

---

06 부동산등기에 관한 설명으로 옳지 <u>않은</u> 것은?(다툼이 있으면 판례에 따름)

① 멸실된 건물의 보존등기를 신축한 건물의 보존등기로 유용하는 것은 허용되지 않는다.

② 소유자로부터 토지를 적법하게 매수한 매수인의 소유권이전등기가 위조된 서류에 의하여 경료되었더라도 그 등기는 유효하다.

③ 가등기된 권리의 이전등기는 가등기에 대한 부기등기의 형식으로는 경료할 수 없다.

④ 명의자를 달리하는 중복보존등기가 부동산을 표상함에 부족함이 없는 경우, 선행등기가 원인무효가 아닌 한 후행등기는 실체적 권리관계에 부합하더라도 무효이다.

⑤ 지분이전등기가 경료된 경우 그 등기는 적법하게 된 것으로서 진실한 권리상태를 공시하는 것이라고 추정된다.

해설
난도 ★★★

③ 순위 보전의 대상이 되는 물권변동의 청구권은 그 성질상 양도될 수 있는 재산권일 뿐만 아니라 가등기로 인하여 그 권리가 공시되어 결과적으로 공시방법까지 마련된 셈이므로, 이를 양도한 경우에는 양도인과 양수인의 공동신청으로 그 가등기상의 권리의 이전등기를 가등기에 대한 부기등기의 형식으로 경료할 수 있다고 보아야 한다[98다24105 전합].

답 ③

07 부동산 등기에 관한 설명으로 옳지 않은 것은?(다툼이 있으면 판례에 따름) ★28회 기출★

① 청구권보전을 위한 가등기에 기하여 본등기가 되더라도 본등기에 의한 물권변동의 효력이 가등기한 때로 소급하지 않는다.

② 소유권이전청구권이 정지조건부인 경우에도 가등기는 가능하다.

③ 먼저 된 유효한 소유권보존등기로 인해 뒤에 된 이중보존등기가 무효인 경우, 뒤에 된 등기를 근거로 등기부취득시효를 주장할 수 있다.

④ 등기되어 있는 3층 건물이 멸실되자 5층 건물을 신축하였으나 종전 등기를 그대로 사용하는 경우 이 등기는 무효이다.

⑤ 등기명의인 표시변경등기는 권리변동을 가져오는 것은 아니다.

해설

난도 ★★★

③ 등기는 1부동산 1등기부주의에 위배되지 않는 등기를 말하므로 소유권보존등기가 이중으로 되어 후등기가 무효인 때에는 후등기나 그에 터잡은 소유권이전등기를 근거로 해서는 등기부취득시효의 완성을 주장할 수 없다[96다12511 전합].

답 ③

08 부동산 등기에 관한 설명으로 옳지 않은 것은?(다툼이 있으면 판례에 따름) ★27회 기출★

① 토지소유자가 그 지상에 건물을 신축하는 경우, 보존등기를 하여야 건물의 소유권을 취득한다.

② 무효인 중복등기에 바탕을 둔 등기부취득시효는 인정되지 않는다.

③ 무효등기를 유용하는 합의는 그 합의 전에 등기상의 이해관계 있는 제3자가 없는 경우에는 유효하다.

④ 증여에 의하여 부동산을 취득하였지만 등기원인을 매매로 기재하였더라도 그 등기는 유효하다.

⑤ 「민법」에서는 등기의 추정력에 관한 규정을 두고 있지 않다.

해설

난도 ★★

① 신축한 건물은 최소한의 기둥과 지붕 그리고 주벽이 이루어지면 독립한 부동산으로서의 건물의 요건을 갖춘 것이고[2000다16350], 등기 없이도 건물의 소유권을 누구에게나 주장할 수 있다[65다113].

답 ①

09 부동산등기에 관한 설명으로 옳지 않은 것은?(다툼이 있으면 판례에 따름) ★33회 기출★

① 가등기된 권리의 이전등기는 가등기에 대한 부기등기의 형식으로 할 수 있다.

② 근저당권등기가 원인 없이 말소된 경우, 그 회복등기가 마쳐지기 전이라도 말소된 등기의 등기명의인은 적법한 권리자로 추정된다.

③ 청구권보전을 위한 가등기에 기하여 본등기가 경료되면 본등기에 의한 물권변동의 효력은 가등기한 때로 소급하여 발생한다.

④ 소유권이전등기의 원인으로 주장된 계약서가 진정하지 않은 것으로 증명되었다면 그 등기의 적법추정은 복멸된다.

⑤ 동일 부동산에 관하여 등기명의인을 달리하여 중복된 소유권보존등기가 경료된 경우, 선행보존등기가 원인무효가 아닌 한 후행보존등기는 실체관계에 부합하더라도 무효이다.

> 해설
> 난도 ★★★
> ③ 가등기는 그 성질상 본등기의 순위보전만의 효력이 있고 후일 본등기가 경료된 때에는 본등기의 순위가 가등기한 때로 소급함으로써 가등기후 본등기 전에 이루어진 중간처분이 본등기보다 후순위로 되어 실효될 뿐이고 본등기에 의한 물권변동의 효력이 가등기한 때로 소급하여 발생하는 것은 아니다[92다21258].
>
> 답 ③

10 등기의 효력에 관한 설명으로 옳은 것은?(다툼이 있으면 판례에 따름) ★27회 기출★

① 소유권이전청구권 보전을 위한 가등기가 있어도 소유권이전등기를 청구할 어떤 법률관계가 있다고 추정되지 않는다.

② 허무인(虛無人)으로부터 이어받은 소유권이전등기의 경우에도 그 등기명의자의 소유권은 추정된다.

③ 신축된 건물의 소유권보존등기 명의자는 실제로 그 건물을 신축한 자가 아니더라도 적법한 권리자로 추정된다.

④ 등기가 원인 없이 말소된 경우, 그 회복등기가 마쳐지기 전이라면 말소된 등기의 등기명의인은 적법한 권리자로 추정되지 않는다.

⑤ 소유권이전등기 명의자는 그 전(前)소유자에 대하여 적법한 등기원인에 의해 소유권을 취득한 것으로 추정되지 않는다.

> 해설
> 난도 ★★★
> ② 허무인으로부터 등기를 이어받은 소유권이전등기는 원인무효라 할 것이어서 그 등기명의자에 대한 소유권추정은 깨트려진다[84다카2494].
> ③ 보존등기명의인이 원시취득자가 아니라는 점이 증명되면 그 보존등기의 추정력은 깨어진다[96다16247]. 즉 건물의 보존등기는 그 명의자가 신축한 것이 아니라면 그 등기의 권리추정력은 깨어진다[95다13685].

④ 등기는 물권의 효력 발생 요건이고 존속 요건은 아니어서 등기가 원인 없이 말소된 경우에는 그 물권의 효력에 아무런 영향이 없고, 그 회복등기가 마쳐지기 전이라도 말소된 등기의 등기명의인은 적법한 권리자로 추정되므로 원인 없이 말소된 등기의 효력을 다투는 쪽에서 그 무효 사유를 주장·입증하여야 한다[95다39526].

⑤ 소유권이전등기의 명의자는 제3자에 대해서뿐만 아니라 전소유자에 대해서도 적법한 등기원인에 의해 소유권을 취득한 것으로 추정되므로, 이를 다투는 측에서 무효사유를 주장·입증해야 한다[97다2993].

目 ①

11

甲 소유의 X토지에 乙 명의로 소유권이전청구권을 보전하기 위한 가등기를 한 경우에 관한 설명으로 옳은 것은?(다툼이 있으면 판례에 따름) ★31회 기출★

① 乙은 부기등기의 형식으로는 가등기된 소유권이전청구권을 양도하지 못한다.
② 가등기가 있으면 乙이 甲에게 소유권이전을 청구할 법률관계가 있다고 추정된다.
③ 乙이 가등기에 기하여 본등기를 하면 乙은 가등기한 때부터 X토지의 소유권을 취득한다.
④ 가등기 후에 甲이 그의 채권자 丙에게 저당권을 설정한 경우, 가등기에 기하여 본등기를 마친 乙은 丙에 대하여 물상보증인의 지위를 가진다.
⑤ 乙이 별도의 원인으로 X토지의 소유권을 취득한 때에는, 특별한 사정이 없으면 가등기로 보전된 소유권이전청구권은 소멸하지 않는다.

해설
난도 ★★

① 가등기는 순위 보전의 대상이 되는 물권변동의 청구권은 그 성질상 양도될 수 있는 재산권일 뿐만 아니라 가등기로 인하여 그 권리가 공시되어 결과적으로 공시방법까지 마련된 셈이므로, 이를 양도한 경우에는 양도인과 양수인의 공동신청으로 그 가등기상의 권리의 이전등기를 가등기에 대한 부기등기의 형식으로 경료할 수 있다고 보아야 한다[98다24105 전합].
② 소유권이전청구권의 보전을 위한 가등기가 있다하여 반드시 소유권이전등기할 어떤 계약관계가 있었던 것이라 단정할 수 없으므로 소유권이전등기를 청구할 어떤 법률관계가 있다고 추정이 되는 것도 아니라 할 것이다[79다239].
③ 가등기는 그 성질상 본등기의 순위보전만의 효력이 있고 후일 본등기가 경료된 때에는 본등기의 순위가 가등기한 때로 소급함으로써 가등기후 본등기 전에 이루어진 중간처분이 본등기보다 후순위로 되어 실효될 뿐이고 본등기에 의한 물권변동의 효력이 가등기한 때로 소급하여 발생하는 것은 아니다[92다21258].
④ 가등기권자가 소유권이전의 본등기를 한 경우에는 등기관은 부동산등기법 175조 제1항·제55조 제2호에 의하여 가등기 이후에 한 제3자의 본등기를 직권말소할 수 있다[4294민재항675 전합]. 즉, 乙의 본등기가 경료되면 丙의 저당권은 등기관이 직권으로 말소한다.
⑤ 가등기에 기한 본등기청구권은 채권으로서 가등기권자가 가등기설정자를 상속하거나 그의 가등기에 기한 본등기절차 이행의 의무를 인수하지 아니하는 이상, 가등기권자가 가등기에 기한 본등기절차에 의하지 아니하고 가등기설정자로부터 별도의 소유권이전등기를 경료받았다고 하여 혼동의 법리에 의하여 가등기권자의 가등기에 기한 본등기청구권이 소멸하지는 않는다 할 것이다[2004다59546].

目 ⑤

12 가등기에 관한 설명으로 옳지 <u>않은</u> 것은?(다툼이 있으면 판례에 따름)

★27회 기출★

① 가등기상의 권리의 이전등기를 가등기에 대한 부기등기의 형식으로 할 수 있다.

② 저당권설정등기청구권을 보전하기 위한 가등기는 인정되지 않는다.

③ 가등기에 기한 본등기가 경료되더라도 본등기에 의한 물권변동의 효력이 가등기 한 때로 소급하여 발생하는 것은 아니다.

④ 가등기가 부적법하게 말소된 후 소유권이전등기를 마친 제3자는 가등기의 회복등기절차에서 승낙의 무가 있다.

⑤ 가등기에 기한 본등기청구권과 소유권이전등기청구권은 그 등기원인이 동일하더라도 서로 다른 청구권으로 보아야 한다.

해설
난도 ★★

② (청구권보전)가등기는 부동산물권 중 소유권·지상권·지역권·전세권·저당권과 권리질권·임차권의 설정·이전·변경·소멸의 청구권을 보전하려 할 때, 또는 이러한 청구권이 시기부·정지조건부일 경우나 그 밖에 장래에 확정될 것인 경우에 하는 등기이다(부동산등기법 제3조).

답 ②

13 중간생략등기에 관한 설명으로 옳지 <u>않은</u> 것은?(다툼이 있으면 판례에 따름)

★27회 기출★

① 甲이 신축한 건물을 乙이 매수한 후, 당사자들의 합의에 따라 경료된 乙 명의의 보존등기는 유효하다.

② 토지거래허가구역 내 토지가 甲에서 乙, 乙에서 丙으로 매도되고 중간생략등기의 합의가 있더라도, 丙이 자신과 甲을 매매 당사자로 하는 토지거래허가를 받아 丙 앞으로 경료된 소유권이전등기는 무효이다.

③ 매도인 甲, 중간매수인 乙, 최후매수인 丙 사이에 중간생략등기에 대한 전원의 합의가 없는 경우, 丙은 甲에 대하여 직접 자기에게 이전등기를 청구할 수 없다.

④ 매도인 甲, 중간매수인 乙, 최후매수인 丙이 甲으로부터 丙으로 이전등기를 해주기로 전원 합의한 경우, 乙이 대금을 지급하지 않더라도 甲은 丙에게 소유권이전등기를 해주어야 한다.

⑤ 매도인 甲, 중간매수인 乙, 최후매수인 丙이 甲으로부터 丙으로 이전등기를 해주기로 전원 합의한 경우에도 乙은 甲에 대한 등기청구권을 잃지 않는다.

해설
난도 ★★

④ 乙의 대금지급과 甲의 丙에 대한 소유권이전등기의무는 동시이행관계이므로 乙이 대금을 지급하지 않으면 甲은 丙에게 소유권이전등기를 해줄 의무가 없다.

답 ④

14 무효등기의 유용에 관한 설명으로 옳지 않은 것은?(다툼이 있으면 판례에 따름)

① 무효등기의 유용에 관한 합의 내지 추인은 묵시적으로도 이루어질 수 있다.

② 실질관계의 소멸로 무효로 된 등기의 유용은 그 등기를 유용하기로 하는 합의가 이루어지기 전에 등기상 이해관계가 있는 제3자가 생기지 않은 경우에는 허용된다.

③ 유용할 수 있는 등기에는 가등기도 포함된다.

④ 기존건물이 전부 멸실된 후 그곳에 새로이 건축한 건물의 물권변동에 관한 등기를 위해 멸실된 건물의 등기를 유용할 수 있다.

⑤ 무효인 등기를 유용하기로 한 약정을 하더라도, 무효의 등기가 있은 때로 소급하여 유효한 등기로 전환될 수 없다.

해설

난도 ★

④ 기존건물이 멸실된 후 그곳에 새로이 건축한 건물의 물권변동에 관한 등기를 멸실된 건물의 등기부에 하여도 이는 진실에 부합하지 아니하는 것으로서 무효이다[75다2211].

답 ④

---

15 등기의 추정력에 관한 설명으로 옳은 것을 모두 고른 것은?(다툼이 있으면 판례에 따름)

ㄱ. 가등기가 그 등기명의인의 의사에 기하지 아니하고 위조된 서류에 의하여 부적법하게 말소된 사실이 인정되는 경우, 그 가등기는 여전히 적법하게 이루어진 것으로 추정된다.

ㄴ. 등기명의자가 허무인(虛無人)으로부터 소유권이전등기를 이어받았다는 사실만으로는 그 등기명의자가 적법한 권리자라는 추정은 깨트려지지 않는다.

ㄷ. 소유권이전등기의 원인으로 주장된 계약서가 진정하지 않은 것으로 증명된 경우에 그 등기의 적법추정은 복멸되는 것이고, 계속 다른 적법한 등기원인이 있을 것으로 추정할 수는 없다.

① ㄱ
② ㄴ
③ ㄷ
④ ㄱ, ㄷ
⑤ ㄱ, ㄴ, ㄷ

해설

난도 ★

ㄴ. 사망한 전소유자 명의의 신청에 의해 경료된 소유권이전등기(83다카597] 또는 허무인으로부터 이어받은 소유권이전등기(84다카2494]는 특별한 사정이 없는 한 등기의 추정력을 인정할 여지가 없다[2003다3157].

답 ④

16 등기의 추정력에 관한 설명으로 옳지 <u>않은</u> 것은?(다툼이 있으면 판례에 따름) ★28회 기출★

① 신축건물에 소유권보존등기가 된 경우, 그 명의자가 신축한 것이 아니라도 그 보존등기는 실체관계에 부합하는 유효한 등기로 추정된다.

② 소유권이전등기 명의자는 제3자뿐만 아니라 전(前)소유자에 대해서도 적법한 등기 원인에 의하여 소유권을 취득한 것으로 추정된다.

③ 소유권이전등기는 등기원인과 절차가 적법하게 마쳐진 것으로 추정된다.

④ 종중재산에 대한 유효한 명의신탁의 경우, 등기의 추정력에도 불구하고 신탁자는 수탁자에 대하여 명의신탁에 의한 등기임을 주장할 수 있다.

⑤ 소유권이전청구권 보전을 위한 가등기가 있다고 하여 소유권이전등기를 청구할 수 있는 법률관계가 존재한다고 추정되는 것은 아니다.

해설

난도 ★★★

① 보존등기 명의자가 보존등기 전의 소유자로부터 소유권을 양도받았다고 주장하고 전소유자가 보존등기 명의자에의 양도사실을 부인하는 경우에는 소유권이전등기의 경우와 달라서 그 추정력이 깨어진다[79다1200].

달 ①

---

17 甲은 乙 소유 토지 위에 식재된 입목등기가 되어 있지 않은 소나무 50그루에 대하여 매매계약 체결과 동시에 소유권을 이전받기로 약정하였다. 甲은 계약체결 후 잔금을 지급하지 않은 채 乙의 동의 하에 소나무 50그루에 각각 '소유자 甲'이라는 표기를 써서 붙였다. 이후 乙은 이 소나무를 丙에게 이중으로 매도하였다. 이에 관한 설명으로 옳은 것은?(다툼이 있으면 판례에 따름) ★28회 기출★

① 乙은 여전히 소나무에 대하여 소유권을 가진다.

② 甲은 소나무에 대하여 입목등기 없이 소유권을 취득한다.

③ 丙이 乙과의 계약에 의해 명인방법을 갖추면 丙이 소유권을 취득한다.

④ 甲은 명인방법을 통해 소나무에 대하여 저당권을 설정할 수 있다.

⑤ 甲은 소나무에 대하여 입목등기 없이 丙에게 대항할 수 없다.

해설

난도 ★★★

① 입목에 대한 매매계약을 체결함에 있어서 매도인이 그 입목에 대한 소유권을 매매계약과 동시에 매수인에게 이전하여 준다는 의사표시를 한 것으로 볼 수 있다면 잔대금 지급전이라 할지라도 매수인이 명인방법을 실시하면 다른 특별한 사정이 없는 한 매수인(甲)은 그 입목의 소유권을 취득한다[69다1346].

②, ⑤ 지상입목에 대한 소유권을 양도하는 경우에 그 부합토지와 함께 양도하는 경우가 아니라면 입목에 관한 법률에 의해 등기하거나 명인방법을 갖추어야만 그 입목에 관한 소유권이전의 효력이 발생한다[89다카23022].

③ 입목의 이중매매에 있어서는 관습법에 의하여 입목소유권 변동에 관한 공시방법으로 인정되어 있는 명인방법을 먼저 한 사람에게 입목의 소유권이 이전된다[66다2442].

④ 명인방법은 매우 단순한 공시방법이므로 소유권과 양도담보권에 대해서만 인정된다. 저당권·질권을 비롯한 그 밖의 제한물권은 인정되지 않는다.

달 ②

18 명인방법에 관한 설명으로 옳지 <u>않은</u> 것은?(다툼이 있으면 판례에 따름)

① 관습법상의 공시방법이다.

② 수확되지 아니한 농작물에 대해서도 인정된다.

③ 토지의 지상물이 독립된 물건이며 현재의 소유자가 누구라는 것을 명시하여야 한다.

④ 명인방법으로 양도담보를 공시할 수 없다.

⑤ 건물 이외의 지상물을 토지 또는 원물과 분리하지 않은 채 독립된 거래객체로 하는 데 이용된다.

> 해설
> 난도 ★
> ④ 명인방법은 매우 단순한 공시방법이므로 소유권과 양도담보권에 대해서만 인정된다. 저당권 · 질권을 비롯한 그 밖의 제한물권은 인정되지 않는다.

정답 ④

19 물권의 소멸에 관한 설명으로 옳지 <u>않은</u> 것은?(다툼이 있으면 판례에 따름)

① 물건이 멸실되더라도 물건의 가치적 변형물이 남아 있는 경우에는 담보물권은 그 가치적 변형물에 미친다.

② 지역권은 소멸시효의 대상이 될 수 있다.

③ 부동산에 대한 합유지분의 포기는 형성권의 행사이므로 등기하지 않더라도 포기의 효력이 생긴다.

④ 점유권과 본권이 동일인에게 귀속하더라도 점유권은 소멸하지 않는다.

⑤ 근저당권자가 그 저당물의 소유권을 취득하면 그 근저당권은 원칙적으로 혼동에 의하여 소멸하지만, 그 뒤 그 소유권 취득이 무효인 것이 밝혀지면 소멸하였던 근저당권은 당연히 부활한다.

> 해설
> 난도 ★★
> ③ 합유지분 포기가 적법하다면 그 포기된 합유지분은 나머지 잔존 합유 지분권자들에게 균분으로 귀속하게 되지만 이는 등기하여야 효력이 있고 지분을 포기한 합유지분권자로부터 잔존 합유지분권자들에게 합유지분권 이전등기가 이루어지지 아니하는 한 지분을 포기한 지분권자는 제3자에 대하여 여전히 합유지분권자로서의 지위를 가지고 있다고 보아야 한다[96다16896].

정답 ③

제3장 | 점유권

출제포인트
□ 자주점유와 타주점유의 유형
□ 점유자와 회복자간의 관계
□ 점유회복청구권

제1절 점유(占有)

1. 점유의 개념 ★31회 기출★

(1) 사실적 지배로서의 점유

제192조(점유권의 취득과 소멸) ① 물건을 사실상 지배하는 자는 점유권이 있다.

① 의의 : 사실적 지배는 반드시 물건을 물리적·현실적으로 지배하는 것에 국한하는 것이 아니라, 물건과 사람과의 시간적·공간적 관계와 본권 관계, 타인 지배의 배제 가능성 등을 고려하여 사회관념에 따라 합목적적으로 판단하여야 한다[2011다44788].

② 본권관계

㉠ 특별한 사정이 없는 한 건물의 소유명의자가 아닌 자는 실제 건물을 점유하고 있다 하더라도 그 부지를 점유하는 자로 볼 수 없다[2009다28462]. ★33회 기출★

㉡ 소유권보존등기는 해당 토지의 양도를 전제로 하는 것이 아니어서, 보존등기를 마쳤다고 하여 일반적으로 등기명의자가 그 무렵 다른 사람으로부터 점유를 이전받는다고 볼 수는 없다[2012다201410].

㉢ 사회통념상 건물은 그 부지를 떠나서는 존재할 수 없으므로 건물의 부지가 된 토지는 건물의 소유자가 점유하는 것이고, 이 경우 건물의 소유자가 현실적으로 건물이나 그 부지를 점거하고 있지 않다 하더라도 건물의 소유를 위하여 그 부지를 점유한다고 보아야 한다. 따라서 미등기건물을 양수하여 점유하고 있는 자는 점유 중인 건물에 대하여 사실상 처분할 지위에 있으므로 그 건물부지의 점유자에 해당한다[86다카1751]. ★32회 기출★

(2) 점유설정의사

1. 점유보조자(占有補助者) ★29, 30회 기출★

> 제195조(점유보조자) 가사상, 영업상 기타 유사한 관계에 의하여 타인의 지시를 받아 물건에 대한 사실상의 지배를 하는 때에는 그 타인만을 점유자로 한다.

주인을 대신하여 가게를 보고 있는 종업원은 점유보조자이다. 어린아이는 부모가 사준 장난감에 대해 부모의 지시를 받는 한도 내에서는 소유자임과 동시에 점유보조자가 될 수 있으므로 자기의 물건에 대해서도 점유보조자가 될 수 있다. 점유보조자는 점유권을 갖지 못하므로 점유주(占有主)만이 점유자이다(제195조). 따라서 점유보조자에 대한 인도 청구는 허용되지 아니하고 점유보조자는 점유주를 위해 자력구제권을 행사할 수 있으나, 점유보호청구권은 없다.

2. 간접점유(間接占有)

(1) 의의 ★29, 30회 기출★

> 제194조(간접점유) 지상권, 전세권, 질권, 사용대차, 임대차, 임치 기타의 관계로 타인으로 하여금 물건을 점유하게 한 자는 간접으로 점유권이 있다.

(2) 점유매개관계 ★31, 32회 기출★

점유매개관계가 종료하면 간접점유자가 물건의 반환을 청구할 수 있어야 하므로 직접점유자(점유매개자)의 점유는 권원의 성질상 타주점유에 해당한다. 점유매개관계는 반환청구권을 내용으로 하는 법률관계이다. 법률행위, 법률의 규정, 국가행위 등에 의해서도 설정될 수 있다[2008다92268].

(3) 간접점유자의 지위

① 간접점유자와 제3자와의 관계

㉠ 점유보호청구권

> 제207조(간접점유의 보호) ① 점유보호청구권(제205조~제206조)은 제194조의 규정에 의한 간접점유자도 이를 행사할 수 있다.
> ② 점유자가 점유의 침탈을 당한 경우에 간접점유자는 그 물건을 점유자에게 반환할 것을 청구할 수 있고 점유자가 그 물건의 반환을 받을 수 없거나 이를 원하지 아니하는 때에는 자기에게 반환할 것을 청구할 수 있다.

㉡ 간접점유자에게 자력구제권은 인정되지 아니한다(제209조).

② 간접점유자와 직접점유자(점유매개자)와의 관계

　　㉠ 간접점유자 → 직접점유자 : 간접점유자는 점유매개관계에 기해 물건을 점유하는 직접점유자에 대해 점유보호청구권·자력구제권을 행사할 수 없고, 점유매개관계의 기초가 되는 계약·법률규정에 의한 청구권이나 점유매개관계의 종료·실효에 따른 본권에 기한 물권적 청구권을 행사할 수 있을 뿐이다. ★31회 기출★

　　㉡ 직접점유자 → 간접점유자 : 점유매개자는 간접점유자에 대해 점유매개관계의 기초가 되는 계약·법률규정에 의한 청구권과 점유보호청구권·자력구제권을 행사할 수 있다.

3. 점유권의 상속 ★32회 기출★

> 제193조(상속으로 인한 점유권의 이전) 점유권은 상속인에 이전한다.

상속인이 그 물건을 현실적으로 점유하거나 상속개시사실을 알 필요도 없이 점유는 계속되는 것으로 된다. 상속에 의해 점유권을 취득한 경우에는 상속인은 새로운 권원에 의해 자기 고유의 점유를 개시하지 않는 한 피상속인의 점유를 떠나 자기만의 점유를 주장할 수 없다.

제3절　점유의 모습

1. 자주점유와 타주점유

(1) 의의

자주점유라 함은 소유자와 동일한 지배를 하려는 의사를 가지고 하는 점유를 의미하는 것이지 법률상 그러한 지배를 할 수 있는 권원, 즉 소유권을 가지고 있거나 또는 소유권이 있다고 믿고서 하는 점유를 의미하는 것은 아니다[96다23719]. 자주점유인지 타주점유인지 여부는 모든 사정에 의해 외형적·객관적으로 결정되어야 한다[95다28625 전합]. ★34회 기출★

점유개시 당시를 기준으로 판단한다[95다40328].

(2) 자주점유의 추정 ★29, 31회 기출★

> 제197조(점유의 태양) ① 점유자는 소유의 의사로 선의, 평온 및 공연하게 점유한 것으로 추정한다.

① 추정의 효과 - 입증책임의 전환

점유자가 스스로 그 점유권원의 성질에 의한 자주점유임을 입증할 책임이 없고 점유자의 점유가 소유의 의사 없는 타주점유임을 주장하는 상대방에게 타주점유에 대한 입증책임이 있다[98다10618].

② 자주점유로 추정되는 경우

　　㉠ 타인으로부터 자전거를 훔친 자도 자주점유자에 해당한다. ★30회 기출★

　　㉡ 토지 매수인의 점유는 소유의 의사로써 하는 것이라고 해석함이 상당하다[91다42494]. 즉 무권리자로부터 토지를 매수한 자의 점유는 다른 특별한 사정이 없는 한 자주점유이다.

ⓒ 점유자의 승계인이 자기의 점유만을 주장하는 경우, 전 점유자의 점유가 타주점유라 하더라도 현 점유자의 점유는 자주점유로 추정된다[2006다8254].

ⓔ 착오로 인접토지의 일부(경계지 51평)를 그가 매수·취득한 대지(962평)에 속하는 것으로 믿고 그 부분을 현실적으로 인도받아 점유하고 있다면 인접토지부분에 대한 점유도 소유의 의사가 있는 자주점유라고 보아야 한다[99다5866]. 그러나 매매 대상 토지의 면적(50평)이 공부상 면적(13평)을 상당히 초과하는 경우에는 특별한 사정이 없는 한 그 초과 부분은 권원의 성질상 타주점유에 해당한다[2006다49512]. ★28회 기출★

③ 타주점유로 추정되는 경우

ⓐ 처분권한이 없는 자로부터 그 사실을 알면서(모르고 점유하면 자주점유 추정) 부동산을 취득하거나 어떠한 법률행위가 무효임을 알면서 그 법률행위에 의하여 부동산을 취득하여 점유를 시작한 때에는 점유 시작 당시에 소유의 의사가 있다고 할 수 없는 것이다[99다50705].

ⓑ 공유부동산의 경우에 공유자 중의 1인이 공유지분권에 기초하여 부동산 전부를 점유하고 있다고 하여도 다른 특별한 사정이 없는 한 권원의 성질상 다른 공유자의 지분비율의 범위 내에서는 타주점유라고 할 것이다[2012다68750].

ⓒ 명의수탁자의 점유 : 명의신탁에 기해 토지의 소유자로 등기된 자의 점유는 권원의 성질상 자주점유라고 할 수 없다[97다38503].

ⓓ 점유자가 점유 개시 당시에 소유권 취득의 원인이 될 수 있는 법률행위 기타 법률요건이 없이 그와 같은 법률요건이 없다는 사실을 잘 알면서 타인 소유의 부동산을 무단점유한 것임이 입증된 경우에도 특별한 사정이 없는 한 소유의 의사가 있는 점유라는 추정은 깨어진다[97다37661 전합].

ⓔ 타인의 토지 위에 분묘를 설치 또는 소유하는 자는 점유권원의 성질상 타주점유라고 할 것이다[91다24311].

ⓕ 제3자가 토지를 경락받아 대금을 납부한 후에는 종래소유자의 그 토지에 대한 점유는 특별한 사정이 없는 한 타주점유가 된다. 부동산을 매도하고 등기를 이전하였으나, 아직 그 부동산을 인도하지 않은 매도인의 점유는 특별한 사정이 없는 한 타주점유로 본다. ★28회 기출★

ⓖ 타주점유가 자주점유로 전환하기 위하여는 새로운 권원에 의해 다시 소유의 의사로 점유하거나 자기에게 점유시킨 자에게 소유의 의사가 있음을 표시해야 한다[94다50595].

(3) 소송의 경우

① 점유자 소유자를 상대로 소제기 : 토지의 점유자가 이전에 소유자를 상대로 그 토지에 관하여 소유권이전등기말소절차의 이행을 구하는 소를 제기하였다가 패소판결이 확정되었다는 사정만으로는 토지점유자의 자주점유의 추정이 번복되어 타주점유로 전환된다고 할 수 없다[98다63018].

② 소유자가 점유자를 상대로 소제기 : 진정 소유자가 점유자를 상대로 토지에 관한 점유자 명의의 소유권이전등기의 말소등기청구소송을 제기하여 그 소송사건이 점유자의 패소로 확정되었다면, 점유자는 그 소송의 제기시부터는 토지에 대한 악의의 점유자로 간주되고, 또 패소판결 확정 후부터는 타주점유로 전환되었다고 보아야 할 것이다[2000다14934,14941]. ★28, 33회 기출★

2. 선의점유와 악의점유

선의점유는 점유할 권리, 즉 본권(소유권, 지상권, 전세권, 임차권)이 없음에도 불구하고 본권이 있다고 오신하면서 하는 점유를 말한다. 악의점유는 점유할 권원이 없음을 알면서 하는 점유하거나 점유할 권리의 유무에 대하여 의심을 품으면서 하는 점유를 말한다. 권원 없는 점유였음이 밝혀졌다고 하여 그 동안의 점유에 대한 선의의 추정이 깨어졌다고 볼 수 없다[99다63350]. ★34회 기출★

3. 과실(過失)있는 점유, 과실(過失)없는 점유

점유할 권리, 즉 본권이 있다고 오신하는데 과실이 있는 경우가 과실있는 점유이고, 오신하는데 과실이 없는 점유가 과실없는 점유이다.제197조에 의하면 선의점유의 무과실은 추정되지 않는다. 따라서 위와 같은 무과실에 대하여는 그 주장자에게 입증책임이 있는 것이다[92다30245].

4. 하자있는 점유, 하자없는 점유

하자있는 점유란 악의(惡意)·과실(過失)·강폭(强暴)·은비(隱秘)·불계속(不繼續) 등의 요건 중 하자가 하나라도 있는 점유를 말하고, 하자없는 점유란 선의, 무과실, 평온, 공연, 계속 등의 요건을 모두 갖춘 점유를 말한다.

5. 점유의 계속 추정

> 제198조(점유계속의 추정) 전후양시에 점유한 사실이 있는 때에는 그 점유는 계속한 것으로 추정한다.

점유계속추정은 동일인이 전후 양 시점에 점유한 것이 증명된 때에만 적용되는 것이 아니고, 전후 양 시점의 점유자가 다른 경우에도 "점유의 승계가 입증"되는 한 점유계속은 추정된다[96다24279].

6. 점유의 권리추정력 ★30, 33회 기출★

> 제200조(권리의 적법의 추정) 점유자가 점유물에 대하여 행사하는 권리는 적법하게 보유한 것으로 추정한다.

점유자의 권리추정의 규정은 특별한 사정이 없는 한 등기여부를 불문하고 부동산 물권에 대하여는 적용되지 아니하고 다만, 그 등기에 대하여서만 추정력이 부여된다고 한다[81다780].

1. 점유자의 과실취득 또는 반환

(1) 선의점유자의 과실취득권(果實取得權)

① 의의 ★31회 기출★

> 제201조(점유자와 과실) ① 선의의 점유자는 점유물의 과실을 취득한다.

② 요건 및 효과

　㉠ 선의 · 무과실 점유 : 선의의 점유자라 함은 과실수취권을 포함하는 권원(소유권, 지상권, 전세권, 임차권 등)이 있다고 오신한 점유자를 말하고, 다만 그와 같은 오신을 함에는 오신할 만한 정당한 근거(선의 · 무과실)가 있어야 한다[99다63350]. ★30회 기출★

　㉡ 사용이익 포함 : 건물을 사용함으로써 얻는 이득도 그 건물의 과실에 준하는 것이므로 선의의 점유자는 비록 법률상 원인 없이 타인의 건물을 점유 · 사용하고 이로 말미암아 그에게 손해를 입혔다고 하더라도 그 점유 · 사용으로 인한 이득을 반환할 의무는 없다[95다44290]. ★29, 32회 기출★

　㉢ 점유에 과실(過失)이 있다면, 그 토지점유는 진정한 소유자에 대하여 불법행위를 구성하며, 선의의 점유자에게 과실취득권이 있다 하여 불법행위로 인한 손해배상책임이 배제되는 것은 아니다[66다994].

(2) 악의점유자의 과실반환의무

① 의의 ★27, 29, 30, 33회 기출★

> 제197조(점유의 태양) ② 선의의 점유자라도 본권에 관한 소에 패소한 때에는 그 소가 제기된 때로부터 악의의 점유자로 본다.
> 제201조(점유자와 과실) ③ 악의의 점유자에 대한 규정은 폭력 또는 은비에 의한 점유자에 준용한다.

② 반환범위 ★27, 31회 기출★

> 제201조(점유자와 과실) ② 악의의 점유자는 수취한 과실을 반환하여야 하며 소비하였거나 과실로 인하여 훼손 또는 수취하지 못한 경우에는 그 과실의 대가를 보상하여야 한다.

2. 점유물의 멸실 · 훼손에 대한 책임

(1) 선의점유자의 책임 ★27, 30회 기출★

> 제202조(점유자의 회복자에 대한 책임) 점유물이 점유자의 책임있는 사유로 인하여 멸실 또는 훼손한 때에는 선의의 점유자는 이익이 현존하는 한도에서 배상하여야 한다.

(2) 악의 또는 타주점유자인 경우 ★28, 31, 32회 기출★

> 제202조(점유자의 회복자에 대한 책임) 점유물이 점유자의 책임있는 사유로 인하여 멸실 또는 훼손한 때에는 악의의 점유자는 그 손해의 전부를 배상하여야 한다. 소유의 의사가 없는 점유자는 선의인 경우에도 손해의 전부를 배상하여야 한다.

3. 점유자의 비용상환청구권

(1) 서설

점유자가 유익비를 지출할 당시 계약관계 등 적법한 점유의 권원을 가진 경우에 그 지출비용의 상환에 관하여는 그 계약관계를 규율하는 법조항이나 법리 등이 적용되는 것이어서(전세권의 제310조, 유치권의 제325조, 환매의 제594조 제2항, 임대차의 제626조 등), 점유자는 그 계약관계 등의 상대방에 대하여 해당 법조항이나 법리에 따른 비용상환청구권을 행사할 수 있을 뿐 계약관계 등의 상대방이 아닌 점유회복 당시의 소유자에 대하여 민법 제203조 제2항에 따른 지출비용의 상환을 구할 수는 없다[2001다64752].

(2) 필요비 상환청구권

① 원칙

> 제203조(점유자의 상환청구권) ① 점유자가 점유물을 반환할 때에는 회복자에 대하여 점유물을 보존하기 위하여 지출한 금액 기타 필요비의 상환을 청구할 수 있다.

② 통상의 필요비 ★27, 28, 30회 기출★

> 제203조(점유자의 상환청구권) ① 그러나 점유자가 과실을 취득한 경우에는 통상의 필요비는 청구하지 못한다.

과실취득권이 있는 선의의 점유자는 점유물의 과실을 취득하므로 통상의 필요비를 청구할 수 없으나 특별필요비(태풍으로 인한 파손부분의 수선비 등)는 청구할 수 있다. 악의의 점유자는 점유물을 반환할 때에는 회복자에 대하여 필요비의 상환을 청구할 수 있다.

(3) 유익비 상환청구권

> 제203조(점유자의 상환청구권) ② 점유자가 점유물을 개량하기 위하여 지출한 금액 기타 유익비에 관하여는 그 가액의 증가가 현존한 경우에 한하여 회복자의 선택에 좇아 그 지출금액이나 증가액의 상환을 청구할 수 있다.
> ③ 유익비상환청구권의 경우에 법원은 회복자의 청구에 의하여 상당한 상환기간을 허여할 수 있다.

유익비 상환의무자인 회복자의 선택권을 위하여 그 유익비는 실제로 지출한 비용과 현존하는 증가액을 모두 산정하여야 한다[86다카2342].

(4) 비용상환청구권의 행사 ★32회 기출★

① 행사시기 : 점유자의 필요비 또는 유익비 상환청구권은 점유자가 회복자로부터 점유물의 반환을 청구받거나 회복자에게 점유물을 반환한 때에 비로소 회복자에 대해 행사할 수 있다[94다4592].

② 당사자 : 점유승계가 있는 경우에는 현재의 점유자가 비용 상환을 청구할 수 있다. 점유자는 점유회복 당시의 소유자 즉 회복자에 대하여 비용상환청구권을 행사할 수 있다[2001다64752].

③ 유치권 : 비용상환청구권은 물건에 관하여 생긴 채권이므로 불법행위로 인한 점유가 아닌 경우 점유자는 그 상환을 받을 때까지 점유물에 대하여 유치권을 행사할 수 있다(제320조 제2항). 유치권 주장을 배척하려면 적어도 점유가 불법행위로 인하여 개시되었다고 인정할만한 사유에 대한 상대방 당사자의 주장·증명이 있어야 한다[2009다5162].

제5절 　점유의 보호

1. 점유보호청구권

(1) 점유회수청구권(점유물반환청구권)

구분	점유회수청구권	소유물반환청구권
요건	침탈(절도·강도) → 사기·강박·착오나 유실물습득 ×	원인 불문
상대방의 귀책사유	불문, 단 손해배상청구시 요함	불문
상호침탈	소유자 甲의 자전거를 乙이 절취하여 타고 다니는 것을 甲이 발견하고 자력구제로 이를 탈환한 경우 소송경제에 반하여 乙은 점유물반환청구를 할 수 없다.	×
내용	점유물 반환 및 손해배상청구	손해배상규정 없다.
상대방	침탈자, 포괄승계인, 악의의 특별승계인에게만 행사. 선의의 특별승계인에게는 반환청구 ×	제한 없다.
제척기간	1년(출소기간), 중단·정지제도 없다.	규정 없다.

① 의의 ★30회 기출★

> 제204조(점유의 회수) ① 점유자가 점유의 침탈을 당한 때에는 그 물건의 반환 및 손해의 배상을 청구할 수 있다.

② 요건

　㉠ 점유의 침탈(侵奪)

　　ⓐ 점유자가 그의 의사에 의하지 않고서 점유를 빼앗기는 것을 말하는데, 위법한 강제집행에 의하여 유체동산의 인도를 받은 것은 공권력을 빌려서 상대방의 점유를 침탈한 것이 된다[62다919].

　　ⓑ 그러나 사기(甲은 노트북을 절취하여 점유하다가 이를 고가에 팔아주겠다는 乙에게 속아 노트북을 乙에게 인도한 경우 甲은 乙을 상대로 점유회수청구권을 행사할 수 없다)에 의한 경우[91다17443], 분실한 물건을 제3자가 습득한 경우(소유권에 기한 물권적청구권은 행사할 수 있으나 점유권에 기한 물권적 청구권은 행사할 수 없다) 등에는 침탈이 아니므로 점유물반환청구권이 생기지 않는다.

ⓛ 간접점유 : 간접점유자의 경우에는 직접점유자가 점유를 침탈당한 것이 요건이다(제207조 제2
항). 즉 직접점유자가 임의로 타인에게 점유를 양도한 경우 점유이전이 간접점유자의 의사에 반한
다 하더라도 간접점유자의 점유가 침탈된 경우에 해당하지 않는다[92다5300]. ★28, 29, 33회 기출★
③ 당사자
ⓒ 청구권자 : 점유자에게 본권이 있든 없든, 선의·악의점유 불문하고 직접점유자·간접점유자, 준
점유자도 행사할 수 있지만 점유보조자는 점유자가 아니므로 행사할 수 없다. ★33회 기출★
ⓛ 상대방

> 제204조(점유의 회수) ② 점유물반환청구권은 침탈자의 특별승계인에 대하여는 행사하지 못한다. 그러나 승계인
> 이 악의인 때에는 그러하지 아니하다.

ⓐ 상대방은 침탈자나 선의·악의를 불문하고 그의 포괄승계인(상속인)이고, 특히 침탈자의 악의
의 특별승계인에게는 점유물반환청구권을 행사할 수 있으나 선의의 특별승계인에게는 점유물
반환청구권을 행사할 수 없다. 점유물반환청구에 대하여 점유침탈자는 점유물에 대한 본권이
있다는 이유로 반환을 거부할 수 없다. ★29회 기출★
ⓑ 침탈된 목적물이 일단 선의의 특별승계인의 점유로 된 후 다시 악의의 특별승계인에게 점유가
이전된 경우에도 반환을 청구하지 못한다.
④ 출소기간(出訴期間) ★28, 30회 기출★

> 제204조(점유의 회수) ③ 점유물반환청구권은 침탈을 당한 날로부터 1년 내에 행사하여야 한다.
> 제205조(점유의 보유) ② 점유물방해제거청구권은 방해가 종료한 날로부터 1년 내에 행사하여야 한다.

위의 제척기간은 반드시 그 기간 내에 소를 제기하여야 하는 이른바 출소기간으로 해석함이 상당하
다[2001다8097, 8103].

(2) 점유보유청구권(점유물방해제거청구권)
① 점유의 방해 ★30회 기출★

> 제205조(점유의 보유) ① 점유자가 점유의 방해를 받은 때에는 그 방해의 제거 및 손해의 배상을 청구할 수 있다.

점유권에 의한 방해배제청구권은 물건 자체에 대한 사실상의 지배 상태를 점유침탈 외의 방법으로
침해(태풍으로 이웃의 나무가 쓰러져 넘어온 경우)하는 방해행위가 있을 때 성립한다[86다카2942].
② 출소기간 ★29, 33회 기출★
ⓒ 원칙

> 제205조(점유의 보유) ② 손해배상청구권은 방해가 종료한 날로부터 1년 내에 행사하여야 한다.

ⓛ 공사로 인한 방해

> 제205조(점유의 보유) ③ 공사로 인하여 점유의 방해를 받은 경우에는 공사착수 후 1년을 경과하거나 그 공사가
> 완성한 때에는 방해의 제거를 청구하지 못한다.

(3) 점유보전청구권(점유물방해예방청구권)

① 방해를 받을 염려

> 제206조(점유의 보전) ① 점유자가 점유의 방해를 받을 염려가 있는 때에는 그 방해의 예방 또는 손해배상의 담보를 청구할 수 있다.

점유를 방해할 염려나 위험성이 있는지의 여부는 구체적인 사정하에 일반 경험법칙에 따라 객관적으로 판정되어야 한다[86다카2942].

② 공사로 인한 방해

> 제206조(점유의 보유) ② 공사로 인하여 점유의 방해를 받은 경우에는 공사착수 후 1년을 경과하거나 그 공사가 완성한 때에는 방해의 제거를 청구하지 못한다.

2. 점유의 소와 본권의 소의 관계

(1) 실체적 경합 ★30회 기출★

> 제208조(점유의 소와 본권의 소와의 관계) ① 점유권에 기인한 소와 본권에 기인한 소는 서로 영향을 미치지 아니한다.

(2) 본권에 기한 항변금지

> 제208조(점유의 소와 본권의 소와의 관계) ② 점유권에 기인한 소는 본권에 관한 이유로 재판하지 못한다.

3. 자력구제권(自力救濟權)

(1) 의의

권리를 침해당한 자가 공권력에 의존하지 않고 스스로의 힘으로 침해된 권리를 구제하는 권리보전행위를 말한다.

(2) 유형

① 자력방위권(自力防衛權)

> 제209조(자력구제) ① 점유자는 그 점유를 부정히 침탈 또는 방해하는 행위에 대하여 자력으로써 이를 방위할 수 있다.

② 자력탈환권(自力奪還權)

> 제209조(자력구제) ② 점유물이 침탈되었을 경우에 부동산일 때에는 점유자는 침탈 후 직시 가해자를 배제하여 이를 탈환할 수 있고 동산일 때에는 점유자는 현장에서 또는 추적하여 가해자로부터 이를 탈환할 수 있다.

4. 준점유(準占有, 권리점유)

> 제210조(준점유) 본장의 규정은 재산권을 사실상 행사하는 경우에 준용한다.

일반채권 · 무체재산권 · 지역권 · 저당권 · 광업권 · 어업권처럼 물건의 점유를 수반하지 않는 재산권에 관해서만 준점유가 성립하므로 소유권 · 지상권 · 전세권 · 질권 · 유치권 · 임차권처럼 물건에 대한 사실상의 지배를 수반하는 재산권은 준점유의 대상으로 될 수는 없다.

제6절   점유권의 변동

---

1. 점유권의 취득

(1) 포괄승계의 경우

상속인은 새로운 권원에 의해 자기 고유의 점유를 개시하지 않는 한 피상속인의 점유의 성질과 하자를 떠나 자기만의 점유를 주장할 수는 없다[97다40100].

(2) 승계취득의 경우

① 점유의 분리 · 병합

> 제199조(점유의 승계의 주장과 그 효과) ① 점유자의 승계인은 자기의 점유만을 주장하거나 자기의 점유와 전점유자의 점유를 아울러 주장할 수 있다.

② 하자의 승계 ★29회 기출★

> 제199조(점유의 승계의 주장과 그 효과) ② 전점유자의 점유를 아울러 주장하는 경우에는 그 하자(악의 · 과실 · 강폭 · 은비 · 불계속 점유)도 계승한다.

---

2. 점유권의 소멸

> 제192조(점유권의 취득과 소멸) ② 점유자가 물건에 대한 사실상의 지배를 상실한 때에는 점유권이 소멸한다. 그러나 점유회수청구권(제204조)에 의하여 점유를 회수한 때에는 점유권이 소멸하지 아니한다.

○ × 핵심체크

01 토지에 대한 소유권보존등기가 이루어졌다면, 그 등기명의자는 그 무렵 다른 사람으로부터 당해 토지에 대한 점유를 이전받았다고 본다. ○×

02 건물의 소유자라고 하더라도 당해 건물을 현실적으로 점유하고 있지 아니하다면 그 부지인 토지를 점유하고 있다고 볼 수 없다. ○×

03 영업상 타인의 지시를 받아 물건을 사실상 지배하는 자에게도 점유보호청구권이 인정된다. ○×

04 임치관계로 타인으로 하여금 물건을 점유하게 한 자는 간접으로 점유권이 있다. ○×

05 피상속인의 사망을 알지 못한 상속인은 피상속인의 점유를 승계하지 못한다. ○×

06 전후 양 시점의 점유자가 다르더라도 점유의 승계가 증명된다면 점유가 계속된 것으로 추정된다. ○×

07 점유자가 점유물에 대하여 행사하는 권리는 적법하게 보유한 것으로 본다. ○×

08 점유권에 기인한 소와 본권에 기인한 소는 서로 영향을 미치지 않는다. ○×

09 건물 공유자 중 일부만이 당해 건물을 점유하고 있는 경우, 그 건물의 부지는 건물 공유자 전원이 공동으로 점유하는 것으로 볼 수 있다. ○×

10 점유자의 권리적법추정 규정(민법 제200조)은 특별한 사정이 없는 한 등기된 부동산에도 적용된다. ○×

정답 및 해설 **01** × **02** × **03** × **04** ○ **05** × **06** ○ **07** × **08** ○ **09** ○ **10** ×

오답분석
01 점유를 이전받았다는 것은 보존등기가 아닌 이전등기인 승계취득을 의미한다.
02 건물의 부지가 된 토지는 그 건물의 소유자가 점유하는 것이다.
03 점유보조자에게는 점유보호청구권이 인정되지 않는다.
05 상속인이 현실적으로 물건을 소지하거나, 상속의 개시를 알고 있어야 할 필요가 없다.
07 추정한다.
10 점유자의 권리추정의 규정은 특별한 사정이 없는 한 부동산 물권에 대하여는 적용되지 아니한다.

11 점유자가 취득시효를 주장하는 경우에는 스스로 소유의 의사를 입증할 책임은 없다. ○ ×

12 토지점유자가 등기명의자를 상대로 매매를 원인으로 소유권이전등기를 청구하였다가 패소 확정된 경우, 그 사정만으로 타주점유로 전환되는 것은 아니다. ○ ×

13 진정한 소유자가 점유자를 상대로 소유권이전등기의 말소청구소송을 제기하여 점유자의 패소로 확정된 경우, 그 소가 제기된 때부터 점유자의 점유는 타주점유로 전환된다. ○ ×

14 타주점유자가 새로운 권원에 기하여 소유의 의사를 가지고 점유를 시작했으면 그때부터 자주점유자가 된다. ○ ×

15 공유자 1인이 공유토지 전부를 점유하는 경우, 특별한 사정이 없는 한 다른 공유자의 지분비율의 범위 내에서는 타주점유이다. ○ ×

16 선의의 점유자가 법률상 원인 없이 회복자의 건물을 점유·사용하고 이를 말미암아 회복자에게 손해를 입혔더라도 그 점유·사용으로 인한 이득을 반환할 의무가 없다. ○ ×

17 선의의 점유자가 본권에 관한 소에서 패소하면 그 소에서 패소한 때부터 악의의 점유자로 간주된다. ○ ×

18 악의의 점유자가 과실(過失)로 인하여 점유물의 과실(果實)을 수취하지 못한 경우 그 과실(果實)의 대가를 보상할 필요가 없다. ○ ×

19 자기에게 소유권이 있다고 믿고 타인의 물건을 점유한 자는 자신의 귀책사유에 의해 물건을 훼손한 경우, 손해 전부를 배상해야 한다. ○ ×

정답 및 해설 **11** ○ **12** ○ **13** × **14** ○ **15** ○ **16** ○ **17** × **18** × **19** ×

오답분석

13 점유자는 그 소송의 제기시부터는 토지에 대한 악의의 점유자로 간주되고, 또 패소판결 확정 후부터는 타주점유로 전환되었다고 보아야 할 것이다.

17 소가 제기된 때로부터 악의의 점유자로 본다.

18 그 과실(果實)의 대가를 보상해야 한다.

19 이익이 현존하는 한도에서 배상책임을 진다.

20 점유물에 관한 필요비상환청구권은 악의의 점유자에게는 인정되지 아니한다. ☐○ ☐×

21 유익비에 관하여는 그 가액의 증가가 현존한 경우에 한하여 회복자의 선택에 좇아 그 지출금액이나 증가액의 상환을 청구할 수 있다. ☐○ ☐×

22 직접점유자가 자기 의사에 기하여 점유물을 제3자에게 인도한 경우, 간접점유자는 제3자에게 점유회수를 청구할 수 있다. ☐○ ☐×

23 점유자의 점유물반환청구권은 침탈사실을 안 날로부터 1년 내에 행사하여야 한다. ☐○ ☐×

24 침탈자의 특별승계인이 악의인 경우, 점유자는 법정기간 내에 그 자에 대하여 점유물반환청구권을 행사할 수 있다. ☐○ ☐×

25 공사로 인하여 점유를 방해받은 경우, 그 공사가 완성되기 전이라면 공사착수 후 1년이 경과하였더라도 방해제거를 청구할 수 있다. ☐○ ☐×

26 점유의 방해를 받을 염려가 있을 때 점유자는 방해의 예방과 손해배상을 함께 청구할 수 있다. ☐○ ☐×

정답 및 해설　**20** ×　**21** ○　**22** ×　**23** ×　**24** ○　**25** ×　**26** ×

오답분석

20　악의의 점유자는 과실수취권이 없으므로 통상의 필요비를 청구할 수 있다.

22　침탈이 아니므로 간접점유자는 점유회수의 소를 제기할 수 없다.

23　침탈된 날로부터 1년 내에 행사하여야 한다.

25　공사 착수 후 1년을 경과하거나 그 공사가 완성된 때에는 방해의 제거를 청구하지 못한다.

26　예방 또는 손해배상의 담보를 청구할 수 있다.

제3장 │ 확인학습문제

01 다음 중 간접점유자는?

★30회 기출★

☑확인
Check!
○
△
×

① 전세권자에게 주택을 인도한 전세권설정자
② 장난감을 갖고 노는 초등학생
③ 길거리에 지갑을 잃어버린 행인
④ 타인으로부터 자전거를 훔친 자
⑤ 주인을 대신하여 가게를 보고 있는 종업원

해설

난도 ★

① 전세권 기타의 관계로 타인으로 하여금 물건을 점유하게 한 자(전세권설정자)는 간접으로 점유권이 있다.

② 판례는 점유권은 점유권자의 사망으로 인하여 상속인에게 이전하는 것이고 상속인이 미성년자인 경우에는 그 법정대리인을 통하여 점유권을 승계받아 점유를 계속할 수 있는 것이며 점유의 계속은 추정된다[88다카8217]고 판시함으로써 점유와 점유권을 구별하고 있다.

③, ④ 자기 소유의 물건을 도난당하고 며칠이 지난 경우, 피해자는 소유권자로서 점유할 권리는 있지만 점유를 상실하였으므로 점유권이 없고, 절도범은 점유할 권리는 없지만 현재의 점유자로서 점유권이 있다.

⑤ 점유보조자가 가사상, 영업상 기타 유사한 관계에 의하여 타인의 지시를 받아 물건에 대한 사실상의 지배를 하는 때에는 그 타인만을 점유자로 한다(제195조).

답 ①

02 점유에 관한 설명으로 옳지 <u>않은</u> 것은?(다툼이 있으면 판례에 따름)

☑확인
Check!
○
△
✕

① 점유매개자의 점유는 자주점유이다.

② 점유는 사실상 지배로 성립한다.

③ 다른 사정이 없으면, 건물의 소유자가 그 부지를 점유하는 것으로 보아야 한다.

④ 점유매개관계가 소멸하면 간접점유자는 직접점유자에게 점유물의 반환을 청구할 수 있다.

⑤ 점유자는 소유의 의사로 점유한 것으로 추정한다.

해설

난도 ★

① 점유매개관계가 종료하면 간접점유자가 물건의 반환을 청구할 수 있어야 하므로 직접점유자(점유매개자)의 점유는 권원의 성질상 타주점유에 해당한다.

답 ①

03 점유에 관한 설명으로 옳지 <u>않은</u> 것은?(다툼이 있으면 판례에 따름)

☑확인
Check!
○
△
✕

① 점유자는 소유의 의사로 선의, 평온 및 공연하게 점유한 것으로 추정된다.

② 승계취득자가 전점유자의 점유를 아울러 주장하는 경우에는 그 점유의 하자도 승계한다.

③ 임치관계로 타인으로 하여금 물건을 점유하게 한 자는 간접으로 점유권이 있다.

④ 선의의 점유자라도 본권에 관한 소에 패소한 때에는 그 판결이 확정된 때로부터 악의의 점유자로 본다.

⑤ 선의의 점유자는 비록 법률상 원인 없이 타인의 건물을 점유·사용하더라도 그로 인한 이득을 반환할 의무가 없다.

해설

난도 ★★

④ 선의의 점유자라도 본권에 관한 소에 패소한 때에는 그 소가 제기된 때로부터 악의의 점유자로 본다(제197조 제2항).

답 ④

04 점유에 관한 설명으로 옳지 <u>않은</u> 것은?(다툼이 있으면 판례에 따름)

☑확인
Check!
○
△
✕

① 토지매도인의 매도 후의 점유는 특별한 사정이 없는 한 타주점유로 된다.

② 타인소유의 토지를 자기소유 토지의 일부로 알고 이를 점유하게 된 자가 나중에 그러한 사정을 알게 되었다면 그 점유는 그 사정만으로 타주점유로 전환된다.

③ 제3자가 토지를 경락받아 대금을 납부한 후에는 종래소유자의 그 토지에 대한 점유는 특별한 사정이 없는 한 타주점유가 된다.

④ 토지점유자가 등기명의자를 상대로 매매를 원인으로 소유권이전등기를 청구하였다가 패소 확정된 경우, 그 사정만으로 타주점유로 전환되는 것은 아니다.

⑤ 소유자가 점유자를 상대로 적극적으로 소유권을 주장하여 승소한 경우, 점유자의 토지에 대한 점유는 패소판결 확정 후부터는 타주점유로 전환된다.

난도 ★★

② 점유개시 당시를 기준으로 판단한다[95다40328]. 따라서 부동산을 매수하여 이를 점유하게 된 자는 특단의 사정이 없는 한 그 점유의 시초에 소유의 의사로 점유한 것이며, 나중에 매도자에게 처분권이 없었다는 등의 사유로 그 매매가 무효인 것이 밝혀졌다 하더라도 그와 같은 점유의 성질이 변하는 것은 아니다[95다40328].

답 ②

05 점유에 관한 설명으로 옳은 것은?(다툼이 있으면 판례에 따름)

★33회 기출★

① 미등기건물의 양수인은 그 건물에 관한 사실상의 처분권을 보유하더라도 건물부지를 점유하고 있다고 볼 수 없다.
② 건물 공유자 중 일부만이 당해 건물을 점유하고 있는 경우, 그 건물의 부지는 건물 공유자 전원이 공동으로 점유하는 것으로 볼 수 있다.
③ 점유자의 권리적법추정 규정(민법 제200조)은 특별한 사정이 없는 한 등기된 부동산에도 적용된다.
④ 선의의 점유자라도 본권에 관한 소에 패소한 때에는 그 패소판결이 확정된 때로부터 악의의 점유자로 본다.
⑤ 진정한 소유자가 점유자를 상대로 소유권이전등기의 말소청구소송을 제기하여 점유자의 패소로 확정된 경우, 그 소가 제기된 때부터 점유자의 점유는 타주점유로 전환된다.

난도 ★

① 미등기건물을 양수하여 건물에 관한 사실상의 처분권을 보유하게 됨으로써 그 양수인이 건물부지 역시 아울러 점유하고 있다고 볼 수 있는 등의 다른 특별한 사정이 없는 한 건물의 소유명의자가 아닌 자로서는 실제로 그 건물을 점유하고 있다고 하더라도 그 건물의 부지를 점유하는 자로는 볼 수 없다[2002다57935].
③ 부동산에 있어서 권리의 추정은 점유에 의하지 않고 등기에 의한다[66다677]. 점유자의 권리추정의 규정은 특별한 사정이 없는 한 부동산 물권에 대하여는 적용되지 아니하고 다만 그 등기에 대하여서만 추정력이 부여된다[81다780].
④, ⑤ 진정한 소유자가 점유자 명의의 소유권이전등기는 원인무효의 등기라 하여 점유자를 상대로 토지에 관한 점유자 명의의 소유권이전등기의 말소등기청구소송을 제기하여 그 소송사건이 점유자의 패소로 확정되었다면, 점유자는 그 소송의 제기시부터는 토지에 대한 악의의 점유자로 간주되고, 또 패소판결 확정 후부터는 타주점유로 전환되었다고 보아야 할 것이다[2000다14934].

답 ②

06 점유권의 효력에 관한 설명으로 옳지 **않은** 것은?(다툼이 있으면 판례에 따름)

★30회 기출★

① 점유자가 점유물에 대하여 행사하는 권리는 적법하게 보유한 것으로 추정된다.

② 점유자가 점유의 침탈을 당한 때에는 그 물건의 반환 및 손해의 배상을 청구할 수 있다.

③ 점유물반환청구권은 점유의 침탈을 당한 날로부터 3년 내에 행사하여야 한다.

④ 점유가 점유침탈 이외의 방법으로 침해되고 있는 경우에 점유자는 그 방해의 제거 및 손해의 배상을 청구할 수 있다.

⑤ 점유권에 기인한 소와 본권에 기인한 소는 서로 영향을 미치지 아니한다.

해설

난도 ★★

③ 점유물반환청구권은 침탈을 당한 날로부터 1년 내에 행사하여야 한다(제204조 제3항).

답 ③

07 점유자와 회복자의 관계에 관한 설명으로 옳은 것은?(다툼이 있으면 판례에 따름)

★34회 기출★

① 선의의 점유자라도 점유물의 사용으로 인한 이익은 회복자에게 반환하여야 한다.

② 임차인이 지출한 유익비는 임대인이 아닌 점유회복자에 대해서도 제203조 제2항에 근거하여 상환을 청구할 수 있다.

③ 과실수취권 있는 선의의 점유자란 과실수취권을 포함하는 본권을 가진다고 오신할 만한 정당한 근거가 있는 점유자를 가리킨다.

④ 선의점유자에 대해서는 점유에 있어서의 과실(過失) 유무를 불문하고 불법행위를 이유로 한 손해배상책임이 배제된다.

⑤ 점유물이 타주점유자의 책임 있는 사유로 멸실된 경우, 그가 선의의 점유자라면 현존이익의 범위에서 손해배상책임을 진다.

해설

난도 ★★

① 선의의 점유자는 점유물의 과실을 취득한다(제201조 제1항).

② 유익비 비용상환청구의 상대방은 소유물반환청구권을 행사하는 현재의 소유자인 회복자이다. 다만, 점유자의 비용지출 후에 소유자가 변경된 경우에는 신소유자가 구소유자의 반환범위에 속하는 것을 포함하여 함께 책임을 진다[65다598 · 599].

③ 제201조 제1항은 "선의의 점유자는 점유물의 과실을 취득한다."라고 규정하고 있는바, 여기서 선의의 점유자라 함은 과실수취권을 포함하는 권원이 있다고 오신한 점유자를 말하고, 다만 그와 같은 오신을 함에는 오신할 만한 정당한 근거가 있어야 한다[99다63350].

④ 선의의 점유자도 과실취득권이 있다하여 불법행위로 인한 손해배상책임이 배제되는 것은 아니다[66다994].

⑤ 소유의 의사가 없는 점유자는 선의인 경우에도 손해의 전부를 배상하여야 한다(제202조 참고).

답 ③

08 점유자와 회복자의 관계에 관한 설명으로 옳지 <u>않은</u> 것은?

① 선의의 점유자는 점유물의 과실을 취득한다.

② 과실의 수취에 관하여 점유자의 선·악의는 과실이 원물에서 분리되는 때를 기준으로 판단한다.

③ 악의의 점유자는 그가 소비한 과실의 대가를 보상하여야 한다.

④ 그의 책임있는 사유로 점유물을 멸실·훼손한 선의의 타주점유자는 손해 전부를 배상 하여야 한다.

⑤ 과실을 취득한 점유자는 그가 지출한 비용 전부를 청구할 수 있다.

> 해설
> 난도 ★
> ① 선의의 점유자는 점유물로부터 생기는 과실을 취득할 수 있으므로 비록 선의의 점유자가 과실을 취득함으로 인하여 타인에게 손해를 입혔다 할지라도 그 과실취득으로 인한 이득을 그 타인에게 반환할 의무는 없다[77다2169].
> ② 선의의 기준시점은 과실에 관해 독립한 소유권이 성립하는 시기이다. 즉, 천연과실의 경우에는 원물로부터 분리하는 때(제102조 제1항)에 선의여야 과실을 취득하고, 법정과실(제102조 제2항)이나 사용이익의 경우에는 선의인 일수의 비율에 따라 그 과실·이익을 취득한다.
> ③ 악의의 점유자는 수취한 과실을 반환하여야 하며 소비하였거나 과실로 인하여 훼손 또는 수취하지 못한 경우에는 그 과실의 대가를 보상하여야 한다(제201조 제2항).
> ④ 점유물이 점유자의 책임있는 사유로 인하여 멸실 또는 훼손한 때에는 악의의 점유자는 그 손해의 전부를 배상하여야 한다. 소유의 의사가 없는 점유자는 선의인 경우에도 손해의 전부를 배상하여야 한다(제202조).
> ⑤ 점유자가 과실을 취득한 경우에는 통상의 필요비는 청구하지 못한다(제203조 단서). 그러나 특별필요비와 유익비는 청구할 수 있다.

답 ⑤

09 점유자와 회복자의 관계에 관한 설명으로 옳지 <u>않은</u> 것은?(다툼이 있으면 판례에 따름)

① 과실을 수취한 자가 선의의 점유자로 보호되기 위해서는 과실수취권을 포함하는 권원이 있다고 오신할만한 정당한 근거가 있어야 한다.

② 폭력 또는 은비에 의한 점유자는 수취한 과실을 반환하여야 한다.

③ 점유물이 점유자의 책임있는 사유로 인하여 멸실 또는 훼손한 때에는 선의의 자주점유자라도 그 손해의 전부를 배상하여야 한다.

④ 악의의 점유자도 점유물을 반환할 때에는 회복자에 대하여 필요비의 상환을 청구할 수 있다.

⑤ 선의의 점유자가 과실을 취득한 경우에는 통상의 필요비는 청구하지 못한다.

> 해설
> 난도 ★★
> ③ 점유물이 점유자의 책임있는 사유로 인하여 멸실 또는 훼손한 때에는 선의의 자주점유자는 이익이 현존하는 한도에서 배상하여야 한다(제202조 제1문).

답 ③

10 점유자와 회복자의 관계에 관한 설명으로 옳지 <u>않은</u> 것은?(다툼이 있으면 판례에 따름) ★28회 기출★

① 선의의 점유자가 과실을 취득한 범위에서는 그 이득을 반환할 의무가 없다.

② 유효한 도급계약에 기하여 수급인이 도급인으로부터 제3자 소유 물건을 이전받아 수리를 마친 경우, 원칙적으로 수급인은 소유자에 대하여 비용상환청구권을 행사할 수 있다.

③ 악의의 점유자도 원칙적으로 필요비 전부의 상환을 청구할 수 있다.

④ 점유물이 점유자의 책임 있는 사유로 멸실 또는 훼손된 경우, 악의의 점유자는 자주점유라도 손해 전부를 배상할 책임이 있다.

⑤ 점유자가 과실을 취득한 경우에는 통상의 필요비는 청구하지 못한다.

[해설]
난도 ★★

② 유효한 도급계약에 기하여 수급인이 도급인으로부터 제3자 소유 물건의 점유를 이전받아 이를 수리한 결과 그 물건의 가치가 증가한 경우, 도급인이 그 물건을 간접점유하면서 궁극적으로 자신의 계산으로 비용지출과정을 관리한 것이므로, 도급인만이 소유자에 대한 관계에 있어서 민법 제203조에 의한 비용상환청구권을 행사할 수 있는 비용지출자라고 할 것이고, 수급인은 그러한 비용지출자에 해당하지 않는다고 보아야 한다[99다66564, 66571].

답 ②

11 점유자와 회복자의 법률관계에 관한 설명으로 옳지 <u>않은</u> 것은?(다툼이 있으면 판례에 따름) ★27회 기출★

① 타인의 건물을 선의로 점유한 자는 비록 법률상 원인 없이 사용하였더라도 이로 인한 이득을 반환할 의무가 없다.

② 악의의 점유자가 과실을 소비한 경우에는 그 과실의 대가를 보상하여야 한다.

③ 점유물이 점유자의 책임 있는 사유로 인하여 멸실 또는 훼손된 경우, 선의의 자주점유자는 그 이익이 현존하는 한도에서 배상하여야 한다.

④ 선의의 점유자가 본권에 관한 소에서 패소한 경우, 제소 후 판결확정 전에 취득한 과실은 반환할 의무가 없다.

⑤ 점유자가 과실을 취득한 경우에는 통상의 필요비의 상환을 청구하지 못한다.

[해설]
난도 ★★

④ 선의의 점유자라도 본권에 관한 소에 패소한 때에는 그 소가 제기된 때로부터 악의의 점유자로 본다(제197조 제2항). 따라서 제소 후 판결확정 전에 취득한 과실은 반환할 의무가 있다.

답 ④

12 점유보호청구권에 관한 설명으로 옳지 <u>않은</u> 것은?(다툼이 있으면 판례에 따름)

① 점유물방해제거청구권의 행사기간은 출소기간이다.

② 점유보조자에게는 점유물방해제거청구권이 인정되지 않는다.

③ 직접점유자가 임의로 점유를 타인에게 이전한 경우, 그 점유이전이 간접점유자의 의사에 반하더라도 간접점유자의 점유가 침탈된 경우에 해당하지 않는다.

④ 점유자가 점유의 침탈을 당한 경우, 침탈자의 특별승계인이 악의인 때에도 그 특별승계인에게 점유물반환청구권을 행사할 수 없다.

⑤ 공사로 인하여 점유의 방해를 받은 경우, 공사 착수 후 1년을 경과하거나 그 공사가 완성된 때에는 방해의 제거를 청구하지 못한다.

해설

난도 ★

④ 점유물반환청구에 있어서는 침탈자의 악의의 특별승계인에게는 점유물반환청구권을 행사할 수 있으나(제204조 제2항 단서) 선의의 특별승계인에게는 점유물반환청구권을 행사할 수 없다(제204조 제2항 본문).

답 ④

제4장 │ 소유권

출제포인트
□ 주위토지통행권(周圍土地通行權)
□ 점유취득시효
□ 선의취득
□ 공유물에 관한 보존행위와 관리행위
□ 공유물 분할방법

제1절 총설

1. 소유권의 내용과 범위

(1) 소유권의 내용

> 제211조(소유권의 내용) 소유자는 법률의 범위 내에서 그 소유물을 사용, 수익, 처분할 권리가 있다.

(2) 토지소유권의 범위

① 상하(上下)의 범위 ★29회 기출★

> 제212조(토지소유권의 범위) 토지의 소유권은 정당한 이익있는 범위 내에서 토지의 상하에 미친다.

② 토지의 경계확정

ⓐ 물권의 객체인 토지 1필지의 공간적 범위를 특정하는 것은 지적도나 임야도의 경계이지 등기부의 표제부나 임야대장·토지대장에 등재된 면적이 아니므로, 토지등기부의 표제부에 토지의 면적이 실제와 다르게 등재되어 있나 하여도, 이러한 등기는 해당 토지를 표상하는 등기로서 유효하다 [2004다1691]. ★29회 기출★

ⓑ 토지등기부의 표제부에 토지의 면적이 실제와 다르게 등재되어 있어도, 이러한 등기는 해당 토지를 표상하는 등기로서 효력이 있다. ★29회 기출★

ⓒ 지적공부상의 경계가 실제의 경계와 다르게 작성된 토지에 인접한 토지의 소유자 등 이해관계인들이 토지의 실제의 경계선을 지적공부상의 경계선에 일치시키기로 합의한 경우 그 토지의 공간적 범위가 지적공부상의 경계에 의하여 특정된다[2006다24971]. ★31회 기출★

③ 지하수(地下水) 등

    ㉠ 지하수는 토지의 구성부분으로 이해된다. 온천수는 그것이 용출되는 토지의 구성부분이므로, 온천권이라는 관습법상의 물권은 인정되지 아니한다[69다1239].

    ㉡ 명인방법을 갖춘 수목의 집단은 토지의 구성부분이 아니다. ★29회 기출★

④ 토지의 포락(浦落)

    ㉠ 토지소유권의 상실원인이 되는 포락은 토지가 바닷물이나 하천법상 적용하천의 물에 개먹어 무너져 바다나 적용하천에 떨어져 그 원상복구가 사회통념상 불가능한 상태에 이르렀을 때를 일컫는 것이다[88다1295, 88다카8743]. ★29회 기출★

    ㉡ 한번 포락되어 토지로서의 효용을 상실하면 종전의 소유권이 영구히 소멸되고 그 후 포락된 토지가 다시 성토되어도 종전의 소유자가 다시 소유권을 취득할 수는 없다[92다24677]. 포락으로 인해 소유권이 영구히 소멸된 사정은 사권의 소멸을 주장하는 자가 입증해야 한다[91다43640]. ★31회 기출★

(3) 인지사용에 관한 상린관계

① 인지사용청구권(隣地使用請求權)

> 제216조(인지사용청구권) ① 토지소유자는 경계나 그 근방에서 담 또는 건물을 축조하거나 수선하기 위하여 필요한 범위내에서 이웃토지의 사용을 청구할 수 있다. 그러나 이웃사람의 승낙이 없으면 그 주거에 들어가지 못한다.
> ② 전항의 경우에 이웃사람이 손해를 받은 때에는 보상을 청구할 수 있다.

② 주위토지통행권(周圍土地通行權) ★34회 기출★

    ㉠ 유상 통행권

        ⓐ 의의

> 제219조(주위토지통행권) ① 어느 토지와 공로사이에 그 토지의 용도에 필요한 통로가 없는 경우에 그 토지(포위된 토지 또는 피통행지)소유자는 주위의 토지(위요지·圍繞地)를 통행 또는 통로로 하지 아니하면 공로에 출입할 수 없거나 과다한 비용을 요하는 때에는 그 주위의 토지를 통행할 수 있고 필요한 경우에는 통로를 개설할 수 있다. 그러나 이로 인한 손해가 가장 적은 장소와 방법을 선택하여야 한다.

        ⓑ 보상의무

> 제219조(주위토지통행권) ② 주위토지통행권자는 통행지 소유자의 손해를 보상하여야 한다.

    • 주위토지통행권자는 통로개설·유지비용을 부담하여야 하고 통행지 소유자의 손해를 보상하여야 한다[2005다30993]. 그러나 보상의무의 이행이 통행권 성립의 요건은 아니다. 따라서 통행권자가 손해를 보상하지 않더라도 통행권은 소멸하지 않고 채무불이행책임만 발생한다.

    • 제219조는 어느 토지와 공로 사이에 그 토지의 용도에 필요한 통로가 없는 경우에 적용되므로, 통행권자의 허락을 얻어 사실상 통행하고 있는 자에게는 그 손해의 보상을 청구할 수 없다[91다19623]. ★27회 기출★

ⓒ 주체 : 민법 제219조에 정한 주위토지통행권은 토지의 소유자 또는 지상권자, 전세권자 등 토지사용권을 가진 자에게 인정되는 권리이다. 따라서 명의신탁자에게는 주위토지통행권이 인정되지 않는다[2007다22767].

ⓓ 주위토지
- 주위토지통행권은 어느 토지가 타인 소유의 토지에 둘러싸여 공로에 통할 수 없는 경우뿐만 아니라[92다1025], 이미 기존의 통로가 있더라도 그것이 당해 토지의 이용에 부적합하여 실제로 통로로서의 충분한 기능을 하지 못하고 있는 경우에도 인정된다[2002다53469]. ★27회 기출★
- 제219조의 주위토지통행권의 범위는 주위토지소유자의 손해가 가장 적은 장소와 방법의 범위 내에서 인정되어야 한다[94다50656].
- 주위토지통행권은 포위된 토지가 사정변경에 의하여 공로에 접하게 된 경우에는 통행권은 소멸한다[2013다11669].
- 주위토지통행권은 법정의 요건을 충족하면 당연히 성립하고, 요건이 없어지면 당연히 소멸한다. ★33회 기출★

ⓔ 통행
- 현재의 토지의 용법에 따른 이용의 범위에서 인정되는 것이지 더 나아가 장차의 이용상황까지 미리 대비하여 통행로를 정할 것은 아니다[94다50656]. ★33회 기출★
- 건축관련법령에 정하는 도로의 폭이나 면적 등과 일치하는 주위토지통행권이 생기지는 않고, 적정한 범위를 결정하여야 한다[2005다30993]. ★27회 기출★
- 주위토지통행권이 인정되는 경우 통행권자는 원칙적으로 통로개설 등 적극적인 작위의무를 부담한다.
- 통행지 소유자는 그 통행지를 전적으로 점유하고 있는 주위토지통행권자에 대하여 그 통행지의 인도를 구할 수 있다[2002다53469]. 그러나 토지소유자 자신이 그 토지와 공로사이의 통로를 막는 건물을 축조한 경우 타인소유의 주위토지를 통행할 권리가 없다. ★33회 기출★

ⓕ 권리 : 주위토지통행권의 본래적 기능발휘를 위하여는 그 통행에 방해가 되는 담장과 같은 축조물도 위 통행권의 행사에 의하여 철거되어야 하고 그 담장이 비록 당초에는 적법하게 설치되었던 것이라 하더라도 그 철거의 의무에는 영향이 없으며, 철거로 인하여 손해가 발생한다 하여도 이를 이유로 담장의 철거를 거부할 수 없다[90다5238]. ★33회 기출★

ⓛ 무상 주위토지통행권 ★33회 기출★

> 제220조(분할, 일부양도와 주위통행권) ① 분할로 인하여 공로에 통하지 못하는 토지가 있는 때에는 그 토지소유자는 공로에 출입하기 위하여 다른 분할자의 토지를 통행할 수 있다. 이 경우에는 보상의 의무가 없다.
> ② 무상 주위토지통행권은 토지소유자가 그 토지의 일부를 양도한 경우에 준용한다.

무상주위통행권에 관한 민법 제220조의 규정은 토지의 직접 분할자 또는 일부양도의 당사자 사이에만 적용되고 포위된 토지 또는 피통행지의 특정승계인에게는 적용되지 않고 주위토지통행권에 관한 민법 제219조의 일반원칙으로 돌아가 통행권의 유무를 가려야한다[2002다9202]. ★27회 기출★

③ 물에 관한 상린관계[자연적 배수(排水)]

> 제221조(자연유수의 승수의무와 권리) ① 토지소유자는 이웃토지로부터 자연히 흘러오는 물을 막지 못한다.
> ② 고지소유자는 이웃저지에 자연히 흘러 내리는 이웃저지에서 필요한 물을 자기의 정당한 사용범위를 넘어서 이를 막지 못한다.
> 제222조(소통공사권) 흐르는 물이 저지에서 폐색된(閉塞; 막힌) 때에는 고지소유자는 자비로 소통에 필요한 공사를 할 수 있다.
> 제225조(처마물에 대한 시설의무) 토지소유자는 처마물이 이웃에 직접 낙하하지 아니하도록 적당한 시설을 하여야 한다.

④ 경계에 관한 상린관계
    ㉠ 경계표ㆍ담의 설치

> 제237조(경계표, 담의 설치권) ① 인접하여 토지를 소유한 자는 공동비용으로 통상의 경계표나 담을 설치할 수 있다.
> ② 통상의 경계표나 담의 설치비용은 쌍방이 절반하여 부담한다. 그러나 측량비용은 토지의 면적에 비례하여 부담한다.
> 제238조(담의 특수시설권) 인지소유자는 자기의 비용으로 담의 재료를 통상보다 양호한 것으로 할 수 있으며 그 높이를 통상 보다 높게 할 수 있고 또는 방화벽 기타 특수시설을 할 수 있다.
> 제239조(경계표 등의 공유추정) 경계에 설치된 경계표, 담, 구거등은 상린자의 공유로 추정한다. 그러나 경계표, 담, 구거 등이 상린자일방의 단독비용으로 설치되었거나 담이 건물의 일부인 경우에는 그 설치한 일방이 소유한다.

    ㉡ 수지(樹脂)ㆍ목근(木根)의 제거권

> 제240조(수지, 목근의 제거권) ① 인접지의 수목가지가 경계를 넘은 때에는 그 소유자에 대하여 가지의 제거를 청구할 수 있다.
> ② 가지의 제거 청구에 응하지 아니한 때에는 청구자가 그 가지를 제거할 수 있다.
> ③ 인접지의 수목 뿌리가 경계를 넘은 때에는 임의로 제거할 수 있다.

    ㉢ 토지의 심굴금지 등
      ⓐ 토지의 심굴금지(深掘禁止)

> 제241조(토지의 심굴금지) 토지소유자는 인접지의 지반이 붕괴할 정도로 자기의 토지를 심굴하지 못한다. 그러나 충분한 방어공사를 한 때에는 심굴할 수 있다.

      ⓑ 경계선 부근의 건축

> 제242조(경계선부근의 건축) ① 건물을 축조함에는 특별한 관습이 없으면 경계로부터 반 미터 이상의 거리를 두어야 한다.
> ② 인접지소유자는 전항의 규정에 위반한 자에 대하여 건물의 변경이나 철거를 청구할 수 있다. 그러나 건축에 착수한 후 1년을 경과하거나 건물이 완성된 후에는 손해배상만을 청구할 수 있다.

'경계로부터 반 미터'는 경계로부터 건물의 가장 돌출된 부분까지의 거리를 말한다[2010다108883].

ⓒ 차면시설(遮面施設)

> 제243조(차면시설의무) 경계로부터 2미터 이내의 거리에서 이웃 주택의 내부를 관망할 수 있는 창이나 마루를 설치하는 경우에는 적당한 차면시설을 하여야 한다.

ⓓ 지하시설 등에 대한 제한 – 임의규정[80다1634]

> 제244조(지하시설 등에 대한 제한) ① 우물을 파거나 용수, 하수 또는 오물 등을 저치(貯置·모아둠)할 지하시설을 하는 때에는 경계로부터 2미터 이상의 거리를 두어야 하며 저수지, 구거(溝渠·도랑) 또는 지하실공사에는 경계로부터 그 깊이의 반 이상의 거리를 두어야 한다.
> ② 전항의 공사를 함에는 토사가 붕괴하거나 하수 또는 오액(汚液)이 이웃에 흐르지 아니하도록 적당한 조처를 하여야 한다.

ⓔ 관습에 관한 규정이 있는 상린관계 : 저수·인수·배수를 위한 공작물 설치비용(제223조), 하류연안의 용수권 보호(제232조), 수류의 변경(제229조), 용수권의 승계(제233조), 소통공사의 비용(제222조), 공유하천 용수권(제231조), 경계표·담의 설치 및 비용(제237조)와 경계선 부근의 건축(제242조)이 있고 상린관계규정이 아닌 것으로는 특수지역권(제302조)이 있다.

2. 소유권에 기한 물권적 청구권

(1) 의의

소유권에 기한 물권적 청구권을 규정하고(제213조~제214조) 이를 지상권(제290조), 지역권(제301조), 전세권(제319조), 저당권(제370조)에 준용하고 있다. 유치권과 질권에는 준용규정이 없으나 다수의 견해는 질권에 기한 물권적 청구권을 인정한다.

(2) 소유물반환청구권

① 의의 ★29회 기출★

> 제213조(소유물반환청구권) 소유자는 그 소유에 속한 물건을 (법률상 정당한 원인없이) 점유한 자에 대하여 반환을 청구할 수 있다.

② 요건

㉠ 아직 건물의 소유권을 취득하지 못한 건물매수인은 그 건물의 불법점거자에 대하여 직접 건물의 명도청구를 할 수 없다. ★29회 기출★

㉡ 불법점유자라고 하더라도 그 물건을 매도하여 인도한 자는 등기명의가 그에게 남아있다는 사실만으로 현재의 점유자라고 할 수 없어 상대방이 될 수 없다[76다2461]. 매도인은 매매계약의 이행으로 토지를 인도받았으나 소유권이전등기를 하지 않고 점유·사용하는 매수인에게 부당이득의 반환을 청구할 수 없다. ★31회 기출★

㉢ 토지의 점유자가 점유취득시효를 완성한 경우에도 토지소유자는 그 토지의 인도를 청구할 수 없다. ★29회 기출★

   ② 점유할 권리의 부존재

> 제213조(소유물반환청구권) 그러나 점유자가 그 물건을 점유할 권리가 있는 때에는 반환을 거부할 수 있다.

 ③ 내용
   ㉠ 소유권에 기한 물권적 청구권은 소멸시효 대상이 아니다. ★28, 29회 기출★
   ㉡ 부동산 매매계약이 합의해제되면 매수인에게 이전되었던 소유권은 당연히 매도인에게 복귀되므로 합의해제에 따른 매도인의 원상회복청구권은 소유권에 기인한 물권적 청구권으로서 이는 소멸시효의 대상이 아니다. ★30회 기출★

(3) 소유물방해제거청구권

> 제214조(소유물방해제거, 방해예방청구권) 소유자는 소유권을 방해하는 자에 대하여 방해의 제거를 청구할 수 있다.

 ① 명의신탁의 경우 대외적으로 수탁자가 소유자이므로 신탁자는 수탁자를 대위하여 권리행사 할 수 있다. 명의신탁이 유효한 경우, 신탁자는 명의신탁약정을 해지하고 수탁자 명의의 등기말소를 청구할 수 있다. 그러나 유효하게 부동산을 명의신탁한 자는 자신이 직접 제3자에게 물권적 청구권을 행사하여 신탁재산에 대한 침해배제를 구할 수 있다.
 ② **상대방** : 소유자의 소유권을 현재 방해하고 있는 자이다. 방해자의 고의 · 과실을 요하지 않는다. 건물을 전소유자로부터 매수하여 보존등기나 이전등기를 하지 않은 채 점유하고 있는 자도 대지소유자에 의한 건물철거청구의 상대방이 된다[86다카1751]. ★31회 기출★
 ③ **방해** : 소유권에 기한 방해배제청구권에 있어서 '방해'라 함은 현재에도 지속되고 있는 침해를 의미하고, 법익 침해가 과거에 일어나서 이미 종결된 경우에 해당하는 '손해'의 개념과는 다르다. 소유권에 기한 방해배제청구권은 방해결과의 제거를 내용으로 하는 것이 되어서는 안 되며 현재 계속되고 있는 방해의 원인을 제거하는 것을 내용으로 한다[2003다5917]. ★31회 기출★

(4) 소유물방해예방청구권

> 제214조(소유물방해제거, 방해예방청구권) 소유자는 소유권을 방해할 염려있는 행위를 하는 자에 대하여 그 예방이나 손해배상의 담보를 청구할 수 있다.

 소유물방해예방청구권을 행사하기 위한 방해의 염려가 있다고 하기 위해서는 객관적으로 근거 있는 상당한 개연성을 가져야 할 것이고 관념적인 가능성만으로는 이를 인정할 수 없다[94다50533]. ★29회 기출★

제2절 소유권의 취득

1. 시효취득(時效取得)

(1) 의의

권리를 행사하는 것과 같은 외관이 일정한 기간 동안 계속되는 경우에 그 사실 상태대로 권리를 취득하게 하는 법률요건이 취득시효이고 취득시효의 완성으로 인해 권리를 취득하는 것이 시효취득이다.

(2) 시효취득의 목적이 되는 권리

소유권, 계속되고 표현된 지역권, 점유권이 있는 지상권, 전세권, 질권과 광업권, 어업권, 지식재산권 등의 준물권이 있다. 점유를 수반하지 않는 물권(저당권), 법률규정에 의해 성립하는 권리(점유권, 유치권), 기타 채권, 계속적이지 않거나 표현되지 않은 지역권은 시효취득 할 수 없다.

2. 부동산 소유권의 점유시효취득

(1) 점유시효취득의 요건

> 제245조(점유로 인한 부동산소유권의 취득기간) ① 20년간 소유의 의사로 평온, 공연하게 부동산을 점유하는 자는 등기함으로써 그 소유권을 취득한다.

① 주체
  ㉠ 자연인, 법인, 국가나 지방자치단체도 주체가 될 수 있다. 문중 또는 종중과 같이 법인 아닌 사단 또는 재단도 취득시효완성으로 인한 소유권을 취득할 수 있다[69다2013]. ★30회 기출★
  ㉡ 성명불상자의 소유물에 대하여 시효취득을 인정할 수 있다[91다9312]. ★32회 기출★
② 시효취득의 대상이 되는 물건
  ㉠ 국유재산 : 원래 일반재산(잡종재산)이던 것이 행정재산으로 된 경우 일반재산(잡종재산)일 당시에 취득시효가 완성되었다고 하더라도 행정재산으로 된 이상 이를 원인으로 하는 소유권이전등기를 청구할 수 없다[96다10782]. ★32회 기출★
  ㉡ 자기 재산에 대한 시효취득 : 시효취득의 목적물은 타인의 부동산임을 요하지 않고 자기 소유의 부동산이라도 시효취득의 목적물이 될 수 있다[2001다17572].
  ㉢ 공용부분 : 집합건물의 소유 및 관리에 관한 법률의 적용을 받는 집합건물의 공용부분은 취득시효의 의한 소유권취득의 대상이 될 수 없다[2011다78200, 78217]. ★30회 기출★
③ 시효기간 : 소유의 의사로 평온·공연하게 20년간 계속 점유하여야 한다(제245조 제1항). ★32회 기출★
④ 기산점
  ㉠ 원칙 : 부동산의 취득시효에 있어 기산점은 원칙적으로 임의로 선택할 수 없다[98다40688].
  ㉡ 예외
    ⓐ 취득시효를 주장하는 자는 점유기간 중에 소유자의 변동이 없는 토지에 관하여는 취득시효의 기산점을 임의로 선택할 수 있고, 취득시효를 주장하는 날로부터 역산하여 20년 이상의 점유 사실이 인정되면 취득시효를 인정할 수 있는 것이다[93다46360]. ★29, 31회 기출★

ⓑ 점유자의 승계인이 자기의 전 점유자의 점유를 아울러 주장할 때 그 점유시초를 전 점유자의 점유기간중의 임의시점을 택하여 주장할 수 없다[80다2614]. ★31회 기출★

ⓒ 취득시효 완성 후 토지소유자에 변동이 있어도 당초의 점유자가 계속 점유하고 있고 소유자가 변동된 시점을 새로운 기산점으로 삼아도 다시 취득시효의 점유기간이 완성되는 경우, 소유권 변동시를 새로운 취득시효의 기산점으로 삼아 취득시효의 완성을 주장할 수 있다[93다46360 전합].

⑤ 점유의 계속 ★32회 기출★

㉠ 점유의 계속은 추정되므로(제198조) 자주점유 여부에 관한 증명책임은 취득시효의 성립을 부정하는 자에게 있다. 간접점유에 의해서도 점유에 의한 시효취득이 가능하다.

㉡ 점유자가 점유를 침탈당한 후 회수한 경우에는 점유가 계속된 것으로 되고(제192조 제2항) 전후 양 시점의 점유자가 다른 경우에도 점유의 승계가 입증되는 한 점유계속은 추정된다[96다24279].

⑥ 취득시효의 중단·정지와 시효이익의 포기

㉠ 취득시효의 중단 ★31, 32회 기출★

ⓐ 취득시효기간의 만료 전에 등기부상의 소유명의가 변경되었다 하더라도 이로써 종래의 점유상태의 계속이 파괴되었다고 할 수 없으므로 이는 취득시효의 중단사유가 될 수 없다[97다6186].

ⓑ 압류 또는 가압류는 금전채권의 강제집행을 위한 수단이거나 그 보전수단에 불과하여 취득시효기간의 완성 전에 부동산에 압류 또는 가압류 조치가 이루어졌다고 하더라도 이는 취득시효의 중단사유가 될 수 없다[2018다296878].

㉡ 시효이익의 포기 여부 : 취득시효 완성을 원인으로 한 소유권이전등기절차 이행청구의 소송 계속 중 그 토지에 대한 상대방의 소유를 인정하여 위 소송을 취하한 것이라면 시효의 이익을 포기하는 의사표시를 한 것으로 봄이 상당하다[73다762].

(2) 시효취득의 효과(제245조 제1항)

① 법정채권(등기청구권) 발생

> 제245조(점유로 인한 부동산소유권의 취득기간) ① 20년간 소유의 의사로 평온, 공연하게 부동산을 점유하는 자는 등기함으로써 그 소유권을 취득한다.

㉠ 등기청구권

ⓐ 민법 제245조 제1항의 취득시효기간의 완성으로 소유권 취득을 위한 등기청구권이 발생할 뿐이다[2006다22074].

ⓑ 취득시효완성으로 인한 소유권이전등기청구권의 양도의 경우에는 매매로 인한 소유권이전등기청구권에 관한 양도제한의 법리가 적용되지 않는다[2015다36167].

㉡ 채권적 청구권

ⓐ 제245조 제1항 소정의 점유취득시효의 완성으로 채권적 등기청구권이 생긴다. 취득시효가 완성된 점유자가 점유를 상실한 경우에는 그 점유자는 점유를 상실한 때로부터 10년간 등기청구권을 행사하지 않으면 소멸시효가 완성한다[95다34866]. ★30회 기출★

ⓑ 취득시효완성으로 인한 소유권이전등기청구권은 그 토지에 대한 점유가 계속되는 한 시효로 소멸하지 않는다[93다47745 전합]. ★28회 기출★

ⓒ 시효완성후 점유를 상실하였다 하더라도 이를 "시효이익의 포기로 볼 수 있는 경우가 아닌 한" 이미 취득한 소유권이전등기청구권이 바로 소멸되지는 않는다[93다47745 전합]. ★27회 기출★

ⓓ 취득시효에서 시효이익의 포기는 특별한 사정이 없는 한 시효취득자가 취득시효 완성 당시의 진정한 소유자에게 하여야 효력이 발생한다. 시효이익의 포기는 달리 특별한 사정이 없는 한 시효취득자가 취득시효 완성 당시의 진정한 소유자에 대하여 하여야 그 효력이 발생한다[2011다23200]. ★28회 기출★

ⓒ 등기 의무자 : 시효완성 당시의 소유권보존등기 또는 이전등기가 무효라면 시효취득자는 진정한 소유자를 대위하여 위 무효등기의 말소를 구하고 다시 위 소유자를 상대로 취득시효완성을 이유로 한 소유권이전등기를 구하여야 한다[2002다43417].

② 원시취득

점유로 인한 부동산소유권의 시효취득이 완성된 경우라고 하더라도 등기함으로써 그 소유권을 취득한다[91다5716]. 미등기 부동산의 경우라고 하여 취득시효기간의 완성만으로 등기 없이도 점유자가 소유권을 취득한다고 볼 수 없다[2006다22074]. 시효로 인한 부동산 소유권의 취득은 원시취득이다[91다9312]. ★33회 기출★

③ 소급효

> 제247조(소유권취득의 소급효) ① 부동산과 동산의 시효취득에 의한 소유권취득의 효력은 점유를 개시한 때에 소급한다.

시효취득의 효력은 점유를 개시한 때에 소급한다. 소유자는 점유자에 대하여 그 대지에 대한 불법점유임을 이유로 그 지상건물의 철거와 대지의 인도를 청구할 수는 없다[87다카1979]. 점유로 인한 손해배상청구나 부당이득반환청구를 할 수 없다[92다51280]. ★29, 33, 34회 기출★

(3) 점유취득시효 완성 후 등기 전의 법률관계

① 소유 명의자와 점유자간의 법률관계

㉠ 소유자의 적법한 권리행사 : 원소유자는 점유자 명의로 소유권이전등기가 경료되기까지는 소유자로서 그 토지에 관한 적법한 권리를 행사할 수 있다[2005다75910]. 특별한 사정이 없는 한 이를 제3자에게 처분하였다고 하더라도 불법행위가 성립하는 것은 아니다[94다4509].

㉡ 소유자의 불법행위책임

ⓐ 등기부상 소유명의자가 시효취득사실을 알면서도 제3자에게 처분하여 소유권이전등기를 넘겨줌으로써 점유자가 손해를 입었다면 불법행위를 구성하며, 부동산을 취득한 제3자가 원소유자의 이와 같은 불법행위에 적극 가담하였다면 이는 사회질서 위반행위로서 무효이다[97다56495]. ★29회 기출★

ⓑ 시효취득을 주장하는 권리자가 취득시효를 주장하면서 소유권이전등기청구소송을 제기하여 그에 관한 입증까지 마쳤다면 부동산 소유자로서는 시효취득사실을 알 수 있다 할 것이다[92다47892]. ★31회 기출★

ⓒ 채무불이행책임 여부 : 점유자에게 소유권이전등기청구권이 있다고 하더라도 원소유자와 점유자 사이에 계약상의 채권·채무관계가 성립하는 것은 아니므로 원소유자가 그 부동산을 처분하였다고 하여 채무불이행책임을 지는 것은 아니다[94다4509]. ★29회 기출★

ⓔ 점유의 법률효과 승계 여부 : 부동산을 취득시효기간 만료 당시의 점유자로부터 양수하여 점유를 승계한 현점유자는 전점유자의 소유자에 대한 소유권이전등기청구권을 대위행사할 수 있을 뿐, 전점유자의 취득시효 완성의 효과를 주장하여 직접 자기에게 소유권이전등기를 청구할 권원은 없다[93다47745 전합]. ★31회 기출★

ⓜ 대상청구권(代償請求權) : 대상청구권을 행사하기 위하여는 그 이행불능 전에 등기명의자에 대해 점유로 인한 부동산소유권 취득기간이 만료되었음을 이유로 그 권리를 주장하였거나, 그 취득기간 만료를 원인으로 한 등기청구권을 행사하였어야 한다[94다43825]. 즉 토지가 수용된 경우 토지소유자는 국가에 보상금을 청구할 수 있다[2014두1369]. ★27회 기출★

② 점유자와 제3자간의 법률관계

㉠ 소유권을 취득한 제3자에게 대항 여부

ⓐ 부동산에 대한 점유취득시효가 완성되었다고 하더라도 이를 등기하지 아니하고 있는 사이에 그 부동산에 관하여 제3자에게 소유권이전등기가 마쳐지면 점유자는 그 제3자에게 대항할 수 없는 것이다[97다45402]. ★27회 기출★

ⓑ 그 후 어떠한 사유로 취득시효완성 당시의 소유자에게로 소유권이 회복되면 그 소유자에게 시효취득의 효과를 주장할 수 있다[90다14225].

ⓒ 점유자의 취득시효 완성사실을 알고 있는 부동산 소유자가 부동산을 제3자에게 처분하면 불법행위를 구성하고, 부동산을 취득한 제3자가 부동산 소유자의 불법행위에 적극 가담하였다면 이는 사회질서에 반하는 행위로서 무효라 할 것이다[92다47892]. ★27회 기출★

㉡ 제3자에 해당하는 경우

ⓐ 명의신탁된 부동산에 대하여 점유취득시효가 완성된 후 시효취득자가 그 소유권이전등기를 경료하기 전에 '명의신탁이 해지'되어 그 등기명의가 명의수탁자로부터 명의신탁자에게로 이전된 경우에는 그에 대하여 취득시효를 주장할 수 없다[2000다8861].

ⓑ 파산관재인을 상대로 파산선고 전의 점유취득시효 완성을 원인으로 한 소유권이전등기절차의 이행을 청구할 수 없다[2006다32187]. ★28회 기출★

ⓒ 취득시효가 완성된 후 그 등기를 하기 전에 취득시효 완성 전에 이미 설정되어 있던 가등기에 기하여 소유권이전의 본등기를 경료한 자에 대하여 시효취득을 주장할 수 없다[92다21258]. ★31회 기출★

㉢ 시효완성 전 등기부상 소유자 변동 : 취득시효기간의 완성 전에 등기부상의 소유명의가 변경되었다 하더라도 시효취득자는 그 취득시효기간 완성당시의 등기명의자에게 소유권 취득을 주장할 수 있다[88다카5843].

㉣ 제3자가 취득시효기간 만료 당시의 등기명의인으로부터 신탁 또는 명의신탁을 받아 제3자가 소유자로서의 권리를 행사하는 경우 점유자로서는 취득시효완성을 이유로 이를 저지할 수 있다[95다24568]. ★33회 기출★

3. 등기부 시효취득

(1) 등기부 시효취득의 요건 ★30회 기출★

> 제245조(점유로 인한 부동산소유권의 취득기간) ② 부동산의 소유자로 등기한 자가 10년간 소유의 의사로 평온, 공연하게 선의이며 과실 없이 그 부동산을 점유한 때에는 소유권을 취득한다.

① 등기
  ㉠ 등기부취득시효의 요건으로서 소유자로 등기한 자라 함은 적법 유효한 등기를 마친 자일 필요가 없고 그 소유자로 등기한 자가 10년간 소유의 의사로 평온·공연하게 선의이며 과실없이 그 부동산을 점유한 때에는 그 소유권을 취득할 수 있도록 한 것이라고 풀이함이 상당하다[87다카1810].
  ㉡ 소유권보존등기가 이중으로 되어 후등기가 무효인 때에는 후등기나 그에 터잡은 소유권이전등기를 근거로 해서는 등기부취득시효의 완성을 주장할 수 없다[96다12511 전합].
  ㉢ 등기부상만으로 어떤 토지 중 일부가 분할되어 있어도 지적공부 소관청에 의한 분필절차를 거친 바가 없다면 그가 점유하는 부분에 대하여 등기부시효취득을 할 수는 없다[94다4615].

② 부동산의 점유
  ㉠ 등기부취득시효에서의 선의·무과실은 등기에 관한 것이 아니고 점유 취득에 관한 것이다[96다48527]. ★29회 기출★
  ㉡ 무과실은 추정되지 않으므로 시효취득을 주장하는 자가 자신의 선의에 과실이 없음을 입증해야 한다[97다2665]. ★28회 기출★
  ㉢ 부동산을 매수하는 사람으로서는 매도인에게 그 부동산을 처분할 권한이 있는지의 여부를 조사하여야 할 것이므로 그 조사를 하지 아니하고 매수하였다면 부동산의 점유에 대하여 과실이 있었다고 보아야 한다[84다카1866].

③ 등기승계 여부
  점유가 10년간 계속되어야 한다. 그러나 10년간 반드시 그의 명의로 등기되어 있어야 하는 것은 아니고 앞 사람의 등기까지 아울러 그 기간 동안 부동산의 소유자로 등기되어 있으면 된다[87다카2176 전합].

(2) 등기부 시효취득의 효과

10년간 점유한 때에 곧바로 소유권을 취득하므로 등기부취득시효가 완성된 후에 그 부동산에 관한 점유자 명의의 등기가 말소되거나 적법한 원인 없이 다른 사람 앞으로 소유권이전등기가 경료되었다 하더라도, 그 점유자는 등기부취득시효의 완성에 의하여 취득한 소유권을 상실하는 것은 아니다[98다20110]. 공유자의 1인이 공유부동산 중 특정부분만을 점유하여 왔다면 그 특정부분에 대한 공유지분의 범위 내에서만 등기부취득시효를 할 수 있다.

4. 동산(動産)의 시효취득 *★30회 기출★*

> 제246조(점유로 인한 동산소유권의 취득기간) ① 10년간 소유의 의사로 평온, 공연하게 동산을 점유한 자는 그 소유권을 취득한다.
>
> ② 전항의 점유가 선의이며 과실없이 개시된 경우에는 5년을 경과함으로써 그 소유권을 취득한다.

5. 선의취득(善意取得) – 무권리자로 부의 취득

(1) 의의

> 제249조(선의취득) 평온, 공연하게 동산을 양수한 자가 선의이며 과실없이 그 동산을 점유한 경우에는 양도인이 정당한 소유자가 아닌 때에도 즉시 그 동산의 소유권을 취득한다.

동산을 점유하고 있는 상대방을 권리자로 믿고 평온, 공연, 선의, 무과실로 거래한 경우에는 비록 양도 인이 정당한 권리자가 아니라 할지라도 양수인은 그 동산에 대한 권리(소유권과 질권)를 취득하는 것을 인정하는 제도이다. 저당권 등의 취득에는 적용되지 아니한다. *★32회 기출★*

(2) 선의취득의 객체 – 동산

구분	선의취득 대상	선의취득 안 됨
등기 · 등록으로 공시되는 동산	저당부동산의 종물이나 가압류된 동산, 공장저당권이 미치는 동산이 분리된 경우	선박, 자동차, 항공기, 건설기계
입목, 명인방법으로 공시되는 동산	미분리과실 등이 토지로부터 분리된 경우	입목, 명인방법으로 공시되는 수목의 집단, 미분리과실, 토지, 건물
부동산의 부합물	토지로부터 벌채나 분리된 수목	명인되지 않는 수목의 집단, 미분리과실
양도금지물건	–	국유문화재 · 마약 · 위조지폐
금전	특정물(봉금,수집용화폐)로 수수시	가치의 표상으로 유통된 경우
증권적 채권 (지시채권, 무기명채권)	–	제514조, 제525조 적용대상이므로 동산 선의취득 대상 아님(선의 · 무중과실)
입주권	서울시가 무허가 건물을 자진철거하는 시민들을 위하여 건립하는 연립주택의 입주권은 선의취득의 대상이 될 수 없다[79다2233].	–

(3) 선의취득의 요건

① 양도인(前主, 무권리자)에 관한 요건

㉠ 양도인은 무권리자여야 한다. 자주점유 · 타주점유를 불문한다. 대리권은 있지만 그 물건이 본인 의 소유에 속하지 않는 경우에는 선의취득이 인정된다.

㉡ 채무자 이외의 자의 소유에 속하는 동산을 경매절차에서 매각대금을 납부하고 인도받은 매수인은 그 동산을 선의취득할 수 있다. *★30회 기출★*

② 양수인(선의취득자)에 관한 요건
  ㉠ 유효한 거래행위의 존재
    ⓐ 동산의 선의취득은 양도인이 무권리자라고 하는 점을 제외하고는 아무런 흠이 없는 거래행위
      이어야 성립한다[94다22071]. ★28, 30회 기출★
    ⓑ 따라서 거래행위가 공서양속위반행위, 불공정행위, 비진의표시, 허위표시, 무권대리로서 무효
      이거나 제한능력자·착오 또는 사기·강박에 의한 의사표시로서 취소된 경우에는 당사자의 선
      의취득이 인정되지 않는다. ★29회 기출★
    ⓒ 매매·증여나 경매[97다32680] 등에 의한 특정승계취득에는 선의취득이 인정된다. 그러나 상
      속·포괄유증·합병과 같은 포괄승계취득에는 선의취득이 인정되지 않는다. ★27, 28, 33회 기출★
  ㉡ 양수인의 점유취득
    ⓐ 시효취득과 달리 점유의 계속이 동산 선의취득의 요건은 아니다[64다406].
    ⓑ 현실의 인도, 간이인도[80다2530], 목적물반환청구권의 양도의 경우[97다48906]에는 선의취
      득할 수 있다. ★27, 28, 32회 기출★
    ⓒ 그러나 점유개정에 의한 점유취득만으로는 그 선의취득의 요건을 충족할 수 없다[2003다
      30463]. 즉, 점유개정의 방법으로 양도담보를 설정한 동산소유자가 다시 제3자와 양도담보설
      정계약을 맺고 그 동산을 점유개정으로 인도한 경우, 제3자는 양도담보권을 선의취득하지 못
      한다. ★29, 30, 31, 32, 33회 기출★
③ 평온·공연·선의·무과실 점유
  ㉠ 민법 제249조가 규정하는 선의·무과실의 기준시점은 물권행위가 완성되는 때(물권적 합의+인
    도)이므로, 물권적 합의가 동산의 인도보다 먼저 행하여지면 인도된 때를, 인도가 물권적 합의보
    다 먼저 행하여지면 물권적 합의가 이루어진 때를 기준으로 해야 한다[91다70]. ★27, 31회 기출★
  ㉡ 무과실은 추정되지 아니하므로 선의취득에 있어 무과실의 입증책임은 동산점유자에게 있다[68다
    169].

(4) 선의취득의 효과
  ① 선의취득자는 소유권 또는 질권을 원시취득한다. 그러나 점유권·유치권·지상권·전세권·저당권
    의 취득에는 적용될 수 없다[84다카2428]. ★27, 31, 33회 기출★
  ② 동산을 선의취득한 자는 임의로 선의취득효과를 거부하고 종전소유자에게 동산을 반환받아 갈 것을
    요구할 수는 없다[98다6800]. 따라서 선의취득자는 권리를 잃은 전(前)소유자에게 부당이득을 반환
    할 의무가 없다. ★31, 33회 기출★

(5) 도품(盜品), 유실물에 대한 특칙
  ① 민법 규정

> 제250조(도품, 유실물에 대한 특례) 전조의 경우에 그 동산이 도품이나 유실물인 때에는 피해자 또는 유실자는 도난
> 또는 유실한 날로부터 2년 내에 그 물건의 반환을 청구할 수 있다. 그러나 도품이나 유실물이 금전인 때에는 그러하지
> 아니하다.

② 적용범위

금전과 유가증권을 제외한 도품과 유실물인 동산에 한한다. 따라서 사기(편취물), 횡령(횡령물), 공갈 (갈취물)은 도품이 아니므로 본조가 적용되지 않는다. 즉 횡령된 동산도 선의취득의 대상이 될 수 있다. 또한 점유보조자의 횡령 역시 민법 제250조의 도품·유실물에 해당하지 않는다[91다70]. ★29, 33회 기출★

③ 반환청구권

반환청구권은 도난당하거나 유실한 날로부터 2년 내에 법률규정에 의해 특별히 인정되는 채권적 청 구권이다.

④ 대가의 변상

㉠ 의의

> 제251조(도품, 유실물에 대한 특례) 양수인이 도품 또는 유실물을 경매나 공개시장에서 또는 동종류의 물건을 판 매하는 상인에게서 선의로 매수한 때에는 피해자 또는 유실자는 양수인이 지급한 대가를 변상하고 그 물건의 반 환을 청구할 수 있다.

㉡ 요건 : 제251조는 선의만 규정하고 있으나 동조는 제249조와 제250조를 전제로 하는 규정이므로 무과실도 당연한 요건이라고 해석해야 한다[91다70]. 따라서 양수인이 도품이나 유실물을 공개시 장에서 선의로 매수하였더라도 과실이 있는 때에는 진정한 소유자에게 대가의 변상을 청구할 수 없다.

㉢ 효과 : 제251조는 선의취득자에게 대가변상을 받을 때까지는 물건반환을 거부할 수 있는 항변권 만을 인정한 것이 아니라 선의취득자를 보호하기 위해 반환청구를 받은 선의취득자의 대가변상청 구권을 부여한 것이다[72다115]. ★32회 기출★

6. 무주물선점 · 습득 · 발견

(1) 무주물선점(無主物先占)

> 제252조(무주물의 귀속) ① 무주의 동산을 소유의 의사로 점유한 자는 그 소유권을 취득한다.
> ② 무주의 부동산은 국유로 한다.
> ③ 야생하는 동물은 무주물로 하고 사양하는 야생동물도 다시 야생상태로 돌아가면 무주물로 한다.
> 제255조(문화재의 국유) ① 학술, 기예 또는 고고의 중요한 재료가 되는 물건에 대하여는 동산, 부동산을 불문하고 국유 로 한다.

무주의 동산이 언제나 선점의 대상이 되는 것이 아니다. 학술, 기예 또는 고고의 중요한 재료가 되는 무 주의 동산은 국유로 하기 때문이다.

(2) 유실물습득(遺失物拾得)

> 제253조(유실물의 소유권취득) 유실물은 법률에 정한 바에 의하여 공고한 후 6개월 내에 그 소유자가 권리를 주장하지 아니하면 습득자가 그 소유권을 취득한다.
> 제255조(문화재의 국유) ② 학술, 기예 또는 고고의 중요한 재료가 되는 물건의 경우에 습득자는 국가에 대하여 적당한 보상을 청구할 수 있다.

(3) 매장물발견(埋藏物發見)

> 제254조(매장물의 소유권취득) 매장물은 법률에 정한 바에 의하여 공고한 후 1년 내에 그 소유자가 권리를 주장하지 아니하면 발견자가 그 소유권을 취득한다.
>
> 제254조(매장물의 소유권취득) 그러나 타인의 토지 기타 물건으로부터 발견한 매장물은 그 토지 기타 물건의 소유자와 발견자가 절반하여 취득한다.
>
> 제255조(문화재의 국유) ② 학술, 기예 또는 고고의 중요한 재료가 되는 물건의 경우에 발견자 및 매장물이 발견된 토지 기타 물건의 소유자는 국가에 대하여 적당한 보상을 청구할 수 있다.

7. 첨부(부합, 혼화, 가공)

(1) 서설

① 의의

첨부란 부합·혼화·가공을 총칭하는 말로서, 물건과 물건 또는 물건과 노력이 결합되는 것으로서 법률의 규정에 의한 소유권취득의 원인이 되는 것을 말한다.

② 규정의 성질

㉠ 첨부에 의해 생긴 물건의 분리·복구의 금지규정과 첨부로 소멸한 구 물건 위에 존재하던 제3자의 권리 보호의 문제는 강행규정에 속한다.

㉡ 그러나 첨부에 의해 생긴 물건의 소유자를 누구로 할 것인가(제256조 내지 제259조), 구 물건의 소유자가 부당이득에 관한 규정에 의해 보상을 청구할 수 있는가(제261조)의 문제는 임의규정이다.

③ 첨부의 효과 ★28회 기출★

> 제260조(첨부의 효과) ① 전4조의 규정에 의하여 동산의 소유권이 소멸한 때에는 그 동산을 목적으로 한 다른 권리도 소멸한다.
>
> ② 동산의 소유자가 합성물, 혼화물 또는 가공물의 단독소유자가 된 때에는 전항의 권리는 합성물, 혼화물 또는 가공물에 존속하고 그 공유자가 된 때에는 그 지분에 존속한다..

④ 보상청구 ★28회 기출★

> 제261조(첨부로 인한 구상권) 전5조의 경우에 손해를 받은 자는 부당이득에 관한 규정에 의하여 보상을 청구할 수 있다.

(2) 부합(附合)

① 의의

소유자를 달리하는 수개의 물건이 결합하여 사회관념상 한 개의 물건으로 보이고 그 분리가 사회관념상 불가능하거나 극히 곤란한 경우에 이를 분리하지 않고 하나의 물건으로 어느 특정인의 소유에 귀속시키는 것을 말한다.

② 부동산에의 부합 ★34회 기출★

> 제256조(부동산에의 부합) 부동산의 소유자는 그 부동산에 부합한 물건의 소유권을 취득한다.

㉠ 요건

ⓐ 부합이라 함은 훼손하지 않으면 분리할 수 없거나 분리에 과다한 비용을 요하는 경우는 물론 분리하게 되면 경제적 가치를 심히 감손케 하는 경우도 포함되며 부합의 원인은 인공적인 것도 포함한다[4294민상445]. ★31회 기출★

ⓑ 건물 증축에 있어서 부합 여부는 증축 부분의 객관적 상태외에 소유자의 의사를 고려하여 결정한다.

㉡ 효과

ⓐ 부합한 물건의 가격이 피부합물인 부동산의 가격을 초과하더라도 부동산의 소유자가 그 부동산에 부합한 물건의 소유권을 취득한다[80다2821]. ★27회 기출★

ⓑ 토지 위에 건물이 신축 완공된 경우에 건물은 토지에 부합하지 않는다. ★27, 28회 기출★

㉢ 타인의 권원에 의한 경우

> 제256조(부동산에의 부합) 그러나 타인의 권원에 의하여 부속된 것은 그러하지 아니하다.

ⓐ 타인의 권원에 의해 부속된 것이라 하더라도, 부속된 물건이 독립된 경제적 효용을 갖지 못하고 부동산의 구성부분이 되는 경우에는 부동산 소유자에게 귀속된다[84다카2428]. ★31, 33회 기출★

ⓑ 부동산에 부합된 물건이 사실상 분리복구가 불가능하여 거래상 독립한 권리의 객체성을 상실하고 그 부동산과 일체를 이루는 부동산의 구성부분 된 경우에는 타인이 권원에 의해 이를 부합시킨 경우에도 그 물건의 소유권은 부동산의 소유자에게 귀속된다[2007다36933].

ⓒ 증축된 부분이 구조상으로나 이용상으로 기존 건물과 구분되는 독립성이 있는 때에는 구분소유권이 성립하여 증축된 부분은 독립한 소유권의 객체가 된다[99다14518]. ★27회 기출★

㉣ 농작물 : 권원 없이 타인의 토지에 경작·재배한 농작물일지라도 그 소유권은 경작자에게 있다[68도906].

㉤ 수목

ⓐ 타인의 임야에 권한없이 식부한 임목의 소유권은 민법 제256조에 의하여 임야소유자에게 귀속한다[68다1995]. ★27, 31회 기출★

ⓑ 또한 토지임차인의 승낙만을 받아 그 토지 위에 나무를 심은 자는 토지소유자에 대해 그 나무의 소유권을 주장할 수 없다[88다카9067].

ⓒ 그러나 토지의 사용대차권(정당한 권원)에 기하여 그 토지상에 식재된 수목은 이를 식재한 자에게 그 소유권이 있고 그 토지에 부합되지 않는다[89다카21095].

③ 동산 간의 부합 ★27, 28, 31, 33회 기출★

> 제257조(동산간의 부합) 동산과 동산이 부합하여 훼손하지 아니하면 분리할 수 없거나 그 분리에 과다한 비용을 요할 경우에는 그 합성물의 소유권은 주된 동산의 소유자에게 속한다. 부합한 동산의 주종을 구별할 수 없는 때에는 동산의 소유자는 부합당시의 가액의 비율로 합성물을 공유한다.

동일인 소유의 여러 동산들이 결합하는 것은 부합이 아니다. ★31회 기출★

양도담보권의 목적인 주된 동산에 다른 동산이 부합되어 부합된 동산에 관한 권리자가 권리를 상실하는 손해를 입은 경우, 부합으로 인하여 권리를 상실하는 자는 양도담보권설정자를 상대로 보상을 청구할 수 있다[2012다19659]. ★33회 기출★

(3) 혼화(混和)

> 제258조(혼화) 전조의 규정은 동산과 동산이 혼화하여 식별할 수 없는 경우에 준용한다.

곡물 · 금전 등 고형 종류물이 섞이는 혼합(混合)과 술 · 기름 등 유동물이 섞이는 융화(融和)가 있다.

(4) 가공(加工)

① 의의

타인의 동산에 공작(工作)을 가하여 새로운 물건을 만들어 내는 것을 말한다. 타인의 동산에 가공을 해야 하고, 새로운 물건을 만들어 내어야 한다.

② 소유권의 귀속

㉠ 원칙(재료주의) ★28회 기출★

> 제259조(가공) ① 타인의 동산에 가공한 때에는 그 물건의 소유권은 원재료의 소유자에게 속한다.

㉡ 예외(가공주의) ★33회 기출★

> 제259조(가공) ① 그러나 가공으로 인한 가액의 증가가 원재료의 가액보다 현저히 다액인 때에는 가공자의 소유로 한다.
> ② 가공자가 재료의 일부를 제공하였을 때에는 그 가액은 전항의 증가액에 가산한다.

8. 공동소유(共同所有)

(1) 서설

공동소유란 하나의 물건을 2인 이상의 다수인이 공동으로 소유하는 것을 말한다.

더 알아보기 공유, 합유, 총유의 비교

구분	공유(共有)	합유(合有)	총유(總有)
지분의 처분	자유	전원의 동의	지분 개념 없다.
분할청구	자유, 단 분할금지특약(5년)	분할청구금지	분할 개념 없다.
보존행위	각자, 단독	각자, 단독	사원총회 결의
관리행위	지분의 과반수	조합원의 과반수	사원총회 결의
사용 · 수익	지분비율 → 공유물 전부	공유물 전부	정관, 규약
처분 · 변경	전원의 동의	전원의 동의	사원총회 결의
종료사유	공유물의 양도, 분할	합유물의 양도, 조합의 해산	총유물의 양도, 사원지위의 득실
등기	공유의 등기, 지분등기	합유자 전원명의, 합유취지 기재	비법인사단명의

(2) 공유(共有)

① 의의

> 제262조(물건의 공유) ① 물건이 지분에 의하여 수인의 소유로 된 때에는 공유로 한다.

공유는 물건에 대한 1개의 소유권이 분량적으로 분할되어 여러 사람에게 속하는 것이므로[91다27228] 공유는 1물1권주의에 반하지 않는다(양적 분할설; 量的 分割說). 건물의 공유자 중 일부만이 당해 건물을 점유하고 있는 경우, 그 건물의 부지는 건물공유자 전원이 공동으로 점유한 것으로 볼 수 있다. ★33회 기출★

② 법률의 규정에 의한 공유관계의 성립

㉠ 무주물 공동선점(제252조), 유실물의 공동습득(제253조), 매장물의 공동발견(제254조), 공유물의 과실취득(제102조)은 해석상 공유로 인정된다.

㉡ 수인의 명의수탁자의 물건 소유형태는 공유[90다15341]이나, 신탁법상의 수탁자가 수인 있는 경우의 신탁재산에 대한 소유형태는 합유이다. ★31회 기출★

③ 공유의 지분(持分)

㉠ 지분의 의의

공유지분은 각 공유자가 공유물에 대해 가지는 권리를 표상하는 비율이다. 복수의 권리자가 소유권이전청구권을 보존하기 위하여 가등기를 마쳐 둔 경우 그 권리자 중 한 사람은 자신의 지분에 관하여 단독으로 그 가등기에 기한 본등기를 청구할 수 있다[2001다43922].

㉡ 공유지분의 등기 ★28회 기출★

> 제262조(물건의 공유) ② 공유자의 지분은 균등한 것으로 추정한다.

지분의 등기를 하지 않으면 지분은 균등한 것으로 추정된다(제262조 제2항). 공유지분은 등기를 요한다. 따라서 지분을 양수받은 자가 지분의 등기를 하지 않으면 그 지분취득으로 기존의 공유자나 제3자에게 대항할 수 없다. 공유물분할청구소송에 있어 원래의 공유자들 사이에서는 등기부상 지분과 실제의 지분이 다르다는 사실이 인정된다면 여전히 실제의 지분을 기준으로 삼아야 할 것이다[98다51169].

㉢ 공유지분의 탄력성 ★27회 기출★

> 제267조(지분포기 등의 경우의 귀속) 공유자가 그 지분을 포기하거나 상속인없이 사망한 때에는 그 지분은 다른 공유자에게 각 지분의 비율로 귀속한다.

㉣ 공유지분의 처분 ★33회 기출★

> 제263조(공유지분의 처분과 공유물의 사용, 수익) 공유자는 그 지분을 처분할 수 있고 공유물 전부를 지분의 비율로 사용, 수익할 수 있다.

공유자는 다른 공유자의 동의없이 자기의 공유지분을 처분을 자유로이 할 수 있기 때문에 지분양도금지의 특약은 유효하지만 채권적 효력을 가질 뿐이며, 등기사항이 아니다.

④ 공유자간의 공유관계

　㉠ 공유물의 사용 · 수익 ★30회 기출★

> 제263조(공유지분의 처분과 공유물의 사용, 수익) 공유자는 그 지분을 처분할 수 있고 공유물 전부를 지분의 비율로 사용, 수익할 수 있다.

건물의 공유자가 공동으로 건물을 임대하고 보증금을 수령한 경우, 그 보증금 반환채무는 성질상 불가분채무에 해당된다[98다43137].

　㉡ 공유물의 관리 ★30회 기출★

> 제265조(공유물의 관리, 보존) 공유물의 관리에 관한 사항은 공유자의 지분의 과반수로써 결정한다.

　ⓐ 관리(이용 · 개량)행위 : 공유자가 공유물을 타인에게 임대하는 행위 및 그 임대차계약을 해지하는 행위는 공유물의 관리행위에 해당하므로 공유자의 지분의 과반수로써 결정하여야 한다.

　ⓑ 한계 : 다수지분권자라 하여 나대지에 새로이 건물을 건축한다든지 하는 것은 '관리'의 범위를 넘는 것이 될 것이다[2000다33638]. ★27회 기출★

　ⓒ 과반수 지분권자

　　• 공유자 사이에 공유물을 사용 · 수익할 구체적인 방법을 정하는 것은 공유물의 관리에 관한 사항으로서 공유자의 지분의 과반수로써 결정하여야 할 것이고, 과반수 지분의 공유자는 다른 공유자와 사이에 미리 공유물의 관리방법에 관한 협의가 없었다 하더라도 공유물의 관리에 관한 사항을 단독으로 결정할 수 있다[2002다9738]. ★28, 32회 기출★

　　• 공유자 간의 공유물에 대한 사용 · 수익 · 관리에 관한 특약 후에 공유자에 변경이 있고 특약을 변경할 만한 사정이 있는 경우에는 공유자의 지분의 과반수의 결정으로 기존 특약을 변경할 수 있다[2005다1827].

　ⓓ 위반의 효과

　특별한 약정이 없는 한 토지공유자는 그 공유토지의 일부분이라 하더라도 자의로 이를 배타적으로 사용 · 수익할 수 없다[78다695]. 공유 부동산은 공유자 한 사람이 전부를 점유하고 있다고 하여도, 다른 특별한 사정이 없는 한 권원의 성질상 다른 공유자의 지분비율의 범위 내에서는 타주점유이다[95다51861].

　㉢ 공유물의 보존

> 제265조(공유물의 보존) 그러나 보존행위는 각자가 할 수 있다.

　ⓐ 의의 : 보존이란 공유물의 멸실 · 훼손을 방지하고 그 현상을 유지하기 위하여 하는 사실적 · 법률적 행위를 말한다. 따라서 공유자가 다른 공유자의 지분권을 대외적으로 주장하는 것은 공유물의 보존행위에 속한다고 할 수 없다[94다35008]. ★27회 기출★

　ⓑ 반환청구여부

　　• 공유물의 소수지분권자인 甲이 다른 공유자와 협의하지 않고 공유물의 전부 또는 일부를 독점적으로 점유하는 경우 소수지분권자인 乙은 甲을 상대로 공유물의 인도를 청구할 수는 없다[2018다287522 전합]. ★32, 33회 기출★

- 제3자가 공유물을 권원없이 점유한 경우 각자가 단독으로 공유물 전부의 반환을 청구할 수 있다[69다21]. ★33회 기출★
  - ⓒ 방해제거청구
    - 공유자 중 1인이 다른 공유자의 동의 없이 그 공유 토지의 특정부분을 매도하여 타인명의로 소유권이전등기를 마친 경우, 그 매도부분 토지에 관한 소유권이전 등기는 처분공유자의 공유지분 범위 내에서는 유효한 등기이다. ★29회 기출★
    - 부동산에 관하여 제3자 명의로 원인무효의 소유권이전등기가 경료되어 있는 경우, 그 공유자의 1인은 공유물에 관한 보존행위로서 제3자에 대하여 단독으로 그 등기 전부의 말소를 구할 수 있다[92다52870]. ★28회 기출★
    - ⓓ 부당이득반환청구 등 : 공유물을 불법점유하는 제3자나 공유물을 배타적으로 사용·수익하는 일부 공유자에 대해 다른 공유자는 단독으로 자기의 지분범위 안에서 부당이득반환청구 및 손해배상청구권을 행사할 수 있다[70다171]. ★27, 33회 기출★
- ㉣ 공유물의 변경 및 처분 ★30회 기출★

> 제264조(공유물의 처분, 변경) 공유자는 다른 공유자의 동의없이 공유물을 처분(공유물의 양도·담보권설정·전세권설정 등)하거나 변경(공유물에 대한 물리적 변화)하지 못한다.

- ㉤ 공유물에 관한 비용부담
  - ⓐ 지분의 비율 ★27, 30, 32회 기출★

> 제266조(공유물의 부담) ① 공유자는 그 지분의 비율로 공유물의 관리비용 기타 의무를 부담한다.

  - ⓑ 지분매수청구권

> 제266조(공유물의 부담) ② 공유자가 1년 이상 공유물의 관리비용 기타 의무이행을 지체한 때에는 다른 공유자는 상당한 가액으로 지분을 매수할 수 있다.

⑤ 공유물의 분할
- ㉠ 공유물분할의 자유 ★32, 33회 기출★

> 제268조(공유물의 분할청구) ① 공유자는 공유물의 분할을 청구할 수 있다

공유물분할청구권도 채권자대위권의 목적이 될 수 있다. 그러나 채무자의 책임재산이 부동산의 공유지분인 경우 금전채권자가 채무자를 대위해서 공유물분할청구권을 행사할 수 없다[2018다879 전합].

- ㉡ 분할의 제한
  - ⓐ 분할금지특약

> 제268조(공유물의 분할청구) ① 그러나 5년 내의 기간으로 분할하지 아니할 것을 약정할 수 있다.
> ② 전항의 계약을 갱신한 때에는 그 기간은 갱신한 날로부터 5년을 넘지 못한다.

ⓑ 법률규정에 의한 경우 *★31회 기출★*

> 제268조(공유물의 분할청구) ③ 공유물분할의 규정은 제215조(건물을 구분소유하는 경우의 공용부분), 제239조(경계에 설치된 경계표·담·구거)의 공유물에는 적용하지 아니한다.

ⓒ 협의상 분할

각 공유자가 다른 공유자 모두를 상대로 공유물분할을 청구하면 각 공유자는 분할에 관해 협의할 의무를 부담한다. 분할협의에는 공유자 전원이 참여해야 한다[68다414, 415].

ⓓ 재판상 분할

> 제269조(분할의 방법) ① 분할의 방법에 관하여 협의가 성립되지 아니한 때에는 공유자는 법원에 그 분할을 청구할 수 있다.

ⓐ 형성의 소 *★32회 기출★*

- 공유물분할청구의 소는 고유필수적 공동소송이다[2003다44615]. 형성권에 기한 형성판결이므로 제187조에 의해 등기 없이도 물권변동의 효과가 발생하고, 소급효가 없다.
- 그러나 공유물분할의 조정절차에서 현물분할의 협의가 성립하여 조정이 성립하였다면, 공유지분을 이전받아 등기를 마침으로써 소유권을 취득하게 된다[2011두1917 전합].

ⓑ 현물분할 원칙 : 재판에 의하여 공유물을 분할하는 경우에는 법원은 현물로 분할하는 것이 원칙이다[93다27819].

ⓒ 분할방법 : 토지를 분할하는 경우 *★32회 기출★*

- 원칙적으로는 각 공유자가 취득하는 토지의 면적이 그 공유지분의 비율과 같도록 해야 한다.
- 토지의 형상·위치·이용상황이나 경제적 가치가 균등하지 않은 때에는 제반사정을 고려하여 경제적 가치가 지분비율에 상응되도록 분할하는 것도 허용된다.
- 일정한 요건이 갖추어진 경우에는 공유자 상호 간에 금전으로 경제적 가치의 과부족을 조정하게 하여 분할을 하는 것도 현물분할의 한 방법으로 허용된다.
- 여러 사람이 공유하는 물건을 현물분할하는 경우에는 분할을 원하지 않는 나머지 공유자는 공유로 남겨두는 방법도 허용된다[97다18219].
- 특별한 사정이 있는 때에는 공유물을 공유자 중의 1인의 단독소유 또는 수인의 공유로 하되 현물을 소유하게 되는 공유자로 하여금 다른 공유자에 대하여 그 지분의 적정하고도 합리적인 가격을 배상시키는 방법에 의한 분할도 현물분할의 하나로 허용된다[2004다30583].

ⓓ 한계 : 공유자 사이에 이미 분할에 관한 협의가 성립된 경우에는 일부 공유자가 분할에 따른 이전등기에 협조하지 않거나 분할에 관해 다툼이 있더라도 또 다시 소로써 그 분할을 청구하거나 이미 제기한 공유물분할의 소를 유지함은 허용되지 않는다[94다30348].

ⓔ 예외적인 대금분할

> 제269조(분할의 방법) ② 현물로 분할할 수 없거나 분할로 인하여 현저히 그 가액이 감손될 염려가 있는 때에는 법원은 물건의 경매를 명할 수 있다.

ⓗ 공유물분할의 효과 ★30회 기출★

> 제270조(분할로 인한 담보책임) 공유자는 다른 공유자가 분할로 인하여 취득한 물건에 대하여 그 지분의 비율로 매도인과 동일한 담보책임이 있다.

ⓑ 지분상의 담보물권(추급력＋지분의 한도에서 물상대위) ★28, 33회 기출★
　　甲·乙의 공유인 부동산 중 甲의 지분 위에 설정된 근저당권 등 담보물권은 특단의 합의가 없는 한 공유물분할이 된 뒤에도 종전의 지분비율대로 공유물 전부 위에 그대로 존속하고 근저당권설정자인 甲 앞으로 분할된 부분에 당연히 집중되는 것은 아니다[88다카24868].

(3) 합유(合有)

① 의의

> 제271조(물건의 합유) ① 법률의 규정 또는 계약에 의하여 수인의 조합체로서 물건을 소유하는 때에는 합유로 한다.

② 등기
　　부동산을 합유하는 경우에는 등기부에 합유자의 명의를 모두 기재하고 합유라는 취지를 기재해야 한다. 합유재산을 합유자의 1인 명의로 한 소유권보존등기는 원인무효의 등기이다[69다22].

③ 합유지분
　ⓐ 합유지분

> 제271조(물건의 합유) ① 합유자의 권리는 합유물 전부에 미친다.
> 제273조(합유지분의 처분과 합유물의 분할금지) ① 합유자는 전원의 동의없이 합유물에 대한 지분을 처분하지 못한다.

　　ⓐ 각 합유자는 전체로서의 조합재산에 대하여 지분을 가질 뿐만 아니라, 조합재산을 구성하는 개개의 물건에 대하여도 지분을 가진다.
　　ⓑ 합유자는 전원의 동의없이 합유물에 대한 지분을 처분하지 못하는 것이고, 위 지분처분에 있어서 합유자 전원의 동의를 얻지 못하였다면 위 지분매매는 그 효력이 없다[69다22].
　ⓒ 합유지분의 포기 : 합유지분 포기가 적법하다면 그 포기된 합유지분은 나머지 잔존 합유지분권자들에게 균분으로 귀속하게 되지만 이는 등기하여야 효력이 있다[96다16896].
　ⓓ 합유물분할의 금지(임의규정)

> 제273조(합유지분의 처분과 합유물의 분할금지) ② 합유자는 합유물의 분할을 청구하지 못한다.

　　다만, 조합이 해산된 경우에는 청산절차에 따라 합유물을 분할할 수 있다.
　ⓔ 지분의 상속불가능(임의규정) : 조합원의 지위는 일신전속적이어서 특별한 약정이 없으면 상속이 허용되지 않는다.

④ 합유의 법률관계
　ⓐ 합유물의 처분·변경

> 제272조(합유물의 처분, 변경) 합유물을 처분 또는 변경함에는 합유자 전원의 동의가 있어야 한다.

ⓛ 합유물의 보존

제272조(합유물의 보존) 그러나 보존행위는 각자가 할 수 있다.

합유물에 관하여 경료된 원인 무효의 소유권이전등기의 말소를 구하는 소송은 합유물에 관한 보존행위로서 합유자 각자가 할 수 있다[96다16896].
ⓒ 관리행위, 사용·수익 : 합유지분의 과반수의 결정에 따른다.
⑤ 합유관계의 소멸

제274조(합유의 종료) ① 합유는 조합체의 해산 또는 합유물의 양도로 인하여 종료한다.
② 전항의 경우에 합유물의 분할에 관하여는 공유물의 분할에 관한 규정을 준용한다.

(4) 총유(總有)
① 의의

제275조(물건의 총유) ① 법인이 아닌 사단의 사원이 집합체로서 물건을 소유할 때에는 총유로 한다.

② 총유의 성립
법인 아닌 사단이다. 종중, 교회, 설립중의 법인, 재건축조합, 아파트입주자대표회의 등이 이에 해당할 수 있다. 대표자가 있는 비법인사단에 속하는 부동산은 사단 명의로 등기하고, 등기신청은 사단의 대표자가 한다.
③ 총유관계
㉠ 총유물의 관리·처분 ★32회 기출★

제276조(총유물의 관리, 처분과 사용, 수익) ① 총유물의 관리 및 처분은 사원총회의 결의에 의한다.

ⓐ 정관·규약
• 총유물의 처분에 관한 정관이나 규약이 없다면 총회의 결의를 거치지 않은 총유물 처분은 무효이다[87다카1574].
• 비법인사단이 타인 간의 금전채무를 보증하는 행위는 총유물 그 자체의 관리·처분이 따르지 아니하는 단순한 채무부담행위에 불과하여 이를 총유물의 관리·처분행위라고 볼 수는 없다[2004다60072, 60089 전합].
ⓑ 교회 : 법인 아닌 사단의 분열은 허용되지 않는다[2004다37775 전합]. 따라서 일부 교인들이 교회를 탈퇴하여 그 교회 교인으로서의 지위를 상실하게 되면, 종전 교회의 재산은 그 교회에 소속된 잔존 교인들의 총유로 귀속됨이 원칙이다[2004다37775 전합]. 그러나 소속 교단에서의 탈퇴 내지 소속 교단의 변경은 사단법인 정관변경에 준하여 의결권을 가진 교인 2/3 이상의 찬성에 의한 결의를 필요로 한다[2004다37775 전합].
ⓒ 매매계약 : 비법인사단이 총유물에 관한 매매계약을 체결하는 행위는 총유물 그 자체의 처분이 따르는 채무부담행위로서 총유물의 처분행위에 해당한다[2009다64383].

ⓛ 총유물의 보존행위

ⓐ 총유물의 보존에 있어서는 공유물의 보존에 관한 민법 제265조의 규정이 적용될 수 없고[94다28437] 사원총회의 결의에 의한다.

ⓑ 총유재산에 관한 소송은 '법인 아닌 사단'이 그 명의로 사원총회의 결의를 거쳐 하거나 또는 그 '구성원 전원'이 당사자가 되어 필수적 공동소송의 형태로 할 수 있을 뿐이다[2004다44971 전합].

ⓒ 총유물의 사용·수익

> 제276조(총유물의 관리, 처분과 사용, 수익) ② 각사원은 정관 기타의 규약에 좇아 총유물을 사용, 수익할 수 있다.

ⓓ 권리·의무의 득실

> 제277조(총유물에 관한 권리의무의 득상) 총유물에 관한 사원의 권리의무는 사원의 지위를 취득상실함으로써 취득상실된다.

④ 준공동소유

> 제278조(준공동소유) 본절의 규정은 소유권이외의 재산권에 준용한다. 그러나 다른 법률에 특별한 규정이 있으면 그에 의한다.

○ × 핵심체크

01 토지 1필지의 공간적 범위를 특정하는 것은 지적도나 임야도의 경계이지 등기부의 표제부나 임야대장·토지대장에 등재된 면적이 아니다. ○×

02 甲이 乙소유 주택에 들어갈 필요가 있는 경우에는 乙의 승낙을 받아야 하고, 乙이 거절하면 판결로 이에 갈음할 수 있다. ○×

03 서로 인접한 토지에 통상의 경계표를 설치하는 경우, 설치비용은 다른 관습이 없으면 쌍방이 토지면적에 비례하여 부담한다. ○×

04 경계선 부근의 건축시 경계로부터 반미터 이상의 거리를 두어야 하는데 이를 위반한 경우, 건물이 완성된 후에도 건물의 철거를 청구할 수 있다. ○×

05 기존의 통로가 있더라도 당해 토지의 이용에 부적합하여 실제로 통로로서 충분한 기능을 하지 못하고 있는 경우에도 주위토지통행권이 인정된다. ○×

06 통행지소유자는 통행에 필요한 통로를 개설한 경우 그 통로개설이나 유지비용을 부담해야 한다. ○×

07 주위토지통행권의 범위는 현재의 토지의 용법은 물론 장래의 이용 상황도 미리 대비하여 정해야 한다. ○×

08 주위토지통행권의 본래적 기능 발휘를 위해서 그 통행에 방해가 되는 축조물은 적법하게 설치되었던 것이라 하더라도 철거되어야 한다. ○×

09 토지의 분할로 주위토지통행권이 인정되는 경우, 통행권자는 분할당사자인 통행지 소유자의 손해를 보상하여야 한다. ○×

10 주위토지통행권은 법정의 요건을 충족하면 당연히 성립하고 요건이 없어지면 당연히 소멸한다. ○×

정답 및 해설 **01** ○ **02** × **03** × **04** × **05** ○ **06** × **07** × **08** ○ **09** × **10** ○

오답분석

02 주거는 판결로 갈음할 수 없다.

03 통상의 경계표의 설치비용은 쌍방이 절반하여 부담한다.

04 건물이 완성되면 1년이 경과되지 않았더라도 철거를 청구할 수 없고 손해배상만 청구할 수 있다.

06 주위토지통행권자가 부담한다.

07 장차 건립될 아파트의 건축을 위한 이용상황까지 미리 대비하여 통행로를 정할 것은 아니다.

09 보상의 의무가 없다.

11 소유권에 기한 방해배제청구권에 있어서 '방해'란 현재에도 지속되고 있는 침해를 의미하므로, 소유권에 기한 방해배제청구권은 방해결과의 제거를 내용으로 할 수는 없다. ◻️O ◻️X

12 집합건물의 소유 및 관리에 관한 법률의 적용을 받는 집합건물의 공용부분도 취득시효의 의한 소유권취득의 대상이 될 수 있다. ◻️O ◻️X

13 토지에 대한 취득시효 완성으로 인한 소유권이전등기청구권은 그 토지에 대한 점유가 계속되는 한 시효로 소멸하지 않는다. ◻️O ◻️X

14 시효취득자가 시효취득 당시 원인무효인 등기의 등기부상 소유명의자에게 시효이익을 포기한 경우에도 시효이익 포기의 효력이 발생한다. ◻️O ◻️X

15 점유취득시효의 완성으로 점유자가 소유자에 대해 갖는 소유권이전등기청구권은 통상의 채권양도 법리에 따라 양도될 수 있다. ◻️O ◻️X

16 부동산을 취득시효기간 만료 당시의 점유자로부터 양수하여 점유를 승계한 현점유자는 전점유자의 취득시효 완성의 효과를 주장하여 직접 자기에게 소유권이전등기를 청구할 권원은 없다. ◻️O ◻️X

17 취득시효완성 후 이전등기 전에 제3자 앞으로 소유권이전등기가 경료되면 시효취득자는 등기명의자에게 시효취득을 주장할 수 없음이 원칙이다. ◻️O ◻️X

18 소유자가 시효완성 사실을 알고 목적부동산을 제3자에게 처분하고 소유권이전등기를 넘겨준 경우, 소유자는 시효완성자에게 불법행위로 인한 손해배상책임을 진다. ◻️O ◻️X

19 소유자가 시효완성 사실을 알고 목적부동산을 제3자에게 처분한 경우, 소유자는 시효완성자에게 채무불이행으로 인한 손해배상책임을 진다. ◻️O ◻️X

정답 및 해설 **11** ○ **12** × **13** ○ **14** × **15** ○ **16** ○ **17** ○ **18** ○ **19** ×

오답분석
12 공용부분은 점유취득시효에 의한 소유권취득의 대상이 될 수 없다.
14 시효취득자가 취득시효 완성 당시의 진정한 소유자에게 하여야 효력이 발생한다.
19 계약상 채권채무관계는 타주점유를 의미하므로 시효취득의 경우 채무불이행의 문제는 발생하지 아니한다.

20 시효기간 진행 중 소유명의자가 변경되고 그 후에 시효가 완성되면 시효완성자는 시효완성당시의 소유자를 상대로 등기청구권을 행사할 수 있다. ☐○ ☐✕

21 무효인 이중의 소유권보존등기에 기초하여 소유권이전등기를 경료받은 점유자는 등기부취득시효의 완성을 주장할 수 없다. ☐○ ☐✕

22 등기부취득시효에 있어서 선의, 무과실은 점유의 취득에 관한 것이 아니고 등기에 관한 것이다. ☐○ ☐✕

23 점유개정에 의한 인도에 대하여는 선의취득이 인정되지 않는다. ☐○ ☐✕

24 물권적 합의가 동산의 인도보다 먼저 행하여지면 양수인의 선의·무과실은 합의시를 기준으로 판단한다. ☐○ ☐✕

25 선의취득자는 임의로 선의취득의 효과를 거부하고 종전 소유자에게 동산을 반환받아 갈 것을 요구할 수 없다. ☐○ ☐✕

26 경매에 의해서는 동산을 선의취득할 수 없다. ☐○ ☐✕

27 점유보조자가 횡령한 동산은 민법 제250조의 도품·유실물에 해당하지 않는다. ☐○ ☐✕

28 자주점유는 무주물 선점에 의한 소유권취득의 요건이 아니다. ☐○ ☐✕

29 유실물을 법률에 정한 바에 의하여 공고한 후 1년 내에 그 소유자가 권리를 주장하지 아니하면 다른 사정이 없는 한, 습득자가 그 소유권을 취득한다. ☐○ ☐✕

30 건물의 임차인이 권원에 기하여 증축한 부분이 독립성을 가지면 증축된 부분은 부합되지 않는다. ☐○ ☐✕

31 타인이 권원에 의하여 부동산에 부속시킨 동산이 그 부동산과 분리되면 경제적 가치가 없는 경우, 그 동산의 소유권은 부동산 소유자에게 속한다. ☐○ ☐✕

정답 및 해설	20 ○ 21 ○ 22 ✕ 23 ○ 24 ✕ 25 ○ 26 ✕ 27 ○ 28 ✕ 29 ✕ 30 ○ 31 ○

오답분석

22 등기에 관한 것이 아니고 점유의 취득에 관한 것이다.

24 인도시를 기준으로 판단한다.

26 채무자 이외의 자의 소유에 속하는 동산을 경매한 경우에도 특별한 사정이 없는 한 소유권을 선의취득 한다.

28 자주점유 해야 한다.

29 공고한 후 6개월 내

32 건물의 증축 부분이 기존 건물에 부합하여 기존 건물과 분리해서는 별개의 독립물로서의 효용을 갖지 못하는 경우, 기존 건물에 대한 경매절차에서 경매목적물로 평가되지 않았더라도 매수인은 부합된 증축 부분의 소유권을 취득한다. ☐○☐×

33 양도담보권의 목적인 주된 동산에 甲소유의 동산이 부합되어 甲이 그 소유권을 상실하는 손해를 입은 경우, 특별한 사정이 없는 한 甲은 양도담보권자를 상대로 보상을 청구할 수 있다. ☐○☐×

34 부동산 공유자 중 1인의 공유지분 포기에 따른 물권변동은 그 포기의 의사표시가 다른 공유자에게 도달함으로써 효력이 발생하며 등기를 요하지 않는다. ☐○☐×

35 甲, 乙, 丙(지분 2/3)이 토지를 공유하고 있는데, 丙이 甲과 乙의 동의 없이 단독명의로 등기를 한 경우 甲은 이 등기의 전부를 말소청구할 수 있다. ☐○☐×

36 소수지분권자가 공유물의 전부 또는 일부를 배타적·독점적으로 사용하는 경우에 다른 공유자는 자신의 지분이 과반수에 미달되더라도 단독으로 공유물 전부의 인도를 청구할 수 있다. ☐○☐×

37 제3자가 공유물을 무단으로 사용한 경우, 공유자 1인은 공유자 전원을 위하여 제3자에게 부당이득 전부의 반환을 청구할 수 있다. ☐○☐×

38 공유물에 관한 특약이 지분권자로서의 사용수익권을 사실상 포기하는 등으로 공유지분권의 본질적 부분을 침해한다고 볼 수 있는 경우에는 특별한 사정이 없는 한 특정승계인에게 당연히 승계되는 것으로 볼 수는 없다. ☐○☐×

39 각 공유자는 그 지분권을 다른 공유자의 동의가 없는 경우라도 양도 기타의 처분을 할 수 있는 것이며 다른 공유자의 동의를 요하지 않는다. ☐○☐×

40 부동산의 일부 공유지분 위에 저당권이 설정된 후 그 공유부동산이 현물분할된 경우, 저당권은 원칙적으로 저당권설정자에게 분할된 부분에 집중된다. ☐○☐×

정답 및 해설　**32** ○　**33** ×　**34** ×　**35** ×　**36** ×　**37** ×　**38** ○　**39** ○　**40** ×

오답분석
33 부합으로 인하여 권리를 상실하는 자는 양도담보권설정자를 상대로 민법 제261조에 따라 보상을 청구할 수 있을 뿐 양도담보권자를 상대로 보상을 청구할 수는 없다.
34 등기를 요한다.
35 丙(지분 2/3)의 지분을 제외한 나머지 지분만 말소청구할 수 있다.
36 반환을 청구할 수는 없고, 그 배타적 사용의 배제를 청구할 수 있다.
37 부당이득반환청구나 손해배상청구는 지분의 비율로 청구할 수 있다.
40 특단의 합의가 없는 한 공유물분할이 된 뒤에도 종전의 지분비율대로 공유물 전부의 위에 그대로 존속하고 저당권설정자 앞으로 분할된 부분에 당연히 집중되는 것은 아니다.

제4장 │ 확인학습문제

01 소유권에 관한 설명으로 옳지 <u>않은</u> 것은?(다툼이 있으면 판례에 따름)

① 매도인은 매매계약의 이행으로 토지를 인도받았으나 소유권이전등기를 하지 않고 점유·사용하는 매수인에게 부당이득의 반환을 청구할 수 있다.
② 토지의 경계는 지적공부에 의하여 확정된다.
③ 토지가 포락되어 사회통념상 원상복구가 어려워 토지로서의 효용을 상실한 때에는 그 토지의 소유권이 소멸한다.
④ 도급계약에서 신축집합건물의 소유권을 수인의 도급인에게 귀속할 것을 약정한 경우 그 건물의 각 전유부분의 소유관계는 공동도급인의 약정에 의한다.
⑤ 소유권에 기한 방해배제청구권에서 '방해'는 현재 지속되고 있는 침해를 의미한다.

> 해설
> 난도 ★★
> ① 미등기 매수인이 토지를 인도받아 점유·사용하는 경우 과실을 취득할 권리가 있으므로 부당이득의 반환을 청구할 수 없다.
>
> 답 ①

02 토지소유권에 관한 설명으로 옳지 <u>않은</u> 것은?(다툼이 있으면 판례에 따름)

① 토지의 소유권은 정당한 이익있는 범위 내에서 토지의 상하에 미친다.
② 명인방법을 갖춘 수목의 집단은 토지의 구성부분이 아니다.
③ 토지가 해면 아래에 잠김으로써 포락될 당시를 기준으로 원상복구가 불가능한 상태에 이르면 종전의 소유권은 영구히 소멸된다.
④ 토지등기부의 표제부에 토지의 면적이 실제와 다르게 등재되어 있으면, 이러한 등기는 해당 토지를 표상하는 등기로서 효력이 없다.
⑤ 토지 1필지의 공간적 범위를 특정하는 것은 지적도나 임야도의 경계이지 등기부의 표제부나 임야대장·토지대장에 등재된 면적이 아니다.

④ 물권의 객체인 토지 1필지의 공간적 범위를 특정하는 것은 지적도나 임야도의 경계이지 등기부의 표제부나 임야대장 · 토지대장에 등재된 면적이 아니므로, 토지등기부의 표제부에 토지의 면적이 실제와 다르게 등재되어 있다 하여도, 이러한 등기는 해당 토지를 표상하는 등기로서 유효하다[2004다1691].

답 ④

03 주위토지통행권에 관한 설명으로 옳지 <u>않은</u> 것은?(다툼이 있으면 판례에 따름)

① 토지의 분할 및 일부양도의 경우, 무상 주위통행권에 관한 「민법」의 규정은 포위된 토지 또는 피통행지의 특정승계인에게 적용되지 않는다.
② 주위토지통행권은 이를 인정할 필요성이 없어지면 당연히 소멸한다.
③ 기존의 통로가 있더라도 당해 토지의 이용에 부적합하여 실제로 통로로서 충분한 기능을 하지 못하고 있는 경우에도 주위토지통행권이 인정된다.
④ 통행지소유자는 주위토지통행권자의 허락을 얻어 사실상 통행하고 있는 자에게는 그 손해의 보상을 청구할 수 없다.
⑤ 주위토지통행권이 인정되는 도로의 폭과 면적을 정함에 있어서, 「건축법」에 건축과 관련하여 도로에 관한 폭 등의 제한규정이 있으면 이에 따라 결정하여야 한다.

⑤ 건축관련법령에 정한 도로폭에 관한 규정만으로 당연히 피포위지 소유자에게 반사적 이익으로서 건축관련법령에 정하는 도로의 폭이나 면적 등과 일치하는 주위토지통행권이 생기지는 않고, 적정한 범위를 결정하여야 한다[2005다30993].

답 ⑤

04 소유권에 기한 물권적 청구권에 관한 설명으로 옳지 <u>않은</u> 것은?(다툼이 있으면 판례에 따름)

① 아직 건물의 소유권을 취득하지 못한 건물매수인은 그 건물의 불법점거자에 대하여 직접 건물의 명도청구를 할 수 없다.
② 소유물반환청구권의 상대방인 점유자가 그 물건을 점유할 권리가 있는 때에는 반환을 거부할 수 있다.
③ 토지의 점유자가 점유취득시효를 완성한 경우에도 토지소유자는 그 토지의 인도를 청구할 수 있다.
④ 소유권에 기한 물권적 청구권은 소멸시효의 대상이 되지 않는다.
⑤ 소유물방해예방청구권에서 관념적인 방해의 가능성만으로는 방해의 염려가 있다고 할 수 없다.

③ 점유자는 등기 전이라도 민법 제213조 단서에 따른 점유할 권리를 갖는다. 따라서 소유자는 점유자에 대하여 그 대지에 대한 불법점유임을 이유로 그 지상건물의 철거와 대지의 인도를 청구할 수는 없다[87다카1979].

답 ③

05 甲이 乙 명의의 X토지에 대하여 점유취득시효기간을 완성한 경우에 관한 설명으로 옳지 않은 것을 모두 고른 것은?(다툼이 있으면 판례에 따름) ★31회 기출★

> ㄱ. 甲이 乙에게 X토지의 소유권이전등기를 청구한 후 乙이 그 토지를 丙에게 처분한 경우, 이는 乙이 자신의 소유권을 행사한 것이므로 乙은 甲에게 불법행위책임을 지지 않는다.
> ㄴ. 甲이 아직 소유권이전등기를 하지 않고 있던 중, 丙이 취득시효가 완성하기 전에 마친 丙 명의의 가등기에 기하여 소유권이전의 본등기를 한 경우에도 甲은 丙에 대하여 시효취득을 주장할 수 있다.
> ㄷ. 甲으로부터 X토지의 점유를 승계한 丁은 甲의 취득시효완성의 효과를 주장하여 직접 자기에게 소유권이전등기를 청구하지 못한다.

① ㄴ
② ㄷ
③ ㄱ, ㄴ
④ ㄱ, ㄷ
⑤ ㄴ, ㄷ

ㄱ. 부동산에 관한 취득시효가 완성된 후 취득시효를 주장하거나 이로 인한 소유권이전등기청구를 하기 이전에는 등기명의인인 부동산 소유자로서는 특별한 사정이 없는 한 시효취득 사실을 알 수 없으므로 이를 제3자에게 처분하였다 하더라도 불법행위가 성립할 수 없으나(원칙), 부동산의 소유자가 취득시효의 완성 사실을 알 수 있는 경우에 부동산 소유자가 부동산을 제3자에게 처분하여 취득시효 완성을 주장하는 자가 손해를 입었다면 불법행위를 구성한다 할 것이며, 부동산을 취득한 제3자가 부동산 소유자의 이와 같은 불법행위에 적극 가담하였다면 이는 사회질서에 반하는 행위로서 무효이다[97다56495].

ㄴ. 가등기는 후일 본등기가 경료된 때에는 본등기의 순위가 가등기한 때로 소급하는 것뿐이지 본등기에 의한 물권변동의 효력이 가등기한 때로 소급하여 발생하는 것은 아니므로, 乙을 위하여 이 사건 토지에 관한 취득시효가 완성된 후 乙이 그 등기를 하기 전에 甲이 취득시효완성전에 이미 설정되어 있던 가등기에 기하여 소유권이전의 본등기를 경료하였다면 乙은 시효완성 후 부동산소유권을 취득한 제3자인 甲에 대하여 시효취득을 주장할 수 없다[92다21258].

ㄷ. 전점유자의 점유를 승계한 자는 그 점유 자체와 하자만을 승계하는 것이지 그 점유로 인한 법률효과까지 승계하는 것은 아니므로 부동산을 취득시효기간 만료 당시의 점유자로부터 양수하여 점유를 승계한 현점유자는 자신의 전점유자에 대한 소유권이전등기청구권을 보전하기 위하여 전점유자의 소유자에 대한 소유권이전등기청구권을 대위행사할 수 있을 뿐, 전점유자의 취득시효 완성의 효과를 주장하여 직접 자기에게 소유권이전등기를 청구할 권원은 없다[93다47745 전합].

답 ③

06 취득시효에 관한 설명으로 옳지 <u>않은</u> 것은?(다툼이 있으면 판례에 따름)

★30회 기출★

① 비법인사단은 시효취득의 주체가 될 수 없다.

② 부동산의 소유자로 등기한 자가 10년간 소유의 의사로 평온, 공연하게 선의이며 과실없이 그 부동산을 점유한 때에는 소유권을 취득한다.

③ 10년간 소유의 의사로 평온, 공연하게 동산을 점유한 자는 그 소유권을 취득한다.

④ 부동산 점유취득시효가 완성되면 점유자는 원칙적으로 시효기간 만료 당시의 토지소유자에 대하여 소유권이전등기청구권을 취득하는데, 이는 채권적 청구권이다.

⑤ 공유지분의 일부에 대해서도 시효취득이 가능하지만, 집합건물의 공용부분은 점유취득시효에 의한 소유권취득의 대상이 될 수 없다.

> [해설]
> 난도 ★
> ① 자연인, 법인, 국가나 지방자치단체도 주체가 될 수 있다. 문중 또는 종중과 같이 법인 아닌 사단 또는 재단도 취득시효완성으로 인한 소유권을 취득할 수 있다[69다2013].
>
> 답 ①

07 부동산 점유취득시효에 관한 설명으로 옳지 <u>않은</u> 것은?(다툼이 있으면 판례에 따름)

★29회 기출★

① 취득시효가 완성되었으나 아직 소유권이전등기를 경료하지 않은 시효완성자에 대하여 소유자는 점유로 인한 부당이득반환청구를 할 수 없다.

② 시효기간 중 목적부동산이 제3자에게 양도되어 등기가 이전된 경우, 시효기간 만료시 그 양수인을 상대로 시효취득을 주장할 수 있다.

③ 소유자가 시효완성 사실을 알고 목적부동산을 제3자에게 처분하고 소유권이전등기를 넘겨준 경우, 소유자는 시효완성자에게 불법행위로 인한 손해배상책임을 진다.

④ 시효완성자는 취득시효의 기산점과 관련하여 점유기간을 통틀어 등기명의인이 동일한 경우에는 임의의 시점을 기산점으로 할 수 있다.

⑤ 소유자가 시효완성 사실을 알고 목적부동산을 제3자에게 처분한 경우, 소유자는 시효완성자에게 채무불이행으로 인한 손해배상책임을 진다.

> [해설]
> 난도 ★★★
> ⑤ 시효취득이 완성된 후 원소유자가 그 부동산을 처분하였다고 하여 부동산 소유자와 시효취득자 사이에 계약상의 채권·채무관계가 성립하는 것은 아니므로, 그 부동산을 제3자에게 처분한 소유자에게 채무불이행책임을 물을 수 없다[94다4509].
>
> 답 ⑤

08 부동산 취득시효에 관한 설명으로 옳지 <u>않은</u> 것은?(다툼이 있으면 판례에 따름)

① 등기부취득시효의 요건으로서 무과실은 이를 주장하는 자가 증명하여야 한다.

② 점유취득시효에 있어서 점유자가 무효인 임대차계약에 따라 점유를 취득한 사실이 증명된 경우, 그 점유자의 소유의 의사는 추정되지 않는다.

③ 시효취득자가 시효취득 당시 원인무효인 등기의 등기부상 소유명의자에게 시효이익을 포기한 경우에도 시효이익 포기의 효력이 발생한다.

④ 점유취득시효의 완성 후 등기 전에 토지소유자가 파산선고를 받은 때에는 점유자는 파산관재인을 상대로 취득시효를 이유로 소유권이전등기를 청구할 수 없다.

⑤ 토지에 대한 취득시효 완성으로 인한 소유권이전등기청구권은 그 토지에 대한 점유가 계속되는 한 시효로 소멸하지 않는다.

> **해설**
> 난도 ★★
> ③ 시효이익의 포기는 달리 특별한 사정이 없는 한 시효취득자가 취득시효 완성 당시의 진정한 소유자에 대하여 하여야 그 효력이 발생하는 것이지 원인무효인 등기의 등기부상 소유명의자에게 그와 같은 의사를 표시하였다고 하여 그 효력이 발생하는 것은 아니다[2011다23200].
>
> 답 ③

09 甲 소유 X토지에 대하여 乙이 점유취득시효를 완성하였으나 등기를 경료하지 못하고 있는 경우에 관한 설명으로 옳지 <u>않은</u> 것은?(다툼이 있으면 판례에 따름)

① 甲이 丙에게 X토지를 매도하여 이전등기를 마치면, 乙은 甲에 대한 시효취득의 효력을 丙에게 주장할 수 없다.

② 위의 ①에서 丙이 甲의 배임행위에 적극 가담한 경우에는 甲과 丙의 매매는 반사회질서 법률행위로서 무효가 된다.

③ 乙이 점유를 상실하면 시효이익의 포기로 간주되어 취득한 소유권이전등기청구권은 소멸한다.

④ 乙의 X토지에 대한 취득시효의 주장에도 불구하고 甲이 악의로 丙에게 이를 매도한 경우, 乙은 甲에 대하여 손해배상을 청구할 수 있다.

⑤ X토지가 수용된 경우, 그 전에 乙이 甲에 대하여 시효취득기간만료를 원인으로 등기청구권을 행사하였다면 대상청구권을 행사할 수 있다.

> **해설**
> 난도 ★★★
> ③ 시효완성후 점유를 상실하였다 하더라도 이를 "시효이익의 포기로 볼 수 있는 경우가 아닌 한" 이미 취득한 소유권이전등기청구권이 바로 소멸되지는 않는다[93다47745 전합].
>
> 답 ③

10 甲이 20년간 소유의 의사로 평온, 공연하게 乙소유의 X토지를 점유한 경우에 관한 설명으로 옳은 것을 모두 고른 것은?(다툼이 있으면 판례에 따름) ★33회 기출★

☑확인
Check!
○
△
×

> ㄱ. X토지가 미등기 상태라면 甲은 등기 없이도 X토지의 소유권을 취득한다.
> ㄴ. 乙은 甲에 대하여 점유로 인한 부당이득반환청구를 할 수 있다.
> ㄷ. 乙이 丙에게 X토지를 유효하게 명의신탁한 후 丙이 甲에 대해 소유자로서의 권리를 행사하는 경우, 특별한 사정이 없는 한 甲은 점유취득시효의 완성을 이유로 이를 저지할 수 있다.

① ㄱ
② ㄷ
③ ㄱ, ㄴ
④ ㄴ, ㄷ
⑤ ㄱ, ㄴ, ㄷ

[해설]
난도 ★★

ㄱ. 민법 제245조 제1항의 취득시효기간의 완성만으로는 소유권취득의 효력이 바로 생기는 것이 아니라, 다만 이를 원인으로 하여 소유권취득을 위한 등기청구권이 발생할 뿐이고, 미등기 부동산의 경우라 하여 취득시효기간의 완성만으로 등기 없이도 점유자가 소유권을 취득한다고 볼 수 없다[2012다5834].

ㄴ. 부동산에 대한 취득시효가 완성되면 점유자는 소유명의자에 대하여 취득시효완성을 원인으로 한 소유권이전등기절차의 이행을 청구할 수 있고 소유명의자는 이에 응할 의무가 있으므로 점유자가 그 명의로 소유권이전등기를 경료하지 아니하여 아직 소유권을 취득하지 못하였다고 하더라도 소유명의자는 점유자에 대하여 점유로 인한 부당이득반환청구를 할 수 없다[92다51280].

답 ②

11 부동산 등기부취득시효의 요건이 **아닌** 것은?(다툼이 있으면 판례에 따름) ★29회 기출★

☑확인
Check!
○
△
×

① 점유자의 등기취득에 대한 선의 · 무과실
② 10년간의 점유
③ 자주점유
④ 평온 · 공연한 점유
⑤ 10년간의 등기

[해설]
난도 ★

① 선의 · 무과실은 등기에 관한 것이 아니고 점유취득에 관한 것인배[96다48527], 자기에게 점유할 수 있는 정당한 권원이 있다고 믿고서 점유를 하였고 그 믿음에 과실이 없음을 말한다(여기서 무과실이라 함은 점유자가 자기의 소유라고 믿은 데에 과실이 없음을 말한다)[2008다45057].

답 ①

12 선의취득에 관한 설명으로 옳지 <u>않은</u> 것은?(다툼이 있으면 판례에 따름)

★31회 기출★

① 점유권과 유치권은 선의취득할 수 없다.

② 점유개정의 방법으로 양도담보를 설정한 동산소유자가 다시 제3자와 양도담보설정계약을 맺고 그 동산을 점유개정으로 인도한 경우, 제3자는 양도담보권을 선의취득하지 못한다.

③ 인도가 물권적 합의보다 먼저 이루어진 경우, 선의·무과실의 판단은 인도를 기준으로 한다.

④ 선의취득자는 임의로 소유권취득을 거부하지 못한다.

⑤ 선의취득자는 권리를 잃은 전(前)소유자에게 부당이득을 반환할 의무가 없다.

해설
난도 ★★

③ 민법 제249조가 규정하는 선의·무과실의 기준시점은 물권행위가 완성되는 때(물권적 합의+인도)이므로, 물권적 합의가 동산의 인도보다 먼저 행하여지면 인도된 때를, 인도가 물권적 합의보다 먼저 행하여지면 물권적 합의가 이루어진 때를 기준으로 해야 한다[91다70].

답 ③

13 선의취득에 관한 설명으로 옳지 <u>않은</u> 것은?(다툼이 있으면 판례에 따름)

★30회 기출★

① 등록에 의하여 소유권이 공시되는 자동차는 동산이라 하더라도 선의취득의 대상이 되지 않는다.

② 수분양자로서의 지위를 내용으로 하는 연립주택의 입주권은 선의취득의 대상이 될 수 없다.

③ 채무자 이외의 자의 소유에 속하는 동산의 경매절차에서 그 동산을 경락받아 경락대금을 납부하고 이를 인도받은 경락인은 특별한 사정이 없는 한 소유권을 선의취득할 수 있다.

④ 선의취득이 인정되기 위해서는 양도인이 무권리자인 점을 제외하면 아무런 흠이 없는 거래행위이어야 한다.

⑤ 현실인도뿐만 아니라 점유개정의 방법으로 양수인이 동산의 점유를 취득한 경우에도 선의취득이 인정된다.

해설
난도 ★★

⑤ 현실의 인도, 간이인도[80다2530], 목적물반환청구권의 양도의 경우[97다48906]에는 선의취득할 수 있다. 그러나 점유개정에 의한 점유취득만으로는 그 선의취득의 요건을 충족할 수 없다[2003다30463].

답 ⑤

326 제2편 | 물권법

14 甲 소유 게임기 X를 乙이 빌려서 사용하던 중, 乙은 이러한 사정을 과실 없이 알지 못하는 丙에게 X를 50만 원에 평온·공연하게 매도하고 점유를 이전해 주었다. 이에 관한 설명으로 옳은 것은?(다툼이 있으면 판례에 따름) ★29회 기출★

① 점유에는 공신력이 없으므로 丙은 X의 소유권을 선의취득할 수 없다.
② 乙과 丙 간의 매매계약이 무효이더라도 丙은 X의 소유권을 선의취득할 수 있다.
③ 丙이 점유개정으로 점유를 취득하였더라도 X의 소유권을 선의취득할 수 있다.
④ 만약 乙의 점유보조자가 X를 절취하여 丙에게 매도하였더라도 丙은 X의 소유권을 선의취득할 수 있다.
⑤ 만일 X가 게임기가 아니라 건물인 경우에도 丙은 소유권을 선의취득할 수 있다.

| 해설 |

난도 ★★★

① 민법 제249조의 동산 선의취득제도는 동산을 점유하는 자의 권리외관을 중시하여 이를 신뢰한 자의 소유권취득을 인정하고 진정한 소유자의 추급을 방지함으로써 거래의 안전을 확보하기 위해 법이 마련한 제도이다[98다6800]. 따라서 丙은 X의 소유권을 선의취득할 수 있다.
② 선의취득이 성립하기 위해서는 양도인이 무권리자라는 것을 제외하고는 거래행위 자체는 유효하게 성립해야 한다. 따라서 乙, 丙간에 매매계약이 무효라면 丙은 X의 소유권을 선의취득하지 못한다.
③ 동산의 선의취득에 필요한 점유의 취득은 현실적인 인도가 있어야 하고 점유개정에 의한 점유취득만으로는 그 요건을 충족할 수 없다[2003다30463].
⑤ 선의취득의 객체는 점유에 의해 공시되고 양도가 가능한 동산에 한한다. 따라서 토지나 건물, 등기로 공시되고 부동산에 속하는 입목법상의 입목, 명인방법으로 공시되는 수목집단·미분리과실 등의 지상물은 선의취득의 대상이 아니다.

답 ④

15 선의취득에 관한 설명으로 옳지 않은 것은?(다툼이 있으면 판례에 따름) ★28회 기출★

① 경매에 의하여 소유권을 취득한 매수인에게도 선의취득이 인정될 수 있다.
② 동산의 선의취득은 양도인이 무권리자라고 하는 점을 제외하고는 아무런 흠이 없는 거래행위이어야 성립한다.
③ 연립주택의 입주권은 선의취득의 대상이 될 수 없다.
④ 저당권은 선의취득할 수 없다.
⑤ 현실의 인도를 받지 않아도 점유개정의 방법만으로 선의취득이 인정된다.

| 해설 |

난도 ★

⑤ 현실의 인도, 간이인도[80다2530], 목적물반환청구권의 양도의 경우[97다48906]에는 선의취득할 수 있다. 그러나 점유개정에 의한 점유취득만으로는 그 선의취득의 요건을 충족할 수 없다[2003다30463].

답 ⑤

16 선의취득에 관한 설명으로 옳지 <u>않은</u> 것은?(다툼이 있으면 판례에 따름) ★27회 기출★

① 경매에 의한 동산의 취득에는 선의취득이 인정되지 않는다.

② 점유개정은 선의취득에서의 인도의 방법으로 인정되지 않는다.

③ 간이인도는 선의취득에서의 인도의 방법으로 인정된다.

④ 저당권은 선의취득의 대상이 아니지만 동산질권은 선의취득의 대상이 된다.

⑤ 물권적 합의가 동산의 인도보다 먼저 행하여지면 양수인의 선의·무과실은 인도된 때를 기준으로 판단한다.

해설
난도 ★

① 매매·증여·질권설정·양도담보계약이나 경매[97다32680] 등에 의한 특정승계취득에는 선의취득이 인정되지만, 상속·포괄유증·합병과 같은 포괄승계취득이나 산림벌채·유실물습득과 같은 사실행위에 의한 원시취득에는 선의취득이 인정되지 않는다.

답 ①

17 乙은 자기 소유의 돼지 1천 마리를 甲에게 유동집합물로서 점유개정의 방식으로 양도담보한 후 계속 사육하고 있다. 이에 관한 설명으로 옳지 <u>않은</u> 것은?(다툼이 있으면 판례에 따름) ★27회 기출★

① 甲의 양도담보권의 효력은 원칙적으로 위 돼지들이 출산한 새끼돼지들에게도 미친다.

② 만일 화재로 위 돼지들이 폐사하여 乙이 화재보험금청구권을 취득하면, 이에 대해 甲은 양도담보권에 기한 물상대위권을 행사할 수 있다.

③ 만일 乙이 위 돼지들을 丙에게 점유개정의 방식으로 인도한다면, 丙은 선의취득을 할 수 없다.

④ 만일 乙이 양도담보 사실을 알고 있는 丁에게 위 돼지들을 양도한 후, 丁이 5백마리의 돼지를 새로 구입하여 반입한 경우, 별도자금을 투입해 반입한 사실을 증명하면 甲의 양도담보권의 효력은 그 새로 구입한 돼지들에게 미치지 않는다.

⑤ 만일 乙이 위 돼지들을 戊에게 점유개정의 방식으로 인도하여 이중으로 양도담보한다면, 戊는 양도담보권을 선의취득한다.

해설
난도 ★★★

⑤ 금전채무를 담보하기 위하여 채무자가 그 소유의 동산을 채권자에게 양도하되 점유개정에 의하여 채무자가 이를 계속 점유하기로 한 경우 특별한 사정이 없는 한 동산의 소유권은 신탁적으로 이전됨에 불과하여 채권자와 채무자 사이의 대내적 관계에서 채무자는 의연히 소유권을 보유하나 대외적인 관계에 있어서 채무자는 동산의 소유권을 이미 채권자에게 양도한 무권리자가 되는 것이어서 다시 다른 채권자와의 사이에 양도담보 설정계약을 체결하고 점유개정의 방법으로 인도를 하더라도 선의취득이 인정되지 않는 한 나중에 설정계약을 체결한 채권자는 양도담보권을 취득할 수 없는데, 현실의 인도가 아닌 점유개정으로는 선의취득이 인정되지 아니하므로, 결국 뒤의 채권자는 양도담보권을 취득할 수 없다[2003다30463].

답 ⑤

18 첨부에 관한 설명으로 옳지 <u>않은</u> 것은?(다툼이 있으면 판례에 따름)

☑확인
Check!
○
△
×

① 타인이 그의 권원에 의하여 부동산에 부속한 물건은 이를 분리하여도 경제적 가치가 없으면 부동산 소유자의 소유로 한다.

② 저당권의 효력은 다른 사정이 없으면 저당부동산에 부합된 물건에 미친다.

③ 동일인 소유의 여러 동산들이 결합하는 것은 부합이 아니다.

④ 부합의 원인은 인위적이든 자연적이든 불문한다.

⑤ 타인의 동산에 가공한 때에는 가공물의 소유권은 가공자의 소유로 한다.

해설
난도 ★★
⑤ 타인의 동산에 가공한 때에는 그 물건의 소유권은 원재료의 소유자에게 속한다(제259조 제1항).

답 ⑤

19 첨부에 관한 설명으로 옳지 <u>않은</u> 것은?(다툼이 있으면 판례에 따름)

☑확인
Check!
○
△
×

① 주종의 구별이 있는 동산과 동산이 부합된 합성물은 주된 동산의 소유자에게 속한다.

② 완성된 건물은 토지에 부합하지 않는다.

③ 가공물은 원칙적으로 원재료 소유자에게 속한다.

④ 부동산에 부합되어 동산의 소유권이 소멸하는 경우, 그 동산을 목적으로 한 질권은 소멸하지 않는다.

⑤ 첨부에 의해 손해를 받은 자는 부당이득에 관한 규정에 의하여 보상을 청구할 수 있다.

해설
난도 ★
④ 첨부에 의하여 동산의 소유권이 소멸한 때에는 그 동산을 목적으로 한 다른 권리(질권)도 소멸한다(제260조 제1항).

답 ④

20 부합에 관한 설명으로 옳지 <u>않은</u> 것은?(다툼이 있으면 판례에 따름)

① 부동산에 동산이 부합한 경우, 동산의 가격이 부동산의 가격을 초과하더라도 부동산의 소유자가 부합한 동산의 소유권을 취득한다.

② 동산끼리 부합된 경우, 주종을 구별할 수 없는 때에는 각 동산의 소유자가 부합 당시의 가액의 비율로 합성물을 공유한다.

③ 토지 위에 건물이 신축 완공된 경우에 건물은 토지에 부합하지 않는다.

④ 권원이 없는 자가 토지소유자의 승낙 없이 그 토지 위에 나무를 심은 경우, 특별한 사정이 없는 한, 토지소유자에 대하여 그 나무의 소유권을 주장할 수 있다.

⑤ 건물의 임차인이 권원에 기하여 증축한 부분이 독립성을 가지면 증축된 부분은 부합되지 않는다.

해설
난도 ★★

④ 타인의 임야에 권한없이 식부한 임목의 소유권은 민법 제256조에 의하여 임야소유자에게 귀속한다[68다1995]. 그러나 토지의 사용대차권(정당한 권원)에 기하여 그 토지상에 식재된 수목은 이를 식재한 자에게 그 소유권이 있고 그 토지에 부합되지 않는다[89다카21095].

답 ④

21 공동소유에 관한 설명으로 옳지 <u>않은</u> 것은?(다툼이 있으면 판례에 따름)

① 공유자는 다른 공유자의 동의없이 공유물을 처분하거나 변경하지 못한다.

② 합유는 수인이 조합체로서 물건을 소유하는 형태이고, 조합원은 자신의 지분을 조합원 전원의 동의없이 처분할 수 없다.

③ 합유물에 대한 보존행위는 합유자 전원의 동의를 요하지 않는다.

④ 구조상·이용상 독립성이 있는 건물부분이라 하더라도 구분소유적 공유관계는 성립할 수 없다.

⑤ 공유물분할 금지약정은 갱신할 수 있다.

해설
난도 ★★

① 제264조

> 제264조(공유물의 처분, 변경) 공유자는 다른 공유자의 동의없이 공유물을 처분하거나 변경하지 못한다.

②, ③ 제272조

> 제272조(합유물의 처분, 변경과 보존) 합유물을 처분 또는 변경함에는 합유자 전원의 동의가 있어야 한다. 그러나 보존행위는 각자가 할 수 있다.

④ 1동의 건물 중 위치 및 면적이 특정되고 구조상·이용상 독립성이 있는 일부분씩을 2인 이상이 구분소유하기로 하는 약정을 하고 등기만은 편의상 각 구분소유의 면적에 해당하는 비율로 공유지분등기를 하여 놓은 경우, 구분소유자들 사이에 공유지분등기의 상호명의신탁관계 내지 건물에 대한 구분소유적 공유관계가 성립한다[2011다42430].

⑤ 제268조 제2항

> 제268조(공유물의 분할청구) ① 공유자는 공유물의 분할을 청구할 수 있다. 그러나 5년 내의 기간으로 분할하지 아니할 것을 약정할 수 있다.
> ② 전항의 계약을 갱신한 때에는 그 기간은 갱신한 날로부터 5년을 넘지 못한다.
> ③ 전2항의 규정은 제215조, 제239조의 공유물에는 적용하지 아니한다.

답 ④

---

22 민법상 공동소유에 관한 설명으로 옳지 <u>않은</u> 것은?(다툼이 있으면 판례에 따름) ★30회 기출★

① 합의에 의한 공유물 분할의 경우, 공유자는 다른 공유자가 취득한 물건에 대하여 그 지분의 비율로 매도인과 동일한 담보책임이 있다.

② 공유자는 그 지분을 처분할 수 있고 공유물 전부를 지분의 비율로 사용, 수익할 수 있다.

③ 공유자는 다른 공유자의 동의 없이 공유물을 처분하거나 변경할 수 있다.

④ 공유물의 관리에 관한 사항은 공유자의 지분의 과반수로써 결정한다.

⑤ 토지공유자 사이에서는 그 지분의 비율로 공유물의 관리비용 기타 의무를 부담한다.

해설
난도 ★
③ 공유자는 다른 공유자의 동의없이 공유물을 처분(공유물의 양도·담보권설정·전세권설정 등)하거나 변경(공유물에 대한 물리적 변화)하지 못한다(제264조).

답 ③

23 공동소유에 관한 설명으로 옳지 <u>않은</u> 것은?(다툼이 있으면 판례에 따름)

① 비법인사단이 타인 간의 금전채무를 보증하는 행위는 총유물의 관리 · 처분행위이므로 사원총회의 결의를 요한다.

② 토지 공유자의 공유지분 포기에 따른 등기는 해당 지분에 관하여 다른 공유자 앞으로 소유권이전등기를 하는 형태가 되어야 한다.

③ 합유물에 관하여 경료된 무효의 소유권이전등기 말소청구는 특별한 사정이 없는 한, 합유자 각자가 할 수 있다.

④ 공유물분할의 소는 공유자 전원이 소송당사자로 참여해야 하므로, 공동소송인 중 1인에 소송요건의 흠결이 있는 경우 전 소송이 부적법하게 된다.

⑤ 과반수지분권자로부터 공유토지의 특정부분의 점유를 허락받은 제3자는 소수지분권자에 대해서 그 점유로 인한 이득을 부당이득으로 반환할 필요가 없다.

해설

난도 ★★

① 민법 제275조, 제276조 제1항에서 말하는 총유물의 관리 및 처분이라 함은 총유물 그 자체에 관한 이용 · 개량행위나 법률적 · 사실적 처분행위를 의미하므로[2004다60072 전합] 비법인사단이 타인간의 금전채무를 보증하는 행위는 총유물 그 자체의 관리 · 처분이 따르지 않는 단순한 채무부담행위에 불과하여 이를 총유물의 관리 · 처분행위라고 볼 수는 없다[2004다60072 전합]. 따라서 비법인사단이 타인 간의 금전채무를 보증하는 행위는 사원총회의 결의를 요하지 아니한다.

답 ①

---

24 甲, 乙, 丙은 A토지를 각각 5분의 3, 5분의 1, 5분의 1의 지분으로 공유하고 있다. 이에 관한 설명으로 옳지 <u>않은</u> 것은?(다툼이 있으면 판례에 따름)

① 甲은 다른 공유자들과의 협의 없이 A토지의 관리방법을 정할 수 있다.

② 乙은 A토지에 제3자 명의로 경료된 원인무효인 근저당권설정등기의 말소를 청구할 수 있다.

③ 등기부상의 지분과 실제의 지분이 다르고 새로운 이해관계를 가진 제3자가 없다면, 공유물분할소송에서 甲, 乙, 丙은 특별한 사정이 없는 한 실제의 지분에 따라 A토지를 분할하여야 한다.

④ 丙의 지분 위에 근저당권이 설정된 후 A토지가 지분에 따라 분할된 때에는 특별한 합의가 없는 한 그 근저당권은 丙에게 분할된 부분에 집중된다.

⑤ 甲, 乙, 丙 사이의 관리방법에 관한 약정에 따라 乙이 A토지의 특정부분만을 사용할 수 있는 경우, 특별한 사정이 없는 한 乙의 지분을 양수한 丁도 그 특정 부분만을 사용할 수 있다.

해설

난도 ★★★

④ 甲, 乙의 공유인 부동산 중 甲의 지분 위에 설정된 근저당권 등 담보물권은 특단의 합의가 없는 한 공유물분할이 된 뒤에도 종전의 지분비율대로 공유물 전부의 위에 그대로 존속하고 근저당권설정자인 甲 앞으로 분할된 부분에 당연히 집중되는 것은 아니다[88다카24868].

답 ④

---

25 공유에 관한 설명으로 옳지 <u>않은</u> 것은?(다툼이 있으면 판례에 따름)

① 공유자 사이에 다른 특약이 없는 한 그 지분의 비율로 공유물의 관리비용 기타 의무를 부담한다.

② 공유자의 1인이 상속인 없이 사망한 경우, 그 지분은 다른 공유자에게 각 지분의 비율로 귀속된다.

③ 공유물을 손괴한 자에 대하여 공유자 중 1인은 특별한 사유가 없는 한 공유물에 발생한 손해의 전부를 청구할 수 있다.

④ 공유토지 위에 건물을 신축하기 위해서는 공유자 전원의 동의가 있어야 한다.

⑤ 공유자가 다른 공유자의 지분권을 대외적으로 주장하는 것은 보존행위가 아니다.

해설
난도 ★

③ 공유물을 불법점유하는 제3자나 공유물을 배타적으로 사용·수익하는 일부 공유자에 대해 다른 공유자는 단독으로 자기의 지분범위 안에서 부당이득반환청구 및 손해배상청구권을 행사할 수 있다[70다171].

답 ③

---

26 민법이 명문으로 공유물분할청구를 금지하는 경우는?

① 구분소유하는 건물과 그 부속물 중 공용하는 부분의 경우

② 주종을 구별할 수 없는 동산이 부합된 경우

③ 수인이 공동으로 매장물을 발견한 경우

④ 수인이 공동으로 유실물을 습득한 경우

⑤ 수인이 공동으로 무주물을 선점한 경우

해설
난도 ★

① 공유물분할의 규정은 제215조(건물을 구분소유하는 경우의 공용부분), 제239조(경계에 설치된 경계표·담·구거)의 공유물에는 적용하지 아니한다(제268조 제3항).

② 주종을 구별할 수 없는 동산의 부합(제257조 후문)·혼화(제258조)는 당연히 '공유한다'.

③, ④, ⑤ 무주물 공동선점(제252조), 유실물의 공동습득(제253조), 매장물의 공동발견(제254조 본문), 공유물의 과실취득(제102조)은 해석상 공유로 인정된다.

답 ①

제5장 | 지상권

출제포인트
□ 지상권의 부종성 여부
□ 지상권에서 지료연체 효과
□ 법정지상권 성립여부
□ 관습상의 법정지상권

제1절 서설

1. 의의

제279조(지상권의 내용) 지상권자는 타인의 토지에 건물 기타 공작물이나 수목을 소유하기 위하여 그 토지를 사용하는 권리가 있다.

2. 타인의 토지를 사용

지상권설정계약 당시 건물 기타의 공작물이나 수목이 없더라도 지상권은 유효하게 성립할 수 있고, 기존의 건물 기타의 공작물이나 수목이 멸실되더라도 존속기간이 만료되지 않는 한 지상권은 소멸되지 않는다[95다49318]. 따라서 지상권자가 건물을 축조한 뒤 지상권을 유보한 채 건물만을 양도할 수도 있고 건물 소유권을 유보한 채 지상권만을 양도할 수도 있다. 토지를 점유할 수 있는 권리를 포함하며 상린관계에 관한 규정이 준용된다(제290조).

3. 구별개념 – 담보지상권(擔保地上權)

근저당권 등 담보권 설정의 당사자들이 그 목적이 된 토지 위에 차후 용익권이 설정되거나 건물 또는 공작물이 축조·설치되는 등으로써 그 목적물의 담보가치가 저감하는 것을 막는 것을 주요한 목적으로 하여 채권자 앞으로 아울러 지상권을 설정하였다면, 그 피담보채권이 변제 등으로 만족을 얻어 소멸한 경우는 물론이고 시효소멸한 경우에도 그 지상권은 피담보채권에 부종하여 소멸한다[2011다6342]. 또한 지상권의 피담보채무가 존재하는 것은 아니다[2015다65042]. 토지소유자나 제3자가 지상권의 목적토지를 점유·사용한다는 사정만으로 손해배상을 청구할 수 없다[2006다586]. ★29, 32회 기출★

제2절 지상권의 존속기간

1. 설정행위로 기간을 정하는 경우

(1) 최단존속기간의 제한(제280조)

① 민법의 규정

> 제280조(존속기간을 약정한 지상권) ① 계약으로 지상권의 존속기간을 정하는 경우에는 그 기간은 다음 연한보다 단축하지 못한다.
> 1. 석조, 석회조, 연와조(벽돌) 또는 이와 유사한 견고한 건물이나 수목의 소유를 목적으로 하는 때에는 30년
> 2. 견고한 건물 이외의 건물의 소유를 목적으로 하는 때에는 15년
> 3. 건물 이외의 공작물의 소유를 목적으로 하는 때에는 5년
> ② 전항의 기간보다 단축한 기간을 정한 때에는 전항의 기간(30년, 15년, 5년)까지 연장한다.

② 적용범위 : 최단존속기간 규정은 지상권자가 그 소유의 건물 등을 건축하거나 수목을 식재하여 토지를 이용할 목적으로 지상권을 설정한 경우에만 적용되고, 지상권설정자 소유 건물의 사용을 목적으로 지상권을 설정하는 경우에는 적용되지 않는다[95다49318].

(2) 최장존속기간의 제한여부 ★30회 기출★

구분지상권의 경우에는 존속기간이 영구라고 할지라도 대지의 소유권을 전면적으로 제한하지 않는다는 점 등에 비추어 보면 지상권의 존속기간을 영구로 약정하는 것도 허용된다[99다66410].

2. 설정행위로 기간을 정하지 않은 경우

(1) 지상권의 존속기간을 정하지 않은 경우

> 제281조(존속기간을 약정하지 아니한 지상권) ① 계약으로 지상권의 존속기간을 정하지 아니한 때에는 그 기간은 제280조의 최단존속기간(30년, 15년, 5년)으로 한다.

(2) 공작물의 종류와 구조를 정하지 않은 경우

> 제281조(존속기간을 약정하지 아니한 지상권) ② 지상권설정당시에 공작물의 종류와 구조를 정하지 아니한 때에는 지상권은 제280조 제2호의 건물의 소유를 목적(15년)으로 한 것으로 본다.

3. 지상권자의 갱신청구권

(1) 의의

> 제283조(지상권자의 갱신청구권, 매수청구권) ① 지상권이 소멸한 경우에 건물 기타 공작물이나 수목이 현존한 때에는 지상권자는 계약의 갱신을 청구할 수 있다.

(2) 행사요건

지상권자의 지료연체를 이유로 토지소유자가 그 지상권소멸청구를 하여 이에 터잡아 지상권이 소멸된 경우에는 매수청구권이 인정되지 않는다[93다10781].

(3) 효과

> 제283조(지상권자의 갱신청구권, 매수청구권) ② 지상권설정자가 계약의 갱신을 원하지 아니하는 때에는 지상권자는 상당한 가액으로 전항의 공작물이나 수목의 매수를 청구할 수 있다.
> 제284조(갱신과 존속기간) 당사자가 계약을 갱신하는 경우에는 지상권의 존속기간은 갱신한 날로부터 제280조의 최단존속기간(30년, 15년, 5년)보다 단축하지 못한다. 그러나 당사자는 이보다 장기의 기간을 정할 수 있다.

제3절   지상권의 효력

1. 지상권자의 토지사용권

지상권을 설정한 토지소유권자는 불법점유자에 대하여 물권적 청구권을 행사할 수 있으나, 지상권이 존속하는 한 토지를 사용 수익할 수 없으므로 특별한 사정이 없는 한 불법점유자에게 손해배상을 청구할 수 없다[74다1150]. 지상권은 토지를 사용하는 권리이므로 인접토지간의 이용을 조절하는 상린관계 규정(제216조~제244조)이 준용된다(제290조). 따라서 지상권자가 직접 상린관계를 주장할 수 있다.

2. 지상권의 처분

(1) 지상권의 양도 또는 토지의 임대 ★29, 30회 기출★

> 제282조(지상권의 양도, 임대) 지상권자는 타인에게 그 권리를 양도하거나 그 권리의 존속기간내에서 그 토지를 임대할 수 있다.

지상권 양도금지의 특약을 하더라도 이는 무효로서 제3자에 대항할 수 없으므로 지상권의 양수인은 지상권을 취득한다.

(2) 지상물 양도와 지상권의 이전

법정지상권을 취득할 지위에 있는 자에 대하여 대지소유자가 소유권에 기하여 건물철거를 구함은 신의성실의 원칙상 허용될 수 없다[84다카1131, 1132 전합]. 건물 소유를 위하여 법정지상권을 취득한 자로부터 경매에 의하여 그 건물의 소유권을 이전받은 경락인은 등기가 없어도 위 지상권도 당연히 이전받았다 할 것이다[79다1087].

3. 지료지급의무

(1) 무상 원칙

① 당사자간에 지료지급을 약정할 수는 있으나, 지상권에 있어서 지료의 지급은 그 요소가 아니어서 지료에 관한 유상 약정이 없는 이상 지료의 지급을 구할 수 없다[99다24874]. ★30회 기출★

② 지료의 등기를 하지 않은 이상 토지소유자는 구 지상권자의 지료연체 사실을 들어 지상권을 이전받은 자에게 대항하지 못하고[95다52864], 지료에 관하여 등기되지 않은 경우에는 무상의 지상권으로서 지료증액청구권도 발생할 수 없다[99다24874].

③ 지상권자는 2년 이상의 지료를 지급하지 아니한 때에는 지상권설정자는 지상권의 소멸을 청구할 수 있으나, 당사자의 약정으로 그 기간을 단축할 수 없다. ★30회 기출★

(2) 토지 소유권이 이전된 경우

'지상권자의 지료 지급 연체가 토지소유권의 양도 전후에 걸쳐 이루어진 경우' 토지양수인에 대한 연체 기간이 2년이 되지 않는다면 양수인은 지상권소멸청구를 할 수 없다[99다17142].

(3) 법정지상권의 경우

① 법정지상권자라 할지라도 대지 소유자에게 지료를 지급할 의무는 있는 것이고, 그 대지를 점유·사용함으로 인하여 얻은 이득은 부당이득으로서 대지 소유자에게 반환할 의무가 있다[96다34665]. 지료는 당사자의 청구에 의해 법원이 정한다(제366조 단서).

② 법정지상권의 지료를 정하는 때에 법정지상권이 설정된 토지 위에 그 건물이 건립되어 있음으로 인하여 토지소유권이 제한받는 사정은 참작·평가해서는 안 된다.

③ 지상권자가 판결확정 후 지료의 청구를 받고도 책임 있는 사유로 상당한 기간 동안 지료의 지급을 지체한 때에는 지체된 지료가 판결확정의 전후에 걸쳐 2년분 이상일 경우에도 토지소유자는 민법 제287조에 의하여 지상권의 소멸을 청구할 수 있다[92다44749].

4. 지료증감청구권

제286조(지료증감청구권) 지료가 토지에 관한 조세 기타 부담의 증감이나 지가의 변동으로 인하여 상당하지 아니하게 된 때에는 당사자는 그 증감을 청구할 수 있다.

5. 지료체납의 효과 – 지상권소멸청구권

제287조(지상권소멸청구권) 지상권자가 2년 이상의 지료를 지급하지 아니한 때에는 지상권설정자는 지상권의 소멸을 청구할 수 있다.

6. 지상권이 저당권의 목적인 경우

> 제288조(지상권소멸청구와 저당권자에 대한 통지) 지상권이 저당권의 목적인 때 또는 그 토지에 있는 건물, 수목이 저당권의 목적이 된 때에는 지료체납을 이유로 한 지상권소멸청구는 저당권자에게 통지한 후 상당한 기간이 경과함으로써 그 효력이 생긴다.

제4절 지상권의 소멸

1. 지상권의 소멸사유

토지의 멸실, 소멸시효의 완성, 혼동, 지상권자의 포기, 존속기간의 만료 기타 약정된 소멸사유의 발생 또는 지상권의 해지, 지상권설정자의 지상권소멸청구, 제3자가 목적물을 시효취득하면 지상권자의 권리는 소멸한다. 지상권의 포기는 물권적 단독행위이므로 법률행위로 인한 물권변동이다.

2. 지상권소멸의 효과

(1) 지상물수거의무 ★29회 기출★

> 제285조(수거의무, 매수청구권) ① 지상권이 소멸한 때에는 지상권자는 건물 기타 공작물이나 수목을 수거하여 토지를 원상에 회복하여야 한다.

(2) 지상권설정자의 지상물매수청구권 ★30회 기출★

> 제285조(수거의무, 매수청구권) ② 전항의 경우에 지상권설정자가 상당한 가액을 제공하여 그 공작물이나 수목의 매수를 청구한 때에는 지상권자는 정당한 이유없이 이를 거절하지 못한다.

(3) 지상권자의 지상물매수청구권

> 제283조(지상권자의 갱신청구권, 매수청구권) ① 지상권이 소멸한 경우에 건물 기타 공작물이나 수목이 현존한 때에는 지상권자는 계약의 갱신을 청구할 수 있다.
> ② 지상권설정자가 계약의 갱신을 원하지 아니하는 때에는 지상권자는 상당한 가액으로 전항의 공작물이나 수목의 매수를 청구할 수 있다.

1. 구분지상권(區分地上權)

(1) 의의

타인의 토지의 지하(지하철, 지하상가, 지하주차장) 또는 지상(육교, 고가도로)의 공간에 상하의 범위를 정하여 건물 기타 공작물(수목 제외)을 소유하기 위한 지상권을 말한다. 수목의 소유를 위하여는 성립할 수 없다.

(2) 성립 ★29회 기출★

> 제289조의2(구분지상권) ① 지하 또는 지상의 공간은 상하의 범위를 정하여 건물 기타 공작물을 소유하기 위한 지상권의 목적으로 할 수 있다.
> ② 제1항의 규정에 의한 구분지상권은 제3자가 토지를 사용·수익할 권리(지상권·지역권·전세권이나 등기된 임차권)를 가진 때에도 그 권리자 및 그 권리를 목적으로 하는 권리(지상권·전세권을 목적으로 하는 저당권)를 가진 자 전원의 승낙이 있으면 이를 설정할 수 있다. 이 경우 토지를 사용·수익할 권리를 가진 제3자는 그 지상권의 행사를 방해하여서는 아니된다.

(3) 효력

> 제289조의2(구분지상권) ① 이 경우 설정행위로써 지상권의 행사를 위하여 토지의 사용을 제한할 수 있다.

2. 분묘기지권(墳墓基地權)

(1) 의의

분묘기지권은 분묘를 수호하고 봉제사하는 목적을 달성하는 데 필요한 범위 내에서 타인의 토지를 사용할 수 있는 권리를 의미한다[95다29086]. 관습에 의하여 인정되는 지상권 유사의 물권이다.

(2) 성립요건 ★32, 34회 기출★

① 「장사 등에 관한 법률」 시행일(2001.1.13.) 이전에 분묘기지권을 시효취득한 자는 토지소유자가 분묘기지에 관한 지료를 청구하면 그 청구한 날부터의 지료를 지급할 의무가 있다[2017다228007 전합].

② 「장사 등에 관한 법률」이 시행된 이후 설치된 분묘에는 더 이상 시효취득이 인정되지 아니하나, 「장사 등에 관한 법률」 시행 이전에 설치된 분묘에 대한 종전 관습법은 그 법적 규범이 현재까지 유지되고 있다[2013다17292 전합].

③ 내부에 시신이 안장되어 있는 무덤을 말하고[76다1359], 평장(平葬)되어 있거나 암장(暗葬)되어 있어 객관적으로 인식할 수 있는 외형을 갖추고 있지 않은 경우에는 인정되지 않는다[96다14036].

④ 자기 소유의 토지에 분묘를 설치하고 이를 타에 양도한 경우 양도인은 분묘소유를 위하여 양수인의 토지에 대해 지상권 유사의 물권을 취득한다[67다1920].

(3) 분묘기지권의 내용 ★32회 기출★

① 분묘기지권의 범위

분묘기지권은 분묘의 기지 자체뿐만 아니라 그 분묘의 수호 및 제사에 필요한 범위 내에서 분묘의 기지 주위의 공지를 포함한 지역에까지 미치고, 사성(莎城)이 조성되어 있다 하여 반드시 그 사성 부분을 포함한 지역에까지 분묘기지권이 미치는 것은 아니다[95다29086]. 토지소유자라도 분묘기지권을 침해하는 공작물을 설치할 수 없다.

② 존속기간

분묘기지권은 특별한 사정이 없는 경우에는 권리자가 분묘의 수호와 봉사를 계속하며 그 분묘가 존속하고 있는 동안은 분묘기지권은 존속하며[94다28970], 분묘가 멸실된 경우라고 하더라도 일시적인 멸실에 불과하다면 분묘기지권은 소멸하지 않고 존속하고 있다[2005다44114].

③ 분묘신설의 허용여부

㉠ 부부 중 일방이 먼저 사망하여 이미 그 분묘가 설치되고 그 분묘기지권이 미치는 범위 내에서 그 후에 사망한 다른 일방의 합장을 위하여 쌍분형태의 분묘를 설치하는 것도 허용되지 않고[95다29086] 단분형태로 합장하여 분묘를 설치하는 것도 허용되지 않는다[2001다28367].

㉡ 또한 분묘기지권의 효력이 미치는 범위 안에서 원래의 분묘를 다른 곳으로 이장하는 것은 허용되지 않고 기존의 분묘 외에 새로운 분묘를 신설한 권능도 포함되지 아니한다.

(4) 분묘기지권의 소멸

분묘의 기지에 대한 지상권유사의 물권인 관습상의 법정지상권은 그 권리자가 그 의무자에 대하여 권리를 포기하겠다는 의사표시를 함으로 인하여 소멸되고[92다14762], 점유까지 포기할 필요는 없다.

제6절 일괄경매청구권(一括競賣請求權)

1. 의의 ★29회 기출★

> 제365조(저당지상의 건물에 대한 경매청구권) 토지를 목적으로 저당권을 설정한 후 그 설정자가 그 토지에 건물을 축조한 때에는 저당권자는 토지와 함께 그 건물에 대하여도 경매를 청구할 수 있다.

2. 요건

저당권설정자가 저당토지상에 건물을 축조하여 소유하고 있는 경우에 한한다[93마1736]. 저당권설정자로부터 저당토지에 대한 용익권을 설정받은 자가 그 토지에 건물을 축조한 경우라도 그 후 저당권설정자가 그 건물의 소유권을 취득한 경우에는 저당권자는 토지와 함께 그 건물에 대하여 경매를 청구할 수 있다[2003다3850]. 그러나 일괄경매전에 토지와 건물의 소유자가 다른 경우 토지와 건물을 일괄하여 경매를 청구할 수 없다. ★33회 기출★

3. 효과

(1) 일괄경매에는 민사집행법 제124조의 과잉경매 규정이 적용되지 않으며[68마890], 저당물인 토지만 경매하더라도 각 채권자에게 변제하고 집행비용에 충분하더라도 일괄경매가 허용된다[4294민재항50].

(2) 저당권자는 토지와 함께 그 건물에 대하여도 경매를 신청할 수 있는 권능만을 인정하였을 뿐 그 의무를 정한 것이 아니므로, 특별한 사정이 없는 한 토지만에 대하여 경매를 신청하여 그 경락으로 소유권을 취득하고 건물의 철거를 구하는 것이 위법하다 할 수 없다[77다77].

(3) 우선변제권의 범위 ★33, 34회 기출★

> 제365조(저당지상의 건물에 대한 경매청구권) 그러나 그 건물의 경매대가에 대하여는 우선변제를 받을 권리가 없다.

제7절 민법 제366조의 법정지상권(法定地上權)

1. 서설

(1) 의의

> 제366조(법정지상권) 저당물의 경매로 인하여 토지와 그 지상건물이 다른 소유자에 속한 경우에는 토지소유자는 건물소유자에 대하여 지상권을 설정한 것으로 본다. 그러나 지료는 당사자의 청구에 의하여 법원이 이를 정한다.
> ② 법정지상권이 성립한 경우에 대지소유자는 타인에게 그 대지를 임대하거나 이를 목적으로 한 지상권 또는 전세권을 설정하지 못한다.

(2) 강행규정 : 저당권설정 당사자간의 특약으로 저당목적물인 토지에 대하여 법정지상권을 배제하는 약정을 하더라도 그 특약은 효력이 없다[87다카1564].

2. 성립요건

(1) 최선순위 저당권설정 당시 건물이 존재할 것

건물이 없는 토지에 관하여 저당권이 설정될 당시 근저당권자가 토지소유자에 의한 건물의 건축에 동의하였다고 하더라도 법정지상권이 성립되지 않는다[2003다26051]. ★31회 기출★

(2) 저당권설정 당시에 토지와 건물이 동일한 소유자에게 속할 것

토지에 저당권을 설정할 당시 토지의 지상에 건물이 존재하고 있었고 그 양자가 동일 소유자에게 속하고, 토지나 건물의 양쪽 또는 어느 한쪽에 저당권이 설정되어야 한다.

(3) 저당권설정 후 경매실행 전 사정변경

① 단독저당 : 민법 제366조 소정의 법정지상권이 성립하려면 저당권 설정 당시 건물이 존재한 이상 그 이후 건물을 개축, 증축하는 경우는 물론이고 건물이 멸실되거나 철거된 후 재축, 신축하는 경우에도 법정지상권이 성립하며, 이 경우의 법정지상권의 내용인 존속기간, 범위 등은 구 건물을 기준으로 하여 그 이용에 일반적으로 필요한 범위 내로 제한된다[90다19985]. ★33회 기출★

② 공동저당 : 동일인의 소유에 속하는 토지 및 그 지상 건물에 관하여 공동저당권이 설정된 후 그 지상 건물이 철거되고 새로 건물이 신축된 경우에는 특별한 사정이 없는 한 법정지상권은 성립하지 않는다[98다43601 전합]. ★31회 기출★

③ 등기부 폐쇄 : 토지와 함께 공동근저당권이 설정된 건물이 그대로 존속함에도 불구하고 사실과 달리 등기부에 멸실의 기재가 이루어지고 이를 이유로 등기부가 폐쇄된 경우, 그 후 토지에 대하여만 경매 절차가 진행된 결과 토지와 건물의 소유자가 달라지게 되었다면 그 건물을 위한 법정지상권은 성립한다[2012다108634]. ★27회 기출★

(4) 담보권실행 경매의 결과 토지와 건물의 소유자가 달라질 것

3. 성립시기

저당물의 경매로 토지와 건물의 소유자가 달라질 때, 즉 매수인이 매각대금을 완납한 때 건물 소유를 위한 법정지상권이 성립한다. 건물 소유를 위하여 법정지상권을 취득한 자로부터 경매에 의하여 그 건물의 소유권을 이전받은 경락인은 위 지상권도 당연히 이전받았다 할 것이다[79다1087]. ★31회 기출★

4. 제366조 법정지상권의 내용

법정지상권의 범위는 반드시 그 건물의 대지에 한정되는 것은 아니며 지상건물의 유지 및 사용에 필요한 범위에 미친다[73다353]. 기왕의 건물의 일부를 증, 개축하여 그 면적에 다소의 증감이 있었거나 지붕이나 구조에 일부 변동이 있는 사실만으로는 건물의 동일성을 상실한다고 볼 수 없으므로 그 건물의 소유를 위한 법정지상권은 여전히 존속한다[85다카13]. ★27회 기출★

제8절　관습상(慣習上)의 법정지상권(法定地上權)

1. 성립요건

(1) 처분 당시 토지와 건물이 동일인에게 귀속

① 토지와 그 지상 건물이 애초부터 원시적으로 동일인의 소유에 속하였을 필요는 없고, 그 소유권이 유효하게 변동될 당시에 동일인이 토지와 그 지상 건물을 소유하였던 것으로 족하다[2010다52140 전합]. 또한 무허가 또는 미등기건물을 소유하기 위한 관습법상의 법정지상권도 성립할 수 있다. ★27, 30, 33회 기출★

② 토지의 매수인이 소유권이전등기를 하기 전에 토지소유자의 승낙을 받아 건물을 신축했으나 매매계약이 해제된 경우 관습법상의 법정지상권이 성립하지 않는다.

③ 경매의 목적이 된 부동산에 대하여 가압류가 있고 그것이 본압류로 이행되어 경매절차가 진행된 경우에는, 애초 가압류가 효력을 발생하는 때를 기준으로 토지와 그 지상 건물이 동일인에 속하였는지를 판단하여야 한다[2010다52140 전합]. ★27, 28, 30, 33회 기출★

④ 미등기건물을 그 대지와 함께 매도하였다면 비록 매수인에게 그 대지에 관하여만 소유권이전등기가 경료된 경우 매도인에게 관습상의 법정지상권을 인정할 이유가 없다[2002다9660 전합]. ★31회 기출★

⑤ 지분의 처분과 법정지상권

　㉠ 토지의 공유자(甲, 乙) 중의 1인이 공유토지 위에 건물(甲)을 소유하고 있다가 토지의 공유지분만을 양도(甲 → 丙)한 경우에는 관습법상의 법정지상권은 인정되지 않는다[96다34665].

　㉡ 토지공유자의 한 사람이 다른 공유자의 지분 과반수의 동의를 얻어 건물을 건축한 후 토지와 건물의 소유자가 달라진 경우 법정지상권은 인정되지 않는다[92다55756]. ★28회 기출★

　㉢ 건물부지의 공유자들이 그 대지를 분할하여 그 건물부지를 공유자중의 한사람의 단독소유로 귀속된 경우에는 특별한 사정이 없는 한 그 건물 소유자는 그 건물을 위하여 관습에 의한 법정지상권을 취득한다[67다1105]. ★31회 기출★

⑥ 구분소유적 공유

　㉠ 토지를 구분소유적으로 공유하는 공유자 甲이 자신의 배타적 점유 부분에 건물을 신축하고 등기한 후 행하여진 압류에 기한 강제경매에 의하여 다른 공유자 乙이 甲의 지분을 모두 취득한 경우 甲은 관습상 법정지상권을 취득한다[2004다13533].

　㉡ 그러나 구분소유적 공유관계에서 乙이 매수하지 아니한 부분지상에 있는 乙 소유의 건물부분에 관하여는 관습상의 법정지상권이 성립될 여지가 없다[93다49871]. ★27회 기출★

⑦ 가등기담보 : 토지 소유자가 담보의 목적으로 채권자에게 그 토지위에 가등기를 마친 뒤 건물을 신축하였고 그 후 채권자가 가등기에 기한 본등기를 한 경우 특별한 사정이 없으면 관습법상 법정지상권이 성립한다.

(2) 매매 기타 원인으로 소유자가 달라질 것

① 법정지상권이 인정되는 경우 : 동일한 소유자에 속하는 토지와 그 토지 위의 건물이 매매, 강제경매에 의해 각기 그 소유자를 달리하게 된 경우에는 특히 그 건물을 철거한다는 조건이 없는 한 그 건물의 소유자는 그 토지 위에 그 건물을 위한 관습상의 법정지상권을 취득한다[70다1454].

② 인정되지 않는 경우

　㉠ 토지소유자가 매수인으로부터 토지대금을 다 받기 전에 그 토지 위에 건물을 신축할 수 있도록 토지사용을 승낙 후 적법하게 해제된 경우[87다카2895]

　㉡ 환지처분으로 인하여 토지와 그 지상건물의 소유자가 달라진 경우[95다44535]

　㉢ 나대지상에 환매특약의 등기가 마쳐진 상태에서 대지 소유자가 그 지상에 건물을 신축하고 환매권의 행사에 따라 토지와 건물의 소유자가 달라진 경우[2010두16431]

　㉣ 토지와 그 지상건물이 함께 양도되었다가 채권자취소권의 행사로 그 중 건물에 대해서만 양도가 취소되어 수익자 명의의 소유권이전등기가 말소된 경우, 채무자에게 관습상 법정지상권은 인정되지 않는다[2012다73158]. ★29회 기출★

(3) 건물철거의 합의가 없을 것

대지와 건물의 소유자가 건물만을 양도하면서(관습상 법정지상권 성립) 양수인과 대지에 대한 임대차계약을 체결하였다면 특별한 사정이 없는 한 그 양수인은 대지에 관한 관습상의 법정지상권을 포기한 것이다[67다2007]. ★28, 30, 33회 기출★

2. 관습법상 법정지상권의 내용

관습법상 법정지상권에 기한 대지점유는 정당한 것이므로 불법점유를 전제로 한 손해배상청구는 성립할 여지가 없다. 법정지상권자라 할지라도 대지소유자에게 지료를 지급할 의무는 있는 것이므로 그 대지를 점유·사용함으로 인하여 얻은 이득은 부당이득으로서 대지소유자에게 반환할 의무가 있다[96다34665]. ★30회 기출★

3. 관습상 법정지상권 성립 후 법률관계

(1) 토지가 양도된 경우 ★28, 30회 기출★

법정지상권은 물권이므로 관습상의 법정지상권자는 이를 취득할 당시의 토지소유자뿐만 아니라 토지 소유권을 전득한 제3자에 대하여도 등기없이 위 지상권을 주장할 수 있다[94다39925]. ★33회 기출★

(2) 건물이 양도된 경우

① 건물을 경락받은 경우 : 건물 소유를 위해 법정지상권을 취득한 자로부터 경매에 의해 건물소유권을 이전받은 경락인은 법정지상권도 당연히 이전받은 것이고, 법정지상권 이전등기가 없어도 그 후에 그 대지를 전득한 자에게 대항할 수 있다[79다1087]. ★33회 기출★

② 지상권 등기 없이 건물만 양도된 경우 : 법정지상권을 가진 건물소유자로부터 건물을 양수하면서 법정지상권까지 양도받기로 한 자에 대하여 대지소유자가 소유권에 기하여 건물철거를 구함은 신의성실의 원칙상 허용될 수 없다[84다카1131, 1132].

제9절 기타

1. 민법 제305조의 법정지상권

> 제305조(건물의 전세권과 법정지상권) ① 대지와 건물이 동일한 소유자에 속한 경우에 건물에 전세권을 설정한 때에는 그 대지소유권의 특별승계인은 전세권설정자에 대하여 지상권을 설정한 것으로 본다. 그러나 지료는 당사자의 청구에 의하여 법원이 이를 정한다.

○ × 핵심체크

01 지상권자는 지상권을 유보한 채 지상물 소유권만을 양도할 수 있으나 지상물 소유권을 유보한 채 지상권만을 양도할 수는 없다.　　○ ×

02 건물 이외의 공작물의 소유를 목적으로 하는 때에도 30년의 존속기간을 설정할 수 있다.　　○ ×

03 지상권자가 토지소유권의 양도 전후에 걸쳐서 지료지급을 지체한 경우, 양도인과 양수인에 대하여 연체된 지료의 합이 2년분에 이르면 양수인은 지상권의 소멸을 청구할 수 있다.　　○ ×

04 법정지상권이 있는 건물의 양수인은 그 대지를 점유·사용함으로 인해 얻은 이득을 대지 소유자에게 부당이득으로 반환할 의무가 있다.　　○ ×

05 지상권자는 지상권설정자의 명시적 반대에도 불구하고 지상권의 존속기간 내에서 그 토지를 타인에게 임대할 수 있다.　　○ ×

06 구분지상권은 건물 기타의 공작물이나 수목을 소유하기 위해서 설정할 수 있다.　　○ ×

07 토지소유자의 승낙 없이 분묘를 설치한 후 20년간 평온·공연하게 분묘기지를 점유한 자는 그 기지의 소유권을 시효취득 할 수 있다.　　○ ×

정답 및 해설　**01** ×　**02** ○　**03** ×　**04** ○　**05** ○　**06** ×　**07** ×

오답분석
01　지상물 소유권을 유보한 채 지상권만을 양도할 수 있다.
03　토지양수인에 대한 연체기간이 2년이 되어야 한다.
06　수목은 제외된다.
07　분묘기지는 타주점유이므로 분묘기지의 소유권을 취득할 수 없다.

08 분묘기지권을 시효취득한 경우에는 임료상당의 지료를 지급할 필요가 없는 것이 원칙이다. ◯ ☒

09 토지를 목적으로 저당권을 설정한 후 그 설정자가 그 토지에 건물을 축조하고 소유한 경우, 저당권자는 토지와 함께 그 건물에 대하여도 경매를 청구할 수 있다. ◯ ☒

10 토지에 저당권을 설정한 후 그 설정자가 그 토지에 건물을 축조하여 저당권자가 토지와 함께 그 건물에 대하여도 경매를 청구하는 경우, 저당권자는 그 건물의 경매대가에 대해서도 우선변제를 받을 권리가 있다. ◯ ☒

11 저당권설정자로부터 저당토지에 대한 용익권을 설정받은 자가 그 토지에 건물을 축조한 후 저당권설정자가 그 건물의 소유권을 취득한 경우, 저당권자는 토지와 건물을 일괄하여 경매를 청구할 수 있다. ◯ ☒

12 토지에 저당권을 설정한 후 그 설정자가 그 토지에 축조한 건물의 소유권이 제3자에게 이전된 경우, 저당권자는 토지와 건물을 일괄하여 경매를 청구할 수 없다. ◯ ☒

13 대지와 건물이 동일한 소유자에게 속한 경우에 건물에 대하여 전세권을 설정한 때에는 그 대지소유권의 특별승계인은 전세권자에 대하여 지상권을 설정한 것으로 본다. ◯ ☒

14 토지 또는 그 지상건물이 경매된 경우, 매각대금 완납시를 기준으로 토지와 건물의 동일인 소유 여부를 판단한다. ◯ ☒

15 토지에 관하여 저당권이 설정될 당시 존재하는 건물이 미등기상태라면 법정지상권이 성립할 수 없다. ◯ ☒

16 토지와 함께 공동근저당권이 설정된 건물이 그대로 존속함에도 등기기록에 멸실의 기재가 이루어지고 이를 이유로 등기기록이 폐쇄된 후 토지에 대하여만 경매절차가 진행되어 토지와 건물의 소유자가 달라진 경우에도 법정지상권은 성립한다. ◯ ☒

17 법정지상권의 성립 후 구건물이 철거되고 신건물이 축조된 경우, 그 법정지상권의 존속기간·범위 등은 신건물을 기준으로 한다. ◯ ☒

정답 및 해설　**08** ◯　**09** ◯　**10** ☒　**11** ◯　**12** ◯　**13** ☒　**14** ☒　**15** ☒　**16** ◯　**17** ☒

오답분석
10　건물 매각대금에서는 우선변제를 받을 수 없다.
13　전세권설정자에 대하여 지상권을 설정한 것으로 본다.
14　저당권설정 당시를 기준으로 토지와 건물의 동일인 소유 여부를 판단한다.
15　미등기 무허가 건물도 법정지상권이 성립할 수 있다.
17　구건물을 기준으로 범위를 정한다.

18 건물공유자 1인이 건물 부지인 토지를 단독으로 소유하면서 토지에 관하여만 저당권을 설정하였다가 저당권에 기한 경매로 토지 소유자가 달라진 경우에도 법정지상권이 성립한다. ☐○☐×

19 가압류 후 본압류 및 강제경매가 이루어지는 경우 관습상 법정지상권의 요건으로 '토지와 그 지상 건물이 동일인 소유'인지 여부는 가압류의 효력 발생 시를 기준으로 한다. ☐○☐×

20 동일인 소유의 건물과 토지가 매매로 인하여 서로 소유자가 다르게 되었으나, 당사자가 그 건물을 철거하기로 합의한 때에는 관습법상 법정지상권이 성립하지 않는다. ☐○☐×

21 건물만을 매수하면서 그 대지에 관한 임대차계약을 체결했더라도, 특별한 사정이 없는 한 관습상 법정지상권을 포기한 것으로 볼 수 없다. ☐○☐×

22 구분소유적 공유관계에 있는 자가 자신의 특정 소유가 아닌 부분에 건물을 신축한 경우 관습상 법정지상권이 성립한다. ☐○☐×

23 관습상의 법정지상권은 이를 취득할 당시의 토지소유자로부터 토지소유권을 취득한 제3자에게 등기없이 주장될 수 있다. ☐○☐×

24 관습상의 법정지상권 발생을 배제하는 특약의 존재에 관한 주장·증명책임은 그 특약의 존재를 주장하는 측에 있다. ☐○☐×

25 미등기건물의 소유를 위해서는 법정지상권이 성립할 수 없다. ☐○☐×

정답 및 해설   18 ○   19 ○   20 ○   21 ×   22 ×   23 ○   24 ○   25 ×

오답분석

21 관습상 법정지상권을 포기하였다고 볼 수 있다.
22 관습상 법정지상권이 성립하지 않는다.
25 미등기 무허가 건물의 소유를 위해서도 법정지상권은 성립할 수 있다.

제5장 | 확인학습문제

01 지상권에 관한 설명으로 옳지 <u>않은</u> 것은?(다툼이 있으면 판례에 따름) ★30회 기출★

① 지상권자는 그 권리의 존속기간 내에서 그 토지를 타인에게 임대할 수 있다.

② 구분지상권의 존속기간을 영구적인 것으로 약정하는 것은 허용된다.

③ 지상권자가 2년 이상의 지료를 지급하지 아니하는 때에는 지상권설정자는 지상권의 소멸을 청구할 수 있다.

④ 지료연체를 이유로 한 지상권소멸청구에 의해 지상권이 소멸하더라도 지상물매수청구권은 인정된다.

⑤ 지상권 설정계약에서 지료의 지급에 대한 약정이 없더라도 지상권의 성립에는 영향이 없다.

> **해설**
>
> 난도 ★
>
> ④ 민법 제283조 제2항 소정의 지상물매수청구권은 지상권이 존속기간의 만료로 인하여 소멸하는 때에 지상권자에게 갱신청구권이 있어 그 갱신청구를 하였으나 지상권설정자가 계약갱신을 원하지 아니할 경우 행사할 수 있는 권리이므로, 지상권자의 지료연체를 이유로 토지소유자가 그 지상권소멸청구를 하여 이에 터잡아 지상권이 소멸된 경우에는 매수청구권이 인정되지 않는대[93다10781].
>
> 답 ④

02 지상권에 관한 설명으로 옳지 <u>않은</u> 것은?(다툼이 있으면 판례에 따름) ★29회 기출★

① 지상권자는 그 권리의 존속기간 내에서 그 토지를 임대할 수 있다.

② 지상권이 소멸한 경우 특별한 사정이 없는 한, 지상권자는 건물 기타 공작물이나 수목을 수거하여 토지를 원상에 회복하여야 한다.

③ 지상권자의 지료지급이 토지소유권의 양도 전후에 걸쳐 2년 이상 연체된 경우, 토지양수인에 대한 연체기간이 2년이 되지 않더라도 토지양수인은 지상권소멸청구를 할 수 있다.

④ 나대지에 저당권을 설정한 당사자들이 그 목적 토지상에 저당권자 앞으로 저당토지의 담보가치 저감을 막기 위하여 지상권도 설정한 경우, 저당권의 피담보채권이 시효로 소멸하면 지상권도 소멸한다.

⑤ 토지와 그 지상건물이 함께 양도되었다가 채권자취소권의 행사로 그 중 건물에 대해서만 양도가 취소되어 수익자 명의의 소유권이전등기가 말소된 경우, 채무자에게 관습상 법정지상권은 인정되지 않는다.

난도 ★★★

③ 지상권자가 그 권리의 목적이 된 토지의 특정한 소유자에 대하여 2년분 이상의 지료를 지불하지 아니한 경우에 그 특정의 소유자는 선택에 따라 지상권의 소멸을 청구할 수 있으나, 지상권자의 지료 지급 연체가 토지소유권의 양도 전후에 걸쳐 이루어진 경우 토지양수인에 대한 연체기간이 2년이 되지 않는다면 양수인은 지상권소멸청구를 할 수 없다[99다17142].

답 ③

03 민법 제365조의 일괄경매청구권에 관한 설명으로 옳은 것을 모두 고른 것은?(다툼이 있으면 판례에 따름)

★33회 기출★

☑확인
Check!
○
△
×

> ㄱ. 토지에 저당권을 설정한 후 그 설정자가 그 토지에 건물을 축조하여 저당권자가 토지와 함께 그 건물에 대하여도 경매를 청구하는 경우, 저당권자는 그 건물의 경매대가에 대해서도 우선변제를 받을 권리가 있다.
> ㄴ. 저당권설정자로부터 저당토지에 대한 용익권을 설정받은 자가 그 토지에 건물을 축조한 후 저당권설정자가 그 건물의 소유권을 취득한 경우, 저당권자는 토지와 건물을 일괄하여 경매를 청구할 수 있다.
> ㄷ. 토지에 저당권을 설정한 후 그 설정자가 그 토지에 축조한 건물의 소유권이 제3자에게 이전된 경우, 저당권자는 토지와 건물을 일괄하여 경매를 청구할 수 없다.

① ㄱ
② ㄴ
③ ㄷ
④ ㄴ, ㄷ
⑤ ㄱ, ㄴ, ㄷ

난도 ★★

ㄱ. 토지를 목적으로 저당권을 설정한 후 그 설정자가 그 토지에 건물을 축조한 때에는 저당권자는 토지와 함께 그 건물에 대하여도 경매를 청구할 수 있다. 그러나 그 건물의 경매대가에 대하여는 우선변제를 받을 권리가 없다(제365조).

답 ④

ㄱ. X토지에 Y건물의 소유를 위한 법정지상권을 가진 甲의 Y건물을 경매에서 매수한 乙은, 건물철거의 매각조건 등 특별한 사정이 없으면 당연히 법정지상권을 취득한다.

ㄴ. X토지를 소유하는 甲이 乙과 함께 그 지상에 Y건물을 신축·공유하던 중 X토지에 저당권을 설정하였고 그의 실행에 의한 경매에서 丙이 X토지의 소유권을 취득한 경우, Y건물을 위한 법정지상권이 성립하지 않는다.

ㄷ. 甲 소유의 X토지와 그 지상건물에 공동저당권이 설정된 후 지상건물을 철거하고 Y건물을 신축하였고 저당권의 실행으로 X토지와 Y건물이 다른 소유자에게 매각된 경우, 특별한 사정이 없으면 Y건물을 위한 법정지상권이 성립한다.

ㄹ. X토지에 저당권을 설정한 甲이 저당권자 乙의 동의를 얻어 Y건물을 신축하였으나 저당권의 실행에 의한 경매에서 丙이 X토지의 소유권을 취득한 경우, Y건물을 위한 법정지상권이 성립한다.

① ㄱ, ㄷ
② ㄱ, ㄹ
③ ㄱ, ㄴ, ㄹ
④ ㄴ, ㄷ, ㄹ
⑤ ㄱ, ㄴ, ㄷ, ㄹ

해설

난도 ★★★

ㄱ. 건물 소유를 위하여 법정지상권을 취득한 자로부터 경매에 의하여 그 건물의 소유권을 이전받은 경락인은 위 지상권도 당연히 이전받았다 할 것이고 이는 그에 대한 등기가 없어도 그 후에 담보토지를 전득한 자에 대하여 유효하다[79다1087].

ㄴ. 건물공유자의 1인이 그 건물의 부지인 토지를 단독으로 소유하면서 그 토지에 관하여만 저당권을 설정하였다가 위 저당권에 의한 경매로 인하여 토지의 소유자가 달라진 경우에도, 위 토지 소유자는 자기뿐만 아니라 다른 건물공유자들을 위하여도 위 토지의 이용을 인정하고 있었다고 할 것인 점, 저당권자로서도 저당권 설정 당시 법정지상권의 부담을 예상할 수 있었으므로 불측의 손해를 입는 것이 아닌 점, 건물의 철거로 인한 사회경제적 손실을 방지할 공익상의 필요성도 인정되는 점 등에 비추어 위 건물공유자들은 민법 제366조에 의하여 토지 전부에 관하여 건물의 존속을 위한 법정지상권을 취득한다고 보아야 한다[2010다67159].

ㄷ. 동일인의 소유에 속하는 토지 및 그 지상 건물에 관하여 공동저당권이 설정된 후 그 지상 건물이 철거되고 새로 건물이 신축된 경우에는 그 신축건물의 소유자가 토지의 소유자와 동일하고 토지의 저당권자에게 신축건물에 관하여 토지의 저당권과 동일한 순위의 공동저당권을 설정해 주는 등 특별한 사정이 없는 한 저당물의 경매로 인하여 토지와 그 신축건물이 다른 소유자에 속하게 되더라도 그 신축건물을 위한 법정지상권은 성립하지 않는다[98다43601 전합].

ㄹ. 민법 제366조의 법정지상권은 저당권 설정 당시부터 저당권의 목적되는 토지 위에 건물이 존재할 경우에 한하여 인정되며, 토지에 관하여 저당권이 설정될 당시 그 지상에 토지소유자에 의한 건물의 건축이 개시되기 이전이었다면, 건물이 없는 토지에 관하여 저당권이 설정될 당시 근저당권자가 토지소유자에 의한 건물의 건축에 동의하였다고 하더라도 그러한 사정은 주관적 사항이고 공시할 수도 없는 것이어서 토지를 낙찰받는 제3자로서는 알 수 없는 것이므로 그와 같은 사정을 들어 법정지상권의 성립을 인정한다면 토지 소유권을 취득하려는 제3자의 법적 안정성을 해하는 등 법률관계가 매우 불명확하게 되므로 법정지상권이 성립되지 않는다[2003다26051].

답 ④

05 법정지상권에 관한 설명으로 옳은 것은?(다툼이 있으면 판례에 따름) ★27회 기출★

① 법정지상권의 성립 후 구건물이 철거되고 신건물이 축조된 경우, 그 법정지상권의 존속기간·범위 등은 신건물을 기준으로 한다.

② 관습상의 법정지상권에서 건물은 등기가 되어 있지 않아도 무방하나, 무허가건물이어서는 안 된다.

③ 토지와 함께 공동근저당권이 설정된 건물이 그대로 존속함에도 등기가 멸실되고 등기부가 폐쇄되면, 그 후 경매로 토지와 건물의 소유자가 달라지더라도 법정지상권이 성립할 수 없다.

④ 구분소유적 공유관계에 있는 자가 자신의 특정 소유가 아닌 부분에 신축한 건물을 제3자에게 양도한 경우에 관습상 법정지상권이 성립한다.

⑤ 가압류 후 본압류 및 강제경매가 이루어지는 경우 관습상 법정지상권의 요건으로 '토지와 그 지상 건물이 동일인 소유'인지 여부는 가압류의 효력 발생 시를 기준으로 한다.

해설

난도 ★★★

① 민법 제366조 소정의 법정지상권이 성립하려면 저당권 설정 당시 건물이 존재한 이상 그 이후 건물을 개축, 증축하는 경우는 물론이고 건물이 멸실되거나 철거된 후 재축, 신축하는 경우에도 법정지상권이 성립하며, 이 경우의 법정지상권의 내용인 존속기간, 범위 등은 구건물을 기준으로 하여 그 이용에 일반적으로 필요한 범위 내로 제한된다[90다19985].

② 민법 366조는 저당물의 경매로 인하여 토지와 그 지상건물이 다른 소유자에 속한 경우에 토지소유자는 건물소유자에 대하여 지상권을 설정한 것으로 보는 것인바 이 경우에 있어서 그 지상건물은 반드시 등기를 거친 것임을 필요로 하지 아니하며 또 그 건물은 건물로서의 요소를 갖추고 있는 이상 무허가건물이고 건평 5평에 지나지 아니한다 하여도 법정지상권 성립에 아무런 장애도 될 수 없다[63아62].

③ 토지와 함께 공동근저당권이 설정된 건물이 그대로 존속함에도 불구하고 사실과 달리 등기부에 멸실의 기재가 이루어지고 이를 이유로 등기부가 폐쇄된 경우, 저당권자로서는 멸실 등으로 인하여 폐쇄된 등기기록을 부활하는 절차 등을 거쳐 건물에 대한 저당권을 행사하는 것이 불가능한 것이 아닌 이상, 토지에 대하여만 경매절차가 진행된 결과 토지와 건물의 소유자가 달라지게 되었다면 그 건물을 위한 법정지상권은 성립한다 할 것이다[2012다108634].

④ 구분소유적 공유관계에 있어서는 통상적인 공유관계와는 달리 당사자 내부에 있어서는 각자가 특정매수한 부분은 각자의 단독 소유로 되었다 할 것이므로, 乙은 위 대지 중 그가 매수하지 아니한 부분에 관하여는 甲에게 그 소유권을 주장할 수 없어 위 대지 중 乙이 매수하지 아니한 부분 지상에 있는 乙 소유의 건물부분은 당초부터 건물과 토지의 소유자가 서로 다른 경우에 해당되어 그에 관하여는 관습상의 법정지상권이 성립될 여지가 없다[93다49871].

답 ⑤

06 관습법상 법정지상권에 관한 설명으로 옳지 <u>않은</u> 것은?(다툼이 있으면 판례에 따름)

★30회 기출★

☑확인
Check!
○
△
✕

① 미등기건물에 대해서는 건물로서의 요건을 갖추었다 하더라도 관습법상 법정지상권이 인정되지 않는다.

② 대지와 건물의 소유자가 건물만을 매도하였으나 매수인이 그 건물의 소유를 위하여 매도인과 대지에 관한 임대차계약을 체결하였다면, 특별한 사정이 없는 한 위 매수인은 대지에 관한 관습법상 법정지상권을 포기한 것으로 볼 수 있다.

③ 건물의 소유를 위한 관습법상 법정지상권을 취득한 자는 이를 취득할 당시의 토지소유자나 이로부터 토지소유권을 전득한 제3자에게 대하여도 등기 없이 그 지상권을 주장할 수 있다.

④ 관습법상 법정지상권에 기한 대지점유는 정당한 것이므로 불법점유를 전제로 한 손해배상청구는 성립할 여지가 없다.

⑤ 가압류 후 본압류 및 강제경매가 이루어지는 경우, 관습법상 법정지상권의 성립요건인 토지와 건물에 대한 소유자의 동일성 판단은 가압류의 효력 발생 시를 기준으로 한다.

해설
난도 ★★★

① 동일인의 소유에 속하였던 토지와 건물이 매매, 증여, 강제경매, 국세징수법에 의한 공매 등으로 그 소유권자를 달리하게 된 경우에 그 건물을 철거한다는 특약이 없는 한 건물소유자는 그 건물의 소유를 위하여 그 부지에 관하여 관습상의 법정지상권을 취득하는 것이고 그 건물은 건물로서의 요건을 갖추고 있는 이상 무허가건물이거나 미등기건물이거나를 가리지 않는다[87다카2404].

답 ①

---

07 법정지상권에 관한 설명으로 옳은 것은?(다툼이 있으면 판례에 따름)

★29회 기출★

☑확인
Check!
○
△
✕

① 관습상 법정지상권이 성립하려면 토지와 그 지상건물이 원시적으로 동일인의 소유에 속하고 있어야 한다.

② 토지에 저당권이 설정될 때에 그 지상건물이 미등기인 경우, 저당권 실행으로 토지와 건물의 소유자가 상이하게 되더라도 법정지상권은 인정될 수 없다.

③ 환지처분으로 인하여 토지와 그 지상건물의 소유자가 달라진 경우에도 관습상 법정지상권은 인정될 수 있다.

④ 토지와 그 지상건물의 소유자가 달라질 때, 토지의 사용에 대하여 당사자 사이에 특약이 있는 경우, 관습상 법정지상권은 인정될 수 없다.

⑤ 나대지상에 채권담보를 위한 가등기가 경료된 후에 대지소유자가 그 지상에 건물을 신축하였고, 그 후에 가등기에 기한 본등기가 경료되어 대지와 건물의 소유자가 달라진 경우 관습상 법정지상권이 성립될 수 있다.

난도 ★★★

① 원래 관습상 법정지상권이 성립하려면 토지와 그 지상 건물이 애초부터 원시적으로 동일인의 소유에 속하였을 필요는 없고, 그 소유권이 유효하게 변동될 당시에 동일인이 토지와 그 지상 건물을 소유하였던 것으로 족하다[2010다52140 전합].

② 민법 366조는 저당물의 경매로 인하여 토지와 그 지상건물이 다른 소유자에 속한 경우에 토지소유자는 건물소유자에 대하여 지상권을 설정한 것으로 보는 것인바 이 경우에 있어서 그 지상건물은 반드시 등기를 거친 것임을 필요로 하지 아니하며 또 그 건물은 건물로서의 요소를 갖추고 있는 이상 무허가건물이고 건평 5평에 지나지 아니한다 하여도 법정지상권 성립에 아무런 장애도 될 수 없다[63아62].

③ 환지로 인하여 새로운 분할지적선이 그어진 결과 환지 전에는 동일인에게 속하였던 토지와 그 지상건물의 소유자가 달라졌다 하더라도, 환지의 성질상 건물의 부지에 관하여 소유권을 상실한 건물 소유자가 그 환지된 토지(건물부지)에 대하여 건물을 위한 관습상의 법정지상권을 취득한다거나 그 환지된 토지의 소유자가 그 건물을 위한 관습상 법정지상권의 부담을 안게 된다고는 할 수 없다[95다44535].

⑤ 원래 채권을 담보하기 위하여 나대지상에 가등기가 경료되었고, 그 뒤 대지소유자가 그 지상에 건물을 신축하였는데, 그 후 그 가등기에 기한 본등기가 경료되어 대지와 건물의 소유자가 달라진 경우에 관습상 법정지상권을 인정하면 애초에 대지에 채권담보를 위하여 가등기를 경료한 사람의 이익을 크게 해하게 되기 때문에 특별한 사정이 없는 한 건물을 위한 관습상 법정지상권이 성립한다고 할 수 없다[94다5458].

답 ④

---

08 관습상 법정지상권에 관한 설명으로 옳지 않은 것은?(다툼이 있으면 판례에 따름)   ★28회 기출★

① 토지공유자 중 1인이 다른 공유자의 지분 과반수의 동의를 얻어 공유토지 위에 건물을 건축한 후 토지와 건물의 소유자가 달라진 경우, 관습상 법정지상권은 성립하지 않는다.

② 강제경매에 있어 관습상 법정지상권이 인정되기 위해서는 매각대금 완납 시를 기준으로 해서 토지와 그 지상 건물이 동일인의 소유에 속하여야 한다.

③ 관습상 법정지상권자는 토지소유자로부터 토지를 양수한 자에 대하여 등기 없이도 자신의 권리를 주장할 수 있다.

④ 대지와 건물의 소유자가 건물만을 양도하면서 양수인과 대지에 관하여 임대차 계약을 체결한 경우, 특별한 사정이 없는 한 그 양수인은 관습상 법정지상권을 포기한 것으로 본다.

⑤ 구분소유적 공유관계에 있는 자가 자신의 특정 소유가 아닌 부분에 건물을 신축한 경우, 관습상 법정지상권이 성립하지 않는다.

난도 ★★★

② 경매의 목적이 된 부동산에 대하여 가압류가 있고 그것이 본압류로 이행되어 경매절차가 진행된 경우에는, 애초 가압류가 효력을 발생하는 때를 기준으로 토지와 그 지상 건물이 동일인에 속하였는지를 판단하여야 한다[2010다52140 전합].

답 ②

제6장 | 지역권

출제포인트
□ 지역권의 부종성
□ 지역권의 불가분성
□ 통행지역권의 취득시효
□ 지역권의 효력

제1절 의의 ★29회 기출★

제291조(지역권의 내용) 지역권자는 일정한 목적을 위하여 타인의 토지를 자기토지의 편익에 이용하는 권리가 있다.

제2절 지역권의 법률적 성질

1. 배타적 성격

제297조(용수지역권) ② 승역지에 수개의 용수지역권이 설정된 때에는 후순위의 지역권자는 선순위의 지역권자의 용수를 방해하지 못한다.

2. 공용적 성격

제300조(공작물의 공동사용) ① 승역지의 소유자는 지역권의 행사를 방해하지 아니하는 범위내에서 지역권자가 지역권의 행사를 위하여 승역지에 설치한 공작물을 사용할 수 있다.
② 전항의 경우에 승역지의 소유자는 수익정도의 비율로 공작물의 설치, 보존의 비용을 분담하여야 한다.

3. 부종성 ★29, 31회 기출★

> 제292조(부종성) ② 지역권은 요역지와 분리하여 양도하거나 다른 권리의 목적으로 하지 못한다.

지역권은 요역지 소유권의 내용이 아니라 그것으로부터 독립한 권리이나 지역권을 요역지와 분리하여 양도하거나 다른 권리의 목적으로 하지 못한다. 따라서 지역권이 설정된 후에 요역지 위에 지상권 · 전세권 · 임차권을 취득한 자는 당연히 지역권을 행사할 수 있다.

4. 수반성

> 제292조(부종성) ① 지역권은 요역지소유권에 부종하여 이전하며 또는 요역지에 대한 소유권이외의 권리의 목적이 된다. 그러나 다른 약정이 있는 때에는 그 약정에 의한다.

5. 불가분성

(1) 공유관계의 불가분성

① 지역권 취득의 불가분성 ★27, 28, 33회 기출★

> 제295조(취득과 불가분성) ① 공유자의 1인이 지역권을 취득한 때에는 다른 공유자도 이를 취득한다.

② 소멸시효의 중단 · 정지와 불가분성 ★33회 기출★

> 제296조(소멸시효의 중단, 정지와 불가분성) 요역지가 수인의 공유인 경우에 그 1인에 의한 지역권 소멸시효의 중단 또는 정지는 다른 공유자를 위하여 효력이 있다.

③ 지역권 소멸의 불가분성

> 제293조(공유관계, 일부양도와 불가분성) ① 토지공유자의 1인은 지분에 관하여 그 토지를 위한 지역권 또는 그 토지가 부담한 지역권을 소멸하게 하지 못한다.

④ 취득시효의 중단과 불가분성 ★29, 33회 기출★

> 제295조(취득과 불가분성) ② 점유로 인한 지역권취득기간의 중단은 지역권을 행사하는 모든 공유자에 대한 사유가 아니면 그 효력이 없다.

(2) 토지의 분할 · 일부양도의 불가분성

> 제293조(공유관계, 일부양도와 불가분성) ② 토지의 분할이나 토지의 일부양도의 경우에는 지역권은 요역지의 각 부분을 위하여 또는 그 승역지의 각 부분에 존속한다. 그러나 지역권이 토지의 일부분에만 관한 것인 때에는 다른 부분에 대하여는 그러하지 아니하다.

제3절　지역권의 성립요건

1. 요역지(要役地)와 승역지(承役地)의 존재 ★27, 28회 기출★

요역지는 1필의 토지여야 하나 승역지는 1필의 토지일 필요가 없다. 어느 토지에 대하여 통행지역권을 주장하려면 그 토지의 통행으로 편익을 얻는 요역지가 있음을 주장·입증하여야 한다[92다22725]. 요역지와 승역지는 반드시 서로 인접할 필요가 없다.

2. 요역지의 편익에 이용

토지의 편익에 이용한다는 것은 요역지의 사용가치를 증대시키는 것을 말한다.

3. 지역권 설정계약과 등기

(1) 일반적으로 요역지 소유자와 승역지 소유자이나 지역권은 두 토지의 이용을 조절하기 위한 것이므로 요역지 또는 승역지의 지상권자·전세권자·임차인도 그 물권의 범위 내에서 지역권설정계약의 당사자가 될 수 있다.

(2) 등기관이 승역지 등기용지에 지역권설정등기를 할 때에는 요역지의 등기용지에도 승역지 표시를 하고 지역권설정의 목적·범위 등을 적어야 하는데, 이는 지역권의 부종성을 제도적으로 실현하기 위함이다. ★27회 기출★

(3) 민법에는 규정이 없고 부동산등기법상 지역권의 존속기간은 등기사항이 아니나 다수설은 당사자가 약정한 존속기간은 유효하며 이를 등기함으로써 제3자에게 대항할 수 있다고 한다. ★27회 기출★

(4) 지료의 지급은 지역권의 성립요소가 아니며 등기사항도 아니므로 지료약정으로써 제3자에 대항할 수 없다. 지역권은 유상이든 무상이든 불문한다. ★31회 기출★

제4절 지역권의 취득

1. 일반적 취득사유

지역권설정계약(물권적 합의), 지역권의 양도, 유언(유증), 상속, 등에 의하여 취득한다.

2. 통행지역권의 시효취득

> 제294조(지역권취득기간) 지역권은 계속되고 표현된 것에 한하여 제245조의 규정(등기)을 준용한다.

(1) 요역지의 소유자가 타인의 토지를 20년간 통행하였다는 사실만으로는 부족하고[70다772], 요역지의 소유자가 승역지상에 통로를 개설하여 승역지를 사용하고 있는 객관적 상태가 시효기간(20년) 계속한 사실이 있어야 한다[78다2482]. ★31, 33회 기출★

(2) 통로의 개설 없이 일정한 장소를 오랜 시일 통행한 사실 또는 토지의 소유자가 다만 이웃하여 사는 교분으로 통행을 묵인해 온 사실만으로는 지역권을 취득할 수 없다[65다2305].

(3) 요역지를 제3자가 시효취득하면 제3자는 그 토지를 위한 지역권도 취득한다.

(4) 종전의 승역지 사용이 무상으로 이루어졌다는 등의 다른 특별한 사정이 없다면 통행지역권을 취득시효한 경우에도 주위토지통행권의 경우와 마찬가지로 요역지 소유자는 승역지 소유자가 입은 손해를 보상하여야 한다[2012다17479]. ★28, 31, 33회 기출★

제5절 지역권의 효력

1. 용수지역권

> 제297조(용수지역권) ① 용수승역지의 수량이 요역지 및 승역지의 수요에 부족한 때에는 그 수요정도에 의하여 먼저 가용(家用)에 공급하고 다른 용도에 공급하여야 한다. 그러나 설정행위에 다른 약정이 있는 때에는 그 약정에 의한다.
> ② 승역지에 수개의 용수지역권이 설정된 때에는 후순위의 지역권자는 선순위의 지역권자의 용수를 방해하지 못한다.

2. 승역지 이용자의 의무

(1) 특별승계인의 의무부담 ★28회 기출★

> 제298조(승역지소유자의 의무와 승계) 계약에 의하여 승역지소유자가 자기의 비용으로 지역권의 행사를 위하여 공작물의 설치 또는 수선의 의무를 부담한 때에는 승역지소유자의 특별승계인도 그 의무를 부담한다.

(2) 위기에 의한 부담면제 ★28회 기출★

> 제299조(위기에 의한 부담면제) 승역지의 소유자는 지역권에 필요한 부분의 토지소유권을 지역권자에게 위기(委棄)하여 제298조의 부담을 면할 수 있다.

위기에 의해 승역지의 소유권이 지역권자에게 이전하면 지역권은 혼동으로 소멸한다.

3. 지역권에 기한 물권적 청구권 ★27, 31, 34회 기출★

지역권에는 승역지를 점유할 수 있는 권능이 없으므로 지역권자에게는 점유보호청구권이나 지역권에 기한 목적물반환청구권은 인정되지 않고, 방해제거청구권과 방해예방청구권만 인정되는 것이다.

제6절 　지역권의 소멸사유

요역지 또는 승역지의 멸실, 지역권 소멸시효의 완성, 혼동, 승역지의 수용, 지역권자의 포기, 존속기간의 만료 기타 약정된 소멸사유의 발생, 승역지 소유자의 위기, 승역지의 시효취득 등이 있다. 지역권은 20년간 행사하지 않으면 시효로 소멸한다.

제7절 　특수지역권

> 제302조(특수지역권) 어느 지역의 주민이 집합체의 관계로 각자가 타인의 토지에서 초목, 야생물 및 토사의 채취, 방목 기타의 수익을 하는 권리가 있는 경우에는 관습에 의하는 외에 지역권의 규정을 준용한다.

○ × 핵심체크

01 공유자의 1인은 다른 공유자의 동의 없이 지역권을 설정할 수 없다. ○ ×

02 요역지는 1필의 토지일 필요는 없으나 승역지는 1필의 토지이어야 한다. ○ ×

03 지역권의 이전을 위해서 지역권의 이전등기가 필요하다. ○ ×

04 지역권은 요역지와 분리하여 저당권의 목적이 될 수 있다. ○ ×

05 요역지가 공유인 경우 요역지의 공유자 1인이 지역권을 취득하면 다른 공유자도 이를 취득한다. ○ ×

06 요역지를 여러 사람이 공유하는 경우 공유자 중 한 사람에 대한 지역권의 소멸시효 중단은 다른 공유자를 위하여 효력이 있다. ○ ×

07 점유로 인한 지역권취득기간의 중단은 지역권을 행사하는 모든 공유자에 대한 사유가 아니면 그 효력이 없다. ○ ×

08 토지공유자의 1인은 지분에 관하여 그 토지를 위한 지역권 또는 그 토지가 부담한 지역권을 소멸하게 하지 못한다. ○ ×

09 민법상 지역권의 존속기간은 최장 30년이지만 갱신할 수 있고, 이를 등기하여 제3자에 대항할 수 있다. ○ ×

10 통행지역권을 주장하는 사람은 통행으로 편익을 얻는 요역지가 있음을 주장·증명하여야 한다. ○ ×

11 통행지역권을 시효취득하였다면, 특별한 사정이 없는한 요역지 소유자는 도로설치로 인해 승역지 소유자가 입은 손실은 보상하지 않아도 된다. ○ ×

정답 및 해설 **01** ○ **02** × **03** × **04** × **05** ○ **06** ○ **07** ○ **08** ○ **09** × **10** ○ **11** ×

오답분석
02 요역지는 1필의 토지, 승역지는 1필의 토지 일부라도 무방하다.
03 지역권 이전의 부기등기가 필요없다.
04 지역권은 요역지와 분리하여 다른 권리의 목적으로 하지 못한다.
09 지역권의 존속기간은 규정이 없다.
11 승역지 소유자가 입은 손해를 보상해야 한다.

제6장 | 확인학습문제

01 지역권에 관한 설명으로 옳은 것은?(다툼이 있으면 판례에 따름) ★31회 기출★

☑확인
Check!
○
△
×

① 지역권은 점유를 요건으로 하는 물권이다.

② 지역권은 독립하여 양도·처분할 수 있는 물권이다.

③ 통행지역권은 지료의 약정을 성립요건으로 한다.

④ 통행지역권의 시효취득을 위하여 지역권이 계속되고 표현되면 충분하고 승역지 위에 통로를 개설할 필요는 없다.

⑤ 통행지역권을 시효취득한 요역지소유자는, 특별한 사정이 없으면 승역지의 사용으로 그 소유자가 입은 손해를 보상하여야 한다.

해설

난도 ★★

① 지역권은 물권으로서 요역지의 편익을 위해 승역지를 지배할 수 있는 권리로서 지역권에는 승역지를 점유할 수 있는 권능이 없으므로 요역지의 편익에 방해되지 않는 범위에서 승역지 소유자도 승역지를 사용할 수 있고, 지역권에 의해 승역지 소유권의 용익권능이 전면 배제되는 것은 아니다.

② 지역권은 요역지와 분리하여 양도하거나 다른 권리의 목적으로 하지 못한다(제292조 제2항).

③ 지료의 지급은 지역권의 성립요소가 아니며 등기사항도 아니므로 지료약정으로써 제3자에 대항할 수 없다. 지역권은 유상이든 무상이든 불문한다.

④ 요역지의 소유자가 타인의 토지를 20년간 통행하였다는 사실만으로는 부족하고[70다772], 요역지의 소유자가 승역지상에 통로를 개설하여 승역지를 사용하고 있는 객관적 상태가 시효기간(20년) 계속한 사실이 있어야 한다[78다2482].

⑤ 종전의 승역지 사용이 무상으로 이루어졌다는 등의 다른 특별한 사정이 없다면 통행지역권을 취득시효한 경우에도 주위토지통행권의 경우와 마찬가지로 요역지 소유자는 승역지에 대한 도로 설치 및 사용에 의하여 승역지 소유자가 입은 손해를 보상하여야 한다고 해석함이 타당하다[2012다17479].

답⑤

02 **지역권에 관한 설명으로 옳지 <u>않은</u> 것은?**

☑확인
Check!
○
△
×

① 지역권은 요역지와 분리하여 다른 권리의 목적으로 하지 못한다.
② 토지공유자의 1인은 지분에 관하여 그 토지를 위한 지역권 또는 그 토지가 부담한 지역권을 소멸하게 할 수 있다.
③ 지역권자는 일정한 목적을 위하여 타인의 토지를 자기토지의 편익에 이용할 권리가 있다.
④ 점유로 인한 지역권취득기간의 중단은 지역권을 행사하는 모든 공유자에 대한 사유가 아니면 그 효력이 없다.
⑤ 계약에 의하여 승역지소유자가 자기의 비용으로 지역권의 행사를 위하여 공작물의 수선의무를 부담하기로 하고 이를 등기한 경우, 승역지소유자의 특별승계인도 그 의무를 부담한다.

해설
난도 ★★
② 토지공유자의 1인은 지분에 관하여 그 토지를 위한 지역권 또는 그 토지가 부담한 지역권을 소멸하게 하지 못한다(제293조 제1항).

답 ②

03 **지역권에 관한 설명으로 옳지 <u>않은</u> 것은?(다툼이 있으면 판례에 따름)**

☑확인
Check!
○
△
×

① 1필의 토지 일부를 승역지로 하여 지역권을 설정할 수 있다.
② 요역지가 공유인 경우 요역지의 공유자 1인이 지역권을 취득하면 다른 공유자도 이를 취득한다.
③ 지역권은 요역지와 분리하여 양도하지 못한다.
④ 승역지 소유자는 지역권에 필요한 부분의 토지소유권을 지역권자에게 위기(委棄) 함으로써 지역권행사를 위하여 계약상 부담하는 공작물 수선의무를 면할 수 있다.
⑤ 다른 특별한 사정이 없다면 통행지역권을 시효취득한 자는 승역지 소유자가 입은 손해를 보상하지 않아도 된다.

해설
난도 ★★★
⑤ 종전의 승역지 사용이 무상으로 이루어졌다는 등의 다른 특별한 사정이 없다면 통행지역권을 취득시효한 경우에도 주위토지통행권의 경우와 마찬가지로 요역지 소유자는 승역지 소유자가 입은 손해를 보상하여야 한다[2012다17479].

답 ⑤

04 지역권에 관한 설명으로 옳지 <u>않은</u> 것은?

① 민법상 지역권의 존속기간은 최장 30년이지만 갱신할 수 있고, 이를 등기하여 제3자에 대항할 수 있다.

② 요역지와 승역지는 반드시 서로 인접할 필요가 없다.

③ 공유자의 1인이 지역권을 취득하는 때에는 다른 공유자도 이를 취득한다.

④ 지역권설정등기는 승역지의 등기부 을구에 기재된다.

⑤ 지역권자는 지역권을 방해할 염려있는 행위를 하는 자에 대하여 그 예방을 청구할 수 있다.

해설

난도 ★★★

① 민법에는 규정이 없고 부동산등기법상 지역권의 존속기간은 등기사항이 아니나 다수설은 당사자가 약정한 존속기간은 유효하며 이를 등기함으로써 제3자에게 대항할 수 있다고 한다.

답 ①

제7장 │ 전세권

출제포인트

□ 전세권에 저당권이 설정된 경우

□ 전전세(轉傳貰)

□ 전세권의 존속기간

□ 일부전세권의 경매권과 우선변제권

제1절　서설

1. 의의

> 제303조(전세권의 내용) ① 전세권자는 전세금을 지급하고 타인의 부동산을 점유하여 그 부동산의 용도에 좇아 사용·수익하며, 그 부동산 전부에 대하여 후순위권리자 기타 채권자보다 전세금의 우선변제를 받을 권리가 있다.

2. 전세권의 법적 성질

(1) 용익물권성과 담보물권성 겸유

전세권의 주된 성격은 용익물권성이고 담보물권성은 부수적 내지 종된 성격이다. 민법상의 전세권은 그 성질상 용익물권적 성격과 담보물권적 성격을 겸비한 것으로서, 전세권의 존속기간이 만료되면 전세권의 용익물권적 권능은 전세권설정등기의 말소 없이도 당연히 소멸하고, 단지 전세금반환채권을 담보하는 담보물권적 권능의 범위 내에서 전세금의 반환시까지 그 전세권설정등기의 효력이 존속하고 있다 [2003다35659]. ★28회 기출★

(2) 양도성 제한 가능

> 제306조(전세권의 양도, 임대 등) 그러나 설정행위로 양도를 금지한 때에는 양도할 수 없다.

제2절　전세권의 성립요건

1. 객체 ★33회 기출★

> 제303조(전세권의 내용) ② 농경지는 전세권의 목적으로 하지 못한다.

2. 전세금의 지급

(1) 전세금 지급방법

① 전세금의 지급은 전세권의 성립요소이지만, 전세금의 지급이 반드시 현실적으로 수수되어야 하는 것은 아니고 기존의 채권으로 전세금의 지급에 갈음할 수 있고[94다18508], 주로 채권담보목적으로 전세권이 설정되었더라도 장차 전세권자가 목적물을 사용·수익하는 것을 완전히 배제하지 않았다면, 그 전세권의 효력은 인정된다. ★30, 32, 33, 34회 기출★

② 그리고 전세권은 다른 담보권과 마찬가지로 전세권자와 전세권설정자 및 제3자 사이에 합의가 있으면 그 전세권자의 명의를 제3자로 하는 것도 가능하다[2003다12311].

(2) 전세금증감청구권 ★33회 기출★

> 제312조의2(전세금 증감청구권) 전세금이 목적 부동산에 관한 조세·공과금 기타 부담의 증감이나 경제사정의 변동으로 인하여 상당하지 아니하게 된 때에는 당사자는 장래에 대하여 그 증감을 청구할 수 있다. 그러나 증액의 경우에는 대통령령이 정하는 기준에 따른 비율을 초과하지 못한다.
> 시행령 제2조(증액청구의 비율) 전세금의 증액청구의 비율은 약정한 전세금의 20분의 1을 초과하지 못한다.
> 시행령 제3조(증액청구의 제한) 전세금의 증액청구는 전세권설정계약이 있은 날 또는 약정한 전세금의 증액이 있은 날로부터 1년이내에는 이를 하지 못한다.

3. 전세목적물의 인도

당사자가 주로 채권담보의 목적으로 전세권을 설정하였고 그 설정과 동시에 목적물을 인도하지 않은 경우라 하더라도 장차 전세권자가 목적물을 사용·수익하는 것을 완전히 배제하는 것이 아니라면 그 전세권의 효력을 부인할 수 없다[94다18508]. ★31회 기출★

4. 등기

전세권은 등기부상 기록된 전세권설정등기의 존속기간과 상관없이 등기된 순서에 따라 순위가 정해진다[2017마1093]. ★32회 기출★

제3절   존속기간

1. 설정행위로 존속기간을 정하는 경우

(1) 최장존속기간의 제한 ★30회 기출★

> 제312조(전세권의 존속기간) ① 전세권의 존속기간은 10년을 넘지 못한다. 당사자의 약정기간이 10년을 넘는 때에는 이를 10년으로 단축한다.

(2) 최단존속기간 제한 ★33회 기출★

> 제312조(전세권의 존속기간) ② 건물에 대한 전세권의 존속기간을 1년 미만으로 정한 때에는 이를 1년으로 한다.

토지전세권의 경우에는 최단기간의 제한이 없다. 존속기간은 등기해야 이로써 제3자에게 대항할 수 있다. ★29회 기출★

2. 설정행위로 존속기간을 정하지 않는 경우

> 제313조(전세권의 소멸통고) 전세권의 존속기간을 약정하지 아니한 때에는 각 당사자는 언제든지 상대방에 대하여 전세권의 소멸을 통고할 수 있고 상대방이 이 통고를 받은 날로부터 6월이 경과하면 전세권은 소멸한다.

3. 합의에 의한 갱신

> 제312조(전세권의 존속기간) ③ 전세권의 설정은 이를 갱신할 수 있다. 그 기간은 갱신한 날로부터 10년을 넘지 못한다.

4. 건물 전세권의 법정갱신(묵시적 갱신 : 黙示的 更新)

> 제312조(전세권의 존속기간) ④ 건물의 전세권설정자가 전세권의 존속기간 만료전 6월부터 1월까지 사이에 전세권자에 대하여 갱신거절의 통지 또는 조건을 변경하지 아니하면 갱신하지 아니한다는 뜻의 통지를 하지 아니한 경우에는 그 기간이 만료된 때에 전(前)전세권과 동일한 조건으로 다시 전세권을 설정한 것으로 본다. 이 경우 전세권의 존속기간은 그 정함이 없는 것으로 본다.

건물 전세권의 법정갱신은 법률의 규정에 의한 부동산물권의 변동이므로 등기하지 않고도 전세권설정자나 제3자에게 전세권을 주장할 수 있다[88다카21029]. ★27, 29회 기출★

1. 전세권의 효력이 미치는 범위

(1) 지상권 · 임차권에 대한 효력 ★27, 29, 33회 기출★

> 제304조(건물의 전세권, 지상권, 임차권에 대한 효력) ① 타인의 토지에 있는 건물에 전세권을 설정한 때에는 전세권의 효력은 그 건물의 소유를 목적으로 한 지상권 또는 임차권에 미친다.
> ② 전항의 경우에 전세권설정자는 전세권자의 동의없이 지상권 또는 임차권을 소멸하게 하는 행위를 하지 못한다.

건물전세권 설정자가 건물의 존립을 위한 토지사용권을 가지지 못하여 그가 토지소유자의 건물철거등 청구에 대항할 수 없는 경우, 전세권자는 토지소유자의 권리행사에 대항할 수 없다[2010다43801]. ★33회 기출★

(2) 법정지상권 ★33회 기출★

> 제305조(건물의 전세권과 법정지상권) ① 대지와 건물이 동일한 소유자에 속한 경우에 건물에 전세권을 설정한 때에는 그 대지소유권의 특별승계인은 전세권설정자(전세권자가 아님)에 대하여 지상권을 설정한 것으로 본다. 그러나 지료는 당사자의 청구에 의하여 법원이 이를 정한다.

2. 목적부동산의 사용 · 수익권

> 제303조(전세권의 내용) ① 전세권자는 타인의 부동산을 점유하여 그 부동산의 용도에 좇아 사용 · 수익한다.

3. 상린관계

토지전세권에서 전세권자간 또는 전세권자와 인지소유자, 지상권자간에도 준용된다(제319조). 전세권이 침해된 경우 전세권자는 전세권에 기한 물권적 청구권을 행사할 수 있다(제319조).

4. 전세권자의 유지 · 수선의무 ★32회 기출★

> 제309조(전세권자의 유지, 수선의무) 전세권자(전세권설정자가 아님)는 목적물의 현상을 유지하고 그 통상의 관리에 속한 수선을 하여야 한다.

5. 전세금반환청구권을 전세권과 분리하여 양도

(1) 전세권이 존속하는 동안은 전세권을 존속시키기로 하면서 전세금반환채권만을 전세권과 분리하여 확정적으로 양도하는 것은 허용되지 않으며 전세권 존속 중에는 장래에 그 전세권이 소멸하는 경우에 전세금

반환채권이 발생하는 것을 조건으로 그 장래의 조건부 채권을 양도할 수 있을 뿐이다[2001다69122].
★31회 기출★

(2) 전세권이 존속기간의 만료로 소멸한 경우이거나 전세계약의 합의해지 또는 당사자 간의 특약에 의하여 전세권반환채권의 처분에도 불구하고, 전세권의 처분이 따르지 않는 경우 등의 특별한 사정이 있는 때에는 채권양수인은 담보물권이 없는 무담보의 채권을 양수한 것이 된다[97다29790]. ★29회 기출★

6. 전세권에 저당권이 설정된 경우 ★32회 기출★

(1) 전세권에 대하여 저당권이 설정된 경우 전세권의 존속기간이 만료되면 전세권은 전세권설정등기의 말소 등기 없이도 당연히 소멸하므로[2001다51336] 더 이상 전세권 자체에 대하여 저당권을 실행할 수 없게 된다[98다31301]. 이러한 경우에는 저당권의 목적물인 전세권에 갈음하여 존속하는 것으로 볼 수 있는 전세금반환채권에 대하여 압류 및 추심명령 또는 전부명령을 받거나 제3자가 전세금반환채권에 대하여 실시한 강제집행절차에서 배당요구를 하는 등의 방법으로 자신의 권리를 행사하여 비로소 전세권설정자에 대해 전세금의 지급을 구할 수 있다[98다31301]. ★27, 30, 31, 33회 기출★

(2) 전세권 위에 저당권이 설정된 경우에도 전세권이 기간만료로 소멸되면 전세권설정자는 전세금반환채권에 대한 제3자의 압류 등이 없는 한 전세권자에 대하여만 전세금반환의무를 부담한다[98다31301]. ★27, 31회 기출★

(3) 전세권에 저당권이 설정된 경우 그 저당권의 목적물은 물권인 전세권 자체이지 전세금반환채권은 그 목적물이 아니다[98다31301].

제5절　전세권의 처분

1. 전세권의 담보제공 등

> 제306조(전세권의 양도, 임대 등) 전세권자는 전세권을 타인에게 양도 또는 담보로 제공할 수 있고 그 존속기간 내에서 그 목적물을 타인에게 전전세 또는 임대할 수 있다.

2. 전세권의 양도(讓渡) ★31, 32회 기출★

> 제307조(전세권양도의 효력) 전세권양수인은 전세권설정자에 대하여 전세권양도인과 동일한 권리의무가 있다.

전세권자와 양수인간에 전세권 양도의 합의와 부기등기가 있어야 한다. 전세권이 성립된 후 목적물의 소유권이 이전 된 경우, 종전 소유자는 원칙적으로 전세권설정자의 지위를 상실하며 전세금반환의무를 면한다.

3. 전전세(轉傳貰)

(1) 성립요건

① 당사자는 원전세권자(전전세권설정자)와 전전세권자이고 원전세권설정자의 동의는 불필요하므로 전세권자가 소유자의 승낙 없이 전세권을 제3자에게 양도한 점만으로는 전세권에 대한 소멸청구사유가 되지 않는다. ★27회 기출★

② 전전세권도 물권이므로 그 설정에는 물권적 합의와 등기가 필요하고 전전세에 있어서도 전전세금을 지급해야 하나 전전세금은 원전세금을 초과할 수 없고 존속기간은 원전세권의 존속기간 내여야 하므로 원전세권의 존속기간을 초과하는 부분은 무효이다.

(2) 효력

제308조(전전세 등의 경우의 책임) 전세권의 목적물을 전전세 또는 임대한 경우에는 전세권자는 전전세 또는 임대하지 아니하였으면 면할 수 있는 불가항력으로 인한 손해에 대하여 그 책임을 부담한다.

제6절   전세권의 소멸

---

1. 소멸사유

(1) 목적부동산의 멸실, 전세권설정자의 소멸청구, 전세권의 소멸통고, 존속기간의 만료, 약정된 소멸사유의 발생, 소멸시효의 완성, 혼동, 공용수용 등에 의해 소멸한다.

(2) 전세권설정자의 소멸청구(유예기간 없다, 귀책사유 요) ★29회 기출★

제311조(전세권의 소멸청구) ① 전세권자가 전세권설정계약 또는 그 목적물의 성질에 의하여 정하여진 용법으로 이를 사용, 수익하지 아니한 경우에는 전세권설정자는 전세권의 소멸을 청구할 수 있다.
② 용법에 따른 사용·수익을 하지 않은 경우에 전세권설정자는 전세권자에 대하여 원상회복 또는 손해배상을 청구할 수 있다.

(3) 전세권의 소멸통고(유예기간 있음, 귀책사유 불문) ★29회 기출★

제313조(전세권의 소멸통고) 전세권의 존속기간을 약정하지 아니한 때에는 각당사자는 언제든지 상대방에 대하여 전세권의 소멸을 통고할 수 있고 상대방이 이 통고를 받은 날로부터 6월이 경과하면 전세권은 소멸한다.

2. 목적부동산의 멸실

(1) 불가항력으로 인한 멸실 ★27회 기출★

> 제314조(불가항력으로 인한 멸실) ① 전세권의 목적물의 전부 또는 일부가 불가항력으로 인하여 멸실된 때에는 그 멸실된 부분의 전세권은 소멸한다.
> ② 불가항력으로 인한 일부멸실의 경우에 전세권자가 그 잔존부분으로 전세권의 목적을 달성할 수 없는 때에는 전세권설정자에 대하여 전세권 전부의 소멸을 통고하고 전세금의 반환을 청구할 수 있다.

(2) 전세권자의 책임있는 사유로 인한 멸실 ★28, 33회 기출★

> 제315조(전세권자의 손해배상책임) ① 전세권의 목적물의 전부 또는 일부가 전세권자에 책임있는 사유로 인하여 멸실된 때에는 전세권자는 손해를 배상할 책임이 있다.
> ② 전항의 경우에 전세권설정자는 전세권이 소멸된 후 전세금으로써 손해의 배상에 충당하고 잉여가 있으면 반환하여야 하며 부족이 있으면 다시 청구할 수 있다.

제7절 전세권 소멸의 효과

1. 동시이행항변권 ★27회 기출★

> 제317조(전세권의 소멸과 동시이행) 전세권이 소멸한 때에는 전세권설정자는 전세권자로부터 그 목적물의 인도 및 전세권설정등기의 말소등기에 필요한 서류의 교부를 받는 동시에 전세금을 반환하여야 한다.

2. 전세권자의 경매청구권

> 제318조(전세권자의 경매청구권) 전세권설정자가 전세금의 반환을 지체한 때에는 전세권자는 민사집행법의 정한 바에 의하여 전세권의 목적물의 경매를 청구할 수 있다.

3. 전세권이 1동의 건물 일부 위에 설정된 경우

단일 소유자의 1동의 건물 중 일부에 대하여 경매신청을 하고자 할 경우, 전세권의 목적물이 아닌 나머지 건물부분에 대하여는 제303조 제1항에 의한 우선변제권은 별론으로 하고, 제318조에 의한 경매신청권은 없으므로[91마256] 부동산 전부에 대한 경매청구를 부정한다(제303조 제1항 후단에 따라 제3자가 신청한 경매의 경락대금 전부에서 우선 변제받을 수는 있다). ★27, 29, 32회 기출★

4. 전세권자의 원상회복의무 · 부속물수거권

> 제316조(원상회복의무, 매수청구권) ① 전세권이 그 존속기간의 만료로 인하여 소멸한 때에는 전세권자는 그 목적물을 원상에 회복하여야 하며 그 목적물에 부속시킨 물건은 수거할 수 있다.

5. 부속물매수청구권

> 제316조(원상회복의무, 매수청구권) ① 그러나 전세권설정자가 그 부속물건의 매수를 청구한 때에는 전세권자는 정당한 이유 없이 거절하지 못한다.
> ② 전항의 경우에 그 부속물건이 전세권설정자의 동의를 얻어 부속시킨 것인 때에는 전세권자는 전세권설정자에 대하여 그 부속물건의 매수를 청구할 수 있다. 그 부속물건이 전세권설정자로부터 매수한 것인 때에도 같다.

6. 유익비상환청구권 ★27회 기출★

> 제310조(전세권자의 상환청구권) ① 전세권자가 목적물을 개량하기 위하여 지출한 금액 기타 유익비에 관하여는 그 가액의 증가가 현존한 경우에 한하여 소유자의 선택에 좇아 그 지출액이나 증가액의 상환을 청구할 수 있다.
> ② 유익비상환청구의 경우에 법원은 소유자의 청구에 의하여 상당한 상환기간을 허여할 수 있다.

전세권설정자는 특약이 없는 한 목적물의 현상을 유지하고 그 통상의 관리에 속한 수선을 해야 한다. 즉 전세권자는 전세권설정자에게 필요비상환을 청구할 수 없다. 전세권설정자는 인도한 목적부동산을 사용 · 수익에 적합한 상태로 유지할 적극적 의무가 없다. ★28, 32회 기출★

○ × 핵심체크

01 토지의 전세권자가 경계근방에서 건물을 축조하기 위하여 이웃 토지의 사용을 청구하려면 전세권설정자를 대위하여야 한다. ○ ×

02 전세권존속기간이 시작되기 전에 마친 전세권설정등기는 원칙적으로 무효이다. ○ ×

03 전세금은 반드시 현실적으로 수수되어야만 하는 것은 아니고, 기존의 채권으로 전세금의 지급에 갈음할 수 있다. ○ ×

04 농경지는 전세권의 목적으로 하지 못한다. ○ ×

05 전세권 존속 중에는 장래에 그 전세권이 소멸하는 경우에 전세금반환채권이 발생하는 것을 조건으로 그 장래의 조건부채권을 양도할 수 있다. ○ ×

06 전세권에 저당권이 설정되어 있는 경우에도 전세권의 존속기간이 만료되면 전세권의 용익물권적 권능은 전세권설정등기의 말소등기 없이도 당연히 소멸한다. ○ ×

07 토지전세권에는 각각 최장기간과 최단기간의 제한이 정하여져 있다. ○ ×

08 지상권을 가지는 건물소유자가 그 건물에 전세권을 설정하였으나 그가 2년 이상의 지료를 지급하지 아니하였음을 이유로 지상권설정자가 지상권의 소멸을 청구한 경우, 전세권자의 동의가 없다면 지상권은 소멸되지 않는다. ○ ×

09 건물전세권설정자가 건물의 존립을 위한 토지사용권을 가지지 못하여 그가 토지소유자의 건물철거 등 청구에 대항할 수 없는 경우, 전세권자는 토지소유자의 권리행사에 대항할 수 없다. ○ ×

10 건물에 대한 전세권의 존속기간을 1년 미만으로 정한 때에는 이를 1년으로 한다. ○ ×

정답 및 해설 **01** × **02** × **03** ○ **04** ○ **05** ○ **06** ○ **07** × **08** × **09** ○ **10** ○

오답분석
01 전세권자는 직접 상린관계를 주장할 수 있다.
02 전세권설정의 합의 + 전세금 지급 + 등기가 있으면 전세권은 성립하고 존속기간이 시작되기 전이라도 마찬가지다.
07 건물전세권의 경우 최단 1년의 제한 규정이 있다.
08 전세권자의 동의 없이도 지상권의 소멸을 청구할 수 있다.

11 토지전세권이 법정갱신된 경우, 전세권자는 등기 없이도 전세권설정자나 그 목적물을 취득한 제3자에 대하여 갱신된 권리를 주장할 수 있다. ☐○☐×

12 전세권설정자는 특약이 없는 한 목적물의 현상을 유지하고 그 통상의 관리에 속한 수선을 해야 한다. ☐○☐×

13 전세권의 목적물을 전전세 또는 임대한 경우에는 전세권자는 전전세 또는 임대하지 아니하였으면 면할 수 있는 불가항력으로 인한 손해에 대하여 그 책임을 부담한다. ☐○☐×

14 전세권자는 전세권설정계약에 다른 약정이 없는 한 전세권설정자의 동의 없이 전전세를 할 수 있다. ☐○☐×

15 전세권이 성립한 후 전세목적물의 소유권이 이전되면, 전세금반환채무는 종전소유자가 부담한다. ☐○☐×

16 건물의 일부에 대하여만 전세권이 설정되어 있는 경우에 그 전세권자는 건물 전부의 경매를 청구할 수 없다. ☐○☐×

17 건물의 일부에 대하여 전세권이 설정되어 있는 경우 전세권자는 그 부분에 한하여 우선변제권이 있다. ☐○☐×

18 타인의 토지에 있는 건물에 전세권을 설정한 경우, 전세권의 효력은 그 건물의 소유를 목적으로 한 지상권 또는 임차권에 미친다. ☐○☐×

19 전세권의 목적물의 전부 또는 일부가 전세권자에 책임있는 사유로 인하여 멸실된 경우, 전세권설정자는 전세권이 소멸된 후 전세금으로써 손해의 배상에 충당할 수 있다. ☐○☐×

정답 및 해설 **11** × **12** × **13** ○ **14** ○ **15** × **16** ○ **17** × **18** ○ **19** ○

오답분석
11 건물전세권만 법정갱신이 인정된다.
12 필요비는 전세권자의 부담이다.
15 신소유자가 전세금반환의무를 부담하고, 구소유자는 전세금반환의무를 면한다.
17 전세 목적물이 아닌 나머지 건물 부분에 대하여 경매신청을 할 수는 없으나, 그 나머지 부분의 환가대금에 대하여는 우선변제권을 가진다.

제7장 | 확인학습문제

01 전세권에 관한 설명으로 옳은 것은?(다툼이 있으면 판례에 따름)

★34회 기출★

① 건물 일부의 전세권자는 나머지 건물 부분에 대해서도 경매신청권이 있다.

② 전세권 설정계약의 당사자는 전세권의 사용·수익권능을 배제하고 채권담보만을 위한 전세권을 설정할 수 있다.

③ 전세권설정시 전세금 지급은 전세권 성립의 요소이다.

④ 전세권자는 특별한 사정이 없는 한 전세권의 존속기간 내에서 전세목적물을 타인에게 전전세 할 수 없다.

⑤ 전세권이 소멸된 경우, 전세권자의 전세목적물의 인도는 전세금의 반환보다 선이행되어야 한다.

해설

난도 ★★

① 건물의 일부에 대하여 전세권이 설정되어 있는 경우 그 전세권자는 제303조 제1항, 제318조의 규정에 의하여 그 건물 전부에 대하여 후순위 권리자 기타 채권자보다 전세금의 우선변제를 받을 권리가 있고, 전세권설정자가 전세금의 반환을 지체한 때에는 전세권의 목적물의 경매를 청구할 수 있다 할 것이나, 전세권의 목적물이 아닌 나머지 건물부분에 대하여는 우선변제권은 별론으로 하고 경매신청권은 없다[91마256·91마257].

② 전세권 설정의 동기와 경위, 전세권 설정으로 달성하려는 목적, 채권의 발생 원인과 목적물의 관계, 전세권자의 사용·수익 여부와 그 가능성, 당사자의 진정한 의사 등에 비추어 전세권설정계약의 당사자가 전세권의 핵심인 사용·수익 권능을 배제하고 채권담보만을 위해 전세권을 설정하였다면, 법률이 정하지 않은 새로운 내용의 전세권을 창설하는 것으로서 물권법정주의에 반하여 허용되지 않고 이러한 전세권설정등기는 무효라고 보아야 한다[2018다40235].

③ 전세금의 지급은 전세권 성립의 요소가 되는 것이지만 그렇다고 하여 전세금의 지급이 반드시 현실적으로 수수되어야만 하는 것은 아니고 기존의 채권으로 전세금의 지급에 갈음할 수도 있다[94다18508].

④ 전세권자는 전세권을 타인에게 양도 또는 담보로 제공할 수 있고 그 존속기간 내에서 그 목적물을 타인에게 전전세 또는 임대할 수 있다. 그러나 설정행위로 이를 금지한 때에는 그러하지 아니하다(제306조).

⑤ 전세권이 소멸한 때에는 전세권설정자는 전세권자로부터 그 목적물의 인도 및 전세권설정등기의 말소등기에 필요한 서류의 교부를 받는 동시에 전세금을 반환하여야 한다(제317조).

目 ③

02 전세권에 관한 설명으로 옳은 것은?(다툼이 있으면 판례에 따름)

① 목적물의 인도는 전세권의 성립요건이다.

② 전세권이 존속하는 중에 전세권자는 전세권을 그대로 둔 채 전세금반환채권만을 확정적으로 양도하지 못한다.

③ 전세목적물이 처분된 때에도 전세권을 설정한 양도인이 전세권관계에서 생기는 권리·의무의 주체이다.

④ 전세권은 전세권설정등기의 말소등기 없이 전세기간의 만료로 당연히 소멸하지만 전세권저당권이 설정된 때에는 그렇지 않다.

⑤ 전세권저당권이 설정된 경우, 제3자의 압류 등 다른 사정이 없으면 전세권이 기간만료로 소멸한 때에 전세권설정자는 저당권자에게 전세금을 지급하여야 한다.

해설
난도 ★★

① 전세권이 용익물권적 성격과 담보물권적 성격을 겸비하고 있다는 점 및 목적물의 인도는 전세권의 성립요건이 아닌 점 등에 비추어 볼 때, 당사자가 주로 채권담보의 목적으로 전세권을 설정하였고, 그 설정과 동시에 목적물을 인도하지 아니한 경우라 하더라도, 장차 전세권자가 목적물을 사용·수익하는 것을 완전히 배제하는 것이 아니라면, 그 전세권의 효력을 부인할 수는 없다[94다18508].

② 전세권이 존속하는 동안은 전세권을 존속시키기로 하면서 전세금반환채권만을 전세권과 분리하여 확정적으로 양도하는 것은 허용되지 않는 것이며, 다만 전세권 존속 중에는 장래에 그 전세권이 소멸하는 경우에 전세금 반환채권이 발생하는 것을 조건으로 그 장래의 조건부 채권을 양도할 수 있을 뿐이라 할 것이다[2001다69122].

③ 전세목적물의 소유권이 이전된 경우 민법이 전세권 관계로부터 생기는 상환청구, 소멸청구, 갱신청구, 전세금증감청구, 원상회복, 매수청구 등의 법률관계의 당사자로 규정하고 있는 전세권설정자 또는 소유자는 모두 목적물의 소유권을 취득한 신 소유자로 새길 수밖에 없다고 할 것이므로, 전세권은 전세권자와 목적물의 소유권을 취득한 신 소유자 사이에서 계속 동일한 내용으로 존속하게 된다고 보아야 할 것이고, 따라서 목적물의 신 소유자는 구 소유자와 전세권자 사이에 성립한 전세권의 내용에 따른 권리의무의 직접적인 당사자가 되어 전세권이 소멸하는 때에 전세권자에 대하여 전세권설정자의 지위에서 전세금반환의무를 부담하게 되고, 구 소유자는 전세권설정자의 지위를 상실하여 전세금반환의무를 면하게 된다[99다15122].

④ 전세권이 기간만료로 종료된 경우 전세권은 전세권설정등기의 말소등기 없이도 당연히 소멸하고, 저당권의 목적물인 전세권이 소멸하면 저당권도 당연히 소멸하는 것이므로 전세권을 목적으로 한 저당권자는 전세권의 목적물인 부동산의 소유자에게 더 이상 저당권을 주장할 수 없다[98다31301].

⑤ 전세권을 목적으로 하는 저당권의 설정은 전세권의 목적물 소유자의 의사와는 상관없이 전세권자의 동의만 있으면 가능한 것이고, 원래 전세권에 있어 전세권설정자가 부담하는 전세금반환의무는 전세금반환채권에 대한 제3자의 압류 등이 없는 한 전세권자에 대해 전세금을 지급함으로써 그 의무이행을 다할 뿐이라는 점에 비추어 볼 때, 전세권저당권이 설정된 경우에도 전세권이 기간만료로 소멸되면 전세권설정자는 전세금반환채권에 대한 제3자의 압류 등이 없는 한 전세권자에 대하여만 전세금반환의무를 부담한다고 보아야 한다[98다31301].

정답 ②

03 전세권에 관한 설명으로 옳지 <u>않은</u> 것은?

① 전세권은 저당권의 목적이 될 수 있다.

② 전세권자와 인지(隣地)소유자 사이에도 상린관계에 관한 규정이 준용된다.

③ 전세권자는 필요비 및 유익비의 상환을 청구할 수 있다.

④ 전세권의 존속기간은 10년을 넘지 못한다.

⑤ 전세금의 지급이 전세권의 성립요소이기는 하지만, 기존의 채권으로 전세금의 지급에 갈음할 수도 있다.

해설
난도 ★
③ 전세권자(전세권설정자가 아님)는 목적물의 현상을 유지하고 그 통상의 관리에 속한 수선을 하여야 한다(제309조). 따라서 전세권자는 임차인과 달리 전세권설정자에게 필요비상환청구권이 없다(제310조 제1항).

답 ③

04 전세권에 관한 설명으로 옳지 <u>않은</u> 것은?(다툼이 있으면 판례에 따름)

① 건물전세권이 법정갱신된 경우, 전세권자는 등기 없이도 전세권설정자나 그 목적물을 취득한 제3자에 대하여 갱신된 권리를 주장할 수 있다.

② 토지전세권의 존속기간을 약정하지 아니한 경우 각 당사자는 언제든지 상대방에 대하여 전세권의 소멸을 통고할 수 있다.

③ 토지전세권의 존속기간을 1년 미만으로 정한 때에는 이를 1년으로 한다.

④ 전세권자가 그 목적물의 성질에 의하여 정하여진 용법으로 이를 사용, 수익하지 아니한 경우에는 전세권설정자는 전세권의 소멸을 청구할 수 있다.

⑤ 전세권 존속 중에는 장래에 그 전세권이 소멸하는 경우에 전세금반환채권이 발생하는 것을 조건으로 그 장래의 조건부채권을 양도할 수 있다.

해설
난도 ★★★
③ 건물에 대한 전세권의 존속기간을 1년 미만으로 정한 때에는 이를 1년으로 한다(제312조 제2항). 토지전세권의 경우에는 최단기간의 제한이 없다.

답 ③

05 전세권에 관한 설명으로 옳은 것을 모두 고른 것은?(다툼이 있으면 판례에 따름)

ㄱ. 전세권자는 전세권이 설정된 부동산 전부에 대하여 후순위 권리자나 그 밖의 일반채권자보다 전세금의 우선변제를 받을 권리가 있다.
ㄴ. 전세권은 용익물권적 성격과 담보물권적 성격을 겸비하고 있다.
ㄷ. 타인의 토지에 있는 건물에 전세권을 설정한 경우 전세권의 효력은 그 건물의 소유를 목적으로 한 지상권에는 미치지 않는다.

① ㄱ
② ㄷ
③ ㄱ, ㄴ
④ ㄴ, ㄷ
⑤ ㄱ, ㄴ, ㄷ

해설
난도 ★

ㄷ. 타인의 토지에 있는 건물에 전세권을 설정한 때에는 전세권의 효력은 그 건물의 소유를 목적으로 한 지상권 또는 임차권에 미치며(제304조 제1항), 이 경우에 전세권설정자는 전세권자의 동의 없이 지상권 또는 임차권을 소멸하게 하는 행위를 하지 못한다(제304조 제2항).

답 ③

06 전세권에 관한 설명으로 옳은 것은?(다툼이 있으면 판례에 따름)

① 전세권자의 책임 없는 사유로 전세권의 목적물 전부가 멸실된 때에도 전세권자는 손해배상책임이 있다.
② 건물에 대한 전세권이 법정갱신되는 경우, 그 존속기간은 2년으로 본다.
③ 전세권의 존속기간이 만료되면 전세권의 용익물권적 권능은 전세권설정등기의 말소 없이도 당연히 소멸한다.
④ 전세권설정자는 특약이 없는 한 목적물의 현상을 유지하고 그 통상의 관리에 속한 수선을 해야 한다.
⑤ 전세권을 목적으로 저당권을 설정한 자는 저당권자의 동의 없이 전세권설정자와 합의하여 전세권을 소멸시킬 수 있다.

해설
난도 ★★

③ 민법상의 전세권은 그 성질상 용익물권적 성격과 담보물권적 성격을 겸비한 것으로서, 전세권의 존속기간이 만료되면 전세권의 용익물권적 권능은 전세권설정등기의 말소 없이도 당연히 소멸하고 단지 전세금반환채권을 담보하는 담보물권적 권능의 범위 내에서 전세금의 반환시까지 그 전세권설정등기의 효력이 존속하고 있다[2003다35659].

답 ③

07 甲은 자신의 건물에 乙 명의의 전세권(전세금 1억 원)을 설정해 주었다. 그 후 乙이 그 전세권에 丙 명의의 저당권(피담보채권액 7천만 원)을 설정해 주었다. 이에 관한 설명으로 옳은 것을 모두 고른 것은?(다툼이 있으면 판례에 따름) ★27회 기출★

> ㄱ. 乙의 전세권이 존속기간 만료로 종료된 경우, 그 전세권의 용익물권적 권능은 말소등기 없이도 당연히 소멸한다.
> ㄴ. 乙의 전세권이 법정갱신되는 경우, 전세기간에 대한 변경등기 없이도 갱신된다.
> ㄷ. 丙의 전세권저당권은 피담보채권을 수반하더라도 양도할 수 없다.
> ㄹ. 乙의 전세권이 존속기간 만료로 종료된 경우, 丙은 전세권 자체에 대하여 저당권을 실행할 수 없게 된다.

① ㄱ
② ㄴ, ㄷ
③ ㄴ, ㄹ
④ ㄱ, ㄴ, ㄹ
⑤ ㄱ, ㄷ, ㄹ

해설
난도 ★★★

ㄷ. 전세권이 존속하는 동안은 전세권을 존속시키기로 하면서 전세금반환채권만을 전세권과 분리하여 확정적으로 양도하는 것은 허용되지 않는 것이며, 다만 전세권 존속 중에는 장래에 그 전세권이 소멸하는 경우에 전세금 반환채권이 발생하는 것을 조건으로 그 장래의 조건부 채권을 양도할 수 있을 뿐이라 할 것이다[2001다69122]. 따라서 전세권저당권도 피담보채권을 수반하면 양도할 수 있다.

답 ④

---

08 전세권에 관한 설명으로 옳지 않은 것은?(다툼이 있으면 판례에 따름) ★27회 기출★

① 전세권자가 소유자의 승낙 없이 전세권을 제3자에게 양도한 점만으로는 전세권에 대한 소멸청구사유가 되지 않는다.
② 타인의 토지에 있는 건물에 설정된 전세권의 효력은 그 건물의 소유를 목적으로 한 토지임차권에도 미친다.
③ 전세권자는 통상의 필요비와 유익비를 지출한 경우, 전세권설정자에게 그 상환을 청구할 수 있다.
④ 전세권의 목적물의 일부가 불가항력으로 인하여 멸실된 때에는 그 멸실된 부분의 전세권은 소멸한다.
⑤ 건물의 일부에 대하여만 전세권이 설정되어 있는 경우에 그 전세권자는 건물 전부의 경매를 청구할 수 없다.

해설
난도 ★★

③ 전세권자(전세권설정자가 아님)는 목적물의 현상을 유지하고 그 통상의 관리에 속한 수선을 하여야 한다.(제309조) 따라서 전세권자는 임차인과 달리 전세권설정자에게 필요비상환청구권이 없다(제310조 제1항).

답 ③

09 전세권에 관한 설명으로 옳지 <u>않은</u> 것은?(다툼이 있으면 판례에 따름)

① 전세금의 지급은 전세권 성립의 요소이다.

② 기존 채권으로 전세금의 지급에 갈음할 수 있다.

③ 농경지를 전세권의 목적으로 할 수 있다.

④ 전세금이 경제사정의 변동으로 인하여 상당하지 아니하게 된 때에는 당사자는 장래에 대하여 그 증감을 청구할 수 있다.

⑤ 전세권의 목적물의 전부 또는 일부가 전세권자에 책임있는 사유로 인하여 멸실된 경우, 전세권설정자는 전세권이 소멸된 후 전세금으로써 손해의 배상에 충당할 수 있다.

해설
난도 ★
③ 농경지는 전세권의 목적으로 하지 못한다(제303조 제2항).

답 ③

제8장 | 담보물권

제1절 담보물권의 통유성(通有性)

구분	전세권	유치권	질권	저당권
우선변제권	○	×	○	○
물상대위성	○	×	○	○
추급효	○	×	○	○
경매권	○	○	○	○
별제권	○	○	○	○
본질적 징표	채권(주택임대차보호법)에도 우선변제권이 인정되므로 우선변제권은 담보물권의 본질적 징표가 되지 못하고 경매권과 별제권이 본질적 징표가 된다.			

1. 부종성(附從性)

담보물권이 발생과 소멸에 있어서 피담보채권에 의존하는 성질을 말한다. 질권 · 저당권 등 약정담보물권은 목적물의 교환가치를 지배하는 가치권으로서의 성질을 가지고 투자매개수단으로서 기능한다는 점에서 부종성은 완화된다.

2. 물상대위성(物上代位性)

> 제342조(물상대위) 질권은 질물의 멸실, 훼손 또는 공용징수로 인하여 질권설정자가 받을 금전 기타 물건에 대하여도 이를 행사할 수 있다. 이 경우에는 그 지급 또는 인도전에 압류하여야 한다.
> 제370조(준용규정) 제214조, 제342조의 규정은 저당권에 준용한다.

(1) 의의

물상대위란 담보물의 멸실·훼손 또는 공용징수로 인해 담보권설정자가 받을 금전 등의 대상물에 담보물권의 효력이 미치는 것을 말한다. 유치권에는 물상대위가 인정되지 않는다.

(2) 물상대위의 객체

담보권자의 과실에 기하지 않은 담보물의 멸실(보험금 청구권, 2004다52798)·훼손(부합·혼화·가공) 또는 공용징수로 인해 담보권설정자가 〈받을〉 금전 기타의 물건의 지급청구권 또는 인도청구권이다. 임대된 경우의 매각대금·차임은 물상대위의 객체가 되지 않고 담보물에의 추급력이 우선한다.

(3) 물상대위권 행사의 방법

① 저당목적물의 변형물인 금전 기타 물건에 대하여 이미 제3자가 압류하여 그 금전 또는 물건이 특정된 이상 저당권자가 스스로 이를 압류하지 않고서도 물상대위권을 행사하여 일반 채권자보다 우선변제를 받을 수 있다[98다12812]. ★31회, 32 기출★

② 저당권자가 위 금전 또는 물건의 인도청구권을 압류하기 전에 저당물의 소유자가 그 인도청구권에 기하여 금전 등을 수령한 경우 저당목적물 소유자는 저당권자에게 이를 부당이득으로 반환할 의무가 있다[2008다17656].

3. 불가분성(不可分性)

피담보채권 전부의 변제가 있을 때까지 목적물의 전부에 대하여 담보물권의 효력이 미치는 것을 말한다.

제9장 | 유치권

제1절 총설

1. 의의

> 제320조(유치권의 내용) ① 타인의 물건 또는 유가증권을 점유한 자는 그 물건이나 유가증권에 관하여 생긴 채권이 변제기에 있는 경우에는 변제를 받을 때까지 그 물건 또는 유가증권을 유치할 권리가 있다.

2. 법적 성질

(1) 담보물권으로서의 성질

① **부종성 · 수반성** : 피담보채권이 없으면 유치권은 인정되지 않는다.

② **불가분성** : 유치권자는 채권 전부의 변제를 받을 때까지 유치물 전부에 대하여 그 권리를 행사할 수 있다(제321조). 따라서 다세대주택의 창호 등의 공사를 완성한 하수급인이 공사대금채권 잔액을 변제받기 위하여 위 다세대주택 중 한 세대를 점유하여 유치권을 행사하는 경우, 그 유치권은 위 한 세대에 대하여 시행한 공사대금만이 아니라 다세대주택 전체에 대하여 시행한 공사대금채권의 잔액 전부를 피담보채권으로 하여 성립한다[2005다16942]. ★28, 29, 33, 34회 기출★

즉 유치권의 불가분성은 그 목적물이 분할 가능하거나 수개의 물건인 경우에도 적용된다[2005다16942]. ★31회 기출★

③ **우선변제권 등** : 유치권은 경매권은 있으나 우선변제권이 없고, 유치권에 기한 물권적청구권도 없다.

(2) 법정담보물권 ★34회 기출★

유치권은 일정한 요건이 충족되면 법률에 의해 당연히 성립하는 법정담보물권 이므로 부동산의 등기나 유가증권의 배서는 유치권의 성립요건이 아니다. 유치권은 당사자의 합의로 유치권을 설정할 수 없다.

제2절　유치권의 성립요건

1. 유치권의 객체 – 타인의 물건 또는 유가증권

(1) 건물신축공사 수급인은 사회통념상 독립한 건물이라고 볼 수 없는 정착물에 대하여는 유치권을 취득할 수 없다.

(2) 주택건물의 신축공사를 한 수급인이 그 건물을 점유하고 있고 또 그 건물에 관하여 생긴 공사금 채권이 있다면, 수급인은 그 채권을 변제받을 때까지 건물을 유치할 권리가 있으나[95다16202], 수급인의 재료와 노력으로 건축되었고 독립한 건물에 해당되는 기성부분은 수급인의 소유이므로 수급인은 공사대금을 지급받을 때까지 이에 대해 유치권을 가질 수 없다[91다14116]. ★30, 31, 32회 기출★

(3) 목적물이 채무자의 소유물임을 요하지 않으나 유치권자인 채권자 자신 소유 물건에 대해서는 유치권이 성립하지 아니한다. ★33회 기출★

2. 적법한 점유

> 제320조(유치권의 내용) ② 유치권의 규정은 그 점유가 불법행위로 인한 경우에 적용하지 아니한다.

(1) **불법 점유 개시** : 임대차계약을 체결하지 않고 권원 없이 타인의 물건을 점유한 자가 그 물건에 관해 필요비 또는 유익비를 지출했다 하더라도 유치권을 행사할 수 없다[4288민상260]. ★33회 기출★

(2) **원상복구 약정** : 건물의 임차인이 임대차관계 종료시에는 건물을 원상으로 복구하여 임대인에게 명도하기로 약정한 것은 건물에 지출한 각종 유익비 또는 필요비의 상환청구권을 미리 포기하기로 한 취지의 특약이라고 볼 수 있어 임차인은 유치권을 주장을 할 수 없다[73다2010].

(3) **입증책임** : 유치권 주장을 배척하려면 적어도 점유가 불법행위로 인하여 개시되었다는 상대방 당사자(반환청구권자)의 주장·증명이 있어야 한다[2009다5162]. ★31회 기출★

3. 피담보채권과 목적물의 점유와의 견련관계 불요

(1) 목적물의 점유 중에 피담보채권이 발생할 것을 요하지 않는다. 따라서 물건의 점유 이전에 그 물건에 관련하여 채권이 발생한 후 그 물건의 점유를 취득한 경우에도 유치권이 성립한다[64다1977]. ★28회 기출★

(2) 건축업자가 건물을 점유하기 전에 건물공사로 취득한 건축비채권이라도 그 후 그 건물을 점유하였다면 유치권은 성립한다.

4. 피담보채권과 목적물 간의 견련관계(牽聯關係)

(1) 채권이 목적물 자체로부터 발생한 경우

목적물로 인해 지출된 필요비 · 유익비 등의 비용상환청구권, 목적물로부터 받은 손해의 배상청구권(제758조 · 제759조 공작물 설치 · 보존의 하자나 동물로 인한 손해)과 같이 목적물이 원인이 되어 채권이 발생한 경우를 말한다. ★30회 기출★

(2) 채권이 목적물의 반환청구권과 동일한 법률관계로부터 발생한 경우

채무불이행에 의한 손해배상청구권은 원채권의 연장이므로 물건과 원채권 사이에 견련관계가 있으면 그 손해배상채권과 그 물건 사이에도 견련관계가 있다[76다582]. ★31회 기출★

(3) 견련관계가 인정되지 않는 예

① 건물의 임대차에 있어서 임차인의 임대인에게 지급한 임차보증금반환청구권이나 임대인이 건물시설을 아니하기 때문에 임차인에게 건물을 임차목적대로 사용못한 것을 이유로 하는 손해배상청구권은 모두 그 건물에 관하여 생긴 채권이라 할 수 없어 유치권을 부정한다[75다1305]. ★27, 30, 32회 기출★

② 임대인과 임차인 사이에 건물명도시 권리금을 반환하기로 하는 약정이 있었다 하더라도 그와 같은 권리금반환청구권은 건물에 관하여 생긴 채권이라 할 수 없으므로 유치권을 행사할 수 없다[93다62119].

③ 건축자재공급업자가 건물 신축공사 수급인과 체결한 자재공급계약에 따라 건축자재를 공급한 경우, 자재공급업자는 자재대금을 피담보채권으로 하여 건물에 대한 유치권을 행사할 수 없다[2011다96208]. ★28회 기출★

④ 계약명의신탁에 있어 명의신탁자가 명의수탁자에 대하여 가지는 매매대금 상당의 부당이득반환청구권은 부동산 자체로부터 발생한 채권이 아니어서 이에 기하여 유치권을 행사할 수 없다[2008다34828].

⑤ 임대인이 건물시설을 아니하였기 때문에 임차인에게 건물을 임차목적물대로 사용하지 못한 것을 이유로 하는 손해배상청구권은 그 건물에 관하여 생긴 채권이라 할 수 없다[75다1305]. ★32회 기출★

5. 채권의 변제기의 도래

피담보채권의 변제기 도래는 유치권에 있어서는 성립요건이며 존속요건이므로 채권의 변제기가 도래하지 않는 동안에는 유치권이 성립하지 않는다. ★27회 기출★

6. 유치권 배제특약의 부존재

유치권은 법정담보물권이기는 하나 채권자의 이익보호를 위한 채권담보의 수단에 불과하므로 이를 포기하는 특약은 유효하고, 당사자가 미리 유치권 발생을 배제하는 특약을 한 경우, 유치권은 발생하지 않는다

[2010마1544]. 유치권배제특약이 있는 경우 다른 법정요건이 모두 충족되더라도 유치권은 발생하지 않는데 특약의 효력은 특약의 상대방뿐만 아니라 그 밖의 사람도 주장할 수 있다[2016다234043]. ★27, 33회 기출★

7. 점유 및 인도거절

(1) 유치권의 성립요건이자 존속요건인 유치권자의 점유는 직접점유이든 간접점유이든 관계가 없으나 다만 그 직접점유자가 채무자인 경우에는 유치권의 요건으로서의 점유에 해당하지 않는다고 할 것이다[2007 다27236]. ★29, 32, 33회 기출★

(2) 유치권자가 점유를 상실하면 유치권도 소멸하나 점유침탈시 1년 이내에 점유를 회복하면 점유가 계속된 것으로 보아 유치권이 소멸하지 아니한다. ★27회 기출★

(3) 유치권자는 경락인에 대하여 그 피담보채권의 변제가 있을 때까지 유치목적물인 부동산의 인도를 거절할 수 있을 뿐이고 그 피담보채권의 변제를 청구할 수는 없다[95다8713].

제3절   유치권의 효력

1. 유치권자의 권리

(1) 목적물을 유치할 권리

> 제320조(유치권의 내용) ① 타인의 물건 또는 유가증권을 점유한 자는 그 물건이나 유가증권에 관하여 생긴 채권이 변제기에 있는 경우에는 변제를 받을 때까지 그 물건 또는 유가증권을 유치할 권리가 있다.

① 경매기입등기와의 관계
   ㉠ 채무자 소유의 건물 등 부동산에 경매개시결정의 기입등기가 경료되어 압류의 효력이 발생한 후에 채무자가 위 부동산에 관한 공사대금 채권자에게 그 점유를 이전함으로써 그로 하여금 유치권을 취득하게 한 경우, 점유자로서는 위 유치권을 내세워 그 부동산에 관한 경매절차의 매수인에게 대항할 수 없다[2008다70763].
   ㉡ 부동산에 저당권이 설정되거나 가압류 등기가 되어 있다 하더라도 경매개시결정등기가 되기 전에 민사유치권을 취득하였다면 경매절차의 매수인에 대해 유치권을 행사할 수 있다[2009다19246]. ★29, 31회 기출★

② 상환급부판결(相換給付判決) : 물건의 인도를 청구하는 소송에서 피고의 유치권 항변이 인용되는 경우에는 그 물건에 관해 생긴 채권의 변제와 상환으로 그 물건의 인도를 명해야 된다[69다1592].

(2) 환가를 위한 경매권 ★33회 기출★

> 제322조(경매, 간이변제충당) ① 유치권자는 채권의 변제를 받기 위하여 유치물을 경매할 수 있다.

유치권자는 경매로 인한 매수인에 대하여 그 피담보채권의 변제가 있을 때까지 유치목적물의 인도를 거절할 수 있을 뿐, 그 피담보채권의 변제를 청구할 수는 없다. ★29회 기출★

(3) 간이변제충당(簡易辨濟充當) ★28회 기출★

> 제322조(경매, 간이변제충당) ② 정당한 이유 있는 때에는 유치권자는 감정인의 평가에 의하여 유치물로 직접변제에 충당할 것을 법원에 청구할 수 있다. 이 경우에는 유치권자는 미리 채무자에게 통지하여야 한다.

(4) 과실수취권 ★27, 32, 33회 기출★

> 제323조(과실수취권) ① 유치권자는 유치물의 과실을 수취하여 다른 채권보다 먼저 그 채권의 변제에 충당할 수 있다. 그러나 과실이 금전이 아닌 때에는 경매하여야 한다.
> ② 과실은 먼저 채권의 이자에 충당하고 그 잉여가 있으면 원본에 충당한다.

(5) 유치물 사용권

① 보존에 필요한 사용 ★33회 기출★

> 제324조(유치권자의 선관의무) ② 그러나 유치물의 보존에 필요한 사용은 채무자의 승낙없이 할 수 있다.

- ㉠ 공사대금채권에 기하여 유치권을 행사하는 자가 스스로 유치물인 주택에 거주하며 사용하는 것은 특별한 사정이 없는 한 유치물의 보존에 필요한 사용에 해당하고, 차임에 상당한 이득을 소유자에게 반환할 의무가 있다[2009다40684].
- ㉡ 그러나 유치권자가 유치물에 대한 보존행위로서 목적물을 사용하는 것은 적법행위이므로 불법점유로 인한 손해배상책임이 없는 것이다[71다2414].

② 승낙에 의한 사용

> 제324조(유치권자의 선관의무) ② 유치권자는 채무자의 승낙없이 유치물의 사용, 대여 또는 담보제공을 하지 못한다.

만약 유치권자가 채무자의 승낙 없이 유치물을 임대하여 취득한 차임은 자기의 채권변제에 충당할 수 없고 부당이득으로 소유자에게 반환해야 한다.

(6) 비용상환청구권

> 제325조(유치권자의 상환청구권) ① 유치권자가 유치물에 관하여 필요비를 지출한 때에는 소유자에게 그 상환을 청구할 수 있다.
> ② 유치권자가 유치물에 관하여 유익비를 지출한 때에는 그 가액의 증가가 현존한 경우에 한하여 소유자의 선택에 좇아 그 지출한 금액이나 증가액의 상환을 청구할 수 있다. 그러나 법원은 소유자의 청구에 의하여 상당한 상환기간을 허여할 수 있다.

유치권자의 비용상환청구권은 목적물에 관해 생긴 채권이므로 유치권자는 이를 피담보채권으로 해서 새로운 유치권을 행사할 수 있다[71다2414].

2. 유치권자의 의무

(1) 의무의 내용

> 제324조(유치권자의 선관의무) ① 유치권자는 선량한 관리자의 주의로 유치물을 점유하여야 한다.
> ② 유치권자는 채무자의 승낙없이 유치물의 사용, 대여 또는 담보제공을 하지 못한다.

(2) 의무위반의 효과

> 제324조(유치권자의 선관의무) ③ 유치권자가 의무에 위반한 때에는 채무자는 유치권의 소멸을 청구할 수 있다.

제4절   유치권의 소멸

1. 일반적 소멸원인

(1) 물권 공통의 소멸사유

목적물의 멸실, 혼동, 공용수용, 포기, 몰수 등이 있다. 그러나 유치권이 시효로 소멸하는 일은 없다. 목적물에 대한 타인의 시효취득으로 유치권이 소멸하는 일도 없다.

(2) 담보물권 공통의 소멸사유 ★29, 33회 기출★

> 제326조(피담보채권의 소멸시효) 유치권의 행사는 채권의 소멸시효의 진행에 영향을 미치지 아니한다.

2. 특수한 소멸사유

(1) 유치권자의 의무위반과 유치권 소멸청구(형성권)

> 제324조(유치권자의 선관의무) ③ 유치권자가 의무에 위반한 때에는 채무자는 유치권의 소멸을 청구할 수 있다.

(2) 다른 담보의 제공과 유치권 소멸청구(청구권) ★33회 기출★

> 제327조(타담보제공과 유치권소멸) 채무자는 상당한 담보를 제공하고 유치권의 소멸을 청구할 수 있다.

3. 점유의 상실 ★32회 기출★

> 제328조(점유상실과 유치권소멸) 유치권은 점유의 상실로 인하여 소멸한다.

○ × 핵심체크

01 유치권자는 채권의 변제를 받기 위하여 유치물을 경매할 수 있고, 매각대금에서 후순위권리자보다 우선변제를 받을 수 있다. ○ ×

02 당사자의 합의로 유치권을 설정할 수 없다. ○ ×

03 유치권자가 불법으로 점유를 취득한 경우에도 유치권이 성립한다. ○ ×

04 원상회복약정이 있는 경우 유익비상환청구권을 미리 포기하기로 한 취지의 특약으로 보아 임차인의 유치권 주장을 배척한다. ○ ×

05 건축자재를 매도한 자는 그 자재로 건축된 건물에 대해 자신의 대금채권(자재납품대금)을 담보하기 위하여 유치권을 행사할 수 있다. ○ ×

06 임대인과 임차인이 건물의 명도시에 권리금을 반환하기로 한 경우, 권리금반환청구권을 피담보채권으로 하는 유치권을 행사할 수 없다. ○ ×

07 유치권은 법정담보물권이므로 이를 미리 포기하는 특약은 무효이다. ○ ×

08 유치권자가 수취한 유치물의 과실은 먼저 피담보채권의 원본에 충당하고 그 잉여가 있으면 이자에 충당한다. ○ ×

09 유치권자는 피담보채권의 변제를 받기 위하여 유치물을 경매할 수 있다. ○ ×

10 유치권 배제 특약이 있더라도 다른 법정요건이 모두 충족되면 유치권이 성립한다. ○ ×

정답 및 해설 **01** × **02** ○ **03** × **04** ○ **05** × **06** ○ **07** × **08** × **09** ○ **10** ×

오답분석
01 우선변제적 효력은 인정되지 않는다.
03 유치권은 그 점유가 불법행위로 인한 경우에는 발생하지 않는다.
05 매매대금은 유치권의 피담보채권이 될 수 없다.
07 유치권배제특약은 유효이다.
08 과실은 먼저 채권의 이자에 충당하고 그 잉여가 있으면 원본에 충당한다.
10 유치권 배제 특약이 있는 경우 유치권은 발생하지 않는다.

11 원칙적으로 유치권은 채권자 자신 소유 물건에 대해서도 성립한다. ☐O ☐X

12 피담보채권의 채무자를 직접점유자로 하여 채권자가 간접점유하는 경우에 유치권은 성립하지 않는다. ☐O ☐X

13 점유를 침탈당한 유치권자가 점유회수의 소를 제기하면 유치권을 보유하는 것으로 간주된다. ☐O ☐X

14 어떤 물건을 점유하기 전에 그에 관하여 발생한 채권에 대해서는 후에 채권자가 그 물건의 점유를 취득하더라도 유치권이 성립하지 아니한다. ☐O ☐X

15 부동산에 가압류등기가 마쳐진 후에 채무자의 점유이전으로 제3자가 유치권을 취득한 경우, 유치권자는 그 부동산 경매절차의 매수인에게 유치권을 주장할 수 없다. ☐O ☐X

16 유치권자는 매수인(경락인)에 대해서도 피담보채권의 변제를 청구할 수 있다. ☐O ☐X

17 유치권의 목적부동산이 제3자에게 양도된 경우, 유치권자는 특별한 사정이 없는 한 제3자에게 유치권을 주장할 수 있다. ☐O ☐X

18 유치권자가 소유자의 승낙 없이 제3자에게 유치물을 임대한 경우, 임차인은 소유자에게 임대차의 효력을 주장할 수 있다. ☐O ☐X

19 공사대금채권에 기하여 유치권을 행사하는 자가 스스로 유치물인 주택에 거주·사용하는 것은 특별한 사정이 없는 한, 유치물의 보존에 필요한 사용에 해당한다. ☐O ☐X

20 유치권을 행사하더라도 피담보채권의 소멸시효의 진행에는 영향을 미치지 않는다. ☐O ☐X

정답 및 해설 **11** ✕ **12** ○ **13** ✕ **14** ✕ **15** ✕ **16** ✕ **17** ○ **18** ✕ **19** ○ **20** ○

오답분석

11 유치권은 타물권이므로 자신소유에 대해서는 성립할 수 없다.

13 점유를 회수해야 유치권이 부활한다.

14 먼저 채권이 발생하고 후에 점유하게 되면 그때부터 유치권이 성립한다.

15 가압류 후에 유치권을 취득했다는 의미는 압류 전에 유치권을 취득했다는 의미이므로, 경락인에게 유치권을 주장할 수 있다.

16 제3자에 대해 유치권은 행사할 수 있으나, 채권의 변제는 청구할 수 없다.

18 소유자 승낙없이 대여한 경우 임차인은 소유자에게 임차권으로 대항하지 못한다.

제9장 | 확인학습문제

01 민사유치권에 관한 설명으로 옳지 <u>않은</u> 것은?(다툼이 있으면 판례에 따름)   ★31회 기출★

① 수급인은 특별한 사정이 없으면 그의 비용과 노력으로 완공한 건물에 유치권을 가지지 못한다.

② 물건의 소유자는 그 물건을 점유하는 제3자가 비용을 지출할 때에 점유권원이 없음을 알았거나 중대한 과실로 몰랐음을 증명하여 비용상환청구권에 기한 유치권의 주장을 배척할 수 있다.

③ 채권과 물건 사이에 견련관계가 있더라도, 그 채무불이행으로 인한 손해배상채권과 그 물건 사이의 견련관계는 인정되지 않는다.

④ 저당권의 실행으로 부동산에 경매개시결정의 기입등기가 이루어지기 전에 유치권을 취득한 사람은 경매절차의 매수인에게 이를 행사할 수 있다.

⑤ 토지 등 그 성질상 다른 부분과 쉽게 분할할 수 있는 물건의 경우, 그 일부를 목적으로 하는 유치권이 성립할 수 있다.

해설

난도 ★★★

① 유치권이 타물권인 점에 비추어 볼 때 수급인의 재료와 노력으로 건축되었고 독립한 건물에 해당되는 기성부분은 수급인의 소유이므로, 수급인은 공사대금을 지급받을 때까지 이에 대해 유치권을 가질 수 없다[91다14116].

② 어떠한 물건을 점유하는 자는 소유의 의사로 선의 평온 및 공연하게 점유한 것으로 추정될 뿐만 아니라 점유자가 점유물에 대하여 행사하는 권리는 적법하게 보유하는 것으로 추정되므로 점유물에 대한 유익비상환청구권을 기초로 하는 유치권의 주장을 배척하려면 적어도 그 점유가 불법행위로 인하여 개시되었거나 유익비지출 당시 이를 점유할 권원이 없음을 알았거나 이를 알지 못함이 중대한 과실에 기인하였다고 인정할만한 사유의 상대방 당사자의 주장입증이 있어야 한다[66다600, 601].

③ 수급인의 공사잔금채권이나 그 지연손해금청구권과 도급인의 건물인도청구권은 모두 건물신축도급계약이라는 동일한 법률관계로부터 생긴 것이므로, 수급인의 손해배상채권도 건물에 관해 생긴 채권이며 채무불이행에 의한 손해배상청구권은 원채권의 연장이므로 물건과 원채권 사이에 견련관계가 있으면 그 손해배상채권에 관하여 유치권항변을 내세울 수 있다[76다582].

④ 부동산 경매절차에서의 매수인(경락인)은 민사집행법 제91조 제5항에 따라 유치권자에게 그 유치권으로 담보하는 채권을 변제할 책임이 있는 것이 원칙이나, 채무자 소유의 건물 등 부동산에 경매개시결정의 기입등기가 경료되어 압류의 효력이 발생한 후에 채무자가 위 부동산에 관한 공사대금 채권자에게 그 점유를 이전함으로써 그로 하여금 유치권을 취득하게 한 경우, 점유자로서는 위 유치권을 내세워 그 부동산에 관한 경매절차의 매수인에게 대항할 수 없다. 그러나 이러한 법리는 경매로 인한 압류의 효력이 발생하기 전에 유치권을 취득한 경우에는 적용되지 아니하고, 유치권 취득시기가 근저당권설정 후라거나 유치권 취득 전에 설정된 근저당권에 기하여 경매절차가 개시되었다고 하여 달리 볼 것은 아니다[2008다70763].

⑤ 민법 제321조는 "유치권자는 채권 전부의 변제를 받을 때까지 유치물 전부에 대하여 그 권리를 행사할 수 있다."고 규정하고 있으므로, 유치물은 그 각 부분으로써 피담보채권의 전부를 담보하며, 이와 같은 유치권의 불가분성은 그 목적물이 분할가능하거나 수개의 물건인 경우에도 적용된다. 따라서 타인이 임야의 일부를 개간한 자가 그 개간부분에 대하여 유치권을 항변하였는데 거래상 개간부분과는 다른 부분과의 분할이 가능함이 용이하게 추지되는 경우 그 유치권의 객체는 임야 중 개간부분에 한하는 것이었다고 할 것임에도 불구하고 인도청구 전부를 배척한 것은 위법이다[67다2786].

정답 ③

---

02 유치권의 피담보채권이 될 수 있는 민법상 권리를 모두 고른 것은?(다툼이 있으면 판례에 따름) ★30회 기출★

| ㄱ. 점유자의 비용상환청구권 | ㄴ. 임차인의 보증금반환채권 |
| ㄷ. 수급인의 공사대금채권 | ㄹ. 매도인의 매매대금채권 |

① ㄱ, ㄴ   ② ㄱ, ㄷ
③ ㄱ, ㄹ   ④ ㄴ, ㄷ
⑤ ㄷ, ㄹ

해설
난도 ★

ㄴ. 건물의 임대차에 있어서 임차인의 임대인에게 지급한 임차보증금반환청구권이나 임대인이 건물시설을 아니하기 때문에 임차인에게 건물을 임차목적대로 사용못한 것을 이유로 하는 손해배상청구권은 모두 그 건물에 관하여 생긴 채권이라 할 수 없어 유치권을 부정한다[75다1305].

ㄹ. 부동산 매도인이 매매대금을 다 지급받지 않은 상태에서 매수인에게 소유권이전등기를 마쳐주었으나 부동산을 계속 점유하고 있는 경우, 매매대금채권을 피담보채권으로 하여 매수인이나 그에게서 부동산 소유권을 취득한 제3자에게 유치권을 주장할 수 없다[2011마2380].

정답 ②

---

03 유치권에 관한 설명으로 옳지 않은 것은?(다툼이 있으면 판례에 따름) ★29회 기출★

① 유치권의 행사는 피담보채권의 소멸시효의 진행에 영향을 미치지 아니한다.
② 유치권자는 피담보채권 전부의 변제를 받을 때까지 유치물 전부에 대하여 그 권리를 행사할 수 있다.
③ 근저당권설정 후 그 실행에 따른 경매로 인한 압류의 효력이 발생하기 전에 취득한 유치권으로 경매절차의 매수인에게 대항할 수 없다.
④ 피담보채권의 채무자를 직접점유자로 하여 채권자가 간접점유하는 경우에 유치권은 성립하지 않는다.
⑤ 유치권자는 경매로 인한 매수인에 대하여 그 피담보채권의 변제가 있을 때까지 유치목적물의 인도를 거절할 수 있을 뿐, 그 피담보채권의 변제를 청구할 수는 없다.

난도 ★★

③ 채무자 소유의 건물 등 부동산에 경매개시결정의 기입등기가 경료되어 압류의 효력이 발생한 후에 유치권을 취득하게 한 경우, 위 유치권을 내세워 그 부동산에 관한 경매절차의 매수인에게 대항할 수 없다. 그러나 이러한 법리는 경매로 인한 압류의 효력이 발생하기 전에 유치권을 취득한 경우에는 적용되지 아니하고, 유치권 취득시기가 근저당권설정 후라거나 유치권 취득 전에 설정된 근저당권에 기하여 경매절차가 개시되었다고 하여 달리 볼 것은 아니다[2008다70763].

답 ③

04 유치권에 관한 설명으로 옳은 것은?(다툼이 있으면 판례에 따름)

☑확인
Check!
○
△
✕

① 목적물에 대한 점유를 취득한 후 그 목적물에 관한 채권이 성립한 경우 유치권은 인정되지 않는다.

② 유치물이 분할 가능한 경우, 채무자가 피담보채무의 일부를 변제하면 그 범위에서 유치권은 일부 소멸한다.

③ 유치권자가 유치물을 점유함으로써 유치권을 행사하고 있는 동안에는 피담보채권의 소멸시효는 진행되지 않는다.

④ 유치권자는 특별한 사정이 없는 한 법원에 청구하지 않고 유치물로 직접 변제에 충당할 수 있다.

⑤ 공사업자 乙에게 건축자재를 납품한 甲은 그 매매대금채권에 기하여 건축주 丙의 건물에 대하여 유치권을 행사할 수 없다.

난도 ★★

① 목적물의 점유 중에 피담보채권이 발생할 것을 요하지 않는다. 따라서 물건의 점유 이전에 그 물건에 관련하여 채권이 발생한 후 그 물건의 점유를 취득한 경우에도 유치권이 성립한다[64다1977].

② 다세대주택의 창호 등의 공사를 완성한 하수급인이 공사대금채권 잔액을 변제받기 위하여 위 다세대주택 중 한 세대를 점유하여 유치권을 행사하는 경우, 그 유치권은 위 한 세대에 대하여 시행한 공사대금만이 아니라 다세대주택 전체에 대하여 시행한 공사대금채권의 잔액 전부를 피담보채권으로 하여 성립한다[2005다16942]. 즉 유치권의 불가분성은 그 목적물이 분할 가능하거나 수개의 물건인 경우에도 적용된다[2005다16942].

③ 유치권의 행사는 채권의 소멸시효의 진행에 영향을 미치지 아니한다(제326조).

④ 정당한 이유 있는 때에는 유치권자는 감정인의 평가에 의하여 유치물로 직접변제에 충당할 것을 법원에 청구할 수 있다. 이 경우에는 유치권자는 미리 채무자에게 통지하여야 한다(제322조).

답 ⑤

05 유치권에 관한 설명으로 옳지 <u>않은</u> 것은?(다툼이 있으면 판례에 따름)

① 임차인의 임차보증금반환청구권은 임차건물에 관하여 생긴 채권이라 할 수 없다.
② 점유를 침탈당한 유치권자가 점유회수의 소를 제기하면 유치권을 보유하는 것으로 간주된다.
③ 유치권의 발생을 배제하는 특약은 유효하다.
④ 피담보채권이 변제기에 이르지 아니하면 유치권을 행사할 수 없다.
⑤ 유치권자는 유치물의 과실을 수취하여 다른 채권보다 우선하여 그 채권의 변제에 충당할 수 있다.

[해설]
난도 ★

② 유치권자가 점유를 상실하면 유치권도 소멸하나 점유침탈시 1년 이내에 점유를 회복하면 점유가 계속된 것으로 보아 유치권이 소멸하지 아니한다. 그러나 점유회수의 소를 제기한 상태에서는 유치권을 보유하는 것으로 간주되지 아니한다.

目 ②

---

06 민사유치권에 관한 설명으로 옳은 것은?(다툼이 있으면 판례에 따름)

① 유치권 배제 특약이 있더라도 다른 법정요건이 모두 충족되면 유치권이 성립한다.
② 채무자는 상당한 담보를 제공하고 유치권의 소멸을 청구할 수 있다.
③ 원칙적으로 유치권은 채권자 자신 소유 물건에 대해서도 성립한다.
④ 채권자가 채무자를 직접점유자로 하여 간접점유하는 경우, 채권자의 점유는 유치권의 요건으로서의 점유에 해당한다.
⑤ 채권자의 점유가 불법행위로 인한 경우에도 유치권이 성립한다.

[해설]
난도 ★

① 당사자는 미리 유치권의 발생을 막는 특약을 할 수 있고 이러한 특약은 유효하다. 유치권 배제 특약이 있는 경우 다른 법정요건이 모두 충족되더라도 유치권은 발생하지 않는데, 특약에 따른 효력은 특약의 상대방뿐 아니라 그 밖의 사람도 주장할 수 있다[2016다234043].
③ 유치권은 타물권인 점에 비추어 볼 때 수급인의 재료와 노력으로 건축되었고 독립한 건물에 해당되는 기성부분은 수급인의 소유라 할 것이므로 수급인은 공사대금을 지급받을 때까지 이에 대하여 유치권을 가질 수 없다[91다14116].
④ 유치권은 목적물을 유치함으로써 채무자의 변제를 간접적으로 강제하는 것을 본체적 효력으로 하는 권리인 점 등에 비추어, 그 직접점유자가 채무자인 경우에는 유치권의 요건으로서의 점유에 해당하지 않는다고 할 것이다(유치권 소멸)[2007다27236].
⑤ 유치권에 관한 규정은 그 점유가 불법행위로 인한 경우에 적용하지 아니한다(제320조 제2항). 점유물에 대한 필요비와 유익비 상환청구권을 기초로 하는 유치권 주장을 배척하려면 적어도 점유가 불법행위로 인하여 개시되었거나 점유자가 필요비와 유익비를 지출할 당시 점유권원이 없음을 알았거나 중대한 과실로 알지 못하였다고 인정할만한 사유에 대한 상대방 당사자의 주장ㆍ증명이 있어야 한다[2009다5162].

目 ②

제10장 | 질권

제1절 동산질권

1. 동산질권의 성립

> 제329조(동산질권의 내용) 동산질권자는 채권의 담보로 채무자 또는 제3자가 제공한 동산을 점유하고 그 동산에 대하여 다른 채권자보다 자기채권의 우선변제를 받을 권리가 있다.
>
> 제341조(물상보증인의 구상권) 타인의 채무를 담보하기 위한 질권설정자가 그 채무를 변제하거나 질권의 실행으로 인하여 질물의 소유권을 잃은 때에는 보증채무에 관한 규정에 의하여 채무자에 대한 구상권이 있다.

(1) 동산질권설정계약

① **계약당사자** : 질권을 취득하는 질권자와 목적동산에 질권을 설정하는 질권설정자이다. 질권자는 부종성의 원칙상 피담보채권의 채권자에 한한다. 다만, 질권설정자에게 처분권이 없더라도 채권자가 선의취득의 요건을 갖춘 때에는 질권을 선의취득한다(제343조 · 제249조). **★29, 34회 기출★**

② **피담보채권** : 아무런 제한이 없다. 특정물인도채권이나 금전으로 가액을 산정할 수 없는 채권도 질권에 의해 담보될 수 있다. 조건부채권 · 기한부채권을 위한 질권설정도 유효하며, 장래의 불특정채권을 담보하는 근질(根質)도 유효하다.

(2) 목적동산의 인도

> 제330조(설정계약의 요물성) 질권의 설정은 질권자에게 목적물을 인도함으로써 그 효력이 생긴다.

① 점유개정의 금지

> 제332조(설정자에 의한 대리점유의 금지) 질권자는 설정자로 하여금 질물의 점유를 하게 하지 못한다.

② 동산질권의 객체 ★28, 32, 33회 기출★

> 제331조(질권의 목적물) 질권은 양도할 수 없는 물건을 목적으로 하지 못한다.

(3) 법정질권의 경우

> 제648조(임차지의 부속물, 과실 등에 대한 법정질권) 토지임대인이 임대차에 관한 채권에 의하여 임차지에 부속 또는 그 사용의 편익에 공용한 임차인의 소유동산 및 그 토지의 과실을 압류한 때에는 질권과 동일한 효력이 있다.
> 제650조(임차건물 등의 부속물에 대한 법정질권) 건물 기타 공작물의 임대인이 임대차에 관한 채권에 의하여 그 건물 기타 공작물에 부속한 임차인소유의 동산을 압류한 때에는 질권과 동일한 효력이 있다.

2. 동산질권의 효력

(1) 동산질권의 효력이 미치는 범위

① 목적물의 범위

> 제343조(과실수취권) ① 질권자는 질물의 과실을 수취하여 다른 채권보다 먼저 그 채권의 변제에 충당할 수 있다. 그러나 과실이 금전이 아닌 때에는 경매하여야 한다.
> ② 과실은 먼저 채권의 이자에 충당하고 그 잉여가 있으면 원본에 충당한다.

동산질권의 효력은 질권의 객체로 인도된 물건 전부에 미친다. 질권의 설정은 질권자에게 목적물을 인도함으로써 효력이 생기므로(제330조), 질권자에게 인도된 종물에 한해 질권의 효력이 미친다. ★31회 기출★

② 피담보채권의 범위 ★29, 33회 기출★

> 제334조(피담보채권의 범위) 질권은 원본, 이자, 위약금, 질권실행의 비용, 질물보존의 비용 및 채무불이행 또는 질물의 하자로 인한 손해배상의 채권을 담보한다. 그러나 다른 약정이 있는 때에는 그 약정에 의한다.
> 제343조(유치권의 불가분성) 질권자는 채권전부의 변제를 받을 때까지 질물전부에 대하여 그 권리를 행사할 수 있다.

③ 물상대위

> 제342조(물상대위) 질권은 질물의 멸실, 훼손 또는 공용징수로 인하여 질권설정자가 받을 금전 기타 물건에 대하여도 이를 행사할 수 있다. 이 경우에는 그 지급 또는 인도전에 압류하여야 한다.

저당목적물의 변형물인 금전 기타 물건에 대하여 이미 제3자가 압류하여 그 금전 또는 물건이 특정된 이상 저당권자가 스스로 이를 압류하지 않고서도 물상대위권을 행사하여 일반채권자보다 우선변제를 받을 수 있다[98다12812]. ★33회 기출★

④ **동시이행관계** : 금전채무자가 채권자에게 담보물을 제공한 경우, 특별한 사정이 없으면 채무자의 변제의무와 채권자의 담보물반환의무는 동시이행관계에 있는 것이 아니다[69다1173]. ★31회 기출★

(2) 유치적 효력 등

① 질물의 유치 ★33회 기출★

> 제335조(유치적 효력) 질권자는 전조의 채권의 변제를 받을 때까지 질물을 유치할 수 있다. 그러나 자기보다 우선권이 있는 채권자에게 대항하지 못한다.

② 과실수취권

> 제343조(과실수취권) ① 질권자는 유치물의 과실을 수취하여 다른 채권보다 먼저 그 채권의 변제에 충당할 수 있다. 그러나 과실이 금전이 아닌 때에는 경매하여야 한다.

③ 비용상환청구권

> 제343조(유치권자의 상환청구권) ① 질권자가 질물에 관하여 필요비를 지출한 때에는 소유자에게 그 상환을 청구할 수 있다.
> ② 질권자가 질물에 관하여 유익비를 지출한 때에는 그 가액의 증가가 현존한 경우에 한하여 소유자의 선택에 좇아 그 지출한 금액이나 증가액의 상환을 청구할 수 있다. 그러나 법원은 소유자의 청구에 의하여 상당한 상환기간을 허여할 수 있다.

(3) 우선변제적 효력

① 의의 ★33회 기출★

> 제329조(동산질권의 내용) 동산질권자는 채권의 담보로 채무자 또는 제삼자가 제공한 동산을 점유하고 그 동산에 대하여 다른 채권자보다 자기채권의 우선변제를 받을 권리가 있다.

② 우선변제권의 제한과 동산질권의 순위 ★29, 32, 33회 기출★

> 제333조(동산질권의 순위) 수개의 채권을 담보하기 위하여 동일한 동산에 수개의 질권을 설정한 때에는 그 순위는 설정의 선후에 의한다.
> 제335조(유치적효력) 그러나 자기보다 우선권이 있는 채권자에게 대항하지 못한다.

③ 우선변제권의 행사방법 ★29, 32회 기출★

> 제338조(경매, 간이변제충당) ① 질권자는 채권의 변제를 받기 위하여 질물을 경매할 수 있다.
> ② 정당한 이유있는 때에는 질권자는 감정자의 평가에 의하여 질물로 직접 변제에 충당할 것을 법원에 청구할 수 있다. 이 경우에는 질권자는 미리 채무자 및 질권설정자에게 통지하여야 한다.
> 제340조(질물 이외의 재산으로부터의 변제) ① 질권자는 질물에 의하여 변제를 받지 못한 부분의 채권에 한하여 채무자의 다른 재산으로부터 변제를 받을 수 있다.
> ② 전항의 규정은 질물보다 먼저 다른 재산에 관한 배당을 실시하는 경우에는 적용하지 아니한다. 그러나 다른 채권자는 질권자에게 그 배당금액의 공탁을 청구할 수 있다.

④ 유질계약의 금지

> 제339조(유질계약의 금지) 질권설정자는 채무변제기전의 계약으로 질권자에게 변제에 갈음하여 질물의 소유권을 취득하게 하거나 법률에 정한 방법에 의하지 아니하고 질물을 처분할 것을 약정하지 못한다.

변제기 후에 체결하는 유질계약은 일종의 대물변제로서 유효하고, 경매나 간이변제충당에 의해 질권자에게 질물을 처분하게 하거나 그 소유권을 취득하게 하는 것은 유효하다. ★29, 31회 기출★

(4) 동산질권자의 전질권

① 의의

질권자가 채권담보용으로 인도받아 유치하고 있던 질물에 대해 제3자에 대한 자신의 채무를 담보하기 위해 다시 질권을 설정하는 것을 말한다.

② 책임전질

㉠ 의의 : 질권설정자의 승낙을 얻지 않고 질권자의 책임하에 원질권의 범위 안에서 다시 질권을 설정하는 것을 말한다.

㉡ 법적 성격 : 책임전질은 질권의 부종성으로 인해 피담보채권과 질권을 함께 입질하는 것이라는 채권·질권 공동입질설이 다수설이고 타당하다.

㉢ 책임전질의 성립요건

ⓐ 원질권자와 전질권자간의 질권설정계약(물권적 합의)과 질물의 인도가 있어야 한다.

ⓑ 전질권은 원질권의 범위 내여야 한다(제336조 전문). 피담보채권액·존속기간 등에 있어 원질권의 범위를 초과하는 초과전질의 경우, 그 초과부분은 채무자에 대한 관계에서는 무효이다.

ⓒ 책임전질은 피담보채권과 질권을 함께 입질하는 것이므로 권리질권설정의 요건을 갖추어야 한다.

㉣ 책임전질의 효과

ⓐ 책임범위의 확대(임의규정)

> 제336조(전질권) 원질권자는 전질을 하지 아니하였으면 면할 수 있는 불가항력으로 인한 손해에 대하여도 책임을 부담한다.

ⓑ 처분 등의 제한 : 원질권자는 전질권자의 동의 없이 질권을 포기하거나 채무자의 채무를 면제하는 등으로 질권을 소멸시키지 못하며, 전질권자의 이익을 해하는 변경을 할 수 없다.

ⓒ 채무자의 변제의 효과

> 제337조(전질의 대항요건) ② 채무자가 전질의 통지를 받거나 승낙을 한 때에는 전질권자의 동의없이 질권자에게 채무를 변제하여도 이로써 전질권자에게 대항하지 못한다.

ⓓ 전질권자의 질물유치 : 전질권자는 자기 채권의 변제를 받을 때까지 질물을 유치할 수 있으나, 자기보다 우선권이 있는 채권자에게 대항하지 못한다. 전질권은 원질권보다 우선한다.

ⓔ 전질권의 실행 : 전질권자가 전질권을 실행하려면 자기의 채권뿐만 아니라 원질권자의 채권도 변제기에 있어야 한다.

ⓕ 소멸의 종속성 : 원질권이 소멸하면 전질권도 소멸한다.

③ 승낙전질 ★34회 기출★

㉠ 의의 : 원질권자가 질권설정자의 승낙(처분권)을 얻어서 자기 채무를 담보하기 위해 질물 위에 원질권에 우선하는 새 질권을 설정하는 것을 말한다.

ⓛ 승낙전질의 법적 성격 : 승낙전질은 원질권과는 별개의 것으로서 질물의 재입질에 해당한다는 질물재입질설이 통설이다.

　　ⓒ 승낙전질의 성립요건

　　　　ⓐ 질권설정자(보통은 질물소유자)의 승낙이 있어야 한다. 원질권자가 채무자에게 전질의 사실을 별도로 통지할 필요는 없다.

　　　　ⓑ 원질권자와 전질권자간의 질권설정계약(물권적 합의)과 질물의 인도가 있어야 한다.

　　　　ⓒ 승낙전질은 원질권자의 피담보채권이나 원질권과는 무관하므로, 책임전질과는 달리 권리질권 설정의 요건을 갖출 필요도 없고 원질권의 범위 내라는 제한도 없다.

　　ⓔ 승낙전질의 효과

　　　　ⓐ 책임범위 : 책임전질과는 달리, 원질권자의 책임이 가중되지는 않는다. 즉 불가항력으로 인한 손해에 대해 배상책임을 지지 않는다.

　　　　ⓑ 소멸의 독립성 : 원질권설정자는 원질권자에게 자기 채무를 변제해서 원질권을 소멸시킬 수 있으나, 원질권이 소멸하더라도 전질권은 소멸하지 않는다. 다만, 전질권자의 동의를 얻어서 원질권자에게 채무를 모두 변제한 경우에는 질물반환을 청구할 수 있다.

(5) 물상보증인의 구상권

> 제341조(물상보증인의 구상권) 타인의 채무를 담보하기 위한 질권설정자가 그 채무를 변제하거나 질권의 실행으로 인하여 질물의 소유권을 잃은 때에는 보증채무에 관한 규정에 의하여 채무자에 대한 구상권이 있다.

3. 증권에 의해 표상되는 동산의 입질과 화환

(1) 증권에 의한 동산질

① 운송증권(화물상환증 · 선하증권)에 의한 입질 : 운송물의 양도와 동일한 방식인 증권의 배서 · 교부에 의한다(상법 제132조 · 제133조 · 제861조).

② 창고증권에 의한 입질 : 증권의 배서 · 교부에 의한다(상법 제157조).

(2) 화환(貨換)

격지자간의 송부매매에 있어서 매도인이 매수인 또는 그가 지정하는 은행을 지급인으로 하고 운송증권으로써 담보하여 발행하는 환어음을 말한다.

1. 서설

(1) 의의

> 제345조(권리질권의 목적) (권리)질권은 (동산 외의) 재산권을 그 목적으로 할 수 있다.
> 제346조(권리질권의 설정방법) 권리질권의 설정은 법률에 다른 규정이 없으면 그 권리의 양도에 관한 방법에 의하여야 한다.

(2) 권리질권의 객체(목적)

> 제345조(권리질권의 목적) 그러나 부동산의 사용, 수익을 목적으로 하는 권리는 그러하지 아니하다.

① 양도성이 있는 재산권에 한한다(제355조 · 제331조). 채권 · 주식 · 지식재산권 등이 주로 이용된다.

② 인격권 · 신분권 기타 일신전속권은 제외된다. 부동산의 사용 · 수익을 목적으로 하는 지상권 · 전세권 · 부동산임차권 등은 제외된다. ★30회 기출★

③ 광업권 · 어업권은 질권의 목적으로 할 수 없다(광업법 제13조, 수산업법 제15조 제3항). 점유권 · 소유권 · 지역권은 성질상 질권의 객체가 될 수 없다.

2. 채권질권

(1) 채권질권의 객체

채권은 원칙적으로 양도성을 가지므로 질권의 객체가 될 수 있음이 원칙이다. 통상의 채권뿐만 아니라 장래의 채권, 조건부채권, 선택채권도 질권의 객체가 될 수 있다. 부양청구권 · 재해보상청구권 · 공무원연금청구권 등과 같이 법률규정에 의해 양도 또는 담보제공이 금지되는 채권은 제외된다.

(2) 채권질권의 설정방법

> 제346조(권리질권의 설정방법) 권리질권의 설정은 법률에 다른 규정이 없으면 그 권리의 양도에 관한 방법에 의하여야 한다.

① 지명채권의 입질 및 대항요건 ★28, 30회 기출★

> 제347조(설정계약의 요물성) 채권을 질권의 목적으로 하는 경우에 채권증서가 있는 때에는 질권의 설정은 그 증서를 질권자에게 교부함으로써 그 효력이 생긴다.
> 제349조(지명채권에 대한 질권의 대항요건) ① 지명채권을 목적으로 한 질권의 설정은 설정자가 제450조의 규정에 의하여 제3채무자에게 질권설정의 사실을 통지하거나 제3채무자가 이를 승낙함이 아니면 이로써 제3채무자 기타 제3자에게 대항하지 못한다.

차용증서 · 예금통장 · 보험증권 등의 채권증서가 있는 때에는 질권설정의 합의와 채권증서의 교부(제347조)가 있어야 하나, 채권증서가 없다면 질권설정의 합의만으로 채권질권이 성립한다.

② 지시채권의 입질 ★30회 기출★

> 제350조(지시채권에 대한 질권의 설정방법) 지시채권을 질권의 목적으로 한 질권의 설정은 증서에 배서하여 질권자에게 교부함으로써 그 효력이 생긴다.

③ 무기명채권의 입질

> 제351조(무기명채권에 대한 질권의 설정방법) 무기명채권을 목적으로 한 질권의 설정은 증서를 질권자에게 교부함으로써 그 효력이 생긴다.

④ 사채(회사채)의 입질 : 기명사채의 입질은 지명채권의 일종이어서 합의와 채권증서의 교부(제347조)로 질권설정의 효력이 생기고, 무기명사채의 입질은 무기명채권과 같이 합의와 증서의 교부로 질권설정의 효력이 생긴다(제351조).

⑤ 저당권부 채권의 입질 ★28, 31회 기출★

> 제348조(저당채권에 대한 질권과 부기등기) 저당권으로 담보한 채권을 질권의 목적으로 한 때에는 그 저당권등기에 질권의 부기등기를 하여야 그 효력이 저당권에 미친다.

(3) 채권질권의 효력 ★32회 기출★

① **효력이 미치는 범위** : 동산질권의 경우와 같다(제355조 · 제334조). 즉, 채권질권의 효력은 질권의 목적이 된 채권의 지연손해금 등과 같은 부대채권에도 미친다[2003다40668].

② 유치적 효력과 질권설정자의 권리처분 제한

> 제352조(질권설정자의 권리처분제한) 질권설정자는 질권자의 동의없이 질권의 목적된 권리를 소멸하게 하거나 질권자의 이익을 해하는 변경을 할 수 없다.

③ 우선변제적 효력 ★28, 29, 30, 31회 기출★

> 제353조(질권의 목적이 된 채권의 실행방법) ① 질권자는 질권의 목적이 된 채권을 직접 청구할 수 있다.
> ② 채권의 목적물이 금전인 때에는 질권자는 자기채권의 한도에서 직접 청구할 수 있다.
> ③ 전항의 채권의 변제기가 질권자의 채권의 변제기보다 먼저 도래한 때에는 질권자는 제3채무자에 대하여 그 변제금액의 공탁을 청구할 수 있다. 이 경우에 질권은 그 공탁금에 존재한다.
> ④ 채권의 목적물이 금전 이외의 물건인 때에는 질권자는 그 변제를 받은 물건에 대하여 질권을 행사할 수 있다.

○ × 핵심체크

01 지시채권을 질권의 목적으로 한 질권의 설정은 증서에 배서하여 질권자에게 교부함으로써 그 효력이 생긴다. ○×

02 무기명채권을 목적으로 한 질권의 설정은 증서를 질권자에게 교부함으로써 그 효력이 생긴다. ○×

03 저당권으로 담보한 채권을 질권의 목적으로 한 때에는 그 저당권등기에 질권의 부기등기를 하여야 그 효력이 저당권에 미친다. ○×

04 질권자는 질권의 목적이 된 채권을 직접 청구할 수 있다. ○×

05 양도금지의 약정이 있는 동산은 질권의 목적으로 하지 못한다. ○×

06 질권자 자신에 대한 채권은 질권의 대상으로 할 수 없다. ○×

07 질권자가 질물에 관하여 필요비를 지출한 때에는 소유자에게 그 상환을 청구할 수 없다. ○×

08 책임전질에서 전질권자는 원질권자의 채권의 변제기와는 상관없이 전질권을 실행할 수 있다. ○×

09 질권은 질물의 멸실, 훼손 또는 공용징수로 인하여 질권설정자가 받을 금전 기타 물건에 대하여도 이를 행사할 수 있으나, 이 경우에는 그 지급 또는 인도 전에 압류할 필요는 없다. ○×

10 질권설정자는 채무변제기전의 계약으로 질권자에게 변제에 갈음하여 질물의 소유권을 취득하게 하거나 법률에 정한 방법에 의하지 아니하고 질물을 처분할 것을 약정하지 못한다. ○×

정답 및 해설　　**01** ○　**02** ○　**03** ○　**04** ○　**05** ×　**06** ×　**07** ×　**08** ×　**09** ×　**10** ○

오답분석
05 질권은 양도금지약정이 있는 동산이 아닌 양도할 수 없는 물건을 목적으로 하지 못한다.
06 은행이 대출채권의 담보로 자기에 대한 예금채권을 질권의 목적으로 하듯이 질권자 자신에 대한 채권도 질권의 대상으로 할 수 있다.
07 필요비를 상환청구할 수 있다.
08 전질권자가 전질권을 실행하려면 자기의 채권뿐만 아니라 원질권자의 채권도 변제기에 있어야 한다.
09 물상대위는 인도 전에 압류해야 한다.

제10장 | 확인학습문제

01 질권에 관한 설명으로 옳지 <u>않은</u> 것은?(다툼이 있으면 판례에 따름) ★31회 기출★

① 질권은 질물 전부에 효력이 미친다.

② 저당권으로 담보된 채권에 설정된 질권은 그 저당권등기에 질권의 부기등기를 하여야 저당권에 효력이 미친다.

③ 금전채권에 질권을 취득한 질권자는 자기채권액의 범위에서 직접 추심하여 변제에 충당할 수 있다.

④ 질권설정자는 피담보채무의 변제기 이후의 약정으로 질권자에게 변제에 갈음하여 질물의 소유권을 이전할 수 있다.

⑤ 금전채무자가 채권자에게 담보물을 제공한 경우, 특별한 사정이 없으면 채무자의 변제의무와 채권자의 담보물반환의무는 동시이행관계에 있다.

해설

난도 ★★★

⑤ 소비대차 계약에 있어서 채무의 담보목적으로 저당권 설정등기를 경료한 경우에 채무자의 채무변제는 저당권설정등기 말소등기에 앞서는 선행의무이며 채무의 변제와 동시이행 관계에 있는 것이 아니다[69다1173].

답 ⑤

02 동산질권에 관한 설명으로 옳지 <u>않은</u> 것은?(다툼이 있으면 판례에 따름) ★29회 기출★

① 동산질권도 선의취득의 대상이 될 수 있다.

② 질권설정자는 채무변제기 후의 계약으로 질권자에게 변제에 갈음하여 질물의 소유권을 취득하게 할 것을 약정하지 못한다.

③ 수개의 채권을 담보하기 위하여 동일한 동산에 수개의 질권을 설정한 때에는 그 순위는 설정의 선후에 의한다.

④ 다른 약정이 없는 한 질권은 원본, 이자, 위약금, 질권실행의 비용, 질물보존의 비용 및 채무불이행 또는 질물의 하자로 인한 손해배상의 채권을 담보한다.

⑤ 정당한 이유가 있는 경우 질권자는 간이변제충당을 법원에 청구할 수 있고, 이때 질권자는 미리 채무자 및 질권설정자에게 통지하여야 한다.

난도 ★★★

② 질권설정자는 채무변제기 전의 계약으로 질권자에게 변제에 갈음하여 질물의 소유권을 취득하게 하거나 법률에 정한 방법에 의하지 아니하고 질물을 처분할 것을 약정하지 못한다(제339조). 그러나 변제기 후에 체결하는 유질계약은 일종의 대물변제로서 유효하고, 경매나 간이변제충당에 의해 질권자에게 질물을 처분하게 하거나 그 소유권을 취득하게 하는 것은 유효하다.

답 ②

03 권리질권에 관한 설명으로 옳은 것은?

★30회 기출★

☑확인
Check!
○
△
×

① 부동산의 사용을 목적으로 하는 권리도 질권의 목적이 될 수 있다.
② 질권자는 질권의 목적이 된 채권을 직접 청구할 수 없다.
③ 지명채권을 목적으로 한 질권은 제3채무자에게 질권설정의 사실을 통지하여야 성립할 수 있다.
④ 입질된 채권의 목적물이 금전 이외의 물건인 때에는 질권자는 그 변제를 받은 물건에 대하여 질권을 행사할 수 있다.
⑤ 지시채권을 목적으로 한 질권의 설정은 배서없이 증서를 교부하더라도 그 효력이 생긴다.

난도 ★★

① 양도성이 있는 재산권에 한한다(제355조 · 제331조). 채권 · 주식 · 지식재산권 등이 주로 이용된다. 부동산의 사용 · 수익을 목적으로 하는 지상권 · 전세권 · 부동산임차권 등은 제외된다. 광업권 · 어업권은 실권의 목적으로 할 수 없다(광업법 제13조, 수산업법 제15조 제3항). 점유권 · 소유권 · 지역권은 성질상 질권의 객체가 될 수 없다.
② 질권자는 질권의 목적이 된 채권을 직접 청구할 수 있다(제353조 제1항).
③ 지명채권을 목적으로 한 질권의 설정은 설정자가 제450조의 규정에 의하여 제3채무자에게 질권설정의 사실을 통지하거나 제3채무자가 이를 승낙함이 아니면 이로써 제3채무자 기타 제3자에게 대항하지 못한다(제349조 제1항).
④ 제353조 제4항
⑤ 지시채권을 질권의 목적으로 한 질권의 설정은 증서에 배서하여 질권자에게 교부함으로써 그 효력이 생긴다(제350조).

답 ④

04 질권에 관한 설명으로 옳지 <u>않은</u> 것은?

① 채권을 질권의 목적으로 하는 경우에 채권증서가 있는 때에는 질권의 설정은 그 증서를 질권자에게 교부함으로써 그 효력이 생긴다.

② 질권의 목적인 채권의 변제기가 질권자의 채권의 변제기보다 먼저 도래한 경우 질권자는 제3채무자에 대하여 자신에게 변제할 것을 청구할 수 있다.

③ 저당권으로 담보한 채권을 질권의 목적으로 한 때에는 그 저당권등기에 질권의 부기등기를 하여야 그 효력이 저당권에 미친다.

④ 질권자는 질권의 실행방법으로서 질권의 목적이 된 채권을 직접 청구할 수 있다.

⑤ 양도할 수 없는 동산은 질권의 목적이 될 수 없다.

해설
난도 ★★★

② 질권의 목적인 채권의 변제기가 질권자의 채권의 변제기보다 먼저 도래한 때에는 질권자는 제3채무자에 대하여 그 변제금액의 공탁을 청구할 수 있다(제353조 제3항).

답 ②

제11장 | 저당권

출제포인트
- 저당권의 효력범위
- 저당권침해에 대한 구제방법
- 동시배당에서 안분액 산정방법
- 근저당권의 피담보책권의 확정

제1절 저당권의 성립

1. 저당권설정계약

(1) 당사자 : 저당권자는 피담보채권의 채권자에 한한다. 그러나 채권자와 채무자 및 제3자 사이에 합의가 있었고, 나아가 제3자에게 그 채권이 실질적으로 귀속되었다고 볼 수 있는 특별한 사정이 있는 경우에는 제3자 명의의 저당권등기도 유효하다[94다33583]. 저당권설정자는 채무자 또는 제3자(물상보증인)이다. ★30회 기출★

(2) **저당권설정등기** : 불법말소된 저당권은 말소되지 않은 것처럼 존속하며 그 저당권자는 말소회복등기를 청구할 수 있는데[81다카923], 말소회복등기청구의 상대방은 말소 당시의 소유명의인이다[69다1617]. ★31, 32회 기출★

(3) 근저당권설정등기가 원인 없이 말소된 이후에 그 근저당 목적물인 부동산에 관하여 다른 근저당권자 등 권리자의 경매신청에 따라 경매절차가 진행되어 경락허가결정이 확정되고 경락인이 경락대금을 완납하였다면, 원인 없이 말소된 근저당권은 이에 의하여 소멸한다[98다27197]. ★31회 기출★

2. 저당권의 객체

(1) 저당권은 목적물을 점유하지 않으므로 등기 · 등록에 의해 공시될 수 있는 물건이나 권리에 한한다. 따라서 성숙한 농작물, 명인방법만을 갖춘 수목은 저당권의 객체가 될 수 없다. 1필지 토지, 1동의 건물, 지상권, 전세권이 객체가 된다.

(2) 공유지분상에는 저당권 설정이 가능하나, 지역권, 임차권도 객체가 될 수 없다. 입목(입목법 제3조 제2항), 광업권(광업법 제13조), 어업권(수산업법 제20조), 공장재단(공장저당법 제1조), 광업재단(광업재단저당법 제3조) 등을 저당권의 객체로 인정한다.

3. 피담보채권

금전채권임이 보통이지만 반드시 금전채권이어야 하는 것은 아니며, 저당권을 실행할 시기에 금전채권으로 될 수 있으면 된다. 조건부채권·기한부채권 기타 장래에 발생할 특정의 채권을 위하여 저당권을 설정할 수 있다. 미곡 등 대체물채권의 담보인 저당권의 채권액은 당사자 사이에서 정한 채권의 당초 변제기일의 시가로 산정한 가격을 채권액으로 볼 것이다[74마136]. ★31회 기출★

4. 부동산 공사수급인의 저당권설정청구권

> 제666조(수급인의 목적 부동산에 대한 저당권설정청구권) 부동산공사의 수급인은 제665조의 보수에 관한 채권을 담보하기 위하여 그 부동산을 목적으로 한 저당권의 설정을 청구할 수 있다.

제2절 저당권의 효력

1. 피담보채권의 범위

(1) 원칙

원칙적으로 당사자의 약정에 의해서 정하여진다.

(2) 보충규정

> 제360조(피담보채권의 범위) 저당권은 원본, 이자, 위약금, 채무불이행으로 인한 손해배상 및 저당권의 실행비용을 담보한다. 그러나 지연배상에 대하여는 원본의 이행기일을 경과한 후의 1년분에 한하여 저당권을 행사할 수 있다.

① 민법 제360조가 지연배상에 대하여는 원본의 이행기일을 경과한 후의 1년분에 한하여 저당권을 행사할 수 있다고 규정하고 있는 것은 저당권자의 제3자에 대한 관계에서의 제한이며, 채무자나 저당권설정자가 저당권자에 대하여 대항할 수 있는 것이 아니다[90다8855]. ★31회 기출★
② 목적물보존비용과 목적물하자로 인한 손해배상은 포함되지 않으므로 저당권의 피담보채권의 범위가 질권의 피담보채권 범위보다 좁다(제344조·제360조).

2. 목적물의 범위

(1) 부합물

> 제358조(저당권의 효력의 범위) 저당권의 효력은 저당부동산에 부합된 물건과 종물에 미친다. 그러나 법률에 특별한 규정 또는 설정행위에 다른 약정이 있으면 그러하지 아니하다.

① 저당권의 효력은 저당권설정의 전후를 불문하고, 등기 여부도 불문하고 법률의 규정이나 다른 약정이 없으면 저당부동산에 부합된 물건에 미친다. 수목은 원칙적으로 토지의 부합물이지만, 입목법상의 입목과 명인방법을 갖춘 수목의 집단, 성숙한 농작물, 건물은 토지의 부합물이 아니다. ★31, 32회 기출★

② 건물의 증축부분이 본래의 건물에 부합되어 전혀 별개의 독립물로서의 효용을 갖지 않는다면(부합) 비록 경매절차에서 경매목적물로 평가되지 않았다 할지라도 경락인은 그 부합된 증축부분의 소유권을 취득한다[80다2757]. ★30, 33회 기출★

(2) 종물 – 종된 권리에 유추적용

① 건물에 저당권이 설정된 경우 그 건물에 연이어 설치되어 그 일부에 불과한 부속건물에도 저당권의 효력이 미치므로 등기부에 등재되지 않은 그 부속건물을 경매목적에 포함시킨 매각허가 결정은 적법하다.

② 집합건물에 있어서 전유부분과 대지사용권은 일체성을 이루므로 그 전유부분에 대한 근저당권은 대지권에도 미친다[94다12722].

③ 건물에 대한 저당권은 그 건물의 소유를 목적으로 하는 지상권, 전세권, 임차권에 미친다[95다52864]. 건물에 대한 저당권이 실행되어 경락인이 그 건물의 소유권을 취득하였다면, 그 건물 소유를 위한 지상권도 민법 제187조의 규정에 따라 등기없이 당연히 경락인이 취득한다[92다527]. ★33회 기출★

(3) 과실

> 제359조(과실에 대한 효력) 저당권의 효력은 저당부동산에 대한 압류(경매개시결정의 송달 또는 등기)가 있은 후에 저당권설정자가 그 부동산으로부터 수취한 과실 또는 수취할 수 있는 과실에 미친다. 그러나 저당권자가 그 부동산에 대한 소유권, 지상권 또는 전세권을 취득한 제3자에 대하여는 압류한 사실을 통지한 후가 아니면 이로써 대항하지 못한다.

위 규정상 '과실'에는 천연과실뿐만 아니라 법정과실도 포함되므로 저당부동산에 대한 압류가 있으면 압류 이후의 저당권설정자의 저당부동산에 관한 차임채권 등에도 저당권의 효력이 미친다[2015다230020]. ★29, 31, 32회 기출★

(4) 부합물 등이 저당 부동산에서 분리 · 반출된 경우

공장저당권의 목적 동산이 저당권자의 동의를 얻지 아니하고 설치된 공장으로부터 반출된 경우 저당권자 자신에게 반환할 것을 청구할 수는 없지만 원래의 설치 장소에 원상회복 할 것을 청구함은 저당권자의 방해배제권의 당연한 행사에 해당한다[95다55184].

3. 용익권과의 관계 내지 우선변제적 효력

(1) 1번 저당권이 설정된 후 지상권이 설정되고 그 후 2번 저당권이 설정된 경우, 2번 저당권 실행으로 목적물이 매각되면 지상권은 소멸한다(→ 말소기준권리는 1번 저당권이므로 이하의 권리는 경락으로 인하여 모두 소멸한다).

(2) 전세권이 저당권보다 먼저 설정된 경우, 저당권 실행시 원칙적으로 전세권은 소멸하지 아니하나 전세권자가 배당요구를 하면 전세권은 목적물의 매각으로 소멸한다. 지상권이 저당권보다 먼저 설정된 경우, 저당권 실행으로 토지가 매각되더라도 지상권은 소멸하지 않는다.

4. 제3취득자의 지위

(1) 민법 제364조 입법취지 ★29, 32회 기출★

> 제364조(제3취득자의 변제) 저당부동산에 대하여 소유권, 지상권 또는 전세권을 취득한 제3자는 저당권자에게 그 부동산으로 담보된 채권을 변제하고 저당권의 소멸을 청구할 수 있다.

(2) 제3취득자의 지위

① 경락인이 되는 권리 ★29, 33회 기출★

> 제363조(저당권자의 경매청구권, 경매인) ② 저당물의 소유권을 취득한 제3자도 경매인이 될 수 있다.

② 제3취득자의 비용상환청구권 ★30, 34회 기출★

> 제367조(제3취득자의 비용상환청구권) 저당물의 제3취득자가 그 부동산의 보존, 개량을 위하여 필요비 또는 유익비를 지출한 때에는 제203조 제1항, 제2항의 규정에 의하여 저당물의 경매대가에서 우선상환을 받을 수 있다.

(3) 제3취득자의 변제권

> 제469조(제3자의 변제) ① 채무의 변제는 제3자도 할 수 있다. 그러나 채무의 성질 또는 당사자의 의사표시로 제3자의 변제를 허용하지 아니하는 때에는 변제할 수 없다.
> ② 이해관계 없는 제3자는 채무자의 의사에 반하여 변제하지 못한다.

제3취득자는 이해관계 있는 제3자로서 채무자의 의사에 반하더라도 변제할 수 있다(제469조). 지연이자의 경우 제3취득자의 변제는 원본의 이행기일을 경과한 후의 1년분에 한한다. 변제한 제3취득자는 저당채무자에 대해 구상권을 가진다(제481조 · 97다8403).

5. 저당권의 실행

(1) 경매에 의한 저당권실행

> 제363조(저당권자의 경매청구권, 경매인) ① 저당권자는 그 채권의 변제를 받기 위하여 저당물의 경매를 청구할 수 있다.

(2) 경매에 의하지 않는 저당권의 실행
① 유저당 계약(流抵當 契約)
② 대물변제의 예약(代物辨濟의 豫約)
③ 임의환가의 약정(任意換價의 約定)

제3절 　 저당권침해에 대한 구제

1. 의의

저당물의 교환가치를 감소·소멸시켜 저당권자의 담보를 위태롭게 하는 것을 말한다. 저당물의 소유자가 통상의 경제적 용도에 따라 저당물을 이용하거나 저당물에 용익권을 설정하는 것은 저당권침해가 되지 않는다.

2. 저당권침해에 대한 구제방법

(1) 물권적 청구권(귀책사유 불문+손해여부 불문)

> 제356조(저당권의 내용) 저당권자는 채무자 또는 제3자가 점유를 이전하지 아니하고 채무의 담보로 제공한 부동산에 대하여 다른 채권자보다 자기채권의 우선변제를 받을 권리가 있다.

저당권자는 목적물을 점유하지 않으므로 반환청구권을 행사할 수 없다. 이미 소멸한 선순위저당권의 설정등기가 말소되지 않고 있는 경우 후순위저당권자는 방해배제청구권에 기해 선순위저당권등기의 말소를 청구할 수 있다. 저당부동산의 교환가치가 하락할 우려가 있는 등 저당권자의 우선변제청구권의 행사가 방해되는 결과가 발생한다면 저당권자는 저당권에 기한 방해배제청구권을 행사하여 방해행위의 제거(건축공사의 중지)를 청구할 수 있다[2003다58454]. ★30회 기출★

(2) 손해배상청구권(귀책사유 요+피담보채권액 미달)

저당물의 교환가치가 피담보채권을 초과하는 경우에 저당권자는 손해배상청구권을 행사할 수는 없으나 물권적 청구권은 행사할 수 있다. 물권적 청구권과는 달리 침해자의 고의·과실이 있어야 한다. 저당권침해가 있으면 저당권실행 전이라도 손해배상청구를 할 수 있다[98다34126].

(3) 담보물보충청구권 *29회 기출*

> 제362조(저당물의 보충) 저당권설정자의 책임있는 사유로 인하여 저당물의 가액이 현저히 감소된 때에는 저당권자는 저당권설정자에 대하여 그 원상회복 또는 상당한 담보제공을 청구할 수 있다.

(4) 즉시변제청구권

> 제388조(기한의 이익의 상실) 채무자는 다음 각 호의 경우에는 기한의 이익을 주장하지 못한다.
> 1. 채무자가 담보를 손상, 감소 또는 멸실하게 한 때
> 2. 채무자가 담보제공의 의무를 이행하지 아니한 때

제4절　저당권의 처분 및 소멸

1. 저당권의 처분

(1) 저당권처분의 제한 *32, 33회 기출*

> 제361조(저당권의 처분제한) 저당권은 그 담보한 채권과 분리하여 타인에게 양도하거나 다른 채권의 담보로 하지 못한다.

(2) 저당권부채권의 양도

① 저당권에 의해 담보된 채권을 그 저당권과 함께 양도하는 것을 말한다. 저당권을 이전할 것을 목적으로 하는 물권적 합의와 등기가 있어야 저당권이 이전되지만, 이때의 물권적 합의는 저당권을 양도하고 양수받는 당사자 사이에 있으면 족하고 그 외에 그 채무자나 물상보증인 사이에까지 있어야 하는 것은 아니다[94다23975]. *31회 기출*

② 피담보채권을 저당권과 함께 양수한 자는 저당권이전의 부기등기를 마치고 저당권실행의 요건을 갖추고 있는 한 채권양도의 대항요건을 갖추고 있지 아니하더라도 경매신청을 할 수 있다[2004다29279]. *31회 기출*

(3) 저당권부 채권의 입질

저당권으로 담보한 채권을 질권의 목적으로 한 때에는 그 저당권등기에 질권의 부기등기를 하여야 그 효력이 저당권에 미친다.

2. 저당권의 소멸

(1) 일반적 소멸사유 *34회 기출*

> 제369조(부종성) 저당권으로 담보한 채권이 시효의 완성 기타 사유로 인하여 소멸한 때에는 저당권도 소멸한다.

(2) 특수한 소멸사유

① 목적된 지상권·전세권의 소멸 *28, 32회 기출*

> 제371조(지상권, 전세권을 목적으로 하는 저당권) ② 지상권 또는 전세권을 목적으로 저당권을 설정한 자는 저당권자의 동의없이 지상권 또는 전세권을 소멸하게 하는 행위를 하지 못한다.

② 저당권소멸청구

> 제364조(제3취득자의 변제) 저당부동산에 대하여 소유권, 지상권 또는 전세권을 취득한 제3자는 저당권자에게 그 부동산으로 담보된 채권을 변제하고 저당권의 소멸을 청구할 수 있다.

제5절   공동저당(共同抵當)

1. 공동저당의 성립

(1) 설정계약

동일한 채권을 담보하기 위해 수개의 부동산에 저당권을 설정하기로 하는 합의가 있어야 한다.

(2) 등기

각 부동산에 저당권설정의 등기를 해야 한다. 공동담보부동산이 5개 이상인 때에는 공동담보목록(共同擔保目錄)을 첨부해야 한다. 공동저당관계의 등기를 공동저당권의 성립요건이나 대항요건이라고 할 수 없다[2008다57746]. *31회 기출*

2. 효력

(1) 동시배당(同時配當)의 경우

① 부담의 안분(按分)

> 제368조(공동저당과 대가의 배당, 차순위자의 대위) ① 동일한 채권의 담보로 수개의 부동산에 저당권을 설정한 경우에 그 부동산의 경매대가를 동시에 배당하는 때에는 각 부동산의 경매대가에 비례하여 그 채권의 분담을 정한다.

주의할 것은 동시배당에서 각 부동산의 경매대가에 비례하여 그 채권의 분담을 정하는 것은 후순위저당권자가 있든 없든 불문하고 적용된다.

(2) 이시배당(異時配當)의 경우(후순위저당권자의 대위) *32회 기출*

> 제368조(공동저당과 대가의 배당, 차순위자의 대위) ② 제368조 제1항의 저당부동산중 일부의 경매대가를 먼저 배당하는 경우에는 그 대가에서 그 채권전부의 변제를 받을 수 있다. 이 경우에 그 경매한 부동산의 차순위저당권자는 선순위저당권자가 제368조 제1항(동시배당)의 규정에 의하여 다른 부동산의 경매대가에서 변제를 받을 수 있는 금액의 한도에서 선순위자를 대위하여 저당권을 행사할 수 있다.

(3) 후순위 저당권자와 물상보증인의 관계

① 채무자 소유 부동산과 물상보증인 소유 부동산이 동시배당된 경우 : 채무자 소유 부동산의 경매대가에서 공동저당권자에게 우선적으로 배당을 하고, 부족분이 있는 경우에 한하여 물상보증인 소유 부동산의 경매대가에서 추가로 배당을 하여야 한다[2008다41475].

② 물상보증인 소유 부동산이 먼저 매각된 경우 : 물상보증인은 채무자에 대하여 구상권을 취득함과 동시에, 변제자대위에 의하여 채무자 소유의 부동산에 대한 선순위 저당권을 대위취득하고, 그 물상보증인 소유의 부동산의 후순위 저당권자는 위 선순위 저당권에 대하여 물상대위를 할 수 있다[2008마109].

③ 채무자 소유 부동산이 먼저 매각된 경우(물상보증인 우선설) : 채무자 소유의 부동산에 대한 후순위저당권자는 민법 제368조 제2항 후단에 의하여 1번 공동저당권자를 대위하여 물상보증인 소유의 부동산에 대해 저당권을 행사할 수 없다[95마500].

제6절 근저당권(根抵當權)

1. 서설

(1) 의의

> 제357조(근저당) ① 저당권은 그 담보할 채무의 최고액만을 정하고 채무의 확정을 장래에 보류하여 이를 설정할 수 있다.

근저당권설정행위와는 별도로 근저당권의 피담보채권을 성립시키는 법률행위가 있어야 한다[2003다70041]. 근저당권의 존속 중에 피담보채권이나 기본계약과 분리하여 근저당권만을 양도할 수 없다. ★27회 기출★

(2) 근저당권의 특질

> 제357조(근저당) ① 이 경우에는 그 확정될 때까지의 채무의 소멸 또는 이전은 저당권에 영향을 미치지 아니한다.

① 부종성의 완화 : 피담보채권이 일시 소멸하더라도 저당권은 소멸하지 않는데 이는 저당권의 성립과 소멸에 있어서 부종성의 예외가 된다. ★31회 기출★

② 장래에 발생할 특정의 조건부 채권을 피담보채권으로 하는 근저당권을 설정하는 것도 가능하다[93다6362]. ★30회 기출★

2. 근저당권의 성립

(1) 설정계약

당사자는 채권자와 근저당권설정자(채무자 또는 물상보증인)이다. 존속기간이나 결산기의 약정은 해도 되고 하지 않아도 된다.

(2) 등기

> 제357조(근저당) ② 전항의 경우에는 채무의 이자는 최고액 중에 산입한 것으로 본다.

등기원인이 근저당권설정계약이라는 뜻과 채권 최고액과 채무자는 반드시 등기해야 하나 채무의 이자는 따로 등기할 필요 없다.

3. 근저당권의 효력

(1) 피담보채권의 범위

① 채권최고액

㉠ 의미 : 채권최고액이란 저당물로부터 우선변제를 받을 수 있는 최고한도액이다.

㉡ 채무자 : 채권총액이 근저당권의 채권최고액을 초과하는 경우 적어도 근저당권자와 채무자 겸 근저당권설정자의 관계에 있어서는 채권전액의 변제가 있을 때까지 근저당권설정등기의 말소청구를 할 수 없다[2000다59081]. ★27회 기출★

㉢ 제3취득자 : 근저당부동산의 제3취득자는 피담보채무가 확정된 이후에 채권최고액의 범위 내에서 그 확정된 피담보채무를 변제하고 근저당권의 소멸을 청구할 수 있다. ★30회 기출★

㉣ 물상보증인 : 근저당권의 물상보증인은 민법 제357조에서 말하는 채권의 최고액만을 변제하면 근저당권설정등기의 말소청구를 할 수 있다[74다998]. 그러나 물상보증인이 연대보증도 하면 채무총액을 변제해야 한다[72다485, 486].

㉤ 후순위권리자 : 후순위 근저당권자 또는 제3자가 임의로 변제하는 경우에는, 채무총액을 변제하여야 선순위근저당권의 말소를 청구할 수 있다. ★28회 기출★

② 범위 : 원본, 위약금과 이자는 최고액 중에 산입한 것으로 간주되고, 지연배상은 1년분에 한하여 담보된다는 제360조 단서는 근저당권에는 적용되지 않는다. 근저당권 실행비용은 채권최고액에 포함되지 않고 별도로 우선변제된다[2001다47986].

③ 피담보채권의 확정

㉠ 원칙

ⓐ 확정시기에 관한 민법의 규정은 없으나 다음의 경우 피담보채권은 확정된다.
- 근저당권 존속기간의 만료 ★33회 기출★
- 기본계약이 정하는 결산기의 도래 ★30회 기출★
- 기본계약 또는 근저당권설정계약의 해지·해제
- 채무자 또는 근저당권설정자의 파산선고·채무자에 대한 회사정리절차개시결정 등

ⓑ 근저당권의 존속기간이나 결산기의 정함이 없는 경우, 근저당권설정자는 근저당권자를 상대로 언제든지 해지의 의사표시를 함으로써 피담보채무를 확정시킬 수 있다. ★28, 33회 기출★

㉡ 경매신청의 경우

ⓐ 근저당권자가 피담보채무의 불이행을 이유로 경매신청을 한 경우에는 경매신청시에 근저당권의 피담보채권액이 확정되고[97다25521], 후순위 근저당권자가 경매를 신청한 경우 선순위 근저당권의 피담보채권은 경락인이 경락대금을 완납한 때에 확정된다[99다26085]. ★27, 28, 33회 기출★

ⓑ 경매신청을 하려는 태도를 보인데 그친 경우에는 확정된 것으로 보지 않는다[92다48567].

ⓒ 공동근저당권의 목적부동산 중 일부부동산에 대한 경매절차에서 우선변제권을 행사하여 채권최고액 전액을 배당받은 경우에는 이후 공동근저당권의 다른목적부동산에 대한 경매절차에서 중복해서 배당받을 수 없다[2011다68012]. ★33회 기출★

④ **피담보채권확정의 효과**

ⓐ 피담보채권이 확정되면 그 이후부터 근저당권은 부종성을 가지게 되어 보통의 저당권과 같은 취급을 받게 된다[97다25521]. ★28회 기출★

ⓑ 근저당권자가 피담보채무의 불이행을 이유로 경매신청을 하여 경매개시결정이 있은 후에 경매신청이 취하되었다고 하더라도 채무확정의 효과가 번복되는 것은 아니다[2001다73022]. ★30회 기출★

ⓒ 근저당권자의 경매신청 등의 사유로 인하여 근저당권의 피담보채권이 확정되었을 경우, 확정 이후에 새로운 거래관계에서 발생한 원본채권은 그 근저당권에 의하여 담보되지 아니하지만, 확정 전에 발생한 원본채권에 관하여 확정 후에 발생하는 이자나 지연손해금 채권은 채권최고액의 범위 내에서 근저당권에 의하여 여전히 담보되는 것이다[2005다38300]. ★29회 기출★

(2) 근저당권의 실행

후순위권리자나 제3취득자가 있는 경우 근저당권자는 채권최고액을 한도로 우선변제 받는다. 그러나 이해관계인이 없는 경우 근저당권자는 채권 전액을 변제 받을 수 있으므로 채무자는 채무 전액을 변제해야 근저당권 말소청구를 할 수 있다[80다2712].

4. 근저당권의 처분

(1) 근저당권의 피담보채권이 확정되기 전에 그 채권의 일부를 양도하거나 대위변제한 경우 근저당권이 양수인이나 대위변제자에게 이전할 여지가 없다[95다53812].

(2) 근저당권은 피담보채무가 확정되기 이전이라면 채무의 범위 또는 채무자를 변경할 수 있고 채무의 범위나 채무자가 변경된 경우에는 당연히 변경후의 범위에 속하는 채권이나 채무자에 대한 채권만이 당해 근저당권에 의해 담보된다[97다15777]. ★27회 기출★

(3) 근저당권이전의 부기등기는 피담보채무가 소멸된 경우 주등기인 근저당권설정등기의 말소만 구하면 되고 그 부기등기는 별도로 말소를 구하지 않더라도 주등기의 말소에 따라 직권으로 말소되는 것이며, 근저당권이 양도된 경우 근저당권설정등기의 말소등기청구는 양수인만을 상대로 하면 된다[2000다5640].

5. 근저당권의 소멸

근저당권이 설정된 후에 그 부동산의 소유권이 제3자에게 이전된 경우에는 현재의 소유자(제3취득자)가 자신의 소유권에 기하여 피담보채무의 소멸을 원인으로 그 근저당권설정등기의 말소를 청구할 수 있음은 물론이지만, 근저당권설정자인 종전의 소유자도 근저당권설정계약의 당사자로서 그 근저당권설정등기의 말소를 청구할 수 있다[93다16338]. ★31회 기출★

○ × 핵심체크

01 저당권자는 저당목적물의 소실로 인하여 저당권설정자가 취득한 화재보험금청구권에 대하여 물상대위권을 행사할 수 없다. ○×

02 저당권자는 저당물의 공용징수로 인하여 저당권설정자가 받을 금전의 지급 전에 이를 압류함으로써 저당권을 행사할 수 있다. ○×

03 채권자, 채무자와 제3자 사이에 합의가 있고 채권이 실질적으로 제3자에게 귀속되었다고 볼 수 있는 사정이 있으면 제3자 명의의 저당권설정등기는 유효하다. ○×

04 저당부동산에 대한 압류가 있기 전에 저당권설정자가 그 부동산으로부터 수취한 과실에도 저당권의 효력이 미친다. ○×

05 저당권은 그 담보한 채권과 분리하여 타인에게 양도할 수 있다. ○×

06 저당권 양도에 필요한 물권적 합의는 당사자뿐만 아니라 채무자나 물상보증인 사이에까지 있어야 한다. ○×

07 전세권, 성숙한 농작물, 타인의 토지 위에 무단으로 건축하여 등기된 주택, 명인방법만을 갖춘 수목은 저당권의 객체가 될 수 있다. ○×

08 저당권의 효력이 미치는 종물은 저당권 설정 전부터 존재하였던 것이어야 한다. ○×

09 구분건물의 전유부분에 대한 저당권의 효력은 특별한 사정이 없으면 대지사용권에도 미친다. ○×

10 전세권이 저당권보다 먼저 설정된 경우, 저당권 실행시 전세권자가 기한의 이익을 포기하고 배당요구를 하면 전세권은 목적물의 매각으로 소멸한다. ○×

정답 및 해설　　01 ×　02 ○　03 ○　04 ×　05 ×　06 ×　07 ×　08 ×　09 ○　10 ○

오답분석

01　소실(멸실)로 인한 화재보험금에도 물상대위가 인정되나, 매각대금이나 차임에 대해서는 인정되지 아니한다.
04　압류 후에 미친다.
05　저당권은 피담보채권과 분리하여 타인에게 양도하거나 다른 채권의 담보로 하지 못한다.
06　물권적 합의는 양도인과 양수인 사이에만 있으면 된다.
07　농작물, 명인방법, 지역권, 임차권은 저당권의 목적으로 할 수 없다.
08　저당권 설정 전·후를 불문한다.

11 저당부동산에 대하여 지상권을 취득한 제3자는 저당권자에게 그 부동산으로 담보된 채권을 변제하고 저당권의 소멸을 청구할 수 있다. ☐O☐X

12 근저당권에 기해 경매신청을 하면 경매신청시에 근저당 채무액이 확정되고, 경매신청에 따른 경매개시결정이 있은 후에 경매신청이 취하되더라도 채무확정의 효과가 번복되지 않는다. ☐O☐X

13 후순위 근저당권자가 경매를 신청한 경우, 선순위 근저당권자의 피담보채권도 후순위 근저당권자의 경매신청시 함께 확정된다. ☐O☐X

14 채권자는 피담보채권이 확정되기 전에 그 채권의 일부를 양도하여 근저당권의 일부양도를 할 수 있다. ☐O☐X

15 채무액이 채권최고액을 초과하는 경우, 근저당권을 설정한 채무자는 그 최고액을 변제하고 근저당권 설정등기의 말소를 청구할 수 있다. ☐O☐X

16 선순위 근저당권의 확정된 피담보채권액이 채권최고액을 초과하는 경우, 후순위 근저당권자가 그 채권최고액을 변제하면, 선순위 근저당권의 소멸을 청구할 수 있다. ☐O☐X

17 확정된 피담보채권이 채권최고액을 초과한 경우 물상보증인이 채권최고액을 변제한 때에도 근저당권설정등기의 말소를 청구할 수 있다. ☐O☐X

18 근저당부동산의 제3취득자는 피담보채무가 확정된 이후에 채권최고액의 범위 내에서 그 확정된 피담보채무를 변제하고 근저당권의 소멸을 청구할 수 있다. ☐O☐X

19 근저당권이전의 부기등기가 경료된 후 그 피담보채무가 소멸한 경우, 주등기인 근저당권설정등기의 말소등기만 구하면 되고 그 부기등기에 대한 말소를 구하는 것은 소의 이익이 없다. ☐O☐X

20 채무자 소유의 여러 부동산에 공동저당권을 설정한 경우 그 경매대가를 동시에 배당하는 때에는 각 부동산의 경매대가에 비례하여 그 채권의 분담을 정한다. ☐O☐X

정답 및 해설   11 ○ 12 ○ 13 × 14 × 15 × 16 × 17 ○ 18 ○ 19 ○ 20 ○

오답분석

13   매각대금완납시 확정된다.
14   확정 전에는 양수인에게 근저당권이 이전할 여지가 없다.
15   채권 전액의 변제가 있을 때까지 근저당권의 효력이 잔존 채무에 미친다.
16   채권 전액의 변제가 있어야 근저당권등기의 말소를 청구할 수 있다.

제11장 | 확인학습문제

01 저당권에 관한 설명으로 옳지 <u>않은</u> 것은?(다툼이 있으면 판례에 따름) ★34회 기출★

① 채권자와 제3자가 불가분적 채권자의 관계에 있다고 볼 수 있는 경우에는 그 제3자 명의의 저당권등기도 유효하다.

② 근저당권설정자가 적법하게 기본계약을 해지하면 피담보채권은 확정된다.

③ 무효인 저당권등기의 유용은 그 유용의 합의 전에 등기상 이해관계가 있는 제3자가 없어야 한다.

④ 저당부동산의 제3취득자는 부동산의 개량을 위해 지출한 유익비를 그 부동산의 경매대가에서 우선 변제받을 수 없다.

⑤ 저당권자가 저당부동산을 압류한 이후에는 저당권설정자의 저당부동산에 관한 차임채권에도 저당권의 효력이 미친다.

해설

난도 ★★

① 99다48948 전합

② 근저당권의 존속기간이나 결산기를 정하지 않은 때에는 피담보채무의 확정방법에 관한 다른 약정이 있으면 그에 따르고, 이러한 약정이 없는 경우라면 근저당권설정자가 근저당권자를 상대로 언제든지 계약 해지의 의사표시를 함으로써 피담보채무를 확정시킬 수 있다[2015다65042].

③ 실질관계의 소멸로 무효로 된 등기의 유용은 그 등기를 유용하기로 하는 합의가 이루어지기 전에 등기상 이해관계가 있는 제3자가 생기지 않은 경우에 한하여 허용된다[87다카425].

④ 저당물의 제3취득자가 그 부동산의 보존, 개량을 위하여 필요비 또는 유익비를 지출한 때에는 제203조 제1항, 제2항의 규정에 의하여 저당물의 경매대가에서 우선상환을 받을 수 있다(제367조).

⑤ 제359조 전문은 "저당권의 효력은 저당부동산에 대한 압류가 있은 후에 저당권설정자가 그 부동산으로부터 수취한 과실 또는 수취할 수 있는 과실에 미친다."라고 규정하고 있는데, 위 규정상 '과실'에는 천연과실뿐만 아니라 법정과실도 포함되므로, 저당부동산에 대한 압류가 있으면 압류 이후의 저당권설정자의 저당부동산에 관한 차임채권 등에도 저당권의 효력이 미친다[2015다230020].

답 ④

02 저당권에 관한 설명으로 옳은 것은?(다툼이 있으면 판례에 따름)

① 저당부동산의 소유권이 제3자에게 양도된 후 피담보채권이 변제된 때에는 저당권을 설정한 종전소유자도 저당권설정등기의 말소를 청구할 권리가 있다.

② 저당권을 설정한 사람이 채무자가 아닌 경우, 그는 원본채권이 이행기를 경과한 때부터 1년분의 범위에서 지연배상을 변제할 책임이 있다.

③ 근저당권의 채무자가 피담보채권의 일부를 변제한 경우, 변제한 만큼 채권최고액이 축소된다.

④ 저당권자는 배당기일 전까지 물상대위권을 행사하여 우선변제를 받을 수 있다.

⑤ 대체물채권을 담보하기 위하여 저당권을 설정한 경우, 피담보채권액은 채권을 이행할 때의 시가로 산정한 금액으로 한다.

해설

난도 ★★

① 근저당권이 설정된 후에 그 부동산의 소유권이 제3자에게 이전된 경우에는 현재의 소유자가 자신의 소유권에 기하여 피담보채무의 소멸을 원인으로 그 근저당권설정등기의 말소를 청구할 수 있음은 물론이지만, 근저당권설정자인 종전의 소유자도 근저당권설정계약의 당사자로서 근저당권설정등기의 말소를 구할 수 있는 계약상 권리가 있다[93다16338 전합].

② 저당권의 피담보채무의 범위에 관하여 민법 제360조가 지연배상에 대하여는 원본의 이행기일을 경과한 후의 1년에 한하여 저당권을 행사할 수 있다고 규정하고 있는 것은 저당권자의 제3자에 대한 관계에서의 제한이며 채무자나 저당권설정자가 저당권자에 대하여 대항할 수 있는 것이 아니다[90다8855].

③ 피담보채권의 불특정성으로 인해 피담보채권이 아직 존재하지 않더라도 물권적 합의와 등기에 의해 저당권은 성립하고 피담보채권이 일시 소멸하더라도 저당권은 소멸하지 않는데 이는 저당권의 성립과 소멸에 있어서 부종성의 예외가 된다.

④ 사업시행자와 토지소유자 사이에 협의가 이루어지지 않아 토지가 수용되고 나아가 보상금을 지급하거나 공탁하기에 이른 경우에는 토지의 저당권자는 보상금이 지급되거나 공탁금이 출급되어 토지소유자의 일반재산에 혼입되기 전까지 토지보상법 제47조의 규정에 따른 물상대위권을 행사하여 위 보상금이나 공탁금출급청구권 등을 압류함으로써 우선변제를 받을 수 있다[2017다270565].

⑤ 미곡 등 대체물채권의 담보인 저당권의 채권액은 당사자 사이에서 정한 채권의 당초 변제기일의 시가로 산정한 가격을 채권액으로 볼 것이고, 그 변제기일에서의 산정가격이 부동산등기법 제143조에 따라 기재된 채권의 가격을 초과할 때는 그 초과분에 대하여는 채권자가 다른 채권자에 대하여 우선권을 행사할 수 없을 뿐이다[74마136].

답 ①

03 저당권에 관한 설명으로 옳지 <u>않은</u> 것은?(다툼이 있으면 판례에 따름)

① 저당권의 효력은 천연과실뿐만 아니라 법정과실에도 미친다.

② 저당권으로 담보된 채권을 양수하였으나 아직 대항요건을 갖추지 못한 양수인도 저당권이전의 부기등기를 마치고 저당권실행의 요건을 갖추면 경매를 신청할 수 있다.

③ 후순위담보권자가 경매를 신청한 경우, 선순위근저당권의 피담보채권은 매수인이 경락대금을 완납하여 그 근저당권이 소멸하는 때에 확정된다.

④ 저당권의 이전을 위하여 저당권의 양도인과 양수인, 그리고 저당권설정자 사이의 물권적 합의와 등기가 있어야 한다.

⑤ 공동저당관계의 등기를 공동저당권의 성립요건이나 대항요건이라고는 할 수 없다.

[해설]

난도 ★★★

① 저당권의 효력은 저당부동산에 대한 압류(경매개시결정의 송달 또는 등기)가 있은 후에 저당권설정자가 그 부동산으로부터 수취한 과실 또는 수취할 수 있는 과실에 미친다(제359조 본문).

② 피담보채권을 저당권과 함께 양수한 자는 저당권이전의 부기등기를 마치고 저당권실행의 요건을 갖추고 있는 한 채권양도의 대항요건을 갖추고 있지 아니하더라도 경매신청을 할 수 있다[2004다29279].

③ 후순위 근저당권자가 경매를 신청한 경우 선순위 근저당권의 피담보채권은 그 근저당권이 소멸하는 시기, 즉 경락인이 경락대금을 완납한 때에 확정된다고 보아야 한다[99다26085].

④ 저당권은 피담보채권과 분리하여 양도하지 못하는 것이어서 저당권의 양도에 있어서도 물권변동의 일반원칙에 따라 저당권을 이전할 것을 목적으로 하는 물권적 합의와 등기가 있어야 저당권이 이전된다고 할 것이나, 이 때의 물권적 합의는 저당권의 양도·양수받는 당사자 사이에 있으면 족하고 그 외에 그 채무자나 물상보증인 사이에까지 있어야 하는 것은 아니라 할 것이고, 단지 채무자에게 채권양도의 통지나 이에 대한 채무자의 승낙이 있으면 채권양도를 가지고 채무자에게 대항할 수 있게 되는 것이다[2002다15412].

⑤ 부동산등기법 제149조는 같은 법 제145조의 규정에 의한 공동담보등기의 신청이 있는 경우 각 부동산에 관한 권리에 대하여 등기를 하는 때에는 그 부동산의 등기용지 중 해당 구 사항란에 다른 부동산에 관한 권리의 표시를 하고 그 권리가 함께 담보의 목적이라는 뜻을 기재하도록 규정하고 있지만, 이는 공동저당권의 목적물이 수개의 부동산에 관한 권리인 경우에 한하여 적용되는 등기절차에 관한 규정일 뿐만 아니라, 수개의 저당권이 피담보채권의 동일성에 의하여 서로 결속되어 있다는 취지를 공시함으로써 권리관계를 명확히 하기 위한 것에 불과하므로, 이와 같은 공동저당관계의 등기를 공동저당권의 성립요건이나 대항요건이라고 할 수 없다[2008다57746].

답 ④

04 저당권에 관한 설명으로 옳은 것을 모두 고른 것은?(다툼이 있으면 판례에 따름)

ㄱ. 저당권이 설정된 건물이 증축된 경우에 기존 건물에 대한 저당권은 법률에 특별한 규정 또는 설정행위에서 다른 약정이 없다면, 증축되어 부합된 건물부분에 대해서도 그 효력이 미친다.
ㄴ. 저당부동산의 교환가치를 하락시키는 행위가 있더라도 저당권자는 저당권에 기한 방해배제청구권을 행사할 수 없다.
ㄷ. 저당물의 제3취득자는 그 부동산의 개량을 위한 유익비를 지출하여 가치의 증가가 현존하더라도, 그 비용을 저당물의 매각대금에서 우선적으로 상환받을 수 없다.
ㄹ. 채권자 아닌 타인의 명의로 저당권이 설정되었다면, 피담보채권의 실질적 귀속주체가 누구인지를 불문하고 그 효력이 인정되지 않는다.

① ㄱ
② ㄷ
③ ㄱ, ㄷ
④ ㄴ, ㄹ
⑤ ㄱ, ㄷ, ㄹ

해설
난도 ★★

ㄴ. 저당목적물의 소유자 또는 제3자가 저당목적물을 물리적으로 멸실·훼손하는 경우는 물론 그 밖의 행위로 저당부동산의 교환가치가 하락할 우려가 있는 등 저당권자의 우선변제청구권의 행사가 방해되는 결과가 발생한다면 저당권자는 저당권에 기한 방해배제청구권을 행사하여 방해행위의 제거(건축공사의 중지)를 청구할 수 있다[2003다58454].
ㄷ. 저당물의 제3취득자가 그 부동산의 보존, 개량을 위하여 필요비 또는 유익비를 지출한 때에는 제203조 제1항, 제2항의 규정에 의하여 저당물의 경매대가에서 우선상환을 받을 수 있다(제367조).
ㄹ. 채권담보를 위해 저당권을 설정하는 경우 제3자 명의로 저당권등기를 하는 데 대해 채권자와 채무자 및 제3자 사이에 합의가 있었고, 나아가 제3자에게 그 채권이 실질적으로 귀속되었다고 볼 수 있는 특별한 사정이 있는 경우에는 제3자 명의의 저당권등기도 유효하다[94다33583].

답 ①

05 저당권에 관한 설명으로 옳지 <u>않은</u> 것은?(다툼이 있으면 판례에 따름)

① 저당물의 소유권을 취득한 제3자는 경매인이 될 수 없다.

② 토지를 목적으로 저당권을 설정한 후 그 설정자가 그 토지에 건물을 축조하고 소유한 경우, 저당권자는 토지와 함께 그 건물에 대하여도 경매를 청구할 수 있다.

③ 저당부동산에 대하여 저당권에 기한 압류가 있으면, 압류 이후의 저당권설정자의 저당부동산에 관한 차임채권에도 저당권의 효력이 미친다.

④ 저당부동산에 대하여 지상권을 취득한 제3자는 저당권자에게 그 부동산으로 담보된 채권을 변제하고 저당권의 소멸을 청구할 수 있다.

⑤ 저당권설정자의 책임있는 사유로 인하여 저당물의 가액이 현저히 감소된 때에는 저당권자는 저당권설정자에 대하여 그 원상회복 또는 상당한 담보제공을 청구할 수 있다.

> **해설**
> 난도 ★★★
> ① 저당물의 소유권을 취득한 제3자도 경매인이 될 수 있다(제363조 제2항). 즉 경매에 입찰하여 매수인(경락인)이 될 수 있다.
>
> 📖 ①

---

06 저당권에 관한 설명으로 옳지 <u>않은</u> 것은?(다툼이 있으면 판례에 따름)

① 저당권은 그 담보한 채권과 분리하여 타인에게 양도하거나 다른 채권의 담보로 하지 못한다.

② 저당물의 소유권을 취득한 제3자는 그 저당물에 관한 저당권 실행의 경매절차에서 경매인이 될 수 있다.

③ 특별한 사정이 없는 한 건물에 대한 저당권의 효력은 그 건물에 종된 권리인 건물의 소유를 목적으로 하는 지상권에도 미친다.

④ 전세권을 목적으로 한 저당권이 설정된 후 전세권이 존속기간 만료로 소멸된 경우, 저당권자는 전세금반환채권에 대하여 물상대위권을 행사할 수 있다.

⑤ 저당목적물의 변형물인 물건에 대하여 이미 제3자가 압류하여 그 물건이 특정된 경우에도 저당권자는 스스로 이를 압류하여야 물상대위권을 행사할 수 있다.

> **해설**
> 난도 ★★
> ⑤ 저당목적물의 변형물인 금전 기타 물건에 대하여 이미 제3자가 압류하여 그 금전 또는 물건이 특정된 이상 저당권자가 스스로 이를 압류하지 않고서도 물상대위권을 행사하여 일반 채권자보다 우선변제를 받을 수 있다[98다12812].
>
> 📖 ⑤

07 근저당권에 관한 설명으로 옳지 <u>않은</u> 것은?(다툼이 있으면 판례에 따름)

① 근저당권의 피담보채무는 원칙적으로 당사자가 약정한 존속기간이나 결산기가 도래한 때에 확정된다.

② 장래에 발생할 특정의 조건부채권을 피담보채권으로 하는 근저당권의 설정은 허용되지 않는다.

③ 근저당부동산의 제3취득자는 피담보채무가 확정된 이후에 채권최고액의 범위 내에서 그 확정된 피담보채무를 변제하고 근저당권의 소멸을 청구할 수 있다.

④ 근저당권자가 피담보채무의 불이행을 이유로 경매신청을 하여 경매 신청시에 근저당 채무액이 확정된 경우, 경매개시 결정 후 경매신청이 취하되더라도 채무확정의 효과가 번복되지 않는다.

⑤ 채권최고액은 반드시 등기되어야 하지만, 근저당권의 존속기간은 필요적 등기사항이 아니다.

해설

난도 ★★★

② 공동으로 매수하고 공유자에게 명의신탁한 부동산이 공유자에 의하여 임의로 처분되거나 그의 채권자들에 의하여 강제집행되는 등의 사유로 공유자에 의하여 자기지분이 침해될 경우에 공유자에 대하여 가지게 되는 장래의 조건부 손해배상청구권 또는 부당이득반환청구권을 담보하기 위하여 근저당권설정등기를 경료하였다면 이는 공유자 사이의 합치된 진정한 의사표시에 기하여 경료된 것이지 강제집행을 면탈할 목적으로 통정하여 한 허위의 의사표시라고 볼 수 없으며 또 근저당권설정등기는 장래에 발생할 특정의 조건부 채권을 피담보채권으로 하고 있어서 피담보채권이 존재하지 않는다고도 볼 수 없다[93다6362].

답 ②

---

08 근저당권에 관한 설명으로 옳은 것만을 모두 고른 것은?(다툼이 있으면 판례에 따름)

ㄱ. 피담보채무의 확정 전 채무자가 변경된 경우, 변경 후의 채무자에 대한 채권만이 당해 근저당권에 의하여 담보된다.

ㄴ. 근저당권의 존속기간이나 결산기의 정함이 없는 경우, 근저당권설정자는 근저당권자를 상대로 언제든지 해지의 의사표시를 함으로써 피담보채무를 확정시킬 수 있다.

ㄷ. 근저당권자가 피담보채무의 불이행을 이유로 경매신청을 한 경우, 경매 신청시에 근저당권이 확정된다.

ㄹ. 선순위 근저당권의 확정된 피담보채권액이 채권최고액을 초과하는 경우, 후순위 근저당권자가 선순위 근저당권의 채권최고액을 변제하더라도 선순위 근저당권의 소멸을 청구할 수 없다.

① ㄱ, ㄴ

② ㄴ, ㄷ

③ ㄴ, ㄹ

④ ㄱ, ㄷ, ㄹ

⑤ ㄱ, ㄴ, ㄷ, ㄹ

해설

난도 ★★

ㄱ. 근저당권은 피담보채무가 확정되기 이전이라면 채무의 범위 또는 채무자를 변경할 수 있고 채무의 범위나 채무자가 변경된 경우에는 당연히 변경 후의 범위에 속하는 채권이나 채무자에 대한 채권만이 당해 근저당권에 의해 담보되고 변경 전의 범위에 속하는 채권이나 채무자에 대한 채권은 그 근저당권에 의해 담보되는 채무의 범위에서 제외된다[97다15777].

ㄴ. 존속기간이나 결산기의 정함이 없는 때에는 근저당권의 피담보채무의 확정방법에 관한 다른 약정이 있으면 그에 따르되 이러한 약정이 없는 경우라면 근저당권설정자가 근저당권자를 상대로 언제든지 해지의 의사표시를 함으로써 피담보채무를 확정시킬 수 있다[2002다7176].

ㄷ. 근저당권자가 피담보채무의 불이행을 이유로 경매신청을 한 경우에는 경매신청시에 근저당권의 피담보채권액이 확정되고 [97다25521], 후순위 근저당권자가 경매를 신청한 경우 선순위 근저당권의 피담보채권은 경락인이 경락대금을 완납한 때에 확정된다[99다26085].

ㄹ. 후순위 근저당권자 또는 제3자가 임의로 변제하는 경우에는, 채무총액을 변제하여야 선순위근저당권의 말소를 청구할 수 있다.

답 ⑤

---

09 근저당권에 관한 설명으로 옳은 것은?(다툼이 있으면 판례에 따름) ★27회 기출★

① 근저당권의 피담보채무가 확정되기 이전에는 채무자를 변경할 수 없다.

② 근저당권의 확정 전에 발생한 원본채권으로부터 그 확정 후에 발생하는 이자는 채권최고액의 범위 내에서 여전히 담보된다.

③ 선순위근저당권자가 경매를 신청하는 경우, 후순위근저당권의 피담보채권의 확정시기는 경매개시결정시이다.

④ 근저당권의 존속 중에 피담보채권이나 기본계약과 분리하여 근저당권만을 양도할 수도 있다.

⑤ 채권의 총액이 채권최고액을 초과하는 경우, 채무자 겸 근저당권설정자는 근저당권의 확정 전이라도 채권최고액을 변제하고 근저당권의 말소를 청구할 수 있다.

해설

난도 ★★★

① 근저당권은 피담보채무가 확정되기 이전이라면 채무의 범위 또는 채무자를 변경할 수 있고 채무의 범위나 채무자가 변경된 경우에는 당연히 변경후의 범위에 속하는 채권이나 채무자에 대한 채권만이 당해 근저당권에 의해 담보되고 변경전의 범위에 속하는 채권이나 채무자에 대한 채권은 그 근저당권에 의해 담보되는 채무의 범위에서 제외된다[97다15777].

③ 근저당권자가 피담보채무의 불이행을 이유로 경매신청을 한 경우에는 경매신청시에 근저당권의 피담보채권액이 확정되고 [97다25521], 선순위 근저당권자가 경매를 신청한 경우 후순위 근저당권의 피담보채권은 경락인이 경락대금을 완납한 때에 확정된다[99다26085].

④ 보통의 저당권과 마찬가지로, 근저당권도 그 담보한 채권과 분리하여 타인에게 양도하거나 다른 채권의 담보로 하지 못한다(제361조). 즉, 피담보채권이 없는 근저당권만의 양도는 법률상 효력이 없다[67다2543].

⑤ 채권총액이 근저당권의 채권최고액을 초과하는 경우 적어도 근저당권자와 채무자 겸 근저당권설정자의 관계에 있어서는 채권전액의 변제가 있을 때까지 근저당권설정등기의 말소청구를 할 수 없다[2000다59081].

답 ②

제3편

민사특별법

제01장 부동산 실권리자명의 등기에 관한 법률

제02장 집합건물의 소유 및 관리에 관한 법률

제03장 가등기담보 등에 관한 법률

출제경향 & 수험대책

민사특별법은 모두 물권법에 속하는 것이나 별도로 장에서 설명하기로 한다. 부동산실명법은 출제경향이 높으나, 집합건물법과 가등기담보법은 출제 경향이 높진 않다. 따라서 이를 물권법 본문에 넣으면 양이 너무 많고, 물권법을 이해하는데도 걸림돌이 될 수 있어서 별도로 정리했다. 집합건물법은 최근에 개정되었으므로 변경된 조문에서 정답으로 출제될 가능성이 있으므로 주의해야 한다. 명의신탁은 주로 부동산실명법에 근거한 문제가 출제되다가 최근에는 명의신탁 일반에 관한 문제가 출제되었는데, 이번 시험에서는 다시 부동산실명법에 관한 내용이 출제될 가능성이 높다고 본다.

제1장 | 부동산 실권리자명의 등기에 관한 법률

출제포인트
□ 명의신탁 무효의 원칙
□ 명의신탁 약정이 아닌 경우
□ 3자간 등기명의신탁
□ 계약명의신탁

제1절 의의 및 입법목적

1. 입법목적

제1조(목적) 이 법은 부동산에 관한 소유권과 그 밖의 물권을 실체적 권리관계와 일치하도록 실권리자 명의(名義)로 등기하게 함으로써 부동산등기제도를 악용한 투기·탈세·탈법행위 등 반사회적 행위를 방지하고 부동산 거래의 정상화와 부동산 가격의 안정을 도모하여 국민경제의 건전한 발전에 이바지함을 목적으로 한다.

제2절   명의신탁 무효의 원칙과 예외

1. 무효의 원칙

(1) 의의 ★32회 기출★

> 제2조(정의) 이 법에서 사용하는 용어의 뜻은 다음과 같다.
> 1. "명의신탁약정"(名義信託約定)이란 부동산에 관한 소유권이나 그 밖의 물권(이하 "부동산에 관한 물권"이라 한다)을 보유한 자 또는 사실상 취득하거나 취득하려고 하는 자[이하 "실권리자"(實權利者)라 한다]가 타인과의 사이에서 대내적으로는 실권리자가 부동산에 관한 물권을 보유하거나 보유하기로 하고 그에 관한 등기(가등기를 포함한다. 이하 같다)는 그 타인의 명의로 하기로 하는 약정[위임·위탁매매의 형식에 의하거나 추인(追認)에 의한 경우를 포함한다]을 말한다.
> 제4조(명의신탁약정의 효력) ① 명의신탁약정은 무효로 한다.
> ② 명의신탁약정에 따른 등기로 이루어진 부동산에 관한 물권변동은 무효로 한다.

부동산실명법이 규정하는 명의신탁약정 자체로 선량한 풍속 기타 사회질서에 위반하는 경우에 해당한다고 단정할 수 없을 뿐만 아니라, 그것이 당연히 불법원인급여에 해당한다고 볼 수 없다[2003다41722]. 이는 농지법에 따른 제한을 회피하고자 명의신탁한 경우에도 마찬가지다[2013다218156 전합].

(2) 실권리자 명의의 등기의무

> 제3조(실권리자명의 등기의무 등) ① 누구든지(1995.7.1. 이후) 부동산에 관한 물권을 명의신탁약정에 따라 명의수탁자의 명의로 등기하여서는 아니 된다.

2. 명의신탁 약정이 아닌 경우(부동산실명법이 적용되지 않는 경우, 언제나 유효인 경우)

(1) 부동산의 양도담보와 가등기담보 ★31회 기출★

> 제2조(정의) 이 법에서 사용하는 용어의 뜻은 다음과 같다.
>   가. 채무의 변제를 담보하기 위하여 채권자가 부동산에 관한 물권을 이전(부동산양도담보)받거나 가등기하는 경우(가등기담보)
> 제3조(실권리자명의 등기의무 등) ② 채무의 변제를 담보하기 위하여 채권자가 부동산에 관한 물권을 이전받는 경우에는 채무자, 채권금액 및 채무변제를 위한 담보라는 뜻이 적힌 서면을 등기신청서와 함께 등기관에게 제출하여야 한다.

(2) 상호명의신탁 ★32, 34회 기출★

> 제2조(정의) 이 법에서 사용하는 용어의 뜻은 다음과 같다.
>   나. 부동산의 위치와 면적을 특정하여 2인 이상이 구분소유하기로 하는 약정을 하고 그 구분소유자의 공유로 등기하는 경우

① 구분소유적 공유관계에 있어서는 당사자 내부에 있어서는 각자가 특정매수한 부분은 각자의 단독소유로 된다[93다49871].

② 명의신탁해지를 원인으로 한 지분이전등기절차의 이행만을 구하면 되고, 공유물분할청구를 할 수는 없다[2006다84171].

③ 제3자의 방해행위가 있으면 공유자는 전체 토지에 대해 보존행위로서 그 배제를 구할 수 있다.

(3) 신탁재산

> 제2조(정의) 이 법에서 사용하는 용어의 뜻은 다음과 같다.
> 다. 「신탁법」 또는 「자본시장과 금융투자업에 관한 법률」에 따른 신탁재산인 사실을 등기한 경우

3. 종중, 배우자 및 종교단체에 대한 특례 ★32, 34회 기출★

> 제8조(종중, 배우자 및 종교단체에 대한 특례) 다음 각 호의 어느 하나에 해당하는 경우로서 조세 포탈, 강제집행의 면탈(免脫) 또는 법령상 제한의 회피를 목적으로 하지 아니하는 경우에는 제4조부터 제7조까지 및 제12조 제1항부터 제3항까지를 적용하지 아니한다.
> 1. 종중(宗中)이 보유한 부동산에 관한 물권을 종중(종중과 그 대표자를 같이 표시하여 등기한 경우를 포함한다) 외의 자의 명의로 등기한 경우
> 2. 배우자 명의로 부동산에 관한 물권을 등기한 경우
> 3. 종교단체의 명의로 그 산하 조직이 보유한 부동산에 관한 물권을 등기한 경우

4. 중간생략등기형 명의신탁(3자간 등기명의신탁)

매도인과 신탁자간	• 매매계약은 유효이다. • 매도인과 명의신탁자 사이의 매매계약은 유효하므로 명의신탁자는 매도인에게 매매계약에 기한 소유권이전등기를 청구할 수 있고, 명의신탁자가 목적부동산을 인도받아 점유하고 있는 경우, 소유권이전등기청구권은 소멸시효에 걸리지 않는다. • 소유권이전등기를 경료받기 전까지 매수인인 신탁자는 소유자가 아니다.
신탁자와 수탁자간	• 명의신탁약정은 무효이다. 따라서 명의수탁자 앞으로 이전된 부동산 소유명의를 명의신탁자나 제3자 앞으로 이전하거나 가등기를 통해 보전하기로 약정하는 것은 무효이다. • 신탁자는 수탁자에게 소유권이전등기를 청구할 수 없다. • 신탁자는 매도인을 대위하여 수탁자명의의 등기를 말소할 수 있다. • 수탁자가 제3자에게 부동산을 처분하더라도 신탁자와의 관계에서 횡령죄가 되지 아니한다. • 수탁자가 직접 신탁자에게 소유권이전등기를 경료한 경우 그 등기를 실체관계에 부합하여 유효이다. • 소유권은 매도인에게 복귀한 상태이므로 명의신탁자는 명의수탁자를 상대로 부당이득을 원인으로 하여 소유권이전등기를 청구할 수 없다.
매도인과 수탁자간	• 수탁자명의의 등기는 무효이므로 소유권이 매도인에게 복귀한다. • 매도인은 소유권에 기해 수탁자명의의 등기를 직접 말소청구할 수 있다. • 매도인은 수탁자를 상대로 진정명의회복을 원인으로 하는 소유권이전등기를 청구할 수 있다.
수탁자가 제3자에게 처분한 경우	• 제3자는 유효하게 소유권을 취득한다. • 명의수탁자는 신탁부동산의 처분대금을 취득하게 되므로 명의신탁자에게 그 이익을 부당이득으로 반환해야 한다. • 수탁자의 처분으로 매도인에게 손해가 발생하는 것은 아니다.

5. 계약명의신탁(契約名義信託, 위임형 명의신탁) ★32회 기출★

의의	수탁자가 매매계약의 당사자가 되어 매도인과 매매계약을 체결한 후 수탁자 앞으로 등기를 이전하는 형식
매도인이 선의	• 명의신탁약정의 무효로 신탁자가 입은 손해는 당해 부동산 자체가 아니라 수탁자에게 제공한 매수자금이 된다. • 매도인이 명의신탁약정 사실을 알았는지 여부는 매매계약을 체결할 당시 매도인의 인식을 기준으로 판단한다. • 명의신탁 약정은 무효이나, 수탁자명의 등기는 유효이고, 물권변동도 유효이다. • 매도인과 수탁자간의 매매계약도 유효이다. • 수탁자는 매도인뿐만 아니라 신탁자에 대해서도 유효하게 해당 부동산의 소유권을 취득한다. • 수탁자가 신탁자로부터 받은 매수자금은 부당이득으로 반환해야하나 이에 대해 유치권을 행사할 수는 없다. • 명의수탁자가 소유권이전등기에 소요되는 취득세, 등록세 등을 명의신탁자로부터 제공받은 경우 명의수탁자는 명의신탁자에게 부당이득으로 반환해야 한다.
매도인이 악의	• 명의신탁약정은 무효이고, 수탁자명의 등기도 무효이므로 소유권은 매도인에게 속한다. • 매도인은 소유권에 기해 수탁자 명의 등기를 말소할 수 있고, 매도인과 수탁자간의 매매계약도 무효이므로 받은 매매대금은 수탁자에게 부당이득으로 반환해야한다. • 매도인이 수탁자와의 계약 내용대로 신탁자에게 양도할 의사를 표시한 경우 신탁자는 매도인에게 이 약정을 원인으로 소유권이전등기를 청구할 수 있다.
경매의 경우	• 경매목적 부동산의 소유권은 실질적 경락대금 부담자가 누구인가와 상관없이 그 명의인(수탁자)이 적법하게 취득한다. • 신탁자는 수탁자에 대하여 부동산에 관한 소유권이전등기말소를 청구할 수 없다. • 명의신탁자는 명의수탁자에게 제공한 부동산 매수자금에 대해 동액 상당의 부당이득반환청구권을 가질 수 있을 뿐, 유치권을 행사할 수는 없다. • 매도인이 신탁자와 수탁자 사이의 명의신탁약정이 있다는 사실을 알았더라도 수탁자는 부동산의 소유권을 취득한다. • 수탁자가 경락받은 부동산을 제3자에게 매도하고 제3자 명의로 소유권이전등기를 경료하였다면 제3자는 명의신탁약정에 대한 선의 · 악의를 불문하고 부동산의 소유권을 유효하게 취득한다.

○ × 핵심체크

01 부동산 실명의 등기에 관한 법률상 명의수탁자는 5년 이하의 징역 또는 2억 원 이하의 벌금에 처한다. ○×

02 부동산 실명의 등기에 관한 법률상 명의신탁자는 3년 이하의 징역 또는 1억 원 이하의 벌금에 처한다. ○×

03 부동산 실명의 등기에 관한 법률상 명의신탁자와 수탁자의 혼인으로 등기명의자가 법률상 배우자가 된 경우, 위법한 목적이 없는 한 명의신탁약정은 소급하여 유효로 된다. ○×

04 종중이 그 소유부동산을 종중 이외의 자 명의로 등기하였더라도 조세포탈, 강제집행의 면탈 또는 법령상 제한의 회피를 목적으로 하지 않는 경우에는 명의신탁약정에 따른 물권변동은 효력이 있다. ○×

05 명의신탁약정 그 자체는 선량한 풍속 기타 사회질서에 위반하는 행위로 볼 수 있다. ○×

06 부동산 실명의 등기에 관한 법률상 명의신탁약정의 무효와 이에 따르는 물권변동의 무효는 제3자에 대한 대항력이 없으며, 여기에서 제3자는 원칙적으로 선의 · 악의를 불문한다. ○×

07 부동산 실명의 등기에 관한 법률상 경매절차에게 타인의 자금으로 부동산을 매수하여 소유권등기를 자기명의로 경료하기로 약정하고 이를 실행한 자와 그 대금부담자는 명의신탁관계에 있다. ○×

08 계약명의신탁의 경우, 매도인이 명의신탁사실을 알았을 때에는 그로 인한 물권변동은 무효이다. ○×

09 부동산 실명의 등기에 관한 법률상 3자간 등기명의신탁의 경우 수탁자가 자진하여 신탁자에게 소유권이전등기를 해주면, 그 등기는 유효이다. ○×

10 중간생략형 3자간 등기명의신탁에서 신탁자는 수탁자에 대한 말소등기청구권을 직접 행사할 수 있다. ○×

제1장 │ 확인학습문제

01 명의신탁에 관한 설명으로 옳지 <u>않은</u> 것은?(다툼이 있으면 판례에 따름) ★31회 기출★

① 종중재산이 여러 사람에게 명의신탁된 경우, 그 수탁자들 상호간에는 형식상 공유관계가 성립한다.

② 3자간 등기명의신탁관계의 명의신탁자는 수탁자에게 명의신탁된 부동산의 소유권이전등기를 청구하지 못한다.

③ 채무자는 채권을 담보하기 위하여 채권자에게 그 소유의 부동산에 관한 소유권이전등기를 할 수 있다.

④ 부부 사이에 유효하게 성립한 명의신탁은 배우자 일방의 사망으로 잔존배우자와 사망한 배우자의 상속인에게 효력을 잃는다.

⑤ 계약 상대방이 명의수탁자임을 알면서 체결한 매매계약의 효력으로 소유권이전등기를 받은 사람은 소유권을 취득한다.

해설

난도 ★★

④ 부동산실명법 제8조 제2호에 따라 부부간 명의신탁이 일단 유효한 것으로 인정되었다면 그 후 배우자 일방의 사망으로 부부관계가 해소되었다 하더라도 그 명의신탁약정은 사망한 배우자의 다른 상속인과의 관계에서도 여전히 유효하게 존속한다[2011다99498].

답 ④

02 2017년 8월경 甲은 乙소유의 X부동산을 매매대금을 일시에 지급하고 매수하면서 애인인 丙과의 명의신탁약정에 기초하여 乙로부터 丙으로 X부동산에 관한 소유권이전등기를 마쳤다. 이에 관한 설명으로 옳지 않은 것은?(다툼이 있으면 판례에 따름) ★30회 기출★

① 甲과 丙 사이의 명의신탁약정 및 그에 따른 丙 명의의 등기는 무효이다.

② 甲과 丙이 이후 혼인을 하게 된다면, 조세포탈 등이나 법령상의 제한을 회피할 목적이 없는 한, 위 등기는 甲과 丙이 혼인한 때로부터 유효하게 된다.

③ 丙이 X부동산을 임의로 처분하였다 하더라도 특별한 사정이 없는 한, 乙이 丙의 처분행위로 인하여 손해를 입었다고 할 수는 없다.

④ 甲은 乙에 대한 소유권이전등기청구권을 보전하기 위하여 乙을 대위하여 丙 명의의 등기말소를 청구할 수 있다.

⑤ 丙으로부터 X부동산을 매수한 丁이 丙의 甲에 대한 배임행위에 적극 가담하였더라도, 丙과 丁 사이의 매매계약은 반사회적인 법률행위에 해당하지는 않는다.

| 해설 |

난도 ★★★

⑤ 제3자 丁이 명의수탁자의 부동산횡령 등 범죄행위에 적극 가담하여 물권을 이전받았다면 그것은 공서양속위반행위로서 절대적 무효이고, 이 경우에는 제3자로서 보호받지 못한다.

답 ⑤

---

03 명의신탁의 대상이 될 수 있는 것을 모두 고른 것은?(다툼이 있으면 판례에 따름) ★29회 기출★

> ㄱ. 건물
> ㄴ. 자동차
> ㄷ. 중계유선방송사업허가
> ㄹ. 토지의 공유지분

① ㄱ, ㄴ

② ㄱ, ㄴ, ㄹ

③ ㄱ, ㄷ, ㄹ

④ ㄴ, ㄷ, ㄹ

⑤ ㄱ, ㄴ, ㄷ, ㄹ

난도 ★

ㄱ. ㄴ. 명의신탁은 등기부·등록부 등의 공부에 의해 소유관계가 공시되는 물건에 대해서만 성립한다. 토지·건물, 입목법에 의한 수목의 집단, 선박·자동차·항공기·건설기계[2006도4498] 등에는 명의신탁이 성립하지만, 공부상 소유관계가 공시될 수 없는 동산에는 명의신탁이 성립하지 않는다[94다16175]. 부동산실명법은 부동산에 관한 소유권 기타 물권에 관한 명의신탁약정을 인정하며(부동산실명법 제2조 제1호), 판례도 전세권[98다20981]·주주권[97다38510] 등의 명의신탁을 인정한다. 금융실명제 시행 이후 예금주 명의를 신탁한 경우, 명의신탁자인 예금출연자는 명의신탁을 해지하면서 명의인에 대하여 예금채권의 양도를 청구할 수 있다는 것이 판례의 입장이다[2000다49091].

ㄷ. 중계유선방송사업허가 및 음악유선방송사업허가가 비록 행정관청의 허가이고 유선방송사업 자체가 공공성이 강한 사업이라 하더라도 당사자 사이에서 그 허가명의를 신탁하는 것이 허용되지 않는다고 볼 것은 아니다[99다61378].

ㄹ. 1필지의 토지 중 일부를 매도하면서 토지가 등기부상 분할되어 있지 않았던 관계로 전부에 관하여 매도인으로부터 매수인에게 소유권이전등기를 경료한 경우, 매도인이 매수인에게 매도하지 않았던 토지부분에 관하여는 특별한 사정이 없는 한 두 사람 사이에 명의신탁관계가 성립되었다고 할 것이다[2007다63690].

답 ⑤

04

부동산 실권리자명의 등기에 관한 법률상 명의신탁에 대한 설명으로 옳지 <u>않은</u> 것은?(다툼이 있으면 판례에 따름)

★28회 기출★

① 무효인 명의신탁등기가 행하여진 후 신탁자와 수탁자가 혼인한 경우, 조세포탈 등의 목적이 없더라도 그 명의신탁등기는 유효로 인정될 수 없다.

② 채무변제를 담보하기 위해 채권자 명의로 부동산에 관한 소유권이전등기를 하기로 하는 약정은 명의신탁약정에 해당하지 않는다.

③ 무효인 명의신탁약정에 기하여 타인 명의의 등기가 마쳐졌다는 이유만으로 그것이 당연히 불법원인급여에 해당한다고 볼 수 없다.

④ 조세포탈 등의 목적 없이 종교단체 명의로 그 산하조직이 보유한 부동산의 소유권을 등기한 경우, 그 단체와 조직 간의 명의신탁약정은 유효하다.

⑤ 신탁자는 명의신탁약정의 무효로서 수탁자로부터 소유권이전등기를 받은 제3자에게 그의 선의·악의 여부를 불문하고 대항하지 못한다.

난도 ★★

① 본래 명의신탁등기가 부동산 실권리자명의 등기에 관한 법률의 규정에 따라 무효로 된 경우에도 그 후 명의신탁자가 수탁자와 혼인을 함으로써 법률상의 배우자가 되고 위 법률 제8조 제2호의 특례의 예외사유(조세 포탈, 강제집행의 면탈 또는 법령상 제한의 회피를 목적으로 하지 아니하는 경우)에 해당되지 않으면 그 때부터는 위 특례가 적용되어 그 명의신탁등기가 유효로 된다[2001마1235].

답 ①

05

2015년 5월경 명의신탁자 乙과 명의수탁자 丙의 약정에 따라, 丙은 매수인으로서 부동산 매도인 甲과 매매계약을 체결하고 대금을 지급한 후, 자신의 명의로 소유권이전등기를 경료받았다. 이에 관한 설명으로 옳은 것을 모두 고른 것은?(단, 「부동산 실권리자명의 등기에 관한 법률」 제8조(종중, 배우자 및 종교단체에 관한 특례) 등에 해당하는 예외 사유가 없으며, 다툼이 있으면 판례에 따름) ★27회 기출★

> ㄱ. 甲이 명의신탁약정을 알지 못한 경우, 乙은 丙에 대하여 소유권이전을 청구할 수 있다.
> ㄴ. 甲이 명의신탁약정을 알고 있었던 경우, 丙은 甲에 대하여 매매대금의 반환을 청구할 수 있다.
> ㄷ. 甲이 명의신탁약정을 알고 있었던 경우, 乙은 甲에 대하여 진정명의회복을 원인으로 한 소유권이전등기를 청구할 수 있다.
> ㄹ. 甲이 명의신탁약정을 알고 있었던 경우, 乙은 甲을 대위하여 丙 명의등기의 말소를 청구함과 동시에 甲에 대하여 매수인의 지위에서 소유권이전등기를 청구할 수 있다.

① ㄱ
② ㄴ
③ ㄴ, ㄹ
④ ㄷ, ㄹ
⑤ ㄱ, ㄷ, ㄹ

해설

난도 ★★

ㄱ. 계약명의신탁약정이 부동산실명법 시행 후인 경우에는 명의신탁자는 애초부터 당해 부동산의 소유권을 취득할 수 없었으므로 위 명의신탁약정의 무효로 인하여 명의신탁자가 입은 손해는 당해 부동산 자체가 아니라 명의수탁자에게 제공한 매수자금이고, 따라서 명의수탁자는 당해 부동산 자체가 아니라 명의신탁자로부터 제공받은 매수자금을 부당이득하였다[2002다66922].

ㄷ. 甲이 명의신탁약정을 알고 있었던 경우 명의신탁약정은 무효이고, 수탁자 丙 명의의 등기도 무효이므로 소유권은 매도인 甲에게 속한다. 따라서 乙은 甲에 대하여 진정명의 회복을 원인으로 한 소유권이전등기를 청구할 수 없다.

ㄹ. 어떤 사람이 타인을 통하여 부동산을 매수함에 있어 매수인 명의 및 소유권이전등기 명의를 타인 명의로 하기로 약정하였고 매도인도 그 사실을 알고 있어서 그 약정이 부동산실명법 제4조의 규정에 의하여 무효로 되고 이에 따라 매매계약도 무효로 되는 경우에, 매매계약상의 매수인의 지위가 당연히 명의신탁자에게 귀속되는 것은 아니지만, 그 무효사실이 밝혀진 후에 계약상대방인 매도인이 계약명의자인 명의수탁자 대신 명의신탁자가 그 계약의 매수인으로 되는 것에 대하여 동의 내지 승낙을 함으로써 부동산을 명의신탁자에게 양도할 의사를 표시하였다면, 매도인과 명의신탁자 사이에는 종전의 매매계약과 같은 내용의 양도약정이 따로 체결된 것으로 봄이 상당하고, 따라서 이 경우 명의신탁자는 매도인에 대하여 별도의 양도약정을 원인으로 하는 소유권이전등기청구를 할 수 있다[2001다32120].

답 ②

제2장 | 집합건물의 소유 및 관리에 관한 법률

출제포인트
- 구분소유의 요건
- 공용부분
- 공용부분에 대한 권리 · 의무관계
- 대지사용권
- 재건축 절차

제1절 의의 및 입법목적

1. 의의

1동의 건물을 구분하여 그 부분을 각각 별개로 소유하는 것을 말하며 건물의 구분된 부분은 독립한 소유권의 객체로 된다.

제2절 구분소유의 요건

1. 의의

제1조(건물의 구분소유) 1동의 건물 중 구조상 구분된 여러 개의 부분이 독립한 건물로서 사용될 수 있을 때에는 그 각 부분은 이 법에서 정하는 바에 따라 각각 소유권의 목적으로 할 수 있다.

제2조(정의) 이 법에서 사용하는 용어의 뜻은 다음과 같다.

1. "구분소유권"이란 제1조 또는 제1조의2에 규정된 건물부분[제3조 제2항 및 제3항에 따라 공용부분(共用部分)으로 된 것은 제외한다]을 목적으로 하는 소유권을 말한다.

2. 구분소유설정행위

(1) 구분행위는 건물의 물리적 형질에 변경을 가함이 없이 법률관념상 건물의 특정 부분을 구분하여 별개의 소유권의 객체로 하려는 일종의 법률행위로서, 그 시기나 방식에 특별한 제한이 있는 것은 아니고 처분권자의 구분의사가 객관적으로 외부에 표시되면 인정된다[2010다71578 전합].

(2) 소유자가 기존 건물에 마쳐진 등기를 증축한 건물의 현황과 맞추어 1동의 건물로서 증축으로 인한 건물표시변경등기를 경료한 때에는 이를 구분건물로 하지 않고 그 전체를 1동의 건물로 하려는 의사였다고 봄이 상당하다[98다35020].

3. 등기여부

구분건물이 물리적으로 완성되기 전에도 건축허가신청이나 분양계약 등을 통하여 장래 신축되는 건물을 구분건물로 하겠다는 구분의사가 객관적으로 표시되면 구분행위의 존재를 인정할 수 있고, 이후 1동의 건물 및 그 구분행위에 상응하는 구분건물이 객관적·물리적으로 완성되면 아직 그 건물이 집합건축물대장에 등록되거나 구분건물로서 등기부에 등기되지 않았더라도 그 시점에서 구분소유가 성립한다[2010다71578 전합].

제3절   집합건물의 구성요소

---

1. 전유부분(專有部分)

(1) 의의

> 제2조(정의) 이 법에서 사용하는 용어의 뜻은 다음과 같다.
> 2. "구분소유자"란 구분소유권을 가지는 자를 말한다.
> 3. "전유부분"이란 구분소유권의 목적인 건물부분을 말한다.

(2) 공용부분과의 구별 : 집합건물의 어느 부분이 전유부분인지 공용부분인지 여부는 구분소유가 성립한 시점, 즉 원칙적으로 건물 전체가 완성되어 당해 건물에 관한 건축물대장에 구분건물로 등록된 시점을 기준으로 판단하여야 한다[99다1345].

2. 공용부분(共用部分)

(1) 의의

> 제3조(공용부분) ① 여러 개의 전유부분으로 통하는 복도, 계단, 그 밖에 구조상 구분소유자 전원 또는 일부의 공용(共用)에 제공되는 건물부분은 구분소유권의 목적으로 할 수 없다.

(2) 법정공용부분

① 의의

제2조(정의) 이 법에서 사용하는 용어의 뜻은 다음과 같다.
4. "공용부분"이란 전유부분 외의 건물부분(지붕, 외벽, 계단, 복도 등), 전유부분에 속하지 아니하는 건물의 부속물(관리실, 수도 · 가스 · 전기 · 소방설비, 수도탱크 등) 및 제3조 제2항 및 제3항에 따라 공용부분으로 된 부속의 건물을 말한다.

② 등기여부

제13조(전유부분과 공용부분에 대한 지분의 일체성) ③ 공용부분에 관한 물권의 득실변경은 등기가 필요하지 아니하다.

(3) 규약공용부분

제3조(공용부분) ② 제1조 또는 제1조의2에 규정된 건물부분과 부속의 건물은 규약으로써 공용부분으로 정할 수 있다.
③ 제1조 또는 제1조의2에 규정된 건물부분의 전부 또는 부속건물을 소유하는 자는 공정증서(公正證書)로써 제2항의 규약에 상응하는 것을 정할 수 있다.
④ 제2항과 제3항(규약공용부분)의 경우에는 공용부분이라는 취지를 등기(표제부만 둔다)하여야 한다.

3. 대지(垈地)

(1) 법정대지

제2조(정의) 이 법에서 사용하는 용어의 뜻은 다음과 같다.
5. "건물의 대지"란 전유부분이 속하는 1동의 건물이 있는 토지 및 제4조에 따라 건물의 대지로 된 토지를 말한다.

(2) 규약대지

제4조(규약에 따른 건물의 대지) ① 통로, 주차장, 정원, 부속건물의 대지, 그 밖에 전유부분이 속하는 1동의 건물 및 그 건물이 있는 토지와 하나로 관리되거나 사용되는 토지는 규약으로써 건물의 대지로 할 수 있다.

(3) 구분소유권의 매도청구권

제7조(구분소유권 매도청구권) 대지사용권을 가지지 아니한 구분소유자가 있을 때에는 그 전유부분의 철거를 청구할 권리를 가진 자는 그 구분소유자에 대하여 구분소유권을 시가(時價)로 매도할 것을 청구할 수 있다.

(4) 대지공유자의 분할청구금지

제8조(대지공유자의 분할청구 금지) 대지 위에 구분소유권의 목적인 건물이 속하는 1동의 건물이 있을 때에는 그 대지의 공유자는 그 건물 사용에 필요한 범위의 대지에 대하여는 분할을 청구하지 못한다.

1. 공유자의 사용권

제11조(공유자의 사용권) 각 공유자는 공용부분을 그 용도에 따라 사용할 수 있다.

2. 공용부분의 지분(持分)

(1) 공유자의 지분권

제12조(공유자의 지분권) ① 각 공유자의 지분은 그가 가지는 전유부분의 면적 비율에 따른다.

(2) 전유부분과 공용부분에 대한 지분의 일체성

제13조(전유부분과 공용부분에 대한 지분의 일체성) ① 공용부분에 대한 공유자의 지분은 그가 가지는 전유부분의 처분에 따른다.
② 공유자는 그가 가지는 전유부분과 분리하여 공용부분에 대한 지분을 처분할 수 없다.

3. 공용부분의 변경 · 관리

(1) 공용부분의 변경

제15조(공용부분의 변경) ① 공용부분의 변경에 관한 사항은 관리단집회에서 구분소유자의 3분의 2 이상 및 의결권의 3분의 2 이상의 결의로써 결정한다. 다만, 다음 각 호의 어느 하나에 해당하는 경우에는 제38조 제1항에 따른 통상의 집회결의로써 결정할 수 있다.
1. 공용부분의 개량을 위한 것으로서 지나치게 많은 비용이 드는 것이 아닐 경우
2. 「관광진흥법」 제3조 제1항 제2호 나목에 따른 휴양 콘도미니엄업의 운영을 위한 휴양 콘도미니엄의 공용부분 변경에 관한 사항인 경우
② 제1항의 경우에 공용부분의 변경이 다른 구분소유자의 권리에 특별한 영향을 미칠 때에는 그 구분소유자의 승낙을 받아야 한다.

(2) 권리변동 있는 공용부분의 변경

제15조의2(권리변동 있는 공용부분의 변경) ① 제15조에도 불구하고 건물의 노후화 억제 또는 기능 향상 등을 위한 것으로 구분소유권 및 대지사용권의 범위나 내용에 변동을 일으키는 공용부분의 변경에 관한 사항은 관리단집회에서 구분소유자의 5분의 4 이상 및 의결권의 5분의 4 이상의 결의로써 결정한다.
② 제1항의 결의에서는 다음 각 호의 사항을 정하여야 한다. 이 경우 제3호부터 제7호까지의 사항은 각 구분소유자 사이에 형평이 유지되도록 정하여야 한다.

1. 설계의 개요

2. 예상 공사 기간 및 예상 비용(특별한 손실에 대한 전보 비용을 포함한다)

3. 제2호에 따른 비용의 분담 방법

4. 변경된 부분의 용도

5. 전유부분 수의 증감이 발생하는 경우에는 변경된 부분의 귀속에 관한 사항

6. 전유부분이나 공용부분의 면적에 증감이 발생하는 경우에는 변경된 부분의 귀속에 관한 사항

7. 대지사용권의 변경에 관한 사항

8. 그 밖에 규약으로 정한 사항

③ 제1항의 결의를 위한 관리단집회의 의사록에는 결의에 대한 각 구분소유자의 찬반 의사를 적어야 한다.

④ 제1항의 결의가 있는 경우에는 제48조 및 제49조를 준용한다.

(3) 공용부분의 관리 및 보존행위

제16조(공용부분의 관리) ① 공용부분의 관리에 관한 사항은 제15조 제1항 본문 및 제15조의2의 경우를 제외하고는 제38조 제1항에 따른 통상의 집회결의로써 결정한다. 다만, 보존행위는 각 공유자가 할 수 있다.

(4) 공용부분의 보존행위

제16조(공용부분의 관리) ① 다만, 보존행위는 각 공유자가 할 수 있다.

4. 공용부분에 관해 발생한 채권의 효력

제17조(공용부분의 부담·수익) 각 공유자는 규약에 달리 정한 바가 없으면 그 지분의 비율에 따라 공용부분의 관리비용과 그 밖의 의무를 부담하며 공용부분에서 생기는 이익을 취득한다.

제18조(공용부분에 관하여 발생한 채권의 효력) 공유자가 공용부분에 관하여 다른 공유자에 대하여 가지는 채권은 그 특별승계인에 대하여도 행사할 수 있다.

제19조(공용부분에 관한 규정의 준용) 건물의 대지 또는 공용부분 외의 부속시설(이들에 대한 권리를 포함한다)을 구분소유자가 공유하는 경우에는 그 대지 및 부속시설에 관하여 제15조, 제15조의2, 제16조 및 제17조를 준용한다.

(1) 아파트의 특별승계인은 전(前)입주자의 체납관리비 중 공용부분에 관하여는 이를 승계하여야 한다[2001다8677 전합]. 그러나 전유부분에 관한 체납관리비는 승계하지 아니한다.

(2) 연체료는 특별승계인에게 승계되는 공용부분 관리비에 포함되지 않는다[2004다3598, 3604].

5. 수선적립금

제17조의2(수선적립금) ① 제23조에 따른 관리단(이하 "관리단"이라 한다)은 규약에 달리 정한 바가 없으면 관리단집회 결의에 따라 건물이나 대지 또는 부속시설의 교체 및 보수에 관한 수선계획을 수립할 수 있다.

② 관리단은 규약에 달리 정한 바가 없으면 관리단집회의 결의에 따라 수선적립금을 징수하여 적립할 수 있다. 다만, 다른 법률에 따라 장기수선을 위한 계획이 수립되어 충당금 또는 적립금이 징수·적립된 경우에는 그러하지 아니하다.

③ 제2항에 따른 수선적립금(이하 이 조에서 "수선적립금"이라 한다)은 구분소유자로부터 징수하며 관리단에 귀속된다.

④ 관리단은 규약에 달리 정한 바가 없으면 수선적립금을 다음 각 호의 용도로 사용하여야 한다.

1. 제1항의 수선계획에 따른 공사
2. 자연재해 등 예상하지 못한 사유로 인한 수선공사
3. 제1호 및 제2호의 용도로 사용한 금원의 변제

⑤ 제1항에 따른 수선계획의 수립 및 수선적립금의 징수·적립에 필요한 사항은 대통령령으로 정한다.

6. 건물의 설치·보존상의 흠

제6조(건물의 설치·보존상의 흠 추정) 전유부분이 속하는 1동의 건물의 설치 또는 보존의 흠으로 인하여 다른 자에게 손해를 입힌 경우에는 그 흠은 공용부분에 존재하는 것으로 추정한다.

제5절　대지사용권(垈地使用權)

1. 의의

제2조(정의) 이 법에서 사용하는 용어의 뜻은 다음과 같다.

6. "대지사용권"이란 구분소유자가 전유부분을 소유하기 위하여 건물의 대지에 대하여 가지는 권리를 말한다.

2. 전유부분과 대지사용권의 일체성

(1) 분리처분 금지

제20조(전유부분과 대지사용권의 일체성) ① 구분소유자의 대지사용권은 그가 가지는 전유부분의 처분에 따른다.

② 구분소유자는 그가 가지는 (다른규약이 없는 한) 전유부분과 분리하여 대지사용권을 처분할 수 없다. 다만, 규약으로써 달리 정한 경우에는 그러하지 아니하다.

③ 제2항 본문의 분리처분금지는 그 취지를 등기(대지권 등기)하지 아니하면 선의(善意)로 물권을 취득한 제3자에게 대항하지 못한다.

제6절 구분소유자의 의무와 책임

1. 구분소유자의 의무

> 제5조(구분소유자의 권리·의무 등) ① 구분소유자는 건물의 보존에 해로운 행위나 그 밖에 건물의 관리 및 사용에 관하여 구분소유자 공동의 이익에 어긋나는 행위를 하여서는 아니 된다(공동이익침해금지).
> ② 전유부분이 주거의 용도로 분양된 것인 경우에는 구분소유자는 정당한 사유 없이 그 부분을 주거 외의 용도로 사용하거나(용도외 사용금지) 그 내부 벽을 철거하거나 파손하여 증축·개축하는 행위를 하여서는 아니 된다(불법증개축 금지).

2. 의무위반자에 대한 조치

(1) 구분소유자가 위반한 경우

① 공동의 이익에 반하는 행위의 정지청구 등

> 제43조(공동의 이익에 어긋나는 행위의 정지청구 등) ① 구분소유자가 제5조 제1항의 행위를 한 경우 또는 그 행위를 할 우려가 있는 경우에는 관리인 또는 관리단집회의 결의로 지정된 구분소유자는 구분소유자 공동의 이익을 위하여 그 행위를 정지하거나 그 행위의 결과를 제거하거나 그 행위의 예방에 필요한 조치를 할 것을 청구할 수 있다.
> ② 제1항에 따른 소송의 제기는 관리단집회의 결의(과반수 결의)가 있어야 한다.
> ③ 점유자가 제5조 제4항에서 준용하는 같은 조 제1항에 규정된 행위를 한 경우 또는 그 행위를 할 우려가 있는 경우에도 제1항과 제2항을 준용한다.

② 사용금지의 청구

> 제44조(사용금지의 청구) ① 제43조 제1항의 경우에 제5조제1항에 규정된 행위로 구분소유자의 공동생활상의 장해가 현저하여 제43조 제1항에 규정된 청구로는 그 장해를 제거하여 공용부분의 이용 확보나 구분소유자의 공동생활 유지를 도모함이 매우 곤란할 때에는 관리인 또는 관리단집회의 결의로 지정된 구분소유자는 소(訴)로써 적당한 기간 동안 해당 구분소유자의 전유부분 사용금지를 청구할 수 있다.
> ② 제1항의 청구는 구분소유자의 4분의 3 이상 및 의결권의 4분의 3 이상의 관리단집회 결의가 있어야 한다.
> ③ 제1항의 결의를 할 때에는 미리 해당 구분소유자에게 변명할 기회를 주어야 한다.

③ 구분소유권의 경매

> 제45조(구분소유권의 경매) ① 구분소유자가 제5조 제1항 및 제2항을 위반하거나 규약에서 정한 의무를 현저히 위반한 결과 공동생활을 유지하기 매우 곤란하게 된 경우에는 관리인 또는 관리단집회의 결의로 지정된 구분소유자는 해당 구분소유자의 전유부분 및 대지사용권의 경매를 명할 것을 법원에 청구할 수 있다.
> ② 제1항의 청구는 구분소유자의 4분의 3 이상 및 의결권의 4분의 3 이상의 관리단집회 결의가 있어야 한다.
> ③ 제2항의 결의를 할 때에는 미리 해당 구분소유자에게 변명할 기회를 주어야 한다.
> ④ 제1항의 청구에 따라 경매를 명한 재판이 확정되었을 때에는 그 청구를 한 자는 경매를 신청할 수 있다. 다만, 그 재판확정일부터 6개월이 지나면 그러하지 아니하다.
> ⑤ 제1항의 해당 구분소유자는 제4항 본문의 신청에 의한 경매에서 경락인이 되지 못한다.

(2) 점유자가 위반한 경우

> 제46조(전유부분의 점유자에 대한 인도청구) ① 점유자(전세권자, 임차인)가 제45조 제1항(제5조 제1항+제5조 제2항, 규약위반)에 따른 의무위반을 한 결과 공동생활을 유지하기 매우 곤란하게 된 경우에는 관리인 또는 관리단집회의 결의로 지정된 구분소유자는 그 전유부분을 목적으로 하는 계약의 해제 및 그 전유부분의 인도를 청구할 수 있다.
> ② 제1항의 경우에는 제44조 제2항(구분소유자의 4분의 3 이상 및 의결권의 4분의 3 이상의 관리단집회 결의) 및 제3항(변명할 기회)을 준용한다.
> ③ 제1항에 따라 전유부분을 인도받은 자는 지체 없이 그 전유부분을 점유할 권원(權原)이 있는 자에게 인도하여야 한다.

제7절   관리단 및 관리단의 기관

1. 관리단(管理團)

(1) 관리단의 당연설립

> 제23조(관리단의 당연설립 등) ① 건물에 대하여 구분소유 관계가 성립되면 구분소유자 전원을 구성원으로 하여 건물과 그 대지 및 부속시설의 관리에 관한 사업의 시행을 목적으로 하는 관리단이 설립된다.

(2) 관리단의 의무

> 제23조의2(관리단의 의무) 관리단은 건물의 관리 및 사용에 관한 공동이익을 위하여 필요한 구분소유자의 권리와 의무를 선량한 관리자의 주의로 행사하거나 이행하여야 한다.

(3) 관리단의 채무에 대한 구분소유자의 책임

> 제27조(관리단의 채무에 대한 구분소유자의 책임) ① 관리단이 그의 재산으로 채무를 전부 변제할 수 없는 경우에는 구분소유자는 제12조의 지분비율에 따라 관리단의 채무를 변제할 책임을 진다. 다만, 규약으로써 그 부담비율을 달리 정할 수 있다.

2. 관리인(管理人)

(1) 관리인의 선임 · 해임

> 제24조(관리인의 선임 등) ① 구분소유자가 10인 이상일 때에는 관리단을 대표하고 관리단의 사무를 집행할 관리인을 선임하여야 한다.
>
> ② 관리인은 구분소유자일 필요가 없으며, 그 임기는 2년의 범위에서 규약으로 정한다.
>
> ③ 관리인은 관리단집회의 결의로 선임되거나 해임된다. 다만, 규약으로 제26조의3에 따른 관리위원회의 결의로 선임되거나 해임되도록 정한 경우에는 그에 따른다.
>
> ④ 구분소유자의 승낙을 받아 전유부분을 점유하는 자는 제3항 본문에 따른 관리단집회에 참석하여 그 구분소유자의 의결권을 행사할 수 있다. 다만, 구분소유자와 점유자가 달리 정하여 관리단에 통지하거나 구분소유자가 집회 이전에 직접 의결권을 행사할 것을 관리단에 통지한 경우에는 그러하지 아니하다.
>
> ⑤ 관리인에게 부정한 행위나 그 밖에 그 직무를 수행하기에 적합하지 아니한 사정이 있을 때에는 각 구분소유자는 관리인의 해임을 법원에 청구할 수 있다.
>
> ⑥ 전유부분이 50개 이상인 건물(「공동주택관리법」에 따른 의무관리대상 공동주택 및 임대주택과 「유통산업발전법」에 따라 신고한 대규모점포 등 관리자가 있는 대규모점포 및 준대규모점포는 제외한다)의 관리인으로 선임된 자는 대통령령으로 정하는 바에 따라 선임된 사실을 특별자치시장, 특별자치도지사, 시장, 군수 또는 자치구의 구청장(이하 "소관청"이라 한다)에게 신고하여야 한다.

(2) 임시관리인의 선임 등

> 제24조의2(임시관리인의 선임 등) ① 구분소유자, 그의 승낙을 받아 전유부분을 점유하는 자, 분양자 등 이해관계인은 제24조 제3항에 따라 선임된 관리인이 없는 경우에는 법원에 임시관리인의 선임을 청구할 수 있다.
>
> ② 임시관리인은 선임된 날부터 6개월 이내에 제24조 제3항에 따른 관리인 선임을 위하여 관리단집회 또는 관리위원회를 소집하여야 한다.
>
> ③ 임시관리인의 임기는 선임된 날부터 제24조 제3항에 따라 관리인이 선임될 때까지로 하되, 같은 조 제2항에 따라 규약으로 정한 임기를 초과할 수 없다.

(3) 관리인의 권한과 의무

> 제25조(관리인의 권한과 의무) ① 관리인은 다음 각 호의 행위를 할 권한과 의무를 가진다.
>
> 1. 공용부분의 보존행위
>
> 1의2. 공용부분의 관리 및 변경에 관한 관리단집회 결의를 집행하는 행위
>
> 2. 공용부분의 관리비용 등 관리단의 사무 집행을 위한 비용과 분담금을 각 구분소유자에게 청구 · 수령하는 행위 및 그 금원을 관리하는 행위
>
> 3. 관리단의 사업 시행과 관련하여 관리단을 대표하여 하는 재판상 또는 재판 외의 행위
>
> 3의2. 소음 · 진동 · 악취 등을 유발하여 공동생활의 평온을 해치는 행위의 중지 요청 또는 분쟁 조정절차 권고 등 필요한 조치를 하는 행위
>
> 4. 그 밖에 규약에 정하여진 행위
>
> ② 관리인의 대표권은 제한할 수 있다. 다만, 이로써 선의의 제3자에게 대항할 수 없다.
>
> 제26조의2(관리위원회의 설치 및 기능) ③ 제1항에 따라 관리위원회를 둔 경우 관리인은 제25조 제1항 각 호의 행위를 하려면 관리위원회의 결의를 거쳐야 한다. 다만, 규약으로 달리 정한 사항은 그러하지 아니하다.

(4) 관리인의 보고의무 등

> 제26조(관리인의 보고의무 등) ① 관리인은 대통령령으로 정하는 바에 따라 매년 1회 이상 구분소유자에게 그 사무에 관한 보고를 하여야 한다.

3. 관리위원회(管理委員會)

(1) 회계감사

> 제26조의2(회계감사) ① 전유부분이 150개 이상으로서 대통령령으로 정하는 건물의 관리인은 「주식회사 등의 외부감사에 관한 법률」 제2조 제7호에 따른 감사인(이하 이 조에서 "감사인"이라 한다)의 회계감사를 매년 1회 이상 받아야 한다. 다만, 관리단집회에서 구분소유자의 3분의 2 이상 및 의결권의 3분의 2 이상이 회계감사를 받지 아니하기로 결의한 연도에는 그러하지 아니하다.
> ② 구분소유자의 승낙을 받아 전유부분을 점유하는 자는 제1항 단서에 따른 관리단집회에 참석하여 그 구분소유자의 의결권을 행사할 수 있다. 다만, 구분소유자와 점유자가 달리 정하여 관리단에 통지하거나 구분소유자가 집회 이전에 직접 의결권을 행사할 것을 관리단에 통지한 경우에는 그러하지 아니하다.
> ③ 전유부분이 50개 이상 150개 미만으로서 대통령령으로 정하는 건물의 관리인은 구분소유자의 5분의 1 이상이 연서(連署)하여 요구하는 경우에는 감사인의 회계감사를 받아야 한다. 이 경우 구분소유자의 승낙을 받아 전유부분을 점유하는 자가 구분소유자를 대신하여 연서할 수 있다.
> ④ 관리인은 제1항 또는 제3항에 따라 회계감사를 받은 경우에는 대통령령으로 정하는 바에 따라 감사보고서 등 회계감사의 결과를 구분소유자 및 그의 승낙을 받아 전유부분을 점유하는 자에게 보고하여야 한다.
> ⑤ 제1항 또는 제3항에 따른 회계감사의 기준·방법 및 감사인의 선정방법 등에 관하여 필요한 사항은 대통령령으로 정한다.
> ⑥ 제1항 또는 제3항에 따라 회계감사를 받는 관리인은 다음 각 호의 어느 하나에 해당하는 행위를 하여서는 아니 된다.
> 1. 정당한 사유 없이 감사인의 자료열람·등사·제출 요구 또는 조사를 거부·방해·기피하는 행위
> 2. 감사인에게 거짓 자료를 제출하는 등 부정한 방법으로 회계감사를 방해하는 행위
> ⑦ 「공동주택관리법」에 따른 의무관리대상 공동주택 및 임대주택과 「유통산업발전법」에 따라 신고한 대규모점포등관리자가 있는 대규모점포 및 준대규모점포에는 제1항부터 제6항까지의 규정을 적용하지 아니한다.

(2) 관리위원회의 설치 및 기능

> 제26조의3(관리위원회의 설치 및 기능) ① 관리단에는 규약으로 정하는 바에 따라 관리위원회를 둘 수 있다.
> ② 관리위원회는 이 법 또는 규약으로 정한 관리인의 사무 집행을 감독한다.
> ③ 제1항에 따라 관리위원회를 둔 경우 관리인은 제25조 제1항 각 호의 행위를 하려면 관리위원회의 결의를 거쳐야 한다. 다만, 규약으로 달리 정한 사항은 그러하지 아니하다.

(3) 관리위원회의 구성 및 운영

> 제26조의4(관리위원회의 구성 및 운영) ① 관리위원회의 위원은 구분소유자 중에서 관리단집회의 결의에 의하여 선출한다. 다만, 규약으로 관리단집회의 결의에 관하여 달리 정한 경우에는 그에 따른다.
> ② 관리인은 규약에 달리 정한 바가 없으면 관리위원회의 위원이 될 수 없다.
> ③ 관리위원회 위원의 임기는 2년의 범위에서 규약으로 정한다.

④ 제1항부터 제3항까지에서 규정한 사항 외에 관리위원회의 구성 및 운영에 필요한 사항은 대통령령으로 정한다.

⑤ 구분소유자의 승낙을 받아 전유부분을 점유하는 자는 제1항 본문에 따른 관리단집회에 참석하여 그 구분소유자의 의결권을 행사할 수 있다. 다만, 구분소유자와 점유자가 달리 정하여 관리단에 통지하거나 구분소유자가 집회 이전에 직접 의결권을 행사할 것을 관리단에 통지한 경우에는 그러하지 아니하다.

제8절 규약 및 집회

1. 규약(規約)

(1) 규약의 설정 범위

제28조(규약) ① 건물과 대지 또는 부속시설의 관리 또는 사용에 관한 구분소유자들 사이의 사항 중 이 법에서 규정하지 아니한 사항은 규약으로써 정할 수 있다.

④ 특별시장·광역시장·특별자치시장·도지사 및 특별자치도지사(이하 "시·도지사"라 한다)는 이 법을 적용받는 건물과 대지 및 부속시설의 효율적이고 공정한 관리를 위하여 대통령령으로 정하는 바에 따라 표준규약을 마련하여 보급하여야 한다.

(2) 규약의 설정·변경·폐지

제29조(규약의 설정·변경·폐지) ① 규약의 설정·변경 및 폐지는 관리단집회에서 구분소유자의 4분의 3 이상 및 의결권의 4분의 3 이상의 찬성을 얻어서 한다.

(3) 규약 및 집회의 결의의 효력

제42조(규약 및 집회의 결의의 효력) ① 규약 및 관리단집회의 결의는 구분소유자의 특별승계인에 대하여도 효력이 있다.

2. 집회(集會)

(1) 집회의 권한

제31조(집회의 권한) 관리단의 사무는 이 법 또는 규약으로 관리인에게 위임한 사항 외에는 관리단집회의 결의에 따라 수행한다.

(2) 집회의 종류

① 정기 관리단집회(定期 管理團集會)

> 제32조(정기 관리단집회) 관리인은 매년 회계연도 종료 후 3개월 이내에 정기 관리단집회를 소집하여야 한다.

② 임시 관리단집회(臨時 管理團集會)

> 제33조(임시 관리단집회) ① 관리인은 필요하다고 인정할 때에는 관리단집회를 소집할 수 있다.
> ② 구분소유자의 5분의 1 이상이 회의의 목적 사항을 구체적으로 밝혀 관리단집회의 소집을 청구하면 관리인은 관리단집회를 소집하여야 한다. 이 정수(定數)는 규약으로 감경할 수 있다.

(3) 집회소집통지

> 제34조(집회소집통지) ① 관리단집회를 소집하려면 관리단집회일 1주일 전에 회의의 목적사항을 구체적으로 밝혀 각 구분소유자에게 통지하여야 한다. 다만, 이 기간은 규약으로 달리 정할 수 있다.
> 제35조(소집절차의 생략) 관리단집회는 구분소유자 전원이 동의하면 소집절차를 거치지 아니하고 소집할 수 있다.

(4) 결의 방법

① 결의사항

> 제36조(결의사항) ① 관리단집회는 제34조에 따라 통지한 사항에 관하여만 결의할 수 있다.
> ② 제1항의 규정은 이 법에 관리단집회의 결의에 관하여 특별한 정수가 규정된 사항을 제외하고는 규약으로 달리 정할 수 있다.

② 의결권

> 제37조(의결권) ① 각 구분소유자의 의결권은 규약에 특별한 규정이 없으면 제12조에 규정된 지분비율에 따른다.

③ 전유부분이 공유일 경우

> 제37조(의결권) ② 전유부분을 여럿이 공유하는 경우에는 공유자는 관리단집회에서 의결권을 행사할 1인을 정한다.
> ③ 구분소유자의 승낙을 받아 동일한 전유부분을 점유하는 자가 여럿인 경우에는 제16조 제2항, 제24조 제4항, 제26조의2 제2항 또는 제26조의4 제5항에 따라 해당 구분소유자의 의결권을 행사할 1인을 정하여야 한다.

④ 의결권 행사 방법

> 제38조(의결 방법) ② 의결권은 서면이나 전자적 방법(전자정보처리조직을 사용하거나 그 밖에 정보통신기술을 이용하는 방법으로서 대통령령으로 정하는 방법을 말한다. 이하 같다)으로 또는 대리인을 통하여 행사할 수 있다.

⑤ 서면 또는 전자적 방법에 의한 결의

제41조(서면 또는 전자적 방법에 의한 결의 등) ① 이 법 또는 규약에 따라 관리단집회에서 결의할 것으로 정한 사항에 관하여 구분소유자의 5분의 4 이상 및 의결권의 5분의 4 이상이 서면이나 전자적 방법 또는 서면과 전자적 방법으로 합의하면 관리단집회에서 결의한 것으로 본다. 다만, 제15조 제1항 제2호의 경우(휴양콘도미니엄업)에는 구분소유자의 과반수 및 의결권의 과반수가 서면이나 전자적 방법 또는 서면과 전자적 방법으로 합의하면 관리단집회에서 결의한 것으로 본다.
② 구분소유자들은 미리 그들 중 1인을 대리인으로 정하여 관리단에 신고한 경우에는 그 대리인은 그 구분소유자들을 대리하여 관리단집회에 참석하거나 서면 또는 전자적 방법으로 의결권을 행사할 수 있다.

(5) 집회결의의 효력

제42조(규약 및 집회의 결의의 효력) ① 규약 및 관리단집회의 결의는 구분소유자의 특별승계인에 대하여도 효력이 있다.
② 점유자는 구분소유자가 건물이나 대지 또는 부속시설의 사용과 관련하여 규약 또는 관리단집회의 결의에 따라 부담하는 의무와 동일한 의무를 진다.

(6) 결의취소의 소

제42조의2(결의취소의 소) 구분소유자는 다음 각 호의 어느 하나에 해당하는 경우에는 집회결의 사실을 안 날부터 6개월 이내에, 결의한 날부터 1년 이내에 결의취소의 소를 제기할 수 있다.
1. 집회의 소집 절차나 결의 방법이 법령 또는 규약에 위반되거나 현저하게 불공정한 경우
2. 결의 내용이 법령 또는 규약에 위배되는 경우

(7) 일반 의결정족수

제38조(의결 방법) ① 관리단집회의 의사는 이 법 또는 규약에 특별한 규정이 없으면(1/5, 3/4, 4/5, 전원) 구분소유자의 과반수 및 의결권의 과반수로써 의결한다.

제9절   제9조에 따른 하자담보책임

1. 의의

> 제9조(담보책임) ① 제1조 또는 제1조의2의 건물을 건축하여 분양한 자(이하 "분양자"라 한다)와 분양자와의 계약에 따라 건물을 건축한 자로서 대통령령으로 정하는 자(이하 "시공자"라 한다)는 구분소유자에 대하여 담보책임을 진다. 이 경우 그 담보책임에 관하여는 「민법」 제667조 및 제668조를 준용한다.
> ④ 분양자와 시공자의 담보책임에 관하여 이 법과 「민법」에 규정된 것보다 매수인에게 불리한 특약은 효력이 없다.

2. 하자담보책임의 부담자

> 제9조(담보책임) ① 제1조 또는 제1조의2의 건물을 건축하여 분양한 자(이하 "분양자"라 한다)와 분양자와의 계약에 따라 건물을 건축한 자로서 대통령령으로 정하는 자(이하 "시공자"라 한다)는 구분소유자에 대하여 담보책임을 진다.

3. 하자담보추급권자

집합건물법 제9조에 의한 하자담보추급권은 집합건물의 수분양자가 집합건물을 양도한 경우 특별한 사정이 없는 한 입주자대표회의가 아니라 현재의 집합건물의 구분소유자에게 귀속한다[2001다47733].

4. 담보책임의 존속기간

> 제9조의2(담보책임의 존속기간) ② 제1항의 기간은 다음 각 호의 날부터 기산한다.
> 1. 전유부분 : 구분소유자에게 인도한 날
> 2. 공용부분 : 「주택법」 제29조에 따른 사용검사일(집합건물 전부에 대하여 임시 사용승인을 받은 경우에는 그 임시 사용승인일을 말하고, 「주택법」 제29조 제1항 단서에 따라 분할 사용검사나 동별 사용검사를 받은 경우에는 분할 사용검사일 또는 동별 사용검사일을 말한다) 또는 「건축법」 제22조에 따른 사용승인일

분양전환된 임대아파트의 경우 그 하자담보책임기간은 민법 제671조 제1항 단서에 의하여 최초 임차인들에게 인도된 때부터 10년간이라고 봄이 상당하다[2011다72301, 72318(병합)].

5. 분양자의 관리의무

제9조의3(분양자의 관리의무 등) ① 분양자는 제24조 제3항에 따라 선임(選任)된 관리인이 사무를 개시(開始)할 때까지 선량한 관리자의 주의로 건물과 대지 및 부속시설을 관리하여야 한다.
② 분양자는 제28조 제4항에 따른 표준규약을 참고하여 공정증서로써 규약에 상응하는 것을 정하여 분양계약을 체결하기 전에 분양을 받을 자에게 주어야 한다.
③ 분양자는 예정된 매수인의 2분의 1 이상이 이전등기를 한 때에는 규약 설정 및 관리인 선임을 위한 관리단집회(제23조에 따른 관리단의 집회를 말한다. 이하 같다)를 소집할 것을 대통령령으로 정하는 바에 따라 구분소유자에게 통지하여야 한다. 이 경우 통지받은 날부터 3개월 이내에 관리단집회를 소집할 것을 명시하여야 한다.
④ 분양자는 구분소유자가 제3항의 통지를 받은 날부터 3개월 이내에 관리단집회를 소집하지 아니하는 경우에는 지체 없이 관리단집회를 소집하여야 한다.

제10절 재건축(再建築) 및 복구(復舊)

1. 재건축

(1) 의의

제47조(재건축 결의) ① 건물 건축 후 상당한 기간이 지나 건물이 훼손되거나 일부 멸실되거나 그 밖의 사정으로 건물 가격에 비하여 지나치게 많은 수리비·복구비나 관리비용이 드는 경우 또는 부근 토지의 이용 상황의 변화나 그 밖의 사정으로 건물을 재건축하면 재건축에 드는 비용에 비하여 현저하게 효용이 증가하게 되는 경우에 관리단집회는 그 건물을 철거하여 그 대지를 구분소유권의 목적이 될 새 건물의 대지로 이용할 것을 결의할 수 있다. 다만, 재건축의 내용이 단지 내 다른 건물의 구분소유자에게 특별한 영향을 미칠 때에는 그 구분소유자의 승낙을 받아야 한다.

(2) 재건축의 결의

제47조(재건축 결의) ② 제1항의 결의는 구분소유자의 5분의 4 이상 및 의결권의 5분의 4 이상의 결의에 따른다.

(3) 결의사항

제47조(재건축 결의) ③ 재건축을 결의할 때에는 다음 각 호의 사항을 정하여야 한다.
1. 새 건물의 설계 개요
2. 건물의 철거 및 새 건물의 건축에 드는 비용을 개략적으로 산정한 금액
3. 제2호에 규정된 비용의 분담에 관한 사항
4. 새 건물의 구분소유권 귀속에 관한 사항
④ 제3항 제3호 및 제4호의 사항은 각 구분소유자 사이에 형평이 유지되도록 정하여야 한다.

(4) 재건축 절차

① 재건축 불참자에 대한 서면 촉구

> 제48조(구분소유권 등의 매도청구 등) ① 재건축의 결의가 있으면 집회를 소집한 자는 지체 없이 그 결의에 찬성하지 아니한 구분소유자(그의 승계인을 포함한다)에 대하여 그 결의 내용에 따른 재건축에 참가할 것인지 여부를 회답할 것을 서면으로 촉구하여야 한다.

② 참가거절 간주

> 제48조(구분소유권 등의 매도청구 등) ② 제1항의 촉구를 받은 구분소유자는 촉구를 받은 날부터 2개월 이내에 회답하여야 한다.
> ③ 제2항의 기간 내에 회답하지 아니한 경우 그 구분소유자는 재건축에 참가하지 아니하겠다는 뜻을 회답한 것으로 본다.

③ 구분소유권 등의 매도청구권

> 제48조(구분소유권 등의 매도청구 등) ④ 제2항의 기간이 지나면 재건축 결의에 찬성한 각 구분소유자, 재건축 결의 내용에 따른 재건축에 참가할 뜻을 회답한 각 구분소유자(그의 승계인을 포함한다) 또는 이들 전원의 합의에 따라 구분소유권과 대지사용권을 매수하도록 지정된 자(이하 "매수지정자"라 한다)는 제2항의 기간 만료일부터 2개월 이내에 재건축에 참가하지 아니하겠다는 뜻을 회답한 구분소유자(그의 승계인을 포함한다)에게 구분소유권과 대지사용권을 시가로 매도할 것을 청구할 수 있다. 재건축 결의가 있은 후에 이 구분소유자로부터 대지사용권만을 취득한 자의 대지사용권에 대하여도 또한 같다.

④ 재건축에 관한 합의

> 제49조(재건축에 관한 합의) 재건축 결의에 찬성한 각 구분소유자, 재건축 결의 내용에 따른 재건축에 참가할 뜻을 회답한 각 구분소유자 및 구분소유권 또는 대지사용권을 매수한 각 매수지정자(이들의 승계인을 포함한다)는 재건축 결의 내용에 따른 재건축에 합의한 것으로 본다.

○ × 핵심체크

01 구분소유는 구분행위가 행해지고 건물이 완성되었더라도 집합건축물대장의 등록이나 구분건물의 표시에 관한 등기가 완료된 때에 성립한다. ☐○ ☐×

02 대지사용권은 구분소유자가 전유부분을 소유하기 위하여 건물의 대지에 대하여 가지는 권리를 말한다. ☐○ ☐×

03 집합건물의 공용부분은 시효취득의 대상이 될 수 있다. ☐○ ☐×

04 전유부분이 속하는 1동의 건물의 설치 또는 보존의 하자로 인하여 타인에게 손해를 가한 때에는 그 하자는 전유부분에 존재하는 것으로 추정한다. ☐○ ☐×

05 분양자 아닌 시공자는 특별한 사정이 없는 한, 집합건물의 하자에 대하여 담보책임을 지지 않는다. ☐○ ☐×

06 건물의 시공자가 전유부분에 대하여 구분소유자에게 지는 담보책임의 존속기간은 구분소유자에게 인도한 날부터 기산한다. ☐○ ☐×

07 공용부분은 용도에 따라 사용하고, 비용부담은 전유부분의 지분비율에 따른다. ☐○ ☐×

08 공용부분 관리비에 대한 연체료는 특별승계인에게 승계되는 공용부분 관리비에 포함된다. ☐○ ☐×

09 구분소유자는 규약으로써 달리 정하지 않는 한 그가 가지는 전유부분과 분리하여 대지사용권을 처분할 수 없다. ☐○ ☐×

10 공용부분을 불법점유한자에 대해 부당이득반환을 청구할 수 있다. ☐○ ☐×

정답 및 해설 **01** × **02** ○ **03** × **04** × **05** × **06** ○ **07** ○ **08** × **09** ○ **10** ○

오답분석

01 1동의 건물 및 건축허가신청이나 분양계약 등을 통하여 구분행위에 상응하는 구분건물이 객관적·물리적으로 완성되면 아직 건물이 집합건축물대장에 등록되거나 구분건물로서 등기부에 등기되지 않았더라도 그 시점에서 구분소유가 성립한다.

03 집합건물의 공용부분은 취득시효에 의한 소유권 취득의 대상이 될 수 없다.

04 공용부분에 존재하는 것으로 추정한다.

05 시공자도 담보책임을 진다.

08 전유부분의 체납관리비와 연체료는 특별승계인에게 승계되지 아니한다.

제2장 | 확인학습문제

01

집합건물의 소유 및 관리에 관한 법률상 공용부분에 관한 설명으로 옳지 <u>않은</u> 것은?(다툼이 있으면 판례에 따름)

★28회 기출★

① 공용부분은 취득시효에 의한 소유권 취득의 대상이 되지 않는다.

② 구조상의 공용부분에 관한 물권의 득실변경은 별도로 등기를 하여야 한다.

③ 공용부분 관리비에 대한 연체료는 특별한 사정이 없는 한 특별승계인에게 승계되는 공용부분 관리비에 포함되지 않는다.

④ 관리인 선임 여부와 관계없이 공유자인 구분소유자가 단독으로 공용부분에 대한 보존행위를 할 수 있다.

⑤ 어느 부분이 공용부분인지 전유부분인지는 구분소유자들 사이에 다른 합의가 없는 한 그 건물의 구조에 따른 객관적인 용도에 의하여 결정된다.

> **해설**
>
> 난도 ★★
>
> ② 공용부분에 관한 물권의 득실변경은 등기가 필요하지 아니하다(제13조 제3항).
>
> 답 ②

02 건물의 구분소유 및 집합건물 등에 관한 설명으로 옳지 <u>않은</u> 것은?(다툼이 있으면 판례에 따름) ★27회 기출★

① 공용부분을 전유부분으로 변경하기 위하여는 구조상으로나 이용상으로 다른 전유부분과 독립되어 있어야 한다.

② 구분소유자 중 일부가 복도, 계단과 같은 공용부분의 일부를 아무런 권원 없이 점유·사용하는 경우, 특별한 사정이 없는 한 다른 구분소유자들에게 임료 상당의 손해가 발생한 것으로 볼 수 없다.

③ 대지에 대한 지상권도 대지사용권이 될 수 있다.

④ 집합건물의 관리단은 구분소유자 전원을 구성원으로 하며, 별도의 설립행위가 필요하지 않다.

⑤ 구분건물이 물리적으로 완성되기 전이라도 건축허가신청 등을 통하여 구분의사가 객관적으로 표시되면 구분행위의 존재를 인정할 수 있다.

해설
난도 ★★★

② 상가건물 구분소유자가 그 건물 1층의 복도와 로비를 무단으로 점유하여 자신의 영업장 내부공간인 것처럼 사용하고 있는 경우 그 구분소유자에게 부당이득반환의무가 인정된다[2017다220744 전합].

답 ②

제3장 | 가등기담보 등에 관한 법률

출제포인트
- 비전형담보
- 담보권 실행통지
- 청산절차
- 경매에 의한 실행

제1절 비전형담보

1. 서설

(1) 의의

비전형담보란 민법이 정하는 담보물권이 아니면서 거래계에서 담보적 기능을 수행하는 것을 말하는데 변칙담보라고도 한다.

(2) 담보가등기인지 여부

가등기가 담보가등기인지 여부는 그 등기부상 표시나 등기시에 주고 받은 서류의 종류에 의하여 형식적으로 결정될 것이 아니고 거래의 실질과 당사자의 의사해석에 따라 결정될 문제라고 할 것이다[91다36932].

(3) 가등기담보 등에 관한 법률

① 목적

제1조(목적) 이 법은 차용물(借用物)의 반환(소비대차, 준소비대차, 대여금채권)에 관하여 차주(借主ㆍ채무자)가 차용물을 갈음하여 다른 재산권을 이전할 것을 예약할 때 그 재산의 예약 당시 가액이 차용액과 이에 붙인 이자를 합산한 액수를 초과하는 경우에 이에 따른 담보계약과 그 담보의 목적으로 마친 가등기(가등기담보) 또는 소유권이전등기(양도담보)의 효력을 정함을 목적으로 한다.

② 용어정리

㉠ 담보계약

> 제2조(정의) 이 법에서 사용하는 용어의 뜻은 다음과 같다.
> 1. "담보계약"이란 「민법」 제608조에 따라 그 효력이 상실되는 대물반환(代物返還)의 예약[환매(還買), 양도담보 등 명목이 어떠하든 그 모두를 포함한다]에 포함되거나 병존하는 채권담보 계약을 말한다.

㉡ 채무자 등

> 제2조(정의) 이 법에서 사용하는 용어의 뜻은 다음과 같다.
> 2. "채무자 등"이란 다음 각 목의 자를 말한다.
>   가. 채무자
>   나. 담보가등기목적 부동산의 물상보증인(物上保證人)
>   다. 담보가등기 후 소유권을 취득한 제3자(제3취득자)

㉢ 후순위권리자

> 제2조(정의) 이 법에서 사용하는 용어의 뜻은 다음과 같다.
> 3. "담보가등기"란 채권담보의 목적으로 마친 가등기를 말한다.
> 4. "강제경매 등"이란 강제경매와 담보권의 실행 등을 위한 경매를 말한다.
> 5. "후순위권리자"란 담보가등기 후에 등기된 저당권자·전세권자 및 담보가등기권리자를 말한다.

③ 적용범위

㉠ (준)소비대차

ⓐ 가담법은 차용물의 반환에 관하여 다른 재산권을 이전할 것을 예약한 경우에만 적용된다[97다1495].

ⓑ 가등기의 주된 목적이 매매대금채권의 확보에 있고 대여금채권의 확보는 부수적 목적인 경우 가담법이 적용되지 않는다[2002다50484].

ⓒ 매매대금[90다13765], 공사대금채권[96다31116] 등에는 가담법이 적용되지 않는다.

㉡ 등기·등록이 가능한 물건이나 권리

> 제18조(다른 권리를 목적으로 하는 계약에의 준용) 등기 또는 등록할 수 있는 부동산소유권 외의 권리[질권(質權)·저당권 및 전세권은 제외한다]의 취득을 목적으로 하는 담보계약에 관하여는 제3조부터 제17조까지의 규정을 준용한다.

㉢ 예약 당시의 목적물의 가액이 피담보채권을 초과하는 경우

ⓐ 초과한 경우 : 가담법은 재산권이전의 예약에 의한 가등기담보(양도담보 포함)에 있어서 재산의 예약 당시의 가액이 차용액 및 이에 붙인 이자의 합산액을 초과하는 경우에 적용된다[2005다61140].

ⓑ 미달인 경우 : 가등기담보 부동산에 대한 예약 당시의 시가가 그 피담보채무액에 미치지 못하는 경우에는 같은 법 제3조·제4조가 정하는 청산금평가액의 통지 및 청산금지급 등의 절차를 이행할 여지가 없다[93다27611].

④ 용익관계 : 가등기담보권이 실행될 때까지는 목적물의 소유권이 담보권설정자에게 있으나 담보목적물에 대한 과실수취권 등을 포함한 사용·수익권은 청산절차의 종료와 함께 채권자에게 귀속된다 [2000다20465].

제2절   가등기담보(假登記擔保)

1. 귀속청산에 의한 실행(권리취득에 의한 사적 실행)

(1) 담보권 실행통지(청산통지)

> 제3조(담보권 실행의 통지와 청산기간) ① 채권자가 담보계약에 따른 담보권을 실행하여 그 담보목적부동산의 소유권을 취득하기 위하여는 그 채권의 변제기 후에 제4조의 청산금(淸算金)의 평가액을 채무자 등에게 통지하고, 그 통지가 채무자 등에게 도달한 날부터 2개월(이하 "청산기간"이라 한다)이 지나야 한다.

① 통지할 내용(청산금 평가액)
  ㉠ 청산금

> 제4조(청산금의 지급과 소유권의 취득) ① 채권자는 제3조 제1항에 따른 통지 당시의 담보목적부동산의 가액에서 그 채권액을 뺀 금액(이하 "청산금"이라 한다)을 채무자 등에게 지급하여야 한다. 이 경우 담보목적부동산에 선순위담보권 등의 권리가 있을 때에는 그 채권액을 계산할 때에 선순위담보 등에 의하여 담보된 채권액을 포함한다.

  ㉡ 명시사항

> 제3조(담보권 실행의 통지와 청산기간) ② 청산금 통지에는 통지 당시의 담보목적부동산의 평가액과 「민법」 제360조에 규정된 채권액을 밝혀야 한다. 이 경우 부동산이 둘 이상인 경우에는 각 부동산의 소유권이전에 의하여 소멸시키려는 채권과 그 비용을 밝혀야 한다.

  ㉢ 주관적 평가 : 채권자가 나름대로 평가한 청산금의 액수가 객관적인 청산금의 평가액에 미치지 못한다고 하더라도 담보권 실행의 통지로서의 효력이나 청산기간의 진행에는 아무런 영향이 없다 [96다6974].
  ㉣ 선순위담보권이 있는 경우

> 제4조(청산금의 지급과 소유권의 취득) ① 채권자는 제3조 제1항에 따른 통지 당시의 담보목적부동산의 가액에서 그 채권액을 뺀 금액(이하 "청산금"이라 한다)을 채무자 등에게 지급하여야 한다. 이 경우 담보목적부동산에 선순위담보권 등의 권리가 있을 때에는 그 채권액을 계산할 때에 선순위담보 등에 의하여 담보된 채권액을 포함한다.

  ㉤ 청산금이 없는 경우

> 제3조(담보권 실행의 통지와 청산기간) 이 경우 청산금이 없다고 인정되는 경우에는 그 뜻을 통지하여야 한다.

ⓗ 통지의 구속력

> 제9조(통지의 구속력) 채권자는 제3조 제1항에 따라 그가 통지한 청산금의 금액에 관하여 다툴 수 없다.

② 통지의 상대방

실행통지의 상대방은 '채무자 등', 즉 채무자, 담보가등기목적 부동산의 물상보증인, 담보가등기 후 소유권을 취득한 제3자이다

(2) 후순위권리자가 있는 경우

① 통지시기 및 내용

> 제6조(채무자 등 외의 권리자에 대한 통지) ① 채권자는 제3조 제1항에 따른 통지가 채무자 등에게 도달하면 지체 없이 후순위권리자에게 그 통지의 사실과 내용 및 도달일을 통지하여야 한다.

② 경매청구

> 제12조(경매의 청구) ② 후순위권리자는 청산기간에 한정하여 그 피담보채권의 변제기 도래 전이라도 담보목적부동산의 경매를 청구할 수 있다.

(3) 청산(清算)

① 청산기간

> 제3조(담보권 실행의 통지와 청산기간) ① 채권자가 담보계약에 따른 담보권을 실행하여 그 담보목적부동산의 소유권을 취득하기 위하여는 그 채권의 변제기 후에 제4조의 청산금의 평가액을 채무자 등에게 통지하고, 그 통지가 채무자 등에게 도달한 날부터 2개월(이하 "청산기간"이라 한다)이 지나야 한다.
> 제4조(청산금의 지급과 소유권의 취득) ④ 제1항부터 제3항까지의 규정에 어긋나는 특약(特約)으로서 채무자등에게 불리한 것은 그 효력이 없다(편면적 강행규정). 다만, 청산기간이 지난 후에 행하여진 특약으로서 제삼자의 권리를 침해하지 아니하는 것은 그 효력이 있다.

② 청산금의 지급

ㄱ 지급시기 : 가등기담보권자는 청산기간이 경과한 후에 청산금을 채무자 등에게 지급하여야 한다 (제4조 제1항).

ㄴ 청산금에 대한 처분 제한

> 제7조(청산금에 대한 처분 제한) ① 채무자가 청산기간이 지나기 전에 한 청산금에 관한 권리의 양도나 그 밖의 처분은 이로써 후순위권리자에게 대항하지 못한다.
> ② 채권자가 청산기간이 지나기 전에 청산금을 지급한 경우 또는 제6조 제1항에 따른 통지를 하지 아니하고 청산금을 지급한 경우에도 후순위권리자에게 대항하지 못한다.

③ 편면적 강행규정

ㄱ 청산절차를 거치지 않고 이루어진 본등기는 가등기담보법의 강행규정에 위반되어 무효이며[92다20132], 그 본등기가 가등기권리자와 채무자 사이에 이루어진 특약에 의하여 이루어졌다고 할지라도 만일 그 특약이 채무자에게 불리한 것으로서 무효라면 그 본등기는 여전히 무효일 뿐이다[2002다9127].

ㄴ 가등기담보권의 사적 실행에 있어서 채권자가 청산금의 지급 이전에 본등기와 담보목적물의 인도를 받을 수 있다거나 청산기간이나 동시이행관계를 인정하지 않는 처분정산형의 담보권실행은 가담법상 허용되지 않는다[2001다81856].

(4) 본등기에 의한 소유권의 취득

① 청산금이 있는 경우

> 제4조(청산금의 지급과 소유권의 취득) ② 채권자는 담보목적부동산에 관하여 이미 소유권이전등기를 마친 경우(부동산 양도담보)에는 청산기간이 지난 후 청산금을 채무자 등에게 지급한 때에 담보목적부동산의 소유권을 취득하며, 담보가등기를 마친 경우에는 청산기간이 지나야 그 가등기에 따른 본등기를 청구할 수 있다.

② 청산금이 없는 경우

청산금을 지급할 여지가 없는 때에는 2월의 청산기간이 경과함으로써 청산절차는 종료되고, 채권자는 더 이상의 반대급부의 제공 없이 채무자에 대하여 소유권이전등기청구권 및 목적물인도청구권을 가진다[2000다20465].

③ 법정지상권

> 제10조(법정지상권) 토지와 그 위의 건물이 동일한 소유자에게 속하는 경우 그 토지나 건물에 대하여 제4조 제2항에 따른 소유권을 취득하거나 담보가등기에 따른 본등기가 행하여진 경우에는 그 건물의 소유를 목적으로 그 토지 위에 지상권이 설정된 것으로 본다. 이 경우 그 존속기간과 지료는 당사자의 청구에 의하여 법원이 정한다.

(5) 채무자 등의 말소청구권

① 양도담보의 경우

> 제11조(채무자 등의 말소청구권) 채무자 등은 청산금채권을 변제받을 때까지 그 채무액(반환할 때까지의 이자와 손해금을 포함한다)을 채권자에게 지급하고 그 채권담보의 목적으로 마친 소유권이전등기의 말소를 청구할 수 있다. 다만, 그 채무의 변제기가 지난 때부터 10년이 지나거나 선의의 제3자가 소유권을 취득한 경우에는 소유권이전등기의 말소를 청구할 수 없다.

② 가등기담보의 경우

채무자 등은 정당하게 평가된 청산금을 지급받을 때까지 피담보채무 전액을 채권자에게 지급하고 채권담보의 목적으로 마쳐진 가등기의 말소를 구할 수 있다[96다6974].

2. 경매에 의한 실행(公的 實行)

(1) 선택적 행사

제12조(경매의 청구) ① 담보가등기권리자는 그 선택에 따라 제3조에 따른 담보권을 실행(귀속청산)하거나 담보목적부동산의 경매를 청구할 수 있다. 이 경우 경매에 관하여는 담보가등기권리를 저당권으로 본다.

(2) 우선변제권

제13조(우선변제청구권) 담보가등기를 마친 부동산에 대하여 강제경매 등이 개시된 경우에 담보가등기권리자는 다른 채권자보다 자기채권을 우선변제 받을 권리가 있다. 이 경우 그 순위에 관하여는 그 담보가등기권리를 저당권으로 보고, 그 담보가등기를 마친 때에 그 저당권의 설정등기(設定登記)가 행하여진 것으로 본다.

(3) 본등기 청구 제한

제14조(강제경매 등의 경우의 담보가등기) 담보가등기를 마친 부동산에 대하여 강제경매 등의 개시 결정이 있는 경우에 그 경매의 신청이 청산금을 지급하기 전에 행하여진 경우(청산금이 없는 경우에는 청산기간이 지나기 전)에는 담보가등기권리자는 그 가등기에 따른 본등기를 청구할 수 없다.

(4) 경매개시에 따른 신고내용

제16조(강제경매 등에 관한 특칙) ① 법원은 소유권의 이전에 관한 가등기가 되어 있는 부동산에 대한 강제경매 등의 개시결정이 있는 경우에는 가등기권리자에게 다음 각 호의 구분에 따른 사항을 법원에 신고하도록 적당한 기간을 정하여 최고(催告)하여야 한다.
1. 해당 가등기가 담보가등기인 경우 : 그 내용과 채권[이자나 그 밖의 부수채권(附隨債權)을 포함한다]의 존부(存否)·원인 및 금액
2. 해당 가등기가 담보가등기가 아닌 경우(순위보전적 가등기) : 해당 내용

(5) 소제주의(掃除主義)

제15조(담보가등기권리의 소멸) 담보가등기를 마친 부동산에 대하여 강제경매 등이 행하여진 경우에는 담보가등기권리는 그 부동산의 매각에 의하여 소멸한다.

○ × 핵심체크

01 가등기의 주된 목적이 매매대금채권의 확보에 있고, 대여금채권의 확보는 부수적 목적인 경우, 가등기담보 등에 관한 법률은 적용되지 아니한다. ○ ×

02 1억 원을 차용하면서 3천만 원 상당의 부동산을 양도담보로 제공한 경우 가등기담보 등에 관한 법률이 적용된다. ○ ×

03 채권담보의 목적으로 부동산 소유권을 이전한 경우, 그 부동산에 대한 사용·수익권은 담보권자에게 있음이 원칙이다. ○ ×

04 가등기가 담보가등기인지, 청구권보전을 위한 가등기인지의 여부는 등기부상 표시를 보고 결정한다. ○ ×

05 채권자가 담보권실행을 통지함에 있어서, 청산금이 없다고 인정되면 통지의 상대방에게 그 뜻을 통지하지 않아도 된다. ○ ×

06 청산금은 실행통지 당시의 목적부동산 가액에서 그 시점에 목적부동산에 존재하는 모든 피담보채권액을 공제한 차액이다. ○ ×

07 가등기담보의 채무자의 채무변제와 가등기 말소는 동시이행관계에 있다. ○ ×

정답 및 해설　**01** ○　**02** ×　**03** ×　**04** ×　**05** ×　**06** ×　**07** ×

오답분석

02 재산의 예약 당시의 가액(3,000만 원)이 차용액 및 이에 붙인 이자의 합산액(1억 원)을 초과하는 경우에 적용되므로 미달된 경우에는 가등기담보법이 적용되지 아니한다.

03 목적부동산에 대한 사용수익권은 채무자인 양도담보설정자에게 있다.

04 거래의 실정과 당사자의 의사해석에 따라 결정된다.

05 채권자는 그 뜻을 통지하여야 한다.

06 후순위권리자의 채권은 제외된다.

07 먼저 채무를 변제하여야 하고 피담보채무의 변제와 교환적으로 말소를 구할 수는 없다.

08 채권자가 청산기간이 지나기 전에 청산금을 지급한 경우 또는 후순위 권리자에 대한 통지를 하지 아니하고 청산금을 지급한 경우 이로써 후순위권리자에게 대항하지 못한다. ☐○ ☐×

09 귀속청산의 경우, 채권자는 담보권실행의 통지절차에 따라 통지한 청산금의 금액에 대해서는 다툴 수 없다. ☐○ ☐×

10 양도담보권자가 담보목적부동산에 대하여 가등기담보등에 관한 법률 소정의 청산절차를 거치지 아니한 채 소유권을 이전한 경우, 선의의 제3자라도 소유권을 취득할 수 없다. ☐○ ☐×

11 가등기담보의 채무자는 귀속정산과 처분정산 중 하나를 선택할 수 있다. ☐○ ☐×

12 담보가등기 후의 저당권자는 청산기간 내라면 저당권의 피담보채권의 도래 전이라도 담보목적 부동산의 경매를 청구할 수 있다. ☐○ ☐×

13 담보가등기를 마친 부동산에 대하여 강제경매 등이 행하여진 경우에는 담보가등기권리는 그 부동산의 매각에 의하여 소멸한다. ☐○ ☐×

14 집행법원이 정한 기간 안에 채권신고를 하지 않은 담보가등기권자는 매각대금을 배당받을 수 없다. ☐○ ☐×

15 채권자가 채무자에게 담보권실행을 통지하고 난 후부터는 담보목적물에 대한 과실수취권은 채권자에게 귀속한다. ☐○ ☐×

정답 및 해설   **08** ○   **09** ○   **10** ×   **11** ×   **12** ○   **13** ○   **14** ○   **15** ×

오답분석

10 제3자가 선의라면 소유권을 취득할 수 있다.

11 채권자가 선택한다.

15 청산절차가 종료한 경우, 그때부터 담보목적물의 과실수취권은 채권자에게 귀속한다.

제3장 | 확인학습문제

01 가등기담보 등에 관한 법률상 가등기담보에 대한 설명으로 옳은 것은?(다툼이 있으면 판례에 따름)

★28회 기출★

☑확인
Check!
○
△
×

① 후순위권리자는 청산기간 동안에는 담보목적부동산의 경매를 청구할 수 없다.
② 채무자는 청산기간이 지나기 전이라도 후순위권리자에 대한 통지 후 청산금에 관한 권리를 제3자에게 양도하면 이로써 후순위권리자에게 대항할 수 있다.
③ 담보목적물에 대한 사용·수익권은 채무자에게 지급되어야 할 청산금이 있더라도 그 지급없이 청산기간이 지나면 채권자에게 귀속된다.
④ 담보가등기를 마친 부동산이 강제경매를 통해 매각되어도, 담보가등기권리는 피담보채권액 전부를 변제받지 않으면 소멸하지 않는다.
⑤ 담보가등기를 마친 부동산에 대하여 강제경매가 개시된 경우, 담보가등기를 마친 때를 기준으로 담보가등기권리자의 순위가 결정된다.

해설
난도 ★★★
① 후순위권리자는 청산기간에 한정하여 그 피담보채권의 변제기 도래 전이라도 담보목적부동산의 경매를 청구할 수 있다(제12조 제2항).
② 채무자가 청산기간이 지나기 전에 한 청산금에 관한 권리의 양도나 그 밖의 처분은 이로써 후순위권리자에게 대항하지 못한다(제7조 제1항).
③ 채권자는 담보목적부동산에 관하여 이미 소유권이전등기를 마친 경우(부동산 양도담보)에는 청산기간이 지난 후 청산금을 채무자등에게 지급한 때에 담보목적부동산의 소유권을 취득하며, 담보가등기를 마친 경우에는 청산기간이 지나야 그 가등기에 따른 본등기를 청구할 수 있다(제4조 제2항).
④ 담보가등기를 마친 부동산에 대하여 강제경매 등이 행하여진 경우에는 담보가등기권리는 그 부동산의 매각에 의하여 소멸한다(제15조).

답 ⑤

PART 02
부동산학원론

제1편 부동산학 총론

제2편 부동산학 각론

제3편 감정평가이론

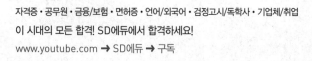

제1편

부동산학 총론

제01장	부동산학의 개관
제02장	부동산의 개념과 분류
제03장	부동산의 특성
제04장	부동산의 존재가치

출제경향 & 수험대책

부동산학 총론에서는 매년 4~5문제가 출제되고 있다. 구체적으로 학습해야할 부분은 부동산 개념, 부동산 분류, 부동산 특성이다. 특히 부동산 개념은 민법적인 내용을 연계해서 학습할 필요가 있고, 부동산 분류는 관계법규와 연계해서 학습할 필요성이 있다.

제1장 │ 부동산학의 개관

제1절　부동산학의 본질

1. 부동산학의 정의

부동산학이란 인간과 부동산과의 관계를 개선하고자 하는 것을 연구하는 목적으로 하고 있다.

(1) 부동산학은 부동산활동의 능률화의 원리 및 그 응용기술을 개척하는 종합응용과학이다.

(2) 부동산학은 부동산현상의 정확한 인식을 기하고 바람직한 부동산활동을 전개해가기 위해 부동산의 물적 · 경제적 · 법적 제측면을 연구하는 종합응용과학이다(이창석).

(3) 부동산학은 부동산과 관련된 의사결정과정을 연구하기 위하여, 부동산의 법적 · 경제적 · 기술적 측면의 접근을 시도하는 종합응용 사회과학이다(조주현).

(4) 부동산학이란 토지와 정착물에 관하여 그것과 관련된 직업적 · 물적 · 법적 · 금융적 제측면을 기술하고 분석하는 학문연구의 한 분야라고 정의하고 있다(안정근).

2. 부동산학의 학문적 성격

(1) **응용사회과학** : 부동산학은 현실적 사회문제를 해결하는 응용과학이며, 사회과학이다.

(2) **경험과학** : 부동산학은 부동산 활동을 대상으로 하는 구체적인 경험과학이다.

(3) **종합과학** : 부동산학은 다양한 분야의 학문이란 점에서 종합 학문적 성격을 가지고 있다.

(4) 규범과학 : 부동산학은 부동산 활동의 판단 및 실현을 목적으로 하는 규범과학이다.

3. 부동산학의 3대 측면

① 기술적 측면 : 물리적 · 자연적 · 공학적 측면으로 부동산 공간의 이용기법적 측면이다.
② 경제적 측면 : 부동산의 가격에 관련된 측면이라 볼 수 있다.
③ 법률적 측면 : 제도적 측면으로서 공 · 사법상의 규율이 부동산 활동에 영향을 준다.

제2절 부동산학의 연구대상과 접근방법 및 이념

1. 부동산학의 연구대상

부동산학의 연구대상은 부동산이 되는데, 다만 인간이 개입되어 유기적인 변화를 일으키는 부동산을 연구대상으로 하고 있다. 따라서 부동산학의 연구대상은 '부동산현상'과 '부동산활동'이다.

(1) **부동산현상** : 부동산에 비롯되는 모든 사회 · 경제 · 행정 · 기술적인 사상을 말하는 것으로 부동산활동을 에워싼 모든 현상을 가리킨다.
(2) **부동산활동** : 부동산을 대상으로 하는 관리적 측면에서의 인간의 행동을 말이다.

2. 부동산학의 접근방법

(1) 법 · 제도 접근방법
부동산이론을 체계화하는 데 있어 그 이론의 기초를 법률과 제도 측면에 두는 방법을 말한다.

(2) 분산식 · 중점식 · 종합식 접근방법
① **분산식 접근방법** : 일반적 주변과학(법학, 경제학, 공학 등 분과과학)에서 개별적으로 부동산을 다루는 방법을 말한다.
② **중점식 접근방법** : 부동산활동의 특정 측면(법률적 · 경제적 · 기술적 접근 등)에만 중점을 두는 방법이다.
③ **종합식 접근방법** : 부동산학을 기술적 · 경제적 · 법률적 측면을 체계화(복합)하여 연구하는 학문이다.

(3) 행태과학 접근방법
부동산활동에 내재하는 인간요인에 착안하여 부동산형태를 중심으로 부동산활동의 본질을 구명하려는 방법이다.

(4) 현상학 접근방법

토지는 인간 노동의 산물이 아니며, 인간과 토지의 만남에서 출발한다는 이론이다.

(5) 의사결정 접근방법

부동산활동을 하는 인간은 논리적이고 예측 가능한 사고과정이나 의사결정과정을 만들고 자신의 이익 극대화를 위한 행동한다는 것이다.

3. 부동산학의 이념과 원칙

(1) 부동산학의 일반적 이념

① **효율성(效率性 : Efficiency)의 원리** : 경제적 원리로서 최소의 인적·물적 자원과 시간을 투입하여 최대의 산출을 얻자는 원리이다. 효율성은 민간부문에서 가장 중요시된다.

② **형평성(衡平性 : Equity)의 원리** : 토지의 또 하나의 문제는 토지소유에 있어서의 형평성 내지는 토지이용으로부터 발생하는 이익의 분배에 있어서 형평성의 문제이다.

③ **합법성(合法性 : Legality)의 원리** : 부동산 활동이 공·사익을 추구할 때 법의 테두리 안에서 법적 적합성을 지니고 이루어져야 한다는 이념이다.

(2) 부동산학의 지도이념

① **기술적 측면** : 공간 및 환경가치의 증대

② **경제적 측면** : 효율적 관리의 원리

③ **법률적 측면** : 공·사익의 조화의 원리

제3절   부동산 활동

1. 부동산활동의 의의 및 주체

(1) 부동산활동의 의의

부동산활동이라 함은 인간이 부동산을 대상으로 전개하는 관리적 측면의 행위를 말한다.

(2) 부동산활동의 주체

부동산활동을 부문별로 보면 정부부문, 사적부문, 전문협회 부문으로 구분할 수 있다.

① **정부부문의 활동**

　㉠ **관리활동** : 중앙정부나 지방자치단체 소유의 부동산을 직·간접적으로 관리하고 있다.

　㉡ **규제활동** : 정부는 건축규제 등 여러 가지 법적 장치를 통하여 부동산활동을 규제하고 있다.

② **사적 부문의 부동산 활동**: 부문별 부동산 활동 중에서 가장 활발한 것은 사적부문의 활동이다.

③ **전문협회의 활동**: 중개사협회, 평가협회, 관리사협회 등 수많은 전문협회가 있다.

대분류	중분류	소분류	세분류
부동산업	부동산 임대업 및 공급업	부동산 임대업	• 주거용 건물임대업 • 비주거용 건물임대업 • 기타 부동산 임대업
		부동산 개발 및 공급업	• 주거용 건물 개발 및 공급업 • 비주거용 건물 개발 및 공급업 • 기타 부동산 개발 및 공급업
	부동산 관련 서비스업	부동산 관리업	• 주거용 부동산 관리업 • 비주거용 부동산 관리업
		부동산 중개 및 감정평가업	• 부동산 중개 및 대리업 • 부동산 투자 및 자문업 • 부동산 감정평가업

2. 부동산활동의 속성

(1) **과학성과 기술성** : 부동산활동은 과학성과 기술성이 요구되어지는 양면성을 갖는다. 즉, 이론 활동에서는 과학성과 이론실무의 응용에 있어서의 기술성이 요구된다.

(2) **사회성과 공공성 및 사익성** : 부동산활동에는 사회성·공공성뿐만 아니라 사익성도 강조된다.

(3) **전문성** : 부동산활동에는 전문직업의 전문성이 강조된다. 전문성을 분류함에 따라 이론 및 전문적 경험의 차이, 신뢰도의 차이, 윤리의식의 차이 등의 실익을 파악할 수 있다.

▶ 전문성 수준의 분류

1차 수준의 부동산활동	비전문가가 행하는 '자신을 위한 부동산활동'으로 부동산활동의 빈도는 높지만, 전문성은 낮고, 거래사고는 높은 편이다.
2차 수준의 부동산활동	부동산을 일상업무와 관련 있는 사람이지만 자기전문분야는 아닌 사람들의 부동산활동을 말한다. 즉, 중개업자에 의한 감정평가활동 등이다.
3차 수준의 부동산활동	특정의 부동산활동의 전문가에 의한 직접적인 부동산활동이다. 즉, 공인중개사에 의한 중개활동행위이다.

(4) **윤리성** : 부동산윤리란 전문인으로서 부동산 관계자가 준수해야할 윤리를 의미한다.

(5) **정보활동** : 정보활동의 특성 때문에 부동산거래의 시장정보 등을 수집·분석해야 한다.

(6) **대인활동과 대물활동** : 부동산활동의 수행과정에서 필연적으로 수반되는 것은 인간관계의 원활을 기하는 것이며, 또한 부동산물건을 객체로 하는 응용활동인 것이다.

(7) **임장활동** : 부동산은 부동성 때문에 효율적 부동산활동을 위해서는 탁상을 떠나서 대상 부동산이 있는 현장에서 많은 시간을 보내야 한다. 따라서 임장활동이 중시된다.

(8) **공간활동** : 부동산활동은 3차원 공간활동으로서의 성격을 지닌다.

(9) 배려의 장기성 : 영속성 때문에 부동산활동은 장래 예측을 거쳐 결정·시행되어야 한다.

(10) 복합개념 : 부동산활동은 기술·경제·법률적 측면인 종합적 측면에서 복합개념으로 접근하여야 한다.

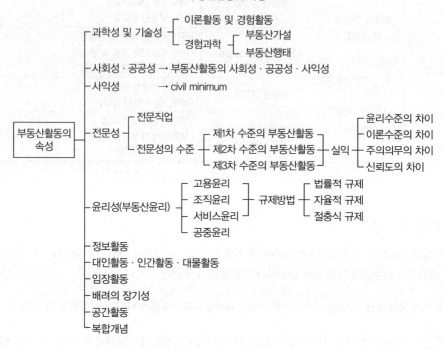

▶ 부동산활동의 속성

3. 부동산활동의 일반원칙(부동산학의 일반원칙)

(1) 능률성의 원칙

부동산학에 있어서 능률성의 원칙은 가장 중요한 원칙이다. 소유활동에 있어서는 최유효이용을, 거래활동에 있어서는 거래질서확립을 그 지도원리로 삼는다.

① 이전의 원리 : 부동산활동에서 인간이 지금까지 담당하던 작업을 기계나 도구에 의존함으로써 능률화에 대비하는 노력을 말한다.

② 보족의 원리 : 부동산활동에서 인간능력의 한계를 보충·극복하는 수단으로 기계 등을 사용함으로써 능률화를 추구하는 것을 말한다.

③ 분담의 원리 : 부동산활동에서 그 작업을 분담하여 능률화를 추구한다.

④ 연결의 원리 : 부동산활동에서 그 업무를 분담하는 경우, 각자가 행한 결과를 유기적으로 잘 연결함으로써 능률화를 추구할 수 있다는 것이다.

⑤ 표준의 원리 : 이는 부동산활동에서 각종 서식 등을 표준화하여 능률을 꾀하는 것이다.

⑥ 분발의 원리 : 부동산활동에 참여하는 사람은 박력이 있어야 한다.

(2) **안전성의 원칙** : 부동산활동에 있어 거래사고 등을 방지해야한다.

(3) **경제성의 원칙** : 부동산활동에 있어서 경제원칙의 추구를 강조하자는 것이다.

(4) **공정성의 원칙** : 우리의 부동산활동이 공정해야 한다는 원칙이다.

▶ 부동산활동과 관련된 원칙

구분		공통		차이
일반원칙		① 능률성의 원칙	② 안전성의 원칙	③ 경제성의 원칙
특별원칙	권리분석	① 능률성의 원칙	② 안전성의 원칙	③ 증거주의 ④ 탐문주의
	감정평가	① 능률성의 원칙	② 안전성의 원칙	③ 전달성의 원칙

⇓ ⇓

〈하위원칙〉 〈하위원칙〉
① 보족의 원칙 ① 하자전제의 원칙
② 이전의 원칙 ② 완전심증의 원칙
③ 분담의 원칙 ③ 차단의 원칙
④ 연결의 원칙 ④ 유동성대비의 원칙
⑤ 표준의 원칙 ⑤ 범위 확대의 원칙
⑥ 분발의 원칙

○ × 핵심체크

01 부동산학은 토지 및 그 정착물에 관하여, 그것과 관련된 직업적, 물적, 법적, 금융적 제 측면을 연구하는 학문이다. ○×

02 부동산학은 순수과학과는 달리 복잡한 현실적 사회문제를 해결하고자 하는 응용과학이다. ○×

03 부동산학의 접근방법 중 중점식 접근방법은 부동산을 기술적 · 경제적 · 법률적 측면 등의 복합개념으로 이해하여, 이를 종합해서 이론을 구축하는 방법이다. ○×

04 부동산학의 접근방법 중 행태과학적 접근방법은 인간은 합리적인 존재이며, 자기이윤의 극대화를 목표로 행동한다는 기본가정에서 출발한다. ○×

05 부동산학의 연구대상은 부동산활동 및 부동산현상을 포함한다. ○×

06 부동산 현상은 토지 등을 대상으로 의사를 결정하고 실행에 옮기는 관리적 측면의 행위이다. ○×

07 부동산학의 일반원칙으로서 안전성의 원칙은 소유활동에 있어서 최유효이용을 지도원리로 삼고 있다. ○×

08 부동산활동을 임장활동으로 규정하는 근거는 부증성이라는 특성과 대인활동이라는 속성 때문이다. ○×

09 부동산학이 추구하는 가치를 민간부문에 한정하여 볼 때는, 효율성을 중시하게 된다. ○×

10 부동산관련 서비스업은 부동산 관리업, 감정평가업, 컨설팅업, 부동산 중개업으로 분류된다. ○×

정답 및 해설 **01** ○ **02** ○ **03** × **04** × **05** ○ **06** × **07** × **08** × **09** ○ **10** ×

오답분석
03 중점식이 아니라 종합식이다.
04 행태과학적이 아니라 의사결정론적이다.
06 부동산 현상이 아니라 부동산활동이다.
07 안정성이 아니라 능률성이다.
08 부증성이 아니라 부동성이다.
10 컨설팅업은 제외된다.

제1장 | 확인학습문제

01 한국표준산업분류에 따른 부동산업의 세분류 항목으로 옳지 <u>않은</u> 것은?

★31회 기출★

① 주거용 건물 건설업
② 부동산 임대업
③ 부동산 개발 및 공급업
④ 부동산 관리업
⑤ 부동산 중개, 자문 및 감정평가업

해설
난도 ★★
① 주거용 건물 건설업은 세세분류항목이다.

답 ①

제2장 | 부동산의 개념과 분류

제1절   부동산 개념

1. 복합개념의 부동산과 복합부동산

(1) 복합개념의 부동산 ★27, 28, 30, 32회 기출★

부동산을 유형적 측면인 물리적(기술적) 측면과 무형적 측면인 법률적 · 경제적 측면의 복합개념으로 이해하는 것을 말한다.

▶ 복합개념의 부동산 정리

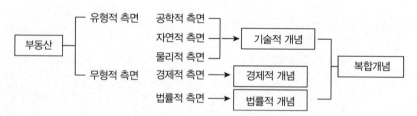

주의 유 · 무형적 측면의 구분은 구체적인 경우에 뒤바뀔 수도 있다. 즉, 기술적 측면이 무형적 측면에, 경제 · 법률적 측면이 유형적 측면에 속하는 경우도 있다.

부동산학에서 부동산의 개념은 부동산활동의 범위를 획정시켜 준다는 것이다. 따라서 준부동산도 부동산학에서 연구대상이 된다.

(2) 복합부동산(compound real estate)

토지와 그 토지 위의 정착물이 각각 독립된 거래의 객체이면서도 마치 하나로 결합된 상태로 다루어져 부동산활동의 대상으로 삼을 때를 가리킨다.

2. 부동산의 개념

복합개념의 부동산	유형적 측면	기술적 측면	공간, 자연, 환경, 위치
	무형적 측면	경제적 측면	자산, 자본, 생산재, 소비재,
		법률적 측면	협의의 부동산, 광의의 부동산

(1) 부동산의 기술적(물리적) 개념

부동산활동의 대상인 유형적 측면의 부동산을 이해하는 데 도움이 된다.

① **자연** : 토지는 자연물이다. 자연물로서의 토지는 자연환경을 구성하고 있는 요소에 가깝다.

② **공간** : 부동산활동의 대상은 3차원공간이다. 토지를 소유한다는 것은, 지표공간과 공중공간과 지중 공간까지도 소유한다는 것이다.

③ **위치** : 특정위치는 특정가격을 발생시키며 대부분의 토지이용은 이 위치와 접근성에 따라 결정된다. 토지는 위치에 따라 그 가치나 토지이용의 상태가 달라진다.

④ **환경** : 부동산은 크게는 자연의 한 부분이지만 작게는 환경의 일부분에 놓여 있다. 부동산의 이용형 태나 가치는 주변 환경에 많은 영향을 받고 있다.

(2) 부동산의 경제적 개념

① **자산** : 부동산은 경제적 가치가 크기 때문에 자산으로서의 성격이 강하다.

② **자본** : 토지는 자본이나 자본증식 수단으로 본다. 주택은 소비자본으로서 자본재로 취급한다.

③ **생산요소** : 부동산은 생산요소, 즉 노동, 자본, 경영, 토지 중에 한 요소이다.

④ **소비재** : 토지는 인간생활에 재화를 생산하는 필수 생산요소이며, 소비재이기도 하다.

⑤ **상품** : 부동산은 소비재인 만큼 상품(commodity)이다.

(3) 부동산의 법률적 개념

부동산은 사법적 입장과 공법적 입장을 모두 고려할 대상이 된다.

3. 부동산의 법률적 개념

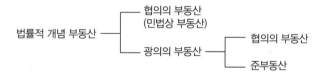

법률적 측면에서 부동산은 협의의 부동산과 광의의 부동산으로 구분한다. 이러한 부동산의 법률적 개념은 주로 「민법」 등의 법률에서 규정하고 있는 사항에 근거하고 있다. 협의의 부동산은 「민법」 상에서 규정하는 부동산을 말한다. 반면에 광의의 부동산은 협의의 부동산에 준 (의제)부동산을 포함한 것을 말한다.

(1) 협의의 부동산

협의의 부동산은 「민법」 (제99조 제1항)에 "토지와 그 정착물은 부동산이다"라고 규정하고 있으며, (제99 조 제2항)에 "부동산 이외의 물건은 동산이다"라고 규정하고 있다. 이처럼 「민법」 상 부동산을 협의의 부 동산이라 한다.

① 토지

ⓐ 토지 소유자는 법률의 범위 내에서 사용 · 수익 · 처분할 수 있다.

ⓑ "토지소유권은 정당한 이익이 있는 범위 내에서 토지의 상하에 미친다."고 규정하고 있다(민법 제 212조). 즉, 토지의 소유권 범위는 3차원 공간에 미치되, 정당한 이익이 있는 범위 내에서 미친다. 여기서 정당한 이익은 사회통념상 인정되는 범위로 한다. 따라서 광업권의 객체가 되고 있는 광물 (광업법 제5조)이나 지정된 항공기 통행권(항공법 제38조)에 대해서는 소유권에 미치지 못한다.

② 정착물(fixture 또는 개량물, improvement) ★28회 기출★

ⓐ 개념 : 정착물은 본질적인 성격상 동산이었지만, 정착물은 사회 · 경제적인 면에서 토지에 부착되어 계속적(항구적)으로 이용된다고 인정되는 물건이다.

ⓑ 정착물의 종류

우리나라 민법에서는 정착물을 다시 독립된 부동산으로 간주되는 것과(독립정착물), 토지의 일부로 간주되는 것(종속정착물)으로 나누고 있다.

ⓐ 토지와 독립된 정착물(독립정착물) ★29회 기출★

건물, 명인방법을 취한 수목 또는 미분리과실, 소유권보존등기된 입목, 권원에 의한 타인의 토지에서 재배되고 있는 농작물 등은 토지와 독립된 정착물(독립정착물)로써 토지로부터 독립하여 거래 · 등기할 수 있다.

ⓑ 토지의 일부로 간주되는 정착물(종속정착물): 축대, 도로, 교량, 제방, 도랑, 돌담 등의 공작물, 일반수목의 집단, 토지에 정착되어 있으며 매년 경작노력을 요하지 않는 나무, 자연식생, 다년생 식물 등은 토지로부터 독립성이 없는 정착물이다.

ⓒ 경작 수확물(예 옥수수, 감자 등), 계속성이 없는 판자집, 가식(假植) 중에 있는 수목, 경작 수확물, 기타 쉽게 이동할 수 있는 물건은 정착물이라 하지 않는다.

더 알아보기	정착물의 구분	
민법상 정착물로 취급	종속정착물 (일체거래)	교량, 제방, 돌담, 도로, 구거 등 별도의 경작노력이 없는 수목, 자연식생, 다년생식물 등
	독립정착물 (독립거래)	건물, 명인방법에 의한 수목, 입목 정당한 권원에 의해 타인 토지에 재배 중인 농작물
민법상 동산으로 취급	동산	계속성이 없는 판잣집, 가식(假植)중인 수목, 경작수확물

③ 정착물과 동산의 구분기준

ⓐ 물건이 부동산에 부착되어 있는 방법 : 부착된 물건을 제거할 경우 건축물에 손상을 준다면 정착물이고, 손상을 주지 않는다면 동산(예 벽에 걸린 그림)으로 간주된다. 그러나 물리적으로 아무런 손상 없이 제거할 수 있지만 제거하여 건축물의 효용에 시장을 주게 되는 경우에는 정착물(예 수도꼭지 · 형광등 · 인터폰 등)로 간주한다.

ⓑ 물건의 성격

물건이 건물의 특정위치 · 용도에 맞도록 고안 · 구축된 물건은 해당 건물에 항구적으로 설치할 의도가 있었던 것으로 간주되어 정착물로 간주한다.

ⓒ 물건을 설치한 의도(당사자의 의도) : 물건을 설치한 목적(의도)이 더 높은 수익을 얻을 목적이라면 정착물이고, 이용목적이라면 동산으로 간주한다.

ⓓ 거래당사자 간의 관계
- 임차인과 임대인일 경우 : 진열대나 선반이 건물에 부착되어 있다고 하더라도 임대인이 설치했다면 정착물이고, 임차인이 설치했다면 동산으로 간주한다.
- 매도자와 매수자일 경우 : 쌍방과의 관계가 매도자와 매수자일 경우 물건의 주인이 불분명할 때에는 일단 정착물로 간주되어 매수자 것으로 취급한다.

더 알아보기 임차자 정착물(tenant fixture)

임차자 정착물의 소유권은 원칙적은 임차자이다. 임차자 정착물은 거래정착물, 농업정착물, 가사정착물 등이 있다.

(2) 광의의 부동산

광의의 부동산이란 협의의 부동산에 준부동산을 합친 개념이다.

① **준부동산의 의의** : 개별 법률에 의해 등기·등록의 공시방법을 갖춤으로써 부동산에 준하여 취급되는 특정의 동산 등을 말한다.

　　예 선박(20톤 이상), 항공기, 자동차, 건설기계, 공장재단과 광업재단, 입목, 어업권 등

② **준부동산의 특징** ★29회 기출★

　　㉠ 준부동산은 광의의 부동산이며, 법률적 개념에 따른 구분이다.

　　㉡ 준부동산은 소유권 또는 저당권의 객체가 될 수도 있다.

　　㉢ 준부동산은 감정평가의 대상이 되기도 하며, 일부는 중개의 대상이 될 수도 있다.

더 알아보기 준부동산의 종류 ★28, 34회 기출★

1. 공장재단(공장 및 광업재단 저당법 제2조)
   공장재단이란 공장에 속하는 일정한 기업용 재산으로 구성되는 일단의 기업재산으로서 이 법에 따라 소유권과 저당권의 목적이 되는 것을 말한다.
2. 광업재단(광업재단 저당법 제2조)
   광업재단이란 광물을 채굴·취득하기 위한 각종 설비 및 이에 부속하는 사업의 설비로 구성되는 일단의 기업재산으로서 이 법에 따라 소유권과 저당권의 목적이다.
3. 입목(입목에 관한 법률 제2조)
   입목이란 토지에 부착된 수목의 집단으로서 그 소유자가 이 법에 따라 소유권보존의 등기를 받은 것을 말한다.
4. 어업권(수산업법 2조)
   면허 또는 허가를 받아 어업을 경영할 수 있는 권리로 공유수면에서 수산물을 독점적·배타적으로 채취·포획 및 양식할 수 있다. 어업권은 토지에 관한 규정이 준용된다.
5. 20톤 이상의 선박
   20톤 이상의 선박으로 선박법 및 선박등기법에 따라 등기된 선박은 한 개의 부동산처럼 취급되어 소유권, 임차권, 저당권의 객체가 된다.
6. 자동차, 항공기, 건설기계
   자동차등록원부, 항공기등록원부, 건설기계등록원부에 등록된 것을 말하며, 각각 「자동차 등 특정동산 저당법」에 의해 저당권 설정이 가능하다.

1. 토지 분류

토지는 지목, 이용 목적, 이용 상황 등에 따라 다양하게 분류할 수 있다. 그 중 「공간정보의 구축 및 관리 등에 관한 법률」상 지목에 따른 토지 분류, 「국토의 계획 및 이용에 관한 법률」상 용도지역에 따른 토지 분류, 부동산 활동상의 토지 분류방법이 있다.

(1) 지목에 따른 토지의 분류(「공간정보의 구축 및 관리 등에 관한 법률」)

지목의 종류는 총 28개로 구성되어 다음과 같은 지목의 종류가 있다.

① 전 (전) : 물을 상시적으로 이용하지 않고 곡물·원예작물(과수류는 제외한다)·약초·뽕나무·닥나무·묘목·관상수 등의 식물을 주로 재배하는 토지와 식용(食用)으로 죽순을 재배하는 토지

② 답 (답) : 물을 상시적으로 직접 이용하여 벼·연(蓮)·미나리·왕골 등의 식물을 주로 재배하는 토지

③ 과수원 (과) : 사과·배·밤·호두·귤나무 등 과수류를 집단적으로 재배하는 토지와 이에 접속된 저장고 등 부속시설물의 부지. 다만, 주거용 건축물의 부지는 "대"로 한다.

④ 목장용지 (목) : 다음 각 목의 토지. 다만, 주거용 건축물의 부지는 "대"로 한다.
　가. 축산업 및 낙농업을 하기 위하여 초지를 조성한 토지
　나. 「축산법」 제2조 제1호에 따른 가축을 사육하는 축사 등의 부지

⑤ 임야 (임) : 산림 및 원야(原野)를 이루고 있는 수림지(樹林地)·죽림지·암석지·자갈땅·모래땅·습지·황무지 등의 토지

⑥ 광천지 (광) : 지하에서 온수·약수·석유류 등이 용출되는 용출구(湧出口)와 그 유지(維持)에 사용되는 부지. 다만, 온수·약수·석유류 등을 일정한 장소로 운송하는 송수관·송유관 및 저장시설의 부지는 제외한다.

⑦ 염전 (염) : 바닷물을 끌어들여 소금을 채취하기 위하여 조성된 토지와 이에 접속된 제염장(製鹽場) 등 부속시설물의 부지. 다만, 천일제염 방식으로 하지 아니하고 동력으로 바닷물을 끌어들여 소금을 제조하는 공장시설물의 부지는 제외한다.

⑧ 대 (대) : 영구적 건축물 중 주거·사무실·점포와 박물관·극장·미술관 등 문화시설과 이에 접속된 정원 및 부속시설물의 부지

⑨ 공장용지 (장) : 제조업을 하고 있는 공장시설물의 부지

⑩ 학교용지 (학) : 학교의 교사(校舍)와 이에 접속된 체육장 등 부속시설물의 부지

⑪ 주차장 (차) : 자동차 등의 주차에 필요한 독립적인 시설을 갖춘 부지와 주차전용 건축물 및 이에 접속된 부속시설물의 부지

⑫ 주유소용지 (주)
　가. 석유·석유제품 또는 액화석유가스 등의 판매를 위하여 일정한 설비를 갖춘 시설물의 부지
　나. 저유소(貯油所) 및 원유저장소의 부지와 이에 접속된 부속시설물의 부지

⑬ 창고용지 (창) : 물건 등을 보관하거나 저장하기 위하여 독립적으로 설치된 보관시설물의 부지와 이에 접속된 부속시설물의 부지

⑭ 도로 (도) : 일반 공중(公衆)의 교통 운수를 위하여 보행이나 차량운행에 필요한 일정한 설비 또는 형태를 갖추어 이용되는 토지

⑮ 철도용지 (철) : 교통 운수를 위하여 일정한 궤도 등의 설비와 형태를 갖추어 이용되는 토지와 이에 접속된 역사(驛舍)·차고·발전시설 및 공작창 등 부속시설물의 부지

⑯ 제방 (제) : 조수·자연유수(自然流水)·모래·바람 등을 막기 위하여 설치된 방조제·방수제·방사제·방파제 등의 부지

⑰ 하천 (천) : 자연의 유수(流水)가 있거나 있을 것으로 예상되는 토지

⑱ 구거 (구) : 용수 또는 배수를 위하여 일정한 형태를 갖춘 인공적인 수로·둑 및 그 부속시설물의 부지와 자연의 유수(流水)가 있거나 있을 것으로 예상되는 소규모 수로부지

⑲ 유지(溜池) (유) : 물이 고이거나 상시적으로 물을 저장하고 있는 댐·저수지·소류지(소유지)·호수·연못 등의 토지와 연·왕골 등이 자생하는 배수가 잘 되지 아니하는 토지

⑳ 양어장 (양) : 육상에 인공으로 조성된 수산생물의 번식 또는 양식을 위한 시설을 갖춘 부지와 이에 접속된 부속시설물의 부지

㉑ 수도용지 (수) : 물을 정수하여 공급하기 위한 취수·저수·도수(導水)·정수·송수 및 배수 시설의 부지 및 이에 접속된 부속시설물의 부지

㉒ 공원 (공) : 일반 공중의 보건·휴양 및 정서생활에 이용하기 위한 시설을 갖춘 토지로서 「국토의 계획 및 이용에 관한 법률」에 따라 공원 또는 녹지로 결정·고시된 토지

㉓ 체육용지 (체) : 국민의 건강증진 등을 위한 체육활동에 적합한 시설과 형태를 갖춘 종합운동장·실내체육관·야구장·골프장·스키장·승마장·경륜장 등 체육시설의 토지와 이에 접속된 부속시설물의 부지

㉔ 유원지 (원) : 일반 공중의 위락·휴양 등에 적합한 시설물을 종합적으로 갖춘 수영장·유선장(遊船場)·낚시터·어린이놀이터·동물원·식물원·민속촌·경마장 등의 토지와 이에 접속된 부속시설물의 부지

㉕ 종교용지 (종) : 일반 공중의 종교의식을 위하여 예배·법요·설교·제사 등을 하기 위한 교회·사찰·향교 등 건축물의 부지와 이에 접속된 부속시설물의 부지

㉖ 사적지 (사) : 문화재로 지정된 역사적인 유적·고적·기념물 등을 보존하기 위하여 구획된 토지

㉗ 묘지 (묘) : 사람의 시체나 유골이 매장된 토지, 「도시공원 및 녹지 등에 관한 법률」에 따른 묘지공원으로 결정·고시된 토지 및 「장사 등에 관한 법률」 제2조제9호에 따른 봉안시설과 이에 접속된 부속시설물의 부지

㉘ 잡종지 (잡)

　가. 갈대밭, 실외에 물건을 쌓아두는 곳, 돌을 캐내는 곳, 흙을 파내는 곳, 야외시장, 비행장, 공동우물

　나. 영구적 건축물 중 변전소, 송신소, 수신소, 송유시설, 도축장, 자동차운전학원, 쓰레기 및 오물처리장 등의 부지

(2) 용도지역에 따른 토지의 분류(「국토의 계획 및 이용에 관한 법률」) ★32회 기출★

① 용도지역제의 의의

용도지역제란 도시·군관리계획에 의하여 토지에 관하여 토지를 특정한 지역·지구·구역으로 지정하고, 그 지정된 곳에 대하여 토지이용에 관한 공법상의 제한을 가함으로써 전국 토지이용의 합리화와 양호한 생활환경을 조성하기 위한 제도를 말한다.

구분	지정 목적
용도지역	토지의 이용 및 건축물의 용도·건폐율·용적률·높이 등을 제한함으로써 토지를 경제적·효율적으로 이용하고 공공복리의 증진을 도모하기 위하여 서로 중복되지 아니하게 도시·군관리계획으로 결정하는 지역을 말한다. 중복 지정할 수가 없다.
용도지구	토지의 이용 및 건축물의 용도·건폐율·용적률·높이 등에 대한 용도지역의 제한을 강화 또는 완화하여 적용함으로써 용도지역의 기능을 증진시키고 미관·경관·안전 등을 도모하기 위하여 도시·군관리계획으로 결정하는 지역을 말한다. 용도지구는 중복 지정할 수가 있다.
용도구역	토지의 이용 및 건축물의 용도·건폐율·용적률·높이 등에 대한 용도지역 및 용도지구의 제한을 강화 또는 완화하여 따로 정함으로써 시가지의 무질서한 확산방지, 계획적이고 단계적인 토지이용의 도모, 토지이용의 종합적 조정·관리 등을 위하여 도시·군관리계획으로 결정하는 지역을 말한다.

② 용도지역

　ㄱ 용도지역의 지정

용도지역의 구분		지정목적
도시지역	주거지역	거주의 안녕과 건전한 생활환경의 보호를 위하여 필요한 지역
	상업지역	상업이나 그 밖의 업무의 편익증진을 위하여 필요한 지역
	공업지역	공업의 편익을 증진하기 위하여 필요한 지역
	녹지지역	자연환경, 농지 및 산림의 보호, 보건위생, 보안과 도시의 무질서한 확산을 방지하기 위하여 녹지의 보전이 필요한 지역
관리지역	보전관리지역	자연환경보호, 산림보호, 수질오염방지, 녹지공간 확보 및 생태계 보전 등을 위하여 보전이 필요하나, 주변의 용도지역과의 관계 등을 고려할 때 자연환경보전지역으로 지정하여 관리하기가 곤란한 지역
	생산관리지역	농업 · 임업 · 어업생산 등을 위하여 관리가 필요하나, 주변 용도지역과의 관계 등을 고려할 때 농림지역으로 지정하여 관리하기가 곤란한 지역
	계획관리지역	도시지역으로의 편입이 예상되는 지역이나 자연환경을 고려하여 제한적인 이용 · 개발을 하려는 지역으로서 계획적 · 체계적인 관리가 필요한 지역
농림지역		도시지역에 속하지 아니하는 「농지법」에 의한 농업진흥지역 또는 「산지관리법」에 의한 보전산지 등으로서 농림업의 진흥과 산림의 보전을 위하여 필요한 지역
자연환경 보전지역		자연환경 · 수자원 · 해안 · 생태계 · 상수원 및 문화재의 보전과 수산자원의 보호 · 육성 등을 위하여 필요한 지역

　ㄴ 세분지정

국토교통부장관, 시 · 도지사 또는 대도시 시장은 다음에 정하는 바에 따라 용도지역을 도시 · 군
관리계획결정으로 다시 세분하여 지정하거나 이를 변경할 수 있다(제36조).

도시 지역	주거 지역	전용	제1종	단독주택 중심의 양호한 주거환경을 보호하기 위하여 필요한 지역
			제2종	공동주택 중심의 양호한 주거환경을 보호하기 위하여 필요한 지역
		일반	제1종	저층주택(4층 이하)을 중심으로 편리한 주거환경을 조성하기 위하여 필요한 지역
			제2종	중층주택(도시군계획조례로 층수를 제한하는 경우 그 층수 이하)을 중심으로 편리한 주거환경을 조성하기 위하여 필요한 지역
			제3종	중고층주택을 중심으로 편리한 주거환경을 조성하기 위하여 필요한 지역
		준		주거기능을 위주로 이를 지원하는 일부 상업기능 및 업무기능을 보완하기 위하여 필요한 지역
	상업 지역	중심		도심 · 부도심의 상업기능 및 업무기능의 확충을 위하여 필요한 지역
		일반		일반적인 상업기능 및 업무기능을 담당하게 하기 위하여 필요한 지역
		유통		도시 내 및 지역간 유통기능의 증진을 위하여 필요한 지역
		근린		근린지역에서의 일용품 및 서비스의 공급을 위하여 필요한 지역
도시 지역	공업 지역	전용		주로 중화학공업, 공해성 공업 등을 수용하기 위하여 필요한 지역
		일반		환경을 저해하지 아니하는 공업의 배치를 위하여 필요한 지역
		준		경공업 그 밖의 공업을 수용하되, 주거기능 · 상업기능 및 업무기능의 보완이 필요한 지역
	녹지 지역	보전		도시의 자연환경 · 경관 · 산림 및 녹지공간을 보전할 필요가 있는 지역
		생산		주로 농업적 생산을 위하여 개발을 유보할 필요가 있는 지역
		자연		도시의 녹지공간의 확보, 도시확산의 방지, 장래 도시용지의 공급 등을 위하여 보전할 필요가 있는 지역으로서 불가피한 경우에 한하여 제한적인 개발이 허용되는 지역

관리	보전 관리	자연환경 보호, 산림 보호, 수질오염 방지, 녹지공간 확보 및 생태계 보전 등을 위하여 보전이 필요하나, 주변 용도지역과의 관계 등을 고려할 때 자연환경보전지역으로 지정하여 관리하기가 곤란한 지역
	생산 관리	농업·임업·어업 생산 등을 위하여 관리가 필요하나, 주변 용도지역과의 관계 등을 고려할 때 농림지역으로 지정하여 관리하기가 곤란한 지역
	계획 관리	도시지역으로의 편입이 예상되는 지역이나 자연환경을 고려하여 제한적인 이용·개발을 하려는 지역으로서 계획적·체계적인 관리가 필요한 지역
농림 지역		도시지역에 속하지 아니하는 「농지법」에 따른 농업진흥지역 또는 「산지관리법」에 따른 보전산지 등으로서 농림업을 진흥시키고 산림을 보전하기 위하여 필요한 지역
자연 환경 보전		자연환경·수자원·해안·생태계·상수원 및 문화재의 보전과 수산자원의 보호·육성 등을 위하여 필요한 지역

③ 용도지구

구분	세분지정	내용
경관지구	경관의 보전·관리 및 형성을 위하여 필요한 지구	
	자연경관지구	산지·구릉지 등 자연경관을 보호하거나 유지하기 위하여 필요한 지구
	시가지경관지구	지역 내 주거지, 중심지 등 시가지의 경관을 보호 또는 유지하거나 형성하기 위하여 필요한 지구
	특화경관지구	지역 내 주요 수계의 수변 또는 문화적 보존가치가 큰 건축물 주변의 경관 등 특별한 경관을 보호 또는 유지하거나 형성하기 위하여 필요한 지구
방재지구	풍수해, 산사태, 지반의 붕괴, 그 밖의 재해를 예방하기 위하여 필요한 지구	
	시가지방재지구	건축물·인구가 밀집되어 있는 지역으로서 시설 개선 등을 통하여 재해 예방이 필요한 지구
	자연방재지구	토지의 이용도가 낮은 해안변, 하천변, 급경사지 주변 등의 지역으로서 건축 제한 등을 통하여 재해 예방이 필요한 지구
보호지구	문화재, 중요 시설물(항만, 공항 등 대통령령으로 정하는 시설물을 말한다) 및 문화적·생태적으로 보존가치가 큰 지역의 보호와 보존을 위하여 필요한 지구	
	역사문화환경 보호지구	문화재·전통사찰 등 역사·문화적으로 보존가치가 큰 시설 및 지역의 보호와 보존을 위하여 필요한 지구
	중요시설물 보호지구	중요시설물(항만, 공항, 공용시설, 교정시설·군사시설을 말한다)의 보호와 기능의 유지 및 증진 등을 위하여 필요한 지구
	생태계보호지구	야생동식물서식처 등 생태적으로 보존가치가 큰 지역의 보호와 보존을 위하여 필요한 지구
취락지구	녹지지역·관리지역·농림지역·자연환경보전지역·개발제한구역 또는 도시자연공원구역의 취락을 정비하기 위한 지구	
	자연취락지구	녹지지역·관리지역·농림지역 또는 자연환경보전지역 안의 취락을 정비하기 위하여 필요한 지구
	집단취락지구	개발제한구역 안의 취락을 정비하기 위하여 필요한 지구

	주거기능 · 상업기능 · 공업기능 · 유통물류기능 · 관광기능 · 휴양기능 등을 집중적으로 개발 · 정비할 필요가 있는 지구	
개발진흥지구	주거개발진흥지구	주거기능을 중심으로 개발 · 정비할 필요가 있는 지구
	산업 · 유통 개발진흥지구	공업기능 및 유통 · 물류기능을 중심으로 개발 · 정비할 필요가 있는 지구
	관광 · 휴양 개발진흥지구	관광 · 휴양기능을 중심으로 개발 · 정비할 필요가 있는 지구
	복합개발진흥지구	주거기능, 공업기능, 유통 · 물류기능 및 관광 · 휴양기능 중 2 이상의 기능을 중심으로 개발 · 정비할 필요가 있는 지구
	특정개발진흥지구	주거기능, 공업기능, 유통 · 물류기능 및 관광 · 휴양기능 외의 기능을 중심으로 특정한 목적을 위하여 개발 · 정비할 필요가 있는 지구
고도지구	쾌적한 환경 조성 및 토지의 효율적 이용을 위하여 건축물 높이의 최고한도를 규제할 필요가 있는 지구	
방화지구	화재의 위험을 예방하기 위하여 필요한 지구	
특정용도제한지구	주거 및 교육 환경 보호나 청소년 보호 등의 목적으로 오염물질 배출시설, 청소년 유해시설 등 특정시설의 입지를 제한할 필요가 있는 지구	
복합용도지구	지역의 토지이용 상황, 개발 수요 및 주변 여건 등을 고려하여 효율적이고 복합적인 토지이용을 도모하기 위하여 특정시설의 입지를 완화할 필요가 있는 지구	

④ 용도구역

구역명	지정목적
개발제한구역	국토교통부장관은 도시의 무질서한 확산을 방지하고 도시주변의 자연환경을 보전하여 도시민의 건전한 생활환경을 확보하기 위하여 도시의 개발을 제한할 필요가 있거나 국방부장관의 요청이 있어 보안상 도시의 개발을 제한할 필요가 있다고 인정되면 개발제한구역의 지정 또는 변경을 도시 · 군관리계획으로 결정할 수 있다.
시가화 조정구역	시 · 도지사는 직접 또는 관계 행정기관의 장의 요청을 받아 도시지역과 그 주변지역의 무질서한 시가화를 방지하고 계획적 · 단계적인 개발을 도모하기 위하여 대통령령으로 정하는 기간 동안 시가화를 유보할 필요가 있다고 인정되면 시가화조정구역의 지정 또는 변경을 도시 · 군관리계획으로 결정할 수 있다. 다만, 국가계획과 연계하여 시가화조정구역의 지정 또는 변경이 필요한 경우에는 국토교통부장관이 직접 시가화조정구역의 지정 또는 변경을 도시 · 군관리계획으로 결정할 수 있다.
수산자원보호구역	해양수산부장관은 직접 또는 관계 행정기관의 장의 요청을 받아 수산자원을 보호 · 육성하기 위하여 필요한 공유수면이나 그에 인접한 토지에 대한 수산자원보호구역의 지정 또는 변경을 도시 · 군관리계획으로 결정할 수 있다.
도시자연공원구역	시 · 도지사 또는 대도시 시장은 도시의 자연환경 및 경관을 보호하고 도시민에게 건전한 여가 · 휴식공간을 제공하기 위하여 도시지역 안에서 식생(植生)이 양호한 산지(山地)의 개발을 제한할 필요가 있다고 인정하면 도시자연공원구역의 지정 또는 변경을 도시 · 군관리계획으로 결정할 수 있다.

입지규제최소구역	도시 · 군관리계획 결정권자는 도시지역에서 복합적인 토지이용을 증진시켜 도시 정비를 촉진하고 지역 거점을 육성할 필요가 있다고 인정되면 다음 각 호의 어느 하나에 해당하는 지역과 그 주변지역의 전부 또는 일부를 입지규제최소구역으로 지정할 수 있다. 1. 도시 · 군기본계획에 따른 도심 · 부도심 또는 생활권의 중심지역 2. 철도역사, 터미널, 항만, 공공청사, 문화시설 등의 기반시설 중 지역의 거점 역할을 수행하는 시설을 중심으로 주변지역을 집중적으로 정비할 필요가 있는 지역 3. 세 개 이상의 노선이 교차하는 대중교통 결절지로부터 1킬로미터 이내에 위치한 지역 4. 「도시 및 주거환경정비법」 제2조 제3호에 따른 노후 · 불량건축물이 밀집한 주거지역 또는 공업지역으로 정비가 시급한 지역 5. 「도시재생 활성화 및 지원에 관한 특별법」 제2조 제1항 제5호에 따른 도시재생활성화지역 중 같은 법 제2조 제1항 제6호에 따른 도시경제기반형 활성화계획을 수립하는 지역 6. 그 밖에 창의적인 지역개발이 필요한 지역으로 대통령령으로 정하는 지역

(3) 부동산 활동상에 따른 토지의 분류 ★27, 29, 30, 31, 32, 34회 기출★

① 택지(宅地, 건축용지), 부지(敷地), 대지(垈地)

  ㉠ 택지(宅地)

  택지는 지상에 건축물이 있거나 향후에 건축물로 이용할 수 있는 토지를 말한다. 즉, 주거용 · 상업용 · 공업용 등으로 이용 중이거나 이용 가능한 토지이다.

  ㉡ 부지(敷地)

  건축용지 외에 철도용 부지 · 수도용 부지 등에도 사용되는 포괄적 용어이다. 건축 불가능한 토지가 포함된 가장 넓은 의미의 토지가 부지이다.

  ㉢ 대지(垈地)

  건축법에서 대지란 주거용과 상업용 건축물뿐만 아니라, 학교용지, 공장용지 등에도 건축물을 지을 수 있는 토지라면 '대지'에 속한다. 따라서 「공간정보의 구축 및 관리 등에 관한 법률」에서 지목인 '대(垈)'는 공장용지가 포함되지 않지만, 건축법상 '대지(垈地)'는 공장용지도 포함됨을 유의할 필요가 있다.

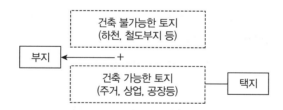

② 필지 · 획지

  ㉠ 필지(筆地)

  필지란 하나의 지번이 붙은 등기 · 등록단위로서 토지소유자의 권리를 구분하기 위한 법적 개념이다.

  ㉡ 획지(劃地)

  획지는 인위적 · 자연적 · 행정적 조건에 의해 다른 토지와 구별되는 가격수준이 비슷한 일단의 토지의 면적을 말한다. 거래 또는 이용 등의 부동산활동 또는 부동산현상의 단위로서 가격수준을 구분하기 위한 경제적 개념이다.

ⓒ 필지와 획지의 관계

필지와 획지의 크기는 같은 경우, 하나의 필지가 여러 개의 획지가 되는 경우, 여러 개의 필지가 하나의 획지를 이루는 경우가 있다.

▶ 필지와 획지

필지	획지
• 법률상의 토지 등록단위 • 하나의 지번이 붙은 권리의 구분 • 법률적 개념	• 부동산활동상의 개념 • 가격수준의 동일 유사한 일단의 토지 • 부동산학적 · 경제적 개념

예

10번지	11번지
12번지	13번지

해당 토지 모두가 "배추밭"으로 활용 중 :
→ 4필지 1획지라고 한다.

배추밭	주택
편의점	주유소

10번지 토지가 4가지 용도로 활용 중 :
→ 1필지 4획지라고 한다.

더 알아보기 | 면적단위와 면적환산방법

1. 면적단위 : m²가 원칙이다. ⇨ 1m²=0.3025평, 1평=3.3058m²
2. 면적 환산 방법
   (1) m²를 평으로 환산하는 방법 : 해당면적×0.3025
       85m²=85×0.3025=약 25.71평
   (2) 평을 m²로 환산하는 방법 : 해당면적 × 3.3058
       25.71평=25.71×3.3058=84.99m²(약 85m²)
   (3) 1정보 ⇨ 3,000평, 1단보 ⇨ 300평

---

③ 후보지 · 이행지 ★29회, 30회 기출★

ⓐ 후보지(가망지, 예정지)

후보지란 택지지역, 농지지역, 산지지역 상호 간에 다른 지역으로 전환되고 있는 토지이다. 후보지는 반드시 지목변경을 초래한다.

▶ 부동산감정평가상 토지의 용도별 구분

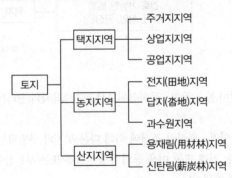

ⓛ 이행지

택지 간(주거용, 상업용, 공업용), 농지 간(전, 답, 과수원), 산지 간(용재림, 신탄림) 용도가 변화하고 있는 토지를 말한다. 즉, 용도지역 내에서 지역 간 용도변경이 진행되고 있는 토지로서, 반드시 지목변경을 초래하는 것은 아니다.

④ 정착물의 유무에 따른 분류(나지(裸地), 공지(空地), 건부지(建附地))

ⓘ 건부지(建敷地)

건부지란 건물 등의 용도에 제공되고 있는 부지(敷地)로서 그 부지의 사용·수익을 제약하는 권리 등이 부착되어 있지 않은 택지이다.

ⓛ 나지(裸地)

"나지"라 함은 "토지에 건물 기타 정착물이 없고 지상권 등 토지에 사용·수익을 제한하는 사법상의 권리가 설정되어 있지 않은 토지를 말한다."

ⓒ 공지(空地)

「건축법」에 의한 건폐율·용적률 등의 제한으로 인해 필지 중 건축물을 제외하고 남은 부분의 토지를 말한다.

더 알아보기 나지와 건부지 비교

1. 나지
   ① 나지는 최유효이용을 전제로 평가하기 때문에, 토지가격에 대한 감정평가의 기준이 된다.
   ② 나지는 지목을 알 수 없지만, 지목이 대(垈)인 경우는 "나대지"라 한다.
2. 나지와 건부지 비교
   ① 원칙 : 건부감가
   건부지는 부지와 건물의 부적합한 토지이용이 되어 건부지가 최유효이용의 상태가 아닌 경우에 시장성이 떨어져 나지에 비하여 건부지 가격이 감가되는 현상을 말한다.
   ② 예외 : 건부증가
   부지와 건물의 적합도와 관계없이 건물이 존재함으로써 토지의 가격이 증가되는 정도를 말한다(예 개발제한구역 내의 건부지, 유휴지 지정, 택지개발예정지구, 「건축법」이 강화되는 경우 등).

---

⑤ 대지(袋地)·맹지(盲地)

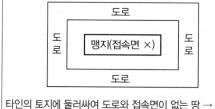

| 타인의 토지에 둘러싸여 도로와 접속면이 없는 땅 → 맹지 : 접속면 ×, 건축 × | 토지의 일면이 도로와 접속한 모양의 자루모양의 땅 → 대지 : 접속면 ○, 건축 ○ |

ⓘ 대지(袋地)

어떤 토지가 공도(公道)와 좁은 통로에 의해 접속면을 가진 자루형의 모양을 띠게 된 토지를 말한다.

ⓛ 맹지(盲地)

타인의 토지에 둘러싸여 도로에 어떤 접속면도 가지지 못하는 토지를 말하며, 이 위에는 건축법상 건축을 할 수 없다.

⑥ 법지(法地)와 빈지(濱地)

   ⊙ 법지(法地)

     법으로만 소유할 뿐 활용실익이 없는 토지이다.

   ⓛ 빈지(濱地)

     활용실익은 있으나, 소유권이 인정되지 않는 토지이다. 일반적으로 바다와 육지 사이의 해변토지
     를 말한다.

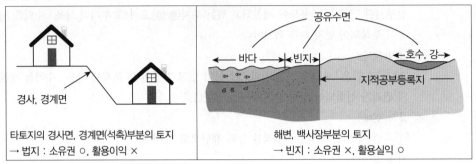

     타토지의 경사면, 경계면(석축)부분의 토지
     → 법지 : 소유권 ○, 활용이익 ×

     해변, 백사장부분의 토지
     → 빈지 : 소유권 ×, 활용실익 ○

⑦ 유휴지(遊休地) · 휴한지(休閑地) · 공한지(空閑地)

   ⊙ 유휴지(遊休地)

     정당한 이유 없이 방치되고 있는 토지를 말한다.

   ⓛ 휴한지(休閑地)

     토지의 지력(地力)회복 등을 위하여 정당한 이유로 쉬고 있는 토지를 말한다.

   ⓒ 공한지(空閑地)

     도시 내의 택지 중에 지가상승, 투기 등의 목적으로 장시간 방치되고 있는 토지를 말한다. 그러나
     도시계획 등 때문에 공지(空地)로 된 토지는 공한지가 아니다.

⑧ 기타

   ⊙ 소지(素地) ★29회 기출★

     개발하기 이전의 자연상태 그대로의 토지로서, 원지(原地)라고도 한다. 소지(沼地)란 늪과 연못
     등이 많은 땅을 가리킨다.

   ⓛ 포락지(浦落地) ★30회 기출★

     지적공부에 등록된 토지로 지반이 홍수 등으로 절토되어 하천이나 강으로 침식된 토지를 말한다.
     이 토지는 성토하더라도 소멸된 사권은 부활하지 않는다.

   ⓒ 선하지(線下地)

     고압선 아래의 토지로 그 목적을 위하여 지상권 또는 임차권이 설정된 경우가 많다.

   ⓔ 한계지(限界地)

     택지이용의 최원방권 토지를 말하며, 행정구역상 타 지역과 인접한 지역 내의 토지의 경계점을 말
     한다.

2. 건물의 분류

(1) 주택법상 주택 ★27, 28, 34회 기출★

세대의 구성원이 장기간 독립된 주거생활을 할 수 있는 구조로 된 건축물의 전부 또는 일부 및 그 부속토지를 말하며, 이를 단독주택과 공동주택으로 구분한다(법 제2조 제1호).

① 단독주택

1세대가 하나의 건축물 안에서 독립된 주거생활을 할 수 있는 구조로 된 주택을 말하며, 그 종류와 범위는 대통령령으로 정한다(법 제2조 제2호).

㉠ 단독주택

㉡ 다중주택 : 다음의 요건을 모두 갖춘 주택을 말한다.

> ⓐ 학생 또는 직장인 등 여러 사람이 장기간 거주할 수 있는 구조로 되어 있는 것
> ⓑ 독립된 주거의 형태를 갖추지 아니한 것(각 실별로 욕실은 설치할 수 있으나, 취사시설은 설치하지 아니한 것을 말한다)
> ⓒ 1개 동의 주택으로 쓰이는 바닥면적의 합계가 660제곱미터 이하이고 주택으로 쓰는 층수(지하층은 제외한다)가 3개 층 이하일 것

㉢ 다가구주택 : 다음의 요건을 모두 갖춘 주택으로서 공동주택에 해당하지 아니하는 것을 말한다.

> ⓐ 주택으로 쓰는 층수(지하층은 제외한다)가 3개 층 이하일 것. 다만, 1층의 전부 또는 일부를 필로티 구조로 하여 주차장으로 사용하고 나머지 부분을 주택 외의 용도로 쓰는 경우에는 해당 층을 주택의 층수에서 제외한다.
> ⓑ 1개 동의 주택으로 쓰이는 바닥면적(부설 주차장 면적은 제외한다)의 합계가 660제곱미터 이하일 것
> ⓒ 19세대(대지 내 동별 세대수를 합한 세대를 말한다) 이하가 거주할 수 있을 것

㉣ 공관

② 공동주택

공동주택이란 건축물의 벽·복도·계단이나 그 밖의 설비 등의 전부 또는 일부를 공동으로 사용하는 각 세대가 하나의 건축물 안에서 각각 독립된 주거생활을 할 수 있는 구조로 된 주택을 말하며, 그 종류와 범위는 대통령령으로 정한다(법 제2조 제3호).

㉠ 아파트 : 주택으로 쓰는 층수가 5개 층 이상인 주택

㉡ 연립주택 : 주택으로 쓰는 1개 동의 바닥면적 합계가 $660m^2$를 초과하고, 층수가 4개 층 이하인 주택

㉢ 다세대주택 : 주택으로 쓰는 1개 동의 바닥면적 합계가 $660m^2$ 이하이고, 층수가 4개 층 이하인 주택

㉣ 기숙사

③ 준주택 ★34회 기출★

㉠ 준주택이란 주택 외의 건축물과 그 부속토지로서 주거시설로 이용 가능한 시설 등을 말하며, 그 범위와 종류는 대통령령으로 정한다(법 제2조 제4호).

ⓛ 준주택의 범위와 종류
　　ⓐ 건축법령에 따른 다중생활시설
　　ⓑ 건축법령에 따른 노인복지시설 중 「노인복지법」의 노인복지주택
　　ⓒ 건축법령에 따른 오피스텔
　　ⓓ 건축법령에 따른 기숙사

④ 국민주택규모

　　주거의 용도로만 쓰이는 면적(주거전용면적)이 1호 또는 1세대 당 85제곱미터 이하인 주택(「수도권정비계획법」에 따른 수도권을 제외한 도시지역이 아닌 읍 또는 면 지역은 1호 또는 1세대 당 주거전용면적이 100제곱미터 이하인 주택을 말한다)을 말한다. 이 경우 주거전용면적의 산정방법은 국토교통부령으로 정한다(법 제2조 제6호).

⑤ 토지임대부 분양주택

　　토지의 소유권은 제15조에 따른 사업계획의 승인을 받아 토지임대부 분양주택 건설사업을 시행하는 자가 가지고, 건축물 및 복리시설 등에 대한 소유권[건축물의 전유부분에 대한 구분소유권은 이를 분양받은 자가 가지고, 건축물의 공용부분·부속건물 및 복리시설은 분양받은 자들이 공유한다]은 주택을 분양받은 자가 가지는 주택을 말한다.

⑥ 주택조합

　　많은 수의 구성원이 제15조에 따른 사업계획의 승인을 받아 주택을 마련하거나 제66조에 따라 리모델링하기 위하여 결성하는 다음의 조합을 말한다(법 제2조 제11호)
　　⊙ 지역주택조합 : 지역에 거주하는 주민이 주택을 마련하기 위하여 설립한 조합
　　ⓛ 직장주택조합 : 같은 직장의 근로자가 주택을 마련하기 위하여 설립한 조합
　　ⓔ 리모델링주택조합 : 공동주택의 소유자가 그 주택을 리모델링하기 위하여 설립한 조합

⑦ 세대구분형 공동주택

　　공동주택의 주택 내부 공간의 일부를 세대별로 구분하여 생활이 가능한 구조로 하되, 그 구분된 공간 일부에 대하여 구분소유를 할 수 없는 주택으로서 대통령령으로 정하는 건설기준, 면적기준 등에 적합하게 건설된 주택을 말한다(법 제2조 제19호).

> ① 세대별로 구분된 각각의 공간마다 별도의 욕실, 부엌과 현관을 설치할 것
> ② 하나의 세대가 통합하여 사용할 수 있도록 세대 간에 연결문 또는 경량구조의 경계벽 등을 설치할 것
> ③ 세대구분형 공동주택의 세대수가 해당 주택단지 안의 공동주택 전체 세대수의 3분의 1을 넘지 아니할 것
> ④ 세대별로 구분된 각각의 공간의 주거전용면적 합계가 해당 주택단지 전체 주거전용면적 합계의 3분의 1을 넘지 아니하는 등 국토교통부장관이 정하여 고시하는 주거전용면적의 비율에 관한 기준을 충족할 것

⑧ 도시형 생활주택

도시형 생활주택이란 300세대 미만의 국민주택규모에 해당하는 주택으로서 「국토의 계획 및 이용에 관한 법률」에 따른 도시지역에 건설하는 다음의 주택을 말한다.

㉠ 단지형 연립주택 : 원룸형 주택이 아닌 연립주택. 다만, 「건축법」에 따른 건축위원회의 심의를 받은 경우에는 주택으로 쓰는 층수를 5층까지 건축할 수 있다.

㉡ 단지형 다세대주택 : 원룸형 주택이 아닌 다세대주택. 다만, 「건축법」에 따른 건축위원회의 심의를 받은 경우에는 주택으로 쓰는 층수를 5층까지 건축할 수 있다.

㉢ 원룸형 주택 : 다음의 요건을 모두 갖춘 공동주택

ⓐ 세대별 주거전용면적은 50제곱미터 이하일 것

ⓑ 세대별로 독립된 주거가 가능하도록 욕실 및 부엌을 설치할 것

ⓒ 욕실 및 보일러실을 제외한 부분을 하나의 공간으로 구성할 것. 다만, 주거전용면적이 30제곱미터 이상인 경우에는 두 개의 공간으로 구성할 수 있다.

ⓓ 지하층에는 세대를 설치하지 아니할 것

○ × 핵심체크

01 토지와 그 토지 위의 정착물이 각각 독립된 거래의 객체이면서도 마치 하나의 결합된 상태로 다루어져 부동산활동의 대상으로 삼을 때 이를 복합개념의 부동산이라 한다. ○ ×

02 복합개념의 부동산이란 부동산을 법률적 · 경제적 · 기술적 측면 등이 복합된 개념으로 이해하는 것을 말한다. ○ ×

03 부동산을 생산요소, 자산, 자본, 공장재단, 소비재 등으로 파악하는 것은 부동산의 경제적 개념에 해당한다. ○ ×

04 좁은 의미의 부동산과 의제부동산(준부동산)을 합쳐 복합부동산이라 부른다. ○ ×

05 부동산은 물적 재산으로서 토지와 건물 등을 일컫는 말이기 때문에 광의의 부동산 또는 준부동산 등으로 개념을 확대할 수 있다. ○ ×

06 정착물은 토지와 서로 다른 부동산으로 간주되는 것과 토지의 일부로 간주되는 것으로 나눌 수 있다. ○ ×

07 공간정보의 구축 및 관리 등에 관한 법령상 용수를 위하여 일정한 형태를 갖춘 인공적인 수로 · 둑 및 그 부속시설물의 부지의 지목을 유지라고 한다. ○ ×

정답 및 해설   **01** ×   **02** ○   **03** ×   **04** ×   **05** ○   **06** ○   **07** ×

오답분석
01 복합개념의 부동산이 아니라, 복합부동산에 대한 설명이다.
03 공장재단은 법률적 개념이다.
04 복합부동산이 아니라 광의의 부동산이다.
07 유지가 아니라 구거에 대한 설명이다.

08 택지는 일정한 용도로 제공되고 있는 바닥 토지를 말하며 하천, 도로 등의 바닥 토지에 사용되는 포괄적 용어이다. ⃞O⃞ ⃞X⃞

09 필지는 공간정보의 구축 및 관리 등에 관한 법령과 부동산등기법령에서 정한 하나의 등록단위로 표시하는 토지를 말한다. ⃞O⃞ ⃞X⃞

10 용도지역 상호간에 다른 지역으로 전환되고 있는 지역의 토지를 이행지라 한다. ⃞O⃞ ⃞X⃞

11 토지에 건물이나 그 밖의 정착물이 없고 지상권 등 토지의 사용·수익을 제한하는 사법상의 권리가 설정되어 있지 아니한 토지를 나지라 한다. ⃞O⃞ ⃞X⃞

12 부동산활동에 따른 토지의 분류 중 지적공부에 등록된 토지가 물에 침식되어 수면 밑으로 잠긴 토지를 포락지라 한다. ⃞O⃞ ⃞X⃞

13 다세대주택은 주택으로 쓰는 1동의 바닥 면적이 660㎡를 이하이고, 층수가 3개층 이하의 단독주택을 말한다. ⃞O⃞ ⃞X⃞

제2장 | 확인학습문제

01 부동산의 개념에 관한 설명으로 옳지 <u>않은</u> 것은?

★27회 기출★

☑확인
Check!
○
△
×

① 법률적 측면으로서 협의의 부동산은 민법 제99조 제1항에서의 '토지 및 그 정착물'을 말한다.
② 부동산의 경우에는 등기로써 공시의 효과를 가지지만 동산은 점유로써 공시의 효과를 가진다.
③ 좁은 의미의 부동산과 준부동산을 합쳐 광의의 부동산이라 하며, 자본, 자산 등과 함께 기술적 측면에서의 부동산으로 구분된다.
④ 준부동산은 물권변동을 등기나 등록수단으로 공시하는 동산을 포함한다.
⑤ 「입목에 관한 법령」에 의해 소유권보존등기된 입목, 공장 및 광업재단 저당법에 의하여 저당권의 목적물이 되고 있는 공장재단은 부동산에 준하여 취급된다.

> **해설**
> 난도 ★
> ③ 좁은 의미의 부동산과 준부동산을 합쳐 광의의 부동산이라 하며, 다만, 자본, 자산 등은 경제적 측면에서의 부동산으로 구분된다.

답 ③

02 다음의 내용과 관련된 부동산활동상의 토지 분류에 해당하는 것은?

★30회 기출★

☑확인
Check!
○
△
×

> • 주택지가 대로변에 접하여 상업지로 전환 중인 토지
> • 공업지가 경기불황으로 공장가동률이 저하되어 주거지로 전환 중인 토지
> • 도로변 과수원이 전으로 전환 중인 토지

① 이행지
② 우등지
③ 체비지
④ 한계지
⑤ 후보지

답 ①

03 **토지의 분류 및 용어에 관한 설명으로 옳은 것은?**   ★32회 기출★

① 필지는 법률적 개념으로 다른 토지와 구별되는 가격수준이 비슷한 일단의 토지이다.

② 후보지는 부동산의 용도지역인 택지지역, 농지지역, 임지지역 상호간에 전환되고 있는 지역의 토지이다.

③ 나지는 건축법에 의한 건폐율·용적률 등의 제한으로 한 필지 내에서 건축하지 않고 비워둔 토지이다.

④ 표본지는 지가의 공시를 위해 가치형성요인이 같거나 유사하다고 인정되는 일단의 토지 중에서 선정한 토지이다.

⑤ 공한지는 특정의 지점을 기준으로 한 택지이용의 최원방권의 토지이다.

답 ②

04 다음은 토지에 관하여 설명한 내용들이다. 옳은 것을 모두 고른 것은?

★27회 기출★

가. 택지는 토지에 건물 등의 정착물이 없고 공법이나 사법의 제한을 받는 토지를 말한다.
나. 획지는 법률상의 단위개념으로 소유권이 미치는 범위를 말한다.
다. 이행지는 용도적 지역의 분류 중 세분된 지역 내에서 용도에 따라 전환되는 토지를 말한다.
라. 후보지는 임지지역, 농지지역, 택지지역 상호 간에 다른 지역으로 전환되고 있는 지역의 토지를 말한다.
마. 건부지는 관련 법령이 정하는 바에 따라 재난시 피난 등 안전이나 일조 등 양호한 생활환경 확보를 위해, 건축하면서 남겨놓은 일정면적 부분의 토지를 말한다.

① 다
② 가, 나
③ 다, 라
④ 가, 라, 마
⑤ 나, 다, 라

해설
난도 ★★
가. 택지는 이용 중이거나 이용목적으로 조성된 토지를 말한다.
나. 획지에 대한 설명이 아니라 필지에 대한 설명이다.
마. 건부지가 아니라 공지에 대한 설명이다.

답 ③

05 주택법령상 주택의 정의에 관한 설명으로 옳지 않은 것은?

★27회 기출★

① 주택은 세대의 구성원이 장기간 독립된 주거생활을 할 수 있는 구조로 된 건축물의 전부 또는 일부 및 그 부속토지를 말한다.
② 준주택은 주택 외의 건축물과 그 부속토지로서 주거시설로 이용 가능한 시설 등을 말한다.
③ 공동주택은 건축물의 벽·복도·계단이나 그 밖의 설비 등의 전부 또는 일부를 공동으로 사용하는 각 세대가 하나의 건축물 안에서 각각 독립된 주거생활을 할 수 있는 구조로 된 주택을 말한다.
④ 민영주택은 국민주택 등을 제외한 주택을 말한다.
⑤ 세대구분형 공동주택은 300세대 미만의 국민주택규모에 해당하는 주택으로서 단 지형 연립주택, 단 지형 다세대주택, 원룸형 주택으로 분류한다.

해설
난도 ★★
세대구분형 공동주택이 아니라 도시형 생활주택에 대한 설명이다.

답 ⑤

06 주택법령상 준주택에 해당하지 않는 것은?

★34회 기출★

① 건축법령상 공동주택 중 기숙사
② 건축법령상 업무시설 중 오피스텔
③ 건축법령상 숙박시설 중 생활숙박시설
④ 건축법령상 제2종 근린생활시설 중 다중생활시설
⑤ 건축법령상 노유자시설 중 노인복지시설로서 「노인복지법」상 노인복지주택

해설

난도 ★★★

③ 건축법상 생활숙박시설은 숙박시설이다. 건축법령상 별표 15호의 숙박시설은 다음과 같다.

- 일반숙박시설 및 생활숙박시설
- 관광숙박시설(관광호텔, 수상관광호텔, 한국전통호텔, 가족호텔, 호스텔, 소형호텔, 의료관광호텔 및 휴양 콘도미니엄) '준주택'이란 주택 외의 건축물과 그 부속토지로서 주거시설로 이용가능한 시설 등을 말한다. 준주택의 범위와 종류는 다음과 같다.
- 건축법령에 따른 2종 근린생활시설 중 다중생활시설
- 건축법령에 따른 「노인복지법」의 노인복지주택
- 건축법령에 따른 업무시설 중 오피스텔
- 건축법령에 따른 공동주택 중 기숙사

답 ③

제3장 | 부동산의 특성

더 알아보기 | 부동산의 특성 분류[1]

물리적 특성 ─┬─ 일반적 특성 : 자연적 특성, 인문적 특성
　　　　　　└─ 개별적 특성 : 지형, 토양, 크기와 모양

경제적 특성 ─ 분할가능성, 변용성, 위치성, 내구성

제도적 특성 ─ 부동산법, 공공규제, 협회와 조직, 사회관습

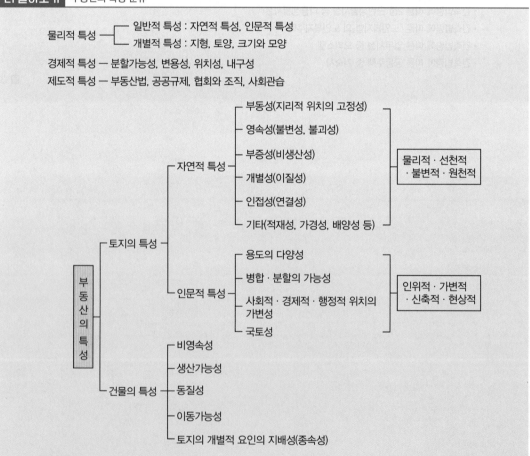

1) 안정근, 현대부동산학, 법문사, 1997, pp.53~63
　김영진, 부동산학 총론, 법론사, 1986, pp.107~114
　최용규, 부동산학 개론, 형설출판사, 1988, pp.93~99

토지란 사람이 개입되기 이전의 물리적으로 존재하고 있던 토지의 고유한 특성을 말한다. 이러한 의미에서 자연적 특성은 선천적 · 원천적 · 불변적 · 본원적 · 본질적 성질을 갖는다.

위치의 고정성	① 동산과 부동산의 구별, 공시방법 차이 ② 시장의 지역성(국지성), 추상적 · 구체적 시장 ③ 외부효과가 발생 ④ 임장활동 · 정보활동 · 지역분석 ⑤ 입지선정 필요(입지론)
영속성	① 물리적 감가상각 없다(기능적 · 경제적 감가상가 가능) ② 임대차시장 발달(소유이익과 사용이익 분리) ③ 건물 : 신규시장과 재고시장 파악 ④ 수익환원법, 잔여(환원)법의 이론적 근거 ⑤ 소모 전제(×), 가치보존력 우수함
부증성	① 토지 : 물리적 공급 제한 · 절대량은 고정 → 공급이 완전비탄력적 ② 간척지 등은 부증성의 예외(×), 국토면적 증가(×), 물리적 공급행위(×) ③ 토지부족 근원, 희소성, 지대발생원인, 집약적 · 효율적 토지이용을 유도 ④ 생산비 법칙(×), 원가방식(×)
개별성	① 물리적 대체 불가능, 비교가 곤란, 가치추계 곤란 ② 일물일가(一物一價)의 법칙 배제 → 개별분석 필요 ③ 상품의 비표준화, 거래정보의 비공개, 시장의 비조직화

1. 부동성(지리적 위치의 고정성, 비이동성) ★29회 기출★

(1) 의의

토지의 위치는 인간의 힘으로 이동시킬 수 없다는 것을 말한다. 부동산의 이 같은 성질을 부동성 (immobility)이라 하고 또는 위치의 고정성(fixed of location), 비이동성이라 한다.

(2) 부동성으로부터 파생된 특징

① 부동산과 동산을 구별하는 근거

움직이는 재산을 동산, 움직이지 않는 재산은 부동산이다.

② 부동산시장은 불완전 시장, 추상적(抽象的) 시장, 구체적 시장

자본시장에서는 추상적 시장성격을 가지지만, 공간시장에서는 구체적 시장이다.

③ 시장의 지역성(국지성), 지역 간의 수급조절 곤란성

㉠ 부동성 때문에 부동산시장을 국지화시키는 역할을 하며, 지역시장을 형성하도록 해준다. 또한 지역적으로 세분화되어 하위시장(submarket, 부분시장)으로 존재케 한다.

㉡ 부동성 때문에 어느 지역이 수요가 증대되었다고 해서 그 지역으로 이동시켜 이용할 수가 없다. 따라서 지역 간의 수급조절이 어렵다.

④ 임장활동, 정보활동, 지역분석의 필요성

㉠ 부동산활동은 현장으로 나가서 조사를 해야 하는 임장활동과 정보활동이 필요하다.

㉡ 부동산활동시 지역분석을 통해 정보활동을 분석한다.

⑤ 토지의 이용방식 및 입지선정이 중요

부동산은 주변환경에 영향을 받으므로 대상부동산의 선택시 입지선정이 중시된다.

⑥ 외부효과(external effect) 발생

부동성 때문에 주변환경에서 일어나는 것(외부환경)이 부동산 가격 등에 영향을 준다.

⑦ 제도적 규율의 대상과 지방자치단체의 운영을 위한 세수입의 근거

㉠ 부동성 때문에 정부 또는 지방자치단체가 특정지역에 제도적 규율과 통제가 가능하다.

㉡ 지방자치단체 운영을 위한 부동산조세 수입의 근거가 된다.

⑧ 부동산 가격은 권리와 이익의 대가

㉠ 부동산 가격은 부동산 자체가 아니라, 그 부동산이 가지는 권리와 이익의 대가이다.

㉡ 부동성 때문에 담보가치의 안정성을 제공한다.

⑨ 사회 · 심리적인 요인에 의한 영향이 동산과 반대로 나타난다.

⑩ 일반상품과 같이 견본(sample) 또는 진열하여 매매 · 거래할 수가 없으며, 부동산의 유통기구로서 부동산 중개업이 제도화되는 이유가 된다.

2. 부증성(비생산성, 면적의 유한성, 수량의 고정성) ★27, 31회 기출★

(1) 의의

토지는 다른 노동생산물처럼 생산비를 투입하여 그 물리적인 절대량을 임의로 증가시키지 못한다. 토지의 이러한 성격을 비생산성(unproductivity) 또는 부증성이라 한다.

(2) 부증성에서 파생되는 특징

① 물리적 공급은 제한, 경제적 공급은 가능

㉠ 토지란 자연적으로 주어진 재화일 뿐 그 성격상 비생산재이므로 절대량을 증가할 수 없다. 따라서 물리적 공급곡선은 완전비탄력적(수직곡선)이라고 표현한다.

㉡ 토지란 물리적 공급측면은 증가가 불가능하지만, 경제적 공급측면은 증가가 가능하다. 즉, 수면의 매립 등은 이용전환이지, 토지 자체의 증가도 아니고, 국토면적의 증가행위도 아니다. 즉, 경제적 공급측면에서 증가인 것이지 물리적 공급의 증가는 아니다.

㉢ 토지는 전체측면에서 증가되지 않지만, 특정 용도측면에서는 증가 또는 감소할 수 있다. 전자는 물리적 공급을 말하고, 후자는 경제적(용도적) 공급측면을 말한다.

② 생산비 법칙 적용 안 됨

토지는 생산할 수 없으므로 생산비 법칙의 원칙은 적용이 안 된다. 따라서 원칙적으로 감정평가에서 비용접근법(원가방식)을 적용할 수 없다.

③ 토지부족문제를 야기, 지가상승의 원인, 토지이용의 집약화, 토지공개념 강조

㉠ 토지수요는 증가하지만 절대량은 고정되어 있어 토지부족의 근본적 원인이 되고 높은 지가 유발시키는 원인이 되어 토지를 집약적 · 효율적 이용을 하게 된다.

㉡ 부동산시장에 국가가 개입할 수 있는 근원이 되기 때문에 '사회성 · 공공성'이 강조되어지고 '토지공개념의 이론적 근거'가 된다.

④ 토지는 독점적 소유욕, 지대 및 지가 발생의 근거
　　㉠ 자연물인 토지는 유한하여 독점 소유욕을 발생시킨다.
　　㉡ 토지의 희소성은 지대 및 지가를 발생시키는 원인이 되고, 최유효이용의 근거가 된다.

3. 영속성(내구성 · 불변성 · 불괴성)

(1) 의의

토지는 사용에 의하여 물리적 측면에 시간이 경과함에 따라 소모되거나 마모되지 않는 영속성(永續性)을 갖는다. 영속성은 '내구성, 불변성, 불과성'으로 표현하기도 한다.

(2) 영속성으로부터 파생된 특징

① 감가상각 논리의 적용배제

토지는 영속성으로 인하여 물리적 감가상각의 대상은 되지 않으나 경제적 · 기능적 감가상각의 대상은 되기도 한다.

② 소유이익(가격)과 사용이익(임료)을 분리, 임대차시장이 발달

　　㉠ 영속성 때문에 소유이익(가격)과 사용이익(임료)을 분리할 수 있다.
　　㉡ 부동산시장은 내구재이므로 자가시장뿐만 아니라 임대차시장이 발달되어 왔다.

③ 부동산활동시 장기적 배려

　　㉠ 부동산활동은 많은 시간이 요구되어짐에 따라 가치개념을 도출케 한다.
　　㉡ 부동산은 신규건설시장뿐만 아니라 재고시장에도 영향을 준다.
　　㉢ 부동산은 운영대가인 소득이득뿐만 아니라 처분대가인 자본이득도 향유할 수 있다.

④ 토지는 유용성이 영속적이므로 수익환원법(직접환원법)의 적용을 가능케 한다.

⑤ 부동산관리의 의의를 크게 한다.

⑥ 소모를 전제로 하는 재생산이론이나 사고방식을 거부한다.

⑦ 가치보존력을 가지고 있고, 인플레이션의 방어수단으로 제공한다.

4. 개별성(비동질성 · 비대체성 · 이질성)

(1) 의의

물리적으로 똑같은 토지는 있을 수 없다는 의미이다. 부동산은 위치, 크기, 모양, 토양의 구성물 등이 동질적이지 못하다. 이 같은 성격을 개별성, 비동질성, 이질성라고 한다.

(2) 개별성으로부터 파생된 특징

① 물리적 측면에서의 비대체성

부동산은 동일한 상품이 존재하기 어렵다. 따라서 물리적 측면에서 대체가 불가능하다.

② 일물일가(一物一價) 법칙의 적용배제

토지는 개별성 때문에 동일한 물건이 없기 때문에 동일한 가격도 존재하지 않는다.

③ 개별분석의 필요성

부동산가격 · 수익 등이 개별화 · 구체화되므로 개별분석이 필요하다.

④ 감정평가에서 표준지의 선정을 어렵게 하며, 가치판단기준의 객관화를 어렵게 만든다.

⑤ 각 부동산마다 다른 특성으로 비교가 곤란하며, 정보수집이 곤란하다.

5. 인접성(연결성 · 연속성)

(1) 의의

인접성(隣接性)은 다른 토지와 연결되어 있으므로 토지는 인접토지와 긴밀한 공간관계를 갖기 때문에 인근토지에 커다란 영향을 주고받는다.

(2) 인접성으로부터 파생된 특징

① 인접지와 상호 밀접한 의존적 관계가 형성되어 협동적 이용을 필연화한다.

② 인접토지와 상호 영향을 주고받으므로 지역분석의 중요성을 인식케 한다.

③ 외부효과에 따른 개발이익에 대한 사회적 환수논리의 근거가 된다.

④ 토지의 용도면에서 대체 가능성을 존재케 한다.

⑤ 소유와 관련하여 경계문제를 야기한다.

제2절   토지의 인문적 특성

토지의 자연적 특성은 토지 자체가 지니는 특성인 데에 비하여, 토지의 인문적 특성은 토지와 인간과의 관계에서 부동산활동의 결과 인간이 인위적으로 부여한 특성이다.

1. 용도의 다양성 ★30회 기출★

(1) 의의

토지는 택지 · 농지 · 임지 등과 같이 여러 가지의 용도에 제공될 수 있다는 성격으로서 다용도성 또는 변용성이라고도 한다.

(2) 용도의 다양성으로부터 파생된 특징

① 최유효이용의 판단의 근거

② 창조적 이용 및 이행과 전환 가능

ㄱ 후보지와 이행지와 같은 용어를 사용케 한다.

ㄴ 가격다원설에 있어서 논리적 근거가 된다.

ㄷ 토지의 경제적 공급을 가능케 한다.

③ 하나의 토지가 특정용도로 활용되면 해당 용도를 원 상태로 환원시키기 어려운 용도의 비가역성(非可逆性)이 발생한다.

2. 병합(倂合) · 분할(分割)의 가능성

(1) 의의

토지는 사람들의 여러 가지 이용목적 등에 따라 그 면적을 인위적으로 합하여 큰 규모로 만들거나 쪼개서 작은 규모로 만들어 사용할 수 있는 성격으로서 분합성(分合性)이라고도 한다.

(2) 병합 · 분할의 가능성으로부터 파생된 특징

① 용도의 다양성을 지원

토지이용자의 목적에 따라 토지를 적절한 모양과 크기로 합필 또는 분필하여 사용함으로써 최유효이용을 지원하는 기능을 갖는다.

② 자연적인 특성인 부동성과 함께 한정가격개념의 근거가 된다.

③ 합병 · 분할로 인하여 부동산가치의 변화

토지이용의 대규모화로 인해 규모의 경제와 플롯테이지 현상을 발생케 한다.

3. 경제적 · 사회적 · 행정적 위치의 가변성

토지의 인문적 특성은 자연적 특성과 같이 불변하거나 부동한 것이 아니다. 토지의 사회적 · 경제적 · 행정적 위치는 가변적인 특성을 지니고 있다.

(1) 사회적 위치의 가변성: 공장의 전입, 공원의 폐지, 학교의 이전 등으로 인한 사회적 환경의 악화, 인구상태 · 가구구조의 변화 등으로 인한 부동산에 대한 수요의 변동을 들 수 있다.

(2) 경제적 위치의 가변성: 경제성장 · 소득증대 · 경기침체 등으로 인한 수요와 유용성이 변동한다.

(3) 행정적 위치의 가변성: 공적 규제, 정부의 택지 · 주택대책, 부동산가격의 통제 등이다.

4. 지역성

(1) 의의

부동산은 그가 속한 지역의 구성분자로서 그 지역 및 다른 부동산과 상호 의존적 · 보완적 · 협동적인 관계에 있고, 이런 상호관계를 통하여 경제적 · 행정적 위치가 결정되는 것을 말한다.

(2) 지역성으로부터 파생된 특징

① 타 부동산과 함께 어떤 지역을 형성하고 그 상호관계를 통하여 사회 · 경제 · 행정적 위치가 정해진다.

② 다른 지역과 구별되는 지역적 특성을 가지고, 가격형성의 지역적 요인이 된다.

③ 교통 및 통신의 발달은 사회적 · 경제적인 위치의 변화를 가져오며, 지역성에 영향에 많은 영향을 준다.

제3절 경제적 특성

1. 분할가능성

(1) 권리의 묶음 : 부동산 소유권은 여러 가지 법적 '권리의 묶음'으로 구성되어 있다.

(2) 권리분할 가능성(제켄드로기법, 하와이기법, 파인애플기법)

부동산의 소유권(하나의 권리)으로부터 경제적 가치가 인정되는 한, 특정 목적에 알맞게 권리를 분할하여 거래할 수 있다. 즉, 지역권, 지상권 등을 분할하여 거래할 수 있다는 것이다.

더 알아보기 | 권리분할가능성

1. 서구사회

"지상물은 토지의 종속물이다."는 법언에 따라 건물을 토지의 본질적인 구성부분으로 인식하고, 토지와 건물을 혼연일체의 완전한 1개의 토지의 공간덩어리로 의식하고 있다.

2. 우리나라

한국은 일본의 법제를 받아들여 자연물인 토지와 인공물인 건물을 분리하여 토지와 건물을 독립된 부동산으로 인식하고 있다.

---

2. 변용성

동일한 부동산에 다양한 용도로 변형되어 사용할 수 있는 것을 말한다.

3. 위치성

절대적(물리적) 위치란 지리적 좌표로 결정되는 토지의 위치를, 상대적(경제적) 위치란 주변의 토지이용 상황에 따라 결정되는 위치를 말한다.

4. 내구성

내구재란 한번 사용했다고 해서 그 효용이 없어지지 않는 재화를 말한다.

(1) 생산자 측면에서의 내구성 : 부동산은 투하된 자본을 회수하는 데 많은 시간이 걸린다.

(2) 소비자 측면에서의 내구성 : 내구재의 할부판매를 가능케 한다.

(3) 내구성과 주택금융 : 주택금융의 활성화 및 장기화가 가능하다.

5. 고가성

(1) 부동산은 고가품이므로 시장에 진입과 퇴거가 자유롭지 못하다.

(2) 고가성으로 인하여 시장에 참여자인 수요자와 공급자 수가 제한되어 있으므로 가격순응자가 아니라 가격설정자가 될 수 있다.

(3) 자금의 유용성과 관계가 깊다. 즉, 고가성으로 인하여 은행 대출조건이나 금리에 민감하다.

○ × 핵심체크

01 영속성 때문에 부동산활동을 임장활동화시키며, 감정평가시 지역분석을 필요로 한다. ○ ×

02 부동산은 영속성으로 인해 부동산시장이 지역적 시장으로 되므로 중앙정부나 지방자치단체의 상이한 규제와 통제를 받는다. ○ ×

03 영속성은 가격이 하락해도 소모되지 않기 때문에 차후에 가격상승을 기대하며 매각을 미룰 수 있다. ○ ×

04 토지의 자연적 특성인 부증성이 있으므로 장기투자를 통해 자본이득과 소득이득을 얻을 수 있다. ○ ×

05 부증성이라도 매립이나 산지개간을 통한 농지나 택지의 확대는 부증성의 예외가 아니다. ○ ×

06 토지는 생산비를 투입하여 생산할 수 없기 때문에 물리적 공급은 불가능하고 용도적 공급이 가능하다. ○ ×

07 부동성으로 인하여 희소성의 차이로 도시중심 토지는 도시근교의 토지보다 임대료가 더 높은 경향이 있다. ○ ×

08 개별성때문에 일물일가의 법칙이 배제되며, 토지시장에서 상품 간 완전한 대체관계가 제약된다. ○ ×

09 부동산의 이용목표는 부동산의 최유효이용을 전제로 하여 이루어지는 특성을 용도 다양성이다. ○ ×

10 토지의 자연적 특성인 부증성이 있으므로 장기투자를 통해 자본이득과 소득이득을 얻을 수 있다. ○ ×

정답 및 해설 01 × 02 × 03 ○ 04 × 05 ○ 06 ○ 07 × 08 ○ 09 ○ 10 ×

오답분석
01 영속성이 아니라 부동성에 대한 설명이다.
02 영속성이 아니라 부동성에 대한 설명이다.
04 부증성이 아니라 영속성에 대한 설명이다.
07 부동성이 아니라 부증성에 대한 설명이다.
10 부증성이 아니라 영속성에 대한 설명이다.

제3장 | 확인학습문제

01 토지의 특성에 관한 설명으로 옳지 <u>않은</u> 것은? ★30회 기출★

① 부동성은 부동산 활동 및 현상을 국지화하여 지역특성을 갖도록 한다.

② 부증성은 생산요소를 투입하여도 토지 자체의 양을 늘릴 수 없는 특성이다.

③ 영속성은 토지관리의 필요성을 높여 감정평가에서 원가방식의 이론적 근거가 된다.

④ 개별성은 대상토지와 다른 토지의 비교를 어렵게 하며 시장에서 상품 간 대체관계를 제약할 수 있다.

⑤ 인접성은 물리적으로 연속되고 연결되어 있는 특성이다.

> **해설**
> 난도 ★★
> ③ 토지관리의 필요성은 영속성과 관련이 있는 것이며, 토지의 특성 중 부증성으로 인하여 원가방식을 적용할 수 없다.

답 ③

02 토지의 자연적 · 인문적 특성에 관한 설명으로 옳지 <u>않은</u> 것은? ★28회 기출★

① 부동성(위치의 고정성)으로 인해 외부효과가 발생한다.

② 분할 · 합병의 가능성은 용도의 다양성을 지원하는 특성이 있다.

③ 용도의 다양성은 토지용도 중에서 최유효이용을 선택할 수 있는 근거가 된다.

④ 일반적으로 부증성은 집약적 토지이용과 가격급등 현상을 일으키기도 한다.

⑤ 토지의 인문적 특성 중에서 도시계획의 변경, 공업단지의 지정 등은 위치의 가변성 중 사회적 위치가 변화하는 예이다.

> **해설**
> 난도 ★★
> ⑤ 사회적 위치가 변화가 아니라 행정적 위치의 가변성에 대한 설명이다.

답 ⑤

03 토지의 특성과 내용에 관한 설명으로 옳지 <u>않은</u> 것은? ★34회 기출★

☑확인
Check!
| ○ |
| △ |
| × |

① 토지는 시간의 경과에 의해 마멸되거나 소멸되지 않으므로 투자재로서 선호도가 높다.

② 물리적으로 완전히 동일한 토지는 없으므로 부동산시장은 불완전경쟁시장이 된다.

③ 토지는 공간적으로 연결되어 있으므로 외부효과를 발생시키고, 개발이익 환수의 근거가 된다.

④ 토지는 용익물권의 목적물로 활용할 수 있으므로 하나의 토지에 다양한 물권자가 존재할 수 있다.

⑤ 토지의 소유권은 정당한 이익있는 범위내에서 토지의 상하에 미치며, 한계고도와 한계심도의 범위는 법률로 정하고 있다.

해설

난도 ★★

⑤ 토지의 소유권(민법 212조)은 정당한 이익있는 범위내에서 토지의 상하에 미친다. 이때 정당한 이익이 있는 범위내는 법률로 정해져 있는 것이 아니라 사회통념상 인정되는 범위이다.

답 ⑤

제4장 | 부동산의 존재가치

1. 자연으로서의 부동산 ★33회 기출★

(1) 자연의 의미[2]

부동산은 자연물로서의 가치를 지니는 존재이다. 즉 부동산은 자연(nature)이다.

(2) 자연으로서의 토지(토지의 경제적 의의)

① 토지는 인간에게 일정한 지표를 제공한다.

② 토지는 인위적으로 생산할 수 없다는 점에서 부증성과 가장 밀접한 관계를 지닌다.

③ 토지는 공공복리의 증진이 중시되므로 사회성·공공성과 밀접한 관계를 지닌다.

④ 자연자원 측면을 고려한다면 토지의 개발보다 보전을 위한 노력이 더욱 필요하게 되었다.

2. 공간으로서의 부동산 ★31, 33회 기출★

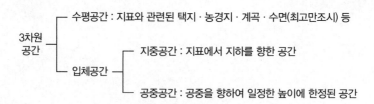

(1) 공간의 의미

토지는 물리적 형태로서의 지표면뿐 아니라 공중공간과 지하공간을 포함한다. 따라서 공간이란 3차원 공간을 의미하며 이를 입체공간이라 한다. 부동산 활동은 입체공간이 대상이 된다.

---

2) 이창석, 신부동산학개론, 형설출판사, 1997, pp.161~164

　안정근, 현대부동산, 법문사, 1997, pp.67~71

(2) 3차원 공간으로서의 토지(부동산활동의 대상)

① 부동산활동은 3차원의 공간이므로 입체공간의 일부를 매매·임대·전세권 설정 등을 하는 것도 가능하다.

② 부동산의 가격은 3차원 공간 가격의 총화이다.

③ 부동산의 소유권 및 재산권보장의 이론적 근거가 된다.

④ 부동산의 공간개념은 건물의 고층화, 집합건물의 등장으로 그 중요성이 높아지고 있다. 입체공간의 확대되는 현상은 도시의 고층화나 지하화에서 알 수 있다.

⑤ 수평공간의 확대는 과도한 직주분리현상을 유발한다.

(3) 부동산소유권의 공간적 범위

토지의 소유권은 정당한 이익이 있는 범위 내에서만 토지의 상·하에 미치고 무제한으로 미치는 것은 아니다. 즉 토지소유권은 사람이 지배할 수 있는 한도 내에서 지상·지하에 미치는 것으로 본다.

▶ 부동산 소유권의 공간적 범위

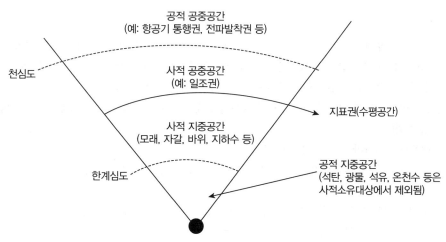

① 지표권(地表權)

지표상의 토지를 타인에게 배타적으로 이용할 수 있는 권리를 말한다. 즉 작물을 경작하고 건물을 짓고 지표수 등을 이용하는 권리를 지표권이라 한다.

특히 지표권에서 물에 대한 권리가 상당히 중요한데, 이에는 '물을 이용할 권리'와 '수면하 토지(水面下土地)에 대한 소유권'이 있다.

1. '물에 대한 권리(water rights)'

   지표권의 일부로서 물을 이용할 권리로 유역주의와 선용주의가 있다.

   1) 유역주의(流域主義)

      물을 형평성 있게 분배받을 권리로서 주로 습윤지역에서 많이 행한다. 그러나 모든 사람이 용수권을 형평성 있게 나누어 가져가는 것이 아니고, 유역지 근처에 있는 사람만이 이에 해당되지 비유역권지역에 있는 사람들까지 동일한 용수권을 가지는 것은 아니다.

   2) 선용주의(先用主義)

      먼저 온 사람이 물을 독점적으로 사용하고 남은 것이 있으면 그 다음 사람이 차지하는 형태서 이 경우 물의 사용 순서를 정하기 위하여 등기를 한다.

2. 유역지 소유권자의 인접한 하천, 호수 등에 대한 소유권의 경계(수면하의 토지 소유권)

항해가 불가능한 경우	수로의 중앙선까지 소유권의 경계가 미친다.
항해가 가능한 경우	공공도로와 같이 수로의 가장자리까지만 개인의 소유권이 미치고, 수면 아래에 있는 토지는 공공의 소유가 된다.

② **지중권(subsurface right)**

    ㉠ 개념 : 소유권자의 토지구역의 지하공간으로부터 어떤 이익을 획득하거나 사용할 권리를 말한다. 이런 지중권을 보는 나라들의 인식은 차이가 있다. 즉 어떤 나라에 지하권을 모두 토지소유자의 권리로 인정하는 경우도 있고, 일부만을 소유권의 범위로 보는 나라도 있다.

    ㉡ 공중권의 한도에 대해서는 건축법 등 명문화 규정이 있지만, 지하권의 한도에 대해서는 명문의 규정이 없다.

    ㉢ 대체로 우리나라의 지중권은 다음과 같다.

        ⓐ 토지의 구성부분(토지 · 암석 · 지하수 등)과 토지로부터 독립성이 없는 부착물에도 소유권의 효력이 미친다.

        ⓑ 광업권의 객체가 되는 지하에 있는 미채굴된 광업권은 광업권의 목적이 되므로 소유권의 권리에 포함되지 않는다.

③ **공중권(air right)**

    ㉠ 공중권의 개념 : 공중권이란 소유권자의 토지구역상의 공중공간을 타인에게 방해받지 않고 토지의 상층공간을 수평으로 구획하여 일정한 고도까지 포괄적으로 이용하고 관리할 수 있는 권리를 말한다.

    ㉡ 공중권의 구분

사적 공중권	일정범위까지 소유자가 개인적으로 이용 · 관리할 수 있는 권리로서 토지소유자의 사적 공중권의 이용은 인접 토지소유자의 권리를 방해해서는 안 된다. 예를 들어 일조권(日照權)과 같은 문제가 여기에 속한다.
공적 공중권	사적 공중권 이상의 공중공간에 대해 공공기관이 공익을 목적으로 사용할 수 있는 권리를 말한다. 이는 개인의 소유권 범위에는 속하지 않는다. 예로써 항공기 통행권이나 전파의 발착권 등이 이에 속한다.

    ㉢ 공중권의 필요성 및 유용성 : 토지의 부족현상 때문에 현대에서는 공중공간의 이용의 중요성이 더욱더 확산되어 가고 있다. 공중공간을 활용하는 방안으로 구분지상권, 개발권이전제도(TDR), 용적률 인센티브 등이 있다.

2. 위치로서의 부동산

(1) 개념

부동산의 특성인 '위치의 고정성과 인접성' 때문에 위치는 매우 중요한 요소 중에 하나이다. 부동산은 위치에 따라 유용성이 달라진다. 따라서 어떤 부동산이 다른 부동산과 가치를 달리하는 요인 가운데 하나가, 그들 부동산이 있는 곳, 즉 위치가 다르다는 점이다.

(2) 위치의 평가

① 부동산의 위치가치는 그 부동산의 유용성에 따라 평가가 달라진다. 유용성 역시 용도에 따라 판단기준이 다르게 나타난다. 따라서 위치가치를 평가할 때 최우선적으로 판단해야 할 것은 용도이다. 그리고 용도에 따른 유용성의 판단기준은 다음과 같다.

    ⊙ 주거용 : 쾌적성

    ⊙ 상업용 : 수익성

    ⊙ 공업용 : 생산성 또는 생산비

② 위치의 가치판단에 있어 특히 어떤 대상과의 접근성과 환경에 의하여 이루어지는 경우가 많고, 또한 부동산의 위치가치는 부지의 선정주체 · 용도 · 규모에 따라 그 높·낮음이 다양하게 부여되어진다.

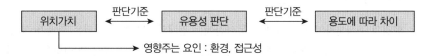

(3) 위치에 관한 학자

① 마샬(A. Marshall) : 위치의 중요성을 강조하여 '위치가치'라는 표현을 많이 사용하였다. 즉, 그는 '택지가치는 농지지대의 위치의 합'이라 하여 택지가치는 위치에 따라 크게 좌우된다고 했다.

② 허드(R. M. Hurd) : 지가는 경제적 지대에 바탕을 둔다. 그리고 지대는 위치에 의존하고, 위치는 편리함에 의존하며, 편리함은 가까움에 의존한다. 결국 지가는 가까움(nearness)에 의존한다.

(4) 접근성(accessibility)

① 접근성의 개념

접근성은 어떤 목적물에 도달하는 데 시간적 · 경제적 · 거리적 부담이 적은 것을 말한다. 따라서 용도에 맞는 접근성이 좋을수록 부동산의 입지조건이 양호하고 그 가치는 크다.

② 접근의 대상물(對象物)

일반적으로 어떤 대상물에 대한 접근성이 좋으면 대체로 그 부동산가치는 증가요인이 되지만 그 접근대상물이 인간생활에 위험이나 혐오의 대상 등이라면 그 부동산은 감가요인이 된다.

③ 거리와 접근성

일반적으로 거리가 가까울수록 접근성이 높다고 볼 수 있고 또한 부동산 가치도 상승하나, 반드시 접근성의 판단이 거리와 비례함수의 관계에 있는 것은 아니다.

    ⊙ 일반적으로 거리가 가까울수록 접근성이 높다(예 주거지 안의 상가라든지, 역세권 근처의 주택 등).

ⓛ 예외적으로 거리는 가까운데 접근성이 나쁜 경우도 있다.
  ⓐ 접근의 정도에 따라 대상물이 인간 생활에 필요한 경우라도 지나치게 가까운 경우(例 상가 안의 주택, 공중통행로 근처의 주택)
  ⓑ 위험이나 혐오의 대상인 경우(例 주거지 근처에 쓰레기 매립장 또는 가스충전소 등)
  ⓒ 그 외의 경우
    • 거리는 가까워도 주차장이 원거리인 경우(例 주차문제, 통행문제)
    • 가로의 횡단문제로 우회하는 경우
④ **부동산의 용도와 접근성의 관계** : 부동산의 용도에 따라 접근성의 중요성은 달라진다.
  ㉠ 접근성이 중요시 되는 경우 : 소매상점의 경우 고객의 접근이 중요시된다.
  ㉡ 접근성의 문제와 관련이 없는 경우도 있다(例 강한 흡인력이나 독점력을 발휘하는 시설, 사람이 찾는 빈도가 많지 않은 부동산, 독점기업 등).

4. 환경으로서의 부동산

부동산환경이란 그 부동산을 둘러싸고 영향을 주는 자연 · 물리 · 사회 · 경제적 제조건이나 상황을 말한다. 부동산은 환경과 밀접한 관계를 가진다.

(1) 부동산은 환경의 구성분자이다. 환경과 부동산간에는 전체와 부분에 해당되는 관계가 성립하므로 환경의 변화는 개개의 부동산에 영향을 미치며, 또한 대상 부동산의 상태는 환경에 영향을 미치기도 한다.

(2) 환경은 부동산활동을 지배하고 부동산현상에 영향을 미친다. 부동산환경은 고정적이 아니라 가변적이므로 부동산활동에 있어서도 환경의 지배와 영향을 구체적으로 분석하여 환경에 적응하도록 노력하여야 한다.

(3) 인간의 보다 나은 환경개선을 위한 부단한 노력을 하면 환경은 다시 부동산활동이나 현상을 통하여 인간에게 영향을 준다.

(4) 환경의 경계를 파악하여 부동산활동을 하여야 한다. 부동산환경은 공간적 확대현상이므로 무한대로 확대되는 것이 아니라 경계의 작용으로 확대현상이 차단되기도 한다. 이러한 부동산환경의 경계는 지역분석을 통하여 그 범위를 명확히 파악을 할 수가 있다.

5. 기타 ★33회 기출★

(1) 자산으로서의 부동산

부동산은 인간의 생활에 기초가 되며, 인간의 경제활동의 이윤추구 수단으로서 부동산의 가치는 국가의 가장 큰 부의 원천이며, 민간활동 주체에서도 자산으로서 비중이 큰 편이다. 자산으로서의 부동산은 이용의 대상인 사용가치와 거래·투자대상인 교환가치가 있다. 또한 토지는 사용·수익·처분의 대상이 된다.

(2) 생산요소로서의 부동산

① 토지는 자본, 노동과 더불어 3대 생산요소 중의 하나이다.
② 토지는 재화생산에 필요한 부지를 제공할 뿐 아니라 에너지나 광물질, 건축자재 등의 원료를 공급한다. 즉, 토지는 그 가치가 토지의 생산성에 영향을 받는다.

(3) 소비재로서의 토지

토지는 생산재인 동시에 소비재이다. 토지는 인간생활에 필요한 필수재화로서 생활의 편의를 제공하는 소비재이기도 하다. 즉, 토지는 관광휴양지, 공원, 아파트 등의 최종소비재로 사용된다. 또한 토지의 가치는 일시적으로 시장가치와 괴리현상이 발생한다.

(4) 자본으로서의 토지

사회 전체로서 토지는 무료로 주어지는 재화일지 모르나 개인이나 기업의 경우 다른 자본재와 마찬가지로 임대하거나 구입해야 한다. 토지는 사회 전체로서는 자본이 아닐지 모르나 개인적으로는 자본이다.

○× 핵심체크

01 공간에서 창출되는 기대이익의 현재가치를 부동산 가치로 본다면, 이는 부동산을 단순히 물리적 측면뿐만 아니라 경제적 측면을 포함하여 복합적 측면에서 파악한 것이다. ◯☒

02 지하공간의 이용이 증대되고 초고층건물이 늘어남에 따라, 토지소유권의 구체적 범위의 해석에 대해서는 법원의 판단에 의존하기도 한다. ◯☒

03 공익사업이라도 토지의 지하 또는 지상공간을 사실상 영구적으로 사용하는 경우에, 공익사업자는 토지소유자에게 토지의 이용이 저해되는 정도에 따라 보상하지 않아도 된다. ◯☒

04 국가가 사유지 지하의 일부를 사용하기 위해 구분지상권을 설정할 수 있다. ◯☒

05 공중권이란 소유권자가 토지구역상의 공중공간을 타인에게 방해받지 않고, 정당한 이익이 있는 범위에서 이용·관리할 수 있는 권리를 말한다. ◯☒

06 지하공간을 활용하는 방안으로 구분지상권, 개발권이전제도, 용적률인센티브제도 등이 있다. ◯☒

07 토지의 지하에 관한 권리의 하나인 광업권은 토지소유자의 권리로 인정된다. ◯☒

08 부동산의 위치를 평가하는 데 있어서 먼저 파악하여야 할 내용은 부동산의 가치이다. ◯☒

09 마샬에 의하면 지대는 위치에, 위치는 편리함에, 편리함은 가까움에 의존한다고 한다. ◯☒

10 위치는 절대적 위치와 상대적 위치가 있다. 부동산 간에는 상대적 위치에 따라 효용성에서 차이가 있으며, 효용성이 유사한 부동산 간에는 상호대체관계가 인정된다. ◯☒

정답 및 해설   **01** ○   **02** ○   **03** ×   **04** ○   **05** ○   **06** ×   **07** ×   **08** ×   **09** ×   **10** ○

오답분석
03 하지 않아도 된다가 아니라 해야 한다.
06 지하공간이 아니라 공중공간에 대한 설명이다.
07 된다가 아니라 되지 않는다.
08 부동산의 가치가 아니라 부동산의 용도이다.
09 마샬이 아니라 허드에 대한 설명이다.

제4장 | 확인학습문제

01 공간으로서의 부동산에 관한 설명으로 옳지 <u>않은</u> 것은?

★31회 기출★

① 토지는 물리적 형태로서의 지표면과 함께 공중공간과 지하공간을 포함한다.

② 부동산활동은 3차원의 공간활동으로 농촌지역에서는 주로 지표공간이 활동의 중심이 되고, 도시지역에서는 입체공간이 활동의 중심이 된다.

③ 지표권은 토지소유자가 지표상의 토지를 배타적으로 사용할 수 있는 권리를 말하며, 토지와 해면과의 분계는 최만조시의 분계점을 표준으로 한다.

④ 지중권 또는 지하권은 토지소유자가 지하공간으로부터 어떤 이익을 획득하거나 사용할 수 있는 권리를 말하며, 물을 이용할 수 있는 권리가 이에 포함된다.

⑤ 공적 공중권은 일정 범위 이상의 공중공간을 공공기관이 공익목적의 실현을 위해 사용할 수 있는 권리를 말하며, 항공기 통행권이나 전파의 발착권이 이에 포함된다.

해설

난도 ★★

④ 물을 이용할 수 있는 권리는 지표권에 해당된다.

답 ④

할 수 있다고 믿는 사람은 그렇게 되고,
할 수 없다고 믿는 사람도 역시 그렇게 된다.

- 샤를 드골 -

제2편

부동산학 각론

제01장 부동산 경제론

제02장 부동산 시장론

제03장 부동산 정책론

제04장 부동산 투자론

제05장 부동산 금융론

제06장 부동산 이용과 개발 및 관리

제07장 부동산 권리분석과 중개 및 마케팅론

출제경향 & 수험대책

부동산학 각론은 전체 시험 출제 비중에서 71.5%(28~30문항) 정도로 많은 부분을 차지하며, 각론 전체가 골고루 출제되고 있다. 단, 1장 부동산 경제는 경제학과 중복되는 부분이 많으므로 적게 출제되고, 전통적으로 중요한 부분인 정책론, 투자론, 금융론은 다른 시험과 마찬가지로 집중적으로 학습할 필요성이 있다. 특이한 점은 권리분석과 중개 및 마케팅은 감정평가사 시험에서만 많이 출제되고 유사한 형태의 문제가 반복되는 경향을 가지고 있다.

제1장 | 부동산 경제론

출제포인트

출제포인트

공인중개사 시험에는 출제빈도가 높은 편인 반면에 감정평가사 시험에는 출제가 잘 안되는 범위에 속한다. 이유는 경제학 원론이란 별도의 과목이 있기 때문이다. 따라서 감정평가사를 공부하는 수험생인 경우는 부동산 경제론에서 부동산 경기변동과 탄력성에 집중하여 공부함이 옳을 듯하다.

□ 곡선상의 이동과 곡선자체의 이동 원인의 명확한 구분, 수요와 공급의 결정요인을 파악
□ 시장의 균형상태에서 수요와 공급이 변화가 있을때, 가격과 균형량의 변화를 파악
□ 탄력성의 종류와 유형 그리고 탄력성의 크기를 결정하는 요인을 파악
□ 부동산 경기변동의 특징, 각 순환국면의 특징 등을 정확하게 파악

제1절 부동산 수요와 공급이론 ★27회 기출★

1. 부동산 수요

(1) 부동산 수요의 개념

수요(Demand)란 소비자가 일정기간 동안에 부동산을 구매 또는 임차하고자 하는 욕구를 말한다.

① 수요량이란 일정시점이 아니라, 일정기간을 명시해야 하는 유량(flow)의 개념이다.

② 수요는 소비자가 실제 구입한 양이 아니라, '구입하고자 하는' 의도된 양을 나타낸다.

③ 수요행위는 입할 능력과 구입의사가 수반된 유효수요를 의미한다.

④ 주어진 조건에서 구입하고자하는 최대수량을 의미한다.

더 알아보기 저량변수와 유량변수 ★34회 기출★

1. 저량(stock)변수
   ① 저량변수란 일정시점에서 측정할 수 있는 변수를 말한다.
   ② 예로는 주택재고량, 자산, 가치, 부채, 인구, 국부, 통화량, 외환보유고 등이 있다.
2. 유량(flow)변수
   ① 유량변수란 일정기간이 명시되어야 측정할 수 있는 변수를 말한다.
   ② 예로는 연간임대료수입, 주택거래량, 신규주택공급량, 순수익, 월소득, 지대수입 등이 있다.

(2) 수요법칙과 수요곡선

형태	특징
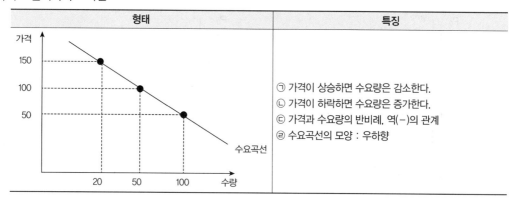	① 가격이 상승하면 수요량은 감소한다. ② 가격이 하락하면 수요량은 증가한다. ③ 가격과 수요량의 반비례, 역(−)의 관계 ④ 수요곡선의 모양 : 우하향

① 수요법칙 : 가격과 수요량은 반비례

　수요법칙이란 가격과 수요량의 관계가 역(−)의 함수(반비례)이다. 즉, 가격(임대료)이 상승하면 수요량은 감소하고 가격(임대료)이 하락하면 수요량은 증가하는 것을 말한다.

② 수요곡선 : 우하향 곡선

　재화 가격과 수요량은 반비례관계 때문에 수요곡선은 우하향한다.

③ 수요곡선이 우하향하는 이유

　'수요곡선이 왜 우하향하는가?'의 문제에 대하여 다음과 같이 답을 할 수가 있다.

　⑦ 가격효과(price effect) : 가격효과는 소득효과와 대체효과를 합성작용으로 나타난다.

　⑥ 소득효과 : 소득효과란 한 재화의 가격이 변동했을 때 이것이 수요자의 실질소득에 영향을 미치며 나타나는 효과를 의미한다. 따라서 소득효과로 수요법칙을 설명한다면 다음과 같이 정리할 수 있다.

> • 소득효과 : 가격이 변동하였을 때 수요자의 실질소득의 변화로 인한 수요량의 변화
> • 주택가격(임대료) 상승 → 수요자의 실질소득 하락 → 주택에 대한 수요량 감소
> • 주택가격(임대료) 하락 → 수요자의 실질소득 증가 → 주택에 대한 수요량 증가

　ⓒ 대체효과 : 대체효과란 한 재화의 가격이 변동했을 때 대체관계에 있는 다른 재화의 영향으로 인하여 해당 재화의 수요량이 변화하는 현상이다.

　ⓔ 기회비용(opportunity cost) : 어떤 재화의 가격이 하락하면 그 재화를 종전과는 다른 용도에도 사용할 수 있게 함으로써 수요량을 증가시킨다.

(3) 개별수요와 시장수요

　개별수요의 수평의 합계는 시장(전체)수요가 된다. 일반적으로 시장수요곡선이 개별수요곡선보다 더 탄력적(완만한) 형태를 나타낸다.

▶ A의 수요곡선

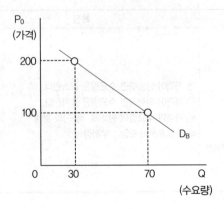

▶ B의 수요곡선

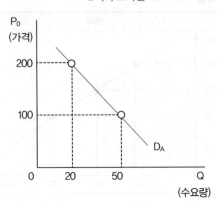

▶ 시장수요곡선

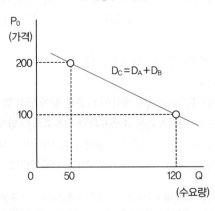

(4) 수요량의 변화와 수요의 변화

수요량의 변화는 '수요곡선상의 변화'를 말하고 수요의 변화는 '수요곡선 자체의 변화'를 말한다.

① 수요량의 변화(곡선상의 점의 이동)

　　㉠ 해당 재화의 가격(임대료)이 변화하여 수요량이 변화하면 이를 수요량의 변화라고 한다.

　　㉡ 수요량의 변화는 해당 재화의 가격이 변화할 때 곡선상 점이 이동하는 형태로 나타난다.

　　　예컨대 아래 그림 (a)에서, 점 E에서 점 B로의 이동은 수요곡선상의 점의 이동이며, 가격이 하락

　　　$(P_0 \rightarrow P_2)$함에 따라 수요량의 증가$(Q_0 \rightarrow Q_2)$를 나타난다.

② 수요의 변화(곡선자체의 이동)

　　㉠ 수요의 결정요인 중 '당해 재화가격 이외의 다른 요인'(예 소득, 기호, 관련재의 가격 등)이 변화하

　　　여 수요곡선 자체가 이동하는 것을 '수요의 변화'라고 한다.

　　㉡ 수요곡선 자체가 우측으로 이동(우상향 이동)할 때를 '수요의 증가'라 하고, 좌측으로 이동(좌하향

　　　이동)할 때를 '수요의 감소'라 한다. 아래의 그림 (b)에서 수요증가는 수요곡선 D_0에서 D_2로 곡선

　　　이 우측으로 이동한다.

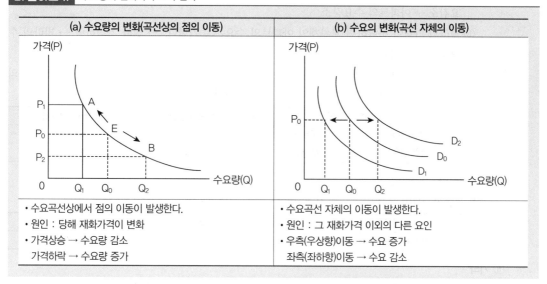

(a) 수요량의 변화(곡선상의 점의 이동)	(b) 수요의 변화(곡선 자체의 이동)
• 수요곡선상에서 점의 이동이 발생한다.	• 수요곡선 자체의 이동이 발생한다.
• 원인 : 당해 재화가격이 변화	• 원인 : 그 재화가격 이외의 다른 요인
• 가격상승 → 수요량 감소	• 우측(우상향)이동 → 수요 증가
가격하락 → 수요량 증가	좌측(좌하향)이동 → 수요 감소

(5) 수요의 결정요인

① 당해 부동산의 가격

부동산 가격이 상승하면 부동산 수요량은 감소하고 가격이 하락하면 수요량은 증가한다.

② 소비자의 소득수준과 수요의 변화

㉠ 정상재 : 소득이 증가하면 수요는 증가하고, 소득이 감소하면 수요는 감소한다.

㉡ 열등재 : 소득이 증가하면 수요는 감소하고, 소득이 감소하면 수요는 증가한다.

수요변화의 요인		수요의 변화	수요곡선의 이동
소득 증가	우등재	증가	우측이동
	열등재	하락	좌측이동

③ 관련재화의 가격변동과 수요의 변화

㉠ 대체재 : 재화를 소비할 때 얻는 효용이 비슷하여 서로 경쟁관계가 성립하는 두 재화의 관계를 대체재의 관계라고 한다(㈜ 콜라 VS 사이다). 예를 들어 오피스텔과 아파트가 대체재라면, 두 재화 사이에는 다음과 같은 특징이 존재한다.

ⓐ 오피스텔의 가격이 상승하면 대체재인 아파트의 수요는 증가한다. → 오피스텔 가격상승 → 오피스텔 수요감소 → 아파트의 수요증가

ⓑ 오피스텔의 가격이 하락하면 대체재인 아파트의 수요는 감소한다. → 오피스텔 가격하락 → 오피스텔의 수요증가 → 아파트의 수요감소

ⓒ 오피스텔의 가격이 상승하면 대체재인 아파트의 가격은 상승한다. → 오피스텔 가격상승 → 오피스텔 수요감소 → 아파트 수요증가 → 아파트가격 상승

㉡ 보완재 : 재화를 소비할 때 따로 소비하는 것보다는 동시에 소비할 때 더욱 효용이 극대화되는 두 재화의 관계를 보완재라고 한다(㈜ 커피 & 프림). 예를 들어 부동산 시장에서 빌라와 아파트가 보완재라면, 두 재화 사이에는 다음과 같은 특징이 존재한다.

ⓐ 빌라의 가격이 상승하면 보완재인 아파트의 수요는 감소한다. → 빌라 가격상승 → 빌라의 수요감소 → 아파트의 수요감소

ⓑ 빌라의 가격이 하락하면 보완재인 아파트의 수요는 증가한다. → 빌라 가격하락 → 빌라의 수요증가 → 아파트의 수요증가

ⓒ 빌라의 가격이 상승하면 보완재인 아파트의 가격은 하락한다. → 빌라 가격상승 → 빌라의 수요감소 → 아파트 수요감소 → 아파트가격이 하락

수요변화의 요인		수요의 변화	수요곡선의 이동
관련재화의 가격 상승	대체재	증가	우측이동
	보완재	하락	좌측이동

④ 기대심리와 수요의 변화

장래 부동산가격이 오를 것이라는 기대심리가 크면, 주택의 수요도 증가한다.

수요변화의 요인	수요의 변화	수요곡선의 이동
가격 상승(하락)에 대한 기대심리	증가(감소)	우측(좌측)

⑤ 기타

㉠ 인구 증가, 금리 하락, 세금 감면, 핵가족화, 이혼율 증가 등은 수요가 증가한다.

㉡ 소비자의 특정 재화에 대한 선호도가 높을수록 수요는 증가(우측이동)한다.

더 알아보기 수요변화 요인

수요 증가(곡선이 우측이동)	수요 감소(곡선이 좌측이동)
• 소득수준 향상 • 대체재 가격상승 • 보완재 가격하락 • 가격상승 예상의 기대심리 • 인구 증가 • 세금인하/금리인하 • 부동산의 대체투자대상 불황 • 대부비율(LTV) 상향조정	• 소득수준 하락 • 대체재 가격하락 • 보완재 가격상승 • 가격하락 예상의 기대심리 • 인구 감소 • 세금인상/금리인상 • 유사부동산의 과잉공급 • 총부채상환율(DTI) 하향조정

2. 부동산 공급

(1) 공급의 개념

공급이란 일정기간 동안에 생산자가 재화와 서비스를 판매하고자 하는 욕구를 말한다.

① 공급과 공급량은 일정기간을 명시해야 하는 유량의 개념이다.

② 공급과 공급량에서 '판매하고자 하는'의 의미는 사전적 개념임을 알 수 있다.

③ 공급행위는 공급자가 기꺼이 공급하려 하고 공급할 수 있는 유효공급을 말한다.

④ 주어진 조건에서 공급량은 최대수량을 의미한다.

(2) 공급법칙과 공급곡선

① **공급의 법칙** : 가격과 공급량은 비례

가격이 상승(하락)하면 공급량이 증가(감소)하는 것으로, 가격과 공급량은 비례 관계이다.

② 공급곡선 : 우상향곡선

일반적인 공급곡선은 우상향곡선의 형태로 나타난다. 해당 공급곡선은 가격이 P_1수준일 때 공급량이 Q_1이었다면, 만약 가격이 P_2로 상승하게 되면 공급량이 Q_2로 증가한다.

형태	특징
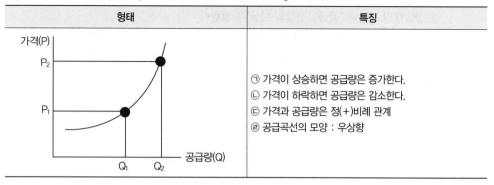	㉠ 가격이 상승하면 공급량은 증가한다. ㉡ 가격이 하락하면 공급량은 감소한다. ㉢ 가격과 공급량은 정(+)비례 관계 ㉣ 공급곡선의 모양 : 우상향

(3) 개별공급과 시장공급

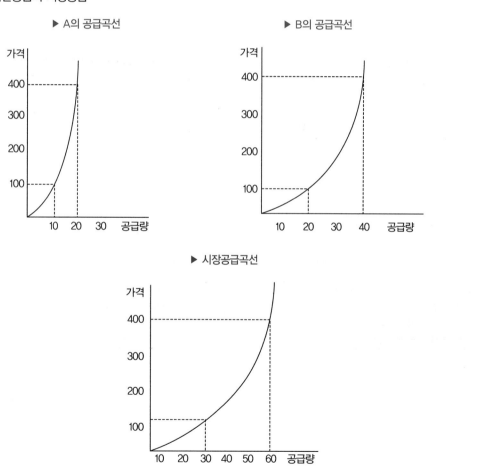

▶ A의 공급곡선

▶ B의 공급곡선

▶ 시장공급곡선

① 개별기업의 공급곡선의 수평의 합이 시장 전체의 공급곡선이다.

② 개별기업의 공급곡선보다 시장전체의 공급곡선의 기울기가 더 완만하다. 또는 더 탄력적이다.

(4) 공급량의 변화와 공급의 변화

공급량의 변화는 '곡선상의 이동'이라하고 공급의 변화는 '공급곡선 자체의 이동'을 말한다.

① **공급량의 변화(공급곡선상의 변화)**

ㄱ 공급량의 변화란 "공급곡선상의 이동"을 말한다.

ㄴ '당해 재화의 가격'이 변화하면 공급 곡선상 점의 이동으로 공급량이 변화한다.

　그림 (a)에서, 점 E에서 점 B로의 이동은 공급곡선상의 점이 이동한다.

② **공급의 변화(공급곡선 자체의 이동)**

ㄱ 공급의 변화란 "공급곡선 자체의 이동"을 말한다.

ㄴ 당해 재화의 가격 이외의 요인(예 기술수준, 생산요소 가격 등)이 변화하면 공급곡선 자체가 이동하는데 이를 공급의 변화라고 한다.

ㄷ 공급곡선 자체가 우측으로 이동(우하향 이동)할 때를 '공급의 증가'라 하고, 좌측으로 이동(좌상향 이동)할 때는 '공급의 감소'라 한다. 아래 그림의 (b)에서 '공급의 증가'하면 공급곡선 S_0가 S_2로 이동한다.

더 알아보기 | 공급량의 변화와 공급의 변화

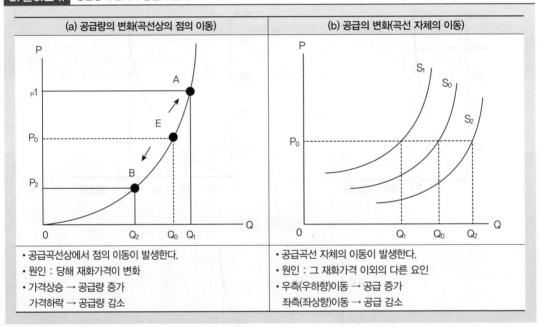

(a) 공급량의 변화(곡선상의 점의 이동)	(b) 공급의 변화(곡선 자체의 이동)
• 공급곡선상에서 점의 이동이 발생한다.	• 공급곡선 자체의 이동이 발생한다.
• 원인 : 당해 재화가격이 변화	• 원인 : 그 재화가격 이외의 다른 요인
• 가격상승 → 공급량 증가	• 우측(우하향)이동 → 공급 증가
가격하락 → 공급량 감소	좌측(좌상향)이동 → 공급 감소

(5) 공급변화의 요인

① 기술수준과 공급의 변화

생산기술이 진보하면 공급은 증가(우측으로 이동)한다.

② 생산요소 가격과 공급의 변화

생산요소 가격이 하락하면 공급이 증가하여 공급곡선은 우측으로 이동한다.

③ 관련재 가격과 공급의 변화

㉠ 대체제 : 공급면에서 대체관계에 있는 상품 A의 가격이 상승하면 당해 재화의 공급은 감소되고, 공급곡선은 좌측으로 이동된다.

㉡ 보완재 : 보완관계에 있는 상품 A의 가격이 상승하면 당해 재화의 가격이 변하지 않더라도 당해 재화의 공급량이 증가하고, 공급곡선은 우측으로 이동한다.

④ 가격에 대한 기대심리와 공급의 변화

특정재화의 가격이 상승(하락)할 것으로 예상되면 해당재화의 공급은 감소(증가)한다.

⑤ 공급자의 수

다른 조건이 일정할 때 공급자의 수가 많으면 많을수록 공급은 증가한다.

더 알아보기 공급변화

공급변화의 요인	공급변화	공급곡선의 이동
기술진보	증가	우측(우하향) 이동
생산요소가격의 하락	증가	우측(우하향) 이동
공급자들의 가격상승예상	감소	좌측(좌상향) 이동
조세감면, 보조금지급	증가	우측(우하향) 이동

---

3. 부동산 수요와 공급의 특징

(1) 부동산수요 특징

부동산수요는 부동산의 특성으로 인하여 일반 경제재의 수요와는 다른 특징들이 있다.

㉠ 부동산은 가격비중이 크므로 구매자금을 저축하는 데 오랜 시간이 요구된다.

㉡ 부동산은 수요활동의 판단에 영향을 미치는 주안점은 수요활동의 주체와 부동산의 종류에 따라 현저한 차이가 있다.

㉢ 부동산은 구매결정을 함에 있어서 검토되어야 할 사항이 일반 경제재에 비하여 전문적이고 복잡하다.

㉣ 부동산은 구매절차에 있어서도 일반 경제재와는 다른 특수한 방법이 이용된다.

㉤ 수요의 탄력성은 일반 경제재와 같이 부동산에도 원칙적으로 적용되는 것이나 그 폭은 부동산의 종류와 기간에 따라 각기 상이한 양상을 보인다.

㉥ 부동산은 개별성으로 인한 차별화된 수요유형과 독점적 경쟁시장 성격을 보유하고 있다.

(2) 부동산공급

　① 부동산공급의 개념

　　부동산, 특히 토지에는 부증성의 특성이 있어 물리적 공급은 불가능하다. 토지의 물리적 공급곡선은
　　수직선이 되나, 경제적 공급곡선은 우상향하는 곡선이 된다.

　② 부동산의 공급자

　　부동산공급자에는 생산자뿐만 아니라 기존의 주택이나 건물의 소유주도 포함된다.

　③ 부동산의 공급곡선

　　㉠ 물리적 공급(그림 S_1) : 토지의 자연적 특성인 부증성때문에 토지의 물리적 공급곡선은 수직이며,
　　　토지공급의 가격탄력성은 완전 비탄력적이다.

　　㉡ 경제적 공급(그림 S_2) : 토지서비스의 가격이 상승함에 따라 그 토지서비스양이 증가하기 때문에
　　　우상향의 모양으로 나타난다.

　　㉢ 장기와 단기의 공급곡선 비교 : 단기공급곡선(S_3)이 장기공급곡선(S_4)보다 기울기가 급경사인 비
　　　탄력적 곡선을 가진다. 급경사인 이유는 가용자원수가 제한되기 때문이다.

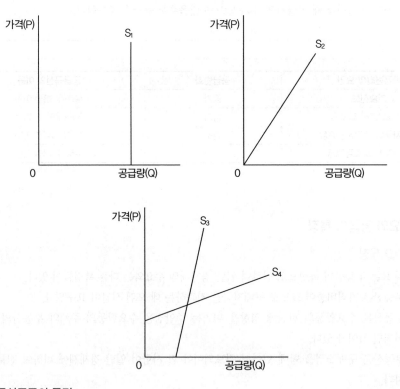

　④ 부동산공급의 특징

　　㉠ 부동산의 공급부족문제를 해결하는 방안은 물리적 공급곡선이 아니라, 경제적 공급곡선으로만 해
　　　결할 수가 있다.

　　㉡ 일반재화는 대체로 수요와 공급이 뚜렷이 구별되어지나, 부동산의 공급자는 생산자, 기존주택의
　　　소유주도 포함된다.

　　㉢ 대체재 사용이 어렵거나 용도변경을 제한하는 법규가 많을수록 공급은 비탄력적이다.

부동산 시장의 균형 ★32회 기출★

1. 균형가격과 균형량의 결정

(1) 수요곡선과 공급곡선이 일치하는 점을 균형점(a_0)이라고 하며 이 점의 가격을 균형가격(P_0), 이 점의 거래량을 균형량(Q_0)이라고 한다.

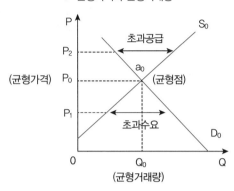

▶ 균형가격과 균형거래량

(2) 초과수요: 초과수요가 존재하면 가격은 상승하게 된다.

(3) 초과공급: 초과공급이 존재하면 가격은 하락하게 된다.

2. 시장균형의 변동 ★29, 30회 기출★

(1) 수요변화와 공급변화가 독립적인 경우

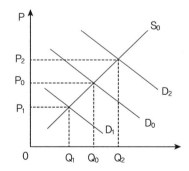

▶ (A) 수요변화

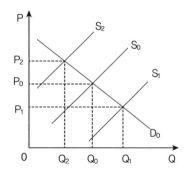

▶ (B) 공급변화

① 수요변화의 경우

　㉠ 위의 (A) 그림은 공급이 일정한 가운데 수요변화가 있을 때 균형가격의 변동과 균형거래량의 변동에 대해서 나타내고 있다.

　㉡ 공급이 일정한 가운데 수요가 D_0에서 D_1으로 감소하면, 균형가격은 P_0에서 P_1으로 하락하고 균형거래량은 Q_0에서 Q_1으로 감소한다.

　㉢ 공급이 일정한 가운데 수요가 D_0에서 D_2로 증가하면, 균형가격은 P_0에서 P_2로 상승하고 균형거래량은 Q_0에서 Q_2로 증가한다.

② 공급변화의 경우

    ㉠ 위의 (B) 그림은 수요가 일정한 가운데 공급변화가 있을 때 균형가격의 변동과 균형거래량의 변동에 대해서 나타내고 있다.

    ㉡ 수요가 일정한 가운데 공급이 S_0에서 S_1으로 증가하면, 균형가격은 P_0에서 P_1으로 하락하고 균형거래량은 Q_0에서 Q_1으로 증가한다.

    ㉢ 수요가 일정한 가운데 공급이 S_0에서 S_2로 감소하면, 균형가격은 P_0에서 P_2으로 상승하고 균형거래량은 Q_0에서 Q_2로 감소한다.

구분	곡선위치이동	시장 상태	균형가격	균형거래량
수요 증가	우측이동	초과수요발생	상승	증가
수요 감소	좌측이동	초과공급발생	하락	감소
공급 증가	우측이동	초과공급발생	하락	증가
공급 감소	좌측이동	초과수요발생	상승	감소

(2) 수요변화와 공급변화가 동시적인 경우

① 수요와 공급이 동시에 증가하는 경우

    ㉠ 아래 그림의 (A)는 수요의 증가가 공급의 증가보다 많은 경우에는 균형가격은 P_0에서 P_1으로 상승하고, 균형거래량은 Q_0에서 Q_1로 증가한다.

    ㉡ 아래 그림의 (B)는 수요의 증가보다 공급의 증가가 많은 경우에는 균형가격은 P_0에서 P_2으로 하락하고, 균형거래량은 Q_0에서 Q_1로 증가한다.

    ㉢ 아래 그림의 (C)는 수요의 증가와 공급의 증가가 같은 경우에는 균형가격은 변하지 않고, 균형거래량은 Q_0에서 Q_1로 증가한다.

▶ 수요 증가와 공급 증가가 동시 발생

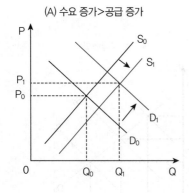

(A) 수요 증가 > 공급 증가

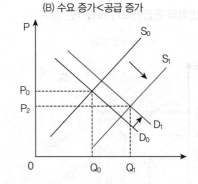

(B) 수요 증가 < 공급 증가

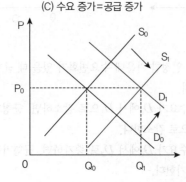

(C) 수요 증가 = 공급 증가

② 수요와 공급이 동시에 감소하는 경우

   ⊙ 아래 그림에서 (A)는 수요의 감소가 공급의 감소보다 많은 경우에는 균형가격은 P_0에서 P_2으로 하락하고, 균형거래량은 Q_0에서 Q_2으로 감소한다.

   ⓒ 아래 그림에서 (B)는 수요의 감소보다 공급의 감소가 많은 경우에는 균형가격은 P_0에서 P_1으로 상승하고, 균형거래량은 Q_0에서 Q_2으로 감소한다.

   ⓒ 아래 그림에서 (C)는 수요의 감소와 공급의 감소가 같은 경우에는 균형가격은 변하지 않고, 균형 거래량은 Q_0에서 Q_2으로 감소한다.

▶ 수요 감소와 공급 감소가 동시 발생

(A) 수요 감소＞공급 감소

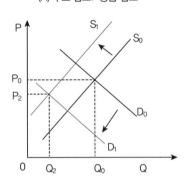

(B) 수요 감소＜공급 감소

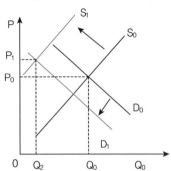

(C) 수요 감소＝공급 감소

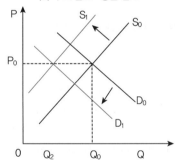

구분	수요 감소＞공급 감소	수요 감소＜공급 감소	수요 감소＝공급 감소
균형가격	하락	상승	불변
균형거래량	감소	감소	감소

구분		균형가격	균형수급량
수요증가, 공급증가	수요증가＞공급증가	상승	증가
	수요증가＜공급증가	하락	증가
	수요증가＝공급증가	불변	증가
수요감소, 공급감소	수요감소＞공급감소	하락	감소
	수요감소＜공급감소	상승	감소
	수요감소＝공급감소	불변	감소
수요증가, 공급감소	수요증가＞공급감소	상승	증가
	수요증가＜공급감소	상승	감소
	수요증가＝공급감소	상승	불변

	수요감소>공급증가	하락	감소
수요감소, 공급증가	수요감소<공급증가	하락	증가
	수요감소=공급증가	하락	불변

제3절 수요와 공급의 가격탄력성 ★28, 31, 33, 34회 기출★

1. 수요의 탄력성

탄력성이란 자극에 대한 반응의 영향력 크기를 살펴보는 민감도 분석이라고 할 수 있다.

(1) 수요의 가격탄력성(ε_D : price elasticity of demand) ★30회 기출★

① 개념 및 측정방법

㉠ 개념 : 특정 재화 가격이 변화할 때 수요량이 얼마나 변화하는가를 측정하는 척도이다.

㉡ 측정 : 수요의 가격탄력성은 수요량의 변화율을 가격의 변화율로 나눈 값이다.

$$\frac{수요량의\ 변화율}{가격의\ 변화율} = \frac{수요량의\ 변화분/원래의\ 수요량}{가격의\ 변화분/원래의\ 가격} \rightarrow 단,\ 부(-)의\ 기호를\ 무시한다.$$

② 종류

㉠ 탄력적 : 수요량의 변화율이 가격의 변화율보다 클 때, 즉 탄력성이 1보다 클 때를 수요는 가격에 대해 탄력적이라 하며 기울기는 완만하다.

㉡ 비탄력적 : 수요량의 변화율이 가격의 변화율보다 작을 때, 즉 탄력성이 1보다 작을 때를 수요는 가격에 대해 비탄력이라 하며 기울기는 급경사이다.

㉢ 단위탄력적 : 수요량의 변화율과 가격의 변화율이 같을 때, 즉 탄력성은 1이다.

㉣ 완전비탄력적 : 가격변화에 대해서 수요량의 변화가 전혀 없는 경우로 수직선이다.

㉤ 완전탄력적 : 가격변화에 대해 수요량이 무한대로 변화는 경우로 '수평성'이다.

더 알아보기	수요의 가격탄력성의 크기에 따른 수요곡선의 형태

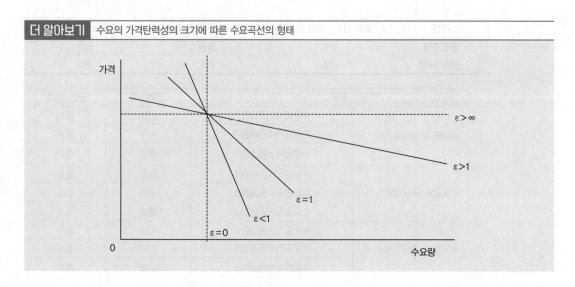

구분	탄력성	특징
완전비탄력	탄력성=0	가격 변화와 관계없이 균형거래량은 불변함(수직선)
비탄력적	0<탄력성<1	균형가격의 변화율이 균형거래량의 변화율보다 클 때
단위탄력적	탄력성=1	균형가격의 변화율과 균형거래량의 변화율이 같을 때
탄력적	1<탄력성<∞	균형거래량의 변화율이 균형가격의 변화율보다 클 때
완전탄력적	탄력성=∞	미세한 가격변화에 거래량이 무한히 변화함(수평선)

③ 수요의 가격탄력성 계산법

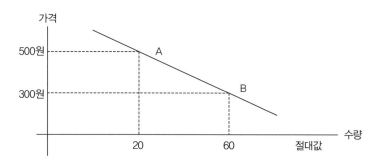

조건은 가격이 500원에서 300원으로 하락하여 수요량이 20에서 60으로 증가한 경우이다.

㉠ 최초가격 기준(A점)

$$수요의\ 가격탄력성 = \frac{수요량의\ 변화분/원래의\ 수요량}{가격의\ 변화분/원래의\ 가격} = \frac{40}{20} \Big/ \frac{200}{500} = 5$$

더 알아보기 | 탄력성의 수학적 도출

A지역 오피스텔시장의 시장수요함수가 $Q_D=100-P$이고, 시장공급함수가 $2Q_S=-40+3P$일 때, 오피스텔 시장의 균형에서 수요의 가격탄력성(EP)은? (단, Q_D : 수요량, Q_S : 공급량, P : 가격이고, 수요의 가격탄력성과 공급의 가격탄력성은 점탄력성을 말하며, 다른 조건은 동일함)

(1) 수요와 공급을 일치시킨다.

수요함수 : $Q_D=100-P$, 공급함수 : $2Q_S=-40+3P$ ⇨ $Q_S=-20+3/2P$

∴ 균형가격=48, 균형량=52

(2) 탄력성을 구하기 위하여 수요함수와 공급함수를 미분한다.

㉠ 수요의 가격탄력성(EP) : $\frac{dQ}{dP} \times \frac{P}{Q} = \left| -1 \times \frac{48}{52} \right| = \frac{12}{13}$

④ 수요의 가격탄력성과 총수입과의 관계

기업의 총수입(소비자 총지출액, 임대용 부동산의 총수입)＝가격(임대료)×수요량

수요의 가격탄력성·가격(또는 임대료)·총수입의 관계를 살펴보면 다음과 같다.

㉠ 수요의 가격탄력성이 탄력적인 경우(1<탄력성<∞)

가격의 변화율보다 수요량의 변화율이 더 크다.

가격을 상승시키면 수요량은 크게 감소하기 때문에 면적 ㉮가 면적 ㉯보다 작으므로 가격의 인상은 총수입을 감소시킨다. 그 반대로 가격하락시에는 반대현상으로서 총수입을 증가시키는 현상이 나타난다.

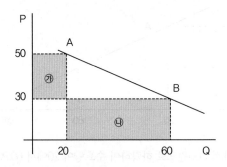

㉡ 수요의 가격탄력성이 비탄력적인 경우(0<탄력성<1)

가격의 변화율보다 수요량의 변화율이 더 적다.

가격을 상승시키면 수요량은 적게 감소하기 때문에 면적 ㉮가 면적 ㉯보다 크므로 가격의 인상은 총수입을 증가시킨다.

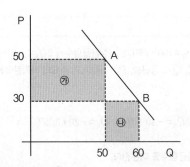

탄력성 크기	가격 하락시	가격 상승시
탄력적	총수입 증가	총수입 감소
비탄력적	총수입 감소	총수입 승가
단위탄력적	총수입 불변	총수입 불변

⑤ 수요의 가격탄력성 결정요인 ★34회 기출★

　㉠ 대체재 유무

　　ⓐ 수요의 탄력성에 영향을 주는 요인은 시간, 소득, 상품의 성질, 대체재 유무 등이 있으며, 그 중에서 부동산에 가장 중요한 요인은 대체재 유무이다.

　　ⓑ 당해 재화에 대한 대체재의 수가 많을수록 탄력적이며, 수요곡선도 완만해진다.

　㉡ 부동산 유형에 따른 탄력성 정도

　　ⓐ 전체 부동산 수요는 비탄력적이지만, 종류별로 나누고 세분화하면 보다 탄력적이 된다.

　　ⓑ 용도가 다양하거나 용도전환이 용이할수록 수요의 가격탄력성이 크고 탄력적이다.

　　ⓒ 주거용이 다른 용도(상업용, 공업용)보다 더 탄력적이다.

　㉢ 측정단위시간

　　ⓐ 일반적으로 장기의 수요탄력성은 단기의 수요탄력성보다 더 크다.

　　ⓑ 측정단위시간이 짧을수록 비탄력적이고, 길수록 탄력적이다.

　　ⓒ 관찰기간이 짧을수록 비탄력적이고, 길수록 탄력적이다.

　㉣ 재화에 대한 지출이 소득에서 차지하는 비율 : 다른 조건이 일정한 경우, 상품에 대한 소비지출이 가계소득에서 차지하는 비중이 크면 클수록 수요의 탄력성은 커진다.

　㉤ 재화의 성격 : 생필품 수요는 비탄력적이지만, 사치품 수요는 탄력적으로 나타난다.

(2) 수요의 소득탄력성(Income elasticity of demand) ★28회 기출★

① 개념 : 소득의 변화율에 대한 수요의 변화율의 정도를 측정하는 척도이다.

$$\text{수요의 소득탄력성}(\varepsilon i) = \frac{\text{수요량 변화율}}{\text{소득 변화율}} = \frac{\dfrac{\text{수요량 변동분}(\Delta Q_D)}{\text{원래 수요량}(Q_D)}}{\dfrac{\text{소득 변동분}(\Delta I)}{\text{원래 소득}(I)}}$$

② 수요의 소득탄력성과 재화

소득탄력성의 부호에 따라 정상재와 열등재로 구분된다.

　㉠ 정상재 : 수요의 소득탄력성>0 → 소득의 증가에 따라 수요가 증가

　㉡ 열등재 : 수요의 소득탄력성<0 → 소득의 증가에 따라 수요가 감소

예제

주택시장의 수요자인 甲은 2021년 연봉이 작년 대비 20% 증가하였다. 수요의 소득탄력성은 0.5라고 가정할 때 주택의 수요량은 1,000세대에서 얼마나 변할까? (단, 탄력성 계산 시 기준가격과 수요량은 최초의 값으로 한다)

해설

수요의 소득탄력성=$\dfrac{10\%\ 증가}{20\%\ 증가}$=0.5

소득이 20% 증가할 때 소득탄력성이 0.5, 즉 (+)이므로 수요량이 10% 증가한다. 그러므로 기존의 주택수요량이 1,000세대이므로 1,000세대의 10%인 100세대만큼 수요가 증가한다.

다음은 같은 조건하에서 아파트에 대한 수요함수가 $Q_d = -2P + 6Y + 100$이고, $P=5$, $Y=5$인 경우, 수요의 소득탄력성은? (단, Q_d : 수요량, P : 가격, Y : 소득이고 점탄력성을 말하며, 다른 조건은 동일함)

해설

수요함수를 Y에 대해 미분하면 $\dfrac{dQ}{dY} = 6$

주어진 수요함수에 숫자를 대입하면 $Q_d = -2(5) + 6(5) + 100 = 120$이 된다.

소득탄력성 $= \dfrac{dQ}{dY} \times \dfrac{Y}{Q} = 6 \times \dfrac{5}{120} = \dfrac{1}{4}$

(3) 수요의 교차탄력성(cross elasticity of demand)

① 개념 : 한 상품의 수요가 다른 연관 상품의 가격변화 정도를 측정하는 척도이다.

$$\text{수요의 교차탄력성}(\varepsilon_{XY}) = \frac{X\text{재의 수요량 변화율}}{Y\text{재의 가격 변화율}} = \frac{\dfrac{X\text{재의 수요량 변동분}(\Delta Q_{D(X)})}{X\text{재의 원래 수요량}(Q_{D(X)})}}{\dfrac{Y\text{재의 가격 변동분}(\Delta P_Y)}{Y\text{재의 원래 가격}(P_Y)}}$$

② 수요의 교차탄력성의 재화

㉠ 대체재 : 교차탄력성 > 0 → 커피 가격이 상승하면 녹차의 수요는 증가한다.

㉡ 보완재 : 교차탄력성 < 0 → 자동차 가격이 상승하면 휘발유 수요는 감소한다.

2. 공급의 탄력성

(1) 공급의 가격탄력성 개념

① 의의 : 가격이 변화할 때 공급량이 얼마나 변화하는가를 측정하는 척도이다.

② 측정 : 공급의 가격탄력성은 공급량의 변화율을 가격의 변화율로 나눈 값이다.

$$\text{공급의 가격탄력성} = \frac{\text{공급량의 변화율}}{\text{가격의 변화율}} = \frac{\text{공급량의 변화분/원래의 공급량}}{\text{가격의 변화분/원래의 가격}}$$

③ 공급의 탄력성 종류

㉠ 탄력적 : 공급량의 변화율이 가격의 변화율보다 클 때, 즉 탄력성이 1보다 클 때를 공급은 가격에 대해 탄력적이라 하며 기울기는 완만하다.

㉡ 비탄력적 : 공급량의 변화율이 가격의 변화율보다 작을 때, 즉 탄력성이 1보다 작을 때를 공급은 가격에 대해 비탄력이라 하며 기울기는 급경사이다.

㉢ 단위탄력적 : 공급량의 변화율과 가격의 변화율이 같을 때, 즉 탄력성이 1일 때를 공급은 가격에 대해 단위탄력적이라 한다.

㉣ 완전비탄력적 : 가격변화에 대해서 공급량의 변화가 전혀 일어나지 않는 극단적인 경우를 '완전비탄력적'이라 하며, 공급곡선은 종축에 평행한 수직선으로 나타난다.

ⓜ 완전탄력적 : 가격변화에 대해 공급량이 무한대로 반응을 보이는 경우를 '완전 탄력적'이라 하며, 공급곡선은 횡축에 평행한 수평선으로 나타난다.

탄력성(ε_s) 크기	가격 변화율과 공급량 변화율	탄력성 정도
$\varepsilon_s=1$	가격 변화율=공급량 변화율	단위탄력적
$0<\varepsilon_s<1$	가격 변화율>공급량 변화율	비탄력적
$1<\varepsilon_s<\infty$	가격 변화율<공급량 변화율	탄력적
$\varepsilon_s=0$	공급량 변화율=0	완전비탄력적
$\varepsilon_s=\infty$	공급량 변화율=∞	완전탄력적

(2) 공급의 가격탄력성 결정요인

① 측정기간의 장기와 단기유무: 측정기간이 단기일수록 공급은 비탄력적이고, 반면에 장기이면 탄력적이다.

② 생산에 소요되는 기간의 유무: 제품의 생산에 소요되는 기간이 짧을수록 탄력적인 반면에 제품에 생산에 소요되는 기간이 길수록 비탄력적이다.

③ 생산량 증가에 따른 비용의 변화: 생산량이 증가할 때 비용이 급격히 상승할수록 공급의 가격탄력성은 적다.

④ 신규주택의 공급곡선은 비탄력적이고, 오래된 주택일수록 탄력적인 경향이 강하다.

3. 탄력성과 균형의 변화 ★34회 기출★

(1) 완전탄력적과 완전비탄력적일 때 가격과 균형량의 변화폭

① 공급이 증가할 경우에 수요가 완전탄력적이라면 가격은 변하지 않고, 거래량은 증가한다. 아래 (A) 그림에서 공급이 S_0에서 S_1으로 증가할 때 수요가 완전탄력적이라면 가격은 P_0로 불변이고, 균형거래량은 Q_0에서 Q_1으로 증가하며 그 증가폭이 가장 크게 된다.

② 공급이 증가할 경우에 수요가 완전비탄력적이라면 가격은 하락하고, 거래량은 변하지 않는다. 아래 (A) 그림에서 공급이 S_0에서 S_1으로 증가할 때 수요가 완전비탄력적이라면 가격은 P_0에서 P_1으로 하락하고 그 하락폭이 가장 크게 된다. 그런데 이 경우에 균형거래량은 공급이 증가하더라도 Q_0로 변하지 않는다.

③ 수요가 증가할 경우에 공급이 완전탄력적인 경우 가격은 변하지 않고, 균형거래량은 증가한다. 아래 (B) 그림에서 수요가 D_0에서 D_1으로 증가할 경우에 공급이 완전탄력적일 때 가격 P_0는 불변이나 거래량은 Q_0에서 Q_1으로 증가한다.

④ 수요가 증가할 경우에 공급이 완전비탄력적인 경우에는 가격은 상승하나, 균형거래량은 변하지 않는다. 아래 (B) 그림에서 수요가 D_0에서 D_1으로 증가할 경우에 공급이 완전비탄력적일 때 가격은 P_0에서 P_1으로 상승하나 거래량은 Q_0로 불변이다.

▶ 완전탄력적과 완전비탄력적일 때

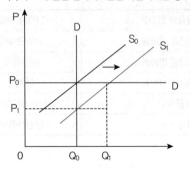

(A) 수요가 완전 탄력적 · 완전 비탄력적인 경우

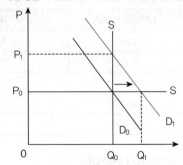

(B) 공급이 완전 탄력적 · 완전 비탄력적인 경우

더 알아보기 완전비탄력, 완전탄력적인 조건에서 균형의 판단

- 수요가 완전비탄력적일 때 공급이 증가하면 → 균형거래량은 불변하고, 균형임대료는 하락한다.
- 공급이 완전비탄력적일 때 수요가 증가하면 → 균형거래량은 불변하고, 균형임대료는 상승한다.
- 수요가 완전탄력적일 때 공급이 증가하면 → 균형임대료는 불변하고, 균형거래량은 증가한다.
- 공급이 완전탄력적일 때 수요가 증가하면 → 균형임대료는 불변하고, 균형거래량은 증가한다.

(2) 탄력적과 비탄력적일 때 가격과 균형량의 변화폭

① 공급이 증가할 경우에 수요의 가격탄력성이 비탄력적일수록 가격 하락폭은 더 커지고, 거래량 증가폭은 작아진다. 아래의 (A) 그림에서 공급이 S_0에서 S_1으로 증가할 때 가격은 P_0에서 P_1, P_2, P_3로 하락하게 된다. 그런데 공급증가에 따른 가격 하락폭은 수요가 비탄력적일수록 더 커지게 된다. 그리고 공급이 S_0에서 S_1으로 증가할 때 거래량은 Q_0에서 Q_1, Q_2, Q_3로 증가하게 된다. 그런데 거래량 증가폭은 수요가 비탄력적일수록 작아지게 된다.

  ㉠ 공급 증가 시 수요가 비탄력적일수록 가격은 더 내리고, 거래량은 덜 늘어난다. 공급 증가 시 수요가 탄력적일수록 가격은 덜 내리고, 거래량은 더 늘어난다.

  ㉡ 반대로 공급 감소 시 수요가 비탄력적일수록 가격은 더 오르고, 거래량은 덜 줄어든다. 공급 감소 시 수요가 탄력적일수록 가격은 덜 오르고, 거래량은 더 줄어든다.

② 수요가 증가할 경우에 공급이 비탄력적일수록 가격 상승폭은 더 커지고, 균형거래량의 증가폭은 작아진다. 아래의 (B) 그림에서 수요가 D_0에서 D_1으로 증가할 때 가격은 P_0에서 P_1, P_2, P_3까지 상승하게 된다. 그런데 수요증가에 따른 가격 상승폭은 공급이 비탄력적일수록 커지게 된다. 거래량은 수요증가에 따라 Q_0에서 Q_1, Q_2, Q_3까지 증가한다. 그런데 거래량의 증가폭은 공급이 비탄력적일수록 작아지게 된다.

  ㉠ 수요 증가 시 공급이 비탄력적일수록 가격은 더 오르고, 거래량은 덜 늘어난다. 수요 증가 시 공급이 탄력적일수록 가격은 덜 오르고, 거래량은 더 늘어난다.

  ㉡ 반대로 수요 감소 시 공급이 비탄력적일수록 가격은 더 내리고, 거래량은 덜 줄어든다. 수요 감소 시 공급이 탄력적일수록 가격은 덜 내리고, 거래량은 더 줄어든다.

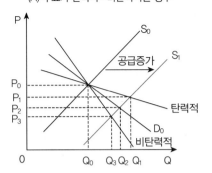

▶ 탄력적과 비탄력적일 때

(A) 수요가 탄력적 · 비탄력적인 경우

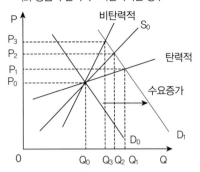

(B) 공급이 탄력적 · 비탄력적인 경우

더 알아보기 비탄력, 탄력적인 조건에서 균형의 판단

구분	균형가격(균형임대료)	균형거래량
공급증가, 수요 비탄력적	더(더 많이) 하락(내리고)	덜(더 적게) 증가(오름)
공급증가, 수요 탄력적	덜(더 적게) 하락(내리고)	더(더 많이) 증가(오름)
수요증가, 공급 비탄력적	더(더 많이) 상승(오르고)	덜(더 적게) 증가(오름)
수요감소, 공급 탄력적	덜(더 적게) 하락(내리고)	더(더 많이) 감소(내림)

제4절 부동산 경기변동론

1. 일반경기변동

(1) 경기변동의 의의

호 · 불경기를 규칙적 또는 불규칙적으로 파도와 같이 항상 움직이는 성질을 갖는데 이러한 성질을 경기의 순환이라고 하며, 이러한 경제활동의 순환적 변동을 경기변동이라고 한다.

(2) 경기변동의 국면

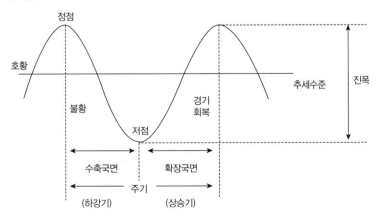

① 경기순환의 국면은 학자에 따라 여러 가지로 구분하나 호황 → 후퇴 → 불황 → 회복의 4국면으로 나누는 것이 일반적 통설이다.

② 확장국면은 저점에서 정점까지를 말하며 이 단계는 회복국면과 호황국면으로 구성된다.

(3) 경기변동의 주기

경기변동의 유형을 주기에 따라 구분하면 다음의 표와 같다. 여기서 건축순환으로서 한센파동의 주기가 대략 17~18년 정도가 된다.

구분	주기	원인
콘트라티에프(Kondratieff)파	약 50~60년(장기파동)	대대적 기술혁신 등
쥬글라(Juglar)파	약 9~10년(주순환)	설비투자의 변동
쿠즈네츠(S. S. Kuznets)파	약 20년(건축파동)	건축경기의 변동

2. 부동산경기변동 ★27, 28회 기출★

(1) 부동산경기변동의 개념 및 특징

① 부동산경기의 개념

㉠ 부동산경기는 일반경기와 아주 밀접한 관계를 가지고 있다. 왜냐하면, 부동산경제는 일반경제를 구성하고 있는 가장 중요한 부문 중의 하나이다.

㉡ 부동산경기는 일반적으로 건축경기를 말하는데, 이 중에서 중심이 되는 경기는 주거용 부동산의 건축경기를 의미하는 경우가 많다.

㉢ 주거용 부동산경기를 협의의 부동산경기라 하며, 광의의 부동산경기는 주거용과 상업용·공업용 부동산경기라 하며, 최광의의 부동산경기는 광의의 부동산경기에 토지경기를 포함한 개념이다.

② 부동산경기변동의 특징

㉠ 변동주기 : 부동산경기는 일반경기의 변동주기에 비하여 매우 길다. 대체로 부동산의 경기변동은 약 20년을 주기로 하고 있는 반면에, 일반경제의 경기변동의 주기는 약 10년임을 고려할 때 부동산경기변동은 일반경기보다 약 2배 정도가 길다.

㉡ 변동의 진폭 : 부동산경기는 일반경기의 진폭보다 월등히 크다는 특징이 있다. 즉, 부동산경기는 일반경기에 비해서 그 저점(低點)이 더 깊고 정점(頂點)이 더 높다.

㉢ 부동산경기는 순환국면이 뚜렷하거나 일정치가 않다.

㉣ 부동산경기는 다양한 경기적 양상을 가지며, 지역적·개별적 현상으로 나타나지만, 때에 따라 시간이 경과하면 전국적·광역적으로 확산되는 현상이 나타나기도 한다.

㉤ 부동산경기는 일반경기와 병행하는 것이 일반적이지만, 때에 따라서는 독립적일 수도, 역행할 수도, 선행할 수도 있다.

㉥ 부동산경기변동의 경기순환국면은 학자에 따라 차이가 있겠지만, 4개 또는 5개가 존재한다. 즉, 회복시장, 상향시장, 후퇴시장, 하향시장에 안정시장이 포함되기도 한다.

㉦ 부동산경기는 우경사비대칭(右傾斜非對稱 : 긴 확장, 짧은 수축)의 형태를 보인다.

(2) 부동산경기변동의 측정지표

일반적으로 경기측정을 할 때는 종합적 지표를 통하여 하는 것이 가장 바람직하다. 즉 부동산의 경기변동은 수요·공급·가격면 등의 여러 측면을 종합적으로 측정하는 것이 바람직하다.

① **공급측면**

공급측면의 측정지표로 착공량, 완공량, 허가량, 택지의 분양실적, 미분양상태 등이 있다.

② **수요측면**[1]

주택의 거래량, 매매량, 주택금융상태 등은 부동산경기를 측정하는 지표가 될 수 있다.

③ **부동산의 가격변동**

부동산가격이 상승을 했다고 해서 부동산경기가 좋다고 말하는 것은 이론적으로 반드시 옳다고 말할 수는 없을 것이다.

(3) 일반경기와 부동산경기의 시간적 관계

일반경기와 부동산경기순환은 시간적 관계를 가진다. 즉, ① 전순환적, ② 후순환적, ③ 동시순환적, ④ 역순환적의 4가지로 표현한다.

① **전순환적(pre-cyclical) : 주식시장**

이는 부문별 경기가 일반경기에 비하여 앞서 진행되는 것을 말하는데, 대개 주식시장이 일반경기보다 전순환적이다.

② **후순환적(post-cyclical) : 부동산시장**

대개 부동산경기가 일반경기보다 후순환적이다. 이렇게 되는 이유는 부동산의 각 부문별 경기변동이 가중평균치적 성격을 가지고 있기 때문이다.

③ **동시순환적(equi-cyclical) : 상업용 부동산과 공업용 부동산의 건축경기**

상업용과 공업용 부동산의 경기순환은 일반경제의 경기순환과 거의 일치하고 있다.

④ **역순환적(counter-cyclical) : 주거용 부동산의 건축경기**

㉠ 주거용 부동산의 건축경기는 일반경기와는 반대되는 역순환적 현상을 보이고 있다.

㉡ 역순환이 되는 이유는 주거용과 다른 용도의 부동산 간의 자금의 유용성 차이다.

(4) 다른 형태의 경기변동

부동산경기변동은 경기순환 이외의 또 다른 형태의 경기변동의 형태도 있다.

① **계절적 변동(seasonal variation)**

일 년을 단위로 하여, 적어도 일 년에 한 번씩 정기적으로 나타나는 경기변동을 계절적 경기변동이라 한다. 예컨대 방학을 주기로 대학가 근처의 임대주택의 공가율이 높아진다.

② **장기적(추세) 변동(long-term movement)**

장기적 변동이란 50년 이상의 기간으로 측정되는 것으로 부동산부문에서는 어떤 지역이 새로 개발된다거나 기존의 지역이 재개발되었을 때 나타난다.

③ **무작위적(불규칙적, 비순환적) 변동**

정부의 정책변동, 천재지변 등으로 인해 초래되는 비주기적 경기변동현상을 말한다.

---

1) 이창석, 부동산학개론, 형설출판사, 1997, p.224

(5) 부동산경기의 순환국면

① 하향(불황)시장

  ㉠ 하향시장의 중개활동은 매도자보다는 매수자를 중시하게 된다.

  ㉡ 하향시장은 건축허가신청 건수가 최저, 부동산의 공실률이 최대가 되는 시장이다.

  ㉢ 하향시장에서 과거의 사례가격은 새로운 거래가격의 상한선의 성격이 된다.

② 회복시장

  ㉠ 회복시장의 중개활동은 매수자보다는 매도자를 중시하게 된다.

  ㉡ 회복시장은 점차 건축허가건수가 증가하며, 부동산에 대한 수요도 증가하기 시작한다.

  ㉢ 회복시장에서 과거의 사례가격은 새로운 거래가격의 하한선의 성격이 된다.

③ 상향시장

  ㉠ 상향시장의 중개활동은 매수자보다는 매도자를 중시하게 된다.

  ㉡ 상향시장은 건축허가량이 증가하며 공실이 최소화되는 국면이다.

  ㉢ 상향시장에서 직전 회복시장의 거래사례가격은 현재시점에서 하한가가 된다.

④ 후퇴시장

  ㉠ 후퇴시장에서의 중개활동은 매도자보다는 매수자를 중시하게 된다.

  ㉡ 후퇴시장은 건축허가신청 건수가 점차 감소하고 공실률이 점차 증가하는 시기이다.

  ㉢ 후퇴시장에서 과거의 사례가격은 새로운 거래의 기준가격이 되거나 상한선이 된다.

⑤ 안정시장

  ㉠ 안정시장은 부동산에만 존재하는 고유의 시장이다.

  ㉡ 안정시장은 주로 도심의 입지가 좋은 소규모 점포에서 발생하는 경기 국면을 의미한다.

  ㉢ 기존의 거래사례가격은 새로운 거래의 기준이 되거나 신뢰할 수 있는 수준이 된다.

	수축국면	확장국면
	후퇴시장, 하향시장	회복시장, 상향시장
	매수자 우위시장	매도자 우위시장
	기존사례가격 : 상한선	기존사례가격 : 하한선
	후퇴국면 : 공실률 증가	회복국면 : 건축허가신청 증가
	하향 : 회복 가능성내포	상향 : 후퇴 가능성내포

4. 거미집이론(cobweb theory) ★32회 기출★

에치켈(M. J. Eziekel)이 주장한 이론으로, 균형의 변동과정을 동태적 모형으로 나타낸 것이다.

(1) 거미집이론의 가설

① "수요와 공급은 현시장의 임대료에만 반응을 보인다."라고 가정을 둔다.

② 가격이 변하면 수요량은 즉각적으로 변화하나, 공급량은 일정기간이 지난 후에 변동한다. 즉, 금기(今期) 수요량은 금기 가격에, 금기 공급량은 전기(前期) 가격에 의존한다.

(2) 거미집이론의 조정과정

① 수렴형

수요 탄력성이 공급 탄력성보다 클 경우, 즉 기울기는 공급곡선이 수요곡선보다 클 경우 발생한다.

- 수요의 가격탄력성 > 공급의 가격탄력성
- 수요곡선의 기울기 < 공급곡선의 기울기

② 발산형

수요 탄력성이 공급 탄력성보다 작은 경우, 즉 기울기는 수요곡선이 공급곡선보다 클 경우 발생한다.

- 수요의 가격탄력성 < 공급의 가격탄력성
- 수요곡선의 기울기 > 공급곡선의 기울기

③ 순환형

수요의 가격탄력성과 공급의 가격탄력성이 같은 경우에 발생한다.

- 수요의 가격탄력성 = 공급의 가격탄력성
- 수요곡선의 기울기 = 공급곡선의 기울기

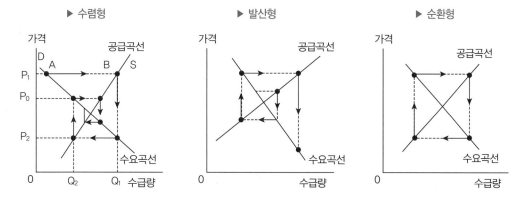

(3) 부동산시장에 적용

① 수요는 현시장의 임대료에 대하여 즉각적인 반응을 보이지만, 공급량은 현시장의 가격에 반응을 보여 주택 등을 만들 수 있는 시간이 장기간 소요되어 현시장의 공급량에 영향을 주는 것이 아니라 일정한 시차가 지난 후인 그 다음 기(期)의 공급량에 영향을 준다.

② 부동산시장에도 수요와 공급의 시간적인 차(gab, 갭)가 존재하여 수요초과와 공급초과를 반복하는 경향이 있다. 따라서 단기는 가격왜곡이 발생하지만, 장기는 균형을 이룬다.

③ 부동산에는 이런 주기적 현상은 주거용보다는 상업용이나 공업용 부동산에 더 강하게 나타나고 있는 것으로 알려져 있다.

5. 디파스퀠리-위튼(DiPasquale & Wheaton)의 사분면 모형 ★27, 31, 33회 기출★

부동산은 소비재인 동시에 투자재이기도 하다. 퀠리 등은 부동산의 점유, 임대 및 매각이 이루어지는 시장을 소비재시장이라고 하고, 투자대상으로서 부동산 시장을 자산시장이라고 구분하였다.

부동산 공간(이용)시장과 자산시장 간의 상호관계를 4사분면 모형을 이용하여 전체 부동산시장의 작동체계와 함께 설명하여 준다. 4사분면 모형은 공간과 자산시장이 각각 어떻게 작용하며, 두 시장간의 상호작용에 의해 장기균형이 어떻게 형성되는가를 밝혀주고 있다. 여기서 장기란 의미는 수요를 충족하기 위해 공간을 추가적으로 공급할 때 시간적 관계를 가진다는 의미이다.

사각형의 각 축은 공간의 재고(량), 임대료, 자산(부동산)가격, 신규건설(량)인 4개의 내생변수가 존재하며, 1 · 4분면은 공간(소비, 이용)시장을 나타내고, 2 · 3분면은 부동산의 소유권을 다루는 자산시장을 나타낸다.

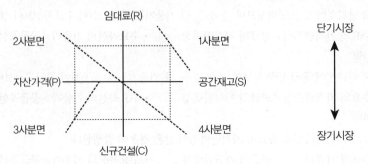

(1) 각 분면의 특징

① 1사분면 : 공간시장의 임대료 결정, 건물공간서비스 임대시장

단기적(저량)으로 공간시장에서 결정되는 임대료를 설명해준다. 횡축은 공간시장의 물리적 재고량을 말하고, 종축은 단위면적당 연간 임대료이다. 현재 재고량을 나타내는 지점과 수요곡선이 만나는 지점에서 현재의 임대료가 결정된다. 즉, 공간재고가 많을수록 임대료는 낮아진다. 수요곡선은 임대료와 균형거래량을 의미함으로서 부동산의 공간에 대한 수요는 임대료와 지역 경제변수의 함수로 결정된다.

② 2사분면 : 자산시장의 부동산가격, 자산시장의 균형

원점에서 시작하는 곡선은 자산시장의 자본환원율(요구수익률, 할인율)을 나타낸다. 자본환원율은 임대료(R)와 자산가격(P)의 비율을 의미한다. 이때의 기울기는 할인율에 의해 완만하거나 급경사를 나타낸다. 할인율에는 조세, 금리, 기대상승률, 위험프리미엄 등의 모든 요인을 포함한다. 할인율을 구성하는 요인이 변하게 되면 동일한 임대료에서 기울기가 변화하면서 다른 자산 가격을 만들어 내게 된다.

$$자산가격(P) = \frac{임대료(R)}{자본환원율(i)}$$

③ 3사분면 : 자산시장의 신규공급량

신규부동산의 건설량은 자산가격(P)과 생산요소의 가격(C) 및 정부규제에 의해 결정된다는 이론이다. 원가방식에 접근하여 재조달원가와 자산가격과의 관계에 의해서 주택건설량이 결정된다는 이론이다. 따라서 자산가격이 동일한 품질의 부동산 가격(P)으로 결정되려면, 개발사업자들의 자신들의 이윤을 극대화하려면 어느정도의 재조달원가가 존재하는가에 따라 신규부동산의 공급량이 결정된다. 부동산 가격이 어느 시점 이하로 떨어지면 개발 자체가 이루어질 수 없기 때문에 건설곡선은 원점에서 떨어진 지점에서 시작한다. 이때 그래프는 재조달원가곡선을 의미한다. 또한 원점에서 떨어져 그래프가 시작하는 이유는 건설의 기본비용 때문이다. 좌하향하는 그래프는 자산가격이 높아질수록 신규건설이 촉진되는 것을 의미한다.

㉠ 자산가격 > 재조달원가일 때 신규개발이 이루어진다.

㉡ 자산가격 < 재조달원가일 때 개발을 하지 않는다.

④ 4사분면 : 공간시장의 총재고량(공간재고의 조정)

신규공급물량과 기존 공급된 물량의 멸실량이 더해져서 공간재고가 조정된다는 것이다. 여기에서 공간시장과 자산시장의 장기적 통합이 달성된다. 원점에서 시작되는 직선은 시장에서 꼭 유지하여야 하는 재고수준을 유지하기 위한 신규건설량을 연평균으로 나타낸 것이다. 공간시장의 필요 재고량이 많으면 연간 신규건설의 비율이 올라간다. 재고량의 변동분은 신규건설량에서 재고 감소량을 공제한 것과 같다. 그래프의 기울기는 감가상각률을 의미한다. 장기적 균형 측면에서 재고수준의 처음과 끝이 같다면 공간시장과 자산시장의 결합은 균형을 이루게 되지만, 재고시장의 처음과 끝이 같지 않다면 균형상태가 유지되지 않는다.

(2) 부동산 임대수요의 변화

① 부동산 수요곡선의 이동은 소득, 가구수, 생산량 등의 변화에 의해서 초래된다.

② 이는 그림에서와 같이 현재의 임대료 수준에서 부동산 소비수요를 증가시키고 → 소비수요가 가용공간과 일치하는 점까지 임대료 상승 → 자산가격 상승 → 신규 건축증가 → 부동산 재고의 증가로 이어진다.

③ 결국 새로운 균형점에서의 임대료, 가격, 건축량, 재고는 모두 증가하게 된다.

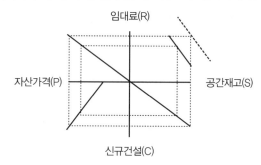

(3) 장기이자율의 변화

① 장기이자율의 변화는 2사분면에서의 환원이율의 변화를 초래하여 환원이율곡선을 회전하게 한다. 만일, 이자율이 하락하면 부동산에 대한 요구수익률이 하락하게 되며 2사분면에서 환원이율곡선을 시계반대방향으로 회전시킨다.

② 환원이율이 낮아짐에 따라 자산가격은 상승하고 신규건축은 증가하게 된다. 따라서 재고도 증가하고 임대료는 하락하게 된다. 결국 균형점에서의 임대료는 하락하고 가격, 신규공급, 재고는 증가하게 된다.

(4) 건설비용의 변화

① 건축조건의 변화는 3사분면의 곡선을 회전 혹은 이동하게 한다.

② 예컨대 개발규제의 강화로 인한 고정비용의 상승은 곡선을 왼쪽으로 이동시킨다. 개발비용이 증가하게 되면 건설물량은 감소하고 부동산 재고도 감소하며 이에 따라 임대료는 증가하고 궁극적으로 가격도 상승한다. 따라서 균형점에서의 가격과 임대료는 상승하고, 건설과 재고는 하락하게 된다.

○ × 핵심체크

01 공급량은 주어진 가격수준에서 실제로 매도한 수량이다. ○×

02 부동산수요량은 특정 가격수준에서 부동산을 구매하고자 하는 의사와 능력이 있는 수량이다. ○×

03 유량의 예로는 주택재고량, 부동산의 자산가치등이 있다. ○×

04 주택유량의 공급량이란 일정기간에 시장에 존재하는 주택의 양을 말한다. ○×

05 만약 현재 우리나라에 총 1,500만 채의 주택이 존재하고 그중 100만 채가 공가로 남아 있다면, 주택유량의 수요량은 1,400만 채이다. ○×

06 해당 부동산 가격변화에 의한 공급량의 변화는 다른 조건이 불변일 때 동일한 공급곡선자체의 이동으로 나타난다. ○×

07 수요곡선의 이동으로 인해 수요량이 변하는 경우에 이를 부동산 수요량의 변화라고 한다. ○×

08 가격 이외의 다른 요인이 수요량을 변화시키면 수요곡선이 좌측 또는 우측으로 이동한다. ○×

정답 및 해설   **01** ×   **02** ○   **03** ×   **04** ○   **05** ×   **06** ×   **07** ×   **08** ○

오답분석
01 실제로 매도한 수량이 아니라 매도하고자하는 의도된 수량이다.
03 유량이 아니라 저량에 대한 설명이다.
05 유량이 아니라 저량이다.
06 공급곡선자체의 이동이 아니라 곡선상의 이동에 대한 설명이다.
07 수요량의 변화가 아니라 수요의 변화에 대한 설명이다.

09 아파트가격 하락이 예상되면 수요량의 변화로 수요곡선상에서 하향으로 이동하게 된다. ☐O☐X

10 아파트 신축에 필요한 원자재 가격이 하락하였을 때, 아파트 임대료의 변화를 경제학적 관점에서 단기는 불변하고, 장기는 상승한다. ☐O☐X

11 수요가 증가하고 공급이 감소하는 경우, 새로운 균형가격은 상승하고 균형거래량은 증가한다. ☐O☐X

12 수요와 공급이 모두 증가하는 경우, 균형가격의 상승여부는 수요와 공급의 증가폭에 의해 결정되고 균형량은 증가한다. ☐O☐X

13 수요의 가격탄력성이 비탄력적이면 가격의 변화율보다 수요량의 변화율이 더 크다. ☐O☐X

14 수요의 가격탄력성이 완전탄력적이면 가격의 변화와는 상관없이 수요량이 고정된다. ☐O☐X

15 임대주택 수요의 가격탄력성이 1인 경우 임대주택의 임대료가 하락하더라도 전체 임대료 수입은 변하지 않는다. ☐O☐X

16 부동산 수요의 가격탄력성은 주거용 부동산에 비해 특정입지조건을 요구하는 공업용 부동산에서 더 탄력적이다. ☐O☐X

17 개발행위허가 기준의 강화와 같은 토지이용규제가 엄격해지면 토지의 공급곡선은 이전보다 더 탄력적이 된다. ☐O☐X

정답 및 해설　**09** ×　**10** ×　**11** ×　**12** ○　**13** ×　**14** ×　**15** ○　**16** ×　**17** ×

오답분석
09 수요곡선상이 아니라 수요곡선자체의 변화에 대한 설명이다.
10 장기는 상승이 아니라 하락한다.
11 균형거래량은 증가가 아니라 알 수 없다.
13 크다가 아니라 적다라고 표현해야한다.
14 완전탄력적이 아니라 완전비탄력적에 대한 설명이다.
16 더 탄력적이 아니라 더 비탄력적이다.
17 더 탄력적이 아니라 더 비탄력적이다.

18 생산(공급)에 소요되는 기간이 길수록 공급의 임대료탄력성은 더 탄력적이다. ○ ×

19 부동산시장에서 기술의 개발로 부동산 공급이 증가하는 경우, 수요의 가격탄력성이 작을수록 균형가격의 하락폭은 작아진다. ○ ×

20 수요가 가격에 대해 완전탄력적일 때 공급이 증가해도 가격은 변하지 않는다. ○ ×

21 부동산경기는 도시별로 다르게 변동할 수 있고 같은 도시라도 도시안의 지역에 따라 다른 변동 현상을 보일 수 있다. ○ ×

22 부동산경기는 일반경기와 비교하여 팽창국면과 위축국면간의 차이가 큰, 특징을 갖는 경향이 있다. ○ ×

23 방학동안 대학가 원룸의 공실이 늘어나는 것은 무작위적 경기변동에 해당한다. ○ ×

24 회복시장에서 과거의 사례가격은 새로운 거래의 기준가격이 되거나 하한선이 된다. ○ ×

25 거미집이론에 따르면 가격에 대한 수요의 탄력성이 공급의 탄력성보다 클 경우 균형에 충격이 가해지면 새로운 균형으로 수렴한다. ○ ×

정답 및 해설 18 × 19 × 20 ○ 21 ○ 22 ○ 23 × 24 ○ 25 ○

오답분석
18 더 탄력적이 아니라 더 비탄력적이다.
19 작아진다가 아니라 커진다.
23 무작위적 경기변동이 아니라 계절적 경기변동에 대한 설명이다.

제1장 | 확인학습문제

01 A지역 임대아파트의 시장수요함수가 $Q_d = 100 - \frac{1}{2}P$ 이고. 시장공급함수는 $Q_s = 20 + \frac{1}{3}P$ 이다. 정부가

임대료를 시장균형임대료에서 36만 원을 낮추었을 경우 A지역 임대의 초과수요량은? (단, Q_d : 수요량, Q_s : 공급량, P : 임대료, 단위는 천호 및 만 원이고, 다른 조건은 불변임) ★30회 기출★

① 30천호

② 32천호

③ 40천호

④ 52천호

⑤ 70천호

해설

난도 ★★

㉠ 시장균형임대료에서 36만 원을 낮추었다고 하였으므로 시장임대료를 구해야 한다.

㉡ 100−1/2P=20+1/3P → 5/6P=80 → P=96만 원

㉢ 96만 원에서 정부가 36만 원을 낮추었으므로 시장균형임대료는 60만 원

㉣ $Q_d = 100 - 1/2P$ → P에 60만 원 대입하면, 수요량은 70천호

㉤ $Q_s = 20 + 1/3P$ → P에 60만 원 대입하면, 공급량은 40천호

따라서 초과수요량은 30천호가 된다.

답 ①

02 부동산의 수요와 공급, 균형에 관한 설명으로 옳은 것은?(단, 다른 조건은 동일함) ★28회 기출★

① 부동산의 수요는 유효수요의 개념이 아니라, 단순히 부동산을 구입하고자 하는 의사만을 의미한다.

② 건축비의 하락 등 생산요소 가격의 하락은 주택공급곡선을 왼쪽으로 이동시킨다.

③ 수요자의 소득이 변하여 수요곡선 자체가 이동하는 경우는 수요량의 변화에 해당한다.

④ 인구의 증가로 부동산 수요가 증가하는 경우 균형가격은 상승하고, 균형량은 감소한다.

⑤ 기술의 개발로 부동산 공급이 증가하는 경우 수요의 가격탄력성이 작을수록 균형가격의 하락폭은 커지고, 균형량의 증가폭은 작아진다.

난도 ★

① 부동산의 수요는 유효수요의 개념을 말한다.

② 건축비의 하락 등 생산요소 가격의 하락은 주택공급곡선을 오른쪽으로 이동시킨다.

③ 수요자의 소득이 변하여 수요곡선 자체가 이동하는 경우는 수요의 변화에 해당한다.

④ 인구의 증가로 부동산 수요가 증가하는 경우 균형가격은 상승하고, 균형량은 증가한다.

답 ⑤

---

03 부동산 수요의 가격탄력성에 관한 설명으로 옳지 <u>않은</u> 것은?(단, 다른 조건은 동일함) ★32회 기출★

① 수요곡선 기울기의 절댓값이 클수록 수요의 가격탄력성이 작아진다.

② 임대주택 수요의 가격탄력성이 1보다 작을 경우 임대료가 상승하면 전체 수입은 증가한다.

③ 대체재가 많을수록 수요의 가격탄력성이 크다.

④ 일반적으로 부동산의 용도전환 가능성이 클수록 수요의 가격탄력성이 커진다.

⑤ 수요의 가격탄력성이 비탄력이면 가격의 변화율보다 수요량의 변화율이 더 크다.

난도 ★★

수요의 가격탄력성이 비탄력적이면 가격의 변화율보다 수요량의 변화율이 더 작아진다. 반면에 수요의 가격탄력성이 탄력적이면 가격의 변화율보다 수요량의 변화율이 더 커진다.

답 ⑤

---

04 부동산의 가격탄력성과 균형변화에 관한 설명으로 옳지 <u>않은</u> 것은? (단, 완전탄력적과 완전비탄력적 조건이 없는 경우 수요와 공급법칙에 따르며, 다른 조건은 동일함) ★34회 기출★

① 공급이 완전비탄력적일 경우, 수요가 증가하면 균형가격은 상승하고 균형량은 불변이다.

② 수요가 완전비탄력적일 경우, 공급이 감소하면 균형가격은 상승하고 균형량은 불변이다.

③ 수요가 완전탄력적일 경우, 공급이 증가하면 균형가격은 불변이고 균형량은 증가한다.

④ 공급이 증가하는 경우, 수요의 가격탄력성이 작을수록 균형가격의 하락폭은 크고 균형량의 증가폭은 작다.

⑤ 수요가 증가하는 경우, 공급의 가격탄력성이 작을수록 균형가격의 상승폭은 작고 균형량의 증가폭은 크다.

난도 ★★

⑤ 수요가 증가하는 경우, 공급의 가격탄력성이 작을수록 균형가격의 상승폭은 크고 균형량의 증가폭은 작다.

- 비탄력적일 때는 가격의 변화폭은 크고 균형량의 변화폭은 작다.
- 탄력적일 때는 가격의 변화폭은 작고, 균형량의 변화폭은 크다.
- 완전비탄력적일 때는 균형량은 불변이 된다.
- 완전탄력적일 때는 균형가격은 불변이 된다.

답 ⑤

05 A지역 전원주택시장의 시장수요함수가 $Q_D = 2,600 - 2P$이고, 시장공급함수가 $3Q_S = 600 + 4P$일 때, 균형에서 수요의 가격탄력성과 공급의 가격탄력성의 합은?(단, Q_D : 수요량, Q_S : 공급량, P : 가격이고, 가격탄력성은 점탄력성을 말하며, 다른 조건은 동일함) ★33회 기출★

① $\dfrac{58}{72}$

② $\dfrac{87}{72}$

③ $\dfrac{36}{29}$

④ $\dfrac{145}{29}$

⑤ $\dfrac{60}{29}$

난도 ★★★

(1) 수요와 공급을 일치시킨다.

수요함수: $Q_D = 2,600 - 2P$, 공급함수 : $3Q_S = 600 + 4P \Rightarrow Q_S = 200 + \dfrac{4}{3}P$

∴ 균형가격 = 720, 균형량 = 1,160

(2) 탄력성을 구하기 위하여 수요함수와 공급함수를 미분을 한다.

- 수요의 가격탄력성(EP) : $\dfrac{dQ}{dP} \times \dfrac{P}{Q} = \left| -2 \times \dfrac{720}{1,160} \right| = \dfrac{36}{29}$

- 공급의 가격탄력성(N) : $\dfrac{dQ}{dP} \times \dfrac{P}{Q} = \dfrac{4}{3} \times \dfrac{720}{1,160} = \dfrac{24}{29}$

(3) 수요와 공급 가격탄력성의 합은 다음과 같다.

수요의 가격탄력성$\left(\dfrac{36}{29}\right)$ + 공급의 가격탄력성$\left(\dfrac{24}{29}\right) = \dfrac{60}{29}$

답 ⑤

부동산경기변동에 관한 설명으로 옳지 <u>않은</u> 것은?

① 계절적 변동은 예기치 못한 사태로 초래되는 비순환적 경기변동 현상을 말한다.

② 부동산경기변동이란 일반적으로 상승과 하강국면이 반복되는 현상을 말한다.

③ 건축착공량과 부동산거래량은 부동산경기를 측정할 수 있는 지표로 활용될 수 있다.

④ 하향시장 국면이 장기화되면 부동산 공실률 증가에 의한 임대료 감소 등의 이유로 부동산 소유자에게 부담이 될 수 있다.

⑤ 회복시장은 일반적으로 경기가 하향을 멈추고 상승을 시작하는 국면이다.

해설
난도 ★★

① 계절적 변동이 아니라 불규칙(무작위)적 경기변동에 대한 설명이다.

답 ①

---

07 수요함수와 공급함수가 각각 A부동산시장에서는 $Q_d = 200 - P$, $Q_s = 10 + \frac{1}{2}P$이고 B부동산시장에서는 $Q_d = 400 - \frac{1}{2}P$, $Q_s = 50 + 2P$이다. 거미집이론(Cob-web theory)에 의한 A시장과 B시장의 모형 형태의 연결이 옳은 것은?(단, x축은 수량, y축은 가격, 각각의 시장에 대한 P는 가격, Q_d는 수요량, Q_s는 공급량이며, 가격변화에 수요는 즉각 반응하지만 공급은 시간적인 차이를 두고 반응함, 다른 조건은 동일함)

① A : 발산형, B : 수렴형 ② A : 발산형, B : 순환형
③ A : 순환형, B : 발산형 ④ A : 수렴형, B : 발산형
⑤ A : 수렴형, B : 순환형

해설
난도 ★★

• A부동산의 기울기는

$Q_d = 200 - P \rightarrow P = 200 - Q_d \rightarrow$ 기울기는 1

$Q_s = 10 + \frac{1}{2}P \rightarrow P = 2Q_s - 20 \rightarrow$ 기울기는 2

수요는 탄력적이고, 공급은 비탄력적이므로 수렴형이다.

• B부동산의 기울기는

$Q_d = 400 - \frac{1}{2}P \rightarrow P = 800 - 2Q_d \rightarrow$ 기울기는 2

$Q_s = 50 + 2P \rightarrow P = \frac{1}{2}Q_s - 25 \rightarrow$ 기울기는 $\frac{1}{2}$

수요는 비탄력적이고, 공급은 탄력적이므로 발산형이다.

답 ④

08 디파스퀠리-위튼 (DiPasquale & Wheaton)의 사분면 모형에 관한 설명으로 옳지 <u>않은</u> 것은?(단, 주어진 조건에 한함)

★33회 기출★

① 장기균형에서 4개의 내생변수, 즉 공간재고, 임대료, 자본환원율, 건물의 신규공급량이 결정된다.

② 신축을 통한 건물의 신규공급량은 부동산 자산가격, 생산요소가격 등에 의해 영향을 받는다.

③ 자본환원율은 요구수익률을 의미하며 시장이자율 등에 의해 영향을 받는다.

④ 최초 공간재고가 공간서비스에 대한 수요량과 일치할 때 균형임대료가 결정된다.

⑤ 건물의 신규공급량과 기존 재고의 소멸에 의한 재고량 감소분이 일치할 때 장기균형에 도달한다.

해설

난도 ★★★

① 장기균형에서 4개의 내생변수, 즉 공간재고, 임대료, 자산가격, 건물의 신규공급량이 결정된다.

② 3사분면의 신축을 통한 건물의 신규공급량은 자산가격(P)과 생산요소의 가격(C) 및 정부규제에 의해 결정된다는 이론이다.
원가방식에 접근하여 재조달원가와 자산가격과의 관계에 의해서 주택건설량이 결정된다는 이론이다.

③ 자본환원율은 요구수익률을 의미하며, 이때 자본환원율은 시장이자율 조세, 금리, 기대상승률, 위험프리미엄 등의 모든 요인을 포함한다.

④ 1사분면인 최초 공간재고가 공간서비스에 대한 수요량과 일치할 때 균형임대료가 결정한다.

⑤ 4사분면인 건물의 신규공급량과 기존 재고의 소멸에 의한 재고량 감소분이 일치할 때 장기균형에 도달한다.

답 ①

제2장 | 부동산 시장론

제1절 부동산 시장

1. 시장이론의 기초

(1) 시장의 개념

시장이란 수요자와 공급자가 모여서 거래를 하는 특정의 장소를 말한다.

(2) 시장형태의 종류

① 시장의 종류

  ㉠ 완전경쟁시장

  ㉡ 불완전경쟁시장 : 독점시장, 과점시장, 독점적 경쟁시장

② 완전경쟁시장의 성립조건

  ㉠ 다수의 수요자와 공급자 : 다수의 수요자와 공급자가 존재하므로 개별수요자와 공급자는 시장에서 설정된 가격을 받아들이는 가격순응자로 행동해야 된다.

  ㉡ 상품의 동질성 : 기업은 동질적인 재화를 생산한다. 일물일가 법칙이 적용되어야 한다.

  ㉢ 자유로운 진입과 퇴거 : 특정산업으로서의 진입과 퇴거가 자유롭게 이루어진다.

  ㉣ 완전한 정보 공유 : 완전한 정보를 보유하므로, 정보비용이 존재하지 않는다.

▶ 완전경쟁시장과 불완전경쟁시장의 비교

구분	완전경쟁시장	불완전경쟁시장
시장참여자수	다수(가격순응자)	소수(가격설정자)
제품의 질	동질적(일물일가법칙 적용)	이질적(일물일가법칙 배제)
시장으로의 진퇴	자유로움	곤란함
정보의 대칭성	대칭성(완전성)	비대칭성(불완전성)

2. 부동산 시장 ★27, 30, 32회 기출★

(1) 부동산시장의 정의

① 부동산 시장은 부동성으로 인하여 추상적 시장이며, 지리적 공간이 반드시 수반되는 구체적 시장을 형성한다.

② 부동산시장은 지역적 시장성을 가지고 있기 때문에 동질적인 물건이 없으나, 양·질·위치 등 여러 가지 측면에서 유사한 부동산에 대해 그 가격이 균등해지는 경향이 있는 지리적 시장이라고 정의할 수 있다.

③ 유사한 주택이 지역에 따라 가격이 달라지면, 이 주택들은 서로 다른 시장지역에 속해 있는 것으로 볼 수 있다.

④ 부동산시장은 원칙적으로 불완전경쟁시장이지만 완전경쟁시장의 요소도 가지고 있다.

더 알아보기 | 구체적 시장과 추상적 시장

1. 자본시장 측면에서의 시장의 유형
   ① 구체적 시장 : 매수자와 매도자가 일정한 거래를 하는 특정한 장소를 말한다.
   ② 추상적 시장 : 장소적 제한을 받지 않는 공간적 개념의 시장을 말한다.
2. 부동산시장은 추상적 시장과 구체적 시장의 양면성을 지님
   ① 추상적 시장의 논거 : 부동성으로 인하여 특정 장소에서 거래가 이루어지는 구체적 시장을 형성하지 못한다.
   ② 구체적 시장의 논거 : 용도별·목적별로 세분한 개체집단으로 시장지역을 설정 가능하다.
   ③ 검토 : 추상적 시장과 구체적 시장의 양면성으로 부동산시장은 전문가의 추상적 시장에서 출발하여 지역시장 범위로 구체화된다고 볼 수 있다.

---

(2) 부동산시장의 특성[2]

부동산시장은 일반 경제재와 다른 부동산만이 갖고 있는 부동산시장의 특징이 존재한다.

① 국지적(지역적) 시장성

   ㉠ 부동산시장은 부동성 때문에 공간적 범위가 일정지역에 한정되는 경향이 있다. 따라서 특정 지역의 사회적·경제적 현상 등에 따라 지역의 시장성에 따라 간다.

   ㉡ 동일한 지역의 시장이라도 용도·위치·규모 등의 면에서 세분화해 보면 지역에 따라 여러 개의 부분(하위)시장으로 나누어지는 시장의 세분화 현상이 나타난다.

---

2) 정상철 외 2인, 부동산경제론, 형설출판사, 2002, p.18

② 시장수급조절의 곤란성

부동산은 생산기간과 사용기간의 장기화로 인하여 부동산의 수요와 공급은 일정한 시차(gab)를 발생하게 되어 단기간에 수급조절의 곤란성을 갖는다. 즉, 부동산수요가 급증하더라도 단기간에 공급이 제때 이루어지지 못하므로 단기에서는 부동산시장이 초과수요와 초과공급이 반복되면서 가격이 폭락 · 폭등현상이 반복되는 가격 왜곡현상이 발생한다.

③ 거래의 비공개성(은밀성)과 정보유통의 불완전성

㉠ 부동산의 개별성과 연관되어 부동산의 매도자와 매수자는 개별적으로 만나 거래를 성사할 경우 거래사실이나 거래내용을 외부에 공개하기를 꺼리는 성격을 지닌다.

㉡ 부동산시장은 개별성 때문에 정보수집을 어렵게 하며, 많은 정보탐색비용이 든다.

④ 비표준화성과 비조직화성

㉠ 부동산 상품의 비표준성 : 부동산은 개별성으로 인하여 표준화되지 못하여 부동산시장을 복잡 · 다양하게 만든다. 따라서 부동산상품의 비표준화는 수요와 공급을 복잡하게 하고 수요와 공급의 분석을 어렵게 한다.

㉡ 시장의 비조직성 : 부동산시장은 지역성, 거래의 비공개성 및 상품의 비표준화성 등으로 시장의 조직화가 거의 불가능하다. 부동산상품은 유형에 따라 하나하나의 거래가격이나 내용 등이 가지각색이어서 상품별 조직화가 곤란하다.

⑤ 기타

㉠ 공 · 사법의 규제(법적 규제의 과다)로 인해 시장이 불완전해지는 경향이 있다.

㉡ 자금융통(자금의 유용성)과 관계가 깊다. 부동산은 고가품이기 때문에 원활한 자금 융통은 더 많은 공급자와 수요자로 하여금 시장에 참여하게 만든다.

㉢ 부동산은 인접성과 부동성 때문에 외부효과로 주변환경의 영향을 많이 받는다.

㉣ 부동산은 용도의 다양성 때문에 이행과 전환이 가능하며 이행과 전환시 비용이 높다.

㉤ 부동산은 투자의 고정성 또는 장기성을 가지고 있다.

㉥ 부동산은 위치의 고정성 · 내구성 · 고가성 등은 시장의 자유조절기능을 저하시켜 시장을 불완전하게 만든다.

(3) 부동산시장의 기능

① 자원배분기능(공간의 배분)

수요자가 필요한 양만큼 보유하므로 부동산시장은 자원의 배분의 역할을 한다. 즉, 부동산의 용도별, 이용형태 등에 따라 부동산시장에서 경쟁을 통하여 적절하게 공간이 효율적으로 배분됨과 동시에 경제주체의 지대지불능력에 따라 토지이용 유형 등이 결정된다.

② 교환기능

부동산시장은 부동산의 매매 · 교환 등을 통하여 부동산과 현금, 부동산과 부동산, 소유자 임대 등 간에 교환이 이루어지는 역할을 한다.

③ 가격의 창조 · 파괴기능(가격형성기능)

매매당사자는 가격을 협상하게 되는데, 매수인이 더 이상 지불할 수 없는 상한가격과 매도인이 더 이상 양보할 수 없는 하한가격 사이에서 거래가격이 창조(형성)되게 된다.

④ 정보제공기능(정보의 창출)

부동산 상품은 고관여 상품이므로 부동산활동에서 신중한 의사결정을 요구한다. 부동산시장은 의사결정을 함에 있어서 각종 정보를 부동산 이용자에게 제공하는 기능을 갖는다.

⑤ 양과 질의 조정(공간의 조정)

부동산 소유자 및 관련자들은 부동산 상품의 유용성을 최대가 되도록 노력하는 과정에서 토지형질을 변경하고 건물의 용도변경 등을 통하여 양과 질을 조정한다.

제2절 주택시장

1. 주택시장

(1) 주택시장 구분

① 물리적 주택 : 이질적인 재화

물리적 측면의 주택은 위치, 형태, 규모 등에서 양적·질적으로 동일한 것이 없는 이질적인 재화이다. 따라서 주택시장은 물리적으로 동질화된 상품으로 분석이 어렵다.

② 주택서비스[3] : 동질적 재화

주택서비스라는 추상적인 개념에서는 동질적인 상품이 존재한다. 따라서 주택서비스 측면에서는 완전경쟁시장을 전제로 한 주택시장분석이 가능하다.

(2) 주택저량과 주택유량의 개념

▶ 주택유량과 주택저량의 구분

주택유량의 수요량	일정기간동안 사람들이 구매하고자 하는 주택의 양 예 지난 1년간 주택구매량
주택유량의 공급량	일정기간동안 시장에 공급되는 주택의 양 예 지난 1년간 주택공급량
주택저량의 수요량	일정시점에 사람들이 보유하고 있는 주택의 양 예 현재 주택보유량
주택저량의 공급량	일정시점에 시장에 존재하는 주택의 양 예 현재 존재량

① 주택저량

㉠ 주택저량(stock)의 개념은 일정시점의 개념이며 단기개념이 된다.

㉡ '주택저량의 수요량'이란 일정시점에서 보유하고자 하는 주택의 양을 의미하며, '주택저량의 공급량'은 일정시점에서 시장에 존재하는 주택의 물리적인 양을 의미한다.

㉢ 현재 서울시의 주택수가 400만 호가 있는데 이 중에서 공가 20만 호라면 주택저량의 공급량은 400만 호이고, 주택저량의 수요량은 380만 호이다.

---

3) 분석대상인 주택을 물리적인 실체로 보지 않고 주택서비스를 제공하는 효용이라는 하나의 추상적인 개념으로 보는 것을 주택서비스라 한다.

② 주택유량

　　㉠ 주택유량(flow)의 개념은 일정기간의 개념이며 장기개념이다.

　　㉡ 주택유량의 수요량은 일정기간 동안에 수요자가 보유하고자 하는 주택의 양을 의미하며, '주택유량의 공급량'은 일정기간 동안 시장에 공급되는 주택의 양을 의미한다.

　　㉢ 지난해 1년 동안에 전국적으로 공급된 주택이 40만 호였는데 이 중에서 35만 호가 분양되었다면 주택유량의 공급량은 40만 호이고, 주택유량의 수요량은 35만 호이다.

2. 여과과정(filtering) ★29, 33회 기출★

(1) 여과과정의 개념과 종류

　① 소득과 주택

　　㉠ 소득은 고소득계층과 저소득계층으로 구분하며, 주택시장도 그 서비스의 질에 따라 고가주택시장과 저가주택시장으로 분리한다고 가정한다.

　　㉡ 저소득층이란 법적 규제에 의해 공급되는 일정수준 이상의 주택을 소비할 수 없는 계층을 지칭하며, 고소득계층이란 일정수준 이상의 주택을 소비할 수 있는 계층을 지칭한다.

　　㉢ 신규 주택은 저소득층을 대상으로 하는 것이 아니라, 고소득층을 대상으로 하는 것이다.

　　㉣ 저소득계층은 주택공급을 고가주택이 시간이 경과됨에 따라 노후화되면 주택가치의 하락으로 저소득계층이 주택을 차지하게 된다. 이를 하향여과를 통하여 주택을 공급받는다.

(2) 여과의 종류

　① 하향여과

　　㉠ 상위계층이 사용하던 기존주택이 하위계층의 사용으로 전환되는 현상이다.

　　㉡ 주택의 수선비가 주택가치상승분이 큰 경우 주택이 점점 노후화되는 현상이다.

　　㉢ 하향여과는 소득증가로 인하여 저가주택에 대한 수요가 증가하였을 때 발생한다.

　② 상향여과

　　㉠ 저급주택이 수선되거나 재개발되어 상위계층의 사용으로 전환되는 것을 의미한다.

　　㉡ 주택을 수선할 때, 수선비보다 주택가치상승분이 더 큰 경우를 상향여과라 한다.

　　㉢ 상향여과는 소득증가로 인하여 저가주택에 대한 수요가 감소하였을 때 발생한다.

(2) 고가주택과 저가주택의 여과과정

주택의 여과과정은 어떤 원인에 의한 상향여과와 하향여과현상이 나타난다. 먼저 하향여과현상을 먼저 알아보자.

　① 저가주택의 하향여과

　　빈곤층 인구의 증가 또는 저소득층에 대한 보조금 지급 등에 의하여 저가주택의 수요가 증가한 경우를 생각해보자. 단, 정부에서는 저가주택의 신축을 금지하고 있다.

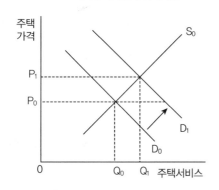

▶ 저가주택시장의 단기시장

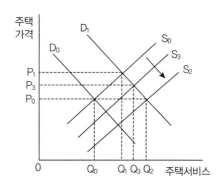

▶ 저가주택시장의 장기시장

㉠ 단기

정부의 저소득층에 대한 주택보조금 등의 지급으로 주택의 수요가 증가한다. 그러나 단기에서 정부에 저가주택시장에는 신규주택의 건축을 제한하다보니 주택의 임대료가 P_0에서 P_1으로 증가한다.

㉡ 장기

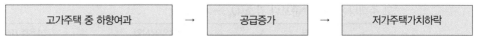

임대료 상승으로 인하여 이제는 고가주택시장 중의 일부주택을 살 수가 있다. 즉, 고가주택의 일부주택이 하향여과현상이 발생하므로 저가주택의 공급이 $S_0 \rightarrow S_2$ 또는 S_3로 이동하여 증가한다. 따라서 주택공급의 증가에 따른 임대료는 하락한다. 그러나 이것이 비용일정산업이나 비용증가산업에 따라 임대료와 균형량의 차이가 있다. 이때 임대료와 현재가치가 고가주택의 잔존내용연수 동안의 효용의 현재가치보다 크다면, 즉 임대료의 가치가 전환비용보다 클 때까지 일어날 수 있다.

ⓐ 비용일정산업일 경우(공급곡선 $S_0 \rightarrow S_2$로 이동) : 임대료는 원래의 수준(P_0)과 같고, 주택량은 원래 수준보다 증가($Q_0 \rightarrow Q_2$)한다.

ⓑ 비용증가산업일 경우(공급곡선 $S_0 \rightarrow S_3$로 이동) : 임대료는 원래수준보다 증가($P_0 \rightarrow P_3$)하고, 주택량도 원래수준보다 증가($Q_0 \rightarrow Q_3$)한다.

② 고가주택시장의 여과작용

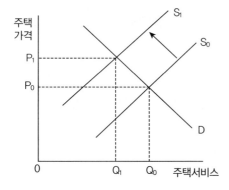

▶ 고가주택시장의 단기시장

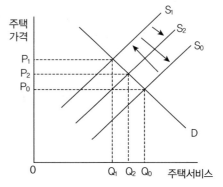

▶ 고가주택시장의 장기시장

⊙ 단기

| 고가주택 중 하향여과 | → | 공급감소 | → | 주택가치증가 | → | 초과이윤 발생 |

고가주택 중의 일부주택이 하향여과로 인하여 고가주택의 공급곡선은 $S_0 \rightarrow S_1$으로 감소하고 주택의 수요는 초과수요로 인하여 주택의 임대료는 상승($P_0 \rightarrow P_1$)하게 된다. 따라서 단기간에 기존 주택의 공급자는 초과이윤($P_0 \sim P_1$)이 발생하게 된다.

⊙ 장기

| 신규공급자 시장진입 | → | 공급증가 | → | 주택가치하락(정상이윤 존재) |

초과이윤의 발생으로 신규공급자는 주택시장에 진입을 하게 되고 일정기간 후에 주택의 공급량이 증가할 것이며, 임대료는 점차 하락할 것이고 결국은 초과이윤이 소멸되고 정상이윤이 존재할 때까지 공급은 증가하여 임대료는 하락한다. 그러나 이것이 비용일정산업이나 비용증가산업에 따라 임대료와 균형량의 차이가 있다.

ⓐ 비용일정산업일 경우(공급곡선이 $S_1 \rightarrow S_0$로 이동) : 임대료는 원래수준(P_0)과 같을 것이고 주택량도 원래수준(Q_0)과 같다.

ⓑ 비용증가산업일 경우(공급곡선이 $S_0 \rightarrow S_2$로 이동) : 임대료는 원래수준보다 증가($P_0 \rightarrow P_2$)하고 주택량은 원래수준보다 감소($Q_0 \rightarrow Q_2$)한다.

구분		비용일정산업	비용증가산업
저가주택	주택가격	원래수준	원래수준보다 증가
	주택량	원래수준보다 증가	원래수준보다 증가
고가주택	주택가격	원래수준	원래수준보다 증가
	주택량	원래수준	원래수준보다 감소

(3) 주거분리와 여과과정

여과과정은 '주거분리'의 경우에도 나타난다.

① 주거분리와 주거지역의 변화

⊙ 의의

지역적으로 고급주택지역과 저급주택지역이 분리되는 현상을 주거분리라 하는데, 이러한 현상은 외부효과 때문에 발생할 수 있다.

⊙ 발생장소

주거분리현상은 도시 전체적인 측면에서 뿐만 아니라 지리적으로 인접한 인근지역에서도 발생한다.

② 주거분리에 따른 여과과정 현상

아래 그림과 같이 어떤 지역이 고급 주거지역과 저급 주거지역으로 구분하고, 그 사이에 있는 경계지역은 어느 계층도 살고 있지 않다고 전제를 둔다.

주택여과가 긍정적으로 작동하면 사회적으로 구성원들의 주거의 질이 개선되는 효과가 발생하며, 주택공급량의 증가에도 기여하는 특징이 있다.

고급 주거지역	경계지역	저급 주거지역

⊙ 경계지역의 양쪽 끝의 지가
　　　　　ⓐ 저소득층 가구는 고급지역에 가까이 위치하려고 하므로 가능한 경계지역의 왼쪽으로 이동하려는 경향을 보이게 될 것이다. 따라서 고급주택이라는 외부경제 때문에 경계지역에 인접한 저급주택은 지가는 할증료가 붙어 거래된다.
　　　　　ⓑ 고소득층 가구는 될 수 있으면 저소득계층과 멀리 떨어지려는 경향이 있다. 따라서 저급주택이란 외부불경제 때문에 경계지역에 인접한 고급주거지의 지가는 할인되어 거래된다.
　　　ⓛ 침입과 천이현상의 발생으로 인한 여과작용 발생
　　　　　ⓐ 침입 : 경계지역에 인접한 고급 주거지역은 주택개량비가 가치 상승분보다 큰 경우에는 소유자는 주택개량을 하지 않을 것이고, 그것으로 인해 주택은 점점 노후화되어 주택 가치는 하락하게 되어 그 지역에 저소득층 가구가 들어오게 될 것이다. 이를 하향여과라 하며, 이 과정을 침입현상이라 한다.
　　　　　ⓑ 천이(또는 승계 : sucession) : 어떤 지역의 토지이용이 이질적인 요소의 침입으로 인해, 다른 종류의 토지이용으로 변화되어 가는 과정을 천이라 한다.
　　　ⓒ 상향여과의 발생 가능성
　　　　고소득층의 주거지역의 경계와 인접한 저소득층 주택의 개량비보다 수선 후의 주택의 가치상승분이 크다면, 저급 주거지역이 재개발되어 고급주거지역으로 변화한다. 이를 상향여과라 하며 천이현상이 발생한다.
　　③ 고급주택지역이 고급주택지역으로 또는 저급주택지역이 저급주택지역으로 남아 있는 이유
　　　⊙ 고급주택지역(가치상승분>수선비일 경우)
　　　　고급주택지역에서는 주택수선 후의 가치상승분, 즉 정의 외부효과가 투입비용보다 크기 때문에 비용을 투입하여 주택을 수선하여 계속 고급주택지역으로 남게 된다.
　　　ⓛ 저급주택지역(가치상승분<수선비일 경우)
　　　　저급주택지역에서는 주택수선을 하더라도 주택가치 상승분이 투자비용을 하회하는 경우가 많기 때문에 투자를 하지 않는다. 저급주택지역은 계속 저급주택지역으로 남는다.

(4) 불량주택(빈민가, Slum가)

　　① 사적 시장에서 불량주택과 같은 저가 주택이 생산된다는 것은 시장이 효율적으로 자원을 할당하는 기능을 수행하고 있기 때문이지, 시장이 실패해서가 아니다. 불량주택이 존재하는 이유는 소득이 낮은 사람들이 낮은 수준의 주택을 찾다 보니, 불량주택이 존재한다.
　　② 해결할 수 있는 방법
　　　　정부의 강제철거가 아니라 정부가 주민들의 실질소득을 증가시킬 수 있는 방법을 찾는다면 불량주택은 제거될 수 있다.

1. 효율적 시장과 유형

(1) 효율적 시장의 정의

부동산시장이 새로운 정보를 얼마나 지체 없이 가치에 반영하는가 하는 것을 '시장의 효율성'이라 한다. 그리고 '효율적 시장'이란 새로운 정보가 지체 없이 즉각적으로 시장가치에 반영되는 시장을 말한다. 따라서 효율적 시장이 되면 어느 누구도 초과이윤을 획득할 수 없는 시장을 말한다. 즉, 자원배분이 합리적으로 이루어지는 시장을 말한다.

(2) 효율적 시장의 유형

정보분석의 범위		
과거자료	공표된 사실분석	공표되지 않은 분석
약성 효율적 시장 ┐		
	준강성 효율적 시장 ┐	
		강성효율적 시장 ┐

효율적 시장의 유형은 정보의 양에 따라 약성 효율적 시장, 준강성 효율적 시장, 강성 효율적 시장으로 분류된다.

① 약성 효율적 시장
  ㉠ 개념 : 부동산 가치는 과거의 추세를 충분히 반영한 가치이므로, 가치에 대한 과거의 역사적 자료를 분석한다고 하더라도 초과이윤을 획득할 수 없는 시장을 말한다.
  ㉡ 기술적 분석(technical analysis) : 부동산투자에서 기술적 분석은 과거의 역사적 자료를 토대로 시장가치의 변동을 분석하는 것을 말한다.
② 준강성 효율적 시장
  ㉠ 개념 : 어떤 새로운 정보가 공표된 즉시 시장가치에 반영되는 시장을 의미한다. 즉, 공표된 사실을 이용하여 투자를 한다 하더라도 정상 이상의 수익을 올릴 수 없다. 또한, 준강성 효율적 시장은 약성 효율적 시장도 이미 포함된 것이다.
  ㉡ 기본적 분석 : 공표된 사실(정보)까지 분석하는 것을 기본적 분석이라 한다.
③ 강성 효율적 시장
  ㉠ 개념 : 과거의 정보 그리고 공표된 정보뿐만 아니라 비공개적인 내부정보까지 모든 정보가 시장가치에 반영됨으로써 초과이윤을 획득할 수가 없다. 따라서 강성 효율적 시장에서는 어느 누가 어떠한 정보를 이용하더라도 초과이윤을 획득할 수 없다.
  ㉡ 완전경쟁시장과 강성효율적 시장은 부합됨 : 강성 효율적 시장이야말로 진정한 의미의 효율적 시장이며, 완전경쟁시장과 가장 부합되는 시장이다.

④ 시장에 따른 효율성 정도

　　㉠ 어떠한 형태의 효율적 시장이 부동산시장에 존재하는가는 국가나 사회마다 다를 수 있으며, 효율성의 정도도 다를 수 있다. 적어도 우리나라에서는 주식시장이나 부동산시장에는 준강성까지의 효율적 시장이 존재한다고 볼 수 있다.

　　㉡ 약성 효율적 시장과 준강성 효율적 시장은 정보가 불완전하기 때문에 불완전경쟁시장이다. 또한 완전경쟁시장과 불완전경쟁시장에서도 효율적 시장은 존재할 수 있다.

2. 할당(배분적) 효율적 시장

(1) 할당 효율적 시장(allocationally efficient market)의 개념

① 자원이 효율적으로 할당(배분)되는 시장을 말한다.

② 어떤 시장이라도 어느 누구도 초과이윤이 발생하지 않는 시장을 말한다.

③ 어느 누구도 기회비용보다 싼 값으로 정보를 획득할 수 없는 시장을 말한다.

(2) 시장의 종류와 할당 효율적 시장과의 관계

① 완전경쟁시장과 할당효율적 시장

완전경쟁시장	→	정보비용 "0"	→	초과이윤 "0"	→	할당효율적 시장

　　㉠ 완전경쟁시장은 모든 정보를 다 알고 있으므로 정보비용이 수반이 되지 않는다. 따라서 완전경쟁시장은 할당 효율적인 시장이 될 수밖에 없다.

　　㉡ 강성 효율적 시장도 모든 정보를 다 알고 있어 어느 누구도 초과이윤을 획득할 수 없는 상태이다 보니 할당 효율적인 시장이 될 수밖에 없다.

　　㉢ 완전경쟁시장은 할당 효율적인 시장만 존재하지만, 할당 효율적 시장이 반드시 완전경쟁시장을 의미하는 것은 아니다.

② 불완전경쟁시장과 할당적 효율성

　　㉠ 불완전경쟁시장은 정보가 불완전하므로 초과이윤이 발생할 수도, 하지 않을 수도 있다.

　　　ⓐ 할당 효율적 시장 : 우수한 정보의 가치와 우수한 정보를 획득하기 위해 지불되는 기회비용이 같으면 할당 효율적인 시장이다.

　　　ⓑ 할당 효율적이지 못한 시장 : 정보를 획득하기 위해 지불되는 비용이 정보가치보다 적다면 초과이윤이 존재하여 할당 효율적이지 못한 시장이 될 것이다.

　　㉡ 부동산시장도 정보가 완전하지 못하므로 불완전경쟁시장이다.

　　　부동산거래에 정보비용이 수반되는 것은 시장이 불완전하기 때문이다.

　　㉢ 부동산시장에서 소수의 몇몇 투자자가 다른 투자자들보다 값 싼 정보를 획득할 수 있다면 이 시장은 할당효율적인 시장이 되지 못한다.

　　㉣ 투자자에 제공되는 정보의 양과 질, 획득시기가 서로 다르다고 할지라도 정보가치와 우수한 정보를 획득하기 위한 정보비용이 동일하다면 이 때도 할당 효율적인 시장이라 할 수가 있다.

　　㉤ 독점시장일지라도 독점을 획득하기 위해 지불되는 기회비용이 동일하면 할당 효율적인 시장이 될 수가 있다.

ⓑ 부동산시장에서 투기가 성립되거나 초과이윤이 존재하는 이유는 시장이 불완전하거나 독점적이라기보다 할당 효율적이지 못하기 때문에 발생하는 것이다.

(3) 부동산의 가치와 정보비용 ★32회 기출★

부동산의 시장가치가 정보에 어떻게 반영하는지를 살펴보자.

예를 들어 어느 지역에 1년 후에 신도시가 건설될 가능성이 있는 지역이 있다. 현 상태에서 신도시가 될 확률과 그렇지 않을 확률은 각각 반반씩이라고 하자. 이 지역이 1년 후에 신도시가 들어서면 대상 토지는 7,700만 원의 가치가 있고, 그렇지 않을 경우에는 5,500만 원의 가치가 된다고 분석이 되었다. 이 때 투자자의 요구수익률은 10%로 가정한다.

① 현재 가장 적당하게 매매될 가능성은 얼마가 되겠는가?

이때 대상토지의 현재가치는 다음과 같이 계산된다.

$$PV(현재가치) = \frac{R(장래가치)}{(1-i)^n}(i : 할인율, \ n : 연수)$$

$$PV = \frac{7,700만 \ 원}{(1+0.1)^1} \times 50\% + \frac{5,500만 \ 원}{(1+0.1)^1} \times 50\% = 6,000만 \ 원$$

대상토지의 현재가치가 6,000만 원이므로 시장가격이 6,000만 원보다 작다고 하면 투자자는 토지를 사려고 할 것이다. 그렇지 않는다면 사려고 하지 않을 것이다. 만약 시장이 할당 효율적이라고 하면 대상토지의 현재가치 가격은 6,000만 원에서 결정될 것이다.

② 위의 내용인 경우에 대한 정보가치를 알아보자.

㉠ 1년 후 신도시가 들어설 것을 모두가 확실히 알게 되었을 때 현재 가장 적당하게 매매될 가격은 얼마나 되겠는가?

$$PV = \frac{7,700만 \ 원}{(1+0.1)^1} \times 100\% + \frac{5,500만 \ 원}{(1+0.1)^1} \times 0\% = 7,000만 \ 원$$

1년 후에 신도시가 들어설 경우의 현재가치는 7,000만 원이다.

㉡ 1년 후에 신도시가 들어서는 것을 알 수 있는 정보가치는 얼마인가?

결국은 신도시가 들어설 것을 확실히 알 수 있는 정보의 가치는 1,000만 원(=7,000만 원-6,000만 원)이 된다.

제4절 지대이론과 도시공간구조이론

1. 지대

(1) 지대의 개념과 논쟁

① 개념 : 지대(land rent)란 일정기간 동안 토지를 사용한 대가로 지불되는 임대료이다.

② 지대의 논쟁의 근거 : 지대가 '가격을 결정하는 생산비인가 또는 잉여인가'에 있다.

　㉠ 고전학파

　　토지와 자본을 구별하였고, 토지의 부증성을 고려하여 지대를 토지소유자의 잉여, 즉 불로소득으로 생각하였다. 또한, 생산물의 가격에 의해 지대가 결정된다고 보았다.

　㉡ 신고전학파

　　토지를 용도 다양성으로 보아 노동 · 자본과 같이 토지를 하나의 생산요소로 설명하였다. 따라서 지대는 잉여가 아니라 생산요소에 대한 대가, 즉 요소비용으로 간주한다.

잉여로서의 지대(고전학파)	생산요소로서의 지대(신고전학파)
• 생산요소를 토지와 자본을 구분함 • 토지를 부증성측면을 강조	• 토지, 자본을 구분하지 않음 • 토지를 용도의 다양성측면을 강조
지대는 잉여(불로소득)로 간주	지대는 요소비용으로 간주

(2) 농업지대(고전적 지대)이론 ★30, 31회 기출★

차액지대설 (Ricardo)	㉠ 지대원인 : 토지의 비옥도 차이, 비옥한 토지의 희소성 ㉡ 한계지에 지대는 존재하지 않음 ㉢ 지대＝가격－생산비
입지교차설 (튀넨)	㉠ 위치의 문제를 중시하며 지대원인은 수송비 절약분 ㉡ 도심근교 : 수송비 절약, 지대 증가, 토지는 집약적 이용 ㉢ 지대＝가격－생산비－수송비
절대지대설 (K. Marx)	㉠ 지대원인 : 토지의 희소성과 토지사유화(소유권) 인정 ㉡ 최열등지(한계지)에 지대가 발생함

① 차액지대설 : 리카도(D. Ricardo)

　㉠ 역사적 사실

　　19세기 영국에 리카도는 곡물의 가격의 상승으로 지대가 상승한다고 보았다.

　㉡ 지대발생원인

　　리카도는 지대원인을 토지의 비옥도(생산비) 차이와 수확체감현상이라고 보았다.

　　ⓐ 한계지(최열등지)에서의 생산비와 우등지에서의 생산비 차이를 지대로 보고, 그 지대는 토지의 비옥도에 따라 차이가 난다고 본다. 이를 차액지대라고 한다.

> **당해 토지의 지대＝당해 토지의 생산성－한계지의 생산성**

　　ⓑ 인구 증가로 식량 수요가 증가하여 경작면적을 확장해야한다. 그러나 비옥한 토지공급은 한정되어 있고, 수확체감의 법칙 때문에 덜 비옥한 토지를 사용해야 한다. 따라서 우등지와 열등지 사이의 생산비 차이가 발생하는데, 이를 지대라 한다.

ⓒ 사례

비옥도	비옥도 최고(최우등지)	비옥도 중간	비옥도 가장 낮음(최열등지)
구분	농지 A	농지 B	농지 C
수확량(생산물가격)	500만 원	400만 원	300만 원
생산비(비용)	300만 원	300만 원	300만 원
지대(이윤)	200만 원	100만 원	0

ⓐ 곡물의 수요가 많지 않다면 농사는 비옥도가 높은 A토지에서 이루어지는 것이 유리하다. 그런데 만약 곡물의 수요가 증가한다면, 토지에는 수확체감의 법칙이 적용되며, 비옥한 토지의 양은 제한(희소성)되어 있기 때문에 A뿐만 아니라 B, 그리고 비옥도가 낮은 C에서도 경작이 이루어진다.

결국 농작물에 대한 수요가 증가할수록 재배면적의 확대가 일어난다.

ⓑ 재배면적의 확대는 비옥도에 따른 생산성의 차이를 만들게 된다. 즉, 우등지와 열등지의 생산성 차이가 존재한다.

ⓒ C 토지인 최열등지는 가격과 생산비가 일치하여 생산성이 0이 되는데 이것을 한계지라고 한다. 한계지는 생산성이 0이므로 지대가 발생하지 않게 된다.

ⓔ 특징

ⓐ 한계지에서는 지대가 존재하지 않는다.

ⓑ 곡물의 수요증대에 따라 곡물가격이 상승하고 그에 따른 농지사용이 증가하여 지대는 상승한다. 따라서 곡물가격이 지대를 결정한다.

ⓒ 지대는 지주의 불로소득이라고 할 수 있다.

② **절대지대설** : 마르크스(K. Marx)

㉠ 지대발생원인

희소성의 법칙과 자본주의 하에서의 토지의 사유화로 지대가 발생한다. 즉, 절대지대란 모든 토지에 지대가 반드시 존재한다. 따라서 한계지 밖에서도 지주가 지대를 요구하면 지대가 발생한다는 것이다.

㉡ 지대는 토지소유자가 토지를 소유하고 있다는 독점적 지위 때문에 최열등지에서도 지대가 발생한다는 것이다. 지대란 토지의 비옥도나 생산력에 관계없이 발생한다.

리카도의 차액지대설	마르크스의 절대지대설
토지의 비옥도에 따른 생산성의 차이	토지의 사유화로 인해 지대발생
최열등지에서 지대발생 안함(지대요구 못함)	최열등지에서 지대발생함(지대요구 가능)
한계지(최열등지)의 지대설명 불가	한계지의 지대설명 가능
곡물가격이 곧 지대를 결정함(지대는 잉여이다)	지대가 곡물가격을 결정함

③ 위치지대설(입지교차 지대설) : 튀넨(Von Thünen)

튀넨(Von Thuünen)은 토지의 위치에 따라 지대가 달라진다고 주장한다. 튀넨은 그의 저서 「고립국」에서 지대의 발생을 설명하였고 위치에 따른 지대의 차이는 수송비의 차이로 보고 그 수송비의 절약분만큼 지대가 다르다고 보는 이론이다.

㉠ 지대발생 원인

튀넨은 수송비의 중요성을 강조하며 농작물의 차이에 따라 토지이용의 행태가 변화되는 모습을 동심원 모양의 지대(rings)로 설명하였다(튀넨의 고립국이론[4]).

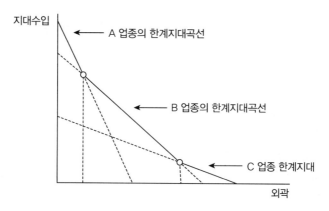

ⓐ 지대함수 : 생산자가 획득하는 이윤은 가격에서 생산비와 교통비를 공제한 몫이 된다. 완전경쟁시장 하에서는 초과이윤이 없으므로 생산자의 이윤이 곧 지대가 된다.

> 지대(이윤)=생산물의 가격-생산비-수송비(단위당 수송비×운송거리)

- 튀넨은 지대란 생산물의 가격(매상고)에서 생산비와 수송비를 뺀 값이다.
- 수송비는 단위당(km) 수송비에 운송이 되는 총거리를 곱하여 결정된다.
- 튀넨은 농산물의 가격, 생산비, 수송비 등은 지대를 변화시키는 요인이 된다.

ⓑ 중심에서 가까울수록 수송비는 절약되며 그만큼 지대는 상승하게 된다. 튀넨에 의하면 수송비의 절약분이 곧 지대가 된다. 따라서 중심 토지는 지대가 높게 형성되며 주로 집약적인 농업이 이루어지게 된다.

ⓒ 중심에서 멀어질수록 수송비가 증가하며 그만큼 지대는 감소하게 된다. 외곽으로 갈수록 지대가 낮아지므로 외곽지대에는 조방적인 농업이 이루어지게 된다.

ⓓ 농업의 작물, 경제활동 등에 따라 한계지대곡선의 모양(기울기)은 달라진다.

㉡ 배추의 지대곡선의 사례

> 배추의 지대=배추의 가격-배추의 생산비-배추 수송비(단위당 수송비×운송거리)

---

4) 튀넨의 농업이론(동심원 이론)은 도시이론인 알론소의 입찰지대이론 및 버제스의 동심원이론에 영향을 준다.

ⓐ 배추의 시장가격은 200원, 배추의 생산비가 50원이라고 가정하고, 배추의 수송비는 km단위 당 15원이라고 가정하자.

ⓑ 이때 배추의 지대는 '200원−50원−배추의 수송비'가 된다.

배추의 수송비는 단위당 수송비에 운송거리의 곱으로 결정되는바, 운송거리에 따라서 배추의 지대는 달라지게 되는데, 도심으로부터의 거리가 10km인 지점에서 운송비가 10km×15원= 150원이 되어 총 지대가 0이 된다.

즉, 농부가 배추농사를 지을 수 있는 한계지점은 도심으로부터 10km 이내의 거리가 되는데, 이때 이 10km의 범위를 조방한계점이라고 한다.

ⓒ 배추의 가격과 생산비가 일정하다고 할 때, 운송비는 거리에 따라서 증가하게 되고 이에 지대 는 감소하게 되므로 수송비와 지대의 반비례 관계인 배추의 한계지대곡선은 우하향하는 모양 이 된다.

④ **독점지대이론 : 밀(Mill)**

독점지대란 토지의 수요는 무한한 반면에, 그 공급은 특정 토지소유자에 의해 독점되어 있는 경우에 발생되는 지대를 의미한다. 독점지대는 두 가지 형태로 구분할 수 있는데, 첫째는 다른 토지가 생산 할 수 없는 최상의 생산물을 생산하는 토지에 토지소유자가 요구하는 지대이며, 둘째는 토지공급의 제한으로 인해 토지생산물의 공급이 수요를 따라가지 못함으로써 얻어지는 초과이윤에서 발생하는 독점지대이다.

(3) 신고전학파와 도시지대

① **마샬(A. Marshall)의 지대이론**

리카도(D. Ricardo)의 지대론을 한계생산이론에 기초해 재편성하면서, 고전학파와 초기 신고전학파 의 지대론을 연결하는 데 이바지한 이론이다.

㉠ 준지대

생산을 위해 사람이 만든 기계 또는 기구들로부터 얻은 소득을 말한다. 즉, 토지 이외의 고정생산 요소에 귀속되는 소득으로서 일시적으로 발생하는 초과이윤을 마샬(A. Marshall)은 준지대 (quasi-rent)라고 불렀다. 준지대란 장기에는 공급량을 변동시킬 수 있으나, 단기에는 공급량이 일정하게 주어져 있는 생산요소에 대한 보수를 말한다. 고정생산요소의 공급량은 단기적으로 변 동하지 않으므로 다른 조건이 동일하다면 준지대는 고정생산요소에 대한 수요에 의해 결정된다.

㉡ 순수지대

순수지대란 자연에서 무상으로 받은 소득 중 소유자의 비용지출과 관계없이 발생한 소득이므로 잉여의 성격을 갖는다. 이때 자연에서 무상으로 받은 공급량은 자연적으로 주어져 있으므로 지대 의 적고 많음은 이 공급량에 전혀 영향을 주지 못한다.

② **경제(파레토)지대론** : 파레토(V. Pareto)

파레토는 토지뿐만 아니라 공급의 희소성이 있는 모든 상품에는 지대가 발생한다고 하였으며, 이러한 파레토의 지대를 경제지대라 한다.

총수입＝전용수입＋경제지대

㉠ 전용수입이란 어떤 생산요소가 다른 용도로 전용되지 않도록 하기 위해 지급해야할 최소한의 금액으로, 생산요소의 기회비용의 대가를 의미한다.

㉡ 경제지대란 총수입에서 전용수입을 공제한 부분으로, 생산자 잉여를 의미한다.

㉢ 전용수입과 경제지대의 크기는 공급의 탄력성에 따라 좌우된다. 즉, 공급이 비탄력적일수록 경제지대가 커지고, 전용수입은 작아진다.

▶ 전용수입과 경제지대 존재

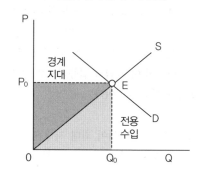

▶ 경제지대만 존재하는 경우

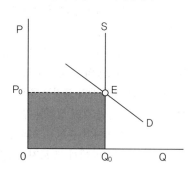

▶ 전용수입만 존재하는 경우

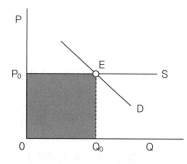

③ **입찰지대곡선** : 알론소(W. Alonso)

도심지역의 이용 가능한 토지는 외곽지역에 비해 한정되어 있어 토지이용자들 사이에 경쟁이 치열해질 수 있다. 알론소의 입찰지대이론은 튀넨의 이론을 도시공간에 적용하여 확장시킨 이론이다.

A · B · C 세 가지 유형의 산업으로 구분되는 어떤 도시의 경우 지대와 도심으로부터의 거리 사이가 다음에서 세 곡선 A · B · C와 같이 나타난다고 가정하자.

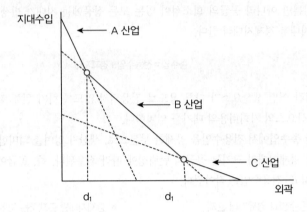

▶ 산업간의 입지경쟁과 지대

그림에서 보는 바와 같이 도심과 d_1지점의 사이에 있어서는 최대의 순현가를 올릴 수 있는 A의 산업이 다른 두 유형의 경제활동보다 더 많이 지대지불할 용의가 있으므로 이 지역의 토지를 차지할 것이다. 그러나 d_1부터 d_2지점 사이의 지역에 있어서는 B산업이 이 지역 토지에 대한 지대지불 용의액이 다른 두 유형의 경제활동의 그것보다 크다. 따라서 B산업이 이 지역을 집중적으로 이용하게 될 것이다. 같은 이유로 d_2지점 밖의 토지는 주로 C의 산업에게 할당될 것이다.

이와 같은 점들을 다음과 같이 정리할 수 있다.

㉠ 입지경쟁의 결과 최대의 순현가(초과이윤)를 올릴 수 있는 산업이 최대 지대 지불능력을 가지고 있기 때문에 그 사용자에게 그 토지가 할당된다. 단, 순현가를 거두는 수단과는 무관하며, 지대지불능력이 최고인 주체에게 토지가 할당된다.

㉡ 각 기업의 지대지불곡선의 차이가 있는 이유는 각 기업의 순현가 차이 때문이다.

㉢ 입찰지대란 단위면적의 토지에 대하여 토지이용자가 지불하고자하는 최대금액으로 초과이윤이 0이 되는 수준의 지대이다.

㉣ 도심 안쪽의 토지가 할당되는 기업의 지대곡선의 기울기는 가장 급경사가 된다. 입찰지대곡선의 기울기는 생산물의 단위당 한계운송비를 토지사용량으로 나눈 값으로 다음과 같이 표현된다.[5]

$$\text{지대곡선의 기울기} = \frac{\text{한계운송비}}{\text{토지사용량}}$$

㉤ 도심의 안쪽에 상업이 입지하는 이유는 상업용 토지이용이 단위면적당 생산성이 높고, 생산물의 단위당 한계운송비가 크기 때문이다.

④ 헤이그(R. M. Haig)의 마찰비용이론

㉠ 중심지로 멀어질수록 교통비는 증가하고 지대는 감소한다.

㉡ 교통비의 중요성을 강조하였다.

---

5) 토지사용량이 크고 한계운송비가 낮을수록 지대곡선의 기울기는 완만해지며, 해당 산업은 도심에서 멀리 입지하게 된다(조방산업)

2. 도시공간구조이론 ★27, 29, 30, 32회 기출★

(1) 버제스(E.W. Burgess)의 동심원이론

더 알아보기 | 5개의 동심원지대

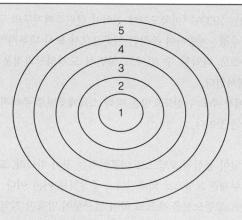

1. 제1지대 : 중심업무지대(central business district : CBD)
   중추기능인 산업 · 문화 · 교통의 중심핵을 이루는 지역이다.
2. 제2지대 : 천이지대(zone in transition)
   중심업무지대를 둘러싼 지역으로 중심지역의 확산으로 중심지로 변화되는 지역을 말한다.
3. 제3지대 : 근로자 주택지대(zone of low income housing)
   직장 가까이에 살려는 동기로 옮겨진 층이 많다.
4. 제4지대 : 중산층 주택지대(zone of middle income housing)
   비교적 소득이 높은 경영자, 전문인들이 모여 사는 곳으로 비교적 높은 소득으로 살아가는 주거지대이다.
5. 제5지대 : 통근자지대(commuter's zone)
   도심으로 통근 가능한 거리에 위치한 통근자 지역이다.
---

① 의의

1920년대 미국의 시카고를 대상으로 도시의 팽창이 도시내부구조에 미치는 영향과 거주지 분화현상을 도시생태학적 관점에서 설명하였다. 도시는 그 중심지에서 동심원상으로 확대되어 5개 지구로 분화되면서 성장한다는 이론이다. 도시 내의 각종 활동기능이 지대 지불능력에 따라 5가지의 토지이용 패턴으로 이루어진다. 도시의 내부구조를 설명하는 가장 오래된 실증적 모형이다. 이 이론은 튀넨의 농촌토지이용구조를 도시토지이용구조에 적용시킨 것이다.

② 특징

㉠ 도시내부 기능지역이 중심업무지구(CBD : central besiness dustrict)를 중심으로 동심원상으로 확대되어 가는데, 이들은 각각 특징적인 성격을 갖는 지대들이 동심원적 구조를 이룬다. 또한, 천이지대(점이지대, 전이지대)는 중심업무지구와 근로자주택(저소득층 주택) 사이에 입지한다.

㉡ 도시가 확대되어 가는 것은 저마다 바깥쪽에 인접한 지대를 침입과 천이과정으로 통하여 동심원상으로 팽창해 간다.

㉢ 저소득층일수록 고용기회가 많고, 도심으로의 출퇴근이 용이하여 접근성이 높은 도심지대에 입지한다.

ⓔ 동심원이론에 의하면 중심지와 가까워질수록 범죄, 빈곤, 질병이 많아지고 외곽으로 갈수록 주거
환경이 개선되면서 고소득층 지대는 외곽 쪽으로 형성된다고 주장하였다.

(2) 호이트(Homer Hoyt)의 선형이론
① 개념
ⓐ 호이트(H. Hoyt)는 1939년 「미국도시에 있어서 근린주택지구의 구조와 성장」이라는 연구논문에
서 동심원이론을 수정·계승하여 주장한 이론으로서 도시 내부지역에서 주택지역의 구조가 부채
꼴모양의 선형구조로 파악할 수 있다고 하면서 도시성장과정을 선형이론(扇形理論, sector
theory)으로 설명하였다.
ⓑ 선형이론은 도심에서 주요 간선도로망을 따라 소득계층별로 주택지가 형성됨으로써 그 모양이 마
치 부채꼴과 같다는 것이다.

② 특징
ⓐ 단순히 도시의 발달이 동심원 모양으로 이루어지는 것이 아니라, 교통의 발달을 축으로 접근성이
양호한 방향으로 부채꼴 모양으로 확대된다고 주장하는 이론[6]이다. 특히 주거지 조사를 통해 고소
득층 주거지는 주요 교통노선을 축으로 하여 접근성이 양호한 지역에 입지하는 경향이 있다는 것
을 밝혀냈다.
ⓑ 고급주택은 교통망의 축에 가까이 입지하고, 중급주택은 고급주택 지대의 인근에, 저급주택은
고급주택의 반대편에 입지하는 경향을 보인다고 주장하였다. 따라서 호이트의 이론으로 도시 내
의 주거분리 현상을 설명할 수 있다.
ⓒ 특정 도시의 주거공간유형을 결정하는 요인은 높은 주택가격을 지불할 수 있는 고소득층의 주거
입지선택능력이라고 보았다.

③ 한계
ⓐ 고소득층의 고급주거지를 지나치게 강조하고 있다.
ⓑ 문화적·사회적 토지이용의 제약요인을 고려치 않고 있다.

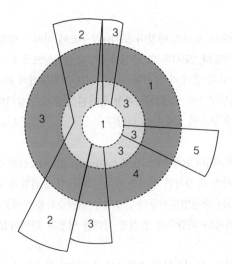

1지역 : 중심업무지대
2지역 : 경공업지역
3지역 : 저소득층 지역
4지역 : 중소득층 지역
5지역 : 고소득층 지역

6) 호이트는 도시의 발달과정에 있어 특히 교통망(도로망)을 중시하였는데 이는 접근성을 중시했다는 관점에서 허드의 최소마찰비용이론과 일맥상통한다.

(3) 해리스(C. D. Harris)와 울만(E. L. Ullman)의 다핵심이론

1945년 해리스와 울만(Harris and Ullman, 1945)은 버제스와 호이트의 이론이 산업화된 사회의 도시에 적절하지 않음을 인식하고 다핵이론을 내놓게 되었다. 이 이론이 앞의 두 이론과 근본적으로 다른 점은 도시의 중심지가 하나가 아니라, 여러 개라는 것이다.

① 특징

 ㉠ 토지이용배치를 설명한 것으로서 동심원구조설과 선형설을 결합하고 또 다른 요소를 부가하여 만든 이론이다.

 ㉡ 한 도시의 토지이용배치는 동심원구조설이나 선형설과 같이 도시가 성장하면 단일한 중심의 주위에 형성되는 것이 아니라 몇 개의 핵을 형성하면서 성장한다는 이론이다.

 ㉢ 하나하나의 핵을 이루는 곳에 교통망이 모이고, 주거지역과 산업지역, 상업, 교육 등 토지의 이용군이 형성됨에 따라 도시의 지역구조를 특색 지우고 있다.

② 다핵의 발생요인

 ㉠ 특정위치나 특수한 시설의 필요성

  예를 들어 상업지구는 접근성이 양호한 위치가 필요하고, 항만지구는 적절한 수변공간이 필요하며, 공업지구는 편리한 수륙교통이 필요하기 때문에 그런 곳에 입지한다.

 ㉡ 동종활동 간의 집적이익(입지적 양립성)

  동종활동은 집적의 이익이 필요하기 때문에, 특정지역에 서로 응집하는 경향이 있다.

 ㉢ 이종활동 간의 분산입지(입지적 비양립성)

  어떤 이종활동들은 상호 간에 이해가 상반되므로, 서로 다른 핵에 분리하여 입지한다.

 ㉣ 지대지불능력의 차이

  어떤 활동들은 특정한 위치를 원한다고 하더라도, 지대지불능력의 차이 때문에, 그곳에 입지하지 못하고 분리된다는 것이다.

▶ 다핵심이론

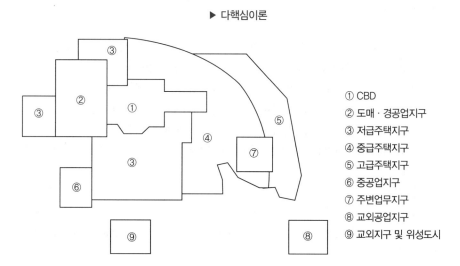

① CBD
② 도매·경공업지구
③ 저급주택지구
④ 중급주택지구
⑤ 고급주택지구
⑥ 중공업지구
⑦ 주변업무지구
⑧ 교외공업지구
⑨ 교외지구 및 위성도시

1. 입지와 입지선정의 의의

(1) 입지(立地)의 의의

입지란 어떤 경제활동주체가 보유하고 있는 부동산이 자리잡고 있는 장소·위치를 말한다.

(2) 입지선정

경제활동의 주체가 점유하는 장소를 입지라 한다면, 입지선정이란 어떤 입지주체가 추구하는 입지조건을 갖춘 토지를 발견·선정하는 활동을 의미한다.

2. 공업입지 ★33회 기출★

(1) 공업입지 이론

공장의 최적입지를 분석하는 이론으로 최소비용이론을 주장한 대표적인 사람은 베버이며, 최대수요이론을 주장한 대표적인 사람은 뢰쉬이다. 근래에는 수요와 공급을 함께 고려하는 공간이론인 통합이론이 그린허트(Greenhut)와 아이사드(Isard) 등에 의하여 제기되고 있다.

① 최소비용이론(A. Weber) - 공급자 측면

> 최적의 공장입지 → 생산과 판매에 있어 비용이 최소화되는 지점이다.
> = 최소비용으로 제품을 생산할 수 있는 곳을 기업의 최적입지지점으로 본다.

공업입지는 생산과 판매에 있어 최소운송비가 드는 지점에서 이루어진다는 이론으로 수송비는 원료와 제품의 무게, 원료와 제품이 수송되는 거리에 의해 결정되어진다.

㉠ 특징
  ⓐ 베버는 원료수송비에 따른 공업입지이론을 전개하였다. 다른 생산여건이 동일하다면 공업입지는 생산비와 수송비가 가장 적게 드는 곳에 입지한다는 것이다.
  ⓑ 공업입지 요인으로 수송비, 임금수준 및 집약력 등을 고려하였으며, 수송비를 가장 강조하였다.
  ⓒ 수송비는 원료과 제품의 무게, 원료와 수송되는 거리에 의해 결정된다는 원칙을 적용한 이론이다.
  ⓓ 기업은 먼저 수송비를 최소화하는 곳에 입지하여 노동이나 집적비용을 줄이는 지역을 선호한다. 즉, 최소생산비지점의 결정은 '최소운송비지점 → 노동비 절약지점 → 직접 이익이 큰 지점' 순이다.

㉡ 입지삼각형
  입시삼각형은 두 개의 원료산지와 하나의 시장에서 최소운송비지점을 구하기 위해 베버가 고안한 도해모형이다. 이는 운송비와 노동비를 고려한 비용최소화의 관점에서, 최적공장입지를 구하는 모형이다.

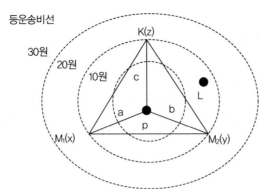

등운송비선

30원

20원

10원

K(z)

c

a ● b
p

M₁(x)

L

M₂(y)

K : 소비시장
M₁, M₂ : 원료산지
a, b : 원료산지로부터 공장입지까지 거리
c : 공장입지로부터 소비시장까지 거리
x, y : 원료의 무게
z : 완제품의 무게
p : 공장입지
L : 노동비절감 입지

ⓐ 총운송비가 최소인 지점 'p' : 이상적인 평면상에 두 개의 원료산지와 하나의 시장이 있을 경우, 총운송비가 최소가 되는 지점은 입지삼각형 안에 있게 된다. 이 점을 p점이라 한다. 총운송비란 원료를 공장으로 이동하는 데 드는 비용과 제품을 시장지역으로 이동하는 데 드는 비용의 합이다.

ⓑ 최적입지의 변화의 과정
- 단위당 운송비는 p지점에서 멀어질수록 증가한다. 등운송비곡선은 총운송비가 동일한 비용이 지불되는 지역을 연결한 선이다. 즉, 그림에서 10원, 20원, 30원으로 표시되는 지역의 원은 동일한 총운송비가 드는 지역을 표시한 것이다.
- 총운송비 관점에서는, 원료의 중량과 제품의 중량을 비교하고 거리를 고려하여 비용최소화 입지를 찾을 수 있다. 즉, 운송비 변수만을 고려할 때, 최적공장입지는 [ax+by+cz] 값이 최소인 지점으로 결정된다.
- 베버는 집적경제, 저렴한 노동비 등의 요인으로 최적입지가 최소운송비지점(p지점)에서 벗어날 가능성도 설명하고 있다. 그림에서 보면 L지점은 노동력이 풍부한 지점이다. 만약 L지점의 단위당 노동비가 p지점보다 20원 싸다면 최적입지는 p에서 L지점으로 이동한다. 왜냐하면 L지점은 단위당 운송비가 10원이 더 들지만, 단위당 노동비는 20원이 싸기 때문에 L지점이 단위당 총생산비는 더 유리하다.

② 최대수요이론(A. Lösch) - 수요측면

베버의 입지론이 생산비에만 치우쳐 있는 문제점을 지적하고 기업의 궁극적 목적은 이윤극대화에 있으므로 시장확대가능성이 가장 풍부한 곳에 공장이 입지해야 한다고 주장했다.

㉠ 소비자 지불가격＝제품의 시장가격＋수송비
㉡ 수송거리가 멀면 수송비증가로 소비자 지불가격의 증가로 제품수요는 감소한다.
㉢ 뢰쉬의 최대수요이론은 생산비용은 어디서나 동일하나 수요가 다르다는 전제하에 결국 최대의 수익을 올릴 수 있는 곳이 공업의 최적입지가 된다는 논리다.

③ 통합이론

미국의 그린허트(K. Greenhut)와 아이샤드(W. Isard), 스미스(D. Smith) 등의 통합이론은 공급측면의 최소비용이론과 수요측면의 최대수요이론을 통합시킨 것으로 공업입지는 총수입과 총비용의 차이가 가장 크게 되는 이윤극대화 지점이 최적공업입지라는 이론이다.

(2) 산업입지특성과 입지지향성

① 원료지향형 산업과 시장지향형 산업

  ㉠ 원료지향형 산업

    ⓐ 원료생산지에 입지하여 생산 활동하는 산업을 말한다.

    ⓑ 원료가 편재되거나 원료수송비가 제품수송비에 비해서 상대적으로 비싼 경우이다.

    ⓒ 많은 부피나 무게의 원료를 사용하는 산업 가운데 제조과정에서 제품의 부피나 무게를 감소시키는 산업이다(중량감소산업).

    ⓓ 원료지수(M)>1 산업의 경우이다.

  ㉡ 시장지향형 산업

    ⓐ 단위당 원료수송비가 단위당 제품 수송비보다 작은 경우이다(중량증가산업)

    ⓑ 원료가 도처에 산재되어 있는 산업이다(보편원료, 일반원료)

    ⓒ 원료지수(M)<1 산업의 경우이다.

$$\text{원료지수(M)} = \frac{\text{국지원료중량}}{\text{제품중량}}$$

M>1 : 원료지 지향입지
M=1 : 자유입지 지향입지
M<1 : 시장지 지향입지

$$\text{입지중량} = \frac{\text{국지원료의 무게} + \text{제품의 무게}}{\text{제품의 무게}} = \text{원료지수} + 1$$

▶ 수송비지향 입지결정

원료지향형 입지	시장(소비지)지향형 입지
중량감소산업	중량증가산업
부패하기 쉬운 원료생산공업(통조림공업 등)	부패하기 쉬운 완제품생산공업
편재원료(국지원료 : 광물자원 등) 사용공장	보편원료(물, 공기 등) 사용공장
제품수송비가 원료수송비보다 적은 산업	원료수송비가 제품수송비보다 적은 산업
원료지수>1	원료지수<1

② 노동지향형 입지

  ㉠ 노동집약적 산업은 노동력이 풍부하고 임금이 저렴한 노동력 밀집지역에 입지한다.

  ㉡ 노동지향형 입지요건은 저임금과 노동력의 밀집도가 결정한다.

③ 집적지향형 입지

  ㉠ 기술연관성이 높은 산업으로 이들이 한곳에 입지하여 기술, 정보, 시설, 그리고 원료 등을 공동으로 이용하여 비용 등을 절감할 수 있다.

  ㉡ 기계공업, 자동차 등의 공업은 연관성이 높고, 많은 자본과 고도의 기술이 필요하므로 집적지역에 입지하려는 특성이 있다.

④ 중간지점지향 산업

  ㉠ 소비시장과 원료산지 사이에 수송체계를 달리하는 이적지점이 있는 경우를 말한다.

  ㉡ 이적지점에서 이적비용이 급격히 변화가 있는 경우에 이적지점에 공장이 입지한다.

3. 상업입지

(1) 상권(배후지, hinterland)

① **상권 개념**: 배후지 또는 시장지역(market area)이라고 하며 고객이 존재하는 지역을 말한다.

② **조건** : 배후지의 인구밀도와 지역면적이 크고 고객의 수준이 높은 것은 좋은 배후지이다.

③ **범위** : 점포의 크기와 시간의 변화 등에 따라 상권의 범위는 고정되어 있지 않고 유동적이다.

④ 상권의 판매에 따라 1차 상권(판매액의 75%), 2차 상권(15%), 3차 상권(그 외)이다.

(2) 상권획정방법과 상권분포이론 ★28회 기출★

① 상권획정의 방법

　㉠ 공간독점법

　　거리제한을 두거나 면허가 필요한 업종으로서 지역독점력이 인정되는 업종에 적용된다.

　㉡ 시장침투법

　　대부분의 업종이 이에 속하며, 상권 간의 중첩을 인정하는 경우이다.

　㉢ 분산시장접근법

　　고급 가구점 등 매우 전문화된 상품이나 특정소득계층만을 대상으로 하는 점포이다.

▶ 공간독점법, 시장침투법, 분산시장접근법의 비교

구분	공간독점법	시장침투법	분산시장접근법
상권형태	지역독점에 의한 확정 상권	중첩부분 인정	특정지역의 불연속 상권
공간획정	• 상권다각형 • 동일 시간대, 1차 상권	총매출액의 60%를 기준으로 1 · 2차 상권 구분	시장분화를 전제로 동일 지역 내에서도 그룹별로 차이를 둠
응용	• 편의품 • 표준적인 쇼핑센터	• 선매품 • 경쟁점포	• 매우 전문화된 상품 • 특정소득 · 그룹 대상
적용상점	주류판매점, 우체국	백화점, 슈퍼마켓	고급 가구점

② 고전적 상점분포이론(크리스탈러, 뢰쉬)

1933년 독일의 크리스탈러(W. Christaller)가 제안하고, 뢰쉬(A.Lösch)에 의해 발전되었다.

　㉠ 일용품과 같은 비내구재 상품의 단위가격이 쌀수록, 소비단위가 많을수록, 보관비용이 클수록 구매주기는 단축되며 구매빈도는 높아진다.

　㉡ 근린상가에서는 구매빈도가 높은 상품, 저장비용이 높고 신선도를 요구하는 식품을 취급하는 상점이 많은 편이고, 지역상가에서는 구매빈도가 낮고 보관하기 쉬운 준내구재를 취급하는 상점이 많은 편이다.

　㉢ 장기균형 조건하에서 구매빈도가 높은 상품을 취급하는 점포의 밀도는 높아지고, 점포의 고정비용이 높을수록 점포의 밀도는 낮아진다.

(3) 중심지 이론

① 크리스탈러(W. Christaller)의 중심지 이론

㉠ 의의
크리스탈러의 중심지 이론은 재화의 도달거리와 최소요구치의 개념을 통해 중심지의 형성과정 및 중심지의 계층간의 포섭원리를 다루는 이론이다.

㉡ 용어정리
ⓐ 중심지 : 각종 재화와 서비스 공급기능이 집중되어 배후지에 재화와 서비스를 공급하는 중심지 역을 말한다.

ⓑ 중심성 : 중심지 기능의 보유정도를 중심성(즉, 중심지의 재화나 서비스의 공급능력)이라 하며, 중심성의 보유정도에 따라 중심지는 고차위중심지와 저차위중심지로 구분된다. 고차위중심지는 저차위중심지를 포섭하고 지배하는 특징을 가진다.

ⓒ 재화도달범위 : 중심지 활동이 제공되는 공간적 한계로 중심지로부터 어느 기능에 대한 수요가 "0"이 되는 지점까지의 거리를 말한다. 즉, 중심지가 재화나 서비스를 공급하는 중심기능을 수행할 수 있는 최대의 지역범위를 말한다.

ⓓ 최소요구치 : 중심지 기능이 유지되기 위한 최소한의 고객 수 또는 범위를 말한다.

㉢ 중심지 성립조건과 이상적 배후지 형성과정
ⓐ 중심지의 성립조건 : 중심지가 성립하기 위하여는 최소요구치의 지역범위가 재화도달범위 내에 있어야만 한다.

ⓑ 이상적인 배후지 형성과정 : 단일의 중심지 경우에는 중심지의 상권은 원형으로 존재하지만, 다수의 중심지가 존재할 때 정육각형으로 형성되는 것이 좋다.

▶ 최소요구치와 재화의 도달범위 간의 관계

(A) 중심지 형성	(B) 중심지 미형성

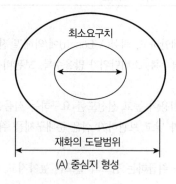

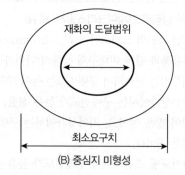

㉣ 중심지 계층의 형태와 계층구조
ⓐ 중심지의 계층 : 중심지 기능의 보유정도 또는 상권의 크기에 따라 고차원중심지와 중차원중심지 그리고 저차원중심지로 구분한다.
- 고차원 중심지 : 수가 적고 중심지 간 거리가 멀다(예 시장, 백화점, 대학교).
- 저차원 중심지 : 수가 많고 중심지 간 거리가 가깝다(예 동네슈퍼, 초등학교).

ⓑ 중심지 계층구조 : 크리스탈러의 중심지 이론은 시장원리, 교통원리, 행정원리에 의해 중심지 간에 중첩, 포섭원리가 적용된다.

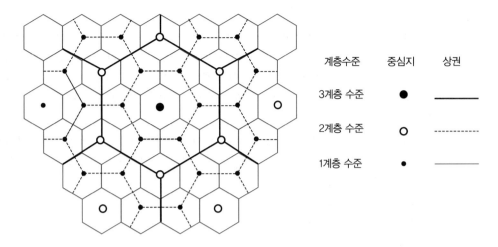

계층수준	중심지	상권
3계층 수준	●	———
2계층 수준	○	- - - - - -
1계층 수준	•	———

각 계층의 중심지의 크기가 최소화되면서 재화의 공급을 가장 짧은 거리에서 하는 원리이다. 고차원중심지의 보완구역은 저차원중심지의 경우보다 3배수가 넓어지게 된다. 그림을 보면 3계층의 고차중심지(3계층 수준)는 3개 크기의 중차원 중심지(2계층 수준)의 영역을 포괄하고, 9개 크기의 저차원 중심지(1계층 수준)의 영역을 포괄하고 있다.

 ⓜ 중심지 계층에 따른 특성

  ⓐ 고차원 중심지일수록 중심지 간의 거리(또는 체적)가 더 멀고 저차원 중심지일수록 가깝다.

  ⓑ 고차원 중심지일수록 그 규모가 크고 다양한 중심기능을 갖는다.

  ⓒ 저차원 중심지에서 고차원 중심지로 갈수록 중심지의 수는 점차 줄어든다. 따라서 중심지 수는 피라미드형을 이룬다.

  ⓓ 중차원 중심지가 포용하는 저차원 중심지의 수는 고차원 중심지로 갈수록 그 분포도가 줄어든다.

  ⓔ 인구밀도의 증가, 경제의 활성화는 중심지 간의 간격이 좁아진다.

  ⓕ 자동차·교통의 발달은 저차원 중심지가 쇠퇴하고, 고차원 중심지가 발달한다.

 ⓗ 크리스탈러 이론의 한계

  점포들 간의 공간분포에 관한 이론이지만, 유사상품을 취급하는 점포들이 도심에 함께 입지하는 현상을 설명하지 못한다. 즉, 직접이익을 고려하지 않는다.

② 허프의 중심지 이론

 크리스탈러의 중심지 이론은 수요자 분포, 거시적 분석에 치우친 편이기 때문에 허프는 수요자의 개성, 미시적 분석에 관심을 두고 중심지 이론을 전개시켰다.

 ㉠ 수요자의 개성(소비자의 형태 등)에 관심을 두고 중심지 이론을 전개하고 있다.

 ㉡ 일반적으로 소비할 때 가장 가까운 곳에서 상품을 택하려는 경향이 있다.

 ㉢ 적당한 거리에 고차원 중심지가 있으면 인근의 저차원 중심지를 지나칠 가능성이 커진다.

 ㉣ 소비자는 특정지역에서만 상품을 구입하지 않으므로 상가는 소비자의 기호나 소득관계를 참작하여 선택된 상품(예 전문품) 등을 판매하여야 한다.

(4) 인력이론 ★27, 28, 29, 30, 31, 34회 기출★

두 물체 간의 인력은 거리에 반비례하고 상권의 크기에 비례한다는 만유인력법칙을 원용한 방법이다. 이에 레일리의 "소매인력법칙"과 허프의 "중력(확률)모형"이 있다. 레일리는 상권의 분할을 강조한 확정론적 접근방법을, 허프는 상권의 중첩을 강조한 확률론적 접근방법을 사용한다는 차이점이 존재한다. 그 외 레일리 이론을 보완하여 상권경계를 실제 측정한 컨버스의 분기점모형도 존재한다.

① 레일리(J. W. Reilly)의 소매인력법칙 ★28회 기출★

레일리의 소매인력법칙은 2개 도시의 상거래 영향력의 크기(흡인력)는 두 도시의 중심의 크기(인구, 면적)에 비례하고, 두 도시의 분기점으로부터 거리의 제곱에 반비례하여 형성된다는 것이다.

㉠ 상권의 경계점의 분리를 강조한 확정(결정)론적 접근방법을 취하였다.

㉡ A도시가 B도시보다 2배 크다면 X : Y = : 1이므로 상권의 경계의 분기점은 B도시보다는 A도시 쪽으로부터 약 1.4배 정도 더 먼 곳이 된다. 즉, 상권의 경계(분기점)는 작은 도시인 B도시 쪽이 가깝다.

▶ 레일리의 소매인력법칙(구매지향비율)

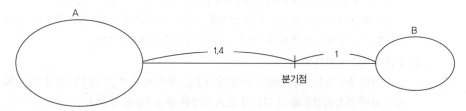

계산식 : $\dfrac{X_A}{X_B} = \dfrac{P_A}{P_B} \times \dfrac{D_B}{D_A 2}$

- PA, PB : A, B도시의 인구
- DA, DB : 두 도시까지의 거리
- X : 인구흡인력

㉢ 도시 A와 도시 B 사이에 작은 마을 C가 있다고 가정할 경우, C마을에 살고 있는 소비자들의 A·B도시에서의 구매지향비율은 A·B도시의 크기(인구)의 비에 비례하고, A·B까지의 거리의 제곱에 반비례한다.

② 허프(D. L. Huff)의 중력(확률)모형 ★29회 기출★

허프의 확률모형은 중력모형의 발전된 형태이며 레일리, 컨버스를 포함한 중력모형에서는 두 도시만을 고려하지만, 허프의 모형에서는 2개 이상의 상업지역을 대상으로 한다.

㉠ 허프모형에서는 소비자가 특정의 쇼핑센터에 갈 확률을 소비자의 행선지의 거리, 경쟁하고 있는 쇼핑점의 수, 쇼핑센터의 크기로 결정한다는 가정하였다.

㉡ 상권의 중첩을 강조하면서 특정지역의 고객 유인력(시장 점유율)을 측정하였다.

㉢ 허프에 의하면 당해 점포의 고객 유인력은 점포의 매장면적에 따른 효용과 점포까지의 거리에 따른 효용을 반영하여 결정하게 된다. i지역에 있는 소비자가 특정한 j점포로 구매하러 갈 확률 S_{ij}은 다음과 같다.

$$S_{ij} = E_i \frac{F_j / T^{bj}_{ij}}{\sum F_j / T^b_{ij}}$$

S_{ij} = 점포 j에 대한 면적 i의 매상고액

E_i = 면적 i의 지출가능액

F_j = 점포 j의 면적

T_{ij} = 면적 i에서 점포 j까지의 거리

b = 마찰계수

③ 컨버스(Converse)의 분기점모형 ★30회 기출★

ㄱ 컨버스의 분기점모형은 레일리의 법칙을 응용한 것으로 두 도시 간의 구매 영향력이 같은 분기점의 위치를 구하는 방법을 제시한다.

ㄴ 상권의 분기점의 위치는 레일리의 소매인력법칙에 관한 다음의 식에서 구매지향률 B_A와 B_B를 동일하다고 놓으면 A도시로부터 상권의 분기점까지의 거리 D_A와 D_B는 다음과 같다.

$$공식 : D_a = \frac{D_{ab}}{1 + \sqrt{\dfrac{P_b}{P_a}}}$$

D_a , D_b : 두 상권 A, B에서 분기점까지의 거리

D_{ab} : A, B의 두 상권 사이의 거리

P_a , P_b : 상권 A, B의 인구

(5) 기타 이론

① 넬슨(Nelson)의 소매입지이론 : 넬슨은 점포의 경영주체가 최대의 이익을 얻을 수 있는 매출고를 확보하기 위하여 어떤 장소에 입지하여야 하는가에 대하여 8가지 원칙을 제시한다.

ㄱ 현재의 지역후보의 적합지점

ㄴ 잠재적 발전성

ㄷ 고객의 중간유인

ㄹ 상거래 지역에 대한 적합지점

ㅁ 집중흡입력

ㅂ 양립성

ㅅ 경합성의 최소화

ㅇ 용지 경제학

② 입지효과의 시간법칙 : 좋은 상업입지는 투자한 자본과 노력에 대하여 충분한 이익을 주지만, 이러한 이익은 개점과 더불어 즉각적으로 나타나는 것이 아니고, 충분한 시간적 여유를 가진 장기적인 것이라는 점을 유의하여야 한다.

③ CST(customer spotting techniques : 소비자분포) 기법

애플봄 교수가 제안한 지리적 상권의 범위를 획정하기 위한 실무적 기법이다.

ㄱ 상권규모 파악, ㄴ 고객특성을 조사가능, ㄷ 광고 및 판매촉진전략수립, ㄹ 경쟁의 정도 측정, ㅁ 점포의 확장계획에 유용하게 활용된다.

(6) 점포의 종류와 입지

① 공간균배의 원리(R. M. Futter)

　㉠ 의의 : 경쟁관계에 있는 점포들은 공간을 서로 균등 배분하여 입지한다.

　㉡ 내용

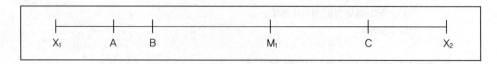

　　ⓐ 그림에서 점포 甲이 먼저 A지점에 입지하였으나 새로운 점포 乙이 나타나서 B지점에 다시 입지하였다고 하자. 그 결과 대세가 불리해진 甲은 다시 M_1쪽, 즉 상권을 중심부로 옮기게 된다. 그러자 종전에는 유리한 위치에 있던 乙이 불리하게 되자 다시 M_1쪽으로 이전한다. 두 점포가 다툰다면 서로 나란히 중앙에 입지할 수밖에 없는 경우가 생기기도 한다. 그러나 수요의 탄력성이 零(0)인 경우에만 해당된다.

　　ⓑ 탄력성이 큰 경우 : 현실적으로 수요의 탄력성은 零(0)보다 크기 때문에 두 점포가 중앙에 있는 경우는 모두 불리하다. 따라서 수요의 탄력성이 零(0)이 아닌 한 甲과 乙은 다시 M_1에서 헤어져서 B나 C에 각각 분산입지하기에 이를 것이다.

　　ⓒ 결론

> • 시장이 좁고 수요의 탄력성이 작은 경우 : 중앙에서 집심적 입지의 현상이 나타남
> • 시장이 넓고 수요의 탄력성이 큰 경우 : 분산입지의 현상이 나타남

② 입지유형별 점포의 종류

공간균배의 원리에 따라 점포를 유형별로 분류하면 다음과 같다.

　㉠ 집심성 점포 : 배후지의 중심부에 입지하는 유형으로 도심부에 입지한다.

　㉡ 집재성 점포 : 동일업종의 점포가 서로 한 곳에 입지하는 것이 유리한 점포의 유형이다.

　㉢ 산재성 점포 : 서로 분산 입지해야 유리한 점포의 유형이다.

　㉣ 국부적 집중성점포 : 동일업종의 점포끼리 국부적 중심지에 입지한다.

③ 상품에 따른 상점의 종류(구매관습에 의한 상점의 분류)

구매습관을 통해서 편의품점·선매품점·전문품점 등으로 구분된다.

　㉠ 편의품점(便宜品店) : 가정용품과 같은 일상생활용품을 판매하는 상점이다.

　㉡ 선매품점(先買品店) : 고객이 상품의 가격, 스타일, 품질 등을 여러 상점과 비교하여 구매하는 것을 말하며 취급품은 가구, 부인용 의상, 보석류 등이다.

　㉢ 전문품점(專門品店) : 고급유명상품을 판매하는 상점으로 제품을 구매하기 위하여 시간과 노력을 아끼지 않는 상품을 말한다.

○ × 핵심체크

01 부동산시장이 일반재화시장과 다른 특성을 가지는 것은 지리적 위치의 고정성, 이질성, 내구성 등 부동산만이 가지는 자연적 특성들 때문이다. ○ ×

02 부동산시장의 특징 중 하나는 특정 지역에 다수의 판매자와 구매자가 존재한다는 것이다. ○ ×

03 완전히 동질적인 아파트라 하더라도 아파트가 입지한 시장지역이 달라지면 서로 다른 가격이 형성될 수 있다. ○ ×

04 부동산시장은 국지성의 특징이 있기 때문에 균질적인 가격형성이 가능하다. ○ ×

05 부동산시장은 수요와 공급의 조절이 용이하고 단기적으로 가격의 왜곡이 발생할 가능성이 높다. ○ ×

06 부동산은 부동성의 특성에 의해 표준화가 어려워 일반재화에 비해 대체가능성이 낮다. ○ ×

07 주택의 상향여과는 상위소득계층이 사용하던 기존주택이 하위소득계층의 사용으로 전환되는 것을 말한다. ○ ×

08 저소득층 주거지역에서 주택의 보수를 통한 가치 상승분이 보수비용보다 크다면 하향여과가 발생할 수 있다. ○ ×

09 주택의 상향여과는 소득증가와 같은 이유로 인해, 저가주택에 대한 수요가 증가했을 때 나타난다. ○ ×

정답 및 해설 **01** ○ **02** × **03** ○ **04** × **05** × **06** ○ **07** × **08** × **09** ×

오답분석
02 다수가 아니라 소수의 판매자와 구매자가 존재한다.
04 균질적이 아니라 개별적인 가격형성이 가능하다.
05 수요와 공급의 조절이 용이한 것이 아니라 어렵다.
07 주택의 상향여과가 아니라 하향여과에 대한 설명이다.
08 하향여과가 아니라 상향여과에 대한 설명이다.
09 수요가 증가가 아니라 감소했을 때 나타난다.

10 고소득층 주거지역과 인접한 저소득층 주택은 할인료가 붙어 거래되며, 저소득층 주거지역과 인접한 고소득층 주택은 할증료되어 거래될 것이다. ☐ ⊠

11 준강성 효율적 시장은 새로운 정보가 공표되는 즉시 가격에 반영되는 시장으로, 공표된 자료를 토대로 투자분석을 하면 초과이윤을 얻기가 쉽다. ☐ ⊠

12 강성효율적 시장에서는 이미 모든 정보가 가격에 반영되어 있으므로 투자분석만 잘 하면 정상 이상의 초과이윤을 얻을 수 없다. ☐ ⊠

13 부동산거래에 정보비용이 수반되는 것은 시장이 할당 효율적이지 못하기 때문이다. ☐ ⊠

14 리카도는 토지비옥도의 차이 및 비옥한 토지의 한정, 수확체감의 법칙의 작용을 지대 발생원인으로 보았다. ☐ ⊠

15 절대지대설에 따르면 토지 소유자는 최열등지에 대해서는 지대를 요구할 수 없다. ☐ ⊠

16 튀넨에 따르면 지대란 매상고에서 생산비와 수송비를 뺀 것으로서 수송비 절약이 지대를 발생시킨다는 이론이다. ☐ ⊠

17 마샬은 항구적으로 토지와 유사한 성격을 가지는 생산요소에 귀속되는 소득을 준지대로 설명하고, 장기적으로 공급량이 일정한 생산요소에 지급되는 소득으로 보았다. ☐ ⊠

18 입찰지대란 단위 면적의 토지에 대해 토지이용자가 지불하고자 하는 최대금액으로, 정상이윤이 0이 되는 수준의 지대를 말한다. ☐ ⊠

19 동심원이론에 의하면 점이지대는 고소득층 주거지역보다 도심에 가깝게 위치한다. ☐ ⊠

정답 및 해설 **10** × **11** × **12** ○ **13** × **14** ○ **15** × **16** ○ **17** × **18** × **19** ○

오답분석
10 할인료와 할증료가 바뀌었다.
11 초과이윤을 얻기가 쉽다가 아니라 얻을 수 없다.
13 할당 효율적이지 못하기 때문이 아니라 불완전경쟁시장 때문이다.
15 요구할 수 있다.
17 항구적이 아니라 일시적, 장기적이 아니라 단기적
18 정상이윤이 아니라 초과이윤에 대한 설명이다.

20 동심원이론에 따르면 저소득층일수록 고용기회가 많은 지역과 접근성이 양호한 지역에 주거를 선정하는 경향이 있다.

☐○ ☐×

21 동심원설에 의하면 중심지와 가까워질수록 범죄, 빈곤 및 질병이 적어지는 경향을 보인다.

☐○ ☐×

22 선형이론에 의하면 주택구입능력이 높은 고소득층의 주거지는 주요 간선도로와 인근에 입지하는 경향이 있다.

☐○ ☐×

23 베버는 운송비 · 노동비 · 집적이익을 고려하여 비용이 최소화되는 지점이 공장의 최적입지가 된다고 보았다.

☐○ ☐×

24 뢰슈(A. Lösch)는 수요측면의 입장에서 기업은 시장확대 가능성이 가장 높은 지점에 위치해야 한다고 보았다.

☐○ ☐×

25 크리스탈러(W. Christaller)의 중심지이론은 재화의 도달거리와 최소요구치의 관계를 설명한 이론이다.

☐○ ☐×

26 상업입지이론으로 레일리의 소매인력법칙 : 두 도시의 상거래흡인력은 인구에 반비례하고 두 도시 분기점으로부터의 거리의 제곱에 비례한다.

☐○ ☐×

27 레일리의 소매인력법칙에 의하면, 만약 X도시가 Y도시보다 크다면 상권의 경계는 Y도시 쪽에 더 멀게 결정될 것이다.

☐○ ☐×

28 허프의 확률모형으로 한 지역에서 각 상점의 시장점유율을 간편하게 추산할 수 있다.

☐○ ☐×

29 선매품점은 여러 상점들을 상호 비교한 후에 구매하는 상품을 취급하는 점포이다.

☐○ ☐×

정답 및 해설 **20** ○ **21** × **22** ○ **23** ○ **24** ○ **25** ○ **26** × **27** × **28** ○ **29** ○

오답분석

21 중심지와 멀어질수록 범죄, 빈곤 및 질병이 적어지는 경향을 보인다.

26 인구에 비례하고 두 도시 분기점으로부터의 거리의 제곱에 반비례한다.

27 더 멀게가 아니라 더 가깝게 결정될 것이다.

제2장 | 확인학습문제

01 주거분리와 여과과정에 관한 설명으로 옳지 <u>않은</u> 것은? ★30회 기출★

① 저가주택이 수선되거나 재개발되어 상위계층의 사용으로 전환되는 것을 상향여과라 한다.
② 민간주택시장에서 저가주택이 발생하는 것은 시장이 하향여과작용을 통해 자원할당기능을 원활하게 수행하고 있기 때문이다.
③ 주거입지는 침입과 천이현상으로 인해 변화할 수 있다.
④ 주거분리는 도시 전체에서 뿐만 아니라 지리적으로 인접한 근린지역에서도 발생할 수 있다.
⑤ 하향여과는 고소득층 주거지역에서 주택의 개량을 통한 가치상승분이 주택개량비용보다 큰 경우에 발생한다.

> 해설
> 난도 ★★
> ⑤ 상향여과는 고소득층 주거지역에서 주택의 개량을 통한 가치 상승분이 주택개량비용보다 큰 경우에 발생한다.
>
> 目 ⑤

02 부동산시장의 효율성에 관한 설명으로 옳은 것은? ★33회 기출★

① 특정 투자자가 얻는 초과이윤이 이를 발생시키는데 소요되는 정보비용보다 크면 배분 효율적 시장이 아니다.
② 약성 효율적 시장은 정보가 완전하고 모든 정보가 공개되어 있으며 정보비용이 없다는 완전경쟁시장의 조건을 만족한다.
③ 부동산시장은 주식시장이나 일반적인 재화시장보다 더 불완전경쟁적이므로 배분 효율성을 달성할 수 없다.
④ 강성 효율적 시장에서는 정보를 이용하여 초과이윤을 얻을 수 있다.
⑤ 약성 효율적 시장의 개념은 준강성 효율적 시장의 성격을 모두 포함하고 있다.

난도 ★★

① 특정 투자자가 얻은 초과이윤이 이를 발생시키는데 소요되는 정보비용보다 크면 초과이윤이 발생하므로 배분 효율적 시장이 되지 않는다.

② 강성 효율적 시장은 정보가 완전하고 모든 정보가 공개되어 있으며, 정보비용이 없다는 완전경쟁시장의 조건을 만족한다.

③ 부동산시장은 주식시장이나 일반적인 재화시장보다 더 불완전경쟁적이지만 배분 효율성을 달성할 수도 있다.

④ 강성 효율적 시장에서는 어떤 정보를 이용하여도 초과이윤을 얻을 수 없다.

⑤ 준강성 효율적 시장의 개념은 약성 효율적 시장의 성격을 모두 포함하고 있다.

답 ①

---

03 부동산시장에 관한 설명으로 옳지 <u>않은</u> 것은?(단, 주어진 조건에 한함)   ★30회 기출★

☑확인
Check!
○
△
×

① 부동산시장은 단기적으로 수급조절이 쉽지 않기 때문에 가격의 왜곡이 발생할 가능성이 높다.

② 부동산의 공급이 탄력적일수록 수요증가에 따른 가격변동의 폭이 크다.

③ 취득세의 강화는 수급자의 시장진입을 제한하여 시장의 효율성을 저해한다.

④ 토지이용 규제로 인한 택지공급의 비탄력성은 주택공급의 가격탄력성을 비탄력적으로 하는 요인 중 하나이다.

⑤ 주택시장에서 시장균형가격보다 낮은 수준의 가격상한규제는 장기적으로 민간주택 공급량을 감소시킨다.

난도 ★

부동산의 공급이 탄력적일수록 수요증가에 따른 가격변동의 폭이 적다.

반면에 부동산의 공급이 비탄력적일수록 수요증가에 따른 가격변동의 폭이 크다.

답 ②

---

04 지대이론 및 도시공간구조이론에 관한 설명으로 옳지 <u>않은</u> 것은?   ★30회 기출★

☑확인
Check!
○
△
×

① 리카도는 비옥한 토지의 희소성과 수확체감의 법칙으로 인해 지대가 발생한다고 보았다.

② 마샬은 일시적으로 토지와 유사한 성격을 가지는 생산요소에 귀속되는 소득을 준지대로 보았다.

③ 알론소는 각 토지의 이용은 최고의 지대지불의사가 있는 용도에 할당된다고 보았다.

④ 호이트는 저급주택지가 고용기회가 많은 도심지역과의 교통이 편리한 지역에 선형으로 입지한다고 보았다.

⑤ 해리스와 울만은 도시 내부의 토지이용이 단일한 중심이 아니라 여러 개의 전문화된 중심으로 이루어진다고 보았다.

난도 ★★

④ 호이트는 고급주택지가 고용기회가 많은 도심지역과의 교통이 편리한 지역에 선형으로 입지한다고 보았다.

답 ④

---

05 도시성장구조이론에 관한 설명으로 옳지 <u>않은</u> 것은?　　　　　　　　　　★27회 기출★

① 버제스(Burgess)의 동심원이론은 도시생태학적 관점에서 접근하였다.
② 해리스(Harris)와 울만(Ullman)의 다핵심이론은 도시가 그 도시내에서도 수개의 핵심이 형성되면서 성장한다는 이론이다.
③ 동심원이론은 도시가 그 중심에서 동심원상으로 확대되어 분화되면서 성장한다는 이론이다.
④ 다핵심이론과 호이트(Hoyt)의 선형이론의 한계를 극복하기 위해서 개발된 동심원이론에서 점이지대 는 저소득지대와 통근자지대 사이에 위치하고 있다.
⑤ 선형이론은 도시가 교통망을 따라 확장되어 부채꼴 모양으로 성장한다는 이론이다.

난도 ★★

④ 동심원이론에서 점이지대는 중심업무지대와 저소득지대 사이에 위치하고 있다. 또한 동심원이론을 극복하기 위하며 선형 이론이 도출되었다.

답 ④

---

06 A도시와 B도시 사이에 있는 C도시는 A도시로부터 5km, B도시로부터 10km 떨어져 있다. 각 도시의 인 구 변화가 다음과 같을 때, 작년에 비해 금년에 C도시로부터 B도시의 구매활동에 유인되는 인구수의 증 가는? (단, 레일리(W.Reilly)의 소매인력법칙에 따르고, C도시의 모든 인구는 A도시와 B도시에서만 구매 하며, 다른 조건은 동일함)　　　　　　　★34회 기출★

구분	작년 인구수	금년 인구수
A도시	5만 명	5만 명
B도시	20만 명	30만 명
C도시	2만 명	3만 명

① 6,000명　　　　　　　　　　　② 7,000명
③ 8,000명　　　　　　　　　　　④ 9,000명
⑤ 10,000명

해설

난도 ★★

특정 도시에 갈 고객의 유인력은 인구(크기)에 비례하고, 거리(시간)에 반비례한다는 논리이다. 주어진 지문은 작년과 금년의 인구수가 변화했을 때 B도시의 구매활동에 유인되는 고객수의 변화분을 묻는 것이다. 공식은 다음과 같다.

$$\frac{\text{인구수}}{\text{거리}^2} = \frac{B}{A+B}$$

㉠ 작년 인구수 $= \dfrac{B\left(\dfrac{20만}{10^2}\right)}{A\left(\dfrac{5만}{5^2}\right) + B\left(\dfrac{20만}{10^2}\right)} \times$ C도시 인구(2만 명) $= 10{,}000$명

㉡ 금년 인구수 $= \dfrac{B\left(\dfrac{30만}{10^2}\right)}{A\left(\dfrac{5만}{5^2}\right) + B\left(\dfrac{30만}{10^2}\right)} \times$ C도시 인구(3만 명) $= 18{,}000$명

㉢ B도시의 고객유인력 변화분 = 금년 인구수(18,000명) − 작년 인구수(10,000명) = 8,000명

㉣ 작년보다 금년에 B도시의 고객 유인은 8,000명이 증가되었다.

답 ③

07

컨버스의 분기점모형에 따르면 상권은 거리의 제곱에 반비례하고 인구에 비례한다. 다음의 조건에서 A, B도시의 상권 경계지점은 A시로부터 얼마나 떨어진 곳에 형성되는가?(단, 주어진 조건에 한함) ★30회 기출★

- A시의 인구: 16만 명, B시의 인구 : 4만 명
- 두 도시 간의 거리 : 15Km
- 두 도시의 인구는 모두 구매자이며, 두 도시에서만 구매함

① 8Km
② 9Km
③ 10Km
④ 11Km
⑤ 12Km

해설

난도 ★★

$$\frac{\text{거리}(15)}{1 + \sqrt{\dfrac{\text{상대면적}(4만명)}{\text{기준면적}(16만명)}}} = 10$$

답 ③

제3장 | 부동산 정책론

제1절 부동산 문제

부동산문제란 부동산과 인간과의 관계악화 의제문제를 말하는 것으로 그 모습은 실로 다양하게 나타나고 있다.

1. 토지문제

(1) 토지의 부족

토지의 부증성 때문에 수요가 증가할수록 토지 부족문제는 더욱 심각해진다.

(2) 지가고(地價高)

토지공급은 한정되어 있는데 토지수요 증가로 인해 지가고 문제가 발생한다.

(3) 토지이용의 비효율성

토지의 효율적인 이용에 문제가 생기면 경제적인 토지의 부족문제를 더욱 심화시키게 된다.

(4) 분배의 불평등

토지분배는 소위 역대의 토지문제였으며, 면적분배 · 소유권분배 또는 그로부터 발생하는 수익의 분배가 불평등하게 이루어진 것이 그 문제의 핵심이 되어 왔다.

(5) 관리의 비효율화

양호한 토지제도를 유지하는 데 토지관리가 필수적인데 법·행정상의 미비로 사람과 토지가 친밀한 관계를 유지하도록 관리되지 못하고 있다.

(6) 토지투기

토지의 부증성, 영속성 때문에 투기의 대상으로 전환되고 점차 토지의 집중현상을 초래한다.

2. 주택문제

(1) 주택문제의 구분

① 양적 주택문제(양적 주택수요 증가요인)
    ㉠ 인구의 증가, 평균수명의 연장
    ㉡ 핵가족화 현상
    ㉢ 기존주택의 노후화
    ㉣ 공공사업에 따른 주택의 철거
    ㉤ 결혼, 이혼의 증가
    ㉥ 필요공가율의 증가

② 질적 주택문제(질적 주택수요 증가요인)
    ㉠ 소득의 증대
    ㉡ 생활수준의 향상
    ㉢ 문화생활에의 욕구
    ㉣ 신건축자재의 개발
    ㉤ 주택금융의 확대
    ㉥ 행정상 배려(정부시책)

(2) 주거비부담정도 측정방법 ★32회 기출★

① 슈바베지수(Schwabe index)
    ㉠ 슈바베지수는 가계총지출액에 대한 주거비의 비율$\left(=\dfrac{주거비}{가계총지출액}\right)$로 나타낸다.
    ㉡ 슈바베지수가 높을수록 주거비 부담이 크고 주거비부담능력이 작다는 것을 의미한다.

② PIR(Price-Income Ratio)$=\dfrac{주택가격}{연소득}$
    ㉠ 연소득 대비 주택구입가격 비율을 의미하는 것으로 주택구입능력을 의미한다.
    ㉡ PIR지수가 높으면 주택가격이 부담으로 작용하여 주거비부담은 커지게 된다.

③ RIR(Rent-Income Ratio)$=\dfrac{월임대료}{월소득}$
    ㉠ 소득에 대한 임대료의 비율을 말한다.
    ㉡ RIR지수가 높을수록 주거비의 부담이 크다는 것을 의미한다.

3. 부동산문제의 특징

(1) **악화성향** : 한 번 어떤 문제가 생기면 시간의 흐름에 따라 악화되기 쉽고 이를 바로잡는 일이 점점 어려워진다.

(2) **비가역성** : 한번 어떤 부동산문제가 악화되면 이를 완전한 옛 상태로 회복하기는 사회적 · 경제적 · 기술적으로 매우 어렵다.

(3) **지속성** : 부동산문제가 시간의 흐름과 함께 지속되는 현상을 말한다.

(4) **해결수단 다양성** : 부동산문제를 해결하는 데 이용되는 수단에는 세제, 금융, 재정, 주택건축, 토지이용, 토지수용 등 다양하다. 부동산정책은 종합정책으로서의 성격이 강하다.

제2절 정부의 시장개입

1. 정부의 시장개입 필요성 ★28, 29, 32회 기출★

정부가 부동산시장에 개입하는 이유는 두 가지 기능, 즉 정치적 기능과 경제적 기능을 수행하기 위해서이다.

(1) **사회적 목표달성 : 정치적 기능**
  ① 사회적 목표는 형평성일 수도 있고 효율성일 수도 있으며, 그 밖의 다른 목표일 수도 있다.
  ② 저소득층의 주택공급에 관한 여러 가지 주택정책은 사회적 목표 달성의 하나의 방법이다.

(2) **시장실패의 수정 : 경제적 기능**
  ① 시장실패가 존재할 경우 자원이 효율적으로 배분되지 않게 되고, 이때 정부가 시장에 개입하여 자원의 효율적 배분을 추구한다.
  ② 시장실패의 원인으로 공공재, 외부효과, 독과점, 정보의 비대칭성문제, 소득과 부의 불공평한 재분배 등이 있다.

▶ 정부의 시장개입 필요성

구분	정치적 기능	경제적 기능
목표	사회적 목표달성(형평성 · 효율성 등)	시장의 실패를 수정(자원이 효율적 배분)
내용	저소득층에게 임대주택을 제공하거나 영세민에게 보조금을 지급하는 경우 등	불완전 경쟁기업의 존재, 외부효과, 공공재의 존재 등

(3) **정부의 실패(government failure)**
  정부실패란 부동산 문제점을 해결하기 위하여 정부가 시장에 개입을 하였지만, 여전히 문제를 해결하지 못하고 더 심각한 문제를 유발할 수도 있다.

2. 시장실패 원인과 정부정책 ★34회 기출★

(1) 공공재(public goods)

① 공공재란 그 특성상 비경합성과 비배제성을 가진 재화를 말한다. 이러한 공공재는 필요로 하는 재화이지만 시장에서 생산되는 것은 어려워 시장실패의 요인이 된다.

② 공공재는 무임승차자(free-rider)의 문제와 정상이윤을 얻기 어려우므로 시장원리에서는 과소생산하게 되어 시장은 실패하게 되고 정부의 개입에 의해서 공공재를 생산할 수밖에 없다.

> 1. 비경합성(非競合性)
>   어떤 재화를 한 개인이 소비하더라도 다른 사람의 소비를 줄이지 않는 성질을 말한다.
> 2. 비배제성(非排除性)
>   특별한 대가를 지불하지 않고 이용하는데도 그 소비를 막을 수 없는 성질을 말한다.
> 3. 무임승차자(free-rider)
>   어느 누구도 공공재의 생산비를 지불하지 않고 무료로 이용하려고 하는데 이를 무임승차자라 한다.

(2) 외부효과의 존재

외부효과(external effect)는 한 개인이 자신의 경제활동과정에서 특별한 보상이나 대가를 받지 않고 다른 경제주체의 효용이나 생산에 직접 영향을 미치는 현상이라고 할 수 있다.

(3) 불완전경쟁시장

시장이 불완전경쟁시장의 형태가 되면, 독점과 같은 불완전 경쟁기업들은 이윤극대화 균형점에서 완전경쟁기업에 비해 적게 생산하여 높은 가격으로 판매하기 때문에 자원배분을 왜곡시키는 시장실패를 초래한다.

(4) 규모의 경제(비용체감산업)

생산규모를 확장할수록 평균비용이 감소하는 산업에서는 자연스럽게 독점이 형성되는데, 이러한 독점으로 자원배분을 왜곡시켜 시장실패를 초래한다.

(5) 정보의 비대칭

정보의 비대칭성이란 경제적인 이해관계가 있는 당사자들 사이에 정보수준의 차이가 존재하는 상황을 의미한다. 이러한 정보의 비대칭성에서 비롯되는 역선택과 도덕적 해이의 문제는 자원 배분의 비효율성을 초래한다.

3. 외부효과(外部效果) ★27, 34회 기출★

(1) 외부효과의 개념

외부효과란 어떤 경제주체의 경제활동이 시장을 통하지 않고, 의도하지 않게, 제3자의 경제적 후생에 영향을 끼침에도 불구하고 그러한 활동에 대해서 어떠한 보상도 받거나 주지 않은 상태를 의미한다.

(2) 부(−)의 외부효과(외부불경제)

① 사회적 비용의 증가

부(−)의 외부효과는 사회가 부담하는 비용을 증가시킨다. 사회가 부담하는 비용을 사회적 비용 (social cost)이라 한다.

예를 들어 어느 도시에 목재공장이 있는데 공해에 대한 사회적 규제는 전혀 없다고 가정해 보자. 이 공장은 물과 공기 오염을 발생시키고 있다. 아무런 사회적 규제가 없기 때문에 물과 공기에 대한 정 화비용을 지불하지 않는다.

② 부(−)의 외부효과로 인한 주민들의 비용증가

더러워진 물을 정화하지 않고 방치하면 지역주민이 그 대가를 지불하는 셈이 된다. 주민들이 사용하 기 전에 사회가 정화를 한다면 그 비용은 사회가 지불하는 셈이 된다.

③ 생산과정과 소비과정에서 발생현상

㉠ 생산측면 : 사적비용이 사회적 비용보다 작게 되어 사회적으로 적정 생산량보다 사적 생산량이 많 은 과다생산의 문제가 발생한다.

㉡ 소비측면 : 사회적 편익보다 사적 편익이 크게 되어 사회적 적정소비량보다 사적 소비량이 많은 과다소비의 문제가 발생한다.

㉢ 시장실패를 해결하기 위하여 정부는 지역지구제 및 중과세 등의 정책수단을 이용하여 소비 및 생 산의 억제를 도모할 필요가 있다.

㉣ 부(−)의 외부효과를 유발하는 시설들에 대해서 사회적으로 NIMBY현상[7]이 유발된다.

④ 정부가 부(−)의 외부효과를 규제할 경우 발생되는 현상

㉠ 목재공장에게 공해방지시설을 설치하라고 강제명령했을 때

ⓐ '(A) 부(−)의 외부효과와 목재가격' 그림에는 목재공장의 생산품에 대한 수요와 공급곡선이 표 시되어 있다. 곡선 S_1은 공해에 대한 규제가 없을 경우의 공급곡선이며, 정부가 목재공장에게 규제를 하면 공급곡선이 S_2로 이동한다. 따라서 목재공장은 제3자에게 부과되는 외부비용을 부담해야 한다.

ⓑ 목재공장에 대한 규제는 생산비의 증가를 초래하여, 공급곡선은 S_1에서 S_2로 상향이동시킨다. 따라서 목재가격은 P_0에서 P_1로 상승하게 되고, 균형량은 Q_1에서 Q_2로 감소하게 된다.

• 사회적 비용에 대한 규제 → 생산비 증가 → 공급감소 → 목재가격 상승, 생산량 감소

㉡ 부(−)의 외부효과와 주택임대료

그렇다면 이 같은 외부효과는 목재를 중요한 원자재로 사용하고 있는 주택의 생산이나 임대료에 는 어떠한 영향을 미치게 될까?

• 목재가격 상승 → 주택 건축비 증가 → 공급곡선 상향이동 → 임대료 상승, 주택량 감소

'(B) 부(−)의 외부효과와 주택임대료' 그림에서 P_0과 Q_0은 공해의 규제가 있기 전의 원래의 주택 의 균형임대료와 균형량이다. 공해에 대한 규제는 목재비용의 상승을 초래하므로 주택건설업자는 목재에 더 많은 비용을 지불해야 한다. 따라서 주택에 대한 공급곡선은 S_0에서 S_1로 감소하여, 임 대료(P_1)는 상승하고, 주택량(Q_1)은 감소된다. 외부효과에 대한 비용은 목재가격을 상승시키고, 목재가격의 상승은 주택임대료를 상승시키며 균형량을 감소시킨다.

---

7) NIMBY : Not In My Back Yard(유치반대현상)이라고 한다.

ⓒ 정부가 부(−)의 외부효과를 발생시킨 목제공장을 규제한 결과

　ⓐ 부(−)의 외부효과를 제거하기 위한 비용이 목재의 공급을 감소시켜 목재가격을 상승시켰다. 그 결과 주택 건축비 상승으로 주택 공급을 감소시키고 주택가격이 상승한다.

　ⓑ 부(−)의 외부효과를 규제하기 위해 투입된 비용이 주택가격에 반영된다. 따라서 목제공장이 부담해야 할 비용이 그 지역주민에게 전가되는 사회적 비용이 발생한다.

▶ (A) 부(−)의 외부효과와 목재가격　　　　▶ (B) 부(−)의 외부효과와 주택임대료

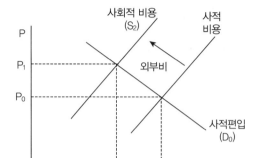 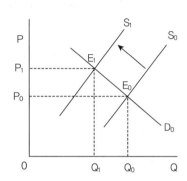

(3) 정(+)의 외부효과(외부경제)

정(+)의 외부효과(외부경제)란 개인의 경제행위가 제3자에게 의도하지 않게 이익을 주었는데 이에 대한 보상이 지불되지 않은 상태를 의미한다. 일례로써 어떤 주거지역에 지현씨가 자신의 집에 정원을 아름답게 꾸미고 담장을 허물었다. 이로 인해 주변환경이 쾌적해졌다고 가정하자. '(C) 정(+)의 외부효과와 근린지역' 그림에는 정(+)의 외부효과가 주택가치에 미치는 영향이 표시되어 있다.

▶ (C) 정(+)의 외부효과와 근린지역

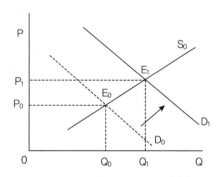

① 정(+)의 외부효과가 없을 경우의 수요곡선은 D_0이다. 정(+)의 외부효과가 발생함에 따라 주변지역의 주택에 대한 수요 증가로 수요곡선은 D_1로 증가한다. 그러나 공급곡선은 변함이 없다.

② 인근지역에 정(+)의 외부효과가 발생함으로써 주택의 가치는 P_0에서 P_1로 상승하고, 균형량도 Q_0에서 Q_1로 증가한다.

> 외부경제 발생 → 수요 증가 → 주택임대료 상승, 주택량 증가

③ 생산과정과 소비과정에서 발생현상

　　㉠ 생산측면 : 사적비용이 사회적 비용보다 크게 되어 사회적으로 적정 생산량보다 사적 생산량이 적은 과소생산의 문제가 발생한다.

　　㉡ 소비측면 : 사회적 편익이 사적 편익보다 크게 되어 사회적 적정소비량보다 사적 소비량이 적은 과소소비의 문제가 발생한다.

> • 생산측면(비용) : 사적 비용>사회적 비용(개인이 지출하는 비용이 큼)
> • 소비측면(편익) : 사회적 편익>사적 편익(사회적 혜택이 큼)

　　㉢ 정(+)의 외부효과는 시장에 공급을 맡기면 과소공급의 문제가 발생하여 시장실패의 원인이 된다. 이러한 시장실패를 해결하기 위하여 정부는 보조금지급 및 조세감면 등의 정책수단을 이용하여 소비 및 생산의 촉진을 도모할 필요가 있다.

　　㉣ 정(+)의 외부효과를 유발하는 시설들은 사회적으로 PIMFY현상[8]이 유발된다.

(4) 외부효과에 대한 해결책

① 부(−)의 외부효과를 제거하기 위해 주민들은 집단소송을 제기하여 피해보상을 요구할 수도 있으며 공장으로 하여금 공해방지시설을 하도록 요구할 수 있다.

② 그러나 소송을 제기하는 데에 드는 법적 비용이나 절차의 복잡성, 진상조사의 어려움 등은 현실적으로 주민들 스스로 이 같은 문제를 해결하기 곤란하게 만든다.

③ 이처럼 부(−)의 외부효과가 사적 시장에서 자체적으로 해결되기가 곤란하므로 정부는 공해방지법과 같은 법적 규제를 통해 시장에 개입하게 되는 것이다.

▶ 정(+)의 외부효과와 부(−)의 외부효과

구분	정(+)의 외부효과(외부경제)	부(−)의 외부효과(외부비경제)
의미	대가없는 이익	대가없는 손해
생산과정	사회적 비용<사적 비용	사적 비용<사회적 비용
소비과정	사회적 편익>사적 편익	사적 편익>사회적 편익
시장실패	과소생산, 과소소비	과대생산, 과대소비
정책대응	조장정책: 보조금지급, 세제혜택	규제정책: 부담금부과, 중과세, 이용규제

4. 지역지구제 ★27, 31회 기출★

(1) 지역지구제의 목적

① 토지를 각각의 지역·지구 내의 용도를 지정하여 지정된 용도에 맞도록 이용함으로써 토지를 효율적으로 이용하는 기법의 하나이다.

② '어울리지 않는 토지이용(nonconforming use)'을 규제함으로써 부(−)의 외부효과를 제거 또는 감소시켜 자원배분을 보다 효율적으로 할 수 있다.

---

8) PIMFY : Please In My Front Yard(적극적인 유치현상)이라고 한다.

(2) 지역지구제의 효과

① 단기적 효과

> 지역지구제 실시 → 수요 증가 → 초과수요 발생 → 주택가치 상승 → 공급자 초과이윤 발생

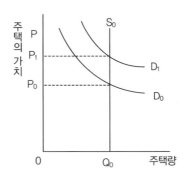

○ 투자자의 입장에서 볼 때, 지역지구제는 어울리지 않는 이용으로 인하여 주택의 가치가 하락할 위험을 그만큼 줄여주는 역할을 한다. 다른 조건이 동일한 경우, 위험부담의 경감은 기대수익을 그만큼 높여주므로 해당 지역에 대한 수요를 증가시킨다.

○ 수요곡선이 상향($D_0 \rightarrow D_1$)으로 이동하여 초과수요가 발생하여 주택가치는 상승($P_0 \rightarrow P_1$)한다. 따라서 단기에서는 기존공급자만 초과이윤이 발생한다.

② 장기적 효과

> 초과이윤 발생 → 신규공급자 시장진입 → 공급 증가 → 주택가치 하락

○ 단기에서 기존공급자는 초과이윤을 획득하게 됨에 따라 신규공급자는 초과이윤의 획득목적으로 주택시장에 진입을 하게 되어 일정기간이 지난 후에 공급이 증가한다. 공급증가로 주택가치는 초과이윤이 소멸하고 정상이윤이 존재할 때까지 계속 하락한다.

○ 장기는 기존공급자와 신규공급자 모두 초과이윤을 획득할 수가 없다.

○ 주택가치와 균형량은 산업의 종류에 따라 달라진다.

ⓐ 비용일정산업일 경우 : 공급곡선이 $S_0 \rightarrow S_1$까지 이동하여 주택가치는 원래수준(P_0)에서 균형이 이루어지고 주택량은 원래수준보다 많은 Q_2까지 증가한다.

ⓑ 비용증가산업일 경우 : 공급곡선 $S_0 \rightarrow S_1$까지 증가함에 따라 주택가치는 원래수준(P_0)보다 높은 P_3만큼 증가하고 주택량도 원래수준(Q_0)보다 높은 Q_3만큼 증가한다.

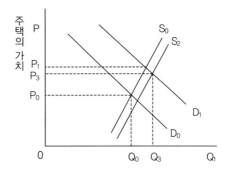

▶ 비용일정산업   ▶ 비용증가산업

- 비용일정산업 : 주택가치는 원래수준까지 하락하여 균형을 이룬다.
- 비용증가산업 : 주택가치는 원래수준보다 높은 수준에서 균형을 이룬다.

③ 지역지구제의 문제점(역기능)

㉠ 토지이용 상호 간 보완적 기능을 고려한 적절한 용도구분이 용이하지 않다.

㉡ 계획수립과 집행 간의 시차에 기인하는 상황의 변화에 대처하기 어렵다.

㉢ 지역지구제는 심각한 형평상의 문제를 야기시킬 수가 있다.

㉣ 지나치게 많은 면적의 과잉지정은 위치별 토지의 특성을 살린 효율적 이용을 저해하고 특정 용도로 지정된 소유자들의 재산권을 과잉보호하는 결과를 낳는다.

제3절 토지정책 ★27, 28, 29, 31, 32회 기출★

1. 토지정책의 수단[9]

토지시장에 대한 정부의 공적 개입의 방법은 매우 다양하지만, 토지의 정책목표를 실현하는 정책수단으로 일반적으로 직접개입, 토지이용규제, 간접개입을 들 수 있다.

(1) 직접적 개입 ★31회 기출★

① 의의

정부·공공기관 등의 주체가 직접 토지시장에서의 수요와 공급 당사자로 개입하여 문제를 해결하고자 하는 방법이다.

② 방법

토지은행제도, 토지구획정리사업, 공영개발, 공공소유제도, 공공투자사업, 공공임대주택 공급, 보금자리주택의 건설·공급, 토지수용 등이 있다.

(2) 토지이용규제

① 의의

토지이용자의 토지이용행위를 사회적으로 바람직한 방향으로 유도하기 위하여 법·행정적 조치에 의해 구속하고 제한하는 수단을 말한다.

② 방법

지역지구제, 건축규제, 각종 인허가, 개발권이전제도(TDR), 계획단위개발 등이 있다.

---

9) 이정전, 토지경제론, 박영사, p.358

(3) 간접적 개입 ★28, 29, 33회 기출★

① 시장기구의 기능을 통해서 간접적으로 소기의 효과를 얻고자 함이다.

② 방법

　㉠ 토지이용에 결부된 동기를 조정하는 방법이다.

　　例 각종 과세부과, 금융지원, 보조금지급, 부담금 부과 등

　㉡ 토지시장을 원활하게 하기 위한 각종 토지행정상 지원하는 방법이다.

　　例 필요한 양질자료 및 정보체제의 구축, 지적 및 등기를 통한 소유권의 명확한 설정

2. 개발이익환수제도

① 개발이익의 정의

　개발이익이라 함은 개발사업의 시행 또는 토지이용계획의 변경 기타 사회·경제적 요인에 의하여 정상지가상승분을 초과하여 개발사업을 시행하는 자 또는 토지소유자에게 귀속되는 토지가액의 증가분을 말한다.

② 개발이익환수제도의 목적

　㉠ 개발이익환수제도는 「개발이익의 환수에 관한 법률」에 따라 실시되는 제도이다.

　㉡ 개발이익환수제도는 토지의 공개념을 강화하고 사회성, 공공성을 강조하는 개념으로 개발이익의 일부를 국가에서 환수하는 제도이다.

　㉢ 민간사업자든 공공의 개발사업자든 토지를 개발할 때는 개발이익이 발생할 수 있다.

　㉣ 개발이익은 도시화 등의 거시적 요인 및 규제와 같은 미시적 요인 모두의 영향을 받는다.

　㉤ 개발부담금이라는 수단 외에도 양도소득세와 같은 조세, 환지사업이나 공영개발에 의한 기반시설 확충 등도 개발이익환수수단으로 활용될 수 있다.

더 알아보기 　개발이익환수에 관한 법률의 주요내용

① "개발이익"이란 개발사업의 시행, 토지이용계획의 변경, 그 밖에 사회적·경제적 요인에 따라 정상지가(正常地價)상승분을 초과하여 개발사업을 시행하는 자나 토지 소유자에게 귀속되는 토지 가액의 증가분이다.

② "개발사업"이란 국가나 지방자치단체로부터 인가 등을 받아 시행하는 택지개발사업이나 산업단지개발사업 등을 의미한다.

③ "개발부담금"이란 개발이익 중 이 법에 따라 국가가 부과·징수하는 금액을 말한다.

④ 국가는 개발부담금 부과 대상 사업이 시행되는 지역에서 발생하는 개발이익을 이 법으로 정하는 바에 따라 개발부담금으로 징수하여야 한다.

⑤ 납부 의무자가 납부하여야 할 개발부담금은 산정된 개발이익의 100분의 20(또는 25)로 한다.

3. 부동산 거래신고 등에 관한 법률

(1) 부동산 거래의 신고

① 거래당사자는 부동산 등에 관한 매매계약을 체결한 경우 그 실제 거래가격 등을 거래계약의 체결일부터 30일 이내에 그 권리의 대상인 부동산 등의 소재지를 관할하는 시장·군수 또는 구청장에게 공동으로 신고하여야 한다. 다만, 거래당사자 중 일방이 국가, 지방자치단체, 대통령령으로 정하는 자의 경우(이하 "국가 등"이라 한다)에는 국가 등이 신고를 하여야 한다.

(2) 부동산 거래의 해제 등 신고

① 거래당사자는 제3조에 따라 신고한 후 해당 거래계약이 해제, 무효 또는 취소(이하 "해제 등"이라 한다)된 경우 해제 등이 확정된 날부터 30일 이내에 해당 신고관청에 공동으로 신고하여야 한다. 다만, 거래당사자 중 일방이 신고를 거부하는 경우에는 국토교통부령으로 정하는 바에 따라 단독으로 신고할 수 있다.

(3) 주택 임대차 계약의 신고

임대차계약당사자는 주택에 대하여 대통령령으로 정하는 금액을 초과하는 임대차 계약을 체결한 경우 그 보증금 또는 차임 등 국토교통부령으로 정하는 사항을 임대차 계약의 체결일부터 30일 이내에 주택 소재지를 관할하는 신고관청에 공동으로 신고하여야 한다. 다만, 임대차계약당사자 중 일방이 국가 등인 경우에는 국가 등이 신고하여야 한다.

(4) 토지거래허가구역의 지정

① 국토교통부장관 또는 시·도지사는 국토의 이용 및 관리에 관한 계획의 원활한 수립과 집행, 합리적인 토지 이용 등을 위하여 토지의 투기적인 거래가 성행하거나 지가(地價)가 급격히 상승하는 지역과 그러한 우려가 있는 지역으로서 대통령령으로 정하는 지역에 대해서는 5년 이내의 기간을 정하여 토지거래계약에 관한 허가구역(이하 "허가구역"이라 한다)으로 지정할 수 있다.

② 국토교통부장관 또는 시·도지사는 제1항에 따라 허가구역을 지정하려면 중앙도시계획위원회 또는 시·도도시계획위원회의 심의를 거쳐야 한다.

(5) 선매

① 시장·군수 또는 구청장은 토지거래계약에 관한 허가신청이 있는 경우 다음 각 호의 어느 하나에 해당하는 토지에 대하여 국가, 지방자치단체, 한국토지주택공사, 그 밖에 공공기관 또는 공공단체가 그 매수를 원하는 경우에는 이들 중에서 해당 토지를 매수할 자[이하 "선매자(先買者)"라 한다]를 지정하여 그 토지를 협의 매수하게 할 수 있다.

　㉠ 공익사업용 토지

　㉡ 토지거래계약허가를 받아 취득한 토지를 그 이용목적대로 이용하고 있지 아니한 토지

② 시장·군수 또는 구청장은 제1항 각 호의 어느 하나에 해당하는 토지에 대하여 토지거래계약 허가신청이 있는 경우에는 그 신청이 있는 날부터 1개월 이내에 선매자를 지정하여 토지 소유자에게 알려야 하며, 선매자는 지정 통지를 받은 날부터 1개월 이내에 그 토지 소유자와 선매협의를 끝내야 한다.

4. 개발제한구역의 지정 및 관리에 관한 특별조치법

(1) 개발제한구역의 지정 등

① 국토교통부장관은 도시의 무질서한 확산을 방지하고 도시 주변의 자연환경을 보전하여 도시민의 건전한 생활환경을 확보하기 위하여 도시의 개발을 제한할 필요가 있거나 국방부장관의 요청으로 보안상 도시의 개발을 제한할 필요가 있다고 인정되면 개발제한구역의 지정 및 해제를 도시 · 군관리계획으로 결정할 수 있다.

② 개발제한구역의 지정 및 해제의 기준은 대상 도시의 인구 · 산업 · 교통 및 토지이용 등 경제적 · 사회적 여건과 도시 확산 추세, 그 밖의 지형 등 자연환경 여건을 종합적으로 고려하여 대통령령으로 정한다.

(2) 개발제한구역관리계획의 수립 등

① 개발제한구역을 관할하는 시 · 도지사는 개발제한구역을 종합적으로 관리하기 위하여 5년 단위로 개발제한구역관리계획(이하 "관리계획"이라 한다)을 수립하여 국토교통부장관의 승인을 받아야 한다.

(3) 개발제한구역에서의 행위제한

① 개발제한구역에서는 건축물의 건축 및 용도변경, 공작물의 설치, 토지의 형질변경, 죽목(竹木)의 벌채, 토지의 분할, 물건을 쌓아놓는 행위 또는 도시 · 군계획사업의 시행을 할 수 없다.

5. 토지적성평가제도

더 알아보기	국토의 계획 및 이용에 관한 법률 제27조(도시 · 군관리계획의 입안을 위한 기초조사 등)

① 국토교통부장관, 시 · 도지사, 시장 또는 군수는 도시 · 군관리계획을 입안하는 경우에는 기초조사의 내용에 도시 · 군관리계획이 환경에 미치는 영향 등에 대한 환경성 검토를 포함하여야 한다.
② 국토교통부장관, 시 · 도지사, 시장 또는 군수는 기초조사의 내용에 토지적성평가와 재해취약성분석을 포함하여야 한다.

토지적성평가는 토지의 토양, 입지, 활용가능성 등 토지의 적성에 대한 내용을 포함하여 적정한 이용가능성을 평가하는 것이다. 이러한 토지적성평가제도는 토지에 대한 개발과 보전의 경합이 발생했을 때 이를 합리적으로 조정하는 수단이다. 그리고 대도시주변의 난개발 문제나 농지의 휴경지 문제 등을 합리적으로 해결하는 수단이다.

6. 토지은행제도(토지비축제도)

(1) 의의

토지은행제도는 정부가 장래의 토지수요에 대비하여 사전에 대량의 택지를 미리 매입하여 공공자유보유 또는 공공임대보유의 형태로 비축하였다가 민간에 분양 · 임대해주는 제도로서 정부의 직접개입수단에 해당된다.

(2) 공공토지비축제도의 운용

① "토지은행"이란 공공토지의 비축 및 공급을 위하여 한국토지주택공사에 설치하는 토지은행계정이다.

② "토지은행사업"이란 한국토지주택공사가 토지은행을 운용하여 수행하는 사업이다.

③ "비축토지"란 한국토지주택공사가 토지은행사업으로 취득하여 관리하는 공공토지를 말한다.

④ 국토교통부장관은 종합계획에 따라 매년 연도별 공공토지비축 시행계획을 수립·시행하여야 한다.

⑤ 공공토지의 비축 및 공급에 관한 중요 사항을 심의·의결하기 위하여 국토교통부장관 소속으로 공공토지비축심의위원회("토지비축위원회")를 둔다.

⑥ 공공토지의 비축 및 공급을 위하여 한국토지주택공사 고유계정과 구분되는 계정으로서 한국토지주택공사에 토지은행계정을 둔다(토지은행계정은 한국토지주택공사의 회계와 구분 계리한다).

⑦ 토지은행에서 토지를 비축할 때에는 공공개발용 토지, 수급조절용 토지, 매립지 등으로 구분하여 비축한다.

⑧ 공공개발용 토지의 비축사업계획을 승인받은 경우 한국토지주택공사는 해당 공공개발용 토지의 취득을 위하여 필요한 때에는 토지 등을 수용할 수 있다.

(3) 토지은행제도의 특징

① 장점

　㉠ 공공용지를 저렴한 지가로 적시에 공급이 가능하다.

　㉡ 무질서·무계획적인 개발을 막는 도시스프롤현상을 방지할 수 있다.

　㉢ 개발이익을 사회적으로 환원할 수 있다.

② 단점

　㉠ 초기에 막대한 토지매입비 부담이 있다.

　㉡ 매입 토지를 관리하는 부담이 크다.

　㉢ 적절한 투기방지 대책없이 시행하는 경우 주변지역의 토지투기 가능성이 있다.

① 택지소유상한제

　서울, 부산, 인천, 대전, 광주, 대구 등의 6대 도시의 경우에, 한 가구당 661m²가 넘는 택지를 신규로 취득할 수 없게 한 제도. 토지 공개념의 일종이다. 1994년 헌법소원에서 위헌 판결받았다.

② 토지초과이득세

　토지초과이득세법을 제정(1989)하여, 유휴토지 등으로부터 발생한 토지초과이득에 대하여 토지초과이득세를 부과하고 있다. 그러나 1998년 위헌 판결로 폐지되었다.

③ 공한지세

　대도시 내의 토지 이용을 효율적으로 촉진시키기 위하여, 사용하지 않는 빈 땅에 부과하는 지방세로서 토지투기에 따른 공한지 문제가 세론의 비판을 받자 공한지에 대해서 토지보유세(재산세)를 높게 매기게 되었다.

④ 종합토지세

　1990년에 시행된 전국의 토지를 소유자별로 합산해 누진과세하는 지방세이다. 땅을 많이 가진 사람에게 땅에 대한 세금부담을 늘려 토지의 과다보유를 억제하고 토지투기를 통한 불로소득을 막아 지가안정과 과세형편을 추구하기 위해 마련됐다. 그러나 종합부동산세에 편입되었다.

제4절 주택정책

1. 임대료 규제정책(임대료상환제)

(1) 특징

① 임대료 규제는 규제임대료가 시장임대료보다 낮게 설정될 때 그 효과가 나타나지만, 규제임대료가 시장임대료보다 높을 경우에는 임대주택 시장에 아무런 효과가 없다.

② 임대료 규제의 효과는 단기와 장기에 따라 달라진다. 단기에는 임대주택의 공급량이 변하지 않기 때문에 임대료 규제의 효과가 발휘되지만, 장기에는 공급량이 변화하기 때문에 임대료 규제 효과가 없다.

(2) 임대료 규제의 단기효과

일반적으로 시장임대료(R_0)보다 규제임대료(R_2)가 낮게 규제한다는 것을 전제로 한다.

① 단기는 임대주택의 공급은 불변이지만, 수요측면에서는 임대료 규제로 인하여 수요는 $Q_0 \sim Q_2$만큼 증가하게 되어 임대시장은 초과수요가 발생한다.

② 기존 임대료보다 규제임대료가 낮기 때문에 기존임차인은 신규임대주택으로 이동을 한다.

③ 임대료 규제정책은 기존임차인을 신규임대주택으로 이동을 시킬 목적이므로 임대료 규제효과는 있다.

▶ 임대료 규제 단기효과	▶ 임대료 규제 장기효과
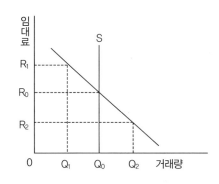	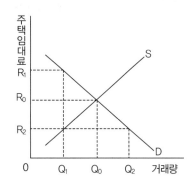

(3) 임대료 규제의 장기효과

① 이윤저하에 따른 공급량 감소

㉠ 투자자들은 임대주택에 투자를 기피하여 공급량이 감소($Q_0 \rightarrow Q_1$)한다. 또한 장기적으로 주택부족현상은 더욱더 심각해진다.

㉡ 기존의 임대부동산도 다른 용도로 전환하고자 한다.

㉢ 임대용 부동산의 질적인 저하를 가져온다.

② 이중가격형성

㉠ 장기에 공급의 감소($Q_1 \sim Q_2$)로 공급부족이 발생하기 때문에 임대인은 추가적 음성적 비용을 요구함에 따라 규제임대료(R_2)보다 임대인이 요구하는 임대료(R_1)가 높이 발생하는 이중임대료가 형성된다.

㉡ 추가적 음성적 비용 때문에 기존임차인이 신규임대주택으로 이동하면 불리하다.

㉢ 장기적으로 임대료 규제효과는 없어지며 여러 가지 부작용을 유발하므로 큰 실익이 없다.

③ 초과수요발생($Q_1 \sim Q_2$만큼)

　　㉠ 규제 임대료가 시장의 균형임대료보다 낮게 설정되어 있을 경우 그만큼 초과수요를 발생시켜 암시장이 존재한다.

　　㉡ 초과수요는 단기보다 장기가 더 많이 발생한다.

　　㉢ 수요와 공급이 탄력적일수록 초과수요(주택부족현상)는 더 커진다.

2. 임대료보조정책

(1) 개념

정부에서 저소득층에게 임대료보조금을 지급하는 경우에 소득효과와 대체효과 때문에 임대주택의 소비량이 종전보다 늘어난다. 즉, 임대료보조는 실질소득의 증가효과가 있어서 임대주택의 소비량이 종전보다 늘어나게 되고 또한 대체효과 때문에 다른 소비 역시 증가된다.

(2) 보조금 지급대상에 따른 효과

보조금 지급방법은 수요자(임차인)에게 보조하는 방식(임대료 보조)과 생산자에게 보조하는 방식(공공임대주택 건설 등)으로 구분할 수 있다. 임차인의 주거지 선택의 폭이 넓은 것은 수요자(임차인)에게 지급하는 방식이 유리하다.

① 수요자(임차인)에게 보조금지급에 따른 효과

▶ 임차인에게 임대료를 보조한 경우

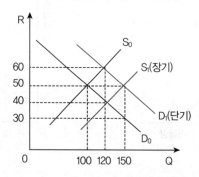

　　㉠ 단기효과

> • 임차인의 실질부담임대료 하락 → 초과수요발생 → 시장임대료 상승 → 초과이윤 발생

단기에 수요가 증가하여 임대료가 60만 원으로 상승하였고, 정부로부터 20만 원을 보조받는다면 임차인의 실질부담임대료는 단기에는 40만 원이 되고 거래량은 단기에 120으로 늘어난다.

　　ⓐ 정부의 보조금을 인하여 수요가 증가하여 임대료가 상승한다.

　　ⓑ 단기에서는 임대료 상승으로 임차인이 혜택을 보지 못하고, 기존 임대인에게 보조금 혜택이 귀속된다.

ⓛ 장기효과

> • 임대료 상승 → 공급자 초과이윤 발생 → 공급증가 → 임대료 하락 (초과이윤 소멸)

단기에 초과이윤이 존재하므로 장기적으로 공급이 증가하여 임대료가 50만 원으로 되었으나, 정부로부터 20만 원을 보조받는다면 임차인이 부담하는 실질임대료는 장기에는 30만 원이 되고 거래량은 장기에 150으로 늘어난다.

   ⓐ 임대주택의 임대인이 초과이윤이 발생하여 임대주택 공급은 증가한다.

   ⓑ 공급량의 증가에 따른 임대료가 하락하여 초과이윤이 소멸될 때까지 계속 하락한다.

   ⓒ 장기에서는 임차인은 임대료 하락에 때른 임대료보조에 대한 혜택을 보게 된다.

   ⓓ 임차인의 임대료에 대한 혜택을 어느 정도 볼 것인가는 공급의 탄력성 크기에 달려있다. 즉, 공급이 탄력적이면 임대주택의 공급량은 크게 증가하여 임대료 하락 폭도 커질 것이다. 반면에 비탄력적이면 공급량이 약간 증가하여 임대료 하락폭도 크지 않을 것이다.

ⓒ 임대료보조금 지급방식

임차인에게 임대료를 보조하는 방식으로 임대료보조방식과 소득보조방식으로 나눌 수 있다.

   ⓐ 임대료(집세)보조방식은 임대주택을 소비하는 저소득층에게 임대료 명목으로 사용토록 하는 방식인데, 임차인의 효용은 소득보조방식보다 낮지만 정책적 효과는 소득보조방식보다 높다.

   ⓑ 소득보조방식은 임대주택을 소비하는 저소득층에게 현금으로 지원하는 방식인데, 임차인 입장에서는 임차인의 효용은 임대료(집세)보조방식보다 높지만 정책적 효과는 임대료(집세)보조방식보다 낮게 된다.

② 공급자에게 임대료를 보조하는 경우

공급자에게 보조금을 지원하더라도 단기에는 공급을 늘릴 수 없으므로 단기에는 아무런 변화가 없다. 장기적으로는 생산비의 감소효과가 있으므로 공급비용이 감소하고 공급량이 증가하여 임대료가 하락하게 된다.

ⓞ 공급자에게 건설자금을 지원함으로써 생산비 인하효과로 민간부분에 주택공급이 증가하여 주택가격이 하락하고 주택소비가 증가한다.

ⓛ 공급자에게 임대료보조금을 지원하면 결국 임차인이 혜택을 받는다.

더 알아보기 | 주택바우처(housing voucher)제도

① 주택바우처제도(Housing Voucher Program)란 저소득층의 임대료가 소득의 일정 수준을 넘을 경우, 임대료의 일부를 쿠폰 형태로 지원하는 제도이다. 우리나라에서는 해당 제도를 보통 '주거급여'제도라고 지칭한다.

② 공공임대주택의 건설공급 방식은 주택의 공급량을 늘리고, 입주자의 부담을 직접적으로 줄일 수 있는 장점이 있으나, 정부의 재정부담이 크고 주거지와 주택 선택에 있어서 제약이 존재한다. 그에 비해 주택바우처제도는 거주 주택을 직접 선택할 수도 있고, 상대적으로 많은 가구에 형평성 있는 지원이 가능하며, 재정 지출 부담 또한 낮은 편이라고 할 수 있다.[10]

3. 공공임대주택정책

정부는 저소득층이 부담하는 주거비를 경감시켜주고, 민간부문의 임대주택에서 공공임대주택으로 이주해 오는 것을 장려하기 위해, 시장임대료보다 저렴한 가격으로 임대주택을 제공한다.

(1) 단기

> 공공임대주택의 공급 → 임차자의 사적 시장에서 공공주택시장으로 수요이동 → 사적 시장의 수요 감소 → 사적 임대주택 공가현상 발생 → 사적 시장의 임대료 하락

① 공공주택 공급은 공공주택의 수요 증가로 인하여 사적 임대주택에 대한 수요 감소로 임대료도 하락한다. 즉, 공공임대주택의 공급은 기존 사적 시장의 임차인의 이동이 활발하다.

② 공공임대주택의 공급은 사적 시장의 임차인도 단기에서 혜택을 보게 되므로 단기에서는 공공임대주택의 임차인과 사적 임대주택의 임차인 모두 임대료에 대한 혜택을 본다.

(2) 장기

> • 임대료 하락 → 공급자 퇴출 → 공급 감소 → 사적 시장임대료 상승(원래수준)

① 공급자의 입장에서 볼 때, 단기적으로는 공공주택의 공급은 사적 시장의 임대료를 하락시켜 수익률의 저하를 가져와 공급은 감소하게 되어 공급이 감소한다.

② 공급이 감소함에 따라, 임대료는 결국 공급자에게 적정이윤을 보장해 주는 원래 수준으로 상승하게 된다. 이때 주택량은 공공임대주택이 공급된 만큼 사적 임대주택의 공급은 감소하므로 사회전체 주택량은 불변이 된다.

③ 장기에서는 사적 임대주택가격이 원래수준으로 회귀되었으므로, 공공임대주택을 차지하는 임차인만 임대료 차액만큼 혜택을 보게 된다. 즉, 공공임대주택 공급은 임대료에 대한 이중가격을 형성하여 공공주택에 거주하는 저소득층에게 혜택을 준다. 마치 공공주택 거주자들은 임대료차액 만큼을 정부로부터 보조받는 것과 같은 효과를 얻게 된다.

더 알아보기 | 임대주택법과 공공임대주택

1. 임대주택법 제2조 정의
   (1) "민간임대주택"이란 임대 목적으로 제공하는 주택으로서 임대사업자가 등록한 주택을 말하며, 민간건설임대주택과 민간매입임대주택으로 구분한다.
   (2) "민간건설임대주택"이란 다음 각 목의 어느 하나에 해당하는 민간임대주택을 말한다.
   ① 임대사업자가 임대를 목적으로 건설하여 임대하는 주택
   ② 주택건설사업자가 사업계획승인을 받아 건설한 주택 중 사용검사 때까지 분양되지 아니하여 임대하는 주택
   ③ "민간매입임대주택"이란 임대사업자가 매매 등으로 소유권을 취득하여 임대하는 민간임대주택을 말한다.
   ④ "기업형임대주택"이란 기업형임대사업자가 8년 이상 임대할 목적으로 취득하여 임대하는 민간임대주택을 말한다.

---

10) KB daily 지식비타민, 주택바우처 제도의 이해, 2012.9.4.

2. 공공주택특별법 제2조 공공임대주택

공공임대주택이란 「공공주택 특별법」 다음 각 호의 주택을 말한다.

(1) 영구임대주택 : 국가나 지방자치단체의 재정을 지원받아 최저소득 계층의 주거안정을 위하여 50년 이상 또는 영구적인 임대를 목적으로 공급하는 공공임대주택

(2) 국민임대주택 : 국가나 지방자치단체의 재정이나 「주택도시기금법」에 따른 주택도시기금의 자금을 지원받아 저소득 서민의 주거안정을 위하여 30년 이상 장기간 임대를 목적으로 공급하는 공공임대주택

(3) 행복주택 : 국가나 지방자치단체의 재정이나 주택도시기금의 자금을 지원받아 대학생, 사회초년생, 신혼부부 등 젊은 층의 주거안정을 목적으로 공급하는 공공임대주택

(4) 통합공공임대주택 : 국가나 지방자치단체의 재정이나 주택도시기금의 자금을 지원받아 최저소득 계층, 저소득 서민, 젊은 층 및 장애인 · 국가유공자 등 사회 취약계층 등의 주거안정을 목적으로 공급하는 공공임대주택

(5) 장기전세주택 : 국가나 지방자치단체의 재정이나 주택도시기금의 자금을 지원받아 전세계약의 방식으로 공급하는 공공임대주택

(6) 분양전환공공임대주택 : 일정 기간 임대 후 분양전환할 목적으로 공급하는 공공임대주택

(7) 기존주택 등 매입임대주택 : 국가나 지방자치단체의 재정이나 주택도시기금의 자금을 지원받아 제37조 제1항 각 호의 어느 하나에 해당하는 주택 또는 건축물(이하 "기존주택 등"이라 한다)을 매입하여 「국민기초생활 보장법」에 따른 수급자 등 저소득층과 청년 및 신혼부부 등에게 공급하는 공공임대주택

(8) 기존주택전세임대주택 : 국가나 지방자치단체의 재정이나 주택도시기금의 자금을 지원받아 기존주택을 임차하여 「국민기초생활 보장법」에 따른 수급자 등 저소득층과 청년 및 신혼부부 등에게 전대(轉貸)하는 공공임대주택

2. 분양주택정책

(1) 분양가상한제 ★27회 기출★

주택법 제57조(주택의 분양가격 제한 등)
① 사업주체가 일반인에게 공급하는 공동주택 중 다음 각 호의 어느 하나에 해당하는 지역에서 공급하는 주택의 경우에는 각 조에서 정하는 기준에 따라 산정되는 분양가격 이하로 공급(이에 따라 공급되는 주택을 "분양가상한제 적용주택"이라 한다. 이하 같다)하여야 한다.
1. 공공택지
2. 공공택지 외의 택지에서 주택가격 상승 우려가 있어 국토교통부장관이 「주거기본법」 제8조에 따른 주거정책심의위원회(이하 "주거정책심의위원회"라 한다) 심의를 거쳐 지정하는 지역

① 의의

㉠ 분양가상한제는 정부가 사적 시장에서 공급되는 신규주택 분양가를 시장균형가격 이하로 규제하는 제도이다.

㉡ 분양가상한제는 분양가 규제를 통하여 실수요자의 내집 마련 부담을 완화하기 위해 도입된 제도이다.

② 분양가상한제 효과

㉠ 단기효과

ⓐ 분양가가 인하됨으로써 신규분양주택은 공급은 불변이지만, 수요는 증가하여 초과수요현상이 발생한다.

ⓑ 단기적으로는 분양가에 대한 부담이 없기 때문에 주택 소비자가 유리하다.

ⓛ 장기효과
ⓐ 주택건설업체의 수익성을 악화
- 신규주택의 공급이 감소한다.
- 주택의 질적 수준 저하를 유발한다.
- 외곽지역이 지나치게 고층화되는 현상이 유발한다.
- 소형건설업체의 수익성 악화로 도산에 위기를 처한다.
ⓑ 투기수요 유발
- 민간주택공급을 위축시킴으로써 중고주택의 가격을 상승시킨다.
- 시장가격 이하로 분양받은 사람은 전매차익이 발생하므로 투기수요를 유발시킨다.
ⓒ 실수요자들은 암시장에서 프리미엄을 더 주게 되므로 시장가격보다 더 높은 가격으로 주택을 구입하게 된다.
ⓓ 주택 과소비가 초래되고 저소득층의 주택난이 심화되어 소득의 형평성을 저해한다.

(2) 분양가자율화

① 의의

분양가자율화는 가격규제를 풀고 자율화함으로써 시장기능을 회복시켜 시장의 수급상황에 의하여 가격이 결정되도록 하고 그 가격을 기초로 하여 주택소비와 생산에 관한 의사결정이 이루어지도록 하는 것이라고 할 수 있다.

② 효과

㉠ 분양가자율화가 실시되면 분양가격이 상승할 가능성이 크고, 주택수요가 다소 감소되거나 주택공급이 활성화될 개연성이 존재한다.

㉡ 만약 분양가자율화로 인하여 부동산의 가격이 상승한다면 중산층 이하 가구의 주택구입이 더욱 어려워질 가능성도 존재한다.

㉢ 분양가자율화가 실시되고 단기적으로 분양가격이 상승하게 되면 분양권에 대한 프리미엄이 감소하여 투기감소효과를 기대할 수 있다. 따라서 주택시장이 가수요(假需要)가 아닌 실수요자 위주로 재편될 수 있다.

㉣ 분양가격의 상승은 주택 산업의 생산성을 증대시킬 수 있고, 분양되는 주택의 질적 상승을 가져올 수 있다.

㉤ 분양가상한제에 비해 분양가자율화는 주택의 공급을 기존보다 증가시킬 수 있는 가능성이 큰 제도라고 할 수 있다.

▶ 분양가상한제와 분양가 자율화의 비교정리

분양가상한제	분양가자율화
분양가 하락 → 수요 증가, 공급 감소 가능성	분양가 상승 → 수요 감소, 공급 증가 가능성
투기수요 증가 가능성	투기수요 감소 가능성
주택산업 생산성 저하(신규공급 감소)	주택산업 생산성 증가(신규공급 증가)
투기방지책이 필요–전매제한 등	중산층 이하 지원이 필요–금융지원, 택지공급

4. 주택의 선분양제도와 후분양제도

(1) 주택의 선분양제도

① 의의

  ㉠ 주택건설업체가 주택을 완공하기도 전에 입주자를 모집해서 그들로부터 계약금, 중도금 등을 사전에 받아 주택건설자금으로 활용할 수 있도록 하는 제도이다.

  ㉡ 주택 선분양제도는 민간자금을 주택건설에 활용하는 제도인 동시에 주택수요를 사전에 확보함으로써 주택사업의 안정성을 높이는 수단으로 활용되어 온 주택건설업체를 지원하는 제도라 할 수 있다.

② 장점

  ㉠ 소비자는 분양금을 분할 납부함으로써 목돈 마련에 대한 부담이 덜하다.

  ㉡ 주택건설업자는 주택건설자금을 용이하게 조달할 수 있으므로 유리하다.

③ 단점

  ㉠ 건설자금은 소비자로부터 직접 조달하기 때문에 건설자금에 대한 이자는 결국 소비자가 부담하는 경우가 된다.

  ㉡ 주택건설업체의 자금난에 대한 위험을 소비자가 부담하게 된다.

  ㉢ 주택건설업체의 부도 시에 입주가 지연될 수 있어 소비자의 피해가 발생할 수 있다.

  ㉣ 부실시공으로 인하여 주택의 품질이 떨어질 수 있다.

  ㉤ 완공된 주택을 보지 않고 소비자가 구매하기 때문에 완공 후에 건설업체와 많은 분쟁이 있다.

(2) 주택의 후분양제도

① 의의

  ㉠ 주택의 후분양제도는 완공된 주택을 분양하는 것으로 주택건설자금은 건설업자가 직접 조달하는 제도이다.

  ㉡ 이 제도는 소비자가 각 주택건설업체의 완공된 주택상품을 비교하여 매수를 할 것이므로 공급자의 경쟁을 유발시켜 소비자 중심의 시장이 형성된다.

② 장점

  ㉠ 주택을 사기 전에 주택건설업체의 상품별 비교가 가능해서 소비자의 선택 폭이 넓어진다.

  ㉡ 분양금에 대한 금융비용 전가 문제가 발생하지 않으며, 시공회사의 부도로 인한 소비자의 피해가 발생하지 않는다.

  ㉢ 견본주택과 실제주택의 차이로 인한 분쟁이나 부실시공으로 인한 분쟁이 줄어들 수 있다.

  ㉣ 분양권 프리미엄이 없어지므로 투기를 막을 수 있다.

③ 단점

  ㉠ 소비자들이 단기간에 많은 목돈을 지불해야 한다.

  ㉡ 건설회사가 건설자금을 직접 조달해야 하는데 건설자금조달이 쉽지 않으면 주택공급이 줄어들 수 있다.

  ㉢ 건설회사별 주택상품의 비교시간이 부족해진다.

  ㉣ 건설자금에 대한 이자는 건설업자가 형식적으로 부담하지만 이를 분양가에 반영하게 되면 소비자가 건설자금에 대한 이자를 부담하게 된다.

제5절 부동산 조세정책

부동산조세라 함은 토지와 건물 등의 부동산을 취득·소유·이용·처분단계 등의 경우에 부과되는 조세를 말한다.

1. 부동산관련 조세 ★27, 28, 29, 30, 31, 32, 33, 34회 기출★

(1) 국세와 지방세

  ① 국세

    ㉠ 직접세 : 법인세, 소득세, 상속세, 증여세, 종합부동산세 등이 있다.

    ㉡ 간접세 : 부가가치세, 인지세, 개별소비세 등이 있다.

    ㉢ 목적세 : 교육세, 교통 에너지세 환경세, 농어촌특별세 등이 있다.

  ② 지방세

    ㉠ 보통세 : 취득세, 등록세, 주민세, 재산세 면허세, 등록세, 농업소득세 등이 있다.

    ㉡ 목적세 : 공동시설세, 지역개발세, 지방교육세, 도시계획세 등이 있다.

(2) 취득·보유·처분 단계별 조세

구분	취득단계	보유단계	처분단계
국세	상속세(누진세), 증여세, 인지세	종합부동산세(누진세), 소득세, 법인세	양도소득세
지방세	취득세(비례세), 등록면허세	재산세(누진세, 비례세)	지방소득세

  ① 취득세 : (차등)비례세로서 부동산은 취득원인에 따라 취득세율이 다르다.

  ② 상속세·증여세 : 누진세율로 최저 10% ~ 50%가 적용된다.

  ③ 재산세

    ㉠ 비례세 : 일반건물, 생산활동에 이용되는 토지(: 저율분리과세)

      사치성 재산의 토지(: 고율과세)

    ㉡ 누진세율 : 주택, 영업활동에 사용되는 토지는 별도합산과세대상토지

      시세차익투기목적보유토지는 종합합산과세대상토지로 분류

  ④ 종합부동산세 : 부동산을 종합적으로 합산하여 과세되는 세금으로 매년 6월 1일 현재 소유 부동산을 기준으로 과세대상 여부를 판정한다. 또한 부동산의 종류와 금액에 따라 누진세율을 부과한다.

2. 부동산조세의 전가와 귀착 ★27, 31, 33회 기출★

(1) 조세의 전가와 귀착

조세 전가란 부과된 조세의 일부 또는 전부를 다른 경제주체에게 이전하는 것을 의미한다. 조세 귀착이란 조세부담이 각 경제주체에게 최종적으로 귀착되는 것을 의미한다.

(2) 탄력성에 따른 조세의 귀착정도

① 조세의 전가와 귀착의 정도는 수요와 공급의 상대적 탄력성에 따라 다르다.

② 수요와 공급이 모두 일정부분 조세를 부담한다면, 수요와 공급 중 상대적으로 비탄력적인 쪽(탄력성이 낮은 쪽)의 조세부담이 크다.

    ㉠ 수요(임차인 − 매수인)가 비탄력적이면 수요자(임차인, 매수인)의 부담이 크다.

    ㉡ 공급(임대인 − 매도인)이 비탄력적이면 공급자(임대인, 매도인)의 부담이 크다.

    ㉢ 수요의 탄력성이 공급의 탄력성보다 크면 임대인의 부담이 크다.

    ㉣ 공급의 탄력성이 수요의 탄력성보다 크면 임차인의 부담이 크다.

③ 수요나 공급의 일방이 완전비탄력적일 경우에는, 완전비탄력적인 일방이 조세를 100% (전부) 부담한다.

    ㉠ 수요가 완전비탄력적일 경우 조세는 전부 수요자(임차인)가 부담한다.

    ㉡ 공급이 완전비탄력적일 경우 조세는 전부 공급자(임대인)가 부담한다.

④ 수요나 공급의 일방이 완전탄력적일 경우에는, 완전탄력적인 일방은 조세를 전혀 부담하지 않는다. 반면에 상대방이 100% 부담한다.

    ㉠ 수요가 완전탄력적일 경우 조세는 전부 공급자(임대인)가 부담한다.

    ㉡ 공급이 완전탄력적일 경우 조세는 전부 수요자(임차인)가 부담한다.

(3) 조세전가의 형태

공급자에게 부동산세금이 부과되는 경우 탄력성 정도에 대한 조세부담에 대한 설명이다.

① 수요의 탄력성이 공급의 탄력성보다 큰 경우

    ㉠ 아래 '(A) 수요가 탄력적인 경우' 그림에서 공급자에게 세금을 부과함으로써 공급곡선은 S_0에서 S_1로 상향으로 이동한 결과 새로운 균형가격은 P_0에서 P_1로 변화한다.

    ㉡ 부과된 세금 P_1P_2 중 P_1P_0은 소비자가 부담하고, P_2P_0은 생산자가 부담한다.

    ㉢ 그 결과 생산자의 세부담이 소비자의 경우보다 많아진다.

    ㉣ 공급자, 즉 매도자가 받는 금액은 P_1이지만 세금 P_1P_2만큼 공제하면 실제로 받는 금액은 P_2가 된다.

    ㉤ 수요자, 즉 매수자가 지불하는 금액은 종전가격 P_0보다 높아진 가격 P_1이 된다.

② 수요의 탄력성이 공급의 탄력성보다 작은 경우

    ㉠ 아래 '(B) 공급이 탄력적인 경우' 그림에서 공급자에게 세금을 부과함으로써 공급곡선은 S_0에서 S_1로 상향으로 이동한 결과 새로운 균형가격은 P_0에서 P_1로 변화한다.

    ㉡ 부과된 세금 P_1P_2 중 P_1P_0은 소비자가 부담하고, P_2P_0은 생산자가 부담한다.

    ㉢ 그 결과 소비자의 세부담이 생산자의 경우보다 많아진다.

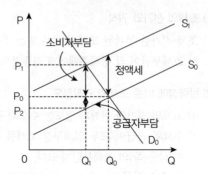

▶ (A) 수요가 탄력적인 경우

▶ (B) 공급이 탄력적인 경우

③ 공급이 완전탄력적인 경우

ⓐ 아래 '(C) 공급이 완전탄력적인 경우' 그림에서 공급자에게 세금을 부과함으로써 공급곡선은 상향으로 이동한 결과 새로운 균형가격은 P_0에서 P_1으로 변화한다.

ⓑ 부과된 세금은 모두 가격에 반영되므로 세금을 모두 소비자가 부담한다.

④ 공급이 완전비탄력적인 경우

ⓐ 아래 '(D) 공급이 완전비탄력적인 경우' 그림에서 공급자에게 세금을 부과해도 공급이 완전비탄력적이므로 공급곡선은 변함이 없다.

ⓑ 세금을 부과해도 가격은 변함이 없으므로 부과된 세금은 모두 생산자가 부담한다.

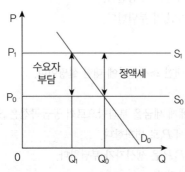

▶ (C) 공급이 완전탄력적인 경우

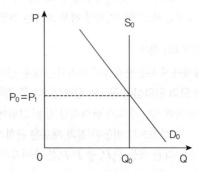

▶ (D) 공급이 완전비탄력적인 경우

3. 주택에 대한 조세부과의 영향

(1) 주택에 대한 영향

① 재산세 부과의 효과

ⓐ 조세의 부과는 수요자가 실제지불액이 증가함에 따라 소비자의 잉여는 감소를 유발하고, 공급자는 조세를 지불 후에 실수령액은 감소하는 공급자 잉여는 감소한다. 따라서 총잉여는 감소시키는 현상이 발생한다.

ⓑ 소비자의 실제지불액이 높아짐에 따라 주택의 수요량을 감소하고, 공급자의 실수령액의 감소로 공급은 감소시킨다.

② 재산세의 귀착

    ⊙ 수요와 공급의 상대적 탄력성에 따른 조세귀착정도

        ⓐ 재산세는 수요와 공급의 상대적 탄력성에 의해 생산자와 소비자에게 배분된다.

        ⓑ 공급이 완전비탄력적이면 부과되는 세금은 전부 공급자의 부담이 되지만, 공급이 완전탄력적이면 전부 소비자의 부담이 된다.

        ⓒ 수요가 완전비탄력적이면 부과되는 세금은 전부 수요자의 부담이 되지만, 수요가 완전탄력적이면 전부 공급자의 부담이 된다.

        ⓓ 수요가 비탄력적일 때는 수요자에게 조세귀착이 더 많고, 공급이 비탄력적일 때 공급자에게 조세귀착이 더 많다.

    ⓛ 신규주택의 공급은 비탄력적

        ⓐ 일반적으로 주택의 공급곡선은 비탄력적인 경향이 강하고 오래된 주택일수록 탄력적인 경향이 강하다. 즉, 신규주택은 여러 가지 법적 제한 때문에 공급이 탄력적이지 못하지만, 오래된 주택의 경우에는 각종 제약의 완화로 시장상황에 따라 보다 탄력적이다.

        ⓑ 공급측면에서 신규주택의 공급이 오래된 주택보다 더 많은 조세가 귀착된다.

    ⓒ 재산세는 누진세(차등과세)로 하는 것이 바람직함

        ⓐ 정부에서 주택에 대한 조세율을 일률적으로 같은 비율을 주택가치에 적용하게 되면 오히려 저소득층이 세금을 더 많이 부담하는 결과를 초래하는 역진세적(逆進稅的)인 성격을 나타낸다.

        ⓑ 이러한 문제를 해결하기 위한 대책으로 차등과세(누진세)를 부과하면 저소득계층에게 부담되는 세금을 완화할 수 있다.

(2) 임대주택시장의 경우

  ① 임대주택시장의 수요곡선이 공급곡선보다 상대적으로 비탄력적이므로 임차인 부담이 크다.

  ② 임차인 보호측면에서 공급 임대주택의 대량 건설이나 저가주택에 대해서 재산세를 낮추어 주면 재산세가 임차자에게 전가되는 현상을 완화하는 수단이 될 수 있다.

  ③ 자원의 효율적 배분이 되기 위해서는 공급자(임대인)부담이 커야 한다. 따라서 공급이 비탄력적일수록 자원의 효율적 배분이 발생한다.

4. 양도세와 보유세에 중과하는 경우

(1) 주택양도세(거래이전과세) 중과

  ① 거래가 위축되어 주택공급의 동결효과를 발생한다.

  ② 주택가격 상승에 따른 투기수요를 유발하고, 자원배분의 효율성을 저해시킨다.

  ③ 거래세는 부정기적으로 부과되므로 정부의 세원관리가 곤란하다.

  ④ 부동산시장을 활성화하기 위하여 거래세(유통세)를 인하하는 것이 바람직하다.

(2) 주택보유세(재산세) 중과

① 주택보유자의 입장에서 주택보유세가 상승함으로 인해 주택을 보유하는 것이 부담스러우므로 주택의 소유의식이 약화되고, 이로 인해 재고주택의 공급량이 증가한다.

② 주택가격 하락으로 투기수요는 유발되지 않고 실수요자 위주로 주택이 거래된다.

③ 보유세는 존재하고 있는 주택에 세금을 부과하므로 정부측에서 세원관리가 용이하다.

④ 부동산시장을 활성화시키기 위해서는 보유세를 강화할 필요가 있다.

5. 헨리 조지(Henry George)의 토지단일세론

헨리 조지(Henry George ; 1839~1897)의 저서 「진보와 빈곤(Progress and Poverty)」에서 토지이용에 관한 주장의 핵심은 토지단일세론(Single Tax and Land)에 있다.

(1) 의의

토지가치세를 토지단일세라고도 부르는데 그 이유는 오직 토지에게만 세금을 부과하고 토지이외에는 세금을 부과하지 않는다.

(2) 방법

① 토지세의 전가는 토지공급곡선의 탄력성과 밀접한 관계가 있다.

② 토지소유자에게 부과되는 세금은 다른 사람에게 전혀 전가되지 않고, 토지소유자가 지대로 받은 불로소득을 전액 환수할 수 있다고 주장하였다.

　㉠ 가능한 이유는 토지의 공급곡선이 완전비탄력적이다.

　㉡ 토지소유자에게 세금을 부과하면 공급곡선이 이동하지 않으므로 모든 세금은 토지소유자에게 전가된다.

③ 토지세만 가지고도 정부의 재정적 충당을 100%로 할 수 있다.

○ × 핵심체크

01 불완전경쟁으로 인한 시장실패 문제를 보완하기 위해 정부가 시장에 개입할 수 있다. ☐○ ☐×

02 부동산시장에서 정보가 불완전하더라도 자원배분의 효율성이 달성되어진다면 정부가 시장에 개입할 필요성이 없다. ☐○ ☐×

03 공공재는 소비의 경합성과 배제성이라는 특성이 있다. ☐○ ☐×

04 공공재의 생산을 시장에 맡길 경우 사회적 적정 생산량보다 과다하게 생산되는 경향이 있다. ☐○ ☐×

05 외부효과는 어떤 경제주체의 경제활동의 의도적인 결과가 시장을 통하여 다른 경제주체의 후생에 영향을 주는 것을 말한다. ☐○ ☐×

06 정(+)의 외부효과의 경우 비용을 지불하지 않은 사람도 발생되는 이익을 누릴 수 있다. ☐○ ☐×

07 생산과정에서 외부불경제를 발생시키는 재화의 공급을 시장에 맡길 경우, 그 재화는 사회적인 최적생산량보다 과다하게 생산되는 경향이 있다. ☐○ ☐×

08 부(−)의 외부효과에 대한 규제는 부동산의 가치를 상승시키는 효과를 가져올 수 있다. ☐○ ☐×

09 부동산에 대한 부담금제도나 보조금제도는 정부의 부동산시장에 대한 직접 개입방식이다. ☐○ ☐×

정답 및 해설 **01** ○ **02** ○ **03** × **04** × **05** × **06** ○ **07** ○ **08** ○ **09** ×

오답분석

03 비경합성과 비배제성이라는 특성이 있다.

04 과소하게 생산되는 경향이 있다.

05 ～의도하지 않는 결과가 시장을 통하지 않고～

09 간접 개입방식이다.

10 공영개발은 초기에 막대한 토지구입비용이 들기 때문에 사업시행자가 재정지출을 효율적으로 관리하기 어렵다.　　　○ ✕

11 토지은행(비축)제도는 정부 등이 사전에 토지를 비축하여 토지시장의 안정과 공공사업 등을 원활하게 추진하기 위한 공적개입수단이다.　　　○ ✕

12 토지은행제도는 개인 등에 의한 무질서하고 무계획적인 토지개발을 막을 수 있어서 효과적인 도시계획 목표의 달성에 기여할 수 있다.　　　○ ✕

13 토지거래허가제는 토지에 대한 개발과 보전의 문제가 발생했을 때 이를 합리적으로 조정하는 제도다.　　　○ ✕

14 토지적성평가제는 미개발 토지를 토지이용계획에 따라 구획정리하고 기반시설을 갖춤으로써 이용가치가 높은 토지로 전환시키는 제도다.　　　○ ✕

15 정부가 임대료 상승을 균형가격 이하로 규제하면 장기적으로 기존 임대주택이 다른 용도로 전환되면서 임대주택의 공급량이 감소하게 된다.　　　○ ✕

16 정부의 공공임대주택공급은 임대료에 대한 이중가격을 형성하므로, 공공임대주택 거주자들은 사적 시장과의 임대료 차액만큼 정부로부터 보조받는 것과 같은 효과를 얻는다.　　　○ ✕

17 양도소득세납부 후 매도인(공급자)이 실제로 받는 대금은 양도소득세가 중과되기 전보다 항상 높아질 것이다.　　　○ ✕

18 조세 부과는 수요자와 공급자 모두에게 세금을 부담하게 하나, 상대적으로 가격탄력성이 높은 쪽이 세금을 더 많이 부담하게 된다.　　　○ ✕

정답 및 해설　　**10** ○　**11** ○　**12** ○　**13** ✕　**14** ✕　**15** ○　**16** ○　**17** ✕　**18** ✕

오답분석

13 토지거래허가제가 아니라 토지적성평가제에 대한 설명이다.

14 토지적성평가제가 아니라 도시개발사업에 대한 설명이다.

17 항상 낮아질 것이다.

18 낮은 쪽이 세금을 더 많이 부담하게 된다.

제3장 | 확인학습문제

01 부동산정책의 공적개입 필요성에 관한 설명으로 옳지 <u>않은</u> 것은? ★28회 기출★

① 정부가 부동산시장에 개입하는 논리에는 부(−)의 외부효과 방지와 공공재 공급 등이 있다.

② 부동산시장은 불완전정보, 공급의 비탄력성으로 인한 수요−공급 시차로 인하여 시장실패가 나타날 수 있다.

③ 정부는 토지를 경제적·효율적으로 이용하여 공공복리의 증진을 도모하기 위하여 용도지역제를 활용하고 있다.

④ 정부는 주민의 편의를 위해 공공재인 도로, 공원 등의 도시계획시설을 공급하고 있다.

⑤ 공공재는 시장기구에 맡겨둘 경우 경합성과 배제성으로 인하여 무임승차(free ride)현상이 발생할 수 있다.

> [해설]
> 난도 ★
> ⑤ 공공재는 시장기구에 맡겨둘 경우 비경합성과 비배제성으로 인하여 무임승차(free ride)현상이 발생할 수 있다.
>
> 답 ⑤

02 외부효과에 관한 설명으로 옳은 것은? ★34회 기출★

① 외부효과란 거래 당사자가 시장메커니즘을 통하여 상대방에게 미치는 유리하거나 불리한 효과를 말한다.

② 부(−)의 외부효과는 의도되지 않은 손해를 주면서 그 대가를 지불하지 않는 외부경제라고 할 수 있다.

③ 정(+)의 외부효과는 소비에 있어 사회적 편익이 사적 편익보다 큰 결과를 초래한다.

④ 부(−)의 외부효과에는 보조금 지급이나 조세경감의 정책이 필요하다.

⑤ 부(−)의 외부효과는 사회적 최적생산량보다 시장생산량이 적은 과소생산을 초래한다.

> [해설]
> 난도 ★★
> ③ 정(+)의 외부효과는 소비에 있어 사회적 편익이 사적 편익보다 큰 결과를 초래하며, 적정생산량보다 과소소비가 이루어진다.
>
> 답 ③

03 부동산시장에 대한 정부의 간접개입방식으로 옳게 묶인 것은?

☑확인
Check!
○
△
×

① 임대료상한제, 부동산보유세, 담보대출규제
② 담보대출규제, 토지거래허가제, 부동산거래세
③ 개발부담금제, 부동산거래세, 부동산가격공시제도
④ 지역지구제, 토지거래허가제, 부동산가격공시제도
⑤ 부동산보유세, 개발부담금제, 지역지구제

해설
난도 ★
정부의 부동산시장 간접개입방식으로는 개발부담금제, 부동산거래세, 부동산가격공시제도 등이 있다.

직접개입방식	공영개발, 공공임대보유, 공공투자사업, 토지은행, 도시개발사업, 매수, 수용, 환지, 보금자리주택 공급 등
이용규제방식	토지이용계획, 도시계획, 지구단위계획, 지역지구제, 토지구획규제, 건축규제, 인허가, 임대료상환제, 담보대출규제
간접개입방식	토지세, 부동산 거래세, 부동산보유세, 토지거래허가세, 개발부담금제, 금융지원, 행정적지원(가격공시제도, 등기부등본 등)

目 ③

04 토지정책에 관한 설명으로 옳은 것은?

☑확인
Check!
○
△
×

① 토지정책수단 중 토지비축제도, 토지수용, 금융지원, 보조금 지급은 간접개입방식이다.
② 개발부담금제는 개발이 제한되는 지역의 토지소유권에서 개발권을 분리하여 개발이 필요한 다른 지역에 개발권을 양도할 수 있도록 하는 제도이다.
③ 토지선매에 있어 시장, 군수, 구청장은 토지거래계약허가를 받아 취득한 토지를 그 이용목적대로 이용하고 있지 아니한 토지에 대해서 선매자에게 강제로 수용하게 할 수 있다.
④ 개발권양도제는 개발사업의 시행으로 이익을 얻은 사업시행자로부터 개발이익의 일정액을 환수하는 제도이다.
⑤ 토지적성평가제는 토지에 대한 개발과 보전의 경합이 발생했을 때 이를 합리적으로 조정하는 수단이다.

해설
난도 ★★★
① 토지비축제도, 토지수용 등은 직접개입이고 금융지원, 보조금 지급은 간접개입방식이다.
② 개발부담금제가 아니라 개발권양도제에 대한 설명이다.
③ 선매자에게 강제로 수용하는게 아니라 협의매수 할 수 있다.
④ 개발권양도제가 아니라 개발이익의 환수방법에 대한 설명이다.

目 ⑤

05 우리나라에서 현재(2020. 3. 7.) 시행하지 <u>않은</u> 부동산 정책을 모두 고른 것은?

★31회 기출★

가. 종합 토지세	나. 공한지세	다. 토지거래허가제
라. 택지소유상한제	마. 분양가상한제	바. 개발이익환수제
사. 실거래가신고제	아. 부동산실명제	

① 가, 나, 라
② 가, 마, 바
③ 가, 바, 사
④ 나, 다, 마
⑤ 라, 사, 아

해설
난도 ★★
가. 종합 토지세는 2005년부터 폐지되었고 대신에 종합부동산세에 편입되었다.
나. 공한지세는 논란으로 인해 재산세에 편입되면서 지금은 폐지되었다.
라. 택지소유상한제도는 폐지된 제도이다.

답 ①

06 우리나라의 부동산제도와 근거법률의 연결이 옳은 것은?

★32회 기출★

① 토지거래허가제 – 부동산 거래신고 등에 관한 법률
② 검인계약서 – 부동산등기법
③ 토지은행제도 – 공익사업을 위한 토지 등의 취득 및 보상에 관한 법률
④ 개발부담금제 – 재건축 초과이익 환수에 관한 법률
⑤ 분양가상한제 – 건축물의 분양에 관한 법률

해설
난도 ★★★
② 검인계약서 – 부동산등기특별조치법
③ 토지은행제도 – 공공토지의 비축에 관한 법률
④ 개발부담금제 – 개발이익 환수에 관한 법률
⑤ 분양가상한제 – 주택법

답 ①

07 분양가상한제에 관한 설명으로 옳지 <u>않은</u> 것은?

① 주택구매 수요자들의 주택구입 부담을 덜어주기 위해 신규분양주택의 분양가격을 주택법령에 따라 정한 가격을 초과하여 받지 못하도록 규제하는 제도이다.

② 주택법령상 사업주체가 일반인에게 공급하는 공동주택 중 신규분양주택의 분양가격을 주택법령에 따라 정한 가격을 초과하여 받지 못하도록 규제하는 제도이다

③ 공급자의 이윤이 저하되어 주택의 공급이 감소하는 현상이 나타날 수 있다.

④ 주택법령상 사업주체는 분양가상한제 전용주택으로서 공공택지에서 공급하는 주택에 대하여 입주자 모집 승인을 받았을 때에는 입주자 모집공고에 택지비, 공사비, 간접비 등에 대하여 분양가격을 공시하여야 한다.

⑤ 주택법령상 사업주체가 일반인에게 공급하는 공동주택 중 공공택지에서 공급하는 도시형 생활주택은 분양가상한제를 적용한다.

> **해설**
> 난도 ★★★
> 분양가 상한제가 제외되는 지역
> ⓐ 도시형 생활주택
> ⓑ 경제자유구역 지정지역에서 건설·공급하는 공동주택
> ⓒ 「관광진흥법」 관광특구에서 공동주택으로 해당 건축물의 층수가 50층 이상, 또는 150미터 이상인 곳

답 ⑤

08 부동산조세에 관한 설명으로 옳지 <u>않은</u> 것은?

① 상속세는 과세표준을 화폐단위로 표시하는 종량세에 해당한다.

② 재산세는 지방세에 해당한다.

③ 선박은 새산세 과세대상에 해당한다.

④ 상속세는 국세에 해당한다.

⑤ 상속세는 직접세에 해당한다.

> **해설**
> 난도 ★★★
> ㉠ 취득세-지방세, 취득과세, 비례세
> ㉡ 재산세-지방세, 보유과세. 누진세 및 비례세
> ㉢ 종합부동산세-국세, 보유과세, 누진세
> ㉣ 상속세-국세, 취득과세, 누진세

답 ①

09 동산조세에 관한 설명으로 옳지 <u>않은</u> 것은?(단, 주어진 조건에 한함)

☑확인
Check!
○
△
×

① 종합부동산세와 재산세의 과세대상은 일치한다.

② 조세의 귀착 문제는 수요와 공급의 상대적 탄력성에 달려 있다.

③ 임대주택에 재산세가 강화되면 장기적으로 임차인에게 전가될 수 있다.

④ 부동산조세는 자원을 재분배하는 기능이 있다.

⑤ 주택에 보유세가 증과되면 자가소유 수요가 감소할 수 있다.

해설
난도 ★★

① 종합부동산세와 재산세의 과세대상은 일치하지 않는다.

답 ①

제4장 | 부동산 투자론

제1절   부동산 투자이론 ★34회 기출★

1. 부동산투자와 투기

(1) 부동산투자

① 부동산투자의 의의

투자란 장래의 현금수입과 현재의 현금지출을 교환하는 행위이다. 즉, 투자란 확실한 현재의 소비를 희생하여 이에 대한 보상으로 불확실한 미래의 이득을 바라는 행위이다.

② 부동산투자의 장점

㉠ 정의 지렛대(leverage) 효과 : 부채를 이용하여 투자이익을 증가할 수 있다.

㉡ 절세효과 : 감가상각비, 각종 세액공제 등으로 인하여 세금을 최소화할 수 있다.

㉢ 인플레이션 방어수단 : 인플레이션이 발생하면 현금보유에 대한 손실 대신 부동산을 보유함으로써 발생한 이익으로 구매력을 보호하는 인플레이션 방어기능을 갖는다.

㉣ 소유에 대한 만족감 : 부동산소유는 가장 안전한 재산가치의 보유수단인 동시에 자본이득으로 인한 재산증식 수단이므로 소유자의 만족감을 증진시킨다.

㉤ 자본이득과 소득이익 향유 : 투자를 통한 소득이익과 자본이익을 향유한다.

① 소득이득이란 영업을 통해 발생하는 이득으로, 일반적으로 부동산투자에서 소득이득이란 임대료나 지대수입 등을 의미한다. 부동산투자자는 보유하고 있는 부동산의 임대사업을 통해서 지속적인 소득이득을 확보할 수 있다.

② 자본이득이란 처분을 통해 발생하는 이득으로, 보유하고 있는 자산(자본)을 처분하면서 부동산 보유자에게 발생하는 매매차익, 양도차익 등을 자본이득이라고 한다.

③ 부동산투자의 단점

 ㉠ 낮은 환금성 : 거래 및 행정적 절차 등의 복잡성 때문에 환금성이 비교적 약하다.

 ㉡ 소유권자의 노력 : 소유자의 금전적 · 정신적인 면에서 많은 노력을 요구한다.

 ㉢ 금융위험 부담 : 부채비율 때문에 원리금상환 부담이 큰 금융상 위험이 존재한다.

 ㉣ 사업위험 부담 : 부동산의 수익성에는 사업자의 능력뿐만 아니라 통제 불가능한 전반적인 경제상태의 작용에도 영향을 받는다.

 ㉤ 거래비용 : 부동산투자에는 중개수수료 · 등기비용 등 거래비용도 존재한다.

(2) 부동산투기

투기는 양도차익을 획득할 목적으로 단기간에 부동산을 거래하거나, 미성숙 토지를 경작 · 관리할 의사 없이 스스로 개발할 수 있는 규모 이상의 토지를 소유하는 것이다.

2. 부동산투자의 재무적 의사결정

(1) 전체 투자자산(=총투자자본)

총투자자본에는 자기자본(지분투자)과 타인자본(부채)으로 구성되어 있다.

> • 자산=자본+부채
> • 총투자액(부동산가치)=자기자본(지분투자)+타인자본(저당투자액)

(2) 지렛대효과(leverage effect) ★30회 기출★

① 의의

지렛대효과란 차입금 등 타인자본을 지렛대로 삼아 자기자본수익률의 증감을 파악하고 하는 것이다.

② 종류

부동산투자로 인한 자기자본수익률, 종합수익률과 타인(저당)자본수익률의 상호관계에 의해서 지렛대효과를 다음과 같이 구분한다.

> • 정(+)의 지렛대효과 : 저당수익률(환원율)<총자본수익률<자기자본수익률
> • 부(−)의 지렛대효과 : 저당수익률(환원율)>총자본수익률(종합환원율)>자기자본수익률
> • 영(중립적) 지렛대효과 : 저당환원율=총자본수익률(종합환원율)=자기자본수익률

⊙ 정(+)의 지렛대효과

    ⓐ 정의 레버리지란 융자가 자기자본수익률에 긍정적 효과를 미치는 경우를 의미한다.

    ⓑ 자기자본수익률이 총자본수익률보다 크고, 총자본수익률이 저당수익률보다 클 때 정(+)의 레버리지효과가 발생한다.

    ⓒ 정(+)의 지렛대는 부채비율이 증가할수록 자기자본수익률이 증가하는 특징이 있다.

ⓛ 부(−)의 지렛대효과

    ⓐ 부(−)의 레버리지란 융자가 자기자본수익률에 부정적 효과를 미치는 경우이다.

    ⓑ 저당수익률이 총자본수익률보다 크고, 총자본수익률이 자기자본수익률보다 클 때 부(−)의 레버리지효과가 발생한다.

    ⓒ 부(−)의 지렛대는 부채비율이 증가할수록 자기자본수익률이 감소하는 특징이 있다.

ⓒ 중립적 지렛대효과(영의 지렛대효과)

    ⓐ 중립적 레버리지란 부채비율이 변화한다고 해도 자기자본수익률은 변화가 없다.

    ⓑ 자기자본수익률과 총투자수익률 및 저당수익률이 같을 때를 말한다.

③ 지렛대효과의 특징

    ⊙ 타인자본의 활용은 수익과 위험의 관계를 동시에 증폭시키는 결과를 초래한다. 즉, 타인의 자본을 많이 활용하면 지분수익률은 증가할수 있지만, 채무불이행 위험도 커진다.

    ⓛ 동일한 조건일지라도 저당수익률의 변화에 따라 정(+)의 지렛대를 부(−)의 지렛대로 변화할 수도 있고, 부(−)의 지렛대를 정(+)의 지렛대로 변화할 수도 있다.

④ 수익률측정 및 실례

$$\text{• 총자본수익률} = \frac{\text{순영업소득}}{\text{총투자}}$$

$$\text{• 자기자본수익률} = \frac{\text{세전현금수지}}{\text{자기자본투자액}}$$

$$\text{• 자기자본수익률} = \frac{\text{종합수익률} - \text{타인자본수익률} \times \text{타인자본구성비}}{\text{자기자본구성비}}$$

제2절   부동산투자의 위험과 수익률

1. 부동산투자의 위험 ★34회 기출★

(1) 부동산투자위험의 개념과 측정방법

    ① 개념 : 위험 또는 불확실성이란 실현된 결과가 예상결과로부터 벗어날 가능성을 말한다. 달라지는 정도가 클수록 위험은 커지고, 달라지는 정도가 작을수록 위험도 작아진다.

    ② 위험의 측정방법

       ⊙ 위험을 측정방법은 분산이나 표준편차, 변이계수 등이 있다.

       ⓛ 위험(표준편차)이 적다는 말은 예상수익이 실현수익에 가깝게 나온다는 의미이다.

(2) 부동산투자위험의 유형 ★29회 기출★

부동산투자의 위험에서는 사업상의 위험, 금융적 위험, 인플레이션 위험 등이 있다.

① **사업상 위험(business risk : 경영상 위험)**

사업상 위험이란 부동산사업 자체의 수익성과 연유된 위험으로서 여기에는 또 다시 시장위험, 운영상 위험, 위치적 위험으로 구분된다.

㉠ 시장위험 : 시장상황으로부터 야기되는 위험으로 부동산시장에서 수요와 공급의 변화로부터 야기되는 위험으로서 부동산투자의 수익성에 영향을 미치는 위험이다.

㉡ 운영상 위험 : 사무실의 관리, 근로자의 파업, 영업비의 변동 등으로 인하여 야기될 수 있는 수익성의 불확실성을 폭넓게 지칭하는 개념이다.

㉢ 위치적 위험 : 환경이 변하면 대상부동산의 상대적 위치가 변화하는 위험이다.

② **금융적 위험**

부동산투자는 부채를 활용하고 있는 바, 부채비율을 증가시키면 지렛대효과로 인하여 지분수익률이 커질 수 있지만, 원리금상환에 대한 채무불이행의 가능성이 높아지고 파산위험도 증가한다.

③ **법적 위험**

부동산공법, 부동산정책, 지역지구제 등과 같은 법적 환경의 변화가 부동산투자에 대한 위험을 가져오는 것을 말한다.

④ **인플레이션 위험**

대출자들은 인플레이션이 발생한다면 화폐가치의 하락위험을 피하기 위하여 고정이자율보다는 변동이자율로 대출하기를 원하며, 따라서 변동이자율이 변경된 만큼 차입자는 원리금상환부담이 커지는 위험을 안게 된다.

⑤ **유동성 위험(liquidity risk)**

대상부동산을 현금으로 전환하는 과정에서 발생하는 시장가치의 손실 가능성을 의미한다. 유동성은 부동산자산이 현금으로 전환될 수 있는 용이성의 정도로 측정된다.

(3) 부동산투자 위험의 처리방법

투자자들이 부동산투자에 따른 위험을 처리하는 방법에는 다음과 같은 것들이 있다.

① **위험한 투자를 제외시키는 방법(strategy excluding risky investment)**

안전한 곳에만 투자하여 투자자금을 잃지 않으려는 방법이다. 이는 위험한 투자대안은 투자대상에서 가능한 한 제외하고 국·공채나 정기예금 등과 같이 무위험률이 있는 곳에만 투자하는 전략을 말한다.

② **보수적 예측방법(conservative forecast method)**

투자수익을 최대·중간·최소로 추계하고, 이 중에서 최소추계치를 판단기준으로 하여 투자를 결정하는 방법으로서 투자수익을 가능한 한 낮게 예측하고 비용은 높게 예측하여 그것을 투자 준거로 삼는 방법이다. 즉, 기대수익률을 하향조정하는 방법이다.

③ **위험조정 할인율(risk-adjusted discounted rate : 요구수익률)의 사용**

장래 기대되는 이익을 현재가치로 환원함에 있어서 위험한 투자안일수록 더 높은 할인율(요구수익률)을 적용하는 방식으로서 요구수익률을 상향조정하는 방법이다.

> **더 알아보기** 투자위험의 관리방법
>
> 1. 위험보유(retention) : 위험에 따른 장래의 손실을 자기 스스로 부담하는 방법을 말한다.
>   **예** 대손충당금 등
> 2. 위험회피(avoidance) : 위험이 존재하는 투자대안을 투자를 하지 않으려는 형태를 말한다.
>   **예** 위험한 투자자산을 투자에서 제외시키는 방법 등
> 3. 위험전가(transfer) : 투자에서 발생하는 위험의 일부를 제3자에게 떠넘기는 방법이다.
>   **예** 계약에 의한 위험전가(물가상승만큼 임대료를 조정하는 임대차계약, 하청계약 등), 화재보험, 스왑(swap) 등
> 4. 위험통제(control) : 투자대상을 철저히 분석을 하여 위험을 제거하여 투자하는 방법이다.
>   **예** 민감도분석, 포트폴리오분석, 위험조정할인율, 평균－분산법 등

> **더 알아보기** 민감도분석(감응도분석)
>
> 민감도분석이란 투자효과에 대한 분석모형의 투입요소가 변화함에 따라 그 결과치가 어떠한 영향을 받는가를 분석하는 기법이다. 임대료 · 영업경비 · 공실률 · 감가상각방법 · 세율 · 보유기간 · 가치상승 등과 같이 투자수익에 영향을 줄 수 있는 구성요소들이 개별적 또는 집단적으로 변화했을 때 투자에 대한 순현가나 내부수익률이 어떻게 변화하는가를 분석하는 것이다.

2. 부동산투자의 수익률

(1) 수익률의 개념

수익률이란 투하된 자본에 대한 수익의 비율이다.

$$수익률 = \frac{수익}{투자자본} \times 100(\%)$$

(2) 수익률의 종류 ★27, 28, 30회 기출★

① **기대수익률(expected rate of return ; 내부수익률, 예상수익률, 사전수익률)**

당해 투자대상으로부터 장래에 예상되는 수익과 예상되는 비용으로부터 구한다. 이를 내부수익률이라고도 한다. 예를 들어 어떤 부동산을 현재 1억 원에 매입해서 1년 후 모든 비용을 제하고 1억 2천만 원에 팔 수 있다면 기대수익률은 $\frac{2,000만 원}{1억 원} \times 100\% = 20\%$가 된다.

② **요구수익률(required rate of return ; 필수수익률, 외부수익률)**

㉠ 투자안을 둘러싸고 있는 위험이 주어져 있을때, 투자자가 충족할 수 있는 최소한의 수익률을 요구수익률 또는 필수적 수익률, 외부적 수익률이라고 한다.

㉡ 요구수익률은 시간에 대한 비용과 위험에 대한 비용이 포함된다.

③ **실현수익률(realized rate of return ; 실제수익률, 사후적 수익률, 역사적 수익률)**

투자가 이루어진 후에 현실적으로 달성된 수익률을 실현수익률 또는 사후적 수익률, 역사적 수익률이라고도 한다. 예를 들어 1억 원에 매입한 토지를 모든 비용을 제하고 1년 후에 1억 2,000만 원에 팔았을 경우 실현수익률은 $\frac{2,000만 원}{1억 원} \times 100\% = 20\%$이다.

(3) 기대수익률과 요구수익률과의 관계

> • 기대수익률≥요구수익률 : 투자채택
> • 기대수익률<요구수익률 : 투자기각

투자결정은 기대수익률과 요구수익률을 비교함으로써 이루어진다. 균형상태에서는 개별투자에 대한 기대수익률과 요구수익률은 같게 된다.

① 기대수익률≥요구수익률 → 투자채택

    ㉠ 이 경우 많은 투자자들은 대상부동산에 기꺼이 투자를 하려 할 것이다.

    ㉡ 투자균형상태

> 수요 증가 → 시장가치 상승 → 기대수익률 하락 → 기대수익률＝요구수익률

    대상부동산에 투자수요가 증가하여 시장가치는 상승하고 기대수익률이 하락하게 되어 종국에는 기대수익률과 요구수익률이 같은 수준이 되면 투자균형을 이루게 된다.

② 기대수익률<요구수익률 → 투자기각

    ㉠ 이 경우 어떤 투자자들도 대상부동산에 투자하려 하지 않을 것이다.

    ㉡ 투자균형상태

> 수요 감소 → 시장가치 하락 → 기대수익률 상승 → 기대수익률＝요구수익률

    대상부동산에 투자수요가 감소하여 시장가치는 하락하고 기대수익률이 상승하게 되어 종국에는 기대수익률과 요구수익률이 같은 수준이 되면 투자균형을 이루게 된다.

(4) 투자가치와 시장가치

① 투자가치

    ㉠ 투자가치(investment value)는 투자 대상부동산에 대하여 투자자가 부여하는 최대한의 주관적 가치이다.

    ㉡ 투자가치를 구할 때에는 할인율로 요구수익률을 사용한다. 그래서 투자가치는 대상부동산의 예상수익이 영원히 일정하게 발생할 경우에 다음과 같이 된다.

$$투자가치 = \frac{예상수익}{요구수익률}$$

② 시장가치

    ㉠ 시장가치(market value)는 객관적 가치로 시장가치투자비용의 현재가치이다.

    ㉡ 시장가치란 시장에서 공정한 정보하에서 자유로운 거래가 이루어질 때 성립될 가능성이 가장 높은 가격(the most probable selling price)이라고 한다.

③ 투자 여부

> • 투자가치≥시장가치 : 투자채택
> • 투자가치<시장가치 : 투자기각

③ 투자가치가 시장가치보다 크면 투자자는 기꺼이 투자를 채택한다.

⑥ 투자가치보다 시장가치가 높으면 투자자는 투자를 기피할 것이다.

④ 투자균형상태

③ 투자가치가 시장가치보다 높으면 투자수요가 증가하여 시장가치가 상승하게 된다.

⑥ 투자가치보다 시장가치가 높으면 투자수요가 감소하여 시장가치가 하락하게 된다.

3. 위험과 수익의 관계 ★28, 31, 33회 기출★

(1) 위험에 대한 투자자의 태도

① 투자자의 위험에 대한 태도의 유형

투자자의 위험에 대한 태도의 유형은 위험회피형, 위험추구형, 위험중립형으로 구분할 수 있다. 합리적 투자자는 위험회피적(혐오형)이라 할 수 있다.

③ 위험회피형(혐오형) : 위험을 피하려는 이성적인 행동으로 위험을 부담하는 경우 정도의 차이는 있으나, 반드시 이에 따르는 보상을 얻고자 하는 보상형을 말한다.

⑥ 위험추구형(선호형) : 위험을 선호하는 인간행동으로 높은 수익률을 획득할 기회를 얻기 위하여 더 많은 위험을 기꺼이 감수하는 형을 말한다.

⑥ 위험중립형 : 위험의 크기에 관계없이 기대수익률에 따라서만 행동하는 형을 말한다. 이 유형의 특징으로는 기대수익률을 최대화함으로써 기대효용을 극대화하는 것으로 위험중립형의 효용은 위험의 크기와 관계없이 수익률에 정비례한다는 것이다.

② 위험혐오적(위험회피적) 개념

③ 기대수익률이 동일한 두 개의 투자대안이 있을 경우 사람들은 덜 위험한 쪽을 선택하려고 할 것이다. 투자자들의 이러한 행동을 '위험혐오적'이라 부른다.

⑥ 위험혐오적 행위란 사람들이 전혀 위험을 감수하려 하지 않는다는 것을 의미하는 것이 아니다. 즉, 위험을 전혀 감수하지 않을 경우, 얻을 수 있는 수익률은 무위험률밖에 없다. 따라서 위험혐오적 행위란 무위험률만 선택하는 것이 아니라 '감수할 만한 유인책이 있는 위험'이거나 '회피할 수 없는 위험'일 경우에 투자자는 기꺼이 이를 감수한다.

⑥ 위험혐오적인 투자자를 공격적인 투자자와 보수적인 투자자로 구분할 수 있다. 동일한 위험이 주어졌을때, 공격적인 투자자보다 보수적인 투자자가 더 높은 수익률을 요구하게 된다.

(2) 위험과 수익의 관계 - 상쇄관계(risk - return trade - off)

① 위험과 수익은 비례(상쇄)관계

부담하는 위험이 크면 클수록, 요구하는 수익률도 커진다. 위험과 수익의 이 같은 관계를 비례관계 또는 위험 - 수익의 상쇄관계(risk - return trade - off)라 한다.

② 요구수익률(위험조정할인율)

요구수익률은 할인율로 대신 사용하며, 시간의 변화에 대하여 안정적이지 못하다. 또한 동일한 투자대안일지라도 투자자마다 요구수익률을 달라진다. 일반적으로 요구수익률은 시간의 대가인 무위험률과 위험에 대한 대가인 위험할증률로 구성되어 있다.

요구수익률(위험조정률) = 무위험률 + 위험할증률

○ 무위험률

ⓐ 무위험률은 시간의 비용으로서 장래 확실한 수익률을 의미한다. 무위험률의 크기는 일반경제 상황과 관계가 깊다. 즉, 저축률, 투자율 등이 무위험률에 영향을 준다.

ⓑ 무위험률과 요구수익률은 비례관계이다. 무위험률이 상승하면 요구수익률도 증가한다.

ⓒ 무위험률은 위험(혐오적행위)와는 무관하다.

○ 위험할증률(=위험 프리미엄, 위험대가)

ⓐ 체계적 위험이 증가함에 따라 증대되는 위험을 위험할증률이라 한다.

ⓑ 위험할증률은 투자자들의 성향에 따라 반영되는 정도도 달라지며, 시간에 따라서도 안정적이지 못하다.

○ 위험과 수익의 관계

ⓐ 위험이 증가하면 위험할증률이 증가한다. 그 결과 부동산가치는 하락한다.

> 위험↑ → 위험할증률↑ → 요구수익률↑ → 부동산가치↓

ⓑ 위험과 요구수익률은 비례관계이다. 반면에 위험과 부동산가치, 요구수익률과 부동산가치는 반비례하는 현상을 나타낸다.

ⓒ 위험이 증가하면 부동산 가치는 하락한다. 그 이유는 더 높은 요구수익률(할인율)로 할인하기 때문이다.

제3절 　 부동산 투자위험 분석과 투자대안 선택방법

1. 대상부동산의 수익과 위험의 측정

투자대안 분석에서는 통계적 기법을 사용하여 위험과 수익을 측정한다. 일반적으로 수익성을 나타내는 지표로는 소득의 기대치(기대수익률)를, 위험을 나타내는 지표로는 표준편차(분산)를 사용한다.

(1) 수익의 기대치(기대수익률) 측정

① 투자대상에서 장래에 일어날 수 있는 각 사상(event)의 수익기대치(기대수익률)에 각각의 확률을 부과한 후, 이것을 가중 평균하여 현금수지의 기대치를 계산하고, 각 사상이 기대치에 벗어나는 정도를 계산하여 위험을 측정한다.

② 투자안의 기대수익률 측정

○ 개별투자안의 기대수익률 측정 ★27회 기출★

ⓐ 개별투자안의 기대수익률은 시장상황 또는 경제상황에 따라 가중치(발생 확률)를 부여하여 가중 평균한 값으로 구한다.

$$기대수익률 = \sum_{i=1}^{n} r_i \times P_i = \sum_{i=1}^{n} (i상황의 수익률) \times (i상황의 발생확률)$$

ⓑ 대상부동산의 실현 가능한 수익률과 시장상황에 대한 확률이 다음과 같이 되었을 경우에 기대수익률은 다음과 같이 가중 평균하여 측정한다.

▶ 개별투자안의 수익률에 대한 발생확률

시장상황	수익률	발생확률
정상적	10%	50%
낙관적	13%	20%
비관적	8%	30%

- 기대수익률의 평균값 $=10\% \times 0.5 + 13\% \times 0.2 + 8\% \times 0.3 = 10\%$
- 만약에 투자자의 요구수익률이 기대수익률 평균값 10%보다 작다면 투자를 할 것이고 크다면 투자를 하지 않을 것이다.

ⓒ 포트폴리오의 기대수익률 측정

ⓐ 포트폴리오의 기대수익률은 개별투자안의 기대수익률을 투자비중으로 가중평균하여 구한다.

> 기대수익률 $=w_A r_A + w_B r_B + \cdots$
> - $w_A, w_B =$ 투자대상이 자산 A와 자산 B 등의 배합비율
> - $r_A, r_B =$ 투자대상이 자산 A와 자산 B 등의 기대수익률

ⓑ 아래의 표는 3개의 투자안에 분산 투자한 포트폴리오이다.
자산비중 및 경제상황별 예상수익률이 다음과 같을 때, 전체 구성자산의 기대수익률은 다음과 같이 구한다(단, 확률은 호황 40%, 불황 60%임).

▶ 포트폴리오의 기대수익률 측정

구 분	자산비중	경제상황별 예상수익률	
		호황	불황
상 가	20%	20%	10%
오피스텔	30%	25%	10%
아파트	50%	10%	8%

> - 각 개별 투자대상의 기대수익률을 발생확률에 가중평균하여 구한다.
>   - ㉠ 상가의 기대수익률 : $(20\% \times 0.4) + (10\% \times 0.6) = 14\%$
>   - ㉡ 오피스텔의 기대수익률 : $(25\% \times 0.4) + (10\% \times 0.6) = 16\%$
>   - ㉢ 아파트의 기대수익률 : $(10\% \times 0.4) + (8\% \times 0.6) = 8.8\%$
> - 포트폴리오의 기대수익률은 12%이다.
>   - → ㉠ $(12\% \times 20\%) +$ ㉡ $(16\% \times 30\%) +$ ㉢ $(8.8\% \times 50\%) = 12\%$

(2) 위험(Risk) 측정

① 의의

㉠ 투자에 대한 위험은 기대수익의 불확실성 정도를 나타내는데 이는 각 사상에서 기대치를 벗어나는 정도를 위험으로 계산한다. 위험을 측정하는 방법으로 절대적 산포도인 분산이나 표준편차가 있고 상대적 산포도인 변이계수가 있다.

㉡ 위험(표준편차)이 적다는 말은 예상수익이 실현수익에 가깝게 나온다는 의미이다. 따라서 여러 투자대상들 중에 기대수익률이 동일하다면 분산이 적은 쪽을 선택한다.

② 분산(σ^2) ★28회 기출★

$$분산(\sigma^2) = \sum_{i=1}^{n} [r_i - E(r)]^2 \times P_i = \sum_{i=1}^{n} (i상황의\ 편차)^2 \times (i상황의\ 발생확률)$$

위의 '개별투자안의 수익률 발생확률'의 표에서 분산을 구하면 다음과 같다.

ㄱ 기대수익률의 평균값$(E(r)) = 10\% \times 0.5 + 13\% \times 0.2 + 8\% \times 0.3 = 10\%$

ㄴ 분산$(\sigma^2) = (10\% - 10\%)^2 \times 0.5 + (13\% - 10\%)^2 \times 0.2 + (8\% - 10\%)^2 \times 0.3 = 3(\%)^2$

ㄷ 표준편차(σ)는 분산(σ^2)에 대하여 제곱근을 취하여 구한다.

$$표준편차(\sigma) = \sqrt{분산(\sigma^2)}$$

위의 예제에서 표준편차(σ)는 다음과 같다.

$$표준편차(\sigma) = \sqrt{0.03^2} = 17.3\%$$

③ 변이계수[CV : Cofficent of Variation(%)] ★29, 30, 33회 기출★

변량 X의 산술평균을 $(\bar{x})$, 표준편차를 S라 할때 X의 변이계수를 V_c라 하면

$$Vc = \frac{s}{\bar{x}} \times 100, 즉\ \frac{표준편차}{산술평균} \times 100$$

여러 다른 종류의 통계집단이나 동종의 집단일지라도 평균이 크게 다를 때 산포도를 비교하기 위한 척도로 쓰이며 보통 백분율로 나타낸다.

ㄱ 수익률 한 단위당 위험도를 나타내는 것으로 상대적 위험도의 크기를 파악할 수 있다.

ㄴ 변이계수 값이 작을수록 상대적 위험도가 적으므로 유리한 투자안이 된다.

ㄷ 평균-분산법으로 투자 선택을 할 수 없을 때 변이계수를 활용하여 투자안의 우위를 판단할 수 있다.

예제

다음의 표를 이용하여 A, B 두 집단의 변이계수를 비교하면?

구분	수익률의 기대치	수익률의 표준편차
A부동산	10%	7%
B부동산	14%	15%

해설

표준편차/평균치(수익의 기대치, 기대수익률)×100

A부동산의 변이계수=(7%/10%)×100=70%

B부동산의 변이계수=(15%/14%)×100=107%

변이계수가 작을수록 위험이 작다. 그러므로 A부동산이 B부동산보다 더 우월한 투자상품이다.

(3) 결론

① 투자자는 만약에 동일한 금액으로 부동산에 투자를 했을 때 수익기대치가 크고 위험이 적은 것을 선택하려고 할 것이다.

② 여러 투자대안들 중에 가장 선호되는 투자안을 선택하는 방법으로 평균－분산결정법, 포트폴리오, CAPM(Capital Assets Pricing Model : 자본자산가격모델) 등이 있다.

2. 최적의 투자대안 선택

(1) 평균－분산결정법(모형)

① 평균－분산의 지배원리

㉠ 평균－분산 원리(결정법)이란 여러 투자안들의 기대수익률과 표준편차(위험)를 분석하여 동일한 수익률 하에서 낮은 위험을, 동일한 위험에서 높은 수익률을 선택하는 기준으로 두 개 이상의 투자대안 중 한 곳에 집중 투자대안을 선택하는 방법이다.

> ⓐ 기대수익률은 A≥B, 표준편차는 A<B인 경우 : 평균－분산원리에 따라 A가 B를 지배한다.
> ⓑ 기대수익률은 A>B, 표준편차는 A≤B인 경우 : 평균－분산원리에 따라 A가 B를 지배한다.

㉡ 평균－분산법의 지배원리는 다음과 같다.

ⓐ 투자안의 기대수익의 평균이 같을 때는 편차가 작은 투자안을 채택하는 경우

투자안 A와 투자안 B는 기대수익률(8%)은 모두 동일하고, 표준편차가 투자안 A(2%)가 투자안 B(5%) 보다 낮으므로 위험혐오적 투자자는 투자안 A를 선택하게 된다.

ⓑ 투자안의 기대수익의 편차가 같을 때는 평균이 큰 투자안을 채택하는 경우

투자안 C와 투자안 D는 표준편차(7%)는 동일하지만, 기대수익률은 투자안 C(12%)보다 투자안 D(14%)가 높으므로 투자자는 투자안 D가 투자안 C를 지배한다.

② 평균－분산의 지배원리가 적용되지 않는 경우

㉠ 기대수익률과 표준편차가 어느 한쪽이 모두가 낮거나, 모두 높은 경우에는 투자결정이 곤란하다. 예컨대, 아래의 그림에서 투자안 A보다 투자안 D가 기대수익률과 표준편차가 모두 높다. 이런 경우는 '평균－분산 지배원리에 따라 투자안 A, D는 선택을 할 수 없다'라고 한다. 따라서 이러한 것을 평균－분산원리의 오류라 한다. 이것을 해결하는 방법은 포트폴리오를 통하여 해결이 가능하다.

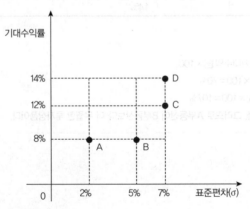

▶ 투자안의 기대수익률과 위험

ⓛ 또는 투자자의 위험에 대한 태도에 따라 달라진다. 즉, 어떤 투자대안을 선택하느냐는 투자자가 위험을 감수하려는 정도에 따라 투자방향이 달라질 수 있다. 투자결정은 위험−수익의 상쇄관계에서 개별투자자가 이것을 어떻게 판단하느냐에 달려 있다. 즉, 위험회피 성향이 강한 보수적 투자자라면 투자안 A를 선택할 것이고, 위험회피 성향이 약한 공격적 투자자라면 투자안 D를 선택할 것이다.

(2) 포트폴리오 이론 ★29, 30, 32, 33회 기출★

① 개요

ⓐ 개념

 ⓐ 포트폴리오(portfolio)란 자산이 하나에 집중되어 있는 경우 발생할 수 있는 불확실성을 제거하기 위해 여러 개의 자산으로 분산투자함으로써 위험을 줄이고 안정된 결합편익을 얻고자 하는 자산관리 방법 또는 원리를 지칭한다.

 ⓑ 포트폴리오를 통해 제거될 위험은 피할 수 있는 위험, 즉 비체계적 위험을 제거할 목적이지, 체계적 위험까지 제거하는 것은 아니다.

ⓛ 두 개 이상의 투자대안을 여러 가지 결합비율에 따라 결합한 경우, 결합비율에 따라 위험과 수익률이 다르게 나타난다. 이 결합비율 중에서 위험은 낮고 수익이 높은 포토폴리오를 선택할 수가 있다.

ⓒ 포트폴리오의 장점은 평균−분산결정법으로 판단하기 어려운 투자안의 위험과 수익과의 관계를 쉽게 분석파악해주고, 평균−분산결정법의 논리를 여러 개의 자산배합, 즉 포트폴리오에 적용하여 수익과 위험과의 관계를 전체적으로 파악할 수 있다.

② 포트폴리오의 위험

부동산투자의 위험에는 '피할 수 있는 위험(＝비체계적 위험)'과 '피할 수 없는 위험(＝체계적 위험)'이 있다. 포트폴리오 수익률은 개별자산 수익률을 가중평균하여 계산하지만, 포트폴리오 위험은 개별자산의 위험을 합산한 것이 아니다. 왜냐하면 포트폴리오를 통해 개별 투자안들의 위험이 서로 상쇄될 수 있기 때문이다.

ⓐ 체계적 위험(피할 수 없는 위험)

 ⓐ 경기변동, 인플레이션의 심화, 이자율의 변동 등 시장의 힘에 의해 야기되는 위험으로서 시장에 있는 모든 부동산에 동일하게 영향을 미친다.

 ⓑ 분산투자하여도 피할 수 없는 위험이다. 즉, 투자자가 기꺼이 감수해야 될 위험이다. 또한, 투자자의 요구수익률에 반영되는 위험이다.

ⓛ 비체계적 위험(피할 수 있는 위험)

 ⓐ 비체계적 위험은 개별투자안으로부터 야기되는 위험으로 피할 수 있는 위험이 된다.

 ⓑ 개별부동산의 특성으로부터 발생하는 위험으로 개별투자안에 영향을 준다.

 ⓒ 포트폴리오 구성을 다양화시키면 비체계적 위험은 줄일 수 있다.

ⓒ 총위험

 ⓐ 총위험은 체계적 위험과 비체계적 위험을 합한 것을 의미한다.

 ⓑ 자산수를 많이 구성하면 비체계적 위험은 줄어들지만 체계적 위험은 줄어들지 않는다. 총위험도 일정수준까지 감소한다.

③ 포트폴리오 효과와 상관계수

　㉠ 포트폴리오 효과

　　ⓐ '포트폴리오 효과(분산효과)'란 포트폴리오를 구성함으로써 수익은 동일하게 유지하면서 위험은 감소 또는 제거하는 것이다.

　　ⓑ 무작위적으로 자산을 배합한다면 포트폴리오를 구성하는 자산의 수가 많으면 많을수록 불필요한 위험은 통계학적으로 제거된다. 그 이유는 각각의 자산에 대한 위험과 수익의 분포도가 다양하기 때문이다. 즉, 상관계수가 '(+)1'이 아니기 때문이다.

　㉡ 상관계수와 포트폴리오 효과

　　분산투자를 할 때 투자대안들 간에 수익률의 방향이 매우 중요한데, 상관계수가 (−)이면 투자안들의 수익률이 다른 방향이기에 분산투자하면 분산투자효과가 크게 나타나지만, 상관계수가 (+)이면 투자안들의 수익률이 동일방향이므로 분산투자효과가 적게 나타난다.

　　ⓐ 상관계수는 포트폴리오 수익률 간의 방향성 관계를 측정하는 지표로서 (−1)~(+1) 사이의 값을 가진다. (−1)은 완전한 음의 상관관계, (+1)은 완전한 양의 상관관계를 나타내며, 상관관계가 0일 경우는 상관관계가 전혀 없음을 나타낸다.

> • 수익률 간의 상관계수가 (+1)인 경우 : 포트폴리오를 구성하는 두 자산의 수익률이 완전 동일한 방향으로 동일한 크기로 움직인다는 의미이기 때문에 분산투자를 하더라도 전혀 위험(비체계적 위험)은 제거하지 못한다.
> • 수익률 간의 상관계수가 (−1)인 경우 : 포트폴리오를 구성하는 두 자산의 수익률이 완전 반대 방향과 크기로 움직인다는 의미이기 때문에 분산투자를 할 경우 위험(비체계적 위험)을 완전히 제거할 수 있다.

　　ⓑ 특징

> • 상관계수가 (+1)만 아니고 양(+)의 값을 가질지라도 분산투자를 하면 위험을 제거할 수 있다. 또한 상관계수의 값이 낮을수록 분산효과가 더 크게 나타난다.
> • 포트폴리오를 구성할 경우, 수익률 간의 상관계수가 (−1)에 가까울수록 분산투자효과는 크게 나타나고, (+1)에 가까울수록 분산투자효과는 작게 나타난다.

더 알아보기 　상관계수와 위험제거

• 상관계수=−1일 경우 수익률 간의 움직임이 정반대방향, 비체계적 위험을 완전히 제거
• 상관계수=+1일 경우 수익률 간의 움직임이 동일방향, 비체계적 위험 전혀 제거 불가능
• 상관계수가 (+1)만 아니고 양(+)의 값을 가져도 위험은 제거 가능하다.
• 상관계수 값이 낮을수록 위험제거 양이 많아진다. 분산투자효과가 크다.

---

④ 최적의 포트폴리오

　㉠ 부동산투자의 위험에 따른 무차별곡선

　　ⓐ 무차별곡선이란 개인투자자에게 위험과 수익을 감안하여 동일한 만족을 가져다주는 포트폴리오를 연결한 선이다.

ⓑ 투자자의 위험에 따른 무차별곡선의 형태

> • 무차별곡선이 아래로 볼록하다는 것은, 투자자가 위험혐오적이라는 것을 의미한다. 위험혐오적 투자자는 위험이 커질수록 더 높은 수익을 요구하기 때문이다.
> • 같은 위험회피형 투자자는 보수적(소극적) 투자자와 공격적(적극적) 투자자로 구분된다. 동일한 위험일지라도 보수적 투자자가 공격적 투자자보다 더 큰 수익을 요구하기 때문에 무차별곡선이 더 가파르다.

ⓛ 효율적 전선(효율적 프론티어, efficient frontier)

ⓐ 효율적 전선이란 동일한 위험하에서 최고의 수익률을 나타내는 투자안들을 연결한 선, 또는 동일한 수익률하에서 최소의 위험을 나타내는 포트폴리오를 연결한 선을 말한다.

ⓑ 효율적 전선은 우상향 곡선의 형태를 띤다.

> • 아래의 '(ㄱ) 효율적 전선' 그림에서 동일한 기대수익률(r_1)에서 대안 A가 다른 대안 B, C를 지배한다. 따라서 대안 A는 더 높은 수익률(r_2)을 얻기 위해서는 더 많은 위험($\sigma_1 \rightarrow \sigma_2$)을 감수해야 하기 때문에 효율적 전선의 곡선은 우상향 곡선을 가진다.
> • 효율적 곡선상의 점들인 대안 A, D, F, G 점들이 지배한다.
> • 위험회피형을 전제로 했을 때, A를 선택하는 투자자보다 G를 선택하는 투자자가 더 공격적인 투자자이다.

▶ (ㄱ) 효율적 전선 　　　　　　　　　　　▶ (ㄴ) 최적 포트폴리오

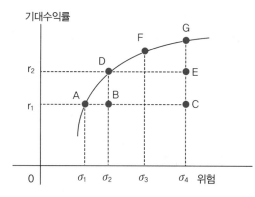

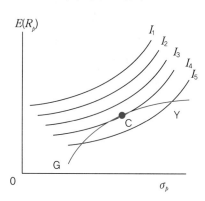

▶ (ㄷ) 최적 포트폴리오

무차별곡선

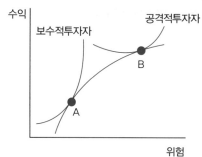

ⓒ 최적의 포트폴리오 선택

ⓐ 최적의 포트폴리오

위의 '(ㄴ) 최적 포트폴리오' 그림에서 최적의 포트폴리오는 개인의 위험선호도를 나타내는 무차별곡선과 효율적 전선이 서로 접하는 점(점 C)에서 형성된다.

ⓑ 투자자의 위험에 대한 태도에 따라 최적의 포트폴리오는 서로 다르다.

위의 '(ㄷ) 최적 포트폴리오' 그림에서 위험회피형 투자자 중 보수적 투자자(점 A)는 저위험·저수익의 투자안을 선택하는 것이다. 반면에 공격적 투자자(점 B)는 더 높은 수익을 얻기 위해 더 높은 위험을 감수하는 것을 선택한다.

⑤ 포트폴리오 관리

㉠ 포트폴리오의 관리

단순히 여러 개의 자산만을 배합한다고 해서 좋은 결과를 얻을 수 없으므로 투자대안이 갖고 있는 위험과 수익을 분석하여 불필요한 위험을 제거하고 최선의 결과를 얻을 수 있는 포트폴리오를 선택해야 한다.

㉡ 투자대상이 많을수록 불필요한 위험이 많이 제거됨

ⓐ 단순히 여러 개의 자산만 배합한다고 해서 좋은 결과를 얻는 것은 아니다. 그러나 포트폴리오를 구성하는 자산 수가 많을수록 통계학적으로 불필요한 위험이 많이 제거된다.

ⓑ 재산 3분법은 단지 포트폴리오의 일종이지 최선의 배합은 아니기 때문이다. 또한, 자산 포트폴리오의 대안에 자산을 균등분배하는 것은 아니다.

㉢ 부동산은 용도 다양성 때문에 유형별 분산투자가 가능하며, 부동성 때문에 지역별 분산투자가 가능하다.

⑥ 부동산 포트폴리오의 한계

부동산에 포트폴리오하는 것은 다음과 같은 원칙적인 제약이 있다.

㉠ 부동산시장은 불완전시장이므로 정기적으로 시장 포트폴리오 수익률의 계량이 곤란하다.

㉡ 투자자의 능력에 따라 수익률이 다르게 산출되므로 평균적 수익률 산정이 곤란하다.

㉢ 부동산투자는 금액이 크기 때문에 분할이 어려운 한계를 갖고 있다.

더 알아보기 자본·자산·가격모형(CAPM : capital assets pricing model)

투자자의 수익률은 '수익률＝기대수익률+β계수'로 산출된다.
이 때 β계수는 피할 수 없는 위험(체계적 위험)을 말한다
CAPM은 투자자의 자본에 대한 요구수익률을 결정하는데 사용될 수 있다.

제4절 부동산 투자분석

1. 화폐의 시간가치 ★27, 29, 31, 32, 33, 34회 기출★

부동산투자자들은 의사결정을 함에 있어서 투자로부터 얻어지는 편익과 투자에 드는 비용을 계산하는데 화폐의 시간가치에 관한 수학적 기초지식이 필요하다.

(1) 화폐의 시간가치의 종류

① 미래가치의 계산 : 현재의 금액이 일정기간 후에 얼마가 될 것인가를 계산하는 공식이다.

② 현재가치의 계산 : 미래의 금액이 현재 얼마만한 가치가 있는가를 계산하는 공식이다.

구분	개념 및 공식
일시불 미래가치(내가)	① 의의 : 1원을 이자율 i로 저금하였을 경우 n년 후에 찾게 되는 금액 ② 공식 : $(1+i)^n$ → 일시불 현가계수의 역수
연금의 미래가치(내가)	① 의의 : 매년 1원씩 받게 되는 연금을 이자율 i로 계속하여 적립하면 n년 후에 달성되는 금액 ② 공식 : $\dfrac{(1+i)^n-1}{i}$ → 감채기금계수의 역수
감채기금 (상환기금)	① 의의 : n년 후에 1원을 만들기 위해서 매년 불입해야 할 액수 ② 공식 : $\dfrac{i}{(1+i)^n-1}$ → 연금의 내가계수의 역수
일시불 현재가치(현가)	① 의의 : 할인율이 i일 때 n년 후에 1원이 현재 얼마만한 가치가 있는가를 나타내는 것 ② 공식 : $\dfrac{1}{(1+i)^n}$ → 일시불 내가계수의 역수
연금의 현재가치(현가)	① 의의 : 매년 1원씩 n년 동안 받게될 연금으로 일시불로 환원한 액수 ② 공식 : $\dfrac{1-(1+i)^{-n}}{i}$ → 저당상수의 역수
저당상수	① 현재 1원을 이자율 i로 n년 동안 빌렸을 때 매년 갚아야 할 원리금 ② $\dfrac{i}{1-(1+i)^{-n}}$ → 연금의 현가계수의 역수

(2) 미래가치의 계산

미래가치(FV : Future Value, 내가)란 현재의 일정금액을 미래의 일정시점의 가격으로 환산한 가치이다. 미래가치에는 일시불의 미래가치, 연금의 미래가치, 감채기금계수 등이 있다.

① 일시불의 미래가치

ㄱ 현재 일정액에 대한 미래의 일정시점의 화폐가치를 일시불의 미래가치라 하며, 일시불 현재가치의 역수이다.

> 일시불의 내가계수(i%, n)=$(1+i)^n$ (i : 이자율, n : 기간)

ㄴ 일시불의 미래가치＝현재의 일정액×일시불 내가계수

현재 100만 원은 연이자율이 10%일 때 2년 후의 가치는?

일시불의 미래가치＝100만 원×$(1+0.10)^2$＝1,210,000원

② 연금의 미래가치 ★27회 기출★

　㉠ 연금의 미래가치란 매 기간 말에 일정액을 불입했을 때 기간 말에 달성되는 누적액으로 감채기금 계수가 역수이다.

$$연금의 내가계수(i\%, n) = \frac{(1+i)^n - 1}{i} \ (i : 이자율, n : 기간)$$

　㉡ 연금의 미래가치 = 연금 × 연금의 내가계수매년 100만 원을 연이자율 10%로 매년 말에 5회 불입했을 때의 5년 후의 누적액은?

$$연금의 미래가치 = 100만 원 \times \frac{(1+0.1)^5 - 1}{0.1} = 6,105,100원$$

③ 감채기금계수(상환기금률)

　㉠ 미래에 일정액을 만들기 위해 매 기간 말에 적립해야 할 금액을 감채기금이라 한다. 즉, n년 후에 1원을 만들기 위하여 매년 불입할 액수를 말한다. 연금의 내가계수가 역수이다.

$$감채기금계수(i\%, n) = \frac{i}{(1+i)^n - 1} \ (i : 이자율, n : 기간)$$

　㉡ 연금(적금액) = 미래 일시불 × 감채기금계수

　주택자금을 만들기 위해 7년 만기로 1억 원의 적금을 들었을 때 매년 말에 불입해야 할 금액은 얼마인가? (연이자율은 10%)

$$매년의 적금액 = 1억 원 \times \frac{0.1}{(1+0.1)^7 - 1} = 10,540,550원$$

(3) 현재가치 계산

화폐의 현재가치(PV : Present Value 현가)란 화폐의 미래가치(FV : Future Value)를 적정한 이자율로 할인하여 현재시점의 가격으로 평가한 가치이다. 현재가치에는 일시불의 현재가치, 연금의 현재가치, 저당상수 등이 있다.

① 일시불의 현재가치

　㉠ 일시불 현재가치란 미래 일정시점의 일시불에 대한 현재가치를 의미하며, 일시불 미래가치의 역수이다.

$$일시불의 현가계수(i\%, n) = \frac{1}{(1+i)^n} = (1+i)^{-n} \ (i : 이자율, n : 기간)$$

　㉡ 일시불의 현재가치 = 미래일시불 × 일시불의 현가계수

　연이자율이 10%일 때 2년 후 100만 원의 현재가치는 얼마인가?

　일시불의 현재가치 = 100만 원 × $\dfrac{1}{(1+0.1)^2}$ = 826,446원

② 연금의 현재가치 *★31, 33회 기출★*

㉠ 연금의 미래가치를 현재가치로 할인하는 방법은 매년 받게 되는 연금을 계속해서 현재가치로 할인해 전부 합한 것으로서 저당상수의 역수이다.

$$\text{연금의 현가계수}(i\%,\ n)=\frac{1-(1+i)^{-n}}{i}=\frac{(1+i)^{n}-1}{i(1+i)^{n}}\ (i:\text{이자율},\ n:\text{기간})$$

㉡ 연금의 현재가치＝매 기간 연금액×연금의 현가계수

정년퇴직자가 연금을 20년 동안 매년 1,000만 원씩 받는다고 할 때 이것을 매년 받지 않고 일시불로 한꺼번에 받는다면 얼마인가?(연이자율 12%)

$$\text{연금의 현재가치}=1{,}000\text{만 원}\times\frac{1-(1+0.12)^{-20}}{0.12}=74{,}694{,}436\text{원}$$

더 알아보기 | 연금의 현재가치 응용 *★33회 기출★*

1. 영구연금의 현재가치

매기간 말에 동일한 금액이 영구히(기간 n이 무한함) 발생하는 현금흐름을 말한다.

$$\text{현재가치}=\text{연금}\times\frac{1}{r}$$

• r : 이자율

2. 일정성장 영구연금의 현재가치

매기간 일정비율로 증가하면서 영구히(기간 n이 무한함) 발생하는 현금흐름을 말한다.

$$\text{현재가치}=\text{FV}_1\times\frac{1}{r-g}$$

• FV_1 : 1기말의 현금흐름, g : 증가율

3. 일정성장 연금의 현재가치

매 기간 일정비율로 증가하면서 일정기간 동안 발생하는 현금흐름을 말한다.

$$\text{현재가치}=\text{FV}_1\times\frac{1}{r-g}\times\left[1-\left(\frac{1+g}{1+r}\right)^{n}\right]$$

---

③ 저당상수(抵當常數 : 연부상환율) *★29회 기출★*

㉠ 저당상수란 연금의 현재가치를 기준으로 매기 지불 또는 수령할 금액을 결정할 때 사용되는 비율이다. 저당상수는 일정액을 융자받을 때 매 기간마다 갚아야 할 원금과 이자를 포함한 일정액, 즉 원리금상환액을 구할 때 쓰이며 원리금상환액을 저당지불액(mortgage payment) 또는 부채서비스액(debt service)이라고 한다.

$$\text{저당상수}(i\%,\ n)=\frac{i}{1-(1+i)^{-n}}=\frac{i(1+i)^{n}}{(1+i)^{n}-1}\ (i:\text{이자율},\ n:\text{기간})$$

ⓒ 연금(원리금상환액)=연금의 현재가치×저당상수

주택자금으로 5,000만 원을 융자받았다면 매년 얼마씩 상환해야 하는가?(연이자율 12%, 상환기간은 10년으로 기말연납)

$$원리금상환액=5,000만 원×\frac{0.12}{1-(1+0.12)^{-10}}=8,849,208원$$

더 알아보기 화폐의 시간가치계수의 역수관계

① 일시불의 현가계수 $=\dfrac{1}{일시불의 내가계수}$

② 저당상수 $=\dfrac{1}{연금의 현가계수}$

③ 감채기금계수 $=\dfrac{1}{연금의 내가계수}$

더 알아보기 잔금비율과 상환비율 ★31회 기출★

$$1=상환비율+잔금비율$$

① 잔금비율 : 저당대부 중에서 미상환된 원금을 잔금이라 하고 잔금이 차지하는 비율을 잔금비율이라 한다.

ⓐ t시점의 잔금비율 $=\dfrac{연금의\ 현가계수(i\%,\ 잔여기간)}{연금의\ 현가계수(i\%,\ 전기간)}$

ⓑ t시점의 잔금=저당지불액×연금의 현가계수(i%, 잔여기간)

예를 들어보자. 저당대출액 1,000만 원, 상환기간은 20년, 대출상환방식은 매년원리금균등상환방식이고, 대출금리는 고정금리 10%일 경우라고 가정을 두고 대출상환을 10년이 경과된 현시점에서 미상환잔금과 잔금비율을 구하여 보자(단, 연부상환액은 117.46만 원이고 연금현가계수(10년)는 6.1445이고 연금현가계수(20년)는 8.5135이다).

10년 후의 잔금=저당지불액×연금의 현가계수(10%, 20-10년)=117.46×6.1445=721.74만 원

$$10년 후의 잔금비율=\frac{연금의\ 현가계수(10\%,\ 20-10년)}{연금의\ 현가계수(10\%,\ 20년)}=\frac{6.1445}{8.5135}=0.72174$$

② 상환비율 : 저당대부액 중 원금의 상환액이 원금에서 차지하는 비율을 상환비율이라 한다.

$$상환비율=1-잔금비율=\frac{저당상수(i\%,\ 전기간)-i}{저당상수(i\%,\ 상환기간)-i}$$

예를 들어 보자. 대출기간 20년이고 대출상환기간이 10년이 경과된 현시점에서 상환비율을 측정해보자(단, 저당상수(10%, 20년)=0.117460, 저당상수(10%, 10년)=0.162745).

$$10년 후의 상환비율=\frac{0.117460-0.10}{0.162745-0.10}=0.27826$$

2. 현금수지의 측정방법

부동산투자분석에서 가장 중요한 것은 투자로부터 예상되는 수입과 지출을 정확하게 추계하는 것이다. 부동산투자로 인한 수입(또는 손실)은 다음의 두 가지로 구분된다.

- 대상부동산의 운영으로부터 발생하는 영업수익(또는 영업손실)
- 처분시 발생하는 자본이득(또는 자본손실)

(1) 영업수지(cash flow from operation)의 계산 ★27, 29, 31, 34회 기출★

영업수지의 계산이란 부동산투자로부터 발생하는 현금수입과 현금지출을 측정하는 것을 말한다.

	단위당 예상임대료
×	임대단위수
	가능조소득(잠재총수익, Potential Gross Income ; PGI)
−	공실 및 불량부채
+	기타 소득
	유효조소득(유효총수익, Effective Gross Income ; EGI)
−	영업경비(기타 필요제경비, Operating Expenses ; OE)
	순영업소득(순수익, Net Operating Income ; NOI)
−	부채서비스액(저당지불액, Debt Service ; DB)
	세전현금수지(Before−Tax Cash Flow ; BTCF)
−	영업소득세(Taxes From Operating ; TO)
	세후현금수지(After−Tax Cash Flow ; ATCF)

① 가능조소득(PGI : Potential Gross Income)

임대 단위수에다 연 임대료를 곱하면 된다. 총임료수입, 잠재총수익, 가능총소득이라고도 한다.

② 공실 및 불량부채에 대한 충당금

임대공간인 부동산은 공실이 발생하고 임대료를 내지 못하는 불량부채도 존재한다.

③ 기타소득

임대료수입 이외의 여러 가지 영업외 수입이 존재한다. 이를 기타소득(영업외 소득)이라 한다. 예를 들어 주차장임대료, 유료세탁기나 자판기수입과 같은 것이다.

④ 유효조소득(EGI : Effective Gross Income 유효총수입)

가능조소득에서 공실 및 불량부채에 대한 충당금을 빼고 기타소득을 더한 것을 말한다.

⑤ 영업경비(OE : Operating Expense)

대상부동산을 운영하는 데 드는 유지비, 관리비, 수수료, 재산세, 보험료, 광고비, 전기세 등은 포함된다. 그러나 공실 및 불량부채, 부채서비스액, 감가상각비, 소득세, 개인적 업무비, 부가물과 증치물 설치비, 소유자의 봉급과 인출금 계정 등은 영업경비에 포함되지 않는다.

⑥ 순영업소득(NOI : Net Operating Income 순운영수입)

순영업소득 산출시 부채서비스액과 소득세는 별도로 계산할 필요가 없다.

⑦ 부채서비스액(DS : Debt Service) 또는 저당지불액(mortgage payment)

저당대부에 대한 매기간 원금상환분과 이자지급분을 합한 것으로원리금 상환액이라 한다.

⑧ 세전현금수지(BTCF : Before-Tax Cash Flow)

세전현금수지 산출시 소득세는 별도로 계산할 필요가 없다.

⑨ 세후현금수지(ATCF : After-Tax Cash Flow)

세전현금수지에서 영업소득세를 제한 것이다.

(2) 지분복귀액의 계산

지분복귀액이란 처분으로 인한 차익은 지분투자자의 몫으로 돌아오는 것을 말한다.

① **매도비용** : 부동산처분과 관계되는 중개사수수료, 법적 수속비, 기타 경비 등이 포함된다.

② **순매도액** : 매도가격에서 매도경비를 제한 것이다.

③ **세전지분복귀액** : 순매도액에서 미상환저당잔금을 제한 것이다.

④ **세후지분복귀액** : 세전지분복귀액에서 자본이득세를 제한 것이다.

매도가격 - 매도경비
순매도액 - 미상환저당잔금
세전지분복귀액 - 자본이득세
세후지분복귀액(after-tax equity reversion)

(3) 영업소득세의 계산 ★28회 기출★

	순영업소득			세전현금수지
+	대체충당금		+	대체충당금
-	이자지급분		+	원금상환분
-	감가상각액		-	감가상각액
	과세소득			과세소득
×	세율		×	세율
	영업소득세			영업소득세

① **대체충당금** : 대체충당금은 자본비지출로 취급되어 세금공제가 되지 않는다. 일정한 기간마다 교체하기 위해 매년 얼마씩을 영업경비로 지출하였을 경우의 금액을 대체충당금이라 한다.

② **이자지급분** : 부채서비스액 중에서 이자지급분은 세금에서 공제된다.

③ **감가상각분** : 감가상각분은 세금이 공제된다.

(4) 자본이득세

보유기간 말 부동산의 처분시 지불하는 세금 중 가장 중요한 것은 자본이득세이다.

① **매도이익** : 순매도액에서 순장부가치를 제한 것이다.

② **매수가격** : 부동산가격에 매수비용을 합한 금액이다.

③ **총감가상각액** : 정상적인 감가상각분과 자본회수분에 의한 초과감가상각분이 포함된다.

④ **자본이득** : 매도가격에서 초과감가상각분을 제한다.

⑤ **자본이득세** : 과세대상 자본이득에다 한계세율을 곱한 것이다.

⑥ 최종적인 세후지분복귀액 : 순매도액에서 미상환저당잔금을 지불하고 남은 세전지분복귀액에서 자본이득세를 제한다.

순매도액 − 순장부가치(= 매수가격 − 총감가상각액)
매도이익 − 초과감가상각액
자본이득 − 세제상 공제액
과세대상자본이득 × 세율
자본이득세

제5절 부동산의 투자분석기법 ★27, 28, 29, 30, 31, 33, 34회 기출★

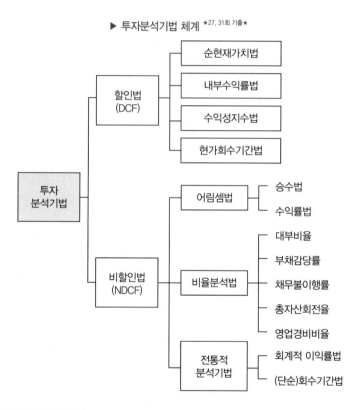

▶ 투자분석기법 체계 ★27, 31회 기출★

할인현금수지분석 (순현가법, 내부수익률법, 수익성지수법)	비교	비할인현금수지분석법 (어림셈법, 비율분석법 등)
고려함	매기간 현금흐름	고려 안함
고려함	화폐시간가치	고려 안함

투자타당성분석의 기법으로 할인현금수지분석법과 비할인현금수지분석법으로 구분할 수 있다. 할인현금수지분석법은 화폐의 시간가치를 고려하며, 투자기간 동안의 매기 현금흐름을 반영한다. 그러나 어림셈법 등

의 비할인현금수지분석법은 화폐의 시간가치를 고려하지 않고, 매기 현금흐름을 고려하지 않고 첫 해의 운영수입만을 반영한다. 따라서 할인현금수지분석법은 한 가지 방식에 산출된 값과 다른 방식에 산출된 값을 직접비교할 수 있는 장점이 있다.

1. 할인현금흐름분석법(DCF분석법 : Discounted Cash Flow analysis)

(1) 개념

할인현금수지분석법은 장래 예상되는 현금유입과 유출을 현재가치로 할인하고 이것을 서로 비교하여 투자판단을 결정하는 방법이다.

① 할인현금수지분석법은 여러 해의 소득(세후현금수지)을 기준으로 한다.

② 화폐의 시간가치를 고려하며, 보유기간 동안의 매기간 소득을 고려한다.

③ 할인현금수지분석법은 순현가법, 내부수익률법, 수익성지수법 등이 있다.

(2) 종류 ★27, 29, 30, 31, 32, 33회 기출★

① 순현가법(NPV법 : 순현재가치법)

㉠ 의의

ⓐ 순현가(NPV : Net Present Value Method)는 장래 예상되는 현금유입의 현가의 총액과 투입되는 현금유출의 현재가치의 합의 차이를 의미한다.

> 순현가(NPV) = 현금유입의 현재가치 − 현금유출의 현재가치

ⓑ 순현가를 계산하기 위해서는 사전에 할인율을 정해야 한다. 이때 사용되는 할인율은 지분투자자가 요구하는 요구수익률을 사용한다. 만약 순현가가 (+)이면 당해 사업은 요구수익률을 만족하고 초과이윤이 발생한다는 의미이다.

예제

다음은 부동산투자의 예상 현금흐름표이다. 이 투자안의 순현가(NPV)는? (단, 현금유출은 기초, 현금유입은 기말로 가정하고, 0년차 현금흐름은 현금유출이며, 1년차부터 3년차까지의 현금흐름은 연 단위의 현금유입만 발생함. 할인율은 연 10%이고, 주어진 조건에 한함)

사업기간	0년	1년	2년	3년
현금흐름	2,000만 원	550만 원	1,210만 원	1,331만 원

해설

순현가(NPV) = 현금유입의 현재가치[1] − 현금유출의 현재가치[2]

1) 미래의 현금유입을 할인하여 합산한 값이다.

$$\frac{550만 원}{1.1} + \frac{1,210만 원}{(1.1)^2} + \frac{1,331만 원}{(1.1)^3}$$

500만 원 + 1,000만 원 + 1,000만 원 = 2,500만 원

2) 순현가 : 500만 원

현금유입 현가(2,500만 원) − 현금유출 현가(2,000만 원) = 500만 원

ⓛ 투자결정의 준거

　　ⓐ 독립적인 투자안(단일투자안)일 경우 : 순현가≥0이면 투자를 채택하고, 순현가<0이면 투자를 기각한다.

> ・순현가(NPV)≥0 → 투자채택
> ・순현가(NPV)<0 → 투자기각

　　ⓑ 상호배타적인 투자안인 경우 : 순현가가 0보다 큰 투자안들 중에서 순현가가 가장 높은 투자안을 최적 투자안으로 선택한다.

ⓒ 순현가의 장점

　　ⓐ 순현가법은 가치합산원칙(value additivity principle)이 성립한다.

　　ⓑ 투자자에 따라 요구수익률 달라지므로 투자자에 따라 순현가값도 달라진다. 또한, 매기간 요구수익률이 달라진다고 하더라도 순현가는 투자안을 선택할 수 있다.

　　ⓒ 순현가법은 투자자의 부의 극대화를 반드시 달성할 수 있다.

ⓔ 연평균순현가법(annualized NPV)

　　ⓐ 연평균순현가란 순현가가 사업기간 동안 매년 얼마씩 배분될 수 있는지를 나타낸다.

　　ⓑ 순현가법과 연평균순현가의 비교 : 만약, 순현가가 3억 원이 존재한다고 가정하자.

　　　・순현가란 투자기간 전체를 통한 초과이윤이다. 따라서 순현가가 3억 원이란 전체사업기간 동안 요구수익률을 충족하고 3억 원이란 초과이윤이 발생했다는 의미이다.

　　　・연평균순현가, 즉 이 투자사업은 매년 평균 얼마 정도의 순현가를 획득하였을까?(단, 요구수익률은 10%이고, 사업기간은 5년으로 가정함)

　　　　－연평균순현가는 전체 순현가에 저당상수(10%, 5년)를 곱하면 된다.

> 연평균순현가＝3억 원×저당상수(10%, 5년)＝3억 원×0.263797＝7,914만 원

　　ⓒ 장점 : 사업기간이 서로 다른 투자사업의 경우, 전체 순현가만 비교하는 것은 별다른 의미가 없다. 연평균순현가의 장점은 사업기간이 다른 투자사업의 순현가를 서로 비교할 수 있다는 것이다.

② 내부수익률법(IRR법, 투자의 한계효율) ★32회 기출★

ⓐ 의의

　　ⓐ 내부수익률법(IRR법 : internal rate of return)이란 투자에 대한 내부수익률과 요구수익률을 비교하여 투자결정하는 방법이다.

　　ⓑ 내부수익률(IRR)이란 예상되는 현금유입과 지출의 합계를 서로 같게 만드는 할인율이다. 즉, 순현가를 0으로 만드는 할인율이며, 수익성지수 1을 만드는 할인율을 의미한다.

$$\frac{CF_1}{(1+r)^1}+\frac{CF_2}{(1+r)^2}+\cdots+\frac{CF_n}{(1+r)^n}=현금유입$$

・CF : 매년 예상되는 현금유입
・r : 내부수익률

ⓛ 투자결정의 기준

ⓐ 독립적인 투자안일 경우 : 내부수익률≥요구수익률이면 투자를 채택하고, 내부수익률<요구수익률이면 투자를 기각한다.

> 내부수익률≥요구수익률 → 투자채택
>
> 내부수익률<요구수익률 → 투자기각

ⓑ 상호배타적인 투자안일 경우 : 내부수익률이 요구수익률보다 큰 투자안들 중에서 내부수익률이 가장 높은 투자안을 최적 투자안으로 선택한다.

ⓒ 내부수익률법의 특징

ⓐ 내부수익률은 투입된 자본이 투입기간 동안 원금을 상환하고도 남는 수익의 사업에 잠긴 자본에 대한 잠겨있는 동안의 수익률을 의미한다.

ⓑ 내부수익률법에서는 요구수익률을 먼저 구할 필요는 없다.

ⓒ 내부수익률법은 가치합산원칙이 성립되지 않는다. 일반적으로 투자판단의 준거로 순현가법이 내부수익률법보다 더 선호된다.

③ **수익성지수법(PI법)** ★27회 기출★

㉠ 의의

ⓐ 수익성지수(PI : Profitability Index)란 현금유입의 현가합을 현금유출의 현가합으로 나눈 값을 말한다. 수익성지수를 '편익－비용비율(B/C)'이라고도 한다.

$$수익성지수(PI) = \frac{현금유입의\ 현가합}{현금유출의\ 현가합}$$

ⓑ 수익성지수가 1보다 크다는 것은 순현가가 0보다 크다는 의미가 된다.

㉡ 투자결정의 준거

ⓐ 독립적인 투자안일 경우 : 수익성지수가 1보다 크거나 같으면 그 투자대안을 채택하고, 1보다 작으면 투자대안을 기각한다.

> • 수익성지수(PI)≥1 → 투자채택
>
> • 수익성지수(PI)<1 → 투자기각

ⓑ 상호배타적인 투자안일 경우 : 수익성지수가 1보다 큰 투자안들 중에서 수익성지수가 가장 큰 투자안을 최적 투자안으로 채택한다.

더 알아보기 투자안을 채택하는 경우

① 기대수익률≥요구수익률
② 투자가치≥시장가치
③ 순현가≥0
④ 내부수익률≥요구수익률
⑤ 수익성지수≥1

구분	매 기간 현금흐름 고려	할인율(요구수익률)	가산법칙 성립
회수기간법	×	×	×
회계적 이익률법	×	×	×
내부수익률법	○	×	×
수익성지수법	○	○	×
순현가법	○	○	○

더 알아보기 순현가법과 내부수익률 계산

기간(년)	현금수지	할인율 12%		할인율 13%	
		현가계수	현재가치	현가계수	현재가치
0	− 3,800	1.0000	− 3,800	1.0000	− 3,800
1	1,000	0.8929	893	0.8850	885
2	900	0.7972	717	0.7831	705
3	500	0.7118	356	0.6931	347
4	800	0.6355	508	0.6133	491
5	2,400	0.5674	1,362	0.5428	1,303
순현가		+ 36		− 69	

1. 순현가법 계산

이러한 경우에 할인율로 요구수익률 12%로 하여 투자유무를 판단하여 보자. 이때 투자안의 현가를 수식으로 나타내면 다음과 같다.

$$NPV = \frac{1,000}{(1+0.12)^1} + \frac{900}{(1+0.12)^2} + \frac{500}{(1+0.12)^3} + \frac{800}{(1+0.12)^4} + \frac{2,400}{(1+0.12)^5} - 3,800$$

$$= 893 + 717 + 356 + 508 + 1,362 - 3,800$$

$$= 3,836만 원 - 3,800만 원 = 36만 원$$

① 순현가란 부동산투자에서 산출되는 현금유입의 현가합과 투입되는 현금유출의 현가합의 차이를 의미하므로 투자에 산출되는 현금유입의 현가합은 3,836만 원이고, 현금유출의 현가는 3,800만 원으로 결국은 순현가가 (+)36만 원이 산출되어 순현가가 '0'보다 크므로 요구수익률이 12%일 때에는 투자를 한다.

② 이와 같은 방법으로 요구수익률이 13%일 때를 알아보면 현금유입의 현가합은 3,731만 원이고, 현금유출의 현가합은 3,800만 원이므로 순현가는 (−)69만 원이 되어 순현가가 '0'보다 작아서 투자자는 투자를 하려 하지 않을 것이다.

2. 내부수익률법(IRR)의 계산

① 내부수익률이란 장래 기대되는 현금유입의 현재가치와 현금유출의 현가합을 같도록 하는 할인율로서 순현가를 '0'으로 만드는 할인율이다.

② 위의 <표>를 보고 내부수익률을 다음과 같은 방법으로 구할 수 있다.

$$IRR = \frac{1,000}{(1+x)^1} + \frac{900}{(1+x)^2} + \frac{500}{(1+x)^3} + \frac{800}{(1+x)^4} + \frac{2,400}{(1+x)^5} + \frac{3,800}{(1+x)^0} - 3,800$$

내부수익률을 구하는 유일한 방법은 여러 번의 시행착오를 거쳐 순현가를 '0'으로 만드는 가장 가까운 근사치를 구하는 것이다.

할인율이 12%일 경우 순현가는 36(+)이 된다. 내부수익률은 순현가를 '0'으로 만드는 할인율이므로 순현가가 (+)라는 것은 내부수익률이 12%보다 높다는 의미이다. 반면에 할인율이 13%인 경우에는 순현가가 −69이므로 내부수익률은 13%보다 낮다는 의미이다. 결국은 내부수익률은 12%와 13% 사이에 있다는 것을 알 수 있다.

③ 내부수익률을 컴퓨터로 계산할 경우에는 이 같은 과정을 무수히 반복하여 1% 이하의 가장 가까운 근사치를 얻을 수 있도록 만들어진 프로그램을 이용하면 된다. 그러나 수작업을 하는 경우에는 사실상 불가능하다. 따라서 순현가가 (+)인 할인율과 (−)인 할인율을 1%로 사이에서 구해 놓고, 보간법으로 근사치를 구한다. 다음과 같은 계산이 된다.

$$내부수익률(IRR) = 12\% + 1\% \times \frac{NPV12\%}{NPV12\% - NPV13\%}$$

$$= 12\% + 1\% \times \frac{36}{36 - (-69)}$$

$$= 12.34\%$$

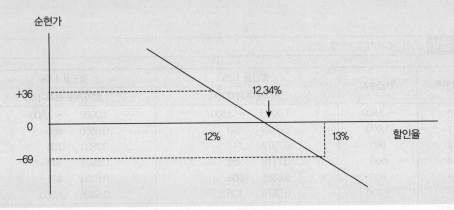

더 알아보기 | 순현가법과 내부수익률법 비교

※ 순현가법이 내부수익률보다 우수한 이유

순현가법의 우월성을 내부수익률법과 비교하여 설명하면 다음과 같다.

① 미래 현금수지를 현재가치로 환원하는 할인율의 비교

　㉠ 순현가법은 할인율을 요구수익률을 사용하기 때문에 부의 극대화를 가져올 수 있다.

　㉡ 내부수익률의 할인율은 투자대상으로부터 얻을 수 있는 기대수익률만 파악할 수밖에 없다.

② 부의 극대화

　㉠ 내부수익률은 투자로부터 얻는 수익률을 의미하는 반면 순현재가치는 투자로부터 발생하는 부(富)의 증가분을 나타내므로 순현가법이 내부수익률법보다 우월하다.

　㉡ 여러 개의 투자안들이 존재하는 경우, 순현가법은 반드시 부(富)의 극대화를 달성할 수 있지만, 내부수익률은 항상 부(富)의 극대화를 달성할 수 있는 것은 아니다.

　　만약 가용자금 1억 원을 가지고 투자를 할 때에 아래의 표와 같은 결과를 가지고 어느 것들을 선택하는 것이 최대의 이익을 가져올 수 있을까? 순현가법을 사용할 경우에는 투자재원의 범위 내에서 대안 A와 D를 선택할 수 있다. 이 경우 현재가치의 순증가액은 1,000만 원 + 900만 원 = 1,900만 원이다.

투자대안	필요자금	순현가(8%)	내부수익률
A	5,500만 원	1,000만 원	18.1%
B	8,000만 원	1,400만 원	15.3%
C	3,500만 원	800만 원	19.5%
D	4,000만 원	900만 원	17.8%

그러나 내부수익률법을 투자준거로 사용하면 C와 A를 채택할 수 있다. 이때 투자자금에 대한 현재가치의 순증가액은 800만 원 + 1,000만 원 = 1,800만 원이 되어 순현가법에서의 자산선택보다 더 적어진다.

2. 비할인현금수지법(NDCF분석법 ; Non Discounted Cash Flow analysis) ★27, 28, 29, 30, 31회 기출★

실무분야에서는 복잡한 할인현금수지분석법 대신에 단순한 어림셈법이나 비율분석법이 오랫동안 부동산 결정에 대한 판단준거로 많이 사용되어 왔다.

(1) 어림셈법(경험셈법)

어림셈법(rule of thumb method)은 승수법과 수익률법이 존재한다. 어림셈법의 승수법과 수익률법은 상호 역수관계가 성립한다. 어림셈법에서 승수는 그 값이 작을수록 자본의 회수기간이 빠르다는 것을 의미하며, 승수의 값이 클수록 자본의 회수기간도 길다는 것을 의미한다.

▶ 어림셈법에 의한 승수법과 수익률법

승수법	수익률법
$\dfrac{투자액}{수입}$=자본의 회수기간 산정	$\dfrac{수입}{투자액}$=투자의 수익률을 산정
◀──── 상호 역수관계 성립 ────▶	
조소득승수=$\dfrac{총투자액}{조소득}$	
순소득승수=$\dfrac{총투자액}{순영업소득}$	종합자본환원율=$\dfrac{순영업소득}{총투자액}$
세전현금수지승수=$\dfrac{지분투자액}{세전현금수지}$	지분배당률=$\dfrac{세전현금수지}{지분투자액}$
세후현금수지승수=$\dfrac{지분투자액}{세후현금수지}$	세후수익률=$\dfrac{세후현금수지}{지분투자액}$

① 승수법

㉠ 조소득승수(Gross Income Multiplier ; GIM) : 조소득에 대한 총투자액의 배수이다.

$$조소득승수=\dfrac{총투자액}{조소득}$$

㉡ 순소득승수(Net Income Multiplier ; NIM) : 순영업소득에 대한 총투자액의 배수이다. 순소득 승수는 자본회수기간이라고도 한다.

$$순소득승수=\dfrac{총투자액}{순영업소득}=자본회수기간$$

© 세전현금수지승수(Before Tax Cash Flow Multiplier : BTM) : 세전현금수지에 대한 지분투자액의 배수이다. 세후현금수지는 순영업소득에서 부채서비스액을 뺀 것이다.

$$세전현금수지승수 = \frac{지분투자액}{세전현금수지}$$

② 세후현금수지승수(After Tax Cash Flow Multiplier : ATM) : 세후현금수지에 대한 지분투자액의 배수를 말한다. 세후현금수지는 세전현금수지에서 영업소득세를 뺀 것이다.

$$세후현금수지승수 = \frac{지분투자액}{세후현금수지}$$

② **수익률법** : 여러 종류의 현금수지를 수익률의 형태로 표시

    ⊙ 종합자본환원율(Overall Capitalization Rate : OCR) : 종합자본환원율은 총투자액에 대한 순영업소득의 비율이다. 이는 순소득승수의 역수이다.

$$종합자본환원율 = \frac{순영업소득}{총투자액}$$

    ○ 지분배당률(Equity Divided Rate : EDR) : 지분배당률은 지분투자액에 대한 세전현금수지의 비율이다. 지분배당률을 세전수익률이라고도 한다.

$$지분배당률 = \frac{세전현금수지}{지분투자액}$$

    © 세후수익률(after tax rate) : 지분투자액에 대한 세후현금수지의 비율이다.

$$세후수익률 = \frac{세후현금수지}{지분투자액}$$

③ **어림셈법의 한계**

    ⊙ 한 가지 방법에 의해 계산된 비율을 다른 방법에 의해 계산된 비율과 직접 비교하기가 곤란하다.

    ○ 어림셈법의 이 같은 약점은 미래의 현금수지를 할인하지 않는다는 데에서 기인한다.

(2) 비율분석법 ★32회 기출★

① **대부비율(LTV)** ★31회 기출★

    ⊙ 대부비율(Lone To Value : LTV, 저당비율, 융자비율, 담보인정비율, 대출비율)

        ⓐ 대부비율이란 부동산가치에 대한 융자액의 비율을 말한다.

        ⓑ 대부비율이 높을수록 채무불이행시 원금을 회수하기가 곤란하다.

        ⓒ 대부비율은 100%를 초과할 수 있으며, 부동산 가치가 하락하면 대부비율은 높아진다.

$$대부비율 = \frac{부채잔금}{부동산가치}$$

ⓛ 부채비율 ★28회 기출★

ⓐ 부채비율이란 지분에 대한 부채의 비율을 말한다.

$$부채비율 = \frac{저당대부액}{지분투자액}$$

ⓑ 일반적으로 대부비율과 부채비율은 밀접한 관계가 있다. 대부비율이 높아짐에 따라 부채비율도 더 크게 증가한다. 대부비율이 80%라는 것은 부채비율이 400%라는 뜻과 같다. 대부비율이 100%가 되면 부채비율은 무한대가 된다.

▶ 대부비율, 자기자본비율, 부채비율의 관계

대부비율	20%	50%	60%	80%
지분비율	80%	50%	40%	20%
부채비율	$\frac{20}{80} = 25\%$	$\frac{50}{50} = 100\%$	$\frac{60}{40} = 150\%$	$\frac{80}{20} = 400\%$

② 부채감당률(Debt Coverage Ratio : DCR) ★28, 29, 30회 기출★

㉠ 의의 : 순영업소득이 부채서비스액의 몇 배가 되는가를 나타내는 비율이다.

$$부채감당률 = \frac{순영업소득}{부채서배스액}$$

㉡ 부채감당률의 의미

부채감당률이 1보다 작다는 것은 부동산으로부터 나오는 순영업소득이 부족하다는 뜻이다. 부채감당률은 1보다 크다는 의미는 원리금을 상환하고도 남는다는 의미이다.

③ 채무불이행률(default ratio)

㉠ 채무불이행률

채무불이행률은 영업경비와 부채서비스액이 유효조소득에서 차지하는 비율이다. 채무불이행률이 클수록 채무불이행의 가능성도 커진다.

$$채무불이행률 = \frac{영업경비 + 부채서비스액}{유효조소득}$$

㉡ 손익분기율, 손익분기점 : 경우에 따라서 유효조소득 대신 가능조소득을 쓰기도 한다. 채무불이행률(break even ratio) 또는 손익분기점(break even point)이라고도 한다.

④ 총자산회전율(Total Asset Turnover ratio : TAT)

총자산회전율은 투자된 총자산, 즉 부동산가치에 대한 조소득의 비율이다. 총자산회전율은 어림셈법에서의 조소득승수의 역수가 된다.

$$총자산회전율 = \frac{조소득}{부동산의\ 가치}$$

⑤ 영업경비비율(operating expence ratio) ★30회 기출★
  ㉠ 생산성비율
    ⓐ 생산성비율은 부동산의 생산성을 평가하는 지표로서 소득비율, 영업경비비율, 공실률이 이에 해당된다.
    ⓑ 소득비율(income)은 순영업소득이 가능조소득에서 차지하는 비율이며, 영업경비비율(operating expence ratio)은 영업경비가 조소득에서 차지하는 비율이다. 그리고 공실률(vacancy ratio)은 공실과 불량부채가 가능조소득에서 차지하는 비율이다.
    ⓒ 소득비율이 높을수록, 공실률과 경비비율이 낮을수록 대상부동산의 생산성은 높다.
  ㉡ 영업경비비율(operating expence ratio)

$$영업경비비율 = \frac{영업경비}{조소득}$$

경비비율은 투자대상부동산의 재무관리 상태를 파악하는 지표의 하나로 사용한다.

⑥ 비율분석법의 한계
  ㉠ 추계의 오류는 비율자체가 왜곡됨 : 비율을 구성하고 있는 요소들에 대한 추계의 오류로 비율 자체가 왜곡될 가능성이 있다.
  ㉡ 비율 자체만으로 평가는 곤란함 : 주어진 비율 그 자체만으로는 좋다 나쁘다를 평가하기가 곤란하다는 것이다.
  ㉢ 사용되는 지표에 따라 다른 결과 : 비율분석으로 투자판단을 할 경우에는 동일한 투자대안이라 할지라도 사용하는 지표에 따라 투자판단의 결정이 다르게 나타날 수 있다.

(3) 기타 전통적 투자분석기법(화폐의 시간가치를 고려하지 않는 기법)[11]
  ① 회수기간법(pay back period)
    ㉠ 의의 : 회수기간법은 투자안의 현금흐름에 의하여 최초 투자액을 완전히 회수하는 데 소요되는 기간을 의미한다.
    ㉡ 투자결정 준거

      • 투자안의 회수기간≤목표회수기간 → 채택
      • 투자안의 회수기간>목표회수기간 → 기각

---

11) 강원철 외, 부동산학 개론, 부동산114, p.135

② 회계적 이익률법(Accounting Rate of Return)

   ⊙ 의의 : 연 평균 투자액 또는 총 투자액에 대한 연평균 순이익의 비율을 구한 후 회계적 이익률과 투자자가 사전에 설정해 둔 목표 이익률을 비교하여 투자안의 수익성을 분석하는 기법이다.

$$\text{회계적 이익률} = \frac{\text{평균세후수익}}{\text{연평균투자액}}$$

   ⊙ 투자결정 준거

- 투자안의 회계적 이익률≥목표이익률 → 채택
- 투자안의 회계적 이익률<목표이익률 → 기각

○ × 핵심체크

01 융자를 받아 아파트를 구입했을 때 차입금리가 집값상승률보다 높아 자본손실을 보는 경우는 지렛대효과로 볼 수 없다. ○ ×

02 정(+)의 레버리지 효과는 총자본수익률(종합수익률)이 저당수익률보다 높을 때 발생한다. ○ ×

03 총자본수익률과 저당수익률이 동일한 경우 부채비율의 변화는 자기자본수익률의 변화에 영향을 준다. ○ ×

04 금융상위험이란 투자부동산을 현금으로 전환하는 과정에서 발생하는 시장가치의 손실가능성을 의미한다. ○ ×

05 보수적 예측방법은 투자수익의 추계치를 하향 조정함으로써, 미래에 발생할 수 있는 위험을 상당수 제거할 수 있다는 가정에 근거를 두고 있다. ○ ×

06 위험을 처리하는 방법 중 위험조정할인율법은 위험한 투자일수록 낮은 할인율을 적용한다. ○ ×

07 투자에 대한 위험이 주어졌을 때, 투자자가 대상부동산에 자금을 투자하기 위해 충족되어야 할 최대한의 수익률을 요구수익률이라 한다. ○ ×

08 투자자의 요구수익률이 기대수익률보다 큰 경우 대상부동산에 대한 기대수익률도 점차 하락하게 된다. ○ ×

09 평균−분산 지배원리로 투자 선택을 할 수 없을 때 변동계수(변이계수)를 활용하여 투자안의 우위를 판단할 수 있다. ○ ×

10 분산투자효과는 포트폴리오를 구성하는 투자자산 종목의 수를 늘릴수록 체계적 위험이 감소되어 포트폴리오 전체의 위험이 감소되는 것이다. ○ ×

정답 및 해설 **01** × **02** ○ **03** × **04** × **05** ○ **06** × **07** × **08** × **09** ○ **10** ×

오답분석
01 ~볼 수 있다.
03 ~영향을 주지 않는다.
04 금융상위험이 아니라 유동성위험에 대한 설명이다.
06 ~높은 할인율을 적용한다.
07 ~최소한의 수익률을 요구수익률이라 한다.
08 ~기대수익률도 점차 상승하게 된다.
10 ~비체계적 위험이 감소되어~

11 2개의 투자자산의 수익률이 서로 다른 방향으로 움직일 경우, 상관계수는 양(+)의 값을 가지므로 위험분산 효과가 작아진다. ☐○ ☒×

12 순영업소득의 산정과정에서 해당 부동산의 재산세는 차감하나, 영업소득세는 차감하지 않는다. ☐○ ☒×

13 저당상수는 미상환 대출잔액을 계산하는데 사용한다. ☐○ ☒×

14 원금균등상환방식으로 주택저당대출을 받은 경우 저당대출의 매기간 원리금 상환액은 저당상수를 이용하여 계산한다. ☐○ ☒×

15 현가회수기간법은 화폐의 시간적 가치를 고려하지 않고 투자한 금액을 회수하는데 걸리는 기간을 분석한다. ☐○ ☒×

16 할인현금수지법은 부동산 투자기간 동안의 현금흐름을 반영하지 못한다는 점이 있다. ☐○ ☒×

17 순현가법이란 보유기간동안 기대되는 세후소득의 현가합과 투자비용으로 지출한 지분의 현가합을 비교하는 방법이다. ☐○ ☒×

18 내부수익률은 투자에 대한 현금유입의 현가와 현금유출의 현가를 같도록 하는 할인율로서, 투자사업의 순현가를 0으로 만드는 할인율이다. ☐○ ☒×

19 순현재가치법은 가치가산원리가 적용되나, 내부수익률법은 적용되지 않는다. ☐○ ☒×

20 부채감당률(debt coverage ratio)이 1보다 작으면 차입자의 원리금 지불능력이 충분하다고 판단할 수 있다. ☐○ ☒×

정답 및 해설　11 ×　12 ○　13 ×　14 ×　15 ×　16 ×　17 ○　18 ○　19 ○　20 ×

오답분석
11　~수익률이 서로 유사 방향으로~
13　저당상수가 아니라 연금의 현가계수에 대한 설명이다.
14　원금균등상환방식이 아니라 원리금균등상환방식에 대한 설명이다.
15　현가회수기간법이 아니라 단순회수기간법에 대한 설명이다.
16　할인현금수지법이 아니라 비할인현금수지법에 대한 설명이다.
20　~충분하지 않다고 판단할 수 있다.

제4장 | 확인학습문제

01 부동산투자에서 레버리지(leverage)에 관한 설명으로 옳지 <u>않은</u> 것은?(정(+)/부(−)이다) ★30회 기출★

① 총투자수익률에서 지분투자수익률을 차감하여 정의 수익률이 나오는 경우에는 정의 레버리지가 발생한다.

② 차입이자율이 총투자수익률보다 높은 경우에는 부의 레버리지가 발생한다.

③ 정의 레버리지는 이자율의 변화 등에 따라 부의 레버리지로 변화될 수 있다.

④ 부채비율이 상승할수록 레버리지 효과로 인한 지분투자자의 수익률 증대효과가 있지만, 한편으로는 차입금리의 상승으로 지분투자자의 수익률 감소효과도 발생한다.

⑤ 대출기간 연장을 통하여 기간이자 상환액을 줄이는 것은 부의 레버리지 발생시 적용할 수 있는 대안 중 하나이다.

> 해설

난도 ★★

① 총투자수익률보다 지분투자수익률이 클 경우 정의 수익률이 나오는 경우에는 정의 레버리지가 발생한다.

답 ①

02 다음과 같은 이유들로 인해 나타날 수 있는 부동산투자의 위험은? ★29회 기출★

- 근로자의 파업 가능성
- 관리자의 관리 능력
- 영업경비의 증가
- 임대료의 연체

① 인플레이션위험

② 금융위험

③ 유동성위험

④ 입지위험

⑤ 운영위험

03 부동산투자의 수익률에 관한 설명으로 옳지 <u>않은</u> 것은?(단, 주어진 조건에 한함)

① 기대수익률은 투자한 부동산의 예상수입과 예상지출로 계산되는 수익률이다.

② 실현수익률이란 투자가 이루어지고 난 후에 실제로 달성된 수익률이다.

③ 요구수익률은 투자자에게 충족되어야 할 최소한의 수익률이다.

④ 장래 기대되는 수익의 흐름이 주어졌을 때, 요구 수익률이 클수록 부동산의 가치는 증가한다.

⑤ 투자자의 요구수익률은 체계적 위험이 증대됨에 따라 상승한다.

04 시장상황별 추정 수익률의 예상치가 다음과 같은 투자자산의 분산은?

시장상황	수익률	확률
호황	20%	0.6
불황	10%	0.4

① 0.0012

② 0.0014

③ 0.0024

④ 0.0048

⑤ 0.0096

난도 ★★★

기대수익률=(20%×0.6)+(10%×0.4)=16%

분산=(20%−16%)²×0.6+(10%−16%)²×0.4=0.0024

답 ③

05 자산A, B, C에 대한 경제상황별 예상수익률이 다음과 같을 때, 이에 관한 설명으로 옳지 <u>않은</u> 것은?(단, 호황과 불황의 확률은 같음) ★30회 기출★

☑확인
Check!
○
△
×

구분	경제상황별 예상수익률(%)	
	호황	불황
자산A	8	4
자산B	12	8
자산C	16	10

① 기대수익률은 자산C가 가장 높고, 자산A가 가장 낮다.

② 합리적인 투자자라면 자산A와 자산B 중에서는 자산B를 투자안으로 선택한다.

③ 평균분산지배원리에 따르면 자산C가 자산B를 지배한다.

④ 자산B의 변동계수는 0.2이다.

⑤ 자산C가 상대적으로 다른 자산에 비해서 위험이 높다.

난도 ★★

① ㉠ 자산A의 기대수익률=(8%×50%)+(4%×50%)=6%

 ㉡ 자산B의 기대수익률=(12%×50%)+(8%×50%)=10%

 ㉢ 자산C의 기대수익률=(16%×50%)+(10%×50%)=13%

 따라서 기대수익률은 자산C가 가장 높고, 자산A가 가장 낮다.

③ 평균분산지배원리에 따르면 자산C가 자산B를 지배할 수 없다.

답 ③

06 부동산투자와 위험에 관한 설명으로 옳은 것은?

★34회 기출★

① 상업용 부동산투자는 일반적으로 다른 상품에 비하여 초기투자비용이 많이 들며 투자비용의 회수기간이 길지만 경기침체에 민감하지 않아 투자위험이 낮다.
② 시장위험이란 부동산이 위치한 입지여건의 변화 때문에 발생하는 위험으로서, 부동산시장의 수요·공급과 관련된 상황의 변화와 관련되어 있다.
③ 사업위험이란 부동산 사업자체에서 발생하는 수익성 변동의 위험을 말하며 시장위험, 입지위험, 관리·운영위험 등이 있다.
④ 법·제도적 위험에는 소유권위험, 정부정책위험, 정치적위험, 불가항력적 위험, 유동성 위험이 있다.
⑤ 위험과 수익간에는 부(−)의 관계가 성립한다.

해설

난도 ★★

③ 사업위험이란 부동산 사업 자체에서 발생하는 수익성 변동의 위험을 말하며 사업상 위험에는 시장위험, 입지위험, 관리·운영위험 등이 존재한다.

답 ③

07 포트폴리오 이론에 관한 설명으로 옳지 않은 것은?

★32회 기출★

① 부동산투자에 수반되는 총위험은 체계적 위험과 비체계적 위험을 합한 것으로, 포트폴리오를 구성함으로써 제거할 수 있는 위험은 비체계적 위험이다.
② 포트폴리오를 구성하는 자산들의 수익률 간 상관계수가 1인 경우에는 포트폴리오를 구성한다고 하더라도 위험은 감소되지 않는다.
③ 효율적 프론티어는 모든 위험수준에서 최대의 기대수익률을 올릴 수 있는 포트폴리오의 집합을 연결한 선이다.
④ 무위험자산이 없는 경우의 최적 포트폴리오는 효율적 프론티어와 투자자의 무차별곡선이 접하는 점에서 결정되는데, 투자자가 위험선호형일 경우 최적 포트폴리오는 위험기피형에 비해 저위험−고수익 포트폴리오가 된다.
⑤ 위험자산으로만 구성된 포트폴리오와 무위험자산을 결합할 때 얻게 되는 직선의 기울기가 커질수록 기대초과수익률(위험프리미엄)이 커진다.

해설

난도 ★★

무위험자산이 없는 경우의 최적 포트폴리오는 효율적 프론티어와 투자자의 무차별곡선이 접하는 점에서 결정되는데, 투자자가 위험선호형일 경우 최적 포트폴리오는 위험기피형에 비해 고위험−고수익 포트폴리오가 된다.

답 ④

08 A는 주택구입자금을 마련하기 위해 20x6년 1월 1일 현재, 4년 동안 매년 1,000만 원씩 불입하는 4년 만기의 정기적금에 가입하였다. 이 정기적금의 이자율이 복리로 연 10%라면 4년 후의 미래가치는?

★27회 기출★

① 4,541만 원

② 4,564만 원

③ 4,621만 원

④ 4,641만 원

⑤ 4,821만 원

해설

난도 ★★

주어진 지문은 연금의 내가계수를 묻는 내용이다.

1,000만 원×연금내가(4년, 10% $\dfrac{(1+0.1)^4-1}{0.1}=4.641$)=4,641만 원

답 ④

09 확인 Check! ○ △ × 다음은 대상부동산의 1년 동안 예산되는 현금흐름이다. (상각전)순영업소득(NOI)은?(단, 주어진 조건에 한함)

★27회 기출★

- 임대면적 : 100m²
- 임대면적당 매월 임대료 : 20000원/m²
- 공실손실상당액 : 연간 임대료의 5%
- 영업경비 : 유효총소득의 60%(감가상각비 2,000,000원 포함)

① 10,080,000원   ② 10,880,000원

③ 11,120,000원   ④ 12,320,000원

⑤ 12,420,000원

해설

난도 ★★★

상각전 순영업소득(1,112만)=(상각후)순영업소득(912만)+감가상각비(200만)

㉠ 년 임대료=원임대료(2만)×12월=24만 원

㉡ 가능 조소득(2,400만 원)=임대료(24만 원)×임대면적(100)

㉢ 유효조소득(2,280만 원)=가능조소득(2,400만 원)−공실손실상당액(5%, 120만 원)

㉣ 상각후 순영업소득(912만 원)=유효조소득(2,280만)−영업경비(유효총소득 60% : 1,368만 원)

답 ③

10 다음 자료에 의한 영업소득세는?(단, 주어진 조건에 한함)

★28회 기출★

- 세전현금수지 : 4000만 원
- 대체충당금 : 350만 원
- 원금상환액 : 400만 원
- 감가상각액 : 250만 원
- 세율 : 20%

① 820만 원   ② 900만 원

③ 1000만 원   ④ 1100만 원

⑤ 1200만 원

해설

난도 ★★

영업소득세＝[세전현금수지(4,000만 원)＋대체충당금(350만 원)＋원금상환액(400만 원)－감가상각액(250만 원)]×세율(20%)
＝900만 원

답 ②

---

11 다음 부동산투자 타당성분석방법 중 할인기법을 모두 고른 것은?

★27회 기출★

가. 순현재가치법
나. 내부수익률법
다. 현가회수기간법
라. 회계적수익률법

① 가, 나

② 나, 다

③ 가, 나, 다

④ 가, 다, 라

⑤ 나, 다, 라

해설

난도 ★

라. 회계적수익률법은 할인기법이 아니다.

답 ③

12 부동산투자분석에 관한 설명으로 옳지 <u>않은</u> 것은? ★30회 기출★

☑확인
Check!
○
△
×

① 순현재가치는 장래 예상되는 현금유입액과 현금유출액의 현재가치를 차감한 금액이다.
② 내부수익률은 장래 예상되는 현금유입액과 현금유출액의 현재가치를 같게 하는 할인율이다.
③ 회수기간법은 투자안 중에서 회수기간이 가장 단기인 투자안을 선택하는 방법이다.
④ 순현가법, 내부수익률법, 수익성지수법은 현금흐름을 할인하여 투자분석을 하는 방법이다.
⑤ 순현재가치가 1보다 큰 경우나 내부수익률이 요구수익률보다 큰 경우에는 투자하지 않는다.

해설
난도 ★★
순현재가치가 0보다 큰 경우나 내부수익률이 요구수익률보다 큰 경우에는 투자한다. 또한 수익성 지수가 1보다 큰 경우에 투자한다.

답 ⑤

13 A부동산의 1년 동안 예상되는 현금흐름이다. 다음 중 옳은 것은?(단, 주어진 조건에 한함) ★28회 기출★

☑확인
Check!
○
△
×

• A부동산 가격 : 15억 원(자기자본 : 10억 원, 대출 : 5억 원)
• 순영업소득 : 1억5000만 원
• 영업소득세 : 5000만 원
• 저당지불액 : 8000만 원

① 부채비율 : 20%
② 순소득승수 : 15
③ 지분투자수익률 : 30%
④ 부채감당비율 : 53%
⑤ 총투자수익률 : 10%

해설
난도 ★★★
① 부채비율(50%)=대출(5억)/자기자본(10억)
② 순소득승수(10)=총투자(15억)/순영업소득(1.5억)
③ 지분투자수익률(7%)=세전현금수지(1.5억-8,000만=7,000만)/자기자본(10억)
④ 부채감당비율(187.5%)=순영업소득(1.5억)/저당지불액(8,000만)
⑤ 총투자수익률(10%)=순영업소득(1.5억)/가격(15억 원)

답 ⑤

14 사업기간 초에 3억 원을 투자하여 다음과 같은 현금유입의 현재가치가 발생하는 투자사업이 있다. 이 경우 보간법으로 산출한 내부수익률은?(단, 주어진 조건에 한함) ★32회 기출★

☑확인
Check!
○
△
×

현금유입의 현재가치(단위: 천 원)	
할인율 5%인 경우	할인율 6%인 경우
303,465	295,765

① 5.42%

② 5.43%

③ 5.44%

④ 5.45%

⑤ 5.46%

해설
난도 ★★★

(1) 각 할인율에서 순현가
  ㉠ 할인율 5%인 경우
    현금유입의 현재가치(303,465천 원)−현금유출(3억 원)=3,465천 원
  ㉡ 할인율 6%인 경우
    현금유입의 현재가치(295,765천 원)−현금유출(3억 원)=−4,235천 원

(2) 보간법

$$5\%+1\%\times\frac{순현가(5\%,\ 3,465천\ 원)}{순현가(5\%,\ 3,465천\ 원)−순현가(6\%,−4,235천\ 원)}$$

$$=5.45\%$$

답 ④

제5장 | 부동산 금융론

출제포인트

부동산금융은 최근에 출제비중이 가장 높은 내용이다. 부동산금융의 기초용어로서 융자잔고, 융자비율, 총부채상환비율에 대해서 정리하여야 한다.

□ 주택담보대출이자율의 결정원리, 고정이자율방식과 변동이자율방식의 특징을 구분

□ 저당의 상환방식의 특징, 보금자리론, 주택연금에 대해서 철저히 정리

□ 부동산투자회사제도, 집합투자기구, 프로젝트 파이낸싱 특징을 정리

□ 자산유동화제도 및 저당유동화제도의 특징을 이해

제1절 부동산금융의 개념 ★34회 기출★

1. 부동산금융의 정의

(1) 금융의 의의

① 의의

금융(financing)이란 타인자본을 활용하는 것으로서 자금을 조달하는 행위이다.

② 제도권금융과 비제도권금융

㉠ 제도권금융 : 금융회사가 중개기능을 수행하여 자금의 공급이 이루어지는 금융을 말한다.

㉡ 비제도권금융 : 금융회사를 매개로 하지 않는 금융을 의미한다. 전세제도,주택선분양제도 등이 대표적 예이다.

(2) 부동산금융 ★28회 기출★

금융은 일반금융과 특수금융으로 나뉘어진다. 부동산금융은 특수금융에 속한다.

① 부동산금융의 정의

㉠ 부동산금융은 부동산의 개발, 취득 등의 목적으로 화폐와 신용을 이전하기 위하여 사용되는 제도, 시장, 수단과 관계된 영역을 말한다.

㉡ 부동산금융은 부동산을 운용대상으로 하여 자본을 조달하는 일련의 과정으로, 부동산금융에는 담보기능, 감가상각 및 차입금 이자에 대한 세금감면의 혜택 등이 있다.

② **주택소비금융과 주택개발금융**

　　㉠ 주택수요자측면(주택소비금융) : 소비자들이 주택구입을 위해 금융기관으로부터 제공받는 융자 · 저당대출 그리고 주택보조금 등이 주택소비금융이다.

　　㉡ 주택공급자측면(주택개발금융) : 주택의 생산 · 공급을 용이하게 할 수 있도록 토지개발과 취득 · 건축자재구입 등에 소요되는 자금이 금융기관을 통해 이용되는 금융이다.

③ **지분금융시장과 부채금융시장** ★27, 32회 기출★

　　㉠ 지분금융(equity financing) : 지분금융은 주식을 발행하거나, 법인은 지분권을 판매하여 자기자본을 조달하는 것을 말한다. 부동산 신디케이터(real estate syndicate), 조인트벤처(joint venture), 부동산 투자신탁(REIT's), 공모에 의한 증자 등이 대표적인 예이다.

　　㉡ 부채금융(debt financing) : 부채금융은 저당을 설정한다거나 사채를 발행하여 타인자본을 조달하는 것을 말한다. 저당대출, 신탁증서, 주택상환사채, 자산유동화증권(ABS), 주택저당담보부채권(MBS), 상업담보부채권(CMBS) 등이 대표적인 예이다.

④ **부동산증권(real estate security)**

　　㉠ 지분증권(equity security) : 부동산 개발회사나 투자회사에서 지분금융을 얻기 위해 발행하는 증권으로 주식회사 주식이나 기타 합자회사나 합명회사의 출자지분을 의미한다.

　　㉡ 부채증권(debt security) : 부채금융을 얻기 위해 발행하는 증권으로, 채권이나 주택담보채권(MBS), 자산담보채권(ABS) 등을 의미한다.

더 알아보기 ｜ 메자닌금융(mezzanine financing)

1. 의의 : 메자닌금융이란 부동산금융을 통해 조달한 자금의 성격을 지분과 부채로 구별할 때, 그 중간적 성격을 지니는 상품을 말한다.
2. 종류
　① 신주인수권부사채 (BW) ② 전환사채 (GB) ③ 후순위대출 ④ 우선주

---

2. 주택금융

(1) 주택금융의 기능

주택금융이란 주택의 구입이나 건설, 보수를 위해 금융기관으로부터 자금을 차입하는 것이다.

① 주택시장의 활성화
② 자가주택의 공급확대
③ 주택자금 조성과 저축유도기능
④ 주거안정 도모
⑤ 거액의 자금충당에 따른 시간적 괴리현상 해소

(2) 주택시장에서의 정부의 정책금융

① 주택도시기금[12]

㉠ 주택도시기금은 국민주택 및 임대주택 건설을 위한 주택사업자와 주택을 구입 또는 임차하고자 하는 개인수요자에게 자금을 지원하는 공적기금이라고 할 수 있다.

㉡ 주택도시기금은 대한주택보증을 주택도시보증공사(HUG)로 전환하여 해당 기관으로 하여금 자금을 전담토록 하고 있다.

더 알아보기 주택도시기금법의 주요내용

제4조(계정의 구분) 기금은 주택계정 및 도시계정으로 구분하여 운용·관리한다.

제7조(국민주택채권의 발행 등)

① 정부는 국민주택사업에 필요한 자금을 조달하기 위하여 기금의 부담으로 국민주택채권을 발행할 수 있다.

② 제1항의 국민주택채권은 국토교통부장관의 요청에 따라 기획재정부장관이 발행한다.

제9조 (기금의 용도)

① 기금의 주택계정은 다음 각 호의 용도에 사용한다.

1. 다음 각 목에 대한 출자 또는 융자

　가. 국민주택의 건설

　나. 국민주택규모 이하의 주택의 구입·임차 또는 개량

　다. 준주택의 건설

　라. 준주택의 구입·임차 또는 개량

　마. 국민주택규모 이하인 주택의 리모델링

　바. 국민주택을 건설하기 위한 대지조성사업 등

제10조(기금의 운용관리)

① 기금은 국토교통부장관이 운용·관리한다.

② 국토교통부장관은 기금의 운용·관리에 관한 사무의 전부 또는 일부를 공사[13]에 위탁할 수 있다.

③ 공사는 제2항에 따라 위탁받은 사무의 일부를 국토교통부장관의 승인을 받아 금융기관 등에 재위탁할 수 있다. 다만, 국토교통부장관은 필요하다고 인정하는 경우 금융기관 등에 직접 위탁할 수 있다.

④ 공사는 기금의 조성 및 운용 상황을 국토교통부장관에게 보고하여야 한다.

---

② 주택도시보증공사(HUG－Housing & Urban Guarantee Corporation)

주택도시보증공사의 업무는 다음과 같다.

㉠ 주택에 대한 분양보증, 임대보증금보증, 조합주택 시공보증 등 보증업무

㉡ 전세보증금반환보증, 모기지보증 등 정부정책 지원을 위한 보증업무

㉢ 공유형 모기지 수탁 등 국가 및 지방자치단체가 위탁하는 업무

㉣ 「주택도시기금법」에 따른 기금의 운용·관리에 관한 사무 등

더 알아보기 주택도시기금법의 주요내용

제16조(설립) 이 법(주택도시기금법)의 목적을 달성하기 위한 각종 보증업무 및 정책사업 수행과 기금의 효율적 운용·관리를 위하여 주택도시보증공사를 설립한다.

---

12) 2015년 7월 1일부터 기존의 국민주택기금이 주택도시기금으로 확대 개편되었다.

13) 주택도시보증공사(HUG)를 의미한다.

③ 주택금융신용보증기금(한국주택금융공사법 제55조)
　　⊙ 주택금융신용보증기금은 각종 주택 신용보증을 통해 주택금융의 활성화를 위하여 주택금융공사
　　　(HF)에서 관리하는 기금을 의미한다.
　　⊙ 주택금융신용보증기금은 주택금융공사에서 직접 관리하며, 개인이나 주택건설사업자가 금융기관
　　　과 차입계약을 할 때 보증인 역할을 담당한다.
　　⊙ 주택금융신용보증기금은 신용보증채무의 이행, 차입금의 원리금 상환, 기금의 조성·운용 및 관
　　　리를 위한 경비, 기금의 육성을 위한 연구·개발 등에 활용된다.

더 알아보기 한국주택금융공사법 제6장 주택금융신용보증기금

제57조(기금의 용도) 기금은 다음 각 호의 어느 하나에 해당하는 용도에 사용한다.
1. 신용보증채무의 이행
2. 차입금의 원리금상환
3. 기금의 조성·운용 및 관리를 위한 경비
4. 기금의 육성을 위한 연구·개발 등

제2절　부동산금융의 기본용어 ★33회 기출★

1. 금융의 기초와 저당위험 ★28회 기출★

(1) 부동산금융의 기초개념

　① 이자율

　　⊙ 이자율의 기본개념

$$명목이자율 = 실질이자율 + 예상인플레이션율$$

대출기관이나 부동산투자자는 장래 인플레이션이 예상될 때 발생할 수 있는 구매력하락 위험에
대비하기 위해서 사전에 기대 인플레이션을 투자수익률에 반영한다.

더 알아보기 실질이자율과 명목이자율의 관계

1. 실질이자율과 명목(계약)이자율의 관계는 인플레율에 따라서 결정된다. 예를 들어, 10,000원을 연리 10%로 맡겼을 경우, 1년
　후에는 11,000원을 수령하게 된다. 그런데 이 기간 중에 인플레이션율(물가상승률)이 6%였다면, 1년 후에 수령액이 지니는 구
　매력의 현재가치는

　$\dfrac{11,000}{(1+0.06)} = 10,337원 = 10,000 \times (1+0.0377)$이 되어, 이 예금의 실질이자율은 3.77%에 불과할 것이다.

2. 만일, 4%의 실질이자율을 원한다면, 1년 후의 수령액을 x라 하면

$$\frac{x}{1.06} = 10,000 \times (1.04)$$

$x = 10,000 \times 1.06 \times 1.04 = 10,000 \times 1.1024 = 10,000 \times (1 + 0.1024)$

∴ 이자율 = 10.24%이다.

즉, 인플레율이 6%일 때, 10%의 명목이자율로 약정했다면, 실질이자율은 4%가 아니라 3.77%만이 실현될 것이고, 만일 4%의 실질이자율을 원한다면, 명목이자율을 10%가 아니라 10.24%로 약정해야 할 것이다.

3. 그러나 일반적으로 인플레이션율은 그다지 높지 않으므로 실제는 이와 같이 복잡한 계산을 거치지 않고 실질이자율에 기대 인플레이션율을 단순히 더해서 명목이자율을 계산하기도 한다. 즉, 이 경우 명목이자율은 "4%(실질이자율) + 6%(기대인플레율) = 10%"로 계산되는 것이다.

    ⓒ 이자

연간 명목금리가 같은 투자안이 있을 때, 이자계산 기간이 짧은 경우 유효이자율은 높아진다. 즉, 연간 이자율이 같은 1년 만기 대출의 경우 대출자는 기말에 이자를 한번 받는 것보다는 기간 중 4회로 나누어 받는 것이 더 유리하게 된다.

    ⓒ 초기이자율

초기이자율은 변동이자율이 고정이자율 저당보다 낮은 것이 일반적이다. 이유는 변동이자율 저당은 금리 위험을 차입자에게 전가하기 때문이다.

    ⓔ 이자율 조정주기

        ⓐ 대출자 입장에서는 고정이자율 저당보다 변동이자율 저당을 더 선호한다. 이유는 금리위험을 차입자에게 전가하기 때문이다.

        ⓑ 변동이자율 저당에서 이자율의 조정주기가 짧을수록 이자율 변동 위험을 차입자에게 신속하게 전가시킬 수 있으므로 대출자들은 짧은 조정주기를 원하며, 차입자들은 긴 주기를 원한다.

  ② 융자(대출)

    ㉠ 융자비율(LTV : Loan TO Value 저당비율, 대출비율, 대부비율, 주택담보인정비율)

        ⓐ 담보 부동산의 시장가치 대비 융자금(대출액)의 비율을 나타낸다.

$$융자비율(LTV) = \frac{대출금액}{부동산가치}$$

        ⓑ 융자비율은 차입자의 소득능력과 관계없다.

    ㉡ 총부채상환비율(DTI : Debt To Income)

총부채상환비율은 차입자의 소득과 밀접한 관계가 있으며, 대출액은 차입자의 연소득 또는 월소득을 기준으로 한다.

$$총부채상환비율(DTI) = \frac{당해대출금의 \; 연(월)원리금상환액 + 기타부채}{연(월)소득}$$

ⓒ 부채감당률(DCR)

부채감당률이란 순영업소득이 부채서비스액의 몇 배가 되는가를 나타내는 비율이다. 이때 부채서비스액을 통하여 대출가능 금액을 산출할 수 있다.

- 부채감당률(DSR) = $\dfrac{\text{순영업소득}}{\text{부채서비스액}}$
- 부채서비스액 = 대출액 × 저당상수

더 알아보기 융자비율과 총부채상환비율

구분	융자비율(LTV)	총부채상환비율(DTI)
대출원금산정 기준	주택담보가치	소득
차입자의 소득 여부	불문	직접 관련
상환기간의 관련성	없음	있음
기타 부채의 관련성	없음	있음

(2) 저당위험 ★32회 기출★

① 채무불이행위험

채무불이행의 위험이란 차입자가 원금과 이자를 제때 상환하지 못하는 위험을 말한다. 따라서 채무불이행의 위험은 차입자가 보유하고 있는 위험이다.

② 이자율위험

장래 이자율 상승 또는 인플레이션이 예상되면 대출자는 변동금리를 선호하고, 차입자는 고정금리를 선호한다.

③ 조기상환위험(prepayment risk)

차입자가 대부기간 만기 전에 채무를 변제함에 따라 대출자에게 발생할 수 있는 위험을 조기상환위험 또는 만기 전 변제위험이라 한다.

㉠ 저당(계약, 약정)이자율〉시장이자율일 경우 : 차입자 입장에서는 저당이자율보다 시장이자율이 낮을 때 조기상환이 유리하다. 대체로 이 경우에 만기 전 변제가 많이 발생한다.

㉡ 저당(계약, 약정)이자율〈시장이자율일 경우 : 대출자는 수익성이 악화된다.

2. 저당상환방법 ★27, 28, 30, 31, 33, 34회 기출★

다양한 방법이 존재하지만, 금리조정방법에서는 고정금리저당상환방법, 변동금리저당상환방법, 가격수준조정저당상환방법 등으로 분류할 수 있다.

(1) 고정금리저당(FRM : Fixed-Rate Mortgage) ★28, 30, 31, 32, 33, 34회 기출★

① 의의

㉠ 개념

대출상환 전기간 동안에 동일한 금리가 적용되는 방식이다.

ⓒ 이자율 산정방법

고정금리에 적용되는 명목이자율은 실질이자율, 위험의 대가, 기대인플레율 등으로 구성된다.

> 명목이자율 = 실질이자율 + 위험률 + 기대인플레율

ⓒ 특징

ⓐ 고정금리저당은 상환기간 동안 만기까지 차입자가 부담하는 이자율은 변하지 않는다.

ⓑ 고정금리저당은 변동금리저당에 비해 초기이자율이 더 높은 편이라고 할 수 있다.

ⓔ 고정금리에서 대출조건의 차이로 인하여 원금균등상환방법(CAM), 원리금균등상환(CPM), 체증식 상환방법(GPM), 계단식 상환방법(SRM) 등이 존재한다.

② **원금균등상환방법(CAM : Constant Amortization Mortgage 체감식 상환방법)**

㉠ 의의

원금균등상환방법은 매 기간 지불하는 원금상환액이 동일한 형태로서 융자원금을 융자기간으로 나눈 원금상환액과 그때그때의 잔고에 대한 이자를 합산하여 납부하는 방식이다.

> • 원리금상환액(저당지불액) = 원금상환액 + 이자지급액
>
> • 원금상환액 = $\dfrac{\text{대출액}}{\text{저당상환기간}}$
>
> • 이자지급액 = 대출잔액 × 이자율

㉡ 특징

ⓐ 원금균등상환방식의 경우 매기에 원금이 상환되므로 대출잔금은 지속적으로 감소하고 이자지급액도 점차 감소하게 된다. 따라서 원리금상환액도 지속적으로 감소한다.

ⓑ 원금균등상환방식은 다른 상환방식에 비해서 대출초기 상환부담이 매우 크다.

ⓒ 원금균등분할상환방식은 원금의 상환이 초기부터 많이 이루어지므로 총 이자지급액이 작기 때문에 총 원리금누적액도 가장 낮다.

더 알아보기 | 원금균등상환의 상환조견표

대출금액이 1,000만 원이라고 가정하고, 대출조건은 연금리 10%, 만기 10년이며 상환방식은 원금균등상환(연1회 기말납부)을 한다고 가정한다. 매년 원금상환 · 이자지급 · 원리금상환액은 다음과 같다.

	원금	이자	원리금
1회차	100만 원	1,000만 원×10% = 100만 원	200만 원
2회차	100만 원	900만 원×10% = 90만 원	190만 원
3회차	100만 원	800만 원×10% = 80만 원	180만 원
…	… (균등함)	… (감소함)	… (감소함)

③ **원리금균등상환방법(CPM : Constant Payment Mortgage loan)**

대출금액이 1,000만 원이라고 가정하고, 대출조건은 연금리 10%, 만기 10년이며 상환방식은 원리금균등분할상환(연1회 기말납부)을 한다고 가정한다[단, 저당상수(10%, 10년)=0.1627이라고 가정한다].

	원금	이자	원리금
1회차	62만 7,000원	1,000만 원×10%=100만 원	162만 7,000원
2회차	68만 9,700원	937만 3,000원×10%=93만 7,300원[14]	162만 7,000원
…	… (증가함)	… (감소함)	… (균등함)

    ㉠ 의의

        원리금균등상환방식은 대출기간 내내 동일한 금액을 납부하는 상환방식이다. 원리금상환액은 대출액에 저당상수를 곱하여 계산한다.

> 원리금상환액(저당지불액)=대출액×저당상수

    ㉡ 특징

        ⓐ 원리금균등분할상환방식은 매기에 납부하는 원리금액이 동일하나, 이자지급액은 점차 감소한 만큼 원금지급액이 점차 늘어나는 상환방식이다.

        ⓑ 초기는 원리금상환액 중에 이자가 차지하는 부분은 많지만, 원금상환액은 낮다.

        ⓒ 원리금균등분할상환방식의 경우 매기에 원금이 상환되므로 대출잔금은 지속적으로 감소하고 이자지급액도 점차 감소하게 된다.

④ 체증식상환방법(GPM : Graduated Payment Mortgage, 점증식 상환방법)

    ㉠ 의의

        원리금상환액이 초기에는 낮고, 시간이 갈수록 점점 증가되는 저당대출이다.

    ㉡ 특징

        ⓐ 미래에 안정적인 소득이 보장되는 젊은 계층, 신혼부부에 적합한 방식이다.

        ⓑ 주택보유예정기간이 짧은 사람에게 유리하지만, 상대적으로 긴 사람에게는 불리하다.

        ⓒ 대출초기의 원리금상환액이 가장 작아 대출자 입장에서는 대출원금의 회수가 가장 느리게 되어 원금회수위험이 가장 큰 방식이다.

        ⓓ 초기에 상환불입액을 너무 할인해 주면 최초 대출액보다 남아 있는 미상환잔금이 더 큰 부(−)의 상환이 발생할 수 있다.

---

14) 2회차의 잔금액은 원금액 1,000만 원에서 1회차 원금납부액인 62만 7,000원을 차감하여 산정한다.

1. 원리금상환액 비교

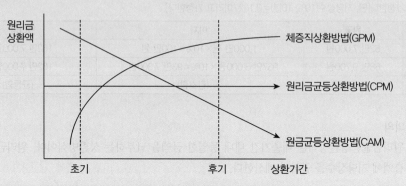

초기 저당지불액(원리금상환액) : 원금균등상환〉원리금균등상환〉체증식상환

원리금상환액 가장 높은 것은 원금균등상환방법이고 가장 낮은 방식은 체증식상환방법이다.

2. 대출잔액 비교

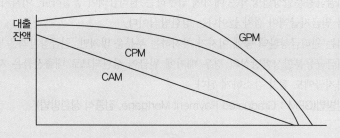

① 미상환잔금 : 체증식상환방법〉원리금균등상환〉원금균등상환

　미상환잔금액(대출잔고)은 원금균등상환방법이 가장 낮고, 체증식상환방법이 가장 높다. 이유는 초기에 원금상환이 원금균등상환방법이 가장 많이 상환했기 때문이다.

② 원금회수 위험 : 체증식상환〉원리금균등상환〉원금균등상환

　원금회수 위험은 체증식상환방법이 가장 높은 반면에 원금균등상환방법이 가장 낮다. 이유는 체증식상환방법이 초기 대출잔금이 가장 높기 때문이다.

③ 원리금상환액(이자지급액)의 전체 누적액 : 체증식상환〉원리금균등상환〉원금균등상환

　전체 이자누적액은 체증식상환방법이 가장 높은 반면에 원금균등상환방법이 가장 낮다. 이자지급액은 미상환잔금에 이자율을 곱하여 계산하므로 체증식상환방법이 초기 대출잔금이 가장 높기 때문에 이자지급액도 높다.

3. 원금상환액과 이자지급액의 비교

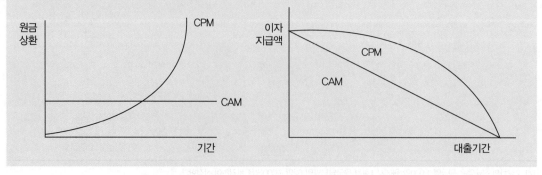

① 원금상환액

　　㉠ 원금균등상환액은 원금균등상환방법에서는 대출기간 내내 동일하게 지급한 반면에 원리금균등상환방법은 초기는 적지만 점점 증가하는 형태이다.

　　㉡ 초기는 원리금균등상환방법이 원금상환액이 낮지만, 후기에는 원리금균등상환방법이 원금균등상환보다 원금상환액은 더 높다.

② 이자지급액

　　㉠ 최초 대출시점에서는 이자지급액이 원금균등상환방법과 원리금균등상환방법과 동일하다.

　　㉡ 시간이 경과할수록 이자지급액은 원금균등상환방법과 원리금균등상환방법 둘다 점점 감소한다.

4. 원금균등상환, 원리금균등상환, 체증식상환방식의 비교

구분	원금균등상환	원리금균등상환	체증식상환
초기의 원리금상환액	가장 큼	중간	가장 작음
차입자의 초기상환부담	가장 큼	중간	가장 작음
대출자의 원금회수위험	가장 적음	중간	가장 큼
대출기간 동안의 총이자액	가장 적음	중간	가장 많음

(2) 변동이자율저당(variable payment mortgage)

① 개념

　㉠ 의의

　　변동금리는 사전에 약정한 방법으로 일정한 기간마다 대출금리가 조정하는 제도이다.

　㉡ 산정기준 : 변동이자율저당의 이자율은 기준금리에 가산금리를 합하여 결정한다.

> 변동금리＝기준금리＋가산금리

　　ⓐ 기준금리(지표금리) : 양도성 예금증서(CD)와 자금조달비용(COFIX)의 유통수익률을 주로 사용하며, 기준금리는 물가변동률에 따라 연동한다.

　　ⓑ 가산금리(spread) : 지표금리에 가산되는 금리로서 차입자의 신용위험에 정비례하게 차등 적용되거나 은행이 자체적으로 정한 조정계수를 사용한다.

　㉢ 변동금리의 특징

　　ⓐ 변동금리대출은 시장의 변화에 따라 발생할 수 있는 인플레이션 위험을 차입자에게 전가할 수 있으므로, 대출자(대출기관)를 인플레이션 위험으로부터 보호해 준다.

　　ⓑ 금융기관은 이자율변동 위험을 회피하기 위해 고정금리보다는 변동금리를 선호한다.

　　ⓒ 이자율 조정 주기가 짧을수록 이자율위험은 대출자에서 차입자에게 더 많이 전가된다.

　　ⓓ 변동금리는 대출위험을 차입자가 전가하므로 고정금리에 비해서 초기금리가 낮다.

② 가변이자율저당방법(VRM : Variable-Rate Mortgage)

　㉠ 의의 : 대출시점의 금리가 만기까지 적용되지 않고, 대출기간 중에 차입자와 대출자 간에 사전에 합의된 인플레감응지수에 따라 인플레이변동시 일정기간(대개는 3－6월)마다 이자율이 변동되는 저당대출이다.

　㉡ 단점 : 인플레이션과 금리변동의 심화로 인해 대출기관이나 차입자 모두가 금리변동위험에 노출되는 것이다.

③ 조정이자율저당방법(ARM : Adjustable Rate Mortgage)

조정이자율저당도 가변이자율저당과 상당히 유사점이 많지만, 이 방식은 인플레이변동 즉시 이자율을 변동시키는 방식으로서 재량권자체가 대출자에게 많이 부여된다.

④ 재협상 이자율조정저당방법(RRM : Renegotiable-Rate Mortgage)

재협상 이자율조정저당은 이자율이 미리 정해진 지수에 의해 결정되는 것이 아니라, 이자율이 일정 기간마다 차입자와 대출자의 재협상에 의해 결정된다.

(3) 가격수준조정저당(PLAM ; Price-Level Adjusted Mortgage)

㉠ 의의 : 인플레 위험을 이자율로 조정하는 것이 아니라, 예상된 인플레율에 따라 저당가격수준(저당잔금액)을 정기적으로 조정하여 대처한다.

㉡ 특징

ⓐ 매년 적용되는 이자율은 명목이자율이 아니라 실질이자율을 적용한다.

ⓑ 초·중기까지는 명목상의 잔금이 원금을 초과할 수도 있는 부(−)의 상환발생한다.

(4) 기타 상환방식

① 원금상환방식에 따른 유형

㉠ 완전상환저당(Fully Amortizing Mortgage)

완전상환저당은 매 기간마다 원금과 이자를 지불함으로써 저당기간이 끝남과 동시에 저당대부액도 완전히 상환하는 대부방식이다.

㉡ 부분상환방식(Partially Amortizing Mortgage)

부분원리금 상환방법은 차입자와 대출자 간에 변제 만기일이 되어도 완전히 상환되지 않음을 합의한 특별금융을 말한다.

㉢ 비상환저당(Non-Amortizing Mortgage, 만기일시불상환저당, 무원금이자지불저당)

대출기간 동안에는 매년 원금은 상환하지 않고 이자만 지불하다가 마지막에 원금을 한꺼번에 모두 갚는 방법이다.

② 기타 유형 ★32회 기출★

㉠ 무이자저당(Zero-Interest Mortgage)

대출시에 저당액수를 할인해서 적게 대출받는 조건으로 이자는 상환하지 않고, 원금만 상환하는 저당대출이다.

㉡ 참여저당(Partcipation Mortgage)

대출자가 차입자의 이자부담을 덜어주기 위해 저당이자율을 낮게 적용하고, 그 대신에 차입자(또는 지분권자)가 독점하던 지분가치 상승분을 나누어 갖는 방식이다.

ⓐ 분할지분저당(SEM : Shared Equity Mortgage) : 대상부동산의 가능총소득이 일정액을 초과할 때 그 초과분의 일정비율을 추가이자로 취득하는 방식의 저당대부로 주로 수익성 부동산을 대상으로 한다.

ⓑ 분할증분저당(SAM : Shared Appreciation Mortgage) : 대상부동산을 매각하거나 저당대부를 상환할 때 대상부동산의 가치증분의 일부를 추가이자로 취득하는 저당대부이다. 주로 주거용 부동산을 대상으로 한다.

ⓒ 매각 후 재임대차(Sale-Leaseback) : 매도자가 다시 임차한다는 조건으로 대상부동산을 대출기관(또는 매수자)에게 매도하는 것을 말한다. 매도자는 매각 후 재임대차를 통해 자신의 자본자산을 현금이나 채권으로 전환함으로써 대차대조표상의 재무구조를 강화할 수 있다.

제3절   부동산금융의 동원방법

1. 부동산 신디케이트(syndicate)

부동산 신디케이트란 여러 명의 투자자가 짧은 기간에 합동조합을 구성하여 자본력과 사업능력을 통합함과 동시에 부동산전문가의 경험을 동원하여 공동의 부동산프로젝트를 수행하는 소구좌 지분형 직접투자방식을 말한다.

(1) 의의
① 부동산 신디케이션이란 부동산개발사업을 공동으로 수행하기 위하여, 일반투자자들의 자금과 부동산개발업자의 전문성을 결합한 투자자 집단을 의미한다.
② 신디케이션이 부동산을 취득, 개발, 관리, 운영, 마케팅 등의 역할을 수행하기 위하여는 법인의 형태를 가져야 하는데, 이를 신디케이트(syndicate)라고 한다.

(2) 활용
① 개발업자들은 개발사업의 시작부터 신디케이션을 결성하기도 하지만, 경우에 따라서는 자신의 자본으로 개발사업을 완공하고 임대차를 완료한 후에 신디케이션을 결성하기도 한다.
② 신디케이션 방식은 신규부동산의 개발뿐만 아니라, 기존부동산의 매수·운영의 경우에도 활용된다.

(3) 특징
① 부동산의 구입·관리·판매업무를 통하여 수수료를 획득한다.
② 부동산개발 시에도 투자자의 모집을 위해 신디케이트를 구성하기도 한다.
③ 개별입장(개인·개별회사)에서는 도저히 달성할 수 없는 정도의 대단위 자본이 소요되는 대규모 개발사업 등에 활용되기도 한다.
④ 공모이든 사모이든 신디케이션은 많은 투자자들이 관여하기 때문에 신디케이터의 신뢰성은 특히 중요한 의미를 지니고 있다.
⑤ 개발업자가 신디케이트가 되고 개발업자는 관리·운영에 대한 무한책임을 진다. 또한 일반 투자자는 투자한도 내에서 유한책임을 지며, 출자비율에 따라 배당을 받는다.

조인트벤처(joint venture)

1. 조인트벤처란 부동산 개발사업과 같은 특정 목적의 벤처사업을 공동으로 영위하기 위한, 둘 또는 그 이상의 자연인이나 법인의 결합체로 구성된 공동벤처회사이다.
2. 특징
   ① 조인트벤처는 부동산 개발업자와 대출기관 간에 형성되는 수가 많다. 개발업자는 대출기관이 가지지 못한 경험과 전문성을 가지고 있지만, 대출기관은 개발업자가 가지지 못한 자본을 가지고 있다.
   ② 조인트벤처 방식이 지분금융의 일종으로 간주되는 것은, 이때의 대출기관은 저당투자자가 아닌 지분파트너의 일원으로 대상부동산개발에 참여하기 때문이다.
   ③ 부외금융효과 : 대출기관이 제공하는 투자분은 개발회사의 부채로 대차대조표에 기재되지 않는다.
3. 신디케이션이 수많은 소액투자자로 구성되는 데 반하여, 조인터벤처는 소수의 개인이나 기관투자자로 구성된다.

   - 신디케이트 : 부동산 개발업자+다수의 소액투자자
   - 조인트벤처 : 부동산 개발업자+소수의 고액투자자

2. 프로젝트 파이낸싱(project financing) ★28, 29, 30, 31, 34회 기출★

특정 사업을 수행할 때 시공사의 신용등급에 의지하지 않고 당해 프로젝트에서 미래에 발생하는 수익성(현금흐름)을 담보로 회사채를 발행하여 자금을 조달하는 금융기법으로 담보는 사업의 계획성을 가지고 하는 것이며 부동산 등이 아니라는 것을 명심해야 한다.

(1) 적용대상

① 장기 수익성이 높고 현금흐름이 안정적, 독립적이며, 대출금 상환에 충분한 사업이어야 한다.
② 통상적으로 대규모자금이 소요되므로 투자자금의 회수기간이 장기이고, 공사기간이 장기간 진행되는 대형개발사업 및 사회간접자본시설의 건설 등에 적합한 자금조달 수단이다.

(2) 프로젝트 파인낸싱 구조

① 사업주(스폰서)

사업주는 프로젝트를 기획, 개발하고 프로젝트 회사에 출자하고 보증을 제고하는 등 이 사업의 모든 진행단계에서 중심적 역할을 수행한다.

② 프로젝트회사

㉠ 의의 : 사업주가 주체가 되어 당해 사업을 위해 설립한 별도의 법인을 말한다.
㉡ 특징

ⓐ 독립된 법인으로서 프로젝트의 전과정(예 시공, 운영, 자금 조달 및 상환 등)에서 모든 권리와 의무의 당사자가 된다.
ⓑ 독립회사의 설립의 장점은 다수의 사업주가 단일회사를 통하여 투자하게 되므로 프로젝트의 자산, 부채 관리가 용이하고 프로젝트의 위험을 분리할 수 있으며, 경우에 따라 조세감면 혜택을 누릴 수 있고, 제3자의 참여가 용이한 장점이 있다.

③ 차주

차주(project borrower 차입자)는 일반적으로 프로젝트 회사가 되지만 반드시 그러한 것은 아니다. 예를 들면 건설회사 원자재 공급업자 등이 프로젝트의 채무자가 될 수가 있다.

④ 대주단

프로젝트는 공사금액과 위험이 크므로 위험을 분산하기 위하여 여러 금융기관이 참여하게 된다.

⑤ **공급업자**

프로젝트 회사와 원자재, 연료 등을 장기로 제공하는 공급계약을 통하여 프로젝트 파인낸싱에 참여하는 이해당사자이다.

(3) 특징

① 독립된 프로젝트 회사 설립으로 출자자가 파산하더라도 회사는 직접적 영향이 없다.

② 프로젝트가 파산이 난다하더라도 금융기관은 사업주에게 그 책임을 묻지 못한다. 이를 비소구금융 (Non-Recourse Finance)이라 한다. 그러나 예외적으로 사업주가 여신의 일부를 부담하는 제한소구금융을 하는 경우도 있다.

③ 다양한 사업주체가 해당사업에 참여하고 이해당사자간에는 위험의 분산이 가능하다. 그러나 여러 업체들은 사업주체에게 위험을 보안할 수 있는 보증보험 가입을 요구하므로 보증보험비용이 수반된다.

④ 사업성을 기초로 대출이 이루어지므로 사업주에 대한 신용평가없이 대출금에 대한 상환이 가능해지므로 정보의 비대칭성 문제를 해결할 수 있고 신용평가비용이 절감된다.

⑤ 회계처리상 프로젝트의 사업주는 자신의 신용상태 또는 대차대조표상에 아무런 영향을 주지 않는 부외금융(off-balance sheet financing)의 특징을 가지고 있으므로 사업주의 재무구조는 현 상태로 유지를 하면서 채무수용능력이 제고된다.

⑥ 신탁계정(escrow 계정, 자금관리)은 주거래은행에 있으므로 사업주가 파산이 난다 하더라도 개발사업에 직접적 영향을 주지 않는다.

(4) 프로젝트 파이낸싱의 장·단점

① **장점**

ㄱ 사업주

ⓐ 위험전가 : 사업주는 비(제한)소구금융방식이기에 금융기관이 위험을 부담하므로 사업주는 그만큼 위험이 감소한다.

ⓑ 회계처리상의 이점인 부외금융으로 사업주의 신용도에 미치는 영향이 최소화가 가능하다.

ⓒ 불량사업주라도 프로젝트 사업에는 보다 유리한 신용조건과 금리제공을 받을 수 있다.

ⓓ 세제상의 혜택이 있다.

ㄴ 대주단(대표은행)

ⓐ 높은 수익성 : 기업금융보다 위험이 크기 때문에 높은 금리와 수수료를 받는다.

ⓑ 프로젝트 위험의 감축 : 위험을 감소하기 위해 다양한 보증을 제공하며 이는 동일한 조건의 다른 사업에 비해 해당사업의 전반적인 위험이 감소된다.

ⓒ 신용평가비용의 절감 : P·F는 전체 프로젝트가 아닌 특정 프로젝트에 대한 사업성을 검토만 하면 되므로 대주단의 신용평가비용이 대폭 축소된다.

ㄷ 정부

ⓐ 민간자본에 의한 공공사업을 시행하므로 작은 정부를 실행할 수 있다.

ⓑ 민간부문의 창의성·효율성을 활용할 수 있다.

② 단점

　㉠ 복잡한 금융절차 : 다양한 이해관계 때문에 당사자간에 협상에 위험배분 및 참여조건 결정에 많은
　　시간과 비용이 소모된다.

　㉡ 높은 금융비용 : 금융기관이 부담하는 각종 위험이 통상적인 기업금융에 비해 높고 다양하기 때문
　　에 이것이 더 높은 금리와 수수료 수준으로 귀결된다.

　㉢ 이해당사자간의 조정 : 프로젝트의 위험배분 및 금융조건 결정 과정에서 당사자들의 이해관계가
　　대립하므로 종종 사업자체가 취소되기도 한다.

▶ 기업금융과 프로젝트 파이낸싱 비교

구분	기업금융	프로젝트 파이낸싱
차주	사업주	프로젝트회사(project company)
담보	차주의 자산 및 신용, 금융기관의 지급보증 등	해당 프로젝트의 자산 및 현금흐름
상환재원	차주의 전체 재원	프로젝트 자체의 수익성
소구권 행사	가능	배제 또는 제한
자금조달 용이성	채무지급능력에 따라 제한	소구권 제한으로 대규모 자금조달 가능
채무수용능력	부채비용 등 기존차입에 따른 제약	부외금융으로 채무수용능력 제고
사후관리	채무불이행시 소구권 행사	사후관리 엄격
자금관리	차주가 관리	결제위탁계정(escrow account)
리스크 부담	대주금융기관이 전적으로 책임	이해당사자 간 리스크 분산

3. 부동산 투자신탁제도(REITs : Real Estate Investment Trust's) ★27, 29, 32, 33회 기출★

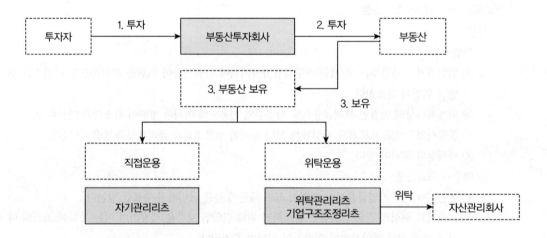

(1) REITs제도란 불특정 다수의 투자자로부터 주식발행을 통하여 모은 투자자금을 부동산투자회사를 설립
하여 부동산 소유지분이나 주택저당담보증권(MBS) 등에 투자 · 운영하여 얻은 수익을 투자자에게 돌려
주는 제도로서 부동산에 투자하는 일종의 뮤추얼펀드라고 말할 수 있다.

(2) REITs제도의 장점

① 정책면에서의 장점

㉠ 대규모 부동산의 지분소유 기회 제공

㉡ 현금으로의 전환

㉢ 부동산전문가의 활용

② 투자자 입장에서의 장점

㉠ 세제혜택

㉡ 높은 수익률

㉢ 투자의 안전성

㉣ 분산투자를 통한 위험감소

㉤ 효율적 감사

(3) 부동산투자회사법의 주요내용

▶ 우리나라 부동산투자회사법의 내용

REITs 종류	자기관리 REITs	위탁관리 REITs	기업구조조정 REITs
회사형태	실체회사(상근 임·직원)	명목회사(비상근)	명목회사(비상근)
설립절차	인가	등록	등록
주식분산	1인당 50% 이내	1인당 50% 이내	의무사항 아님
주식공모 (인가 2년)	자본금 30% 이상 (예외로 사모 인정)	자본금 30% 이상 (예외로 사모 인정)	의무사항 아님 * 사모(私募)가능
자산구성	부동산 : 70% 이상 유가증권 : 10% 이상	부동산 : 70% 이상 유가증권 : 10% 이상	부동산 : 70% 이상 * 유가증권 보유의무 없음
전문인력	5인	명목회사로 해당사항 없음	명목회사로 해당사항 없음
배당	90% 이상 의무배당 (2021년 50% 이상 배당)	90% 이상 의무배당 * 초과배당 가능	90% 이상 의무배당 * 초과배당 가능
현물출자	인가(등록) 후 최저자본금 충족 후에 현물출자 가능함		
설립자본금 (최저자본금)	5억 원(영업인가 후 6월이 경과 70억 원)	3억 원(영업인가 후 6월이 경과 50억 원)	좌동
자금차입	자기자본의 10배 내	좌동	좌동

제2조 부동산투자회사의 정의

① "부동산투자회사"란 자산을 부동산에 투자하여 운용하는 것을 주된 목적으로 설립된 회사이다.

가. 자기관리 부동산투자회사 : 자산운용 전문인력을 포함한 임직원을 상근으로 두고 자산의 투자·운용을 직접 수행하는 회사

나. 위탁관리 부동산투자회사 : 자산의 투자·운용을 자산관리회사에 위탁하는 회사

다. 기업구조조정 부동산투자회사 : 기업구조조정용 부동산을 투자 대상으로 하며 자산의 투자·운용을 자산관리회사에 위탁하는 회사

③ "자산관리회사"란 위탁관리 부동산투자회사 또는 기업구조조정 부동산투자회사의 위탁을 받아 자산의 투자·운용업무를 수행하는 것을 목적으로 설립된 회사이다.

제3조 법인격

부동산투자회사는 주식회사로 하며, 특별한 경우를 제외하고는 「상법」의 적용을 받는다. 부동산투자회사는 그 상호에 부동산투자회사라는 명칭을 사용하여야 한다.

제5조 부동산투자회사의 설립
① 부동산투자회사는 발기설립의 방법으로 하여야 한다.
② 부동산투자회사는 현물출자에 의한 설립을 할 수 없다.

제6조 설립자본금
① 자기관리 부동산투자회사의 설립 자본금은 5억 원 이상으로 한다.
② 위탁관리 부동산투자회사 및 기업구조조정 부동산투자회사의 설립 자본금은 3억 원 이상으로 한다.

제8조의2 자기관리 부동산투자회사의 설립보고 등
① 자기관리 부동산투자회사는 그 설립등기일부터 10일 이내에 대통령령으로 정하는 바에 따라 설립보고서를 작성하여 국토교통부장관에게 제출하여야 한다.
② 설립보고서를 제출한 날부터 3개월 후 설립 이후의 회사 현황에 관한 보고서를 작성하여 국토교통부장관에게 제출하여야 한다.
④ 자기관리 부동산투자회사는 설립등기일부터 6개월 이내에 국토교통부장관에게 인가를 신청하여야 한다.

제9조 영업인가
① 부동산투자회사가 업무를 하려면 제2조 제1호에 따른 부동산투자회사의 종류별로 대통령령으로 정하는 바에 따라 국토교통부장관의 인가를 받아야 한다.

제9조의2 등록
① 제9조에도 불구하고 다음 각 호의 요건을 갖춘 위탁관리 부동산투자회사 및 기업구조조정 부동산투자회사는 대통령령으로 정하는 바에 따라 국토교통부장관에게 등록하여야 한다.

제10조 최저자본금
영업인가를 받거나 등록을 한 날부터 6개월(이하 "최저자본금준비기간"이라 한다)이 지난 부동산투자회사의 자본금은 다음 각 호에서 정한 금액 이상이 되어야 한다.
1. 자기관리 부동산투자회사 : 70억 원
2. 위탁관리 부동산투자회사 및 기업구조조정 부동산투자회사 : 50억 원

제14조의8 주식의 공모
① 부동산투자회사는 영업인가를 받거나 등록을 하기 전까지는 발행하는 주식을 일반의 청약에 제공할 수 없다.
② 부동산투자회사는 영업인가를 받거나 등록을 한 날부터 2년 이내에 발행하는 주식 총수의 100분의 30 이상을 일반의 청약에 제공하여야 한다.
③ 다음 각 호의 어느 하나에 해당하는 경우에는 제2항에도 불구하고 주식을 일반의 청약에 제공하지 아니할 수 있다.
1. 부동산투자회사가 영업인가를 받거나 등록을 한 날부터 2년 이내에 국민연금공단이나 그 밖에 대통령령으로 정하는 주주가 단독이나 공동으로 인수 또는 매수한 주식의 합계가 부동산투자회사가 발행하는 주식 총수의 100분의 30 이상인 경우
2. 부동산투자회사가 보유하거나 개발할 건축물 연면적의 100분의 70 이상을 임대주택으로 제공하는 경우

제15조 주식의 분산
① 주주 1인과 그 특별관계자는 최저자본금준비기간이 끝난 후에는 부동산투자회사가 발행한 주식 총수의 100분의 50(이하 "1인당 주식소유한도"라 한다)을 초과하여 주식을 소유하지 못한다.
② 주주 1인과 그 특별관계자가 제1항을 위반하여 부동산투자회사의 주식을 소유하게 된 경우 그 주식의 의결권 행사 범위는 1인당 주식소유한도로 제한된다.

제16조 1인당 주식소유한도의 예외
① 국민연금공단과 그 밖에 대통령령으로 정하는 주주에 대하여는 제15조 제1항을 적용하지 아니한다.
③ 부동산투자회사가 보유하거나 개발할 건축물 연면적의 100분의 70 이상을 임대주택(「민간임대주택에 관한 특별법」에 따른 민간임대주택 및 「공공주택 특별법」에 따른 공공임대주택을 말한다)으로 제공하는 경우에는 제15조를 적용하지 아니한다.

제19조 현물출자

① 부동산투자회사는 영업인가를 받거나 등록을 하고 제10조에 따른 최저자본금 이상을 갖추기 전에는 현물출자를 받는 방식으로 신주를 발행할 수 없다.

제20조 주식상장 등

① 부동산투자회사는 증권시장에 주식을 상장하여 그 주식이 증권시장에서 거래되도록 하여야 한다.

제22조 자기관리 부동산투자회사의 자산운용 전문인력

① 자기관리 부동산투자회사는 그 자산을 투자·운용할 때에는 전문성을 높이고 주주를 보호하기 위하여 대통령령으로 정하는 바에 따라 다음 각 호에 따른 자산운용 전문인력을 상근으로 두어야 한다.

1. 감정평가사 또는 공인중개사로서 해당 분야에 5년 이상 종사한 사람

2. 부동산 관련 분야의 석사학위 이상의 소지자로서 부동산의 투자·운용과 관련된 업무에 3년 이상 종사한 사람

제22조의3 자산관리회사의 인가 등

① 자산관리회사를 설립하려는 자는 다음 각 호의 요건을 갖추어 국토교통부장관의 인가를 받아야 한다. 인가받은 사항을 변경하려는 경우에도 또한 같다.

1. 자본금이 70억 원 이상일 것

2. 제22조에 따른 자산운용 전문인력을 대통령령으로 정하는 수인 5인 이상 상근으로 둘 것

③ 자산관리회사는 위탁관리 부동산투자회사 및 기업구조조정 부동산투자회사로부터 위탁받은 업무 외의 다른 업무를 겸영(兼營)하여서는 아니 된다.

제23조 부동산투자자문회사의 등록

① 부동산투자회사의 위탁으로 그 자산의 투자·운용에 관한 자문 및 평가 등의 업무를 하려는 자는 국토교통부장관에게 등록하여야 한다.

② 제1항에 따라 등록을 하려는 자는 다음 각 호의 요건을 갖추어야 한다.

1. 자본금이 5억 원 이상으로서 대통령령으로 정하는 금액 이상일 것

2. 자산운용 전문인력을 대통령령으로 정하는 수인 3인 이상 상근으로 둘 것

제24조 부동산의 처분제한

① 부동산투자회사는 부동산을 취득한 후 5년의 범위에서 대통령령으로 정하는 기간 이내에는 부동산을 처분하여서는 아니 된다.

> 시행(대통령)령에서 다음과 같이 처분제한이 명시되어 있음
> 1. 자기관리부동산투자회사와 위탁관리부동산투자회사는 1년이내 처분하지 못한다
> 2. 단 기업구조조정형 부동산투자회사는 처분에 대한 의무조항이 없다

다만, 다음 각 호의 어느 하나의 경우에는 그러하지 아니하다.

1. 부동산개발사업으로 조성하거나 설치한 토지·건축물 등을 분양하는 경우

2. 그 밖에 투자자 보호를 위하여 대통령령으로 정하는 사유가 있는 경우

② 부동산투자회사는 건축물이나 그 밖의 공작물이 없는 토지는 해당 토지에 부동산개발사업을 시행한 후가 아니면 그 토지를 처분하여서는 아니 된다. 다만, 부동산투자회사의 합병, 해산 등 투자자 보호를 위하여 대통령령으로 정하는 경우에는 그러하지 아니하다.

제25조 자산의 구성

① 부동산투자회사는 최저자본금준비기간이 끝난 후에는 매 분기 말 현재 총자산의 100분의 80 이상을 부동산, 부동산 관련 증권 및 현금으로 구성하여야 한다. 이 경우 총자산의 100분의 70 이상은 부동산(건축 중인 건축물을 포함한다)이어야 한다.

제27조 증권에 대한 투자

① 부동산투자회사는 다른 회사의 의결권 있는 발행주식의 100분의 10을 초과하여 취득하여서는 아니 된다.

제28조 배당

① 부동산투자회사는 해당 연도 이익배당한도의 100분의 90 이상을 주주에게 배당하여야 한다. 이 경우 상법 제458조에 따른 이익준비금은 적립하지 아니한다.

② 제1항에도 불구하고 자기관리 부동산투자회사의 경우 2021년 12월 31일까지 「상법」 제462조 제1항에 따른 해당 연도 이익배당한도의 100분의 50 이상을 주주에게 배당하여야 하며 「상법」 제458조에 따른 이익준비금을 적립할 수 있다. 이 경우 「상법」 제462조 제2항 단서에도 불구하고 다음 각 호의 구분에 따른 방법으로 이익배당을 정한다.

1. 「상법」 제462조 제1항에 따른 해당 연도 이익배당한도의 100분의 50 이상 100분의 90 미만으로 이익배당을 정하는 경우 : 「상법」 제434조에 따른 주주총회의 특별결의

2. 「상법」 제462조 제1항에 따른 해당 연도 이익배당한도의 100분의 90 이상으로 이익배당을 정하는 경우 : 「상법」 제462조 제2항 본문에 따른 주주총회의 결의

③ 위탁관리 부동산투자회사가 제1항에 따라 이익을 배당할 때에는 「상법」 제462조 제1항에도 불구하고 이익을 초과하여 배당할 수 있다. 이 경우 초과배당금의 기준은 해당 연도 감가상각비의 범위에서 대통령령으로 정한다.

제29조 차입 및 사채발행

① 부동산투자회사는 영업인가를 받거나 등록을 한 후에 자산을 투자·운용하기 위하여 또는 기존 차입금 및 발행사채를 상환하기 위하여 대통령령으로 정하는 바에 따라 자금을 차입하거나 사채를 발행할 수 있다.

② 제1항에 따른 자금차입 및 사채발행은 자기자본의 2배를 초과할 수 없다. 다만, 주주총회의 특별결의를 한 경우에는 그 합계가 자기자본의 10배를 넘지 아니하는 범위에서 자금차입 및 사채발행을 할 수 있다.

제49조의2 기업구조조정 부동산투자회사에 관한 특례 ★32회 기출★

① 기업구조조정 부동산투자회사는 이 법에서 정한 부동산투자회사의 요건을 갖추고 총자산의 100분의 70 이상을 부동산으로 구성하여야 한다.

③ 기업구조조정 부동산투자회사에 대해서는 주식의 공모, 부동산의 처분제한, 자산의 구성제한과 관련된 항목을 적용하지 아니한다.

4. 부동산펀드(부동산집합투자기구)

(1) 부동산펀드 개요

① 간접투자방식은 투자자로부터 자금 등을 모아서 투자증권, 파생상품, 부동산 실물자산 등에 운용하여 그 결과를 투자자에게 귀속시키는 것이라 정의한다. 부동산펀드라는 이름의 부동산간접투자기구가 리츠와는 별도로 존재하는 것은 그 근거법이 서로 다르기 때문이다.

② 간접투자기구 운용대상에 따라 증권간접투자기구, 파생상품간접투자기구 등으로 구별되는데, 이 중 부동산에 주로 투자하는 간접투자기구를 '부동산간접투자기구'라고 부른다. 따라서 부동산간접투자기구를 줄여서 부동산펀드라고 부르는 것이다.

(2) 부동산펀드와 리츠

부동산펀드는 회사 형태로 설립하는 것도 가능하고 신탁형태로 설정하는 것도 가능하다. 또한 리츠를 통한 부동산간접투자보다는 부동산펀드를 통한 부동산간접투자가 훨씬 유리하다.

▶ 리츠와 부동산펀드 비교

구분	부동산투자회사	부동산펀드
관련법령	부동산투자회사법	자본시장과 금융투자업에 관한 법률
자금모집	주식발행	사모, 공모방식
담보	주로 실물 부동산에 투자	주로 개발사업에 투자
공통점	투자자를 대신하여 자금을 부동산에 투자 → 수익을 투자자에게 배분 부동산투자회사와 부동산펀드에 투자한 투자자는 원금손실가능성이 있음	

제4절 저당유동화제도와 부동산 증권

1. 저당유동화

(1) 저당유동화의 의의

① 저당유동화란 부동산저당권을 다시 유통시켜 신용창조 수단으로 활용하는 것을 말한다.

② 저당이 유동화됨으로써 대출자인 금융기관은 한정된 재원으로 많은 자금수요자에게 필요한 자금을 공급할 수 있다. 만약 저당권을 살 사람이 얼마든지 있다고 하면 이론적으로는 무한정으로 대출할 수 있을 것이다.

③ 저당의 유동화는 주식시장과 같은 다른 자본시장이 침체되어 있을 때, 자금흐름의 왜곡을 막을 수 있는 제도이다.

(2) 저당시장의 구조

저당시장은 1차 저당시장과 2차 저당시장으로 나누어진다.

① **1차 저당시장**

㉠ 1차 저당시장이란 저당대부를 원하는 수요자(차입자)와 저당대부를 제공해 주는 1차 대출기관(금융기관)으로 이루어진다.

㉡ 1차 대출기관들은 저당을 자신들의 자산 포트폴리오의 일부로 보유하기도 하고, 자금의 여유가 없을 때에는 2차 저당시장에 팔기도 한다.

② **2차 저당시장**

㉠ 2차 저당시장은 저당대출기관과 다른 기관투자자들 사이에 설정된 저당을 사고 파는 시장이다.

㉡ 1차 대출기관들은 2차 저당시장에서 그들이 설정한 저당을 팔고 필요한 자금을 조달한다.

㉢ 2차 시장은 저당대부를 받은 원래의 저당 차입자와는 아무런 직접적인 관련이 없다.

㉣ 2차 저당시장은 저당의 유동화에 결정적인 역할을 하고 있다.

㉤ 2차 대출기관들도 저당 패키지를 자신들의 자산 포트폴리오의 일부로 보유하기도 하고, 자금의 여유가 없을 때에는 투자자에 팔기도 한다.

③ 유동화의 흐름

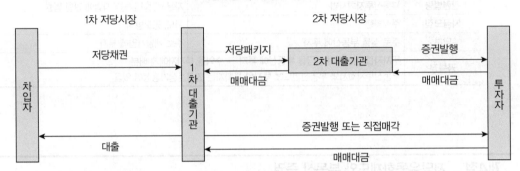

▶ 저당유동화(MBS)의 흐름

㉠ 차입자에게 저당대부를 해준 1차 대출기관들은 설정된 저당을 지역별·가격별·만기별로 유사한 것들을 모아 저당패키지를 만들고 이것을 한국주택금융공사와 같은 2차 대출기관들에게 판다.

㉡ 1차 시장으로부터 저당을 전문적으로 사들인 2차 대출기관들도 저당패키지를 자신의 투자 포트폴리오의 일환으로 가지고 있기도 하고, 다른 투자자들에게 팔기도 한다.

㉢ 여기서 다른 투자자란 연·기금, 보험회사, 금융기관, 기타 일반투자자 등이 있다.

④ 저당대출 증권화의 필요성

㉠ 유동성 위험을 해소하기 위해서이다.

㉡ 금리위험을 해소하기 위해서이다.

㉢ 소매저축시장에서의 재원조달의 한계를 보완하기 위해서이다.

㉣ 금융기관에 대한 자기자본비율 규제에 대응하기 위해서이다.

㉤ 금융기관 간, 지역 간 자금수급불균형을 해소하기 위해서이다.

2. 주택저당담보부증권(채권)(MBS : Mortgage Backed Securities) ★27, 30, 31, 32, 33회 기출★

(1) 저당담보증권(MBS)의 개념

① 저당대출기관, 저당회사, 기타 기관투자자들이 2차 시장에서 자신들이 설정하거나 사들인 저당을 담보로 해서 발행한 새로운 형태의 증권을 의미하고, 2차 저당시장에서 중요한 의미를 가지고 있다.

② 모저당(母抵當)이 비록 고정이자율이었다고 할지라도 저당담보증권은 고정이자율 또는 가변이자율로도 발행할 수도 있고, 한 개의 저당을 하나 또는 여러 개로 쪼개어 저당담보증권을 발행할 수도 있다.

③ 저당담보증권의 발행자는 성격이 유사한 저당을 집대성하여 저당 풀을 만들고, 저당 풀을 담보로 새로운 금융상품을 만든다.

④ 저당담보증권의 발행자는 1차 또는 2차 대출기관일 수도, 저당담보증권의 발행을 전문으로 하는 회사일 수도 있다.

(2) 광의의 주택담보부증권(MBS)의 종류

① 주택저당 담보부채권(저당채권)(Mortgage-Backed Bond : MBB)

    ㉠ 채권형 MBS로 주택저당 담보부채권의 집합물을 담보로 하여 발행기관이 자기의 신용으로 발행하는 주택저당 담보부채권이다. 이 경우는 발행기관이 신용으로 채권을 발행하기 때문에 위험(조기상환위험, 이자율위험)이 발행기관에 집중되어 유동성이 떨어지며, MBB 액면가 이상의 초과담보가 필요하다.

    ㉡ 저당채권은 투자자가 콜방어(call protection)를 할 수 있는 장치가 마련되어 있다. 콜방어는 일정기간 동안만 콜방어를 허용하는 부분적 콜방어가 일반적이다.

    ㉢ 이때 원리금 수취권과 저당권 보유는 채권발행자가 모두 가지고 있다.

    ㉣ 차입자가 채무불이행이 발생해도 발행자는 투자자에게 원리금상환 의무가 있다.

② 이체식이전저당증권(이체증권)(Mortgage Pass-Through Security : MPTS)

    ㉠ 차입자가 지불하는 부채서비스액이 저당관리비용을 제하고, 바로 투자자에게 지불되기 때문에 이체증권이라 한다.

    ㉡ 주택저당채권(MBS)의 집합물을 담보로 하는 지분형 MBS로 관련 위험(조기상환위험, 이자율위험)이 투자자에 이전되는 MBB와는 달리 발행에 따른 발행기관의 초과담보 제공이 필요 없으며 높은 위험에 따라 높은 수익이 제공된다.

    ㉢ 원리금 수취권과 저당권 보유는 증권매수자(투자자)가 모두 가지고 있다.

    ㉣ 초과담보는 필요없다. 즉, 발행기관은 자산은 감소하지만, 현금이 증가하기 때문에 자산의 크기에는 변화가 없게 된다. 즉 주택저당의 총액과 이체증권의 발행액이 같아진다.

    ㉤ 콜방어가 되지 않는다.

    ㉥ 차입자가 채무불이행이 발생하면 채권발행자는 채권투자자에게 원리금상환을 하지 않을 수 있다.

③ 원리금 이체식 저당채권(직불채권)(Mortgage Pay-Through Bond : MPTB)

    ㉠ 채권·지분 혼합형 주택저당증권(MBS)으로 발행기관이 저당권을 담보로 하여 채권을 발행한다.

    ㉡ 주택저당권(소유권)은 발행기관이 보유하고 투자자는 원리금 수취권과 조기상환위험을 가지는 주택저당 담보부채권이다.

    ㉢ 주택저당 담보부채권(MBB)보다 작은 규모의 초과담보가 필요하다.

④ 저당담보부 채권(다계층저당채권)(Collateralized Mortgage Obligation : CMO)

    ㉠ 개념 : 저당채권의 총발행액을 몇 개의 그룹으로 배분한 후, 종류에 따라 분류된 그룹별 상환기간 순서에 의해서 연속적으로 이자와 원금상환이 이루어진다. 이러한 진행과정을 거쳐 발행된 채권을 저당담보부 채권(CMO)이라 하고, 세분된 각 개의 그룹을 트렌치(tranche)라 한다.

    ㉡ 트렌치종류 중에 'Z 트렌치'는 마지막 한 개는 중간에 이자와 원금을 전혀 지불받지 않고 만기 때에 원금과 누적된 이자를 한꺼번에 지급받는 형태이다.

    ㉢ CMO는 이체증권(MPTS)과 저당채권(MBB)의 두 가지 성질을 다 가지고 있다. 이는 이체증권처럼 저당차입자의 원금과 이자를 트렌치별로 직접 지급하고 있다. 그리고 트렌치의 규모와 수 등을 조정함으로써 저당채권처럼 그 존속기간을 다양하게 하여 장기투자자들이 원하는 콜방어를 실현시키고 있다.

ⓓ 수익률 : CMO는 다양한 만기 구조를 갖고 만기구조별로 수익률이 다르며, 전체 조기상환 위험은 MPTB와 같으나 계층선택에 따라 조기상환 위험이 달라진다.

▶ MBS상품의 유형과 특징

구분	MPTS	MBB	MPTB	CMO
유형	증권	채권	혼합형	혼합형
트랜치 수	1개	1개	1개	여러 개
저당권자	투자자	발행자	발행자	발행자
원리금수취권자	투자자	발행자	투자자	트랜치별로 다름
조기상환위험 부담자	투자자	발행자	투자자	투자자

3. 그외 증권들

(1) 자산담보증권(ABS : Assets-backed Security)

① 개념

자산유동화(또는 증권화)란 대출기관이 보유하고 있는 대출채권을 기초로 하여 자금을 조달하는 제 방법을 총칭하는 것으로서 궁극적으로는 비유동적인 금융기관의 대출자산을 금융기관에서 만기 이전에 유동화시키는 자금조달의 한 가지 방법이다.

② 자산담보채권의 특성 및 장·단점

㉠ 장점

ⓐ 자본조달비용의 절감효과 : ABS발행증권은 금리가 고정되어 증권만기까지 그대로 적용되므로 상대적으로 비용절감효과가 있다.

ⓑ BIS 자기자본비율 개선효과 : 자산유동화는 자산을 양도하는 방식으로 자금을 조달하므로 대차대조표상 부채로 기록할 필요가 없으며, 재무구조를 개선 효과가 있다.

ⓒ 자금중개의 효율성 제고 : 은행의 대출채권이 증권화되면 비은행권의 여유자금이 은행권으로 용이하게 유입될 수 있어 자금부족 문제를 해결할 수 있다.

ⓓ 수익성 향상 : 자산을 매각할 경우 최초 대출에 대한 수입이자와 동 대출의 매각에 따른 지급이자와의 차액을 부담 없이 얻을 수 있고, 매각으로 얻은 자금을 재운용하여 수익을 증대시킬 수 있다.

ⓔ 투자자층의 확대 : 투자자의 입장에서는 신용도가 높고 상대적으로 수익률도 좋은 다양한 상품에 투자할 수 있는 기회를 제공받게 되고, 이러한 투자가 확대됨으로써 기업의 재원조달이 다양화된다.

㉡ 단점

ⓐ 유동화 거래구조를 복잡화한다.

ⓑ 법적 위험부담이 존재한다.

(2) 부동산 PF 관련 ABS

① PF-ABS

　㉠ 개념 : 부동산 개발업체의 개발사업 부지나 개발사업에서 발생하는 수익(분양대금 등)을 기초자산
　　　으로 하여 유동화하는 자산유동화증권이다.

　㉡ 금융기관이 부동산 개발업체에게 대출을 실행하고 이 대출채권을 유동화 전문회사(SPC)에게 매
　　　각하여 자산유동화증권을 발행한다.

　㉢ PF-ABS는 시공사가 채무인수 또는 연대보증을 하기 때문에 신용도가 낮은 부동산 개발업체의
　　　경우에도 별도의 신용보강없이 개발사업에 필요한 자금을 조달할 수 있다.

　㉣ 금융기관입장에서도 부동산 개발사업에 필요한 대출을 제공함으로써 높은 수익을 올릴 수 있으
　　　며, 투자자가 선호하기도 한다.

② PF-ABCP(자산담보부 기업어음)

　㉠ PF-ABCP(Asset Backed Commercial Paper)란 유동화전문회사(SPC)가 매출채권, 대출채
　　　권 등 자산을 담보로 발행하는 기업어음이다.

　㉡ 기간이 상대적으로 장기인 경우에 ABS를 발행하고 단기의 경우 ABCP를 발행하여 이미 발생한
　　　ABS를 상환할 수 있도록 하는 장치로 도입된 것이다.

　㉢ PF-ABS와 PF-ABCP의 가장 큰 차이점은 PF-ABS는 자산유동화법에 근거하여 설립된 SPC
　　　를 통해 발행된 반면에, PF-ABCP는 주로 상법에 근거하여 설립된 회사 형태로 SPC를 설립한
　　　다는 점이다.

(3) 상업용 저당담보증권(CMBS : Commercial Mortgage-Backed Security)

저당담보증권은 주거용 저당뿐만 아니라 상업용 저당을 담보로 하여 만들 수 있다. 상업용 저당
(commercial mortgage)은 상업용 부동산을 담보로 하는 저당대부이다. 상업용 저당은 몇 가지 점에
서 주거용 저당과 차이가 있다.

제5절　한국의 부동산금융

1. 주택금융공사

(1) 법령

① 목적(제1조)

이 법은 한국주택금융공사를 설립하여 주택저당채권 등의 유동화(流動化)와 주택금융 신용보증 및
주택담보노후연금보증 업무를 수행하게 함으로써 주택금융 등의 장기적·안정적 공급을 촉진하여
국민의 복지증진과 국민경제의 발전에 이바지함을 목적으로 한다.

② 업무의 범위(제22조)

　㉠ 채권유동화 및 채권발행 : 주택저당증권(MBS), 주택저당채권(MBB)

　㉡ 채권보유

　㉢ 주택저당증권, 주택저당채권을 유동화자산으로 하여 발행한 유동화증권에 대한 지급보증

ⓔ 금융기관에 대한 신용공여(信用供與)

ⓜ 주택저당채권에 대한 평가 및 실사(實査)

ⓗ 신용보증

ⓢ 주택담보노후연금보증과 주택담보노후연금보증채무의 이행 및 구상권의 행사

(2) 한국주택금융공사의 역할

① 장기모기론 공급

② 주택금융신용보증 업무

③ 주택연금 보증업무

④ 주택저당증권(MBS) 발행

2. 보금자리론(장기모기지론)

(1) 신청대상

① 민법상 성년인 대한민국 국민(재외국민, 외국국적 동포 포함)

② 주택수 : 부부(미혼인 경우 본인)기준 무주택자 또는 1주택자(구입용도에 한해 일시적 2주택 허용하며, 기존주택은 대출받은 날로부터 3년 이내 처분 조건)

③ 소득 : 연소득 7천만 원 이하(미혼이면 본인만, 기혼이면 부부합산)

ⓐ 신혼가구는 부부합산 연소득 85백만 원 이하

ⓑ 다자녀가구 : 미성년 자녀 3명이상(1억 원), 1명(8천만 원), 2명(9천만 원)

(2) 대출금리 : 대출 실행일부터 만기까지 고정금리 적용

(3) 대상주택

① 부동산 등기부등본상 주택으로 아파트, 연립주택, 다세대주택, 단독주택만 가능

(단, 주거용 오피스텔, 근린생활시설, 숙박시설 등 제외)

② 대출승인일 현재 주택가격이 6억 원 이내인 주택일 것

단, 구입용도인 경우 시세, 감정평가액, 매매가액 중 어느 하나라도 6억 원 초과주택은 제외됨

(4) 대출한도

① 주택담보가치(LTV)의 최대 70%까지이며, 단 임대차 금액 및 주택유형에 따라 지역별 소액임대차 보증금이 차감되어 한도가 산정된다.

② 최대 3억 원(단, 미성년자가 3명인 가구의 경우 4억 원)

(5) 대출기간 : 10년, 15년, 20년, 30년

(6) 상환방식

① 매월 원리금균등분할상환, 체감식(원금균등)분할상환, 체증식분할상환(만 40세 미만에 한하여 선택 가능)

② 거치기간(이자만 납부하는 기간) 없음

③ 조기(중도)상환수수료

2015.3.2 이후 실행건 : 최대 3년, 최대요율 1.2%, 잔여일수에 따라 일할계산되어 감소하는 슬라이딩 방식

3. 노후연금제도(역연금방식) ★28, 29, 32회 기출★

(1) 주택노후연금제도

주택노후연금제도는 저당권방식 연금제도와 신탁방식 연금제도로 구분된다.

① 저당권 방식의 연금제도

㉠ 가입가능연령

ⓐ 주택소유자 또는 배우자가 만 55세 이상(근저당권 설정일 기준)

ⓑ 확정기간방식 : 연소자가 만 55세 ~ 만 74세

우대방식 : 주택소유자 또는 배우자가 만 65세 이상(기초연금 수급자)

주의 주택소유자 또는 배우자가 대한민국 국민(단, 외국인 단독 및 부부 모두 외국인인 경우에는 가입 불가)

㉡ 주택보유 수

다음 중 하나에 해당(부부 기준)

ⓐ 다주택자인 경우 합산가격이 9억 원 이하이면 가능

ⓑ 공시가격 등이 9억 원 초과 2주택자는 3년 이내 1주택 처분하면 가능함

※ 단, 주거목적 오피스텔의 경우, 주택연금에 가입하려고 하는 주거목적 오피스텔만 주택보유 수에 포함

ⓒ 우대방식의 경우 1.5억 원 미만의 1주택만 가입 가능

㉢ 대상주택

ⓐ 공시가격 등이 9억 원 이하의 주택 및 지방자치단체에 신고된 노인복지주택 및 주거목적 오피스텔(상가 등 복합용도주택은 전체 면적 중 주택이 차지하는 면적이 1/2 이상인 경우 가입가능(단, 신탁방식으로 가입시에는 불가))

ⓑ 확정기간방식은 노인복지주택 제외

ⓒ 농지법 상 농업인 주택 및 어업인 주택 등 주택 소유자의 자격이 제한되는 주택은 신탁방식 주택연금으로 가입불가

주택유형 및 지급방식	종신지급방식	확정기간방식
일반주택	가입 가능	
노인복지주택 (지자체에 신고된 주택)	가입 가능	가입 불가능
복합용도주택 (상가와 주택이 같이 있는 건물)	가입 가능(단, 등기사항증명서상 주택이 1/2 이상의 면적)	

ⓒ 거주요건

 ⓐ 주택연금 가입주택을 가입자 또는 배우자가 실제거주지로 이용하고 있어야 한다.

 ⓑ 해당주택을 전세 또는 월세로 주고 있는 경우 가입이 불가함

  (단, 부부 중 한 명이 거주하며 주택의 일부를 보증금 없이 월세로 주고 있는 경우 가입 가능하며, 신탁방식 주택연금의 경우 보증금이 있더라도 보증금에 해당하는 금액을 공사가 지정하는 계좌로 입금하는 경우 가입 가능)

ⓜ 보증기간

 ⓐ 보증기간

  • 소유자 및 배우자 사망시까지

  • 이용 도중에 이혼을 한 경우 이혼한 배우자는 주택연금을 받을 수 없다.

  • 이용 도중에 재혼을 한 경우 재혼한 배우자는 주택연금을 받을 수 없다.

 ⓑ 가입비(초기보증료) 및 연보증료

  • 가입비(초기보증료) : 주택가격의 1.5%(대출상환방식의 경우 1.0%)를 최초 연금지급일에 납부한다.

  • 연보증료 : 보증잔액의 연 0.75%(대출상환방식의 경우 1.0%)를 매월 납부한다.

  • 보증료는 취급 금융기관이 가입자 부담으로 공사에 납부하고 연금지급총액(대출잔액)에 가산된다.

ⓗ 대출금리

 ⓐ 변동금리로 하되 대출 기준금리는 3개월 CD금리와 신규취급액 COFIX금리 중에 선택해야 한다.

 ⓑ 가입 이후에는 대출 기준금리 변경이 불가능하다.

 ⓒ 대출상환방식의 경우 대출 가산금리가 0.1% 인하된다.

ⓢ 월지급금 지급방식

 ⓐ 종신방식 : 월지급금을 종신토록 지급받는 방식

  • 종신지급방식 : 인출한도 설정없이 월지급금을 종신토록 지급받는 방식

  • 종신혼합방식 : 인출한도(대출한도의 50% 이내) 설정 후 나머지 부분을 월지급금으로 종신토록 지급받는 방식

 ⓑ 확정기간방식 : 고객이 선택한 일정기간 동안만 월지급금을 지급받는 방식 (단, 확정기간방식 선택시 반드시 대출한도의 5%에 해당하는 금액은 인출한도로 설정하여야 한다)

  • 확정기간방식 : 고객이 선택한 일정기간 동안만 월지급금을 지급받는 방식

  • 확정기간혼합방식 : 수시인출한도 설정 후 나머지 부분을 월지급금으로 일정기간 동안만 지급받는 방식

 ⓒ 대출상환방식 : 주택담보대출 상환용으로 인출한도(대출한도의 50% 초과 90% 이내) 범위 안에서 일시에 찾아 쓰고 나머지 부분을 월지급금으로 종신토록 지급받는 방식

 ⓓ 우대방식 : 주택소유자 또는 배우자가 기초연금 수급자이고, 부부기준 1.5억원 미만 1주택 보유시 종신방식(정액형)보다 월지급금을 최대 20% 우대하여 지급받는 방식

  • 우대지급방식 : 인출한도 설정없이 우대받은 월지급금을 종신토록 지급받는 방식

  • 우대혼합방식 : 인출한도(대출한도의 45% 이내) 설정 후 나머지 부분을 우대받은 월지급금으로 종신토록 지급받는 방식

주의 이용기간 중 종신지급과 종신혼합 간 또는 우대지급과 우대혼합형 간의 지급방식 간 변경이 가능하다.

> 1. 대출한도
>   가입자가 100세까지 지급받을 연금대출액을 현재시점의 가치로 환산한 금액이다.
> 2. 인출한도
>   ① 대출한도의 50% 이내(종신혼합방식, 확정기간혼합방식), 50% 초과 70% 이내(대출상환방식), 45% 이내(우대혼합방식)를 인출한도로 설정하여 목돈으로 사용 가능하다.
>   ② 인출한도 용도
>   ㉠ 의료비, 교육비, 주택수선비 및 주택담보대출 상환용도나 담보주택에 대한 임대차보증금 반환용도 등에 사용하여야 한다.
>   ㉡ 확정기간혼합방식의 경우 반드시 설정하게 되는 대출한도의 5%에 해당하는 금액은 의료비, 담보주택관리비 용도로 월지급금 지급종료 후에만 사용 가능하다.
>   ㉢ 대출상환방식의 경우 주택담보대출 상환용으로만 사용 가능
> 3. 월지급금 지급유형
>   종신방식의 경우 정액형 또는 전후후박형 중 선택 가능. 확정기간방식, 대출상환방식, 우대방식은 정액형만 선택 가능

◎ 대출금상환
  ⓐ 소유자 및 배우자 사망으로 주택처분가격으로 일시상환
  ⓑ 채무부담한도 : 대출금 상환액은 담보주택 처분가격 범위 내로 한정
  ⓒ 대출금은 언제든지 별도의 중도상환수수료 없이 전액 또는 일부상환이 가능(단, 초기보증료는 환급 안 됨)
  ⓓ 특징
    • 주택 처분가격이 대출잔액보다 큰 경우 대출잔액을 지급하고 남는 부분은 상속인(가입자)에게 양도함
    • 주택 처분가격이 대출잔액보다 적은 경우 대출잔액을 지급하고 부족부분은 상속인(가입자)에게 청구하지 못한다. 대신 부족분은 한국주택금융공사에서 가지고 있던 보증료를 통하여 은행에 지급한다.
㊀ 주택연금 지급정지 사유
  ⓐ 부부 모두 사망하는 경우 : 가입자만 사망하는 경우에는 배우자가 채무인수 후 계속 이용 가능
  ⓑ 주택 소유권을 상실하는 경우 : 매각, 양도로 소유권 이전 또는 재건축/재개발, 화재 등으로 주택 소실 등
  ⓒ 장기 미거주의 경우 : 부부 모두 1년 이상 미거주하는 경우, 단 병원 입원 및 장기요양 등 예외 인정
  ⓓ 처분조건약정 미이행 및 주택의 용도 외 사용 : 일시적 2주택자로 가입 후 최초 주택연금 지급일로부터 3년 내 주택 미처분 등
㊁ 지급조정사유(우대방식)
  ⓐ 우대지급(혼합)방식을 선택하는 경우에는 고객과 배우자의 보유주택수는 1주택으로 제한되며, 가입 후에도 보유주택수를 조사하여 우대자격여부를 검증한다(최초 월지급금 실행일로부터 1년이 경과한 때부터 연 1회에 한하여 검증).

ⓑ 공사의 검증 절차에 따라서 주택연금 가입 후 담보주택 외의 주택을 보유한 것을 공사가 확인한 경우에는 6개월 이내에 해당 주택을 처분할 것을 요청하며, 처분하지 않은 경우에는 연금대출(월지급금, 인출한도, 개별인출금 등)을 90% 수준으로 조정하여 지급한다.

ⓒ 다만, 월지급금 등이 조정된 이후에 담보주택 외의 주택을 처분하고 그 사실을 증빙서류 등으로 입증할 경우에는 다음 월지급금 지급일부터 조정된 금액을 회복하여 지급한다.

ⓔ 대상주택의 재개발/재건축

   ⓐ 가입 당시 재개발/재건축이 예정된 경우 사업시행인가 전 단계까지는 주택연금 가입이 가능하다.

   ⓑ 이용 도중에 재개발/재건축이 되더라도 주택연금 계약을 유지할 수 있다(재건축 등 사업 종료 시 주택연금 가입자는 신축주택의 소유권을 취득, 공사는 종전의 제1순위 근저당권을 확보).

② 신탁방식 주택연금

   ㉠ 주택소유자가 주택에 신탁계약에 따른 신탁 등기를 하여 담보로 제공하는 방식의 보증이다.

      ⓐ 안정적 연금승계 : 신탁계약에 따라 주택소유자 사망 후 별도의 절차(공동상속인 동의 등) 없이 배우자로 연금 자동승계

      ⓑ 임대수익 창출 : 저당권방식에서 전세를 준 주택은 주택연금 가입이 어려우나, 신탁방식은 주택소유권과 임대차보증금이 수탁자인 공사로 이전되어 채권 확보가 용이하므로 유휴공간 임대 활용이 가능하여 추가소득 창출 가능

      ⓒ 비용절감 : 저당권방식에 비해 더 적은 비용으로 가입 및 승계

   ㉡ 신탁방식과 담보제공방식 비교

     저당권방식은 주택소유자가 주택에 저당권 설정하여 담보로 제공하는 방식이며, 신탁방식은 주택소유자와 공사가 체결하는 신탁계약에 따른 신탁을 등기(소유권 이전)하여 담보로 제공하는 방식이다.

더 알아보기   저당권 방식과 신탁 방식의 비교

구분	저당권 방식	신탁 방식
담보제공 방법 (소유권)	근저당권 설정(가입자)	신탁등기(공사)
담보주택 관리	연금가입자가 담보주택의 소유자로서 관리의 주체	연금가입자가 신탁계약에 따라 담보관리의 주체
담보주택 관리비용	담보주택 관리에 소요비용은 연금관리자가 부담	
배우자 승계	연금가입자 사망시 배우자가 자녀 등 공동상속인의 동의를 얻어 주택소유권을 100% 확보 후 주택연금 승계 가능	연금가입자 사망시 신탁계약에 따라 배우자가 수익권을 취득하고, 공동상속인의 동의나 별도 등기절차 없이 주택승계 가능
잔여재산 귀속	담보주택처분 후 잔여재산은 민법에 따라 법정상속인에게 귀속	담보주택처분 후 잔여재산은 사전에 연금가입자가 지정한 귀속권리자에게 귀속
실거주요건	연금가입자 또는 배우자가 담보주택에 실거주해야 함	
임대차	• 보증금 있는 임대 불가 (보증금 없는 월세 가능) • 담보주택 전부임대는 공사로부터 주민등록 이전 득한 경우만 가능	• 보증금 있는 임대차 가능 (보증금은 공사가 지정한 은행예치) • 담보주택 전부임대는 공사로부터 주민등록 이전 득한 경우만 가능
담보유형	주택, 노인복지주택, 주거목적 오피스텔, 주거면적 50% 이상 복합용도주택	주택, 노인복지주택, 주거목적 오피스텔

(2) 농지연금

① 가입연령

신청연도 말일 기준으로 농지소유자 본인이 만 65세 이상

② 영농경력

㉠ 신청인의 영농경력이 5년 이상일 것(농지연금 신청일 기준으로부터 과거 5년 이상 영농경력 조건을 갖추어야 함)

㉡ 영농경력은 신청일 직전 계속 연속적일 필요는 없으며 전체 영농 기간중 합산 5년 이상이면 됨

③ 대상농지

㉠ 공부상 지목이 전, 답, 과수원으로서 사업대상자가 소우하고 실제 영농에 이용 중인 농지

㉡ 사업대상자가 2년 이상 보유한 농지(단, 상속받은 농지는 피상속인의 보유기간 포함)

㉢ 사업대상자의 주소지를 담보농지가 소재하는 시·군·구 및 그와 연접한 시·군·구에 두거나, 주소지와 담보농지까지의 직선거리가 30Km 이내의 지역에 위치하고 있는 농지

[주의] 저당권등 제한물권을 설정하지 않은 농지(선순위 채권최고액이 담보농지 가격 15% 미만인 농지는 가입가능), 압류(가압류, 가처분) 등의 목적물이 아닌 농지일 것

㉣ 제외농지 : 불법건축물이 설치되어 있는 토지, 본인 및 배우자 이외의 자가 공동소유하고 있는 농지, 개발지역 및 개발계획이 지정 및 시행 고시되어 개발계획이 확정된 지역의 농지

④ 지급방식 : 종신형과 기간형

㉠ 종신형 : 가입자 및 배우자 사망시까지 매월 일정한 금액을 지급하는 방식

㉡ 기간형 : 가입자가 선택한 일정기간 동안 매월 일정한 금액을 지급하는 방식

⑤ 적용금리 : 고정금리와 변동금리 중 택일

⑥ 농지연금 지급정지사유

㉠ 농지연금수급자가 사망한 경우로서 배우자가 없거나 비승계 가입인 경우

㉡ 농지연금수급자가 사망한 경우로서 승계조건가입 배우자가 있는 경우에 그 배우자가 6개월 이내에 담보농지의 소유권 이전등기 및 농지연금채무의 인수를 거절하거나 마치지 아니한 경우

㉢ 농지연금수급자가 담보농지의 소유권을 상실한 경우

㉣ 농지연금채권이 저당권의 채권최고액을 초과할 것으로 예상되는 경우로서 공사의 채권최고액 변경요구에 응하지 아니한 경우

㉤ 공사의 동의없이 담보농지에 제한물권 등을 설정한 경우

㉥ 담보농지가 전용 등으로 더 이상 농지로 이용될 수 없게 된 경우

⑦ 특징

㉠ 경작 및 임대 가능

㉡ 연금부족액시 상속인에게 구상권 행사 못함

○ × 핵심체크

01 주택개발금융은 주택을 구입하려는 사람이 주택을 담보로 제공하고 자금을 제공받는 형태의 금융을 의미한다.
○ ×

02 지분투자방식에는 조인트 벤처, 리츠(RETTs) 등이 있다.
○ ×

03 고정금리대출은 사전에 약정한 방법으로 일정한 기간마다 대출금리를 조정하는 방식이다.
○ ×

04 대출금리가 고정금리일 때, 대출 시점의 예상인플레이션보다 실제인플레이션이 높으면 금융기관에게는 손해이고 차입자에게는 이익이다.
○ ×

05 일반적으로 만기가 동일한 경우 변동금리로 차입하는 것이 고정금리로 차입하는 것보다 이자율이 높다. 이는 변동금리는 차입자가 금리위험을 부담하기 때문이다.
○ ×

06 시장이자율이 약정이자율보다 높으면, 고정금리대출 차입자에게 조기상환할 유인(誘因)이 생긴다.
○ ×

07 담보인정비율(LTV)은 주택의 담보가치를 중심으로 대출규모를 결정하는 기준이고, 총부채상환율(DTI)은 차입자의 소득을 중심으로 대출규모를 결정하는 기준이다.
○ ×

08 원리금균등상환방식에서는 상환초기보다 후기로 갈수록 매기상환액 중 원금상환액이 작아진다.
○ ×

09 원금균등상환방식이란 원리금 상환액 부담을 초기에는 적게하는 대신 점차 그 부담액을 늘려 가는 방식으로, 장래에 소득이나 매출액이 늘어날 것으로 예상되는 개인과 기업에 대한 대출방식이다.
○ ×

10 1차 저당시장은 저당대부를 원하는 수요자와 저당대부를 제공하는 금융기관으로 이루어지는 시장이다.
○ ×

정답 및 해설 **01** × **02** ○ **03** × **04** ○ **05** × **06** × **07** ○ **08** × **09** × **10** ○

오답분석
01 주택개발금융이 아니라 주택소비금융에 대한 설명이다.
03 고정금리대출이 아니라 변동금리에 대한 설명이다.
05 ~이자율이 낮다. ~
06 ~시장이자율이 약정이자율보다 낮으면~
08 ~원금상환액이 커진다.
09 원금균등상환방식이 아니라 체증식상환방식에 대한 설명이다.

11 2차 저당시장은 1차 저당시장에서 일단 이루어진 저당을 1차 저당대출자가 팔게 되는 시장을 말하므로 일반투자자들은 자신들에게 필요한 저당을 사고 팔 수 있다. ☐O☐X

12 CMBS란 금융기관이 보유한 상업용부동산 모기지를 기초자산으로 하여 발행하는 증권이다. ☐O☐X

13 MPTS(mortgage pass−through security)란 지분형 주택저당증권으로 관련위험이 투자자에게 이전된다. ☐O☐X

14 MBB(mortgage backed bond)는 채권형 증권으로 발행자는 초과담보를 제공하지 않는 것이 일반적이다. ☐O☐X

15 CMO의 투자자는 최초의 주택저당채권 집합물을 가지고 일정한 가공을 통해 위험−수익 구조가 다양한 트랜치의 증권을 발행한다. ☐O☐X

16 위탁관리 부동산투자회사는 본점 외의 지점을 설치할 수 있으며, 직원을 고용하거나 상근 임원을 둘 수 없다. ☐O☐X

17 위탁관리 부동산투자회사의 경우 주주 1인과 그 특별관계자는 발행주식 총수의 50%를 초과하여 소유하지 못한다. ☐O☐X

18 자기관리 부동산투자회사는 매분기 말 현재 총자산의 100분의 70 이상을 부동산, 부동산 관련 유가증권 및 현금으로 구성하여야 한다. ☐O☐X

19 프로젝트 파이낸싱(project financing)은 개발사업주와 개발사업의 현금흐름을 분리시킬 수 있어, 개발사업주의 파산이 개발사업에 영향을 미친다. ☐O☐X

20 일반 기업대출의 자금은 차입자가 관리하고 부동산 프로젝트 금융의 자금은 위탁계좌에 의해 관리된다. ☐O☐X

정답 및 해설 **11** ○ **12** ○ **13** ○ **14** × **15** ○ **16** × **17** ○ **18** × **19** × **20** ○

오답분석

14 ~초과담보를 제공하는 것이 일반적이다.
16 ~지점을 설치할 수 없으며, ~
18 ~총자산의 100분의 80이상을 ~
19 ~개발사업에 영향을 미치지 않는다.

제5장 | 확인학습문제

01 주택금융에 관한 설명으로 옳은 것을 모두 고른 것은?

★28회 기출★

☑확인
Check!
○
△
×

> 가. 주택금융은 주택수요자에게 자금을 융자해 줌으로써 주택구매력을 높여준다.
> 나. 주택소비금융은 주택을 구입하려는 사람이 신용을 담보로 제공하고, 자금을 제공받는 형태의 금융을 의미한다.
> 다. 주택개발금융은 서민에게 주택을 담보로 하고 자금을 융자해주는 실수요자 금융이다.
> 라. 주택자금융자는 주로 장기융자 형태이므로, 대출기관의 유동성 제약이 발생할 우려가 있어 주택저당채권의 유동화 필요성이 있다.

① 가, 나
② 가, 다
③ 가, 라
④ 나, 라
⑤ 다, 라

해설

난도 ★★

나. 주택소비금융은 신용이 담보가 아니라 주택을 담보로 제공하고, 자금을 제공받는 형태의 금융을 의미한다.

다. 주택개발금융은 주택의 생산·공급을 용이하게 할 수 있도록 토지개발과 취득·건축자재구입 등에 소요되는 자금이 금융기관을 통해 이용되는 금융이다.

답 ③

02 다음 보기에는 지분금융, 메자닌금융, 부채금융이 있다. 이 중 지분금융을 모두 고른 것은?

★27회 기출★

> 가. 저당금융
> 나. 신탁증서금융
> 다. 부동산 신디케이트
> 라. 자산유동화증권
> 마. 신주인수권부사채

① 다
② 나, 마
③ 다, 라
④ 다, 마
⑤ 가, 다, 마

해설
난도 ★
• 부채금융 : 저당금융, 신탁증서금융
• 메자닌 금융 : 신주인수권부사채

답 ①

03 고정금리대출과 변동금리대출에 관한 설명으로 옳은 것은?

★30회 기출★

① 예상치 못한 인플레이션이 발생할 경우 대출기관에게 유리한 유형은 고정금리대출이다.
② 일반적으로 대출일 기준 시 이자율은 변동금리대출이 고정금리대출보다 높다.
③ 시장이자율 하락 시 고정금리대출을 실행한 대출기관은 차입자의 조기상환으로 인한 위험이 커진다.
④ 변동금리대출은 시장상황에 따라 이자율을 변동시킬 수 있으므로 기준금리 외에 가산금리는 별도로 고려하지 않는다.
⑤ 변동금리대출의 경우 시장이자율 상승 시 이자율 조정주기가 짧을수록 대출기관에게 불리하다.

해설
난도 ★★
① 고정금리대출이 아니라 변동금리대출이다.
② 일반적으로 대출일 기준 시 이자율은 변동금리대출이 고정금리대출보다 낮다.
④ 가산금리도 별도로 고려한다.
⑤ 대출기관에게 유리하다.

답 ③

04 주택저당대출방식에 관한 설명으로 옳지 <u>않은</u> 것은?

① 원금균등분할상환방식은 대출기간 동안 매기 원금을 균등하게 분할 상환하고 이자는 점차적으로 감소하는 방식이다.

② 원리금균등분할상환방식의 원리금은 대출금에 감채기금계수를 곱하여 산출한다.

③ 만기일시상환방식은 만기 이전에는 이자만 상환하다가 만기에 일시로 원금을 상환하는 방식이다.

④ 체증분할상환방식은 원리금 상환액 부담을 초기에는 적게 하는 대신 시간이 경과할수록 원리금 상환액 부담을 늘려가는 상환방식이다.

⑤ 원리금균등분할상환방식은 원금이 상환됨에 따라 매기 이자액의 비중은 점차적으로 줄고 매기 원금상환액 비중은 점차적으로 증가한다.

─── 해설 ───
난도 ★★
② 감채기금계수가 아니라 저당상수를 사용한다.

답 ②

---

05 대출조건이 다음과 같을 때, 원금균등분할상환방식과 원리금균등분할상환방식에서 1회차에 납부할 원금을 순서대로 나열한 것은?(단, 주어진 조건에 한함)

• 대출금 : 1억 2천만 원
• 대출금리 : 고정금리, 연 6%
• 대출기간 : 10년
• 월 저당상수 : 0.0111
• 거치기간 없이 매월말 상환

① 1,000,000원, 725,000원   ② 1,000,000원, 732,000원
③ 1,000,000원, 735,000원   ④ 1,200,000원, 732,000원
⑤ 1,200,000원, 735,000원

─── 해설 ───
난도 ★★★
주어진 조건에서 월부상환이다
(1) 원금균등상환방식에서 원금상환액은 다음과 같이 구한다.

$$원금상환액 = \frac{대출금(1억2천만)}{대출기간(120월)} = 100만\ 원$$

(2) 원리금균등상환액에서 원금상환액의 산출방식은 다음과 같다.
원리금상환액(㉠) − 이자지급액(㉡) = 원금상환액(㉢)
㉠ 원리금상환액 = 대출액(1.2억) × 저당상수(0.0111) = 133.2만 원

ⓒ 이자지급액＝대출액(1.2억)×이자율(6%/12)＝60만 원

ⓒ 원금상환액＝원리금상환액(133.2만 원)－이자액(60만 원)＝73.2만 원

답 ②

06 프로젝트 금융에 관한 설명으로 옳은 것은?

★34회 기출★

① 기업전체의 자산 또는 신용을 바탕으로 자금을 조달하고, 기업의 수익으로 원리금을 상환하거나 수익을 배당하는 방식의 자금조달기법이다.

② 프로젝트 사업주는 기업 또는 개인일 수 있으나, 법인은 될 수 없다.

③ 프로젝트 사업주는 대출기관으로부터 상환청구를 받지는 않으나, 이러한 방식으로 조달한 부채는 사업주의 재무상태표에는 부채로 계상된다.

④ 프로젝트 회사가 파산 또는 청산할 경우, 채권자들은 프로젝트 회사에 대해 원리금상환을 청구할 수 없다.

⑤ 프로젝트 사업주의 도덕적 해이를 방지하기 위해 금융기관은 제한적 소구금융의 장치를 마련해두기도 한다.

해설

난도 ★★

⑤ 프로젝트 파이낸싱은 원칙은 비소구금융방식이지만 때에 따라서 프로젝트 사업주의 도덕적 해이를 방지하기 위해 금융기관은 제한적 소구금융의 장치를 마련해두기도 한다.

답 ⑤

07 우리나라의 부동산투자회사제도에 관한 설명으로 옳지 않은 것은?

★29회 기출★

① 자기관리 부동산투자회사의 설립 자본금은 5억 원 이상이다.

② 부동산투자회사는 발기설립의 방법으로 하여야 하며, 현물출자에 의한 설립이 가능하다.

③ 위탁관리 부동산투자회사는 자산의 투자, 운용업무를 자산관리회사에 위탁하여야 한다.

④ 부동산투자회사는 최저자본금준비기간이 끝난 후에는 매 분기 말 현재 총자산의 100분의 80 이상을 부동산, 부동산 관련 증권 및 현금으로 구성하여야 한다.

⑤ 부동산투자회사의 상근 임원은 다른 회사의 상근 임직원이 되거나 다른 사업을 하여서는 아니 된다.

해설

난도 ★★

② 부동산투자회사는 발기설립의 방법으로 하여야 하며, 현물출자에 의한 설립이 불가능하다.

답 ②

08 부동산 증권에 관한 설명으로 옳지 <u>않은</u> 것은?

★30회 기출★

① 자산유동화증권(ABS)은 금융기관 및 기업이 보유하고 있는 매출채권, 부동산저당채권 등 현금흐름이 보장되는 자산을 담보로 발행하는 증권을 의미한다.

② 저당담보부채권(MBB)은 모기지풀에서 발생하는 현금흐름과 관련된 위험을 투자자에게 이전하는 채권이다.

③ 주택저당증권(MBS)은 금융기관 등이 주택자금을 대출하고 취득한 주택저당채권을 유동화전문회사 등이 양수하여 이를 기초로 발행하는 증권을 의미한다.

④ 저당이체증권(MPTS)은 발행기관이 원리금수취권과 주택저당권에 대한 지분권을 모두 투자자에게 이전하는 증권이다.

⑤ 다계층증권(CMO)은 저당채권의 발행액을 몇 개의 계층으로 나눈 후 각 계층마다 상이한 이자율을 적용하고 원금이 지급되는 순서를 다르게 정할 수 있다.

해설
난도 ★★★
② 저당담보부채권(MBB)이 아니라 저당이체증권(MPTS)에 대한 설명이다.

답 ②

---

09 한국주택금융공사법령에 의한 주택담보노후연금제도 관한 설명으로 옳지 <u>않은</u> 것은?

★29회 기출★

① 주택소유자와 그 배우자 모두 60세 이상이어야 이용할 수 있다.

② 연금지급방식으로 주택소유자가 선택하는 일정한 기간 동안 노후생활자금을 매월 지급받는 방식이 가능하다.

③ 주택담보노후연금보증을 받은 사람은 담보주택의 소유권등기에 한국주택금융공사의 동의 없이는 제한 물권을 설정하거나 압류 등의 목적물이 될 수 없는 계산임을 부기등기 하여야 한다.

④ 주택담보노후연금을 받을 권리는 양도하거나 압류할 수 없다.

⑤ 한국주택금융공사는 주택담보노후연금보증을 받으려는 사람에게 소유주택에 대한 저당권 설정에 관한 사항을 설명하여야 한다.

해설
난도 ★★
① 주택소유자와 그 배우자 중에 연장자가 55세 이상이어야 이용할 수 있다.

답 ①

제6장 | 부동산 이용과 개발 및 관리

출제포인트
부동산개발은 시장분석과 투자분석 등 부동산과 관련된 결정체이다. 이 분야는 개발의 전반적인 흐름과 현실과 접목된 내용을 파악하는 것이 중요하다. 또한 부동산의 관리에서는 기본개념과 관리사가 해야 할 일에 대하여 명확하게 알아 둘 필요가 있다.
- 부동산개발의 과정의 순서와 각 단계의 내용을 파악하고, 타당성 분석도 이해
- 민간개발 방식과 부동산 신탁의 특징
- 보존의 중요성과 그 지역의 보상 관련된 제도의 이해
- 부동산관리 3방식의 장·단점의 구별
- 부동산관리활동의 5대 내용과 각 내용의 구체적 행위
- 빌딩의 내용연수의 각 단계 특징

제1절   부동산 이용

1. 집약적 토지이용과 입지잉여[15]

(1) 토지이용의 집약도

토지이용의 집약도란 토지이용에 있어 단위면적당 투입되는 노동·자본의 크기를 말한다.

① 집약한계

'집약한계'란 투입되는 한계비용과 한계수입이 일치되는 데까지 추가투입되는 경우의 집약도를 말한다. 즉, 이윤극대화를 가져오는 토지이용의 집약도이다.

② 조방한계

'조방한계'란 최적의 조건하에서 겨우 생산비를 감당할 수 있는 수익밖에 얻을 수 없는 집약도를 말한다. 즉, 총수입과 총비용이 일치하는 손익분기점에서의 토지이용의 집약도이다.

집약적 토지이용	조방적 토지이용
토지이용의 집약도가 높은 경우	토지이용의 집약도가 낮은 경우
집약한계 : 한계비용＝한계수입 → 이윤극대화를 가져오는 토지이용	조방한계 : 총수익＝총비용 → 겨우 생산비를 얻을 수 있는 집약도

---

15) 김영진, 부동산학총론, 범론사, 1987, pp.321~326

(2) 입지잉여

① 개념

동일한 산업경영 내에서 입지조건이 양호한 경우에 특별한 이익을 올리는 것이다.

② 성립요건

㉠ 입지조건과 토지이용의 집약도가 같은 경우일지라도 입지잉여는 모든 입지주체에 똑같이 생기지 아니한다.

㉡ 입지잉여는 어떤 위치가 한계입지(입지잉여가 '0'으로 되는 위치) 이상인 경우이다.

③ 한계입지

입지잉여는 입지조건이 나쁘면 나쁠수록 감소된다. 즉, 입지잉여가 영(零)이 되는 위치를 한계입지라 한다.

2. 지가구배현상(地價勾配現象, Topeka 현상)

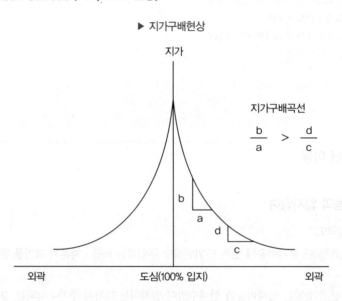

▶ 지가구배현상

(1) 의의

지가는 도심에서 외곽으로 나갈수록 점점 낮아지는 현상을 지가구배현상이라 한다. 지가구배현상은 모든 도시에 일률적으로 나타나는 것은 아니다. 도시마다 지가구조는 달라진다.

(2) 유형

지가구배현상은 미국의 노스(D. S. Knos)교수의 토페카시의 지가조사에서 발견되었다.

① 소도시

지가구조가 도심의 토지이용이 보다 집약적이지만, 교외로 나감에 따라서 급격하게 조방화되기 때문에 지가수준도 도심에서는 치솟으나 도심에서 벗어나면 급격하게 저하되는 경향을 보인다.

② 대도시

도심에서 중간에 여러 도시핵(부도심)이 있고 거기에는 다시 번화가도 있어서 지가수준도 다시 높아졌다가 저하되는 현상이 있다. 따라서 도심에서 외곽으로 이전할수록 지가는 산정과 계곡을 이루면서 하락한다.

3. 도시스프롤 현상

(1) 의의

도시의 성장·개발현상이 무계획·무질서하게 평면적으로 확산되는 것을 말한다. 예외적으로 도시가 입체슬럼 형태인 입체 스프롤현상도 존재한다.

(2) 발생지역 및 특성

① 도시스프롤현상은 일반적으로 도시의 중심지보다는 외곽지역에서 원시적이고 자연적으로 발생하는 성격을 가지며, 외곽지역의 주거지역·상업지역·공업지역 등의 모든 지역에서 발생한다.

② 지가수준은 지역특성에 따라 다양하지만, 토지이용이 최유효이용에 미달되어 표준적 지가수준의 이하가 되는 것이 일반적이다.

③ 비지적(飛地的) 현상, 즉 간선도로를 따라 스프롤이 전개되는 현상으로 개구리가 뛰는 것처럼 도시에서 중간중간에 상당한 공지를 남기면서 확산된다.

(3) 스프롤 대책

① 계획적이고 장기적인 도시개발이 필요하다.

② 개발제한구역 지정

③ 토지의 이용전환으로 개선한다. 이에는 토지의 비가역성의 문제, 건물의 재활용 문제 등이 검토되어야 한다.

4. 직주분리와 직주접근

(1) 직주분리(職住分離)

① 직주분리의 개념

직주분리란 직장은 도심에 두고 주거지는 도심을 벗어난 외곽에 두는 현상을 말한다.

② 직주분리의 원인

도심의 환경악화·지가고·도심의 재개발·공적 규제·교통의 발달 등을 들 수 있다.

③ 직주분리의 결과

㉠ 직주분리의 결과 도심의 상주인구가 감소함으로써 도심의 주·야간의 인구차가 커지는 공동화현상(空洞化現象, 도넛현상)이 나타난다.

㉡ 외곽지는 침상도시화(寢牀都市化, bed town)된다.

㉢ 도심고동(都心鼓動)현상이 일어난다.

(2) 직주접근(職住接近)

① 직주접근의 개념

직주접근이란 회귀현상이라고도 하며, 직장과 주거지가 가까워지는 현상을 말한다.

② 직주접근의 원인

도심환경 개선, 교통체증 심화, 도심지가의 상대적 하락 등이 있다.

③ 직주접근의 결과

㉠ 도심지의 토지이용을 집약화하거나 건물을 고층화하는 결과를 가져온다.

㉡ 직주접근의 결과 또다시 직주분리의 원인이 나타날 수도 있다.

5. 한계지

(1) 한계지의 의의

한계지(限界地)란 특정시점과 지점을 기준으로 한 택지이용의 최원방권을 말한다.

(2) 한계지의 특징

① 한계지는 택지의 끝을 의미하지 농지의 시작을 의미하지는 않는다.

② 한계지는 택지가로 농지의 가격과 무관하다.

③ 한계지에서는 단절지가(斷絕地價)현상을 보인다.

④ 한계지는 교통을 축으로 해서 외곽으로 연장된다.

    ㉠ 한계지는 항상 변동과정에 있다.

    ㉡ 이때 초기 지가상승은 활발히 전개된다.

    ㉢ 한계지는 농지 등이 용도전환되어 오지만 농지가와는 무관하다.

    ㉣ 한계지의 지가와 도심지의 지가는 연동되어 있다.

⑤ 자가(自家)한계지는 차가(借家)한계지보다 도심에서 멀리 떨어진다.

제2절 부동산 개발론

1. 부동산개발의 개요

(1) 부동산개발의 의의 ★30회 기출★

부동산개발이란 인간에게 생활 · 일 · 쇼핑 · 레저 등의 공간을 제공하기 위하여 토지를 개량하는 활동이다. 또한 토지 개량을 통해서 토지의 유용성을 증가시킨다.

> **더 알아보기** 부동산개발업의 관리 및 육성에 관한 법률 ★27, 30, 31, 33회 기출★
>
> 1. 부동산개발이란 토지를 건설공사의 수행 또는 형질변경으로 조성하는 행위나, 건축물을 건축 · 대수선 · 리모델링 또는 용도변경하거나 공작물을 설치하는 행위 중 어느 하나에 해당하는 행위이지만, 시공을 담당하는 행위를 제외한다.
> 2. 부동산개발업이란 타인에게 공급할 목적으로 부동산개발을 수행하는 업을 말한다.

(2) 부동산개발의 주체

① 공적주체(제1개발업자 ; sector) : 국가, 지방자치단체, 정부투자기관인 각종 공사를 말한다.

② 사적주체(제2개발업자 ; sector) : 개인, 주택건설업자, 토지소유자조합 등을 말한다.

③ 제3섹터(제3개발업자 ; sector) : 공적주체와 사적주체에 의한 공동개발의 형태를 띤다.

(3) 부동산개발의 형태

① 기본형

계획단계 → 협의단계와 계획인가단계 → 시행단계 → 처분단계로 이루어진다.

② 시행 · 처분병행형

계획단계 → 협의단계 및 계획인가단계 → 시행단계 및 처분단계로 이루어진다.

③ 직렬형

계획단계 → 협의단계 → 계획인가단계 → 시행단계 → 처분단계로 이루어진다.

2. 부동산개발의 과정과 위험 및 타당성분석

(1) 부동산개발과정 ★28, 29, 30, 31, 32, 33회★

① 구상단계(아이디어단계) → ② 전실행 가능성 분석단계(사전타당성분석단계) → ③ 부지구입단계 → ④ 실행가능성 분석단계(사업타당성분석단계) → ⑤ 금융단계 → ⑥ 건설단계 → ⑦ 마케팅단계(매매 · 임대)

부동산개발과정은 7가지의 단계로 구성되어 있다. 부동산개발업자의 목적이나 개발사업의 성격에 따라 이 과정은 달라질 수도 있다. 그러나 통상적으로 다음과 같은 과정을 거친다.

① 아이디어단계(구상단계)

부동산개발과정의 첫 단계로 입지장소, 이용방법, 법률상의 조건, 부지의 매입방법 등에 관한 체계적인 계획을 세우는 단계이다.

② 예비적 타당성분석단계(전실행 가능성 분석단계)

예비적 사업타당성이란 개발사업이 완성되었을 때 예상되는 수입과 비용을 개략적으로 계산하여 수익성을 검토해 보는 것을 의미한다.

③ 부지모색과 확보단계

부지의 모색은 사업에 대안적 부지들을 서로 비교하여 최선의 부지를 선택하여야 한다.

④ 타당성분석의 단계(실행 가능성분석 단계)

㉠ 완전한 사업타당성분석 실시 : 개발사업의 모든 분석, 완전한 타당성분석을 해야 한다. 완전한 타당성분석은 제한된 개발사업에 대한 법적 · 경제적 · 물리적 타당성 등을 모두 포함한다.

㉡ 법적 · 물리적 · 경제적 타당성분석의 내용

ⓐ 법적 분석 : 대상부지에 대한 각종 규제가 개발업자로 하여금 어떤 종류의 공간을 어느 정도 만큼 유용하게 사용할 수 있느냐를 법적인 측면에서 분석하는 것이다.

ⓑ 물리적 분석 : 대상부지가 가지고 있는 물리적 요소들이, 개발사업의 구조물들을 지지할 수 있는지 등 건설시 어떤 특별한 기술적인 문제를 야기하는지 등을 분석한다.

ⓒ 경제적 분석 및 재무적 분석(financial analysis)

개발사업에 소요되는 비용과 수익, 시장의 수요와 공급 등을 분석하는 것을 말한다. 일반적으로 가장 중요한 분석은 경제적 타당성분석이다.

㉢ 개발사업의 채택 또는 기각 : 타당성분석으로부터 나온 결과가 비록 동일하다고 하더라도 개발업자에 따라 채택될 수도 있고 그렇지 않을 수도 있다.

⑤ 금융단계

개발사업의 타당성이 확보되면 금융기관으로부터 택지조성비, 건설자금 등의 개발에 필요한 자금을 융자받는다.

⑥ 건설단계

이 단계는 물리적인 공간을 구체적으로 창조하는 단계이며 택지조성의 경우에는 토지의 형질변경을 통해 개량하여 택지화한다.

⑦ 마케팅단계

부동산개발사업이 궁극적으로 성공하느냐 그렇지 않느냐의 여부는 개발사업의 시장성(market ability)에 달려 있다. 개발사업의 마케팅에는 임대와 매도가 있다.

㉠ 개발공간의 임대

ⓐ 임대활동은 개발의 초기단계에서부터 이루어진다. 임대완료기간이 길면 길수록 개발업자들은 그 만큼 추가적인 비용을 부담해야 한다.

ⓑ 임대활동은 개발된 부동산의 종류에 따라서 그 유형을 달리 한다.

• 쇼핑센터나 대규모의 사무실 건물 등의 경우 : '중요임차자'를 사전에 확보해야 한다.

• 임대용 아파트와 같은 주거용 부동산은 적절한 마케팅계획을 수립해야 한다. 임대아파트와 같은 주거용 부동산은 사전에 임차자를 얻는다는 것이 쉬운 일이 아니다.

㉡ 개발사업의 매도

개발업자가 부동산을 매도하려고 할 때에는 언제 어떠한 가격으로 매도할 것인지를 결정해야 한다.

(2) 부동산개발의 위험 ★28, 30, 31, 34회★

여러 가지 위험 요소를 파악하고 분석하고 있어야 하며, 이것을 개발사업의 의사결정에 적절히 반영하여야 한다.

더 알아보기 | 학자들의 견해

• 카드만(O. Cadman) : 사업의 진행과정에 있어서 발생할 수 있는 위험부담으로 인플레이션, 자금부족, 인간관계의 파탄 등을 들고 있다.
• 월포드(Worfford) : 법률적 위험, 시장위험, 비용위험을 들고 있다.

---

① 법률적 위험부담

㉠ 원인 : 개발에 대한 인가를 신청한 경우에 만일 인가되지 않고 반려당한 경우 등의 위험을 말한다.

㉡ 대책 : 위험부담을 최소화하기 위해서 이미 이용계획이 확정된 토지를 구입한다.

② 비용 위험

㉠ 개념 : 개발기간이 길면 길수록 또는 인플레이션이 심할수록 비용위험도 커진다.

㉡ 대책 : 개발업자는 비용을 줄이기 위해 최대가격 보증계약을 맺기도 한다.

③ 시장위험

㉠ 개념 : 부동산시장은 항상 끊임 없이 변화하기 때문에 개발업자에게 위험을 증가시킨다. 이와 같이 시장의 불확실성이 개발업자에게 지우는 부담을 시장위험이라고 한다.

ⓛ 대책 : 시장성 연구

　ⓐ 시장성 연구 : 시장성 연구(marketability study)란 개발된 부동산이 시장에서 매매되거나 임대될 수 있는 능력을 조사하는 것을 말한다. 시장성 연구는 부동산의 위치·유형·질·양에 따라 구체적으로 행해져야 한다.

　ⓑ 시장연구 : 시장연구(market analysis)란 특정 부동산에 대한 시장의 수요와 공급상황을 분석하는 것을 말한다. 시장연구의 한 방법으로 흔히 쓰이는 것으로 흡수율분석이 있다.

　ⓒ 흡수율분석 : 흡수율분석이란 일정기간 동안 소비(분양)되는 비율을 말한다. 흡수율분석은 부동산의 질과 양적인 측면에서 지역별·유형별로 구체적으로 행해진다.

더 알아보기 | 흡수율분석의 활용

1. 흡수율분석이란 일정기간 동안 재화(부동산 등)가 소비(매매, 임대)되는 비율을 말한다.
2. 흡수율분석은 부동산시장의 추세를 파악하는 데 많은 도움을 준다.
3. 흡수율분석의 목적은 단순히 과거의 추세를 파악하는 데 있는 것이 아니라, 이를 기초로 대상개발사업에 대한 미래의 흡수율을 파악하는 데 있다.

ⓒ 시장위험과 개발사업의 가치

　ⓐ 개발기간 중 매수자의 시장위험과 가치와의 관계

　　개발사업의 완성에 가까울수록 시장위험은 줄어드는 반면 개발사업의 가치는 증대되고 있다. 따라서 대상부동산을 초기에 매도 또는 임대하는 것은 개발업자가 부담하는 시장위험은 줄일 수 있으나 가격은 낮게 형성될 수밖에 없다.

　ⓑ 개발사업의 착공전 또는 초기 : 사전에 부동산을 매도하거나 임대하는 것은 개발에 따르는 위험을 줄일 수 있는 이점이 있다.

▶ 개발기간 중의 시장위험과 가치와의 관계

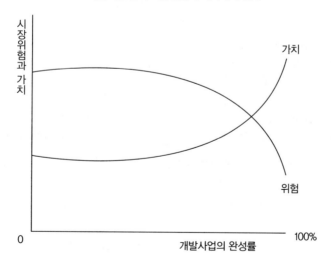

(3) 부동산개발의 타당성분석

(A) 지역경제분석<시장분석<시장성분석<타당성분석<투자분석
(B) 시장분석(선행분석) ◀━━━━━ | ━━━━━▶ 경제성분석(후행분석)

학자들에 따라 부동산개발의 타당성분석을 하는 단계가 위의 표와 같이 (A)와 (B)로 다르게 표현되지만, 실상은 둘 다 동일한 표현으로 설명된다.

① **부동산분석의 유형 − (A)**

시장분석에는 그보다 하위계층의 지역경제분석과 시장분석이 포함된다는 것이며, 최상위의 투자분석에는 타당성분석을 포함하여 그 이하 하위계층의 모든 분석이 포함된다는 것이다. 전자에 속하는 연구인 지역경제분석, 시장분석, 시장성분석은 시장에 초점을 둔 것이며, 후자에 속하는 연구인 타당성분석, 투자분석은 개발업자에 초점을 둔 것이다.

ⓐ 지역경제분석 : 특정지역이나 도시의 모든 부동산에 대한 기본적인 수요요인을 분석한다. 인구, 가구, 소득, 교통망 등은 지역경제분석의 필수적 요인이 된다.

ⓑ 시장분석 : 시장분석은 특정부동산에 대한 시장지역의 수요와 공급상황을 분석하는 것을 말한다.

ⓒ 시장성분석

    ⓐ 개념 : 개발된 부동산이 현재나 미래의 시장상황에서 매매되거나 임대될 수 있는 능력을 조사하는 것을 시장성분석이라 한다.

    ⓑ 시장성분석은 부동산의 위치, 유형, 질, 양에 따라 구체적으로 행해져야 한다. 시장성분석의 한 방법으로 흔히 쓰이는 것으로 흡수분석(absorption analysis)이 있다.

ⓓ 타당성분석 : 타당성분석이란 대상개발사업이 성공적으로 수행될 수 있을지 여부를 분석하는 것이다. 대상개발사업의 수익성은 세후현금수지를 기준으로 판단한다.

ⓔ 투자분석 : 투자분석에서는 전형적인 보유기간을 기준으로 매 기간의 세후현금수지와 기간 말의 세후지분복귀액을 추계한다. 투자자나 개발업자는 순현가, 내부수익률, 수익성 지수 등 여러 가지 척도를 사용한다.

② **부동산분석의 유형 − (B)** ★28회 기출★

타당성분석은 시장분석에서부터 시작되고 다음에는 경제성분석을 실시한다.

시장분석	경제적 타당성분석(경제성분석)
• 개발사업이 안고 있는 물리적 · 법적 · 경제적 · 사회적 제약조건에 대한 분석도 포함한다. • 목적 : 투자결정을 하기 위한 자료를 제공하는 것이다.	• 주어진 자료를 토대로 하여 개발사업에 대한 최종적인 투자결정을 하는 것이다. • 개발사업의 수익성 여부를 평가하는 것이다.

ⓐ 시장분석 : 특정한 개발사업에 대한 개발업자가 투자결정을 하기 위해 필요한 모든 정보를 제공하는 데 목적이 있는 시장분석에는 개발사업이 안고 있는 물리적 · 법적 · 경제적 · 사회적 제약조건에 대한 분석도 포함된다. 시장분석은 어떤 개발사업의 시장에서의 채택가능성을 평가하기 위해 고안된 것이다.

    ⓐ 시장분석의 역할 : 시장분석은 분석목적에 따라 다음 4가지 역할을 수행하고 있는 것으로 평가되고 있다.

- 주어진 부지를 어떤 용도로 이용할 것인가를 결정하는 역할을 한다.
- 특정용도에 따라 어떠한 부지가 적합한가를 결정해 주는 역할을 한다.
- 시장분석 또는 타당성분석은 자본을 투자할 대안을 찾는 투자자를 위해 수행한다.
- 타당성분석은 새로운 개발사업뿐만 아니라 기존의 개발사업에 대해서도 행해진다.

ⓑ 시장분석의 구성요소

구분	지역(도시)분석	근린분석	부지분석	수요분석	공급분석
개념	어떤 개발사업이 시장에 영향을 미칠 수 있는 공간적 범위를 분석하는 것	개발대상이 되는 부지를 중심으로 둘러싸고 있는 인접지역 분석 등	대상부지 자체를 분석하는 것	유효수요를 추계하기 위하여 시장을 평가하는 것	기존의공급과 장래기대되는 공급을 조사하는 것
분석 사항	• 국가경제 • 경제기반 분석 • 인구분석	• 지방경제가 부지에 미치는 영향 • 교통의 흐름	• 지역 지구제 • 편익시설 • 접근성	• 경쟁력 • 인구분석 • 추세분석	• 공실률 및 임대료 추세 • 정부서비스 • 도시 및 지역계획

ⓒ 경제성분석

ⓐ 개념 : 시장분석 이후에 경제성분석을 행한다. 경제성분석은 개발사업에 대한 최종적인 투자를 결정하는 것으로 개발사업의 수익성 여부를 평가하기 위한 분석이다.

- 세전현금수지
- 세금현금수지 분석
- 시장가치 및 투자가치
- 내부수익률
- 투자결정

ⓑ 경제성분석의 과정 : 개발사업으로부터 예상되는 영업소득과 영업경비를 분석하고, 순현가법이나 내부수익률법을 적용하여 최종의 투자결정을 내린다.

3. 개발사업분류

(1) 신개발과 재개발

토지개발은 일반적으로 신개발과 재개발로 나뉜다.

더 알아보기 우리나라 부동산개발의 유형

```
부동산개발 ─┬─ 신개발 : 토지개발사업, 아파트지구개발사업, 토지의 형질변경사업
           └─ 재개발 : 도심재개발, 주택재개발, 공장재개발
```

① 신개발

신개발이란 기존의 용도를 바꾸어 새로운 용도로 전환하는 개발형태를 말한다. 건물의 신축, 대지의 조성, 도시개발사업, 택지개발사업 등이 있다.

- ㉠ 도시개발사업이란「도시개발법」제1장 제2조 정의에 의해 "도시개발구역에서 주거, 상업, 산업, 유통, 정보통신, 생태, 문화, 보건 및 복지 등의 기능이 있는 단지 또는 시가지를 조성하기 위하여 시행하는 사업을 말한다." 여기서 '도시개발구역'이란 도시개발사업을 시행하기 위하여 지정 · 고시된 구역을 말한다.
- ㉡ 택지개발사업이란「택지개발촉진법」제2조 정의에 의해 일단(一團)의 토지를 활용하여 주택건설 및 주거생활이 가능한 택지를 조성하는 사업을 말한다.

② **재개발** ★34회 기출★

기존 건물의 증축이나 개축, 대수선, 리모델링, 정비사업 등이 있다.

「도시 및 주거환경정비법」제1장 제2조 정의에 의해 "정비사업"이란 도시기능을 회복하기 위하여 정비구역에서 정비기반시설을 정비하거나 주택 등 건축물을 개량 또는 건설하는 사업을 말한다. 정비사업에는 주거환경개선사업, 재개발사업, 재건축사업이 있다.

- ㉠ 주거환경개선사업이란 도시저소득 주민이 집단거주하는 지역으로서 정비기반시설이 극히 열악하고 노후 · 불량건축물이 과도하게 밀집한 지역의 주거환경을 개선하거나 단독주택 및 다세대주택이 밀집한 지역에서 정비기반시설과 공동이용시설 확충을 통하여 주거환경을 보전 · 정비 · 개량하기 위한 사업이다.
- ㉡ 재개발사업이란 정비기반시설이 열악하고 노후 · 불량건축물이 밀집한 지역에서 주거환경을 개선하거나 상업지역 · 공업지역 등에서 도시기능의 회복 및 상권활성화 등을 위하여 도시환경을 개선하기 위한 사업이다.
- ㉢ 재건축사업이란 정비기반시설은 양호하나 노후 · 불량건축물에 해당하는 공동주택이 밀집한 지역에서 주거환경을 개선하기 위한 사업이다.

더 알아보기 | 도시재개발 시행방법에 의한 분류

도시재개발 유형별 분류방법에는 철거재개발, 개량재개발, 수복재개발, 보전재개발이 있다.

1. 철거재개발 : 철거재개발은 부적당한 기존환경을 완전히 제거하고 새로운 환경, 즉 새로운 시설물로 대체시키는 대표적인 도시재개발의 유형이다.
2. 수복재개발 : 도시시설 및 건물의 불량 · 노후상태가 관리나 이용부실로 발생된 경우 본래의 기능을 회복하기 위하여 현재의 대부분 시설을 그대로 보존하면서, 노후 및 불량화의 요인만을 제거시키는 소극적인 도시재개발 방법이다.
3. 개량재개발 : 수복개발의 일종으로서 기존 도시환경의 시설기준 및 구조 등이 현재의 수준에 크게 미달되는 경우 기존시설의 확장, 개선 또는 새로운 시설의 첨가를 통하여 기존 물리적 환경의 질적 수준을 높여 도시기능을 제고시키고자 하는 도시재개발의 한 형태이다.
4. 보전재개발 : 도시지역이 아직 불량 · 노후 상태가 발생되지는 않았으나 앞으로 노후 · 불량화가 야기될 우려가 있을 때, 사전에 불량 · 노후화의 진행을 방지하기 위하여 채택하는 가장 소극적인 도시재개발 사업이다.

---

(2) 용지취득방법에 따른 개발유형

① **단순개발방식**

토지형질변경 등 토지소유자에 의한 자력개발을 의미하는 것으로 전통적인 개발방식이다.

② **환지방식** ★28, 31, 32, 33회 기출★

환지방식은 택지화가 되기 전의 토지의 위치 · 지목 · 면적 · 등급 · 이용도 등 기타 필요사항을 고려하여 택지개발 후 개발된 토지를 토지소유주에게 재분배하는 방식이다.

③ 매수방식

대상 토지의 전면매수를 원칙으로 하여 개발하는 방식이기 때문에 사업시행자에 의한 수용절차가 필요하다. '택지개발예정지구의 지정에 의한 택지공영개발사업'이 대표적이다.

④ 혼합방식

도시계획법에 의한 도시재개발사업, 주택건설촉진법에 의한 대지조성사업 등과 같이 대상토지를 전면매수 또는 환지하는 것을 혼합방식이라 한다.

(3) 부동산 공영개발

① 개념

공공에 의한 토지개발 및 공급방식은 계획적이고 효율적인 토지이용, 부동산가격의 안정 및 원활한 택지 공급 등의 목적을 달성하고자 한다.

② 공공개입의 필요성

㉠ 시장의 실패를 수정하기 위함이다.

㉡ 효율성과 형평성의 추구한다.

③ 공영개발의 장·단점

㉠ 장점

ⓐ 토지의 계획적 이용을 통해 토지이용의 효율성을 제고할 수 있다.

ⓑ 택지의 대량 공급이 가능하다.

ⓒ 개발이익의 사회적 환수가 가능하다.

ⓓ 공공사업으로 재투자가 가능하다.

ⓔ 토지 투기를 방지할 수 있으며, 지가안정을 기할 수 있다.

㉡ 단점

ⓐ 공영개발사업은 막대한 투자자금이 소요된다.

ⓑ 공영개발사업은 토지의 취득을 위하여 주로 매수 방식을 취한다.

ⓒ 공영개발사업은 초기에 투자되는 막대한 자본금의 신속한 회수가 불가능하다.

(4) 택지의 민간개발의 유형과 방식 ★34회 기출★

민간의 부동산개발에서 사업방식은 지주자체사업, 지주공동사업, 토지신탁개발, 그리고 컨소시엄 구성 방식이 있다. 이밖에도 일본에서는 신차지방식의 개발이 있다.

① 지주자체개발방식

㉠ 개념 : 토지소유자가 사업을 기획하고 직접 자금조달을 하여 건설을 시행하는 방식이며 통상적으로 가장 많은 형태이다. 자금조달은 토지소유자가 직접조달하고 건설 또한 토지소유자가 직접하거나 도급발주를 하는 형태이다.

㉡ 장·단점

ⓐ 장점 : 개발사업의 이익이 모두 토지소유자에게 귀속되고, 사업시행자의 의도대로 사업추진이 가능하며, 사업시행의 속도가 빠르다.

ⓑ 단점 : 사업의 위험성이 높고, 자금조달의 부담이 크며, 위기관리능력이 요구된다.

② **지주공동개발사업**

토지소유자와 개발업자 간에 부동산개발을 공동으로 시행하는 것으로서 토지소유자는 토지를 제공하고, 개발업자는 개발의 노하우를 제공하여 서로의 이익을 추구하는 형태이다. 지주공동사업의 가장 큰 장점은 불확실하고 위험도가 큰 부동산개발사업에 대한 위험을 지주와 개발업자 간에 분산하는 데 있다.

㉠ **공사비 대물변제방식** : 토지소유자가 건설공사의 도급발주시에 공사비의 변제를 준공된 건축물의 일부로 받는 방식이다.

㉡ **분양금 공사비 지급방식** : 토지소유자가 사업을 시행하면서 건설업체에 공사를 발주하고 공사비 지급은 분양 수입금으로 지급하는 방식이다.

㉢ **투자자모집형(syndicate)** : 개발사업자가 투자자로부터 사업자금을 마련하여 사업을 시행하고 투자자에게는 일정의 투자수익 또는 지분을 보장하는 방법이다.

㉣ **사업수탁방식** : 건물의 기획설계에서부터 완공 후 관리 · 운영까지의 사업실시에 대한 전반을 개발업자가 담당하는 부동산개발방식을 말한다. 개발업자는 시행을 대행하는 것에 대한 수수료를 취하는 형태이다. 사업주체는 토지소유자이므로, 자금조달과 개발 후 분양이나 임대는 토지소유자 명의로 한다. 토지소유권과 건물의 소유권도 토지소유자에게 귀속된다.

더 알아보기 등가교환방식

① **개념**

토지소유자가 토지를 제공하고 개발업자가 건물의 건설비를 부담하여 토지와 완성된 건물을 토지의 평가액과 건설비의 비율(출자비율)에 따라 분배하는 방식을 등가교환방식이라 한다. 즉, 토지소유자의 토지 위에 건설업자가 건물을 건설하고, 토지의 일부와 건물의 일부를 교환하고, 각각 취득한 토지 · 건물을 자신이 관리 · 운영하는 것이다.

② **양도방식**

양도범위에 따라 부분양도방식과 전부양도방식으로 나누어진다. 일반적으로 부분양도방식이 많이 사용된다.

㉠ **부분양도방식** : 지주의 토지소유권과 개발업자의 건물소유권을 부분적으로 등가교환하여 구분소유하는 방식이다.

㉡ **전부양도방식** : 토지와 건물 전체를 등가교환하여 공동소유하는 방식이다.

---

③ **토지신탁방식**

㉠ 자신의 토지를 신탁회사에 위탁하여 개발 · 관리 · 처분하는 방식이며, 사업수탁방식과 유사하나 가장 큰 차이점은 신탁회사에 형식상의 소유권이 이전된다는 것이다.

㉡ 토지소유자는 우선 신탁회사에 토지소유권을 이전하고 신탁회사는 지주와의 약정에 의해 신탁 수익증권을 수익자에게 발행하며, 이후 신탁회사는 금융기관으로부터 자금을 차입하여 건설회사에 공사를 발주한다.

㉢ 건물이 준공되면 신탁회사가 입주자를 모집하고 임대수익금에서 제세공과금을 공제한 후에 수익증권의 소유자에게 수익을 배당한다.

▶ 토지개발신탁과 사업수탁방식의 비교

토지개발신탁(토지신탁)	사업수탁방식
토지소유권이 형식적으로 이전된다.	토지소유권이 이전되지 않는다.
신탁대상 : 토지	신탁대상 : 개발사업
개발사업주체 및 개발비용부담 ⇨ 신탁회사(수탁자)	개발사업주체 및 개발비용부담 ⇨ 토지소유자
개발 후 건물의 분양 · 임대가 수탁자(신탁회사)의 명의로 이루어진다.	개발 후 건물의 소유권이 토지소유자에게 귀속되므로 건물의 분양 및 임대가 토지소유자의 명의로 이루어진다.

④ 컨소시엄 구성형

대규모 개발사업에 있어서 사업자금의 조달 혹은 기술보완 등의 필요에 의해 법인 간에 컨소시엄을 구성하여 사업을 수행하는 방식이다.

더 알아보기 차지권(借地權) 설정방식

① 구차지방식

차지인이 권리금을 주고 타인의 토지 위에 차지권을 설정하고 제3자(건설회사)에 의뢰하여 자신의 비용으로 건물을 건립한 후, 차지권부 건물을 분양하거나 임대하는 방식을 취한다.

② 신차지방식(新借地方式)

㉠ 차지권의 기한이 도래했을 때에는 토지를 무상으로 원래 지주에게 반환하고 건물에 대해서는 일정한 금액으로 지주에게 양도하는 방식이다.

㉡ 신차지방식의 특징은 다음과 같다.
ⓐ 차지계약의 체결시에 권리금을 주고 받지 않는다.
ⓑ 차지계약기간 중 토지소유자에게 고액의 지대가 지불된다.
ⓒ 차지계약 종료시점에 토지는 무상으로 반환되고 건물은 시가로 양도된다.

(5) 부동산신탁 ★27, 34회 기출★

① 신탁의 개념

㉠ 신탁의 의의

위탁자(신탁 설정자)와 수탁자(신탁을 인수하는 자)와의 특별한 신임관계에 의거하여 위탁자가 특정의 재산권을 수탁자에게 이전하거나 기타의 처분을 하고 수탁자로 하여금 일정한 자(수익자)의 이익을 위하여 또는 특정의 목적을 위하여 그 재산권을 관리 · 처분하게 하는 법률관계를 말하며, 신탁법에 그 기초를 두고 있다.

㉡ 부동산신탁의 의의

위탁자가 수탁자에게 부동산을 위탁하면 부동산의 소유권은 신탁회사 앞으로 이전되고 당해 부동산을 효율적으로 관리 · 처분하거나 최유효이용을 도모할 수 있도록 개발하여 그 성과를 토지소유자 또는 위탁자가 지정한 사람이나 단체(수익자)에게 되돌려주는 제도를 말한다.

▶ 신탁의 구조 및 요건

신탁 설정자(위탁자)	재산권의 관리 · 처분위임	신탁 인수인(수탁자)
자연인의 경우 원칙적으로 누구나 가능하지만 신탁행위능력에 필요한 행위능력은 있어야 함 → 행위 무능력자는 법정대리인이나 후견인의 동의가 필요함	**특별한 신임관계** 신탁이익교부 **수익자** 신탁법의 경우 수익자의 자격에는 아무런 제한이 없음	권리능력 및 행위능력을 갖추어야 함 → 행위무능력자 및 파산자는 될 수 없다고 신탁법에서 규정하고 있음

② 부동산신탁의 범위

▶ 부동산신탁의 범위 및 조건

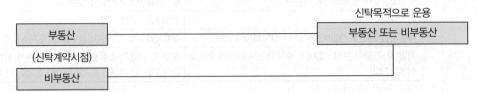

신탁계약 당시의 신탁재산이 토지와 토지 위의 정착물 등 부동산을 경우를 부동산신탁이라고 한다. 부동산신탁의 성립조건은 신탁계약 당시 신탁재산이 부동산일 경우를 말하므로 신탁계약 당시에는 신탁대상 자산이 유가증권 등과 같이 부동산이 아닌 경우였지만, 그 재산을 신탁목적으로 운용하는 과정에서 부동산으로 변화되었다고 하더라도 이는 부동산신탁이 아니다. 반면에 신탁계약 당시에는 신탁대상 자산이 부동산이었지만 그 재산을 신탁목적으로 운용하는 과정에서 금전 등으로 전환된 경우에도 원칙적으로 부동산신탁이 된다.

③ 부동산신탁의 종류 ★32회 기출★

㉠ 관리신탁

ⓐ 갑종 관리신탁 : 부동산소유자가 맡긴 부동산을 총체적으로 관리 · 운용하여 그 수익을 부동산 소유자 또는 부동산소유자가 지정한 사람(수익자)에게 배당하는 것을 말한다.

ⓑ 을종 관리신탁 : 일명 명의신탁이라고도 하며, 관리의 일부(소유권 관리) 만을 위임받아 신탁업 무를 수행하는 것을 말한다.

㉡ 처분신탁

ⓐ 갑종 처분신탁 : 부동산소유자가 맡긴 부동산에 대하여 처분시까지의 총체적 관리행위 및 처분 행위를 신탁회사가 행하며, 처분대금을 부동산소유자 또는 수익자에게 교부하는 것을 말한다.

ⓑ 을종 처분신탁 : 처분시까지의 소유권 관리 및 단순한 처분행위만을 수행하며, 처분 대금을 부 동산소유자 또는 수익자에게 교부하는 것을 말한다.

㉢ 토지개발신탁

토지소유자가 토지를 신탁회사에게 위탁하면 신탁회사는 그 토지를 개발시킨 다음 임대하거나 분 양하는 방식으로서 토지신탁이라고도 한다. 이 방식은 토지소유자가 경험이 없거나 개발자금이 없 는 경우에 활용될 수 있다. 방식에는 임대형과 분양형이 있는데, 임대형 토지신탁이 일반적이다.

ⓐ 임대형 토지신탁 : 위탁자가 토지의 최유효이용을 도모하여 수익을 올릴 목적으로 그 토지를 수탁자에게 신탁하고 신탁회사는 신탁계약에서 정한대로 건축자금 등의 조달, 건물의 건설, 임 차인의 모집, 건물의 유지 · 관리 등을 행하여 그 관리 및 운영의 성과를 신탁배당으로 토지소 유자에게 교부하는 것이다.

ⓑ 분양형 토지신탁 : 토지 소유자를 대신하여 신탁회사가 택지조성 · 아파트 건설에서 분양까지 의 일체의 업무를 대행하여 주는 제도이다.

㉣ 부동산담보신탁

부동산을 담보로 하여 금융기관에서 자금을 차용하려는 경우에 이용하는 방법으로서 담보신탁을 의뢰하면 신탁회사는 부동산감정평가의 범위 내에서 수익증권을 발급하고 부동산소유자는 이를 해당 은행에 제출하여 자금의 대출을 받는 방식이다.

(6) 사회간접자본시설에 활용되는 프로젝트 파이낸싱의 유형 ★27, 29, 30, 31회 기출★

① BOT(Build-Operate-Transfer) 방식

BOT방식은 특정 프로젝트 시설을 건설한 민간사업자가 투자비용을 회수할 때까지 이를 관리 · 운영한 후 계약기간 종료 시에 정부에 당해 시설을 양도하는 방식이다.

② BTO(Build-Transfer-Operate) 방식

사업시행자가 사회간접자본시설(SOC시설)을 건설하여 소유권을 주무관청에 양도하고 사업시행자에게 일정기간 시설관리 운영권을 부여하여 시설을 운영하는 방식이다.

③ BOO(T)(Build-Own-Operate-Transfer) 방식 : 사업시행자가 SOC시설을 건설하여 사업시행자가 당해 시설의 소유권을 갖고 시설을 운영하는 방식이다.

④ BTL(Build-Transfer-Lease) 방식 : BTL 방식은 시설의 준공(B)과 동시에 해당 시설의 소유권이 국가 또는 지방자치단체에 귀속(T)된다. 이후 사업시행자에게 일정기간의 시설관리 운영권을 인정하면서도 그 시설에 대한 일정 기간의 임차를 약속함으로서 국가 또는 지방자치단체(필요시 이용자도)가 시설임대료와 사용료를 지불하게 된다.

⑤ BLT(Build-Lease-Transfer) 방식 : 사업시행자가 SOC시설을 건설하여 일정기간 동안 시설을 주무관청에 리스하고, 리스기간 종료 후에 시설의 소유권을 주무관청에 양도하는 방식이다.

⑥ ROT(Rehabilitate-Operate-Transfer) 방식 : 사업시행자가 SOC시설을 개량 · 소유하고 운영하여 계약기간 종료 시에 시설 소유권을 주무관청에 양도하는 방식이다.

⑦ ROO(Rehabilitate-Own-Operate) 방식 : 사업시행자가 SOC시설을 개량하여 사업시행자가 당해 시설의 소유권을 갖고 시설을 운영하는 방식이다.

4. 개발과 보존(상품자원과 현장자원)

(1) 의의

① 현장자원(現場資源)으로서의 토지

현장자원으로서의 토지란 생산과정을 거치지 않고 자연상태로 현장에 존재하면서 직접 어떤 효용을 발생시키는 토지를 말한다.

② 상품자원(商品資源)으로서의 토지

상품자원으로서의 토지란 자연적으로 주어진 토지에 노동과 자본의 투입을 통한 인위적 노력을 가함으로써 어떤 사회적 이익을 발생시키는 토지를 말한다.

(2) 현장자원과 상품자원의 비교

① 수요측면

소득증가, 교육수준 향상, 여가증대, 인구증가는 현장자원에 대한 수요를 크게 증가시킨다. 기술진보가 진전되고 소득수준이 향상됨에 따라 현장자원의 상품자원에 대한 상대적인 희소성과 사회적 가치는 점차 증대할 것이다.

② 공급측면

대체재의 동원 및 개발, 기술진보 등에 의해 크게 증가될 수 있는데 현장자원의 공급이 한정적이고 대체재가 부족하므로 일단 다른 용도로 전용되면 원상태로의 복귀가 어렵다.

③ 시장가격측면

상품자원으로서의 토지는 사회적 가치를 잘 반영하는 시장가격이 존재하는 반면, 공공재적 성격을 띠고 있는 현장자원의 경우에는 거래가격이 사회적 가치를 그대로 반영하지 못한다.

④ 공공재적 성격

일반적으로 공공재적 성격을 띠고 있는 현장자원의 경우에는 토지의 자연적 특성으로 인해 결정의 비가역성, 선택수요 등 수요추정이 곤란한 특수한 문제들이 있다.

⑤ 현장자원의 정책적 배려

수도권의 그린벨트나 공원녹지 등의 단순한 확산 억제에 국한시키는 것은 현장자원으로서의 사회적 가치를 크게 과소평가하는 것이다. 그러므로 현장자원은 사회적 가치에 상응하는 정부의 정책적 배려에 의해 보존되어야 한다.

더 알아보기 현장자원과 상품자원으로서의 토지

구분	현장자원으로서의 토지	상품자원으로서의 토지
의미	생산과정을 거치지 않고 자연상태로 현장에서 존재하면서 사회적 이익을 발생	노동과 자본의 투입을 통한 인위적 노력을 가함으로써 어떤 사회적 이익을 발생시키는 토지
공급	• 한정적이고, 대체재가 부족하다. • 불가역성	대체재의 동원 및 개발, 기술진보 등에 의해 크게 증가될 수 있다.
수요	• 소득증가, 여가증대로 수요가 증가한다(소득이 탄력적이다). • 공공재적 성격상 그 사회적 가치를 충분히 반영하는 시장의 힘을 갖지 못한다.	• 인구증가, 산업의 발달, 도시화 • 상품자원에 대한 개발수요는 구체적으로 그 수요가격에 반영된다. • 상품자원은 이와 같이 시장의 힘에 의해서 뒷받침된다.

---

(3) 이용계획제한으로 인한 손실완화제도

토지이용 및 개발의 계획제한으로 인한 손실보상을 해주든지 손실을 완화시킬 수 있는 제도의 채택이 요청된다.

① 토지매수청구권제도

계획제한으로 토지이용이 엄격하게 제한된 결과, 토지소유자에게는 토지소유 자체가 의미없게 되는 경우가 있다. 이 경우에 토지소유자가 타인에게 토지를 매각하는 것도 어려운 때에는 정부에 대하여 매수청구권을 인정하여 정부가 매수하게 하는 제도이다.

② 개발권 선매제도

㉠ 의의 : 토지소유권은 개인에게 인정하되 개발권을 정부가 토지소유자로부터 미리 매입하는 제도이다. 토지소유자는 소유권은 보유하되 개발권은 행사하지 못하는 제도이다.

㉡ 장점

ⓐ 이해당사자 합의에 입각한 제도이므로 농민의 호감을 살 수가 있다.

ⓑ 농업에 종사할 사람은 손쉽게 취득함으로써 농지보전 영속성을 높인다.

ⓒ 농민들의 재정적 안정성을 가져올 수 있다.

ⓓ 그 지역의 지가안정과 투기를 방지할 수 있다.

③ 개발권이전(양도)제도(Transferable Development Right : TDR) ★33회 기출★

   ⊙ 의의 : 특정지역에 있는 토지의 소유주에게 개발권을 행사하지 못하게 하는(송출지역) 대신 다른 지역에서 그 개발권을 행사(수용지역)하는 제도로서 일종의 공중권이다.

   ⓛ 목적 : 개발권과 소유권을 분리하되 개발권 상실로 인한 우발손실을 시장기구를 통해서 다른 곳의 개발권과 결부된 우발이익을 보상하려는 일종의 형평성문제를 해결할 목적이다.

   ⓒ 도입배경 : 초기에는 도시지역의 역사적 유물이나 문화적 유물을 보존하는 용도로 사용했지만, 현재는 환경보전, 생태계보전, 저소득층 주거지 확보 등 토지이용규제의 수단으로 활용되고 있다.

   ⓔ 활용 : 토지개발에 따른 공중이용과 공중권은 대도시에 있어서 토지의 입체적 고도이용 및 공간의 효율적인 활용을 촉진시키기 위해서 외국에서는 널리 활용되고 있다. 이는 토지 상부의 미이용공간을 그 밑의 토지나 지표와 관계없이 토지소유권과 별개의 독립된 객체로 인정함으로써 그 상부공간에 건축물을 건축하거나 또는 상부공간에 상당하는 용적률 등의 개발허용 한도를 인근의 토지로 이전시켜 본래 정해진 한도를 상회하는 규모의 건축물을 건축할 수 있는 권리로 활용되고 있다.

   ⓜ 개발권(TDR)에 대한 수요공급개발권에 대한 수요가 발생하도록 하기 위해서는 토지이용규제당국은 다음과 같은 조치를 취해야 한다.

      ⓐ 개발지역에 있어서 토지를 보다 집약적으로 이용하려는 강한 경제적 동기가 팽배하도록 여건을 조성해야 한다(예 지가상승 등의 유인인자가 유발될 것).

      ⓑ 개발권의 취득 없이는 토지개발자가 원하는 정도로 토지를 집약적으로 이용할 수 없도록 개발행위가 효과적으로 규제되고 있어야 한다. 즉, 개발권(TDR)에 대한 수요는 입체적 토지이용규제를 통해서 창출될 수 있다는 것이다. 개발권에 대한 수요에 영향을 주는 또 하나의 요인은 앞에서 언급한 개발권 전환율이다.

   ⓗ 결론

   개발권양도제도가 성공적으로 수행된다면 토지이용규제에 따른 형평의 문제를 어느 정도 해소해주기 때문에 당초 의도한 토지이용규제의 목적을 효과적으로 수행케 할 것이다. 그러나 이 제도는 개발가능지역에서 이미 설정된 규제 상한선 이상으로 토지를 개발할 수 있음을 전제하기 때문에 개발가능지역의 과밀 및 혼잡을 가중시킴으로써 사회적 비용을 발생시키는 토지이용 효율상의 문제와 개발이 만연하여 용도지역지구제 규제의 틀이 와해될 우려가 있다.

5. 도시의 경제기반모형

(1) 경제기반모형의 기본가정

경제기반모형은 도시경제는 기반활동(basic activity)과 비기반활동(non-basic activity)으로 구성된다는 간단한 가정 하에 근거하고 있다.

① 기반활동

   기반활동은 대상도시의 외부로 수출하기 위하여 재화와 용역을 생산하여 판매하는 활동으로 외부로부터 화폐의 유입을 가져오는 활동이다.

② 비기반활동

   비기반활동은 대상도시 내부에서 소비되는 재화와 용역을 생산하여 판매하는 활동으로 도시 내부의 화폐유통을 가져오는 활동이다.

(2) 입지계수(Location Quotient : LQ 또는 입지상) ★29회 기출★

이 방법은 특정산업의 고용구조를 기준으로 분석대상도시의 산업구조를 전국의 산업구조와 비교하는 것이다. 입지계수(LQ)는 다음과 같다.

$$\text{입지계수(LQ)} = \frac{\text{특정산업의 지역고용률}}{\text{특정산업의 전국고용률}} = \frac{\dfrac{\text{특정지역의 특정산업의 고용자수}}{\text{특정지역의 전체산업의 고용자수}}}{\dfrac{\text{전국의 특정산업의 고용자수}}{\text{전국의 전체산업의 고용자수}}}$$

① LQ > 1인 경우 해당 산업은 특정도시의 기반산업이다.
② LQ < 1인 경우 해당 산업은 특정도시의 비기반산업이다.

예제

각 도시의 산업별 고용자 수가 다음과 같을 때 X산업의 입지계수(locational quotient)가 1을 초과하는 도시를 모두 고른 것은?(단, 주어진 조건에 한함)

구분	A도시	B도시	C도시	D도시	전국
X산업	400	1,200	650	1,100	3,350
Y산업	600	800	500	1,000	2,900
합계	1,000	2,000	1,150	2,100	6,250

[해설]

$$\text{입지계수(LQ)} = \frac{\text{특정산업의 지역고용률}}{\text{특정산업의 전국고용률}} = \frac{\dfrac{\text{특정지역의 특정산업의 고용자수}}{\text{특정지역의 전체산업의 고용자수}}}{\dfrac{\text{전국의 특정산업의 고용자수}}{\text{전국의 전체산업의 고용자수}}}$$

㉠ A도시의 X산업의 입지계수 $= \dfrac{\dfrac{\text{A지역의 X산업의 고용자수(400)}}{\text{A지역의 전체산업의 고용자수(1,000)}}}{\dfrac{\text{전국의 X산업의 고용자수(3,350)}}{\text{전국의 전체산업의 고용자수(6,250)}}} = 0.746$

㉡ B도시의 X산업의 입지계수 $= \dfrac{\dfrac{\text{B지역의 X산업의 고용자수(1,200)}}{\text{B지역의 전체산업의 고용자수(2,000)}}}{\dfrac{\text{전국의 X산업의 고용자수(3,350)}}{\text{전국의 전체산업의 고용자수(6,250)}}} = 1.119$

㉢ C도시의 X산업의 입지계수 $= \dfrac{\dfrac{\text{C지역의 X산업의 고용자수(650)}}{\text{C지역의 전체산업의 고용자수(1,150)}}}{\dfrac{\text{전국의 X산업의 고용자수(3,350)}}{\text{전국의 전체산업의 고용자수(6,250)}}} = 1.055$

㉣ D도시의 X산업의 입지계수 $= \dfrac{\dfrac{\text{D지역의 X산업의 고용자수(1,100)}}{\text{D지역의 전체산업의 고용자수(2,100)}}}{\dfrac{\text{전국의 X산업의 고용자수(3,350)}}{\text{전국의 전체산업의 고용자수(6,250)}}} = 0.977$

정답 B, C

1. 부동산관리의 개념과 분류

(1) 부동산관리의 개념

부동산의 목적에 알맞게 부동산을 취득·유지·보존·개량·운용하는 행위이며, 부동산의 보존 및 성질이 변하지 않는 범위 내에서 부동산의 유용성을 높여 주기 위한 활동을 말한다.

구분	부동산보존활동	부동산이용활동	부동산개량활동
내용	대상부동산이 지니는 본래의 상태를 유지함으로써 그 부동산이 갖는 기능을 지속시키고자 하는 노력	부동산이 갖는 기능에 따라 이익을 증대시키는 활동	부동산의기술적·법률적·경제적 하자를 제거하고 부동산의 유용성을 증대시키려는 노력

(2) 부동산관리의 필요성

① 도시화 현상

경제의 발전과 더불어 인구의 도시집중은 성장·개발을 필연화하기 때문이다.

② 건축기술의 발전

인구의 도시집중과 도시의 성장은 건물의 고층화를 가져오고, 이로 인한 건축기술의 발전은 전문적인 부동산관리를 필요로 하는 요인이 된다.

③ 부재자소유의 증대

부재소유자의 요구에 따른 효율적인 부동산을 관리할 주체가 필요하게 되었다.

(3) 부동산관리의 영역

부동산관리는 시설관리, 자산관리 그리고 건물 및 임대차관리로 나누어진다.

① 시설관리 : 각종 부동산시설을 운영하고 유지하는 것으로서 설비운전보수, 외주관리, 에너지관리 등을 한다.

② 자산관리 : 소유자나 기업의 부를 극대화시키기 위하여 부동산의 가치를 증진시킬 수 있는 다양한 방법을 모색하는 적극적 관리로서 포트폴리오관리, 투자위험관리, 매입과 매각관리, 재투자결정 등을 한다.

③ 건물 및 임대차관리 : 부동산관리 혹은 재산관리라고도 하며 이는 임대 및 수지관리로서 수입목표 수립, 자본적 지출계획수립, 임대차 유지 등을 한다.

(4) 부동산관리의 내용

부동산관리는 크게 기술적 관리·경제적 관리·법률적 관리로 구분하게 되며, 광의의 부동산관리는 복합적 측면에서의 관리를 의미한다. 협의의 부동산관리는 기술적 관리를 의미한다.

① 기술적 관리

㉠ 부동산의 기술적 관리는 유지관리라고도 한다. 토지의 기술적 관리로는 경계표시나 경사면의 옹벽설치, 물리적·기능적 하자에 대한 보수 등을 말한다.

㉡ 기술적 관리로는 물리적·기능적 하자, 경계측량, 보안관리 등이 있다.

② 경제적 관리

    ㉠ 경제적 관리는 경영관리라고도 하며 대상부동산으로부터 발생하는 수익극대화되도록 하는 관리로 자산가치 측면을 강조한 것이다.

    ㉡ 인력관리, 수지관리, 부동산의 운영 현황에 맞는 정확한 회계관리가 필요하다.

③ 법률적 관리

    ㉠ 법률적 관리란 보존관리라고도 하며, 부동산의 행정적·법률적 하자의 제거와 예방을 위하여 행정상 또는 법률상 절차와 조치를 취하는 관리행위이다.

    ㉡ 법률적 관리의 내용으로는 계약관리, 권리분석과 조정 등이 있다.

구분	기술적 관리(협의의 관리)	경제적 관리	법률적 관리
내용	• 위생관리 • 설비관리 • 보안관리	• 회계관리 • 수지관리 • 인력관리	• 계약관리 • 권리관리 • 조정관리
토지	• 경계확정 : 경계표지, 측량 • 사도방지 : 철조망시설 • 경사지대책 : 옹벽, 배수관리	• 공사장의 가건물 • 모델하우스 • 주차공간	• 권리관계 조정 • 토지도난의 대책 • 법률적 이용가치의 개선
건물	• 위생관리 : 청소, 해충관리 • 설비관리 : 기구의 운전 보수, • 보안관리 : 방범, 방재 • 보전관리 : 건물의 현상 유지	• 손익분기점관리 • 회계관리 • 인력관리	• 임대차계약 • 기타 시설이용에 관한 계약 • 권리보존관계 • 공법상 규제 사항관리

(5) 부동산관리방식

    부동산의 관리방식의 변천은 자가관리에서 혼합관리로 그리고 위탁관리형태로 발달되어 왔다.

    ① 자가관리(직접관리) : 소유인 자신이 직접 관리하는 방식으로서 가장 오래된 방식이다.

    ② 위탁관리(외주관리, 간접관리) : 전문가에게 위탁하는 방식으로 주로 대형건물 등에 사용한다.

    ③ 혼합관리 : 부동산관리업무의 일부는 타인에게 위탁하고 나머지는 직영하는 형태이다.

▶ 부동산관리 방식의 장·단점 비교

구분	장점	단점
자가관리 (소규모· 주택건물)	① 입주자에 대한 최대한의 서비스 ② 소유자가 강한 지시통제력 발휘 ③ 관리 각 부분을 종합적으로 운영 ④ 기밀유지와 보안관리가 양호 ⑤ 유사시 협동신속 ⑥ 부동산설비에 대한 애호정신이 높음	① 업무의 적극적 의욕결여(안일화, 개혁곤란, 매너리즘화) ② 관리의 전문성 결여(소유자 비전문) ③ 인력관리 비효율적(참모체제 방대) ④ 인건비가 불합리하게 지불될 우려 있음 ⑤ 임료의 결정·수납이 불합리적
위탁관리 (대형건물, 공동주택)	① 전문적인 관리와 서비스를 받을 수 있음 ② 소유자는 본업에 전념할 수 있음 ③ 부동산관리비용의 저렴 및 안정 ④ 자사의 참모체계 단순화 ⑤ 급여체제나 노무관계의 단순화	① 관리요원 설비 애호정신 저하 ② 관리요원 인사이동이 많음 ③ 종합적 관리 애로 ④ 종업원의 신뢰도 저하 ⑤ 기밀유지 및 보안의 불안전
혼합관리 (대형, 고층건물)	① 강한 지도력을 계속 확보하면서 위탁관리의 편리를 이용 ② 부득이한 업무부분만을 위탁 ③ (자가관리→위탁관리) 과도기적 방식	① 책임소재가 불명확 ② 관리요원 사이의 원만한 협조를 기대하기가 곤란함 ③ 운영 악화시 양방식 결점만 노출됨

2. 부동산관리활동

관리자들이 행하는 부동산관리활동은, 다음과 같은 5가지의 업무영역으로 나누어진다.

> ① 임대차 활동(leasing activity)
> ② 임대료 수집
> ③ 대상부동산의 유지활동(maintenance activity)
> ④ 보험
> ⑤ 예산보고서 작성 및 장부처리 활동

(1) 임대차 활동

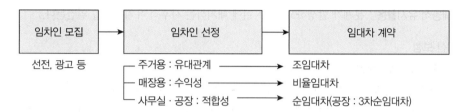

① 임대차의 선정과 임대차계약

　㉠ 임대차 활동의 의의 : 적절한 임대조건으로 적합한 임차자를 선정하는 일은 사업의 성공 여부와 관련되는 매우 중요한 일이다.

　㉡ 임차자 선정의 기준 : '임차자의 선정(tenant selection)'은 대상부동산의 성격에 따라 달라진다. 따라서 임차인 선정기준은 용도에 따라 다음과 같이 분류할 수 있다.

　　ⓐ 아파트와 같은 주거용 부동산인 경우 : 유대성이 임차인 선정기준으로 삼는다.

　　ⓑ 쇼핑센터와 같은 매장용 부동산 : 수익성이 임차자의 선정기준이 된다.

　　ⓒ 사무실용 부동산이나 공업용 부동산인 경우 : 적합성이 임차자 선정기준이 된다.

② 임대차 계약

　임대차는 임대료를 어떠한 방법으로 결정하는가에 따라, 세 가지 유형으로 나누어진다.

　㉠ 조임대차 : 조임대차(gross lease)는 아파트와 같은 주거용 부동산에 흔히 적용된다. 조임대차는 순임대차에 필요경비가 포함된 임대차계약을 말한다.

　㉡ 순임대차 : 순임대차(net lease)란 임차자는 순수한 임대료만을 임대자에게 지불하고 그 외의 영업경비는 임대자와 임차자 간의 사전협상에 따라 지불하는 것을 말한다.

　㉢ 비율임대차 : 비율임대차는(percentage lease)는 매장용 부동산에 일반적으로 적용되는 것으로서 임차자의 총수입의 일정 비율을 임대료로 지불하는 것을 의미한다.

(2) 임대료 수집

임대료 수집은 부동산관리자가 매월 주기적으로 해야 하는 통상적인 활동이다. 임대료 납입에 관한 상세한 사항은 보통 계약서상에 명시되어 있다.

(3) 부동산유지활동

부동산의 유지활동은 다음 세 가지로 나누어진다. 일상적 유지활동, 예방적 유지활동 그리고 대응적 유지활동이 그것이다. 이 중에 가장 중요한 활동은 예방적 유지활동이다.

① **일상적 유지활동** : 잔디를 깎는다든지, 청소를 하든지 등과 같은 통상적으로 늘 수행하는 정기적 유지활동을 말한다.

② **예방적 유지활동**

　　㉠ 예방적 유지활동이란 수립된 유지계획에 따라 문제가 발생하기 전에 이를 교환하고 수리하는 사전적 유지활동을 의미한다.

　　㉡ 예방적 유지활동이 중요한 이유는 문제 발생 후에 문제를 제거하는 것보다 주민들의 불만이 적고 또한 문제 해결 비용도 더 감소되기 때문이다.

③ **대응적 유지활동** : 문제가 발생하고 난 후 이에 대처하는 사후적 유지활동을 일컫는다.

(4) 부동산 보험

① **손해보험과 채무보험**

부동산에 관한 보험은 편의상 손해보험과 채무보험의 두 종류로 나눌 수 있다.

　　㉠ 손해보험 : 대상부동산이 화재나 홍수 등 예기치 못한 사건으로 인하여 손해를 입었을 경우, 대상부동산 그 자체나 그 밖의 동산 등에 대해 보상을 해주는 보험을 말한다.

　　㉡ 채무보험 : 대상부동산의 임차자, 고객, 방문자, 인접부동산 등이 입은 손해에 대해, 관리자나 소유자가 책임을 져야 할 부분을 보상해 주는 보험을 말한다.

② **임대료 손실보험(업무장애보험)**

　　㉠ 대체비용(replacement cost) : 사고가 났을 경우, 보험회사에서 보상해 주는 비용으로는 건물을 다시 복원하는데 부족할 수도 있다. 이것을 보전하기 위해서, 손해보험 외에 대체비용을 위한 보험에 들 수도 있다.

　　㉡ 임대료 손실보험(loss of rents insurance) : 사고가 발생하여 건물을 복원하고 수리하는 데는 상당한 시간이 걸리기 마련이다. 이 기간 동안 소유자가 임대료를 받지 못하는 경우를 대비하여 드는 보험을 말한다.

(5) 장부처리, 보고서작성, 예산관리

① **장부처리와 보고서작성**

부동산관리자는 소유자의 대리인으로 대상부동산에 관련된 업무를 수행한다. 그는 영업활동에 관해 상세하게 장부처리를 하고, 그 결과를 소유자에게 정기적으로 보고해야 한다.

② **예산관리**

예산은 보통 부동산관리자와 소유자와의 공동작업으로 작성된다.

3. 부동산관리정보체계

(1) 의의

부동산관리정보체계란 부동산결정에 필요한 정보를 수집 · 가공 · 축적하여 언제든지 요구에 응하여 필요한 정보를 제공해 주는 인간과 기계장치의 통합체제를 말한다.

(2) 부동산자산목록의 관리

① 부동산자산목록(real estate asset inventory) 또는 데이터뱅크(date bank)를 유지 · 관리하고, 매매나 임대차 등 거래변동사항이 생길 때마다 이를 새로 정리하여야 한다.

② 관리정보체계에서 모든 획지는 다른 획지와 구별되는 독자적인 식별번호를 가지고, 모든 획지에 관한 거래변동 사항도 역시 별도의 식별번호를 가진다.

③ 자료파일 작성방법

지역코드	획지번호	거래수	거래유형
(지역표시)	(고유번호)	(거래번호)	(임대 · 매수 등)

⑩ SL−075−021−P서울(SL)에 위치하는 획지번호가 75번인 부동산에 21번째 거래가 발생했는데 거래유형은 매수(P)라는 것을 의미한다. 만약에 거래유형이 임대라면 임대(L)로 표시된다.

(3) 평가 및 시장보고서

① 평가보고서

각종 관리보고서를 작성하기 위해서는 먼저 보유부동산에 대한 평가보고서가 정기적으로 작성될 필요가 있다.

② 시장보고서

시장보고서가 특히 중요한 의미를 지니고 있는 것은 매장용 부동산의 경우이다.

(4) 정기보고서

① 부동산관리자는 컴퓨터 파일에 저장된 자료를 활용하여 부정기적인 것도 있을 수 있지만, 정기적으로 관리보고서를 작성한다.

② 기간별로 정기적으로 작성되어야 할 보고서에는 부동산자산보고서, 부동산활동보고서, 임대차보고서, 잉여부동산보고서 등이 있다.

③ 가장 중요한 부동산자산보고서는 보통 반년에 한 번씩 작성되고 부동산활동보고서, 임대차보고서, 잉여부동산보고서 등은 월별로 작성된다.

4. 빌딩의 내용연수와 생애주기

① 전개발단계(pre-development stage)

전개발단계는 빌딩이 신축되기 전 용지 상태에 있는 단계를 말한다. 전개발단계는 투자 타당성분석이 이루어지는 단계이다.

② 신축단계

㉠ 빌딩을 건축하여 완공되는 단계를 말한다.

㉡ 이 단계에서는 빌딩의 물리적(기능적)유용성이 가장 높은 단계이다.

㉢ 신축된 빌딩의 기능이 사전계획과 완전히 일치하지 않을 수가 있다.

③ 안정단계(middle life stage)

㉠ 안정단계는 신축된 건물이 제기능을 발휘하며 본격적으로 운영·이용되어 경제적 유용성이 최고인 단계이다.

㉡ 빌딩의 존속기간 중 가장 장기간에 이른다. 이 단계의 특징은 관리상태가 좋으면, 이 단계가 상당히 연장되는 등 여러 가지 요인의 작용에 따라 건물의 수명이 길고, 짧음이 결정되는 단계이다.

④ 노후단계(old age stage)

㉠ 빌딩의 물리적 상태가 급격히 악화되기 시작하는 단계로서, 새로운 개량비의 지출은 문제를 더욱 악화시킬 소지가 있다.

㉡ 개량비의 지출을 억제하는 대신 신규빌딩으로의 교체계획을 수립하는 것이 통상적이다.

⑤ 완전폐물단계(total obsolescence stage)

이 단계는 노후단계 다음에 오는 마지막 단계로서, 빌딩의 경제적 가치가 거의 없어지는 단계이다. 그러므로 빌딩의 교체를 전제로 전개발단계를 향해 모든 일이 전개된다.

01 개발의 단계 중 예비적 타당성분석은 개발사업으로 예상되는 수입과 비용을 개략적으로 계산하여 수익성을 검토하는 것이다. ○✕

02 시장성분석에서는 특정지역이나 부동산 유형에 대한 수요, 공급 등을 분석한다. ○✕

03 시장분석 단계에서는 향후 개발될 부동산이 현재나 미래의 시장상황에서 매매되거나 임대될 수 있는지에 대한 경쟁력을 분석한다. ○✕

04 민감도분석은 시장에 공급된 부동산이 시장에서 일정기간 동안 소비되는 비율을 조사하여 해당 부동산시장의 추세를 파악하는 것이다. ○✕

05 공사기간 중 이자율의 변화, 시장침체에 따른 공실의 장기화 등은 시장위험으로 볼 수 있다. ○✕

06 재건축사업은 정비기반시설이 열악하고 노후 · 불량건축물이 밀집한 지역에서 주거환경을 개선하거나 상업지역 · 공업지역 등에서 도시기능의 회복 및 상권활성화 등을 위하여 도시환경을 개선하기 위한 사업이다. ○✕

07 환지개발방식은 사업 후 개발 토지 중 사업에 소요된 비용과 공공용지를 제외한 토지를 당초의 토지소유자에게 매각하는 것이다. ○✕

08 지주공동방식은 일반적으로 토지소유자는 토지를 제공하고 개발업자는 개발의 노하우를 제공하여 서로의 이익을 추구한다. ○✕

정답 및 해설   **01** ○   **02** ✕   **03** ✕   **04** ✕   **05** ○   **06** ✕   **07** ✕   **08** ○

오답분석
02 시장성분석이 아니라 시장분석에 대한 설명이다.
03 시장분석이 아니라 시장성분석에 대한 설명이다.
04 민감도분석이 아니라 흡수율분석에 대한 설명이다.
06 재건축사업이 아니라 재개발사업에 대한 설명이다.
07 ~토지소유자에게 재분배하는 것이다.

09 BTO방식은 민간이 개발한 시설의 소유권을 준공과 동시에 공공에 귀속시키고 민간은 시설관리운영권을 가지며, 공공은 그 시설을 임차하여 사용하는 민간투자 사업방식이다. ☐○ ☐×

10 토지신탁(개발)방식과 사업수탁방식은 유사하나, 소유권 이전유무에 따라 다르다. ☐○ ☐×

11 부동산신탁에 있어서 당사자는 부동산 소유자인 위탁자와 부동산 신탁사인 수탁자 및 신탁재산의 수익권을 배당받는 수익자로 구성되어 있다. ☐○ ☐×

12 개발권양도제(TDR)는 공중권의 활용방안으로 개발권과 소유권을 결합하되 개발권 상실로 인한 우발손실을 시장기구를 통해서 보상하려는 데 그 목적이 있다. ☐○ ☐×

13 경제적 측면의 부동산관리는 대상부동산의 물리적·기능적 하자의 유무를 판단하여 필요한 조치를 취하는 것이다. ☐○ ☐×

14 시설관리란 소유주나 기업의 부를 극대화하기 위하여 해당부동산의 가치를 증진시킬 수 있는 다양한 방법을 모색하는 것이다. ☐○ ☐×

15 시설관리는 건물의 설비, 기계운영 및 보수, 유지관리 업무에 한한다. ☐○ ☐×

16 자가관리는 건물관리의 전문성을 통하여 노후화의 최소화 및 효율적 관리가 가능하여 대형건물의 관리에 유용한 방식이다. ☐○ ☐×

제6장 | 확인학습문제

01 부동산개발의 개념에 관한 설명으로 옳지 <u>않은</u> 것은? ★30회 기출★

① '부동산개발업의 관리 및 육성에 관한 법률' 상 부동산개발은 시공을 담당하는 행위를 포함한다.
② 부동산개발은 온전하게 운용할 수 있는 부동산을 생산하기 위한 토지와 개량물의 결합이다.
③ 부동산개발이란 인가에게 생활, 일, 쇼핑, 레저 등의 공간을 제공하기 위한 토지, 노동, 자본 및 기업가적 능력의 결합과정이다.
④ 부동산개발은 토지조성활동과 건축활동을 포함한다.
⑤ 부동산개발은 토지 위에 건물을 지어 이익을 얻기 위해 일정 면적의 토지를 이용하는 과정이다.

해설
난도 ★★
'부동산개발업의 관리 및 육성에 관한 법률' 상 부동산개발이란 토지를 건설공사의 수행 또는 형질변경으로 조성하는 행위나, 건축물을 건축 · 대수선 · 리모델링 또는 용도변경하거나 공작물을 설치하는 행위 중 어느 하나에 해당하는 행위이지만, 시공을 담당하는 행위를 제외한다.

답 ①

02 워포드의 부동산개발 7단계의 순서를 올바르게 나열한 것은? ★30회 기출★

> ㄱ. 사업구상
> ㄴ. 마케팅
> ㄷ. 예비타당성분석
> ㄹ. 부지확보
> ㅁ. 금융
> ㅂ. 건설
> ㅅ. 타당성분석

① ㄱ - ㄴ - ㄷ - ㄹ - ㅅ - ㅁ - ㅂ
② ㄱ - ㄴ - ㄷ - ㅅ - ㅁ - ㄹ - ㅂ
③ ㄱ - ㄷ - ㄴ - ㅅ - ㄹ - ㅁ - ㅂ
④ ㄱ - ㄷ - ㄹ - ㅅ - ㅁ - ㅂ - ㄴ
⑤ ㄱ - ㄹ - ㄷ - ㅁ - ㅅ - ㅂ - ㄴ

난도 ★★

ㄱ. 구상(아이디어) → ㄷ. 예비적타당성분석 → ㄹ. 부지확보 → ㅅ. 사업타당성분석 → ㅁ. 금융 → ㅂ. 건설 → ㄴ. 마케팅

답 ④

03 부동산개발의 사업타당성분석에 관한 설명으로 옳지 않은 것은?

★29회 기출★

① 물리적 타당성분석은 대상 부지의 지형, 지세, 토질과 같은 물리적 요인들이 개발대상 부동산의 건설 및 운영에 적합한지 여부를 분석하는 과정이다.

② 법률적 타당성분석은 대상 부지와 관련된 법적 제약조건을 분석해서 대상 부지 내에서 개발가능한 용도와 개발규모를 판단하는 과정이다.

③ 경제적 타당성분석은 개발사업에 소요되는 비용, 수익, 시장수요와 공급 등을 분석하는 과정이다.

④ 민감도분석은 사업타당성분석의 주요 변수들의 초기투입 값을 변화시켰을 때 수익성의 변화를 예측하는 과정이다.

⑤ 투자결정분석은 부동산개발에 영향을 미치는 인근 환경요소의 현황과 전망을 분석하는 과정이다.

해설
난도 ★★

투자결정분석이 아니라 지역경제분석에 대한 설명이다.

답 ⑤

04 부동산개발의 시장위험에 해당하지 않는 것은?(단, 다른 조건은 불변임)

★30회 기출★

① 이자율 상승
② 행정인허가 불확실성
③ 공실률 증가
④ 공사자재 가격급등
⑤ 임대료 하락

해설
난도 ★

② 행정인허가 불확실성은 법률적 위험에 해당된다.

답 ②

05 택지개발방식 중 환지방식에 관한 설명으로 옳지 <u>않은</u> 것을 모두 고른 것은?

★28회 기출★

> 가. 사업자로서는 상대적으로 사업시행이 간단하고 용이하다.
>
> 나. 개발이익은 토지소유자, 사업자 등이 향유한다.
>
> 다. 사업자의 초기 사업비 부담이 크고, 토지소유자의 저항이 심할 수 있다.
>
> 라. 감보된 토지는 새로이 필요로 하는 공공시설 용지로 사용되고, 나머지 체비지는 환지한다.
>
> 마. 환지의 형평성을 기하기 위해 사업시행기간이 장기화될 수 있다.
>
> 바. 혼용방식은 수용 또는 사용방식과 환지방식을 혼용하여 시행하는 방식이다.

① 가, 나, 다

② 가, 다, 라

③ 가, 라, 마

④ 나, 마, 바

⑤ 라, 마, 바

해설

난도 ★★

가. 사업자로서는 상대적으로 사업시행이 복잡하고 어렵다.

다. 공영개발 즉, 매수방식에 대한 설명이다.

라. 나머지 체비지가 아니라 보류지는 환지한다.

답 ②

06 다음 설명에 모두 해당하는 부동산개발방식은?

★34회 기출★

> • 사업부지를 소유하고 있는 토지소유자가 개발이 완료된 후 개발업자나 시공사에게 공사대금을 완공된 일부의 건물로 변제하고, 나머지는 분양하거나 소유하는 형태이다.
>
> • 토지소유자는 대상 부지의 소유권을 소유한 상태에서 개발사업이 진행되도록 유도할 수 있고, 그 결과 발생되는 부동산 가치의 상승분을 취득할 수 있는 이점이 있다.

① 공영개발방식

② 직접개발방식

③ 대물교환방식

④ 토지신탁방식

⑤ BTL사업방식

해설

난도 ★★

③ 주어진 지문은 대물교환방식(공사비대물변제방식)에 대한 내용이다. 대물교환방식은 토지소유자가 개발사업을 발주하고 개발업자는 공사비를 준공된 건축물의 일부로 변제받는 방식이다.

답 ③

07 부동산신탁에 관한 설명으로 옳지 <u>않은</u> 것은?

① 신탁이란 위탁자가 특정한 재산권을 수탁자에게 이전하거나 기타의 처분을 하고, 수탁자로 하여금 수익자의 이익 또는 특정한 목적을 위하여 그 재산권을 관리·처분하게 하는 법률관계를 말한다.

② 부동산신탁의 수익자란 신탁행위에 따라 신탁이익을 받는 자를 말한다.

③ 수익자는 위탁자가 지정한 제3자가 될 수도 있다.

④ 신탁계약은 수익자와 위탁자 간에 체결되며 투자자는 위탁자가 발행하는 수익증권을 매입함으로써 수익자가 되어 운용성과를 얻을 수 있게 된다.

⑤ 수탁자는 자산운용을 담당하는 신탁회사가 될 수 있다.

해설
난도 ★★★
④ 수익증권 발행자는 위탁자가 아니라 신탁회사(수탁자)이다.

답 ④

---

08 다음에 해당하는 민간투자 사업방식은?

• 민간사업자가 기숙사를 개발하여 준공과 동시에 그 소유권을 공공에 귀속시켰다.
• 민간사업자는 30년간 시설관리 운영권을 갖고, 공공은 그 시설을 임차하여 사용하고 있다.

① BOT(build-own-transfer) 방식

② BTO(build-transfer-operate) 방식

③ BTL(build-transfer-lease) 방식

④ BLT(build-lease-transfer) 방식

⑤ BOO(build-own-operate) 방식

해설
난도 ★★
준공(build)- 귀속(transfer)-임차(lease)

답 ③

09 부동산관리에 관한 설명으로 옳은 것은?

① 시설관리(facility management)는 부동산시설의 자산 및 부채를 종합관리하는 것으로 시설사용자나 기업의 요구에 따르는 적극적인 관리에 해당된다.

② 자기관리방식은 입주자와의 소통 측면에 있어서 위탁관리방식에 비해 유리한 측면이 있다.

③ 위탁관리방식은 자기관리방식에 비해 기밀유지가 유리한 측면이 있다.

④ 혼합관리방식은 자기관리방식에 비해 문제발생 시 책임소재 파악이 용이하다.

⑤ 건물의 고층화와 대규모화가 진행되면서 위탁관리방식에서 자기관리방식으로 바뀌는 경향이 있다.

해설

난도 ★★

① 시설관리(facility management)가 아니라 자산관리에 대한 설명이다.

③ 위탁관리방식은 자기관리방식에 비해 기밀유지가 불리한 측면이 있다.

④ 혼합관리방식은 자기관리방식에 비해 문제발생 시 책임소재 파악이 불명확하다.

⑤ 건물의 고층화와 대규모화가 진행되면서 자가관리방식에서 위탁관리방식으로 바뀌는 경향이 있다.

답 ②

제6장 | 확인학습문제 **725**

제7장 | 부동산 권리분석과 중개 및 마케팅론

출제포인트

주로 실무적인 내용인데, 특히 감정평가사 시험에서 자주 출제되는 경향이 있다.

□ 권리분석의 개념과 성격, 등기부등본의 표제부 그리고 갑구와 을구의 내용 파악

□ 중개업에서 공인중개사의 금지행위, 중개의뢰계약의 특성을 파악

□ 마케팅에서 STP와 마케팅 믹스 내용 파악

제1절 부동산권리분석 ★32회 기출★

1. 권리분석의 개념

(1) 권리분석의 의의

부동산권리분석이란 대상 부동산에 대한 권리관계의 진정성과 법률적 가치를 실질적으로 조사 · 확인 · 판단하여 일련의 부동산거래활동을 안전하게 하려는 작업이라고 말할 수 있다.

더 알아보기 권리관계의 진정성과 법률적 가치

1. 권리관계의 진정성이란 권리관계에 하자가 없는 것을 말한다.
2. 법률적 가치란 대상 권리관계의 내용에서 기대되는 실질적 이익을 말한다.

---

(2) 부동산권리분석이 필요한 이유

① 부동산등기에는 공신력이 없기 때문에 등기 내용은 믿을 것이 못 된다.

② 부동산권리에는 등기하지 아니해도 되는 관습상의 권리가 있다.

③ 부동산권리에는 사법 외에 많은 공법상의 규제가 있기 때문에 이를 모르고 거래한 자는 불의의 손해를 본다.

2. 부동산권리분석의 성격[16] ★27회 기출★

(1) 권리관계를 취급하는 활동

권리분석은 대상 부동산에 관한 권리관계를 다루는 부동산활동이다.

---

16) 이계인 외 2인, 부동산 권리보험과 권리분석, 서울 : 부연사, 2002, pp.163~164

(2) 비권력적 행위

권리분석은 권리관계를 취급하지만 재판이나 수사행위와 같은 권력적 행위가 아니라 권리분석사가 행하는 비권력적인 행위이다.

(3) 사후확인 행위

부동산권리분석은 대부분이 이미 설정된 대상부동산의 권리관계를 확인·판단하는 작업으로서 사후확인 행위의 성격을 갖는다.

(4) 주관성과 객관성

협의의 권리분석은 그 대상의 관리관계가 추상적인 권리관계분석이기 때문에 주관성이 강하지만, 광의의 권리분석인 경우는 부여된 객관적인 사실을 취급하므로서 객관성이 있다.

(5) 과학성과 기술성

권리분석은 체계화된 지식을 바탕으로 실무활동을 요구하므로 과학성과 기술성을 겸비한다.

(6) 사회성과 공공성

부동산권리분석을 행한 결과는 사회에도 지대한 영향을 미치게 할 수 있기 때문에 사회성과 공공성이 강조되며, 아울러 윤리성이 제고되어야 한다.

3. 권리분석의 특별원칙 ★28, 31, 33회 기출★

(1) 능률성의 원칙

부동산권리분석이 다른 부동산활동에 영향을 주기 때문에 권리분석이 능률적이어야 한다.

(2) 안정성의 원칙 ★31회 기출★

이 원칙은 권리관계에 대한 일련의 조사·확인·판단에 높은 안정성이 있어야 한다는 것이다.
- ① 하자전제의 원칙 : 모든 권리는 일단 하자가 있는 것으로 가정한다. 어느 권리도 충분히 확인하지 않고 안전하다고 볼 수 없다.
- ② 완전심증의 원칙 : 의심스러우면 안정성에 따라야 한다. 부동산권리분석의 실무과정에는 조금만 의심스러운 경우가 있어도 충분히 확인하여야 한다.
- ③ 범위확대의 원칙 : 모든 분석·판단에 있어서 범위를 넓혀서 보도록 노력을 해야 한다. 범위를 넓히는 만큼 안정성이 확보되기 때문이다.
- ④ 차단의 원칙 : 부동산권리분석의 과정에 있어서 여러 가지 판단에 혼동을 초래할 위험이 있는 모든 원인은 미리 분리시켜야 한다.
- ⑤ 유동성 대비의 원칙 : 권리분석 결과 얻은 증거나 증인 또는 증언에 대하여 소멸·사망하거나 번복되는 경우에 대비하라는 원칙이다.

(3) 증거주의의 원칙 ★31회 기출★

부동산권리분석사가 행한 일련의 조사·확인·판단은 반드시 증거에 의해서 뒷받침되어야 한다. 이 원칙은 안정성을 지원하는 원칙이라고도 할 수 있다.

(4) 탐문주의의 원칙

탐문활동이란 부동산권리분석활동에 필요한 여러 가지 자료와 정보를 부동산권리분석사가 직접 탐문하여 얻는 것을 말한다.

4. 부동산권리분석의 분류 ★28, 32, 33, 34회 기출★

(1) 권리관계의 협의·광의에 의한 분류

권리관계에 따른 분류로서 협의의 권리분석이 중심이 된다.

등기할 수 있는 권리관계	A → A : 협의의 권리분석

부동산의 법률적 가치	B → A+B : 광의의 권리분석

부동산의 상태 또는 사실관계 등기능력이 없거나 요하지 않는 권리관계	C → A+B+C : 최광의의 권리분석

① 협의의 권리분석

  ㉠ 협의의 권리관계란 부동산등기법에 의해서 등기할 수 있는 권리관계를 말한다. 협의의 권리관계를 권리분석의 대상으로 삼는 것을 협의의 권리분석이라 한다.

  ㉡ 권리분석의 대상은 사법적 권리관계와 소유권의 완전성(소유권, 지상권, 지역권, 전세권, 저당권, 임차권, 권리변동 등)에 대한 하자를 중심으로 한다.

② 광의의 권리분석

  ㉠ 광의의 권리관계란 협의의 권리관계에 부동산의 법률적 가치를 포함한 것을 말한다.

  ㉡ 부동산의 법률적 가치에는 법률적 이용가치와 법률적 경제가치가 있다.

더 알아보기 부동산의 법률적 가치

① 법률적 이용가치
  부동산의 이용에 관해서 공·사법상 인정되는 실질적 이익(불이익)의 정도를 말함
  ㉠ 플러스 요인(면세 등)
  ㉡ 마이너스 요인(이용규제) : 용도지역제, 용적률, 건폐율 등
② 법률적 경제가치 : 사실관계에서의 경제적 이익이나 불이익을 말함
  예 지상권 → 지상물 매수청구권

---

  ③ **최광의의 권리분석** : 광의의 권리관계에 '부동산의 상태 또는 사실관계, 등기능력이 없거나 요하지 않는 권리관계' 등을 포함하여 최광의의 권리관계라 한다.

더 알아보기 최광의의 권리관계

1. 부동산의 상태 또는 사실관계 : 도로관계, 세금관계, 면적 등 표시에 관한 등기관계, 대상부동산이 공·사법상 적합한가에 관한 문제, 분묘의 존재관계(분묘기지권) 등의 개별적 확인사항이 있다.
2. 등기능력이 없는 권리관계 : 등기사항전부증명서를 통해 확인할 수 없는 것은 유치권, 점유권, 법정지상권, 분묘기지권, 권리질권이 해당되는 내용이다.
3. 등기를 요하지 않는 권리관계 : 상속, 공용징수, 판결, 경매, 법정지상권 등이 있다.

---

(2) 권리관계의 시점에 의한 분류

① **현황권리 분석** : 현재 권리의 분석으로 공부상 권리가 중심이지만, 공부외의 권리도 대상이 된다. 다만, 현황이라 하여 과거를 전혀 무시하는 것은 아니다.

② **소급권리분석** : 부동산권리분석에 대한 안정성을 높이기 위해 과거로 소급해서 행하는 권리분석이다. 현황권리분석에 비하면, 비용 · 시간 · 실무면에서의 애로점 등으로 부담은 늘지만, 안정상에 대한 커버리지(coverage)의 증대가 되는 실익은 보다 크다고 할 수 있다.

5. 부동산 등기 사항 ★34회 기출★

(1) 등기사항전부증명서 내용

부동산 등기부 등본 표시 사항은 표제부, 갑구, 을구로 구성되어 있다.

① **표제부**

표제부에서는 부동산의 표시와 구조에 관한 사항을 확인할 수 있다.

㉠ 토지 경우는 지번, 지목, 지적이 표기되고, 건물은 지번, 구조, 용도, 면적이 기재된다.

㉡ 접수일자, 해당건물의 소재 지번 및 건물번호, 건물의 내역, 등기원인 및 기타 사항이 기록되어 있고, 토지분할이나 지목의 변경 또는 건물 구조의 변경이나 증축 등에 의한 면적 변경도 표제부에 기재된다.

㉢ 아파트 등 집합건물의 경우에는 전체 건물에 대한 표제부와 구분된 개개의 건물에 대한 표제부가 따로 있다.

② **갑구**

갑구에서는 소유권에 관한 사항이 기재된다. 소유권자, 소유권이전이 표시되었는데, 추가로 가압류, 압류, 가처분, 가등기, 예고등기 등과 이들 권리의 변경등기, 말소 및 회복등기 등은 모두 갑구에 등재된다.

③ **을구**

을구에는 소유권 이외의 권리(담보, 채무 등)가 표시되는 곳이다. 을구에는 소유권 이외의 권리인 저당권, 전세권, 지상권, 지역권, 임차권 등의 사항과 최고 채권 금액이 기재된다.

더 알아보기 등기능력이 없는 것, 경매 말소기준권리 ★33, 34회 기출★

1. 등기능력이 없는 것
   등기사항전부증명서를 통해 확인할 수 없는 것은 유치권, 점유권, 법정지상권, 분묘기지권, 권리질권이 해당되는 내용이다.
2. 경매 말소기준권리
   말소기준권리란 부동산 경매에서 부동산이 낙찰될 경우, 그 부동산에 존재하는 권리가 소멸되는지 여부를 파악할 수 있는 기준권리를 의미한다. 즉, 경매로 나온 하자가 있는 권리들 중에 낙찰로 인해 소멸시킬 수 있는 기준이다. 말소기준권리는 법률용어로 '말소기준등기'라고 말한다. 말소기준권리는 크게 7가지로 근저당, 저당권, 가압류, 압류, 전세권, 담보가등기, 경매개시결정등기가 있다.

6. 부동산권원 보증제도

(1) 의의

부동산권리보증제도는 보증회사가 부동산에 관한 증서를 발행하여 권리자가 입은 손해를 보상하여 주는 것을 목적으로 하는 보증으로써 부동산거래의 공신력을 높이기 위한 제도이다.

(2) 권원보증방법

권원보증방법에는 등기관이 등기를 신청하는 사람의 권리상태를 조사하는 방법에 따라 형식적 심사주의와 실질적 심사주의로 나눌 수 있다.

① 형식적 심사주의 : 형식적 심사주의는 등기관이 등기의 신청이 등기절차법상 적합한지에 대해서만 조사하는 것으로 확실성이 없다는 단점이 있다. 따라서 형식적 심사주의를 보완하기 위한 것으로 권원요약서, 권원증서, 권원보험 등이 있다.

② 실질적 심사주의 : 등기의 신청이 등기절차법상 적법성뿐만 아니라 실체법상의 권리관계에 관한 부합성까지도 조사하는 것으로 권원등기제도인 토렌스제도(Torrens System)를 그 예로 들 수 있다.

③ 형식적 심사주의에 있어서 공신력 제고방안

    ㉠ 다음의 내용은 미국 등에서 실시되고 있는 것으로, 등기의 공신력을 보완하는 장치로 활용되고 있다. 즉 권원요약서, 권원증서, 권원보험 그리고 토렌스제도 등이 그것이다.

    ㉡ 이중에 토렌스제도(Torrens System)는 실질적 심사주의에 해당하는 것이며, 나머지 세 가지 방법은 형식적 심사주의의 미비점을 보완하기 위해 만들어진 것이다.

(3) 등기의 공신력을 보완할 수 있는 제도

① 형식적 심사주의에 대한 보완책

권원요약서		권원증서		권원보장		권원보험
권원요약회사가 권원 이전의 연쇄에 관한 역사적 사실을 요약	→ 매수자는 권원요약서 분석 의뢰	권원조사자가 권원 요약서를 조사	→	잘못된 권원조사에 대해 권원 조사자가 책임지는 것	→	잘못된 권원조사로 야기될 수 있는 손실에 대하여 보험회사가 보장

    ㉠ 권원요약서(title abstract)

    권원요약서는 대상 부동산에 관한 소유권이 어떠한 사람에게 어떠한 사람으로 이전되어 왔는지, 즉 '권원의 연쇄(chain of title)'에 대한 역사적 사실을 요약해 놓은 것으로 권원추적을 하는 것이다. 이러한 권원요약서에는 '요약자의 보증서(abstractor's certificate)'가 첨부되어 있다.

    ㉡ 권원증서

    부동산매매계약이 체결되면 매도자는 권원요약서를 매수자에게 넘겨준다. 매수자가 매도자로부터 권원요약서를 받았다는 사실 자체로서는 아무런 보호책이 되지 못한다. 매수자는 이것을 다시 전문적인 지식과 능력을 갖춘 사람에게 감정을 의뢰한다. 이를 권원조사(권원분석title analysis)이라 한다.

권원조사자는 요약자가 권원요약서를 작성하는 데 있어 빠트린 사항이 있는지, 권원에는 어떠한 하자가 있는지, 권원요약서에 밝혀진 권원상의 결함이나 부담이 소유권자의 권리에 어떠한 영향을 주는지 등을 조사하고, 이에 대해 자신의 견해를 피력한다. 조사결과를 피력한 문서를 권원의 견서(권원증서)라 한다.

ⓒ 권원보험

전문적인 조사자에 의해 권원조사가 이루어졌다고 하더라도 경우에 따라서는 실수나 착오 등으로 잘못되는 경우를 대비하여 권원회사는 매수자로 하여금 권원보험에 들게 하고, 그 증서를 매수자에게 교부한다. 이것을 권원보험증서라 한다.

② **실질적 심사주의 : 토렌스제도**

㉠ 개념

토렌스제도(Torrens System)란 미국의 몇몇 주에서 채택되고 있는 것으로 부동산의 권원을 관할법원에 등록케 하고, 등록된 부동산에 대한 권원을 법원이 보증하는 제도이다. 토렌스제도라는 명칭은 1858년에 Robert Toreens가 이 방법을 오스트레일리아에 도입한 것에서 유래하고 있다.

㉡ 토렌스제도에 의한 권원보증절차

ⓐ 부동산의 소유자는 부동산이 위치하고 있는 관할법원에 권원의 등록(registration)을 신청한다.

ⓑ 등록신청을 접수한 관할법원은 대상 부동산의 권원을 조사하고, 그 보고서를 보관한다.

ⓒ 관할법원은 청문회를 개최하여 대상 부동산에 대해 권리를 가지고 있거나 소유에 이의가 있는 사람들의 의견을 수렴한다.

ⓓ 이상의 절차를 거쳐 소유권자의 권원과 거기에 대한 다른 사람들의 권리를 확정하고 이것을 등록한다.

ⓔ 권원이 등록되면 대상 부동산의 소유자는 등록증서를 교부받게 되는데, 일단 등록증서가 교부되면 더 이상의 권원조사는 행해지지 않는다.

ⓕ 대상 부동산을 다른 사람에게 이전할 경우, 양도자는 등기증서와 등록증서를 양수자에게 준다. 이것을 받은 양수자는 다시 권원의 등록을 신청한다.

ⓖ 등기공무원은 양수자의 등기증서와 등록증서를 토대로 하여 이상과 동일한 절차를 밟아 권원을 다시 확인한다. 권원이 확인되면 과거의 등록증서를 말소하고 새로운 등기증서와 등록증서를 발부한다.

㉢ 토렌스제도의 이론

ⓐ 거울이론 : 토지권원증서의 등록은 토지의 거래사실을 완벽하게 반영하는 거울과 같다는 이론이다.

ⓑ 커튼이론 : 토지등록업무의 공정성과 신빙성에 관여해서도 안 된다는 이론이다. 이는 매입신청자를 위한 유일한 정보의 기초가 된다는 것이다.

ⓒ 보험이론 : 행위자의 잘못으로 인해 착오가 발생하는 데에 피해자는 모든 피해보상에 대하여 법률적으로 선의의 제3자와 동등한 입장에 놓여야 한다는 이론이다.

ⓒ 토렌스제도의 장·단점

장점	단점
• 권원을 인수받은 사람은 권원증서(certificate of title)상에 나타나지 않는 사항에 대해 아무런 책임을 지지 않는다는 것이다. • 토렌스제도하에서는 애초의 권원조사시 발생할 수 있는 실수·착오·누락 등에 의해 매수자가 손해를 입었을 경우에는 관할법원이 보상해준다. 관할법원은 등록수수료로 보증기금(assurance fund)을 설정하고, 이것으로 보상문제를 처리한다.	• 시간과 비용이 많이 든다는 단점도 있다. • 현재의 소유자보다도 미래의 소유자를 지나치게 보호한다는 비난도 있다.

7. 에스크로우(escrow) 제도 ★27, 33회 기출★

(1) 개념과 회사의 특성

① 개념

에스크로우는 부동산거래에서 발생할 수 있는 사고를 미연에 방지할 수 있는 또 하나의 제도로 활용되고 있다. 에스크로우는 쌍방간의 계약에 의해 설정되기도 하고, 설정되지 않기도 한다. 만약 쌍방간의 계약이나 법에 의해 에스크로우가 설정될 것이 요구될 경우 매수자는 매매계약이 체결되자마자 계약금을 예치시키고, 매도자는 특정한 조건이 충족되게 되면 매수자에게 등기증서를 양도하라는 지시서와 함께 등기증서를 예치시킨다.

② 에스크로우회사의 특징

㉠ 에스크로우회사는 반드시 독립된 업체일 필요는 없고 은행이나 권원보험회사 등도 산하에 별도의 에스크로우 부서를 설치하기도 한다.

㉡ 에스크로우 대행업자는 공정한 제3자적 입장에서 등기증서를 기록하고 권원조사를 지시하고, 권원상에 하자가 없을 경우에는 대금을 매도자에게 전달하는 역할을 한다.

㉢ 매매계약이 체결되는 시기와 실제로 거래에 종결되는 시기 사이에는 상당한 시간적 간격이 있게 되므로 매수자의 입장에서는 에스크로우를 설정하는 것이 바람직스럽다.

㉣ 에스크로우는 부동산의 매매에 한정하지 않고, 교환·매매예약 등의 업무도 하는 부동산거래계약의 이행행위를 대행하는 부동산업의 한 종류이다.

㉤ 에스크로우업은 대금의 회수, 소유권이전 업무대행 이외에 부동산거래를 완결짓는 세금·금융이자·보험료·임료 등의 청산도 대행한다.

㉥ 에스크로우 계정은 법률상 에스크로우 계정이 독립이 되어 있다. 따라서 고객으로부터 받은 금전은 자신의 계정과 별도로 관리해야 한다.

(2) 에스크로우 설정의 이점 및 특징

① 에스크로우를 설정함으로써 매수자는 권원상의 하자나 부담으로부터 발생하는 위험을 사전에 방지할 수 있다.

② 에스크로우를 설정함으로써 매수자는 권원상의 하자나 부담을 제거할 수 있다. 권원상의 하자나 부담이 발견되었을 때, 이것이 치유가능한 것일 경우 에스크로우 대행업자는 매수자가 예치한 계약금이나 매수대금의 일부를 사용하여 이것을 제거할 수 있다.

③ 에스크로우의 설정은 매매당사자가 계약을 체결한 후, 권원이 이전되기 이전에 심정의 변화를 일으켜 계약을 이행하지 않는 것을 방지할 수 있다.

④ 거래관계자의 보호와 거래비용을 절감이 가능하다.

(3) 중개업과 에스크로우와의 차이

① 에스크로우회사는 매도자와 매수자와의 협상과정에 참여하지도 않으며, 참여할 수도 없다. 그들은 거래과정에서 발생하는 여러 가지 문제에 대해 아무런 조언을 하지 않는다.

② 매도자를 위하여 대상 부동산을 선전하고 매수자를 찾고, 금융에 대한 조언을 하고 부동산시장의 동향을 파악을 해주는 것은 중개사의 고유의 업무이다.

제2절   부동산 중개업

---

1. 의의

중개업자는 중개의뢰인으로부터 중개대상물을 의뢰받아 원하는 상대방을 찾아 거래계약을 성립시켜 주는 것을 주업무로 하는 것이다.

2. 부동산중개계약의 형태 ★27, 30, 33회 기출★

(1) 보통중개계약

의의	중개의뢰인이 불특정다수의 중개업자에게 서로 경쟁적인 중개를 의뢰하는 중개계약의 형태로서 우리나라에서 가장 많이 이용하는 중개계약이다.
특징	• 중개의뢰를 받은 여러 중개업자 중에서 가장 먼저 거래계약체결을 중개한 중개업자만이 중개수수료를 받는다. • 중개의뢰인이 스스로 발견한 제3자와 거래계약을 체결한 경우에 중개의뢰인은 중개업자에게 어떠한 책임이나 의무를 부담하지 않는다.

(2) 전속중개계약

의의	중개의뢰인이 특정한 중개업자를 지정하여 그 중개업자의 중개에 의하여만 거래계약을 체결하겠다는 약정을 의미하며, 선진국에서 보편화된 중개계약의 유형이다.
특징	• 전속중개계약의 유효기간 내에 중개의뢰인이 다른 중개업자 등에게 거래가 체결한 경우에는 중개 수수료를 지불해야 한다. • 전속중개계약의 유효기간 내에 중개의뢰인이 스스로 발견한 제3자와 직접 거래계약을 체결한 경우에는 그가 지불해야 할 중개수수료의 50% 범위 내에서 중개업자가 중개를 위하여 지출한 비용을 지불해야 한다. • 특별한 규정이 없으면 법률에서는 3개월로 한다.

(3) 독점중개계약

의의	특정 중개업자에게 독점적으로 중개의뢰를 함으로써 거래계약이 체결되면 누가 거래를 성립시켰는지를 불문하고 독점중개계약을 체결한 중개업자에게 중개수수료를 지불하기로 하는 중개계약이다.
특징	중개의뢰인이 스스로 발견한 제3자와 거래계약을 체결해도 독점중개계약을 체결한 중개업자에게 중개수수료를 지불해야 한다.

(4) 공동중개계약

의의	부동산단체 · 부동산거래센터 기타 2인 이상의 업자가 공동활동으로 중개업무를 영위하는 제도이다.
특징	• 부동산중개의 능률화를 위해서 가장 이상적인 중개형태이다. • 공동중개계약은 회원의 자질이 높아야 하고, 계약형태는 독점중개계약이어야 한다.

(5) 순가중개계약

의의	중개의뢰인이 중개대상물의 가격을 사전에 중개업자에게 제시하고 그 금액을 초과하여 거래계약을 성립시키면 초과하는 부분은 모두 중개수수료로 지불하기로 하는 중개계약이다.
특징	공인중개사법령에서는 금지하고 있는 중개계약에 해당된다. 그러나 순가중개계약을 체결했다는 자체만으로는 중개업자 등의 금지행위에 해당되지 않고, 중개수수료를 초과하여 받는 경우에만 중개업자 등의 금지행위에 해당된다.

3. 공인중개사법 ★34회 기출★

(1) 목적

이 법은 공인중개사의 업무 등에 관한 사항을 정하여 그 전문성을 재고하고 부동산중개업을 건전하게 육성하여 국민경제에 이바지함을 목적으로 한다.

(2) 정의

① "중개"라 함은 중개대상물에 대하여 거래당사자간의 매매 · 교환 · 임대차 그 밖의 권리의 득실변경에 관한 행위를 알선하는 것을 말한다.

② "공인중개사"라 함은 이 법에 의한 공인중개사자격을 취득한 자를 말한다.

③ "중개업"이라 함은 다른 사람의 의뢰에 의하여 일정한 보수를 받고 중개를 업으로 행하는 것을 말한다.

④ "개업공인중개사"라 함은 이 법에 의하여 중개사무소의 개설등록을 한 자를 말한다.

⑤ "소속공인중개사"라 함은 개업공인중개사에 소속된 공인중개사(개업공인중개사인 법인의 사원 또는 임원으로서 공인중개사인 자를 포함한다)로서 중개업무를 수행하거나 개업공인중개사의 중개업무를 보조하는 자를 말한다.

⑥ "중개보조원"이라 함은 공인중개사가 아닌 자로서 개업공인중개사에 소속되어 중개대상물에 대한 현장안내 및 일반서무 등 개업공인중개사의 중개업무와 관련된 단순한 업무를 보조하는 자를 말한다.

(3) 중개대상물의 범위

　　① 토지

　　② 건축물 그 밖의 토지의 정착물

　　③ 그 밖에 대통령령으로 정하는 재산권 및 물권

　　　　㉠ 입목에 관한 법률에 따른 입목

　　　　㉡ 공장 및 광업재단 저당법에 따른 공장재단 및 광업재단

(4) 공인중개사 정책심의위원회

　　① 공인중개사의 업무에 관한 다음 각 호의 사항을 심의하기 위하여 국토교통부에 공인중개사 정책심의
　　　위원회를 둘 수 있다.

　　　　㉠ 공인중개사의 시험 등 공인중개사의 자격취득에 관한 사항

　　　　㉡ 부동산 중개업의 육성에 관한 사항

　　　　㉢ 중개보수 변경에 관한 사항

　　　　㉣ 손해배상책임의 보장 등에 관한 사항

　　② 공인중개사 정책심의위원회의 구성 및 운영 등에 관하여 필요한 사항은 대통령령으로 정한다. 즉, 위
　　　원장 1명 포함하여 7명 이상 11명 이내의 위원으로 구성한다.

　　③ 제1항에 따라 공인중개사 정책심의위원회에서 심의한 사항 중 제1호의 경우에는 특별시장 · 광역시
　　　장 · 도지사 · 특별자치도지사(이하 "시 · 도지사"라 한다)는 이에 따라야 한다.

4. 공인중개사의 업무 ★32, 34회 기출★

(1) 중개대상물의 확인 · 설명 ★29, 31, 33회 기출★

　　개업공인중개사는 중개를 의뢰받은 경우에는 중개가 완성되기 전에 다음의 사항을 확인하여 이를 당해
　　중개대상물에 관한 권리를 취득하고자 하는 중개의뢰인에게 성실 · 정확하게 설명하고, 토지대장 등본
　　또는 부동산종합증명서, 등기사항증명서 등 설명의 근거자료를 제시하여야 한다.

더 알아보기 중개대상물의 확인 · 설명사항

개업공인중개사가 매수 · 임차중개의뢰인 등 권리를 취득하고자 하는 중개의뢰인에게 확인 · 설명하여야 하는 사항은 다음과 같다.

① 중개대상물의 종류 · 소재지 · 지번 · 지목 · 면적 · 용도 · 구조 및 건축연도 등 중개대상물에 관한 기본적인 사항

② 소유권 · 전세권 · 저당권 · 지상권 및 임차권 등 중개대상물의 권리관계에 관한 사항

③ 거래예정금액 · 중개보수 및 실비의 금액과 그 산출내역

④ 토지이용계획, 공법상의 거래규제 및 이용제한에 관한 사항

⑤ 수도 · 전기 · 가스 · 소방 · 열공급 · 승강기 및 배수 등 시설물의 상태

⑥ 벽면 및 도배의 상태

⑦ 일조 · 소음 · 진동 등 환경조건

⑧ 도로 및 대중교통수단과의 연계성, 시장 · 학교와의 근접성 등 입지조건

⑨ 중개대상물에 대한 권리를 취득함에 따라 부담하여야 할 조세의 종류 및 세율

---

(2) 개업공인중개사인 법인의 업무(법 제14조) ★28, 29회 기출★

공인중개사법에서는 법인인 개업공인중개사의 겸업범위에 대해서만 법 제14조에서 규정하고 있고, 개인인 개업공인중개사에 대해서는 명문으로 규정하고 있지 않다.

① 업무의 내용

법인인 개업공인중개사는 다른 법률에 규정된 경우를 제외하고는 중개업 및 다음 업무 외에 다른 업무를 함께 할 수 없다. 따라서 중개법인이 법정업무 외의 업무를 수행한 경우 임의적 등록취소사유에 해당하므로 법정업무 외의 다른 사업과는 겸업할 수 없다고 할 수 있다.

㉠ 중개업

㉡ 상업용 건축물 및 주택의 임대관리 등 부동산의 관리대행

상업용 건축물이라 함은 상업에 이용되는 건물로서 이에는 근린생활시설, 판매 및 영업시설 등이 있고 주택에는 단독주택, 공동주택 등이 있는데 이들 건물의 소유자를 대신하여 임대, 대상부동산의 유지·보존하는 등의 운영에 관한 일체의 행위를 말한다.

㉢ 상업용 건축물 및 주택의 분양대행

분양대행은 개업공인중개사가 건설회사 등 공급자로부터 상업용 건축물 및 주택에 대하여 분양대행계약을 체결하고 분양을 대신해 주는 용역을 제공하는 것이다. 유의할 것은 토지 및 건축물 등 모든 부동산에 대하여 분양대행을 할 수 있는 것이 아니고 상업용 건축물 및 주택에 한정된다는 점이다.

㉣ 개업공인중개사를 대상으로 한 중개업의 경영기법 및 경영정보의 제공

중개사무소에서는 일반적으로 프랜차이즈업체에 가입하여 프랜차이즈업체의 공신력을 이용하여 고객의 확보 등에 유리한 점이 있는 반면 반대급부로 가맹점으로써 프랜차이즈업체에 가입비 등을 납입하여야 한다. 중개업의 프랜차이즈업을 할 수 있으므로 개업공인중개사 아닌 자를 대상으로 한 프랜차이즈업은 할 수 없다.

㉤ 부동산의 이용·개발 및 거래에 관한 상담

부동산의 이용·개발에 고도의 전문적인 지식과 경험을 갖춘 전문가들에게 과학적인 사전정보를 토대로 한 상담을 필요로 하게 되었는바 이러한 상담을 부동산 컨설팅이라고 한다. 유의할 것은 일반인을 대상으로 토지 및 건축물에 대하여 컨설팅업무를 할 수 있으나 그 상담의 내용은 이용·개발 및 거래로 제한된다는 점이다.

㉥ 중개의뢰인의 의뢰에 따른 도배·이사업체의 소개 등 주거이전에 부수되는 용역의 알선

유의할 것은 개업공인중개사는 용역의 알선업을 할 수 있는 것이지 직접 운송업이나 도배업을 할 수 없다는 점이다.

㉦ 민사집행법에 의한 경매 및 국세징수법 그 밖의 법령에 의한 공매대상 부동산에 대한 권리분석 및 취득의 알선과 매수신청 또는 입찰신청의 대리(법 부칙 제6조 제2항의 개업공인중개사는 제외)

② 개업공인중개사(법 부칙 제6조 제2항의 개업공인중개사는 제외)가 민사집행법에 의한 경매대상 부동산의 매수신청 또는 입찰신청의 대리를 하고자 하는 때에는 대법원규칙이 정하는 요건을 갖추어 법원에 등록을 하고 그 감독을 받아야 한다.

여기에서 유의할 점은 개업공인중개사(공인중개사와 법인)가 대법원규칙이 정하는 요건을 갖추어 법원에 등록을 받아야 수행할 수 있는 것은 경매대상부동산에 대한 매수신청 또는 입찰신청의 대리업무이다. 그러므로 경·공매대상부동산에 대한 권리분석 및 취득알선업무나 공매대상부동산의 매수

신청 또는 입찰신청대리업무를 수행하고자 하는 경우에는 별도의 요건을 갖추어 법원에 등록을 하지 않아도 개업공인중개사(법 부칙 제6조 제2항의 개업공인중개사는 제외)로서 수행할 수 있다.

(3) 공인중개사의 금지행위의 내용(법 제33조) ★30회 기출★

더 알아보기 개업공인중개사 등의 금지행위(법 제33조)

① 개업공인중개사등(개업공인중개사, 소속공인중개사, 중개보조원, 개업공인중개사인 법인의 사원 또는 임원)은 다음 각 호의 행위를 하여서는 아니된다.
1. 제3조의 규정에 의한 중개대상물의 매매를 업으로 하는 행위
2. 제9조의 규정에 의한 중개사무소의 개설등록을 하지 아니하고 중개업을 영위하는 자인 사실을 알면서 그를 통하여 중개를 의뢰받거나 그에게 자기의 명의를 이용하게 하는 행위
3. 사례 · 증여 그 밖의 어떠한 명목으로도 제32조에 따른 보수 또는 실비를 초과하여 금품을 받는 행위
4. 당해 중개대상물의 거래상의 중요사항에 관하여 거짓된 언행 그 밖의 방법으로 중개의뢰인의 판단을 그르치게 하는 행위
5. 관계 법령에서 양도 · 알선 등이 금지된 부동산의 분양 · 임대 등과 관련 있는 증서 등의 매매 · 교환 등을 중개하거나 그 매매를 업으로 하는 행위
6. 중개의뢰인과 직접 거래를 하거나 거래당사자 쌍방을 대리하는 행위
7. 탈세 등 관계 법령을 위반할 목적으로 소유권보존등기 또는 이전등기를 하지 아니한 부동산이나 관계 법령의 규정에 의하여 전매 등 권리의 변동이 제한된 부동산의 매매를 중개하는 등 부동산투기를 조장하는 행위
8. 부당한 이익을 얻거나 제3자에게 부당한 이익을 얻게 할 목적으로 거짓으로 거래가 완료된 것처럼 꾸미는 등 중개대상물의 시세에 부당한 영향을 주거나 줄 우려가 있는 행위
9. 단체를 구성하여 특정 중개대상물에 대하여 중개를 제한하거나 단체 구성원 이외의 자와 공동중개를 제한하는 행위
② 누구든지 시세에 부당한 영향을 줄 목적으로 다음 각 호의 어느 하나의 방법으로 개업공인중개사등의 업무를 방해해서는 아니된다.
1. 안내문, 온라인 커뮤니티 등을 이용하여 특정 개업공인중개사등에 대한 중개의뢰를 제한하거나 제한을 유도하는 행위
2. 안내문, 온라인 커뮤니티 등을 이용하여 중개대상물에 대하여 시세보다 현저하게 높게 표시 · 광고 또는 중개하는 특정 개업공인중개사등에게만 중개의뢰를 하도록 유도함으로써 다른 개업공인중개사등을 부당하게 차별하는 행위
3. 안내문, 온라인 커뮤니티 등을 이용하여 특정 가격 이하로 중개를 의뢰하지 아니하도록 유도하는 행위
4. 정당한 사유 없이 개업공인중개사등의 중개대상물에 대한 정당한 표시 · 광고 행위를 방해하는 행위
5. 개업공인중개사등에게 중개대상물을 시세보다 현저하게 높게 표시 · 광고하도록 강요하거나 대가를 약속하고 시세보다 현저하게 높게 표시 · 광고하도록 유도하는 행위

① 개업공인중개사 등이 법 제3조 규정에 의한 중개대상물의 매매를 업으로 하는 행위
  ㉠ 중개업이라 함은 일정한 보수를 받고 중개대상물에 대하여 거래당사자 간의 계약이 성립하도록 중개를 업으로 하는 것을 말하므로 그 중개대상물의 매매를 업으로 하는 행위는 중개업의 본질에 반하고 또한 중개대상물의 매매를 업으로 하게 되면 개업공인중개사 등이 직접 거래당사자의 지위에 놓여 계속 · 반복적으로 영리를 목적으로 하게 됨으로서 중개대상물 가격의 왜곡과 중개의뢰인과 개업공인중개사간의 복잡한 법률관계로 거래질서의 문란을 초래할 수 있으므로 금지된다.
  ㉡ 개업공인중개사 등이 중개대상물에 대하여 매매를 업으로 하는 것은 금지행위에 해당하나, 업에 이르지 않는 일체의 매매행위까지 금지하는 것은 아니며, 또한 법정중개대상물에 대한 매매업을 금지하고 자동차 · 건설기계 등의 매매업까지 금지하는 것은 아니다.

ⓒ 매매를 '업'으로 한다는 것은 중개대상물의 매매행위가 그 태양이나 규모, 횟수, 보유기간 등에 비추어 사회통념상 사업활동으로 볼 수 있을 정도의 계속성 · 반복성 · 영리성이 있을 경우에 해당한다고 볼 수 있다(대판 1995.11.7. 94누14025).

ⓔ 개업공인중개사 등의 중개대상물에 대한 매매행위는 가능하나, 중개의뢰인과 직접 거래하는 것을 금지하므로 개업공인중개사 등이 매매를 하고자 하는 경우에는 다른 개업공인중개사의 중개행위를 통하여 매수하거나 매도하여야 한다.

② 개업공인중개사 등이 중개사무소의 개설등록을 하지 아니하고 중개업을 영위하는 자인 사실을 알면서 그를 통하여 중개를 의뢰받거나 그에게 자기의 명의를 이용하게 하는 행위

ⓐ 등록을 하지 아니하고 중개업을 하는 무등록개업공인중개사와 개업공인중개사가 협력하여 불법 중개행위를 못하도록 하여 무등록개업공인중개사의 출현을 방지하기 위한 규정이다.

ⓑ 그러나 이 규정은 무등록 개업공인중개사임을 알고 한 행위는 금지의 대상이 되나 무등록 개업공인중개사임을 모르고 한 중개행위는 제재의 대상이 되지 않는다. 다만, 이때 고의 · 과실은 없어야 한다.

③ 개업공인중개사 등이 사례 · 증여 그 밖의 어떠한 명목으로도 중개보수 또는 실비를 초과하여 금품을 받는 행위

ⓐ 중개보수외에 실비를 받는 것은 금지행위에 해당되지 않지만 법정한도를 초과하는 금전 뿐만 아니라 골동품이나 미술품 등과 같이 금전적 가치가 있는 것도 받아서는 아니된다.

ⓑ 초과수수금지규정의 취지는 개업공인중개사 등이 중개의뢰인으로부터 보수 등의 명목으로 법정한도를 초과하는 금품을 취득함에 있는 것이지 중개의뢰인에게 현실적으로 그 한도초과액 상당의 재산상 손해가 발생함을 요건으로 하는 것이 아니다.

ⓒ 개업공인중개사가 중개의뢰인으로부터 보수 등의 명목으로 소정의 한도를 초과하는 액면금액의 당좌수표를 교부받았다가 그것이 사후에 부도 처리되거나 중개의뢰인에게 그대로 반환된 경우에도 금지행위에 해당된다(대판 2004.11.12. 2004도4136).

ⓓ 개업공인중개사가 부동산의 거래를 중개한 후 사례비나 수고비 등의 명목으로 금원을 받은 경우 그 금액이 소정의 보수를 초과하는 때에는 위 규정을 위반한 행위에 해당한다. 그러나 사례비나 수고비 등의 명목으로 금원을 받은 경우에도 그 금액이 소정의 보수를 초과하지 않는 경우에는 초과수수에 해당하지 않는다.

ⓔ 중개계약의 유형(일반 · 전속 · 순가중개계약 등) 및 중개계약당사자간의 약정과는 관계없이 중개보수 또는 실비를 초과하여 받는 것은 금지된다.

ⓕ 중개업무가 아닌 법 제14조 소정의 겸업을 수행한 대가는 초과수수에 해당하지 않는다(컨설팅, 프랜차이즈, 분양대행 등). 그러므로 중개업무와 구별되는 '분양대행'과 관련하여 교부받은 금원은 공인중개사법 제33조 제3호에 의하여 초과수수가 금지되는 금원에 해당하지 않는다.

ⓖ 개업공인중개사가 토지와 건물의 임차권 및 권리금, 시설비의 교환계약을 중개하고 그 사례 명목으로 포괄적으로 지급받은 금원 중 어느 금액까지가 공인중개사의 업무 및 부동산 거래신고에 관한 법의 규율대상인 중개보수에 해당하는지를 특정할 수 없어 같은 법이 정한 한도를 초과하여 중개보수를 지급받았다고 단정할 수 없다(대판 2006.9.22. 2005도6054).

ⓗ 권리금거래를 중개한 것은 공인중개사법상 중개행위에 해당하지 않는다.

④ 개업공인중개사 등이 당해 중개대상물의 거래상의 중요사항에 관하여 거짓된 언행 그 밖의 방법으로 중 개의뢰인의 판단을 그르치게 하는 행위

⊙ 개업공인중개사 등이 거래계약의 체결에만 급급하여 당해 중개대상물의 거래상의 중요사항을 거 짓된 언행·가격조작·사술기만·과장광고 등 사위의 방법으로 중개의뢰인의 판단을 그르치게 하는 행위를 하게 되면 당사자간에 부동산거래 사고뿐만 아니라 부동산시장의 왜곡 등 경제·사 회질서에 반하는 행위가 되므로 이를 법으로 금하고 있는 것이다.

ⓛ 거짓된 언행 기타의 방법이라 함은 서류뿐만 아니라 확인·설명 시 언어로써 표현하는 것도 포함 되며 중요한 결함을 설명하지 않은 부작위도 포함된다.

ⓒ '거래상 중요사항'에 중개대상물의 '가격'도 포함된다.
당해 중개대상물의 거래상의 중요사항에는 당해 중개대상물 자체에 관한 사항(권리관계나 공법상 제한사항 등)뿐만 아니라 그 중개대상물의 '가격' 등에 관한 사항들도 그것이 당해 거래상의 중요 사항으로 볼 수 있는 이상 포함된다고 보아야 할 것이다

ⓔ 개업공인중개사 등이 서로 짜고 매도의뢰가격을 숨긴 채 이에 비하여 무척 높은 가액으로 중개의 뢰인에게 부동산을 매도하고 그 차액을 취득한 행위는 법 제33조 소정의 금지행위에 해당하고 민 사상 불법행위를 구성한다(대판 1991.12.24, 91다 25963).

⑤ 관계법령에서 양도·알선 등이 금지된 부동산의 분양·임대 등과 관련 있는 증서 등의 매매·교환 등을 중개하거나 그 매매를 업으로 하는 행위

▶ 주택법상 주택공급질서교란행위의 대상

⊙ 입주자저축증서
ⓛ 주택상환사채
ⓒ 주택조합원의 지위나 고용주가 건설한 주택을 공급받을 수 있는 지위
ⓔ 시장 등이 발행한 무허가건물확인서, 건물철거예정증명서 또는 건물철거확인서
ⓜ 공공사업의 시행으로 인한 이주대책에 의하여 주택을 공급받을 수 있는 지위 또는 이주대책대상자확인서

⑥ 개업공인중개사 등이 중개의뢰인과 직접거래를 하거나 거래당사자 쌍방을 대리하는 행위
⊙ 직접거래
ⓐ 직접거래라 함은 개업공인중개사 등이 직접 거래당사자가 되어 중개의뢰인과 거래계약을 체결 하는 것으로 이는 중개를 업으로 한다는 개업공인중개사의 본질에 반할 뿐 아니라 부동산 투기 를 조장하고 부동산 거래질서를 문란시킬 수 있기 때문에 금지하는 것이다.
ⓑ 직접거래는 민법상의 자기계약과 유사한 것으로서 민법에서는 원칙적으로 자기계약은 금지하 되 본인이 허락하면 가능하지만 공인중개사법에서는 중개의뢰인의 동의가 있어도 예외없이 금 지된다.
ⓒ 개업공인중개사 등이 중개의뢰인이 아닌 자와 거래한 것은 직접거래에 해당되지 않는다.
ⓛ 쌍방대리
ⓐ 쌍방대리라 함은 한사람이 거래당사자 쌍방 모두로부터 대리권을 수여받아 계약을 체결하는 것으로 이는 거래당사자 중 일방의 이익에 손해를 줄 가능성이 있으므로 민법에서는 원칙적으 로 금지하나 본인이 허락하면 쌍방대리도 허용된다. 그러나 공인중개사법에서는 개업공인중개 사 등이 거래당사자로부터 동의를 얻은 경우에도 예외없이 금지된다.

ⓑ 개업공인중개사가 거래당사자의 일방만을 대리하여 계약을 체결하는 일방대리는 가능하다. 개업공인중개사 등이 거래당사자로부터 계약체결에 관한 대리권을 수여받은 경우 이에 대한 보수는 이 법에서 정한 법정 중개보수에 따르지 않고 당사자간의 합의로 정하면 된다.

더 알아보기 | 쌍방대리

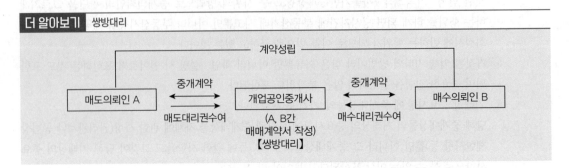

⑦ 개업공인중개사 등이 탈세 등 관계법령을 위반할 목적으로 소유권보존등기 또는 이전등기를 하지 아니한 부동산이나 관계법령의 규정에 의하여 전매 등 권리의 변동이 제한된 부동산의 매매를 중개하는 등 부동산투기를 조장하는 행위

공인중개사법 시행령 제22조(거래계약서 등) : 거래계약서에 필수 기재사항
① 법 제26조 제1항의 규정에 따른 거래계약서에는 다음 각 호의 사항을 기재하여야 한다.
1. 거래당사자의 인적 사항
2. 물건의 표시
3. 계약일
4. 거래금액 · 계약금액 및 그 지급일자 등 지급에 관한 사항
5. 물건의 인도일시
6. 권리이전의 내용
7. 계약의 조건이나 기한이 있는 경우에는 그 조건 또는 기한
8. 중개대상물확인 · 설명서 교부일자
9. 그 밖의 약정내용
② 법 제26조 제1항에서 "대통령령이 정하는 기간"이라 함은 5년을 말한다.
③ 국토교통부장관은 개업공인중개사가 작성하는 거래계약서의 표준이 되는 서식을 정하여 그 사용을 권장할 수 있다.

공인중개사법 제18조의2(중개대상물의 표시 · 광고)
① 개업공인중개사가 의뢰받은 중개대상물에 대하여 표시 · 광고(「표시 · 광고의 공정화에 관한 법률」 제2조에 따른 표시 · 광고를 말한다. 이하 같다)를 하려면 중개사무소, 개업공인중개사에 관한 사항으로서 대통령령으로 정하는 사항을 명시하여야 하며, 중개보조원에 관한 사항은 명시해서는 아니 된다.

> 시행령 제17조의2 제1항
> 1. 중개사무소의 명칭, 소재지, 연락처 및 등록번호
> 2. 개업공인중개사의 성명(법인인 경우에는 대표자의 성명)

② 개업공인중개사가 인터넷을 이용하여 중개대상물에 대한 표시 · 광고를 하는 때에는 제1항에서 정하는 사항 외에 중개대상물의 종류별로 대통령령으로 정하는 소재지, 면적, 가격 등의 사항을 명시하여야 한다.

시행령 제17조의2 제2항

법 제18조의2 제2항에서 "대통령령으로 정하는 소재지, 면적, 가격 등의 사항"이란 다음 각 호의 사항을 말한다.

1. 소재지
2. 면적
3. 가격
4. 중개대상물 종류
5. 거래 형태
6. 건축물 및 그 밖의 토지의 정착물인 경우 다음 각 목의 사항

    가. 총 층수

    나.「건축법」또는「주택법」등 관련 법률에 따른 사용승인 · 사용검사 · 준공검사 등을 받은 날

    다. 해당 건축물의 방향, 방의 개수, 욕실의 개수, 입주가능일, 주차대수 및 관리비

④ 개업공인중개사는 중개대상물에 대하여 다음 각 호의 어느 하나에 해당하는 부당한 표시 · 광고를 하여서는 아니 된다.

1. 중개대상물이 존재하지 않아서 실제로 거래를 할 수 없는 중개대상물에 대한 표시 · 광고
2. 중개대상물의 가격 등 내용을 사실과 다르게 거짓으로 표시 · 광고하거나 사실을 과장되게 하는 표시 · 광고
3. 그 밖에 표시 · 광고의 내용이 부동산거래질서를 해치거나 중개의뢰인에게 피해를 줄 우려가 있는 것으로서 대통령령으로 정하는 내용의 표시 · 광고

제3절　부동산 마케팅과 광고

1. 부동산 마케팅 전략 ★27, 28, 29, 30, 33회 기출★

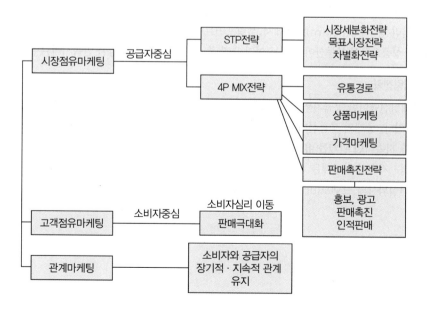

마케팅이론과 관련하여 부동산 마케팅은 다음 세 가지 차원에서 접근이 가능하다.

(1) 시장점유 마케팅 전략 *★34회 기출★*

공급자의 전략차원으로서 표적시장을 선점하거나 틈새시장을 점유하는 마케팅 전략을 말하는 것으로 그 내용은 다음과 같다.

① STP 전략

STP란 시장세분화(Segmentation), 표적시장(Target), 차별화(Positioning)를 표상하는 약자로서 전통적인 전략의 하나이다.

㉠ 시장세분화(Segmentation) 전략 : 수요자 집단을 인구·경제학적 특성 등에 따라 동질적인 집단을 묶어서 군집화하여 수요자 집단을 세분화하는 것이다.

㉡ 표적시장(Target) 전략 : 세분화된 시장에서 자사의 경쟁상황과 목표 그리고 자원 등을 고려하여 가장 자신있는 수요자 집단을 선정하는 것을 말한다.

㉢ 차별화(Positioning) 전략 : 동일한 표적시장을 갖는 다양한 공급경쟁자들 사이에서 자신의 상품을 어디에 위치시킬 것인가 하는 전략을 말한다.

② 4P MIX 전략

4P MIX 전략이란 제품(Product), 가격(Price), 유통경로(Place), 촉진(Promotion)의 제 측면에 있어서 차별화를 도모하는 전략을 말한다.

(2) 고객점유 마케팅 전략

고객점유 마케팅전략이란 소비자의 구매의사결정과정의 각 단계에서 소비자와의 심리적 접점을 마련하고, 전달되는 메시지의 톤과 강도를 조절하여 마케팅효과를 극대화하는 것이다.

기존의 마케팅전략이 공급자의 일방적 접근이었다면 소비자를 중심으로 한 새로운 전략으로 도입되었으며, 소비자의 심리를 이해하고 소비자와의 다양한 접점을 창출하려는 고객 지향적 마케팅전략이다. 이러한 고객점유 마케팅전략은 AIDA 원리를 적용하여 소비자의 욕구를 충족시키기 위한 전략이다.

AIDA란 소비자가 대상 부동산을 구매할 때까지 나타나는 구매의사결정과정인 주의(Attention), 관심(Interest), 욕망(Desire), 행동(Action)의 심리적인 변화 4단계를 말한다. 따라서 고객점유 마케팅전략은 AIDA 원리에 기반을 두면서 소비자의 욕구를 파악하여 마케팅효과를 극대화하는 전략이다.

AIDA 원리 중 욕망(Desire)단계에서 셀링포인트(selling point)가 강조되는데, 셀링포인트(selling point)란 상품으로서 부동산이 지니는 여러 특징 중 구매자(고객)의 욕망을 만족시켜 주는 특징을 말한다.

(3) 관계 마케팅전략

관계 마케팅전략이란 공급자와 소비자의 지속적인 관계를 통해서 상호 이익이 되는 장기적인 관점의 마케팅전략이다. 종래의 부동산마케팅은 공급자와 소비자 간의 일회성 거래를 전제로 관계가 종료됨에 따라 고객과 지속적인 관계를 유지하기 어려웠다. 이러한 반성으로 고객에 대한 책임감을 가지고 양자 간의 장기적·지속적인 관계를 유지하면서 매도자의 브랜드(brand) 가치를 증진시키는 마케팅전략이다. 최근에 건설회사의 브랜드(brand) 이미지를 내세우는 판매전략도 관계 마케팅전략의 일종으로 볼 수 있다.

3. 마케팅 믹스(marketing mix : 4P MIX)

마케팅 믹스(4P MIX)란 기업의 표적시장에 도달하기 위해 이용하는 마케팅 제 요소의 조합으로 정의할 수 있다. 부동산 마케팅 믹스의 제 요소는 제품(Product), 가격(Price), 유통경로(Place), 촉진(Promotion, 커뮤니케이션) 전략으로 분류한다.

(1) Product(제품) 전략

제품계획시 품질, 설계, 입지조건, 브랜드, 디자인 등을 고려하여 신제품을 개발하거나, 기존제품을 개량하거나, 기존제품을 새로운 용도로 전환하는 방법 등을 말한다.

(2) Price(가격) 전략

품질과 가격을 동시에 지향하는 소비자에게 가격을 어떻게 결정하여 제시하는가에 관해 충분한 검토가 필요하다.

① 경쟁자 중심의 가격전략

각 기업은 부동산업계에서 가격 주도자(price leader)가 될 것인가, 추종자가 될 것인가를 결정해야 한다.

▶ 가격수준정책

시가정책	경쟁업자의 가격과 동일가격으로 하든지 또는 경쟁업자의 가격을 추종하지 않으면 안 되는 경우에 취하는 가격정책이다.
저가정책	• 부동산경기 침체로 거래가 잘 안 이루어지거나 분양이 안 될 때 • 자금회수를 빨리 하려 할 때 • 지역구매자의 구매력이 낮을 때 • 상품의 차별화정책을 하고 있을 때 • 시장점유율을 확대하려 할 때 • 경영합리화로 코스트다운이 실현된 경우
고가정책	우수한 고객층을 빨리 파악하여 가능한한 위험을 최소한으로 하려는 경우에 해당된다. 비교적 고수준으로 가격을 결정하는 방법이나, 고객층이 한정되고 시장에서의 수용속도가 늦고 경쟁기업이 급속히 진출할 가능성이 있다.

② 신축가격전략

부동산회사가 같은 자재, 시공, 설비한 경우라도 가격을 다르게 하여 파는 방법이다. 즉, 같은 동의 같은 평수일지라도 위치, 방위, 층에 따라 부동산가격을 달리 책정하는 경우를 말한다.

③ 할인 및 할부정책

할인정책에는 현금할인·특별할인 등이 있고, 할부정책으로는 연·월 할부정책이 있다.

(3) Place(유통경로) 전략

① 개념

생산자는 제품 등을 어떠한 유통경로로 소비자에게 전달하는 것이 가장 효율적인가를 결정하는 단계이다. 유통경로방식은 직접유통경로방식과 중간상 유통경로가 있다.

ㄱ 직접유통경로 : 중간상을 통하지 않고 생산자와 소비자가 직접거래하는 방식이다

ㄴ 중간상 유통경로 : 제품을 생산자에서 소비자로 바로 연결되는 것이 아니라, 중간에 중간상(중개업자, 분양업자 등)을 거쳐서 소비자에게 전달되는 방식이다.

(4) Promotion(촉진,커뮤니케이션) 전략

마케팅 커뮤니케이션 수단으로서는 홍보, 광고, 인적 판매 및 판매촉진을 들 수 있다.

① 판매촉진수단

㉠ 소비촉진수단 : 모델하우스, 경품, 하자보수 등이 있다.

㉡ 거래촉진수단 : 구매공제금, 무료상품, 협동광고 등이 있다.

㉢ 판매원촉진수단 : 상여금, 경진대회, 판매원 집회 등이 있다.

② 인적 판매 : 구매를 유도하기 위하여 판매원이 고객 및 잠재고객과 직접 접촉하는 방법이다.

③ 광고 : 스폰서(광고주)가 일정한 비용을 지불하고 자신의 정보를 제공하는 방식이다.

④ 홍보(P.R) : 자사의 정보를 신문, TV등을 통하여 간접적인 경로를 통하여 제공하는 방식이다.

2. 부동산광고

(1) 부동산광고의 의의

부동산광고란 명시된 광고주가 대가를 지불하고 고객의 부동산 의사결정을 도와주는 설득과정의 하나이며, 부동산 마케팅 활동을 수행하기 위한 수단 중의 하나이다.

(2) 광고의 특징

부동산광고의 특징은 부동산이 갖는 특성으로 인하여 일반재화와는 다른 특징을 나타낸다.

① 지역적 제한성

부동산의 위치의 고정성으로 인하여 부동산광고는 지역적으로 행해지고 견본 제시가 어렵다.

② 내용의 개별성

부동산은 그 개별성으로 인하여 보편적이고 추상적인 개념적 광고로는 부동산상품이 가지는 특성을 정확히 나타낼 수 없으므로 다양한 광고기법을 사용하여 그 내용을 적절히 표현할 수 있어야 한다.

③ 시간의 제한성

부동산은 영속성을 가지므로 장기적인 배려가 필요하다. 따라서 부동산광고는 광고 횟수가 제한될 뿐만 아니라 일정기간이 지나면 그 효과가 소멸된다는 것이다.

④ 광고의 양면성

일반광고는 구매할 사람을 대상으로 행하여지는 반면, 부동산광고에서는 살 사람뿐만 아니라 팔 사람까지도 대상이 된다는 양면성을 가지고 있다.

더 알아보기 광고와 홍보

1. 광고

부동산광고는 시장에 상품을 소개하고, 부동산의 판매방법을 강구하는 데 있다. 이러한 기능은 상품과 서비스에 대한 수요를 자극하고, 기업에 대한 호의를 창출하기 위한 커뮤니케이션이며, 판매원에 의지하지 않는 유상(有償)인 점이 특징이다.

2. 홍보

홍보는 자사제품을 알리기 위하여 자사가 비용을 부담하지 않는 경우로서 보도기관에 뉴스의 소재를 제공하는 활동을 말한다.

○ × 핵심체크

01 소유권 등 부동산등기법에 따라 등기할 수 있는 권리관계에 대한 하자유무를 조사·확인·판단하는 것을 광의의 권리관계의 분석이라 한다. ○ ×

02 등기능력이 없는 유치권, 도로관계 등의 사실관계까지 분석하는 것을 최광의 권리관계의 분석이라 한다. ○ ×

03 부동산권리분석은 권력적 행위, 주관성과 객관성, 사후확인행위의 성격을 갖고 있다. ○ ×

04 부동산권리분석에서 탐문활동이란 권리분석에 필요한 자료와 정보를 직접 탐문하여 얻는 것을 말한다. ○ ×

05 에스크로우를 설정함으로써, 매매계약 체결 후 소유권이 이전되기 전 매매당사자가 심적인 변화를 일으켜 계약을 이행하지 않는 것을 방지할 수 있다. ○ ×

06 독점중개계약은 거래당사자가 직접 계약을 체결한 경우는 중개수수료를 받지 못한다. ○ ×

07 순가중개계약은 의뢰인이 불특정 다수의 중개업자에게 경쟁적으로 중개를 의뢰하는 제도이다. ○ ×

08 법인인 개업공인중개사는 상업용 건축물 및 주택의 임대관리 등 부동산의 관리대행 등을 할 수 있다. ○ ×

09 관계 마케팅 전략은 AIDA원리에 기반을 두면서 소비자의 욕구를 파악하여 마케팅효과를 극대화하는 전략이다. ○ ×

10 시장세분화 전략은 수요자 집단을 인구경제학적 특성에 따라서 세분하고, 그 세분된 시장을 대상으로 상품의 판매 지향점을 분명히 하는 전략이다. ○ ×

정답 및 해설 **01** × **02** ○ **03** × **04** ○ **05** ○ **06** × **07** × **08** ○ **09** × **10** ○

오답분석

01 협의의 권리관계의 분석이라 한다.

03 ~권력적 행위가 아니라 비권력적 행위이다.

06 독점중개계약이 아니라 전속중개계약에 대한 설명이다.

07 순가중개계약이 아니라 일반중개계약에 대한 설명이다.

09 관계 마케팅이 아니라 고객점유 마케팅에 대한 설명이다.

제7장 | 확인학습문제

01 다음의 부동산 권리분석 특별원칙은?

★31회 기출★

☑확인
Check!
○
△
×

• 하자전제의 원칙   • 범위확대의 원칙
• 차단의 원칙   • 완전심증의 원칙
• 유동성 대비의 원칙

① 능률성의 원칙 ② 탐문주의 원칙

③ 증거주의 원칙 ④ 안정성의 원칙

⑤ 사후확인의 원칙

해설

난도 ★★

권리분석의 특별원칙은 능률성, 안정성, 증거주의, 탐문주의가 있는데 주어진 지문은 안정성의 하위원칙에 대한 설명이다.

답 ④

02 부동산 권리분석에 관한 내용으로 옳지 <u>않은</u> 것은?

★28회 기출★

☑확인
Check!
○
△
×

① 부동산의 상태 또는 사실관계, 등기능력 없는 권리 및 등기를 요하지 않는 권리관계 등 자세한 내용에 이르기까지 분석의 대상으로 하는 것이 협의의 권리분석이다.

② 매수인이 대상부동산을 매수하기 전에 소유권이전을 저해하는 조세체납, 계약상 하자 등을 확인하기 위해 공부 등을 조사하는 일도 포함된다.

③ 부동산 권리관계를 실질적으로 조사, 확인, 판단하여 일련의 부동산활동을 안전하게 하려는 것이다.

④ 대상부동산의 권리에 하자가 없는지 여부를 판단하는 것을 권리분석이라 한다.

⑤ 권리분석 보고서에는 대상부동산 및 의뢰인, 권리분석의 목적, 판단결과의 표시 및 이유, 권리분석의 방법 및 성격, 수집한 자료 목록, 면책사항 등이 포함된다.

해설
난도 ★★★
① 협의의 권리분석이 아니라 최광의의 권리분석에 해당된다.

답 ①

03 에스크로우(Escrow)제도에 관한 설명으로 옳지 않은 것은?

★27회 기출★

① 매수자는 권원상의 하자나 부담으로부터 발생하는 위험을 사전에 방지할 수 있다.
② 매수자뿐만 아니라 권원의 이전에 관계되는 매도자, 저당대출기관 등의 권익을 보호하는 역할을 한다.
③ 권리보험제도와 병행하여 활성화하면 거래안전의 시너지 효과를 거둘 수 있다.
④ 공인중개사법령상 개업공인중개사는 거래의 안전을 보장하기 위하여 필요하다고 인정하는 경우에는 거래계약의 이행이 완료될 때까지 계약금‧중도금 또는 잔금을 개업공인중개사 명의로 금융기관에 예치하도록 거래당사자에게 권고할 수 있다.
⑤ 에스크로우 회사는 매도자와 매수자의 협상과정에 참여하여 거래과정에서 발생하는 여러가지 문제에 대하여 조언을 한다.

해설
난도 ★★★
⑤ 에스크로우 회사는 매도자와 매수자의 협상과정에 참여하는 것이 아니라, 업무를 대행해주는 것이다.

답 ⑤

04 부동산 중개계약에 관한 설명으로 옳은 것은?

★30회 기출★

① 순가중개계약은 중개의뢰인이 다수의 개업공인중개사에게 의뢰하는 계약의 행태이다.
② 독점중개계약을 체결한 개업공인중개사는 자신이 거래를 성립시키지 않았을 경우 중개보수를 받지 못한다.
③ 전속중개계약을 체결한 개업공인중개사는 누가 거래를 성립시켰는지에 상관없이 중개보수를 받을 수 있다.
④ 공동중개계약은 다수의 개업공인중개사가 상호 협동하여 공동으로 중개 역할을 하는 것이다.
⑤ 일반중개계약은 거래가격을 정하여 개업공인중개사에게 제시하고, 이를 초과한 가격으로 거래가 이루어진 경우 그 초과액을 개업공인중개사가 중개보수로 획득하는 방법이다.

난도 ★★

① 순가중개계약이 아니라 일반중개계약에 대한 설명이다.

③ 전속중개계약이 아니라 독점중개계약에 대한 설명이다.

⑤ 일반중개계약이 아니라 순가중개계약에 대한 설명이다.

답 ④

05 공인중개사법령상 개업공인중개사가 주택을 중개하는 경우 확인 · 설명할 사항이 <u>아닌</u> 것은? ★29회 기출★

① 일조 · 소음 · 진동 등 환경조건

② 벽면 및 도배의 상태

③ 중개대상물의 최유효이용상태

④ 중개대상물의 권리관계

⑤ 시장 · 학교와의 접근성 등 입지조건

해설
난도 ★★★

중개대상물의 최유효이용상태는 설명할 필요가 없다.

답 ③

06 공인중개사법령상 공인중개사의 중개대상물이 <u>아닌</u> 것은?(다툼이 있으면 판례에 따름) ★32회 기출★

① 토지거래허가구역 내의 토지

② 가등기가 설정되어 있는 건물

③ 입목에 관한 법률에 따른 입목

④ 하천구역에 포함되어 사권이 소멸된 포락지

⑤ 공장 및 광업재단 저당법에 따른 광업재단

해설
난도 ★★

하천구역에 포함되어 사권이 소멸된 포락지는 개인소유재산이 아니므로 중개대상물이 될 수 없다.

답 ④

07 개업공인중개사의 금지행위에 해당하지 <u>않는</u> 것은?

① 경매대상 부동산의 권리분석 및 취득을 알선하는 행위
② 중개대상물의 매매를 업으로 하는 행위
③ 중개의뢰인과 직접 거래를 하거나 거래당사자 쌍방을 대리하는 행위
④ 당해 중개대상물의 거래상의 중요사항에 관하여 거짓된 언행 그 밖의 방법으로 중개의뢰인의 판단을 그르치게 하는 행위
⑤ 중개사무소의 개설등록을 하지 아니하고 중개업을 영위하는 자인 사실을 알면서 그를 통하여 중개를 의뢰 받는 행위

해설
난도 ★★★
① 경매대상 부동산의 권리분석 및 취득을 알선하는 행위는 금지행위가 아니다.

답 ①

08 부동산마케팅 전략에 관한 설명으로 옳은 것은?

★30회 기출★

① 시장점유마케팅전략은 AIDA원리에 기반을 두면서 소비자의 욕구를 파악하여 마케팅 효과를 극대화하는 전략이다.
② 고객점유마케팅전략은 공급자 중심의 마케팅 전략으로 표적시장을 선정하거나 틈새시장을 점유하는 전략이다.
③ 관계마케팅전략은 생산자와 소비자의 지속적인 관계를 통해서 마케팅효과를 도모하는 전략이다.
④ STP전략은 시장세분화, 표적시장 선정, 판매촉진으로 구성된다.
⑤ 4P-MIX 전략은 제품, 가격, 유통경로, 포지셔닝으로 구성된다.

해설
난도 ★★
① 시장점유마케팅전략이 아니라 고객점유마케팅의 전략에 대한 설명이다.
② 고객점유마케팅전략이 아니라 시장점유마케팅전략에 대한 설명이다.
④ STP전략은 시장세분화, 표적시장 선정, 차별화로 구성된다.
⑤ 4P-MIX 전략은 제품, 가격, 유통경로, 촉진으로 구성된다.

답 ③

제7장 | 확인학습문제 **749**

모든 일에 있어서, 시간이 부족하지 않을까를 걱정하지 말고,
다만 내가 마음을 바쳐 최선을 다할 수 있을지, 그것을 걱정하라.

- 정조 -

제3편

감정평가이론

제01장   감정평가의 기초이론

제02장   부동산 가격이론

제03장   감정평가의 3방식

제04장   부동산 가격공시제도

출제경향 & 수험대책

이 부분은 감정평가사 시험임에도 불구하고 출제되는 비중이 적다. 또한 출제되는 내용도 기본적 내용에 충실하게 출제되고 있다. 집중적으로 공부해야할 부분은 감정평가 3방식이다. 예상외로 가격공시제도는 출제빈도가 낮은 편이다.

제1장 | 감정평가의 기초이론

출제포인트

감정평가의 기초이론 부분은 개념적 정리를 잘 해두면 크게 어려움이 없는 단원이다. 이 단원에서 중심적으로 정리해 둘 것은 다음과 같지만 특히 개념별 혼동에 유의하여 정리하여야 한다.

□ 감정평가의 기초에서는 감정평가의 정의 · 기능 · 필요성을 개괄적으로 정리
□ 업무기술상 분류인 현황평가와 조건부평가, 기한부평가와 소급평가의 차이점
□ 감정평가기준상 분류(일괄평가, 구분평가, 부분평가)의 개념

제1절　감정평가의 개요

1. 감정평가의 의의

(1) '감정평가'란 토지 등의 경제적 가치를 판정하여 그 결과를 가액(價額)으로 표시하는 것을 말한다.

(2) '감정평가업'이란 타인의 의뢰에 따라 일정한 보수를 받고 토지 등의 감정평가를 업(業)으로 행하는 것을 말한다.

2. 부동산평가의 기능

(1) 경제적 기능
　① 효율적인 자원배분
　② 합리적이고 공정한 거래질서의 확립
　③ 합리적인 투자방안의 예측

(2) 정책적 기능
　① 부동산의 효율적인 이용 · 관리 및 규제
　② 부동산의 적정가치형성 유도
　③ 합리적인 손실보상
　④ 과세의 형평성

3. 부동산평가의 특별원칙

(1) 능률성의 원칙

부동산평가활동, 평가이론의 개발, 그 전달과정도 고도로 능률적이어야 한다는 원칙이다.

(2) 안전성의 원칙

합리적인 안전성을 유지해야 한다는 원칙으로 감정평가의 사회성·공공성에서 근거가 된다.

(3) 전달성의 원칙

대상부동산에 대한 감정평가가 충분히 합리적이고 현실적인 근거에 기초하여 객관적·논리적으로 진행되어야 한다. 전달성의 원칙은 평가서의 작성에서 중요시된다.

(4) 합리성의 원칙

감정평가된 부동산가치는 감정평가사의 합리적인 추론과정을 통하여 산출되어야 한다.

제2절　부동산평가의 분류

1. 제도적 측면의 분류

(1) 평가주체에 의한 분류

① 공적평가

공공기관에 의한 감정평가로 업무수행력은 강하다.

② 공인평가

국가기관으로부터 공인된 자격을 가진 개인에 의한 감정평가를 말한다.

(2) 강제성 여부에 따른 분류

① 필수적 평가

일정한 사유가 발생하면 반드시 관련 평가기관의 평가를 받아야 하는 의무적으로 강제된 평가이다. 토지수용, 협의매수, 법원 경매평가, 과세 시의 평가, 공시지가 등이 있다.

② 임의적 평가

이해관계인의 임의의사에 의한 평가를 말한다.

(3) 평가 목적에 따른 분류

① 공익평가

공적기관에 의한 공익목적의 평가로 보상평가, 공시지가 등이 있다.

② 사익평가

사적기관에 의한 사익목적의 평가이다. 담보평가, 일반거래를 위한 평가 등이 이에 속한다.

③ 법정평가

일정한 평가대상물에 대하여 법규에서 정한 대로 행하는 평가를 법정평가라고 한다.

2. 업무기술상의 분류

(1) 평가조건에 따른 분류 ★28, 32회 기출★

① 현황평가

대상부동산의 상태, 구조, 이용방법, 제한물권의 부착, 점유상태 등을 현황대로 유지할 것을 전제로 하는 평가하는 것을 말한다.

② 조건부평가

장래 불확실하게 발생하는 새로운 사태의 발생을 상정하여 그 상황을 성취되는 것을 전제로 부동산의 증·감가 요인을 적절히 참작하여 평가하는 것이다.

③ 기한부평가

장래에 도달할 확실한 일정시점을 기준으로 해서 행하는 평가이다.

④ 소급평가

과거의 어느 시점을 기준으로 기준시점을 정하여 부동산을 평가하는 것을 말한다.

더 알아보기 | 감정평가에 관한 규칙

① 감정평가는 기준시점에서의 대상물건의 이용상황(불법적이거나 일시적인 이용은 제외한다) 및 공법상 제한을 받는 상태를 기준으로 한다.

　ⓐ 대상물건이 일시적인 이용 등 최유효이용에 미달되는 경우에는 최유효이용을 기준으로 감정평가하되, 최유효이용으로 전환하기 위해 수반되는 비용을 고려한다.

　ⓑ 대상물건이 불법적인 이용인 경우에는 합법적인 이용을 기준으로 감정평가하되, 합법적인 이용으로 전환하기 위해 수반되는 비용을 고려한다.

② 감정평가법인 등은 제1항에도 불구하고 다음 각 호의 어느 하나에 해당하는 경우에는 기준시점의 가치형성요인 등을 실제와 다르게 가정하거나 특수한 경우로 한정하는 조건을 붙여 감정평가할 수 있다.

　ⓐ 법령에 다른 규정이 있는 경우

　ⓑ 의뢰인이 요청하는 경우

　ⓒ 감정평가의 목적이나 특성에 비추어 사회통념상 필요하다고 인정되는 경우

③ 감정평가법인 등은 제2항에 따라 감정평가조건을 붙일 때에는 감정평가조건의 합리성, 적법성 및 실현가능성을 검토해야 한다.

---

(2) 우리나라의 감정평가규칙상의 평가

① 원칙 : 개별평가[감칙[1] 제7조 제1항]

「감정평가에 관한 규칙」에 따르면 평가는 대상물건마다 개별로 평가하여야 한다.

② 일괄평가[감칙 제7조 제2항]

㉠ 2개 이상의 평가대상물건이 일체로 거래되거나 대상물건 상호 간에 용도상 불가분의 관계에 있는 경우에는 일괄하여 평가할 수 있다.

㉡ 2필지의 토지가 1획지로 이용될 경우에 2필지를 일괄하여 평가한다.

㉢ 산림은 임지와 입목을 일괄평가할 수 있다.

---

1) 「감정평가에 관한 규칙」을 통상적으로 "감칙"이라고 축약하여 표현한다. 따라서 본서에는 감칙이라고 축약하여 표현하겠다.

③ 구분평가[감칙 제7조 제3항]

　　㉠ 하나의 대상물건이라도 가치를 달리하는 부분은 이를 구분하여 평가할 수 있다.

　　㉡ 산림은 산지와 입목을 구분해서 평가하여야 한다.

　　㉢ 1개의 토지가 전면부는 상업용, 후면부는 주거용으로 이용되는 경우, 즉 1필지가 2획지로 이용되는 경우 구분평가를 한다.

④ 부분평가[감칙 제7조 제4항]

　　㉠ 일체로 이용되고 있는 대상물건의 일부분에 대하여 감정평가하여야 할 특수한 목적이나 합리적인 이유가 있는 경우에는 그 부분에 대하여 감정평가할 수 있다.

　　㉡ 복합부동산의 경우 그 상태를 주어진 것으로 그 구성부분을 평가대상으로 하는 것이 부분평가이다. 따라서 일종의 현황평가이다.

　　㉢ 복합부동산의 경우 건부지 상태로 토지와 건물을 각각 평가하는 것이다.

더 알아보기 | 독립평가

1. 부동산이 토지 및 건물 등의 결합으로 구성되어 있는 경우, 토지만을 독립한 부동산으로 보고 평가하는 경우이다.
2. 복합부동산에서 토지만을 평가하는 경우이다.
3. 독립평가는 건부지를 나지로 상정해서 평가하는 것으로 건부지를 최유효이용상태로 평가하는 것이다. 따라서 건부감가를 고려하지 않는다.

01 기준시점은 대상물건의 의뢰한 날로 한다. 기준시점이 미리 정하여진 때에는, 가격조사가 가능한 경우에만, 그 일자를 기준시점으로 정할 수 있다. ○ ×

02 감정평가는 기준시점에서의 대상물건의 이용상황(불법적과 일시적인 이용은 제외함) 및 공법상 제한을 받는 상태를 기준으로 한다. ○ ×

03 기한부평가란 부동산가치의 증감요인이 되는 새로운 상황의 발생을 상정하여 그 조건이 성취되는 경우를 전체로 부동산을 평가하는 것을 말한다. ○ ×

04 2개 이상의 대상물건이 일체로 거래되거나 대상물건 상호간에 용도상 불가분의 관계가 있는 경우 구분하여 평가할 수 있다. ○ ×

05 구분평가란 일체로 이용하고 있는 물건의 일부만을 평가하는 경우를 말한다. ○ ×

06 하나의 대상물건이라도 가치를 달리하는 부분은 이를 부분하여 감정평가할 수 있다. ○ ×

07 소급평가란 과거 어느 시점을 기준시점으로 하여 부동산가치를 평가하는 것을 말한다. ○ ×

08 감정평가업자는 법령에 다른 규정이 있는 경우에는 기준시점의 가치형성요인 등을 실제와 다르게 가정하거나 특수한 경우로 한정하는 조건을 붙여 감정평가할 수 있다. ○ ×

09 법정평가란 법규에 정한대로 행하는 평가로서 공공용지 수용시 평가, 과세평가 등이 있다. ○ ×

10 「감정평가업」이라 함은 타인의 의뢰에 의하여 일정한 보수를 받고 토지 등의 감정평가를 업으로 행하는 것을 말한다. ○ ×

정답 및 해설 **01** × **02** ○ **03** × **04** × **05** × **06** × **07** ○ **08** ○ **09** ○ **10** ○

오답분석
01 기준시점은 대상물건의 가격조사완료한 날로 한다.
03 기한부평가가 아니라 조건부평가에 대한 설명이다.
04 ~ 일괄하여 평가할 수 있다.
05 구분평가가 아니라 부분평가에 대한 설명이다.
06 이를 구분하여 감정평가할 수 있다.

제1장 | 확인학습문제

01 감정평가유형에 관한 설명으로 옳지 <u>않은</u> 것은? ★28회 기출★

① 일괄평가란 2개 이상의 대상물건이 일체로 거래되거나 대상물건 상호간에 용도상 불가분의 관계가 있는 경우에는 일괄하여 평가하는 것을 말한다.

② 조건부평가란 일체로 이용되고 있는 물건의 일부만을 평가하는 것을 말한다.

③ 구분평가란 1개의 대상물건이라도 가치를 달리하는 부분은 이를 구분하여 평가하는 것을 말한다.

④ 현황평가란 대상물건의 상태, 구조, 이용방법 등을 있는 그대로 평가하는 것을 말한다.

⑤ 참모평가란 대중평가가 아니라 고용주 혹은 고용기관을 위해 하는 평가를 말한다.

해설

난도 ★

② 조건부평가가 아니라 부분평가에 대한 설명이다.

답 ②

제2장 | 부동산 가격이론

출제포인트

이 단원은 시험에 자주 출제되는 부분이다. 이 단원에서 중심적으로 정리해 둘 것은 다음과 같지만, 특히 개념별 혼동에 유의하여 정리하여야 한다.

 ▫ 가격(price)과 가치(value)의 차이점
 ▫ 가치형성요인과 가치발생요인의 구분
 ▫ 부동산가격 제원칙과 최고 · 최선의 이용의 정확한 개념파악
 ▫ 지역분석과 개별분석의 특징 파악

제1절   부동산 가격이론

1. 가치(value)와 가격(price) ★29회 기출★

(1) 가치(value)와 가격(price)의 비교

가치(value)	가격(price)
㉠ 장래 기대되는 편익을 현재 가치로 환원한 값	㉠ 실제 거래된 금액
㉡ 사용의 대가	㉡ 교환의 대가
㉢ 가격±오차	㉢ 수급작용으로 거래당사자 사이에 제안된 값
㉣ 대상부동산에 대한 현재의 값	㉣ 대상부동산에 대한 과거의 값
㉤ 무수히 많음 → 보상가치, 담보가치 등	㉤ 주어진 시점에서 대상부동산의 가격은 하나
㉥ 평가사가 전문가	㉥ 중개사가 전문가

① 가치와 가격의 개념
 ㉠ 가치 : 가치란 장래 기대되는 편익을 현재가치로 환원한 값이다. 장래 기대되는 편익이란 소득과 같은 화폐적 편익뿐만 아니라, 비화폐적 편익도 포함된다.
 ㉡ 가격(price) : 교환의 대가로 시장에서 매도자와 매수자 간에 지불된 실거래액이다.
② 가치 : 가격±오차
 가격이란 부동산시장에서 수요 · 공급의 작용으로 거래당사자 사이에 제안된 값이다. 실거래액은 비정상적으로 매매된 가격이 많으므로 대상부동산의 가치를 충분히 반영하지 못하는 경우가 많다. 즉, 부동산의 가치와 가격 사이에 오차가 있다.

가치＝가격±오차＝매매가격＋추가적 편익－추가적 비용

③ 가치는 현재의 값, 가격은 과거의 값

가격은 대상부동산에 대한 과거의 값이지만, 가치란 대상부동산의 현재의 값이다.

④ 가치는 여러 개, 가격은 하나

주어진 시점에서 가격은 하나인 반면에 가치는 무수히 많다. 가격은 실제 지불된 과거의 값이기 때문에 특정 시점에서 가격은 하나밖에 있을 수 없다. 그러나 가치는 현재의 값이기 때문에 보는 관점에 따라 무수히 많을 수 있다.

⑤ 가치의 전문가는 감정평가사, 가격의 전문가는 공인중개사

부동산평가사는 시장가치에 대한 전문가이지 시장가격에 대한 전문가는 아니다. 시장가격은 실제거래를 담당하고 있는 중개사가 더 정확하다.

(2) 가격과 가치의 관계

① 가격을 이루는 기초에는 가치가 있기 때문에 가격은 가치를 수렴한다.

② 가격은 수요ㆍ공급의 변동에 따라 변화하므로 가격은 가치와 일시적으로 괴리될 수가 있다.

③ 화폐가치가 변화하면 가격은 반대방향으로 변한다. 즉 화폐가치가 상승하면 가격은 하락한다.

④ 가치가 변화하면 가격도 변화한다. 따라서 부동산의 가치가 상승하면 가격도 상승한다.

2. 가치의 다원적 개념

주어진 시점에서 대상부동산에 적용되는 가치의 종류는 무수히 많다. 가치에 대한 구체적인 개념은 그것이 어떠한 맥락에서 어떠한 용도로 사용되느냐에 따라 달라진다.

(1) 시장가치기준 원칙

① 원칙 : 시장가치

시장가치란 대상물건이 통상적인 시장에서 충분한 기간 거래를 위하여 공개된 후 그 대상물건의 내용에 정통한 당사자 사이에 신중하고 자발적인 거래가 있을 경우 성립될 가능성이 가장 높다고 인정되는 대상물건의 가액을 말한다. 시장가치는 다음과 같은 성립조건을 갖추어야 한다.

㉠ 통상적인 시장

통상성이 있는 시장이라 함은 통상 일반인 누구라도 참가할 수 있는 공개된 자유로운 시장을 말한다. 한정된 수요자와 공급자가 존재하는 시장은 아니다.

㉡ 충분한 기간

대상부동산에 관심을 가지고 있는 매수인이 부동산을 발견할 때까지 공개시장에 존재하는 기간이 합리적이어야 한다는 것이다.

㉢ 정통한 당사자

매매당사자가 대상부동산과 관련된 상황들을 정확하게 해석할 수 있는 능력이 있어야 한다.

㉣ 성립될 가능성이 가장 높다.

매매가 될 가능성이 가장 높은 가격(최빈가격)을 말함이지, 최고가격을 의미하는 것은 아니다.

② 예외 : 시장가치 외의 가치

감정평가업자는 다음 각 호의 어느 하나에 해당하는 경우에는 대상물건의 감정평가액을 시장가치 외의 가치를 기준으로 결정할 수 있다.

　㉠ 법령에 다른 규정이 있는 경우

　㉡ 감정평가 의뢰인이 요청하는 경우

　㉢ 감정평가의 목적이나 대상물건의 특성에 비추어 사회통념상 필요하다고 인정되는 경우

더 알아보기 | 시장가치

제2조(정의)

1. 시장가치란 대상물건이 통상적인 시장에서 충분한 기간 거래를 위하여 공개된 후 그 대상물건의 내용에 정통한 당사자 사이에 신중하고 자발적인 거래가 있을 경우 성립될 가능성이 가장 높다고 인정되는 대상물건의 가액을 말한다.

제5조(시장가치기준 원칙)

① 대상물건에 대한 감정평가액은 시장가치를 기준으로 결정한다.

② 감정평가업자는 다음 각 호의 어느 하나에 해당하는 경우에는 대상물건의 감정평가액을 시장가치 외의 가치를 기준으로 결정할 수 있다.

　ⓐ 법령에 다른 규정이 있는 경우

　ⓑ 감정평가 의뢰인(이하 "의뢰인"이라 한다)이 요청하는 경우

　ⓒ 감정평가의 목적이나 대상물건의 특성에 비추어 사회통념상 필요하다고 인정되는 경우

③ 감정평가업자는 시장가치 외의 가치를 기준으로 감정평가할 때에는 다음 각 호의 사항을 검토하여야 한다.

　ⓐ 해당 시장가치 외의 가치의 성격과 특징

　ⓑ 시장가치 외의 가치를 기준으로 하는 감정평가의 합리성 및 적법성

④ 감정평가업자는 시장가치 외의 가치를 기준으로 하는 감정평가의 합리성 및 적법성이 결여되었다고 판단할 때에는 의뢰를 거부하거나 수임을 철회할 수 있다.

---

(2) 한정가격

한정가격이란 병합·분할로 인하여 부동산가격이 정상가격과 괴리됨으로써 시장이 상대적으로 한정될 때 형성되는 가격을 말한다(일본의 부동산감정평가기준에서 그 내용을 규정하고 있다).

(3) 그 외 몇 가지 가치의 개념

① 보험가치

보험가치란 보험금 산정과 보상에 대한 기준으로 사용되는 개념이다. 이것은 보험약관에 따라 결정되는 것으로 부동산전체 가치가 아니라 일부분인 감가상각된 가치를 의미한다.

② 과세가치

중앙정부나 지방정부에서 소득세나 재산세를 부과하는 데 사용되는 기준으로 관련법규에 의해서 조정된 부동산가치를 말한다.

③ 장부가치

대상부동산의 애초 취득가격에서 법적으로 허용되는 방법에 의한 감가상각분을 제외한 나머지로서 장부상의 잔존가치를 의미한다. 장부가치를 재고가치라고도 한다.

④ 담보가격

채권담보를 위한 담보부동산의 평가가격을 말한다. 담보가격은 채권확보를 보장할 수 있는 안정성이 있는 가격이어야 한다.

⑤ 사용가치

대상부동산이 특정한 용도로 사용될 때에 가질 수 있는 가치를 지칭하고 있다. 따라서 사용가치는 대상부동산이 시장에서 매도되었을 때 형성될 수 있는 교환가치와는 상관이 없다.

⑥ 공익가치

어떤 부동산의 보존이나 보전과 같은 공공목적의 비경제적 이용에 있을 때 대상부동산이 지니는 가치를 말한다. 공익평가에는 부동산에 대한 유·무형의 자산가치가 추계된다.

⑦ 투자가치

대상부동산이 특정한 투자자에게 부여하는 주관적 가치이다.

⑧ 보상가치

국가 또는 공공단체가 공익을 위하여 부동산을 매수 또는 수용하는 경우의 평가가격을 말한다.

제2절   가격형성요인과 가치발생요인

1. 부동산가치의 발생요인 ★31회 기출★

(1) 부동산의 유용성(有用性 : 효용성) : 부동산이 제공하는 여러 가지 유용한 편익을 통칭하는 것이다.

(2) 상대적 희소성 : 토지는 사람들이 요구하는 특정 토지에 대한 공급은 상대적으로 제한(상대적 희소성)되어 있기 때문에 가치를 지닌다.

(3) 유효수요 : 어떤 물건을 구입할 의사와 대가를 지불할 능력을 갖춘 유효수요가 있어야 한다.

(4) 이전성 : 법적 개념으로 어떤 재화가 가치가 있으려면 그 재화의 권리 등의 이전이 되어야 한다.

2. 부동산가치 형성요인(부동산가치에 영향을 주는 요인)

부동산가치 발생요인에 영향을 미치는 요인을 부동산가치 형성요인이라고 한다.

(1) 부동산가치 형성요인의 성격
① 복잡성 : 가치 형성요인은 일반요인·지역요인·개별요인 등이 상호 복잡하게 작용한다.
② 가변성(유동성) : 가치 형성요인은 고정·불변적인 것이 아니라 끊임없이 변동한다.
③ 연관성(상호유기적 관계) : 가치 형성요인은 개별이 아니라 상호 유기적인 관련성을 갖는다.

(2) 부동산가치 형성요인의 종류

"가치형성요인"이란 대상물건의 경제적 가치에 영향을 미치는 일반요인, 지역요인 및 개별요인 등을 말한다(감칙 제2조 제4호).

① 일반적 요인

일반적 요인이란 전 국토공간의 부동산가치에 영향을 미치는 요인으로 사회적 · 경제적 · 행정적 요인으로서, 부동산가치에 상호 유기적으로 작용한다.

② 지역요인

㉠ 지역요인은 특정의 지역 내의 부동산가치에 영향을 미치는 요인을 말한다.

㉡ 가치형성의 지역적 요인은 감정평가에 있어서 지역분석의 이론적 근거가 된다.

③ 개별요인

㉠ 개별요인은 대상부동산의 가치에만 영향을 미치는 요인이다.

㉡ 개별요인은 개별성에 기인한 것으로, 개별분석의 이론적 근거가 된다.

제3절 부동산가격 제원칙 ★28, 32회 기출★

부동산가격 제원칙이란 부동산가격이 어떻게 형성 · 유지되는가에 관한 법칙성을 추출하여 평가활동의 지침으로 삼으려는 것이다.

▶ 가격에 관한 제원칙의 상호관련

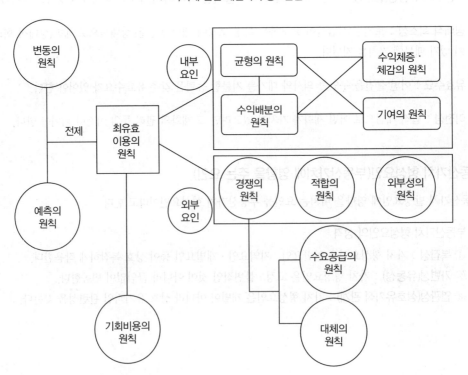

1. 최유효이용의 원칙(최고 · 최선의 이용 : highest and best use) ★30회 기출★

(1) 개념

① **최유효이용의 이론적 근거** : 객관적으로 보아 양식과 통상의 이용능력을 가진 사람에 의한 합리적이고 합법적인 최고최선의 이용을 말한다.

② **최고최선의 이용** : "공지(vacant land : 나지)나 개량부동산(improved property)에 대해서 ㉠ 합리적이며, ㉡ 합법적으로 이용이 가능한 대안 중에서, ㉢ 물리적으로 채택이 가능하고, ㉣ 경험적인 자료에 의해서 지지될 수 있고, 경제적으로도 타당성이 있다고 판명된 것으로서 최고의 가치를 창출하는 이용"

③ **판정이유** : 인간과 부동산과의 관계개선을 위한 방향을 제시하고자하는 것으로서 부동산활동의 행위기준이 되며, 부동산가격을 산출할 때 기준이 된다.

④ **최고최선의 이용에 대한 분석** : 공지(vacant land)나 개량부동산(improved prorty : 복합부동산)에 대해서 분석한다. 즉 복합부동산이라도 최고최선의 이용분석은 나지를 전제로 한 분석도 하고, 개량물이 있는 상태 그대로 분석할 수 있다.

(2) 판단기준

최고최선의 이용의 판단은 최선의 이용만을 가지고 최유효이용이라는 것이 아니라 최선의 이용 상태에서 최고의 이용이 될 때를 최유효이용이라 한다.

① **합리적 이용**

㉠ 합리적 이용이란, '합리적으로 가능한 이용'을 말한다. 즉, 예측가능한 이용으로서 해당 이용에 대한 충분한 수요가 있는 이용을 말한다.

㉡ 대상 토지에 대한 어떠한 이용이 합리적 이용인지를 알기 위해서는 해당 용도에 대한 '토지이용 흡수율분석'을 할 필요가 있다.

㉢ 토지이용 흡수율분석은 특정지역의 특정부동산에 대한 수요와 공급의 추이를 분석하는 기법인데, 이 흡수율 분석을 이용하여 특정지역의 합리적 이용을 추론할 수 있다.

㉣ 경제적 타당성이 있는 이용이어야 한다. 대상 부동산에서 창출되는 소득이 적정수익을 확보해 주는 것을 말한다.

② **합법적 이용**

㉠ 지역지구제에 적합한 토지이용만을 의미하는 것이 아니며, 환경기준이나 생태기준과 같은 개발에 대한 각종 외부적 규제까지 충족하는 것을 말하는 것이다.

㉡ 법적으로 허용되는 것이라고 해서 그 자체가 최유효이용이 되는 것은 아니다. 그 이용은 합법적일 뿐만 아니라, 가까운 장래에 가능할 것이라는 합리적인 추정도 포함된다.

㉢ 즉, 이는 어떤 토지이용이 현재의 지역지구제에 적합하다고 해서 반드시 최고최선의 이용이 되는 것은 아니다. 또한 반대로 어떤 토지이용이 현재의 지역지구제에서 허용되지 않는다고 해서 해당 이용이 반드시 최고최선의 이용이 아닌 것도 아니다.

③ **물리적 채택 가능성** : 토양의 하중지지력, 공공편익시설의 유용성 등은 물리적 채택가능성과 밀접한 관계가 있다.

④ **최고가치에 대한 경험적 증거**

    ㉠ 위에서 언급한 합리성, 합법성 그리고 물리적 채택가능성이라고 하는 요건을 충족시키는 토지이용은 대상부지에 대한 '최선의 이용'이 될지는 모르지만 그것 자체로는 바로 최고의 이용이 되는 것은 아니다. 이런 최선의 이용 중에서 평가사는 여러 가지 대안적 용도를 검토하여 최고의 수익을 올릴 수 있는 토지이용을 선택해야 한다. 그것이 최유효이용인 것이다.

    ㉡ 경험적 증거에 의하여 지지될 수 있는 이용일 것

        ⓐ 여러 가지 대안적 이용 중에서 그 이용이 최고의 수익을 올릴 수 있다는 것이 경험적인 자료(증거)에 의해서 지지될 수 있는 이용을 의미한다.

        ⓑ 경험적 증거란 객관적인 자료를 말함이지, 주관적 자료를 의미하는 것은 아니다.

        ⓒ 주변의 토지이용이 대체로 일치성이 있고 안정적인 곳에서는 최고최선의 이용은 쉽게 결정될 수 있다. 그러나 토지이용의 전환이 이루어지고 있는 지역에서는 되도록 가능한 대안에 대한 객관적인 분석을 통해서 최고 수익을 입증하는 시장의 경험적 증거를 확보할 필요가 있다.

    ㉢ 경제적으로 타당성이 있다고 판명되는 것일 것

        ⓐ 경제적 사업 타당성이란 다른 말로 재무적 사업타당성을 의미한다.

        ⓑ 최고최선의 이용은 여러 가지 대안적 사용에 대한 비교우위(比較優位)를 극대화할 수 있거나, 비교열위(比較劣位)를 극소화할 수 있는 이용을 말한다.

        ⓒ 경우에 따라서 공지도 최고최선의 이용이 될 수 있다.

    ㉣ 최고가치를 창출하는 이용일 것

        ⓐ 여기에서 가치란 시장가치(정상가격)을 의미함이지, 일반적으로 특정 가격을 의미함은 아니다.

        ⓑ 가치는 장래에 나온 수익을 가지고 측정함으로 '최고의 가치가 창출'되기 위해서는 수익성이 있는 부동산은 '최대수익실현가능성'이 있어야 한다.

        ⓒ 수익의 측정은 대상 부동산의 '예상수지명세서'를 통하여 최고의 수익을 올릴 수 있는 이용을 파악하는 것으로 가능하다.

        ⓓ 최고최선의 이용이란 토지와 건물로부터 나오는 수익이 최대로 되는 것이 아니라, 토지에 귀속되는 수익이 최대로 되는 이용을 의미한다는 사실이다.

최고최선의 이용분석은 대상 부동산이 어떠한 상황에 있더라도 적용될 수가 있다. 그러나 아래와 같은 특수상황에서는 특별한 주의가 필요하다. 즉 단일 이용, 중도적 이용, 비합법적 이용, 비최고최선의 이용, 다목적 이용, 특수목적의 이용, 투기적 이용 그리고 초과토지의 경우 등이 그것이다.

① 단일적 이용 : 일반적으로 특정부지에 대한 최고최선의 이용은 주위의 용도와 일치하거나 유사한 용도가 되는 수가 많다. 그러나 경우에 따라서는 주위의 용도와는 전혀 다른데도 불구하고, 최고최선의 이용이 될 수 있다는 점을 주의할 필요가 있다. 즉 단일이용(single use)의 경우가 바로 그것이다.

② 중도적 이용 : 중도적 이용 또는 이행적 이용(transitilnal use)이란, 이처럼 가까운 미래의 대상부지나 개량부동산에 대한 최고최선의 이용이 도래할 것으로 생각될 때, 그 이용을 대기하는 과정상 현재에 할당되는 이용을 의미한다. 시가지내의 주차장, 화원, 오래된 건물, 가건물 등의 비집약적인 토지이용이나 외곽지역의 공터, 논과 밭들의 상당수는 중도적 이용이라고 볼 수 있을 것이다.

③ 비적법적 이용 : 비적법적 이용(legally nonconforming use)이란 한때는 적법하게 설립되고 유지되던 이용이었으나, 현재는 더 이상 지역지구제의 규정에 부합되지 않는 이용을 말한다. 비적법적 이용에 할당되고 있는 부동산은 때때로 지역지구제의 규정에 부합되는 비교부동산보다도 높은 가치를 지니는 수가 있으므로, 특별히 주의를 할 필요가 있다. 비적법적 이용이 적법적 이용보다도 때때로 높은 가치를 지니는 것은 개량물에 의한 것이지, 토지에 의한 것은 아니라는 사실을 명심해야 한다.

④ 비최고최선의 이용 : 기존의 건물과 기타 개량물들은 대상부지를 마치 공지인 것으로 간주했을 경우의 토지의 최고최선의 이용에 부합되지 않는 것들이 많이 있다. 대상부지의 최고최선의 이용은 상업용인데, 개량물은 주거용으로 되어 있는 경우와 같은 것이다. 이럴 경우 개량들은 물리적·기능적 감가상각외에도 경제적 감가상각(exonomic depreciation)의 대상이 된다.

⑤ 복합적 이용 : 동일한 부동산이라고 할지라도, 동시에 여러 가지 복합적 이용(multiple use)에 할당될 수 있다. 따라서 단일 부동산이라고 해서, 하나의 용도만이 최고최선의 이용이 되는 것은 아니다. 예를 들어 아파트단지는 아파트용 건물뿐만 아니라 위락시설, 쇼핑시설, 스포츠시설 등이 하나의 계획된 단위로서 개발되었을 때(PUD : planned unit development), 최고 최선의 이용이 될 수가 있다.

⑥ 특수목적의 이용 : 평가사는 특수목적의 부동산을 평가하는 데에 많은 어려움을 겪는다. 대상 부동산이 물리적으로나 기능적으로 쇠락하여 더 이상 충분한 서비스를 제공하지 못할 때에는 최고최선의 이용은 현재의 이용이 아닌 대안적 이용(alternative use)이 될 수 있다.

⑦ 투기적 이용 : 부동산투자에는 취득(acquisition), 운영(operation), 처분(disposition)의 세 단계가 있다. 이 중에서 운영의 단계가 없는 투자행위를 특히 투기(speculation)라고 한다. 투기적 목적으로 사용되고 있는 토지는 불확실성이 높기 때문에, 무엇이 최고최선의 이용인지를 예측하기란 용이하지 않다. 이럴 경우, 평가사는 특정한 최고최선의 이용을 판정하는 것이 아니라, 미래 사용에 대한 일반적 유형(general type)을 산정한다.

⑧ 초과토지 : 초과토지란 특정 목적에 대한 정상적 필요(normal needs) 이상의 토지를 지칭한다. 어느 선까지가 정상적인 필요수준에 해당되느냐 여부는 유사토지이용에 대한 시장자료의 분석을 통해서 결정된다.

2. 시간에 관한 원칙

(1) 변동의 원칙(principle of change)

① 의의

㉠ 부동산의 가치에 영향을 미치는 제 요인이 변동됨에 따라, 대상부동산의 가치도 변화한다는 원리이다.

㉡ 부동산의 가치는 끊임없이 변하는 시장상황에 의해 영향받고 있다. 즉, 시장의 내적·외적 요인이 변화함에 따라 부동산의 가치도 변화한다는 원리이다.

② 특징

시간이 지남에 따라 가격형성 요인도 변화를 하고 가격이 변화를 하기 때문에 가격형성 요인의 동태적 분석과 기준시점을 명확히 할 필요성이 있다. 또한 시점수정의 이론적 근거가 된다.

(2) 예측(예상)의 원리(principle of anticipation)

① 의의

부동산의 시장가치가 과거와 현재의 이용상태에 의해서 결정되는 것이 아니라, 앞으로 어떻게 이용될 것인가에 대한 예상을 근거로 결정된다는 원리이다.

② 특징

㉠ 부동산 가치란 장래 기대되는 편익을 현재가치로 환원한 값이라고 정의된다. 이 같은 정의는 부동산 가치가 바로 예측의 원칙에 의해서 결정된다는 것을 의미한다.

㉡ 예측의 원칙은 수익환원법과 밀접한 관련이 있다.

3. 내부원칙

(1) 수익체증·체감원칙

① 의의

부동산에 대한 단위투자액을 계속 증가시키면, 이에 대응하는 수익은 어느 점까지는 체증하지만 그 이후는 체감하는 원칙을 말한다.

② 특징

부동산 추가투자에 대한 적부판정과 토지공간의 입체이용률, 토지이용의 집약도, 공중권의 이용가치 등과 밀접한 관계가 있다.

(2) 수익배분의 원칙(잉여생산성의 원리, principle of surplus productivity)

① 의의

기업경영의 총수익은 토지·자본·노동·경영의 생산요소의 공헌도에 따라 배분된다는 원칙이다. 이때 자본·노동·경영의 대가로 배분된 것을 총수익에서 차감한 잔여액(잔여수익)이 최종적인 토지에 귀속하게 되는 것으로, 이때 토지에 귀속되는 수익이 많고 적음에 따라 토지의 가치는 달라진다.

② 특징

수익방식과 토지잔여법과 최유효이용의 이론적 근거가 된다. 또한 수익방식에서 임료를 구하는 수익분석법의 이론적 근거가 된다.

(3) 기여의 원칙(공헌의 원칙, principle of distribution)

① 의의

ㄱ 기여의 원리란 부동산 가치는 각 구성부분이 전체 부동산의 가치에 기여한 정도를 합한 것이라는 원리이다. 또는 각 구성부분의 가치는 그것이 전체 부동산의 가치에 기여한 정도에 의해 결정된다는 원리이다.

ㄴ 유의할 점은 부동산 가치란 각 구성부분의 수익이나 가격의 기여도를 합한 것이지, 생산비를 합한 것이 아니라는 사실을 명심할 필요가 있다.

② 특징

건물을 증축이나 토지의 합필 등에 대하여 추가 투자의 적정성 판정에 유용하다.

(4) 균형의 원칙(비례의 원리, principle of balance)

① 의의

부동산의 유용성이 최고도로 발휘되기 위해서는 내부적 구성요소(생산요소) 간의 결합비율이 균형을 이루고 있어야 한다는 원칙이다. 어떤 부동산이 최대의 가치를 구현하기 위해서는 투입되는 생산요소의 결합비율이 적절한 균형을 이루어야 한다는 것이다. 균형의 원리는 토지와 자본의 결합비율, 토지의 이용의 상태, 건물의 디자인에도 적용되는 개념이다.

② 특징

ㄱ 균형의 원칙이 성립되는 점에서는 과대나 과소투자가 없고 최대이익이 확보되는 상태에 있으므로 높은 가격으로 감정해야 한다.

ㄴ 대상부동산의 내부구성요소 간의 불균형은 기능적 감가요인의 대상이 된다.

4. 외부원칙

(1) 적합의 원칙(principle of conformity)

① 의의

부동산의 유용성이 최고로 발휘되기 위해서는 대상부동산이 인근환경에 적합해야 한다는 원칙으로서 부동산이 가지는 제 특성은 그것이 시장수요와 일치되거나 주변의 토지이용과 어울릴 수 있을 때 높은 가치를 창출한다는 원리이다.

② 특징

ㄱ 균형의 원칙이 부동산의 내부구성 요소 간의 균형을 문제로 삼는 데 반하여 적합의 원칙은 외부적 조건의 균형을 문제로 한다.

ㄴ 부동산과 환경과의 적합성의 판단에 있어서는 지역분석에서 행해진다. 인근 환경과의 적합성에서 어울리지 않으면 경제적 감가요인이 된다.

(2) 외부성의 원칙(principle of externality)

① 의의

㉠ 외부성의 원리란 부동산 가치는 대상부동산이 가지고 있는 내부특성뿐만 아니라, 주변의 외부적 요인에 의해서도 영향을 받는다는 원리이다.

㉡ 대상부동산에 대한 외부의 경제적 또는 비경제적 환경요소가 그 부동산의 가치에 긍정적 또는 부정적 영향을 미친다는 원칙이다.

② 특징

㉠ 감정평가사는 지역분석 및 개별분석을 함에 있어서 대상지역이나 대상부동산에 미치는 외부적 제 요인의 관찰에 특히 주의하여야 한다.

㉡ 적합의 원칙과 외부성의 원칙의 비교

ⓐ 공통점 : 두 원칙 모두 부동산의 특성인 부동성과 인접성 때문에 대상부동산과 주위 환경과의 조화를 강조한다는 점이다.

ⓑ 차이점 : 적합의 원칙은 지역성에 따른 주변 환경과 부동산이용이나 용도가 적합해야 한다. 변화의 주체가 대상부동산이므로 적극적이며, 능동적인 개념을 가지고 있는데 반하여 외부성의 원칙은 외부의 환경이 대상부동산에 미치는 영향을 말하는 것이다. 즉, 변화의 주체가 외부환경이므로 수동적이며, 소극적인 행위이다.

(3) 경쟁의 원칙(principle of competition)

부동산가치도 경쟁에 의해서 결정된다. 일반적 재화와 마찬가지로 초과이윤은 경쟁을 야기하고, 경쟁은 초과이윤을 소멸하고, 부동산은 그 가치에 적합한 가격을 갖게 된다는 원리이다.

5. 기타 원칙

(1) 수요 · 공급의 원칙(principle of demand and supply)

부동산 가격도 기본적으로 수요 · 공급의 상호작용에 의해 결정된다는 원칙이다. 부동산 시장은 지역, 가격, 특성 등에 따라 여러 개의 부분시장으로 나누어진다. 평가사는 수요와 공급을 분석함에 있어 부분시장이 수요초과나 공급초과 상태에 있는지 또는 균형을 이루고 있는지를 파악하고 있어야 한다.

(2) 대체의 원칙(principle of substitution)

① 대체 가능한 2개 이상의 재화 간에는 상호 영향이 미쳐서 가격이 형성된다. 따라서 부동산가격은 그것과 대체관계에 있는 유사부동산 또는 재화의 가격과의 상호 영향으로 성립한다는 이론이다.

② 경제적 합리성을 추구하는 인간의 경제행위는 동등한 효용을 가진 2개 이상의 물건을 선택할 때는 값이 싼 쪽이 선택되고 효용이 같을 때에는 효용성이 높은 것이 선택된다는 이론을 바탕으로 한 원칙이다.

(3) 기회비용의 원칙(principle of opportunity cost)

기회비용의 원칙이란 부동산의 가치는 그것을 특정용도로 사용함으로써 사라지는 대안적 토지이용에 지불하려는 대가에 의해 결정된다는 원리이다.

1. 지역분석

(1) 지역분석의 의의

지역분석이란 당해 부동산이 속한 지역을 파악하고 그 지역 내 부동산의 가치형성에 영향을 미치는 지역요인의 분석을 통해 그 지역 내 부동산에 대한 표준적 사용 및 가격수준을 판정하는 작업을 말한다. 이는 대상부동산이 어떤 지역에 속하며, 그 지역적 특성이 무엇이며, 전반적으로 그 특성이 지역 내 부동산 가격형성에 어떠한 영향을 미치는가를 분석하는 것이다.

(2) 지역분석의 대상지역

지역분석의 대상은 주로 인근지역 분석이 중심이 되지만, 인근지역의 상대적 위치, 장래동향을 명확하게 하기 위해 유사지역 또는 동일수급권에 대한 분석도 매우 중요한 지역이다.

① 인근지역(근린지역)

  ㉠ 의의

    감정평가의 대상이 된 부동산(이하 "대상부동산"이라 한다)이 속한 지역으로서 부동산의 이용이 동질적이고 가치형성요인 중 지역요인을 공유하는 지역을 말한다(제2조 제13호).

  ㉡ 특성

    ⓐ 인근지역은 대상부동산이 속한 지역으로, 대상부동산의 가격형성에 직접적 영향을 미친다.

    ⓑ 인근지역 내 부동산은 대상부동산과 용도적·기능적으로 동질성을 가진다.

    ⓒ 인근지역의 사회적·경제적·행정적 위치는 고정적인 것이 아니라 유동적이다.

    ⓓ 인근지역 내 부동산은 대상부동산과 상호 대체·경쟁의 관계에 있고, 동일한 가격수준을 가진다.

    ⓔ 도시지역, 농촌지역 등과 같은 지역사회보다는 작은 지역적 개념이며, 인근지역은 주거용, 상업용, 공업용 등 특정 용도를 중심으로 집중된 형태이어야 한다.

  ㉢ 인근지역의 경계와 범위

    ⓐ 경계지역 설정의 중요성 : 대상부동산의 가격형성에 미치는 영향에도 차이가 있기 때문에 경계를 설정할 필요가 있다. 또한, 지역의 범위가 너무 확대되면 가격수준의 판정이 곤란하고 반대로 지역의 범위를 너무 축소되면 사례자료를 구하기가 어렵지만 사례자료의 신빙성은 높다.

    ⓑ 경계설정이 명백한 경우와 명백하지 않은 경우

      • 경계가 명백한 경우 : 토지이용 형태, 주인·건축물의 특징, 하천, 도로·공원 등 물리적으로 명확히 구분된 경계이다.

      • 경계가 불명백한 경우 : 물리적으로 나타나지 않는 경우로 정확한 판단이 요구된다. 이 경우에는 주로 표준적인 사용을 중심으로 판단되어야 한다.

1. 개념

지역이 쇠퇴하여 간다는 개념으로 이는 어떤 지역을 전체단위로 볼 때 나타나는 성쇠현상(盛衰現想)을 말하며, 건물의 동태적 현상에만 착안한 것이다.

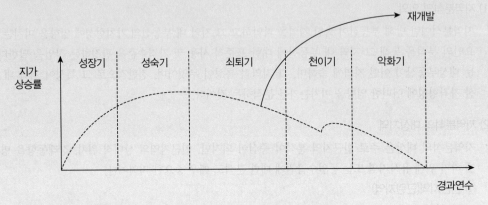

2. 인근지역의 사이클패턴 단계

① 성장기(개발기) : 어떤 지역이 새로 개발 또는 기존 건물이 재개발로 인하여 지역의 면모가 달라지기 시작한 시기로서 지역의 특성에 따라 다르다.

    ㉠ 지가의 상승이 비교적 활발하다.

    ㉡ 투기현상이 개재되기 쉽다.

    ㉢ 지역 내의 공간이용에 대한 입지경쟁이 치열하다.

    ㉣ 입주주민은 교육수준이 높고 젊은 계층이 많다.

    ㉤ 성숙기에 비하여 단위기간당 주민유동이 많다.

② 성숙기 : 인근지역 내의 빈 땅에도 거의 건물이 들어섬으로써 지역단위의 개발은 끝나게 된다.

    ㉠ 부동산의 가격이나 지역기능은 절정에 이르며, 지가는 안정되거나 가벼운 상승을 나타내고, 지역적 기능은 큰 변화 없이 일정한 개성을 갖는다.

    ㉡ 지역주민의 사회적·경제적 수준은 최고로 높다.

    ㉢ 입지경쟁도 안정적이며, 지역주민의 유동은 많지 않다.

③ 쇠퇴기 : 노후화된 건물로 인해 주민의 쾌적성뿐만 아니라 편의성을 잃게 된다. 쾌적성과 편의성을 요구하는 상위계층의 주민들은 신개발지역 등으로 이주하는 경우가 성숙기보다 더 많다.

    ㉠ 지역이 하향여과가 일어난다. 즉, 상위계층의 주민들은 다른 곳으로 이주하게 되고 약간 수준이 낮은 계층들이 들어온다.

    ㉡ 건물의 경제적 내용연수가 경과하는 시기로서 건물의 수선유지비 및 관리비가 급격히 상승한다.

    ㉢ 쇠퇴기까지 한 지역의 주사이클로서 이 단계에서 재개발 등을 하지 않으면 다음 단계인 천이기, 악화기로 진행한다. 반면 재개발하면 새로운 성장기가 도래하고 가격은 반전한다.

④ 천이기 : 종래의 건축상태를 그대로 유지, 수선해 가는 부동산의 활동의 단계로서 고소득층의 전출과 저소득층의 전입이 이루어지는 과도기적인 단계로 하향여과현상이 활발해지는 단계이다.

    ㉠ 상위계층의 주민은 구성주민과의 문화마찰을 경험하게 되고 만약에 문화적인 동화가 없으면 이 지역에서 다른 지역으로 이주를 할 수밖에 없다.

    ㉡ 주민교체가 본격적이고 거의 완전한 주민교체가 이루어진다.

    ㉢ 성숙기 때의 지역문화 양상이 하위계층에 의한 새로운 문화적 양상으로 변한다.

    ㉣ 저소득층의 활발한 주민유입으로 인한 약간의 부동산 가격이 가벼운 상승을 나타내지만, 전체적으로는 단위기간당 지가상승률은 하락한다.

⑤ 악화기 : 이 지역은 다른 사정이 없는 한 슬럼화되며 어떤 변화가 없는 한 더욱 슬럼화된다.

    ㉠ 사회적 지위가 낮은 사람들(떠돌이·무단점거자)이 방기된 지역에 산다.

    ㉡ 전기, 가스, 수도 등의 공급이 중단된다.

② 유사지역(유사시장지역)

　㉠ 의의

　　ⓐ 유사지역이란 대상부동산이 속하지 아니하는 지역으로서 인근지역과 유사한 특성을 갖는 지역을 말한다(제2조 제14호).

　　ⓑ 대상부동산이 속하지 않는 지역이다.

　　ⓒ 모든 유사지역이 반드시 동일수급권에 포함이 되는 것은 아니다. 따라서 사례자료 선택시 동일수급권 내의 사례만 선택한다는 것을 명심할 필요가 있다.

　　ⓓ 유사지역은 여러 개가 존재하며, 인근지역과 인접할 필요는 없다.

　㉡ 특성

　　ⓐ 유사지역은 인근지역과 지리적 위치는 다르나 용도·기능면에서 유사하여, 지역적 특성이 유사하여 인근지역과 가격면에서 대체·경쟁관계가 성립될 수 있는 지역이다.

　　ⓑ 사례자료 선택시 동일수급권 내의 사례만 선택한다는 것을 명심할 필요가 있다.

③ 동일수급권(시장지역, market area)

　㉠ 의의

　　ⓐ 동일수급권(同一需給圈)이란 대상부동산과 대체·경쟁 관계가 성립하고 가치 형성에 서로 영향을 미치는 관계에 있는 다른 부동산이 존재하는 권역(圈域)을 말하며, 인근지역과 유사지역을 포함한다(제2조 제15호).

　　ⓑ 동일수급권은 인근지역과 유사지역 및 주변 용도지역을 포함하는 광역적인 지역을 말한다. 또한 사례수집자료의 최원방권이 된다.

▶ 동일수급권의 범위

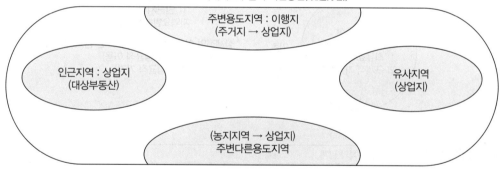

동일수급권＝인근지역＋유사지역＋주변용도지역
＝사례자료수집의 최원방권(最遠方勸)

　㉡ 평가의 중요성

　　인근지역에서 상호 간에는 사례자료를 찾을 수 없을 때 동일수급권은 사례수집의 최대범위가 된다.

　㉢ 용도별 동일수급권 범위의 판정

　　지역적 범위는 부동산의 종별·성격·규모에 따라 다르므로 적절히 판정하여야 한다.

　　ⓐ 주거지 : 일반적으로 도심에의 출·퇴근이 가능한 지역범위와 일치하는 경향이 있다. 다만, 지역적 선호나 사회적 지위와 명성 등이 동일수급권의 범위가 좁아질 수 있다.

　　ⓑ 상업지 : 배후지를 배경으로 상업활동을 전개하여 상업수익을 올리는 지역적 범위가 동일수급권이 된다.

ⓒ 공업지 : 제품생산과 판매활동에 관한 비용면에서 경제성 또는 생산활동의 능률성이 동일수급
권 파악의 지침이 된다.

ⓓ 농지 · 임지 : 당해 농지 또는 임지에 대하여 통상적 형태로 농업경영 또는 임업경영이 가능한
범위, 즉 통근하여 경작가능한 범위와 일치하게 된다.

ⓔ 후보지, 이행지 : 대상 토지가 이행 또는 전환 후의 토지의 종별과 동일수급권의 범위를 같이
하는 경향이 있다. 다만, 이행 또는 전환의 속도가 완만하여 성숙도가 낮은 경우에는 이행 또는
전환 전 토지의 종별에 따른 동일수급권도 고려해야 한다.

2. 개별분석

(1) 의의

대상부동산의 개별적 요인을 분석하여 최유효이용을 판단하고 구체적 가격을 파악하는 것을 목적으로
이루어지는 분석이다. 개별분석이 중시되는 이유는 부동산의 가격은 그 부동산의 최유효이용을 전제로
하여 파악되는 가격을 표준으로 하여 형성되는 것이기 때문이다. 지역분석을 통해 얻게 된 자료와 정보
를 바탕으로 개별분석이 이루어지므로 일반적으로 지역분석에 후행하는 분석이다.

(2) 지역분석과 개별분석의 비교

지역분석은 선행분석으로서 지역 내의 부동산가격형성에 영향을 미치는 제요인을 분석하여 대상부동산
이 속한 지역의 특성을 분석하고 당해 지역의 표준적 사용 및 가격수준을 판정한다. 개별분석은 지역분
석의 결과인 표준적 사용 및 가격수준을 기초로 대상부동산의 부지, 개량물, 위치 등의 개별요인을 분석
하여 최유효이용을 판정하고 구체적 가격을 산정하는 작업이다.

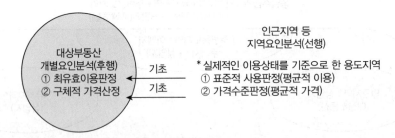

더 알아보기	지역분석과 개별분석의 관계

구분	지역분석	개별분석
분석	대상지역에 대한 전체적 · 거시적 분석	대상부동산에 대한 국지적 · 미시적 분석
판정	대상지역을 집합적으로 분석하여 표준적 사용 판정 (지역성)	구성분자로서 대상부동산의 최유효이용을 판정(개별성)
목적	지가수준을 판정	구체적 가격을 판정
순서	선행적	후행적
근거	지역요인, 지역특성의 분석	개별요인, 개별특성의 분석
원칙	적합의 원칙	균형의 원칙

○ × 핵심체크

01 가격은 대상부동산에 대한 현재의 값이지만, 가치는 장래 기대되는 편익을 예상한 미래의 값이다. ○×

02 시장가치는 감정평가의 대상이 되는 토지 등이 통상적인 시장에서 충분한 기간 동안 거래를 위하여 공개된 후 그 대상물건의 내용에 정통한 당사자 사이에 신중하고 자발적인 거래가 있을 경우 성립될 가능성이 가장 높다고 인정되는 대상물건의 가액을 말한다. ○×

03 감정평가업자는 법령에 다른 규정이 있는 경우 또는 의뢰인이 요청하는 경우에는 대상물건의 감정평가액을 시장가치 외의 가치를 기준으로 결정할 수 있다. ○×

04 가치발생요인인 효용, 유효수요, 상대적 희소성 중 하나만 있어도 가치가 발생한다. ○×

05 가치형성요인이란 대상물건의 경제적 가치에 영향을 미치는 일반요인, 지역요인 및 개별요인 등을 말한다. ○×

06 지역분석은 평가대상부동산이 속하는 지역 내의 부동산의 표준적인 이용을 판단하여 이의 가격수준을 판단하는 작업이다. ○×

07 지역분석은 전체분석이고, 개별분석은 구체적 분석으로 최유효이용의 범위 내에서 표준적 이용을 판정하여 가격을 결정한다. ○×

08 유사지역이란 감정평가의 대상이 된 부동산이 속한 지역으로서 부동산의 이용이 동질적이고 가치형성요인 중 지역요인을 공유하는 지역을 말한다. ○×

정답 및 해설 **01** × **02** ○ **03** ○ **04** × **05** ○ **06** ○ **07** × **08** ×

오답분석
01   가격은 ~과거의 값이지만, 가치는 ~ 현재의 값이다.
04   ~중 하나만 있는 것이 아니라 모든 요건이 충족될 때 가치가 발생한다.
07   ~ 표준적 이용의 범위 내에서 최유효이용을 판정하여 가격을 결정한다.
08   유사지역이 아니라 인근지역에 대한 설명이다.

09 인근지역은 대상부동산의 가격형성에 간접적으로 영향을 미치는 지역범위이다. ☐ O ☒ X

10 인근지역은 대상 부동산이 속해 있지 않지만 그 지역적 특성이 대상 부동산의 가치형성에 영향을 미치는 지역이다. ☐ O ☒ X

11 동일수급권은 대상부동산과 대체 · 경쟁관계가 성립하고 가치 형성에 서로 영향을 미치는 관계에 있는 다른 부동산이 존재하는 권역을 말하며, 인근지역과 유사지역을 포함한다. ☐ O ☒ X

12 초과이윤은 경쟁을 야기하며 경쟁은 결국 초과이윤을 감소 또는 소멸시킨다는 것이 경쟁의 원칙이다. ☐ O ☒ X

13 기여의 원칙은 인근토지를 매수, 합필하거나 기존건물울 증축하는 경우, 그 추가투자의 적부를 결정하는 데 유용한 원칙이다. ☐ O ☒ X

14 적합의 원리란 부동산이 최대의 가치를 구현하기 위해서는, 투입되는 생산요소의 결합비율이 적절한 균형을 이루고 있어야 한다는 원리이다. ☐ O ☒ X

15 부동산의 유효성이 최고도로 발휘되기 위하여는 그 부동산이 속한 지역의 환경에 적합하여야 한다는 것이 적합의 원칙이다. ☐ O ☒ X

16 부동산의 가격도 일반재화와 마찬가지로 가격형성요인의 변화에 따라 상호 인과관계의 변동과정에서 형성된다는 것이 변동의 원칙이다. ☐ O ☒ X

17 예측의 원칙에서 대체관계가 성립되기 위해서는 부동산 상호 간 또는 부동산과 일반재화 상호 간에 용도, 효용, 가격 등이 동일성 또는 유사성이 있어야 한다. ☐ O ☒ X

정답 및 해설 **09** ✕ **10** ✕ **11** ○ **12** ○ **13** ○ **14** ✕ **15** ○ **16** ○ **17** ✕

오답분석
09 ~가격형성에 직접적으로 영향을 미치는 지역범위이다.
10 인근지역이 아니라 유사지역에 대한 설명이다.
14 적합의 원리가 아니라 균형의 원리에 대한 설명이다.
17 예측의 원칙이 아니라 대체원칙에 대한 설명이다.

제2장 | 확인학습문제

01 부동산의 가치(Value)와 가격(Price)에 관한 설명으로 옳지 <u>않은</u> 것은?　★29회 기출★

① 일정시점에서 부동산가격은 하나밖에 없지만, 부동산가치는 여러 개 있을 수 있다.

② 부동산가격은 장기적 고려 하에서 형성된다.

③ 부동산의 가격과 가치 간에는 오차가 있을 수 있으며, 이는 감정평가 필요성의 근거가 된다.

④ 부동산가격은 시장경제에서 자원배분의 기능을 수행한다.

⑤ 부동산가치는 부동산의 소유에서 비롯되는 현재의 편익을 미래가치로 환원한 값이다.

> 해설

난도 ★

⑤ 부동산가치는 부동산의 소유에서 비롯되는 미래의 편익을 현재가치로 환원한 값이다.

답 ⑤

02 감정평가에 관한 규칙상 가치에 관한 설명으로 옳지 <u>않은</u> 것은?　★30회 기출★

① 대상물건에 대한 감정평가액은 시장가치를 기준으로 결정하는 것을 원칙으로 한다.

② 법령에 따른 규정이 있는 경우에는 시장가치 외의 가치를 기준으로 감정평가 할 수 있다.

③ 대상물건의 특성에 비추어 사회통념상 필요하다고 인정되는 경우에는 시장가치 외의 가치를 기준으로 감정평가 할 수 있다.

④ 시장가치란 대상 물건이 통상적인 시장에서 충분한 기간 방매된 후 매수인에 의해 제시된 것 중에서 가장 높은 가격을 말한다.

⑤ 감정평가 의뢰인이 요청하여 시장가치 외의 가치로 감정평가하는 경우에는 해당 시장가치 외의 가치의 성격과 특징을 검토하여야 한다.

03 최유효이용에 관한 설명으로 옳지 <u>않은</u> 것은?

★30회 기출★

① 토지이용흡수율 분석은 경제적 타당성 여부판단에 활용되지 않는다.

② 인근지역의 용도와는 전혀 다른데도 불구하고 최유효이용이 되는 경우가 있다.

③ 중도적 이용에 할당되고 있는 부동산을 평가할 때는 토지와 개량물을 같은 용도로 평가해야 한다.

④ 단순히 최고의 수익을 창출하는 잠재적 용도가 아니라 적어도 그 용도에 대한 유사부동산의 시장수익률과 동등 이상의 수준이 되어야 한다.

⑤ 투기적 목적으로 사용되고 있는 토지에 대한 최유효이용분석에 있어서는 특정한 용도를 미리 상정해서는 안 되며 미래 사용에 대한 일반적 유형을 상정해야 한다.

04 부동산평가활동에서 부동산가격의 원칙에 관한 설명으로 옳지 <u>않은</u> 것은?

★28회 기출★

① 기여의 원칙이란 부동산가격이 대상부동산의 각 구성요소가 기여하는 정도의 합으로 결정된다는 것을 말한다.

② 최유효이용의 원칙이란 객관적으로 보아 양식과 통상의 이용능력을 지닌 사람이 대상토지를 합법적이고 합리적이며 최고최선의 방법으로 용하는 것을 말한다.

③ 변동의 원칙이란 가치형성요인이 시간의 흐름에 따라 지속적으로 변화함으로써 부동산가격도 변화한다는 것을 말한다.

④ 적합의 원칙이란 부동산의 유용성이 최고도로 발휘되기 위해서는 부동산구성요소의 결합에 균형이 있어야 한다는 것을 말한다.

⑤ 예측의 원칙이란 평가활동에서 가치형성요인의 변동추이 또는 동향을 주시해야 한다는 것을 말한다.

---

2) 성립될 가능성이 가장 높다고 인정되는 가액이란 매매가 될 빈도수가 가장 높은 가격인 최빈매매가격을 의미하는 것이지, 매매될 최고가격을 말하는 것은 아니다.

해설

난도 ★★

④ 적합의 원칙이 아니라 균형의 원칙에 대한 설명이다.

답 ④

05 지역분석과 개별분석에 관한 설명으로 옳은 것은?

★30회 기출★

① 지역분석은 일반적으로 개별분석에 선행하여 행하는 것으로 그 지역 내의 최유효이용을 판정하는 것이다.

② 인근지역이란 대상부동산이 속한 지역으로 부동산의 이용이 동질적이고 가치형성요인 중 개별요인을 고유하는 지역이다.

③ 유사지역이란 대상부동산이 속하지 아니하는 지역으로서 인근지역과 유사한 특성을 갖는 지역이다.

④ 개별분석이란 지역분석의 결과로 얻어진 정보를 기준으로 대상부동산의 가격을 표준화, 일반화시키는 작업을 말한다.

⑤ 지역분석 시에는 균형의 원칙에, 개별분석 시에는 적합의 원칙에 더 유의해야 한다.

해설

난도 ★★

① 지역분석은 일반적으로 개별분석에 선행하여 행하는 것으로 그 지역 내의 표준적이용을 판정하는 것이다.

② ~개별요인이 아니라 지역요인을 고유하는 지역이다.

④ ~표준화, 일반화시키는 작업을 말한다. → 구체화, 개별화시키는 작업을 말한다.

⑤ 지역분석 시에는 적합의 원칙에, 개별분석 시에는 균형의 원칙에 더 유의해야 한다.

답 ③

제3장 | 감정평가의 3방식

제1절   감정평가 3방식의 접근의 원리

1. 감정평가 3방식

(1) 감정평가의 3방식의 성립과정

① 고전학파의 생산비설 → 원가방식

비용성의 원리는 생산비가 부동산의 가치를 결정한다는 공급측면을 중시한 고전학파의 생산비설(아
담 스미스 등)에 입각한 것으로 원가방식의 성립근거가 된다.

② 한계효용학파의 효용가치설 → 수익방식

수익성의 원리는 한계효용에 의하여 부동산가치가 결정된다는 수요측면을 중시한 한계효용학파의
한계효용가치설(맹거 등)에 입각한 것으로 수익방식의 성립근거가 된다.

③ 신고전학파의 수요 · 공급 균형가치설 → 비교방식

시장성의 원리는 생산비와 한계효용의 상호작용에 의하여 단기에는 수요측면, 장기에는 공급측면이
부동산가치를 결정한다는 수요 · 공급측면을 동시에 중시한 신고전학파의 균형가치설(마샬)에 입각
한 것으로 비교방식의 성립근거가 된다.

(2) 감정평가 3방식 6방법

감정평가의 3방식이란 비용성에 입각한 원가방식, 시장성에 입각한 비교방식, 수익성에 입각한 수익방식을 말한다. 또한 부동산의 경제적 가치는 교환의 대가인 가격뿐만 아니라 용익의 대가인 임료를 포함하여 평가하므로 가격추계방식인 감정평가 3방식에 각 임료추계방식을 가산하여 감정평가 6방법이라한다.

> 제11조(감정평가방식) 감정평가업자는 다음의 감정평가방식에 따라 감정평가를 한다.
> 1. 원가방식 : 원가법 및 적산법 등 비용성의 원리에 기초한 감정평가방식
> 2. 비교방식 : 거래사례비교법, 임대사례비교법 등 시장성의 원리에 기초한 감정평가방식 및 공시지가기준법
> 3. 수익방식 : 수익환원법 및 수익분석법 등 수익성의 원리에 기초한 감정평가방식

① 비용접근법(원가방식)

비용성의 사고방식에 따라 대상부동산의 재생산비용에 주목하여 부동산가격이나 임료를 구하는 방법으로 일종의 공급가격의 특성을 가진다.
- ㉠ 부동산의 가격을 구하는 방법 : 원가법
- ㉡ 부동산의 임료를 구하는 방법 : 적산법

② 시장접근법(비교방식)

시장성의 원리에 따라 평가하는 비교방식은 시장거래를 기준으로 한 가격이기 때문에 수요와 공급가격의 특징을 갖는다. 일반적으로 재화의 경제가치는 그 재화가 어느 정도의 가격으로 거래되고 있는가(시장성) 또는 동종 유사물건의 가격수준은 어떤가(대체성)에 따라 결정된다.
- ㉠ 부동산의 가격을 구하는 방법 : 거래사례비교법
- ㉡ 부동산의 임료를 구하는 방법 : 임대사례비교법
- ㉢ 토지의 가격을 구하는 방법 : 공시지가기준법

③ 소득접근법(수익방식)

수익성의 사고방식에 따라 대상물건의 장래 산출할 것으로 거래되는 순수익을 환원이율로 환원함으로써 대상물건의 가격이나 임료를 구하는 방법이다. 이 방법에 의한 감정평가가격은 수요가격의 특징을 갖고 있다.
- ㉠ 부동산의 가격을 구하는 방법 : 수익환원법
- ㉡ 부동산의 임료를 구하는 방법 : 수익분석법

▶ 감정평가의 3방식 · 6방법

가격의 3면성	3방식	특징	평가조건	6방식	시산가격 · 임료
비용성	원가방식 (비용접근법)	공급자가격	가격	원가법	적산가격
			임료	적산법	적산임료
시장성	비교방식 (시장접근법)	수요공급자 가격	가격	거래사례비교법	비준가격
				공시지가기준법	
			임료	임대사례비교법	비준임료
수익성	수익방식 (소득접근법)	수요자가격	가격	수익환원법	수익가격
			임료	수익분석법	수익임료

(3) 시산가격의 조정 ★30, 33회 기출★

① 3방식의 병용의 필요성

㉠ 3면 등가성의 원리 불일치 → 시산가격의 불일치

현실적으로 부동산시장은 불완전경쟁시장이기 때문에 3면 등가성 원리가 달성되지 못한다. 따라서 감정평가 3방식이 병용될 수밖에 없다.

㉡ 대책 → 3방식의 병용

3방식은 가격 3면성의 성격상으로 보아 상호보완관계에 있다. 그러나 부동산은 각각 성격이나 조건에 있어 차이가 있으며, 3방식도 이러한 차이로 인하여 그 적용대상에 제한을 받는다. 즉, 시산가격 조정의 필요성이 제기되고 있다.

② 시산가격의 조정

㉠ 의의

시산가격은 감정평가액을 산정하는 중간과정으로서 감정평가 3방식에 의한 가격을 말한다. 감정평가 3방식의 적용에 의해 산정된 시산가격을 상호 관련시켜 재검토함으로써 각 방식에 의한 시산가격 상호 간에 발생하는 격차를 축소시키는 작업을 시산가격 조정이라 한다. 이때 시산가격 조정된 값이 대상부동산의 최종가격이다.

㉡ 시산가격 조정방법

시산가격 조정은 단순히 3가격을 산술평균하는 것이 아니라, 대상물건의 특정 용도, 성격이나 평가목적, 평가조건 등을 검토하여 그 중요도에 따라 가중치를 설정하고 이를 근거로 가중평균하여 시산가액을 조정한다.

㉢ 조정기준

시산가격을 조정함에 있어 어느 곳에 더 많은 비중을 두어야 할 것인가를 결정하기란 쉽지 않다. 이때 그 비중을 두는 근거를 '조정기준'이라 한다. 평가사는 다음과 같은 세 가지 기준을 토대로 각 시산가치의 상대적 중요성을 판단하여 비중을 결정한다.

ⓐ 적절성 : 평가방법이 평가목적이나 사용처 등 평가방법이 적절한가, 사용된 자료의 적절성 등을 검토하여 시산가격의 적절성을 측정한다.

ⓑ 정확성 : 평가사는 자료의 정확성, 계산의 정확성, 그리고 수정의 정확성 등을 검토하여 시산가치의 정확성을 측정한다. 이때 정확성에는 지료의 정확성, 수정의 정확성, 계산의 정확성이 포함된다.

ⓒ 증거의 양 : 앞에서 언급한 적절성이나 정확성은 질적인 기준이 되는 지표들이다. 그러나 이 같은 질적인 기준은 증거자료의 양과 밀접한 관련이 있다. 적절성이나 정확성과 같은 질적인 기준들이 풍부한 증거자료에 의해 지지되고 있다면 신뢰성이 있는 것으로 판단할 수 있다.

① 감정평가법인 등은 제14조부터 제26조까지의 규정에서 대상물건별로 정한 감정평가방법(이하 "주된 방법"이라 한다)을 적용하여 감정평가해야 한다. 다만, 주된 방법을 적용하는 것이 곤란하거나 부적절한 경우에는 다른 감정평가방법을 적용할 수 있다.

② 감정평가법인 등은 대상물건의 감정평가액을 결정하기 위하여 제1항에 따라 어느 하나의 감정평가방법을 적용하여 산정(算定)한 가액[이하 "시산가액(試算價額)"이라 한다]을 다른 감정평가방식에 속하는 하나 이상의 감정평가방법(이 경우 공시지가기준법과 그 밖의 비교방식에 속한 감정평가방법은 서로 다른 감정평가방식에 속한 것으로 본다)으로 산출한 시산가액과 비교하여 합리성을 검토해야 한다. 다만, 대상물건의 특성 등으로 인하여 다른 감정평가방법을 적용하는 것이 곤란하거나 불필요한 경우에는 그렇지 않다.

③ 감정평가법인 등은 제2항에 따른 검토 결과 제1항에 따라 산출한 시산가액의 합리성이 없다고 판단되는 경우에는 주된 방법 및 다른 감정평가방법으로 산출한 시산가액을 조정하여 감정평가액을 결정할 수 있다.

제2절　원가법(비용접근법) ★27, 28, 34회 기출★

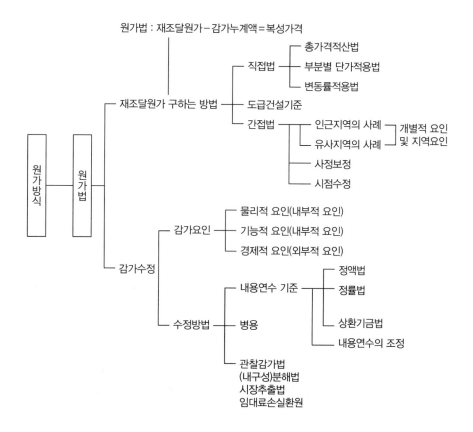

1. 원가법

(1) 원가법(복성식 평가법)의 개요

① 원가법의 개념
원가법이란 기준시점 현재 대상물건의 재조달원가에 감가수정(減價修正)을 하여 대상물건의 가액을 산정하는 감정평가방법을 말한다. 이때의 시산가격을 적산가격이라 한다.

> 재조달원가－감가누계액＝적산가격

② 장ㆍ단점
㉠ 장점
ⓐ 대상 부동산이 건물 또는 건물 및 그 부지인 경우에는 재조달원가 파악 및 감가수정을 정확히 할 수 있을 때 유효한 방법이다.

ⓑ 재생산 또는 대체 가능한 모든 상각자산에 사용할 수 있다(기계장치ㆍ건물ㆍ구축물 등).

ⓒ 특수목적의 부동산(공공건물, 공항, 교회 등)은 매매사례가 빈번하지 않고, 수익이 발생하지 않기 때문에 거래사례비교법이나 수익환원법을 사용하기 곤란한 경우이다.

㉡ 단점
ⓐ 재생산이 불가능한 자산에 대하여는 적용할 수 없다.

ⓑ 정확한 재조달원가의 파악이 어렵고, 완전하고 정확한 감가수정을 반영할 수 없다.

(2) 재조달원가(재생산비용)

① 의의
㉠ 재조달원가란 대상물건을 기준시점에 재생산하거나 재취득하는 데 필요한 적정원가의 총액을 말한다.

㉡ 재조달원가는 대상물건을 일반적인 방법으로 생산하거나 취득하는 데 드는 비용으로 하되, 제세공과금 등과 같은 일반적인 부대비용을 포함한다.

② 재조달원가의 종류
재조달원가를 구하는 방식은 복조원가(복제원가, 복성원가, 재생산비용, reproducts cost)와 대치원가(대체비용, replacements cost)이다.

㉠ 복조원가(복제원가, 복사원가, 재생산비용)
ⓐ 복조원가란 현재 대상부동산과 동일 또는 유사한 자재를 사용하여 신규의 복제부동산을 재조달 또는 재생산하는 데 소요되는 물리적 측면의 원가를 말한다.

ⓑ 주로 신규부동산일 때 사용하는 것이 좋다.

㉡ 대치원가(대체비용, 대체원가)
ⓐ 대치원가란 대상부동산과 동일한 효용을 갖는 부동산을 최신의 자재와 디자인에 의해 신축하는 데 소요되는 원가를 말하며, 이는 효용적 측면에 착안한 원가이다.

ⓑ 오래된 건물은 복조원가보다 대치원가를 하는 것이 유리하다.

ⓒ 대치원가를 재조달원가에 이미 기능적 감가가 반영되어서 기능적 감가를 하지 않는다.

③ 재조달원가 구하는 방법

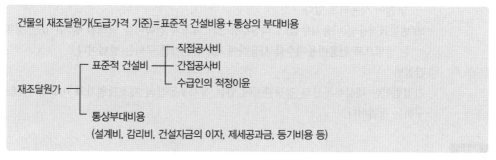

㉠ 건물의 재조달원가를 구하는 경우

ⓐ 건물의 재조달원가는 '표준적 건설비용'에 '통상의 부대비용'을 더하여 산정한다.

ⓑ 표준적 건설비용에는 직접공사비 · 간접공사비 · 수급인의 적정이윤이 포함된다.

ⓒ 통상의 부대비용에는 이자 · 감독비 · 조세공과금 · 등기비용 등이 포함된다.

ⓓ 수급인의 적정이윤이 표준적 건설비용에 포함된다는 점에 유의하여야 한다.

더 알아보기 직접비용 및 간접비용 그리고 수급인의 적정이윤

1. 직접비용이란 개량물의 건축에 사용되는 노동과 원자재에 대한 지출경비를 말한다.
2. 간접비용이란 노동과 원자재 이외의 항목에 대한 지출경비를 말한다.
3. 수급인의 적정이윤은 부동산의 가치에서 개발비용을 차감한 금액을 말한다.

㉡ 토지의 재조달원가를 구하는 경우

> (토지의) 재조달원가＝소지가격＋표준적 건설비＋통상부대비용

토지의 경우는 재생산이 불가능하여 재조달원가를 파악하기 곤란하므로 원칙적으로 원가법을 적용할 수 없다. 따라서 토지의 평가가격은 비교방식에 의한 「공시지가기준법」을 적용하여야 한다. 그러나 예외적으로 조성지, 매립지 등 비교방식 결정이 곤란한 경우에는 원가법으로 결정할 수 있다.

㉢ 재조달원가는 실제로 자가건설했든 도급건설했든 이를 구별하지 않고 도급건설에 준하여 재조달원가를 산정한다. 자가건설의 경우에도 기회비용을 고려해야 하므로 도급으로 의제하여 수급인의 적정이윤을 포함하여 계산한다.

④ 추계방법

대상부동산의 재조달원가를 추계하는 방법은 총량조사법, 구성단위법, 단위비교법, 비용지수법 등이 있다.

㉠ 직접법

직접법이란 대상부동산의 구성부분 또는 전체를 직접 확인 · 조사하여 표준적인 건설비를 구하고 여기에 통상의 부대비용을 가산하여 구하는 방법을 말한다.

ⓐ 총가격적산법(총량조사법) : 대상부동산의 전체에 소요된 재료비, 노무비, 경비 등을 합산하여 구하는 방법이다.

ⓑ 부분별 단가적용법(구성단위법) : 대상부동산에 대한 중요 구성부분별(벽, 바닥, 지붕, 기둥 등)로 표준단가를 구하여 이를 기초로 재조달원가를 구하는 방법이다.

ⓒ 단위비교법 : 평방미터(m²)단위를 기준으로 재조달원가를 산정하는 방법이다. 실제적으로 가장 많이 사용되고 있다.

ⓓ 변동률적용법(비용지수법) : 대상부동산의 최초의 건축비를 명백히 알 수 있는 경우에 적용되는 방법으로 건물비용지수를 사용하여 재조달원가를 구하는 방법이다.

ⓛ 간접법

간접법이란 대상부동산과 경쟁관계에 있는 유사부동산의 재조달원가와 비교하여 재조달원가를 구하는 방법이다.

예제

다음 자료를 활용하여 산정한 A건물의 m²당 재조달원가는?

- A건물은 5년 전에 준공된 3층 건물이다. (대지면적 300m², 연면적 1,000m²)
- A건물의 준공 당시 공사비 내역(단위 : 천 원)

직접공사비	: 150,000
간접공사비	: 50,000
공사비 계	: 200,000
개발업자의 이윤	: 50,000
총계	: 250,000

해설

- 5년 전 건축비 지수 100, 기준시점 현재 120

  주어진 자료를 보면 공사비 내역이 제시되어 있다. 공사비 항목 중 포함할 것과 제외할 것을 정리하여 공사비를 구해서 재조달원가를 구하는 방법이다.

① 5년 전 공사비 : 250,000,000

  기준시점의 공사비인 경우에는 그 자체가 재조달원가이지만, 주어진 자료는 5년 전 공사비이므로 이를 근거로 재조달원가를 계산해야 한다.

② 기준시점으로 시점수정 = $\frac{기준시점의 지수}{거래시점의 지수}$ = $\frac{120}{100}$ = 1.2

  그러므로 250,000,000×1.2 = 300,000,000이다.

③ 연면적으로 보정하면, $\frac{300,000,000}{1,000}$ = 300,000원/m²

(3) 감가수정

감가수정이란 대상물건에 대한 재조달원가를 감액하여야 할 요인이 있는 경우에 물리적 감가, 기능적 감가 또는 경제적 감가 등을 고려하여 그에 해당하는 금액을 재조달원가에서 공제하여 기준시점에 있어서의 대상물건의 가액을 적정화하는 작업을 말한다(제2조 제12호).

① 감가수정을 할 때에는 경제적 내용연수를 기준으로 한 정액법, 정률법 또는 상환기금법 중에서 대상물건에 가장 적합한 방법을 적용하여야 한다.

② 제2항에 따른 감가수정이 적절하지 아니한 경우에는 물리적·기능적·경제적 감가요인을 고려하여 관찰감가 등으로 조정하거나 다른 방법에 따라 감가수정할 수 있다.

① 감가수정과 감가상각과의 차이 ★28회 기출★

구분	감가상각(회계목적상 감가상각)	감가수정(평가목적상 감가수각)
목적	취득가격을 적정배분(할당)	기준시점의 현존 가격의 적정화
기초	취득(장부)가격을 기초로 함	재조달원가를 기초로 함
내용연수	법정 내용연수를 근거하되 경과연수에 중점을 둠	경제적 내용연수를 기초로 하되 잔존 내용연수 중점
고려사항	시장성은 고려할 필요 없음	비용성, 수익성, 시장성을 고려함
상각자산	상각자산에만 인정	비상각자산인 토지에도 인정함
감가대상	자산으로 계산되면 멸실되어도 상각은 계속됨	현존 물건만을 대상으로 함
관찰감가법	인정되지 않음	인정됨
감가요인	물리적·기능적 감가요인만 포함	물리적·기능적·경제적감가요인 포함
실제감가액	감가액이 실제감가액과 일치하지 않음	감가액이 실제감가액과 일치함

② 감가요인

물리적 감가	마멸, 파손, 노후화, 시간의 경과에 의한 손상, 재해로 인한 손상
기능적 감가	건물과 부지의 부적응, 설비 부족, 설계의 불량, 형의 구식화
경제적 감가	인근 환경과의 부적합, 인근지역의 쇠퇴, 대상 부동산의 시장성 감퇴

㉠ 물리적 감가요인

ⓐ 물리적 감가상각은 건물의 물리적 상태에 따른 가치손실을 의미한다.

ⓑ 물리적 감가요인은 마모·파손, 노후화, 재해에 의한 손괴와 기타요인 등이 있다.

ⓒ 치유가능감가와 치유불가능한 감가[3]로 구성되어 있다.

㉡ 기능적 감가요인

ⓐ 기능적 감가상각은 건물의 기능적 효용이 변화함으로써 발생하는 가치손실을 의미한다.

ⓑ 기능적 감가요인은 건축물과 그 부지와의 부적응, 설계의 불량, 형식의 구식화, 기타 설비의 부족 등으로 유용성 및 능률 저하 등이 이에 속한다.

ⓒ 기능적 감가는 치유가능감가와 치유불가능감가가 존재한다.

㉢ 경제적 감가요인

ⓐ 경제적 감가는 대상부동산과 그 부동산이 위치한 인근지역의 부조화(경제적 부적합)로 인하여 나타나는 감가의 현상을 말한다.

ⓑ 경제적 감가로 인근지역의 쇠퇴, 대상부동산과 인근환경과의 부적합, 인근의 타 부동산에 비하여 시장성의 감퇴 등이 이에 속한다.

ⓒ 경제적 감가는 지역분석과 관련이 있고, 치유불가능감가[4]만 존재한다.

---

3) 치유(보수)비용>가치상승분 : 치유불가능한 감가, 치유(보수)비용<가치상승분 : 치유가능한 감가가 된다.
4) 경제적 감가는 대상부동산과는 별개로 외부적 환경에 의한 감가 등을 의미하므로, 부동산소유자가 스스로 치유할 수 없는 오직 치유가 불가능한 감가로만 인정된다.

③ 감가수정의 방법 ★28, 32회 기출★

감가수정방법으로 대상부동산으로부터 직접 구하는 직접법으로는 내용연수에 의한 방법, 관찰감가법, 분해법이 있으며, 대상부동산과 상호대체·경쟁관계에 있는 유사부동산으로부터 구하는 간접법으로는 시장추출법, 임대료손실환원법이 있다.

구분	유형
직접법	내용연수에 의한 방법, 관찰감가법, 분해법
간접법	시장추출법(거래사례비교법), 임대료손실환원법(소득환원법)

㉠ 내용연수에 의한 감가수정

내용연수란 시간이 흐름에 따라 가치가 소멸되는 상각자산의 수명을 말한다. 내용연수에는 물리적 내용연수와 경제적 내용연수로 구분되어 진다. 감정평가활동에서는 경제적 내용연수가 중시된다.

ⓐ 정액법(균등상각법, 직선법, 실제연수법)

• 의의 : 대상물건의 감가형태가 매년 일정액씩 감가된다는 가정하에 대상물건의 감가총액을 단순히 경제적 내용연수(N)로 평분하여 매년 감가액을 구하는 방법으로 감가누계액이 경과연수에 정비례하여 증가하므로 직선법이라 한다.

• 산식

$$- \text{매년감가액}(D) = \frac{\text{재조달원가}(C) - \text{잔존가격}(S)}{\text{경제적 내용연수}(N)} = \frac{\text{재조달원가}(1 - \text{잔가율})}{\text{경제적 내용연수}}$$

$$- \text{감가누계액}(D_n) = \text{매년 감가액} \times \text{경과연수}$$

$$- \text{적산가격}(P_n) = \text{재조달원가} - \text{감가누계액}$$

• 특징

– 건물과 구축물 등의 평가에 적용되며, 감가누계액이 경과년수에 정비례한다.

– 계산이 용이한 장점이 있는 반면, 실제의 감가와 불일치한다는 단점이 있다.

ⓑ 정률법(체감상각법, 잔고점감법)

• 의의 : 대상물건의 감가형태가 매년 일정률로 감가된다는 가정하에 매년말의 잔존가격에 일정한 감가율을 곱하여 매년 감가액을 구하는 방법으로서 상각이 시간이 경과함에 따라 진행되면 잔고는 점점 감소하고 상각률은 일정한데 상각액은 감소한다. 따라서 체감상각법, 잔고점감법이라고 한다.

• 산식

$$- \text{매년 감가액} = \text{전년말 미상각액} \times \text{감가율(정률)}$$

$$- \text{감가누계액} = \text{재조달원가} \times (1 - \text{전년대비 잔가율})^m \ (m : \text{경과연수})$$

$$- \text{적산가격} = \text{재조달원가} - \text{감가누계액}$$

$$= \text{재조달원가} \times (\text{전년대비 잔가율})^m$$

$$= \text{재조달원가} \times (1 - \text{매년 감가율})^m$$

$$- \text{매년감가율} + \text{전년대비 잔가율} = 1 (\text{원본가격})$$

- 특징
  - 기계와 기구 등의 동산과 같은 상각자산에 유용하며, 감가액이 첫해가 가장 크고 시간이 갈수록 감가액도 체감한다.
  - 장점 : 능률이 높은 초기에 많이 감가되어 비교적 자본을 안전하게 회수할 수 있다.
  - 단점 : 매년의 감가액이 상이하여 계산이 복잡하다.

구분	정액법	정률법
정의	대상 물건의 감가총액을 단순한 내용연수로 평분하여 매년의 감가액으로 삼는 방법	대상 물건의 매년말(전년도)의 잔존가격에 일정한 감가율을 곱하여 매년의 감가액을 함
감가액	매년 일정하다(정액) (균등상각법)	감가액은 매년변화하여 초년도가 가장 크고, 시간이 경과함에 따라 재산가치가 체감되어 상각액도 갈수록 체감한다.
감가누계액 및 감가율	감가누계액이 경과연수에 정비례하여 증가한다(직선법).	감가누계액이 경과연수에 따라 증가하나 정비례하지는 않는다(잔고점감법). 주의 다만 감가율은 매년 일정하다.
장점	• 매년 감가액이 일정하므로 사용정도가 매년 동일한 물건에 적합한 방법으로, 계산식이 간단하고 용이하다. • 최종잔가율이 0인 무형고형자산 등 모든 상각자산에 사용할 수가 있다.	• 능률이 높은 초기에 많이 감가하여 안전하게 자본회수 • 기계·기구는 내용연수 이전에 발명이나 새로운 고안으로 무용화될 염려가 있으므로 정률법의 적용이 합리적이다.
단점	감가액이 일정하여 감가액이 매년 일정하지 않는 자산에 적용하는 경우에는 감가수정액이 실제의 감가와 일치하지 않는다.	매년 감가액이 상이하여 계산이 복잡하며, 잔존가격이 0인 경우 적용할 수 없다.
적용대상	건물·구축물 등의 평가에 적용	기계·기구 등의 동산

예제

다음과 같이 조사된 건물의 기준시점 현재의 원가법에 의한 감정평가 가격은?(단, 감가수정은 정액법에 의함)

- 기준시점 : 2005. 10. 30.
- 건축비 : 200,000,000원(2003. 10. 30. 준공)
- 건축비는 매년 10%씩 상승하였음
- 기준시점 현재 잔존내용연수 : 48년
- 내용연수 만료 시 잔존가치율 : 10%

해설

정액법에 의한 적산가액은 다음과 같다.

㉠ 기준시점의 재조달원가 = 2억 원 × $(1+0.1)^2$ = 2억 4,200만 원

㉡ 잔존가격 = 재조달원가 × 내용연수 만료 시 잔가율 = 2억 4,200만 원 × 0.1 = 2,420만 원

㉢ 총감가액 = 재조달원가 − 잔존가격 = 2억 4,200만 원 − 2,420만 원 = 2억 1,780만 원

㉣ 매년 감가액 = 총감가액 ÷ 경제적 내용연수 = 2억 1,780만 원 ÷ (48 + 2) = 4,356,000원

㉤ 감가누계액 = 4,356,000원 × 2년 = 8,712,000원

㉥ 적산가격 = 2억 4,200만 원 − 8,712,000원 = 233,288,000원

답 233,288,000원

ⓒ 상환기금법(감채기금법)

- 의의 : 대상물건의 내용연수가 만료시의 감가누계액과 그에 대한 복리계산의 이자상당액의 합계액을 감가수정액으로 한다. 이는 감가상각액에 해당하는 금액을 내부에 유보하지 않고, 예금 등의 방식으로 외부에 투자한다고 가정한다. 즉, 매년의 감가상각액이 복리로 이자를 발생한다는 것을 전제로 하여, 계산된 원리금의 합계를 건물 등의 내용연수 만료시의 총감가 상각액과 일치시키는 방식으로 감가상각을 하는 것이다.

- 산식

  - 매년감가액 = (재조달원가 − 잔존가격) × 상환기금률(축적이율)
  - 감가누계액 = 경과연수 × 재조달원가 × (1 − 잔가율) × 상환기금률

- 특징 : 광산 등의 평가에 적용하며, 감가액이 복리이율에 의한 축적이자 때문에 정액법의 경우보다 적고, 적산가격은 정액법의 경우보다 많다.

더 알아보기 정액법 · 정률법 · 상환기금법 비교

① 그래프를 통한 비교

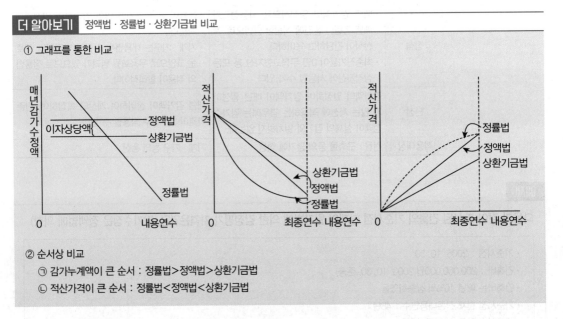

② 순서상 비교
  ㉠ 감가누계액이 큰 순서 : 정률법 > 정액법 > 상환기금법
  ㉡ 적산가격이 큰 순서 : 정률법 < 정액법 < 상환기금법

ⓛ 관찰감가법
  ⓐ 의의 : 관찰감가법이란 감정평가의 주체가 대상물건을 관찰하여, 그 결과를 가지고 물리적 · 기능적 · 경제적 감가요인과 감가액을 직접 구하는 방법이다.
  ⓑ 장점 : 대상부동산의 개별구성 요소를 세밀히 관찰하여 감가하므로 실제 감가액에 근접할 수 있다.
  ⓒ 단점
    평가주체의 개별적 능력에 좌우되고, 평가사의 주관이 개입되기 쉽다.

ⓒ 분해법(내구성 분해방식)

    ⓐ 의의 : 대상부동산에 대한 감가상각 요인을 물리적 · 기능적 · 경제적 감가요인으로 세분한 다음, 이에 대한 감가상각액을 각각 별도로 측정하고 이것을 전부 합산하여 감가수정액을 산출하는 방식이다.

    ⓑ 방법

      • 감가상각의 유형을 물리적 · 기능적 · 경제적 감가상각으로 나누고 이것을 다시 치유가능한 것과 치유 불가능한 것으로 나눈 다음, 치유가능한 결함은 치유비용으로 감가상각치를 사용하고, 치유불가능한 것은 그 손실가치를 계산하는 방법으로 한다. 단, 주의할 것은 경제적 감가상각은 치유불가능 감가상각만 있지 치유가능 감가상각은 존재하지 않는다는 것이다.

> – 물리적 감가 · 치유가능 감가, 치유불가능 감가
> – 기능적 감가 · 치유가능 감가, 치유불가능 감가
> – 경제적 감가 · 치유불가능 감가

      • 치유가능 감가상각은 그 대상 부동산의 치유할시에 수선비보다 치유후의 가치증분이 더 큰 경우를 말하고, 치유불가능 감가상각은 그 대상 부동산의 치유할시에 수선비보다 치유후의 가치증분이 더 작은 경우를 말한다.

    ⓒ 장단점

      • 장점 : 대상부동산을 감가요인별로 세분하므로 감가액을 충분히 반영할 수 있다.

      • 단점 : 감정평가사의 주관이 개입될 가능성이 크고, 물리적 감가와 기능적 감가를 정확히 구분하기가 어렵다.

    ⓓ 시장추출법(거래사례비교법)

    시장추출법은 대상부동산과 상호대체 · 경쟁관계에 있는 유사부동산과 비교분석 · 수정하여 감가수정하는 방법이다. 이는 매매사례가 많은 부동산의 경우에 적용하면 유리하고 매매사례가 적으면 채택하기가 곤란하다.

    ⓔ 임대료손실환원법(소득환원법)

    임대료손실환원법은 대상부동산과 사례부동산의 감가요인이 확연히 구분되는 경우에 대상부동산의 감가요인에 의해 발생한 임대료손실분을 자본환원율로 할인하여 감가수정액을 산정한다.

2. 적산법

(1) 적산법의 의의

"적산법(積算法)"이란 대상물건의 기초가액에 기대이율을 곱하여 산정된 기대수익에 대상물건을 계속하여 임대하는 데에 필요한 경비를 더하여 대상물건의 임대료[(賃貸料), 사용료를 포함한다. 이하 같다]를 산정하는 감정평가방법을 말한다(제2조 제6호).

> • 적산임료 = 기대이윤 + 필요제경비
> • 적산임료 = (기초가격 × 기대이율) + 필요제경비

(2) 기초가액

① 의의(감정평가 실무기준 3.2.2.2.)

㉠ 기초가액이란 적산법으로 감정평가하는 데 기초가 되는 대상물건의 가치를 말한다.

㉡ 기초가액은 비교방식이나 원가방식으로 감정평가한다. 이 경우 사용 조건·방법·범위 등을 고려할 수 있다.

② 시장가치와의 차이

우리나라 감정평가에 관한 규칙에서는 대상물건에 대한 평가가액은 시장가치로 결정함을 원칙으로 하고 있다.

구분	기초가액	시장가치
의의	적산임료를 구하는 데 기초가 되는 가격	감정평가 규칙에 따른 부동산 가치
산정방법	적산가격, 비준가격을 참작하여 구함(단, 수익가격으로는 기초가액 산정 불가)	적산가격, 비준가격, 수익가격으로 구함
전제 조건	임대차 계약조건을 고려	최유효이용을 전제로 파악
범위	임대 해당부분	부동산 전체

(3) 기대이율(감정평가 실무기준 3.2.2.3)

① 기대이율이란 기초가액에 대하여 기대되는 임대수익의 비율을 말한다.

② 기대이율은 시장추출법, 요소구성법, 투자결합법, CAPM을 활용한 방법, 그 밖의 대체·경쟁 자산의 수익률 등을 고려한 방법 등으로 산정한다.

③ 기초가액을 시장가치로 감정평가한 경우에는 해당 지역 및 대상물건의 특성을 반영하는 이율로 정하되, 한국감정평가사협회에서 발표한 '기대이율 적용기준율표', 「국유재산법 시행령」·「공유재산 및 물품관리법 시행령」에 따른 국·공유재산의 사용료율(대부료율) 등을 참고하여 실현가능한 율로 정할 수 있다.

④ 환원이율과의 차이

기대이율은 수익환원법에 있어서의 환원이율과 유사하나, 다음과 같은 차이가 있다.

▶기대이율과 환원이율의 비교

기대이율	환원이율
적산법과 관계	수익환원법과 관계
투하자본(기초가격)에 대한 수익의 비율	대상물건의 가격에 대한 순수익의 비율
임대차기간에 적용되는 단기적 이율	전기간에 적용되는 장기적 이율
종합기대이율이 없다(이설 있음).	개별, 종합환원이율이 있다.
계약조건을 전제	최유효사용을 전제
금융기관의 정기예금이율 등이 기초	순수이율+위험률을 가산한 이율
항상 상각후, 세공제전	상각전후, 세공제전후 구별 있다.
계약조건을 전제로 하며 물건의 종별에 따라 차이가 거의 없다. 따라서 투자대상은 중요하지 않고 투하자본만 중요하다.	물건의 최유효이용을 전제로 하며 물건의 종별에 따라 차이가 있어서 환원이율이 높은 투자대상은 그만큼 가격도 높아진다.

(4) 필요제경비

필요제경비란 임대차 계약에서 일정기간에 대상부동산을 임대하여 투자수익을 확보하는 데 필요로 하는 제경비를 말한다.

① **감가상각비** : 건물에서 발생하는 감가상각액을 임대료에 포함시켜 회수한다.

② **조세공과** : 대상물건에 직접 부과되는 세금과 공과금을 의미한다. 즉, 대상부동산의 소유로부터 발생하는 재산세, 종합부동산세, 도시계획세, 소방공동시설세 등을 포함한다. 그러나 대상부동산의 운영에서 발생하는 소득세, 법인세는 포함되지 않는다.

③ **유지관리비** : 대상부동산의 유용성을 유지하기 위하여 또는 관리를 하기 위하여 소요되는 비용인 일반수선비, 관리비 등과 수익적 지출도 필요제경비에 포함시킨다. 그러나 대수선비와 같은 자본적 지출과 수도료, 전기료, 청소비, 냉온방비 등은 부가사용료5) 또는 공익비6)로 필요제경비에 포함되지 않는다.

④ **손해보험료** : 대상부동산과 관련된 화재보험료 등과 같은 소멸성 보험료만 포함하고, 만기가 되면 상환받는 비소멸성 보험료는 제외한다.

⑤ **결손준비금** : 임차인이 임대료지불을 불이행할 경우 손실보전을 위하여 표준적 일정액을 계상하는 것이다. 그러나 임대보증금을 일시금으로 받은 경우에는 결손준비금을 계상하지 않는다.

⑥ **공실 등의 손실상당액** : 대상부동산의 신축 후 임대 시까지의 공실, 중도해약 계약 만료 후 새로 계약을 체결하기까지의 공실 등에 의한 손실금액을 말한다.

⑦ **정상운전자금에 대한 이자** : 임대영업을 하기 위하여 소요되는 정상적인 운전자금에 대한 이자를 말한다. 그러나 장기차입금이자, 건설자금이자, 자기출자금이자 등은 제외한다.

더 알아보기 필요제경비에 포함될 항목

필요제경비에 포함되는 항목	감가상각비, 유지관리비, 조세공과금, 손해보험료, 대손준비금, 공실손실상당액, 정상운영자금이자 등
필요제경비에 포함되지 않는 항목	소득(법인)세, 자본적 지출, 부가사용료, 공익비, 비소멸성보험료, 장기차입이자, 건설자금이자, 자기출자금이자 등

---

5) 부동산임대 시에 전용부분에 소요되는 비용으로 전기료·가스료·수도료·냉난방비 등을 말한다.
6) 부동산의 공용부분에 소요되는 비용으로 수도광열비·위생비·공용설비비 등을 의미한다.

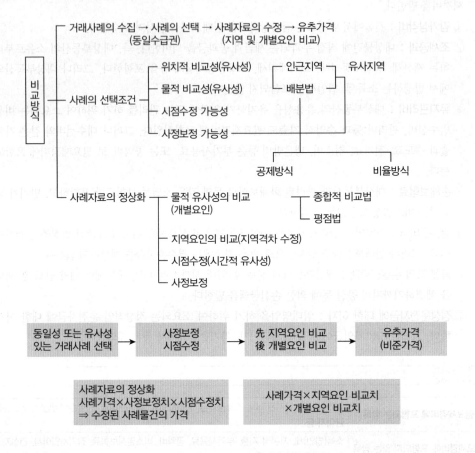

1. 거래사례비교법 ★30, 33회 기출★

(1) 거래사례비교법의 개요

① 의의

ⓐ "거래사례비교법"이란 대상물건과 가치형성요인이 같거나 비슷한 물건의 거래사례와 비교하여 대상물건의 현황에 맞게 사정보정(事情補正), 시점수정, 가치형성요인 비교 등의 과정을 거쳐 대상물건의 가액을 산정하는 감정평가방법을 말한다(제2조 제7호).

ⓑ 비교방식은 인근지역 또는 동일수급권 내의 유사지역 등에서 대상부동산과 유사한 부동산의 거래가 이루어지고 있는 경우에 유효하다.

② 장·단점

ⓐ 장점

ⓐ 실제 거래되는 가격을 근거로 하기 때문에 현실성 있고, 설득력이 풍부하다.

ⓑ 3방식 중 모든 부동산에 적용할 수 있는 중추적 역할을 한다.

ⓒ 적절한 거래사례가 있으면 모든 물건에 적용가능하다.

ⓛ 단점

ⓐ 평가사의 경험에 의존도가 높으므로 가격편차가 크다.

ⓑ 시장성 없는 부동산은 적용 곤란, 불완전시장이나 투기지역 사례는 적용이 곤란하다.

ⓒ 호·불황기에는 적용이 곤란하다.

(2) 적용

더 알아보기 | 거래사례의 수집 및 선택

거래사례비교법으로 감정평가할 때에는 거래사례를 수집하여 적정성 여부를 검토한 후 다음 각 호의 요건을 모두 갖춘 하나 또는 둘 이상의 적절한 사례를 선택하여야 한다.

1. 거래사정이 정상이라고 인정되는 사례나 정상적인 것으로 보정이 가능한 사례
2. 기준시점으로 시점수정이 가능한 사례
3. 대상물건과 위치적 유사성이나 물적 유사성이 있어 지역요인·개별요인 등 가치형성요인의 비교가 가능한 사례

① 사례자료의 선택(채택)기준

사례자료는 다음의 기준에 의하여 수집되어야 한다.

㉠ 위치의 유사성(지역적 요인의 비교가능성)

ⓐ 지역요인의 비교란 사례부동산과 대상부동산이 존재하는 지역의 표준적 이용을 비교하는 것이 므로 거래사례는 대상부동산과 동일성 또는 유사성이 있는 지역에 존재하여 지역 간의 표준적 이용이 비교가능한 사례이어야 한다.

ⓑ 거래사례는 대상부동산과 대체·경쟁의 관계가 성립하는 인근지역 또는 동일수급권 내의 유사 지역에 존재하여야 한다.

㉡ 물적 유사성(개별적 요인의 비교가능성)

ⓐ 개별요인의 비교란 대상부동산과 사례부동산의 개별적인 물적 요인을 비교하는 작업이므로 거 래사례자료는 대상부동산과 개별적 요인이 동일성 또는 유사성이 있는 사례이어야 한다.

ⓑ 단, 동 유형의 부동산이 없는 경우에는 원칙적으로 사례선택을 하지 못하지만, 예외적으로 사 례부동산의 일부만이 대상부동산과 유사성(비교성)이 있는 경우에는 배분법을 통하여 사례를 선택할 수가 있다. 즉, 나지인 사례로서 건부지를 선택할 수 있다. 이때 사례부동산은 최유효이 용인 사례만 선택한다.

㉢ 시점수정의 가능성(시간의 유사성)

ⓐ 시점수정이란 가격산정에 있어서 거래사례의 거래시점과 대상부동산의 기준시점이 시간적으 로 불일치하여 가격 수준의 변동이 있을 경우에 거래시점의 거래사례 가격을 기준시점의 가격 으로 정상화하는 작업을 말한다.

ⓑ 거래시점과 기준시점의 시간적 차이가 적은 사례일수록 유효하다.

㉣ 사정보정의 가능성

ⓐ 사정보정이란 가격산정에 있어서 수집된 거래사례에 거래관계자의 특수한 사정, 개별적 동기(절박한 사정, 연고자 간의 거래 등)가 개입되면 그러한 사정이 없었을 경우의 가격으로 정상화 하는 작업을 말한다.

ⓑ 특수한 사정이나 동기의 개재가 없는 사례가 있으면 그것을 선택하고 그렇지 못할 경우에는 그 러한 사정이나 동기가 없는 경우의 가격으로 정상화가 가능한 것이어야 한다.

거래사례가 대상부동산과 동 유형(同類型)의 부동산부분을 포함하는 복합부동산의 거래사례를 선택하고, 대상부동산과 다른 유형 부분의 가격을 공제하여 같은 유형에 귀속되는 부분의 가격을 추출해 내는 방법을 말한다. 이러한 배분법은 대상부동산과 그 유형을 달리하는 거래사례를 채택할 수 있기 때문에 거래사례의 활용범위를 넓혀준다.

사례부동산의 일부만이 대상부동산과 비교성이 있을 때 배분법을 적용하는 경우 거래사례는 부지가 최유효사용인 경우를 선택해야 한다.

1. 공제방식

   복합부동산에 대한 거래사례의 가격에서 대상부동산과 같은 유형 이외의 부분가격은 공제하고 대상부동산과 동 유형만의 가격을 구하는 방식이다.

2. 비율방식

   복합부동산에 대하여 각 구성부분의 가격의 비율이 판명되어 있을 경우에 당해 사례의 가격에 대상부동산과 같은 유형의 부분의 구성비율을 곱하여 사례자료의 가격을 구하는 방식이다.

예제

복합부동산의 거래사례가격이 1천만 원이고 토지는 50평이며 건평은 30평이었다. 건물의 복성가격이 평당 10만 원일 경우 토지의 평당 단가는 얼마인가?

> 해설

공제방식에 의한 토지가격 = 거래사례(토지 + 건물)가격 − 건물가격(복성가격)

① 건물의 가격 = 30평 × 10만 원 = 300만 원

② 토지의 가격 = 1천만 원 − 300만 원 = 700만 원

③ 평당 토지가격 = 700만 원 ÷ 50평 = 14만 원

예제

복합부동산의 거래사례가격이 1억 원이고 가격구성비율이 토지 60%, 건물 40%인 경우에 토지의 가격은 얼마인가?

> 해설

비율방식에 의한 토지가격 = 거래사례(토지 + 건물)가격 × 토지의 가격구성비율

㉠ 토지의 가격구성비율 = $\dfrac{\text{토지의 가격구성비율}}{\text{전체 가격구성비율}} = \dfrac{60}{(60+40)}$

㉡ 토지가격 = 1억 × $\dfrac{60}{(60+40)}$ = 6천만 원

② 사례자료의 정상화

㉠ 사정보정

ⓐ 의의

사정보정이란 가격의 산정에 있어서 수집된 거래사례에 거래당사자의 특수한 사정 또는 개별적인 동기가 개제되어 있거나 대표성이 없는 매매사례인 경우, 그러한 사정이 없었을 경우의 가격수준, 즉 정상적인 가격수준으로 정상화하는 작업을 의미한다.

표준지인 사례자료이거나 정상적인 거래사례인 경우 사정보정은 할 필요가 없다.

ⓑ 사정개입의 정도를 정상화하는 작업

- 대상물건만 보정을 하는 경우 → 사정보정치 = $\dfrac{대상부동산}{사례부동산} = \dfrac{100 \pm \alpha\%}{100\%}$

- 사례물건만 보정을 하는 경우 → 사정보정치 = $\dfrac{대상부동산}{사례부동산} = \dfrac{100\%}{100 \pm \alpha\%}$

- 대상물건과 사례물건 모두 보정을 하는 경우 → 사정보정치 = $\dfrac{대상부동산}{사례부동산} = \dfrac{100 + \alpha\%}{100 \pm \alpha\%}$

㉡ 시점수정의 의미

ⓐ 의의

대상물건의 가격을 산정함에 있어서 거래사례의 거래시점과 기준시점이 시간적으로 불일치하는 경우에는 가격수준의 차이가 발생한다. 이 경우 거래사례의 가격을 기준시점의 수준으로 정상화하는 작업을 시점수정이라고 한다.

거래시점과 기준시점 사이에 시간적으로 불일치하더라도 가격수준에 영향을 미치는 시장상황이 변화가 없으면 시점수정을 할 필요가 없다.

ⓑ 시점수정방법 : 시점수정의 방법에는 물가지수를 이용하는 지수적용법과 물가변동률을 이용하는 변동률적용법이 있다.

- 지수적용법(물가지수법)시점수정치 = $\dfrac{기준시점의 \ 가격(물가)지수}{거래시점의 \ 가격(물가)지수}$

- 변동률적용법(물가변동률법)시점수정치 = $(1 + R)^n$ [R : 가격변동률, n : 변동횟수]

예제

2019년 9월에 1억 원을 지급하고 구입한 토지를 사례부동산으로 채택하였다. 기준시점이 2021년 9월일 때 사례토지의 시점수정 후 토지의 가격을 산정하시오(단, 2019년 9월의 물가지수는 100이고, 2021년 9월의 물가지수는 130임).

[해설]

① 시점수정치 = $\dfrac{130}{100}$

② 기준시점의 사례부동산가격 = 1억 × $\dfrac{130}{100}$ = 1억 3천만 원

최근 인근지역의 지가상승률을 검토한 결과 5년 동안 매년 10%씩 상승되어 왔음을 확인하였다. 3년 전에 1억 원을 지급하고 구입한 토지를 사례부동산으로 채택하였다면 시점수정 후 사례토지의 가격은 얼마인가?

해설

① 시점수정치 = $(1+0.1)^3 = 1.331$

② 기준시점의 사례부동산가격 = 1억 × 1.331 = 1억 3천 3백 10만 원

    © 지역요인 및 개별요인의 비교 ★29, 31회 기출★

      ⓐ 의의 : 각 지역은 그 지역적 특성에 따라 표준적 사용과 일정한 가격수준이 형성되므로 이 지역적 특성으로 인한 사례부동산과 대상부동산의 가격수준의 차이를 판정하고, 다시 개별적 요인을 비교하여 대상부동산의 가격을 유추해야 한다.

      ⓑ 비교방법

      대상부동산이 속한 지역의 표준적 이용과 사례부동산이 속한 표준적 이용을 기준으로 비교하여야 한다.

      사례부동산이 대상부동산과 인근지역 내의 것일 때에는 지역적 요인은 동일하므로 지역요인은 비교하지 않고 개별적 요인만을 비교하여 그 개별격차를 판정하여야 한다.

      ⓒ 지역요인과 개별요인의 비교수정방법 : 지역요인 및 개별요인을 비교하는 방법에는 종합적 비교법과 평점법이 있다.

      • 종합식 접근법(종합적 비교법) : 거래사례부동산과 대상부동산의 개별적 제요인 등을 포괄적으로 비교하여 얻은 비율을 거래사례가격에 곱하여 감정가격을 구하는 방법이다.

$$\frac{\text{대상부동산의 비교요인}}{\text{사례부동산의 비교요인}} = \frac{100 \pm \alpha}{100 \pm \beta}$$

      • 평점법 : 지역 및 개별요인에 대한 몇 가지의 항목을 설정하여 항목별로 사례부동산과 대상부동산을 장·단점 비교평가하는 방법으로 토지의 경우에는 획지·환경·가로·접근상태·법적 규정 등의 항목으로 집약한다.

경매로 인하여 정상가격보다 30% 저가로 거래된 부동산을 사례자료로 채택하였다. 사례부동산이 7천만 원에 거래되었다면 정상화한 사례부동산의 가격은 얼마인가?

해설

㉠ 사정보정치 = $\dfrac{\text{대상물건}(\times)}{\text{사례물건}(\bigcirc)} = \dfrac{100}{100-30} = \dfrac{100}{70}$

㉡ 정상화한 사례부동산의 가격 = 거래가격 × 사정보정치 = 7천만 원 × $\dfrac{100}{70}$ = 1억 원

지역요인을 분석한 결과 전반적으로 대상부동산이 속한 지역이 사례부동산이 속한 지역보다 10% 우세하다면 지역요인 비교치는?

해설

지역요인 비교치 $= \dfrac{\text{대상지역}(\bigcirc)}{\text{사례지역}(\times)} = \dfrac{100+10}{100} = \dfrac{110}{100}$

개별적 요인에서 대상부동산보다 사례부동산이 20% 열세일 경우 개별요인 비교치는?

해설

개별요인 비교치 $= \dfrac{\text{대상부동산}(\times)}{\text{사례부동산}(\bigcirc)} = \dfrac{100}{100-20} = \dfrac{100}{80}$

더 알아보기 매매사례의 수정방법

매매사례 분석이 끝나면 평가사는 대상부동산과 사례부동산과의 각 특성별 차이가 가치에 미치는 영향을 계산하여 가감하게 되는데, 이를 '수정'이라 한다. 다음과 같은 방법으로 사례를 수정한다.

1. 비율수정법

비율수정법은 대상부동산과 비교부동산과의 우월성과 열등성의 차이를 백분율로 치환하여 특성별 차이를 수정하는 방법이다.

2. 금액수정법

금액수정법은 비율수정법이 가지는 여러 가지 약점을 극복할 수 있는 방법으로 대상부동산과 비교부동산과의 특성별 차이를 실제의 화폐가치로 수정하는 방법이다.

3. 연속수정법

① 연속수정법은 비율수정법과 금액수정법의 혼합형으로 각 방법의 장점을 절충한 것이다.

② 연속수정법은 비율과 절대금액의 2가지를 모두 사용해서 시산가치를 산출하고 있기 때문에 고객이 이해하기 쉬우며, 현재 미국에서 가장 널리 사용되는 방법이다.

---

2. 임대사례비교법 ★34회 기출★

(1) 임대사례비교법의 의의

① "임대사례비교법"이란 대상물건과 가치형성요인이 같거나 비슷한 물건의 임대사례와 비교하여 대상물건의 현황에 맞게 사정보정, 시점수정, 가치형성요인 비교 등의 과정을 거쳐 대상물건의 임대료를 산정하는 감정평가방법을 말한다(제2조 제8호).

> 비준임료＝사례임료×시점수정치×사정보정치×지역요인비교치×개별요인비교치

② 감정평가업자는 임대료를 감정평가할 때에 임대사례비교법을 적용하여야 한다(제22조).

(2) 임대사례의 선택기준

임대사례비교법은 인근지역 또는 동일수급권 내의 유사지역 등에서 대상부동산과 유사한 부동산의 임대차가 이루어지고 있는 경우에 유효하다.

① 위치의 유사성
② 물적 유사성
③ 시점수정의 가능성
④ 사정보정의 가능성
⑤ 계약내용의 유사성

임대사례는 계약자유의 원칙에 따라 체결되는 것으로서, 임대차에 제공되는 물건의 사용방법이나 수리에 관한 상황, 임료의 지불방법 등 계약내용이 다양하므로 계약내용에 있어 동일성 내지 유사성을 갖는 사례를 선택해야 한다.

더 알아보기 | 임료기준

1. 임대사례에 의한 임료의 기준
   임료는 계약의 내용 · 조건 · 명목여하에 관계없이 신규계약에 의해 초일에 지불되는 실질임료를 기준으로 한다.
2. 기준시점 현재 신규계약으로 체결된 임대사례를 수집하여야 한다.
   그 이유는 임대차계약기간 동안 지불되고 있는 계약임료는 일정하지만, 그때의 임대시장을 반영하는 시장임료는 항상 변동하기 때문이다. 그런데 평가의 자료로서 파악하여야 하는 임료는 기준시점의 시장임료인데 반하여 감정자료로서 파악하여야 하는 임료는 계약임료이므로 두 목적을 동시에 달성하기 위해서는 계약임료와 시장임료가 일치되는 기준시점 현재 신규계약의 임대사례를 수집해야 한다.

---

(3) 임료 산정방법 ★27회 기출★

① 실질임료(實質賃料)와 지불임료

ⓐ 실질임료 : 실질임료란 임료의 종류가 어떤 것이냐에 상관없이 임대인에게 지급되는 임료 산정기간에 대응하는 적정한 모든 경제적 대가를 말한다. 실질임료는 순임료에 필요제경비를 합한 금액이다. 다음은 실질임료에 포함되는 경비들이다.

ⓐ 보증금의 운용이익 : 보증금에 운용이율을 곱하여 계산한다.

ⓑ 선불적 성격을 지니는 일시금의 상각액 : 선불적 성격을 지니는 일시금이란 임대차 기간이 만료되어도 임차인에게 반환되지 않는 것으로 사글세와 같은 일시금을 말하며, 실질임료를 구하는 경우에는 일시금의 상각액과 미상각액에 대한 운용이익을 합산하여 구한다.

ⓒ 선불적 성격을 지니는 일시금의 미상각액에 대한 운용이익

ⓓ 각 지불시기에 지불하는 지불임료

ⓔ 필요제경비

- 실질임료＝순임료(상각 후 순이익의 성격)＋필요제경비
- 순임료＝실질임료－필요제경비
- 필요제경비＝감가상각비＋유지관리비＋공조공과＋손해보험료＋대손준비금＋공실 등의 손실상당액 등
- 실질임료＝보증금 운용이익 등＋지불임료(필요제경비 포함)

ⓛ 지불임료 산정방법

ⓐ 지불임료는 임차인이 각 지급시기에 지급되는 임료로서, 1년 단위로 계산하게 된다.

ⓑ 계약시 일시금이 수수되는 경우의 지급임료는 실질임료에서 당해 일시금에 대해 임료의 선불적(先拂的) 성격을 갖는 일시금의 운용익, 상각액 및 예금적 성격을 갖는 일시금의 운용익을 공제하여 구한다.

ⓒ 지불임료에는 임대차에 따른 수도비, 광열비, 위생비, 냉온방비 등 소위 공익비와 부가사용료 중에서 실제 소요된 비용을 초과하는 부분도 임료에 포함된다.

② 순임료의 산정방법

순임료란 실제로 지불되는 임료에서 필요제경비(감가상각비, 유지관리비, 조세공과, 손해보험료, 결손준비금, 공실 등 손실상당액)를 공제하여 구할 수 있다.

▶ 실질임료 구하는 산식

A	① 예금적 성격을 갖는 일시금의 운용익	실질임료 : A+B+C
	② 선불적 성격을 갖는 일시금의 상각액	순임료 : A+B
	③ 선불적 성격을 갖는 일시금의 미상각액에 대한 운용익	지불임료 : B+C
B	④ 각 지불시기에 지불되는 순지불임료액	C	필요제경비
	⑤ 공익비, 부가사용료 중 실비초과액		

3. 공시지가기준법 ★34회 기출★

(1) 의의

① 감정평가업자는 토지를 감정평가할 때에 '공시지가기준법'을 적용해야 한다.

② "공시지가기준법"이란 감정평가의 대상이 된 토지(이하 "대상토지"라 한다)와 가치형성요인이 같거나 비슷하여 유사한 이용가치를 지닌다고 인정되는 표준지(이하 "비교표준지"라 한다)의 공시지가를 기준으로 대상토지의 현황에 맞게 시점수정, 지역요인 및 개별요인 비교, 그 밖의 요인의 보정(補正)을 거쳐 대상토지의 가액을 산정하는 감정평가방법을 말한다(제2조 제9호).

(2) 절차

감정평가업자는 공시지가기준법에 따라 토지를 감정평가할 때에 다음 순서에 따라야 한다.

① 비교표준지의 선정

인근지역에 있는 표준지 중에서 대상토지와 용도지역 · 이용 상황 · 주변환경 등이 같거나 비슷한 표준지를 선정할 것. 다만, 인근지역에 적절한 표준지가 없는 경우에는 인근지역과 유사한 지역적 특성을 갖는 동일수급권 안의 유사지역에 있는 표준지를 선정할 수 있다.

② 시점수정

「국토의 계획 및 이용에 관한 법률」 제125조에 따라 국토교통부장관이 조사 · 발표하는 비교표준지가 있는 시 · 군 · 구의 같은 용도지역 지가변동률을 적용할 것. 다만, 다음 어느 하나의 경우에는 그러하지 아니하다.

㉠ 같은 용도지역의 지가변동률을 적용하는 것이 불가능하거나 적절하지 아니하다고 판단되는 경우에는 공법상 제한이 같거나 비슷한 용도지역의 지가변동률 · 이용 상황별, 또는 해당 시 · 군 · 구의 평균지가변동률을 적용할 것

ⓒ 지가변동률을 적용하는 것이 불가능하거나 적절하지 아니한 경우에는 「한국은행법」 제86조에
따라 한국은행이 조사·발표하는 생산자물가지수에 따라 산정된 생산자물가상승률을 적용할 것

③ 지역요인 비교

④ 개별요인 비교

⑤ 그 밖의 요인 보정

더 알아보기 감정평가에 관한 규칙

제14조(토지의 감정평가)

① 감정평가업자는 법 제3조 제1항 본문에 따라 토지를 감정평가할 때에는 공시지가기준법을 적용하여야 한다.

③ 감정평가업자는 법 제3조 제1항 단서에 따라 적정한 실거래가를 기준으로 토지를 감정평가할 때에는 거래사례비교법을 적용
하여야 한다.

④ 감정평가업자는 법 제3조 제2항에 따라 토지를 감정평가할 때에는 제1항부터 제3항까지의 규정을 적용하되, 해당 토지의 임대
료, 조성비용 등을 고려하여 감정평가할 수 있다.

제2조(정의)

12의 2. '적정한 실거래가'란 「부동산 거래신고 등에 관한 법률」에 따라 신고된 실제 거래가격(이하 '거래가격'이라 한다)으로서 거
래 시점이 도시지역(「국토의 계획 및 이용에 관한 법률」 제36조 제1항 제1호에 따른 도시지역을 말한다)은 3년 이내, 그 밖의 지역
은 5년 이내인 거래가격 중에서 감정평가법인 등이 인근지역의 지가수준 등을 고려하여 감정평가의 기준으로 적용하기에 적정하
다고 판단하는 거래가격을 말한다.

제4절　수익환원법(소득접근법)

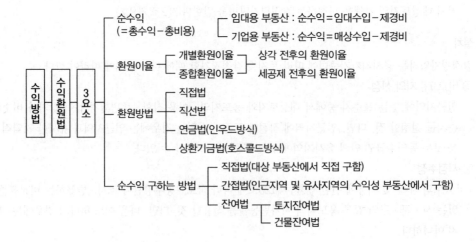

---

1. 수익환원법 ★28, 30, 31, 32, 34회 기출★

(1) 수익환원법 개요

① 의의

"수익환원법(收益還元法)"이란 대상물건이 장래 산출할 것으로 기대되는 순수익이나 미래의 현금흐름을 환원하거나 할인하여 대상물건의 가액을 산정하는 감정평가방법을 말한다(제2조 제10호). 이 방법으로 구하는 시산가격을 수익가격이라 한다.

② 장·단점

㉠ 장점

ⓐ 임대용, 기업용 등 수익성 부동산평가에 유용하다.

ⓑ 장래 발생할 것으로 기대되는 순수익의 현재가치를 구하므로 가장 이론적이다.

ⓒ 안정된 시장에서 그 자료가 정확하면 그 가격도 정확하게 산정할 수 있다.

㉡ 단점

ⓐ 교육용, 주거용, 공공용 부동산과 같이 비수익성 부동산에는 적용한계가 있다.

ⓑ 수익의 차이가 없는 물건은 신규 부동산과 기존의 부동산이 동일한 가격을 형성한다. 그러나 현실에 있어서는 양자의 가격이 일치하지 않는 것이 보통이다.

ⓒ 불안정한 시장에서는 순수익, 환원이율의 파악이 곤란하다.

ⓓ 부동산시장이 안정되어 있지 못한 곳, 즉 상·하향시장이 극단적인 경우에는 적용이 곤란하다.

ⓔ 순수익 산정에 필요한 요소들이 장래 예측적 요소가 많아 신뢰도가 떨어진다.

③ 수익방식(소득접근법)의 분류

> 1. 환원대상소득에 따라
>   ① 조소득승수법(총수익승수법)
>   ② 전통적 소득접근법과 잔여환원법
>   ③ 저당지분환원법
>   ④ 할인현금수지분석법(DCF)
> 2. 대상소득의 기간에 따라
>   ① 직접환원법
>   ② 수익환원법
> 3. 자본회수의 방법에 따라
>   ① 감가상각액으로 자본회수 : 직선(환원)법, (평준)연금환원법, 감채(상환)기금(환원)법
>   ② 재매도가격으로 자본회수 : 저당지분환원법, 할인현금수지분석법

ⓐ 환원대상소득에 따라

소득의 종류 　환원방법
PCI(잠재 총수익, 가능조소득)
 -공실 및 불량부채에 대한 총당금
 +기타소득(자판기수입, 주차비 등)
───────────────────────────
EGI(유효총수익, 유효조소득) ‑‑‑‑‑‑‑‑‑‑‑‑‑‑▶ 　조소득승수법(GIM)
 -영업경비(기타 필요제경비)
───────────────────────────
NOI(순수익, 순영업소득) ‑‑‑‑‑‑‑‑‑‑‑‑‑‑▶ 　전통적 소득환원법, 잔여환원법
 -저당지불액
───────────────────────────
BTCF(before-tax cash flow, 세전현금수지) ‑‑‑‑‑‑‑▶ 　저당지분환원법
 -t(tax : 영업소득세)
───────────────────────────
ATCF(after-tax cash flow, 세후현금수지) ‑‑‑‑‑‑‑▶ 　할인현금수지분석(DCF)법

ⓐ 조소득승수법(총수익승수법) : 조소득에는 가능조소득과 유효조소득의 두 가지가 있다. 따라서 조소득승수도 '가능조소득'과 '유효조소득승수'의 두 가지가 있다. 평가사는 필요에 따라 이 둘을 동시에 사용하기도 한다.

ⓑ 전통적 소득접근법과 잔여환원법

전통적 소득접근법	순영업소득을 바로 적절한 환원율로 할인하여 대상 부동산의 가치를 구하는 것이다.
잔여환원법	순영업소득을 다시 토지귀속소득과 건물귀속소득으로 나누고, 이 귀속소득을 각각 토지환원율과 건물환원율로 할인하는 방법으로 대상 부동산의 가치를 구하고 있다.

ⓒ 저당지분환원법 : 순영업소득에서 저당지불액을 공제한 나머지인 세전현금수지를 할인하여 부동산 가치를 구하고 있다. 저당지분환원법에서는 순영업소득을 지분귀속소득과 건물귀속소득으로 나누는데, 지분귀속소득을 지분수익률로 할인하여 지분가치를 구한 후 여기에 저당가치를 합산하여 대상부동산 가치를 구한다.

ⓓ 할인현금수지분석법 : 세전현금수지에서 영업소득세를 제한 세후현금수지를 세후수익률로 할인하여 지분가치를 구한 후, 여기에 저당가치를 합산하여 대상 부동산의 가치를 구한다. 현재 가장 일반적으로 사용하는 방법이 할인현금수지방법이다.

ⓛ 대상소득의 기간에 따라

소득의 기간의 근거	유형	소득접근법 유형	근거
한해의 소득(income)	직접환원법 (소득률)	전통적 소득접근법	한해를 기준으로 추계된 안정화된 순영업소득을 근거
		잔여환원법	
여러 해 동안의 소득(yeild)	수익환원법 (수익률)	저당지분환원법	여러 해의 장래소득을 현재가치로 환원하는 방식
		할인현금수지분석법	

ⓒ 자본회수의 방법에 따라

구분	환원 방법
감가상각액으로 자본회수하는 방법	• 직선법 • 연금법(Inwood법) • 감채(상환)기금법(Hoskold법)
재매도가격으로 자본회수하는 방법	• 저당지분환원법 • 할인현금수지분석법

ⓐ 감가상각에 의한 자본회수방법
- 대상부동산의 가치감소는 시간의 흐름에 따라 발생하는 것이고, 가치가 감소한다는 것은 곧 투자자본의 손실을 의미하기 때문에 대상부동산의 투자자는 대상부동산의 경제적 수명이 다하기 전에 이를 회수하여야 한다.
- 대상부동산의 투자자는 대상부동산을 경제적 내용연수 동안에 보유한다는 것을 전제로 하며, 투자자본의 회수는 매 기간 일정한 비율로 회수하기 때문에 자본회수율을 별도로 고려하여야 한다.
- 감가상각에 의한 자본회수방법에는 직선법, 연금법, 상환기금법이 있다.
- 전통적 소득접근법과 잔여환원법은 위의 방법에 의해서 투자자본을 회수한다.

ⓑ 보유기간 말의 재매도가치에 의한 자본회수방법
- 대상부동산을 일정기간 동안에 보유하고 보유기간 말에 처분함으로써 투자자본을 회수하는 것으로 가정하기 때문에 자본회수율을 별도로 고려할 필요가 없다. 저당지분환원법과 할인현금수지분석법이 이 방법에 속한다.
- 이 방법에 의한 자본회수의 원리는 기간 말의 재매도가치와 기간 초의 매수가치를 비교하여 다음과 같이 자본회수율을 조정한다.

- 재매도가치<매수가치 : 자본회수율>0
- 재매도가치>매수가치 : 자본회수율<0
- 재매도가치=매수가치 : 자본회수율=0

(2) 전통적 소득접근법

전통적 소득접근법은 순영업소득을 바로 적절한 환원율로 환원하여 대상부동산의 가치를 구하는 방법이다. 매년 산출되는 순수익이 동일하고 영원하게 나온다는 전제를 두고 있다. 수익환원법의 적용에 있어서 중요한 요소는 순수익, 환원이율, 수익환원방법인데 이 3가지를 수익환원법의 3요소라고 한다.

$$PV(\text{가치}) = \frac{R(\text{순수익})}{i(\text{환원이율})} \; [R : \text{순수익} = \text{순영업소득}]$$

더 알아보기 수익환원법의 3요소

① 순수익 추계
② 환원이율 결정방법
③ 자본환원방법

① 순수익 ★29회 기출★

　ⓐ 의의

　　ⓐ 순수익이란 대상부동산을 통하여 일정기간 동안에 획득할 총수익에서 그 수익을 발생시키는데 소요될 총비용을 공제한 금액을 말한다. 일반적으로 순수익은 통상 연간단위로 산정한다.

　　ⓑ 전통적 소득접근법과 잔여환원법은 매년 동일한 수익이 나온다는 가정을 두기 때문에 '안정화된 순영업소득'을 구해야 한다.

　ⓛ 요건

　　ⓐ 안전 · 확실한 순수익이어야 한다.

　　ⓑ 내용연수기간 동안에 계속적 · 규칙적으로 발생하는 것이어야 한다.

　　ⓒ 순수익은 합리적이고 합법적으로 산출된 것이어야 한다.

　　ⓓ 순수익이란 보통 · 일반적 이용능력과 방법으로 얻어지는 중용적 수익을 의미한다.

　ⓒ 종류

　　순수익은 영속적인 것과 비영속적인 것, 상각 전의 것과 상각 후의 것 그리고 세공제 전의 것과 세공제 후의 것으로 구분되며, 각각 환원이율 및 수익환원방법과 밀접한 관련이 있음에 유의해야 한다.

　ⓔ 순수익의 산정

　　ⓐ 임대용 부동산

　　　임대수입에서 필요제경비(유지관리비, 공실손실상당액 등)를 공제하여 구한다.

$$순수익 = 임대수입 - 필요제경비$$

　　ⓑ 기업용 부동산

　　　매상수입에서 제비용(매출원가, 판매비, 일반관리비, 정상 운영자금의 이자상당액 기타 순수익을 올리기 위한 필요한 비용)을 공제하여 순수익을 구한다.

$$순수익 = 매상수입 - 제경비$$

더 알아보기 | 순수익 등의 산정

1. 순수익이란 대상물건에 귀속하는 적절한 수익으로서 유효총수익에서 운영경비를 공제하여 산정한다.
2. 제1항의 유효총수익은 다음 각 호의 사항을 합산한 가능총수익에 공실손실상당액 및 대손충당금을 공제하여 산정한다.
   ① 보증금(전세금) 운용수익 ② 연간 임대료 ③ 연간 관리비 수입 ④ 주차수입, 광고수입, 그 밖에 대상물건의 운용에 따른 주된 수입
3. 제1항의 운영경비는 다음 각 호의 사항을 더하여 산정한다.
   ① 용역인건비 · 직영인건비 ② 수도광열비 ③ 수선유지비 ④ 세금 · 공과금 ⑤ 보험료 ⑥ 대체충당금 ⑦ 광고선전비 등 그 밖의 경비
4. 할인현금흐름분석법의 적용에 따른 복귀가액은 보유기간 경과 후 초년도의 순수익을 추정하여 최종환원율로 환원한 후 매도비용을 공제하여 산정한다.

운영(영업)경비의 추계	
첨가해야 할 항목	삭제해야 할 항목
① 예상되는 연간수선비 ② 장비 및 비품에 대한 대체준비금 ③ 유지비와 재장식비 ④ 관리비(소유주가 직접관리할 경우)	① 공실손실상당액 및 대손충당금 ② 부채서비스액(저당지불액) ③ 감가상각비 ④ 소득세, 법인세 ⑤ 부가물과 증치물의 설치비용(자본적 지출) ⑥ 개인적인 업무비 ⑦ 소유자의 급여와 인출금 계정

더 알아보기 안정화된 영업경비 추계

일반 회계에서 사용되는 영업경비 항목과 부동산에서 취급되는 영업경비의 항목들은 차이가 있다. 따라서 부동산 평가를 목적으로 사용하기 위해서는 평가사는 회계기록을 검토하여 삭제해야 할 항목과 첨가해야 할 항목을 조정하는 것이 안정화된 영업경비를 추계하는 데 상당히 중요하다.

영업경비의 추계와 안정화	
첨가해야 할 항목	삭제해야 할 항목
① 예상되는 연간수선비 ② 장비 및 비품에 대한 대체준비금 ③ 유지비와 재장식비 ④ 관리비(소유주가 직접관리할 경우)	① 저당지불액 ② 소득세, 법인세 ③ 부가물과 증치물의 설치비용 ④ 개인적인 업무비 ⑤ 소유자의 봉급과 인출금 계정 ⑥ 감가상각비 ⑦ 공실 및 대손충당금

  ㉮ 구하는 방법

   ⓐ 직접법

    대상부동산으로부터 직접 총수익과 총비용을 파악하여 그 내용을 객관적으로 검토하고 과거의

    실적 및 장래의 동향 등을 분석하여 순수익을 구하는 방법이다.

   ⓑ 간접법

    간접법은 인근지역 또는 동일수급권 내 유사지역에 존재하는 대상부동산과 유사한 부동산의 순

    수익을 통하여 대상부동산의 순수익을 간접적으로 구하는 방법이다.

   ⓒ 잔여법(잔여환원법)

    잔여법이란 복합부동산의 순수익에서 대상부동산 이외의 재산에 귀속될 순수익을 공제하여 대

    상부동산에 귀속될 순수익을 구하는 방법을 말한다.

구분	배분법	잔여법
평가방식	거래사례비교법	수익환원법
산정기준	복합부동산의 사례가액을 기준	복합부동산의 순수익을 기준
산정목적	대상부동산과 같은 유형의 사례가액을 구함	복합부동산을 구성하는 개별물건의 순수익을 구함
산정종류	비율방식 · 공제방식	토지잔여법 · 건물잔여법 · 부동산잔여법
가격원칙	기여의 원칙	수익배분의 원칙

② 환원이율(종합환원율) ★27, 28, 30, 31, 33회 기출★

더 알아보기 환원이율과 할인율의 산정(감정평가 실무기준 3.4.1.4)

① 직접환원법에서 사용할 환원율은 시장추출법으로 구하는 것을 원칙으로 한다. 다만, 시장추출법의 적용이 적절하지 않은 때에는 요소구성법, 투자결합법, 유효총수익승수에 의한 결정방법, 시장에서 발표된 환원율 등을 검토하여 조정할 수 있다.
② 할인현금흐름분석법에서 사용할 할인율은 투자자조사법(지분할인율), 투자결합법(종합할인율), 시장에서 발표된 할인율 등을 고려하여 대상물건의 위험이 적절히 반영되도록 결정하되 추정된 현금흐름에 맞는 할인율을 적용한다.
③ 복귀가액 산정을 위한 최종환원율은 환원율에 장기위험프리미엄 · 성장률 · 소비자물가상승률 등을 고려하여 결정한다.

⊙ 의의

환원이율이란 순수익을 환원하여 원본가격(수익가격)을 구하는 데 쓰이는 이율을 말한다.

$$환원이율 = \frac{순수익}{원본가격} \times 100$$

ⓛ 환원이율의 성격

환원이율이란 부동산의 시장가치에 대한 순영업소득의 비율로서 대상부동산을 경제적 수명까지 보유한다고 가정할 때, 예상되는 전형적인 자본수익률에 자본회수율을 합한 것이다.

자본환원율(환원이율) = 자본수익률 + 자본회수율(상각률) = 할인율(기대수익률) + 자본회수율

ⓐ 자본수익률(할인율)

투하한 자본에 대한 대가로 얻을 수 있는 수익률로서 이자율을 의미하나, 부동산에서 수익가격은 장래 소득의 현재가치이므로 할인율도 의미한다.

ⓑ 자본회수율(상각률)

자본회수율은 최초 원금이 감가상각된 것을 회수하는 것을 말한다.

$$자본회수율(상각률) = \frac{1}{경제적 내용연수} \times 100$$

ⓒ 종류

ⓐ 개별환원이율과 종합환원이율

- 개별환원이율 : 토지와 건물의 환원이율이 각각 다를 경우에 그 각각의 환원이율을 말한다.
- 종합환원이율 : 복합부동산에 적용되는 환원이율로, 토지와 건물의 개별환원이율을 토지가격과 건물가격의 구성비율에 따라 가중평균하여 구한 환원이율을 말한다.

ⓑ 상각 전 환원이율과 상각 후 환원이율

> • 상각 전 환원율(상각률 포함) : 상각 후 환원이율 + 상각률$\left(\dfrac{1}{\text{잔존내용연수}}\right)$
>
> • 상각 후 환원율(상각률 불포함) : 상각 전 환원이율 - 상각률$\left(\dfrac{1}{\text{잔존내용연수}}\right)$

ⓒ 세공제 전 환원이율과 세공제 후 환원이율

세금공제여부에 따라 환원이율을 구분하는 것으로, 여기서의 세금은 법인세·소득세를 의미하는 것이다.

예제

토지의 환원이율 5%, 건물의 환원이율이 10%이고 토지와 건물의 가격구성비율이 각각 3 : 2일 때 종합환원이율은?

> 甲은 현금으로 5억 원을 투자하여 총소득이 1억, 순영업소득이 연간 8천만 원, 저당지불액이 연간 4천만 원이고 영업소득세가 1,000만 원인 부동산을 8억 원에 구입하였다.

해설

$\left(5\% \times \dfrac{3}{5}\right) + \left(10\% \times \dfrac{2}{5}\right) = 7\%$

ⓐ 환원이율을 구하는 방법 ★^{32회 기출}★

> 1. 시장추출법
> 2. 조성법(요소구성법)
> 3. 투자결합법
>   ① 물리적 투자결합법
>   ② 금융적 투자결합법
> 4. 엘우드법(저당지분환원법)
> 5. 부채감당률법

ⓐ 시장추출법

시장추출법은 최근에 부동산시장에서 대상부동산과 유사한 거래사례 부동산으로부터 순수익을 구하여 부동산가격으로 나누어 환원이율을 직접 추출하는 것이다.

ⓑ 조성법(요소구성법)

조성법이란 대상부동산에 관한 위험을 여러 가지 구성요소로 분해하고, 개별적인 위험에 따라 위험할증률을 더해감으로써 자본환원율을 구하는 방법이다.

> 환원이율 = 순수이율 ± 위험률

ⓒ 투자결합법(이자율합성법)

투자결합법은 대상부동산에 대한 투자자본과 그것의 구성비율을 결합하여 환원이율을 구하는 방법이다.

- 물리적 투자결합법(물리적 이자율합성법)
  - 의의 : 소득을 창출하는 부동산의 능력은 토지와 건물이 다르며, 복합부동산의 순영업소득은 토지소득과 건물소득으로 분리할 수 있다는 가정에서 환원이율도 건물과 토지에 대하여 분리하여 종합환원이율을 구하는 방법이다.
  - 구하는 방법 : 토지환원이율과 건물환원이율을 구분하고 토지와 건물의 각각의 구성비에 따라 가중산술평균하여 복합부동산의 종합환원이율을 구한다.

$$종합환원이율=(토지가격구성비×토지환원이율)+(건물가격구성비×건물환원이율)$$

예제

수익이 토지와 건물에서 발생한 경우, 토지의 환원율이 8%, 건물의 환원율이 10%이고, 토지와 건물가격의 구성비가 4 : 6일 때 종합환원이율은?

해설

$0.08×4/10+0.1×6/10=0.092(9.2\%)$

- 금융적 투자결합법(금융적 이자율합성법 : Kazdin)
  - 의의 : 금융적 투자결합법은 부동산의 순영업소득은 지분소득과 저당소득으로 분리될 수 있으며, 저당투자자의 요구수익률과 지분투자자의 요구수익률은 서로 다르다는 인식에 출발한 이론이다.
  - 구하는 방법

$$환원이율=지분비율×지분배당율+대부비율×저당상수(MC)$$

예제

다음과 같은 조건일 때 금융적 투자결합법에 의한 자본환원율은?

㉠ 총투자액 : 1억 원	㉡ 자기자본 : 3,000만 원
㉢ 타인자본(부채) : 7,000만 원	㉣ 이자율 : 7%
㉤ 지분배당률 : 15%	㉥ 저당상수 : 10%

해설

자본환원율=자기자본비율×지분환원율+타인자본비율×저당상수=$0.3×15\%+0.7×10\%=0.115(11.5\%)$

ⓓ Ellwood(엘우드)법 – 저당지분환원법
- 의의 : 일반투자자는 부동산의 전체수익에 관심이 있는 것이 아니라, 투자한 지분에 얼마의 수익이 할당되는가에 관심이 있다는 인식에서 출발한 이론으로서 이 방식은 저당가치와 지분가치를 합산하여 대상부동산의 가치를 구하고 있다.
- 전제조건

> – 부동산을 구입할 때 투자자들은 자기자본과 타인자본을 이용한다.
> – 부동산의 보유기간은 경제적 수명 동안이 아니라 비교적 짧은 기간만 보유한다. 즉 일정기간 후에 처분한다.
> – 처분시 부동산시장의 변화로 부동산가치는 상승 또는 하락한다.
> – 투자자가 관심을 가지고 있는 순수익은 순영업소득이 아니라, 세전현금수지에 관심이 있다.

- 공식

> 종합환원율 = 자본수익률 – (저당비율×엘우드계수) ± 보유기간 가치증가율(하락률)×감채기금계수

- 적용

> – 종합환원율을 산출하기 위해서는 매기간 소득변화율(세전현금수지), 기간말까지의 지분형성누적분(1 – 잔금비율), 기간말 부동산가치변화율, 저당이자율, 지분수익률, 저당상수(원리금상환), 저당계수 등을 고려한다.
> – 저당가치는 매 기간의 저당지불액을 저당상수로 할인하여 구하고, 지분가치는 ① 매기간 동안의 현금수지, ② 보유기간 동안의 부동산가치의 변화, ③ 보유기간 동안의 지분형성분을 합산하여 구한다.

- 장·단점

장점	• 이자율, 저당대부조건, 보유기간 등이 시장에서 확인될 수 있기 때문에 평가사의 주관을 배제할 수 있다. • 투자결합법의 단점을 보완한 방법으로 매기간 소득변화율(세전현금수지), 기간말까지의 지분형성누적분(1 – 잔금비율), 기간말 부동산가치변화율, 저당이자율, 지분수익률, 저당상수(원리금상환), 저당계수 등을 고려한다.
단점	• 세금이 부동산의 가치에 미치는 영향을 고려하지 않기 때문에 전형적인 투자자들의 형태를 반영하지 못한다. • 지나치게 지분투자자의 입장에서 환원이율을 결정했다.

더 알아보기 저당지분환원법의 특징

공식	대상부동산 가치 = 저당가치 + 지분가치	
	종합자본환원율 = 지분수익률 + 지분형성분 ± 가치변화율	
저당가치	매 기간의 저당지불액을 저당상수로 할인하여 구함	
지분가치	① 매 기간의 현금수지 ② 기간말의 부동산의 가치상승(하락) ③ 보유기간 동안의 지분형성분	①+②+③ = 지분가치
지분형성분	보유기간 동안 저당대부에 대한 원금과 이자를 정기적으로 지불함으로 인하여 기간말에 지분투자자의 몫으로 돌아가는 지분가치의 증분을 의미함	
순수익	순영업소득이 아니라, 세전현금수지를 근거로 함	
단점	세금을 고려하지 아니함	

ⓔ 부채감당률법(1975, Ronard E. Gettel)

- 의의 : 대출자가 관심을 가지는 차입자의 상환능력에 근거를 둔 이론이다. 즉, 저당투자자의 입장에서 대상부동산의 순수익이 과연 매 기간 원금과 이자를 지불할 수 있는가 하는 부채감당률에 근거하여 종합환원이율을 구하는 방법이다.

- 구하는 방법

$$부채감당률 = \frac{순영업소득}{부채서비스액} = \frac{순영업소득}{저당대부액 \times 저당상수}$$

$$= \frac{순영업소득}{부동산의\ 가치 \times 대부비율 \times 저당상수}$$

$$= 부채감당률 \times 대부비율 \times 저당상수$$

예제

다음의 자료에 제시된 조건하에서 부채감당법에 의한 환원이율은?

㉠ 부채감당률 : 1.5	㉡ 융자비율 : 60/100
㉢ 지분비율 : 40/100	㉣ 이자율 : 9%
㉤ 저당상수 : 10%	

해설
환원이율 = 부채감당률 × 대부비율 × 저당상수 = 1.5 × 0.6 × 10% = 9%

- 부채감당법의 장 · 단점 : 종합환원이율을 객관적이고 간편하게 구할 수 있는 장점이 있다. 그러나 대출자의 입장에 치우치고 있다는 단점이 있다.

더 알아보기 기대이율과 환원이율의 비교

구분	기대이율	환원이율
적용	적산법	수익환원법
목적	적산임대료 산정	수익가액 산정
개념	투하자본에 대한 수익률	대상물건의 가격에 대한 순이익 비율로 순수익을 환원하는 이율
조건	당해 계약조건을 전제함	최유효이용을 전제함
기간	임대차 기간에 적용되는 단기간의 이율	내용연수 만료 시까지 적용되는 장기적 이율
이율기준	정기예금이 산정의 기초	순수이율에 위험률 고려함
물건별 적용	물건의 종류에 따라 차이가 없음	물건의 종류에 따라 차이가 있음
종합이율	종합이율의 개념이 없음	2개 이상의 물건으로 구성된 물건에는 종합이율의 개념이 있음
상각률과 세율	항상 상각후, 세공제전	상각전 · 후, 세공제전 · 후 구별함

③ 환원방법(자본회수방법에 따른 환원방법) ★32회 기출★

① 직접환원법은 단일기간의 순수익을 적절한 환원율로 환원하여 대상물건의 가액을 산정하는 방법을 말한다.
② 할인현금흐름분석법은 대상물건의 보유기간에 발생하는 복수기간의 순수익(이하 "현금흐름"이라 한다)과 보유기간 말의 복귀가액에 적절한 할인율을 적용하여 현재가치로 할인한 후 더하여 대상물건의 가액을 산정하는 방법을 말한다.
③ 수익환원법으로 감정평가할 때에는 직접환원법이나 할인현금흐름분석법 중에서 감정평가 목적이나 대상물건에 적절한 방법을 선택하여 적용한다. 다만, 부동산의 증권화와 관련한 감정평가 등 매기의 순수익을 예상해야 하는 경우에는 할인현금흐름분석법을 원칙으로 하고 직접환원법으로 합리성을 검토한다.

　　㉠ 직접법(直接法)
　　　　ⓐ 의의
　　　　　　직접법이란 대상부동산의 순수익을 상각률을 별도로 고려하지 않고 환원이율로 직접 수익환원하여 수익가격을 구하는 방법이다. 이 방법은 대지·농지·염전 등과 같이 내용연수가 무한하여 수익이 영속적인 부동산의 감정평가에 적용된다.
　　　　ⓑ 산식
　　　　　　상각률은 고려하지 않는다.

$$P = \frac{R}{i} \ (P : 수익가격, \ R : 순수익, \ i : 환원이율)$$

　　㉡ 직선법(直線法)
　　　　ⓐ 의의
　　　　　　매년 일정한 액수를 순영업소득에서 자본회수분으로 할당한다. 이유는 소유자에 의해 재투자되지 않고 대상부동산의 경제적 수명 동안 적립된다고 가정을 하기 때문이다.
　　　　ⓑ 적용대상
　　　　　　대상물건이 건물, 구축물, 기계장치 등과 같이 내용연수가 한정되어 상각자산과 순영업소득이 점점 감소할 것으로 예상되는 부동산에 적용하는 것이 좋다.
　　　　ⓒ 공식

$$수익가액 = \frac{상각\ 전\ 순수익}{상각\ 전\ 환원이율} = \frac{상각\ 전\ 순수익}{상각\ 후\ 환원이율 + 상각율} = \frac{상각\ 전\ 순수익}{자본수익률 + 1/잔존내용연수}$$

　　㉢ 연금법(年金法 ; Inwood방식)
　　　　ⓐ 의의
　　　　　　연금법이란 토지와 상각자산 건물 등이 종합되어 있는 복합부동산에 적용하는 방식으로 매년 말에 균등한 순수익이 발생한다는 것을 전제로 한다. 또한 매년 회수된 자본회수분을 당해 투자대상에 재투자한다는 것을 전제로 한다. 이때 재투자에 대한 재투자율은 자본수익률이 된다.

ⓑ 산식

$$수익가액 = 상각\ 전\ 순수익 \times 복리연금현가율(연금의\ 현가계수) = (상각\ 전)\ 순수익 \div 저당상수$$

$$복리연금현가율 = \frac{(1+r)^n - 1}{r(1+r)^n} \quad (r : 상각\ 후\ 종합환원이율,\ n : 잔존내용연수)$$

ⓒ 적용대상

상각자산이 포함된 복합부동산에 적용하되 재투자시 내용연수를 연장할 수 있는 부동산에 적합한 방식이다. 즉, 수익이 확실한 임대용 부동산 또는 어업권 등의 평가에 사용된다.

ⓔ 상환기금법(감채기금법 ; Hoskold 방식)

ⓐ 의의

상환기금법이란 순영업소득은 매 기간마다 일정하고, 자본회수분은 재투자되는 것으로 간주하고 있다. 매 기간 자본회수분을 당해 사업에 재투자를 하는 것이 아니라, 원금을 안전하게 회수할 수 있는 곳에 재투자를 한다는 전제이다. 즉, 자본회수에 대한 재투자율은 안전율을 전제로 한다.

ⓑ 매 기간의 일정한 자본회수액을 복리로 계산된 무위험률(축적이율)로 재투자를 한다고 할 때, 기간 말의 원리금의 합계가 건물가치와 동일하다고 하면, 건물에 투자된 전체 금액은 무사히 회수가 되는 셈이다.

ⓒ 공식

$$수익가액 = 상각\ 전\ 순수익 \times 수익현가율$$

$$수익현가율 = \frac{1}{r + \dfrac{i}{(1+i)^n - 1}}$$

$$(r : 상각\ 후\ 종합환원이율,\ i : 축적이율,\ n : 잔존내용연수)$$

ⓓ 적용대상

상환기금법은 건물소득이 매년 일정한 일정하다는 전제로 하며 재투자가 불가능한 부동산에 적합한 방식이다. 따라서 매년 소득이 일정한 목재를 생산하는 산림이나, 광산 같은 경우에 적합한 방식이다.

ⓔ 특징

• 연금법과 상환기금법은 모두 상각자산이 있는 복합부동산에 적용하지만, 연금법은 재투자하면 당해 투자대상의 내용연수가 연장이 가능하지만, 상환기금법은 내용연수를 연장할 수 없는 것에 적용된다.

• 매 기간 산출된 자본수익분을 상환기금법은 안전한 은행 등에 예치하므로 재투자율은 축적이율(안전율, 무위험률)을 얻는 반면에, 연금법은 당해투자대상에 재투자를 하므로 동일한 자본수익율을 얻을 수 있다. 따라서 환원율은 상환기금법이 연금법보다 높기 때문에 수익가격은 연금법이 높다.

구분	연금법	상환기금법
동일점	① 매 기간 회수되는 상각액이 이자를 발생시킨다. ② 비상각자산과 상각자산이 결합된 복합부동산에 적용한다. ③ 상각전 순수익과 상각후 환원이율을 적용한다. ④ 내용연수 만료 시까지 가격을 구하고 여기에 잔존가액과 처분처리비용의 현가액을 가감하여 수익가액을 구한다. ⑤ 상각액의 재투자를 전제로 하고 있다.	
차이점	① 상각액에 대해 동일한 이자율을 적용하여 1종의 이율을 사용한다. ② 수익성이 확실한 임대용 부동산, 어업권 등의 평가에 적용한다.	① 환원이율보다 낮은 이율(축적이율)을 적용하므로 2종의 이율을 사용한다. ② 수익성이 불확실한 광산 등의 평가에 적용한다.
	③ 연금법의 환원이율 < 상환기금법의 환원이율 ④ 연금법의 수익가액 > 상환기금법의 수익가액	

환원이율의 크기순서	직선법 > 상환기금법 > 연금법
수익가액의 크기순서	직선법 < 상환기금법 < 연금법

(3) 잔여환원법 ★33회 기출★

잔여환원법에서는 순영업소득을 건물소득과 토지소득으로 나눈다. 건물소득은 다시 자본수익분과 자본회수분으로 나눈다. 토지는 감가상각의 대상이 되지 않기 때문에 토지소득을 둘로 나누지 않는다. 따라서 토지소득은 모두 자본수익분이 되는 셈이다. 순영업소득은 토지와 건물로 할당하는 방법으로 토지잔여법과 건물잔여법이 있다.

> 순영업소득 = 토지소득(= 자본수익분) + 건물소득(= 자본수익분 + 자본회수분)

① 토지잔여법

㉠ 의의

건물의 가치는 알고 있으나 토지가치를 모르고 있을 때 사용하는 기법이다.

㉡ 공식

복합부동산 전체 순수익에서 건물에 귀속하는 순수익을 공제하여 토지에 귀속하는 순이익을 구하는 방법이다.

> 전체순수익 − 건물귀속순수익 = 토지순수익
>
> $$\therefore 부동산가치 = 건물가치 + 토지가치\left(= \frac{토지순수익}{자본수익률}\right)$$

㉢ 토지잔여법을 주로 사용하는 경우

ⓐ 건축비용을 정확히 추계할 수 있는 신규건물

ⓑ 감가상각이 거의 없는 건물

ⓒ 토지에 관한 비교매매사례가 없어 토지가치를 독립적으로 추계할 수 없는 부동산

ⓓ 건물이 최고최선의 이용 상태 하에 있는 부동산

ⓔ 건물가치가 토지가치에 비해 상대적으로 적은 부동산

② 건물잔여법

㉠ 의의

토지가치는 알지만 건물가치를 모를 때 사용하는 기법이다.

㉡ 공식

복합부동산의 전체 순수익에서 토지에 귀속되는 순수익을 공제하여 건물에 귀속하는 순수익을 구하는 방법이다.

$$전체순수익 - 건물귀속순수익 = 건물순수익$$

$$\therefore \ 부동산가치 = 토지가치 + 건물가치\left(= \frac{건물순수익}{자본수익률 + 자본회수율} \right)$$

㉢ 건물잔여법이 선호되는 경우

ⓐ 감가상각의 정도가 심한 부동산

ⓑ 최근의 매매사례로부터 토지가치를 정확하게 추계할 수 있는 부동산

ⓒ 전체가치 중에서 토지가치가 차지하는 비율이 적은 부동산

③ 부동산잔여법

㉠ 부동산잔여법에서는 순영업소득이 토지와 건물에 의해 복합적으로 산출되는 것으로 간주한다.

㉡ 부동산잔여법에서는 순영업소득을 토지소득과 건물소득으로 할당하지 않는다.

㉢ 부동산잔여법에서는 기간말의 건물가치는 0이 되는 것으로 가정한다.

㉣ 토지는 감가상각이 되지 않으며 토지가치는 불변이라고 가정하며 토지가치는 기간초에 시장의 유사매매사례로부터 구한다.

$$부동산의 가치 = 순영업소득의 현가 + 토지가치의 현가$$

$$= 순영업소득 \times 연금현가계수 + 기간말 토지가치 \times 일시불현가계수$$

(4) 할인현금수지분석법 ★32회 기출★

① 의의

여러 해를 기준으로 추계된 미래 현금흐름을 수익률로 할인하여 현재가치(부동산 가치)를 산정하는 방법이다. 할인현금수지분석법에는 저당지분환원법과 할인현금수지분석법이 있다.

② 저당지분환원법(Ellwood법)

㉠ 의의

엘우드법은 대상부동산이 창출할 것으로 기대되는 매기의 세전현금수지, 기간 말 원금상환으로 인한 지분형성분, 매도 후 지분복귀액을 현가화하여 지분가치를 구하고 여기에 저당가치를 합산하여 부동산 가치를 구하는 방법이다.

$$부동산가치 = 저당가치 + 지분가치(세전수지현가합, 지분형성분, 가치증분)$$

ⓛ 전제조건

ⓐ 투자자는 타인자본과 혼합하여 부동산을 매입한다.

ⓑ 투자자는 부동산을 일정기간 후에 처분한다. 즉 보유기간이 비교적 짧다.

ⓒ 투자자는 부동산의 가치증감을 고려해 지불가치를 결정한다.

ⓓ 투자자는 전체수익률보다 지분수익률에 관심이 높다.

ⓔ 세금의 영향을 고려하지 않는다.

ⓒ 저당지분환원법과 잔여환원법의 비교

비교요소	저당지분환원법	잔여환원법
보유기간	단기간	건물의 경제적 수명기간
순수익	세전현금수지	순영업소득
구성요소	저당, 지분, 가치변화	토지와 건물
가치변화	고려하고 있음	고려하지 않음
저당조건	영향을 주는 것으로 가정	영향이 없는 것으로 가정

③ 할인현금수지분석법(Discounted Cash Flow analysis : DCF) ★33회 기출★

할인현금수지분석법이란 매 기간 기대되는 현금수지를 현재가치로 환원하여 대상부동산의 시장가치를 구하는 방법이다. 이것은 ⓐ 순영업소득모형, ⓑ 세전현금수지모형, ⓒ 세후현금수지모형의 3가지로 나누어진다. 별다른 언급없이 그냥 할인현금수지분석법이라고 하면, 통상적으로 세후현금수지모형을 지칭한다.

㉠ 모형의 특징

ⓐ 순영업소득모형

순영업소득모형에서는 매기간의 순영업소득과 기간 말 대상부동산의 재매도가치를 현재가치로 할인하여 대상부동산의 시장가치를 구한다. 부동산잔여법은 순영업소득모형의 특수한 형태에 해당된다.

시장가치=순영업소득의 현가합+기간 말 재매도가치의 현가

ⓑ 세전현금수지모형

세전현금수지모형에서는 매 기간의 세전현금수지와 기간 말 세전지분복귀액을 현재가치로 할인하여 지분가치를 계산하고, 여기에 저당가치를 더하여 시장가치를 계산한다. 저당지분환원법은 세전현금수지모형의 특수한 형태이다.

시장가치=지분가치+저당가치
• 지분가치=매 기간 세전현금수지의 현가합+기간 말 세전지분복귀액의 현가
• 저당가치=매 기간 저당지불액의 현가합+기간 말 미상환저당잔금의 현가=애초의 저당대부액

ⓒ 세후현금수지모형

세후현금수지모형에서는 매 기간 세후현금수지와 기간 말 세후지분복귀액을 현재가치로 할인하여 지분가치를 계산한다. 저당가치의 계산과정은 세전현금수지모형의 경우와 동일하다.

> 시장가치 = 지분가치 + 저당가치
> - 지분가치 = 매 기간 세후현금수지의 현가합 + 기간 말 세후지분복귀액의 현가
> - 저당가치 = 매 기간 저당지불액의 현가합 + 기간 말 미상환저당잔금의 현가 = 애초의 저당대부액

- 지분가치는 매 기간 세후현금수지 및 기간 말 세후지분복귀액의 지분수익률에 의한 현재가치의 합이다.
- 저당가치는 매 기간의 저당상환액 및 기간 말 미상환저당 잔금의 저당수익률에 의한 현재가치의 합이다. 즉, 기간 초의 저당대부액이다.

  ⓒ 기간 말 재매도가치의 추계

할인현금수지법에서는 2가지 방법으로 기간 말 재매도가치를 추계한다. ⓐ 내부추계법, ⓑ 외부추계법이 있다. 재매도가치를 복귀가치 또는 잔여가치라고도 한다.

  ⓐ 내부추계법

기간 말이나 기간 말 다음 해의 순영업소득을 적절한 자본환원율로 할인하여 재매도가치를 추계하는 것이다. 여기에는 기간 말의 순영업소득을 자본환원율로 바로 할인하는 방법과, 기간 말 1년 후의 순영업소득을 자본환원으로 할인한 값에서 매도경비를 빼는 방법의 2가지가 있다.

> - 기간말 순영업소득: $시장가치 = \dfrac{순영업소득}{기출환원율}$
>
> - 기간 말 1년 후의 순영업소득 : $시장가치 = \dfrac{순영업소득_{(n+1)}}{기출환원율} - 매도경비$

  ⓑ 외부추계법

과거의 가치성장률이나 각종 변수와 가치와의 관계 등을 고려하여 기간말 대상부동산의 가치를 추계하는 것이다. 과거의 성장추세로부터 재매도가치를 추계할 경우에는 성장률과 인플레이션과의 관계를 특히 유의해야 한다.

더 알아보기 | 재매도환원율

① 기간말 재매도가치를 추계하기 위해 순영업소득에 적용되는 종합환원율을 재매도환원율로 적용한다.
② 재매도환원율을 다른 말로 잔여환원율, 종말환원율 또는 기출환원율(going-out capitalization)이라 한다. 이 용어와 대립되는 개념으로 기간 초의 순영업소득에 적용되는 통상적인 자본환원율을 기입환원율(going-in capitalization)이라 한다.

2. 수익분석법

(1) 수익분석법의 개요

  ① 의의

"수익분석법"이란 일반기업 경영에 의하여 산출된 총수익을 분석하여 대상물건이 일정한 기간에 산출할 것으로 기대되는 순수익에 대상물건을 계속하여 임대하는 데에 필요한 경비를 더하여 대상물건의 임대료를 산정하는 감정평가방법을 말한다(제2조 제11호). 수익분석법은 기업용에 제공되고 있는 부동산에 귀속할 순수익의 금액을 적절히 구할 수 있는 경우에 유효하다.

② 이론적 근거

순수익은 각 생산요소의 유기적 결합에 의해 발생하므로 그 기여도에 따라 각 생산요소로 배분되기 때문에 수익배분의 원칙에 근거를 둔다.

③ 적용대상

㉠ 수익분석법은 기업용 부동산에만 적용한다.

㉡ 수익성 부동산 중 임대용 부동산의 경우에는 임대료를 이미 알고 있기 때문에 다시 분석하여 임대료를 구한다는 것은 논리상 맞지 않다. 주거용 부동산은 임대료가 발생하지 않는 부동산이다.

(2) 수익임대료의 산정방법

더 알아보기 순수익과 필요제경비

① 순수익은 대상물건의 총수익에서 그 수익을 발생시키는 데 드는 경비(매출원가, 판매비 및 일반관리비, 정상운전자금이자, 그 밖에 생산요소귀속 수익 등을 포함한다)를 공제하여 산정한 금액을 말한다.

② 필요제경비에는 대상물건에 귀속될 감가상각비, 유지관리비, 조세공과금, 손해보험료, 대손준비금 등이 포함된다.

① 순수익의 산정

순수익을 산정하기 위해서는 일반기업경영에 의한 표준적인 연간 순이익을 구해야 하는데 그 방법은 수익환원법에서 구하는 순수익과 같다. 즉, 기업경영에 의한 순수익은 판매수입에서 매출원가 및 수익을 올리기 위해 소요된 판매비나 일반관리비, 정상운전자금이자 상당액을 차감하여 구한다.

② 필요제경비

필요제경비는 적산법의 필요제경비와 같다.

㉠ 감가상각비

㉡ 조세공과

㉢ 유지관리비

㉣ 손해보험료

㉤ 대손준비금(불량부채)

㉥ 공실 및 손실상당액

㉦ 정상운전자금의 이자상당액

③ 수익임대료의 산정

수익임대료는 상각후ㆍ세공제전 순수익에 필요제경비를 가산하여 구한다.

물건별	조문	감정평가 주방식
토지	제14조	공시지가
건물	제15조	원가법
건물과 토지의 일괄평가 등	제16조	건물부분과 대지사용권을 일괄평가 : 거래사례비교법
산림	제17조	• 산지 : 공시지가 • 입목 : 거래사례비교법 • 산지와 입목의 일괄평가 : 거래사례비교법
과수원	제18조	거래사례비교법
공장	제19조	유형자산＋무형자산 (일괄평가 : 수익환원법)
자동차 등	제20조	• 자동차 : 거래사례비교법 • 건설기계, 선박, 항공기 : 원가법 • 효용가치가 없는 경우 : 해체처분가격
동산	제21조	거래사례비교법
임대료	제22조	임대사례비교법
무형자산	제23조	• 광산 : 수익가격－장래소요기업비 현가액 • 광업권 : 광산가격－현존시설가격 • 어업권 : 수익환원법 • 영업권, 특허권, 실용신안권, 디자인권, 상표권, 저작권, 전용측선 이용권등 : 수익환원법
유가증권	제24조	• 주식 : 상장주식(거래사례비교법), 비상장주식(수익환원법) • 채권 : 상장채권(거래사례비교법), 비상장채권(수익환원법) • 기업가치 : 수익환원법

1. 토지의 감정평가

(1) 감정평가업자는 토지를 감정평가할 때에는 공시지가기준법을 적용하여야 한다. 공시지가기준법을 통하여 감정평가할 때는 다음의 절차를 통한다.

> 비교표준지 선정 ⇨ 시점수정 ⇨ 지역요인 비교 ⇨ 개별요인 비교 ⇨ 그 밖의 요인 보정

※ 공시지가 표준지를 기준으로 토지가격을 산정할 때는 사정보정을 할 필요가 없다(다만, 시점수정 등 다른 비교작업은 하여야 한다.).

(2) 예외 : 감정평가업자는 적정한 실거래가를 기준으로 토지를 감정평가할 때에는 거래사례비교법을 적용하여야 한다.

1.7.1 광천지

광천지는 그 광천의 종류, 광천의 질과 양, 부근의 개발상태 및 편익시설의 종류와 규모, 사회적 명성, 그 밖에 수익성 등을 고려하여 감정평가하되, 토지에 화체되지 아니한 건물, 구축물, 기계 · 기구 등의 가액은 포함하지 아니한다.

1.7.2. 골프장용지 등

① 골프장용지는 해당 골프장의 등록된 면적 전체를 일단지로 보고 감정평가하되, 토지에 화체되지 아니한 건물, 구축물, 기계 · 기구 등(골프장 안의 클럽하우스 · 창고 · 오수처리시설 등을 포함한다)의 가액은 포함하지 아니한다. 이 경우 하나의 골프장이 회원제골프장과 대중골프장으로 구분되어 있을 때에는 각각 일단지로 구분하여 감정평가한다.

② 제1항은 경마장 및 스키장시설, 그 밖에 이와 비슷한 체육시설용지나 유원지의 감정평가에 준용한다.

1.7.3. 공공용지

① 도로 · 공원 · 운동장 · 체육시설 · 철도 · 하천의 부지, 그 밖의 공공용지는 용도의 제한이나 거래제한 등을 고려하여 감정평가한다.

② 공공용지가 다른 용도로 전환하는 것을 전제로 의뢰된 경우에는 전환 이후의 상황을 고려하여 감정평가한다.

1.7.5. 공법상 제한을 받는 토지

① 도시 · 군계획시설 저촉 등 공법상 제한을 받는 토지를 감정평가할 때(보상평가는 제외한다)에는 비슷한 공법상 제한상태의 표준지 공시지가를 기준으로 감정평가한다. 다만, 그러한 표준지가 없는 경우에는 선정기준을 충족하는 다른 표준지 공시지가를 기준으로 한 가액에서 공법상 제한의 정도를 고려하여 감정평가할 수 있다.

② 토지의 일부가 도시 · 군계획시설 저촉 등 공법상 제한을 받아 잔여부분의 단독이용가치가 희박한 경우에는 해당 토지 전부가 그 공법상 제한을 받는 것으로 감정평가할 수 있다.

③ 둘 이상의 용도지역에 걸쳐있는 토지는 각 용도지역 부분의 위치, 형상, 이용상황, 그 밖에 다른 용도지역 부분에 미치는 영향 등을 고려하여 면적 비율에 따른 평균가액으로 감정평가한다. 다만, 용도지역을 달리하는 부분의 면적비율이 현저하게 낮아 가치형성에 미치는 영향이 미미하거나 관련 법령에 따라 주된 용도지역을 기준으로 이용할 수 있는 경우에는 주된 용도지역의 가액을 기준으로 감정평가할 수 있다.

1.7.6. 일단(一團)으로 이용 중인 토지

2필지 이상의 토지가 일단으로 이용 중이고 그 이용 상황이 사회적 · 경제적 · 행정적 측면에서 합리적이고 대상토지의 가치형성 측면에서 타당하다고 인정되는 등 용도상 불가분의 관계에 있는 경우에는 일괄감정평가를 할 수 있다.

1.7.7. 지상 정착물과 소유자가 다른 토지

토지 소유자와 지상의 건물 등 정착물의 소유자가 다른 토지는 그 정착물이 토지에 미치는 영향을 고려하여 감정평가한다.

1.7.8. 제시 외 건물 등이 있는 토지

의뢰인이 제시하지 않은 지상 정착물(종물과 부합물을 제외한다)이 있는 토지의 경우에는 소유자의 동일성 여부에 관계없이 [610-1.7.7]을 준용하여 감정평가한다. 다만, 타인의 정착물이 있는 국 · 공유지의 처분을 위한 감정평가의 경우에는 지상 정착물이 있는 것에 따른 영향을 고려하지 않고 감정평가한다.

1.7.9 공유지분 토지

① 1필지의 토지를 2인 이상이 공동으로 소유하고 있는 토지의 지분을 감정평가할 때에는 대상토지 전체의 가액에 지분비율을 적용하여 감정평가한다. 다만, 대상지분의 위치가 확인되는 경우에는 그 위치에 따라 감정평가할 수 있다.

1.7.10 지상권이 설정된 토지

① 지상권이 설정된 토지는 지상권이 설정되지 않은 상태의 토지가액에서 해당 지상권에 따른 제한정도 등을 고려하여 감정평가한다.

② 저당권자가 채권확보를 위하여 설정한 지상권의 경우에는 이에 따른 제한 등을 고려하지 않고 감정평가한다.

1.7.11 규모가 과대하거나 과소한 토지

토지의 면적이 최유효이용 규모에 초과하거나 미달하는 토지는 대상물건의 면적과 비슷한 규모의 표준지 공시지가를 기준으로 감정평가한다.

1.7.12 맹지

지적도상 도로에 접한 부분이 없는 토지는 「민법」 제219조에 따라 공로에 출입하기 위한 통로를 개설하기 위해 비용이 발생하는 경우에는 그 비용을 고려하여 감정평가한다. 다만, 다음 각 호의 어느 하나에 해당하는 경우에는 해당 도로에 접한 것으로 보고 감정평가할 수 있다.

㉠ 토지소유자가 그 의사에 의하여 타인의 통행을 제한할 수 없는 경우 등 관습상 도로가 있는 경우

㉡ 지역권(도로로 사용하기 위한 경우) 등이 설정되어 있는 경우

1.7.13 고압선 등 통과 토지

① 고압선 등이 통과하는 토지는 통과전압의 종별, 고압선 등의 높이, 고압선 등 통과부분의 면적 및 획지 안에서의 위치, 철탑 및 전선로의 이전 가능성, 지상권설정 여부 등에 따른 제한의 정도를 고려하여 감정평가할 수 있다.

② 고압선 등 통과부분의 직접적인 이용저해율과 잔여부분에서의 심리적·환경적인 요인의 감가율을 파악할 수 있는 경우에는 이로 인한 감가율을 각각 정하고 고압선 등이 통과하지 아니한 것을 상정한 토지가액에서 각각의 감가율에 의한 가치감소액을 공제하는 방식으로 감정평가한다.

1.7.14 택지 등 조성공사 중에 있는 토지

① 건물 등의 건축을 목적으로 농지전용허가나 산지전용허가를 받거나 토지의 형질변경허가를 받아 택지 등으로 조성 중에 있는 토지는 다음 각 호에 따라 감정평가한다.

㉠ 조성 중인 상태대로의 가격이 형성되어 있는 경우에는 그 가격을 기준으로 감정평가한다.

㉡ 조성 중인 상태대로의 가격이 형성되어 있지 아니한 경우에는 조성 전 토지의 소지가액, 기준시점까지 조성공사에 실제 든 비용상당액, 공사진행정도, 택지조성에 걸리는 예상기간 등을 종합적으로 고려하여 감정평가한다.

② 「도시개발법」에서 규정하는 환지방식에 따른 사업시행지구 안에 있는 토지는 다음과 같이 감정평가한다.

㉠ 환지처분 이전에 환지예정지로 지정된 경우에는 환지예정지의 위치, 확정예정지번(블록·롯트), 면적, 형상, 도로접면상태와 그 성숙도 등을 고려하여 감정평가한다. 다만, 환지면적이 권리면적보다 큰 경우로서 청산금이 납부되지 않은 경우에는 권리면적을 기준으로 한다.

㉡ 환지예정지로 지정 전인 경우에는 종전 토지의 위치, 지목, 면적, 형상, 이용상황 등을 기준으로 감정평가한다.

③ 「택지개발촉진법」에 따른 택지개발사업시행지구 안에 있는 토지는 그 공법상 제한사항 등을 고려하여 다음과 같이 감정평가한다.

㉠ 택지개발사업실시계획의 승인고시일 이후에 택지로서의 확정예정지번이 부여된 경우에는 제2항 제1호 본문을 준용하되, 해당 택지의 지정용도 등을 고려하여 감정평가한다.

㉡ 택지로서의 확정예정지번이 부여되기 전인 경우에는 종전 토지의 이용상황 등을 기준으로 그 공사의 시행정도 등을 고려하여 감정평가하되, 「택지개발촉진법」 제11조 제1항에 따라 용도지역이 변경된 경우에는 변경된 용도지역을 기준으로 한다.

1.7.15 석산

① 「산지관리법」에 따른 토석채취허가를 받거나 채석단지의 지정을 받은 토지, 「국토의 계획 및 이용에 관한 법률」에 따른 토석채취 개발행위허가를 받은 토지 또는 「골재채취법」에 따른 골재채취허가(육상골재에 한함)를 받은 토지(이하 "석산"이라 한다)를 감정평가할 때에는 수익환원법을 적용하여야 한다. 다만, 수익환원법으로 감정평가하는 것이 곤란하거나 적절하지 아니한 경우에는 토석의 시장성, 유사 석산의 거래사례, 평가사례 등을 고려하여 공시지가기준법 또는 거래사례비교법으로 감정평가할 수 있다.

② 수익환원법을 적용할 때에는 허가기간 동안의 순수익을 환원한 금액에서 장래 소요될 기업비를 현가화한 총액과 현존 시설의 가액을 공제하고 토석채취 완료시점의 토지가액을 현가화한 금액을 더하여 감정평가한다.

③ 제2항에서의 토석채취 완료시점의 토지가액을 현가화한 금액은 허가기간 말의 토지현황(관련 법령 또는 허가의 내용에 원상회복·원상복구 등이 포함되어 있는 경우는 그 내용을 고려한 것을 말한다)을 상정한 기준시점 당시의 토지 감정평가액으로 한다. 이 경우 [610-1.5.1]을 따른다.

④ 석산의 감정평가액은 합리적인 배분기준에 따라 토석(석재와 골재)의 가액과 토지가액으로 구분하여 표시할 수 있다.

2. 건물의 감정평가

(1) 건물을 감정평가할 때에는 원가법을 적용하여야 한다. 이 경우 [400-4]를 따른다.

(2) 원가법으로 감정평가할 때 건물의 재조달원가는 직접법이나 간접법으로 산정하되, 직접법으로 구하는 경우에는 대상건물의 건축비를 기준으로 하고, 간접법으로 구하는 경우에는 건물신축단가표와 비교하거나 비슷한 건물의 신축원가 사례를 조사한 후 사정보정 및 시점수정 등을 하여 대상 건물의 재조달원가를 산정할 수 있다.

(3) 거래사례비교법으로 감정평가할 때에는 적절한 건물의 거래사례를 선정하여 사정보정, 시점수정, 개별요인비교를 하여 비준가액을 산정한다. 다만, 적절한 건물만의 거래사례가 없는 경우에는 토지와 건물을 일체로 한 거래사례를 선정하여 토지가액을 빼는 공제방식이나 토지와 건물의 가액구성비율을 적용하는 비율방식 등을 적용하여 건물가액을 배분할 수 있다.

(4) 수익환원법으로 감정평가할 때에는 전체 순수익 중에서 공제방식이나 비율방식 등으로 건물귀속순수익을 산정한 후 이를 건물의 환원율로 환원하여 건물의 수익가액을 산정한다.

(5) 건물의 일반적인 효용을 위한 전기설비, 냉·난방설비, 승강기설비, 소화전설비 등 부대설비는 건물에 포함하여 감정평가한다. 다만, 특수한 목적의 경우에는 구분하여 감정평가할 수 있다.

3. 건물과 토지의 일괄평가 등

(1) 감정평가업자는 「집합건물의 소유 및 관리에 관한 법률」에 따른 구분소유권의 대상이 되는 건물부분과 그 대지사용권을 일괄하여 감정평가하는 경우에는 거래사례비교법을 적용하여야 한다.

(2) 토지가액과 건물가액의 구분

감정평가액은 합리적인 기준에 따라 토지가액과 건물가액으로 구분하여 표시할 수 있다.

4. 산림의 평가

(1) 감정평가업자는 산림을 감정평가할 때에 산지와 입목(立木)을 구분하여 감정평가하여야 한다. 이 경우 입목은 거래사례비교법을 적용하되, 소경목림(소경목림 : 지름이 작은 나무·숲)인 경우에는 원가법을 적용할 수 있다.

(2) 감정평가업자는 제7조 제2항에 따라 산지와 입목을 일괄하여 감정평가할 때에 거래사례비교법을 적용하여야 한다.

5. 과수원의 평가

감정평가업자는 과수원을 감정평가할 때에 거래사례비교법을 적용하여야 한다.

6. 공장재단, 광업재단의 평가

(1) 감정평가업자는 공장재단을 감정평가할 때에 공장재단을 구성하는 개별 물건의 감정평가액을 합산하여 감정평가하여야 한다. 다만, 계속적인 수익이 예상되는 경우 등 일괄하여 감정평가하는 경우에는 수익환원법을 적용할 수 있다.

(2) 감정평가업자는 광업재단을 감정평가할 때에 수익환원법을 적용하여야 한다.

7. 자동차 등의 감정평가

(1) 감정평가업자는 자동차를 감정평가할 때에 거래사례비교법을 적용하여야 한다.

(2) 감정평가업자는 건설기계를 감정평가할 때에 원가법을 적용하여야 한다.

(3) 감정평가업자는 선박을 감정평가할 때에 선체·기관·의장(艤裝)별로 구분하여 감정평가하되, 각각 원가법을 적용하여야 한다.

(4) 감정평가업자는 항공기를 감정평가할 때에 원가법을 적용하여야 한다.

(5) 감정평가업자는 제1항부터 제4항까지에도 불구하고 본래 용도의 효용가치가 없는 물건은 해체처분가액으로 감정평가할 수 있다.

8. 동산의 감정평가

감정평가업자는 동산을 감정평가할 때에는 거래사례비교법을 적용하여야 한다. 다만, 본래 용도의 효용가치가 없는 물건은 해체처분가액으로 감정평가할 수 있다.

9. 임대료의 감정평가

감정평가업자는 임대료를 감정평가할 때에 임대사례비교법을 적용하여야 한다.

10. 무형자산의 감정평가

(1) 감정평가업자는 광업권을 감정평가할 때에 제19조 제2항에 따른 광업재단의 감정평가액에서 해당 광산의 현존시설 가액을 빼고 감정평가하여야 한다. 이 경우 광산의 현존시설 가액은 적정 생산규모와 가행조건(稼行條件) 등을 고려하여 산정하되 과잉유휴시설을 포함하여 산정하지 아니한다.

(2) 감정평가업자는 어업권을 감정평가할 때에 어장 전체를 수익환원법에 따라 감정평가한 가액에서 해당 어장의 현존시설 가액을 빼고 감정평가하여야 한다. 이 경우 어장의 현존시설 가액은 적정 생산규모와 어업권 존속기간 등을 고려하여 산정하되 과잉유휴시설을 포함하여 산정하지 아니한다.

(3) 감정평가업자는 영업권, 특허권, 실용신안권, 디자인권, 상표권, 저작권, 전용측선이용권(專用側線利用權), 그 밖의 무형자산을 감정평가할 때에 수익환원법을 적용하여야 한다.

더 알아보기 권리금평가 – 감정평가 실무기준 ★31회 기출★

1. 권리금의 감정평가 원칙
   ① 권리금을 감정평가할 때에는 유형·무형의 재산마다 개별로 감정평가하는 것을 원칙으로 한다.
   ② 제1항에도 불구하고 권리금을 개별로 감정평가하는 것이 곤란하거나 적절하지 아니한 경우에는 일괄하여 감정평가할 수 있다. 이 경우 감정평가액은 합리적인 배분기준에 따라 유형재산가액과 무형재산가액으로 구분하여 표시할 수 있다.
2. 유형재산의 감정평가
   ① 유형재산을 감정평가할 때에는 원가법을 적용하여야 한다.
   ② 제1항에도 불구하고 원가법을 적용하는 것이 곤란하거나 부적절한 경우에는 거래사례비교법 등으로 감정평가할 수 있다.
3. 무형재산의 감정평가방법
   ① 무형재산을 감정평가할 때에는 수익환원법을 적용하여야 한다.
   ② 제1항에도 불구하고 수익환원법을 적용하는 것이 곤란하거나 부적절한 경우에는 거래사례비교법이나 원가법 등으로 감정평가할 수 있다.

---

11. 유가증권 등의 감정평가

(1) 주식의 평가

① 상장주식(증권거래소 등의 시세 있는 주식에 한정) : 거래사례비교법을 적용
② 비상장주식(상장주식으로서 증권거래소 등의 시세가 없는 주식을 포함) : 해당 회사의 자산·부채 및 자본 항목을 평가하여 수정대차대조표를 작성한 후 기업가치에서 부채의 가치를 빼고 산정한 자기자본의 가치를 발행주식 수로 나눌 것

(2) 채권의 평가

① 상장채권(증권거래소의 시세가 있는 채권) : 거래사례비교법 적용
② 비상장채권(증권거래소의 시세가 없는 채권) : 수익환원법 적용

---

12. 소음 등으로 인한 대상물건의 가치하락분에 대한 감정평가

감정평가업자는 소음·진동·일조침해 또는 환경오염 등(이하 "소음 등"이라 한다)으로 대상물건에 직접적 또는 간접적인 피해가 발생하여 대상물건의 가치가 하락한 경우 그 가치하락분을 감정평가할 때에 소음 등이 발생하기 전의 대상물건의 가액 및 원상회복비용 등을 고려하여야 한다.

---

13. 조언·정보 등의 제공

감정평가업자가 토지 등의 이용 및 개발 등에 대한 조언이나 정보 등의 제공에 관한 업무를 수행할 때에 이와 관련한 모든 분석은 합리적이어야 하며 객관적인 자료에 근거하여야 한다.

감정평가에 관한 규칙 제8조에서는 다음과 같이 감정평가 절차를 제시하고 있다. 감정평가업자는 다음의 순서에 따라 평가를 하여야 한다. 다만, 합리적 또는 능률적인 평가를 위하여 필요한 때에는 순서를 조정하여 평가할 수 있다.

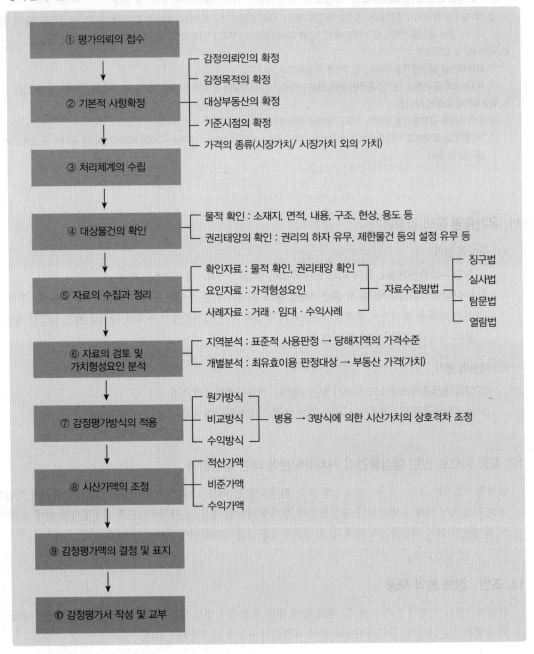

① 평가의뢰의 접수

② 기본적 사항확정
— 감정의뢰인의 확정
— 감정목적의 확정
— 대상부동산의 확정
— 기준시점의 확정
— 가격의 종류(시장가치/ 시장가치 외의 가치)

③ 처리체계의 수립

④ 대상물건의 확인
— 물적 확인 : 소재지, 면적, 내용, 구조, 현상, 용도 등
— 권리태양의 확인 : 권리의 하자 유무, 제한물건 등의 설정 유무 등

⑤ 자료의 수집과 정리
— 확인자료 : 물적 확인, 권리태양 확인
— 요인자료 : 가격형성요인
— 사례자료 : 거래 · 임대 · 수익사례
자료수집방법 — 징구법 / 실사법 / 탐문법 / 열람법

⑥ 자료의 검토 및 가치형성요인 분석
— 지역분석 : 표준적 사용판정 → 당해지역의 가격수준
— 개별분석 : 최유효이용 판정대상 → 부동산 가격(가치)

⑦ 감정평가방식의 적용
— 원가방식 / 비교방식 / 수익방식 — 병용 → 3방식에 의한 시산가치의 상호격차 조정

⑧ 시산가액의 조정
— 적산가액 / 비준가액 / 수익가액

⑨ 감정평가액의 결정 및 표지

⑩ 감정평가서 작성 및 교부

1. 제1단계 : 기본적 사항의 확정 ★27, 29회 기출★

감정평가업자는 감정평가를 의뢰받았을 때에는 의뢰인과 협의하여 다음의 사항을 확정하여야 한다.

(1) 의뢰인

(2) 대상물건

    ① **목적물의 확정** : 소재지, 지번, 지목, 면적, 용도, 건축연도 등

    ② **권리종류의 확정** : 소유권 이외의 권리를 평가시 권리종류도 명시

(3) 감정평가 목적

어떤 목적으로 대상부동산을 평가하는지를 규정해야 한다. 즉, 시장가치, 과세가치, 담보가치 등의 목적으로 평가하는지 확정해야 한다.

(4) 기준시점

    ① 대상물건에 대한 평가의 기준이 되는 시점이다.

    ② 기준시점은 대상물건의 가격조사를 완료한 날짜로 한다. 다만, 기준시점을 미리 정하였을 때에는 그 날짜에 가격조사가 가능한 경우에만 기준시점으로 할 수 있다(제9조 제2항).

    ③ 원칙은 가격조사 완료일자로 하되, 과거·미래에도 할 수 있다.

    ④ 임료의 기준시점은 임료산정기간의 수익성을 반영한 것으로 그 기간의 초일(임대기간이 개시되는 시점)이 된다.

(5) 감정평가조건

부동산의 어떠한 권익을 평가하는지를 결정해야 한다. 즉, 소유권 전체를 평가할 수도 있고, 지역권이나 지상권, 공중권 등이 평가대상이 될 수 있다.

(6) 기준가치

기준가치란 감정평가의 기준이 되는 가치를 말한다. 즉, 감정평가 방식 중에 어느 것이 기준되는가 하는 것이다.

(7) 관련 전문가에 대한 자문 또는 용역에 관한 사항

감정평가업자는 필요한 경우 관련 전문가에 대한 자문 등을 거쳐 감정평가할 수 있다.

(8) 수수료 및 실비에 관한 사항

2. 제2단계 : 처리계획의 수립

처리계획을 책정할 때는 위와 같이 확정된 감정평가의 기본적 사항을 기초로 하여, 실시해야 할 작업의 성질과 양, 처리능력 등에 따라서 대상부동산의 확인, 자료의 수집 및 정리, 자료의 검토 및 가격형성 요인의 분석, 감정평가방식의 적용, 시산가격 또는 시산임료의 조정, 감정평가액의 결정 등 감정평가작업의 처리계획을 질서 있게 책정해야 한다.

3. 제3단계 : 대상물건 확인

(1) 기본적 사항의 확정에서 정해진 평가대상물건의 물적 현황 및 여러 권리관계가 부동산의 실제와 부합하는지 여부를 확인하는 것이다.
  ① 감정평가를 할 때에는 실지조사를 하여 대상물건을 확인하여야 한다.
  ② 실지조사를 하지 아니하고도 객관적이고, 신뢰할 수 있는 자료를 충분히 확보할 수 있는 경우에는 실지조사를 하지 아니할 수 있다.

(2) 대상부동산의 물적 사항의 확인

물적 사항의 확인이란 기본적 사항의 확정에서 확정된 물건의 존부 및 동일성 여부와 증가 또는 감가원인 등 개별적 제 요인을 물적으로 확인하는 것을 말한다.
  ① 토지 : 소재지, 지번, 지목, 면적, 경계 등
  ② 건물 : 소재지, 지번, 건축면적, 구조, 용도 등

(3) 대상부동산의 권리상태의 확인

부동산의 가격은 부동산의 소유권 기타 권리 · 이익의 가격이므로 그 권리의 종류, 내용, 존부 및 진정성을 확인해서 대상부동산의 제반권리상태를 명확히 하여야 한다.

(4) 물적 불일치의 처리

  ① 물적 불일치란 대상부동산을 확인함에 있어서 대상부동산의 내용이 실제와 일치하지 않는 경우를 말한다.
  ② 원칙적으로 물적 불일치가 경미하거나 경정될 수 있는 경우에는 불일치의 사유 · 제한 정도 등을 감정평가서에 기재하고 평가할 수 있으나 동일성이 인정되지 않을 정도의 불일치는 재확인할 필요가 있고 납득할 만한 이유가 없는 경우 의뢰목록이나 조건을 변경시키든지 평가를 거절해야 할 것이다.

4. 제4단계 : 자료 수집 및 정리

감정평가에 필요한 자료에는 대략 다음과 같은 것이 있다.

(1) 확인자료

확인자료란 부동산의 물적 확인 및 권리태양의 확인에 필요한 자료를 말한다. 확인자료는 등기부등본, 토지 또는 건물 등의 도면, 사진, 부동산의 소재지에 관한 지도 등이 있다.

(2) 요인자료

요인자료란 가격형성 요인과 관련되는 자료를 말한다. 요인자료는 일반적 요인에 관한 일반자료, 지역요인에 관한 지역자료 및 개별적 요인에 관한 개별자료로 나뉜다.

(3) 사례자료

사례자료란 감정평가방식의 적용에 필요한 현실의 거래가격, 자료 등에 관한 자료를 말한다. 사례자료로서 건설사례, 거래사례, 수익사례, 임대차사례 등이 있다.

5. 제5단계 : 자료검토 및 가치형성요인의 분석

(1) 자료의 검토

기술한 절차와 방법에 따라 수집 · 정리된 각종 자료가 대상물건의 평가작업에 필요하고 충분하며 적당한 자료인가를 검토하여야 한다.

(2) 가격형성 요인의 분석

가격형성 요인의 분석이란 수집된 자료에 의하여 가격형성에 영향을 미치는 사회적 · 경제적 · 행정적 요인 및 지역요인, 개별적 제요인에 대하여 지역분석 및 개별분석을 실시

6. 제6단계 : 감정평가방법의 선정 및 적용

감정평가방식을 적용할 때는 감정평가방식을 당해 안건에 따라 적절하게 적용해야 한다. 이 경우 원칙적으로 원가방식, 비교방식 및 수익방식의 3방식을 병용(倂用)해야 한다.

7. 제7단계 : 감정평가액의 결정 및 표시

(1) 감정평가가액의 결정

이상 기술한 절차를 충분히 숙지한 후, 전문직업가로서 양심에 따라 적정하다고 판단되는 감정평가액을 결정해야 한다.

(2) 감정평가보고서의 작성

감정평가액을 결정할 때는 감정평가보고서를 작성한다.

더 알아보기 감정평가서 작성(제13조)

① 감정평가업자는 법 제32조에 따른 감정평가서를 의뢰인과 이해관계자가 이해할 수 있도록 명확하고 일관성 있게 작성하여야 한다.

② 감정평가서에는 다음 각 호의 사항이 포함되어야 한다.

1. 감정평가업자의 명칭

2. 의뢰인의 성명 또는 명칭

3. 대상물건(소재지, 종류, 수량, 그 밖에 필요한 사항)

4. 대상물건 목록의 표시근거

5. 감정평가 목적

6. 기준시점, 조사기간 및 감정평가서 작성일

7. 실지조사를 하지 아니한 경우에는 그 이유

8. 시장가치 외의 가치를 기준으로 감정평가한 경우에는 제5조제3항 각 호의 사항. 다만, 같은 조 제2항 제1호의 경우에는 해당 법령을 적는 것으로 갈음할 수 있다.

9. 감정평가조건을 붙인 경우에는 그 이유 및 제6조 제3항의 검토사항. 다만, 같은 조 제2항 제1호의 경우에는 해당 법령을 적는 것으로 갈음할 수 있다.

10. 감정평가액

11. 감정평가액의 산출근거 및 결정 의견

12. 전문가의 자문등을 거쳐 감정평가한 경우 그 자문 등의 내용

13. 그 밖에 이 규칙이나 다른 법령에 따른 기재사항

○ × 핵심체크

01 부동산가치는 3면 등가성의 원리를 부정하므로 각각의 방식으로 평가하면 가치가 다르기 때문에 시산가격 조정 작업이 필요하다. ○ ×

02 시산가치의 조정은 감정평가 3방식에 의해 산출한 시산가치를 산술평균하는 것을 말한다. ○ ×

03 시산가격을 조정한 값이 대상부동산의 최종 평가가치이다. ○ ×

04 비교방식 : 거래사례비교법, 임대사례비교법 등 시장성의 원리에 기초한 감정평가방식 및 수익분석법 ○ ×

05 적산법은 기준시점에 있어서의 대상물건의 가치를 기대이율로 곱하여 산정한 금액에 필요한 제경비를 공제하여 임료를 산정하는 방법을 말한다. ○ ×

06 적산법은 기준시점에서 대상물건의 재조달원가에 감가수정을 하여 대상물건의 가액를 산정하는 방법을 말한다. ○ ×

07 재조달원가를 구성하는 표준적 건설비에는 수급인의 적정이윤이 포함된다. ○ ×

08 감가수정이란 대상물건에 대한 재조달원가를 감액하여야 할 요인이 있는 경우에 물리적 감가, 기능적 감가 또는 경제적 감가 등을 고려하여 그에 해당하는 금액을 재조달원가에 가산하여 기준시점에 있어서의 대상물건의 가액을 적정화하는 작업을 말한다. ○ ×

정답 및 해설 **01** ○ **02** × **03** ○ **04** × **05** × **06** × **07** ○ **08** ×

오답분석
02 ~ 시산가치를 가중평균하는 것을 말한다.
04 ~ 감정평가방식 및 공시지가기준법
05 ~ 필요한 제경비를 가산하여 임료를 산정하는 방법을 말한다.
06 적산법이 아니라 원가법에 대한 설명이다.
08 ~ 그에 해당하는 금액을 재조달원가에 공제하여 기준시점에 ~

09 감가상각은 취득원가에 대한 비용배분의 개념이고, 감가수정은 재조달원가를 기초로 적정한 가치를 산정하는 개념이다. ☐O ☐X

10 감가수정방법 중 정률법은 계산이 가장 간편하나, 실제의 감가와 일치되지 않는 단점이 있기 때문에 관찰감가법과 병용하여 쓰이며, 건물과 구축물 등의 평가에 적용한다. ☐O ☐X

11 감가수정의 방법 중 건물의 내용년수가 만료될 때의 감가누계상당액과 그에 대한 복리계산의 이자상당액분을 포함하여 당해 내용년수로 상환하는 방법은 정률법이다. ☐O ☐X

12 거래사례비교법은 시장성의 원리에 의한 것으로 실증적이며 설득력이 풍부하다. ☐O ☐X

13 거래사례는 인근지역이나 유사지역 내의 사례, 즉 동일수급권내의 사례로서 지역요인의 비교가 가능한 자료를 수집하여야 한다. ☐O ☐X

14 거래사례비교법에서 시점수정은 거래사례 자료의 거래시점 가격을 현재시점의 가격으로 정상화하는 작업을 말한다. ☐O ☐X

15 평가대상 부동산과 가장 유사하고, 거래가격 및 거래내역 등의 파악도 가능하나 거래시점만 확정되지 않은 경우는 사례자료로 선택할 수 없다. ☐O ☐X

16 토지의 평가는 대상토지와 동일 또는 유사한 표준지의 공시지가를 선택하고, 사정보정 등 필요한 조정을 하여야 한다. ☐O ☐X

정답 및 해설   **09** ○   **10** ✕   **11** ✕   **12** ○   **13** ○   **14** ✕   **15** ○   **16** ✕

오답분석
10 ~ 정액법은 계산이 가장 간편하나, ~
11 ~ 정률법이 아니라 상환기금법에 대한 설명이다.
14 ~ 거래시점 가격을 기준시점의 가격으로 정상화하는 작업을 말한다.
16 ~ 선택하고, 시점수정 등 필요한 조정을 하여야 한다.

17 수익분석법이란 대상물건이 장래 산출할 것으로 기대되는 순수익이나 미래의 현금흐름을 환원하거나 할인하여 대상물건의 가액을 산정하는 감정평가방법을 말한다. ☐O ☐X

18 투자결합법은 대상부동산에 관한 위험을 여러 가지 구성요소로 분해하고, 개별적인 위험에 따라 위험할증률을 더해 감으로써 자본환원율을 구하는 방법이다. ☐O ☐X

19 물리적 투자결합법은 소득을 창출하는 부동산의 능력이 토지와 건물 모두 다르며 분리될 수 있다는 가정에 근거한다. ☐O ☐X

20 감정평가업자는 건물을 평가할 때에는 거래사례비교법을 적용하여야 한다. ☐O ☐X

21 건물과 토지를 일괄하여 평가하는 경우에는 원가법을 적용하여야 한다. 이 경우 감정평가액은 합리적인 기준에 따라 토지가액과 건물가액으로 구분하여 표시할 수 있다. ☐O ☐X

22 산림은 산지와 입목을 구분하여 평가하여야 하며, 입목의 평가는 거래사례비교법에 의한다. ☐O ☐X

23 소음·진동·일조침해 또는 환경오염 등으로 인한 토지 등의 가치하락분에 대하여는 소음 등이 발생하기 전의 대상물건의 가액 및 원상회복비용 등을 고려하지 않는다. ☐O ☐X

24 감정평가업자가 평가를 할 때에는, 실지조사에 의하여 대상물건을 확인하여야 한다. 신뢰할 수 있는 자료가 있는 경우라도, 실지조사를 생략해서는 아니 된다. ☐O ☐X

정답 및 해설   **17** ×   **18** ×   **19** ○   **20** ×   **21** ×   **22** ○   **23** ×   **24** ×

오답분석

17 수익분석법이 아니라 수익환원법에 대한 설명이다.

18 투자결합법이 아니라 조성법(요소구성법)에 대한 설명이다.

20 ~ 원가법을 적용하여야 한다.

21 ~ 일괄하여 평가하는 경우에는 거래사례비교법을 적용하여야 한다. ~

23 ~ 원상회복비용 등을 고려한다.

24 ~ 실지조사를 생략할 수 있다.

제3장 | 확인학습문제

01 감정평가에 관한 규칙상 시산가액 조정에 관한 설명으로 옳지 않은 것은?

① 평가대상물건별로 정한 감정평가방법을 적용하여 산정한 가액을 시산가액이라 한다.

② 평가대상물건의 시산가액은 감정평가 3방식 중 다른 감정평가방식에 속하는 하나 이상의 감정평가방법으로 산정한 시산가액과 비교하여 합리성을 검토하여야 한다.

③ 시산가액 조정 시 공시지가기준법과 거래사례비교법은 같은 감정평가방식으로 본다.

④ 대상물건의 특성 등으로 인하여 다른 감정평가방법을 적용하는 것이 곤란하거나 불필요한 경우에는 시산가액 조정을 생략할 수 있다.

⑤ 산출한 시산가액의 합리성이 없다고 판단되는 경우에는 주된 방법 및 다른 감정평가방법으로 산출한 시산가액을 조정하여 감정평가액을 결정할 수 있다.

> [해설]
> 난도 ★★★
> ③ 시산가액 조정 시 공시지가기준법과 거래사례비교법은 다른 감정평가방식으로 본다. 즉, 공시지가기준법은 산술평균으로 하지만, 거래사례비교법은 가중평균을 통해서 한다.

답 ③

02 원가법에 의한 대상물건 기준시점의 감가누계액은?(단, 주어진 조건에 한함)

• 준공시점 : 2012. 3. 2	• 기준시점 : 2017. 3. 2
• 기준시점 재조달원가 : 5억 원	• 경제적 내용년수 : 50년
• 감가수정은 정액법에 의함	• 내용연수 만료시 잔존가치율은 10%

① 35,000,000원

② 40,000,000원

③ 45,000,000원

④ 50,000,000원

⑤ 55,000,000원

난도 ★★★

㉠ 감가누계액 = 매년감가액(900만 원) × 경과연수(5년) = 4,500만 원

㉡ 매년감가액 = $\dfrac{\text{재조달원가(5억 원)} - \text{최종잔존가격(5억} \times 10\% = \text{5천 만)}}{50년}$ = 900만

답 ③

03 감가수정에 관한 설명으로 옳은 것은?

★28회 기출★

① 치유가능한 감가는 내용연수 항목 중에서 치유로 증가가 예상되는 효용이 치유에 요하는 비용보다 큰 경우의 감가를 의미한다.

② 감가수정의 방법은 직접법과 간접법이 있으며, 직접법에는 내용연수법, 관찰감가법 및 분해법이 있다. 감가수정액의 산정은 이 세 가지 방법을 병용하여 산정해야 한다.

③ 감가수정은 재조달원가에서 부동산가격에 영향을 미치는 물리적 · 기능적 · 경제적 감가요인 등을 고려하고, 그에 해당하는 감가수정액을 공제하여, 기준시점 현재 대상물건의 기간손익의 배분을 산정하기 위한 것이다.

④ 감정평가대상이 되는 부동산의 상태를 면밀히 관찰한 후 감정평가사의 폭넓은 경험과 지식에 의존하는 것이 분해법이다.

⑤ 감가요인을 물리적 · 기능적 · 경제적 요인으로 세분하고, 치유가능 · 불능항목으로 세분하여 각각의 발생감가의 합계액을 감가수정액으로 하는 방법이 관찰감가법이다.

난도 ★★★

② 감가수정의 방법은 직접법인 내용연수법, 관찰감가법 및 분해법이 있고 간접법인 시장추출법, 임대료손실환원법 등을 통해 적정성을 고려하여 병용한다.

③ 감가수정이란 대상물건에 대한 재조달원가를 감액하여야 할 요인이 있는 경우에 물리적 감가, 기능적 감가 또는 경제적 감가 등을 고려하여 그에 해당하는 금액을 재조달원가에서 공제하여 기준시점에 있어서의 대상물건의 가액을 적정화하는 작업을 말한다(제2조 제12호).

④ 분해법이 아니라 관찰감가법에 대한 설명이다.

⑤ 관찰감가법이 아니라 분해법에 대한 설명이다.

답 ①

04 다음 자료를 활용하여 거래사례비교법으로 평가한 대상토지의 감정평가액은?(단, 주어진 조건에 한함)

★31회 기출★

☑확인
Check!
○
△
×

- 대상토지 : A시 B대로 30, 토지면적 200m², 제 3종 일반주거지역, 주거용 토지
- 기준시점 : 2020. 3. 1.
- 거래사례의 내역 (거래시점 : 2019. 9. 1.)

소재지	용도지역	토지면적	이용상황	거래사례가격
A시 B대로 29	제 3종 일반주거지역	250m²	주거용	6억 원

- 지가변동률(2019. 9. 1. ~ 2020. 3. 1.) : A시 주거지역은 3% 상승함.
- 지역요인 : 대상토지는 거래사례의 인근지역에 위치함.
- 개별요인 : 대상토지는 거래사례에 비해 8% 우세함.
- 그 밖의 다른 조건은 동일함.
- 상승식으로 계산할 것.

① 531,952,000원
② 532,952,000원
③ 533,952,000원
④ 534,952,000원
⑤ 535,952,000원

해설
난도 ★★★

$$대상토지가격 = \frac{대상토지(200)}{사례토지(250)} \times 거래가격(6억\ 원) \times 지가변동율(1.03) \times 개별요인(1.08) = 533,952,000원$$

답 ③

05 다음 자료를 활용한 연간 실질임대료는?(단, 주어진 조건에 한함)

★27회 기출★

☑확인
Check!
○
△
×

- 지불임대료 : 200,000원(매월 기준)
- 예금적 성격을 갖는 일시금의 운용수익 : 400,000원(연 기준)
- 선불적 성격을 갖는 일시금의 상각액 : 80,000원(연 기준)

① 2,400,000원
② 2,480,000원
③ 2,720,000원
④ 2,800,000원
⑤ 2,880,000원

해설
난도 ★★★
주어진 조건이 연간 실질임료이므로

ⓒ 연 지불임료(240만 원)=월 지불임료(20만 원)×12월

ⓒ 일시금 조건(48만 원)=예금적 성격을 갖는 일시금(40만 원)+선불적 성격을 갖는 일시금(8만 원)

ⓒ 실질임료=ⓒ 일시금(A : 48만 원)+ⓒ 연 지불임료(B+C : 240만 원)=288만 원

답 ⑤

06 다음의 자료는 수익형 부동산 A에 관한 내용이다. 수익환원법에 적용할 순수익은?(단, 모든 금액은 연 기준이며, 제시된 자료에 한함) ★29회 기출★

☑확인
Check!
○
△
×

- 가능총수익 : 9천만 원
- 대손충당금 : 1백만 원
- 자본적 지출액 : 6백만 원
- 재산세 : 2백만 원
- 사업소득세 : 6백만 원

- 공실손실상당액 : 3백만 원
- 관리직원 인건비 : 2천4백만 원
- 수선유지비 : 3백만 원
- 광고선전비 : 3백만 원

① 42,000,000원

② 48,000,000원

③ 52,000,000원

④ 54,000,000원

⑤ 60,000,000원

해설
난도 ★★★

ⓒ 영업경비=관리직원 인건비(2,400만)+수선유지비(300만)+재산세(200만)+광고선전비(300)=3,200만 원

ⓒ 순영업소득=가능총소득(9,000만)−공실손실상당액(300만)−대손충담금(100만)−영업경비(3,200만)=5,400만 원

답 ④

07 환원이율에 관한 설명으로 옳지 <u>않은</u> 것은? ★28회 기출★

☑확인
Check!
○
△
×

① 환원이율은 투하자본에 대한 수익비율로서 상각 후·세공제 전의 이율을 말한다.

② 개별환원이율이란 토지와 건물 각각의 환원이율을 말한다.

③ 환원이율이란 대상부동산이 장래 산출할 것으로 기대되는 표준적인 순수익과 부동산 가격의 비율이다.

④ 환원이율은 순수익을 자본환원해서 수익가격을 구하는 경우에 적용되며, 이는 결국 부동산의 수익성 을 나타낸다.

⑤ 세공제 전 환원이율이란 세금으로 인한 수익의 변동을 환원이율에 반영하여 조정(배제)하지 않은 환 원이율을 말한다.

해설
난도 ★★★

① 환원이율은 투하자본에 대한 수익비율로서 상각 전·후와 세공제 전·후의 이율을 말한다.

답 ①

08 감정평가 실무기준에서 규정하고 있는 수익환원법에 관한 내용으로 옳지 <u>않은</u> 것은?

☑확인
Check!
○
△
✕

① 수익환원법으로 감정평가할 때에는 직접환원법이나 할인현금수지분석법 중에서 감정평가 목적이나 대상물건에 적절한 방법을 선택하여 적용한다.

② 부동산의 증권화와 관련한 감정평가 등 매기의 순수익을 예상해야 하는 경우에는 할인현금흐름분석법을 원칙으로 하고 직접환원법으로 합리성을 검토한다.

③ 직접환원법에서 사용할 환원율은 요소구성법으로 구하는 것을 원칙으로 한다. 다만, 요소구성법의 적용이 적절하지 않은 때에는 시장추출법, 투자결합법, 유효총수익승수에 의한 결정방법, 시장에서 발표된 환원율 등을 검토하여 조정할 수 있다.

④ 할인현금흐름분석에서 사용할 할인율은 투자자조사법(비분할인율), 투자결합법(종합할인율), 시장에서 발표된 할인율 등을 고려하여 대상물건의 위험이 적절히 반영되도록 결정하되 추정된 현금흐름에 맞는 할인율을 적용한다.

⑤ 복귀가액 산정을 위한 최종환원율은 환원율에 장기위험프리미엄·성장률·소비자물가상승률 등을 고려하여 결정한다.

해설
난도 ★★★
직접환원법에서 사용할 환원율은 시장추출법으로 구하는 것을 원칙으로 한다. 다만, 시장추출법의 적용이 적절하지 않은 때에는 요소구성법, 투자결합법, 유효총수익승수에 의한 결정방법, 시장에서 발표된 환원율 등을 검토하여 조정할 수 있다.

답 ③

---

09 수익방식의 직접환원법에 의한 대상부동산의 시산가액은?(단, 주어진 조건에 한함)

☑확인
Check!
○
△
✕

- 가능총수익 : 연 2천만 원
- 공실 및 대손 : 가능총수익의 10%
- 임대경비비율 : 유효총수익의 30%
- 가격구성비 : 토지, 건물 각각 50%
- 토지환원율 : 연 5%, 건물환원율 : 연 7%

① 190,000,000원
② 200,000,000원
③ 210,000,000원
④ 220,000,000원
⑤ 230,000,000원

해설
난도 ★★★

$$수익가격 = \frac{순영업소득(1,260만)}{6\%} = 210,000,000원$$

○ 순영업소득(1,260만)=가능총수익(2천만)－공실 및 대손(10%, 200만)－경비비율(30%, 540만)
ⓒ 종합환원율=[토지구성비(50%)×토지환원율(5%)]+[건물구성비(50%)×건물환원율(7%)]=6%

답 ③

10 할인현금흐름분석법에 의한 수익가격은?(단, 주어진 자료에 한함. 모든 현금흐름은 연말에 발생함)

★33회 기출★

☑확인
Check!
○
△
×

> • 보유기간(5년)의 순영업소득 : 매년 9천만 원
> • 6기 순영업소득 : 1억 원
> • 매도비용 : 재매도가치의 5%
> • 기입환원율 : 4%, 기출환원율 : 5%, 할인율 : 연 5%
> • 연금현가계수(5%, 5년) : 4.329
> • 일시불현가계수(5%, 5년) : 0.783

① 1,655,410,000원
② 1,877,310,000원
③ 2,249,235,000원
④ 2,350,000,000원
⑤ 2,825,000,000원

해설
난도 ★★★

할인현금수지분석법의 유형은 순영업소득모형, 세전현금수지모형, 세후현금수지모형으로 구분된다. 이 중에서 주어진 문제는 순영업소득모형에 해당된다.

시장가치=순영업소득의 현가합+기간 말 재매도가치의 현가

(1) 순영업소득의 현가합=순영업소득(9천만 원)×연금현가계수(4.329)=38,961만 원

(2) 재매도가치의 현가(: 주어진 지문은 기간 말 1년 후의 순영업소득임)

　① 재매도가치=$\dfrac{6기\ 순영업소득(1억\ 원)}{기출환원율(5\%)}$－매도경비(1억 원)=19억 원(매도경비=재매도가치(20억 원)의 5%=1억 원)

　② 재매도가치의 현가합=기간 말 재매도가치(19억 원)×일시불현가(0.783)=148,770만 원

(3) 시장가치=순영업소득의 현가합(38,961만 원)+재매도가치의 현가(148,770만 원)=187,731만 원

답 ②

11 감정평가에 관한 규칙상 대상물건별 주된 감정평가방법으로 옳지 <u>않은</u> 것은?

① 임대료-임대사례비교법
② 자동차-거래사례비교법
③ 비상장채권-수익환원법
④ 건설기계-원가법
⑤ 과수원-공시지가기준법

해설
난도 ★★
과수원-거래사례비교법

답 ⑤

12 감정평가에 관한 규칙상 시산가액 조정에 관한 설명으로 옳지 <u>않은</u> 것은?

① 평가대상물건별로 정한 감정평가방법을 적용하여 산정한 가액을 시산가액이라 한다.
② 평가대상물건의 시산가액은 감정평가 3방식 중 다른 감정평가방식에 속하는 하나 이상의 감정평가 방법으로 산정한 시산가액과 비교하여 합리성을 검토하여야 한다.
③ 시산가액 조정시 공시지가기준법과 거래사례비교법은 같은 감정평가방식으로 본다.
④ 대상물건의 특성 등으로 인하여 다른 감정평가방법을 적용하는 것이 곤란하거나 불필요한 경우에는 시산가액 조정을 생략할 수 있다.
⑤ 산출한 시산가액의 합리성이 없다고 판단되는 경우에는 주된 방법 및 다른 감정평가방법으로 산출한 시산가액을 조정하여 감정평가액을 결정할 수 있다.

해설
난도 ★★
시산가액 조정시 공시지가기준법과 거래사례비교법은 다른 감정평가방식으로 본다. 즉, 공시지가기준법은 산술평균으로 하지만, 거래사례비교법은 가중평균을 통해서 한다.

답 ③

13 감정평가에 관한 규칙상 용어의 정의로 옳지 <u>않은</u> 것은? ★31회 기출★

① 기준시점이란 대상물건의 감정평가액을 결정하는 기준이 되는 날짜를 말한다.

② 가치형성요인이란 대상물건의 경제적 가치에 영향을 미치는 일반요인, 지역요인 및 개별요인 등을 말한다.

③ 동일수급권이란 대상부동산과 대체·경쟁관계가 성립하고 가치 형성에 서로 영향을 미치는 관계에 있는 다른 부동산이 존재하는 권역을 말하며, 인근지역과 유사지역을 포함한다.

④ 임대사례비교법이란 대상물건과 가치형성요인이 같거나 비슷한 물건의 임대사례와 비교하여 대상물건의 현황에 맞게 사정보정, 시점수정, 가치형성요인 비교 등의 과정을 거쳐 대상물건의 임대료를 산정하는 감정평가방법을 말한다.

⑤ 수익분석법이란 대상물건이 장래 산출할 것으로 기대되는 순수익이나 미래의 현금흐름을 환원하거나 할인하여 대상물건의 가액을 산정하는 감정평가방법을 말한다.

해설
난도 ★★

수익분석법이 아니라 수익환원법에 대한 설명이다. 수익분석법이란 일반기업 경영에 의하여 산출된 총수익을 분석하여 대상물건이 일정한 기간에 산출할 것으로 기대되는 순수익에 대상물건을 계속하여 임대하는 데에 필요한 경비를 더하여 대상물건의 임대료를 산정하는 감정평가방법을 말한다.

답 ⑤

14 감정평가에 관한 규칙상 감정평가업자가 감정평가를 의뢰받았을 때 의뢰인과 협의하여 확정하여야 할
기본적 사항이 <u>아닌</u> 것은? ★27회 기출★

① 공시지가
② 기준가치
③ 대상물건
④ 기준시점
⑤ 감정평가 목적

해설
난도 ★★★
기본적 사항

㉠ 의뢰인
㉡ 대상물건
㉢ 감정평가 목적
㉣ 기준시점
㉤ 감정평가조건
㉥ 기준가치
㉦ 관련 전문가에 대한 자문 또는 용역에 관한 사항
㉧ 수수료 및 실비에 관한 사항

답 ①

제4장 | 부동산 가격공시제도

출제포인트

아직까지는 시험출제에 거의 출제되고 있지 않지만, 출제가 될 수 있는 부분이므로 정리를 해 둘 필요성이 있다.

□ 공시지기제도로 표준지와 개별공시지가의 공시내용, 효력, 이의시청 등에 대한 내용

□ 주택가격공시제도로 단독주택가격공시제도와 공동주택가격공시제도로 구분, 표준과 개별주택가격의 공시내용과 효력 등을 파악

□ 비주거용 부동산가격제도로 비주거용일반부동산제도와 비주거용집합부동산제도로 구분, 비주거용표준과 개별부동산가격의 공시내용과 효력 등을 파악

제1절 공시지가제도 ★29, 32회 기출★

공시가격의 종류			적용대상
공시지가		표준지공시지가	토지
		개별공시지가	
주택가격	단독주택	표준주택공시가격	단독주택
		개별주택공시가격	
	공동주택	공동주택공시가격	공동주택
비주거용 부동산가격	비주거용 일반부동산	비주거용 표준부동산가격	비주거용 일반부동산
		비주거용 개별부동산가격	
	비주거용 집합부동산	비주거용 집합부동산가격	비주거용 집합부동산

부동산의 적정가격(適正價格) 공시에 관한 기본적인 사항과 부동산 시장·동향의 조사·관리에 필요한 사항을 규정함으로써 부동산의 적정한 가격형성과 각종 조세·부담금 등의 형평성을 도모하고 국민경제의 발전에 이바지함을 목적으로 한다(부동산 가격공시에 관한 법률 제1조).

1. 표준지공시지가

(1) 의의

표준지공시지가는 토지이용상황이나 주변 환경, 그 밖의 자연적 · 사회적 조건이 일반적으로 유사하다고 인정되는 일단의 토지 중에서 선정한 표준지에 대하여 매년 공시기준일 현재의 단위면적당 적정가격을 말한다.

① 적정가격이란 토지, 주택 및 비주거용 부동산에 대하여 통상적인 시장에서 정상적인 거래가 이루어지는 경우 성립될 가능성이 가장 높다고 인정되는 가격을 말한다.

② 국토교통부장관은 토지이용상황이나 주변환경 그 밖의 자연적 · 사회적 조건이 일반적으로 유사하다고 인정되는 일단의 토지 중에서 선정한 표준지에 대하여 매년 공시기준일 현재의 적정가격을 조사 · 평가하고, 중앙부동산평가위원회의 심의를 거쳐 이를 공시하여야 한다.

③ 공시기준일은 1월 1일로 한다.

(2) 공시절차

표준지의 선정 → 표준지공시지가의 조사 · 평가 → 토지소유자의 의견 청취 → 중앙부동산가격공시위원회의 심의 → 표준지공시지가의 공시 → 표준지공시지가의 열람 → 표준지공시지가에 대한 이의신청

① 표준지의 선정

　㉠ 의의 : 표준지란 토지이용상황이나 주변환경, 그 밖의 자연적 · 사회적 조건이 일반적으로 유사하다고 인정되는 일단의 토지 중에서 당해 일단의 토지를 대표할 수 있는 토지를 말한다.

　㉡ 선정기준

　　ⓐ 지가의 대표성 : 표준지선정단위구역 내에서 지가수준을 대표할 수 있는 토지 중 인근지역 내 가격의 층화를 반영할 수 있는 표준적인 토지이어야 한다.

　　ⓑ 토지특성의 중용성 : 표준지선정단위구역 내에서 개별토지의 토지이용상황 · 면적 · 지형 · 지세 · 도로조건 · 주위환경 및 공적규제 등이 동일 또는 유사한 토지 중 토지특성빈도가 가장 높은 표준적인 토지이어야 한다.

　　ⓒ 토지용도의 안정성 : 표준지선정단위구역 내에서 개별토지의 주변 이용상황으로 보아 그 이용상황이 안정적이고 장래 상당기간 동일 용도로 활용될 수 있는 표준적인 토지이어야 한다.

　　ⓓ 토지구별의 확정성 : 표준지선정단위구역 내에서 다른 토지와 구분이 용이하고 위치를 쉽게 확인할 수 있는 표준적인 토지이어야 한다.

② 표준지공시지가의 조사 · 평가

　㉠ 둘 이상의 감정평가업자에게 의뢰 : 국토교통부장관이 표준지공시지가를 조사 · 평가할 때에는 업무실적, 신인도 등을 고려하여 둘 이상의 감정평가업자에게 이를 의뢰하여야 한다.

　㉡ 감정평가 3방식의 적용 : 국토교통부장관이 표준지공시지가를 조사 · 평가하는 경우에는 인근 유사토지의 거래가격 · 임대료 및 해당 토지와 유사한 이용가치를 지닌다고 인정되는 토지의 조성에 필요한 비용추정액 등을 종합적으로 참작하여야 한다.

　㉢ 표준지에 건물 또는 그 밖의 정착물이 있거나 지상권 또는 그 밖의 토지의 사용 · 수익을 제한하는 권리가 설정되어 있을 때에는 그 정착물 또는 권리가 존재하지 아니하는 것으로 보고 표준지공시지가를 평가하여야 한다.

ⓔ 표준지공시지가 조사ㆍ평가에 필요한 세부기준
　　ⓐ 실제용도 기준 평가 : 표준지의 평가는 공부상의 지목에도 불구하고 공시기준일 현재의 이용상황을 기준으로 평가하되, 일시적인 이용상황은 이를 고려하지 아니한다.
　　ⓑ 표준지공시지가는 감정평가업자가 제출한 보고서에 따른 조사ㆍ평가액의 산술평균치를 기준으로 한다.
③ 표준지 소유자의 의견청취
　　㉠ 국토교통부장관은 표준지 소유자의 의견을 들으려는 경우에는 부동산공시가격시스템에 다음의 사항을 20일 이상 게시하여야 한다.
　　㉡ 국토교통부장관은 게시사실을 표준지 소유자에게 개별 통지하여야 한다.
④ 중앙부동산가격공시위원회의 심의
　　국토교통부장관은 일련의 절차를 거쳐 조사ㆍ평가된 표준지의 가격에 대하여 중앙부동산가격공시위원회의 심의를 거쳐야 한다.
⑤ 표준지공시지가의 공시
　　㉠ 표준지의 지번
　　㉡ 표준지의 단위면적당 가격
　　㉢ 표준지의 면적 및 형상
　　㉣ 표준지 및 주변토지의 이용상황
　　㉤ 그 밖에 대통령령으로 정하는 사항

▶공시사항

표준지공시지가의 공시사항	표준주택가격의 공시사항
① 표준지의 지번 ② 표준지의 단위면적당 가격 ③ 표준지의 면적 및 형상 ④ 표준지 및 주변토지의 이용상황 ⑤ 지목, 용도지역, 도로 상황	① 표준주택의 지번 ② 표준주택가격 ③ 표준주택의 대지면적 및 형상 ④ 표준주택의 용도, 연면적, 구조 및 사용승인일(임시사용승인일을 포함) ⑤ 지목, 용도지역, 도로 상황

⑥ 표준지공시지가에 대한 이의신청
　　㉠ 표준지공시지가에 대한 이의신청은 토지소유자, 토지 이용자 그밖에 법률상 이해관계를 가진 자는 할 수가 있다.
　　㉡ 이의신청은 표준지공시지가의 공시일부터 30일 이내에 서면(전자문서를 포함)으로 국토교통부장관에게 신청할 수 있다.
　　㉢ 국토교통부장관은 이의신청 기간이 만료된 날부터 30일 이내에 이의신청을 심사하여 그 결과를 신청인에게 서면으로 통지하여야 한다.

이의신청 – 토지소유자, 토지의 이용자 그 밖에 법률상 이해관계를 가진 자

표준지공시지가에 대한 이의신청	개별공시지가에 대한 이의신청
① 표준지공시지가의 공시일부터 30일 이내에 서면으로 국토교통부장관에게 이의를 신청할 수 있다. ② 이의신청기간이 만료된 날부터 30일 이내에 이의신청을 심사하여 그 결과를 신청인에게 서면으로 통지하여야 한다.	① 개별공시지가의 결정·공시일부터 30일 이내에 서면으로 시장·군수 또는 구청장에게 이의를 신청할 수 있다. ② 이의신청기간이 만료된 날부터 30일 이내에 이의신청을 심사하여 그 결과를 신청인에게 서면으로 통지하여야 한다.

(3) 적용

① 공공용지의 매수 및 토지의 수용·사용에 대한 보상

② 국·공유토지의 취득 또는 처분

③ 조성된 공업용지·주거용지·관광용지 등의 공급 또는 분양

④ 도시개발사업, 도시 및 주거환경 정비사업, 농업생산기반 정비사업을 위한 환지·체비지의 매각 또는 환지신청

⑤ 토지의 관리·매입·매각·경매·재평가

▶ 적용범위

표준지공시지가	개별공시지가
① 공공용지의 매수 및 토지의 수용·보상 ② 국유·공유 토지의 취득 또는 처분 ③ 공업용지·주거용지·관광용지 등의 공급 또는 분양 ④ 환지·체비지의 매각 또는 환지신청 ⑤ 토지의 매입·매각·경매·재평가 ⑥ 토지가격비준표 작성의 기준	① 재산세 과세표준액 결정 ② 종합부동산세 과세표준액 결정 ③ 개발부담금 부과를 위한 지가 산정 ④ 국유지의 사용료 산정기준

(4) 효력

① 토지시장의 지가정보 제공

② 일반적인 토지거래의 지표

③ 국가 등의 행정목적을 위한 지가산정의 기준

㉠ 공시지가는 국가·지방자치단체 등의 기관이 그 업무와 관련하여 지가를 산정하는 경우 그 기준이 된다.

㉡ 예컨대, 공공용지의 매수 또는 수용에 대한 보상, 국·공유지의 취득 및 처분, 선매토지매수 등에 있어서 표준지공시지가를 기준으로 지가를 산정한다.

④ 감정평가업자의 토지평가의 기준

감정평가업자가 타인의 의뢰에 의해 개별적으로 토지를 평가하는 경우에 기준이 된다.

2. 개별공시지가

(1) 의의

개별공시지가는 시장·군수 또는 구청장이 국세·지방세 등 각종 세금의 부과, 그 밖의 다른 법령에서 정하는 목적을 위한 지가산정에 사용되도록 하기 위하여 시·군·구 부동산가격공시위원회의 심의를 거쳐 매년 공시지가의 공시기준일 현재 관할 구역 안의 개별토지의 단위면적당 가격을 말한다.

① 표준지로 선정된 토지, 조세 또는 부담금 등의 부과대상이 아닌 토지, 그 밖에 대통령령으로 정하는 토지에 대하여는 개별공시지가를 결정·공시하지 아니할 수 있다. 이 경우 표준지로 선정된 토지에 대하여는 해당 토지의 표준지공시지가를 개별공시지가로 본다.

② 시장·군수 또는 구청장은 공시기준일 이후에 분할·합병 등이 발생한 토지에 대하여는 대통령령으로 정하는 날을 기준으로 하여 개별공시지가를 결정·공시하여야 한다.

> 「부동산 가격공시에 관한 법률 시행령」 제16조(개별공시지가 공시기준일을 다르게 할 수 있는 토지)
> 제10조 제3항에서 "대통령령으로 정하는 날"이란 다음 각 호의 구분에 따른 날을 말한다.
> 1. 1월 1일부터 6월 30일까지의 사이에 제1항 각 호의 사유가 발생한 토지 : 그 해 7월 1일
> 2. 7월 1일부터 12월 31일까지의 사이에 제1항 각 호의 사유가 발생한 토지 : 다음 해 1월 1일

(2) 결정·공시 절차

> 개별공시지가의 조사·산정 → 개별공시지가 산정의 검증 및 토지소유자 등의 의견 청취 → 시·군·구 부동산가격공시위원회의 심의 → 개별공시지가의 공시 → 개별공시지가에 대한 이의신청 → 개별공시지가의 정정

① **개별공시지가의 조사·산정**

시장·군수 또는 구청장이 개별공시지가를 결정·공시하는 경우에는 해당 토지와 유사한 이용가치를 지닌다고 인정되는 하나 또는 둘 이상의 표준지의 공시지가를 기준으로 토지가격비준표를 사용하여 지가를 산정하되, 해당 토지의 가격과 표준지공시지가가 균형을 유지하도록 하여야 한다.

② **개별공시지가 산정의 검증 및 의견 청취**

㉠ 시장·군수 또는 구청장은 개별공시지가를 결정·공시하기 위하여 개별토지의 가격을 산정할 때에는 그 타당성에 대하여 감정평가업자의 검증을 받고 토지소유자, 그 밖의 이해관계인의 의견을 들어야 한다.

㉡ 시장·군수 또는 구청장이 검증을 받으려는 때에는 해당 지역의 표준지의 공시지가를 조사·평가한 감정평가업자 또는 대통령령으로 정하는 감정평가실적 등이 우수한 감정평가업자에게 의뢰하여야 한다.

③ **시·군·구 부동산가격공시위원회의 심의**

시장·군수 또는 구청장은 일련의 절차를 거쳐 조사·산정된 개별공시지가에 대해 시·군·구 부동산가격공시위원회의 심의를 거쳐야 한다.

④ **개별공시지가의 공시**

시장·군수 또는 구청장은 매년 5월 31일까지 개별공시지가를 결정·공시하여야 한다.

⑤ 이의신청

　　㉠ 개별공시지가에 이의가 있는 자는 그 결정·공시일부터 30일 이내에 서면으로 시장·군수 또는 구청장에게 이의를 신청할 수 있다.

　　㉡ 시장·군수 또는 구청장은 이의신청 기간이 만료된 날부터 30일 이내에 이의신청을 심사하여 그 결과를 신청인에게 서면으로 통지하여야 한다.

(3) 개별공시지가의 적용범위

　① 국세 및 지방세의 부과기준이다.

　② 부담금의 부과기준

　③ 개별공시지가는 개발부담금, 개발제한구역훼손부담금 등 각종 부담금의 부과기준이 된다.

　④ 국·공유재산의 사용료의 산정기준

(4) 개별공시지가를 공시하지 아니할 수 있는 토지

　① 표준지로 선정된 토지

　② 농지보전부담금 또는 개발부담금 등의 부과대상이 아닌 토지

　③ 국세 또는 지방세 부과대상이 아닌 토지(국공유지의 경우에는 공공용 토지만 해당한다)

더 알아보기 토지가격비준표

1. 개념 : 표준지와 지가산정 대상토지의 지가형성 요인에 관한 표준적인 비교표로서 대량의 토지에 대한 가격을 간편하게 산정할 수 있도록 계량적으로 고안된 간이지가산정표이다.

2. 토지가격비준표는 개별공시지가를 산정하는데 있어 토지특성조사, 비교표준지 선정과 함께 개별필지의 가격을 결정하는 매우 중요한 항목으로 비교표준지의 가격에 토지가격비준표로부터 추출된 가격배율을 곱하여 개별공시지가가 결정된다.

▶ 표준지공시지가와 개별공시지가 비교

구분	표준지공시지가	개별공시지가
공시	① 국토교통부장관이 공시 ② 공시기준일 : 1월 1일, 공시일 : 2월 말까지	① 시, 군, 구청장이 공시 ② 공시기준일 : 1월 1일, 공시일 : 5월 31일까지
평가객체	표준지 약 50만 필지	개별토지 약 3,050만 필지
평가기준	① 적정가격기준(정상적 거래) ② 나지상정기준(조건부, 독립평가) ③ 실제지목 및 실제용도기준 ④ 공법상 제한 받는 상태 기준 ⑤ 개발이익으로 인한 지가상승분 등 고려	① 표준지공시지가를 기준으로 한 비교방식 적용 ② 개별공시지가 산정＝표준지공시지가×토지가격비준표상의 가격배율 ※토지가격비준표는 국토교통부장관이 작성하여 시, 군, 구에 제공
효력	① 토지시장의 지가정보 제공 ② 일반적인 토지거래의 지표 ③ 국가 등의 행정목적을 위한 지가산정의 기준 ④ 감정평가업자의 토지평가의 기준	① 국세, 지방세 등 과세가격 산정기준 ② 각종 부담금 부과 기준 ③ 사용료 산정을 위한 토지가격 기준

※개별공시지가는 전국의 약 3,850만 필지 중 조세부과 등에 필요한 약 3,050만 필지(약 80%, 국공유지 제외)만 공시한 것이므로, 개별공시지가의 총액이 전국의 모든 땅값을 나타내는 것은 아니다.

1. 단독주택가격의 공시

(1) 표준주택가격

① 의의

표준주택가격은 용도지역 · 건물구조 등이 일반적으로 유사하다고 인정되는 일단의 단독주택 중에서 선정한 표준주택에 대해 매년 공시기준일 현재의 적정가격을 말한다.

㉠ 국토교통부장관은 용도지역, 건물구조 등이 일반적으로 유사하다고 인정되는 일단의 단독주택 중에서 선정한 표준주택에 대하여 매년 공시기준일 현재의 적정가격을 조사 · 평가하고, 중앙부동산평가위원회의 심의를 거쳐 이를 공시하여야 한다.

㉡ 표준주택공시기준일은 1월 1일로 한다.

② 공시절차

> 표준주택의 선정 → 표준주택의 조사 · 산정 → 시장 · 군수 또는 구청장의 의견 청취 → 중앙부동산가격공시위원회의 심의 → 표준주택가격의 공시 → 표준주택가격의 열람 → 표준주택가격에 대한 이의신청

㉠ 표준주택가격의 조사 · 산정

ⓐ 국토교통부장관은 표준주택가격을 조사 · 산정하고자 할 때에는 「한국감정원법」에 따른 한국감정원(이하 "감정원"이라 한다)에 의뢰한다.

ⓑ 국토교통부장관이 표준주택가격을 조사 · 산정하는 경우에는 인근 유사 단독주택의 거래가격 · 임대료 및 해당 단독주택과 유사한 이용가치를 지닌다고 인정되는 단독주택의 건설에 필요한 비용추정액 등을 종합적으로 참작하여야 한다.

㉡ 표준주택가격 조사 · 산정 기준 : 국토교통부장관이 표준주택가격을 조사 · 산정하는 경우 참작하여야 하는 사항의 기준은 다음과 같다.

- 표준주택에 전세권 또는 그 밖에 단독주택의 사용 · 수익을 제한하는 권리가 설정되어 있을 때에는 그 권리가 존재하지 아니하는 것으로 보고 적정가격을 산정하여야 한다.
- 해당 단독주택과 유사한 이용가치를 지닌다고 인정되는 단독주택의 건축에 필요한 비용추정액의 경우 : 공시기준일 현재 해당 단독주택을 건축하기 위한 표준적인 건축비와 일반적인 부대비용으로 할 것

㉢ 시장 · 군수 또는 구청장의 의견 청취

감정원이 표준주택가격을 조사 · 산정보고서를 작성하는 경우에는 미리 해당 표준주택 소재지를 관할하는 시장 · 군수 또는 구청장의 의견을 들어야 한다.

㉣ 중앙부동산가격공시위원회의 심의

국토교통부장관은 일련의 절차를 거쳐 조사 · 산정된 표준주택가격에 대해 중앙부동산가격공시위원회의 심의를 거쳐야 한다.

㉤ 표준주택가격의 공시

표준주택가격의 공시에는 다음의 사항이 포함되어야 한다.

ⓐ 표준주택의 지번

ⓑ 표준주택가격

ⓒ 표준주택의 대지면적 및 형상

ⓓ 표준주택의 용도, 연면적, 구조 및 사용승인일(임시사용승인일을 포함한다)

ⓔ 그 밖에 대통령령으로 정하는 사항

ⓑ 표준주택가격에 대한 이의신청

ⓐ 이의신청은 표준주택가격의 공시일부터 30일 이내에 서면(전자문서를 포함)으로 국토교통부장관에게 신청할 수 있다(부동산 가격공시에 관한 법률 제16조 제7항).

ⓑ 국토교통부장관은 이의신청 기간이 만료된 날부터 30일 이내에 이의신청을 심사하여 그 결과를 신청인에게 서면으로 통지하여야 한다.

③ **표준주택가격의 효력**

표준주택가격은 국가·지방자치단체 등이 그 업무와 관련하여 개별주택가격을 산정하는 경우에 그 기준이 된다.

(2) 개별주택가격 ★32회 기출★

① **의의**

개별주택가격은 시장·군수 또는 구청장이 시·군·구 부동산가격공시위원회의 심의를 거쳐 결정·공시하는 매년 표준주택가격의 공시기준일 현재 관할 구역 안의 개별주택의 가격을 말한다.

㉠ 표준주택으로 선정된 단독주택, 그 밖에 대통령령으로 정하는 단독주택에 대하여는 개별주택가격을 결정·공시하지 아니할 수 있다.

㉡ 표준주택으로 선정된 주택에 대하여는 해당 주택의 표준주택가격을 개별주택가격으로 본다.

㉢ 시장·군수 또는 구청장은 공시기준일 이후에 토지의 분할·합병이나 건축물의 신축 등이 발생한 경우에는 대통령령으로 정하는 날을 기준으로 하여 개별주택가격을 결정·공시하여야 한다.

> 부동산 가격공시에 관한 법률 시행령 제34조(개별주택가격 공시기준일을 다르게 할 수 있는 단독주택)
> 법 제17조 제4항에서 "대통령령으로 정하는 날"이란 다음 각 호의 구분에 따른 날을 말한다.
> 1. 1월 1일부터 5월 31일까지의 사이에 제1항 각 호의 사유가 발생한 단독주택 : 그 해 6월 1일
> 2. 6월 1일부터 12월 31일까지의 사이에 제1항 각 호의 사유가 발생한 단독주택 : 다음 해 1월 1일

② **공시절차**

> 개별주택가격의 조사·산정 → 개별주택가격 산정의 검증 및 토지소유자 등의 의견 청취 → 시·군·구 부동산가격공시위원회의 심의 → 개별주택가격의 공시 → 개별주택가격에 대한 이의신청 → 개별주택가격의 정정

㉠ 개별주택가격의 조사·산정

시장·군수 또는 구청장이 개별주택가격을 결정·공시하는 경우에는 해당 주택과 유사한 이용가치를 지닌다고 인정되는 표준주택가격을 기준으로 주택가격비준표를 사용하여 가격을 산정하되, 해당 주택의 가격과 표준주택가격이 균형을 유지하도록 하여야 한다.

㉡ 개별주택가격 산정의 검증 및 의견 청취

시장·군수 또는 구청장은 개별주택가격을 결정·공시하기 위하여 개별주택의 가격을 산정할 때에는 표준주택가격과의 균형 등 그 타당성에 대하여 대통령령으로 정하는 바에 따라 감정원의 검증을 받고 토지소유자, 그 밖의 이해관계인의 의견을 들어야 한다.

ⓒ 시 · 군 · 구 부동산가격공시위원회의 심의

시장 · 군수 또는 구청장은 일련의 절차를 거쳐 조사 · 산정된 개별주택가격에 대해 시 · 군 · 구 부동산가격공시위원회의 심의를 거쳐야 한다.

ⓔ 개별주택가격의 공시

시장 · 군수 또는 구청장은 매년 4월 30일까지 개별주택가격을 결정 · 공시하여야 한다.

ⓜ 개별주택가격에 대한 이의신청

ⓐ 개별주택가격에 이의가 있는 자는 그 결정 · 공시일부터 30일 이내에 서면으로 시장 · 군수 또는 구청장에게 이의를 신청할 수 있다.

ⓑ 시장 · 군수 또는 구청장은 이의신청 기간이 만료된 날부터 30일 이내에 이의신청을 심사하여 그 결과를 신청인에게 서면으로 통지하여야 한다.

③ 개별주택가격의 효력

㉠ 주택시장의 가격정보제공

㉡ 국가 · 지방자치단체 등의 기관이 과세 등의 업무와 관련하여 주택의 가격을 산정하는 경우에 그 기준으로 활용될 수 있다.

2. 공동주택가격의 공시 ★32회 기출★

(1) 의의

공동주택가격은 국토교통부장관이 중앙부동산가격공시위원회의 심의를 거쳐 공시하는 공동주택에 대한 매년 공시기준일 현재의 적정가격을 말한다.

① 공시기준일은 1월 1일로 한다.

② 국토교통부장관은 공시기준일 이후에 토지의 분할 · 합병이나 건축물의 신축 등이 발생한 경우에는 대통령령으로 정하는 날을 기준으로 하여 공동주택가격을 결정 · 공시하여야 한다.

(2) 공시절차

공동주택가격의 조사 · 산정 → 공동주택소유자 등의 의견 청취 → 중앙부동산가격공시위원회의 심의 → 공동주택가격의 공시 → 공동주택가격에 대한 이의신청 → 공동주택가격의 정정

① 공동주택가격의 조사 · 산정

㉠ 국토교통부장관이 공동주택가격을 조사 · 산정하는 경우에는 인근 유사 공동주택의 거래가격 · 임대료 및 해당 공동주택과 유사한 이용가치를 지닌다고 인정되는 공동주택의 건설에 필요한 비용 추정액 등을 종합적으로 참작하여야 한다.

㉡ 국토교통부장관이 공동주택가격을 조사 · 산정하고자 할 때에는 감정원에 의뢰한다.

㉢ 공동주택에 전세권 또는 그 밖에 공동주택의 사용 · 수익을 제한하는 권리가 설정되어 있을 때에는 그 권리가 존재하지 아니하는 것으로 보고 적정가격을 산정하여야 한다.

② 중앙부동산가격공시위원회의 심의

국토교통부장관은 일련의 절차를 거쳐 조사 · 산정된 공동주택가격에 대하여 중앙부동산가격공시위원회의 심의를 거쳐야 한다.

③ 공동주택가격의 공시

국토교통부장관은 매년 4월 30일까지 공동주택가격을 산정 · 공시하여야 한다.

④ 공동주택가격에 대한 이의신청

㉠ 공동주택가격에 이의가 있는 자는 그 공시일부터 30일 이내에 서면(전자문서를 포함한다)으로 국토교통부장관에게 이의를 신청할 수 있다.

㉡ 국토교통부장관은 이의신청 기간이 만료된 날부터 30일 이내에 이의신청을 심사하여 그 결과를 신청인에게 서면으로 통지하여야 한다.

⑤ 공동주택가격의 효력

공동주택가격은 주택시장의 가격정보를 제공하고, 국가 · 지방자치단체 등이 과세 등의 업무와 관련하여 주택의 가격을 산정하는 경우에 그 기준으로 활용될 수 있다.

제3절　비주거용 부동산 가격공시

1. 비주거용 일반부동산가격 공시

(1) 비주거용 표준부동산

① 의의

비주거용 표준부동산가격은 용도지역, 이용상황, 건물구조 등이 일반적으로 유사하다고 인정되는 일단의 비주거용 일반부동산 중에서 선정한 비주거용 표준부동산에 대해 매년 공시기준일 현재의 적정가격을 말한다.

② 공시절차

> 비주거용 표준부동산의 선정 → 비주거용 표준부동산가격의 조사 · 산정 → 시장 · 군수 또는 구청장의 의견 청취 → 중앙부동산가격공시위원회의 심의 → 비주거용 표준부동산가격의 공시 → 비주거용 표준부동산가격의 열람 → 비주거용 표준부동산가격에 대한 이의신청

㉠ 비주거용 표준부동산의 선정

국토교통부장관은 용도지역, 이용상황, 건물구조 등이 일반적으로 유사하다고 인정되는 일단의 비주거용 일반부동산 중에서 선정한다.

㉡ 비주거용 표준부동산가격의 조사 · 산정

ⓐ 국토교통부장관은 비주거용 표준부동산가격을 조사 · 산정하려는 경우 감정평가업자 또는 대통령령으로 정하는 부동산 가격의 조사 · 산정에 관한 전문성이 있는 자(감정원)에게 의뢰한다.

ⓑ 국토교통부장관이 비주거용 표준부동산가격을 조사 · 산정하는 경우에는 인근 유사 비주거용 일반부동산의 거래가격 · 임대료 및 해당 비주거용 일반부동산과 유사한 이용가치를 지닌다고 인정되는 비주거용 일반부동산의 건설에 필요한 비용추정액 등을 종합적으로 참작하여야 한다.

ⓒ 비주거용 표준부동산가격 조사 · 산정의 기준

비주거용 일반부동산에 전세권 또는 그 밖에 비주거용 일반부동산의 사용 · 수익을 제한하는 권리가 설정되어 있을 때에는 그 권리가 존재하지 아니하는 것으로 보고 적정가격을 조사 · 산정하여야 한다.

ⓒ 중앙부동산가격공시위원회의 심의

국토교통부장관은 일련의 절차를 거쳐 조사 · 산정된 비주거용 표준부동산가격에 대해 중앙부동산가격공시위원회의 심의를 거쳐야 한다.

ⓔ 비주거용 표준부동산가격의 공시

비주거용 표준부동산가격의 공시에는 다음의 사항이 포함되어야 한다.

ⓐ 비주거용 표준부동산의 지번

ⓑ 비주거용 표준부동산가격

ⓒ 비주거용 표준부동산의 대지면적 및 형상

ⓓ 비주거용 표준부동산의 용도, 연면적, 구조 및 사용승인일(임시사용승인일을 포함한다)

ⓔ 그 밖에 대통령령으로 정하는 사항

ⓜ 비주거용 표준부동산가격에 대한 이의신청

표준지공시지가의 이의신청에 준용한다.

③ 비주거용 부동산가격공시의 효력

비주거용 표준부동산가격은 국가 · 지방자치단체 등이 그 업무와 관련하여 비주거용 개별부동산가격을 산정하는 경우에 그 기준이 된다.

(2) 비주거용 개별부동산가격의 공시

① 의의

비주거용 개별부동산가격은 시장 · 군수 또는 구청장이 시 · 군 · 구 부동산가격공시위원회의 심의를 거쳐 결정 · 공시하는 매년 비주거용 표준부동산가격의 공시기준일 현재 관할 구역 안의 비주거용 개별부동산을 말한다.

ⓖ 비주거용 표준부동산으로 선정된 비주거용 일반부동산 등 대통령령으로 정하는 비주거용 일반부동산에 대하여는 비주거용 개별부동산가격을 결정 · 공시하지 아니할 수 있다.

ⓛ 비주거용 표준부동산으로 선정된 비주거용 일반부동산에 대하여는 해당 비주거용 표준부동산가격을 비주거용 개별부동산가격으로 본다.

ⓒ 시장 · 군수 또는 구청장은 공시기준일 이후에 토지의 분할 · 합병이나 건축물의 신축 등이 발생한 경우에는 대통령령으로 정하는 날을 기준으로 하여 비주거용 개별부동산가격을 결정 · 공시하여야 한다.

② 공시절차

비주거용 개별부동산가격의 조사 · 산정 → 비주거용 개별부동산가격 산정의 검증 및 토지소유자 등의 의견 청취 → 시 · 군 · 구 부동산가격공시위원회의 심의 → 비주거용 개별부동산가격의 공시 → 비주거용 개별부동산가격에 대한 이의신청 → 비주거용 개별부동산가격의 정정

㉠ 비주거용 개별부동산가격의 조사 · 산정

시장 · 군수 또는 구청장이 비주거용 개별부동산가격을 결정 · 공시하는 경우에는 해당 비주거용 일반부동산과 유사한 이용가치를 지닌다고 인정되는 비주거용 표준부동산가격을 기준으로 비주거용 부동산가격비준표를 사용하여 가격을 산정하되, 해당 비주거용 일반부동산의 가격과 비주거용 표준부동산가격이 균형을 유지하도록 하여야 한다.

㉡ 시 · 군 · 구 부동산가격공시위원회의 심의

시장 · 군수 또는 구청장은 일련의 절차를 거쳐 조사 · 산정된 비주거용 개별부동산가격에 대해 시 · 군 · 구 부동산가격공시위원회의 심의를 거쳐야 한다.

㉢ 비주거용 개별부동산가격의 공시

시장 · 군수 또는 구청장은 매년 4월 30일까지 비주거용 개별부동산가격을 결정 · 공시하여야 한다.

㉣ 비주거용 개별부동산가격에 대한 이의신청

ⓐ 비주거용 개별부동산가격에 이의가 있는 자는 그 결정 · 공시일부터 30일 이내에 서면으로 시장 · 군수 또는 구청장에게 이의를 신청할 수 있다.

ⓑ 시장 · 군수 또는 구청장은 이의신청 기간이 만료된 날부터 30일 이내에 이의신청을 심사하여 그 결과를 신청인에게 서면으로 통지하여야 한다.

③ 비주거용 개별부동산가격의 효력

비주거용 개별부동산가격은 비주거용 부동산시장에 가격정보를 제공하고, 국가 · 지방자치단체 등이 과세 등의 업무와 관련하여 비주거용 부동산의 가격을 산정하는 경우에 그 기준으로 활용될 수 있다.

④ 비주거용 개별부동산가격비준표의 활용

시장 · 군수 또는 구청장이 비주거용 개별부동산가격을 결정 · 공시하는 경우에는 해당 비주거용 개별부동산가격과 유사한 이용가치를 지닌다고 인정되는 비주거용 표준부동산가격을 기준으로 비주거용 부동산가격비준표를 사용하여 가격을 산정한다.

2. 비주거용 집합부동산가격의 공시

(1) 의의

비주거용 집합부동산가격은 국토교통부장관이 중앙부동산가격공시위원회의 심의를 거쳐 공시하는 비주거용 집합부동산에 대한 매년 공시기준일 현재의 적정가격을 말한다.

① 공시기준일은 1월 1일로 한다.

② 국토교통부장관은 공시기준일 이후에 토지의 분할 · 합병이나 건축물의 신축 등이 발생한 경우에는 대통령령으로 정하는 날을 기준으로 하여 비주거용 집합부동산가격을 결정 · 공시하여야 한다.

(2) 공시절차

비주거용 집합부동산가격의 조사 · 산정 → 비주거용 집합부동산소유자 등의 의견 청취 → 중앙부동산가격공시위원회의 심의 → 비주거용 집합부동산가격의 공시 → 비주거용 집합부동산가격에 대한 이의신청 → 비주거용 집합부동산가격의 정정

① 비주거용 집합부동산가격의 조사·산정
  ㉠ 국토교통부장관이 비주거용 집합부동산가격을 조사·산정하는 경우에는 인근 유사 비주거용 집합부동산의 거래가격·임대료 및 해당 비주거용 집합부동산과 유사한 이용가치를 지닌다고 인정되는 비주거용 집합부동산의 건설에 필요한 비용추정액 등을 종합적으로 참작하여야 한다.
  ㉡ 국토교통부장관은 비주거용 집합부동산가격을 조사·산정할 때에는 감정원 또는 대통령령으로 정하는 부동산 가격의 조사·산정에 관한 전문성이 있는 자(감정평가업자)에게 의뢰한다.
  ㉢ 비주거용 집합부동산가격 조사·산정의 기준 : 국토교통부장관은 비주거용 집합부동산가격을 조사·산정할 때 그 비주거용 집합부동산에 전세권 또는 그 밖에 비주거용 집합부동산의 사용·수익을 제한하는 권리가 설정되어 있는 경우에는 그 권리가 존재하지 아니하는 것으로 보고 적정가격을 산정하여야 한다.
② 중앙부동산가격공시위원회의 심의
  국토교통부장관은 일련의 절차를 거쳐 조사·산정된 비주거용 집합부동산가격에 대하여 중앙부동산가격공시위원회의 심의를 거쳐야 한다.
③ 비주거용 집합부동산가격의 공시
  국토교통부장관은 매년 4월 30일까지 비주거용 집합부동산가격을 산정·공시하여야 한다.
④ 비주거용 집합부동산가격에 대한 이의신청
  ㉠ 비주거용 집합부동산가격에 이의가 있는 자는 그 공시일부터 30일 이내에 서면(전자문서를 포함한다)으로 국토교통부장관에게 이의를 신청할 수 있다.
  ㉡ 국토교통부장관은 이의신청 기간이 만료된 날부터 30일 이내에 이의신청을 심사하여 그 결과를 신청인에게 서면으로 통지하여야 한다.

(3) 비주거용 집합부동산가격의 효력

비주거용 집합부동산가격은 비주거용 부동산시장에 가격정보를 제공하고, 국가·지방자치단체 등이 과세 등의 업무와 관련하여 비주거용 부동산의 가격을 산정하는 경우에 그 기준으로 활용될 수 있다.

(1) 도로폭 기준

도로폭은 광로, 대로, 중로, 소로 4가지로 나뉘며, 다음과 같이 12종류로 분류된다. 토지이용계획서에 도로폭 기준이 다음과 같다.

도로명	분류	적용범위
광로 (8~12차선)	1류	70m 이상
	2류	50m 이상 ~ 70m 미만
	3류	40m 이상 ~ 50m 미만
대로 (6~8차선)	1류	35m 이상 ~ 40m 미만
	2류	30m 이상 ~ 35m 미만
	3류	25m 이상 ~ 30m 미만
중로 (4차선)	1류	20m 이상 ~ 25m 미만
	2류	15m 이상 ~ 20m 미만
	3류	12m 이상 ~ 15m 미만
소로 (2차선)	1류	10m 이상 ~ 12m 미만
	2류	8m 이상 ~ 10m 미만
	3류	8m 이상

(2) 도로접면 구분표

도로접면 구분표는 도로폭, 도로접합면, 자동차 통행 여부에 따라서 12종류로 구분된다. 토지정보의 도로조건을 확인하면 다음과 같다.

① 표기

　㉠ 도로폭 기준

　　ⓐ 광대로 : 25m 이상

　　ⓑ 중로 : 12m 이상 ~ 25m 미만

　　ⓒ 소로 : 8m 이상 ~ 12m 미만

　　ⓓ 세로 : 8m 미만

　㉡ 도로와 접한면을 기준

　　ⓐ 1면 : 한면

　　ⓑ 2면 이상 : 각지

　㉢ 자동차 통행 가능 여부를 기준

　　ⓐ 통행 가능 : (가)

　　ⓑ 통행 불가능 : (불)

② 도로접면 구분표

전산 코드	도로접면	약어	적용범위
1	광대로한면	광대한면	폭 25m이상의 도로에 한면이 접하고 있는 토지
2	광대로－광대로 광대로－중 로 광대로－소 로	광대소각	광대로에 한면이 접하고 소로(폭 8m이상～12m미만)이상의 도로에 한면이상 접하고 있는 토지
3	광대로－세로(가)	광대세각	광대로에 한면이 접하면서 자동차 통행이 가능한 세로(폭 8m미만)에 한면이상 접하고 있는 토지
4	중로한면	중로한면	폭 12m이상～25m미만 도로에 한면이 접하고 있는 토지
5	중로－중로 중로－소로 중로－세로(가)	중로각지	중로에 한면이 접하면서 중로, 소로, 자동차 통행이 가능한 세로(가)에 한면 이상이 접하고 있는 토지
6	소로한면	소로한면	폭 8m이상～12m미만의 도로에 한면이 접하고 있는 토지
7	소로－소로 소로－세로(가)	소로각지	소로에 두면 이상이 접하거나 소로에 한면이 접하면서 자동차 통행이 가능한 세로(가)에 한면이상 접하고 있는 토지
8	세로한면(가)	세로(가)	자동차 통행이 가능한 폭 8m미만의 도로에 한면이 접하고 있는 토지
9	세로(가)－세로(가)	세각(가)	자동차 통행이 가능한 세로에 두면 이상이 접하고 있는 토지
10	세로한면(불)	세로(불)	자동차 통행이 불가능하나 이륜자동차와 통행이 가능한 세로에 한면이 접하고 있는 토지
11	세로(불)－세로(불)	세각(불)	자동차 통행이 불가능하나 이륜자동차와 통행이 가능한 세로에 두면이상 접하고 있는 토지
12	맹지	맹지	이륜자동차의 통행이 불가능한 도로에 접한 토지와 도로에 접하지 아니한 토지

01 표준지공시지가의 공시기준일은 원칙적으로 매년 1월 1일이다. ○ ×

02 개별공시지가는 국가 · 지방자치단체 등이 그 업무와 관련하여 지가를 산정하거나 감정평가업자가 개별적으로 토지를 감정평가하는 경우에 기준이 된다. ○ ×

03 일반적인 토지거래의 지표가 되며, 국가 · 지방자치단체 등의 기관이 그 업무와 관련하여 지가를 산정하는 경우에 적용되는 것은 표준지공시지가이다. ○ ×

04 표준지공시지가에 이의가 있는 자는 그 공시일부터 30일 이내에 서면으로 시군구장에게 이의를 신청할 수 있다. ○ ×

05 표준지로 선정된 토지에 대해서는 당해 토지의 공시지가를 개별공시지가로 본다. ○ ×

06 개별공시지가에 대해서는 이의신청을 할 수 있지만, 표준지공시지가에 대해서는 이의신청을 할 수 없다. ○ ×

07 표준주택을 선정할 때에는 일반적으로 유사하다고 인정되는 일단의 단독주택 및 공동주택에서 해당 일단의 주택을 대표할 수 있는 주택을 선정하여야 한다. ○ ×

08 표준지공시지가를 공시할 때 건물면적, 구조 및 사용승인일 등 건물에 대한 사항도 공시한다. ○ ×

09 개별주택가격은 국가 · 지방자치단체 등의 기관이 과세 등의 업무와 관련하여 주택의 가격을 산정하는 경우에 그 기준으로 활용할 수 있다. ○ ×

10 개별주택 및 공동주택의 가격은 주택시장의 가격정보를 제공하고, 국가 · 지방자치단체 등의 기관이 과세 등의 업무와 관련하여 주택의 가격을 산정하는 경우에 그 기준으로 활용될 수 있다. ○ ×

정답 및 해설 **01** ○ **02** × **03** ○ **04** × **05** ○ **06** × **07** × **08** × **09** ○ **10** ○

오답분석
02 개별공시지가가 아니라 표준지공시지가에 대한 설명이다.
04 ～ 서면으로 국토교통부장관에게 이의를 신청할 수 있다.
06 ～ 표준지공시지가에 대해서는 이의신청을 할 수 있다.
07 일단의 단독주택에서 해당 일단의 주택을 대표할 수 있는 주택을 선정하여야 한다.
08 표준지공시지가가 아니라 표준주택에 대한 설명이다.

제4장 | 확인학습문제

01 우리나라의 부동산가격공시제도에 관한 설명으로 옳은 것은? ★29회 기출★

확인
Check!
○
△
×

① 다가구주택은 공동주택가격의 공시대상이다.

② 개별공시지가의 공시기준일이 6월 1일인 경우도 있다.

③ 표준주택에 그 주택의 사용, 수익을 제한하는 권리가 설정되어 있을 때에는 이를 반영하여 적정가격을 산정하여야 한다.

④ 국세 또는 지방세 부과대상이 아닌 단독주택은 개별주택가격을 결정, 공시하지 아니할 수 있다.

⑤ 표준지공시지가의 공시권자는 시장, 군수, 구청장이다.

해설

난도 ★★★

① 다가구주택은 단독주택가격의 공시대상이다.

② 개별공시지가의 공시기준일이 7월 1일인 경우도 있다.

③ 표준주택에 전세권 그 밖의 주택의 사용·수익을 제한하는 권리가 설정되어 있는 경우에는 당해 권리가 존재하지 아니하는 것으로 보고 적정가격을 평가하여야 한다.

⑤ 표준지공시지가의 공시권자는 국토교통부장관이다.

답 ④

02 감정평가사 A는 표준지공시지가의 조사 · 평가를 의뢰받고 실지조사를 통해 표준지에 대해 다음과 같이
확인하였다. 표준지조사 · 평가보고서상 토지특성 기재방법의 연결이 옳은 것은? ★34회 기출★

☑확인
Check!
○
△
✕

> ㄱ. 토지이용상황 : 주변의 토지이용상황이 '전'으로서 돈사와 우사로 이용되고 있음
> ㄴ. 도로접면 : 폭 10미터의 도로와 한면이 접하면서 자동차 통행이 불가능한 폭 2미터의 도로에 다른 한면이 접함

① ㄱ : 전기타, ㄴ : 중로한면
② ㄱ : 전기타, ㄴ : 소로한면
③ ㄱ : 전축사, ㄴ : 소로각지
④ ㄱ : 전축사, ㄴ : 소로한면
⑤ ㄱ : 목장용지, ㄴ : 소로한면

해설
난도 ★★
ㄱ. 주변의 토지이용상황이 '전'이고 대상 토지는 돈사와 우사로 이용되는 '축사'이므로 '전축사'로 기재한다.
ㄴ. 소로한면은 폭 8m이상 ~ 12m 미만의 도로에 한면이 접하고 있는 토지를 말한다.

답 ④